中国口岸年鉴

（2005年版）

中国口岸协会编

中国海关出版社
2005年12月

图书在版编目（CIP）数据

中国口岸年鉴．2005/中国口岸协会编．—北京：中国海关出版社，2005.11

ISBN 7－80165－318－1

Ⅰ．中…　Ⅱ．中…　Ⅲ…通商口岸－中国－2005－年鉴　Ⅳ．**F**752－54

中国版本图书馆 **CIP** 数据核字（2005）第 123993 号

书　　名：中国口岸年鉴（2005 年版）

编　　者：中国口岸协会

策　　划：陶济生

责任编辑：孙　红　高传杰

出版发行：中国海关出版社

地　　址：北京市朝阳区东土城路 14 号（100013）

电　　话：中国口岸协会 010－65195917

印　　刷：中煤涿州制图印刷厂

版　　本：2005 年 11 月第 1 版　2005 年 11 月第 1 次印刷

开　　本：889 毫米×1194 毫米　1/16

印　　张：55.5

字　　数：1500 千

标准书号：**ISBN 7-80165-318-1**

定　　价：300.00 元

《中国口岸年鉴》编辑委员会

编 辑 说 明

一、《中国口岸年鉴》是由中国口岸协会组织编纂的、新中国诞生以来第一部全面记录中国口岸状况的编年书，是一部具有权威性的大型资料性工具书。年鉴系统、真实地记录了中国29个省、自治区、直辖市（宁夏和青海尚无口岸）2004年口岸运行、发展、改革和取得成绩的整体情况。年鉴向广大读者展示了改革开放以来中国向世界敞开大门的成就。

二、本年鉴采用条目体结构，分省、自治区、直辖市编纂，点面结合、条块结合，记载了口岸各查验部门的主管部委2004年的工作综述，逐个记载了各省级和大连、宁波、厦门、深圳等5个计划单列市口岸委、办2004年的工作综述，以及口岸各主要查验部门的工作综述，辅以必要的图表。主要内容还包括：2004年新颁布实施的有关口岸工作的法规，口岸各类统计数据。

三、本年鉴引用的各类数据和资料，截至2004年底。全国进出口贸易统计资料，由海关总署综合统计司提供。其他统计数据，分别来自海关、边检、检验检疫和各省级口岸办公室。由于各部门职能不同、统计口径、范围和方法亦有所不同，因此书中有些数据不尽一致。

四、台湾省、香港特别行政区和澳门特别行政区口岸资料和统计数据暂缺，特向广大读者致以歉意。

五、本年鉴的稿件资料，主要由各有关部委、各省、自治区、直辖市口岸办公室提供。年鉴在编辑过程中，得到海关总署、公安部、国家质检总局、交通部、各地口岸办公室、各直属海关、以及长期在口岸工作的老领导和专家的大力支持与合作，在此向他们表示诚挚的感谢！

六、本年鉴在全书体例、资料收集等方面都还有许多不尽如人意之处。加之编辑水平有限，疏漏或瑕疵在所难免，敬请广大读者予以批评指正。

中国口岸协会

二〇〇五年十月

序

口岸是国家的门户。党中央、国务院历来十分重视口岸工作。改革开放以来，为满足日益增长的对外经贸、人员往来的需要，国家投入了大量人力物力进行口岸建设，已经形成沿海沿江水运、航空和内陆边境立体化的开放口岸体系。口岸开放与全方位、宽领域、多层次的对外开放格局基本相适应，为促进对外经济贸易和国际交往的发展起到了重要的保障作用。

当前，进一步提高口岸工作效率的要求更为紧迫。经济全球化对口岸工作必然会提出更多更高的新要求，为适应参与国际竞争的需要，我国口岸工作要全面贯彻“三个代表”重要思想，落实十六大提出的“发展要有新思路，改革要有新突破，开放要有新局面，各项工作要有新举措”的要求，结合我国口岸工作的实际，紧紧围绕提高口岸工作效率，加快通关速度，处理好把关与服务的关系，为促进对外经济贸易和国际交往发展作出新贡献。为提高口岸工作效率，国务院曾在深圳进行口岸管理体制改革试点。1998年政府机构改革，对口岸管理体制作了重大调整。2001年，国务院办公厅为推广口岸电子执法系统和提高口岸工作效率相继发出了两个文件。今年5月，国务院批准海关总署等8部门在上海召开了提高口岸工作效率现场会。我国口岸要通过建立“大通关”机制，提高工作效率，改变传统管理模式，整顿和规范进出口秩序，促进口岸管理各部门转变职能、改进服务、提高管理水平，形成适应我国社会主义市场经济发展需要的新的口岸管理和运行机制，提供与发达国家相类似的口岸通关服务。

中国口岸协会从新世纪开始组织编撰《中国口岸年鉴》，是一件很有意义的工作。它不仅直接记录口岸管理运行的资料和数据，而且是在我国加入“WTO”以后，书写中国口岸深化体制改革、努力提高工作效率、为“大通关”服务的历史。

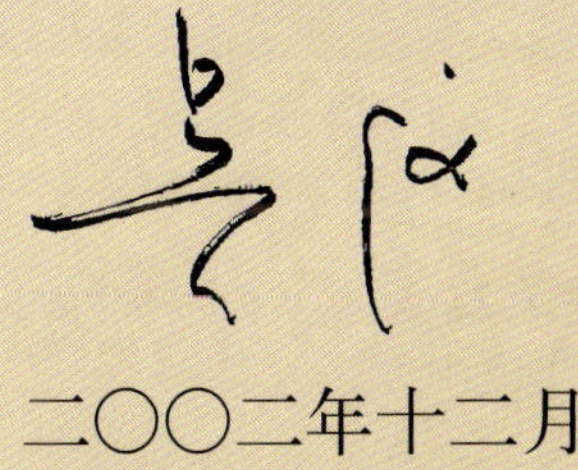

二〇〇二年十二月

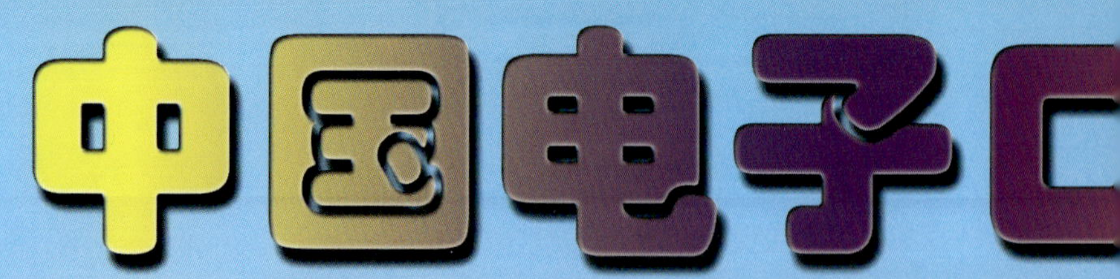

中国电子口岸是在国务院领导同志直接领导和亲自推动下，由12个部委共建的公众数据中心和数据交换平台。它依托国家电信公网，实现工商、税务、海关、外汇、外贸、质检、银行等部门以及进出口企业、加工贸易企业、外贸中介服务企业、外贸货主等单位的联网，将进出口管理流信息、资金流信息、货物流信息集中存放在一个集中式的数据库中，随时供国家各行政管理部门进行跨部门、跨行业、跨地区的数据交换和联网核查，并向企业提供应用互联网办理报关、结付汇核销、出口退税、网上支付等实时在线服务。

经过6年多的实践，在各部委和各地方政府的大力支持和密切协作下，电子口岸系统从无到有，逐步扩大，目前已有36个口岸电子执法项目在全国推广应用，实现了与海关总署、外汇管理局、国税总局、质检总局、工商总局、商务部、公安部、铁道部、贸促会、香港工贸署、澳门经济局以及中国银行、中国工商银行、中国农业银行、交通银行、招商银行等13家商业银行的互联互通和信息共享，入网企业达22万余家，每日处理电子单证数量达50万笔，中国电子口岸门户网站每日点击率超过700万次，系统运行正常。

电子口岸建设和推广较好地适应了我国对外贸易发展的需要，在整顿进出口秩序、加强政府综合治理、提高行政效率、规范企业行为、促进口岸大通关和电子政务建设等方面发挥了重要作用；对遏制走私、骗汇、骗税等违法犯罪活动，为规范社会主义市场经济秩序发挥了积极作用；促进了贸易便利化，提高了企业国际竞争力；推动了信息化跨部门应用，初步建立了大通关统一平台。

同时，为贯彻党中央以信息化带动工业化和现代化的战略部署，海关总署与各地政府本着“统一认证、统一标准、统一品牌”的原则，以当地政府为主导共同建设地方电子口岸，实现数据共享和联网核查。截止2005年10月底，海关总署与地方政府合作共建地方电子口岸22个，涉及16个省：广东、山东、辽宁、上海、浙江、重庆、天津、内蒙古、安徽、福建、西藏、湖南、湖北、四川、新疆（含生产建设兵团）、广西；15个城市：深圳、广州、江门、阳江、湛江、粤东五市（汕头、汕尾、潮州、梅州、揭阳）、中山、珠海、大连、宁波、满洲里。地方电子口岸建设大大提高了当地政府综合管理效能，增强执法透明度，为当地企业提供“一卡通”和“一站式”服务，提高了企业国际竞争力，推动了当地物流现代化建设，实现了真正意义上的“大通关”。

岸数据中心

上海电子口岸揭牌仪式

海关总署牟新生署长听取汇报

海关总署李克农副署长通过电子口岸视频会议系统向全国个分中心同志拜年

海关总署龚正副署长和党组成员叶剑同志春节慰问电子口岸员工

业务系统咨询热线:010-65195656
中国电子口岸总机:010-65195500
地址:北京东长安街1号东方广场W座三层
邮编:100738
网址:www3.chinaport.gov.cn

海关总署牟新生署长在机房听取汇报

上海电子口岸分中心

上海电子口岸是上海市政府与海关总署在上海口岸信息化领域联合共建的专项工程，由中国电子口岸数据中心、上海市信息化委员会和上海海关于2004年10月25日签订具体合作协议开始建设。

2004年10月25日，海关总署李克农副署长与杨雄副市长为上海电子口岸揭牌

上海电子口岸是上海地区用户及口岸相关部门或单位信息系统连接中国电子口岸的实体平台，是上海地区运行口岸电子执法系统、区域性电子口岸应用，包括口岸相关电子物流和相关电子商务的唯一平台 。

上海电子口岸硬件平台及基础网络充分利用上海“大通关”平台等现有资源加以增补优化而成。

中国电子口岸数据中心王小丁主任、上海市信息化委员会刘亚东副主任、上海海关顾振兴副关长签署《关于共同建设上海电子口岸的合作协议书》

上海电子口岸呼叫中心是面向上海电子口岸各类企业用户的公共服务窗口，通过与各成员单位及口岸相关单位间的联网，整合上海口岸各类服务资源，为用户提供及时、有效的“一站式”咨询、报修、求助等服务，目前每天向用户提供250多次各类服务。

上海电子口岸门户网站是发布口岸动态信息、宣传政策法规、提供通关及相关物流数据查询、口岸业务咨询、应用系统链接和网上技术支持等的“一站式”公共信息窗口。目前注册企业用户达 4 万多家。

上海电子口岸制卡中心是为上海地区企业办理中国电子口岸入网、制卡手续的服务机构。至今共为 2 万多家进出口企业及银行机构办理了手续，制卡 5.8 万余张。

上海电子口岸除了推广中国电子口岸、出口收汇、进口付汇、报关申报、出口退税、快件通关、网上支付、转关申报、ATA 单证册管理系统等应用项目外，还结合上海口岸特点开发应用上海电子口岸 EDI 支付、舱单申报、大型加工贸易企业联网监管等 40 多个应用项目。

2002 年 5 月 23 日，海关总署牟新生署长与上海市陈良宇市长为中国电子口岸数据中心上海分中心揭牌

2005 年 5 月 18 日，上海电子口岸建设联席会议第一次全体会议胜利召开

2004 年 12 月 18 日，上海电子口岸门户网站正式开通运行，上海市有关部门及相关单位的领导出席了开通仪式

青岛数据分中心

2003年3月，按照海关总署关于成立数据分中心，加快地方电子口岸建设的统一部署，中国电子口岸数据中心、青岛海关组建了青岛数据分中心，山东地区电子口岸建设正式启动。在青岛海关、数据中心的领导下，青岛数据分中心紧紧围绕海关总署关于电子口岸建设24字方针，严格遵循地方电子口岸建设原则，稳步推进“山东电子口岸”各项建设工作。目前，山东电子口岸经过“山东关贸网”、“青岛电子口岸”、“山东电子口岸”三个发展阶段，已成为拥有2万多家入网企业，4万多持卡人，运行维护51个系统，日访问量达4万多的口岸公共信息平台。

海关总署副署长李克农、青岛市副市长于冲为青岛数据分中心、青岛东方口岸海投科技有限公司揭牌

“山东电子口岸”作为中国电子口岸的组成部分，是结合山东口岸特点，遵守“统一身份认证、统一数据标准、统一电子口岸品牌”三统一原则，开发和建立的山东口岸大通关公共信息平台。目前已构建“两类服务、五大平台、一个产品”的业务群，即：口岸电子执法服务、海关联网报关服务；综合信息服务平台、门户网站平台、物流信息平台、数据交换平台、基础管理平台和整合两类服务及五大平台面向海关特殊监管区域推出的“园区智能化管理信息系统”，它涵盖了进出口领域多个环节，为山东省进出口企业带来了良好的经济效益。

“山东电子口岸”大通关公共信息平台建设依赖于政府及口岸相关单位的鼎力支持。按照总署关于地方电子口岸联合共建的指导原则，青岛分中心与山东省、青岛市政府及有关口岸单位、执法部门积极联络，多方协调，做了以下几方面工作：

一、签署“山东电子口岸”合作备忘录。

山东电子口岸揭牌

2004年5月，李克农副署长代表海关总署、孙守璞副省长代表山东省政府共同签署合作建设山东电子口岸备忘录，并为“山东电子口岸”举行揭牌仪式。这是山东电子口岸迈出的历史性一步，标志着山东电子口岸以“政府牵头推进、海关牵头承建”建设模式的正式确立。

二、与青岛市政府合作投资成立经济实体。

青岛数据分中心、青岛鑫海实业有限公司、青岛市政府投资主体青岛开发投资有限公司三家单位共同出资成立了青岛东方口岸海投科技有限公司(简称海投公司)。海投公司的成立标志着“山东电子口岸”政府海关合作运营机制的初步建立。2005年，海投公司正式通过国家软件企业认证，成为双软企业。

三、积极促进与青岛市政府建立口岸信息化工作会话机制。

为落实“政府牵头推进”的运作模式，青岛数据分中心多次与青岛市政府就海关、商检、港务信息联网等电子口岸建设问题进行磋商，青岛市分管副市长为此召开专题会议进行具体部署。经过前期的沟通、协调，青岛市口岸办已将共建“山东电子口岸”列入2005年的重点工作之一。今年以来，已召开7次口岸信息化建设工作会议。

海关总署副署长李克农与山东省副省长孙守璞签署合作建设山东电子口岸备忘录

四、多方协调，实现与口岸部门、执法单位信息共享。

目前，青岛数据分中心已与青岛港就“关港联网”达成协议，并完成一期工程测试；实现了与山东出入境检验检疫局的出口货物通关单联网申报，并就非木质包装类快件报检通关联网问题与检验检疫部门多次磋商；实现了与青岛市国税局的电子数据交换。根据总署“地方电子口岸唯一性”原则，青岛数据分中心与青岛保税区管委会就基于“山东电子口岸”共建“青岛数字保税区”达成一致，目前正就具体运作流程与操作事项作进一步磋商。

在“山东电子口岸”建设中，青岛数据分中心努力营造一种实干、进取、追求卓越永无止境的文化理念和团队精神。在此理念的指引下，建立健全了“山东电子口岸”各项规章制度，正式发布了财务类、行政办公类、技术类、综合类四大类共14项规章制度，并在青岛分中心范围内组织开展了“我的山东电子口岸建言献策”活动，制定了配套的《建言献策管理办法》，广泛听取员工意见。为建立一支能打硬仗的高素质队伍，2004年12月组建了青岛数据分中心党支部，全面展开保持共产党员先进性教育活动。经过近二年的发展青岛数据分中心已成为拥有办公室、工程开发部、客户服务部、综合业务部、财务部五个部门、54名员工的地方电子口岸运维实体。

两类服务五大平台一个产品

客户服务热线电话：0532-85788800
业务系统应急电话：0532-87105761
0532-87105770
地址：青岛香港中路56号金光大厦7层
邮遍：266071
网址：www.sdeport.gov.cn

大连电子口岸

海关总署与大连市政府合作建设"大连子口岸"备忘录签字仪式在京举行

2004年6月21日，海关总署与大连市政府合建设"大连电子口岸"备忘录签字仪式在海总署举行。李克农副署长和大连市孙广田副长分别代表海关总署和大连市政府签署了合作忘录，海关总署杨国勋总工程师以及科技司监管司、数据中心、信息中心的领导，大海关荣晓帆副关长、大连数据分中心以及大市交通口岸管理局等领导参加了签字仪式。

此次合作备忘录的签署是海关总署和大连市政府为贯彻中央以信息化带动工业化和代化的战略部署，为振兴东北老工业基地，推动大连建设东北亚重要国际航运中心和代物流业发展的重要举措，标志着以增强政府的综合执法能力、提升大连口岸的大通效率、降低企业运作成本为目的的"大连电子口岸"建设的全面启动。

大连电子口岸首页

大连数据分中心的成立为地方大通关信平台建立奠定了组织基础，创造了良好的实条件。大连电子口岸的建设也从起步阶段迎了规模发展阶段。大连关区电子口岸现包括岸动态、口岸执法系统、大通关服务平台、连保税物流园区、电子口岸入网网上审核等个版块，近30个应用项目，涵盖进出口领的多个环节。入网企业7400多家，制发政卡和企业卡15000多张。应用系统主要包括全国电子口岸推广项目和本地应用项目。

加贸企业宣传

大连数据分中心积极向企业宣传、绍、推动各联网应用项目，在广大企业中生了深远的影响。图为2005年6月14日大连海关召开了加工贸易联网暨便捷通关介会的情景。大连市政府、省外经贸厅、外经贸局、地方各级外经贸主管部门以及关各相关单位部门主要领导均出席了推会。

与银行签定网上支付协议

大连海关开展网上支付业务以来已与中国银行、交通银行、农业银行、招商银行、商业银行、光大银行、中信实业银行、民生银行等八家银行、与多家企业签署了网上支付协议，大连海关、中国电子口岸数据中心大连分中心与各大银行和企业在“网上支付”等业务合作的开展，必将为东北地区的企业提供更加方便快捷的通关服务。

图为2005年10月21日大连海关、中国电子口岸数据中心大连分中心与光大银行签署网上支付协议。海关总署科技司（电子口岸办）张常麟巡视员、大连海关荣晓帆副关长、大连海关通关处、数据分中心的领导以及中国光大银行总行姜波副行长、光大银行东北地区各分行的行长和近200家企业参加了此次签约仪式。张常麟巡视员、荣晓帆副关长等分别致辞和讲话，海关和银行分别介绍了网上支付系统的通关业务和优势。

保税物流园区图片

大连保税物流园区，位于大窑湾集装箱码头岸线腹地，面积1.5平方公里。周边有由大型集装箱码头（大窑湾）、粮食码头（北良港）、矿石码头、石油码头（鲇鱼湾）、煤码头（和尚岛）和渔港（大连湾）组成的港口群。园区于2004年11月24日，通过了国务院联合验收组的正式验收。大连保税物流园区整合了保税区的政策、功能优势和港口的区位、资源优势，在保税区和港区之间开辟直通道，拓展了港区的功能，实现了保税区和港口的联动。物流园作为大连建设东北亚航运中心的重要内容，大连海关及大连数据分中心对此十分重视，组织专人进行前期筹备和程序调试，2005年4月7日，大连保税物流园区信息化管理系统经过专用卡口建设、软硬件多次模拟测试后，首批入区货物按设计方案通关成功，标志着大连保税物流园区信息化管理系统正式运行。真正实现了“无纸化报关、智能化通关”的区港一体化。

网上审核系统

大连电子口岸的用户现在正以每月200家企业入网的速度在递增，为解决原有的纸面入网审核，企业需要奔波于8个联审部门的流程，大连数据分中心自2005年11月开始实施网上审核模式，新流程下企业只需到数据分中心一家办理，其他各联审部门通过网上审核程序进行审核即可，这不仅方便了企业办理电子口岸入网工作，同时还简化了审批手续，提高了工作效率，节省了企业运行成本，受到了企业的普遍好

汕头数据分中心

为贯彻党中央以信息化带动工业化和现代化的战略部署，加快粤东汕头、梅州、汕尾、潮州、揭阳五市信息化建设和现代物流业的发展，推进粤东地区外向型经济全面快速健康发展，2005年7月8日，海关总署副署长李克农和汕头市市长黄志光分别代表海关总署和粤东五市政府签署《关于建设粤东电子口岸的合作备忘录》，同日，海关总署副署长李克农、汕头市市长黄志光和汕头海关关长陈立平共同开通“粤东电子口岸”，标志着粤东电子口岸正式启用。

“粤东电子口岸”是粤东地区“大通关、大物流、大外贸”的统一信息平台，主要由门户网站、通关服务平台、物流服务平台、粤东口岸执法系统、增值服务平台等五大基础系统组成，无纸通关、加工贸易企业联网监管、电子支付等推广应用项目也取得良好进展。通过这一平台，可以实现粤东地区的通关、物流、贸易管理服务等计算机系统的互联互通和信息共享，又使上述系统能够融入全国统一的电子政务和电子商务系统中。

在海关总署和粤东五市政府的直接领导和关心下，中国电子口岸数据中心、粤东五市政府及各口岸单位、汕头海关遵循“统一品牌，统一认证，统一标准”和“联合共建”原则，提高认识，抓住机遇，积极参与，通力合作，研究建立口岸公共信息平台的建设方案，形成目标一致、步调统一、分工协作、齐抓共管、运转协调的工作机制。在充分利用中国电子口岸网络平台的基础上，合作共建粤东电子口岸。汕头市政府正积极与粤东各市政府形成合力，充分发挥牵头与指导作用，规划好、建设好、应用好“粤东电子口岸”。“粤东电子口岸”的建设将为粤东五市的精诚合作树立典范，对于粤东五市积极应对经济全球化的挑战，维护国家经济秩序，提高通关效率，改善投资环境，促进粤东对外开放具有十分重要而深远的意义。

粤东电子口岸建设坚持“以服务为宗旨、以促进为目的、以需求为导向、以合作促发展”的指导思想，既要实现粤东地区通关、物流、贸易管理服务计算机系统互联互通和信息共享，又要融入全国统一的基于通关、物流、贸易为一体的电子政务和电子商务系统，成为海关与地方联合建设电子口岸、开展大通关的重要组成部分，成为促进粤东地区经济快速、健康发展，适应经济全球化和加入WTO形势发展的重要力量。

粤东电子口岸的建设，必将促进粤东地区跨区域、跨行业、跨部门电子政务和电子商务系统的发展，使粤东地区的通关、物流、贸易综合管理效能得到有效提高，贸易成本显著下降，执法环境明显改善，企业国际竞争力大幅提升；必将加快粤东五市经济贸易现代化建设的步伐，必将为粤东服务珠三角、服务全国发挥积极作用，为我国开放型经济建设和发展作出更大贡献。

汕头海关数据分中心积极推动粤东电子口岸建设，依托汕头海关建成的以总关办公大楼为核心，上联海关总署，下联关区所有业务现场的大型网络系统。积极配合业务改革，推广实施H2000预录入系统、加工贸易联网和报关员IC卡管理等大型应用项目。目前，基于WEB网络电子口岸应用系统有十五个，涵盖通关、监管、报关员管理、征税、等各项业务，涉及海关、外经、工商、银行、港务、企业等多个部门。

2005年7月8日，海关总署、粤东五市在汕头海关成功举办“建设粤东电子口岸合作备忘录签署暨粤东电子口岸开通仪式”。图为合作备忘录的签署。海关总署李克农副署长（右一）；汕头市政府黄志光市长（左一）。

2005年7月8日，海关总署、粤东五市在汕头海关成功举办“建设粤东电子口岸合作备忘录签署暨粤东电子口岸开通仪式”。图为开通仪式。海关总署李克农副署长（左一）；汕头市政府黄志光市长（左二）；汕头海关陈立平关长（右一）。

2005年7月8日，海关总署李克农副署长在“建设粤东电子口岸合作备忘录签署暨粤东电子口岸开通仪式”上致辞。

目　录

第一篇　口岸主管部门工作回顾

第二篇　各省、自治区、直辖市口岸运行情况

北京市

天津市

河北省

山西省

内蒙古自治区

辽宁省

吉林省

黑龙江省

上海市

江苏省

浙江省

安徽省

福建省

江西省

山东省

河南省

湖北省

湖南省

广东省

海南省

广西壮族自治区

四川省

重庆市

贵州省

云南省

陕西省

第一篇

口岸主管部门工作回顾

2004 年海关工作回顾

中华人民共和国海关总署

2004 年，全国海关认真贯彻党中央、国务院的一系列指示精神，贯彻“依法行政，为国把关，服务经济，促进发展”的工作方针和“政治坚强、业务过硬、值得信赖”的队伍建设方针，圆满完成了各项任务，海关事业保持全面、协调、持续发展的良好势头。

【打击走私成果显著，并成功举办了全国打击走私成果展览】 全国海关认真贯彻“打防结合、综合治理、突出重点、坚持不懈”的打私工作方针，综合运用刑事、行政执法手段，以反价格瞒骗为重点，开展了打击成品油、汽车零配件、冻品等走私的一系列专项斗争。坚决封堵武器弹药、毒品、非法出版物和反动宣传品走私入境，维护国家的政治安全和社会稳定。运用风险管理方法，有重点地开展专项数据监控和综合风险分析，大力开展贸易调查和企业稽查，规范企业进出口行为。知识产权海关保护取得积极成效。全年共查获各类走私案件 17 700 起，案值 78.4 亿元。其中走私犯罪嫌疑案件 1 068 起，案值 73.4 亿元，对 2 945 名犯罪嫌疑人依法采取了强制措施；查获枪支 155 支、弹药 9 499 发，反动邪教等宣传品 515.4 万件，毒品 806 公斤等。海关总署与公安部、工商总局联合举办的“以国门名义——全国打击走私成果展览”，获得了良好的社会效果，进一步向世人宣示了以胡锦涛同志为总书记的新一届中央领导集体打击走私的坚定决心。

【海关税收大幅度增长，税收征管质量进一步提高】 全国海关坚持以税收工作为“轴心”，依法征税、科学征管、综合治税，税收质量进一步提高。海关税收继续超大幅度增长，全年净入库 4 744.05 亿元，其中，关税 1 043.74 亿元，进口环节税 3 700.31 亿元，比 2003 年多收 1 032.49 亿元，增长 27.8%。

【以信息化技术为先导的通关作业改革和“大通关”建设取得了新的进展，有力地促进了对外经济贸易的快速健康发展】 海关通关作业手续进一步完善和规范。全国海关 H2000 通关系统切换升级获得圆满成功。海关监管场所卡口控制及联网管理子系统试点工作在 14 个海关同步进行，选择查验机制工作稳步推进。积极推动“大通关”建设，口岸通关速度进一步提高，通行秩序进一步好转。“电子口岸”建设取得新进展，基本实现国务院各有关部门的数据联网，地方“电子口岸”建设发展迅速。2004 年，全国海关共监管进出口货运量 20.7 亿吨，增长 21.2%；全国外贸进出口首次突破万亿美元，总额达 11547.4 亿美元，增长 35.7%，其中，进口 5613.8 亿美元，出口 5933.6 亿美元。

【加工贸易和保税监管取得新进展】 全国海关按照党的十六届三中全会关于“继续发展加工贸易，引导加工贸易转型升级”的要求，积极探索建立具有中国海关特色的加工贸易和保税监管制度。加工贸易产业准入机制初见成效，逾期未核销手册的清理工作进展顺利，对占加工贸易进出量 40% 的 1490 家大型企业实行了联网监管。国务院批准的 39 个出口加工区已有 33 个通过验收封关运作，“区港联动”、保税物流中心试点工作全面启动，保税仓库和出口监管仓库管理不断规范。

【海关统计预警监测作用发挥更加明显】 海关统计基础工作继续得到加强，数据质量不断提高，执法评估系统在提高海关科学管理水平方面成效显著，统计职能作用充分发挥，进出口预警监测系统顺利启动。统计数据、统计信息以及一批高水平、高质量的分析报告，得到了党中央、国务院和地方党委政府的高度重视和充分肯定。

【海关法制建设不断加强，海关执法依据和执法机制进一步完善】 全国海关认真贯彻实施《行政许可法》，顺利实现了提升执法理念、梳理项目文件、完善制度配套、保障平稳过渡的目标。《海关行政处罚实施条例》、《进出口货物原产地条例》等一批法规规章颁布实施，海关执法依据进一步完善。树立执法风险意识，积极推行法律指引，规范海关执法，强化复议监督和应诉指导。2004 年，全国海关发生行政复议案件 742 起，发生行政诉讼案件 49 起，发生行政赔偿案件 12 起，索赔金额 2438.19 万元，各类案件发案数量较以往有所下降。

【参与世界海关事务的能力增强，我国海关国际地位进一步提高】 按照海关国际合作要与我国在国际舞台上的地位相适应、与我国海关在国际海关中的地位相适应的要求，海关国际合作工作进一步加强。我国海关成功当选世界海关组织（WCO）负责亚太地区事务的副主席，承办亚太地区情报联络中心，上海高专成为世界海关组织亚太地区培训中心。成功举办了“世界海关组织知识产权保护地区论坛”并发表了《上海宣言》，产生了积极的国际影响。由海关总署、商务部联合牵头参与的 WTO 新一轮贸易便利化谈判开始启动，与美国、欧盟、东盟、上海合作组织、中亚等海关合作进一步加强。

【现代海关制度第二步发展战略开局良好，20 个分课题进展顺利】 作为中心环节的风险管理总体框架基本形成，风险管理理念已深入人心，风险管理技术开始在各项工作中应用，风险管理成果初步显现。2004 年，全国海关直接运用风险管理平台查获各类走私违规案件 5 820 起，累计案值 64.1 亿元，追补税款 3.6 亿元。现代海关制度第二步发展战略规划的 20 个分课题、22 个改革方案进展顺利，其中《加工贸易和保税监管改革指导方案》、《海关人才发展纲要》、《海关总署关于干部培训工作的指导意见》和《国家海关学院组建方案》等 4 个方案已经总署党组批准实施，有 5 个方案已通过总课题办审议，11 个方案正在组织专家评审，2 个方案正在研究过程中。

【“5 年回顾教育”成果丰硕，“海关人员 6 项禁令”深入人心，党风廉政和反腐败工作成效显著】 为防止在好的形势下产生松劲自满情绪，总署党组在全国海关深入开展了“5 年回顾教育”活动，达到了总结经验、汲取教训、警示后人的目的。颁布实施“海关人员 6 项禁令”、严肃查处黄埔海关“2·17”走私受贿案，在海关内外产生强烈反响。对违纪违法案件发现一起查处一起，全年共立案 146 件，涉及 181 人；结案 177 件，涉及 194 人，给予纪律处分 189 人，移送司法机关 28 人，被追究刑事责任的 25 人；并追究了 53 名科级以上领导干部的领导责任。

【领导班子和干部队伍建设得到加强】 以思想政治建设和后备干部工作为重点，加强了领导班子和干部队伍建设。对总署机关 8 个司局和 13 个直属海关的领导班子特别是“一把手”进行了调整和交流，并加强了跟踪考察。完成了对总署机关和直属海关单位厅局级后备干部的集中考察调整工作。年内在全国海关开展的后备干部考核工作，从广度到深度在海关历史上都是空前的。它不仅为海关干部队伍建设提供了基础保障，而且在考察工作中也发现了海关系统和总署机关部分单位领导班子建设中存在的一些问题。有效实施了对局处级领导干部特别是“一把手”的任期经济责任审计。天津、上海两个特派办作用得到进一步发挥。建立了署领导联系直属海关工作制度。在原有 8 个海关设立政治部的基础上，又在 14 个 800 人以上的直属海关成立政治部。干部培训工作力度加大，仅总署举办的各类各级培训班就达 114 期、培训人员 1.4 万人次。上海高专“专升本”工作取得进展。基层建设达标工作全面推开，准军事化海关纪律部队建设初见成效，海关文化建设进一步加强。红其拉甫海关的艰苦奋斗精神已成为全国海关的一面旗帜，43 个先进集体、56 名先进个人分别受到省、部级以上表彰。

【其他工作】 海关其他各项工作也取得了可喜成绩：督审工作成效明显，受到了国务院领导的赞扬和国家审计署等 6 部委的表彰。海关财务装备工作对海关事业必要开支和重点工作给予了有力保障，各地海关尤其是边关的工作生活条件得到明显改善。后勤服务质量有所提高。物资集中采购供应工作不断完善。海关政策研究、新闻宣传和政务信息化建设等工作取得显著成果。出版工作的市场运作能力有所增强。海关学会被民政部授予“全国先进民间组织”光荣称号，口岸协会采取各种方式推动“大通关”建设，报关协会在整顿规范报关行业秩序中努力发挥作用，保税区出口加工区协会筹建工作进展顺利。

2004年出入境边防检查工作回顾

中华人民共和国公安部出入境管理局

2004年，全国各级边防检查部门在公安部的领导下，深入贯彻落实党的十六届四中全会、第二十次全国公安会议精神，紧紧围绕全党全国工作大局和公安中心工作，坚持执法为民，坚持与时俱进，认真研究新情况新问题，积极探索新思路新方法，圆满完成了各项出入境边防检查工作。全年共检查出入境人员2.75亿人次，出入境交通运输工具1 940.73万辆（艘、列、架）次，与2003年相比分别增长23.59%和7.2%。

【进一步提高口岸控制能力，全力维护国家安全和社会稳定】 2004年，全国各级边防检查部门切实提高维护国家安全的能力，努力增强政治意识，提高敏锐性和责任感，不断严密各项工作措施，进一步完善处置各种突发事件的预案，增强处置突发事件的能力，圆满完成了维护口岸稳定的任务。一是健全应对突发事件的预警和应急机制，完善相关设施，对口岸可能发生的恐怖、闯关、冲关等各类突发事件，做到了反应迅速、控制得住、处置得当。厦门、海口边检总站分别制定了《厦门边检总站处置口岸突发事件分级预警方案》、《海口边检总站处置突发事件预案》，从组织指挥、职责任务、预警分级、应急响应、处置原则、工作方法及要求等方面，对口岸突发事件的各项处置工作进行了明确。二是加强经常性实地实兵演练。海口边检总站创新口岸突发事件演练模式，采取现场“命题式”临时设定各类突发事件，检验各边检站的应变能力。

【牢固树立执法为民思想，不断改进边防检查执勤工作】 各级边防检查部门积极创新工作思路，改革工作模式，不断提高科技应用水平，努力为经济和社会发展提供优质高效的服务。

加强组织领导，圆满完成了重要活动和特殊时期的出入境边防检查任务和安全保卫工作。北京、上海、深圳、珠海、海口边检总站，广东、海南、广西、山东、湖北、四川边防总队以高度的政治责任感，圆满完成了全国人大、政协会议、“博鳌亚洲论坛年会”、“联合国亚太经社会第60届年会”、“中国东盟博览会”、“奥运圣火传递”、“国际金融论坛会议”、“第三届政党国际会议”、“世界银行全球扶贫大会”、“香港政制改革座谈会”、“亚洲合作对话第三次外长会议”、“澳门回归5周年庆典”等重要会议、活动的出入境边防检查工作。北京、广州、海口边检总站，新疆、辽宁边防总队为北京奥运、残奥代表团、世界家庭峰会代表、中巴联合反恐演习人员、联合国维和工兵、海啸灾区救援队出入境提供了便利，受到有关单位的好评。

加强口岸建设，积极推进“大通关”工作。北京、上海、深圳边检总站积极做好北京西客站、上海火车站、深圳皇岗地铁、深圳西部通道等重点口岸的边检执勤设施建设工作，为口岸的正式开放打下坚实基础。广州边检总站提前介入、精心策划、严密部署，顺利完成新白云机场口岸的搬迁工作和广州港南沙港区临时对外开放工作。浙江、江西、福建、山东边防总队全力支持新口岸建设，保障浙江杭州机场和舟山马迹山港区、江西南昌机场、福建福清江阴港区、山东蓬莱栾家口港区等口岸顺利通过了国家级验收。辽宁、四川、吉林、内蒙古、新疆、海南、甘肃、山西边防总队积极寻求当地政府支持，加大资金和设备投入，扩建执勤现场，更新改造边检设施，提高口岸通行能力、优化口岸通关环境。

大力推进勤务改革，全面优化工作机制，进一步提高规范化建设水平。各边检总站开展了以“提高查验通关效率、管理服务水平和防范控制能力”为主题的调研活动，广泛征求地方政府、口岸相关部门、广大出入境旅客和执勤民警的意见，对边防检查工作现行政策法规、制度规定、勤务措施等进行全面深入的研究和梳理，探索进一步便利旅客出入境、提高通关效率的改革措施。在各地调研的基础上，公安部出入境管理局相继推出两项改革措施：第一，自2004年2月9日起，执行航空协议的入境航班抵达口岸后，旅客即可下飞机办理入境边检手续，执勤人员不再登机收取机组员工出入境证件和相关申报单据，相应手续由地面代理人员代为办理，进一步缩短旅客在口岸停留的时间。第二，持有《往来港澳通行证》和《因公往来香港澳门特别行政区通行证》的人员出入境时免填出入境登记卡，进一步简化内地居民出入境查验手续，提高通关效率。全国各级边防检查部门细致研究改革措施，严密制定工作方案，加大宣传和管理力度，确保了两项措施落到实处。北京、上海、深圳、珠海边检总站精简机关，合理调配警力，充分保障一线的执勤警力，同时深化勤务改革，研究推出符合实际情况的勤务倒班制度，既保证了正常执勤工作，又减轻了一线民警的劳动强度。上海边检总站改革海港监护模式，在各海港口岸全面推广适应一类码头的“电视监控+快速处警+码头巡查”和适应二类码头的“护船队协管+快速处警+机动抽查”的国际航行船舶监护管理模式，加强了对口岸限定区域的管理。厦门边检总站深入基层调研，针对基层工作中存在的热点、难点问题，结合实际，研究制定一系列规范性文件，明确出入境旅客、交通运输工具检查等各个环节的执勤工作，提高了边检工作的质量和管理水平。云南、广西、西藏、辽宁、吉林边防总队进一步规范了边民从边境口岸及边民通道出入境的管理和检查工作，制定下发了《边民出入境检查工作规范》，建立起“三检合一”的工作体制。

加强文明执勤，提高服务水平。全国各级边检部门不断创新管理理念，改进管理方式，增强服务意识，拓宽服务领域，开展了加强文明规范执勤的整顿活动和“争创执法为民窗口、争当执法为民标兵”的“双争”活动。各边检总站按照周永康部长“各口岸的执勤人员不是个人，代表了国家，代表全体公安队伍，要成为文明国家的窗口”的重要指示精神，深入查找执勤工作中存在的问题，采取有力措施，从群众意见大、反映集中的突出问题入手，对执勤工作存在的问题进行了集中整治。北京边检总站研究制定了保障航班正点、便利旅客快捷通关和加强严格、公正、文明执法的各项工作措施，并重点整治警容不整、人证对照不仔细等问题，加大了对文明执勤的监督力度。深圳边检总站部署开展了以“执法为民、亲民爱民、文明规范执勤”为主题的教育整顿活动，针对易引发旅客投诉的薄弱环节，统一了文明执勤用语，细化了检查员上下勤、接证、验证、还证等动作要求，特别在旅客反映最为强烈的抛甩证件上，要求实现“零距离”还证，同时加强监督，对执勤中发现的不文明、不规范的行为进行拍照、录像，通报批评。各边防总队不断加强窗口建设，全面提高执勤执法水平和服务质量，以“执勤执法规范、执勤设施完备、队伍管理正规、组织机构合理、政府群众满意”为目标，大力开展“双争”活动。

加快推进信息化建设，切实增强出入境边防检查工作的科技保障能力。各边检总站、边防总队积极配合新一代边防检查管理信息系统的研发工作，进一步开展业务需求调研，及时提出对新系统的修改意见，推动了新系统的开发工作。珠海、深圳边检总站加快“出入境人员自助检查系统”、“车辆快捷通关系统”、“车辆一站式通关系统”的研制和建设工作，北京边检总站预检预录系统和面像识别系统也已投入试运行，利用科技缓解警力不足的矛盾，提高口岸通行能力。陕西边防总队利用视频监控系统、前台报警系统、通讯调度指挥系统、信息网络辅助系统等一系列信息技术系统建立了勤务指挥中心。深圳、厦门、海口边检总站海港站启用了船舶网上报检系统，方便了船方和外轮代理公司办理船舶入出境手续。

【完善机制，强化协作，有效防范和打击非法出入境活动】 2004年，全国各级边防检查部门切实采取有力措施，严厉打击非法出入境活动，口岸偷渡活动得到有效遏制，全年共查获非法出入境人员5 773人，查获组织、协助他人偷渡人员202人，与2003年相比分别减少16.54 %和12.17%。

加强证件研究，加大培训力度，努力提高识别伪假护照证件的水平。全年共查获持用伪假证件人员3 403人，占查获非法出入境人员总数的58.95%。2003年底，我局在公安信息网上建立并启用了证件研究网页，实现了全国出入境边防检查系统证件研究信息共享。天津、广州、深圳、厦门、珠海、海口边检总站和辽宁、山东、浙江、广西边防总队充分利用“证件研究网”共享证件研究信息，全年共上传信息300余条，及时反馈了各口岸查获伪假证件的制作手法和识别方法，供各级边防检查部门学习借鉴，有力地推动和促进了全国边防检查系统的证件研究工作。北京边检总站要求各执勤队分别负责若干国家、地区的出入境证件样本采集工作，将采集种类从护照、签证扩大到各国的居留证、身份证、驾照以及各类印鉴，全年共采集各类证件样本1 500余件，图片近4 000幅，为证件鉴别提供了可靠依据。上海边检总站加大对一线检查员识别伪假证件的培训力度，形成了一套行之有效的人员培训机制，并将工作中积累的识别伪假证件的经验进行了归纳整理，编印了《识别可疑出入境旅客和证件入门手册》，供一线检查员学习应用。

建立和完善反偷渡工作机制，形成打击合力。全国各级边防检查部门积极与公安机关出入境管理和刑侦部门建立反偷渡协作的长效机制，加强对打击口岸非法出入境活动的调研，及时移交重要案件和通报重要线索，摧毁、抓捕一批组织偷渡集团和组织偷渡分子。北京、深圳、珠海边检总站与福建、浙江、吉林、辽宁等公安机关在偷渡案件的协查、案情通报和案件移交方面建立了协作机制。北京、上海、广州边检总站深入贯彻三边检总站业务联席会议制度，相继制定“三边检总站定期交流业务刊物制度”、“三边检总站民警调研学习制度”、“三边检总站证件研究信息通报制度”，加强信息通报，交流反偷渡工作经验，联合打击三地空港口岸的非法出入境活动。福建、辽宁等边防总队所属边检站与海关、海事、港务等部门达成合作协议，与边防支队、海警支队建立联防联动机制，与港区相关公司签订共管责任状，构建了长效防控网络，建立了口岸反偷渡协作机制。同时，全国各级边防检查部门加强对非法出入境人员和遣返人员的身份核实和审查、处理工作，及时将有关遣返人员的资料信息和案件线索通报其居住地的公安机关出入境管理部门，深挖案件。

进一步加强与外国警察、移民部门的交流与合作。各级边防检查部门进一步加强了与外国警察、移民部门的交流与合作，为维护国家主权、保护我国公民的合法权益和共同打击非法移民活动起到了积极作用。我局按照与法国内政部边防警察总局签署的《中国公安部出入境管理局与法国内政部边防警察总局关于加强边防检查合作的会谈纪要》，组织北京、上海、广州边检总站识别伪假证件专家前往法国，与法方进行业务交流，相互借鉴、学习打击口岸非法出入境活动方面的经验和技术手段。北京边检总站与蒙古国博彦图乌哈边防检查站建立了合作交流制度，通过互访和信息交流的方式加强协作，有效遏制了蒙古国公民转道北京偷渡韩国非法出入境活动。北京、上海、广州、深圳、珠海、厦门、汕头边检总站，黑龙江、吉林、辽宁、内蒙古、新疆、西藏、云南、广西、安徽、广东、江苏、湖南、重庆、福建等边防总队分别与德国、澳大利亚、日本、韩国、加拿大、蒙古、俄罗斯、哈萨克斯坦、越南等国驻华使领馆负责移民事务部门进行会谈会晤，共同举办了识别真伪证件知识讲座，及时交流检查工作经验和伪假出入境证件情报信息，进一步提高了打击口岸非法出入境活动的能力。

【广泛开展业务练兵，全面提高队伍战斗力】 2004 年，各级边防检查部门以”大练兵”活动为契机，根据公安部的统一部署，按照“干什么，练什么，缺什么，补什么”的原则，立足岗位，结合实际，广泛开展业务练兵。采取办班、讲座、研讨、知识竞赛等形式强化业务训练，普遍开展了边检业务、法律、外语和识别伪假证件等内容的业务培训和岗位练兵，切实提高民警业务水平，不断提高队伍的专业化水平和实战能力。

紧密围绕执勤工作，加大业务培训力度。今年以来，公安部出入境管理局会同公安部边防局分别在天津、廊坊、青岛举办了全国边防检查系统执行公安机关办理行政案件程序规定培训班、业务骨干培训班和后台证件鉴定人员培训班，重点对各边检总站、边防总队的业务骨干进行培训，提高其分析、研究问题和指导基层业务工作的能力，更好地发挥参谋助手作用。各参训人员回到所属单位后，积极采取轮训、讲座、研讨等多种形式，把培训成果转化到一线。深圳边检总站开展证件快速鉴别、突发事件处理等各类业务培训班 28 期，参训人员 800 余人。北京、天津边检总站开展对口执勤队业务互访、交流活动，就执勤中勤务组织、突发事件处理、伪假证件识别等开展广泛交流，共同讨论工作中的疑难问题，营造出“京津大练兵”的良好氛围。深圳、广州、珠海边检总站，辽宁、广东边防总队制作《边防检查旅客检查工作规范》、《行政处罚模拟听证会》等电视教学片下发到执勤一线，强化各类规范和执法程序的落实工作。

开展多种形式的考核活动，检验“大练兵”成果。珠海边检总站开展了“三比二考一竞赛”的活动，比证件资料录入、伪假证件识别、文明执勤，考业务知识和勤务英语，赛业务综合知识，在竞赛激励机制的带动下，掀起了全边检总站的业务大练兵高潮。北京边检总站创新考核方式，组织参考人员现场鉴别证件，分析讲解伪假特征，与标准答案对照评分，并将考试过程用电教设备投影播放，达到学用相结合的效果。海南边防总队完善奖惩激励机制，将业务培训与工作实际相结合，将学习效果与个人考评挂钩。

出入境边防检查主要统计数据

公安部出入境管理局

2004年,出入境人员数量大幅上升,全国出入境边防检查部门共检查出入境人员2.75亿人次,与受“非典”疫情影响的2003年相比(以下简称“同比”)增长23.59%。其中,内地居民5 717.83万人次,同比增长43.79%;港澳居民17 679.95万人次,同比增长14.35%;台湾居民735.04万人次,同比增长35.06%;外国籍人员3 371.42万人次,同比增长48.41%。按通行口岸类型分,从陆路出入境22 342.81万人次,同比增长20.08%;从海港出入境1 538.3万人次,同比增长22.63%;从空港出入境3 623.13万人次,同比增长51.43%。在全国273个口岸中,深圳罗湖口岸的出入境人数最多,达8 963.95万人次,占全国出入境人员总数的32.59%。2004年,人员出入境活动主要呈现以下特点:一是内地居民出境人数持续快速增长,因私出境居民占多数。2004年,我国内地居民出境人数2 885.29万人次,同比增长42.68%。我国内地居民出境前往国家和地区为236个,居前十位的为:中国香港、中国澳门、日本、俄罗斯、越南、韩国、泰国、美国、新加坡、马来西亚。其中,观光旅游622.19万人次,占总数的21.56%;会议商务503.48万人次,占总数的17.45%;访问444.20万人次,占总数的15.40%。随着个人赴港澳旅游的进一步放开、按需申领护照进程的加快、境外旅游目的地国家(地区)的不断增多等多项出入境便民利民措施的陆续推行,2004年我国内地居民因私出境人数大幅攀升,达2 305.89万人次,同比增长55.43%。其中因私赴港澳地区的1 028.30万人次,同比增长59.18%。二是入境外国人快速增长,来华人员以观光休闲为主。2004年有来自229个国家和地区的1 693.25万人次外国人入境,同比增长48.49%。居前十位的国家为:日本、韩国、俄罗斯、美国、马来西亚、新加坡、蒙古、菲律宾、泰国、英国。其中,观光旅游741.21万人次,占总数的43.77%;会议商务268.41万人次,占总数的15.85%;出入境交通运输工具服务员工175.48万人次,占总数的10.36%。

2004年,全国出入境边防检查部门共检查出入境交通运输工具1 940.73万艘(架、列、辆)次,同比增长10.49%。其中,机动车辆1862.17万辆次,同比增长10.17%;飞机27.87万架次,同比增长45.61%;火车4.56万列次,同比增长12.22%;船舶46.13万艘次,同比增长7.2%。其中,深圳皇岗口岸全年出入境机动车辆1 055.76万辆次,占出入境机动车辆总数的56.7%,居全国第一;上海浦东机场全年出入境飞机9.76万架次,占出入境飞机总数的35.01%,居全国第一;内蒙古满洲里口岸全年出入境火车0.91万列次,占出入境火车总数的20%,居全国第一;深圳蛇口港全年出入境船舶2.78万艘次,占全国总数的6.03%,居全国第一。

出入境检验检疫工作回顾

中华人民共和国国家质量监督检验检疫总局

2004年,全国出入境检验检疫系统在"三个代表"重要思想的指引和党中央、国务院的正确领导下,在全系统广大干部职工共同努力下,按照"忠于职守,勇于负责,严格把关,保国安民"的要求,围绕服务经济、促进发展,认真履行职责,经受住了一系列考验,出色地完成了党和人民所赋予的光荣职责,在维护国家经济安全,保护人民生命健康,促进扩大出口、严格把关等方面发挥了重要作用,较好的完成了国务院的工作部署和任务,对国民经济和社会发展发挥了明显作用,同时也使质检事业实现了新发展。吴仪副总理评价质检系统这一年来是"勇挑重担,不讲条件,不惜代价,认认真真地做好各项工作。把国家和人民利益放在首位,胸中装着全局,时刻想着为党和国家的中心工作服务。"

【进一步完善了工作机制】 以提高质量为目标,积极建立和完善质量工作长效机制。大力推行质量兴市、质量兴企活动。在加快建立企业质量档案的同时,积极探索生产企业电子监管,推进质量信用体系建设。进一步扩大出口商品源头管理,推广了生产过程监管,完善了检验检疫准入和质量许可制度。

以提速、减负、增效、严密监管为目标,加快大通关建设,进一步推进检验检疫电子监管。推广实施了进出口货物快速查验、快速核放系统,完善了电子报检制度。规范了口岸检验检疫设施建设,理顺了口岸流程。进一步扩大了出口绿色通道,加大了对重点出口企业的帮扶。目前全国进出境货物电子申报率达到95.5%以上,电子转单率接近100%,进一步提高了口岸通关速度。

以提高监管效率为目标,加强和完善了风险预警机制。围绕调控进出口,加强了重点进口产品和敏感产品监管力度,及时对质量问题进行预警通报,及时查处重大质量安全事故,及时通报国际疫情,防止疫病疫情传入。完善质量安全卫生重大突发事件应对预案,明确了任务,落实了责任。

【部署了专项战役】 全力以赴抗击禽流感。在年初周边国家地区及我国部分地区相继爆发高致病性禽流感疫情的严峻形势下,全系统周密部署,全力应对,加强对重点入境口岸和国内疫区货物及其运输工具的检验检疫,加强对注册饲养场的监管,及时制定发布急需的有关标准,组织专项检查,免收出口禽类及产品检验检疫收费,为夺取抗击禽流感的胜利发挥了积极作用。由质检部门注册管理的饲养场、养殖场没有发生一例禽流感。经过对外交涉,我国无疫情地区和未染疫禽类产品得以及时恢复出口,减少了企业的损失。

【加强了技术体系建设】 加强了认证认可体系建设。强制性认证工作进展顺利,获证产品已达20大类139种,累计颁发3C证书15.55万张,获证企业达3.27万家。强化了进出口食品卫生注册管理,我国获得国外注册的企业达到4 400余家。组织开展了文教用品、燃气具、玩具、环保产品的自愿性认证,扩大了农产品和食品认证。加强认证认可法律法规建设,认证市场进一步规范,部际协调工作成果显著。

加强了标准化体系建设。改变了国家标准立项层层报批的管理模式,面向全社会公开申报立项,允许各类企业包括在中国注册的外资企业参与标准工作。大力推进采用国际标准和国外先进标准,在全面清理整顿国家标准的同时,发布了一批节水、节能、节油和涉及人身健康安全的重要标准。加强了农业标准化示范区建设，大力推进农业标准化工作。

加强了技术性贸易措施体系建设。积极运用标准、检验检疫措施和认证、注册等手段，完善我国技术措施体系。加强口岸查验，提高问题检出率，坚决退运或销毁不符合标准和质量规定的进口商品。加强了部际协调机制，充分发挥全国技术性贸易措施部际协调会议的作用。积极参与世贸组织有关会议和磋商，密切与有关国际组织联系。在维护国家利益大局和互利平等前提下，与多个国家和地区签署了多项质检合作协议，妥善处理了我国与有关国家检验检疫准入问题，配合国家宏观调控，减少同外国不必要的贸易摩擦，积极以检验检疫措施促使一些国家承认我国市场经济地位，为我国外交、外贸工作的开展发挥了重要作用。

【深化了自身改革】 深化了行政审批制度改革。加大依法行政力度，以贯彻落实《行政许可法》为契机，清理了质检法规规章，取消了67个审批项目，改变了5个审批项目管理方式，下放了一批审批权限，实现了一些项目的网上审批。公布了质检审批项目名称、设定依据、申请条件、许可单位、审批程序、许可期限、收费依据、格式文本，制定了行政审批操作规范和管理要求。在全系统组织开展了《行政许可法》培训。

深化了干部人事制度改革。改进和完善了民主推荐、民主测评、考察预告、差额考察、任前公示等办法。加大了轮岗、交流、挂职锻炼力度，扩大了竞争上岗范围，使一批年富力强的青年干部走上领导岗位。加强了后备干部队伍建设。开展了“检验检疫官”试点准备。在部分直属局探索了干部绩效考核评价方法。

深化了质检中心、实验室和企事业单位改革。组建了中国检验检疫科学研究院。加快了检验检疫事业单位独立法人注册，抓紧了卫生保健中心的整顿和改革，基本完成商检公司的重组改制。组建一批国家级质检中心，整合了部分中心城市质检资源。深化了实验室、检测中心用人制度、分配制度、管理制度改革，进一步调动了科技人员积极性，增强了自我积累、自我提高、自我发展的能力。全系统有2项科研成果通过了2004年度国家科技进步二等奖评审。

深化了进出口商品监管模式改革。完善了出口商品生产过程监管，对不同产品实行不同的监管方式。制定了《检验检疫工作手册》，统一规范了检验检疫流程和执法把关依据。对出口食品、农产品加大了药残留控制措施，强化了企业自控体系建设，推进了“出口企业+基地”的模式。调整了出口货物口岸重点查验目录，加强了对食品、动植物产品等重点敏感商品的全过程监管和出口查验。

【发挥了促进作用】 促进了扩大出口。通过扩大免验，推进分类管理，加快报检报验，转变检验检疫工作模式，扩大了我国机电产品和高新技术产品等出口。促使欧盟解除了我国大部分动物源性食品进口限制及日本恢复我国熟制禽肉进口，扩大了我国水果、蔬菜、畜产品、水产品对美国、日本、韩国、欧盟的出口。重新恢复了中断8年之久的对中东动物贸易，14.7万只活羊、6000头活牛顺利出口约旦。配合对港澳CEPA工作的展开，发挥了检验检疫的促进作用。落实《中国—东盟自贸区》、《曼谷协定》，争取欧盟普惠制项下有关环境保护的特殊鼓励安排，开拓了原产地工作新领域。

促进了农业发展。加强农产品地理标志保护，促进优势农产品扩大出口，确保进口种畜、种子安全健康，为农业发展、农民增收发挥了作用。

促进了经济社会安全。2004年前11个月在出入境人员中查出严重传染病人员1万人次，其中艾滋病感染者486例；杀灭传染病媒介170万只，及时处置了部分地区输入性疟疾、登革热疫情；截获有害生物2 200种5.4万批次；查出检验检疫不合格进出口商品货值约150亿美元。

【坚持了从严治检】 纠正个别机构和个别执法人员不作为、乱作为行为，针对个别口岸进口敏感商品监管失查，在检验检疫系统开展了查问题、查原因、查措施活动。在全系统组织开展了整肃乱收费、乱发证、乱办班、乱评比、乱发牌匾活动，开展了“文明窗口”、“文明岗位”、“满意在质检”、模范公务员、文明岗位等争创先进活动。广泛开展了党风廉政建设教育，完善了廉政责任制度，质检系统干部队伍的整体素质有明显提高。全系统有 75 名同志被选拔为总局首批优秀中青年专家，有 104 个单位、77 名同志被人事部和总局授予先进称号。新疆阿拉山口检验检疫局李国江荣获全国“人民满意的公务员”称号，深圳检验检疫局黄萍芳同志被追授为“模范公务员”荣誉称号。全系统加强党的建设和思想政治教育工作，充分发挥工会、共青团群众组织和协会、学会等社团组织的作用。

【2004 年全国检验检疫系统业务概况】 2004 年全国检验检疫系统共完成出入境检验检疫 1 267 万批、货值 5 717 亿美元，检出不合格货物 7.08 万批、167.24 亿美元；完成出入境人员卫生检疫及监测体检 207.32 万人次，艾滋病监测数 100.43 万人次，预防接种 109.56 万人次；完成检疫出入境交通工具 2 089.21万(架、节、辆、艘)次；检疫出入境集装箱 3 905 万标准集装箱；完成外商投资财产鉴定 5 611 批；签发出境货物通关单 887 万份，货值 2 457.25 亿美元，签发入境货物通关单 494 万份，货值 3 366.10 亿美元，签发普惠制产地证书 370 万份，货值 977.69 亿美元，签发一般产地证书 113 万份，货值 374.25 亿美元。

2004 年出入境检验检疫系统业务统计表

<table>
<tr><th></th><th colspan="2">项　目</th><th>出　境</th><th>入　境</th><th>出入境合计</th><th>数量单位</th></tr>
<tr><td rowspan="4">货物检验检疫</td><td rowspan="2">总量</td><td>批量</td><td>845</td><td>422</td><td>1267</td><td>万批</td></tr>
<tr><td>货值</td><td>2623</td><td>3094</td><td>5717</td><td>亿美元</td></tr>
<tr><td rowspan="2">不合格</td><td>批量</td><td>11300</td><td>59500</td><td>70800</td><td>批</td></tr>
<tr><td>货值</td><td>4.98</td><td>162.3</td><td>167.24</td><td>亿美元</td></tr>
<tr><td rowspan="10">卫生检疫</td><td rowspan="4">人员</td><td>人员监测体检</td><td colspan="3">207.32</td><td>万人次</td></tr>
<tr><td>艾滋病监测</td><td colspan="3">100.43</td><td>万人次</td></tr>
<tr><td>预防接种</td><td colspan="3">109.56</td><td>万人次</td></tr>
<tr><td>发现病例</td><td colspan="3">24</td><td>万人次</td></tr>
<tr><td rowspan="4">交通工具</td><td>火车</td><td>45.3</td><td>61.34</td><td>106.64</td><td>万节</td></tr>
<tr><td>汽车</td><td>978.7</td><td>927.2</td><td>1905.85</td><td>万辆</td></tr>
<tr><td>轮船</td><td>24.37</td><td>24.68</td><td>49.05</td><td>万艘</td></tr>
<tr><td>飞机</td><td>13.85</td><td>13.82</td><td>27.67</td><td>万架</td></tr>
<tr><td rowspan="2">集装箱</td><td>总量</td><td>1844</td><td>2061</td><td>3905</td><td>万标箱</td></tr>
<tr><td>检出问题</td><td>1170</td><td>67585</td><td>68755</td><td>标箱</td></tr>
</table>

<table>
<tr><th></th><th colspan="2">项 目</th><th>出 境</th><th>入 境</th><th>出入境合计</th><th>数量单位</th></tr>
<tr><td rowspan="7">鉴定业务</td><td colspan="2">重量鉴定</td><td colspan="3">11.82</td><td>万批</td></tr>
<tr><td colspan="2">运输工具适载鉴定</td><td colspan="3">16.05</td><td>万批</td></tr>
<tr><td colspan="2">残损鉴定</td><td colspan="3">221</td><td>批</td></tr>
<tr><td colspan="2">货载衡量及纠正运费</td><td colspan="3">134</td><td>批</td></tr>
<tr><td colspan="2">出境货物包装鉴定</td><td colspan="3">65.4</td><td>万批</td></tr>
<tr><td colspan="2">外商投资财产鉴定</td><td colspan="3">5611</td><td>批</td></tr>
<tr><td colspan="2">其他鉴定</td><td colspan="3">11582</td><td>批</td></tr>
<tr><td rowspan="6">签证业务</td><td rowspan="3">通关单</td><td>出境通关单</td><td colspan="3">887</td><td rowspan="6">万份</td></tr>
<tr><td>入境通关单</td><td colspan="3">494</td></tr>
<tr><td>合计</td><td colspan="3">1381</td></tr>
<tr><td rowspan="3">产地证</td><td>普惠制产地证</td><td colspan="3">370</td></tr>
<tr><td>一般产地证</td><td colspan="3">113</td></tr>
<tr><td>合计</td><td colspan="3">483</td></tr>
</table>

2004年海事工作回顾

中华人民共和国海事局

2004年，在部党组的正确领导下，海事系统广大干部职工发挥积极性、主动性和创造性，各项工作均取得了显著成绩，涌现了许多“亮点”。

【坚决贯彻落实部党组要求，促进海事事业新发展】 2004年初，张春贤部长视察海事系统基层单位时，要求海事系统“要始终保持昂扬向上的精神状态，在社会上树立一种崭新形象”、“要解决好水上安全问题”、“要加强队伍建设，切实履行职责”。一年来，围绕张部长提出的要求，海事部门突出开展了以下工作。

——坚持以人为本，服务社会，服务经济发展，树立处处为老百姓服务、全心全意为人民服务的海事形象。一是提出了八项便民利民措施。进一步简化海事执法和审批程序，减少和减轻群众负担，实现海事监管由管理型向服务型的管理理念的转变，促进了航运生产力的发展。二是为电煤运输提供便利通道，为地方经济建设做出贡献。在迎峰度夏电煤运输过程中，海事系统采取了一系列积极主动的措施，有效缓解了电煤水路运输紧张的局面。全年各主要港口累计完成煤炭发运量3.4亿吨，没有因为海事部门的原因而耽搁任何一艘电煤运输船舶的船期。三是成功处置多起重大突发事故和险情。“辽海”轮、“海鹭15”轮等事故的成功搜救，珠江口水域溢油事故的应急处置、东航失事飞机黑匣子成功扫测定位等，得到了国务院领导同志、部党组和社会各界人士的高度评价和充分肯定，国际海事组织也给予了高度关注和评价。

——全面加强水上交通安全监督管理，确保水上交通安全形势稳定。一是积极探索建立水上交通安全长效管理机制。经过深入研究和探索，建立水上交通安全长效管理机制的指导意见2005年将下发实施；同时，继续深化专项整治，组织开展了“长三角”地区打击船舶超载联动执法行动、沿海小型船舶专项整治和重点船舶专项安全检查等专项活动。二是加大船舶监督管理力度。继续实施“重点跟踪”和“安全诚信”船舶管理，修订完善了《重点跟踪船舶监督检查规定》，更新了第一批公布的安全诚信船舶名单。继续加大船舶安全检查力度，全年共实施PSC检查4 480艘次，滞留194艘次；FSC检查81 666艘次，滞留833艘次；在中国籍国际航行船舶在国外被检查艘次不断增加的情况下，全年仅被滞留17艘次，继续保持低滞留率，稳居船旗国“白名单”前列。组织开展了ISPS检查集中会战，共检查各类外籍船舶1 008艘次，滞留外国籍船舶17艘；会战期间，无一艘中国籍船舶因ISPS方面缺陷在国外被滞留，展现了中国履行国际公约的能力。在“长三角”地区实施了“船舶签证一卡通”工程，为实现水上交通安全长效管理提供强有力的技术支持。严厉查处了“金海虹87”轮等违法登记逃逸船舶，维护了主管机关权威。三是危险品管理和防止船舶污染工作取得新进展。开展了“防止和处置重大船舶污染问题”研究，与国务院相关部门联合开展了海洋环保执法检查。对《中国海上船舶溢油应急计划》进行了修订和完善，指导各地政府建立省级水上防污应急机制。积极推动建立船舶油污染损害赔偿机制，配合相关部门做好油污基金制度的配套法规建设。四是加强船舶检验管理，提高船舶检验质量。基本完成了水网地区和非水网地区船检机构资质认可工作。加强对验船人员资质管理，在全国范围内实施了验船人员持证上岗，首次实现了验船师全国统考。加强对船检质量的监督管理，对“四客一危”船舶的检验质量进行了专项检查。提前三年完成渤海湾、琼州海峡 85 艘客船、客滚船及救助船 AIS 系统安装工作。按奖励与处罚并重的原则，对“长安 91”等船舶的责任验船师进行了过错责任追究，同时，表彰了 96 名全国优秀验船师和优秀船检工作者。五是落实船员闭环管理工作机制，加强船员管理工作。结合日常监督管理工作中发现的船员方面问题，采取针对性措施，落实到船员培训、考试、评估和发证工作中。建立了航行长江干线内河船舶船员数据库。组织了 5 期共 35 133 人参加的船员适任证书全国统考。继续做好 STCW95 公约的履约工作，向 IMO 递交了《STCW 质量体系独立评价报告》，与相关 STCW 公约缔约国核查了 24 000 余本我国签发的船员证书，和安提瓜和巴布达国签订了证书承认协议。六是继续改善主要水域的通航环境。开展了航路、禁航区、禁锚区等通航资源和通航环境的普查工作，明确了各辖区的重点监管水域。加大船舶定线制实施和推进工作，完成了珠江口船舶定线制规定的制订、颁布和宣传贯彻，开展了三峡库区船舶定线制延伸和长江上海段等船舶定线制的研究工作。积极关注大型水工建设项目的通航安全，对大小洋山施工安全进行重点管理。加强 VTS 运行管理，在香港举办三期 VTS 高级值班长培训班。七是水上搜救组织协调能力明显提高。组建了“交通部、中国海上搜救中心搜救咨询专家组”，进一步完善了搜救应急体系，组织完成了国家水上险情应急预案。一年来，全国各级搜救机构共组织、协调搜救行动 1 745 件次，派出和协调各类船艇 4 257 艘次，飞机 48 架次，成功救助 16 514 人，其中外国籍人员 76 人，救助成功率 94.3%。八是加强了事故调查处理管理工作。出版发行了海事调查官培训教材，组织了高级海事调查官培训。组织完成了“水上交通事故统计相对指标研究”等课题的研究工作。针对浙江船舶事故和险情多发的情况，组织进行了安全调查，提出了加强安全管理工作的具体措施和要求。九是全面加强安全管理规则的实施和审核管理工作。组织开展了安全管理规则实施现状及发展战略研究，开展了对第二批实施《国内安全管理规则》航运公司及船舶审核发证情况调查。加强审核员队伍建设，规范了审核员考核评估工作。2004 年，各级审核机构共调派 797 个审核组对近 600 家国际航运公司和国内航运公司进行了审核，吊销和收回 DOC 证书 11 份。

通过一年的努力，保持了水上交通安全形势的持续稳定。2004 年，全国共发生运输船舶水上交通事故 562 件，死亡失踪 489 人，沉船 330 艘，直接经济损失 3.69 亿元，在全社会水路货物周转量、全国沿海港口吞吐量、全国船舶进出港数量分别比 2003 年上升 35.7%、21.3%、5%的情况下，水上交通事故四项指标同比 2003 年分别下降 11.4 %、1.8%、3.8%和 3.5%。

——更新理念，完善机制，全面加强海事人才队伍建设。一是全方位加强领导干部队伍建设，领导干部工作作风明显改进，各级班子在群众中的威信不断提高，活力明显增强，领导干部整体素质和水平有了进一步提高。二是继续提高海事执法队伍整体素质。2005 年重新修订了执法人员考任制考试大纲，组织了《海事基础》统一考试。开展了职工教育培训教材的编审工作，完成《船舶管理》等 6 本教材的初审工作。继续实行“凡进必考”，把好准入关，2004 年通过公务员招录 205 人。三是加速高层次人才的培养工作。根据实际情况，选派 40 名职工参加世界海事大学大连硕士班的学习。采取干部交流等方式，对一批拔尖人才实施了积极培养。四是召开了系统人才工作会议，部署了今后一个时期人才工作的任务。五是深化创建文明行业活动，加强党风廉政建设，大力纠正行业不正之风。

2005年，全国海事系统又有36家单位进入文明达标单位行列。通报了部分基层单位纠风案件调查处理情况。印发了行风调查报告，将群众反映的针对性强的意见共170多条分单位进行了反馈。

【深化内外部改革，为海事发展提供持续动力】 继续深化水监体制改革。完成了江苏盐城、连云港地方海事交接工作，至此，沿海水监体制改革工作全部结束。与安徽、湖北等沿长江省份的人、财、物交接工作和水域划界工作取得进展。另外，黑龙江局划归部直接管理、内蒙古开放水域海事管理委托地方管理等工作也按期完成。

按照行政执法与执法监督分开、行政受理与行政审批分开、动态管理与静态管理分开的原则，积极推进海事执法模式改革。2004年上半年，部局印发了开展海事执法模式改革的指导意见，浙江、江苏海事局已全面推行执法模式改革，福建、辽宁、海南、上海海事局执法模式改革试点方案已经确定，其他局的改革工作也已启动。通过推行执法模式改革，整合现有执法资源，强化现场执法，提高了执法效率。

航标“管养分开”改革稳步推进。按照加强管理、提高养护水平的原则，部局印发了《关于进一步加强航标管理的若干意见》，进一步明确各级航标管理机构的职责，并对航标队伍实施“管养分开”改革。各单位按照部局统一部署，积极开展相关工作，目前，航标管理局与非航标管理局之间的联系沟通配合机制已基本建立，“管养分开”改革正在稳步推进。

进一步规范“三产”管理。各单位认真贯彻落实大连会议精神，对“三产”公司进行了集中整合和归并，规范了财务管理，基本实现了与执法业务、人员和海事局名义的分离。在“三产”管理改革过程中，各单位将规范“三产”与稳定职工收入有机结合起来，既保证了职工收入的稳步增长，又严格控制了增长幅度过快。

【完善海事法规体系，规范执法行为，进一步加大海事工作法制化步伐】 ——加强海事立法。一是确立了新的水路交通法规体系框架。经过努力，以《海上交通安全法》为龙头法的“水路交通安全法规子系统”、以《船舶法》为龙头法的“船舶法规子系统”、以《船员法》为龙头法的“船员法规子系统”、以《海洋环境保护法》和《水污染防治法》为主要法律的“其他交通法规子系统”等4个子系统，作为9个交通法规子系统的组成部分，正式纳入《公路、水路交通法规体系框架》。二是全面完成了年度立法计划。6个一类立法项目中，《海上交通安全法》修订稿和《船员条例》已经报国务院法制办；《内河船员适任考试、评估和发证规则》、《海船船员适任考试、评估和发证规则》、《船舶最低安全配员规则》、《内河海事行政处罚规定》已通过部务会议审定并发布。三是继续加大船舶法定检验规范建设工作。颁布实施了《国内航行海船法定检验技术规则（2004)》、《内河船舶法定检验技术规则（2004)》、《京杭运河船舶检验补充规定》等一批船舶法定检验规范颁布实施，进一步完善了船舶法定检验规范。

——严格依法行政。一是认真贯彻实施《行政许可法》。对海事行政审批项目进行全面清理，确认保留海事行政许可21大项。进一步规范海事行政许可行为，对《政务公开指南》中规定的审批条件进行了审核和修改。召开了全国海事系统法制工作会议，部署海事系统法制工作。组织3个督察调研组，对海事系统贯彻实施《行政许可法》情况进行了抽查和调研。二是加大海事执法监督力度。制订发布了《海事行政强制实施程序暂行规定》，规范了海事行政强制行为。制订发布了《海事行政执法过错和错案责任追究暂行规定》，进一步规范执法行为，落实执法责任。三是继续推进海事执法业务工作综合评价指标体系的试行。通过试行指标体系，不仅为评价各直属局业务工作提供了较好的平台，也为准确把握水上交通安全形势，找出影响安全形势的主要因素，采取有针对性的措施提供了很好的途径。

另外，在2004年7月1日前，按期完成了ISPS履约工作。对所有航行于国际航线的1000多艘中国籍船舶签发了国际船舶保安证书，完成了船舶保安员和公司保安员专业培训考试发证工作，公布了船舶和港口设施保安联络点。并与有关航运公司合作，开展了2次海上保安演习。通过积极履约，充分体现了中国作为A类理事国的履约能力和水平。

【加快基础设施和安全装备建设步伐，推进信息化进程，增强海事监管手段，提高应急反应和航海保障能力】 加强了海事发展战略研究和“十一五”规划编制工作。结合小康社会发展目标和交通新的跨越式发展对海事工作的新要求，组织修改、完善了《中国海事工作发展纲要》。《直属海事系统发展建设规划》和“十一·五”发展规划完成起草编制工作并及时上报上级部门审查。

继续加大基础设施和安全装备建设。下达基本建设投资1.77亿，造船投资1.45亿。完成了天津局VTS一期改造等40个项目工程可行性研究报告的审查和审批；完成广东局珠海高栏基地工程等20个项目工程初步设计的审批。3000吨级海事巡视船成功下水试航，60米级巡视船已交付使用。积极推进长江海事巡航搜救一体化建设，合理利用资源和提高救助效率。

全面推进海事信息化建设，“瓶颈”制约因素有所缓解。水监一期业务应用系统得到推广应用，二期工程完成了全系统联网试运行，开通了全系统的视频会议和IP电话系统，初步完成了“长三角”地区“一卡通”工程建设。长江口、珠江口、渤海湾和琼州海峡岸基AIS网络系统建成，部分重点水域、重点港口完成航标改造与新技术应用。完成了182幅电子海图的制作及编绘工作，电子海图在海事管理中得到广泛应用。海事应急辅助指挥系统试点工程完成立项审批。

【提出了海事发展新的思路和目标，海事文化建设和宣传报道工作取得新突破】 通过对海事新发展问题的认真研究，进一步深化了对海事发展目标和要求的认识，响亮提出了建设“三个海事”、实现“三个追求”的海事发展总体思路和“船舶适航、船员适任、安全畅通、有效监管、优质服务”的海事工作总目标。建设“三个海事”、实现“三个追求”和20字工作要求是海事系统学习“三个代表”重要思想、贯彻十六届三中全会精神、落实科学发展观的具体体现，是促进海事新发展、推进今后一个时期海事系统改革、发展、稳定的总体思路和工作目标。

海事文化建设得到进一步加强。“尚法弘德、为民负责”的海事精神得到进一步发扬，“执法为民、服务社会”的海事宗旨得到进一步体现，“公正、廉洁、文明、高效”的海事形象得到进一步树立，《中国海事之歌》进一步唱响。通过不断丰富内涵，与海事事业发展目标和海事法律法规相适应、与中华民族传统美德相承接的包括理念、制度、形象等方面的海事文化已基本形成，在社会上塑造了鲜明的海事行业个性，在系统内形成了凝聚人心的工作氛围。

围绕中心业务，加强整体策划，对外宣传报道的影响力日渐加大，效果明显，扩大了海事系统的社会影响，也增强了广大干部职工作为海事人的自豪感。

另外，在对外交往和国际合作方面，举行了内地和香港的首次海上搜救联合演习、与菲律宾的沙盘搜救演习；“海巡21”轮参加了日本海上保安厅年度检阅式和综合演练活动；承办了3个国际会议和2个双边会议；组织参加了95批次的国际会议和出访；等等。特别要指出的是，由国际海事组织

（IMO）、联合国开发计划署（UNDP）、全球环保基金（GEF）共同在我国开展的全球压载水管理项目，经过4年的努力，已于2004年底圆满结束，IMO、UNDP对该项目在中国的成功实施给予了高度评价。通过积极开展对外交往与合作，中国海事主管当局的国际地位明显上升。

【加强行政能力建设，持续提高海事工作水平】 在总结成绩的同时，海事部门也不能忽视工作中存在的薄弱环节。当前海事系统工作存在的突出问题有：一是内部管理还有不完善的地方，有效的管理方式还需要进一步推进；二是监督管理还有需要提高的地方，源头监管还要加强，监管效率、效能还需要提高，监管手段还需要完善，监管规律还需要研究；三是工作的落实还有不到位的地方，有些工作推进的力度还不够。这些问题的存在，一定程度上反映了海事部门在执政能力建设方面存在不足。

按照中央加强党的执政能力建设的要求，部党组在交通工作会议上提出了交通部门必须着力提高五个方面的能力。为贯彻落实部党组的部署，提升海事管理能力和管理水平，把海事工作不断推向前进，结合海事工作实际，海事系统必须加强五个方面的能力建设。

坚持“船舶适航、船员适任、安全畅通、有效监管、优质服务”，加强执法能力建设。加强执法能力建设是海事系统加强执政能力建设的首要任务。海事系统必须从海事管理20字基本要求的五个方面出发，履行好海事管理职能，发挥好作用，体现海事管理的社会价值。加强执法能力建设，重点是要把握水上交通安全的客观规律，准确掌握和解决水上交通安全的主要矛盾和薄弱环节，创新理念，开拓思路，依法行政，加强监管，从严把关，消除影响水上交通安全的关键因素，促进航运的健康发展。

坚持“全天候运行、全方位覆盖、应急快速反应”，加强应急处置能力建设。党的十六届四中全会提出要建立健全社会预警体系，提高保障公共安全和处置突发事件的能力。海事系统应急处置能力的提高，有利于为航运经济创造良好的环境，为航运经济发展提供优质的服务，也有利于加快国家水上应急反应机制建设，保障水上交通安全，保护人民生命财产安全。应急能力的提高，一靠管理，二靠队伍，三靠装备。要按照国务委员华建敏的批示要求，制定完善的应急预案，建立协调机制，加强演练和值班工作。要加快队伍建设步伐，加快海事基础设施和装备建设，整合现有资源，提高技术支撑水平，提高对水上事故和险情的应急处置能力。

坚持“严格监管、优质服务，寓服务于监督”，加强服务经济发展能力建设。服务经济建设，促进地方经济发展是海事工作的出发点和落脚点。加强海事系统执政能力建设要牢固树立服务社会、服务经济，特别是服务地方经济发展的意识。加强服务经济发展能力建设，既要严格监管，也要优质服务。要着眼于航运经济的协调发展，着眼于地方政府最希望海事部门做和海事部门能做好的事，努力创造和谐的水上交通安全秩序。在为地方经济发展服务过程中，要密切联系当地政府，主动参与地方经济建设，在履行好监管职能同时体现出海事为经济服务的特殊功能。

坚持“行为规范、运转协调、公正透明、廉洁高效”，加强综合管理能力建设。加强综合管理能力建设，就部海事局来说，要进一步强化对全系统的综合管理意识，改善管理方式，提高监督和指导水平，加强绩效的跟踪和考核；就各直属局来说，要在落实上下功夫，不能仅仅满足于文件制度的落实，要强化执行，对上级工作精神和要求，要做到有创造性的落实、有及时的反馈、有前瞻性的建议和意见。要进一步完善制度、健全机制，加大管理型人才培养力度，引进先进的管理理念，增强全局意识和大局意识，在综合管理能力的建设上上水平。

坚持扩大对外交往，提高履约水平，巩固国际地位，维护国家权益，加强参与处理国际海事事务能力建设。在当今世界航运中，安全、保安、效益、清洁已成为各国共同的追求，全球性、区域性和多边、双边的海事交往日益增多。部党组多次指出，海事管理要瞄准国际目标，与国际接轨。加强参与处理国际海事事务能力建设，一要跟踪研究国际海事发展方向，组织开展战略研究，抓住和用好国际海事发展的机遇，创造适合我国海事发展的外部条件和国际环境；二要加快熟悉和善于运用国际规则和国际惯例，积极参与国际事务和公约的磋商和制定，争取在国际海事组织及其他组织中发挥更重要的作用，掌握处理国际海事事务的主动权；三要下功夫培养一批懂国际规则、通海事业务、会国际交流、能渗透影响的专家型人才，造就一批能够研究和结合国情组织实施国际公约的复合型人才。

把加强五个方面的能力建设落实在各项海事工作中，实现部党组提出的“使交通部门成为负责任的部门，推动交通行业成为负责任的行业”，是海事系统各级领导干部的共同责任。

海事管理主要统计数据

海事系统严格把关，寓服务于监督中，加强船舶进出口岸管理工作，提高口岸工作效率，大力促进地方经济的发展。

2004 年，中国海事局监管载运危险货物船舶 420 781 艘次，危险货物 565 151 373 吨，其中，进港 200 166 艘次，货物 36 555 7364 吨；出港 220 615 艘次，货物 197 856 817 吨，过境货物 25 062 898 吨，纠正违章 4 397 次。船舶和危险货物总量比 2003 年（船舶 341 988 艘次，危险货物 497 544 542 吨）分别增加 23.04%和 13.59%。

2004 年度累计进港船舶 1 590 230 艘次，出港船舶 1 590 511 艘次。具体情况见下表：

2004 年进港船舶统计(海船)

项　目		艘数(艘)	总吨(万吨位)	总载重量(万吨)	客位(个)	船员人数(人次)	货物到达量(万吨)	旅客到达量(人)
港口共计26个	合计	1590230	3037124127	3671915738	129387053	14862493	1349333 763	66218231
	中国籍船舶	1469730	1560383953	1651862585	126212748	12794240	766348880	65206567
	其中:外贸船	243068	311389132	324980941	18695067	2387029	92957242	7642481
	外轮	120500	1476740174	2020053153	3174305	2068253	582984883	1011664

2004 年出港船舶统计(海船)

项目		艘数(艘)	总吨(万吨位)	总载重量(万吨)	客位(个)	船员人数(人次)	货物到达量(万吨)	旅客到达量(人)
港口共计26个	合计	1590511	3050554279	3686027523	129534443	15008905	1009585995	69586464
	中国籍船舶	1470480	1555229484	1654104395	126359971	12947685	693678280	68587225
	其中:外贸船	245052	303078843	326697221	18929974	2476710	129534998	7675848
	外轮	120031	1495324795	2031923128	3174472	2061220	315907715	999239

口岸是国家的门户，为促进对外经济和国际交往的发展起到了重要的保障作用。2004 年宣布口岸正式开放 4 个，具体为：

山东烟台蓬莱港栾家口作业区于 2004 年 2 月 28 日正式对外开放；

福建松下港口岸江阴港区于 2004 年 7 月 1 日正式对外开放；

浙江舟山港口岸马迹山港区 2004 年 12 月 1 日正式对外开放；

深圳盐田港口岸下洞港区 2004 年 12 月 18 日正式对外开放。

2004 年，中国海事局审批国际航行船舶临时进靠我国非开放区域 30 批件次，主要涉及天津、辽宁、山东、江苏、浙江、福建、广东、海南等地，有力地促进了对外经济和国际交往的发展。

第二篇

各省、自治区、直辖市
口岸运行情况

北京口岸工作综述

2004年，在市委、市政府和市商务局的领导下，以科学发展观为指导，通过大量调研、论证、协调工作，精心构筑北京口岸的发展规划；定期督查落实列入市政府“折子工程”事项，继续巩固和提高北京口岸“大通关”成果；认真落实市领导指示，积极协调、推动空港口岸客运流程改造；以整治航站楼环境秩序问题为重点，积极协调、督查落实北京市拟办实事中涉及口岸的事项。

【精心构筑北京口岸的发展规划】 从北京口岸工作实际出发，与市发改委共同深入进行调查研究，多次召开有口岸查验单位、民航和市属相关部门参加的座谈会，取得共识。认真完成了《北京市“十一五”期间口岸开放意见》的起草上报。

围绕北京西站铁路口岸的正式开放问题，做了大量调研、协调及前期准备工作；多渠道沟通、争取各相关部门的共识；协助铁路部门完成了“设立北京西站铁路口岸的可行性研究报告”；会同相关单位对口岸基础设施和机构建制编制等提出意见、建议等。

从北京对外开放格局的长远发展出发，适应2008年北京奥运会、实现CEPA目标和建设首都枢纽机场的迫切需要，积极联系、探索申编工作渠道和模式，在管理、协调、规范有关部门申请增扩机构建制编制方案的基础上，在市政府办公厅、市编办的大力支持帮助下，积极、扎实、慎密地完成了北京首都机场空港口岸和西站铁路口岸查验单位申编工作报告的调研、起草、磋商、报审工作。

【进一步推进“大通关”工作】 多次组织召开口岸相关部门、口岸单位、进出口企业参加的各类“大通关”座谈会；明确北京口岸“大通关”的工作目标和工作思路及措施要求；针对机构改革后的重大变化，完成了调整口岸工作领导小组组成人员及联络员的组织协调工作。在调查座谈、广泛征询意见，汇总相关单位安排与措施的基础上，起草、制定、印发了《关于继续做好2004年“大通关”工作的意见》和阶段工作安排表，为进一步规范流程、指导和推进全年“大通关”工作，实现便捷通关打下了基础。

【积极推动空港口岸客运流程改造】 在民航总局支持下会同民航等口岸单位，结合北京首都航空港枢纽建设，分别对一些国际先进的现代化机场进行实地考察，提出了国际上部分先进机场客运流程借鉴意见。与相关部门多次研讨，反复协调，对流程改造必要性达成了共识，并对在建的3号航站楼内的流程设计给予了符合国际通行做法和安全便捷通关原则的明确要求。陆昊副市长亲自主持召开了由空港口岸单位参加的共商首都机场口岸客运流程调整改革问题的座谈会，形成了包括13条指导性意见的会议纪要，各有关单位积极与上级主管部门研究，从大局出发采取措施落实会议纪要精神。

【加强口岸基础设施建设】 在加快空港T3航站建设的同时，朝阳口岸围网封闭和检验检疫隔离区工程竣工验收并已投入使用，朝阳口岸电子闸口工程正在完善中，朝阳口岸物流通关服务平台建设已通过验收，丰台口岸综合业务楼供电改造工程已竣工投入使用，运行正常。

【重点治理航站楼环境秩序，继续推进首都机场地区精神文明建设】 与相关部门调研磋商，建立了列入市政府督查项目的办理机制。按照要求和程序，按季度检查报告进展落实情况，有步骤地督促此项工作的推进，取得了突出成果。

在实际整治行动中采取警力下沉到一线，开展“雷剑行动”，特别是封闭航站楼一楼楼前道路的措施后，环境秩序混乱状态明显改观，有效控制了楼前胡乱散发“小广告”、出租车乱停车和“黑车”等痼疾，尤其是国庆节前的集中整治月活动成果突出，受到了有关各界的肯定。

【空港口岸反偷渡、反走私的工作成效显著】 召开“双反”领导小组会以及年度总结表彰会，进一步传达贯彻了上级精神，总结了去年工作特点，理清了今年工作思路。通过考察培训、业务交流和对涌现出来的先进单位和个人的宣传表彰，在总结“捕蛇”专项斗争成果基础上，加大群防群治和基层业务培训的力度，驻场各有关单位协助边防查获了多个偷渡分子。

【口岸统计作用进一步显现】 口岸统计工作扎实，渠道畅通，有效发挥了反映发展趋势动态和为领导决策指挥服务的重要作用。组织召开了口岸统计工作总结表彰会，较好地完成了北京口岸运行情况月报统计分析和报送工作。本着及时、准确、全面、客观地反映口岸运营和协调管理情况的精神，在不断完善统计信息渠道的基础上，坚持做好经常性的协调疏通工作以及统计分析、信息积累和通报反馈工作，尤其是在旅游“黄金周”期间，配合市假日办、市统计局完成了机场民航运营情况的日统计任务，显示了口岸统计工作的功效性，保证了领导机关的需求。

【口岸运营情况】 2004年度，北京口岸旅客吞吐量3 488万人次，同比增长43.25%，其中进出境旅客925.63万人次（其中：含北京西站临时口岸5.4万人次），同比增长51.23%；飞机起降30.48万架次，同比增长29.22%，其中国际航班6.7万架次，同比增长18.3%；货邮吞吐量66.87万吨，比同增长1.83%，其中海关监管进出口货物87.96万吨，同比增长2.3%；征收关税及代征税195.61亿元，同比增长22.84%；检验检疫22 428批次，价值金额53 631万美元。

2004年北京口岸运营情况统计表

项　目	2004年累计	2003年同期	同比增长±%
首都机场空港口岸			
旅客吞吐量（万人次）	3488.32	2435.06	43.25
其中：进港（万人次）	1650.39	1189.71	38.72
出港（万人次）	1837.93	1245.34	47.58
进出境旅客吞吐量（万人次）	920.22	611.11	50.58
其中：外籍旅客进出境人员（万人次）	511.78	309.47	65.37
货邮运量（万吨）	66.87	65.67	1.83
飞机起降（架次）	304776	235864	29.22
其中：进港（架次）	152441	117965	29.23
出港（架次）	152335	117899	29.21

项　目	2004年累计	2003年同期	同比增长±%
进出境飞机起降（架次）	67054	56679	18.30
海关监管空运货物（万吨）	22.98	18.03	27.45
其中：监管进口货物（万吨）	11.21	7.78	44.09
监管出口货物（万吨）	11.76	10.25	14.73
海关征收关税及代征税（亿元）	134.29	112.17	19.72
北京丰台货运口岸			
海关监管货物（万吨）	3.97	7.26	-45.32
其中：监管进口货物（万吨）	0.36	0.41	-12.20
监管出口货物（万吨）	3.60	6.88	-47.67
海关征收关税及代征税（万元）	4013.09	3969.62	1.10
北京朝阳口岸			
海关监管货物（标箱）	86197	76666	12.43
其中：监管进口货物（标箱）	83748	75192	11.38
监管出口货物（标箱）	2449	1474	66.15
海关监管货物（万吨）	61.01	60.69	0.53
其中：监管进口货物（万吨）	59.87	59.99	-0.20
监管出口货物（万吨）	1.13	0.7	61.43
海关征收关税及代征税（亿元）	60.92	46.68	30.51

北京口岸查验单位工作综述

北　京　海　关

2004年，在总署党组的正确领导下，在北京市委、市政府的关心支持下，北京海关以邓小平理论和“三个代表”重要思想为指导，认真贯彻落实全国海关关长会议精神，围绕现代海关制度第二步发展战略目标，不断加快业务改革步伐，加大队伍建设力度，圆满完成了各项工作任务。现将主要工作情况报告如下：

【量质并举，不断提高税收征管水平】 2004年，始终把税收工作作为各项业务工作的“轴心”，大力推进税收征管长效机制建设，按照总署对税收工作的部署，紧紧抓住有利时机，以“综合治税、科学征管、量质并举，应收尽收”为目标，通过强化税收监控，规范审价、减免税及各项征管业务，组织业务培训，开展税收征管政策研究等方式，有效促进了综合治税水平的提高。2004年，关区税收首次突破200亿元大关，再创历史新高。共征收207.6亿元，比上年增长24%，超额完成了总署下达的税收任务。

【认真履行职能，严厉打击走私违法活动】 认真贯彻“打防结合、综合治理、突出重点、坚持不懈”的缉私工作方针，始终保持打私高压态势，努力构建以深度融合为纽带，以缉私联动为链条的联合打私机制。综合运用刑事执法和行政执法手段，坚持依法办案，切实提高缉私整体工作水平。根据总署的统一部署，结合关区反走私工作的特点，年内重点开展了打击利用减免税指标走私和价格瞒骗走私的专项行动，取得了突出成效。全年共查获案件1 593起，案值12亿元，罚没收入8 701万元。进一步加大了对进出境印刷品、音像制品的监管力度，严密防范“法轮功”等反宣品的政治渗透，努力维护首都的政治安全和社会稳定。全年共查获各类进境违禁印刷品、音像制品189万件，其中“法轮功”邪教宣传品167万件。

【实际监管效能进一步提升】 一是积极开展创新查验机制工作。成立了选择查验部门，规范了作业制度和流程，加大了风险分析的力度，落实了科长现场带班和副处长以上领导干部巡查制度。实施选择查验作业模式后，关区查获率有了显著提高，节省了人力，提高了查验效能。二是深化通关作业改革。朝阳口岸H986集装箱检查设备正式投入使用，电子地磅、IC卡识别系统安装完毕，卡口联网监管初具规模，加快了查验速度，减少了通关时间，提高了监管效能；机场出口拼装区实现出口监管一体化作业和24小时不间断通关；实现快件监管中心全方位闭路电视监控及入库快件24小时上线查验，严密了快件监管；研究设计并逐步完善了涵盖旅检征、免、退、放等监管环节及人力资源管理等多个方面的旅客通关管理系统。全年共监管进出口货物225万吨，进出口商品总值335亿美元，验放进出境人员966万人次，进出境飞机61 497架次。三是加大涉外业务监管力度，发挥政治保卫作用。在总署的直接领导下，圆满完成了英国驻华使馆3次进口外交物品事件的应急处理工作。在整个的监管过程中，既坚持严格依法办事，又尊重国际惯例，做到了有理、有利、有节，处置及时、方法得当，没有出现任何纰漏，保证了监管任务的顺利完成。

【统计工作的作用得到进一步发挥】 统计部门积极开拓统计分析新途径，成立了特约统计分析员队伍，进一步拓宽了统计工作的视野；针对国家政策调整后的热点和敏感问题，联合长沙、太原、西宁海关的统计部门开展了联合调研，完成了有针对性的分析报告，相关建议被总署和国务院采用；进一步加强和地方政府相关部门的联系沟通，拓展合作渠道，利用海关数据为北京市经济发展服务；积极开展报关单数据质量检测分析系统（CSD）应用工作，加强了对业务统计数据的审核把关；完成执法评估自查工作，充分发挥了预警监测和辅助决策的作用。全年报送各类统计分析50篇，50%以上被总署和市政府采用，多篇文章在总署组织的统计分析评比中获奖。

【全面实施风险管理，风险管理平台应用取得初步成效】 年内，以建立风险管理机制为中心环节，制定了不同层级的相关制度，完善了风险信息管理工作，建立了风险管理联络员队伍，组织开展了风险平台测试和培训工作，为风险管理机制的全面推广打下了坚实的基础。目前，关区风险管理理念深入人心，风险管理意识显著增强，风险管理平台在各业务现场以及缉私调查、通关监管等部门得到广泛、积极的应用，许多部门将平台与日常监管工作结合，查获了一批案件，取得了明显成效。年内，全关通过平台的信息提示共发现和处理各类走私违规案件585起，案值4.32亿元。其中，利用风险平台的专项分析功能，成功侦破了石家庄市进口轴承有限公司涉嫌走私轴承案，涉案案值1.5亿元人民币，涉嫌偷逃税款3000万元人民币。

【加工贸易改革稳步推进】 年内，以加工贸易联网监管改革为重点，进一步加快了加工贸易联网监管的推进步伐。目前联网企业达到35家，联网企业加工贸易的进出口额已占到关区加工贸易进出口总额的80%以上；加强了与北京市商务局、税务局等部门的联系配合，及时解决了企业异地设厂加工和深加工结转重复征收增值税等加工贸易转型升级中遇到的新问题；大力推动保税仓库联网监管，与中国电子口岸共同开发了保税仓库管理系统，并已安装到关区90%以上的保税仓库，真正实现了“电子底账+联网核查”，解决了企业通关成本高、海关管理效率低的问题。

【积极推进“大通关”建设，支持首都经济发展】 年内，继续深入贯彻落实“前放后管”的业务工作思路，增强主动服务意识，不断优化通关环境。一是与北京市商务局、发改委、口岸办等单位加强联系沟通，积极介入北京市“十一五”口岸发展规划、朝阳口岸搬移等重点工作。二是加大便捷通关的实施力度，目前便捷通关企业达到62家，进出口贸易额占到关区总量的30%。三是进一步拓展了网上付税项目，审批网上付税企业103家，付税金额达9亿。四是积极推动联想VMI监管模式，充分发挥第三方物流对首都高新技术产业发展的促进作用。联想VMI监管模式的成功，为适应现代物流发展，创新监管模式提供了有益的借鉴。

【科技应用能力和服务水平显著增强】 年内，进行了H2000系统服务器及管理平台的软硬件升级，为系统稳定运行打下了良好基础；陆续开展了电子口岸网上报关、电子账册等系统项目的试点，完善了系统功能；数字物流视频监控系统建成并投入使用，提高了对进出口货物的管理指挥、运行协调、实际监控能力；综合网络安全管理系统通过验收，弥补了在信息安全监管方面的空白。目前关区科技基础大幅提升，业务运行管理能力显著增强，口岸通关效率明显提高，企业社会反映良好。

【法制建设进一步加强，整体执法水平有所提高】 年内，以《中华人民共和国行政许可法》、《知识产权海关保护条例》等法律法规的颁布实施为契机，深入开展法制宣传教育活动，掀起了全关“普法、学法、用法”的新高潮。结合《行政许可法》的贯彻实施，对全关行政审批项目及规范性文件进行了清理，共清理、筛选出部分效力不明确的文件1 385条；开展《行政许可法》全员培训工作，邀请专家举办了许可法专题讲座；认真组织《行政许可法》全员考试，考核成绩合格率为100%，优秀率达到95.3%；进一步加大了侵权案件查缉力度，全年共查获侵犯知识产权案件27起，比上年同期增长了270%，查获案件数量创历史新高。

此外，其他各项工作也开展得有声有色。通过制定实施《北京海关政府采购实施细则》，实现了政府集中采购网上办公，规范了采购方式及程序，加强了财务监督和管理力度，提高了资金的使用效益；积极参与北京市政府的政务信息化建设，在“首都之窗”上建立了阳光海关网站，开辟了向政府、企业、社会展现北京海关风貌的新窗口；政策理论研究、信息工作水平进一步提高，新闻宣传正确把握舆论导向，刊发了一批有深度、高质量的新闻稿件，树立了海关良好的公众形象，取得了很好的社会效应。

【加强领导班子建设,探索干部选拔任用新途径】 2004年,在落实《党政领导干部选拔任用工作条例》的基础上,积极践行"阳光管理"治关方略,努力营造公正、公开、平等、透明的选人用人氛围,落实群众对干部选拔任用工作的知情权、参与权、选择权和监督权。年内通过民主推荐和竞争上岗,共选拔任用正处级领导干部6名,副处级领导干部15名,科级领导干部98名,使各级领导班子尤其是业务一线领导班子力量进一步加强。其中在全关范围内开展的处、科级领导干部竞争上岗工作,引起普遍关注和较大反响,共有297名符合竞争上岗资格条件的同志报名参加。经过严格的笔试、面试、民主推荐和组织考察工作,9名同志被任命为副处级领导干部,31名同志被任命为副科级领导干部。不但为有志有为的优秀年轻干部搭建了施展才华的舞台,创造了成材的途径,而且把民主推荐干部和竞争上岗有机结合起来,使二者互为补充,扩大了选人用人视野,推进了干部工作的规范化、科学化进程。

此外,还进一步加大了干部交流力度,年内共交流各级干部232人,逐步形成年龄结构相对合理、知识层次有效互补、专业结构相互配套的干部队伍格局,有效促进了人员整体效能的发挥。

【强化思想政治工作,认真开展"5年回顾教育"活动】 开展"海关5年回顾教育"活动是2004年总署党组部署的一项重要工作。关党组高度重视,通过召开不同层面的座谈会,包括组织中心组学习、各部门座谈会、老干部研讨会等形式,对5年以来的海关工作进行了系统的回顾和反思;通过组织专题研讨活动,将研讨教育的成果进行总结梳理,认真查找班子建设方面存在的突出问题,提炼可供借鉴的经验教训,制定了切实可行的解决措施,从整体上提高了各级领导干部应对复杂局面、防范廉政风险的能力。"5年回顾教育"活动使广大干部职工在思想上、行动上都发生了积极的变化,振奋了精神,激发了职业自豪感和责任感,增强了忧患意识和依法行政意识。

按照总署和北京市委的安排,先后组织开展了《中国共产党党内监督条例》和《中国共产党纪律处分条例》、任长霞先进事迹、红其拉甫海关艰苦奋斗先进事迹等一系列专项学习教育活动。同时,积极开展了文明单位和文明窗口创建活动,建立了"文明单位三级联创"制度,取得了显著效果。

【加强基层建设,全面打造海关纪律部队】 根据总署要求,把准军事化管理作为基层建设的一项重要内容,按照"政治坚强、业务过硬、值得信赖"的队伍建设标准,从制度建设、组织实施等方面加强管理,积极推进现代化、正规化、准军事化纪律部队的建设。特别是授衔以来,共举办全员军训15期,对1068名干部进行了封闭式集中脱产军训。上至关领导,下至普通关员,统一内容、统一要求、统一标准进行训练和管理,培养全员整齐划一的生活秩序和严谨细致的工作作风。通过抓关容风纪、举止礼仪、作息制度的养成,培养参训人员的组织性和纪律性,使准军事化管理的各项规章制度转化为全体学员的自觉行动,有力的提高了全员战斗力,为形成长效的准军事化管理机制和规范化的内务管理机制奠定了良好的基础。目前,全关关员精神面貌良好,行为举止规范,机关工作作风明显好转,工作效率显著提高,雷厉风行、令行禁止的作风逐步形成。

在基层建设中,坚持以人为本,积极推行"阳光管理"治关方略,倡导基层民主作风,把切实解决基层实际问题作为推动基层发展的治本手段。各级领导干部转变作风,关心群众、服务群众更为自觉、主动,不少部门制定了为群众办实事的"时间表"以及领导干部自身的"约法三章",将解决群众重点关注的问题纳入全年工作计划,接受群众监督。基层关员的民主意识、参与意识、自觉意识逐步树立,工作和学习的积极性、主动性显著增强,综合素质和能力也有了提高。基层单位正在逐步形成以"顺应民意、汇聚民力、集中民智"为特点的新型民主管理模式。

【深入推进党风廉政建设】 2004年，按照党风廉政建设和反腐败工作要求，不断加大反腐倡廉工作力度，构建党风廉政建设长效机制。

年内，按照“标本兼治、综合治理、重在治本”的反腐倡廉工作思路，紧密结合关区实际，贯彻落实“6项禁令”，做到坚持以反腐倡廉教育为基础，以健全制度为保障，以扩大监督为途径，以树立新风为主导，以关务政务公开为手段，以建立健全反腐败领导体制和工作机制为保证。通过狠抓“6项禁令”的贯彻落实，强化各级领导干部的责任，进一步提高了海关文明执法、廉洁执法的水平。期间，全关共出台服务承诺26条，便民利民措施27条，上交礼品礼金和有价证券16 218元，退还礼品礼金和有价证券44600元。

扎实开展“执法为民，树立新风，共建廉洁海关”主题宣传月活动，加强行风建设。全关各单位共召开座谈会35次，参加人数达1010人，走访地方党政机关、人大、政协、行业协会等有关部门39次，走访企业94家，开展不同层面的检查6次，梳理分析各类意见建议277条，制定了有针对性的整改措施和专项治理方案，向社会做出6项承诺，以实际行动宣传和实践海关工作方针，积极树立廉洁、勤政、务实、高效海关形象。通过主题宣传月活动，全关广大干部群众的“开放意识、参与意识、宽松意识、服务意识”进一步增强，关区政风、工作作风、工作效率和服务态度得到明显改善。

北京海关2004年主要工作量统计表

统计类别		数量	单位
进出口货物总重量		225	万吨
其中：进口货物		169	万吨
出口货物		56	万吨
监管集装箱	标准箱总数量	89462	箱次
	箱载货物重量	59	万吨
进出境飞机		61497	架次
进出境人员		966	万人次
非贸易性行邮物品		4293	万件
其中：监管印刷品		4036	万件
征收税款总金额		207.6	亿元
其中：关税税款		40.3	亿元
代征税款		167.3	亿元
查获走私案件		108	起

统计类别	数　量	单　位
查获走私案值	50384	万元
查获违规案件	1485	起
查获违规案值	70926	万元
实际罚没收入	8701	万元

北京边防检查总站

2004年，总站全体民警职工在部局党委的正确领导下，以十六大、十六届四中全会精神和“三个代表”重要思想统领各项工作，认真学习贯彻《中共中央关于进一步加强和改进公安工作的决定》和第二十次全国公安会议精神，围绕中心，服务大局，坚持与时俱进，坚持执法为民，以大练兵活动为契机，以文明规范执勤为重点，以创新完善工作机制为保障，通过加强正规化建设、法制建设和科技建设，队伍执法水平、保障能力、整体素质有了进一步提高，较好地完成了以边防检查为中心的各项任务。

2004年，共检查入出境人员9 256 395人次，同比增长51.21%；检查入出境交通运输工具55 859架（列）次，增长48.72%；查处非法入出境人员925人次，占全国边检机关查获总量的17.4%，其中查获非法入境外国人99人次；查获网上追逃人员6人次；接收遣返人员9 338人次；查处违法违规人员2 775人次。先后查获了涉嫌暴力恐怖、走私犯罪等一批重要在控分子，较好地完成了173架专机、第28届奥运代表团、第三届亚洲政党国际会议、京港经贸洽谈会等重大活动、重要时期的安全保卫和边防检查任务。

【深入学习，认真贯彻十六大、“三个代表”和“二十公”精神，大力加强领导班子能力建设】 努力加强党委班子建设。总站党委严格按照公安部、部六局“政治坚定、开拓创新、团结协调、廉政勤政”的总体要求，努力加强领导班子自身建设。一是加强理论学习。总站党委认真落实学习制度，重点学习研讨了《中共中央关于加强党的执政能力建设的决定》、《中共中央关于进一步加强和改进公安工作的决定》、中央领导同志对公安工作的重要讲话和第二十次全国公安会议精神等重要文献。对新时期边检工作中如何加强执政能力建设进行了较为深入地思考和探讨。通过学习与实践，总站党委对公安工作的指导思想、担负的三大政治和社会责任有了新的认识，把握大局、民主决策、科学管理等方面的能力得到提高，领导核心作用得到增强。二是严格落实民主集中制。在总站重大经费支出、勤务运行机制调整、人员交流、民警住宅选址等关乎总站发展及民警切身利益等重要事项的决策上，都事先经充分调研论证后再召开党委会、办公会集体议决，并以纪要形式印发基层单位，增强了决策透明度，扩大了民警职工的知情权。三是按照“八个坚持，八个反对”的要求，进一步加强作风建设。党委成员在年初的民主生活会上，重点对工作作风问题开展了批评与自我批评。在下半年队伍整肃活动中，总站党委通过征求基层支部和群众意见，深刻剖析，查找问题，认真反思，提高了认识，坚定了信心。实际工作中，党委广开言路，在总站局域网上开辟论坛，倾听群众建议和呼声，在住宅选址等问题上充分尊重民警职工的意愿。再次精减机关充实一线，使机关人员所占比例由两年前的15%下降到10%。领导和机关的工作作风更加深入务实。

努力加强党的基层组织建设。一是加大对基层党组织的培训指导和考核力度，不断提高基层班子的科学管理和驾驭复杂局面的能力。年内，结合17个党支部的换届选举，举办了党支部书记培训班，组织到北京市公安局交道口派出所参观学习，对21个党支部从自身建设、领导能力和工作实绩等方面进行了全面考核。通过一系列基础性工作，基层班子的凝聚力进一步增强，战斗力得以提升。二是加强党员先进性教育，广泛开展争先创优活动。七一前夕，开展了建党83周年纪念活动，共有5个党支部分别被部局党委、机场街道工委和总站党委评为“先进党支部”，15位同志被评为“优秀党务工作者”，22位同志被评为“优秀共产党员”，1位同志被机场街道工委评为“首都机场地区‘十佳’社区党建贡献者”。同时还通过组织优秀党员事迹报告会、讲党课，举办入党积极分子培训班，以先进人物为导向，教育、感染广大党员，激发了广大民警职工争学先进、争当先进的热情和工作干劲。

【深入开展思想政治工作，不断探索完善队伍建设长效机制，努力提高队伍的整体素质】 按照“二十公”要求，深入开展思想政治工作和队伍整肃活动。总站党委紧紧围绕贯彻中央领导批示和部党委工作方针，将教育队伍承担和履行“三大政治和社会责任”及队伍建设“四句话”作为加强思想政治工作的立足点，教育民警职工加深对“从严治警、执法为民”队伍建设总目标的认识，提高贯彻“二十公”精神的主动性和创造性。一是把加强职业道德教育、牢固树立执法为民思想作为增强队伍政治素养的切入点，开展了“爱岗敬业、遵纪守法、执法为民”主题教育活动；组织学习了任长霞、帕里“模范边防派出所”、九边检总站先进民警的事迹。通过邀请专家讲国际形势课，组织参观监狱、旁听法院行政诉讼审理，举办行政执法、边检业务、时事政治知识竞赛，参观西柏坡、延安革命事迹展等活动，努力提高队伍执法为民的自觉性，“第一国门意识”、“政治口岸意识”、“立警为公、执法为民”思想进一步深入人心。二是认真开展了整肃活动。遵照周部长指示和崔局长讲话精神，开展了“整肃队伍纪律，提高执法水平和服务质量”教育活动。针对发生的案件和存在的问题，党委、支部率先从自身建设方面进行了严肃认真的反思和剖析，同时围绕“转变执法理念”这一核心内容，在民警职工中开展讨论，重点解决遵纪守法、敬业精神、服务意识方面存在的问题，努力克服“讲享受、比待遇”等不良思想倾向。制订了现场文明规范执勤“八不准”，在出境现场候检区恢复了“蛇形通道”，对出境检查队和核审队的部分职能进行调整，在执勤中严格落实“一表通”制度，充分利用录像监控设备，加强组织领导和监督检查。整肃工作在队伍中起到了警醒和震慑作用，推动了队伍执法观念的转变和执法行为的规范统一。在国际航协组织的“全球机场服务监测”活动中，旅客对北京机场边检服务的满意度超过机场整体水平，验证速度接近香港水平，成为拉动机场整体服务质量的龙头单位。

深化人事制度改革，进一步改进完善领导干部选拔任用和考核机制，加大交流力度，努力探索队伍管理的新路子。一是认真总结近年来干部竞争上岗工作经验，进一步规范了竞争考核程序和方式。先后对2003年竞争上岗的1名副处级、5名正科级干部进行了考核，对4名副处级和1名正科级干部进行了轮岗交流，从竞争上岗的后备人选中任命了3名副处级和2名正科级领导干部，配齐配强了基层领导班子。二是坚持向一线倾斜的原则，完善利益导向机制，合理调整警力配置，开展了机关警力下沉和基层轮岗交流工作，共有56人走上了新的工作岗位。加大物资经费投入，更新添置了部分执勤设施，保障了一线的工作需要。对《总站考评规定》和《量化管理奖励办法》执行情况进行调研评估，修改完善了岗位责任制和奖惩措施，突出了奖优罚劣、奖勤罚懒和向一线倾斜的原则，不断强化利益导向机制的杠杆作用。三是按照"四统一五规范"的要求，努力加强队伍规范化建设。进一步明确细化了各职能部门、各岗位的任务职责，逐步形成一套层级分解任务、层级落实责任、较为合理的管理体系。3月份召开了队伍正规化建设研讨会，7月召开了队伍建设会议，开展了规范化管理试点工作，从整顿机关办公秩序、基层内务秩序入手，运用考核奖励、监督制约、警务保障等机制，逐步加强对教育培训、日常管理、执勤执法的规范统一。

以大练兵为契机，落实"三个必训"制度，分层次、分岗位进行专业技能训练，努力提高队伍的整体素质。一是认真抓好以领导科学和科技应用为主的知识培训。10名处级以上领导干部参加了部局组织的理论研修班，18名基层党支部书记、副书记接受了党务工作培训，51人参加了"总站处、科级领导干部培训班"。通过培训，进一步提高了各级领导干部的思想政治素质和运用理论解决实际问题的能力。二是把教育训练工作重点从以学历教育为主转到以技能训练为主上来。144人参加了以提高综合素质为主的警衔晋升培训，组织进行了野外生存拓展训练、基础外语培训和新警岗前培训。组织民警参加了出入境管理系统英语风采大赛，并获得了优异成绩。三是重点抓好业务练兵，提高全员业务素质。采用抓两头、带中间的方式，分别举办了"业务骨干培训班"、"业务技能提高班"、"真伪证件识别、文检仪器使用培训班"，进行了卡片资料录入、证件识别、案件审理技能比赛，组织了规范化执勤示范演练和队列会操等活动。各种练兵活动全面提高了队伍综合素质，促进了任务完成。

大力开展警营文化建设。以内部宣传为主，借助报刊、电视等新闻媒体，围绕不同时期的工作重点，弘扬先进，展示北京边检的精神风貌，进一步扩大了首都边防的声誉。组织了"迎新春颂祖国歌咏比赛"、"三八"节妇女才艺展示、新年文艺汇演活动。开展了春季篮球赛，参加了公安部直属机关书画摄影展、九总站篮球联赛、首都机场外航杯篮球联赛并取得较好成绩。警营文化建设活动丰富了队伍文化生活，鼓舞了士气，激发了工作热情。

【以执勤为中心，坚持执法为民，提升服务质量，全力维护战略机遇期的政治稳定和社会安定】 以"维稳"为中心，狠抓基础工作，严密勤务组织，努力提高口岸综合控制能力。一是按照"第一国门"、"政治口岸"的要求，采取邀请专家讲课、及时通报情况等形式加强敌社情教育，不断强化队伍的反恐怖、防闯关意识。根据北京口岸特点和对敌斗争形势，加强了情报信息调研工作，定期开展查控工作情况分析，明确各个时期的工作重点。针对检查人数与航空公司申报人数不符、机场设施缺陷等问题，加强了工作人员通道、贵宾通道的管理；规范了公务机检查方式，在国际中转柜台安装了查控、监控系统，派出警力对中转旅客进行引导，对人证对照不落实、资料录入不准确、报警处置不规范等易构成查控隐患的突出问题进行认真整改，有效地堵塞了漏洞。先后查获了新疆暴力恐怖分子、谍嫌分子、敌对分子、危害国家安全分子等一批重要在控对象。二是积极应对影响口岸秩序的突发事件。进一步完善了处置突发事件预案，开展了贴近实战的处突演练，启用了三级指挥系统和三级备勤制度，与航空、铁路等部门保持密切联系，及时掌握情报信息，提前排查嫌疑人员，加强了对边防控制区的管理，对入境旅客实施全程动态监控。各种措施针对性强，落实到位，确保了工作万无一失，锻炼提高了队伍快速反应和处突能力。三是完成了国际重大会议、主要赛事的边检执勤任务。制定了专门工作方案，开设了“专用通道”，设立了明显的引导标志，并选派政治素质高、业务能力强的民警担负检查引导任务，先后完成了奥运代表团、第三届亚洲政党国际会议、京港经贸洽谈会、国庆观礼团等人员的入出境检查任务。

整合反偷渡资源，进一步完善反偷渡工作机制，积极防范和打击各种形式的非法出入境活动。一是按照上级部署，集中5个月的时间，在首都口岸开展了声势浩大的反偷渡专项斗争。工作中坚持专群结合和七个并重，强化五个合力，破获了一批大案要案，抓获了一批“蛇头”“带工”，由境外遣返人员明显减少，有效遏制了口岸偷渡活动，受到公安部的表彰和奖励。二是加强对证件样本的采集研究和利用。注重在“求全”、“求新”上下功夫，将采样的种类从单纯的护照、签证扩充到各国的居留证、身份证、驾照以及各类印鉴，为证件鉴别工作提供了可靠的参照依据。3月份查获的首例伪造“林肯”签证受到美国驻华使馆关注。另外分类制作印发了真伪对照的业务教材，以研究成果指导一线检查工作，促进了整体业务素质的提高。三是加强情报调研工作。不断拓宽调研工作范围，将口岸内部运行状况、友邻单位、地方公安机关反馈信息、新开航线、国外移民政策变化、媒体报道等纳入调研视野，多角度、多层次对工作中出现的新情况新问题进行分析，把握偷渡活动及境外遣返案件的规律动向，及时调整工作重心，有效指导工作实践。四是继续依托口岸“双反”领导小组，整合资源，不断完善反偷渡网络。召开了反偷渡表彰大会，举办了口岸工作人员伪假证件识别知识培训班，调动了驻场单位配合总站打击非法出入境活动的积极性。还完善了与地方公安机关的反偷渡协作机制，巩固了与北京、福建、浙江、吉林等省市的出入境管理、刑侦或边防部门的协作关系，共同打击非法出入境活动。五是开展国际间合作，把反偷渡关口外伸前移。年内与蒙、朝、韩、美、英、法、荷等国家边检、移民机构人员进行了工作交流。组团对香港入境事务处进行了工作访问，邀请了澳大利亚证件专家来总站授课，取得积极效果。

深化勤务制度改革，改进检查方式和手段，努力提高服务水平。调整倒班方式，根据夜航不断增加，执勤时间延长的情况，恢复了三班四倒的执勤方式，既保证了口岸畅通，也使工、学、训、休矛盾得到了缓解。优化勤务组织，将由一线检查队负责的登机口复检、隔离区巡查任务交由二线队负责，提高了工作效率，增强了对口岸限定区域的管控能力。在深入调研的基础上，改进了入境航班机组员工检查方式，允许执行航空协议的入境航班抵达后直接下客。根据部局批复精神，对港龙、韩亚等12家航空公司的52个定期国际航班机组员工入出境检查手续进行了简化，完善旅客预检预录系统，提高工作效率，促进航班正点，受到航空公司和旅客的好评。

坚持依法行政，开展了多种形式的执法为民专题教育和执法技能培训。借“大练兵”东风，把执法教育培训作为练兵的主要内容，编辑印发了法规汇编、案例分析，在全面学习的基础上，先后组织了“立警为公、执法为民”知识竞赛、执行《公安机关办理行政案件程序规定》骨干培训班、旁听地方法院行政诉讼案件的审理等活动。从各种法律文书的填写等基础性工作入手，对执法过程中的各个环节加以规范，并加强日常执法工作的检查指导，及时发现和纠正存在的问题。为全面提高执法质量，在执法质量考核评议中，将执勤中的错放、漏办等问题差错列入考核内容，加大了扣分力度，真实反映了队伍的业务素质和执法质量。全年无行政诉讼、国家赔偿案件，三起行政复议均维持了原决定。2004年12个执法单位中有6个达到优秀等次，5个达标等次。边检4、9、10队连续3年获得优秀等次，全体民警的法律意识进一步增强，执法行为日趋规范，执法为民的思想基本确立。

【努力完善监督制约机制，大力加强队伍的党风廉政建设】 一是加强廉政教育，落实监督制约机制。结合“爱岗敬业、遵纪守法、执法为民”的主题教育活动，在队伍中深入开展了“遵纪守法”、“保密”专题教育。以深入学习“两个条例”等法纪条规和周部长提出的“九要九不要”为重点，采取收看影视教育光盘、参观北京市第二监狱、制作警示监督卡、开展廉政谈话、组织理论测试等形式进行教育，提高了民警职工遵纪守法的自觉性。年初，召开了监督工作会议，确定了监督工作目标和重点，决定由支部副书记分管队伍政工、监督工作，加强了基层监督工作的领导力量。下半年，针对队伍中存在的问题苗头，召开了廉政工作专题会，分析了面临的严峻形势，提出了加强廉政工作的具体措施。组建了总站纪委，制定了《总站纪委工作规则》，制定实施了纪委谈话制度、重点人帮教制度。严格了公务车辆使用审批手续，修订《民警职工接送客人规定》，对涉及出入境信息、在控资料等内容的查询权限做出严格规定。对参加监督培训的人员进行廉政教育，对新招录 51 名大学生进行了岗前廉政教育。

二是强化警务督察工作，加大内部审计覆盖面。紧紧围绕中心任务、重大警务部署和执行“五条禁令”等重点，采取例行与集中督察相结合、明察暗访、调阅监控录像等办法，突出督察实效。开展开门评警活动，向旅客进行问卷调查，现场访谈，聘请了警风监督员，广泛征求社会各界对边检工作的意见和建议，加强了外部监督，增强了监督合力和监督效果。坚持按季度开展财务收支审计，确保经济管理制度落实到位。审计干部参与总站办公用品、技术设备等政府采购和基建工程招标全过程，促进了政府采购程序的规范化、透明化。

三是严肃查处职务性违法违纪案件，维护法规法纪的严肃性。3 月份泄密案件发生后，坚持实事求是的原则，查清了案件的真相，对当事人做了双开处理。11 月份以来，根据举报线索，对于个别人涉嫌放人偷渡的问题进行调查，经过艰苦细致的工作，基本查清了违法事实，现移交司法机关处理。

【不断提高科技应用水平和后勤保障能力，努力为中心工作提供有力的支持】 充分发挥现有技术设备的功能，不断引进和应用新技术、新设备，为中心工作提供完备可靠的技术保障。一是完善了电视监控、面像识别系统。对入境现场的监控设备进行升级，完成了数字化改造，协助部局初步建成面像识别系统并投入试运行，为业务工作的发展提供了新的技术手段。二是经过 2 年多的工作，完成了旅客信息预检预录系统前期开发工作，并于 2004 年 4 月底开始在入境航班中投入试运行，在勤务工作中起到了积极的辅助作用，特别是预检功能在重大活动和重要敏感时期发挥了重要作用。三是完成了公安一级网改造工程，为网上追逃、证件真伪的鉴别查询等业务工作提供了有力支持。初步建成总站公安网站，为实现网上办公、信息交流、业务分析搭建了工作平台。四是对现有查验系统进行升级优化，提高了运行速度。修订设备运行应急预案，加强技术设备日常检查维护，确保了检查工作正常进行。

积极推进后勤管理规范化建设，进一步提高服务保障水平。一是加强财务管理，提高了经费使用效益。完成了边防检查收费、罚款等财政国库专项资金收缴、民警职工住房公积金调整工作，努力沟通，积极争取，使经费总额较往年又有新的增长，基本保障了经常性经费的需求。二是进一步完善了政府采购制度和装备管理工作。制定了《总站办公用品管理办法》，规范了办公用品采购供给和管理使用；及时为基层一线更新配置了车辆和执勤设施，保障了一线执勤需要。三是积极开展卫生防病工作。坚持定期到执勤一线巡诊，送医送药，为全体人员注射防流感疫苗，聘请北京军区专家体检队为全体人员做健康体检，健全了民警职工健康体检档案和特殊病症档案；新购置了彩色 B 超机等医疗设备，提高了医疗设备科技含量和卫生医疗工作水平。四是积极推进房产、基建工作。将朝阳新城、百子湾民警住宅楼的购置分配工作推进到位，帮助部分民警职工落实了公积金贷款；完成了无房民警职工的住房补贴计发工作；更换了办公区及部分民警住宅区的采暖管线，改造了营区内的道路、球场，进行了院区绿化，为民警职工创造了较好的工作生活环境。五是在提高管理水平和服务质量上下功夫，推进规范化管理，努力做好车辆运输和膳食供应工作，提高了伙食质量。

北京出入境检验检疫局

2004年北京出入境检验检疫局在国家质检总局和北京市委、市政府领导下，以邓小平理论和“三个代表”重要思想为指导，紧紧围绕国家质检总局总体工作部署，按照“围绕经济发展这一中心任务，突出抓好解放思想、深化改革、强化管理、科技兴检四个重点，全面做好关系检验检疫事业发展的十项工作”的工作思路和全年工作计划，团结带领全局广大干部职工发扬“团结奋进、开拓创新、求真务实、无私奉献”的北京检验检疫精神，勇于开拓，不断创新，发奋工作，真抓实干，顺利地完成了全年的各项工作任务，为履行好国家和人民赋予的神圣职责、促进首都经济和对外贸易发展做出了积极贡献。

【以禽流感和非典防治为重点，不断提高应对突发事件能力】 经历了2003年非典防治工作的考验，北京局积极健全和完善各类突发事件的应急处理机制，加强组织领导和应对预案的编制，确保反应迅速、应对及时、措施得当、保障有力，有效地提高了处理突发事件的能力和水平。在2003年底和2004年初，面对禽流感疫情和非典疫情的严峻形势，按照国家质检总局和北京市委、市政府的部署和要求，迅速启动有关应对预案，加强领导、健全机制、科技攻关、检测监管等措施多管齐下，防止了疫情通过口岸传入传出。

在防治高致病性禽流感方面，一是通过启动《北京地区进出境高致病性禽流感防制应急处理预案》，制定并组织实施九项紧急应对措施，按照“快、严、实、新”四字方针，加强口岸禽流感防控工作，加强了对相关国家入境航班客、货舱的检疫和消毒处理工作，封存和销毁了来自疫区的禽肉及其产品。二是从源头控制入手，加强对出口禽肉生产、加工企业的监管。三是积极推广北京局研制的禽流感病毒荧光RT—PCR检测方法。该技术被全国防治高致病性禽流感指挥部科技攻关组列为首批推出的禽流感防治技术之一，被国家质检总局列为全系统和禽肉出口企业推广技术，北京市有关部门也积极学习该技术，并应用在禽流感防治工作中。四是加强与北京市有关部门的协调与配合，将北京局防控禽流感工作纳入到北京市的整体防治工作之中，为首都取得防治禽流感工作的胜利做出了应有贡献。五是加强对境内外禽流感疫情、信息的收集、整理和上报等工作，为领导决策提供可靠依据。

在防控非典疫情方面，北京发现非典病例后，北京局紧急启动应急预案，认真落实口岸非典防治的八项制度，完善口岸防控非典体系，加强了对出入境人员的检疫查验和非典疫情监测工作，改善非典防治设备、设施。规范了疫情和传染病监测信息报告工作程序，健全完善了口岸公共卫生长效管理机制，提高了传染病的防治能力和口岸突发公共卫生事件的应对能力。切实加强了对P3实验室的安全管理，落实有关监管和使用制度。

为了不断提高对出入境传染病疫情的监测和控制能力，北京局在全系统率先研制并正式启用了出入境传染病疫情信息管理系统和120救护车呼叫系统，使首都机场出入境旅客从接受口岸查验、体温检测、体温复核到对发热病人的隔离、转运、送往医院排查及结果的反馈形成了一个完整的体系，明确了与地方疾控部门的分工，建立了联动机制，确保监控工作有效运行。该体系受到国家质检总局李长江局长的高度评价，并在全系统推广。截至10月底，该系统已经顺利完成21名发热病人的转运、信息传递和反馈。

【强化监管，严把国门，防止疫病疫情传入传出】 结合首都地区特点，不断强化监管措施，加强信息收集整理，重点加强了对来自疫区的人员、货物、交通工具、集装箱的检疫查验和卫生监督工作，有效防止了各类疫病疫情威胁首都经济安全和人民生命健康安全。1－10月共上报传染病、动植物疫病疫情和食品安全预警信息222条。

加强口岸传染病防控工作。不断健全口岸疫情疫病信息体系，完善国际传染病疫情信息的收集、分析、上报。加强了对出入境人员的监测，共检出HIV抗体阳性12例，梅毒32例，阻止患有禁止入境疾病的外国人入境和监护出境11例。加强了对印尼、越南、缅甸和美国等国入境航班的卫生检疫，严防登革热和西尼罗热传入。对港龙、日航等航空公司的航空器实行了统一申报、重点检疫、分类管理的检疫监管新模式。强化了对航空配餐和垃圾的监管工作。对机场地区食品经营单位进行专项治理整顿，实行量化分级管理和卫生监督协管员制度；严格落实从业人员健康体检制度；定期对口岸生活饮用水和空气质量进行监测；及时解决一起餐厅食物中毒事件。通过建立化粪池进行固液分离，有效地缓解机场污水站COD超标的问题。加强了与内蒙古、河北、山西、天津检验检疫局的鼠疫联防工作，开展技术培训，并赴甘肃、青海等鼠疫疫区和自然疫源地进行考察。加强口岸医学媒介监测，积极规划媒介生物实验室。对112具出入境尸体、棺柩、骨灰实施了检疫监管，同比增长240%，得到国际运尸网络办事单位及多国大使馆的充分肯定。为了满足口岸反生物恐怖的需要，在首都机场率先安装使用了伽马射线检测仪。加强了北京西站京九直通列车的检验检疫工作，积极协调沿线各局和铁路部门，加强相互协作，确保有关工作顺利进行。

认真落实全国部分检验检疫局长座谈会议精神，加强出入境动植物及其产品的检验检疫和监管。对重点商品，特别是进口水果和肉类产品加强了检验检疫监管工作，对进口水果重点抓好审核检疫单证、现场查验和实验室检测三个环节，对进口肉类产品严格把好中转预检、入境查验、冷库及加工厂监管、实验室检测四道关，确保了北京地区进口肉类及水果市场的安全。加强进境动物产品的后续监管，对6家大型冷库实施了监管备案，实施进境肉品入库验证制度，符合要求的进境动物产品方可销售；建立了冷库协管员制度，做好入库进境动物产品的把关工作。加强进境大中动物的检验检疫管理，严格实行进口大中动物检疫的主检兽医制度，加强了隔离场驻场兽医工作，隔离检疫进口种牛和种羊4批1746头/只。重点加强进口冰鲜水产品检验监管，连续检出李斯特菌阳性和重金属汞含量超标的水产品30批次，计67.4吨、价值31.1万美元。

组织开展出口蔬菜基地备案工作，加强对蔬菜农药残留的监控，对基地蔬菜出口数量采取出口核销的做法，保证出口蔬菜质量；加强对出口蔬菜中美洲斑潜蝇检测。严格进境植物繁殖材料隔离场库登记备案制度，确保引种苗木的安全性。1－10月，检出不合格进境植物及其产品204批次，主要原因是携带线虫、杂草种子、害虫等有害生物。检出不合格出境植物及其产品87批次，主要原因是带土壤、携带有害生物、混杂其他植物种子或残体。从进境水果中检出植物二类危险性害虫桔小实蝇，其中从1个木瓜中就检出82头桔小实蝇成虫，其检出成虫数量之多为历年所罕见。现已对上述有问题产品依法作销毁、杀虫消毒等处理。

加强对入境人员旅客携带物的检疫监管，检出苹果蠹蛾等一类疫情9批次，芒果果核象甲等二类疫情36批次，一般性病虫害241批次；从入境航空器截获有害生物17批次。特别是从入境的亚足联官员携带的行李中截获了一类危险性害虫——苹果蠹蛾，显示出加强外交人员携带物检疫的必要性。此外，运用检疫犬查获禁止携带进境物3 143批次，共6 829公斤。

进一步加强货物木质包装的检疫监管。认真做好进境货物木质包装的检疫工作，严防有害生物传入，从木质托盘、集装箱垫木中共截获松材线虫和光胸断眼天牛等41批、29种植物病虫害。针对北京国际展会迅速增加的情况，重点加强了对236个国际展会的检疫监管，检验检疫进境国际展览品1 206批次，同比增长125%，其中检出不合格展览品82批次，占7%，并从中截获甘薯蚁象甲活虫和蜚蠊目活若虫等有害生物。检验检疫进境国际邮件157批次，同比增长6%。同时，加强对北京地区木加工厂所用木材的来源管理，为货物顺利出口提供了有力保障；加强对熏蒸处理单位的管理，完成出口木质包装熏蒸监管681批次，保证熏蒸处理工作符合输入国的要求。

【继续加强对涉及安全、卫生、环保、反欺诈等高风险货物的检验检疫和监管工作】 加强涉及人身健康安全的进出口商品的质量监管。规范了进出境特殊物品的审批程序和要求，1-10月，共审批进出境生物制品、血液、人体组织、微生物等特殊物品1778批次。检验进出口医疗器械4643批次，货值2.65亿美元，其中不合格25批次，货值约37.4万美元。专门就存在严重质量隐患的台湾产“善德”牌血液回路导管产品上报有关预警信息，国家质检总局据此发布禁令，暂停进口有关产品。加强了进出口锅炉压力容器的检验，完善了工作程序。对进口壁挂锅炉实施了到货检验加抽样检测相结合的检验监管模式，确保进口商品质量。

加强对进出口食品、化妆品的检验。作为北京市食品安全监督协调办公室领导小组成员，北京局积极参加市食品安全办组织的食品安全宣传周和监督检查活动，广泛宣传出入境检验检疫工作在食品安全方面的作用。1-10月，北京局检出不合格进口食品14批次、货值25.17万美元。其中销毁存有活虫的不合格进口食品原料2批，近2吨，货值6万多美元。积极开展流通领域的进口食品、化妆品专项整治，对存在进口食品标签不合格、生产日期/保质期标签与原包装不符等问题的进口商予以了行政处罚。审核进出口食品标签1230份，终审合格1120份。受理进出口化妆品标签申请380份。对出口农产品、食品的监管推行“企业+基地”的管理模式，重点加强出口食品的源头管理和关键环节控制，确保出口食品、化妆品的安全。

加强进出口机电产品检验，做好外商投资财产价值鉴定工作。进一步加强涉及安全、卫生、环保要求的进出口机电产品检验管理工作。1-10月，办理进口旧机电产品备案共计319批，经检验查出不合格13批，523台/套，不合格金额823万美元；查出以旧顶新5批。实施装运前预检验13批。完成外商投资财产价值鉴定228批，经鉴定降值18万美元，维护贸易各方的合法权益。认真做好清华阳光能源开发有限公司进口生产线的检验鉴定工作，及时就设备存在的质量、数量、规格、设计以及相关问题出具检验证书对外索赔，为企业挽回经济损失35万美元；就7套同一品牌进口重型柴油车简易工况负载减速测试台存在重大安全隐患问题，在及时出具检验证书、采取预防措施的同时，将有关预警信息上报总局。完成214批援外物资的检验工作，检出不合格货物3批，货值109万元。

加强进出口危险货物安全监督管理。及时在北京地区开展危险品和危险品包装生产企业的普查工作，结合存在问题提出整改要求。制定了有关危险货物事故预防和应急处理预案，建立了工作责任制和追究制。1-10月，完成危险货物运输包装性能鉴定277批、16.8万件；完成危险货物运输包装使用鉴定527批、16.8万件。对三洋公司生产的安全保护性能不合格的一批出口电池，未准其出口。

加强进出口轻纺类产品的检验管理工作。逐步将检验重心向安全、卫生、环保等项目方面转移，将监管重点放在管理体系不完善的企业和提高不合格产品检出率方面。1—10月，从进口棉花、化纤、毛纱、玩具、纸张中检出13批不合格，从出口纺织品、羊绒、玩具中检出12批不合格。

加强对重点进出口物资的检验和监管。针对北京进口原油激增的情况，投入70多万元在卸货地建设了原油检验实验室，认真学习和研究原油检验技术，解决不同检测方法之间存在差异的问题，同时配合夜间到货的具体情况，加班加点做好现场检验工作。截至目前，共检验原油50万吨，货值1.2亿美元。针对国家大剧院建设工程、中芯国际北京公司的进口设备等重大检验项目，及时制定具体的检验方案和保障措施，严把设备、材料的质量关，确保建设顺利进行。加强首钢出口钢材的检验工作，根据进口国要求按照不同的标准严格检验，确保了出口钢材质量，共检验97批、42.6万吨，货值1.56亿美元，同比增长1倍多。

【进一步探索业务监管模式改革，推动“大通关”战略实施】 积极开展电子监管的试点工作，积极探索对监管库和重点出口企业采用电子监控手段实施监督管理。开发完成了“进境货物检验检疫监管库网络管理系统”，大大加快了验放速度；在顺义辖区建立了辖区内出口加工贸易企业的加工贸易备案数据库，目前已初步实现了加工贸易备案网络辅助查询。在进口花卉企业中开展了电子监管的初步试点，利用宽带上网方式实现了对进境花卉的开箱、检疫、存放、种植情况的全面监控，正在进行摄像头和网络专线的安装、改造，争取年内取得突破性进展。积极参与国家质检总局组织的出口电池、木质包装、蔬菜3种产品的电子监管试点，已经进行了相关培训，即将组织实施。

进一步将检验检疫监督管理向加强前期监管和生产过程监督相结合方向转变。针对北京首信诺基亚公司“零库存”管理的需求，北京局对该公司“外商暂存货”采取在保税库内实施预检验的工作模式，加快了进口货物的流转，满足了企业的实际生产需要。加大对电子类等主要工业出口产品的监管模式改革力度，将检验监管前推后移，积极实行监督检查、过程检验、分类管理等检验监管方式。对手机和电池产品实施型式试验，确保出口商品质量。

不断深化“集中审单快速核放”和“绿色通道”制度。2004年又有4家企业被批准实施“集中审单快速核放”监管方式。为了加强对有关企业的监管，北京局采取了严格的后续监管措施，保证过程检验、型式试验和抽查检验的具体落实。截至目前，通过该模式受理出口货物报检1 333批，按每批节约1.5个工作日计算，共为企业节约时间4.8万小时。加强享受“绿色通道”制度企业的后续监督管理，截至目前，北京地区的企业经“绿色通道”出口共计5 851批，占同期经天津口岸出口批次的22%；按每批节约2天计算，缩短货物在天津口岸的滞留时间约为28.1万小时；按每批节约500元计算，共为企业节约成本支出292.6万元。

继续加强信息化建设，积极推动新“三电工程”进程。2004年以来，北京局电子签证和电子转单继续保持100%、电子报检保持96%以上的发展水平。截至目前，完成电子转单34504批，按平均计算共为企业节约80万小时，节约成本支出1 200万元。受理电子报检近10万批，可为企业节约成本支出600万元，节约报检时间50万小时。为了提高工作效率，加强信息交流，北京局还组织开发了《报检企业电子备案和信息发布系统》，在全系统率先实现了企业申请备案、申报、信息查询、年审等全过程电子化。自4月1日正式实施以来，共办理企业电子备案1 580个，可为企业节约时间6.2万小时，减少企业成本9.5万元。国家发展改革委员会专家组到北京局就推动“金质工程”进行调研时，对北京局利用信息化技术改进出入境人员和货物检验检疫和监管手段并由此取得的“提速、减负、增速、严密监管”作用给予了充分肯定。

此外，进一步健全“空中报检”制度，使货物到港后在2至3小时内便可办理完有关提货手续；截至目前，共受理13家试点企业“空中报检”业务199批。进一步规范了“先验后报”制度，对企业实行动态管理，提高企业守法的自觉性。针对首都机场大型出口货物拼装区的实际需要，在宏远物流中心直接办理检验检疫业务，有效地解决了机场地区出口货物报检、报关因往返周折延误时限的问题。

【坚持“科技兴检”战略，不断提高检验检疫技术实力和检测水平】 继续贯彻落实“科技兴检”战略，在科研制标、实验室建设、成果转化等方面也取得丰硕成果，共获国家质检总局“科技兴检”奖一等奖2项，二等奖1项，三等奖3项；获北京市科学技术三等奖1项。

科研立项和制标工作迈上新台阶。积极组织力量向科技部、北京市科委、国家质检总局、国家认监委、国家标准委申报科研和标准项目。完成了奥运科技项目《北京奥运会马病、犬病和检疫性实蝇检测技术研究》的申报和专家论证工作、防治禽流感专项课题《禽流感荧光RT—PCR检测技术的应用与优化》的申报和实施、国家“十五”科技攻关项目子课题《出入境木质包装携带有害生物风险评估与快速处理技术研究》的申报和开题工作、国家“十五”科技攻关专项——食品安全课题滚动课题《动物源性戊肝病毒检测技术研究》的申报并获科技部的批准。截至目前，北京局已经主持、参与“863”、“973”、“十五”科技攻关等国家级科研课题20项，主持省部级科研项目33项。

2月14日，北京局承担的4项禽流感病毒荧光RT—PCR检测方法国家标准通过专家审定，现已发布实施，为将该技术科学地用于检测实践提供了有力保障。北京局承担的行业标准，有21项完成征求意见稿，其中4项通过了专家审定，其他科研和标准项目都在按计划进行。此外，还有7个项目列入国家质检总局2004年第一批科研项目计划，4个标准项目列入国家标准，5个标准项目列入行业标准制（修）计划。

结合检验检疫一线工作需要，组织积极开展科研工作。国家“十五”重大科技专项“食品安全关键技术”——疯牛病、禽流感病原检测技术的研究已经完成，正在进行验收前的准备工作。在国内首次建立的《食品中诺沃克病毒检测方法的研究》课题通过了专家鉴定，对于保障我国出口贝类卫生质量，促进我国食品出口，并防止国外不合格贝类食品进入我国具有重大意义。联合有关科研单位共同开展了《量子技术在艾滋病病毒检测与中药筛选中的应用》项目的研究，探索攻克这一世纪顽症的新途径。禽流感病毒快速检测方法在国家禽流感确认实验室所做的验证试验中，符合率在90%以上；在中国兽药监察所所做的符合试验中，符合率达到100%。针对美国的西尼罗病毒对我国的威胁，联合有关单位共同研究的西尼罗病毒诊断试剂已经完成大部分试验，进入专家论证阶段。

此外，还完成了疯牛病压电生物芯片自动化检测仪的研制，在国内首次制备出了牛朊蛋白和酵母朊蛋白的融合蛋白；加快《羊绒细度标准样品研制》课题攻关；与有关单位合作开展蛋白芯片检测兽药残留的研究和中成药（丸剂）中黄曲霉毒素检测方法的研究；完成了检验检疫系统艾滋病筛查实验室HIV抗体能力验证工作以及第三代艾滋病快速检测试剂、第四代艾滋病抗原抗体检测试剂的评估；与有关单位合作研究的非典疫苗已进入到国家药品与食品监督管理局正式审批通道，即将投入使用。

利用检测技术优势，拓宽检测业务范围。积极参与北京市食品放心工程的市场监督抽查工作，共接受工商局、质量技术监督局委托检验106批，涉及蔬菜、金华火腿、番茄酱等商品的检测，为其他执法部门开展执法工作提供了有力的技术支持。加强转基因委托检测工作，从深加工产品中成功提取DNA并扩增出基因片段，为企业扩大出口提供了保障，目前已经完成78批次产品检测。认真做好家乐福中国北方店的食品质量检测工作，目前已完成第一轮500多个样品的检测任务。羽绒实验室积极开展了面向市场和出口企业的技术咨询服务，并拓展了河北和北方其他地区的客户。羊绒实验室积极与中国土畜商会的合作，不断拓展羊绒检验服务范围。玩具检测中心继续加强与有关单位的合作，出具测试报告400多份。

加强重点实验室建设。加强实验室发展建设规划研究，做好CNAL认可实验室的监督评审工作，做好生物安全实验室的管理工作，做好实验室能力验证工作，积极推进实验室认可和计量认证，较好地完成了实验室注册转换工作。积极筹建媒介生物实验室，争取年内申请验收。

扩大国际科技交流合作。2004年以来，北京局派出多批团组出访有关国家，就疯牛病检测技术、食品检测技术、花卉检疫技术、水产品检疫技术等问题，与有关部门进行技术交流，提高技术水平和检测能力。与此同时，北京局还先后接待了印度纺织部秘书、前OIE主席、美国科罗拉多大学教授、德国柏林自由大学流行病学教授、法国疯牛病研究专家等到北京局就纺织品检测、动物检疫、卫生检疫、疯牛病检测技术等进行学术交流。

重视科技人才的引进和培养,认真组织开展招收博士后研究人员的工作。完成了北京局新一届科技委和专业委员会的换届工作和中青年学科带头人考核工作。成功举办了2004年科技周活动,举办多次科技知识讲座,为提高干部职工的科技素质和业务水平发挥了积极作用。为了更好地加强对博士后科研工作站的管理,北京局制定了工作站管理办法,成立了管理办公室,招收了1位博士后工作人员,同时聘请2位专家作为工作站首批合作指导老师,重点开展利用生物芯片技术检测植物病毒研究。

【加大服务力度，促进扩大进出口】 积极帮助企业走出困境，恢复和扩大对外出口。我国发生高致病性禽流感疫情后，包括48个国家和地区先后宣布暂停从我国进口禽类及其产品。为了使北京主要禽肉生产企业尽快摆脱困境，北京局积极帮助企业按照日本、韩国的进口要求进行整改，帮助企业建立健全饲养场管理制度，严格“五统一”管理，创造条件迎接国外官方检查，使有关企业顺利通过了检查，并在全国率先恢复出口。在禽流感解禁的短短半年多时间里，北京地区共出口禽肉596批、2.2万吨、货值7181万美元。10月份我国恢复对欧盟动物产品出口后，积极推荐对欧盟出口蜂产品企业3家，肠衣企业1家。为打破国外对我国蜂产品出口的贸易技术壁垒，北京局深入企业指导，规范企业操作程序，提高管理水平，北京地区在全国蜂产品出口企业的检查中通过率达到50%，超过全国平均水平。北京局还积极扶持水果出口，帮助4万斤北京产苹果首次出口到欧洲。

进一步推进产地证签证工作，推动企业出口。积极帮助企业通过原产地证明获得国外关税优惠，1-10月共签发普惠制原产地证书38 923份，签证金额13.1亿美元，同比分别增长4%和6%，企业可获得关税优惠6550万美元；签发一般原产地证书10 380份，签证总金额5.6亿多美元，同比分别增长21%和44%。在不断扩大原有的普惠制原产地证和一般原产地证的签发工作的同时，积极开展

《曼谷协定》原产地证书、蘑菇产地证书、《中国—东盟自由贸易区》优惠原产地证明书（FORME）等，签证数量和金额都有较大幅度的增长。与此同时，使馆认证业务量继续增长，代办使馆认证1 033份，同比增长21%。

积极参与和推动奥运行动规划的实施。一是与奥组委、马协等相关单位保持密切联系，尤其在雅典奥运会期间，与奥组委就马术比赛的情况进行交流，就马术比赛期间有关马匹的监管措施，马术中心的防疫等相关问题进行沟通。二是完成了2008年奥运会马术公园建设大纲中涉及检疫防疫的技术咨询和卫生标准制定工作，制定了“马术中心防疫卫生要求及标准”。三是积极开展“2008年奥运会参赛马检验检疫及监管体系的研究”科研工作。四是完成了《悉尼奥运会和残奥会：澳大利亚生物安全措施》一书的翻译工作，该书的及时出版为学习和借鉴悉尼奥运会的经验和做法提供了资料。此外，北京局还专门组织人员收集近四届奥运会的相关资料，并组织有关人员对相关资料进行翻译、整理和分类，为研究制定北京2008年奥运会参赛马匹检疫政策和监管措施奠定了基础。与此同时，北京局还积极开展新动物隔离场选址及立项工作和组建北京国际伴侣动物检疫保健中心的前期工作。

此外，还圆满完成雅典奥运会火炬中国传递活动、中国赴伊朗地震灾区救援队、赴南非维和部队、亚洲杯足球赛参赛人员的外交礼遇检疫工作和运载大熊猫航班的检疫任务。为交通部、海关总署、农业发展银行、体育总局、民政部等单位进行甲、乙肝联合疫苗接种7 000余人次。在坚持急事急办、特事特办的基础上，局机关和各分支机构全面实行“5+2”工作制，方便企业在节假日办理检验检疫手续。加强网站的服务功能，不仅全面推进政务公开，方便企业获取最新政策信息，下载所需文件和表格，还通过网站回复外贸企业、报检单位各种网上业务咨询信息近500条。

【认真贯彻全国认证认可会议精神，规范认证认可工作】 规范和加强对认证认可工作的管理。认真贯彻全国认证认可工作会议精神，强化进口商品安全许可、出口商品质量许可、进出口食品及动植物产品卫生注册登记制度。积极帮助企业开展卫生注册和对外注册工作，目前已有166家企业获得出口食品卫生注册、登记。共有30家次的企业获得国外注册。积极开展农产品认证有效性专项监督检查工作，对10余种获得绿色标志、有机标志和无公害标志的产品进行了检查，发现存在违规使用标志等问题；同时对5家农产品认证机构和21家农产品获证生产企业进行检查。通过集中受理、集中审单、加强现场监督、改进3C免办监管模式等，加强对强制性认证产品的口岸查验，审核出具3C免办证明597份。受理CIQ标志申请161批次，现场监督加贴144批次，共发放CIQ标志690万枚。对进口商品经销单位实施备案40家，年审181家。完成5家检验鉴定机构的110名检验鉴定人员考试资格确认，并对6家境外质量体系认证机构进行了监督检查。

继续强化进口商品的后续监管，维护首都市场经济秩序。继续完善进口商品流通领域协管员制度，通过协管员实现了政府监管和企业自律的功能融合，提高了日常巡查监管工作效率。加强市场检查，规范了流通领域市场经营秩序。会同市工商局、卫生局、质监局、农业局、商务局等部门对首都主要商场、饭店、冷库和集贸市场等监督检查163次，监督检查进口商品7 000余件。积极做好表外商品的抽查工作，制定了具体的抽查方案，完成了汽车零部件和木制品的专项抽查工作。

【加大执法力度，规范执法行为，努力做到依法行政】 加大对违法行为的追查和处理力度。建立外埠口岸入境货物稽查制度，开发了入境流向货物管理系统，加强对入境流向货物的监管，掌握进口货物流向，及时追查未申报货物，认真落实有关检验检疫工作，坚决追查不如实申报、逃避检验检疫等违法行为。截至目前，共追查入境货物2 700余批，追缴检验检疫规费170万元，其中查出中石化燕山分公司122批、货值6 400万美元的进口原油未按照规定申报，已经予以纠正。加大对各种违反检验检疫法律法规行为的行政处罚力度，办理行政处罚案件160起，结案154起，罚款83万元。

进一步规范代理报检行为。北京局对北京地区现有代理报检单位进行资格认定的初审工作，积极探索对报检单位实行分类管理，制定了《报检单位分类管理办法》。同时按照国家质检总局统一部署，11月1日正式启用了代理报检单位和报检员注册系统。认真组织完成了本年度全国报检员资格统一考试。

认真贯彻实施好《行政许可法》。按照《行政许可法》的要求，清理现有的规范性文件，对有关检验检疫工作进行了规范，进一步明确了办事要求和办事时限，并在网站公布了18项行政许可事项，增强了执法透明度。加强对《行政许可法》的学习和培训，多次邀请专家、教授等来局讲解《行政许可法》；认真组织对执法人员的统一考核，提高干部职工对行政许可的认识和理解，提高依法行政的自觉性。

认真加强业务管理，推进依法行政。根据加快分支机构业务发展和加强业务处综合管理职能的需要，对全局检验检疫业务工作进行了调整，对业务实施中所遇到的问题及时进行规范，确保调整工作实现平稳过度。加强对全局业务的综合管理。结合业务调整，做好业务协调、综合统计、业务分析等工作，并建立了业务情况通报会议制度。为了加强对内的执法监督，专门组建了执法稽查大队，配备了专门人员。认真开展出入境货物检验检疫差错率、流程超时率检查、自查工作，对发现的问题进行了汇总分析并提出了改进措施。

积极推进检验检疫诚信体系建设。北京局将体系建设与北京市企业信用信息系统有机结合，通过制度建设对相关信息的标准、采集、录入和公布以及审批程序作了详细规定，实现了企业信息的远程录入和信息共享。目前正在将此信息系统与网站建设结合，通过网站发布有关信息。

2004年北京出入境检验检疫局业务统计

2004年1－12月，北京局共检验检疫出入境货物13.45万批，同比增加13.36%；货值88.91亿美元，同比增加37.88%。其中出口货物7.14万批，同比增加13.77%；货值49.09亿美元，同比增加43.31%。进口货物6.31万批，同比增加12.90%；货值39.83亿美元，同比增加31.73%。查出不合格进出口货物635批，同比增加36.27%；货值1 699万美元，同比减少31.82%。检验检疫进出境动植物及其产品16 889批，同比增加51.32%；货值2.0446亿美元，同比增加35.07%；其中动物及其产品9 471批，同比增加91.95%；货值9 519万美元，同比增加31.53%；植物及其产品7 418批，同比增加19.13%；货值1.0927亿美元，同比增加36.32%；检出动物疫情5批，植物疫情662批。监测体检出入境人员4.95万人次，同比减少15.74%；检出各种病例803例，同比减少30.95%。实施艾滋病监测4.83万人次，同比减少13.33%；进行预防接种10.60万例，同比增加10.00%；检出HIV抗体阳性16例、梅毒43例，阻止患有禁止入境疾病的外国人入境和监护出境10例。检疫出入境飞机53 665架次，同比增加33.39%；对924万人次出入境旅客和机组人员实施了检疫监管。

北京口岸大事记

1月9日

北京市代市长王岐山到首都机场视察春运工作。在民航总局杨元元局长的陪同下，王岐山首先视察了首都机场国内旅客通道，而后到办理值机柜台与工作人员亲切交谈，询问春运期间旅客办理手续情况，同时还重点查看了现场检测检疫情况。陪同视察的有市口岸办主任吴开镕，首都机场集团公司总裁李培英，民航华北局局长黄登科，中国国际航空公司、民航总局、首都机场海关、首都机场检验检疫局等单位领导。

1月12－19日

市口岸办主任吴开镕，副主任杨国栋、高俊岭等分别到民航华北局、民航华北空管局、首都机场股份公司、机场海关、北京出入境边防检查总站、机场检验检疫局、中国国际航空公司、中航油公司、首都机场街道办事处、武警三支队、特警学院、飞机维修中心等驻口岸单位走访，对这些单位一年来取得的工作成绩表示祝贺，对口岸工作的支持表示感谢，并向各单位全体职工拜年，祝他们合家欢乐、万事如意。

1月15日

北京市口岸办综合业务处与北京市统计局外经处联合主持召开了2003年度北京口岸统计工作总结暨表彰会，市口岸办综合业务处王洪存处长对2003年统计工作进行了总结，并对各单位统计工作者一年来的辛勤工作表示感谢。市统计局外经处李萍处长为受表彰的先进单位和先进个人颁了奖。

2月

市口岸办综合处、空港处、陆港处在市口办副主任杨国栋的主持下，分别召开口岸“大通关”工作座谈会。征求对北京2003年大通关工作意见及2004年大通关工作的建议。首都机场驻场各单位及陆港口岸的8个企业分别到会。与会人员就北京“大通关”工作，展开热烈讨论，并提出很多意见和建议。市口岸办表示一定要认真研究各单位提出的意见，继续努力做好“大通关”各项工作，为企业服好务。

2月16日

在继续完善防控“非典”及各种传染疫情机制的同时，市口岸办党组对预防“禽流感”工作高度重视。市口岸办召开全体会，号召口岸工作人员要团结一心、众志成城，做好防控“禽流感”工作，并对具体防控工作进行了部署。市口岸办主任吴开镕在会上强调，要充分认识做好防控“禽流感”工作的重要性和紧迫性，进一步提高认识，统一思想，加强领导，落实措施。

3月23－25日

民航总局组织召开首都机场扩建工程飞行区及航站楼工程初步设计审查会。北京市口岸办公室副主任杨国栋，空港处处长徐志坚参加了此次会议，并就旅客流程、检查场地面积、执勤用房面积、检查通道数量等方面问题提了建议。

3月26日

北京市副市长陆昊、市政府副秘书长董宏在北京检验检疫局局长魏传忠、北京市口岸办吴开镕主任的陪同下来到首都机场检验检疫局视察工作。陆市长高度评价了北京检验检疫局不断通过加强科技建设、提高把关服务水平、促进外贸进出口和防止疫情疫病传入传出等方面所做的工作。

3月28日

国家重点工程首都机场扩建工程举行奠基仪式。首都机场的3号航站楼为此次扩建的核心部分。在工程开工奠基仪式现场，北京市市委书记刘淇、市长王岐山、副市长刘敬民等领导为3号航站楼奠基。北京市口岸办公室主任吴开镕应邀参加了此次活动。

3月30日

首都机场"双反"领导小组召开领导成员会。市口岸办、机场集团公司、机场海关、边检总站、民航华北局、国际航空公司、机场检验检疫局、市公安局治安总队、机场海关缉私分局、机场公安分局的领导参加会议。会议总结了首都机场口岸2003年反偷渡、反走私工作情况，布置了2004年"双反"工作要点。审议通过了"关于2003年双反工作暨反偷渡专项斗争期间表彰先进单位先进个人名单及奖励的意见"。

4月14日

北京市假日旅游工作领导小组召开会议，就切实做好2004年"五一"旅游黄金周各项工作进行了通知。市口岸办于会后向机场有关单位传达了会议精神。首都机场各单位对"五一"黄金周期间各项工作进行了部署，对安全问题进行了全面大检查，确保了首都机场口岸"五一"黄金周期间的各项工作的顺利进行。

北京西站口岸工作协调会在北京西站贵宾室召开。北京市口岸办、北京铁路局、铁路分局、北京铁路局公安处、北京西站公安段、北京海关、北京出入境检验检疫局等口岸有关单位领导参加了会议。与会同志就北京西站口岸有关工作进行了讨论，并表示一定要大力支持北京西站口岸工作，把北京西站口岸建设的更好。

4月20日

2004年度首都机场口岸反偷渡反走私工作会议在空港花园宾馆召开。

4月21日

北京市政府董宏副秘书长、政府办公厅秘书三处尹培彦处长和公安部六局局领导到北京西站临时口岸进行工作调研。北京出入境边防总站俞国海总站长、朱际青政委就西站临时口岸设立和开通以来的工作情况作了汇报，并就西站开设正式口岸及首都机场扩建后边防检查所需人员编制、办公场地、执勤补贴等事宜进行了探讨。

5月19-20日

中国口岸协会召开第三届信息工作座谈会，来自全国各地的58位代表参会。海关总署党组成员、中国口岸协会会长叶剑同志到会，并对今后口岸信息工作做了重要指示。会议对2003年口岸信息工作进行了评比表彰，北京市口岸办、北京口岸协会被再次评为信息工作先进集体。

5月24日，

为了巩固和提高北京口岸"大通关"成果，在调研座谈的基础上，北京市口岸工作领导小组办公室研究提出了《关于继续做好2004年“大通关”工作的意见》，经广泛征询相关单位意见修改后正式发出。

6月8日凌晨4：20和6：30

负责运送2004年雅典奥运会火炬的两架专机先后抵达首都国际机场。为了圆满完成专机的入境查验任务和保证迎接火炬仪式的顺利进行，首都机场口岸各单位工作人员凌晨3：30就到达现场，对该航班和入境人员进行了认真细致的查验，保证仪式的按时举行，同时按奥组委的要求对随行人员给予礼遇，圆满完成了此次接待任务，受到了各方面的好评。

6月22日

为确保“亚洲杯”在北京的顺利举行。在首都机场空港花园酒店召开“亚洲杯”机场迎送工作协调会。参加会议的有中国组委会常务副秘书长王彬同志，北京市政府副秘书长张建东同志，首都机场各有关部门负责人。

6月28日

首都机场西区改造工作领导小组研究机场运营保障及西区改造工作。北京市政府口岸办对首都机场2008年新航站楼投入使用前的机场运行保障工作及西区改造有关问题拟定了意见。

7月13日

海关总署口岸规划办公室召集铁道部国际合作司、北京、上海两市口岸办、公安部出入境管理局、质检总局通关司、海关总署监管司等单位会议，就北京西站、上海站口岸正式开放达成如下共识：（1）两个口岸的开放是中央在“一国两制”的原则下做出的特殊安排，是落实CEPA的具体体现，必须从讲政治的高度来看待这两个口岸的开放；（2）由海关总署牵头，加上铁道部及两市人民政府，以四家名义共同向国务院报告，申请各联检单位的机构和编制，并请国家发改委就上述单位所需的各项设施拨付建设资金。（3）由两市口岸办征集各联检单位机构、编制和所需设施情况，2周内报海关总署口岸规划办。

7月14日

北京丰台货运口岸业务综合楼供电改造工程经北京丰台供电公司验收合格，7月17日利用周六休息日正式更换电缆通电，该工程从市政路边高压线直接引入10KV高压电线，在楼内设置400KVA变压器发电，彻底解决了丰台口岸业务综合楼用电。

陆昊副市长到顺义调研工业和物流业发展情况。参观了北京爱立信移动通信有限公司和北京“宅急送”快运有限公司，听取了全区经济发展情况、空港工业区、天竺出口加工区和物流业发展情况的汇报。

7月15日

北京首都机场西区改造工程领导小组各成员单位、中国航空集团公司、中国东方航空集团公司、中国南方航空集团公司、中国新华航空股份有限公司等单位召开首都机场西区改造工程领导小组会议。研究首都机场2008年新航站楼投入使用前的机场运行保障工作及西区改造工作有关问题。

7月21日

北京市发展与改革委员会召开会议，研究有关通州马驹桥物流基地增加口岸功能问题。北京市商务局、北京市口岸办、北京市规划委、北京市交通局、北京市国土和房管局、北京海关、北京出入境检验检疫局、通州区政府、北京京东物流中心管委会等单位领导参加了此次会议。会议就马驹桥物流基地增加口岸功能问题展开了热烈的讨论，并于会后对各项工作进行了落实。

8月6日

按照吉林副市长的指示精神，市口岸办联合市城管执法局，首都机场派出所，首都机场工商局等单位召开紧急会议。针对《北京晚报》8月5日刊登的《候机楼前列队“迎宾”强发小广告》问题研究应对办法。

8月26日

为保证第八届京港经贸洽谈会从深圳出关的人员、物资能够方便、快捷，市口岸办派员前往深圳，与深圳市口岸办、北京市政府驻深圳办事处共同磋商此事。深圳市口岸办表示一定全力给予支持、配合，保证此次活动的顺利进行。

8月28日－9月1日

为做好市委书记刘淇，市长王岐山以及新闻记者团赴港的出入境协调工作，市口岸办行文致函并提供具体名单与安排，在北京边检、海关和公安部、海关总署以及深圳口岸相关部门的协助下，共同做好各方面的协调保障工作。

9月15日，

首都机场1号航站楼重新启用仪式如期举行。

10月26日

国际奥委会交通顾问菲利普·鲍威先生会同北京市组委会、民航总局有关领导到首都机场口岸考察工作，了解首都机场的运营情况及扩建工程进展情况。国际奥委会官员对工作总体情况表示满意，同时对2008年奥运会前机场的交通运输情况提出了意见和建议。

11月1日－11日

应民航华北局邀请,北京市口岸办主任吴开镕率团赴韩国、日本、香港考察国际航空港枢纽建设。

11月1－2日

乌鲁木齐口岸管理委员会赴首都机场考察首都机场国际候机厅平面布局、查验流程设置、各联检单位现场查验情况、首都机场及各联检单位工作查验制度、政策法规建设、信息传递、督察及信息平台建设情况。

11月18日

首都机场口岸反偷渡、反走私领导小组在市政府外联办培训中心举办了第四期“双反”知识培训班。此次培训由北京市口岸办主办，来自海关、边防、安检等联检单位及国航地服等13个驻场单位的50名班组长参加了培训。北京出入境边防检查总站核审队、遣返所民警讲授了反偷渡知识。

12月3日

北京市副市长陆昊主持召开了“北京首都机场旅客出入境流程调整改革座谈会”，市口岸办、民航华北局、北京海关、北京检验检疫局、北京边检总站、机场集团公司、机场股份有限公司、中国国际航空公司的领导出席会议。会议听取了北京市口岸办关于首都机场国际客运流程现状及调整改革初步意见的汇报，讨论了首都机场国际客运流程调整改革的思路、方案、问题、建议，陆昊副市长对流程调整提出了具体的协商指导意见并做了重要总结讲话。

12 月 16 日

首都国际机场口岸反偷渡反走私工作领导小组办公室召开反偷渡反走私工作座谈会。会议交流了在落实“双反”工作中的具体做法，就信息沟通和反馈、扩大群防群治网络体系、加大举报奖励机制等问题达成共识，为“双反”工作的进一步开展积极建言献策。

天津口岸工作综述

2004年天津口岸深入贯彻《国务院办公厅关于进一步提高口岸工作效率的通知》及有关指示精神，全面落实中共天津市委、天津市政府提出的建设“通关便捷、服务高效、监管规范、成本低廉”一流口岸的要求，为加快推进“大通关”战略，进一步采取措施，优化口岸环境，推动通关提速，促进开放型经济发展。2004年天津口岸吞吐货物突破2亿吨，达到20 619万吨，与2003年同比增长27.4%，集装箱吞吐381.57万标箱，与2003年同比增长26.5%；口岸进出口值667.67亿美元，与2003年同比增长47%；空港通过旅客170.53万人次，同比增长54.8%；空港货邮吞吐8.18万吨，同比增长45.2%。口岸通关当日放行率由去年的平均70%左右上升到90%以上。海港货运服务水平继续保持稳定。重点班轮准班率100%，普通班轮准班率96%。

【建立健全通关制度】 为整体推进口岸“大通关”，依据天津市委、市政府下发的《关于进一步扩大对外开放加快开放型经济发展的决定》(以下简称《决定》)(津党发[2004]7号)，特别是《决定》中关于口岸工作的要求，组织制定了《天津口岸“大通关”建设实施细则》(以下简称《细规》)，作为天津市推动新一轮对外开放的18个配套措施之一，同时也作为天津口岸组织推动“大通关”的指导性文件下发执行，在全市工作中确立了口岸“大通关”的地位、作用。在此基础上，按照《细则》的规定，细化分解了各自的工作目标，制定了相关单位的具体措施，推进大通关工作的全面落实。进一步完善了天津口岸工作原有的“三个机制、四项制度”，建立并实行了“天津口岸通关量化目标统计制度”和以“天津口岸通关环境综合监测评估10×309体系”为基础的综合监测评估机制，从而形成了天津口岸工作的“四个机制、五项制度”，使口岸“大通关”的组织领导得到进一步加强。

【不断深化通关改革】 在继续推行“提前申报、货到放行”、“分批出区、集中报关”、“加工贸易企业联网”、“无纸通关”等便捷通关模式的基础上，今年，天津口岸又推出了“属地接放”、“登记验放、集中审征”、“集中查验、分批放行”等新的通关模式，并加快推进电子口岸“网上支付”和船舶“网上报关、网上预检”等工作。同时，不断扩大便捷通关范围，享受天津海关“绿色通道”制度的企业由36家增加到50家，获得检验检疫认证资质的企业由118家扩展到181家，这些重点企业的外贸出口额分别占口岸外贸出口额的50%、65%。通关模式的便利和种种优惠政策，大大加快了通关速度，11月份，海港一般货物进口通关手续时效平均7.04工作小时，比去年缩短8.61小时，出口4.51工作小时，比去年缩短1.41小时；空港一般货物进口6.64工作小时，比去年缩短4.04小时，出口3.10工作小时，比去年缩短1.36小时。

【全力优化通关服务】 2004年以来，口岸各个部门努力转变作风，不断推出务实、便民、高效的一系列新的服务举措。一是深入企业宣讲《细则》，让企业全面了解大通关的实际情况，用好用足各种便利通关政策和措施；二是设身处地地为客户着想，编制印发了《天津口岸快速通关服务指南》，为企业进出口通关答疑解难，提供咨询服务；三是全面实施“预约通关”、“延时通关”、“加急通关”、“全天候通关”等24小时通关制度；四是积极推行天津海关“7小时通关目标”试点经验，建立各主要通关环节目标时限责任制，加快放行速度；五是建立外地重点企业通关专用窗口，为外地企业提供“当日、一次办结”的通关服务；六是努力提高报关单位工作效率，要求一日内递单报关，并建立了复核制度和行规行约；七是精心组织专业咨询公司对口岸通关环境进行"第三方调研"和"综合评估"，提出工作对策，采取有效措施切实解决客户关心的热点、难点、焦点问题，为客户提供满意的通关环境；八是主动召开新闻发布会，通报口岸通关情况，让新闻舆论及社会各界共同监督天津口岸的通关服务。

【推进延伸口岸开放】 为做好口岸开放管理工作，依据《天津市城市总体规划》、《天津滨海新区整体发展规划》和《天津港总体规划》，组织编制了《天津口岸"十一五"发展规划》；为港口新建码头及时办理验收开放手续；组织口岸各部门积极做好空港新辟西欧航线的口岸保障工作；经多方努力，争取国务院下发了《国务院关于同意天津 PL19—3 油田原油出口海面油田交货点对外国籍船舶开放等有关问题的批复》（国函［2004］16号），为 PL19—3 油田正式办理了对外开放手续，为 BZ25—1/25—1S、CFD11—1/11—2 办理了临时开放手续，同时，将渤海海域海面油田交货点开放管辖权归属天津口岸，结束了环渤海四省市争取管理权的情况。

为做好天津口岸与腹地口岸的相互延伸工作。今年又组织口岸有关部门分别走访了内蒙、山西、河北等腹地省、市、区，与内蒙包头签订了快速转关备忘录并启动了海陆运输；与内蒙二连浩特和新疆乌鲁木齐、阿拉山口建立了以多式联运和路桥过境运输为载体，以口岸直通为依托的跨区域口岸合作关系；与山西大同达成了快速转关合作意向；与河北省石家庄和邯郸签订了快速转关协议；会同有关部门赴内地十余个省、市、区进行集装箱生成量调研。通过口岸延伸和区域合作，便捷内地货物通关，支持了中西部地区的经济发展。良好的通关环境不仅吸引了腹地货物增量，而且吸引了中亚国家大批量件货首次从西伯利亚大陆桥转道天津口岸出口。

【加快建设电子口岸】 在去年底组建天津口岸信息平台和天津口岸通关服务中心的基础上，开发了口岸仓储物流信息资源，并与国家主管部门协商，起草了《海关总署与天津市人民政府关于组建天津电子口岸合作备忘录》，为下一步实现"一站式"通关服务做好准备。目前，按照市委市政府的要求，正在加紧运作天津航运服务中心和天津电子口岸筹建工作。

【加快港口基本建设】 2004年天津港认真贯彻落实天津市港口建设工作会议精神，围绕加快港口发展，掀起了新一轮港口建设的高潮。一是计划完工的项目均已完工。东突堤北侧改扩建码头2004年初已投产。南五泊位西延工程已于2004年6月完工。南11#20万吨级通用散货泊位已按计划于2004年3月完工并投产。南9#、10#泊位扩能工程已于2004年9月份通过竣工验收并正式投产。散货物流中心皮带长廊工程已按期竣工并投入使用。集装箱物流中心首期堆场工程已竣工，建立了天津港第一个立体自动化仓库。北大防波堤工程已完工，现正在纳泥，已形成约3平方公里陆地。南港路拓宽改造一期工程及门区工程已完工。南疆南围埝工程已于2004年12月完工；二是新开工的项目按计划进行。北港池滚装码头工程已于2004年3月开工，进展顺利。15万吨级航道工程进展顺利，计划2005年6月份完工。北港池集装箱码头一期工程、南疆神华天津煤炭码头正在进行地基处理，即将开工打桩。二、四公司办公楼工程、散货物流中心交易大厦按计划已开工，散货物流中心续建铁路工程按计划进行。北疆110KV变电站已于2004年12月份开工；三是规划及重点项目的前期工作全面展开。天津国际航运服务中心的规划设计工作正在加紧进行。

【加强口岸综合管理】 口岸各单位坚持服务与执法并举，依照法规加强口岸管理工作，确保"大通关"有序进行。一是圆满完成了特资、维和装备出境以及大宗散货、大件设备、急需物资、大批量进口种牛接运工作，完成了客货班轮、快件航班、要客团组出入境通关协调工作。二是加强了口岸反偷渡，建立了《天津口岸反偷渡工作奖励实施办法》和《天津口岸反偷渡信息联络制度》，组织编写《天津口岸反偷渡论文集》。抓获偷渡犯罪嫌疑人 17 名，处理遣返人员 75 名，有力地震慑了偷渡犯罪。三是严厉打击走私违法行为，天津海关货物进口查验有效率平均为 10.78%，出口查验有效率平均为 5.18%，查获走私违规案件 135 起，案值 7.19 亿元，偷逃税款 7431 万元，移送起诉犯罪嫌疑人 42 名。四是加强检验检疫执法，进出口货物检验检疫不合格产品 1710 批次，货值 11.45 亿美元。五是做好海上搜救工作。组织编制《天津市海上搜救医疗联动机制工作方案》和《天津市海上搜救应急处置预案》，加强海上搜救程序化规范化建设，有效组织海上遇险搜救，实施海上搜救 10 起，成功救助遇险人员 35 人，遇险船舶 8 艘。

【深入开展口岸文明共建活动】 一是以"共建"为纽带，促进天津口岸与腹地省市的合作。积极促进天津口岸与腹地对应口岸建立共建协作关系，充分发挥口岸信息平台作用，实现网络远程报关报检；加强天津口岸查验单位与腹地省、市、区对口部门的合作，共同铺就进出口绿色通道，实现腹地省、市、区与天津口岸跨关区直通或转关，进一步推动天津口岸延伸；二是大胆改革传统的通关模式，努力实现通关再提速。负有主要通关责任的口岸查验单位和管理型单位，认真研究、制定和落实新的大通关目标与措施。努力促进口岸业务联系紧密的单位共同推出有利于促进企业增效和发展的措施、协议，特别是口岸查验执法单位在巩固和完善联合办公、"一条龙"服务等经验性做法的基础上，探索实行联合承诺，促进口岸综合通关服务水平的提高；三是继续深入开展文明共建优质服务活动。在 2004 年 6 月份开展以落实"观念再创新、措施再强化、通关再提速、环节再简化、办公再透明、环境再优化、服务再提高、整体工作再上新水平"为重点内容的第九次口岸百日优质服务竞赛活动。推进口岸服务工作再上新水平，使口岸文明共建工作适应口岸中心工作和外经贸发展的要求，不断增强服务意识，完善服务机制，健全服务制度，改进服务措施。要在口岸不断完善和积极推行全方位服务机制和应急服务机制。口岸查验执法单位要以廉洁、高效、勤政、务实为理念，按照我国《行政许可法》的要求，全面推行依法行政、执法为民的服务宗旨；四是加强对共建活动的领导和监督。组织口岸共建活动督察员和服务对象代表，重点对口岸行政执法单位的服务质量进行督察和评议，并将评议结果向社会公布。确立共建督察员联系点和服务对象联系人，定期进行情况沟通，使共建督察工作真正发挥沟通基层，了解民意，相互借鉴，推动中心工作的作用。

（黄占学　米树彤　赵津）

天津口岸单位工作综述

天　津　海　关

2004 年天津海关认真贯彻"依法行政、为国把关，服务经济、促进发展"的工作方针，紧密结合关区实际，以"提速、增税、争一流"为中心工作，努力打造服务型海关，不断促进地方经济发展。2004年共监管进出口货物9 995.41万吨，货物总值677.67亿美元，征收税款372.99亿元，同比分别增长22.21%、47%和28.52%，有力保证了口岸对外贸易的健康快速发展。

【以口岸为辐射促进经济发展】 2004年，天津海关为提高天津港的竞争优势，大力支持、推动京津空港及华北、西北主要省会城市口岸直通，2004年共办理进口转关5.6万票、转关集装箱15.9万标准箱、转关货运量268万吨，同比分别增长了24.44%、18.66%和24.25%。此外，该关协助港口实现环渤海内支线内外贸集装箱货物同船运输和开展国际班轮调运沿海空箱业务，增加天津口岸的货运规模；对天津邮政出口世界各地的国际邮件实行了24小时通关服务措施，得到国家邮政局的高度评价；积极参与天津航运服务中心建设，及时提出“电子口岸”建设方案并已得到市政府批准进入实际运作阶段；与天津海港和空港部门一道积极争取更多的外地企业来天津通关，结合天津机场改扩建工程和第五航权申请，采取切实有效措施积极协助机场做好招商引航工作。通关效率的提高和通关服务的改善，有力地带动了天津口岸货运量的增长，2004年，天津口岸进出境货物9995.41万吨，货运总值677.67亿美元，同比增长22.21%和47%。其中，天津市出口209亿美元，增长45.4%，增幅超出全国出口增长总体水平10个百分点。

【以高效便捷的服务促进外贸发展】 天津海关把提高通关效率作为“争做一流海关”和促进地方经济发展的抓手，通关效率明显提高，到2004年年底，进口货物7个工作小时内放行率达到90.14%，出口达到99.19%。在通关效率大幅提高的同时，通关环境也得到进一步改善。5月1日，天津海关调整了口岸通关作业时间，随后又在口岸推出全天候通关制度，通关现场实行下班自然延时。现场关员积极转变工作作风，设立了通关应急中心，全年共接听咨询电话15000余个，解决问题3866个。在“守法便利”原则下的通关便捷措施适用范围不断扩大。2004年，获得便捷通关待遇的企业由36家扩大到50家；实行了登记验放、集中审征、担保验放、先放后税、批量审价等措施，使守法企业充分享受到通关便捷。2004年，天津海关分别与4家银行签署了网上支付协议，42家企业开始使用网上支付系统，企业平均缴税时间缩短到5分钟。该关还与银行合作开通了“833快速缴税账号”，极大方便了外地企业通关纳税。天津海关改革了进口通关流程，设立了集中驻库验货场地，转变机检作业模式，制定“简化操作、灵活处置作业标准”，减少了纵向层级审批，优化了横向作业流程。实施了“集中审单、属地接放”通关模式，有效分解了口岸通关压力，为企业提供了更多的便利和通关地点的选择。进一步发挥统计职能作用，及时编写统计分析文章216篇，被中央和地方党委、政府采用362篇次，为机关领导科学决策提供了可靠的数据支持。

【以科学的保障措施改善天津投资环境】 2004年，该关主动配合天津地区招商引资工作，一是审批减免税货值25.49亿美元，减免税款67.36亿元人民币，同比分别增长33.87%和96.72%；二是认真落实市领导批示，解决外资企业在报批项目、案件查处方面的实际问题15项；三是改革加工贸易和保税监管制度，主动适应我市加工贸易转型升级和多元化发展要求。2004年，新增联网企业44家，使我市联网企业总数达到82家，电子账册通关金额逾160亿美元，占我市加工贸易货物通关总额的76%。去年我市加工贸易出口140亿美元，增长52.2%，超出全国水平16个百分点。四是为服务开发区建设，在“泰达企业在线”中开通了“海关服务专网”，推出了促进开发区经济发展10项措施；五是为加快保税区发展，积极参与“区港联动”方案修订工作，并对区内空运进口货物、物流企业、生产型加工企业和从事汽车贸易的企业分别“量身定做”了便捷通关模式；六是为促进各区县外向型经济发展和招商引资，将现场业务处迁驻西青区办公,向总署申请批准设立了海关西青办事处,并在宝坻、津南设立了海关监管机构;与武清、蓟县等区县外经贸主管部门建立了招商引资提前介入制度。

【以改革创新不断提高服务层次】 2004年,天津海关以科技应用为保障,深化通关作业改革,促进了监管水平和服务水平的提高。改变了加工贸易监管的低效运作方式,初步确立了具有天津特色的"电子账册+联网核查"的新型加工贸易监管模式,联网监管改革成效明显。联网企业总数达到82家,联网企业进出口贸易额195亿美元,同比增长28.7%,电子账册通关金额逾160亿美元,占天津市加工贸易货物通关总额的76%。关区物流监控体系、风险管理平台、加工贸易联网等系统进一步完善,电子口岸建设稳步推进,报关行版预申报系统推广工作顺利完成,电子口岸入网企业达5 766家,网上应用项目涉及进口付汇、出口收汇、网上支付等10个项目,有效提升了通关监管作业的信息化水平。

【以监管效能保障口岸环境的健康发展】 2004年,天津海关积极推行并初步形成了领导有力、层级分明、全员参与、全程覆盖、反应灵敏的风险管理机制,为确保税款应收尽收、监管严密有效和加大打私力度打下坚实基础。坚持标本兼治、齐抓共管的综合治税思路,深入开展了打击归类、价格和加工贸易伪瞒报行为的专项治理。全国首创性地建立了进出境船舶无纸化通关管理模式和新版海运舱单集中管理模式,实现了新版舱单与H2000系统的自动对接,为物流风险管理提供了完整、可靠、及时的数据来源。制定完成了天津空港物流监管服务信息平台规划,成功实现了空运出口舱单电子联网和空运进口货物双信息放行,做到了空运货物信息流和单证流的统一。开展了打击矿产品出口逃证走私专项斗争和打击走私香烟违法活动的"鳄鱼行动",以及针对汽车价格、组合电缆等商品的专项稽查。特别是打击矿产品出口逃证走私专项斗争受到了中共中央政治局委员、天津市委书记张立昌同志的高度重视和表扬。全年共破获各类走私案件27起,案值30 973万元,涉嫌偷逃税额4 950万元,有效维护了天津口岸良好的外贸进出口秩序。

(姚淑媛)

天津关区2004年业务统计报表

	类别		2004.01—2004.12	
			指标数	同期比%
1	进出口总值(亿美元)		677.36	46.8
	其中	进口总值	292.66	44.9
		出口总值	384.7	48.9
2	进出口货运量(万吨)		9995.41	22.2
	其中	进口	4676.55	49.5
		出口	5318.86	5.3

	类别		2004.01—2004.12	
			指标数	同期比%
3	进出口报关单（份）		1540271	20.8
	查验货物报关单（份）		32428	-40.2
	货物报关单查获（份）		2953	-41.3
4	实际入库税收（亿元）		372.99	28.52
	其中	关税	114.39	10.13
		代征税	258.6	38.77
5	监管进出境人员（万人次）		82.16	37.7
	监管进出境船舶（艘次）		15509	15.46
	监管进出境飞机（架次）		3677	34.34
6	上缴罚没收入（万元）		7270	-27.1
7	邮递物品（万件）		498.47	11.29
	快件物品（万件）		53.31	39.66
8	走私犯罪立案案数（起）		27	17.39
	走私犯罪立案案值（万元）		17765.8	-72.44
	立案案件偷逃税额（万元）		3799.84	8.29
	立案案件犯罪嫌疑人（人）		49	58.06

天津出入境边防检查总站

2004年，天津总站共检查出入境旅客460 999人次、员工248 433人次，检查出入境飞机3 967架次、船舶9 748艘次，查获在控人员77人次，查处偷渡人员17人次，接收处理遣返人员79人次，发现处理其他违法违规人员318人次，并且圆满完成了春节、国庆等各个特殊、敏感时期的出入境边防检查和安全保卫任务，保证了口岸的安全畅通。

按照周永康部长对边检执勤工作的指示、批示精神，总站以加强文明规范执勤为重点，深入开展了执法理念、纪律作风等专题教育整顿，使队伍的“五个意识”进一步增强。总站党委委员分成5个工作组，分片包干到5个站，与站党委成员和广大民警一起查问题隐患、析症结原因，并诚恳征求意见和建议。针对归纳、梳理出的主要问题，制定了领导干部责任追究、岗位量化管理、科教强警等整改措施，整肃队伍纪律，切实杜绝抛甩出入境旅客证件等不文明规范执勤问题。通过开展整肃队伍纪律工作，总站民警的执法为民意识得到了进一步增强。

为了更好地服务于口岸经济发展，履行国家赋予的种种职责，总站召开了各类业务工作研讨会，就如何进一步规范和强化边检执勤工作，如何适应经济发展及“大通关”要求，进一步简化手续、提高查验效率等展开了广泛、深入的研讨，为准确把握业务工作主线，找准推动工作的切入点和突破口打下了坚实的基础。

【严格执法，有效打击偷渡行为】 在所属各站成立“出入境证件研究小组”，建立起相关的工作制度，并加强识别伪假证件培训。加强对检查、巡查现场的综合控制能力，建立对重点船舶、重点码头和重点时间段的重点检查管理措施，运用便衣巡查、无规律巡查、隐蔽蹲堵、闭路监控等灵活多样的手段，防范和打击藏匿交通运输工具、逃避边防检查等形式的偷渡活动。全力防范和打击利用集装箱偷渡活动，进一步强化对港内堆放的集装箱和停靠的集装箱船舶的检查、巡查工作，坚持对重点航线的集装箱船舶实施出境前的登轮巡视检查，并将巡查范围扩大至码头堆场。努力完善对出口空箱、渔箱、敞顶箱和无海关铅封箱的报验及重点检查制度，继续做好与集装箱场站《反偷渡责任书》的续签和深入落实工作，积极开展产地箱调研等，积极探索防范和打击利用集装箱偷渡活动的长效机制。通过一系列专项行动，总站的反偷渡工作取得了显著成果，发展态势良好，全年共查获偷渡人员 17 人次，比 2003 年下降了 45.16%，已有近 3 年的时间没有发生大规模偷渡得逞案件，近 4 年的时间没有发生利用集装箱偷渡得逞案件。同时，总站始终注意加强与地方公安机关的协作配合力度。对经初步审理后需追究刑事责任或更适于由住所地公安机关处罚的偷渡人员和偷渡出境的境外遣返人员，及时联系移交地方公安机关或开展协作办案。通过加强双方交流、配合，从源头上打击和遏制出入境违法犯罪活动。

2004 年，总站加大了对查控工作资金和设备等方面的投入，投资近 3 万元，为总站查控资料室配备了工作站、UPS 电源等技术设备，确保在 24 小时随时接、收、发各种布控文件的同时，做到在第一时间审核、登记、编号、签批后电传各站。为严格落实《执勤现场处突预案》，各边检站均建立了查控室，更新了查控机房的设备，专门负责执勤现场应急方案。

【建立健全监督机制】 总站结合实际，确立了加强制度建设的工作思路，多次召开纪委会议研究制度建设立项，组织相关人员针对倍受关注的政府采购、组织人事、行政执法等工作开展制定监督制度的调研活动，制定并实施了《天津出入境边防检查总站政府采购监督暂行办法》、《天津出入境边防检查总站人事工作监督检查暂行办法》、《天津出入境边防检查总站审计工作暂行规定》、《天津出入境边防检查总站监督工作联席会议制度》、《天津出入境边防检查总站纪委谈话制度》、《天津出入境边防检查总站实施留置报备暂行规定》，加强了对敏感、易发问题工作的监督制约，使总站监督工作的规范化迈出了新的一步。

【加大内外监督力度】 总站深入推进警务督察工作，充分发挥了督察工作的内部监督职能作用，以随警督察为切入点，加大督察力度，紧紧围绕出境旅客遣返审查环节开展现场督察，着重防范职务性违法违纪行为发生。同时做好特邀监督员工作，适时开展警务评议活动，发挥外部监督力量。2004 年来总站和各检查站共走访特邀监督员上百次，向出入境中外旅客发放调查问卷 2 000 多份，收集各类意见建议近百条，走访情况和收集的意见得到及时反馈并予以针对性整改，有力促进和改善了边检工作。

（李慧）

2004 年天津口岸出入境旅客统计表

单位：人次

项目		出入境旅客		合计
		入境	出境	
中国籍	因公	3462	3227	6689
	因私	26444	33470	59914
	香港	5073	4141	9214
	澳门	43	43	86
	台湾	13050	11812	24862
外国籍		180334	175684	356018
华　侨		2760	1456	4216
合　计		231166	229833	460999

2004 年天津口岸出入境员工表

单位：人次

项目		入境方式			出境方式			合计
		船舶	飞机	小计	船舶	飞机	小计	
中国籍	因公	49595	3534	53129	51731	3845	55576	108705
	因私	0	77	277	0	276	276	553
	香港	20	41	61	32	41	73	134
	澳门	0	0	0	0	0	0	0
	台湾	269	0	269	185	0	185	454
外国籍		56956	15368	72324	51017	15246	66263	138587
合　计		106840	19220	126060	102965	19408	122373	248433

2004 年天津口岸出入境交通运输工具统计表

单位：艘次、架次

项目		船舶（艘次）			飞机（架次）			合计
		入境	出境	小计	入境	出境	小计	
中国籍	内地	754	704	1458	388	465	853	2311
	香港	204	182	386	0	0	0	386
	澳门							
	台湾							
外国籍		4015	3889	7904	1569	1545	3114	11018
合计		4973	4775	9748	1957	2010	3967	13715

2004 年查获及处理违法违规人员统计表（偷渡人员）

单位：人次

项目			偷渡人员类别						协助他人偷渡	由境外遣返	合计
			非法获取证件	冒名顶替	揭换照片	整本伪造	伪造涂改签证（注）	偷登藏匿交通运输工具			
真实国籍	中国籍	内地	3	5	2	2		3	1	79	95
		香港									
		澳门									
		台湾									
	外国籍						1				
类别	入境小计		3	2	1	0				79	85
	出境小计			3	1	2	1	3	1		11
	非出入境										

查获及处理违法违规人员统计月报表（非偷渡人员）

（2004 年 01 月－2004 年 12 月）

查获入出境手续不完备及扰乱管理秩序人员

	小计	未持证件		无效证件				扰乱管理秩序		擅自分团组团社	边防检查机关差错	发证机关差错	其他
		未持证件	未持签证或签注	证件无效	签证或签注无效	非法居留	未持有效出境证明或出境卡	违反登陆规定	违反口岸区域管理规定				
总计	318		7	22	12	51		16	204		1	4	1
中国籍 合计	249		5	20	10	6			204			4	
中国籍 内地	240		3	20	10				204			3	
中国籍 香港													
中国籍 澳门													
中国籍 台湾	9		2			6						1	
外国籍	69		2	2	2	45		16			1		1

天津出入境检验检疫局

2004年，天津出入境检验检疫局共受理报检货物 68 万批，货值达 520 亿美元，同比增长 50.29%，收费已突破 3.3 亿元，同比增长 53%，再次刷新最高纪录。

【依法施检效能得到提高】 围绕工作重点的转移，天津局加快了检验检疫监管体系建设的步伐。加强风险分析和评估工作，各类风险预警与快速反应体系建设得到完善；以强化对进出口动植物及其产品的运输、存放、加工过程的检验检疫和后续管理为重点，天津口岸动植物及其产品的检验检疫监管体系建设得到了新的加强；依据“全国进出口食品安全推进计划”，食品安全卫生控制体系建设，较好地适应了新的形势和任务的需要；以建立国境口岸公共卫生长效管理机制为目标，初步形成了口岸传染病防控、口岸卫生监督和公共卫生突发事件应急体系。一年来，共检出不合格货物 2 146 批，货值 14 亿元美元，同比增长 243%；动物及动物产品检验检疫 9 409 批，金额 5 亿多美元，同比增长 3.5%；截获疫情 19 种；检验检疫植物及植物产品 43 835 批，检出疫情 486 批，同比增长 36.5%；食品及化妆品检验检疫 17 138 批，同比增长 11.5%，发现问题 220 批；出入境人员 579 339 人次，发现爱滋病病毒感染者 1 例，肺结核 11 例，澳抗阳性 559 例；实施交通工具船舶检疫 9 256 艘（架）次，检出动植物病虫害385种，医学媒介生物149种；检验检疫集装箱92万标箱，发现问题16 891标箱。

【进口商品检验监管得到进一步加强】 2004年突出了对进口废料、进口肉类、进口水果三类重点商品和进口棉花、进口旧机电、进口钢材、进口纺织品以及进口大豆、木材和木质包装、动物源性食品等八大类产品的检验监管。为确保工作到位,把关到位,坚持从强化各级干部职工的责任意识入手,立足口岸特点,狠抓批批查验、双人双岗检验、现场交接等相关法规制度的落实,建立和完善关键岗位、敏感岗位、关键环节监督制约机制,强化过错追究,严格岗位责任制,重点、敏感商品检验监管工作的力度与成效都有了明显提高。全年实施进境废物原料检验25 534批、金额8亿美元,检出不合格货物95批、160万美元,检出批次是去年同期的4倍,均为历史最高纪录。检验检疫入境肉类860批,货值2 643万美元,检验检疫进境水果30多批,金额63美元,入境汽车报检7 738批、74 825辆;检疫进境棉花近12万吨,达到20年来棉花检验最高纪录,出证索赔金额近200万美元;两次从南非进口的铜矿中,发现放射性超标问题,果断做出了退运处理的决定。其他类敏感商品的检验检疫把关,按照方便进出、监管有效的原则,建立健全了一整套监管严密、快速高效的工作体系和制度,有效地堵住了不符合国家安全、卫生、环保强制性标准的商品流入国内,维护了国家利益和人民健康。

【进出口防疫工作成效显著】 建立健全组织，启动应急处理预案，制定应急处理预案实施办法；果断调整经费投向，全力保障防治工作需要；严格落实“八项制度”，狠抓“五个到位”，确保“五个及时”、“五个不漏”，先后对来自疫区的1 950艘（架）运输工具进行了防疫消毒和无害化处理，其中截获、封存来自疫区的禽肉及其制品210批次，共计12 292公斤。截获含禽类产品的旅客携带物197公斤。与有关部门密切协同，对天津市的有关食品加工企业和冷库进行了检查，实施了依法监管，有效地防止了禽类及其产品由非正常渠道进入流通领域。加强对辖区3家出口注册禽类制品企业，25家备案饲养场，以及与禽类产品相关企业监管与指导，有力地配合了对天津“疫区”解除的工作。同时在防治过程中，注意总结防治重大疫情经验，建立起了防治非典、禽流感及“W5号病”等重大疫病疫情的长效工作机制，为今后更好地做好防治工作奠定了坚实基础。

【加速实现电子检验检疫信息化】 2004年天津出入境检验检疫局以“电子申报、电子监管、电子放行”为着重点,加快信息化建设,完成了CIQ2000升级,电子申报和电子放行取得新的突破。电子监管和电子监控,现已扩展到木质包装、机电产品、进口废物原料和竹、木、草等出口产品。电子报检率、电子签证率、电子转单率均达到100%。在系统内率先推行出境直通式电子报检,推广网上核销,实现了快速核放。启动了“出口法检集装箱电子申报系统”,以出口法检集装箱实施电子申报为标志,天津口岸法检集装箱检验检疫工作跃上了一个新的台阶。这些措施,进一步方便了企业,加快了通关速度。全年共受理出口报检13万多批次,与去年同期相比增加13%。签发通关单54万多份,比去年同期增长15.9%。

【加快检验监管模式转变】 完善了抓源头管理、抓过程监控的监管措施，做到了“三个突出”：一是突出强调了检验监管向生产过程的延伸；二是突出了对安全、卫生、环保和反欺诈项目的检验监管；三是突出了对生产企业质量自控工作的监督，较好地实现了日常检验和过程控制以及源头把关等有机地结合。在此基础上，注重抓了已经建成的出口货物快速核放中心、进口货物快速查验中心、通关服务中心建设，修订完善业务规章，进一步减化环节，缩短流程，提高各类“中心”效率，便利企业产品通关的环境得到进一步优化。加强了检验检疫、海关与进出口企业之间电子报检报关系统，口岸检、关协调机制全面启动、运行；通过主动走访、请进来协商，天津局与内地局分工协作机制进一步完善，密切了口岸与内地检验检疫机构的协作关系，为扩大“绿色通道”覆盖面奠定了基础。深化分级分类管理，在口岸查验中，对信誉度好的企业实行了“集中查验、分批放行”的新的通关模式，鼓励在监管有效和确保出口商品质量的前提下，针对不同企业和不同产品，实行相应不同的检验监管模式，目前，天津局对天津机电、轻纺及各类出口加工企业实施分类管理的已扩展到172家，有效地促进了企业产品出口。

【科研制标成效显著】 针对新的形势对检验检疫科技提出的新要求，以防范外来生物入侵、疫病疫情、有毒有害物质等科研攻关内容为重点，面向国际前沿检测科技，走“检、学、研”相结合之路，加强国际交流与合作，全面提升科研制标水平。2004年，在马焦虫、疯牛病及转基因食品检测技术、危险化学品包装、储运和管理标准、进境船载粮谷PH3随航熏蒸后气体浓度监测等领域的研究，取得了积极成果，使一些关键性检测技术标准方面的研究有了突破性进展，并取得可喜成绩。天津局承担的“十五”食品安全重大科技专项，即“食品储藏、包装与运输过程中安全关键技术”的研究，有了新的进展，现已完成中期报告。在55个危险品强制性国家标准中，承担了40个标准的制定任务，是唯一经国家质检总局和国家标准委批准采取快速程序制标的单位。近年来天津局承担的169项标准制定任务中，已完成106项；承担的56项科研项目中，已完成30项。在2004年度国家质检总局“科技兴检奖”评选工作中，有3项课题获一等奖、4项课题获二等奖、3项课题获三等奖，此外，天津局还有2项课题被评为天津市科技进步三等奖，1项专利获中国专利优秀奖，1项专利获天津市专利优秀奖。输港燃气具核证审批网络平台的研发，也取得阶段性成果，天津局成为了国家质检总局授权开展内地输港燃气具唯一的核证机构。

【加强科技投入，提高检疫水平】 着眼提高天津局实验室资源管理水平和工作效率，缩短检测周期，率先在系统内采用实验室资源管理系统（LRP2000），在化危实验室试点取得的基础上，全面进行推广。目前，动植食分中心、化矿实验室、轻纺实验室已进入试运行阶段，并已取得初步效果。此外，着眼提高实验室的检测能力和水平，积极开展对外技术交流与合作，组织各实验室参加国内外各种能力验证实验共计16项，申报国家局科研制标项目30多项；注重新项目的开发和研究，今年共新开检测项目40余项，较好地适应了新形势下经济发展对检验检疫技术提出的新要求；加大经费投入，新购置仪器设备150余台（套），科技发展的硬件基础得到加强。现有7个实验室全部是国家级重点实验室，其中有2个实验室成为国家级检测中心；1个实验室通过加拿大政府产品安全局的认可。

【构筑诚信体系，取信中外客户】 2004年以来，天津出入境检验检疫局按照“统一规划、分步推进、检企共建”的原则，研究出台了《天津检验检疫局诚信体系建设规划实施方案》，组织了以《行政许可法》、党的纪律“两条例”为主要内容的全员性学习培训，加强对干部职工诚信知识、职业道德和依法行政教育；推行检验检疫政务公开，强化监督制约机制，不断推进政务诚信建设；建立企业诚信评价制度，整合企业诚信信息资源，建立企业基础信息、管理信息和企业守法信息等数据库，研究拟定出口加工企业和报检企业诚信管理办法，用机制促进企业诚实守信；组织召开检企共铸双诚信工程启动大会，向全社会公布了我们的对外服务承诺，检企互信、互建共铸诚信的局面基本形成。

积极受理了众多企业提出的各类咨询，并向前来咨询的企业人员，主动宣讲、介绍检验检疫新的政策和法规，回答企业提出的各类问题，受到企业的一致好评。主动走访一汽丰田有限公司、中芯国际等企业，与企业面对面，千方百计为企业排忧解难。积极主动帮助37家企业办理强制性产品免办证明 760 余份，接待有关 3C 认证咨询 600 余次；向美国、日本、韩国、新加坡等国家推荐卫生注册 17 家，使卫生注册登记企业达到 241 家。积极引导企业开展 ISO9000、ISO14000 认证和 HACCP 认证、出口商品许可证工作，使通过认证的企业已经达到了近 800 家。围绕实现出口产品免检零的突破，积极稳妥地开展了相关调研、宣传及推荐工作，并已取得阶段性成果。在防治禽流感、重点敏感商品检验检疫把关，业务工作十分繁重的期间，相关部门主动克服困难，顺利地完成了从澳大利亚引进优良种牛万余头的业务，为促进地方经济，做出了应有贡献。

【坚持科学管理，落实工作目标】 本着在实践中推进，在改进中加强的思路，围绕以科学的管理，促进工作的落实的目标，在汲取过去经验的基础上，2004 年又进一步加大工作力度。推行逐级逐层制定目标和签订目标责任卡，建立起了上下贯通，总目标与分目标相互衔接的责任体系；建立 24 个局考部门和自考部门档案，实现了对各个不同时期，年度各项工作进展的科学调控；加强制度建设，完成了 81 项制度的汇审修订，使目标管理有了更为科学制度的保障；构建新了电子政务平台，政务管理的电子信息化水平有了新的飞跃，达到了系统内领先水平，为管理的科学化提供了强有力的技术支持，目标管理不断得到深化，较好地实现了用科学的管理机制，先进的技术平台，把检验检疫人员执法行为规范与服务外贸有机地结合起来，检验检疫工作质量与效率明显提高。一年来，面对年均业务量平均以 20%速度递增，各项工作任务压力大的情况下，全局上下无论是节假日，还是 8 小时之外，较好做到了只要有业务就有检验检疫人员在岗处理。特别是进口油、各类矿物等大宗货物迅速攀升，工作量与人员紧张的矛盾十分突出，相关业务部门在经常超负荷运转的情况下，没有一批货物因检验检疫不及时、不到位而出现滞港现象。

【加强法制化建设，坚持依法行政】 围绕内强素质、外树形象，紧紧抓住《行政许可法》实施这一契机，分期分批对处、科长进行了专题培训，在普遍教、专题学的基础上，采取局重点抓处级干部、各处分别抓对本部门人员，以考促学的措施，推动了宣传《行政许可法》活动，不断向纵深发展，有力地促进了全局各行各业人员，严格执法、依法行政意识的强化，提高了法律意识和执法水平。与此同时，以强化对敏感岗位和高风险商品管理为重点，发动全员参与，围绕工作是否有依据，依据是否符合法律、法规和规章的要求，对 1 300 多项检验检疫法规进行了清理，为从根本上杜绝执法的随意性，奠定了坚实基础。一年来，全局共查处违法案件 29 起，总额达 25 万多元，没有出现一起行政诉讼。

天津海事局

2004 年，天津海事局辖区水上安全形势保持稳定。全年共办理国际航行船舶进出口手续 14 437 艘次、国内船舶签证 24 335 艘次；危险货物进出口签证 7 360 艘次，防污染检查 1 347 艘次；处理海上交通事故 35 起。

【加大船舶检查力度】 严格执行客滚船船长声明制度和船舶抗风等级限制规定，开航前检查、“黑名单”船舶、重点地区船舶的安检率达到 100%，经天津海事局开航前检查的船舶国外滞留率为零。天津辖区第二批强制实施 NSM 的公司及其船舶均建立了安全管理体系并通过了审核。进一步加强船舶检验管理，提高船舶检验质量，完成了辖区内 5 个省的船检机构资质认可的现场审核工作，为确保天津辖区船检机构资质认可工作全面完成奠定了基础；完成了建立船舶法定检验质量管理体系的前期准备与试点工作；初步建立了辖区内 12 个省（区、市）船检机构的船舶电子档案数据库；按交通部海事局统一部署，圆满完成了中国海事局首次验船人员全国统考工作。

严把船员适任关，促进船员管理新发展，进一步加强对船员培训机构的管理，保证了天津地区较高的船员培训质量；深入开展信誉管理，将信誉管理纳入船员管理工作中，既方便了守法申办单位，也提高了行政效率，受到了管理相对人的好评；加强船员跟踪管理，开展了对到港沿海船舶和港内船舶驾驶员安全管理知识的现场实操检查，促进了各船公司自觉加强船员安全知识培训，使船员安全航行意识得到了明显提高。

【加大年度巡航计划的执行力度】 成功组织了 2 次海空立体巡航，实现了船舶、陆地、飞机的通信联系和互相配合行动，体现了立体巡航的协作和反应能力。全年共实施巡航 663 次，巡航里程 18 025.75 海里，巡航时间 5 972.75 小时，发现违章 741 次，纠正违章 736 次，处理异常情况 173 次，检查航标 241 次。巡航工作将海上油田管理作为重点，开展了历时 195 天的渤海海上油田连续巡航监护工作，航行 2 423 海里，巡航范围北至绥中水域，南至渤南油田，涉及 5 个油田水域的施工作业现场，共解决海上油田施工作业渔船碍航问题 50 余次，处理各种碍航情况 80 余起，对渤海中部油田周边水域形成了有效的监控，保证了海上油田施工作业的顺利进行。

【海上搜救工作水平进一步提高】 制定了《天津市海上搜救中心医疗联动机制》、《客船搜救合作计划的研究》、《天津市海上搜救中心应急反应预案的研究》三项预案，使天津市海上搜救中心成为全国省级搜救中心中首批完成重大法规预案建设的单位，搜救工作在程序化、规范化方面居于全国前列，为提高天津辖区海上搜救效率和快速反应水平奠定了坚实的基础。2004 年，天津辖区共发生水上交通事故 35 起，其中重大事故 2 起、大事故 0 起，一般事故 6 起，小事故 27 起，事故直接经济损失约 1 070.5 万元，人员死亡失踪 8 人。同比，事故件数持平，直接经济损失减少了 1 192 万元，下降 52.6%；人员失踪死亡减少 36 人，下降 78.3%。共组织海上搜救行动 17 起，救助船舶 14 艘，救助成功率达 94.3%。

【提高执法服务水平】 一是坚持以人为本，认真贯彻落实交通部海事局“八项便民”措施。结合实际，制定具体实施措施并召开新闻发布会，进一步简化海事执法和审批程序，方便了管理相对人，提高了工作效率；建立了局领导接待日制度，及时解决港航单位的实际问题，受到了管理相对人的欢迎。二是为电煤运输船舶提供安全便捷通道。保证“迎峰度夏、抢运电煤”及其他重点物资运输工作畅通，加强组织领导，采取有力措施，密切协调配合，狠抓工作落实，为 330 艘次电煤船舶办理动态及各类检查、审核及签证，共完成电煤运输 588.34 万吨，确保电煤运输安全快捷。二是针对天津港重点工程发展迅速的特点，坚持提前介入，超前研究，提出优化通航环境和海事管理意见，协调解决工程施工与通航安全的矛盾，严格落实各项安全管理措施，保证了天津港 15 万吨级航道二期疏浚工程引进外籍大型挖泥船工作圆满完成。四是成功处置多起重大突发事故和险情，应急处置能力明显增强。圆满完成了包头“11·21 空难”黑匣子搜寻定位、小浪底“6·22 沉船”扫测、天津新港“10·31 落水糠醇桶”扫测打捞等应急抢险任务，分别受到了国务院领导同志、交通部党组、交通部海事局党委、地方政府和社会各界人士的高度评价，扩大了中国海事及天津海事局的社会影响。进一步完善了《天津海域污染应急计划》和《天津辖区水域污染应急预案》，为建立完备的防污染应急体系奠定了基础；圆满完成了“塔斯曼海”轮清污索赔工作，成为全国海事系统成功案例之一，为今后污染事故清污索赔工作积累了宝贵经验。

【完善制度，规范执法】 天津海事局以贯彻实施《行政许可法》为契机，组织修订了《天津海事局海事行政处罚规定》，完善了海事行政处罚的程序与权限；制定并颁布了《中华人民共和国天津海事局船舶载运危险货物监督管理办法》、《中华人民共和国天津海事局防治船舶污染水域监督管理办法》，为统一海事执法尺度，规范执法程序起到了重要的指导作用。组织修订印发了《天津海事局政务公开指南》，公开了海事行政审批项目、办事依据、办事程序、收费依据和办理时限，并免费向管理相对人发放，以接受社会监督；结合辖区海事管理实际，完成了涉及海事行政执法规范性文件的清理工作，共废止79件不适宜的海事执法规范性文件，并通过媒体向社会公开；继续加强执法社会监督工作，拓宽社会监督范围，扩大社会影响，主动赴浙江温州、舟山、台州、宁波等地沿海船公司进行走访和座谈，征求意见并形成了调研报告，为进一步规范天津海事局执法工作提供了依据。

【航海保障坚强有力】 天津海事局所辖北方海区885座各类航标，航标维护正常率99.99%，航标正常率99.97%，RBN/DGPS站信号可利用率99.96%，VTS监控系统可利用率99.98%。完成了交通部海事局下达的5个港口、13幅《港口航道图》，共2 080.34平方公里的测绘任务。圆满完成了黄河小浪底库区120余公里黄河主干道扫测工作，完成了26幅《黄河小浪底库区扫测图》编绘任务，满足了库区航行、航政管理及库区建设需要。加快科技应用，增强通信基础实力，为船舶提供了优质高效的通信服务。全年通信差错率为0，通信设备保养率100%，完好率99.71%，处理遇险紧急通信12起。“语音信号监测器”和“天津海岸电台话务数据自动统计查询系统”的投入使用，增加了通信管理工作科技含量。

（于大威）

航政管理工作统计表

<table>
<tr><td rowspan="3">船舶监督管理
（艘次）</td><td colspan="3">船舶进出口艘次</td><td rowspan="2">交通管制</td><td rowspan="2">船舶安全检查</td></tr>
<tr><td>船舶
进出口联检</td><td>船舶
进出口签证</td><td>本港籍船舶
定期签证</td></tr>
<tr><td>14437</td><td>24335</td><td>121015</td><td>19637</td><td>1604</td></tr>
</table>

<table>
<tr><td rowspan="3">船舶危防管理
（艘次）</td><td colspan="2">危货进出口签证</td><td rowspan="2">防污检查</td><td colspan="2">船舶废弃物管理</td></tr>
<tr><td>进口</td><td>出口</td><td>油污水</td><td>垃圾</td></tr>
<tr><td>4163</td><td>3197</td><td>1347</td><td>1961</td><td>5398</td></tr>
</table>

<table>
<tr><td rowspan="3">通航管理
（次）</td><td rowspan="2">航行警
通告</td><td rowspan="2">海事
签证</td><td rowspan="2">海上
搜救</td><td colspan="2">水域巡查</td><td colspan="5">处理海上交通事故</td></tr>
<tr><td>港区</td><td>海区</td><td>重大</td><td>大</td><td>一般</td><td>小</td><td>经济损失
（万元）</td></tr>
<tr><td>376</td><td>40</td><td>66</td><td>1310</td><td>81</td><td>3</td><td>1</td><td>5</td><td>33</td><td>296.54
（不含待定部分）</td></tr>
</table>

船员证件管理	各类专业培训	各类专业培训发证	签发海员证	船员考试	签发适任证书	服务簿签发
	9031	12419	4894	1708	D4675	2274

行政处罚（件）	行政强制		行政处罚
	滞 留	其 他	
	23	——	182

航海保障工作

(一)航标工作		计划指标	实际完成	(二)海测工作	计划指标	实际完成
航标维护工作量(座天)		319740	319638	外业测量(平方公里)	2080.34	2080.34
航标维护正常率(%)		99.8	99.99	内业制图(幅)	13	13
航标正常率(%)		99.8	99.97			
RBN/DGPS 站信号可利用率(1 米定位精度)(%)		99	99.96	(三)通信工作	计划指标	实际完成
VTS 设备工作情况	系统可利用率(%)	–	99.98	电报差错率(‰)	0.4(年)	0
	设备完好率(%)	–	80.5			
大中型航标船海上作业情况		更换灯浮标:145 座 作业航次:7 巡检航次:14 航程:3400 海里		(四)船舶完好率(%)	100	

天津口岸大事记

1月7日

中央政策研究室副主任、中央党建工作领导小组成员何毅亭带队莅临天津港视察。

天津市政府口岸办召开信息工作座谈会，天津海关、天津出入境检验检疫局、天津边防检查总站、天津海事局、国航货运天津分公司、铁路塘沽站等 10 余家口岸单位在信息工作中做出成绩的先进代表和部分单位信息工作负责同志参加了会议。

天津机场海关在旅检现场开展为期45天的“提高通关速度、实施优质服务、树立旅检形象”的“春运”旅检优质服务活动。

1月8日

国家安全生产监督管理局副局长王德学率国务院安全生产督察组一行到天津港检查工作。

1月13日

以色列国家安全部、港口管理局官员一行4人参观天津海关H986集装箱检测设备。

1月14日

WCO副秘书长御厨在驻比海关处李延参赞陪同下到天津海关考察海关现代通关系统。

1月16日

天津港与神华集团签署天津港南疆13#、14#煤码头项目合作意向书。该合作项目是由双方共同投资31亿元人民币建设和经营天津港南疆13#、14#两个煤炭专业化泊位和堆场，年设计吞吐能力达3000万吨。

1月21日

中共天津市委常委、滨海新区管委会主任皮黔生，市委副秘书长、保税区管委会主任苟利军慰问节日期间坚守岗位的保税区海关卡口值班关员和协勤武警。

天津海关被天津市“建设服务型政府，营造国际化环境”工程指导委员会评定为优秀和创新项目工程第二名。

2月2日

天津市政府口岸办召开由天津市公安局、天津海事局、天津港务局、天津港外轮代理公司、天津港港口公安局、中铁外服国际货代有限公司等有关单位和部门参加的我国维和部队装备装船发运出境工作前会，建立了联系机制以及运输保障制度。

国家海关总署领导牟新生、盛光祖、甄朴参加天津海关领导干部大会。政治部主任甄朴宣读海关总署党组关于黄胜强、赵桂芬同志的任免决定。

2月4日

《天津日报》头版以“天津海关向科技要效益，全面提升监管效能”为题，在醒目位置对天津海关2003年改革创新、开拓进取的工作实绩进行了专题报道。

2月11日

国家质量监督检验检疫局就共同防治“高致病性禽流感”工作走访新港海关，就今后进一步加强合作进行了探讨。

天津市副市长杨栋梁视察保税区并慰问海关北卡口值班关员和协勤武警。

2月12日

国家商务部副部长安民率领部规划司一行10余人视察天津港。

2月19日

中海集装箱运输有限公司在天津港新开辟一条欧洲航线，该航线共投入9条4050TEU集装箱船舶。至此，天津港共有集装箱班轮航线71条。

2月20日

天津港迄今为止最大的深水泊位——南疆20万吨级通用散货泊位试运营圆满成功。该泊位是我国乃至世界在淤泥质超软基础上建造的接卸能力最强的国际化大型散货码头。

3月4日

天津海关在各通关现场发布《天津海关致广大进出口企业的公开信》，统一对外公布新的通关时限承诺。

3月5日

天津港保税区海关对加工型企业实行“随时出区，即时报核”监管模式。

天津海关为抵津的首批“CEPA”项下零关税港货快速办理通关手续。

3月初

按照“统一规划、分步推进、检企共建”的原则，在深入动员、广泛发动的基础上，天津出入境检验检疫局研究出台《诚信体系建设规划实施方案》，提出检企共建“双诚信”建设工程。

3月9日

15万吨级油轮“大明湖”号，顺利靠泊“南一”大型专业油品泊位。这是天津港目前接载的最大油品巨轮。

3月11日

天津口岸文明共建活动领导小组召开口岸文明共建工作会议暨先进表彰会。

3月15日

天津市市长戴相龙、常务副市长黄兴国等市领导到天津滨海国际机场视察工作，看望了海关旅检现场关员，询问了当日国际航班监管情况。

3月19日

全国总工会副主席、书记处书记黄彦蓉率全国总工会宣传思想工作会议代表一行170余人到天津港学习考察。

天津市政府口岸办出台《2004年天津口岸仓储业创建五好库场活动安排》，并对提高仓储企业管理水平，优化仓储企业服务质量，提高口岸物流整体工作效率，加快仓储企业信息化建设，做好口岸仓储安全管理工作进行部署。

3月20日

中共中央政治局委员、全国人大常委会副委员长、中华全国总工会主席王兆国一行14人视察天津港。

3月23日

天津建城600周年、津海关开办邮政126周年纪念封首发仪式在天津海关举行。

3月25日

被天津市列为重点项目之一的天津港南疆11#20万吨级矿石泊位工程开始正式投入生产。该泊位位于南疆港区东部，码头岸线总长445米，年通过能力1 200万吨，可接卸20万吨级船舶。

3月26日

世界海关组织秘书长达内先生及秘书长办公室主任达沃先生到天津海关参观考察。

3月31日

以色列海关专员丹·佩雷德访问天津海关。

4月1日

天津港保税区海关实行“延时通关，随时放行”工作制。

4月3日

天津口岸集装箱检验检疫改革再出新举措。开通的“出口法检集装箱电子申报系统”，标志着天津口岸出口法检集装箱的检验检疫工作迈上了一个新台阶。

4月5日

天津港北港池滚装码头工程开工建设。该工程将新建2个泊位，最大设计船型为5万吨级。工程将于2005年9月30日竣工，建成后可满足每年10万辆商品汽车及150万吨粮油的运量。

天津市政协常务副主席卢金发一行18人视察天津海关。

4月7日

武警总部副政委张玉钟到天津海关视察协勤武警工作。

4月9日

应天津市邀请，全国政协组织部分常委、国家著名经济学家考察天津港。

4月11日–12日

天津海事局在大连组织召开“航标科研项目鉴定会”。来自中国航海学会航标专业委员会、大连海事大学、海南海事局、广东海事局、上海海事局和天津海事局等单位的11位专家组成专家鉴定组对天津海事局所属烟台航标处和大连航标处的航标科研成果进行了技术鉴定，专家认为，这些科技成果的实施和应用，将进一步改善航标助航效能，节约大量维护费用，降低维护人员的劳动强度。

4月13日

天津海关H2000预订系统投入试运行。

4月14日

中国保监会主席吴定富一行在副市长崔津渡陪同下视察天津港。

4月15日

天津口岸文明共建活动领导小组出台了2004年度文明共建工作重点。主要内容：以“共建”为纽带，积极促进天津口岸与腹地对应口岸建立共建协作关系，加强天津口岸查验单位与腹地省、市、区对口部门的合作，共同铺就进出口绿色通道；进一步推动天津口岸延伸，大胆改革传统的通关模式，制定和落实新的大通关目标与措施；进一步减少环节、改进办法、提高效率、降低费用、优化服务；加强口岸职工队伍建设，重点抓好口岸基层单位的服务执法岗位和对外服务窗口建设；加强监督，对口岸行政执法单位的服务质量进行督察和评议，定期沟通情况。

天津市政府口岸办印发《天津口岸大通关建设实施细则》。该细则中确定天津口岸2004年“大通关”总体目标是：全面实施“大通关”工程，努力提高通关效率。口岸货物通关时间海港平均在23小时、空港平均11小时以内；2007年，海港平均20小时、空港10小时以内；2010年，符合条件的货物做到即时通关。

4月22日

天津海关与天津市文物局签署的《关于加强对进出境文物监管的合作备忘录》生效执行。

4月24日

由韩国“现代商船”公司开辟的天津港至美洲航线首航仪式隆重举行。至此，天津港集装箱班轮航线总数已达74条。

4月27日

国家国防委一行10余人考察天津港。

5月12日

天津港与神华集团有限责任公司签署神华天津煤炭码头有限责任公司的合资合同，由双方共同投资32亿元人民币合作建设年设计吞吐能力达3 000万吨的天津港南疆13#、14#大型深水化煤码头项目。

5月15日

天津市政府口岸办在天津口岸进行口岸通关工作满意度调查。

5月21日

天津市规划和国土资源局批复，同意天津港散货物流中心一期向西扩展的扩建方案。至此，该中心总面积已达19.4平方公里。

6月1日

天津检验检疫局对2003年天津企业出口产品的退货情况进行为是一个月的摸底调查，调查结果表明：2003年天津企业出口退货共1 282批，与2002年的1 683批相比下降了401批，下降幅度达24%；退货金额由2002年的4 213万美元下降为1 744万美元，下降幅度达59%。其中《出入境检验检疫机构实施检验检疫的进出境商品目录》内商品263批，较2002年减少了245批，下降幅度达48%；金额由2002年的1 544万美元下降为367万美元，下降幅度76%。

6月3日

天津港（集团）有限公司正式挂牌。天津市市长戴相龙、常务副市长黄兴国为天津港（集团）有限公司揭牌。市领导杨栋梁、崔津渡、张俊芳、何荣林及天津市部分委办局和塘沽区、开发区、保税区及中国人民银行天津分行等驻津机构的领导出席了揭牌仪式。仪式由集团公司总裁于汝民主持，党委书记、董事长工恩德讲话。

6月7日

经国务院批准，天津新港海关、天津东港海关、天津海关驻塘沽办事处合并，设立中华人民共和国天津新港海关（副厅级），隶属天津海关。同时，在天津海关实行“全天候通关制度”。

6月8日

机场海关举行“全国青年文明号”授牌仪式。

6月9日

中共中央政治局委员、国务院副总理回良玉视察天津港。中共中央政治局委员、天津市市委书记张立昌、市长戴相龙陪同。集团公司党委书记、董事长王恩德、总裁于汝民接待并汇报工作。

6月16日

天津港举行“天津港首次接卸中国石化燕山分公司原油暨长输管线开通庆典仪式”。

6月17日

天津港与日本邮船株式会社正式签署合资合同，共同投资、组建一家中日合资企业——天津港滚装码头有限公司。

7月1日

天津口岸全面实行船舶无纸化申报，关对出境（港）船舶实施“登记放行、离岸申报”的便捷通关措施。

7月10日

自即日起至10月份，天津口岸开展第以“观念再创新、措施再强化、通关再提速、办公再透明、环境再优化、整体工作再上新水平”为重点内容的第九次百日优质服务竞赛活动。

7月14日

香港东方海外（国际）有限公司主席董建成一行访问天津港。

7月19日

天津港集团公司与新加坡港务集团签订了“1020”重点项目之一的北港池集装箱码头合资意向书，双方将通过成立中外合营公司的形式共同建设、管理、运营该集装箱码头，合资合同的签定拟于2004年9月底之前完成。

7月27日

中国社会科学院副院长朱佳木莅临天津港考察。

7月28日

为改善口岸通关环境，进一步提高口岸综合服务水平，天津市在全国口岸主管部门中率先采用“第三方”调研的方式，委托专业咨询机构—北京零点研究集团，对与“大通关”密切相关的海关、检验检疫、海港、空港、银行、边检等十个主要环节进行了全面深入的调查。日前，发布了《天津口岸大通关环境综合评估及对策研究报告》。

7月29日

由交通部组织的“迎峰度夏，抢运电煤”公路水路实施联运的首批电煤运抵天津港。此次抢运电煤工作是交通部根据党中央国务院指示，为缓解当前煤炭紧张局面，全力保障电力迎峰度夏而部署的统一行动。天津港是北方主要接卸港之一。

8月1日

国家交通部部长张春贤、副部长徐祖远视察天津港。天津市市长戴相龙会见张春贤部长一行，常务副市长黄兴国陪同视察并主持座谈会。市政府秘书长何荣林、副秘书长柴中达、市交委主任刘明哲陪同。天津港集团公司领导王恩德、赵彦虎接待并陪同领导一行视察了港口。

8月6日

天津市第二次港口建设工作会议在天津宾馆召开。市委副书记、市长戴相龙出席会议并讲话。市委副书记、常务副市长黄兴国主持会议。副市长孙海麟、杨栋梁、陈质枫、只升华、张俊芳，市政府秘书长何荣林出席会议。天津港集团公司领导王恩德、于汝民参加会议。会上形成了《加快天津港发展若干意见》，明确了到2010年天津港的功能定位和发展目标，制定了一系列加快天津港发展的支持政策。

8月10日

中海集装箱运输股份有限公司所属的目前全球载箱量最大的超级集装箱船“中海亚洲”轮首航天津港。天津市市长戴相龙、常务副市长黄兴国出席首航仪式，并与中国海运（集团）总公司总裁李克麟及交通部原副部长刘松金、国资委业绩考核局局长李寿生等国家部委领导共同为首航剪彩。天津港集团公司领导王恩德、于汝民、赵彦虎出席仪式。

天津市政府口岸办召开天津口岸通关环境评估结果新闻发布会。会上，北京零点前进咨询有限公司介绍了《天津口岸通关环境评估结果及对策研究策略报告》，天津市政府口岸办周德洪副主任介绍了这次调研的意义、特点和相关情况。

8月13日

天津市人民政府以“津政发［2004］76号”文件印发《关于进一步加快天津港发展的若干意见》。

8月18日

天津海关与招商银行天津市分行举行海关税费网上支付暨“银行担保、先放后税”便捷通关应用项目签约仪式。

8月25日

自即日起至9月1日，天津市政府口岸办组织口岸单位负责人、共建督察员、共建联络员对天津港务局、铁路塘沽站、天津新港海关、中散驻塘部门、天津检验检疫局、天津出入境边防检查总站、国航天津分公司、国航货运天津运营基地等单位开展优质服务情况进行观摩交流。

8月31日

天津市口岸办文明共建领导检查组一行8人到新港海关检查工作。

9月5日

2004年中国企业500强揭晓。天津港名列354位，比去年前进8名。

9月24日

由古巴中央政治局委员、国务委员会副主席何塞·拉蒙·马查多·本图拉率领的共产党代表团参观天津港。中联部部长助理陈凤翔、中联部五局副局长王玉林、天津市市委副书记房凤友等陪同参观。天津港集团公司党委副书记孙世明在集装箱公司码头迎候，并介绍了天津港的布局规划、港口功能、码头设施、生产建设等基本情况。

10月5日

国务委员唐家璇视察天津港。市领导戴相龙、皮黔生、何荣林、陪同视察。天津港集团公司总裁于汝民汇报了港口生产建设情况。

10月15日

天津市政府根据海关总署和天津市第十一个五年发展规划的总体要求，组织市商务委（口岸办）和市发改委在认真调研，充分听取口岸有关部门意见的基础上，编制了《天津口岸十一五发展规划》，并以市政府名义向海关总署报送。

天津市政府口岸办编辑了《天津口岸快速通关服务指南》。该《指南》公示了口岸管理机构及相关服务部门设置、职能、通关操作程序以及快速通关应急联络方式，公开了口岸有关单位提高通关效率的新举措。

10月18日

中共中央政治局委员、中共北京市委书记刘淇同志一行30人视察天津港。市领导张立昌、戴相龙、王文华、皮黔生、史莲喜同志陪同。天津港集团公司领导王恩德、于汝民在集装箱码头迎候，于汝民总裁汇报了港口生产建设基本情况。

天津市常务副市长黄兴国在天津会见海关总署副署长李克农并视察天津海关。

10月20日

天津市人大常委会副主任王述祖一行27人视察武清海关。

10月22日

市口岸办组织天津海关、天津出入境检验检疫局、天津港集团赴新疆口岸进行通关调研协商，达成天津与新疆及阿拉山口建立口岸区域合作机制意向。该机制将以多式联运为载体，通过跨关区口岸部门联动，实现口岸直通，扩大口岸延伸，充分发挥天津口岸欧亚大陆桥东方桥头堡作用，为区域间经贸发展提供口岸支持。

10月24日

达飞欧洲航线新伙伴——“智利科比亚”轮首航天津港庆典仪式在该轮举行。

11月3日

智利驻华大使巴勃罗·卡夫雷拉一行4人、日本神户市副市长鹈崎功率代表团一行4人分别参观天津港。

11月初

天津出入境检验检疫局组织召开检企共铸双诚信工程启动大会，国家质检总局葛志荣副局长、天津市副市长只升华参加了大会。会上，天津出入境检验检疫局向全社会公布对外服务承诺，24家企业被定为A级诚信

11月11日

天津海关提前52天完成314．2亿元税收计划。

12月17日

中共中央政治局常委、国家副主席曾庆红视察天津港。市领导张立昌、戴相龙、王文华、皮黔生陪同视察。集团公司领导王恩德、于汝民在四港池集装箱码头现场迎候并汇报了工作。

11月19日

晨9：38,北京神华煤炭运销公司从天津港出口韩国1.6万吨,价值89万美元的“神华动力煤”被天津海关审结放行,报关单号020220040524815278。此票报关单标志中国外贸进出口值突破万亿美元。

中央政治局委员、天津市委书记张立昌同志到天津港散货物流中心调研。市领导黄兴国、王文华、皮黔生、只升华、王述祖及有关部门和单位的负责人陪同调研。张立昌书记在调研会上对天津港的工作提出了更高的要求。

11月23日

天津市常务副市长黄兴国接见关长黄胜强,商谈天津电子口岸建设工作。

11月24日

天津市常务副市长黄兴国与来津的总署政治部主任鲁培军会面。

11月29日

天津海关在海、空口岸全面实施“集中审单、属地接放”通关模式。

12月3日

泰国海关关长林查班等一行8人参观天津海关H986集装箱检查设备。

12月19日

天津港货物吞吐量突破2亿吨,继2001年11月16日成为北方第一个亿吨港口之后,又在北方诸港中率先实现年吞吐量2亿吨。集团公司本着“隆重、多样、实效、简朴”的原则,开展了系列活动。包括,举行实现2亿吨纪念邮册首发仪式、开展走访答谢活动、为“特困员工解困基金”捐款活动、召开座谈会、联欢会等。

河北省口岸工作综述

【口岸运行保持了持续、高效、快速发展】 2004年，在委党组和主管主任正确领导下，在口岸系统各部门共同努力下，口岸运行保持了持续、高效、快速发展态势，全面完成了口岸各项工作目标，口岸工作效率进一步提高，通关环境进一步改善，有力地促进了全省对外开放和外向型经济发展。

——外贸进出口总值突破百亿美元大关。全省外贸进出口总值完成135.26亿美元，比上年增长50.7%，第一次突破百亿美元大关。其中，进口完成41.86亿美元，增长37.2%；出口完成93.40亿美元，增长57.6%，均创历史新高。关区加工贸易进出口总额29 956万美元，比上年减少10.2%。

——口岸货运量快速增长。全省口岸完成货运量22 207.9万吨，比上年增长25%。其中，外贸货运量6 948.9万吨，增长8%。在全部货运量中，海运口岸完成22 186.6万吨，增长24.9%，其中外贸货运量6 938.5万吨，增长8.0%；航空口岸完成外贸货运量1.4万吨，减少39.1%；陆运口岸完成货物运量19.9万吨，其中外贸货运量90 470吨。关区监管集装箱运量25 649标准箱，比上年减少0.2%。

——进出境人员数量增幅较大。关区进出境人员10万人次，比上年增长9.9%。航空口岸出入境人员4 809人次，比上年减少26.0%。

——检验检疫成效明显。全省完成出入境商品检验检疫97 252批次，货值金额801 870万美元，比上年分别增长15%和34.7%。检验进出境不合格产品332批次，价值22 644万美元，分别减少5.95%和28.9%。

其中，检验检疫出境商品89 155批次，金额557 965万美元，比上年分别增长14.1%和34.9%。检验出不合格出境商品55批次，金额4 375万美元，分别减少56.35%和73.22%。检验检疫入境商品8 097批次，金额243 905万美元，比上年分别增长25.3%和34.3%。检验出不合格入境商品277批次，金额18 269万美元，分别增长22.03%和17.72%。

——检查监管进出境运输工具增多。关区监管运输工具6 186艘（辆）次，比上年增长20.5%。石家庄航空口岸检查出入境飞机835航班，比上年减少31.7%。

【口岸开放规划取得多项成果】 一是编制了河北口岸“十一五”发展规划，已上报国家审批。以科学发展观为指导，按照国家部署和全省对外开放的要求，较早地启动了全省口岸“十一五”规划编制工作。针对全省口岸数量少、结构单一以及有些地区对外开放程度不高、外向型经济发展相对滞后、口岸建设和开放任务繁重的实际情况，在有关各市提出口岸规划意见的基础上，经征求省各查验部门、省直有关厅局意见后，完成了口岸“十一五”发展规划。特别是曹妃甸港在没有任何基础性资料的情况下，又面临着对外开放的重大压力，口岸工作主动往前做，克服种种困难，积极创造各种条件，将其纳入了规划中，为申报对外开放创造了条件。口岸规划经省政府常务会议批准通过后，已于年底前上报国家。二是大力推进石家庄、秦皇岛、唐山等5个国际集装箱多式联运中转站口岸查验设施的建设，基本达到口岸功能。同时经省政府批准启动了石家庄内陆港建设，初步形成石家庄口岸“一港两库”的陆运口岸格局。三是推进秦皇岛海运口岸扩大开放。经过大量和艰苦的工作，4月，初步开通了秦皇岛—韩国仁川客箱滚装班轮航线，结束了全省没有海上国际客运通道的历史。四是推动黄骅港口岸对外开放的国家验收、山海关机场对外开放的前期准备工作。针对黄骅港口岸煤炭二期工程和化工码头的建设需要，适时地推进口岸查验人员增编工作。五是加强口岸开放和发展趋势的研究。开展对口岸临港、临空产业和出口加工区发展的调研，为充分利用口岸资源，加快临港、临空产业和出口加工区发展，扩大对外开放，积极创造条件。

【口岸“大通关”工作取得重点突破】 一是冀津两地口岸快速通关取得重大突破。通过两地政府和口岸查验部门的共同推进和努力，双方签署了《天津海港口岸、石家庄和邯郸国际集装箱中转站快速转关备忘录》，为全省内陆地区货物进出天津口岸提供方便、快捷的通关作业，实现冀津两地口岸“直通”，对进一步推动和深化口岸“大通关”进程，优化和改善河北投资环境、口岸环境、进出口环境，加快物流速度，降低企业进出口成本，促进冀津两地经济合作和口岸繁荣具有重要意义。二是大力推进口岸精神文明建设。把开展口岸精神文明建设作为加强口岸部门之间联系沟通、提高口岸服务质量和水平、改善口岸通关环境的有效手段和途径。进一步明确了指导思想和工作思路，提出了具体工作要求、目标和任务，使口岸精神文明建设和推动“大通关”工作相结合，全力改善口岸环境，建设文明口岸。

【口岸通关环境大大改善】 一是为口岸开放和运行创造更为宽松的环境。起草了《关于进一步改善口岸环境的若干意见》，拟请省政府批准下发。二是相继出台重大措施，切实改善通关环境。按照国务院办公厅《关于进一步提高口岸工作效率的通知》和全国提高口岸工作效率现场会上吴仪副总理提出的明确要求，落实省政府《关于进一步加强口岸建设、提高口岸工作效率的通知》和《河北省口岸管理规定》，进一步加强口岸的制度化、科学化管理，促进口岸通关环境的改善。石家庄海关党组出台了服务经济的九条措施；河北出入境检验检疫局推出了《优化经济发展环境，促进河北外经贸发展的若干意见》；省边防、省海事部门采取先进检查监管手段，制定应急预案和海上搜救措施，保证人员和运输工具安全进出口岸。

【口岸运行保障得到加强】 一是建立和完善口岸运行协调机制，恢复了口岸系统联席会议制度，从机制和制度上建立了全省口岸工作的联系和协作渠道。7月份召开了省级口岸机构改革以来第一次口岸系统联席会议。二是抓好口岸统计信息建设，建立了全省口岸系统统计通报制度。对全省口岸运行情况实行月统计季通报，为领导决策和口岸开展业务提供及时有效的服务。同时充分利用发改委局域网口岸网页，宣传口岸和口岸的政策法规。三是加强口岸与旅游、航空等行业协作和协调。省旅游部门“八一”飞韩国临时包机，在临飞只剩5天时间、又没有航线的情况下，连夜到海关总署和民航总局跑办，终于如期飞行，保证了两国政府间的文化交往。针对石家庄航空口岸飞行香港航线过程中出现的问题，积极会同运行局进行协调，确保了“十一”旅游黄金周航班正常飞行。四是开展口岸运输与现代物流相结合的调研。学习、借鉴上海口岸“大口岸、大开放、大物流、大平台”的概念，研究探讨加快口岸物流速度，构建全省口岸物流网络的可能性。

河北口岸存在的突出问题，一是口岸数量和开放程度相对滞后，在某种程度上限制了对外开放的发展速度；二是口岸查验部门的开放、创新、服务意识仍需提高，在通关方法、途径、措施和扶持政策上有待进一步改进；三是口岸“大通关”工作还需要细化、实化，还需要全面推进，需要加强组织、协调，突出重点，研究制定相关政策；四是缺乏口岸立法，口岸管理体制和运行机制还不够完善顺畅；五是口岸查验设施建设落后，原有设施的维修改造工作量大，缺乏资金扶持力度。（高雅平）

河北口岸查验单位工作综述

石家庄海关

2004年，石家庄海关在海关总署和河北省委、省政府的正确领导下，以全国海关关长会议精神为指导，深入贯彻“政治坚强、业务过硬、值得信赖”海关队伍建设12字要求，继续坚持关党组“贯彻海关工作16字方针，结合河北省情实际，把重点放在后8个字上”的工作思路，扶持服务地方经济，积极开展征税、监管、打私、统计等业务工作，狠抓队伍建设，较好的发挥了职能作用。

【强化税收征管，加强综合治税】 2004年，在进口税率下调和税收计划重新上调的双重压力下，石家庄海关坚持以客户为服务导向，经常送政策上门，大力促进了地方经济的发展，河北省外贸额首次突破百亿元大关。2004年全年关区共实现税收入库23.51亿元，同比增长44.6%。同时，认真开展减免税审批、监控等管理工作，减免税管理更加规范、合理。全年，关区办理减免税证明2813份，审批货值11.32亿美元，减免税款32亿元。

【监管与服务相结合，通关水平再上新高】 石家庄海关坚持监管与服务相结合的原则，不断深化通关监管工作的改革，实现了“管得住”与“通得快”的统一。累计办理企业和银行入网、制发IC卡数量分别位居全国第十名和第九名。网上支付工作试点成功，目前关区已有9家试点企业，通过该系统全年共征收税款3 506万元。积极开展了加工贸易联网监管试点工作，目前已有6家联网监管企业获得总署批准；引入风险管理理念，积极开展“选择查验”工作，即时在关区发布风险预警通报，加强对关区监管工作的指导。全年，石家庄海关共监管进出境货物6 616万吨，货值55.1亿美元，同比分别增长9.1%和47.9%。监管进出境运输工具6 186辆/艘，监管邮递物品20 564件，监管进出境人员10万人次，监管集装箱（标箱）25 649箱次，新注册企业1 943家。

【保持打私高压态势，发挥打私职能】 在代号为“闪电”的打击走私集中行动中，查获走私案件10起，其中“6·08”氨纶丝走私大案案值逾3亿元，涉税7 000余万元；从2月份开通启用风险管理平台到年底，通过数据监控和综合风险分析，查获各类违规案件和非案补税情事109起；组织开展了“稽查百日会战”专项行动，大力开展了贸易调研和市场调查，对进口橡胶、香蕉及免税进口胶印机等重点敏感商品实现补税459万元。全年缉私系统刑事立案6起，立案案值9 077.54万元，涉税1 588.57万元；抓获犯罪嫌疑人26名；侦查终结并移送起诉7起13人，法院判决5起9人。行政立案24起，案值2 401.87万元，涉税430.47万元；结案21起，决定罚没442.30万元。调查系统查获违规案件5起，查获非案补税情事12起，罚没收入85.9万元。

【统计工作取得新的进展】 石家庄海关统计部门加强与监审、通关、关税等部门的联系协作，建立了《低价记录月度监测制度》，综合运用执法评估和综合数据分析的成果，加大对低价记录的治理力度。海关总署的执法评估通报显示，上半年石家庄海关低价记录比重为0.638%，同比下降1.348个百分点，全国排名已由2003年底的第一位降到了第七位；实施了《石家庄海关统计数据使用管理办法》，启用了“报关单数据质量检控分析系统（CSD)”，加强了统计职能管理，发挥了规范、指导、管理和带动的职能作用；成立了石家庄海关统计学会，并正式开展业务，为发挥海关统计的把关服务作用提供了又一重要平台；建立了与主管外经贸省长秘书及相关部门的信息热线，及时通报进出口统计信息；加强了与省商务厅、发改委、经贸委等部门及各地市的联系协作，共同开展了农产品、医药品等主要出口商品的贸易调研，为地方经济发展建言献策，受到省委、省政府主要领导的多次表扬。

2004年石家庄海关业务统计资料

项　目	单　位	数　量		同比±%
		2004年	2003年	
一、关区进出口货运量：	万吨	6616	6061	9.16
其中：进口	万吨	908	688	31.98
出口	万吨	5708	5373	6.23
（一）石家庄关	万吨	858	324	164.81
（二）秦皇岛关	万吨	5158	5233	-1.43
（三）唐山关	万吨	578	497	16.30
（四）保定关	万吨	3.5	4.6	-23.91
二、关区进出口总值：	万美元	551000	373000	47.72
其中：进口	万美元	201000	146000	37.67
出口	万美元	350000	227000	54.19
三、关区监管运输工具：	辆（艘）	6186	5135	20.47
四、关区监管集装箱：	箱次	25649	25708	-0.23
五、关区进出境人员：	万人次	10.2	10	2.00
六、关区加工贸易核销补税：	万元	7003	7512	-6.78
（一）石家庄关	万元	1019	1215	-16.13
（二）秦皇岛关	万元	4933	5643	-12.58
（三）唐山关	万元	998	219	355.71
（四）保定关	万元	53	96	-44.79
七、关区加工贸易合同备案：	份	24126	3544	580.76
（一）石家庄关	份	1030	997	3.31

项　目	单　位	数　量		同比±%
		2004 年	2003 年	
（二）秦皇岛关	份	575	554	3.79
（三）唐山关	份	418	480	－12.92
（四）保定关	份	468	319	46.71
八、关区加工合同备案金额：	万美元	98415	65628	49.96
（一）石家庄关	万美元	30764	22607	36.08
（二）秦皇岛关	万美元	24114	17195	40.24
（三）唐山关	万美元	10666	7376	44.60
（四）保定关	万美元	7846	3755	108.9
九、报关单数	份	25966	24549	5.77
进口报关单	份	11111	11473	－3.16
出口报关单	份	14855	13076	13.61

河北省公安边防总队

【概况】　2004 年，河北省公安边防总队以“三个代表”重要思想和“二十公”会议精神为指针，深入学习贯彻《中共中央关于进一步加强和改进公安工作的决定》，紧紧围绕维护口岸稳定，服务地方经济建设这个工作大局，认真开展“大练兵”和“双争”活动，努力提高业务人员素质，不断规范执法服务工作，圆满完成了以边防检查为中心的各项工作任务，有效地维护了国家的政治稳定和社会安定，保障了口岸方便、快捷、有序的出入境秩序，为河北省改革开放和经济建设做出了积极的贡献。

全年各边防检查站共检查出入境交通运输工具 3854 艘（架）次，比上年减少 7.9%。其中检查出入境船舶 3 024 艘次，增长 2%；检查出入境飞机 830 架次，减少 32%，其中外国籍飞机 742 架次，减少 30.7%。检查出入境人员 84 909 人次，增加 4.2%，其中，检查出入境旅客 13 290 人次，增加 12.7%；检查出入境员工 71 619 人次，增加 0.2%。检查入境外国人 23 506 人次，其中以亚洲发展中国家和东欧国家公民居多，大多数从事海员工作。从国籍分布上看，入境外国人最多的是菲律宾，有 7 127 人次，占入境外国人总数的 30.3%；其次是韩国，有 4 771 人次，占入境外国人总数的 20.3%；第三是俄罗斯，有 3686 人次，占入境外国人总数的 15.7%。入境外国籍旅客数量共计 6 389 人次，增加 620.3%。内地公民出境人数为 18 313 人次，增长 4.9%。前往人数最多的国家是韩国，共计 10 181 人次；其次是日本，共计 2 363 人次。

【紧紧抓住战略机遇期，全面谋划边检工作新发展】 3月份，公安部边防管理局杭州边防检查工作会议召开后，总队党委结合部队实际积极谋划当前和今后一个时期的各项边防检查工作任务，提出了切实可行的工作措施。一是按照“政治坚定、业务精通、开拓创新、团结协作、廉政勤政”的要求，加强边检站领导班子建设。二是把边防检查工作置于“全方位、大开放”的格局之中，勇于探索，大胆实践，冲破传统的思维定势，在改革工作机制、管理制度、勤务模式等方面狠下功夫，不断提出新思路，推出新举措，取得新突破。有效整合警力，调整机构设置，加强一线执勤警力，减少梯口监护，实行梯口监护、电子监控、港区巡逻、船方自管相结合的勤务模式，推动勤务工作整体质量的提高。三是树立全方位服务意识，在深度、广度上下功夫，在立足长远上求发展。针对出入境旅客、员工及相关单位、公司关心的热点问题，努力创造更加快捷、便利的口岸通关环境。自觉置身于地方党委政府的领导之下思考问题、开展工作，在主动汇报中争取领导，在主动接触中增进了解，在主动宣传中扩大影响。四是严格监督，认真做好预防职务犯罪工作。坚持警钟长鸣，大力加强对检查员的政治思想和廉洁勤政教育。进一步完善领导带班、电脑派勤、验讫章及印油管理、接送客等制度，一丝不苟抓好落实，最大限度地堵塞漏洞。

【以“双争”活动为契机，深入开展“大练兵”，努力提高工作质量和效率】 积极响应部局在现役边防检查站开展争创“执法为民窗口”、争当“执法为民标兵”活动号召，以“全面提升边检站业务工作质量和服务水平，进一步增强官兵的窗口意识、服务意识，用严格、公正、文明的执法，热情、优质、高效的服务，创一流口岸通关环境，执法为民和队伍正规化建设走在全国现役制边防检查站前列”为工作目标。坚持“干什么，练什么，缺什么，补什么”的原则，积极开展岗位练兵、业务练兵。采取“走出去，请进来”的形式，大力加强检查员的业务技能培训，努力提高检查员的业务素质。秦皇岛、石家庄边检站为提高检查员操作计算机的能力，积极依托当地教学资源，分期分批组织人员到大学进行培训，在参加国家计算机一级考试中全部通过。为做好今年开通的秦仁航线旅客边检工作，秦皇岛边检站在3月份利用近一个月的时间，组织检查员到天津边防检查总站跟班学习，航线开通后，又邀请了天津边防检查总站和石家庄边检站的业务骨干进行现场指导，大大提高了检查员业务素质，确保了秦仁航线的顺利开通。各单位以“人民群众满意不满意，高兴不高兴”作为检验工作的最高标准，努力拓宽了服务领域，积极主动向当地党委政府汇报开展活动情况，争取地方党委政府在政治、工作、生活方面的关心和支持。黄骅边检站积极争取地方支持，筹资100多万元建成了高科技智能电子监控系统，极大提高了口岸通关速度。总队业务部门组织各边检站以交流检查、参观培训等形式，推广先进的检查、管理经验，促进边检整体工作水平的提高。经过全体边检官兵的全年努力，秦皇岛边检站在年终的考核考评中成绩优异，被公安部边防管理局评为“执法为民窗口”单位。

【加强执法，抓好监督，提高质量】 各边检站按照公安部周永康部长“立警为公、执法为民”的指示精神，以服务地方经济建设，创造良好的通关环境为目标，进一步端正执法思想，转变执法观念，在边检执法工作中始终坚持把公正执法作为边检工作的重中之重。据统计，全年各边检站共实施行政处罚案件25起61人，都做到了事实清楚、定性准确、处罚得当、程序合法，没有出现行政复议和行政诉讼。主要做法：一是加强执法队伍建设，提高执法人员素质。各单位都抽调了具有执法经验和理论功底的人员组成执法办案队伍。总队6月初，结合部局天津边检执法业务培训的有关内容、要求，举办了全省边检站执行《公安机关办理行政案件程序规定》培训班。二是转变执法观念。正确处理执法与服务的关系，不断提高执法为民能力。2004年5月10日，在京唐港锚地停泊的外轮发生船员斗殴致伤事件后，唐山边检站坚持特事特办，在严格手续的同时，积极救治伤员，被外籍船方称为“船员的保护神”。三是开展执法质量考评，提高执法质量。6月9日-11日，总队专门召开了案卷调审暨案件质量评析会，对各边检站执法案卷进行了总结讲评，对发现的问题及时以《纠正执法错误通知书》的形式通报各单位，限期整改。杜绝假案、错案、人情案、关系案的发生，用实际行动践行“执法为民”思想。

【加强机制建设，严厉打击口岸偷渡活动】 为切实加强对反偷渡工作的领导，发挥整体优势，更加有效地防范和打击偷渡活动，总队和各边检站都成立了反偷渡工作领导小组，落实了反偷渡工作责任制，使反偷渡工作常抓不懈。各地认真研究偷渡活动发展变化的规律和特点，总结反偷渡工作经验，有针对性地开展情报调研，争取斗争的主动权。同时，加大协作力度，积极与海关、海事、旅游、港口公安及各作业公司相互配合，形成了齐抓共管、群防群治的防范体系。加强重点航线、重点人员的查验工作，加强对重点嫌疑人员的行李物品和人身检查，注意发现查处协助、引带上述人员非法出境的违法犯罪分子，加大对查获人员审查力度，深挖“蛇头”和制作伪假证件人员的线索。11月底，总队积极协助山东边防总队青岛支队将“11·27”偷渡案2名在逃蛇头抓获归案。秦皇岛边检站成立突发事件应急处置领导小组，认真分析勤务工作中可能出现的各种情况，于今年9月12日查获2名企图利用伪假护照偷渡韩国的吉林籍偷渡嫌疑人，有力地震慑了不法分子的嚣张气焰，确保了全省与韩国交往的唯一一条海上客运航线的正常出入境秩序。

河北省检验检疫局

【概述】 2004年，面临省外向型经济快速发展与国外技术壁垒高筑的压力与挑战，河北检验检疫系统广大干部职工以“十六大”精神和“三个代表”重要思想为指导，树立和落实科学发展观，按照国家质检总局和省委省政府的决策部署，紧紧围绕年初确定的工作目标，各项工作都取得了新的成绩。检验检疫业务增长势头强劲，执法能力明显增强，业务改革成效显著，企事业改革取得了突破性进展，应对突发事件的能力进一步提高，科技实力建设又有新的突破，基础工作进一步夯实，行风建设更加深入，基建工作全面铺开、进展顺利，干部队伍素质得到提高，为推动河北经济更快发展做出了积极贡献。

一年来，河北局把严把国门、维护国家经济利益和人民健康放在首位，全局共检验检疫出入境商品97 252批，金额801 870万美元，同比批次增加15%，金额增加34.7%。其中检验检疫出境商品89 155批，金额557 965万美元，不合格出境商品55批，金额4 375万美元。检验检疫入境商品8 097批，金额243 905万美元，不合格入境商品277批，金额18 269万美元。检出各类有害生物42批。通过签发普惠制证书，为对外贸易关系人享受减免关税优惠5 866万美元。完成外商投资财产鉴定评估业务25批，为全省企业挽回直接经济损失19.02万美元。帮助企业对外索赔1 448.31万美元，仅棉花进口一项对外索赔高达244万美元。完成传染病监测体检及预防接种17 690人次，发现各类病例1 024例。对3 902艘船舶、418架飞机、354节火车进行了卫生检疫，圆满的完成了各项工作任务。

【检验检疫执法把关】 坚持把涉及安全、卫生、环保等进出境商品的质量安全放在首位。对进境

“三类”敏感商品实施严格的批批检验检疫制度，确保不出质量问题。对进口旧机电产品建立了进口备案、装运前检验和到货检验监管体系，对全省147批进口旧机电进行了备案和严密监管。对动、植、食等商品农兽药残留的检测和服装纺织品中甲醛含量的检测，对输美陶瓷铅、铬溶出量检测，出口烟花爆竹安全检测和进口矿产品放射性检测，都加大了检验监管力度，确保了安全。

应对突发事件的能力进一步增强。一是严把进出境活畜的检验检疫关。2004年全省出入境活畜数量都创历史新高。成功完成了向中东出口活牛、羊任务，使我国向中东地区出口肉用活畜的贸易在中断8年之后得以恢复。为配合河北省“千万吨奶”发展计划，帮助有关部门建成了7个进境奶牛临时检疫隔离场，对7批次进境奶牛进行了严格隔离检疫，确保了16 166头合格优质奶牛进入农村养殖户。二是努力破解国外技术壁垒。为确保河北鸭梨早日恢复对美出口，加强了对果园及加工厂的监督管理和程序控制，成立了由有关专家组成的应对小组，并通过召开技术研讨会和技术交流、实地考察等形式，就梨黑斑病“新种”等问题进行反复研讨，并就尽快恢复中国梨对美出口达成共识。三是积极应对风险。加大对动植物及其产品的疫病、疫情和有害生物的截获和检出力度，对从巴西进境的含有种衣剂的大豆进行了严格的检验检疫。圆满完成了TCK疫麦检验检疫及除害处理工作。四是提高突发公共卫生事件的应对能力，全力抗击突发疫情。禽流感疫情爆发后，迅速出台了全局防治禽流感的8项措施，局领导分别带队深入各市县、机场、码头和重点进出口企业进行检查和督导，有效防止了禽流感疫情的传播。积极部署了春冬季非典防控工作。

严把口岸检验检疫关。一是各海运口岸在进出境总量大幅提高，急、难、敏感工作不断增加的情况下，确保了检验检疫工作的安全、有效运行。二是口岸检验检疫功能进一步完善。强化了出入境动植物及工矿产品的检验检疫能力，确保了进口大豆、大麦、矿石、出口活畜等高风险产品的质量安全；煤炭检测能力不断增强，总计达4 798万吨，保证了占全国出口量60%以上份额的煤炭顺利出口。其中黄骅港口岸出口煤炭检测首创890万吨。三是加大了口岸卫生检疫监管力度。加强了对输入性医学媒介生物的检疫查验和监督，共检出携带医学媒介生物的入境船舶148艘次，并在国内首次捕获输入性蠓类，截获数量继续处于全国检验检疫系统前列。

【服务地方经济建设】 积极推进“大通关”建设。在电子转单、电子签证达到100%基础上，出口货物快速核放系统稳步进行，对71家企业实现了快速核放；在已有28家企业实施“绿色通道”的基础上，又完成了36家企业的审核、申报工作；加强与海关及各口岸部门的协作，积极参与和谋划石家庄内陆港有关设施建设，为河北出口商品实现“直通式”放行做好前期准备；积极推行电子监管，缩短了检验周期，同时也促进了企业管理水平的提高。

加强注册、认证管理，有效发挥市场准入作用。进一步规范卫生注册和质量许可证考核工作，全省全年新通过卫生注册/登记企业142家，7家企业获得对外注册，完成了58家企业的出口商品质量许可证考核/复查，为43家企业办理了强制性产品认证证明。积极帮助企业建立完善质量保证体系，完成质量体系认证210家，认证总量达870家，位居“三北”地区前列。

采取有效措施，积极扶持县域经济的发展。一是紧紧围绕河北区域特色产业，在服装、皮毛、汽车等11项出口型特色产业和11项出口型特色经济项目中开展了大规模的调研活动，力促地方经济发展，得到了才利民副省长的肯定。二是针对辛集包机皮货种类多、走货急、周转快、季节性强、口岸检验检疫工作量大的特点，设立了临时办事处，实施了“绿色标签”、“一站式”服务工作模式，方便企业扩大出口。三是出台了《关于优化发展环境的实施意见》和扩大优势农产品出口的6条措施，积极推进外经贸企业扩大出口。四是大力实施名牌战略，促进原产地标记注册保护工作。

积极提供信息技术支持，帮助企业规避风险。坚持把风险预警的理念引入到检验监管工作中，及时将国外有关要求、规范以及最新的检验检疫信息以各种形式传递给相关企业，指导企业规避风险。

【检验检疫改革】 积极促进企业诚信体系建设。一是深化了分类管理，已有49家生产企业被列入一类管理，85家被列入二类管理。积极探索在动植物产品、食品等生产企业开展分类管理工作，已有4家企业实施了一类管理，4家企业实施了二类管理。二是免验工作迈出新步伐，出台了免验工作程序，通过对申请企业全面考核，已将2家企业上报总局审批。三是规范市场秩序，对4起企业违法案件进行了调查和处理。建立了《进口棉供应商质量诚信评估制度》等规章制度，促进了企业诚信体系建设。

狠抓源头控制，推进基地建设。以水果、蔬菜、畜牧为重点产业突破口，加强农产品加工基地和出口基地建设，全面实施注册登记、基地备案、原料控制等管理。对果园、蔬菜等种植基地实施"注册+备案"管理。目前已完成果园、蔬菜企业和养殖场注册及备案270家，以张家口蔬菜、石家庄和沧州果园、唐山板栗为主的基地备案面积达3.4万亩。

实行动态监控，促进企业管理。对自检自控体系健全、安全风险得到有效控制的企业，减少抽检批次，并按风险分析评估结果适时调整检测项目；对高风险产品，狠抓原料控制，进行风险等级管理，使出口农产品、食品特别是熟食在高风险下保证了质量安全，在高门槛下实现了出口量的稳定增长；对工业产品实行"型式试验+抽批检验+过程监控"；积极利用现代化管理手段，推进电子监管工作等。

企事业单位改革取得新成效。中检集团河北有限公司和秦皇岛有限公司顺利组建，进一步增强了竞争能力。各技术机构积极开拓市场，充分利用自身技术优势抢占国内检测市场，不断壮大检测实力。省局技术中心改革迈出实质性步伐，积极开发检测市场，硝基呋喃兽残委托检测的省市已达16个。秦皇岛局技术中心积极开展蜂产品检测国外技术交流，与德国不莱梅蜂蜜研究所就建立蜂产品和其他食品检验检测国际实验室问题达成基本合作意向。蜂蜜检测已覆盖了全国28个省。评审认证机构在注册法人基础上，大打品牌战略，规范操作程序，实现了"三证"体系整合和OHSAS18000认证的新突破。旅保中心获得独立法人证书，积极参与社会服务，与多家单位达成常年提供服务的协议。省局机关服务中心完成了事业单位法人登记和与之相关的注册手续，研究提出了机关服务中心的改革方案，省局和各分支机构的后勤保障能力进一步提高。检验检疫协会不断开拓新的市场领域，加大河北进出口企业网的开发力度，目前点击率在同类网站中排名第一。

加强财务管理，监督、保障作用显著增强。进一步细化了预算编制体系和预算执行监控体系。建立了突发事件资金保障机制，在基本建设、执法把关、行政办公、人员经费等方面较好的发挥了指导、监督、服务、保障作用。加大对企事业单位财务的管理，促进了企事业单位的发展。

【科技实力建设】 科研制标工作成绩喜人。在国内首先成功研制了4种硝基呋喃代谢物残留检测方法并迅速应用于实际工作中。成功研究出辣椒中致癌物苏丹红一号、二号、三号、四号的检测方法。新开检测项目33个。承担了6项国家质检总局检验检疫重大科技专项研究和8项国家标准、10项行业标准的制订、修订工作，完成了2项行业标准项目审定工作和4项行业标准的报批工作。完成450

种农残项目检测的科研工作，并通过了专家鉴定。25项蜂产品国家检测标准已批准发布。《中国蜂产品质量评价新技术的研究及应用》获得了“2004年度国家科技进步二等奖”。

实验室建设不断实现新突破。实验室资源整合工作取得新进展。省局技术中心硝基呋喃检测通过国际能力验证，在参加试验的47个各国实验室中，成为全部结果均为满意的13个实验室之一。秦皇岛转基因实验室通过亚太实验室认可合作组织认可，秦皇岛局煤检中心、唐山局陶瓷实验室、保定局综合实验室和沧州局煤炭综合实验室也分别通过了相关认证认可。实验室在突破国外技术壁垒方面发挥了重要作用。

加快信息化建设步伐。全面完成了河北检验检疫广域网络平台建设并顺利投入使用，进一步完善了河北检验检疫信息网站功能，开通了河北检验检疫内部信息平台，完成了省局及各分支机构CIQ2000V2.23版服务器升级工作。部分进境动植物及其产品的网上审批工作正式运行。

【班子和干部队伍建设】 加强两级班子的思想作风建设。修订并完善了两级班子科学民主决策议事规则，省局党组在认真开好班子自身民主生活会的同时，还分别参加了各分支机构班子民主生活会，对提高民主生活会质量，促进领导决策的科学化、规范化起到了积极作用。

干部培训力度进一步加大。在全员学习的基础上，集中第三季度，先后举办了4期各级领导干部学习班。各部门还广泛开展了知识竞赛、讨论、交流等形式多样的学习活动，收到了较好效果。

加大对处级领导干部的交流轮岗力度。今年以来对7个处级领导班子主要领导进行了调整和任命，对2个分支机构的领导班子进行了补充，完成了部分局、处级领导干部的配备。

进一步健全和完善干部选任和考核机制。为加强全局系统的人才建设，制定了《河北检验检疫局人才工程实施意见》，拟定了《河北检验检疫系统开展学术带头人和专业技术骨干推荐评选方案》。制定了文明单位评比办法、处级领导干部考核等次评比办法、“量化考核一卡通”等，并着手研究和探索绩效考核的办法和措施。

【党风廉政建设】 领导干部廉洁自律工作进一步深化。局党组高度重视党风廉政建设,把反腐倡廉工作纳入全局年度工作目标管理,将具体任务量化分解到各单位,责任落实到人,逐级签定责任书。通过多种形式组织学习了《党内监督条例》、《党纪处分条例》和《党员权力保障条例》。对党政机关是否为干部职工购买个人商业保险,处级以上干部是否在企业、报刊和社团组织兼职,是否拖欠公款或利用职权将公款借给亲友等三个问题,进行了专项清理,没有发现违规问题。开展了“立党为公、执政为民”主题教育活动,组织学习了“四人纪律,八项要求”等有关规定,增强了廉洁自律的自觉性。

深入推进行风建设，树立良好执法形象。一是优化发展环境、促进外贸出口。严格执行新的检验检疫收费标准，进一步规范办班发证行为，杜绝了乱收费、乱办班、乱发证现象。二是以开展诚信服务为载体，深化政务公开，拓宽民主监督渠道。省局领导带队到各分支机构进行督导，并率有关部门负责人5次走进省电台“阳光热线”直播间，解答听众咨询，3次到省电视台“聚焦行风”栏目介绍检验检疫知识和加强行风建设的措施。邀请“聚焦行风”栏目记者深入到所属10个分支机构和省局有关处室采访，编辑播出8组信息进行专题报道，扩大了社会知名度。郭富荣局长还以个人名义向省市县和省直各部门主要领导同志发征求行风意见的公开信460封。各分支机构也采取多种形式扩大对外宣传，取得了明显成效。三是普遍签订检企廉洁从政双向承诺书，形成了检企互动、互相促进的良好局面，检验检疫部门的社会满意度不断提高，共收到企业送来的表扬信57封，锦旗21面，没有发现大的违纪违法问题。在2004年全省民主评议中，河北局再次被评为达标单位，所属的10个分支机构，全部在达标以上位次。

【精神文明创建活动】 省局机关连续6年（三届）获“省直文明单位称号”，各分支机构也都保持了“市级文明单位”的荣誉。沧州局黄骅港办事处被评为“河北省青年文明号”，率先进入省级文明号的先进行列。2名技术骨干分别被评为2003年度河北省“科技杰出青年”和“青年科技标兵”。思想政治工作紧紧围绕中心、贴近实际，在“聚民心、暖人心”方面做了大量工作，如组织局机关新春联欢会，布置书画、摄影作品展，慰问老干部等。在省直机关庆祝建国55周年文艺汇演中，河北局参演的两个节目分别获得一等奖和优秀创作奖，取得了精神文明建设的又一丰硕成果。

【基础管理】 加强法制化和规范化管理。深入开展各种形式的检查活动，执法保障能力不断增强。提出了关于规范执行《检验检疫工作手册》的具体要求，对行政许可项目和规范化文件进行了全面清理，进一步规范执法行为。加大了对社会检验鉴定机构及报检单的管理。开展了业务检查和以企事业单位收费为重点的财务检查，促进了工作质量的全面提高。规范各项基础管理，全面清理、审核、修订了现行各项行政规章制度，完成了《中国检验检疫志》有关内容的审稿工作，对河北局《年鉴》编制工作进行了初步尝试。

基本建设形势喜人。省局综合实验楼基本竣工；张家口局综合实验楼主体工程已经封顶；秦皇岛局综合实验楼项目初步设计通过国家质检总局专家组审定；邯郸局完成了综合实验楼项目立项；衡水局完成了办公楼宿舍及配套工程；秦皇岛新增煤三期大型自动化采制样系统及老系统改造工程顺利通过验收委员会鉴定；沧州局办公化验综合楼已正式投入使用；曹妃甸港、彭城办事处检验检疫配套设施建设的筹备工作已正式启动；清河办事处办公实验楼及附属设施的产权移交工作正在进行。基础设施的保障和支持发展能力得到显著增强。

（李慧卿）

河北海事局

【概况】 河北海事局隶属于中华人民共和国海事局，是在河北海域和港口行使《中华人民共和国海上交通安全法》、《中华人民共和国海洋环境保护法》等法律、法规所赋予的水上交通安全和船舶防污染管理职能的行政执法机关。主要职责是：负责辖区内水上安全监督管理、防止船舶污染及其他有关管理工作；负责船舶登记、船舶法定配备的操作性手册与文书审批、船舶所有人安全管理体系审核与监督和船员培训、考试发证、船员证件管理工作；负责辖区内水上搜寻救助、污染事故应急处理和重大水上交通事故的调查、处理工作；承办中华人民共和国海事局交办的其他工作。河北海事局目前下设14个机关职能处室、3个分支机构、4个下属附属单位，现有职工378名，辖区水域面积16 001平方公里。

2004年，河北海事局围绕水上交通安全监督管理工作这一中心任务，重点抓了规范行政许可与执法、保障迎峰度夏抢运煤炭、支持港口建设、旅游船艇安全、增强溢油应急反应能力等5项工作，做到有效监管，优质服务，严格依法行政，提升海事管理综合水平，保持辖区水上安全形势稳定和水域清洁，为辖区港航经济发展创造了良好条件。全年共监管大型运输船舶36 457艘次，辖区港口吞吐量达2.23亿吨，其中外贸吞吐量6 341万吨，创历史最好水平。全年未发生重、特大水上交通事故和污染事故，是全国水上交通事故最少的辖区之一。

【通航环境管理】 严格按照《中华人民共和国水上水下施工作业通航安全管理规定》，加强对水工作业安全监督管理，发放水工作业许可证53份、水工作业审批65次，发布航行警告254份、其中英文警告17份，发布航行通告70份，保证了大型港口建设工程及改造工程的正常进行。

2004年，河北海事局辖区内有8项大型港口建设及改造工程：黄骅港外航道整治工程、黄骅港扩建工程、曹妃甸港区建设、京唐港挡砂堤改造及泊位扩建、秦皇岛港煤一期扩容、秦皇岛港集装箱泊位改造和煤五期工程。社会各方关注程度高，投入资金大，工期紧，参与施工的各类船舶多，增加了港口水域通航环境的复杂程度和通航密度。既要保证施工船和进出港船舶的安全，又要保证水域重点工程的有效开展，需要在施工审批时，加强协调、逐项落实安全措施，主动与业主、施工单位、交管中心共同研究制定安全措施。

2004年5月15日，秦皇岛水域发生了"安平6"轮和"HERAKLIA"轮严重碰撞事故，有关部门立即从交管中心碰撞过程的声像资料和船舶原始证据，做了大量的调查笔录，召集相关航海人员多次研究案情，较为科学的查明了事故原因、判明了责任，还组织了相关管理人员查找管理上的原因，提出了规范管理的建议和指导性意见，在完成了事故调查报告后，还协助秦皇岛海事法庭完成了庭审前的取证，按交通部海事局要求将报告翻译成了英文上报国际海事组织(IMO)。2004年辖区共发生各类海上交通事故40起，其中搁浅事故18起，碰撞事故5起，触损事故17起，其他事故2起，已结案。

2004年河北海事局共海上巡航1 100艘次，航行里程达38 638海里，查处违章现象286次，巡航重点是黄骅港施工区、曹妃甸建港施工区和昌黎沿岸养殖区。

【船舶管理】 强化现场安全监督检查，坚持从严审批在港航行船舶各类作业，重点加强了船舶签证管理，严把签证关。监管进出港船舶36 457艘次，对中国籍船舶进行安全检查745艘次，开航前检查率达到100%；PSC检查191艘次，复查83艘次，查出缺陷5 821项，滞留船舶12艘次。

2004年配合交通部海事局审核中心完成了对河北远洋运输股份公司安全管理体系年度审核；对唐山安平海运有限公司、中国船舶燃料供应秦皇岛公司的安全管理体系进行了年度审核。

2004年7月1日，国际船舶与港口保安规则（ISPS）正式生效，河北海事局下发了《落实船舶海上保安规则有关要求》的通知，对船舶保安工作的管理进行了有效分工，制定了信息传递、保安评估、监督检查以及缺陷处理等方面的工作程序。

2004年编写完成《散货船船体检查指南》、《港口国监督英文缺陷描述》两本书，这两本书在5月份召开的部海事局专家审定会上得到了专家们的一致认可，并于6月份在全国海事系统内部出版发行。

【防治船舶污染管理】 起草了全国第一个拟以省政府规章形式发布的《防治船舶污染水域管理办法》，发布了《沧州海域船舶溢油应急计划》，落实了《渤海碧海行动计划》，2004年共铅封船舶60余艘次，其中包括全国首次对外轮（"TACCOLA"轮）进行铅封。

2004年6月秦皇岛海上溢油应急反应中心在秦皇岛海域成功举行了暑期船舶溢油应急反应演习。演习项目主要包括溢油事故报告、溢油漂移预测、溢油监视、海上溢油围控和清除作业、污染事故现场调查取证等。这次演习首次展示了目前我国最先进的海上溢油清除设备——动态斜面水动力式收油机快速、高效的回收性能。演习首次启用了河北海事局溢油应急信息系统，为"指挥中心"及时掌握、处理各种信息和制定正确的应急方案提供了有力保障。

2004年9月举办了河北海域船舶溢油应急反应指挥人员培训班。河北海域内负责事故应急协调指挥的人员参加了培训班。

河北海事局成功处理了2004年10月9日巴拿马籍船舶“荣利2号”轮和2004年11月23日中国籍船舶“温州海”轮发生的污染事故，保障了辖区水域清洁。

【船员管理】 2004年举办20期专业培训班，559人次参加了培训。举办了3期引航员适任培训班，15人参加了考试、评估。2004年1月和7月组织了两期乙、丙类船员全国适任证书统考，88人参加了考试。

【规范依法行政管理】 逐步建立现代管理制度体系，规范内部管理和依法行政。组织实施全局海事法规文件和内部规章制度的立、改、废工作，确保海事执法有法可依、内部管理有章可循。

河北海事局建立健全执法监督制约机制，2004年查处违法案件107宗，罚款53.07万元，错案发生率为零，处罚准确率100%。

2004年河北海事局推行政务公开，向社会、行政相对人公布海事管理机构简介及机构设置、主要职责、对外服务承诺、收费依据、联系方式，办理各项海事行政许可内容的条件和要求。在政务中心和局互联网站上公布，方便行政管理相对人查询。开通了政务公开语音举报电话，方便行政管理相对人进行投诉、举报。

2004年7月1日，河北海事局三个分支机构——秦皇岛海事局、唐山海事局、黄骅海事局政务中心全部组建完毕并正式运行，实现受理与审批相分离。做到了三个规范，即规范了业务用章，统一设计制作政务中心各项业务用章；规范了行政许可内部工作流程，对政务中心硬件及软件建设提出具体要求；规范了海事行政许可申请书格式文本，健全海事行政许可申请台帐。统一规范了部海事局尚未统一制定的海事行政许可申请书格式文本的名称和样式，为各级海事机构按照《行政许可法》的要求，规范开展海事行政许可工作提供了依据和保障。

【搜救工作】 建立健全搜救机构和完善相关预案，协助地方政府组建了秦皇岛、唐山海上搜救分中心，调整了河北省海上搜救中心领导成员，明确了各单位职责，修改完善了海上应急预案。起草完成了《河北省海上搜寻救助工作规定》（初稿）；组织专业人员编写了《北方海区大风浪条件下开展搜救工作的要点》，与天津市海上搜救中心联合在沿渤海一带调研，研究租用直升飞机实施海上搜救方案，协调渤海区域钻井平台附近船舶参与救助工作的有关问题，搜救工作逐步规范。开展搜救力量指定工作，调查了48家单位，将其中47个单位指定为搜救力量（1个部队单位除外），指定了船舶力量单位10个，卫生、气象、电信单位15个，沿海县乡联系单位22个。

2004年6月16日秦皇岛秦皇游船有限公司所属的“秦皇号”游船出现险情时，河北海事局立即启动搜救程序，采取得力措施，成功救助游客50人、船员和服务人员12人，没有人员伤亡。

2004年共接受、处理各类遇险报警36次（其中DSC系统误报警10次），组织指挥搜救行动26次，协调出动救助船舶63艘次，飞机1架，救助遇险船舶30艘次，救助遇险人员672人次，救助成功率100%。

◆ **河北海事局2004年海事业务数据统计表**

◆ 监管进出港船舶36 457艘次，吞吐量2.23亿吨，其中外贸吞吐量6 341万吨；

◆ 海上巡航1 100艘次，航行里程达38 638海里；

◆ 接受、处理各类遇险报警36次（其中DSC系统误报警10次），组织指挥搜救行动26次，协调出动救助船舶63艘次，飞机1架，救助遇险船舶30艘次，救助遇险人员672人次；

◆ 对中国籍船舶进行安全检查745艘次，开航前检查率达到100%，PSC检查191艘次，复查83艘次，查出缺陷5 821项，滞留船舶12艘次；

◆ 审核危险货物申报1 499艘次；

◆ 办理船员服务薄504本，制作专业培训合格证书669份，制作专业培训证书367本，新版适任证书407本，海员证1 184本。

河北口岸大事记

2月27日

组织石家庄国际集装箱多式联运中转站与克运船务代理有限公司（天津）合作建立集装箱堆场签约仪式。标志着石家庄国际集装箱中转站已具备集装箱堆放、还箱点和订船订舱业务能力。

4月17日

秦皇岛口岸至韩国仁川客箱班轮航线试通航。这条国际航线的开通，标志着全省海港口岸结束了没有海上国际客运的历史，成为全省通向韩国的第一条海上客运通道。

4月26日

曹妃甸25万吨级矿石码头开工建设，曹妃甸港区和工业区建设是全省新世纪开始的最大工程项目，为该港的对外开放进行了基础性准备。

5月11－12日

组织石家庄海关、河北检验检疫局、石家庄国际集装箱中转站与天津海关、天津检验检疫局、天津港务局进行了通关合作座谈，将津冀口岸通关合作意向形成了会议纪要，拟定在适当时机签署《津冀口岸通关合作备忘录》。

7月23－24日

省发改委组织召开了全省口岸系统省级机构改革后第一次联席会议，省各查验单位参加，研究、讨论口岸建设和运营中的重点和难点问题。

7月26日

秦皇岛至韩国仁川客箱班轮滚装航线正式通航，它是全省第一条、国内第十条中韩航线，每周两班，每班可载客248人、载箱228个。

7月29日

口岸处给省政府报送的《石家庄航空口岸香港航线处于停飞状态》的信息，季允石省长、郭庚茂常务副省长及付双建、才利民副省长分别作了重要批示，要求用改革、开放的思想解决好这一问题。

9月7日

发改委口岸处与省经济运行局组织空港办、省机场公司、省旅游公司等有关部门召开了协调会。就石家庄香港航线停飞的有关情况进行了交流和讨论，一致认为：香港航线不能正常飞行，不是客源少，主要是运作模式存在问题。下一步要按照多家比较、市场化运作的形式，与国内和香港其他航空公司探讨执飞的可能性，如港龙公司、国航、海航、南航等。

11月20日

经河北省、天津市两地政府和口岸系统各部门的共同努力，双方签署了《天津海港口岸、石家庄和邯郸国际集装箱中转站快速转关备忘录》。该《备忘录》的签署，为实现进出口货物“一次查验、就地报关”的“直通式”管理创造了条件，可大大方便企业通关作业，减少通关环节，节约通关成本，改善口岸通关环境。

11月30日

以科学发展观为指导，编制了《河北省口岸“十一五”发展规划》。11月30日经省政府常务会议研究批准，上报海关总署审定。

召开了全省各市口岸办主任工作座谈会。会议讨论了进一步改善口岸环境问题，明确了下年口岸工作的指导思想和工作任务。

12月4日

大力推进石家庄内陆港建设。将石家庄国际集装箱中转站更名为石家庄内陆港，纳入石家庄陆运口岸管理范围，12月4日获得省政府批准，石家庄内陆港建设工程开始启动，为打造石家庄陆运口岸新格局迈出了重要一步。

山西口岸管理综述

【概述】 2004年，山西口岸工作在省委、省政府的正确领导下，口岸各职能部门积极工作，高度配合，以扩大对外开放为主线，切实加强口岸综合管理与协调服务，为山西省经贸发展和对外开放做出了较大的贡献。

【太原航空口岸扩大开放筹备工作积极稳妥，成功通过国家验收】 2004年元月国务院批复同意太原航空口岸扩大对外国籍飞机开放。开放国际口岸意义重大，它不仅代表了一个省市对外开放的程度，同时也是一个城市综合功能与整体实力的体现。山西省政府对此高度重视，指示省口岸办全面负责，争取通过验收早日开放。

认真组织,全力实施。山西省口岸办建议省政府专门成立了太原航空口岸扩大对外开放预验收工作领导组。领导组组长由山西省副省长宋北杉担任,副组长由省政府副秘书长王洪岐担任,成员单位分别由与口岸建设开放工作密切相关的山西省经委、山西省发改委、山西省财政厅、山西省口岸办、太原海关、山西出入境检验检疫局、山西省公安边防总队和山西省民航机场管理局等十个单位和部门组成,成员分别是各单位主要领导。领导组的成立,保证了太原航空口岸扩大对外国籍飞机开放各项工作能够从高处着手,为统一口岸各部门认识,统领扩大开放全盘工作提供了切实的领导和组织保证。

确定项目，分步落实。根据国家验收标准及内容，山西省口岸办先后多次召开口岸现场联席会议，全面布置太原航空口岸扩大对外国籍飞机开放筹备工作。

一是统筹现实与未来发展,确定太原航空口岸基本改造项目。为摸清太原航空口岸建设软硬件基本情况同扩大开放要求之间的差距,山西省口岸办首先布置驻口岸相关部门填报太原航空口岸扩大对外国籍飞机开放验收内容摸底表工作,通过认真详细的摸底,比照国务院及国家有关部委关于口岸开放的若干规定,统筹兼顾口岸运营实际和未来发展,确定了太原航空口岸八项基本改造项目和两个后续发展项目,并先期对太原航空口岸候机楼国际厅联检区及机场海关监管仓库与验货场所进行了改扩建。

二是落实查验单位机构设置及人员配置情况。按照国函［2004］3号文件要求，山西省口岸办督促并协助各联检单位，在太原航空口岸尽快确定机构设置，确保增编人员到位。同时要求口岸各部门加强人员业务培训，通过练兵考核、评比等方式，使工作人员在思想和业务能力上都能尽快适应扩大开放的新要求，使软硬件建设双双达到国务院扩大开放验收标准。太原海关、山西出入境检验检疫局、山西省公安边防总队、山西省民航机场管理局按照国函［2004］3号文件精神，设置配备了相应机构及人员，更新配置了所需仪器设备，基本满足了扩大开放业务发展需要。

三是落实承诺，申请国家验收。对于国家一类航空口岸开放应建的项目，基于立项报批程序复杂及目前山西财力难以立即开工建设的实际，山西省口岸办会同联检单位商定实施“两步走”方案，先争取省政府承诺，随后再申请项目审批，条件具备后开工建设，这样既能保证及早通过国家验收并早日开放，又兼顾山西实际使口岸设施逐步达到国家标准。在口岸各有关单位的共同努力、大力支持配合下，2004年9月11日，山西省政府组织山西省发改委、山西省经委、山西省省财政厅、山西省口岸办、太原海关、山西出入境检验检疫局、山西省公安边防总队、山西省民航机场管理局等单位对太原航空口岸扩大对外国籍飞机开放进行了预验收。

预验收组听取了山西省口岸办关于太原航空口岸扩大对外国籍飞机开放筹备工作进展情况汇报，验收组成员对太原航空口岸客货查验现场布局、流程、设施配置以及口岸查验单位办公业务用房及配套设施进行了认真查看，一致认为，口岸开放是一个省及地区对外开放的重要标志，也是完善地区投资环境的重要组成部分。经过多年建设，太原航空口岸基础设施建设不断得到加强，管理日益规范，通关方便快捷，营运稳步发展，为推动山西省对外开放和外向型经济发展做出了积极贡献。目前太原航空口岸扩大对外国籍飞机开放条件已基本成熟，预验收组成员一致同意太原航空口岸顺利通过预验收。预验收同时对太原航空口岸建设中存在的问题进行了认真研究，山西省政府以［2004］第36号会议纪要形式对部分项目做了郑重承诺。随后，山西省口岸办立即向国家海关总署汇报太原航空口岸扩大开放预验收情况，2005年1月27日，太原航空口岸扩大对外国籍飞机开放通过国家正式验收，成为一类航空口岸。

【完成山西省“十一五”口岸建设与开放规划】 山西省口岸办根据国家海关总署《关于报送对国家第十一个五年口岸发展规划意见的函》的要求，通过前期深入调研，认真总结“十五”规划中山西口岸开放与建设的经验，制定了山西省“十一五”口岸建设与开放规划。规划客观分析了山西口岸目前在布局、运营中存在的不足与缺陷，同时综合考虑山西未来五年国民经济发展趋势以及快速发展的旅游产业、对外贸易和国际交往的需要，经综合平衡，分析论证，提出了山西省“十一五”口岸建设与开放规划，并征求口岸各查验单位、运营保障单位以及同口岸建设与开放关系密切的计划、财政、商务、交通、公安、外事、旅游等部门的意见，各部门反馈意见认为，山西“十一五”口岸规划客观总结了“十五”前三年所取得的成绩，对下一个五年全省外向型经济发展趋势和对外开放进程作了科学预测，深层分析了未来山西省经济社会发展对口岸的依存程度，提出了下一个五年计划中山西口岸开放和建设的指导思想和发展思路，符合山西外向型经济发展实际，不仅对全省口岸开放与建设具有重要指导意义，同时也将有力促进山西全方位开放格局的形成。规划经反复论证，以山西省政府晋政函［2004］123号文报海关总署。

【加强口岸综合管理，创新大通关战略实施举措】 实施“大通关”战略提高口岸工作效率，是国家的要求，也始终是口岸系统的工作中心。2004年山西口岸工作以太原航空口岸对外国籍飞机全方位开放为契机，不断创新大通关战略举措，收到了良好效果。

内外并重，努力建立“无水、无边”口岸。山西省口岸办在“大通关”实践中，立足山西实际，深刻认识“大通关”作为系统工程不仅要在一个口岸内部运营上改进工作方式，提高工作效率，而且需要同周边沿海沿边口岸密切合作，这样对山西这个内陆省份才更具有重要的现实意义。为此山西省口岸办确立了“内外并重”，建立具有山西特色的“无水、无边”口岸“大通关”工作的全新思路。“内”即把改进和提高太原航空口岸自身的通关效率和建设促进大批货物集散流转的山西省物流平台，作为山西省口岸“大通关”的立足点；“外”则要加强与周边北京、天津、青岛、连云港、内蒙等山西省主要依托的出海、跨国口岸的密切协作，将沿海沿边口岸的部分功能延深至腹地，为山西省外贸物资大进大出创造更为经济便利的条件。

2004年天津口岸对山西省进行调研考察，双方共同筹划，为山西进出口物资在天津这一北方重要出海口岸便捷通关，将天津口岸部分功能延伸到山西内陆口岸进行了积极而有益的探索。山西作为天津口岸出口集运物资大户，双方的进一步合作将是一项双赢战略。通过努力，促成了双方海关与检验检疫局在通关查验放行方面达成了部分合作意向，太原海关更就山西省目前进出口货物通关状况，与天津海关制定了转关货物运输监管联系配合办法。

加强设施建设，建立现代型口岸。由山西省口岸办牵头，海关、检验检疫、边防和民航等部门积极行动，参照国务院扩大开放验收标准，坚持“通关便利，监管有效”的原则，重在促进各职能部门发挥有效作用，在对兄弟省市航空口岸进行考察调研的基础上，适应形势变化的要求，引进先进模式，充分利用现有空间，几议改造方案，对太原航空口岸国际联检区进行了改造。在出境联检区增设了检验检疫查验区；增加了边检和安检出入境通道；增设了办公室和查验室；扩大了入境候检区面积；实现了海关、检疫X光机“一机双屏”信息共享的构想，配套完善了监控系统和旅客须知公告栏及航班动态信息系统。改造后的联检区作业面布局更加科学合理，通关流程更加顺畅，通关速度明显提高，基本具备了国家有关部门要求的扩大开放验收条件，同时将在一定时期内满足山西省出入境客货流量的需求。

同时太原海关、山西出入境检验检疫局、山西省公安边防总队等部门积极寻求上级部门支持，对相关查验设施进行配套改造和提升。边防总队专程赴北京，申请了监控系统建设经费25万元，按照监控业务特殊性要求，配合口岸现场监控系统迅速投入建设并通过验收，投入使用后大大提高了边防检查工作科技含量；海关旅检现场更换了X光机查验设备、安装了闭路电视监控系统，既严密了监管，又充分体现了人性化的管理；检验检疫投入2.5万元，购置了医学诊察、防护、消毒等设施和器械，完善了体温复测室，启用了动植物检疫实验室，建立了隔离留验室等，进一步建立和完善了口岸卫生防疫设施，使口岸更加安全；山西省民航机场管理局针对太原航空口岸货运量需求，在机场现有临时仓库基础上，结合海关监管仓库设置封闭要求和国家民航总局各种安全规范的要求，对监管仓库进行了改造，满足了现阶段对外航空货运和监管需要。

加强制度建设，建立规范型口岸。2004年可以说是山西口岸加强管理年。以太原航空口岸扩大开放为契机，口岸有关部门在管理上狠下工夫，制定严密完善的规章制度，做到凡事有法可依，有章可循，违章必究，口岸系统管理日益规范化。在制订并完善了多项条例、规章和制度后，山西省口岸办2004年正式出台了《太原航空口岸非典应急处理方案》，形成口岸突发疫情应急处理机制，逐步建立和完善口岸公共卫生长效管理机制。

随着太原航空口岸扩大开放成为一类口岸，2004年9月太原机场海关和太原机场检验检疫局成立。机构独立设置后，工作千头万绪，他们首先加强基础制度建设，严格内部管理，完成了人员的定岗，明确了岗位职责，使工作在短时间内走向规范化，确保了各项业务工作的顺利开展。为确保各项工作有序、规范、高效，太原机场海关根据升格后面临的新形势、新要求、新任务，制订了《太原机场海关基层建设纲要》，明确三步走的工作目标，同时结合工作实际，全面修订、完善了各项规章制度，明确各岗位的职责、操作规范、作业标准，力求各项工作在规范的框架内运作，为提高监管水平打下了坚实的基础。

太原机场出入境检验检疫局对疫病疫情始终保持高度警戒状态，加强对出入境飞机的卫生检疫、对出入境人员携带物的查验和对飞机垃圾的卫生监督，严防“非典”疫情复发和致病性禽流感从口岸传入传出。

山西省公安边防总队在工作中注重加强业务研讨，经常性进行勤务讲评，定期分析、研讨执勤工作中出现的新情况、新问题，对边检勤务中遇到的问题，有针对性地进行出入境法律法规的学习研究，维护了口岸良好的出入境秩序。

山西省民航机场管理局将强化安全检查作为重点，加大对货包机业务的安全管理和规范力度，对货包机工作流程进行了改造，对基础台账、操作规程进行了修订和完善，对装机全过程实施24小时监控制度，有效确保了航空安全，提高了货包机业务的规范化运作。

加强业务建设，建立服务型口岸。以太原航空口岸扩大开放为契机，山西省口岸办要求各部门加强业务建设，以“三个代表”重要思想为指针，严格执法，为民服务，树立山西对外窗口良好形象。

山西省公安边防总队牢固树立“执法为民”思想，将“立警为公，执法为民”的思想切实落实到具体工作中，推出了多条便民利民措施。为提高工作质量，他们向各有关单位发送“征求意见函”，通过信息反馈，进一步改进工作方法，不断增强服务意识。

太原机场海关针对独联体货包机业务临时性、时效性、随机性的特点，进一步完善了现场监管措施，充分应用X光机、电子地磅、闭录电视监控系统等技术手段，确保对实际货物的监管到位，方便合法进出。与此同时积极开展对独联体货运包机出口货物市场调研，全面了解包机货物从组织收购、包装、运输到出口报关的情况，了解其他海关对此类货物的监管方式，建立了与货代企业的联络员制度，实现了预约服务、准确服务、相关服务，体现了服务有准点、企业通关有亮点、社会反映有热点，收到了良好的社会效益。

太原机场出入境检验检疫局在认真把住货物质量关的同时，一是不断完善现场检疫电子信息化系统，方便企业报检及办理有关手续，目前电子报检率达到了100%；二是实行24小时值班制度，随时接受报检，随时检验放行；三是加强与有关部门的协调合作，与山西省民航机场管理局完善了卫生保健检疫体系，达成了共同促进航空口岸公共卫生建设的共识，与海关实行X光机“一机双屏”信息共享，提高了工作效率，提升了服务效能。

2004年9月，由山西省口岸办组织，山西省经委、太原海关、山西出入境检验检疫局、山西省民航机场管理局有关负责人，深入到新落户到太原的富士康（太原）科技园，对富士康太原公司在生产、流通和通关中遇到的具体问题予以调研，解决富士康太原公司在产品进出口过程中涉及到的诸如进出口物资注册及备案、商品检验检疫、海关通关流程等具体问题，协调有关部门为富士康公司提供优质高效的通关服务，以进一步优化与改善山西投资环境。

在口岸系统各部门共同努力下，2004年，太原航空口岸运营形势良好，共出入境飞机886架次，出入境人员27 549人次，运送货物15 918吨。客源主要流向为韩国、泰国、马来西亚、新加坡、日本等地，接待了由吉隆坡、斯德哥尔摩至北京的备降飞机。2004年由于国家民航总局对俄罗斯货物包机统一进行整顿及5·18事故等原因，对俄货包机运营有所下降，全年共出入境飞机692架次，运送出入境货物15 918吨；太原—香港客机共出入境136架次，出入境人员11 139人次，上座率达到62.05%，为开飞12年间最高。

【利用多种手段，加强口岸宣传工作】 山西省口岸办在口岸宣传工作中，不断探索新方法和新途径，在坚持不懈地做好口岸信息编辑的基础上，积极向中国口岸协会报送口岸专题性论文及宣传材料，认真组织编撰《中国口岸年鉴》(山西篇)。同时，山西省口岸办积极利用现有资源，发挥网络优势，建设了山西省人民政府口岸办公室网站，并于2004年6月9日试运行。网站信息容量大，内容丰富，开设了热点新闻、口岸动态、政策法规、领导讲话、专家论坛等栏目，宣传介绍山西口岸规划、管理、建设、服务等方面的信息。网站信息传递快，查阅方便，上传下载操作简单，实用性强。对于口岸系统各单位相互及时了解工作动态，查阅有关资料、反馈意见和建议、加强沟通交流等提供了极大的便利。由于信息工作卓有成效，获中国口岸协会口岸信息工作集体二等奖，邓志蓉同志获个人一等奖。

(邓志蓉)

山西口岸检验单位工作综述

太 原 海 关

2004年是太原海关发展史上重要的一年：1月18日，国务院同意将太原海关调整为正厅级直属海关；6月21日，海关总署牟新生署长亲临太原海关宣布新领导班子任命；9月29日，除大同、侯马海关之外，第三个隶属海关——太原机场海关设立；连续3年蝉联“山西省省直机关精神文明单位标兵”，全关各项工作保持全面、协调、持续发展的势头。

【主要业务指标再创历史新高】 2004年，太原海关征收税款入库4.34亿元，同比增长5.4%，创建关历史新高；审批减免税额11亿元，增长31.1%；办理加工贸易合同备案金额3.3亿美元，增长210%；监管进出口货物67.4万吨，增长110%；监管进出境人员2.75万人次，增长38.4%；查获走私违规案件21起，案值1.9亿元，分别增长61.5%和700%；罚没入库764万元，增长34%。

【太原机场海关正式挂牌】 为配合太原航空口岸扩大对外国籍飞机开放工作，根据国函［2004］3号文，2004年9月太原海关驻机场办事处正式调整为太原机场海关，机构级别为正处级，隶属太原海关。太原机场海关成立后，以太原航空口岸扩大对外籍飞机开放为契机，加强制度建设、设施建设、组织建设和业务建设，积极投入到口岸创建工作中。

加强基础建设，确保开关后各项工作的顺利开展。太原机场开关成立后，随着人员和职能的增加，原有的基础设施、软、硬件条件已不能满足业务工作的正常开展。针对重点问题，太原机场海关首先完成了人员的定岗和基础设施改造。一是合理安排人员，明确岗位职责，顺利完成新老人员的工作交接，对人员进行合理分工，明确职责；二是完善了基础设施改造。

健全完善各项规章制度，实现规范化管理。为确保各项工作有序、规范、高效，太原机场海关根据升格后面临的新形势、新要求、新任务，结合总署颁布实施的《海关基层建设纲要》，制订了《太原机场海关基层建设纲要》，明确基层建设三步走的工作目标，同时为保证各项工作做到有法可依、有章可循，全面修订、完善了各项规章制度，进一步细化岗位，明确各岗位的职责、操作规范、作业标准，形成包括行政管理、业务操作、关务公开、财务会计等方面的规章四大类项，确保了各项工作在一个规范的框架内运作，为提高监管水平打下了坚实的基础。

强化内部管理。一是全面推行“早点名”制度。从9月1日起全关实行每日早点名制度和着装检查制度，并根据太原机场旅检工作特点，对每一旅检航班实行了岗前点名，列队行进，整队上岗，取得了良好的社会效果，进一步强化和规范了全关干部职工的准军事化纪律部队的观念和作风养成。二是严格内务管理，建立一级抓一级的工作机制。按照《海关内务规范》和《海关工作人员着装管理规定》，从劳动纪律、考勤、办公环境、着装等最基本的工作抓起，统一关容风纪、规范行为举止、严明纪律规定，使全体关员做到着装整齐、纪律严明、令行禁止，做到内务管理的制度化、规范化。三是认真落实监督检查制度，对建立的各项规章制度加强监督检查，开展经常性执法检查，全面查找漏洞和不足，发现问题及时处理、及时纠正。

认真履行职责，完成各项监管任务。

一是充分运用风险管理平台，加强风险信息的收集、上报，对风险布控的效果进行评估反馈，提高风险分析水平；在查验环节，设立选择查验岗位，进一步明确布控重点和查验要求，增强查验针对性和可操作性；严格执行查验操作规程，坚持双人作业、严格按查验方式实施查验，并如实填写《海关查验记录单》。

二是加强实际监管，方便合法进出。2004年旅检业务较往年有大幅增长，尤其在春节、五一、国庆等长假期间，航班之多、旅客流量之大，均超过往年，太原机场海关合理安排上岗人员，进行周密的布置和安排，坚持做到文明礼貌，热情服务，努力创造一种宽松和谐的通关环境，同时针对重点航班和旅客，加大毒品、文物、反宣品、外汇查缉力度。国庆期间，太原机场海关与太原海关缉私局、山西省公安禁毒总队、刑警总队和山西省民航公安局五个部门密切配合，协同作战，对太原至韩国、太原至曼谷的航班进行了查缉毒品的专项行动，有力地震慑了走私毒品的犯罪活动。

三是规范操作，严格管理，便捷通关，高效服务。

针对独联体货包机业务临时性、时效性、随机性强的特点，太原海关进一步加强管理，规范操作，促进其健康有序向前发展，进一步完善了现场监管措施，建设了封闭的海关货物集中查验场所，充分应用X光机、电子地磅、闭录电视监控系统等技术手段，提高监管水平，确保对实际货物的监管到位。与此同时积极开展对独联体货运包机出口货物市场调研，全面了解包机货物从组织收购、包装、运输到出口报关的情况，了解其他海关对此类货物的监管方式，进一步完善各项服务措施，在坚持24小时通关、预约报关、提前报关等便捷通关措施的基础上，进一步建立了与货代企业的联络员制度，实现了预约服务、准确服务、相关服务，体现服务有准点、企业通关有亮点、社会反映有热点，收到了良好的社会效益。

2004年，太原机场海关监管进出境飞机886架次；监管进出境人员27 549人次；受理进出口货物报关单4 601份；监管进出境货物20 816吨，货值48 789万美元；审批出口转关货物236笔；全年查获旅客超量携带人民币出境案1起，反动刊物1册，圆满完成全年的各项监管任务。

以实际行动迎接太原航空口岸对外国籍飞机开放。2004年初国务院批准太原航空口岸对外国籍飞机扩大开放，太原机场海关按照总关领导的安排，积极做好验收前的各项准备工作。一是派员赴北京、天津考察、学习、了解兄弟口岸的机构设置、职责分工、通关模式、作业流程、现场布局等情况，为太原航空口岸下一步对外国籍飞机开放取得宝贵经验；二是按照总署的统一要求，对海关旅检现场进行了改造，优化了通关环境，现场更换了X光机检验设备、安装了闭路电视监控系统，既严密了监管，又充分体现人性化的管理；三是建立了符合海关监管条件的货物集中查验场所，实现了海关对物流的全方位、全过程监管。

【5年回顾教育形成团结与服务的共识】 在海关总署“5年回顾教育活动”总结交流会议后，根据教育要达到“总结经验，汲取教训，警示后人”的目的，太原海关新一届党组决定开展深化“5年回顾教育活动”，认真查找影响和制约太原海关发展进步的主要问题。经过全关认真总结，深刻剖析，准确抓住了内部“不团结”和对外“服务意识不强”这两个造成太原海关事业发展和干部成长进步严重危害的问题。关党组明确提出“团结出凝聚力，团结出战斗力，团结出干部，团结是干事业的基础”和“解放思想，更新观念，转变作风，真诚服务”的号召，表达了全关的心声，逐步在全关形成团结与服务共识，为推进各项工作奠定坚实的思想基础。

【顺利推行三项改革】 一是理顺通关作业流程。调整业务机构，重新划分事权，使业务职能和执行职能分开，既理顺了作业流程，提高通关效率，有保障了监督协调，同时加大对一线业务现场的人员投入，实行一级选一级的选人用人机制，调动全关同志立足本职有所作为的积极性。二是组建太原海关指挥中心。实行关警值班合署办公，负责上传下达、对外咨询和信息报送，建立快速反应机制，保证政令警令畅通，提升服务水平，开创全国海关的先河。三是改革缉私警察勤务制度。缉私警察驻各业务现场和隶属海关办公，实行警力下沉，关警融合，解决了隶属海关没有缉私机构的问题，既保持了关区打击走私的高压态势，使缉私工作真正根植于海关业务现场。

【海关工作服务经济发展的成效明显】 太原海关新一届关党组组成后，唱响服务山西外向型经济发展的主旋律，主动与山西省11个省辖市政府联系，对54家进出口业务量大的企业开展调研，上门“面对面”办公，协调解决问题，受到企业好评。围绕太原市“南有富士康，北有不锈钢”的发展规划，成立专门项目工作组开展服务，对太原富士康货物通关实行“5条服务措施”。邀请北京、天津、上海、南京、青岛等口岸海关召开了“跨关区转关监管业务协调会”，协商“一站式”服务，打通转关绿色通道。积极推进太原航空口岸扩大开放，为航空口岸及早开放创造了条件。制定并落实“服务山西外向型经济发展的22条措施”，得到社会各界和企业的强烈反响及省领导的高度评价。海关统计为全省宏观经济调控提供了科学依据，为领导决策和有关部门、企业提供了大量的参考数据，实现了信息共享。

【海关队伍建设得到进一步加强】 新一届关党组把队伍建设摆在各项工作的首位，把班子建设作为队伍建设的重点，要求各级领导干部做“团结的模范、学习的模范、创新的模范、务实的模范、廉政的模范”，制定并严格执行《中共太原海关党组工作规则》。党组成员相互信任，相互支持，相互配合，形成坚强有力的领导核心。以准军事化纪律部队建设为队伍建设主线，组织全关分三批进行封闭式军训。实行早点名制度，开展内务督察，严整关容关貌，规范办公秩序，严格日常管理。以贯彻实施行政许可法为契机，提升了全关的执法理念，规范了执法行为，法制建设得到加强。以廉政建设为重点，以创建精神文明标兵单位为龙头，落实“一岗双责”党风廉政建设责任制，严格执行“海关人员6项禁令”、加强对干部8小时以外活动的监督，开展警示教育和“红色太行”教育活动，全关廉洁从政的自觉性明显提高。

太原海关2004年度主要业务统计表

序号	业务类别	2004年	2003年	同比（%）
1	监管货运量（万吨）	67.39	31.4	114
	—其中：出口	5.18	7.1	-27
	进口	62.21	24.3	156
	—其中：独联体包机货运量	1.49	2.8	-48.7
2	征税（万元）	43447	41216	5.4
3	审批减免税额（万元）	110761	84469	31.1
4	受理报关单（份）	6469	12590	-48.6
5	加工贸易合同备案（份）	237	454	-47.7
	—其中：备案金额（万美元）	32960	10396	217
6	监管进出境飞机（架次）	891	1421	-37.2
	—其中：独联体货运	749	1306	-42.6
7	监管进出人员（人次）	27541	19894	38.4
8	查获走私案件（起）	2	5	-60
	—其中：案值（万元）	1496	322	365
9	查获违规案件（起）	19	8	138
	—其中：案值（万元）	18261	2151	749
10	查获刑事案件（起，已立案）	1	0	——
	—其中：案值（万元）	400	0	——
11	采取强制措施（人次）	4	0	——
12	罚没入库（万元）	764	570	34
13	企业注册累计（家）	1456	971	49.9

山西省公安边防总队

2004年，山西公安边防总队牢固树立执法为民思想，大力加强队伍建设和业务建设，以太原航空口岸对外国籍飞机开放为契机，大力改善边防检查执勤环境，严格执法，热情服务，维护了口岸正常的出入境秩序，为山西的对外发展和经济建设做出了应有的贡献。

2004年，山西边防总队共检查出入境人员27 549人次（入境人员13 160人次，出境人员14 389人次），比2003年增加33.4%；检查出入境飞机886架次（入境飞机445架次，出境飞机441架次），比2003年减少37.7%。

2004年，根据公安部党委开展"大练兵"活动的决定，总队迅速行动，按照"干什么，练什么，缺什么，补什么"和"全警参与，重在基层，立足岗位，注重实效"的原则，紧密结合担负执勤任务的实际，认真开展了政治、业务和军事、体能练兵，总队领导身先士卒，全体官兵积极参与，练兵热情空前高涨，形成了浓厚的练兵氛围，有力地促进了边防检查业务水平的提高。在全国公安边防部队汇报演练中，总队代表队经过刻苦训练，认真准备，在比赛中不畏强手，顽强拼搏，取得了优秀成绩。

在边防检查工作中，执勤官兵严格、公正、文明执法，认真履行把关职能，并加强业务研究，对出现的新情况、新问题，有针对性地进行分析研讨，制定具体工作措施，不断提高依法处理问题的能力和法制建设水平。2004年，共依法查处违法违规事件5起10人次，行政罚款25 000元，无行政复议、诉讼等事件发生，有力地维护了国家主权、安全和口岸良好的出入境秩序。

在严格履行职能的同时，总队深入转变执法观念，牢固树立"执法为民"思想，利用省政府对太原机场候机楼国际厅改造的机会，改善了执勤设施，增加了3条出入境通道，建设并投入使用了边防检查执勤现场监控系统，优化了口岸通关环境，提高了通关速度和能力，受到了出入境旅客的一致好评。总队在执勤一线积极开展争先创优活动，切实改进工作作风，做好对外宣传，接受群众监督，提高执法为民的意识和能力，用实际行动树立了边防卫士的良好形象。2004年5月，公安部、共青团中央联合授予总队执勤业务科全国"青年文明号"称号。

2004年，根据公安部边防局在边防检查站开展"争创执法为民窗口，争当执法为民标兵"活动的要求，总队迅速制定方案，狠抓落实，认真对照标准逐项整改，执勤规范化建设水平和执法为民能力有了很大提高。山西公安边防总队被评为全国公安边防部队边防检查系统"执法为民窗口"。

根据公安部边防局进行检查员等级评定的部署，总队组织检查员参加了地方计算机和外语等级考试，并于2004年8月完成了总队初级检查员的评定工作，1名干部取得了中级检查员资格，8名干部取得了初级检查员资格。有力地促进了检查员队伍的建设，提高了检查员业务素质。

（张晓春）

2004年太原口岸出入境旅客统计表

单位：人次

项目		出入境旅客		合计
		入境	出境	
中国籍	因公	72	25	97
	因私	2682	4838	7522
	香港	1879	1586	3465
	澳门	4	2	6
	台湾	2776	2265	5041

项目	出入境旅客		合计
	入境	出境	
外国籍	1688	1644	3332
华侨	7	9	16
合计	9110	10369	19479

2004 年太原口岸出入境员工统计表

单位：人次

项目		出入境员工		合计
		入境	出境	
中国籍	因公	660	648	1308
	因私			
	香港			
	澳门			
	台湾			
外国籍		3390	3372	6762
华侨				
合计		4050	4020	8070

山西出入境检验检疫局

【主要业务概况】 2004 年山西出入境检验检疫局共检验检疫出入境货物 12 943 批，货值 120 956 万美元。其中，检验检疫出境货物 12 037 批，货值 82 188 万美元；检验检疫入境货物 906 批，货值 38 768 万美元；检出不合格出入境货物 55 批，货值 309 万美元；查验货运包机 682 架，检验放行货物 3 982 批，货值 35 460 万美元；检疫监管客机 189 架（次），检疫出入境人员 21 622 人；监测体检出入境人员 3 004 人。

【认真做好出入境检验检疫工作】 认真做好高致病性禽流感防治工作。一是加强对防治工作的组织领导。山西出入境检验检疫局成立了由局主要负责人挂帅的防治高致病性禽流感领导小组，加强对防制工作的领导。二是加强对出口禽肉加工企业、肉品冷库的监督管理。多次对所辖出口禽肉注册企业及其养殖场的防治工作进行检查，重点检查防疫制度的制定和落实情况。三是加强对太原航空口岸高致病性禽流感的防治工作。制定并启动了“太原航空口岸高致病性禽流感监测控制预案”，尤其是加强对入境人员、旅客携带物、货物、交通工具等的检验检疫。对机场饮食单位进行了全面的卫生监督，有效防止了高致病性禽流感在口岸的传播。四是积极配合山西省政府做好山西省的防治工作。认真贯彻落实山西省防治高致病性禽流感指挥部有关防治工作的安排部署，积极配合有关部门，严防死守。为保证山西防治高致病性禽流感工作取得阶段性胜利，发挥了检验检疫部门应有的作用。

积极实施工作重点转移。一是加强口岸卫生检疫工作。全面加强口岸“非典”防治工作，坚持落实“八项制度”、“五个到位”、“五个不漏”和“五个及时”。制定并启动了“太原航空口岸非典型肺炎防治预案”，建立了太原航空口岸防治“非典”协调配合的快速反应机制，实行了口岸24小时值班制度和紧急疫情随时报告制度，在太原航空口岸加强了对出入境人员的卫生检疫工作，有效防止了“非典”疫情的传播。二是加大对进出境敏感商品、有毒、有害物质的检验检疫把关力度。将把关的重点放在了有效防止外来有害生物的侵入上，确保出入境动植物及其产品、食品的安全卫生质量。2004年8月，在山西永济市中民集团进口大豆中，检出国家禁止入境的检疫对象——恶性杂草“假高粱”等20种有害生物，指导企业进行了有效处理，防止了疫情的扩散，保护了农业生产安全和人民身体健康。对供港澳活动物药残、疫病等实施严格的检验检疫和监测控制；狠抓了出口食品加工企业的自控体系建设及其种养殖基地登记备案管理制度的落实工作，从源头上控制出口食品安全卫生质量；强化了出口食品卫生注册管理工作；加强对出入境货物木质包装的检验检疫工作，重点加大对美、日、韩、欧盟进境木质包装的检疫和监管力度，对不符合规定或带有病虫害的木质包装加强了检疫除害处理；加强了对进口旧机电产品、进口铜精矿、进口棉花及进境羊毛的检验检疫监管工作，严防劣质、高污染产品和“洋垃圾”入境。先后责令存在安全、卫生、环保问题的有关企业对进口设备进行必要的技术处理，消除安全、卫生、环保隐患；加大了对输美陶瓷、出口危险品包装、出口柠檬酸、出口生丝、出口印染布等的检验检疫监管力度，确保了其安全卫生质量；严格执行国家质检总局有关对进口旧机电产品审查备案制度，制定了《进口机电产品风险预警和快速反应管理细则》和《进口旧机电产品备案工作程序》。对12批在安全、数量、规格、品质项目不符合合同要求的进口商品出具了对外索赔证书；发现了3批进口旧机电产品不符合国家安全、卫生、环境保护方面的要求，并要求企业进行整改。三是加强认证管理，规范进出口企业生产管理。按照“强化注册登记、许可制度，强化年检年审制度”的要求，积极帮助出口食品企业建立HACCP管理体系。通过考核注册进一步规范了企业的管理和生产，为企业进出口提供了有力的保障。

加大对山西大宗进出口商品、重点工程项目的把关服务力度。根据山西省委、省政府大力实施产业结构调整的部署，将检验检疫工作与产业结构调整有机地结合起来。一是加强对出口芦笋产品的检验检疫。加大了源头把关力度，在芦笋生产加工季节组织力量到主产区永济市驻点，实施全程检验监管，切实保证了出口芦笋产品质量，促进出口。二是进一步规范出口法兰检验。坚持实施驻点检验监管，制定了《关于进一步加强出口法兰检验监管的指导意见》，确保从源头、从关键控制点把好质量关。三是强化了对出口煤炭等大宗散装矿产品的检验监管。将出口煤炭的监管工作向涉及安全、环保方面转移。在强化和规范出口煤炭质量许可证考核工作的同时，注重安全、环保项目的考核和检查。加强对出口煤炭实施驻矿（站）检验监管，加大对出口煤炭涉及安全的雷管、恶性杂物和涉及环保项目的硫、磷含量的检验监管。按照国家质检总局要求，对所辖出口煤炭获证企业的质量管理体系和除铁、除杂设备的运行情况重新审查，注销了不符合质量许可证考核条件的4个煤矿的质量许可证。加强了对出口焦炭、金属锰、锰铁等产地检验监管工作，强化生产过程质量管理，对生产过程中出现的各类影响产品质量的因素建立了关键控制点，将检验监管工作向前后延伸，确保了出口产品质量。四是把好重点工程进口设备质量关。加强了对神头电厂扩建、西龙池水电站、太钢重点技术改造、王曲电厂和中铝集团氧化铝等国家和地方政府的重点工程、重点项目的检验监管。重点加强了对关键设备、对涉及健康、安全、环保项目的检验监管，有力地保证了山西重点工程、重点项目的顺利进行。

继续推进检验检疫监管模式的转变。对动植物产品、食品推行“企业 + 基地”的管理模式，重点抓了其种植、养殖过程中病源和农、兽药残留控制措施的落实，狠抓了加工过程中企业自控体系的建设。施行分类管理，对不同企业、不同产品、不同出口国按风险高低制定监控检测方案，在实验室检测项目、检测方法等方面区别对待，尽量缩短了检验检疫时间，提高了检验检疫工作效率，既从源头上确保了产品的安全卫生质量，又保证了货物及时顺利出口。

加强太原航空口岸检验检疫功能建设。在山西省政府的大力支持下，新建了太原航空口岸检验检疫办公楼，现已投入使用。积极筹措资金，新建了太原航空口岸隔离留验室。调整职能，充实力量，提高太原机场检验检疫工作水平，抽调懂专业、综合素质高的专业人员充实太原机场。将太原机场检验检疫办事处调整为太原机场检验检疫局。与太原航空口岸有关单位密切配合，将对检验检疫出入境通道进行合理改造，进一步提高监管效率。

【服务山西对外经济发展】 改进服务措施和质量，千方百计促进扩大出口。山西出入境检验检疫局提出加强与地方政府和有关部门建立合作机制，加大对重点出口企业的帮扶、服务力度。围绕有效解决“三农”问题，积极推动山西省农产品出口，转变思想意识，增强扩大食品和农产品出口的促进能力；转变监管思路，增强从源头提高产品质量的监管能力；转变管理方式，增强对出口食品和农产品质量执法把关能力；转变帮扶重点，增强为出口企业服务的能力。针对山西芦笋、法兰等大宗出口产品，因地制宜，因时制宜，实施了驻点检验检疫监管模式，驻点工作人员克服远离家庭的困难，坚持无节假日、24小时办公等务实高效的工作制度，驻点检验监管既提供了快捷便利的服务，又加强了对生产企业的监督管理，有力地保证这些大宗产品的出口。

发挥检验检疫信息、技术、人才优势，提供优质服务。广泛地为进出口企业提供信息通报、技术咨询和指导服务，及时向出口企业通报国外技术性贸易壁垒情况，积极帮助出口企业进行国外注册，促进企业突破国外技术性贸易壁垒、扩大出口。积极开展原产地标记注册保护工作，有力地促进山西名优土特产品走向国际市场。

积极扶持山西养禽业发展。2004年初我国部分地区发生高致病性禽流感疫情后，我国的禽类产品频频遭到国外市场的封杀。山西检验检疫局与外省出口企业多次沟通，并多次派员分赴临县、文水、交城等养殖基地调查了解养殖和疫情情况，对养殖基地进行了疫情监测，成功地促成山西省蛋品进入香港市场。经检验检疫合格的供港鲜鸡蛋20批4 650万枚，货值178万美元，减免检验检疫费用近6万余元。

进一步加快了“三电工程”建设步伐。经过努力，山西省出口企业均实现了100%电子申报、100%电子签证和100%电子转单，安装了远程企业终端软件，出口企业足不出户即可办理检验检疫报检、放行等一系列手续。努力推行“绿色通道”制度等通关便利举措。

帮助企业建立质量保证体系。积极帮助出口企业建立和完善 ISO9000、ISO14000、OHSAS18000 体系，帮助出口食品企业建立实施 HACCP 体系，促进出口企业提高产品的国际竞争力。对 11 家企业进行了 ISO9000 认证审核。

进一步提高服务制度。在坚持预约报检、急事急办、特事特办、服务承诺等便利企业的服务措施的基础上，进一步完善了“全天候”工作制、无节假日承诺制、首问负责制、ABC 顶岗制等，并出台了相关的制度。

建立合作机制，优化执法环境。加强与地方政府的协调合作。一方面充分发挥各级地方政府在进出口货物源头监管、宏观调控、产业规划调整等多方面的主导、指导、调控作用；另一方面挖掘检验检疫部门在信息、技术、人才等方面的优势，促进地方特色产品、优势产品、拳头产品、大宗产品的出口，提升地方产业水平，促进外向型经济的纵深发展。已与山西省长治市政府、阳泉市政府、绛县人民政府签署了合作备忘录。

加强与相关部门的协作,通过建立积极有效的协调合作机制,达到资源共享,优势互补,相互促进,共同发展的效果。已与山西省卫生厅、山西省工商局、山西省质量技术监督局签署了合作备忘录。

加大对重点出口企业的帮扶、服务力度。提高企业的管理水平、产品质量及诚信度，促进出口企业建设规范化、现代化企业制度，从而带动行业、外向型经济及整个地方经济的发展。已与山西杏花村汾酒集团有限公司、山西经纬纺织机械股份有限公司榆次分公司、山西绿洲纺织有限责任公司、山西阳高金光铁合金厂、山西临猗恒兴果业有限公司、山西维之王食品有限公司、陕西恒星食品有限公司山西分公司、山西特达土畜产有限公司签署了合作备忘录。

山西出入境检验检疫局建立合作机制工作受到山西省政府和国家质检总局领导的高度重视和充分肯定。山西省副省长宋北杉做出重要批示：“检验检疫局建立全面配合合作机制，是把工作做到了位，将有力推动山西省进出口贸易和企业外向度的提高，希望你局抓好落实，取得更大的成绩。”国家质检总局副局长王秦平、蒲长城分别参加了山西出入境检验检疫局与山西杏花村汾酒集团有限公司和山西省质量技术监督局的合作备忘录签字仪式。

（张建龙）

山西口岸大事记

1 月 12 日

国务院正式批复同意山西省太原航空口岸扩大对外国籍飞机开放。

1 月 21 日

在山西省政府办公厅及山西省口岸办主任王锐颖等同志的陪同下，副省长宋北杉同志亲临太原航空口岸现场，亲切慰问春节期间依然工作在第一线的同志们。

2月26日

经山西省政府批准，山西口岸系统工作总结暨表彰会议召开，会议总结口岸开放十年暨2003年度山西口岸工作，安排布置2004年度口岸工作计划，山西省副省长宋北杉同志出席会议并做了重要讲话。

3月18日

山西省大同陆口国际货运公司正式开通运营。

4月4日

宁夏航空口岸筹建领导组一行9人在经过了对兰州、陕西等地的航空口岸考察后来太原航空口岸进行为期1周的调研。

4月28日

山西省口岸办与山西省民航机场集团公司、太原海关、山西出入境检验检疫局、山西公安边防总队现场业务负责人及山西商务国旅业务代表在机场宾馆三层会议室与新加坡航空公司业务代表就新航旅游包机在太原航空口岸出入境事宜进行沟通接洽。

5月12日、

天津口岸办组织天津海关、天津检验检疫局和港务局有关部门同志来山西省进行通关服务调研。

6月1日

山西省口岸办正式出台了《太原航空口岸防非典应急处理方案》。

6月9日

山西省政府口岸办网站正式开通。

新加坡航空公司B777客机满载285名国际游客降落在太原机场，此次共有515名新加坡游客包机入晋游览，人数之多为近年来之最。

7月20日-24日

2004年西部地区口岸办主任联席会议在新疆维吾尔自治区举行，山西省口岸办主任王锐颖同志参加了会议。

7月26日

山西省副省长宋北杉在省政府主持召开会议，研究解决富士康公司通关工作和加快口岸建设的问题。

7月31日

八一建军节前夕，山西省宋北杉副省长在山西省口岸办、山西省公安厅和山西省民航局有关领导的陪同下，慰问了山西公安边防总队官兵。

8月6日

山西省口岸办完成了山西“十一五”口岸规划，并以晋政函［2004］123号文上报国家海关总署。

8月26日

由山西省副省长宋北杉同志担任组长、王洪岐副秘书长担任副组长、山西省经委、山西省发改委、山西省财政厅、山西省口岸办、太原海关、山西出入境检验检疫局、山西省公安边防总队、山西省民航机场管理局等单位和部门组成的太原航空口岸扩大对外开放预验收工作领导组成立。

9月2日

由山西省口岸办组织，山西省经委、太原海关、山西出入境检验检疫局、山西省民航机场管理局有关负责人深入到富士康（太原）科技园，对富士康太原公司在生产、流通和通关中遇到的具体问题予以了解和解决。

9月11日

太原航空口岸扩大对外国籍飞机开放工作会议在太原武宿机场顺利召开，会议由山西省政府副秘书长王洪岐主持，山西副省长宋北杉同志参加了会议，并就尽快做好太原航空口岸扩大开放工作做了重要讲话，同时组织山西省发改委、山西省经委、山西省财政厅、山西省口岸办、太原海关、山西出入境检验检疫局、山西省公安边防总队、山西省民航机场管理局等单位和部门对太原航空口岸客货查验现场布局、流程、设施配置以及口岸查验单位办公业务用房及配套设施进行了认真查看，同意太原航空口岸扩大对外国籍飞机开放通过预验收。

9月29日

太原机场海关和太原机场出入境检验检疫局在太原武宿机场举行成立揭牌仪式，山西省副省长宋北杉出席会议并做了重要讲话。

10月11日－14日

全国口岸办（委）主任联席会议在河南郑州召开，山西省口岸办主任王锐颖等同志参加了会议。

10月29日

太原航空口岸扩大对外开放预验收工作领导组会议在山西省政府五号楼第三会议室召开，会议由山西省政府王洪岐副秘书长主持，预验收领导组成员参加了会议，会议研究了航空口岸扩大开放筹备工作中的项目及资金问题。

12月28日

山西省口岸办组织太原海关、山西出入境检验检疫局、山西省公安边防总队、山西省民航机场管理局分管领导及现场负责人在太原机场口岸综合楼召开了口岸联席会，会议就尽快争取国家验收组对太原航空口岸扩大开放进行正式验收及对太原航空口岸扩大开放后发展形势和面临的突出问题、客货运业务进行了分析探讨。

内蒙古口岸工作综述

【口岸各项指标完成情况】 2004年全区口岸进出境货运量为2 180.2万吨，同比增长43.12%；进境货物为2 017.42万吨，增长45.08%；出境货物为162.78万吨，增长22.53%。全区口岸进出境客运量为289.08万人次，增长27.11%；进境客运量为144.09万人次，增长26.59%；出境客运量为144.99万人次，增长27.61%。全区口岸进出境交通工具为51.53万列辆架次，增长32.78%；进境交通工具为25.9万列辆架次，增长33.88%；出境交通工具为25.63万列辆架次，增长31.68%。各项指标均创同期最好水平。

【口岸经济的发展已有了新的突破】 自治区商务厅党组对全区口岸经济工作非常重视,把发展口岸经济列入重要的议事日程,定期研究,具体部署。成立了专门工作小组,由一名副厅长负责此项工作,口岸办牵头,各有关处室密切配合,有组织、有分工、有领导地抓好加快口岸经济发展的具体工作。

全区口岸2004年进出境货运量突破了2 000万吨大关，完成近2 200万吨，同比增长43.12%。其中满洲里口岸进出境货运量为1 403万吨，增长38.81%，占全区口岸进出境货运量的64%；二连口岸进出境货运量为608万吨，增长31.43%，占全区进出境货运量的28%。

口岸经济对口岸地区的拉动作用很大，进一步促进了口岸地区GDP快速增长。满洲里市GDP达到35亿元，同比增长40%；二连市GDP达到12亿元，增长48%。

关税大幅度增长，满洲里海关关税完成30.53亿元，同比增长50.82%；呼和浩特海关关税完成18.03亿元，增长73%。

口岸进出口贸易增长较快，形成了边境贸易、一般贸易、服务贸易、加工贸易等多种贸易形式。2004年全区口岸进出口贸易额达474 657万美元，同比增长58%，占全区进出口贸易额的85%，满洲里、二连两大口岸进出口额为468 918万美元，增长58%，占全区进出口额的87%。

口岸旅游业快速发展，坚持边境游、国内游、跨国游“三游并举”的战略进一步得到落实，满洲里、二连、阿尔山口岸旅游业有了更大的发展。2004年满洲里旅游总人数达208.6万人次，同比增长126.7%，旅游产业总收入达14.9亿元，增长58.5%。二连旅游总人数达35.8万人次，增长34.2%，旅游产业总收入达9.24亿元，增长34.2%。阿尔山旅游总人数达66.7万人次，增长58%，旅游产业总收入达1.6亿元，增长58%。

以俄蒙资源为依托的口岸加工园区建设取得实质性进展。满洲里口岸加工园区发展势头良好。香港联发、山东欧亚、联众、北京仟鼎、沈阳防腐等木材加工项目，二期工程正在建设中。长春金鑫发投资控股集团投资2 000万元的废钢冶炼项目，今年将完成一期工程。二连市重新划定了城北加工区和城东木材加工区。目前，入区的企业达到18家，总投资为2.3亿元。13家木材加工企业在二连落户，总投资额达1.62亿元。

【口岸基础设施建设有了新的突破】 口岸基础设施规划建设坚持以高标准、高起点、合理布局、一次性规划、分步实施的原则进行。满洲里、二连铁路口岸扩能扩容改造工程全部完成，满洲里铁路口岸换装能力由过去的1 000万吨上升到1 600万吨；二连铁路口岸换装能力由过去的500万吨增加到1 000万吨。满洲里公路口岸改扩建项目已完成一期工程。2004年国家、自治区、地方三级在口岸基础设施建设方面共投入53 317万元，同比增加1.03亿元。甘其毛道口岸修筑了长2.5公里，宽8.5米的过煤通道，安装了过煤专用地磅，完成了11千伏的口岸输变电工程。认真总结推广策克口岸联检楼建设进度快、标准高、实用性强的经验，对甘其毛道、珠恩嘎达布其、阿尔山等口岸的规划建设设计方案提出了具体要求，并在口岸办的协调下已通过有关部门和专家的论证。甘其毛道、珠恩嘎达布其口岸联检楼完成了一期工程。黑山头、额布都格口岸界河桥开工建设。满都拉口岸建设了电子通关网络，使该口岸成为首家电子报关的季节性开放口岸。

【口岸开放工作取得满意成果】 自治区口岸办围绕中蒙口岸开放程度提升做了大量的工作，并直接参与《中蒙边境口岸及其管理制度协定》第三轮会谈。经过多方协调和努力，会谈取得了令人满意的成果。《中蒙边境口岸及其管理制度协定》确认了策克、甘其毛道、珠恩嘎达布其口岸被确定为常年开放口岸；阿日哈沙特口岸实现了集中开放；阿尔山口岸被确定为国际性季节开放口岸；额布都格和满都拉口岸由二类口岸升格为一类口岸。

针对一些企业赴蒙开发蒙古国资源的实际，为了支持企业“走出去”，加快开发和利用蒙古国资源，口岸办积极协调自治区和国家有关部门，促成了策克口岸在非开放期间对煤炭进口临时开放；珠恩嘎达布其口岸在非开放期间临时对华北石油管理局和中国有色金属建设股份有限公司的石油项目、锌矿工程项目全年开放；甘其毛道、阿日哈沙特、额布都格口岸在非开放期间临时对煤炭进口项目；两国文化节交流互访等事宜的开放。

在自治区和满洲里口岸办的共同努力下，满洲里口岸24小时通关问题已得到解决，在中俄总理定期会晤委员会运输合作分委会口岸工作组第七次会议纪要中进一步明确这一问题，并定于2005年4月1日正式执行。

【口岸协调工作进一步得到加强】 通过参加中国内蒙古自治区交通代表团与俄罗斯赤塔州政府交通代表团举行的第十六次口岸汽车运输例会，以及中国内蒙古自治区交通代表团与蒙古国政府交通汽车运输代表团举行的第十八次口岸汽车运输例会，对中俄、中蒙口岸汽车运输管理方面提出了意见和建议。协调解决了蒙古国“蒙古航空”有限公司航班飞行过程中存在的问题，从而保证了飞机的正常飞行，为蒙古国客运包机提供了更为高效的服务。

协调自治区边防总队办理了黑山头—旧粗鲁海图口岸界河旧桥改造工程跨境施工，额布都格—白音胡硕口岸界河桥建设跨境施工的批准手续。积极与边防总队联系，解决了给大中型企业出入境人员颁发边民通行证这一多年来未能解决的问题，为企业境外作业创造了更为便利的条件。

【“大通关”工作有了新的进展】 为进一步加强全区“大通关”工作的领导，深化全区“大通关”工程建设，全面提高口岸工作效率，在全区口岸工作会议认真讨论研究的基础上，下发了《关于提高口岸工作效率的实施意见》（内政口岸字［2004］30号）。为贯彻执行实施意见，拓展口岸“大通关”建设，为区域间经贸发展提供有力的口岸支持，在区口岸办与天津口岸办的共同努力下，天津与内蒙古二连浩特口岸建立区域合作机制的各项准备工作已经完成，待有关方面的领导签字后即可生效。

满洲里铁路、公路口岸“大通关”工作又有了新的举措。满洲里海关与满洲里车站签署了铁路口岸进出口货物管理合作备忘录，与中国联合石油有限责任公司等43家企业签署了关于加强进口原油和原木管理合作备忘录，进一步提升了口岸“绿色通道”运行功能和水平。对经公路口岸出口的果菜等农产品实施提前报检，真正开了一条内地—满洲里—俄罗斯的农产品出口绿色通道，并争取俄方认可给予了免检待遇。二连浩特铁路口岸“信息平台”从6月1日起正式切换并运行。

为了学习借鉴国外的先进通关经验，自治区口岸办组织一些口岸和联检联运部门领导赴俄罗斯和法国、德国进行考察，学习了这些国家的先进经验，考察达到了预期目的。

【口岸招商引资取得成效】 引进大企业参与口岸建设，基础设施建设市场化运作有了新的进展。以俄蒙资源为依托的口岸建设吸引了区内外企业的关注和投资，口岸招商引资取得了前所未有的成绩。前后有甘肃酒钢集团、内蒙古庆华集团、北京碧溪集团、北京恒阳房地产公司、汕头三和集团等企业投资建设口岸铁路、运煤公路、口岸公路、口岸贸易经济区和开发蒙古国资源，总投资额达26.4亿元。

【圆满完成了“十一五”口岸规划】 根据海关总署关于报送国家第十一个五年口岸发展规划的具体要求，在深入口岸调研、多次修改完善的基础上，按照“确有需要、合理布局、统筹规划、有利监管”的原则，编制完成了《全区“十一五”口岸发展规划》，并以自治区人民政府名义上报海关总署，受到了海关总署口岸规划办的好评。

【积极争取国家和自治区口岸建设资金】 2004年初为满洲里、二连、甘其毛道、策克、珠恩嘎达布其、黑山头、阿日哈沙特、阿尔山、满都拉等口岸解决了1 000万元口岸建设资金。下半年为满洲里、二连浩特、阿日哈沙特口岸和呼和浩特边防检查站争取国家补贴口岸建设资金522万元。与自治区财政协调解决口岸形象工程建设资金300万元，全年共争取资金1 822万元。

【口岸信息报送有了快速发展】 口岸信息报送做到突出口岸地区特色，从多角度全面反映口岸一线情况。口岸信息报送工作坚持了主动性、及时性和真实性原则，信息内容有所侧重。口岸部门和联检部门完善了信息联络员制度，加强了对信息工作队伍的建设；积极采用快捷的电子技术手段，提高信息报送工作质量。对一些重要信息还不断跟踪，连续反馈。5月份全国口岸工作信息会上口岸办做了典型发言，并获全国口岸2003年度信息工作集体二等奖，满洲里口岸办获集体三等奖。2004年自治区口岸办共发60期《内蒙古口岸动态》，动态信息在中国口岸协会网上期刊采用率列为全国第2名。

【口岸办自身建设得到加强】 自治区口岸办从搞好自身建设入手，制定了《学习制度》、《工作制度》、《口岸办廉政建设措施》、《政务公开与承诺制度》，并印成小册子发给每个人，要求大家严格遵守各项规章制度。为办内创造了团结、民主、和谐的工作氛围，极大地调动了大家的积极性、主动性。随着盟市旗县机构改革和人员的调整，各口岸委办进一步得到加强，对口岸工作注入了新的生机和活力。

【存在的问题】 全区口岸基础设施建设资金投入不足，大部分口岸基础设施建设滞后，标准不高，与快速发展的口岸业务不相适应；口岸业务的迅速发展与联检人员不足的矛盾日益突出；季节性口岸招商引资用于口岸基础设施建设的力度小，口岸城镇化建设步伐缓慢，口岸的服务功能不全，制约当地口岸经济发展；口岸经济发展不平衡。口岸经济的产业结构不合理，以俄蒙资源为依托的口岸加工业尚未形成规模。

2004 年内蒙古口岸运量情况表

项目 类别	货运量（万吨）						客运量（万人次）					
	进出口累计	同比增减%	进口累计	同比增减%	出口累计	同比增减%	出入境累计	同比增减%	入境累计	同比增减%	出境累计	同比增减%
铁路口岸	1933.87	35.88	1818.94	37.22	114.93	17.67	30.62	45.67	13.45	30.19	17.17	60.64
公路口岸	242.21	148.83	195.39	209.16	46.81	37.14	255.52	25.44	129.06	26.4	126.46	24.48
水路口岸	3.3	81.57	3.09	71.66	0.21	59.11	1.9	93.52	1.07	109.68	0.84	76.26
航空口岸	0.83	-19.35			0.83	-19.35	1.03	-40.64	0.51	-42.13	0.53	-39.13

2004 年内蒙古各口岸业务统计表

项目 名称	货物进出口（万吨）		进口（万吨）		出口（万吨）		出入境旅客（万人次）		入境（万人次）		出境（万人次）	
	本年累计	同比增减%	本年累计	同比增减%	本年累计	同比增减%	本年累计	同比增减%	本年累计	同比增减%	本年累计	同比增减%
满洲里	1403.42	38.81	1304.14	40.87	99.28	16.44	164.03	17.5	81.66	17	82.36	17.98
二连浩特	607.61	31.43	547.45	31.49	60.15	30.89	96.66	36.3	48.08	36.48	48.58	36.27
策克	155.95	258.37	155.8	258.26	0.15	415.02	11.46	77.96	5.73	77.56	5.74	78.35
珠恩嘎达布其	4.62	140.56	3.83	113.95	0.76	481.49	1.86	96.05	0.97	104.43	0.89	87.61
满都拉	4.28	628.89	4.26	626.05	0.02	2477.78	3.09	256.04	1.55	253.23	1.53	258.94
甘其毛道	3.71	646.19	2.68	865.44	1.03	369.76	5.98	31.6	3.02	32.13	2.96	31.06
阿日哈沙特	2.84	262.99	2.36	346.07	0.48	90.09	3.15	66.63	1.59	65.96	1156	67.32
黑山头	1.85	346.15	1.71	331.86	0.04	110.93	1.31	70.96	0.65	71.15	0.65	70.77
室韦	1.15	-17.94	1.16	-17.94	0.004		0.18	8.48	0.09	14.94	0.09	2.43
呼和航空	0.83	-19.35			0.83	-19.35	1.03	-40.64	0.51	-42.13	0.53	-39.13
额布都格	0.3	9415.63	0.23	19233	0.07	3525	0.41	705.1	0.32	604.22	0.09	1461.67

内蒙古口岸查验单位工作综述

呼和浩特海关

2004年是全国海关认真落实现代海关第二步发展战略规划的起步之年，也是继2003年海关工作进入一个全新发展阶段之后迎来的又一个成果丰硕之年。在总署党组的正确领导下，以海关工作16字方针和队伍建设12字要求为指导，以“调整创新”和建设“开放型、融入型、学习型、奋进型”的新型呼关为主线，以创新精神引领、调整工作导向，以创新思维增强政治把关意识，以创新理念提升服务经济水平，坚持科学的发展观，坚持“三点定一点”的服务理念，较好地实践了年初确定的与时俱进、锐意进取、创造性地开展工作的基本思路，基本实现了“调整创新年”的既定目标。队伍、业务和基层建设取得了长足的进步，各项业务改革平稳推进，队伍建设持续加强，关员干警的精神风貌有了明显改善，海关在地方的影响进一步扩大，为实现“倾力打造具有边疆特色的西部强关”奋斗目标开了一个好局。

【业务改革平稳快速推进，主要业务指标跨越式攀升】 两税入库再创历史新高。坚持以税收工作为轴心，以建立税收征管长效机制为目标，强化税收征管的全过程管理，进一步加强了验估、归类等基础性工作，狠抓重点税源和重点纳税企业，切实发挥一线监管、加工贸易管理、减免税审批、后续稽查等综合治税手段的作用，科学利用关税监控分析手段，制定并有效落实综合治税和挖潜增效的一系列配套举措，确保了税款的应收尽收，实现了质、量并举，再次刷新了税收征收总额、增长额和增长速度三项历史纪录。全年两税入库达到18.03亿元，同比增长73%；审价33 016宗，补税总额首次突破9 000万元，达到9 926.4万元，增长90.2%。

打击走私取得丰硕成果。切实加强对缉私工作的领导，最大限度地发挥刑事、行政执法“两个拳头”的作用，持续保持了打私高压态势。以整顿季节性口岸为契机，陆续组织开展了“猎鼠”行动等专项斗争，沉重地打击了季节性口岸的走私违法活动，使季节性口岸的贸易秩序得到根本好转，“蚂蚁搬家”式走私疫情货物的猖獗势头得到有效遏制。全年共受理走私犯罪案件11起，案值27 648.42万元人民币，涉嫌偷逃税款872.37万元人民币，对17名犯罪嫌疑人采取了强制措施。行政立案282起，案值1 365.87万元人民币，走私犯罪案件立案数同比上升了13%，实现罚没收入348.75万元。其中包头海关调查部门移交的内蒙古三维铁合金有限责任公司涉嫌伪报贸易性质、低报价格出口走私一案，案值达25 288.19万元，是呼关缉私部门组建以来受理并立案侦查的案值最大的一起案件。

实际监管能力进一步提高。结合H2000系统的推广应用，出台了“先放后税”、处长巡视、科长带班等加速通关、严密监管相关制度，切实加强通关监管职能管理。累计监管进出境货物752.8万吨，同比增长53.3%；监管进出境运输工具37.5万辆（架）次，增长50.4%；监管进出境旅客116.4万人次，增长36.4%。进一步强化政治保卫意识，全年共查获盗版光盘345张，“法轮功”反动宣传品及散发性宗教物品542份，反动报刊、书籍168份。与此同时，通过创新查验机制，使关区查验率进一步降低，查获率明显提高，通关效率继续保持在全国海关领先位置。关区各监管场所的监管设备的配备和使用得到进一步加强，关区整体通关监管形势良好。

风险管理平台稳步推进。根据总署的统一部署和呼关的推广方案，风险管理平台从2004年3月1日正式启用。对98人进行了系统培训，全面宣传了风险管理理念，普及了风险管理知识。制定了《呼和浩特海关风险管理联络员工作职责》等10个风险管理平台岗位工作职责和7个关于风险管理平台应用管理的实施细则，从制度层面搭建起风险管理体系的框架结构。全年流转风险管理作业单9份，下达作业单布控指令3条，利用风险分析机制稽查企业31家，查获走私违规案件7起，查获率为22.58%。初步建立起调查部门牵头、各部门紧密联系、分工合作的风险工作机制。开展了关区首次贸易调查，规范企业的力度进一步加大。

海关统计服务强势作用进一步凸显。坚持统计工作“为领导决策服务，为促进地方经济发展服务，为海关的科学管理服务”的“三服务”定位，积极打造统计强处，重点在提高统计分析的质量和层次上下功夫。全年共编发《统计分析》23期，《呼和浩特海关统计监督信息》9期，《统计监督情况月报表》12期。在海关统计改革与发展征文活动获得了“优秀组织奖”。其中《二连口岸原煤进口情况及前景分析》及《呼和浩特关区进口贸易中边境小额贸易缓慢增长一般贸易快速增长打破常规成为第一大贸易》获得全国海关优秀统计分析三等奖。向自治区、呼市各相关单位、部门报送统计分析文章23篇，得到了地方政府的一致好评。统计数据已成为辅助地方领导宏观决策、服务西部大开发、提升强势海关地位的重要手段和途径。

【认真贯彻落实海关工作16字方针，坚持在动态中把握把关与服务的平衡点】 找准突破口，全方位参与地方经济建设大局各项举措取得阶段性成果。始终坚持“凡是自治区关注的对外开放的重点、难点、焦点问题，就是海关所应倾力帮助、支持和解决的问题”的工作导向，以围绕促进口岸经济、利用俄蒙资源，为“四园区六产业”的振兴提供服务支持和支持重点企业和重点项目的发展壮大等三项重点工作为突破口，为自治区的对外开放和经济发展做出了积极贡献。一是认真贯彻落实国家税收优惠政策，积极为辖区企业排忧解难。坚持“特事特办”的原则，经主动与总署相关司局协调，为内蒙古龙源风能开发公司风力发电技改项目争取到了减免税政策。据不完全统计，企业减免税款合计达8 420.76万元。二是成立了自治区重点项目服务协调小组，完善了关企联系人制度，有力地推动了汉鼎光电等知名企业在呼市安家落户。三是力促二连口岸进口木材加工园区早日建成，主动为呼市出口加工区的招商引资工作提供政策支持。四是积极促进季节性口岸健康发展，关领导多次带队远赴口岸开展现场调研，对口岸的规范管理和运行起到了积极的促进作用。

把握平衡点，从指导思想到实际行动确立了把关与服务的正确导向。提出并积极落实“坚持从地方党政改革与开放的关注点、自治区外向型经济发展新的增长点、海关自身监管的变化点确定海关把关服务着力点”的“以三点定一点”工作思路，坚持正确处理四个关系：一是启动与规范管理的关系。在对外开放领域，启动是内蒙的当务之急，海关管理要鼓励和扶持启动。二是发展与促进的关系。应通过依法监管，主动服务，促其实现跨越式发展。三是堵与疏的关系，防止因噎废食。通过海关管理引导各类进出境活动不断走上规范与健康之路。四是思路与手段的关系，坚持具体问题具体分析。在边疆少数民族地区，在一定时期内把侧重点放在通过实施依法、有效管理达到促进地方经济发展的目的，有利于消除地方一些部门对海关工作片面的认识，还原海关既“把关”又“服务”的客观形象。

打好主动仗，走开放融合之路、构建良性的互动工作机制已成为普遍共识。进一步强化垂直领导意识，主动向总署领导、有关司局请示报告工作，自觉置于总署党组的领导和各对口司局的指导之下；形成了不定期向自治区领导汇报工作的制度，强化了与地方各有关单位、部门的联系、沟通，“大外宣”格局初步形成，善于“造势”意识有所增强。全年，不断密切与地方相关单位、部门的联系沟通，加大了互融、互动、互助力度。关领导先后带队赴自治区商务厅、财政厅等10个单位、部门走访座谈，赴包钢、鄂尔多斯集团等12家规模以上工业企业实地调研，赴辖区地方各边境盟市旗县了解季节性口岸管理与具体运作情况，累计总行程近万余里，召开各类座谈会、协调会、见面会30余次，帮助企业解决实际问题20余项。主动听取地方相关部门、企业、新闻界等方面的意见、建议20余条，并全部整改落实到位后以书面形式反馈有关单位。

【准军事化纪律部队建设正式启动，队伍建设全面加强】 领导班子能力建设稳步增强。党组班子带头践行“三个代表”重要思想，带头打造学习型海关、学习型党组，努力做到重大决策的前瞻性与抢占自我可持续发展的战略制高点相结合，科学谋划与勇于实践相结合，创新与继承相结合。坚持用政治的观点、站在全局的高度观察和思考问题，切实提高了对总署党组决策的快速反应能力和呼应力度，加强党组自身建设的10项措施得到有效落实。关区各级领导干部牢固树立创新思维意识、服务地区经济发展意识、领导干部表率意识、科学管理意识，增强责任感和紧迫感，不断求新求变，始终保持一种旺盛的进取精神和自强不息、勇于探索的强烈欲望。牢固树立大局思想、全局观念和“一岗双责”意识，坚持按制度办事，团结和带领广大干部职工，在“特”字上做文章，在“强”字上下功夫，以全新的姿态、坚强的领导、科学的管理，取得了较好的落实效果。

队伍建设整体水平迈向新台阶。注重引导关员干警探讨准军事化纪律部队的内在规定性和外在表现特征的统一。先后3期、历时1个月的关区正规军事训练，标志着准军事化纪律部队建设的正式启动。5年回顾教育取得丰硕成果，关风关貌、警风警貌有了明显改观。坚持以人为本，把干部职工的利益作为一切工作的出发点和落脚点，不断满足大家的合理需求，切实保障了关员干警的经济、政治和文化权力：包括千方百计解决了包头海关办公生活设施的冬季取暖问题，对确实存在实际困难、长期两地分居的关员干警准予调转等。特别是通过在网上开辟“回音壁”栏目，有效拉近了干群之间的距离，从4月份开通至今，共接收留言60余条，涉及干部选拔任用、人事劳资、住房补贴等群众关心、关注的敏感问题，浏览人数突破6 000人次，关领导亲自督办落实并在最短的时间给予反馈和解答，得到广大干部职工的普遍好评，队伍凝聚力、向心力、战斗力显著增强。全年，关区先后有7个单位、部门获得省部级先进单位称号，4人获得省部级先进个人称号，6名同志获得（盟）市级先进个人称号。其中二连海关妇委会被全国妇联授予“三八红旗集体”荣誉称号。

干部选拔任用和岗位交流力度进一步加大。在总署的理解和大力支持下，历时4个多月的、建关以来竞争职位最多、规模最大、范围最广的一次关区处科级领导干部竞争上岗工作圆满结束，并呈现出五个鲜明的特点：一是始终坚持调整创新的精神，重点解决了总关职能部门长期存在的“软肋”问题，充实了总关综合职能部门的力量，较好地解决了历史上遗留下来的干部断层问题，初步形成了有呼关特色的精兵之路；二是打开了两个“大门”，即正科级以上干部打破了关别界限，实现了总关与隶属关之间、海关与缉私局之间的互动；三是将竞争上岗与干部岗位交流有机结合起来，共交流7名处科级干部，为关区干部队伍注入了新的活力；四是贯彻落实有关干部政策，突出妇女干部、少数民族干部和年轻干部的培养选拔；五是坚持“公开是原则，保密是例外”的工作原则，尊重群众的知情权、参与权、选择权和监督权，初步建立起公开透明、择优竞争的选人用人机制，真正做到以德才论强弱、靠竞争选干部、凭实绩坐位置。

队伍整体活力得到有效激发。进一步加大奖惩力度，初步建立了奖勤罚懒的激励机制。制定了《呼和浩特海关年度考核评优实施办法》，2004年年终干部考核全面试行实绩量化考核办法，进一步将定性考核与定量考核相结合，日常考核与年终考核相结合，有效克服和防止了“干与不干一个样”，“干好干坏一个样”，在关区范围内初步形成了比、学、赶、超的良好气氛。隶属各单位及总关有关部门试行的日常纪实性考核制度逐步完善，在调动关员的工作积极性和主动性、推动干部考核的科学化和制度化方面进行了有益的尝试和探索，积累了一定经验。

教育培训工作扎实开展。按照党组“打造西部强关一个重要标志就是人的素质的显著提高”的总体思路，坚持两条腿走路和自主办培训之路，因地制宜，按需施教，教育培训力度空前加大。共有33名科级领导干部参加了秦皇岛学校培训，其中2004年新提任的19名副科长有18人参加；组建了兼职教师队伍，自主举办了13期培训班，内容涉及政治理论、风险管理、行政许可法、行政处罚条例等，参加培训人数达到关区总人数的86%。参加了总署的业务试题库编写工作，组织成立编写小组，编写试题497道，近10万字；移植广州海关网络考试系统，并成功运用于2003年入关新关员转正定级考试。全年关区累计参加总署组织的各级各类培训班人数达到116人次，出国考察学习的科以上干部达到12人次。

党风廉政建设取得明显成效。2004年关区党风廉政建设总体态势是“大力推进，进步长足，诱惑依旧，风险犹存，隐患尚在”。年初，按照“谁主管、谁负责”和“一岗双责”的要求，党组成员分别与分管职能部门负责人签订了《呼和浩特海关党风廉政建设领导责任书》，明确各级领导干部落实党风廉政建设的责任，构建了一级抓一级，一级对一级负责的责任体系，坚持惩治与防范有机结合，探索建立内部控制长效机制。深入开展了“执法为民，树立新风，共建廉洁海关”主题宣传月活动，全面落实“海关人员6项禁令”和“公安部5条禁令”，切实增强制度的刚性作用，对个别关员的违纪行为进行了严肃处理；隶属包头海关制定的口岸工作“十个严禁”，印发的“致全体关员家属的廉政公开信”，以及隶属二连海关廉政建设综合治理等措施均取得了明显成效。纪检监察主管部门注重将廉政建设与业务建设相结合，坚持贴近业务抓廉政，将廉政关口前移，重点加强了季节性口岸的廉政建设，初步解决了季节性口岸廉政隐患问题；认真受理信访举报，对6封举报信进行了认真调查核实，做到了“件件有核实、案案有回音”；开展了关区范围内的督察审计工作，全方位地配合总署督察办审计组完成了对原关长的任期经济责任审计，同时针对审计组提出的问题集中开展了为期1个月的集中查摆与整改活动，并将2005年确定为呼和浩特海关“夯实基础年”。据统计，2004年关员干警共拒礼32人次，拒收礼金3.6万元；拒贿27人次，共计12.1万元，上交0.2万元；拒宴请197人次。

关警深度融合理念与运作模式得到广泛认同。两级党组高度重视，为关警深度融合奠定了坚实的基础。在关区整体预算异常紧张的情况下划拨70万元补贴办案经费，同时有效改革了口岸联合监管、缉私模式，形成了出发前一道布置任务，监管期间一道开展工作，回来后一道汇报工作的“三个一道”的工作模式，初步实现了缉私工作与海关业务的深度融合。情报工作实现了利用海关业务管理系统通过情报分析发现涉嫌走私犯罪的突破，成功查办了“9·23”伪报贸易方式走私案件。制定的《呼和浩特海关现场业务处与缉私局季节性口岸监管与缉私工作联系配合办法》等一系列措施和办法，为关警深度融合机制的建立提供了制度保障。总关印发的“三个会议纪要”和“一个意见”得到有效贯彻落实，取得了明显成效，在统一季节性口岸执法尺度、规范执法行为、化解廉政风险、树立海关对外形象等方面发挥了重要的作用。

文化建设整体水平显著提升，具有草原特色的文化氛围已具雏形。按照文化强的建设目标，在进一步培养、发掘具有地域特色和草原风情的边关精神，营造充满生机和活力的人性化管理氛围和富有时代气息的海关文化氛围方面做出了有益的探索。主要有：一是通过开展学习红其拉甫海关艰苦奋斗精神专项教育活动，发现和表彰了一批发生在身边的感人事迹和先进典型，增强了广大干部职工扎根边疆、立足本职、建功立业、奉献青春的信心和决心；二是以突出边关特色为主线，开展了经常性文艺体育活动，为建设具有边疆特色的海关文化勾画出清晰的轮廓，搭建了广阔的平台。年内，组织了“三八”妇女节座谈会、“五四”青年座谈会、“六一”慰问活动、“七一”建党系列庆祝活动、“八一”军转干部座谈会，组团赴京参观全国打击走私成果展，迎新春文艺汇演暨“海泰杯”室内游艺比赛颁奖晚会，承办了第七届关区篮排球比赛，组织了关区乒乓球选拔赛，备战首届全国海关系统乒乓球比赛。成立了各种文体俱乐部、业余乌兰牧骑、二连海关民族乐队、舞蹈队、包头海关草原之声合唱队、迎宾队，等等；三是遵循出精品、上档次、展现特色的原则，耗时6个月时间，查阅呼关建关以来全部大事记、工作总结、画册及音像资料，搜集历史照片3400余张，补拍了100多张关领导和反映关员工作和生活的照片，顺利完成了总关关史荣誉室的如期布展工作，受到了署领导端木同志的肯定。

关区政务、法制、财务、科技、后勤保障能力继续提高，内部管理进一步规范。围绕全国海关办公室工作会议精神的学习落实及建立健全“6个机制、1个平台”，政务督办、辅助决策、政策研究水平均有不同程度的提高，办公自动化系统逐步推广，信息外宣工作在关党组的高度重视及首届关领导与新闻界朋友见面会的推动下取得了较为满意的效果。隶属包头海关牵头举办的“海关杯”进出口贸易法律法规知识竞赛取得了良好的社会效果。关区全体干部职工对外宣传海关政策法规的意识普遍增强。政务信息整体排名升至34位，较去年提升了2位，动态性信息历史性跃升至第24位；法制基础建设进一步夯实，举办了关区首次行政处罚听证会，成功办结了第一起知识产权侵权案件。围绕行政许可法和行政处罚实施条例的贯彻实施开展了系列教育培训活动，关员法制意识显著增强。学会工作继续保持了在大连分会的领先位置，发展势头良好。“大科技”效应进一步彰显，H2000工程、风险管理平台得到切实的技术保障，关区视频会议系统投入运行，口岸信息化建设取得突破性进展，信息安全管理机制基本形成，向管理要效益、向科技要效益的工作理念进一步深入人心。坚持依法理财理念，合理安排各项资金，严格控制预算支出，财务运行管理机制更趋规范。后勤服务保障功能进一步增强，餐厅、招待所管理大有改观，具有呼关特色的接待模式业已形成。全年关区没有发生较大的安全责任事故，实现安全行车45万公里。实体整体经济效益与规模有了稳步提升。在总署的倾斜下，关区人均工资收入较上年增长14.9%，福利待遇稳中有升。

呼和浩特海关 2004 年业务统计表

项　目	单　位	数量	同比（±%）
一、进出口货运量	万吨	752.8	53.3
进口货运量	万吨	699.5	57.5
出口货运量	万吨	47.1	13.1
二、进出口货值	亿美元	18.71	65.66
进口货值	亿美元	16.06	65.95
出口货值	亿美元	2.65	63.93
三、进出境集装箱	万箱次	0.39	－18.3
四、进出境人员	万人次	116.4	36.4
进境人员	万人次	60.3	42.2
出境人员	万人次	56.1	30.7
五、进出境运输工具	万辆次	37.5	50.4
六、邮递物品及印刷品	万件（盘）	11.9	－7.5
七、进出境邮政快件	万件	3.99	－7.4

满洲里海关

2004 年，满洲里海关在海关总署的正确领导下，在地方各级党政的大力支持下，认真贯彻落实全国海关关长会议精神，深入践行“依法行政，为国把关，服务经济，促进发展”海关工作 16 字方针和“政治坚强、业务过硬、值得信赖”队伍建设 12 字要求，对各项工作高标准、严要求。以深入开展“5 年回顾教育”和切实贯彻“海关人员 6 项禁令”为切入点，加强准军事化管理，狠抓队伍建设。大力推进精细化管理、持续改进各项工作，大胆创新、锐意改革、全面推进现代海关制度第二步发展战略的实施，各项业务建设取得了较好的成绩，圆满地完成了监管、征税、打私、统计等各项工作任务。同时较好地把握了“把关”与“服务”的平衡点，在严密海关监管的同时有力地促进了地方经济的繁荣和发展，赢得了地方各级党政和社会各界的高度赞誉。

【税收征管，监管进出口货运量、进出境旅客和车辆均创历史新纪录，打击走私继续保持高压态势】

税收征管量质并举，首次突破 30 亿元。始终把税收工作作为“轴心”，建立依法征管、科学征管、综合治税、应收尽收的税收征管长效机制，税收征管实现了量质并举首次突破 30 亿元。全年共征收税款入库 30.52 亿元，完成税收任务的 138.76%，同比增长 50.82%，其中关税 3.82 亿元，进口环节税26.7亿元，分别增长10.37%和58.9%。税收增长幅度比进出口货物贸易总值增长幅度高出9个百分点，税收征管质量有了显著提高。其中，车站办征收税款30.26亿元，十八里办征收税款2 508.9万元。

监管进出口货运量大幅攀升，再创历史新高。为更新管理理念、转变管理职能、改革管理制度、创新管理方法，在总署的大力支持下，积极加大对口岸监管现场科技设备的投入力度，充分发挥电子地磅、H986集装箱检查系统等高科技设备的效能，有力地促进了口岸进出口货运量的大幅攀升。全年共监管进出口货运量1 394.1万吨，同比增长41.5%，其中满洲里铁路口岸监管1 340.8万吨，增长40.3%；满洲里公路口岸48.6万吨，增长80.7%。

监管进出境旅客和车辆大幅增长，双双刷新历史纪录。改革验包点和互市贸易区的监管模式，整合旅检工作，达到了集中监管力量、优化监管资源的效果。结合口岸"客货分流"格局的转变，重新配置人力资源、合理确定监管重点，进一步规范对俄籍车辆的管理。文明礼貌、热情服务，做好北京—莫斯科国际列车和新开通的满洲里—赤塔小编组国际班列以及公路口岸进出境旅客的监管工作。充分发挥公路口岸高科技在促进进出境旅客、车辆通关中的作用，加强与口岸联检部门的合作，实现资源共享，提高了通关速度，加快了通关效率，改善了通关环境，方便了合法进出。2004年公路口岸共监管进出境人员156万人次，首次突破150万人次，车辆23.51万辆次，首次突破20万辆次，同比分别增长18.3%和18%。

继续保持打击走私高压态势。2004年共办理各类案件112起，案值3 825.27万元，涉案税款319.38万元，上缴罚没收入157.55万元。其中，刑事立案9起，对24人次采取了刑事强制措施，移送审查起诉案件3起10人，法院审理并判决2起6人，办理各类行政违法案件97起。查获了武器弹药、濒危动物制品等走私物品以及涉嫌侵犯知识产权的商品。以风险信息为基础，开展市场调查和贸易调查，严厉打击价格瞒骗行为。以风险分析为先导，进行数据整合分析，排查疑点，提高稽查工作的针对性，取得较好成效。全年共稽查企业34家，稽查补税13起，追补征税265.08万元，同比增长128%，创历史最高水平。

【改革创新工作机制】 创建风险管理机制。成立了风险管理打击走私指挥中心，实行统一指挥、统一管理，确保政令畅通、高效运作。该中心以风险管理为龙头，兼顾对关区监管、税收、打私等工作的监督管理，发现问题及时指挥相关部门跟进解决，将原有部门之间协调配合的松散型管理转变为调查、缉私、督察审计等各职能部门深度融合的集约化管理。并在风险管理打击走私指挥中心下设风险办，负责该中心的日常工作。随着工作开展的需要，又在该中心下设打私办、内控办和协调办，整合了管理资源，创新了职能实现方式，将风险管理理念延伸至海关工作的每一个环节。出台了相关规章制度和操作规程，确保风险管理各项工作有规可依，有单可循。风险办、打私办、内控办建立了联系配合办法和工作例会制度，将风险分析、督察审计、打击走私整合在一起。全年，利用风险管理平台，发现涉案信息线索56条，提交风险分析报告38篇，总案值1亿元，涉税560.92万元。移交调查部门处理32起，移交缉私部门处理15起。

建立缉私工作新机制。扩充原风险管理指挥中心的职能，在原风险管理办公室的基础上增设打击走私办公室，建立了关领导直接指挥，缉私部门组织协调的打击走私工作机制，进一步加强对关区打击走私工作的领导，整体部署、指挥、协调、检查、指导关区打击走私工作，最大限度地发挥各种资源的效应。结合关区打私工作实际，制定了打击走私联系配合办法和处置走私违法犯罪案件及线索的预案，为建立关区打击走私工作的配合机制提供了制度保障。定期分析研究关区走私违法案件的特点和走私态势，加强对走私违法情况的分析，提出打击对策，并对与海关监管、打击走私、科学决策相关的问题提出意见，增强发现走私线索和侦破案件的能力，提高打私成效。缉私局对内部机构重新进行整合，建立较为科学的内部工作机制。创办《走私动态分析》等三种刊物，并以之为载体，为打私工作搭建一个传递情报信息、研究执法实践、通报办案情况的平台，为关区打私工作的开展提供一定的指导。积极引入风险管理理念，拓宽情报工作方法和手段，探索情报工作与风险管理的有机结合，向风险办提供了有价值的信息。与监管处、车站办等现场业务部门联合缉私、办案，进一步加强关警的深度融合。

构建督察审计监督制约长效机制。积极探索研究、组织推动建立关督察审计监督制约长效机制，并从理论到实践各个层面进行了发展，在实际工作中不断以补充和完善。目前，督察审计监督制约长效机制得以初步建立，并设立了内控办公室。选调了业务骨干充实到监审室，初步建立了一支“专家型”审计队伍，健全规章制度，加强自身基础建设，完善内部规定，加强队伍管理。按照“周密、全面、细致”的原则，开展了“全面复核、周期循环”的试审工作，对关区主要业务工作和财务基建及固定资产等工作进行了审计。此外，全年还开展了保证金问题专项调研，组织联合调研组对税款入库不及时情况进行了核查，对罚没财物管理、罚没款项解缴情况进行审计，开展隶属海关关长任中经济责任审计，对业务结合部问题开展专项审计调查等，取得了较好的成效。全年开展审计工作 13 项，以现和纠正种类问题 30 余个，查出和纠正有问题金额 3 480 万元。开展执法督察 25 次、专项督察 2 次，开展专项调研 5 次，发现问题 40 多个。

创新业务改革机制。认真贯彻海关工作 16 字方针，掌握好“把关”与“服务”的平衡点，做到既严密海关监管，又高效运作。在工作中努力实现“四个转变”，即管理理念从“行政主导型”向“客户导向型”转变，管理对象从物向物和人并重转变，管理方法从单一模式向分类管理转变，管理方式从各自为战向广泛合作转变。

对大宗资源性货物实行便捷通关待遇。在充分调研、分析的基础上，对原木、铁矿砂、纸浆以及纸板等实行“径放式”便捷通关待遇，对原油实行“每月征保、集中报关”，并对所有的其他进口货物试行“小集中报关”。为支持和促进果菜出口，在市区设立海关监管场所，并对果菜出口实行“多点”报关，打造果菜出口“绿色通道”。

对进出口企业实行分类管理。将进出口企业分为与海关合作企业和海关重点监管企业，给予与海关合作企业最优惠的便捷通关措施，而对重点监管企业的进出口货物细查细验。加强对进出口货物的品名、数量等验核，加强归类及单证审核工作，严格执行通关、监管、征税、统计各项规章制度，对走私违法行为加大打击力度，进一步规范了关区对俄贸易秩序，同时，“诚信守法便利，失信违法惩戒”的理念在进出口企业中倡行。

广泛合作，与中国联合石油有限责任公司等近 50 家企业签订了合作备忘录，建立新型的合作伙伴关系。通过双方承诺，进一步明确双方的权利和义务，在诚信的基础上互相合作，通过相互配合、协调一致、齐抓共管，共同营造成一个良好的通关环境。

设立查验中心。重新规划监管工作的目标和原则，改革和创新监管职能的实现形式，整合车站办、十八里办以及监管处市区业务科的查验职责，成立查验中心，统一负责满洲里市区海关各查验现场的进验工作，创新查验手段，提高查验技能，将风险分析机制引入到查验工作之中，以风险分析为导向，以风险信息平台为依托，实施风险管理，提高布控的准确率和查获率，取得了可喜成绩。

通过对业务制度的整合创新，取得了任何单项改革都不能取得的成效，大力地促进了口岸“大通关”建设，极大地方便了进出口企业，提高了通关效率，降低了企业成本，减轻了现场工作人员劳动强度，同时产生了积极的联动效应，促进了口岸疏运，社会各界纷纷给予一致好评。满洲里车站负责人对便捷通关措施给予高度评价：“铁路的畅通，离不开海关的支持。海关的大通关改革对铁路运输起到了决定性的作用。”满洲里市委杨汉忠书记称赞到：“海关新的一届领导班子，在整个大通关业务里边，发挥了领跑作用，他们正确地处理了把关和为地方服务的关系，现在我们感觉到，通关效率提高了，企业的成本降低了，地方经济发展了，海关履行国家把关服务的职责更加到位了。”

改革业务管理机制。制度不严密、规章不健全、管理不严格的粗放式管理已经不适应时代发展的要求。“百分之一的疏忽导致百分之百的失败”。当今时代的发展要求对各项工作进行精细化管理。这就要求：一是不断完善业务基础，逐步建立标准化的作业程序和操作规范；二是对关员进行绩效考核管理；三是对主要业务工作周期性地进行评估；四是建立健全内控机制，通过督察审计对各项业务工作的开展进行事前、事中和事后的监督，及时发现、解决和纠正问题，使改革创新有新的动力。全年推行精细化管理初步打开了局面，全面修订了规章制度，对各项业务工作开展阶段性评估，取得了良好效果，监察审计部门开展内控审计取得了初步的经验并纠正了一些长期未能发现的问题。

【大力加强队伍建设】 广泛发动，全员参与，突出重点，深入研讨，大力开展“5年回顾教育”活动。按照总署党组的决定和部署，紧紧围绕牟新生署长提出的开展5年回顾教育的7点要求，确定了5年回顾教育活动要点，发动广大干部职工认真开展研讨教育活动。此次5年回顾教育活动，党组中心组开展研讨学习5次，全关各部门召开大小座谈会38次。此外，还组织了诗歌创作、朗诵比赛和专题论文交流活动，并把活动中征集的26首诗歌、39篇论文整理成集印发全关区，深化了活动内涵、丰富了活动形式。在5年回顾教育中，“跳出海关看海关，跳出满洲里海关看全国海关”，既深入剖析了海关内部发生局部执法腐败问题的深刻原因，又清醒认识工作中存在的隐患和不足。打破了过去因循守旧、坐井观天的观念，改变了对走私形势、内部廉政等方面盲目乐观，导致不思进取，或者是取得了些成绩就沾沾自喜，在工作中浅尝辄止，只求过得去、不求过得硬的态度，而真正意识到自身的不足，树立起了居安思危的忧患意识，开始焕发出改革创新、奋发图强的面貌。通过认认真真、扎扎实实地开展5年回顾教育活动，总结了经验，汲取了教训，统一了思想，提高了认识，理清了思路，确定了重点，提出并制定了整改措施，增强了全体关员拒腐防变和抵御风险的能力，为开创海关各项工作新局面打下了坚实的基础。

大力加强准军事化管理建设并取得良好成效。积极开展准军事化纪律部队建设，既注重统一关容风纪，规范行为举止等外在形式建设，又注重发掘其内涵，做到内容和形式的有机统一。从机构设置、人员配备、管理形式、制度建设等方面全方位加强准军事化管理。制定并实施了《准军事化管理规定》，举办了准军事化管理规定知识竞赛，在关区范围内开展了全员军训，进行了全关准军事化管理大检查，组建了国旗班和军乐队，并举行每周一次的升旗仪式，规范了对各类培训的管理。这些切实有效措施的采取，使海关准军事化纪律部队建设取得良好成效。目前，着装整齐、举止端正、礼节周到、秩序良好、内务划一、环境整洁的良好关容关貌正在形成；令行禁止、文明礼貌的优良关风，雷厉风行、认真负责的工作作风，团结、紧张、严肃、活泼的团队作风正在养成。一支“政治坚强、业务过硬、作风优良、纪律严明”的准军事化纪律部队在满洲里海关已经初步形成。

深入开展基层建设和精神文明建设，切实抓好思想政治工作。组织开展了弘扬红其拉甫海关艰苦奋斗精神教育活动；印制并分发“6项禁令”卡片，人手一份，随身携带；开展社会调查，收集海关人员违反“6项禁令”的线索；组成小分队，对贯彻落实“6项禁令”情况加强监督检查，认真开展贯彻落实“海关人员6项禁令”活动。加强理论学习，开展思想政治教育专项活动，实行思想动态分析例会制度，认真开展海关职工思想动态分析工作。创办了关刊《北疆边关》，弘扬边关精神和文化。坚持以强化整体素质为核心，把精神文明创建工作贯穿于各项工作发展过程中，积极创建文明窗口建设，取得良好成效，十八里办被授予国家级青年文明号，13人次获得各种荣誉称号。加强党、团建工作，发挥党、团员的先锋模范作用。开展了形式多样、广大干部职工喜闻乐见的文体活动，丰富了关员业余文化生活。

抓好党风廉政建设。努力构建教育、制度、监督相结合的廉政建设体系，注重从执法活动中、从管理落实中发现问题，把风险岗位和重点人员作为责任制的主要内容，始终关注，常抓不懈，认真落实党风廉政建设责任制，加大源头防治腐败的力度。一是对关党组成员、各级领导干部的党风廉政建设责任制工作进行了细化、分解，明确了党组成员在落实党风廉政建设责任制工作中的责任范围和内容，确定了每位党组成员在落实工作中的协办单位和协办领导，规定了各级领导干部在党风廉政建设责任制中应履行的职责、应完成的任务、应达到的标准和应追究的责任，从组织领导上保证了基层海关单位党风廉政建设责任制的有效落实。在对干部管理上，海关不护短、不手软，不搞自行“抹平消化”，对内部违纪违法人员严厉惩处，以儆效尤。对2名关员进行了责任追究，在海关予以通报批评。二是健全和完善工作制度，先后制定了党风廉政建设联系会议制度、领导责任分析与追究制度等具体的工作制度，确保落实党风廉政建设责任制的各项工作持续、规范、扎实、有效开展。通过制度的完善和创新，明确责任、整合力量，形成齐抓共管、各负其责、奖惩分明的工作机制。三是以发现和解决业务和执法工作中的问题作为切入点和着力点，将党风廉政责任制的落实与业务风险防范紧密结合，构筑反走私、反腐败新体系。年内查获了五粮液假出口骗税大案，并查处了涉嫌内部职务犯罪人员1名。四是加强督促检查。对党风廉政建设责任制进行严格要求、严格管理、严格落实，对党风廉政建设责任制的落实情况开展了中期检查，将党风廉政建设责任的考核与全关年终考核工作一起实施，使各部门时刻保持清醒头脑和高度警惕。此外，纪检监察特派员密切联系群众，及时解决不良反映，以预防为主，开展积极的、有针对性的思想政治工作，克服了不正确的观念。

加强领导班子建设。坚持党组中心组学习制度，每月至少1－2次集中学习。制定学习计划，认真学习政治理论、法律以及经济等方面的知识，提高领导班子的政策理论水平、决策水平和驾驭全局的能力。建立了关领导联系隶属海关、派驻机构制度。积极推荐并向总署报送了副厅局级后备干部建议人选。在后备干部考核的基础上，经确定考察对象和民主推荐、组织考察、党组讨论等程序，提拔任命了7名正处级、5名副处级、18名正科级和12名副科级领导干部。通过竞争上岗，提拔任命了1名副处级、6名副科级领导干部，并对1名正处级、2名副处级、12名正科级、10名副科级领导干部进行了交流。

【各项工作进展顺利，成绩斐然】 政务服务水平有了显著提高。较好地发挥了辅助决策、参谋助手、综合协调、督办落实的作用。新闻宣传勇攀高峰，取得历史性突破。共在各级各类媒体刊载（播）新闻宣传稿件 1 020 篇次，是 2003 年的 6．28 倍。在纳入总署新闻宣传统计的报纸中，刊发稿件实现了从 2003 年在一个报纸上刊发 4 篇稿件到 2004 年在所有的 9 大报纸中刊发 66 篇稿件的飞跃。在海关互联网站刊发稿件 68 篇次，同比增长 183%。新闻宣传工作在全国海关系统排名大幅上升。信息工作在海关系统激烈的竞争中稳中有升，互联网信息从无到有，取得较好成绩。在向地方党委、政府报送信息单位中海关继续名列前茅。政策理论研究工作在摸索中前进，取得了一定的成绩，开局良好。

法制基础建设进一步夯实。在广大关员干部中牢固树立规则意识、程序意识、证据意识、诉讼意识，避免违法行政，减少行政诉讼的风险，确保在行政诉讼中处于一个有利地位，不给国家造成损失。认真组织贯彻落实《行政许可法》。全面修订各种规章制度，为业务工作开展提供法律保障。加大知识产权海关保护力度，查获了一起有史以来案值最大的涉嫌侵权案件。大力开展法律宣传，积极地提供法律咨询服务。较好地完成了法规管理、复议应诉、贸易管制、参数库维护和法制综合等工作。

加强通关职能管理。根据审单职责调整，建立业务交流会制度，严密后续监控。顺利完成 H2000 系统的推广应用。对红绿通道设置进行实时调整。以风险分析为先导，强化审单监控，严密税收征管，加大对走私违规行为的打击力度。铁路口岸继续实行全天 24 小时通关，同时为公路口岸推行 24 小时通关工作制积极做好准备。开通通关咨询热线，实行“首问负责制”。建立通关应急处理机制，及时处理企业通关过程中遇到的各种问题。主动加强与业务现场、企业联系，深入调查研究，增强工作的主动性。广泛听取社会各界对海关工作的意见和建议，共同努力解决各种新问题，实现良性互动。为企业开辟了“绿色通关”，简化办事程序，特事特办。

积极为地方经济发展出谋划策。主动加强和地方各级党政的联系与沟通，了解他们的需求，积极为地方经济发展出谋划策，变过去的消极“坐等服务”为主动“上门服务”。开展构筑满洲里口岸物流监控体系的探索，专门组织课题组开展了陆海联运调研和发展加工贸易调研，给地方政府提供了前瞻性、高质量的调研报告，为地方经济发展提供具有指导意义的意见和建议。满洲里市委、市政府高度重视海关提供的开展陆海联运调研报告，市长云光中等党政领导亲自率团赴大连签订了陆海联运协议。

统计工作更上一层楼。加强统计基础工作和统计分析的技术手段，健全和完善统计数据管理体系，完善海关执法评估系统，通过撰写执法评估报告、审核评估数据表、对关税征管及加工贸易进行专题评估，取得了一定的成效。通过执法评估，发现进口涉嫌低瞒报价格案件，涉案金额 221 万元人民币。发挥进出口统计监测预警作用，提高统计分析工作的实效性和前瞻性，拓展统计服务领域，积极为地方三级党委、政府提供高质量的统计信息咨询服务。全年共向地方党委、政府报送统计分析、信息文章 119 篇，地方领导批示 77 篇，其中 4 篇文章获得自治区主席杨晶和副主席余德辉的 5 次批示。贸易统计、业务统计已连续多年无差错，统计准确率达到 100%。

强化加工贸易监管工作。通辽办、赤峰办加强加工贸易监管，以规范企业生产经营行为为中心，严格加工贸易管理工作。将加工贸易管理监管重点由合同向企业过渡。要求企业加强自管，规范化操作，规范化管理。在做好加工贸易前期审批的同时，着力加强后期管理，加大稽查工作力度，消除了加工贸易异常合同。全年共核发加工贸易手册 35 本，合同备案金额 4335．93 万美元，核销加工贸易手册 24 本。

边境小口岸业务量大幅增长。黑山头、室韦口岸监管进出口货运量3万吨，同比增长76.5%。阿日哈沙特口岸2.32万吨，同比增长483.43%。海拉尔海关征收税款229.23万元，额尔古纳海关征收税款186.33万元。

加强科技与业务、政务工作的融合。进一步加强加大技术创新力度，促进业务科技一体化，实现科技强关，有效解决了业务工作量不断增长与人力资源相对不足的矛盾，同时，通过科技手段也对加强廉政建设起到了促进作用。经过大量细致的前期准备工作，顺利完成H2000通关系统的切换工作并在全关区推广应用，圆满完成10次系统升级工作。以H2000通关系统升级为契机，初步建立起以三网分离改造、信息安全规章制定、推广信息安全意识为主要内容的安全防范体系。通过科技开发与检验检疫局、边检实现"一机双屏"，降低了重复查验率、提高了查获率，加快了通关速度。此外，信息化办公系统、H2000通关系统切换、"一机双屏"系统开发、楼宇智能化建设、语音通信系统、关区视频会议系统等科技项目荣获总署和地方的科技进步奖项。科技设备现代化程度、科技设备应用效率显著提高。科技与业务、政务融合程度进一步加强，通过科技手段提升了监管、政务工作的管理水平，降低了工作强度。

大力加强与俄罗斯、蒙古国海关的互助与合作。在中俄、中蒙海关合作与互助协定框架内，积极加强与毗邻的俄罗斯、蒙古国海关的交流与互访，互换了有关信息，有力地打击了走私违法行为，促进了双方海关各项工作的开展，同时也进一步加深了双方海关的了解，增强了友谊。年内，举行正式的外事会晤5次，接待俄、蒙海关来访人员20余人次，办理行政互助外事函件44封。

此外，阿日哈沙特、黑山头、室韦口岸海关综合楼建设基本竣工，使长期困扰偏远、条件艰苦口岸的办公、生活困难得以有效解决。地下车库建设速度快、质量高，一次性验收合格。在总署的大力支持下，申请到260万元用于建设单身宿舍，400万元用于改扩建2 200平方米的食堂，争取到总署批准建设4 000平方米体育训练馆项目，财务装备保障工作积极支持了关区各项改革与建设。机关服务中心服务管理、经营管理走上了规范化轨道。全年出车近4 000次，安全行驶60多万公里无事故，被满洲里市评为交通安全先进集体，连续六年获此荣誉。招待所、食堂的管理工作逐渐步入正轨。物业管理及时周到，充分发挥了后勤保障作用。

满洲里海关2004年主要业务量统计表

项　目	单　位	数　量	增减（%）
进出口报关单	份	253823	35.0
进出口记录	条	371733	39.7
进出口总值	万美元	313532	41.8
其中：进口总值	万美元	280100	46.2
出口总值	万美元	33432	13.2

项　目	单　位	数　量	增减（%）
进出口货运量	万吨	1394	41.5
其中：进口货运量	万吨	1291	44.3
出口货运量	万吨	70.16	24.6
转关货运量	万吨	32.75	-4.6
监管运输工具	辆、架、艘	724331	21.8
其中：进出境运输工具	辆、架、艘	722849	21.9
境内运输工具	辆、架、艘	1482	-7.7
进出境人员	万人次	166.8	17.6
行邮物品	件、盘	81	40.0
税收入库	万元	305276	50.8
其中：关税	万元	38263	10.4
代征税	万元	267013	58.9
侦查立案走私案件	起	8	0.0
侦查立案走私素值	万元	1493	15970
查处走私行为立案案件	起	30	-79.0
查处走私行为立案案值	万元	46.5	-93.0
查处违规立案案件	起	40	33.0
查处违规立案案值	万元	1005	13.0
抓获犯罪嫌疑人	人	17	-6.0

内蒙古边防总队

2004年，按照部局及总队工作部署，全面贯彻落实全国边检工作会议精神，以深入开展“双争”活动为主线，推进执勤现场规范化建设，改进边防检查和口岸管理工作，营造安全便捷的通关环境，维护正常的出入境秩序，较好地完成了本年度工作任务。完成了与司令部签订的查控工作万无一失、杜绝重大勤务事故、查办案件无纰漏责任目标。

截至12月25日，共检查来自90个国家的入出境人员2 871 523人次，同比增加39%；检查入出境交通运输工具508 164辆（列、架）次，增加37.6%。预计将继续位居全国现役总队年口岸出入境总量前列。

【在有序开展日常业务工作的同时，深入开展“双争”活动】 细化方案内容，加强组织领导。按照杭州会议精神，成立总队“双争”活动领导小组，结合全区口岸实际，制定了适合全区边检工作的《“双争”活动实施方案》，重点增加了深化勤务改革、加强执法监督、规范涉外工作等与全区实际联系紧密的重点和亮点内容，丰富了活动内涵，为提升活动层次，实现走进前列战略奠定基础，组织召开了全区边防检查工作电视电话会议，明确了抓好边防检查工作的基本思路，对开展“双争”活动进行了具体部署。活动开展过程中，特别重视通过蹲点指导、横向交流、检查评比等方法，稳步推进“双争”活动深入展开。

协调各方支持，完善相关设施。年内，通过积极争取上级支持、协调自治区口岸主管部门以及口岸所在地各级地方政府筹措资金共计600余万元，用于改善各口岸边防检查基础设施和查验设备，使各边防检查站的现场工作条件得到明显改进，基本达到了“双争”活动要求。与此同时，还充分利用今年自治区优化口岸环境，实施口岸改造的重要契机，积极介入新建和扩建口岸的整体规划和建设。从有利于开展业务工作和部队长远建设出发，向各有关部门累计提出18项建设规划意见，并得到普遍认可。在科学合理规划现场建设的同时，共计为各边检站新增执勤、生活用房3000余平方米。使策克、满都拉、珠恩嘎达布其、黑山头等口岸边检配套设施明显加强；使二连、满洲里、呼和浩特口岸的执勤环境和设施质量上升了新的层次，执法为民的硬件平台得以整体完善。

出台有效措施，践行执法为民。“双争”活动开展以来，总队出台6项便民利民措施，核准各边检站共计制定30余项简化查验手续、方便往来的相应制度，大力营造和优化口岸通关环境。为赴俄、蒙进行投资合作的大中型企业经贸团组和其他国家来自治区考察投资的商务团组开辟专用通道，提供出入境便利；呼和浩特边检站对自治区及市领导率领的重要代表团及来自治区观光旅游的包机旅游团实行预报预检制度。满洲里边检站对赴俄旅游团组、出口果菜车辆及入出中俄互市贸易区的人员及车辆等开设专用通道，实行随到随检，优先放行；二连边检站在旅客流量大、工作强度高的公路口岸成立了女子检查科，开展亲情、微笑服务，被二连浩特市政府评为该市唯一的“巾帼文明示范岗”；策克、甘其毛道、珠恩嘎达布其等边检站对定期经自治区口岸出入境赴蒙开展商务和贸易的“中国华北石油管理局国际工程公司”、“中国有色金属建设股份有限公司”、“广东三禾”、“广东普兴”、“内蒙庆华”等国内大型企业的交通运输工具和员工，采取凭名单、护照证件集中验放，仅月首月末加盖验讫章等做法，既加快了通关速度，又延长了护照证件的使用期限，有力支持了企业经贸活动。自治区口岸办代表自治区政府及各大企业，制作锦旗、专程到总队机关致谢并对经费上给予大力支持。

适应大局要求，实施勤务改革。进一步完善二连、满洲里客运列车一次性验证程序，最大限度缩短对旅客及列车实施检查和监护时间，营造和谐安全的出入境环境。以满洲里口岸为试点，对铁路货运列车实施勤务改革与创新。通过建立全方位电子监控系统、与海关共享“钴－60”影像检查系统、搭建铁路口岸电子输运信息平台、与理货及联检、联运部门签订责任分担协议、综合运用人犬结合及科学整合警力等措施，形成了内外结合、人犬结合、人机结合、联检联运相配合的货运列车检查新模式。将检查一列货运列车的时间，由过去的平均50分钟减到10～15分钟，执勤警力由12人减少至4人，工作强度下降了80%，实现了提高工作效率，降低劳动强度，确保工作质量的既定目标。在总队与自治区人大一并就《自治区边境管理条例》涉及陆地口岸限定区域范围及管理方式等内容进行联合调研基础上，提出了调整口岸限定区域范围，实施动态管理控制的陆路口岸勤务改革思路，引起了各有关部门的积极关注；顺应形势发展和要求，积极研究并主动提出中俄满洲里—后贝加尔斯克国际公路口岸实行24小时通关的可行方案，有力推动了提高口岸开放层次，开创了陆地口岸全天侯勤务运行的新模式。

加强素质建设，科学调整警力。结合“大练兵”及检查员等级评定工作要求，提出了“向练兵要过硬素质，向练兵要工作佳绩、向练兵要服务质量”的号召，要求和组织各站开展了形式多样、内容丰富的业务练兵活动，举办各类培训班和业务知识竞赛38次。满洲里、二连、呼和浩特、黑山头等边检站采取岗位练兵与知识竞赛相结合、脱产学习与考核验收相结合的方法，增强了培训效果。各对蒙季节性口岸边检站采取聘请地方专家授课、到兄弟单位学习观摩等方式，提高检查员综合业务能力。按照“大练兵”统一安排，组织进行了全区边检业务知识竞赛，夯实了理论基础，提高业务技能。按照部局指示和要求，组织全区边检业务骨干承办并圆满完成了补充和建立全国边检业务考试题库的重要任务，并已在全国上网投入使用，受到各总队一致好评。同时进一步精简机关，充实基层，指导各站，实行内部编制调整，将各站机关与一线警力比例由原来的1∶2.2调整到现在的1∶5.6，最大程度地缓解了基层执勤警力紧张的压力，警力资源得到合理配置。

坚持以点带面，努力走进前列。在年初全国边检工作会议就自治区深入开展规范化建设的经验和体会做典型发言后，按照部局搞好满洲里“双争”试点建设意见，进一步提出了“抓两头、带中间、整体推进”的工作思路，即以自然条件和工作基础相对较差的策克边检站与满洲里边检站同时作为试点单位，进行重点建设，从一大一小、一强一弱代表全区业务工作特点的两个层面抓起，打造两类先进典型，带动全区业务工作上台阶、上水平。通过一年的努力建设，上述两个单位均达到了“执勤执法规范、执勤手段先进，组织机构合理、队伍管理正规、执法监督有效、外事工作严谨，政府群众满意”的目标，均入围全国“执法为民窗口”预选单位之列，对全区各边检站起到了典型引路、示范带动作用。全国开展“双争”活动以及勤务改革情况，已制成光盘并形成材料同部局向全国推广，受到张崇德副局长多次肯定。

【有力加强出入境边防检查工作】 重调查研究，掌握工作主动。在继续指导各站规范检查程序，严格工作流程，严密边防检查的同时，围绕出入境流量大幅增加后引发的各类新情况、出现的新趋势，坚持每季度就全区口岸出入境动态进行分类系统分析，制定并落实每季度形成《出入境动态流量分析报告》、《反偷渡情况报告》、《查控工作形势分析报告》、《核查遣返动态分析报告》、《查获伪假证件规律特点情况报告》的制度，在上报部局并呈送总队各级领导参阅的同时，及时以通报形式下发各口岸边检站，有针对性地采取相应措施，加强边检业务工作。上半年有关口岸动态的四个分析报告，被部局通报表扬，并在网上向全国推广，供各总队学习、借鉴。一年来，指导各站以蒙古国公民经我国偷渡第三国、中国公民持用1997及1992版护照冒名顶替出境以及中国公民持用境外办理俄罗斯入境签证，以蒙古国为跳板偷渡第三国等情况为重点，加大打击力度，有力遏制非法出入境活动。截止到12月份，共查获偷渡案件38起，45人次。

改进查控工作，确保安全稳定。在对下指导和检查过程中，坚持要求各站以落实查控工作各项规章制度为重点，坚持把好接控、布控、录入、查获等各环节的审核关，文电签转、查获后处理的程序关，检查员对重控对象资料的记忆关，做到重点突出，措施到位，心中有数。为解决部分边检站站部至口岸现场无专用传输线路，靠车送人接边控资料带来的问题和隐患，以黑山头边检站为试点，主动提出租用光缆线路、完善加密设置、形成网络互通的信息传输改进模式。这一方式的成功运行，将有效加强和保障边控信息及时传输，极大地便利各类出入境信息的现时采集汇总，同时也将为下一步解决类似问题和实施网络布控做好相应准备。为减轻工作强度，在增强边控针对性的基础上，与机要、指挥中心共同对边控资料范围进行合并和缩减，受到基层的欢迎。同时，还特别注重与自治区公安、安全等部门协调配合，以打击和严控“三股势力”为重点，多次在第一时间为有关部门提供重要出入境线索，对布控资料不健全的临时重控对象，采取普遍检查、重点筛选、情报排除等查控手段，准确锁定控制对象，及时采取控制措施，为有力维护自治区边疆社会稳定做出了应有的贡献，受到有关部门的一致好评。

加强口岸管控，严防突发事件。按照部局下发的《出入境边防检查机关处置冲击堵塞口岸群体性事件的意见》，及时成立了总队一级指挥部和各边检站的二级指挥部，分别制定了《处突预案》，健全了包括组织指挥、联络协调、情况分析、处置程序、联勤保障等内容的操作性较强的预警机制。针对俄蒙口岸入境货运车辆夹带、藏匿废旧炮弹、地雷和其他危爆物品较多的实际，要求各站加强检查和控制力量，与联检联运部门、地方公安部门及货主签订责任协议，明确工作职责，及时将查获的危爆物品在第一时间退运境外。截止到12月共查获并退运出境300余枚废旧炮弹、查获并妥善处置手枪2枝、子弹413发。与此同时，还加强了与俄蒙对应边防部门在口岸边境一线的工作配合，成功查获堵截非法越入孔道管理区20余人次。在中蒙季节性口岸科学设置警力和隔离设施，使一度比较突出的中蒙不法客商受经济利益驱动，内外勾结、冲闯关卡的混乱局面得以根本杜绝。

【有效提高执法监督水平】 加强制度建设，严密执法监督。配合总队纪检部门完善出台了《内蒙古边防总队预防边防检查职务犯罪若干规定》，将执勤规范与纪检监督融为一体，细化了分工职责，严格了行为界线，将边检站督察科或专职督察员正式归口站纪委直接领导，并向党委负责，使纪检督察部门可以真正深入执勤一线，贴近边检业务独立开展工作。为有效加强对业务工作的集中统一领导，还及时下发了《关于进一步改进和加强边检业务工作的通知》，由各站部门以上领导轮流值班调整为仅由站长、政委、业务副站长及参谋长参加站领导业务值班，制定了每周业务情况通报制度，坚持重要业务问题党委研究决定，明确了需要集体研究决定的事项种类，规定了各站需要定期分析上报的业务课题，各站对业务工作领导得到明显加强。各边检站按照总队部署，进一步落实警务公开、电子监控、定期走访和聘请社会监督员以及设置举报电话等制度，有效净化了执勤环境，规范了执法行为，杜绝了内部犯罪案件的发生，保持了队伍纯洁稳定。

提高执法能力，规范执法行为。按照部局统一安排，6月份与法制处合作举办了全区边防检查站执行《公安机关办理行政案件程序规定》培训班，从实体运用和程序操作两方面对各站法制和业务参谋进行了集中培训。指导和督促各站采取“请进来，走出去”的方式，聘请地方法律专家授课和辅导，派出业务骨干到地方执法部门学习，有效提升了队伍整体法律素质。年内总队开展了“季度执法评议活动”，每季度按一定比例调阅抽查各站执法案卷，对办案程序是否合法、定性是否准确、处罚是否得当等内容进行考评，定期将评比情况通报全区，边检执法水平明显提高。与法制处一同对年内发生的首起行政复议案件进行认真研究并按照法定程序进行了调查和答复，掌握了执法工作的主动权，积累了一定的应对经验。

【努力提升会谈会晤工作层次】 进一步规范会谈会晤工作。总结与俄、蒙边防部门工作交往经验，按照部局下发的《公安边防外事工作规定》，结合全区公安边防会谈会晤工作自身特点，在边管、法制、办公室大力配合下，出台了《内蒙古公安边防总队会谈会晤工作规范》（试行），指导各边检站稳妥有效地开展与俄、蒙对应边防代表机构的涉外交往。全年共批复各边检站各类工作会谈及友好活动方案21个，审批调整7个会谈会晤班子；总队及各边检站共与俄蒙对应边防代表机构举行工作会谈20次，会晤265次，直通电话联系472次，友好活动10次。对外交往中坚持以我为主和“有理、有利、有节”的工作原则，达到了预案周密、程序正规、安全顺利、简洁高效、资料完备的工作要求，进一步健全了会谈会晤工作机制。

为促进地方经济发展发挥明显作用。经总队批准，策克、甘其毛道、珠恩嘎达布其边检站与蒙边防部门协商一致，放宽中蒙边民出入境通行证的使用范围，为“中国华北石油管理局国际工程公司”、“中国有色金属建设股份有限公司”、“广东三和”、“广东普兴”、“内蒙庆华”等国内大中型企业赴蒙边境地区开矿、采油及通关提供极大便利。黑山头、满洲里、海拉尔、二连等边检站积极与俄蒙方进行磋商，共同研究确定跨界施工方案，有力支持了黑山头、额布都格口岸界河桥以及中国网通、中国电信公司与俄、蒙国际光缆对接施工的顺利进行。满洲里边检站还与俄罗斯后贝加尔边检站建立了双方站长现场联合办公的有效制度，共同实地解决通关不畅、工作效率不高等各类影响口岸秩序的突出问题。遇有双方重要政府和经贸团组出入境时，双方共同实行预报预检，最大限度缩短了通关时间。总队及各站积极开展涉外工作联系，有力支持地方经济发展的做法，受到自治区主席杨晶及各有关部门的多次肯定和赞扬。

总队继续与俄、蒙保持高层交往。年初以来，在继续与俄联邦后贝加尔地区边防局、蒙古国边防总局保持信函往来、畅通会谈联系渠道、定期相互通报口岸及边境地区各类情报信息的基础上，根据俄罗斯边防体制发生较大变化的情况，按照公安部与俄边防总局签订的合作协议和三个议定书确定的原则，年内通过出访俄罗斯并签署《工作会谈纪要》，正式与俄联邦安全总局西伯利亚联邦区地区边防局建立了工作交往制度，继续保持了与布里亚特—赤塔州边防局的工作联系，拓展了对俄工作交往层次。通过会谈与俄方就明年开展口岸地区反恐联合行动、满洲里—后贝加尔斯克口岸实现24小时通关等事宜达成了一致，使双方的工作配合取得了突破性进展。

内蒙古出入境边防检查情况统计表

			总计	入境合计	出境合计	出入境旅客(人次)										
						合计	入境方式					出境方式				
							小计	飞机	火车	汽车	徒步	小计	飞机	火车	汽车	徒步
甲			1	2	3	4	5	6	7	8	9	10	11	12	13	14
总计		A	2871523	1430436	1441087	2296421	1142774	2793	107952	1032029		1153647	2893	144875	1005875	4
中国籍	合计	B	746502	364933	381569	561946	272483	1124	28817	242542		289463	1336	51612	236511	4
中国籍	内地公民 小计	C	745902	364653	381249	561346	272203	1006	28716	242481		289143	1246	51470	236423	4
中国籍	内地公民 因公	D	282415	141064	141351	166707	83200	252	2004	80944		83507	288	3214	80005	
中国籍	内地公民 因私	E	463487	223589	239898	394639	189003	754	26712	161537		205636	958	48256	156418	4
中国籍	香港	F	305	128	177	305	128	24	57	47		177	21	76	80	
中国籍	澳门	G	21	9	12	21	9		6	3		12	8	4		
中国籍	台湾	H	274	143	131	274	143	94	38	11		131	69	58	4	
外国籍		I	2125021	1065503	1059518	1734475	870291	1669	79135	789487		864184	1557	93263	769364	
华侨		J	961	367	594	961	367		182	185		594		379	215	

出入境服务员工(人次)									出入境交通运输工具									
合计	入境方式				出境方式				合计	飞机(架次)			火车(列次)			机动车辆(辆次)		
	小计	飞机	火车	汽车	小计	飞机	火车	汽车		小计	入境	出境	小计	入境	出境	小计	入境	出境
15	16	17	18	19	20	21	22	23	24	25	26	27	28	29	30	31	32	33
575102	287662	2234	26591	258837	287440	2260	26777	258403	508164	569	285	284	12700	6309	6391	494895	248037	246858
184556	92450					29	6638	85439	172877	6		6	2084	1024	1060	170787	85733	85054
18456	92450					29	6638	85439	172867	6		6	2084	1024	1060	170777	85723	85054
11708	56864					29	6638	51177	—	—	—	—	—	—	—	—	—	—
68848	34586						34262	—	—	—	—	—	—	—	—	—	—	
									10							10	10	
390546	195212	2234	19921	173057	195334	2231	20139	172964	335287	563	285	278	10616	5285	5331	324108	162304	161804
—	—	—	—	—	—	—	—	—	—	—	—	—	—	—	—	—	—	—

内蒙古出入境检验检疫局

2004年是内蒙古检验检疫工作改革、创新、发展较快的一年。全区系统按照“三个代表”的要求，认真贯彻党的十六大和十六届三中、四中全会精神，全面落实国家质检总局和自治区的各项工作部署，坚持创新务实高效的工作思路，严格把关，完善服务，较好地完成了年初确定的工作目标任务，口岸过货量首次突破2 000万吨，检验检疫业务量再创历史新高。

1－12月，共检验检疫出入境货物14.6万批、33.3亿美元，与同比分别增长16%和45%。其中出境4.4万批、8.7亿美元，分别增长17%和18%。主要出境货物有：羊绒衫、硅铁、纯铝、山羊绒、服装、番茄酱罐头等；入境货物10.2万批、24.6亿美元，分别增长14.9%和57.4%。主要入境货物有：原油、原木、铜精矿、木浆、化肥等。

检验检疫出入境动物及其产品1 811批、4 914万美元，同比分别增长9%和32%。检验检疫出入境植物及其产品10.4万批、6.8亿美元，分别增长16%和24%。

边贸出入境商品13万批、23.8亿美元，同比分别增长19%及65%。

【狠抓各类疫病疫情和有毒有害物质的防范工作】 加强了口岸卫生检疫工作。第一，进一步完善口岸鼠疫、禽流感和非典等各类重大疫情疫病的风险预警机制和快速反应机制，健全口岸疫情防控体系，加强对疫情信息、情报的收集和通报制度；第二，继续抓好口岸防SARS工作，在满洲里和二连两个口岸局配备了先进的检测仪器，坚决做到“五个到位，五个不漏”；第三，加强对出入境人员、交通工具、集装箱、邮寄物、货物的卫生检疫查验。认真执行《出入境人员卫生检疫查验操作规程》，确保了口岸卫生检疫查验各项制度、措施落到实处。全年共检疫查验出入境人员223万人次，同比增长16%。检疫交通工具飞机587架，增长4%。火车41.7万节，增长79%；汽车37.8万辆，增长19%。实施集装箱卫生检疫1.2万个。查验邮包2.6万件；第四，认真做好出入境人员的健康体检、传染病监测监管和出境人员的免疫接种工作，完善监测设备，提高监测水平。全年共办理出入境人员监测体检4.5万人，与上年同比增长64%。发现病例7 203例，其中性病61例、艾滋病病毒感染者5例、其他传染病982例、非传染病6 155例。预防接种2.3万人；第五，强化口岸卫生监督。对口岸交通工具、餐厅、食品加工厂、口岸互贸区等场所和从业人员进行了卫生监督检查，加强了医学媒介生物监测和卫生监督建档工作；第六，加强卫生处理，开展了对卫生处理工作的专项检查，对查出的问题及时进行了整改。同时在重点公路口岸引进了先进的消毒处理设备，使卫生处理工作更加规范、安全、有效。全年共对565架次飞机、24万辆次汽车、26万节次火车、58万吨废旧物品、7具尸体棺柩进行了卫生处理；第七，加大了对口岸鼠疫预防和疫情监测力度，充分发挥了华北五省局鼠疫联防小组成员的技术主导作用。2004年3月二连口岸地区发生鼠间鼠疫疫情后，一方面立即启动《口岸鼠疫应急控制预案》，做好隔离、检验、诊断和卫生处理等应急准备，一方面与当地防疫部门协同作战，组织力量对铁路、公路口岸和边境地区进行疫情检测和封堵灭鼠，对车站、出入境交通工具、货物及仓储场所进行卫生消毒处理，有效控制了疫情的传播。

加大口岸进出境动物及其产品的检疫查验力度。年初蒙古国部分地区发生口蹄疫疫情后，在中蒙边境口岸立即启动了应急处理快速反应预案，制定了严查严防措施，加强了各口岸的查验消毒工作，始终保持严防死守的高压态势，对违禁的入境动物及其产品坚决予以退回或销毁，有效地防止了疫情的传入。全年共退运各类违禁皮张8 967张，绒毛类5 668公斤，肉类4 725公斤。销毁牛羊皮13 569张，狐狸、旱獭皮2 358张，肉类3 615公斤，绒毛类3 695公斤。同时还加大了对各口岸出境和过境动物产品的查验力度，在二连口岸查获并集中销毁了来自古典猪瘟疫区韩国的冻猪肉43吨，这是全局近年来查获的最大一起来自疫区的非法过境动物产品案件。

全力做好禽流感预防工作。禽流感发生期间，多次深入禽肉类出口企业，督促检查指导禽流感防控工作，严格生产、加工、运输等过程的监督管理。同时联合当地畜牧兽医等部门对禽类产品加工点、冷库、集贸市场进行全面清理检查，确保禽肉安全卫生。禽流感疫情过后，为尽快恢复禽肉出口，及时深入各禽肉类出口企业饲养场、加工厂、兽药厂、饲料厂进行调研，为提前恢复出口创造条件。经过努力，在禽流感后期草原兴发的首批24吨冻鸡产品和塞飞亚加工生产的50吨鸭肉熟食原料于5月份顺利出口到香港等地区。

加强对入境木材及货物木质包装的检验检疫。对入境木材继续实行境外预检、口岸检疫查验熏蒸处理和后续监管相结合的检验检疫监管模式，截获了20多种有害生物。全年共进口木材882万立方米（原木822万立方米、板材60万立方米），货值5.9亿美元，较上年同比分别增长17%和40%，继续保持了全国第一大口岸木材进口量地位；加大对入境货物木质包装的检疫查验力度，多次截获了有害生物，检出率不断提高。从奥地利进口的货物木质包装中检出2种有害生物，从德国进口的货物木质包装中检出了国家禁止入境的二类检验检疫性害虫—松材线虫，这是继2003年从美国入境的木质包装中截获该害虫后，再次截获该有害生物，也是内蒙古地区首次从非疫区国家进境货物木质包装中截获的松材线虫。

严格对进口废物原料的查验把关。针对上半年俄罗斯对废物原料出口开始解禁，从口岸入境的废钢铁、废铜等大幅度增加的情况，适时制定和规范了废物原料存放货场管理办法，加大了放射性监测和查验力度。到12月底，共进口废金属55万吨，检测出不合格及放射性超标废金属203吨，查出各种废弃炸弹、炮弹82枚和80多个密闭容器，有效控制了有毒有害物质流入国内。

【提高服务水平，积极支持地方经济发展】 推动开展了出口农产品基地标准化建设。针对全区没有出口蔬菜基地的状态，创新工作思路，向当地政府建议转变经营方式，在部分地区推动开展了出口蔬菜种植基地的培育和建设。充分利用检验检疫政策、技术和信息优势，对企业和农户的种植和加工技能进行指导和培训，引导和帮助对种植基地进行规范化、标准化管理，提供国外蔬菜需求信息，使出口蔬菜全部符合国外市场的要求，扩大了出口。目前已培育了多种绿色有机蔬菜出口基地，面积达30多万亩，已出口到日本、韩国、港澳等国家和地区7 000多吨，货值达233万美元，农民依托出口蔬菜种植每亩增收400多元。

积极支持配合自治区开发引进境外资源性产品，利用俄、蒙资源促进经济发展。在检验检疫政策和技术方面给予全程服务，多次深入策克和甘其毛道口岸及蒙古国煤矿进行考察，了解口岸的设施建设和蒙古国煤矿储量、品质，与蒙方有关机构协调检验检疫方面的事宜。根据调研结合口岸实际，对进口原煤采取分类管理的监管模式，既减轻了企业负担，加快了通关速度，又缓解了口岸检验检疫人员不足的矛盾。2004年共进口原煤160万吨。

大力扶持企业创建名优品牌。经过认真组织、指导、审核和积极申报，在扶持企业创建名优品牌方面取得了较好成绩，帮助草原兴发等7家企业获得了国家地理标志注册证书，2家企业获得了原产国标记证书，有2家通过了总局专家组的审核，鄂尔多斯羊绒制品、通辽肥牛等一批品牌已驰名中外，名牌效益已经显现。

全力做好向约旦出口活羊检验检疫工作。向约旦出口活羊，是中断8年后我国出口活羊首次重新打入中东市场，内蒙古局紧紧抓住这个难得的机会，按照总局和自治区政府联合召开的关于恢复向约旦出口活羊协调会精神以及总局工作部署，确立了从源头抓起，确保优质、安全、高效的指导思想，在采取严格的检验检疫监管措施的同时，把为企业、为农牧民服务与执法把关有机结合起来，尽力提供灵活便捷、高效优质的服务，因地制宜地采取了特事特办的临时检疫措施，减少出口费用和成本，确保出口活羊优质优价。在任务重、压力大、风险高的情况下，经过57天的紧张工作，顺利完成了147 039只活羊的出口任务。

大力推行自愿性产品认证。共帮助10家企业获得了QMS认证证书，1家企业获得EMS认证证书。同时还加强对认证企业的后续监管，监督审核企业48家，暂停或撤销认证证书8家，促进了企业产品质量和管理水平的提高。

加大普惠制宣传力度，提高企业出口产品在国际市场竞争力。全年共签发普惠制原产地证书2.3万份，签证金额1.9亿美元。分别比上年同期增加7 222份、1 251万美元；签发一般原产地证书744份、1.1亿美元。同比增加130份、5 228万美元。

【努力推进"大通关"建设进程】 加快"三电工程"推广和应用步伐，电子报检率、产地证电子签证率、电子转单率均达到100%；大力实施"绿色通道"制度，积极向总局申报内蒙古山丹羊绒公司、包钢稀土有限公司等15家企业获得了"绿色通道"的便捷通关优惠待遇；在主要公路口岸，与海关实行资源共享，实现了"一机两屏"的查验监管新模式；推进直通模式，打造口岸"快速通道"。经过与蒙方协商，在阿日哈沙特口岸实施了《出口商品加施检验检疫标识管理办法》，使得经全局检验检疫出证和加帖标识的商品可在该口岸直接通关，通关速度提高了4倍。二连局实验室获得蒙古国认可后，在认可商品范围内，经二连局检验合格的商品，蒙方予以免检，实现了一个标准、一次检验、双方接受、便捷通关的目标。在后贝加尔，认真与俄方做好对我国出口水果蔬菜的共同交接检验工作。经过努力与俄方达成协议，凡是满洲里局检验检疫后出具证书的水果蔬菜，到达俄方赤塔州后，一般季节俄方不再检测，使出口水果蔬菜提前7天在俄方市场上市，腐烂率大幅降低。2004年经满洲里口岸出口的水果蔬菜达19万吨，同比增长19%。呈现出品种多，质量好、通关快、出口量增加、一年四季均能供应的良好势头。

【检验检疫监管模式采取新举措】 在总结和完善以往分类管理办法的基础上，加大分类管理力度，根据农产品、机电产品、轻纺产品等出口企业的管理水平、产品质量、信誉程度和考核情况，扩大分类管理范围；针对口岸大型仓储库大批量入库，小批量多次出库的特点，实行一次检验检疫、分批出证核销的灵活办法，适应了边贸批量小、批次多的要求，大大降低了企业费用。对原木监管由过去的报检报验—货物换装—熏蒸除害—通关放行"四站式"监管模式改变为一次报检直接出具《通关单》放行的"一站式"监管模式，减少作业流程，通关时间由原来的3天缩短为30分钟。同时为减轻口岸木材运输压力，增设木材熏蒸地点，对进境木材实施24小时熏蒸除害处理和有效监管，随时到随时熏蒸处理，通关时间缩短近8小时。在满洲里、二连公路口岸实行"受理报检—查验检疫—计收费—刷卡录入—签字放行"流水化作业，对出入境车辆实行客货分流的分类管理模式。

【狠抓源头，提高检验监管效率】 强化对涉及安全、卫生、健康、环保等重点、敏感商品的检验检疫监管。对最大宗的进口原油的检验能力大大增强，基本能独立开展所要求的检验项目，确保了原油的质量。全年共检验进口原油 658 万吨、18 亿美元，较上年分别增长 1 倍和 1.7 倍；严格对进口旧机电产品的备案管理和大型进口设备的质量监管，对国家限制进口和禁止进口的设备认真核对和检查。全年共进口旧机电产品备案金额 1 555 万美元；针对近几年进口铜精矿放射性超标比较严重的情况，严密监测严格监管，及时向有关企业转发总局的警示通报，加大风险分析力度，确保高风险产品进口安全。到 12 月底共检验进口铜精矿 63.6 万吨、3.7 亿美元，列进口货物的第三位；加强了对硅铁、纯铝、稀土等重点出口产品检验和监督管理，严格执行规定标准，扩大检验项目，确保安全出口。共检验出口硅铁 15.5 万吨、1 亿美元，纯铝 5.9 万吨、9 345 万美元，稀土 9 930 吨、1 968 万美元；努力把羊绒及其制品从感官检验模式向涉及安全、卫生、环保和反欺诈项目检验模式转变，使出口量迅速攀升。共检验出口羊绒衫 609 万件、1.7 亿美元，同比增加 167 万件，位居全国羊绒衫出口第一。

加强对农产品及水果蔬菜的检验检疫。对出口玉米、小麦、马铃薯和番茄及其罐头等从源头抓起，向种植、加工、储存、出口过程延伸，加强对种植基地和加工点的监管，对仓库进行现场抽查，严格对农药残留的监控。同时把日常监管和生产过程监管与最终检验检疫结合起来，使出口农产品、水果蔬菜质量逐步提升。全年共检验检疫出口小麦 15.7 万吨，同比增长了 7 倍。水果 14 万吨，增长 30%。蔬菜 13 万吨，增长 10%。此外，对蒙古国的小麦种植、麦麸生产、有害生物发生情况进行考察和风险分析与评估，做好了从蒙古国进口麦麸的准备工作。

确保进出口乳制品安全。针对出口港澳乳制品增长迅速的情况，从源头抓起，对奶牛养殖、原奶收购、原奶运输、原奶检验、原奶加工等过程进行严格监管，加强药残监控。共检验检疫出口牛奶 8 116 吨、560 万美元，与上年同比分别增长 78.9% 和 86%；在劣质奶粉事件后，及时对进口奶粉进行了市场检查，保证了进口奶粉市场的质量。

严把出口肉类检验检疫关。把监管工作向饲养过程延伸，对出口肉类饲养场继续实行"五统一"和"一体化"管理，坚持驻厂兽医、技术员管理制度，强化出口企业管理人员和技术人员的培训，加大对药物残留检验和新城疫、禽流感疫情监测力度。严格卫生注册和备案管理，监督检查了已经备案的 62 家出口禽肉类养殖场，对 19 家申请备案的养殖场进行了考核备案。全年共检验检疫出口牛羊禽等肉类 5 855 吨、1 381 万美元。与上年同比分别增长 6% 和 44%。

认真做好供港活牛的检验检疫监管工作。首先，加强疫病防治和药残控制，对活牛入出场隔离检疫、启运前车辆消毒和挑选进行严格防疫和监督，对 7 种禁用药和 37 种限用药全部实施药残检测，对各牛场的消毒药剂、使用方法，饲料和饲料添加剂来源实行全程监控，确保供港活牛安全和质量；第二，加强对注册牛场监管。对 16 家注册育肥场进行年审，其中对 4 家在管理中存在问题的牛场取消了注册资格，对 9 家牛场分别提出了进一步改进和加强管理的意见。同时，积极帮助注册牛场推行 ISO9000 质量管理体系，全面提升管理水平。全年共出口活牛 5 387 头，比上年同期增加 1 410 头，合格率 100%，优质率 99% 以上。

加强报检单位备案和代理报检单位的管理，严格审查，对个别不够资格的企业，责令其停止代理报检，限期整改。目前已备案的一般报检单位 93 家。认真组织完成了两次报检员全国统一考试，1 779 人报名参加，有 300 人获得了报检员资格。

认真做好认证注册工作。完成 33 家新注册企业、4 家复查换证企业、12 家 HACCP 官方验证的审批、发换证工作，取消了 22 家企业卫生注册资格，推荐了 3 家企业向韩国、日本、欧盟注册。

在全区范围内与工商局、质量技术监督局等部门共同举办了“3·15”和“全国质量月”宣传咨询和相关政策法规知识的宣传活动。加大旅贸商品查验力度,查验货包53.3万个,查出“三无”假冒商品3 718货包,货值65万美元。

【科研创新和实验室检测能力有新突破】 大力实施科技兴检战略,实验室检测水平明显提高,自己独立开展的检验项目明显增多。首次开展了对进境货车携带铺垫材料的检疫,对食品新开展了铅、砷、锰等12种元素的检验,对乳制品新开展了蛋白质、亚硝酸盐、黄曲霉毒素M1的检验,对纺织品新开展了19个检验项目,对出口人造板新开展了甲醛的检验检测。包头局冶金化矿实验室顺利通过了国家认监委组织的有关项目分析能力验证(国际比对试验),取得了满意结果。内蒙古局技术中心实验室和二连局实验室通过了国家认监委组织的应用“酶联免疫吸附试验”检测牛羊副结核病的水平测试。二连局实验室通过了CNAL认可/计量认证“二合一“评审。同时该实验室还通过了蒙古国标准计量局的国际认可实验室评审。在季节性口岸还开展了入境绒毛类产品含脂率的检测,增强口岸快速检测能力。

引进和培养科技人才步伐加快,通过采取返聘和招聘人才、确定学科带头人、建立全区系统专业技术人才库等措施,科研创新能力明显增强,许多科研攻关项目有了新的进展。主要用于皮张炭疽菌检验的项目已经完成,正在等待鉴定中;对羊绒平均长度用两种测试方法的计算试验已经完成;在总局立项的两项行业标准已经上报总局审定;自选开展的几个科研项目有的已经完成,有的即将完成;雪糕李斯特菌检验、牛奶商业无菌检验、脱水胡萝卜规格项目检验标准、进口木材害虫的检疫鉴定等研究均有所突破。

2004年是向国家质检总局申报科研制标项目和科研课题最多的一年,向总局申报了8项科研制标项目和13项科研课题,其中两项科研制标项目和两项国家级重点科研课题获得批准立项。

【队伍和作风建设得到加强】 两级班子以增强立检为公、执政为民意识和提高能力为重点,坚持中心组学习制度,努力转变观念,提高理论水平。坚持务实创新,落实好科学发展观。坚持民主生活会制度,改进作风,增强团结。坚持民主集中制度,凡是重大决策、资金使用、人事任免都经党组集体讨论决定。认真践行“三个代表”重要思想,各级领导能主动坚持深入企业和口岸一线现场办公,开展调查研究,努力建设学习型、创新型、实干型领导班子。

干部教育培训力度加大。制定了“十五”培训实施意见和2004年教育培训计划。实行选送地方培训、部门培训与自主培训相结合,充分依托各级党校和国家质检总局进行培训。有4名局级干部、20名处级干部分别参加了中央党校、内蒙古党校和总局培训,6名同志参加了总局举办的英语和业务培训,对16名新录用的公务员、事业单位人员进行了岗前培训。

人事制度改革步伐加快。在提拔的17名科级干部中,有7人通过竞争上岗走上科级领导岗位。制定了重要和关键岗位工作人员以及分支机构主要领导定期轮岗制度。满洲里和二连两大口岸局已经交流轮岗63人,其中处级干部8人,科级干部13人,一线重要和关键岗位工作人员42人,强化了执法人员工作质量和执法行为的监督管理;坚持逢进必考的用人制度,严把进人关,把吸纳应届大学毕业生作为主要进人渠道。2004年,经过认真考核,录用了6名公务员和事业单位的7名工作人员;严格执行《党政领导干部选拔任用工作条例》,在选拔任用领导干部工作中,认真落实民主推荐、民意测验、民主评议、任前公示、任职试用期等制度,对提拔的所有副科级以上干部都实行任前公示,对试用期满的11名干部进行了考核。

组织党员干部开展了《中国共产党党内监督条例》和《中国共产党纪律处分条例》的学习宣传教育活动。认真落实领导干部述职述廉制度和党风廉政建设责任制度,部分单位开展了党员佩带党徽活动，强化了对党员和领导干部的监督。以落实“八严禁”和“四大纪律、八项要求”为重点，实行政务公开、检务公开。各单位、各部门通过问卷调查、定期检查、召开座谈会、聘请行风和廉政建设监督员等多种形式广泛征求企业的意见和建议，不断改进工作作风。加强了对“一把手”的离任审计，有计划地开展财务内部审计，审计总金额 2 580 万元，对审计出的问题积极进行了整改，充分发挥了纪检监察和审计监督作用。认真做好信访举报和案件查办工作，及时调查核实，决不压案、拖案。

【内部管理水平有了新的提高】 全面实行了工作目标管理制度，制定了奖惩办法，调动了工作积极性，强化了工作责任心。包头和赤峰局实行的机关标准化质量管理体系逐步完善。公文、档案管理进一步规范，信息宣传报道有重大突破，督查督办力度加大。紧缩招待、旅差费用开支，压减会议，精简公文取得明显效果。加强对临时雇用人员的管理，对临时雇用人员的基本情况进行了调研，健全和完善了管理措施。《内蒙古检验检疫志》的编修工作即将完成。

严格财务管理。认真落实新的检验检疫财务管理制度，完成了新旧财务管理系统的转换工作。强化财务预算管理，严格执行收支两条线的规定，按时足额上缴预算外资金收费。严格执行国家新的收费标准，主动征求企业意见，接受社会监督，加强收费管理。特别是吸取海南局收费发生问题以后的教训，及时对计收费执行情况和财务管理情况进行全面检查，把口岸的计收费、各单位事业收费和经营服务性收费作为检查的重点，对存在的问题进行了整改，有效保证了新收费办法的严格执行，减轻了企业负担。加强了国有资产管理，认真完成内蒙古局新建综合实验楼的审计工作，赤峰局办公楼已开工建设。

积极推行事业单位改革。商检公司的改革进一步深化，完成了内蒙古局、满洲里局和二连局保健中心以及其他事业单位独立法人的注册登记工作。对全区系统保健中心专业技术人员资格、仪器设备、业务开展情况进行了专项检查和清理整顿，进一步加强和规范了各保健中心的管理。

【严格依法行政，提高执法水平】 加强行政执法监督工作。坚持岗前培训、持证上岗制度，规范检验检疫执法行为。认真贯彻落实《行政许可法》，在全区系统举办了《行政许可法》学习班，组织了公务员《行政许可法》知识考试。向总局和自治区政府上报了行政许可的清理项目。认真落实全国部分检验检疫局长座谈会精神，查找了进口废物原料、肉类、水果及其动植物产品在检验检疫监管方面，特别是口岸存在的问题，针对检查发现的问题，及时进行了整改。

抓好“四五”普法计划的落实，建立执法人员学法考试备案管理制度和上岗执法资格考试管理办法，完成了干部学法用法档案的登记、造册、保存、管理工作，推进了全局干部法律教育培训的制度化和规范化建设。

积极参与和支持各季节性口岸的规划和建设，进一步完善了口岸管理制度。开展了与蒙古国检验检疫方面的技术交流，为蒙古国培训了 10 名技术人员。加强与俄、蒙有关机构的沟通与合作，较好地解决了在出口产品中存在的问题。

【精神文明建设取得新成绩】 深入学习“三个代表”重要思想，认真贯彻党的十六届三中、四中全会精神，组织开展了向牛玉儒同志学习活动和“执政为民，加快发展”主题教育活动，增强了广大干部的立检为公、执政为民意识。大力开展创建青年文明号和争当青年岗位能手活动，有 35 名青年职工被评为自治区级“青年岗位能手”，2 个集体被命名为自治区级“青年文明号”，1 名同志和 2 个部门被国家质检总局分别评为先进个人和先进单位。满洲里局被评为自治区职工职业道德先进单位。许多地区局获得盟市级文明标兵单位称号。积极参加“春雨助残”工程、扶贫助学、抗旱救灾等捐款捐物活动，提高了干部职工的思想道德水平和诚信意识。

内蒙古检验检疫局业务统计表

金额单位：万美元

	货物检验检疫																			
	总计				商品检验				动物及动物产品检疫				植物及植物产品检疫				食品及化妆品			
	批次	金额	检验检疫不合格		批次	金额	检出不合格		批次	金额	检出疫情		批次	金额	检出疫情		批次	金额	检出问题	
			批次	金额			批次	金额			批次	金额			批次	金额			批次	金额
合计	146290	333451	2017	951	143857	325789	2015	950	1811	4913	2	1	103992	68232	1		2179	4631	1	2
出境	44428	87080	116	238	43136	84159	114	237	1110	2543	2	1	25485	10097	1		2147	4590	1	2
入境	101862	246371	1901	713	100721	241630	1901	713	701	2371			78507	58135			32	41		

监测体检及预防接种（人次）				交通工具检疫				集装箱检疫	
监测体检	艾滋病监测	发现病例数	预防接种	火车（节）	汽车（辆）	轮船（艘）	飞机（架）	合计	检出问题
44640	44524	7203	22787	416505	377924		587	12213	
29044	28936	7162	22787	161678	187211		290	4827	
15596	15588	41		254827	190713		297	7386	

内蒙古口岸大事记

1月7日

蒙古国海关总署署长巴特尔和蒙古国苏赫巴托省省长达喜苏荣一行来东乌旗访问,并与东乌旗政府关于加快口岸建设、矿产开发事宜达成合作意向。

1月8日

中国新巴尔虎右旗—蒙古国东方省第二届新春联谊暨经贸洽谈会在蒙古国乔巴山市举行,中国代表团50多人受到了蒙方的热情接待。双方在本次联谊暨经贸洽谈会上签定了《经济贸易合作》、《文化艺术交流》、《边境草原防火》等三个意向书。

1月10日－12日

在呼和浩特召开全区检验检疫系统局长工作会议。

1月12日－13日

全区商务和口岸工作会议在呼和浩特市召开,各盟市外经贸局、各口岸委办、联检联运单位及自治区有关部门的负责人参加了会议,自治区副主席余德辉应邀出席会议,并做重要讲话。

1月15日－20日

内蒙古出入境检验检疫局副局长斯勤夫带队一行3人赴日本执行进口旧电器境外检验任务。

2月24日

满洲里主任张敬华、副主任孙立新参加中俄满洲里—赤塔区域协调联络工作组第三次会谈。

3月4日

以国家民族事务委员会主任周明甫为团长的代表团一行在自治区副主席郝益东的陪同下,参观考察了满洲里公路口岸。

乌云毕力格同志任二连口岸办主任。原主任史满录同志任调研员。

为全面落实呼关党组关于进一步推进关区边疆文化长廊建设工作精神,展现关员精神风貌和丰富业余文化生活,二连海关经过选拔,组建了建关以来规模较大的一支民族乐队。乐队成员由13人组成。

3月8日

二连边检站成立了女子检查科,并正式在二连公路口岸现场执行查验任务。

3月10日

满洲里新粮口岸果菜出口基地海关监管场所举行揭匾仪式。

3月19日

自治区副主席周德海视察二连公路口岸。

3月25日

二连海关妇委会被全国妇联授予“三八红旗集体”荣誉称号,同时还被锡林郭勒盟妇联授予“先进基层组织”及“三八”红旗集体荣誉称号；其木格同志被内蒙古妇联授予“五好文明家庭”称号。

3月26日

满洲里海关与总署的2MSDH专线顺利开通。

4月5日－8日

蒙古国东方省省长德·奥德巴雅尔率团访问新右旗、满洲里等地。

4月7日－8日

中俄满洲里—赤塔区域协调联络工作组第四次工作会议在俄罗斯赤塔市召开。

4月8日

策克口岸隆重举行嘉玉关—策克（酒钢专用）铁路开工奠基仪式。

4月12日

由电子口岸办组织铁道部信息技术中心运输局、呼和浩特铁路局、海关总署科技发展司和监管司、呼和浩特海关联合测试组，对二连铁路口岸信息平台进行了联调测试。验收小组一致认为：信息平台测试情况较为稳定、安全可靠、信息的传递快捷方便、文档资料齐全，6月1日将正式在二连口岸切换并试运行。

4月18日

东乌旗人民政府援建从珠恩嘎达布其口岸至蒙古国毕其格图口岸输电工程竣工投入使用。

4月19日

按照呼伦贝尔市经贸代表团2003年10月访问蒙古国东方省期间与东方省达成的协议，中国呼伦贝尔市—蒙古国东方省首次实现了地区间互派留学生共7人，其中中方4人，蒙方3人。

4月21日

内蒙古出入境检验检疫局召开党组会议，研究甘其毛道口岸的管理问题，决定甘其毛道口岸检验检疫划归包头市出入境检验检疫局管理。

4月22日

自治区副书记、常务副主席岳福洪一行工作组到策克口岸检查指导工作，并到蒙古国那林苏海特煤矿考察工作。

4月26日

策克口岸海关监管业务由呼和浩特海关移交包头海关监管。

4月26日－27日

内蒙古出入境检验检疫局副局长斯勤夫和有关处室负责任人赴包头局检查口岸工作，并交接了甘其毛道口岸检验检疫监管工作。

5月

满洲里检验检疫局引进的两台车载式放射线辐射测量仪，日前在满洲里铁路口岸和阿日哈沙特公路口岸投入使用。至此结束了以往由人工手携检测仪进行检验的历史，这对口岸严防具有放射性危害货物的进入，保护环境和口岸联检工作人员及口岸人民的生命安全都具有重大意义。

5月16日

策克口岸监管区举行内蒙古策克口岸贸易经济区开工奠基仪式。

5月26日

蒙古国财经部部长乌兰和国会议员助理钢·朝克图一行来珠恩嘎达布其口岸访问。

5月29日

中国驻蒙古国大使高树茂、经济参赞宋学军等一行到珠恩嘎达布其口岸视察工作。

5月30日

满都拉口岸在第二季度开放15天中，货运量首次突破万吨。

6月1日

中蒙口岸第一大桥额布都格——巴彦呼舒口岸界河桥正式破土动工。大桥总投资520万元、长164.9米、宽5.5米。

自治区民政厅以［2004］46号文件批准撤销呼布钦高毕苏木，设置嘎达布其镇。

6月4日

呼和浩特海关副关长周凤琴带领职能部门负责人赴包头稀土高新区，对西北地区第一家、也是包头关区首家公用型保税仓库——西捷公用保税仓库进行了实地正式验收。

6月8日

自治区党委书记储波、自治区主席杨晶到新粮果菜出口基地视察。

6月11日

满洲里海关新监管模式正式运作。

6月14日

二连公路口岸开关时间调整到北京时间8:30，并进一步明确了开闭关时间中午11:30—12:30为午餐时间，下午17:00闭关。

6月15日

由包头市西捷物流有限责任公司承建经营的包头稀土高新区海关公用保税仓库正式开业，结束了我国西北地区无公用保税仓库的历史。

6月15日－17日

黑龙江、吉林、内蒙古检验检疫局马铃薯甲虫疫情监测工作会议在内蒙古满洲里市召开。有18名专家参加会议。会议总结、交流了各地在马铃薯甲虫疫情监测工作中好的经验和做法；研讨和完善马铃薯甲虫监测方案，交流各地在马铃薯甲虫疫情监测协作方式；实地参观马铃薯甲虫疫情监测点。这次会议对今后3省区做好马铃薯甲虫疫情监测工作具有重要的指导作用。

6月21日

满洲里海关与电子口岸数据中心、中国农业银行内蒙古分行分别签署了网上税费支付协议，这是满洲里海关与首家银行签署网上支付协议。

6月24日

珠恩嘎达布其口岸至乌里雅斯太镇签署白音华—珠恩嘎达布其口岸—乔巴山铁路项目合作意向书。

6月29日

缉私局举办海关缉私系统蒙汉文字对照2002版刑事法律文书制作系统培训班。该套系统是我国第一套加入少数民族文字的刑事法律文书制作系统。

6月30日

呼和浩特海关举行中国电子口岸数据中心呼和浩特分中心成立挂牌仪式，内蒙古自治区副主席乌兰与呼关关长臧玉健为数据分中心牌匾揭幕。

7月

黑山头、室韦两口岸有线电视贯通。

7月1日

中午12:00，二连铁路信息平台终端设备安装完毕，试运行取得初步成功。

7月6日

全国政协原副主席孙孚凌一行到新公路口岸、菜果出口基地视察。

7月8日

中俄满洲里—赤塔区域联络工作组第五次会议在满洲里市举行。中俄双方就口岸、互贸区、旅游、通信和国际定期旅客班车等问题进行了深入磋商并签署会议纪要。

7月10日

公安部边防局陈伟明局长等领导赴策克口岸视察工作，并慰问了一线执勤官兵。

7月11日

珠恩嘎达布其口岸联检楼及嘎达布其镇部分基础设施建设工程奠基仪式在珠恩嘎达布其口岸举行。

7月12日

驻署监察局局长要塞同志一行2人莅临呼和浩特海关区进行专题调研。

7月15日－17日

全区口岸工作会议在二连浩特市召开，自治区有关厅局、各联检单位、内蒙古军区、铁路、民航以及各盟市、旗县口岸办代表50多人参加了会议。

7月20日

自治区政协副主席包文发到阿日哈沙特口岸考察。

7月23日

鄂温克旗48人组成的代表团赴蒙古东方省，参加“阿拉得日根2004”布里亚特蒙古族那达慕。

7月27日

自治区党委副书记陈光林一行在地方领导的陪同下视察了二连公路口岸，并慰问了二连海关公路办事处工作人员。

7月29日

由海关总署、公安部、质检总局、自治区口岸办组成的国家口岸调研组来满洲里就中俄满洲里—后贝加尔斯克公路口岸实行24小时通关问题进行调研并形成了会议纪要。

8月

总投资500余万元的甘其毛道口岸通讯光缆正式开通。

8月1日

我国首次向国外开行的旅游专列由二连口岸出境。该次列车8月1日6:00抵达二连,并于当日上午9:30出境,8月15日,该次列车将由二连口岸进境返回北京。该专列共有车体10节,承载旅客293人。

8月6日

国家政协副主席陈奎元来满洲里公路口岸、新粮果菜仓储出口基地视察。

满都拉口岸成为呼和浩特关区首家实现电子报关的季节性口岸。

8月18日

应新巴尔虎右旗政府邀请,蒙古国东方省政府率团55人为参加巴尔虎蒙古族屯戍边定居呼伦贝尔270周年那达慕从阿日哈沙特口岸入境抵达阿拉坦额莫勒。

8月20日

自治区主席赵双连等领导赴策克口岸社队视察工作。

8月23日

自治区口岸经济发展座谈会暨满洲里口岸专题会议在满洲里召开,会议专题研究口岸经济发展的新思路和满洲里口岸发展的瓶颈问题。自治区政府副主席余德辉和自治区有关委、办、厅、局及各盟市70多名代表参加了会议。

8月30日

国务院副总理回良玉在自治区领导储波、杨晶的陪同下到满洲里公路口岸和新粮菜果出口基地视察。

9月

甘其毛道口岸新联检大楼及通道改造工程开工建设，该工程总投资1200万元。

9月10日

由国家商务部、国务院发展研究中心、财政部等九部委组成的调研组到满洲里公路口岸参观考察。

9月15日

总投资4 800万元的甘其毛道口岸110千伏输变电工程全线贯通,结束了甘其毛道口岸无电的历史。

9月16日

策克口岸建成并正式开通口岸镜服务区移动通讯基站。

9月17日–19日

国家质检总局副局长葛志荣在内蒙古出入境检验检疫局局长刘兴范的陪同下赴秦皇岛出席内蒙古自治区首批活羊出口约旦(43 247只)离境装船仪式。中央电视台到现场录制了检疫情况和装船实况。

9月28日

中国和蒙古双方政府分别代表本国政府签署了《中华人民共和国政府和蒙古国政府关于中蒙边境口岸及其管理制度的协定》正式生效。在该《协定》中全区二连公路口岸由双边性常年开放提升为国际性常年开放口岸;珠恩嘎达布其口岸由双边季节性开放提升为国际性常年开放口岸;阿尔山口岸由双边季节性开放提升为国际性季节开放口岸;策克口岸由双边季节性开放提升为双边性常年开放口岸;甘其毛道口岸由双边季节性开放提升为双边性常年开放口岸。

9月30日

满洲里海关累计完成税款入库22.13亿元,提前92天完成全年税收任务。

10月

包钢集团公司与蒙古国最大的国有公司—蒙俄公司达成合作开发蒙古国巴日格图、图水尔和巴彦高勒铁矿的协议,计划2005年完成可研,2006年开始建设,届时满都拉口岸年运量逐步达到500万吨。

10月11日

阿日哈沙特口岸海关生活楼工程通过验收。

10月13日

珠恩嘎达布其口岸对应的蒙古国毕其格图口岸举行口岸常年开通剪彩仪式,蒙古国副总理乌兰、海关总署署长巴特尔等参加。

满洲里铁路口岸首次出口汽车。

10月18日

内蒙古出入境检验检疫局圆满完成内蒙古第一批出口约旦10.5万只活羊的产地监管工作。

10月19日

满洲里口岸办主任张敬华随满洲里市政府代表团赴俄罗斯参加中俄满洲里—赤塔第六次协调联络会议。

10月25日

满洲里政府代表团到俄罗斯后贝加尔斯克参加俄罗斯第十个海关节庆祝活动。

10月29日

二连海关工会被授予内蒙古自治区模范职工之家荣誉称号。

上午10:00由赤塔发出的首列“赤塔—满洲里国际旅客列车”驶入满洲里站。后贝加尔铁路局、交通处有关领导及俄罗斯多家新闻媒体的记者同车抵达。满洲里市委、市政府及铁路部门的领导到车站欢迎。下午，举行了盛大的“满洲里—赤塔653/4次国际旅客列车首发式”。赤塔—满洲里国际旅客列车的运行，将给中俄两国旅游、商贸人员提供方便快捷的通道，也将对中俄两国和赤塔满洲里两地旅游和经贸发展起到积极的促进作用。

11月11日

二连公路口岸各联检单位试行中午轮流值班制度，并根据实际情况，仅对客运及车辆、人员实行中午随到随放制度，简化手续，尽可能提供优质服务。

11月15日

自治区政府副主席乌兰赴二连公路口岸视察工作。

满洲里公路口岸新特检区正式投入运营。

11月16日

自治区政府主席杨晶到策克口岸视察工作，并赴蒙古国纳林苏海特煤田考察工作。

11月18日－19日

国家质检局副局长蒲长城一行4人到呼和浩特，对全区食品质量安全专项整顿工作进行调研。

11月20日

国家建设部部长汪光焘在自治区副主席郝益东的陪同下到满洲里公路口岸参观考察。

11月21日

国家发展改革委员会能源局副局长吴吟一行赴策克口岸视察工作,并到蒙古国纳林苏海特煤矿考察。

11月24日

黑山头—旧粗鲁海图口岸界河桥改造工程中方一侧工程正式验收，并投入使用。

12月8日

满洲里公路口岸二期改造工程竣工启用剪彩仪式在公路口岸新货检区举行。自治区副主席雷·额尔德尼及呼伦贝尔市、满洲里市有关领导出席。

12月17日

随着7802次国际联运货物列车的接入，二连铁路口岸站进出口货运量突破600万吨大关，提前13天完成全年进出口运输任务。

12月21日

由俄罗斯国家杜马委员会安全事务副主席伊杰科？维克多？彼得络维奇带队的俄国家杜马议员代表团到满洲里公路口岸考察。

12月27日

满洲里海关税收入库盛况空前两税缴库30个亿。

12月28日

满洲里口岸货运量突破1400万吨庆典表彰大会在满洲里市友谊宫隆重召开。自治区党委和政府致电祝贺。

12月

满洲里边检站、策克边检站被评为全区“执法为民窗口”单位。

二连边检站被公安部荣记集体三等功一次。

满洲里边检站、二连边检站被公安部评为“三无”单位。

12月31日

呼和浩特海关两税实际入库首次突破18亿大关，同比增长73%，增收7.63亿元，再创历史新高。罚没收入入库348万元，同比增长297%，增收260万元。

辽宁省口岸工作综述

2004年，辽宁口岸按照省委、省政府总体要求，认真开展各项工作：开辟国际航线，进一步扩大对外开放；口岸运输生产、查验各项工作都取得了良好业绩；推进“大通关”工程实施，在全社会产生了广泛的影响，为辽宁老工业基地振兴和外向型经济发展营造了宽松的口岸环境。

【口岸客货运量】 2004年全省口岸货物吞吐量2.4亿吨，同比增长25.9%。外贸进出口货运量完成7 850万吨，增长5.5%。其中外贸进口4 500万吨，增长39.6%，出口3 300万吨，减少20.7%。出入境旅客176万人次，增长47%。其中海港18万人次，增长48.8%；陆路16.7万人次，增长68.7%；空港141万人次，增长44.6%。集装箱运输完成298.7万标箱，增长35%。其中外贸213.9万箱，增长38.7%。

【外贸进出口】 全省口岸进出口贸易额442亿美元，增长27%。其中进口221亿美元，增长38.4%，出口221亿美元，增长17.3%。辽宁省实现的外贸进出口总额344.4亿美元，占口岸进出口总额的77.9%，增长29.9%，其中进口155.2亿美元，增长30.1%；出口额为189.2亿美元，增长29.8%，增速比2003年高出11.5个百分点，超额完成全年180亿美元的出口目标。2004年辽宁省对外贸易具有如下主要特点：

加工贸易占辽宁外贸总值的60%，一般贸易出口快速增长。加工贸易出口95.1亿美元，增长19.6%，进口65.7亿美元，增长23.7%。外商投资企业是加工贸易的主体，占加工贸易进出口总值的80%成以上。一般贸易出口84.9亿美元，增长45.7%，进口65.5亿美元，增长37.5%，出口增幅比进口高8.2个百分点，而2003年出口增速低于进口33.4个百分点。

近年来，辽宁的软硬环境建设效果显著，吸引外资不断注入，外商投资加工贸易规模不断扩大，成为推动辽宁外贸增长的稳定力量。入世以来，在进口税率下调和省内投资、消费迅速增长的刺激下，一般贸易进口逐年大幅增长，而一般贸易出口快速增长，表明自主生产产品的出口创汇能力在迅速提高。

外商投资企业进出口稳步增长，国有企业增长步伐加快，私营企业增势强劲。2004年，外商投资企业出口109.0亿美元，增长24.6%，进口97.7亿美元，增长24.9%，略高于上年增幅，占全省的比重分别为57.6%和62.9%。

国有企业出口53.2亿美元，增长17.9%，比上年增幅提高了14.5个百分点；进口38.6亿美元，增长30.9%，提高了7.8个百分点。

私营企业外贸规模虽小，但增势强劲，尤其是出口，连续几年呈倍增态势。2004年出口18.6亿美元，增长1.5倍。

国有企业改制以后，经营效益明显好转，外贸进出口增速加快。近年来，随着私营经济的迅速发展壮大以及外贸经营权的逐步放开，辽宁省私营企业外贸进出口呈现出迅猛增长势头。

2003年辽宁省出口额超亿美元的企业23家，2004年增加到26家。其中，国有企业12家，三资企业13家，集体企业1家。

对主要贸易伙伴日本、美国、欧盟、韩国出口占出口总额的70%，进口占60%，近几年来对上述市场的进出口规模逐年扩大，但所占比重逐年递减。

日本是最大贸易伙伴，2004年对其贸易额占辽宁外贸总值的27.9%，出口54.6亿美元，尽管只有5.7%的增长，但占辽宁外贸出口总额的28.9%；进口41.5亿美元，增长11.7%，占进口总额的26.7%。韩国在上述4大市场中出口份额最小，但增长最快，高达50.0%，而且由贸易逆差转变为贸易顺差，2002年逆差值为3.1亿美元，2003年减少到2.7亿美元，2004年实现贸易顺差3.5亿美元。对美国和欧盟贸易进出口均呈较快增长势头。对主要贸易市场进出口额增长的同时，所占比重逐年下降，这表明辽宁外贸对某单一市场的依赖程度在降低，市场进一步趋向多元化。

服装、纺织品、水海产品等传统产品出口大幅增长。同时，钢材、钢坯及精锻件等资本和技术密集型产品出口迅猛增长，机床、轴承、汽车等重工业产品优势渐显，出口呈现较快增长势头。

2004年，钢材出口是辽宁外贸一大亮点，共出口222.8万吨、13.0亿美元，分别增长1.9倍和3.2倍，占全国出口比重由2003年的11%增至16%。仅钢材一项就使辽宁省出口额增加了近10亿美元。钢坯及精锻件出口也成倍增长，出口98.8万吨、4.2亿美元，分别增长2.8倍和4.5倍，出口额净增加3.4亿美元。

服装、纺织品、水海产品等传统产品出口大幅增长。其中，服装出口18.4亿美元，增长12.6%；水海产品出口8.0亿美元，增长17.5%；纺织纱线、织物及制品出口4.3亿美元，增长24.3%。

电机产品出口迅速增长。其中，金属加工机床出口5 742台、5 656万美元，分别增长65.9%和1.1倍；轴承出口3 574万个、5 106万美元，分别增长36.1%和50.8%；汽车出口2 186辆、2 228万美元，分别增长1.7倍和1.0倍。入世3年，船舶出口额突破13亿美元，在辽宁外贸出口中发挥着不可替代的作用。

原油、煤等能源物资大量进口，钢铁工业原材料进口大幅增长，而且进口平均价格大幅上涨。原油进口659万吨、19亿美元，分别增长15.1%和50.5%；煤进口50.5万吨、1 787万美元，分别增长18.4%和1.2倍；铁矿砂进口967万吨、5.8亿美元，分别增长30.1%和1倍。上述3种商品进口平均价格分别为289美元/吨、35美元/吨、60美元/吨，涨幅达30.7%、87.3%、56.6%。此外，汽车进口3万辆、9.3亿美元，分别增长23.7%和21.3%。

振兴东北老工业基地的种种举措使辽宁经济踏上了快速增长之路，以鞍钢为首的大型国有重工业企业显示出强大的发展后劲，重工业产品出口迅速增长，出口商品结构进一步优化，并凸显出地方特色，有力地促进了辽宁外贸出口的增长。

【口岸“大通关”】 2004年,按照省政府工作报告对口岸工作“继续实施‘大通关’工程,提高联检、通关效率,大连等6个一类口岸的通关速度要达到上海水平”的总体要求,辽宁口岸加大工作力度,服务意识明显增强,通关速度大幅度提高,通关环境明显改善,得到企业的普遍认可。一是口岸查验部门自觉转变观念,树立“把关”与“服务”并重的工作理念,不断提升查验设备科技含量,创新监管模式,调整通关流程,简化手续,提高通关水平。生产运输部门加大投资力度,增加吞吐、堆放、装卸和运输能力,开辟新航线,以优质服务满足经济迅速发展对口岸运输的需求。二是通关速度大幅度提高。全省海、空口岸进出口“大通关”提发货时间都分别控制在24和12小时之内,货运量小的口岸分别控制在20和8小时之内,旅客通关检查时间小于40秒。实现年初省政府工作报告要求的工作目标,通关企业和旅客普遍感到满意和基本满意。2004年实施“大通关”工程做了如下具体工作：

制定措施解决影响通关环境的问题。一是对影响通关工作的具体问题下大力气进行调研，针对存在的问题，组织起草了《关于进一步改善全省通关环境的意见》共十条措施，由省政府办公厅以辽政办发［2004］81号发布执行。二是对通关工作进行大检查。组成检查组于12月13日至12月27日对全省的通关工作进行大检查。通过听取汇报、现场检查和召开企业座谈会的方式评估“大通关”工作情况，并以《关于2004年全省“大通关”工作情况的报告》向省政府作了专题报告。企业对通关工作提出的意见和建议，涉及当地口岸的具体问题，检查组及时在当地的口岸单位座谈会上反馈给相关单位研究解决。三是认真调研掌握“大通关”工作进展情况。派专人和企业报关员一起报关报检，了解“大通关”流程中各环节的情况，发现的问题及时向口岸有关部门反馈，要求立即整改。

基本解决了2003年“大通关”工作中存在的突出问题。2003年全省“大通关”工作检查中提出严重影响通关的突出问题，省通关办利用不同方式反馈给相关部门，引起口岸各单位的高度重视，2004年这些问题得到妥善解决。一是出口退税问题。在税务部门的努力下，出口退税拖欠问题得到解决。企业普遍反映2004年出口退税办理手续快，服务好，极大地调动了企业出口的积极性。二是报关不方便问题。随着大连航运交易市场的投入使用，大连口岸大窑湾港区通关业务可在市内办理报关手续。沈阳海关试行多点报关，沈阳口岸机场通关业务的报关手续可以由企业自主选择沈阳市最为方便的报关窗口办理。大连、沈阳海关所采取的措施有效地降低了企业的通关成本，使企业反映突出的报关不便问题得到较好解决。三是检验检疫“三电”系统运行不稳定延误口岸通关问题。经辽宁检验检疫局向国家质检总局反映和努力协调，2004年此问题得到很好解决，企业对“三电”系统给予企业自主选择操作方式感到十分便利。四是办理结汇手续繁琐问题。2003年计算机管理结汇的一些规定使批次多、数量小的出口企业办理结汇非常繁琐，外汇管理部门积极与国家主管部门沟通，对软件系统进行调整，这一问题得到很好解决。五是货物转关手续时间长问题。大连、沈阳海关就两关区间转关问题深入调研，加强协作配合，建立转关业务每周一清理制度，2004年企业对两关区办理转关业务深感方便快捷。六是内外贸集装箱同船运输问题。根据船运企业提出的环渤海湾各口岸内外贸货物不能同船运输而造成货源不足、船期没有保证、船东经营亏损的问题，大连、沈阳海关专门研究，创新监管模式，签订相关监管联系配合办法，这一问题已得以解决。

“大通关”协调机制运行继续保持稳定。在各市机构改革的情况下，坚持健全组织机构，紧紧抓住提高“大通关”速度、提高服务水平工作不放松。省通关办报请省政府批准调整了通关工作协调领导小组的领导和部分成员，在《辽宁政报》予以公布。通过调研组织起草了《关于进一步改善全省通关环境的意见》，以辽政办［2004］81号文件下发。各口岸市克服机构变动的种种困难，坚持对“大通关”工作的组织领导，结合当地实际贯彻落实81号文件的具体要求。如锦州市制定了《关于进一步改善全市通关环境实施意见》，对通关各环节制定细化标准，并在《锦州日报》上公布，接受社会各界监督；大连、营口对口岸通关速度和服务情况开展跟踪测量和问卷调查，及时协调解决出现的问题；丹东转发了文件并专门召集有关部门研究落实措施。省市两级联络协调机制保持稳定运转，充分发挥地方政府牵头的联络协调作用，为推进“大通关”的实施奠定坚实的基础。

要求口岸有关部门增强服务意识，加大科技投入，创新监管模式，改善口岸基础设施，为外向型经济发展提供良好通关环境。如鲅鱼圈海关大胆创新，在“管得住”“通得快”上下功夫，形成“一点二线六环节”的监管模式，把监控的重点放在物流的全过程、全方位的跟踪上，保持物流的畅通。沈阳海关驻机场办事处强化关员主动服务意识，与企业建立新型的合作关系，为“三高一大”等企业设立“F通道”，并采取“先放后征”便捷通关措施，对特殊和疑难问题实行一事一议制度，甘于奉献，有通关业务就加班。大窑湾检验检疫局开发了《船舶检疫电子管理系统》，将检验检疫工作由人工模式向信息化模式转变，使船舶检验检疫申报工作由过去的两天缩短到现在的几秒。通过“港检、检疫与船代”三位一体的运作新模式，使船舶在港口滞留时间由过去的1天缩短至3-4小时，每年可为船东和代理节约资金500多万元。鲅鱼圈检验检疫局为扶持企业扩大出口，主动为对韩国出口辣椒等农副产品的企业提供帮助，使监管辖区内出口辣椒的注册生产基地由1年前的1家发展到4家，种植辣椒的农户猛增（仅营口海宇农水产品有限公司就与盖州市7000多家农户签订了订单种植合同），拉动了农村经济的发展。葫芦岛检验检疫局把帮助万佳果业有限公司组建作为“局长工程”来抓，从建厂选址、图纸审核、进口设备检验安装到车间卫生环境改造、建立HACCP管理体系，使企业达到出口企业卫生注册标准。该公司现已基本具备出口条件，每年可深加工水果蔬菜6万余吨，有效促进了当地种植业的发展。大连边防检查站推出“预检”检查服务。入境船舶提前将船舶的情况提交边防检查，船舶抵港后，即可上下人员作业，随后办理相关入境手续，可缩短船舶在港停靠时间2—4小时。沈阳边防检查站设立站长值班日和“为民服务员”，制作旅客检查流程图，专设中国公民通道、外交礼遇通道和需扶助人员通道，提高服务水平，目前验放1名正常旅客平均只需35秒。大连周水子机场边防检查站调动检查员的积极因素，充分发挥电视监控系统的作用，验放1名旅客小于35秒，旅游团组经申请集中验放，1名旅客可10秒完成，保证航班正点率在95%以上，创历史最好水平。营口海事局针对新建泊位和港池施工情况，经深入调查论证后，有条件地允许新泊位临时提前开通，极大地缓解了港口生产压力。为确保超大型船舶进出港安全，2004年实施专项护航多达20余艘次，有效地保证了进出港船舶的安全。锦州海事局不怕承担风险，经过深入调查研究，周密安排，采取安全措施，允许超过设计吨位的船舶进入码头。仅2004年就有100余艘大型船舶入港，为港口增加吞吐量近300万吨，受到船东和港方的赞扬。大连港30万吨油码头和30万吨矿石码头已投入运营，新开辟海上国际航线2条，购置各类装卸设备，装卸速度明显加快。大窑湾集龙物流有限公司集装箱装卸实现了单机作业每小时88箱，达到世界领先水平，整船装卸平均速度为100自然箱，达到了宁波港的装卸速度。营口港近几年投资1.35亿元用于老港改造，增强了港口的整体功能。截止到12月15日，营口老港区完成吞吐量400万吨，集装箱完成2.1万多标箱，实现利润160万元，扭转了多年来亏损的局面。沈阳桃仙国际机场不断完善硬件保障设施，打造星级品位服务，开辟3条飞往欧洲的国际航线，结束了沈阳至欧洲没有航班的历史，2004年旅客吞吐量410万人次，同比增长36.2%，达到年度纯增100万人次，运输飞行架次、货邮吞吐量等都创历史最好水平。大连周水子国际机场完善客货运流程，推出各种服务举措，开辟3条国际航线，使吞吐量和出入境旅客大幅度增加。2004年实现旅客吞吐量461.4万人次，同比增长34.9%，出入境旅客84.3万人次，同比增长48.2%，货邮吞吐量11.7万吨，同比增长23.2%。南航北方公司2004年国际航班进出港2 834班次，运输国际旅客31.2万人次，行李31.2万余件，货邮1.3万余吨，国际航班正常率90%，为地方经济发展做出了贡献。鲅鱼圈火车站把“安全畅通、服务港口、路企双赢、增加效益”的经营思路贯穿于服务港口运输活动中，制定具体措施，克服运输、装卸等困难，超过车站运输能力运作，全年完成装车 12.8 万车，卸车 27.94 万车，圆满完成运输任务，成为全国经济效益最好的车站之一。

社会评价机制对改善通关环境起到积极推动作用。近两年，口岸各单位逐步建立起走访企业、定期召开座谈会、发放调查问卷、聘请社会义务监督员、与企业签订《廉政监督公约》等多种有效制度，有力的推动了行业风气改变。组织全省从事通关业务的企业对“大通关”各环节的管理部门和作业单位进行评价是社会评价机制中的一个重要方式。2004 年底，委托省货代货主协会向企业发放调查问卷 200 份，收回 161 份，分别对海关、检验检疫、港口、机场和理货等通关环节进行评议。其评议结果为满意率 60.76%，基本满意率 33.41%，不满意率 5.83%。满意率比 2003 年评议结果增加 19.14 个百分点，不满意率下降 4.67 个百分点。

培训通关企业人员。组织全省从事通关业务的进出口生产企业、加工贸易企业、外贸企业、外资企业、物流运输企业、货代企业 327 家及相关单位近 400 人分别在沈阳、大连进行集中培训，由海关、检验检疫和外汇管理等部门精通业务的负责人和专家授课，取得良好效果。海关总署所属中国口岸协会在《口岸通讯》上向全国介绍了辽宁的做法，福建、安徽和山西等省口岸办来电学习经验。

提出扶持全省重点工业企业的政策措施。下发正式文件，要求全省各查验部门和口岸生产作业单位对全省 85 户重点工业企业进行扶持。要求海关和检验检疫等口岸查验部门，从振兴东北老工业基地大局出发，在通关工作中给予重点企业优惠政策，提供通关便利，促进其发展，为全省经济发展做贡献。

【新开国际航线】 协调督促有关部门支持各口岸开辟国际航线。2004 年开通“沈阳—北京—法兰克福，沈阳—北京—洛杉矶，沈阳—北京—悉尼，大连—伯力，大连—慕尼黑，大连—新加坡”空中航线 6 条，超额完成政府规定每年全省开辟 2 条空中国际航线任务的 200%。到目前为止，“十五”期间全省新开辟空中航线 17 条，已超额 70%完成省政府“十五”规划规定开辟 10 条空中航线的任务。新开通“大连—澳、新，丹东—朝鲜南浦，大连—欧洲”海上国际航线 3 条，超额完成全省计划每年开辟 2 条海上国际货班轮航线任务的 50%。2004 年底辽宁口岸已有空中国际地区航线 43 条，海上国际地区航线 72 条，扩大了辽宁对外开放，促进了区域人流物流的快速增长。

【口岸精神文明建设】 根据省委省政府“环境建设年”的总体要求，认真开展精神文明创建和“规范执法、文明服务”活动，提高广大干部职工和武警官兵的综合素质，增强口岸凝聚力。辽宁口岸坚持“两手抓两手都要硬”的原则，把精神文明建设工作同业务工作一起抓，使精神文明建设工作健康发展。一是年初制定辽宁省口岸系统精神文明建设工作指导意见，对 2004 年工作提出要求，并要求各口岸办（局）和口岸各单位结合本口岸、本单位实际，认真制定创建活动方案，具体抓好落实。二是向先进口岸学习。8 月份组织全省口岸有关单位精神文明建设工作负责同志赴海关总署向全国推介的福建口岸学习考察，积极学习借鉴先进口岸精神文明建设工作经验。三是对精神文明建设工作进行大检查。12 月份对辽宁口岸单位精神文明创建活动情况进行检查，进一步推动精神文明建设创建活动健康发展，使口岸各单位以优质服务为辽宁老工业基地振兴和经济快速发展提供宽松的口岸通关环境。四是积极加强全省精神文明建设创建工作的评比活动。辽宁口岸以评比促工作，通过评比促进精神文明建设健康发展。按照辽宁省精神文明建设活动指导委员会的具体要求，认真完成 2002—2003 年度精神文明建设先进单位的考核、评比、推荐等各项具体工作，以此提高精神文明建设创建活动的积极性。由于辽宁口岸系统的单位精神文明建设工作抓得实，成效显著，经过评比推荐，进入国家级文明单位 1 个，省级文明单位标兵 2 个，省级文明单位 18 个。省口岸办还在辽宁省口岸系统 345 个重点窗口单位中评出 38 个文明窗口，以点带面，在口岸单位中形成了比、学、赶、超，争创精神文明建设先进单位的大好局面。

（刘丹、秦虹）

2004 年辽宁口岸货运量统计表

项目 口岸	吞吐量（万吨）	同比（%）	外贸合计（万吨）	同比（%）	外贸进口（万吨）	同比（%）	外贸出口（万吨）	同比（%）	集装箱吞吐量（万标箱）	同比（%）
全省口岸合计	24334.0	25.9	7847.4	5.5	4511.1	39.6	3336.3	－20.7	298.7	35.0
沈阳空港	11.0	23.6	3.8	31.0	1.1	－8.3	2.7	58.8		
大连海港	14516.0	15.2	4921.0	1.2	3056.0	44.4	1865.0	－32.1	221.0	32.3
大连空港	11.7	23.2	5.5	22.2	2.3	27.8	3.2	18.5		
营口海港	5977.7	49.1	1942.7	33.1	1017.8	58.7	924.9	13.1	58.3	44.7
锦州海港	2455.2	43.8	443.6	－33.5	236.7	－29.0	206.9	－37.9	10.3	43.1
丹东海港	1052.5	48.7	379.0	27.6	150.0	62.0	229.0	12.0	9.1	33.8
丹东铁路	65.1	2.0	65.1	2.0	38.1	－2.6	27.0	9.3		
丹东公路	30.8	66.5	30.8	66.5	7.9	46.3	22.9	74.8		
丹东管道	53.2	－6.3	53.2	－6.3	53.2	－6.3				
葫芦岛海港	110.5	5.5								
盘锦海港	50.3	41.7	2.7	1.2	1.5					

2004 年辽宁口岸客运量统计表

项　目	完成量	同比%
沈阳桃仙国际机场旅客吞吐量	410 万人	36.2
其中：出入境旅客	56.8 万人	39.9
大连周水子国际机场旅客吞吐量	461.4 万人	34.9
其中：出入境旅客	84.3 万人	48.2
大连海港旅客吞吐量	617 万人	－11
其中：出入境旅客	6.24 万人	35.2
营口海港出入境旅客	4.04 万人	128
丹东海港出入境旅客	8.25 万人	47.9
丹东铁路出入境旅客	4.4 万人	51.7
丹东公路出入境旅客	12.3 万人	75.7
全省口岸进出口货物总值	442.05 亿美元	27.0
进口货物总值	220.76 亿美元	38.4
出口货物总值	221.29 亿美元	17.3

辽宁省航空口岸开通国际、地区航线情况表（一）

机场	序号	航线	承运	备注
沈阳桃仙国际机场	1	沈阳—大板	南航北方、全日空	正班
	2	沈阳—札幌	南航北方	正班
	3	沈阳—福冈	南航北方	正班
	4	沈阳—东京	南航北方、全日空	正班
	5	沈阳—汉城	南航北方、大韩航空	正班（北方暂停）
	6	沈阳—大邱	南航北方、大韩航空	正班（大韩暂停）
	7	沈阳—釜山	南航北方、韩亚航空	正班
	8	沈阳—清州	南航北方	正班
	9	沈阳—伊尔库茨克	南航北方、西伯利亚航空	正班（北方暂停）
	10	沈阳—平壤	高丽、南航北方	正班（北方暂停）
	11	沈阳—厦门—新加坡	南航北方	正班
		沈阳—上海—新加坡	东方	正班
	12	沈阳—香港	南航北方	正班
	13	沈阳—曼谷	南航北方	正班（暂停）
		沈阳—上海—曼谷	东方	正班
	14	沈阳—北京—法兰克福	国航	正班
	15	沈阳—北京—洛杉矶	国航	正班
		沈阳—上海—洛杉矶	东方	正班
	16	沈阳—北京—悉尼	国航	正班
		沈阳—上海—悉尼	东方	正班
	17	沈阳—上海—伦敦	东方	正班
	18	沈阳—上海—巴黎	东方	正班
	19	沈阳—上海—温哥华	东方	正班
	20	沈阳—上海—吉隆坡	东方	正班
	21	沈阳—莫斯科	南航北方	停运
	22	沈阳—澳门	南航北方	停运
	23	沈阳—伯力	南航北方	停运

注：备注中“停运”系因客货源问题航空公司停运，航线飞行权仍保留。

辽宁省航空口岸开通国际、地区航线情况表（二）

机场	序号	航线	承运	备注
大连周水子国际机场	1	大连—香港	南航、国航、港龙航空	正班
	2	大连—东京	南航北方、国航、全日空	正班
	3	大连—名古屋	南航北方	正班
	4	大连—汉城	南航北方	正班
	5	大连—富山	南航北方	正班
	6	大连—札幌	南航北方	正班
	7	大连—曼谷	南航北方、国航	正班南航停运
	8	北京—大连—福冈	国航、全日空、天津包机	正班
	9	北京—大连—大阪	国航	正班
	10	北京—大连—仙台	国航	正班
	11	北京—大连—广岛	国航	正班
	12	北京—大连—平壤	国航	停运
	13	大连—伊尔库茨克	南航北方、俄航	正班南航停运
	14	大连—海参崴	南航北方、俄航	正班南航停运
	15	大连—新西伯利亚	俄航	正班
	16	大连—伯力	俄航	正班
	17	大连—迪拜	阿联酋航空	正班
	18	大连—法兰克福	阿联酋航空	正班
	19	大连—新加坡	南航	
	20	大连—慕尼黑	国航	
	21	大连—乌克兰	俄航	正班停运
	22	大连—温州—澳门	南航北方	正班停运

注：备注中“停运”系因客货源问题航空公司停运，航线飞行权仍保留。

辽宁海运口岸开通国际地区集装箱航线情况表

口岸	性质	航线	数量	备注
大连（六十条）	远洋航线	大连—美国西海岸	2	货运班轮
		大连—欧、地中海	5	货运班轮
		大连—中东	1	货运班轮
		大连—黑海	1	货运班轮
	近洋航线	大连—香港	1	货运班轮
		大连—韩国	11	货运班轮
		大连—印度	1	货运班轮
		大连—东南亚	2	货运班轮
		大连—台湾	3	货运班轮
		大连—日本	25	货运班轮
		大连—韩国仁川	1	客货班轮
		大连—澳大利亚	1	货运班轮
	外贸内支线		6	货运班轮
营口（七条）	近洋	营口—日本	1	货运班轮
		营口—韩国	1	货运班轮
		营口—香港	2	货运班轮
		营口—韩国仁川	1	客货班轮
	外贸内支线		2	
丹东（五条）	近洋	丹东—韩国仁川	1	货运班轮
		丹东—韩国仁川	1	客货班轮
		丹东—韩国釜山	1	货运班轮（中转）
		丹东—朝鲜南浦	1	客货班轮（不定期）
	外贸内支线		1	
全省合计			72	

（杨国彦　石祝康）

大连口岸工作综述

2004年是大连市东北亚国际航运中心建设全面快速推进的一年，也是口岸各项工作取得突破性进展的一年。2004年大连口岸海、空两港货物吞吐量和旅客运量全面增长，集装箱运输快速发展，口岸进出口贸易稳步增长，口岸查验业务量明显增加。

【口岸客货运量】 2004年大连海港口岸吞吐量呈快速增长态势。货物吞吐量增幅创近年新高。港口货物吞吐量1.45亿吨，同比增长15.2%，全国港口排名位居第七位。外贸吞吐量4 921.4万吨，增长1.9%，全国排名位居第八位。集装箱吞吐量221.1万TEU，增长32.4%，全国排名位居第八位。集装箱吞吐量增幅居全国港口第二位。其中外贸箱量增长38.8%。2004年大连空港完成旅客吞吐量461万人次，增长34.9%，全国旅客排名第十四位；货邮吞吐量11.7万吨，增长23.6%，位居东北各机场之首，全国排名第十一位。出入境旅客93万人次，增长47.6%，全国排名第五位。

【港口主要货种运输情况】 2004年大连口岸除粮食运输呈下降趋势外，其它货种都以较快的速度增长。具体完成情况如下：油品吞吐量4 439万吨，增长13.1%。其中原油吞吐量2298万吨，增长17.6%。成品油吞吐量1 978万吨，增长6.8%。

粮食吞吐量1 240.2万吨，下降30.3%。其中玉米吞吐量884.5万吨，下降35.7%；大豆吞吐量113.2万吨，下降41%；大米吞吐量37.8万吨，下降27.1%；小麦吞吐量132.8万吨，增长104.9%。

钢材吞吐量625万吨，增加189万吨，增长43.3%。其中外出钢材103万吨，增长140.3%；内出钢材404万吨，增长49.6%；外进钢材82万吨，下降5%。

金属矿石吞吐量456万吨，增长180.4%。其中外贸进口矿石413万吨，增长244.3%。

客滚吞吐量4 564万吨，增长21.9%。

煤炭吞吐量424万吨，增长31.1%。其中华能电厂进口煤炭319万吨，同比略有下降，陆转水内贸出港煤炭105万吨，增加103万吨。

其他货种：矿建吞吐量83.7万吨，下降1.3%；水泥吞吐量53.4万吨，增加14.6%；木材吞吐量131万吨，增加7%；化肥吞吐量40.7万吨，增加284%；海盐吞吐量43.7万吨，下降34.9%。

【集装箱运输及发展】 2004年大连港集装箱新增外贸航线7条，其中远洋航线2条，分别为中海开辟的欧州线、中集等5家船公司开辟的澳新航线。至2004年底，大连港共拥有内外贸航线70条，其中外贸航线61条，内贸航线9条。外贸航线中，远洋航线10条，即欧洲线5条，美西线2条，中东线1条，澳新线1条，美西、地中海钟摆航线1条。近洋航线51条，其中日本线25条，韩国线13条，台湾线3条，东南亚线2条，印度线1条，香港线1条，内支线6条。月航班达到300余艘次。2004年集装箱"海铁联运"发展较快，"海铁联运"量完成18.2万TEU，占口岸集装箱吞吐量份额的8.2%，已连续四年位居沿海港口第一位。至2004年底，大连口岸共拥有大连至哈尔滨、沈阳、长春、延吉和长春南五条集装箱班列，每周到发40余班。

【口岸“大通关”】 2004年，大连口岸按照建设东北亚重要国际航运中心要求，确定“大通关”工作主题是：实现“一站式”服务，改善通关环境，重点是完善各项口岸查验改革措施，保证航运交易市场投入使用。经过口岸单位的共同努力，“大通关”工作取得了较好的成效。一是实现了边检证件“海港通”。大连边防总站于2004年4月8日下发了《边检登轮证件办理规定》，取消了过去一站一证的做法，登轮人员可就近就地办理登轮证，所持证件可在大连各海港边检站通用。二是实现了环渤海内支线内外贸集装箱同船运输。2004年9月5日，大连海关和沈阳海关签署了环渤海内支线集装箱运输监管合作协议，有力地推动了大连口岸集装箱运输的发展。三是检验检疫部门开展了异地报检“通报通放”工作，使出口验证放货实现了就近异地报检与放行，报检后当日即可报关，较以前平均节省1－2天时间；出台了“一票一监督”制度，对三资企业的进出口产品、IT产品、机电产品通关流程时限进行核查，并对敏感商品进行专项稽查。四是口岸查验机关积极采取措施，努力解决客户反映的热点难点问题。针对DCT集装箱场地白天作业紧张问题，采取允许监管场地24小时进港提取空箱；对夜间、周末到港的船舶，实行特事特办、船边直取；延长周五卡口放行时间，缓解周五提重箱高峰；对铁路班列实行提前报关等办法，解决问题。针对铁路运输转关货物、海运中转货物箱量大的特点，免施封缩，减少企业费用；转关货物只在一个窗口即可办理完成通关手续；支持海运中转运输，沿海内支线中转航线覆盖上海、天津、秦皇岛、烟台等地。

【口岸信息化建设】 2004年，大连口岸信息化建设取得了较快的发展，主要表现以下五个方面：一是市政府与海关总署签署了《关于建设大连电子口岸合作备忘录》，按照“统一品牌、统一身份认证、统一数据标准”的原则对大连现有的与物流和“大通关”相关的信息进行整合，实现数据共享和联网核查。二是提放箱业务操作在全国范围内率先实现电子化。对进出DCT港区的集装箱推行了电子放箱系统（EDO），优化了口岸提放箱业务流程，加强了船公司、船代与车队、场站、码头等部门间的协作，提高作业效率，降低了口岸物流成本，每标箱可节省20元。三是辽宁出入境检验检疫局对熏蒸证、出境货物换证凭单、入境货物检验检疫证明、出境货物不合格通知单、检验检疫处理通知书、入境货物不合格证书和重量索赔证书等8种检验检疫证书实行无纸化传递，一票一转，即时结转，克服以往书面报检、统一结转周转时间长的弊端，大大加快了签证、发证速度。四是加大对网上支付、无纸通关、联网报关、通关单联网等项目的推广力度。大连海关于2004年2月24日成功开通了EDI报关系统，与辽宁出入境检验检疫局本部、开发区、大窑湾等口岸现场实现了“关检联网”；与工商银行、农业银行、交通银行签订了合作协议，目前正在进行联网测试工作；扩大无纸通关的试点运行。五是大连海事局正式运行我国第一个具有汉字处理能力的、处于世界上最先进水平的大连交管中心船舶交通服务系统（VTS），（该系统由三站一中心组成，包括雷达监控系统、船舶数据处理系统、CCTV监控系统、VHF通信系统、AIS系统、气象自动观测系统、VHF－DF系统等，）有效地提高了港口船舶通过率。

【航运交易市场】 大连航运交易市场是大连市委、市政府为将大连建设成为东北亚重要的国际航运中心的重要举措。在市委、市政府的直接关怀下，大连航运交易市场于2003年6月10日开工建设，2004年10月30日基本完工，11月19日正式揭牌运行。大连航运交易市场建筑面积18 416.9平方米，地上5层，地下2层、为仿古欧式建筑风格。目前有大连港湾海关、大窑湾海关、辽宁出入境检验检疫局、大窑湾出入境检验检疫局、大连边检站、大连海事局、口岸物流网、中信实业银行、交通银行、中保财产股份公司、大连邮政局同城快递分局、辽宁外运和两家预录入公司等14家单位（部门）约200人进驻。

大连航运交易市场按照市场化运作的基本要求，以集中通关服务、优化流程、规范市场、方便交易为目标，突出了方便口岸通关及物流发展，运用“一站式”服务和“一网式”交易服务，实现网上交易、物流整合、航运信息发布、网上金融等多种航运交易功能，这种模式在国内尚属首创，也符合国际航运发展的趋势。航运交易市场投入运行后，在通关提速、减负、增效方面的作用日渐明显，受到进出口客户的普遍欢迎。

【口岸开放】 2004年大连市为适应现代物流的需要，加大协调工作力度，在口岸各查验部门的积极配合下，新开通“大连—伯力，大连—慕尼黑，大连—新加坡”空中国际航线3条，目大连拥有空中国际航线23条；新开通“大连—澳、新，大连—欧洲，”海上国际航线2条，使大连海上国际航线达到61条。这些航线的开通为现代人流、物流发展的需要和大连外向型经济的快速发展提供了有力的保证。

（徐春来）

2004年大连口岸业务统计表

指标名称		完成数量	同比%
海港	货物吞吐量	1.45亿吨	15.2
	外贸货物吞吐量	4921.4万吨	1.9
	集装箱吞吐量	221.1万标箱	32.4
	旅客吞吐量	617万人次	-11
	出入境旅客	6.24万人	35.2
空港	旅客吞吐量	461万人次	34.9
	出入境旅客	93万人次	47.6
	货邮吞吐量	11.7万吨	23.2
	外贸货物	5.5万吨	22.2
	飞机起降	4.65万架次	32
口岸贸易	进出口总值	340.2亿美元	25.5
	出口	174.9亿美元	42.1
	进口	165.3亿美元	11.6

辽宁口岸查验单位工作综述

大 连 海 关

2004年，大连海关在总署党组的正确领导下，认真贯彻海关工作16字方针和队伍建设12字要求，以实施现代海关制度第二步发展战略和振兴东北老工业基地为契机，进一步深化改革，严厉打击走私，强化正面监管，保证税收质量，提高通关效率，狠抓队伍建设，圆满地完成了各项工作任务。

【深入贯彻海关工作方针，全力支持东北老工业基地振兴】 振兴东北地区等老工业基地是党中央、国务院着眼全局作出的一项重大战略决策，大连海关自觉从实践“三个代表”重要思想和落实海关工作方针的高度，充分认识振兴东北老工业基地的重大意义，把支持振兴放到全年工作重中之重的位置，积极主动、全力投入。成立了以“一把手”为组长的领导小组和以“二把手”为组长的专门工作组，制定下发了《支持振兴工作实施方案》及《学习宣传教育提纲》，在关区广泛开展“东北要振兴，海关怎么办”的思想大讨论，确立了“主动适应，扎实工作，改革创新，全力服务，立足关区，面向全省，服务东北，务求实效”的工作思路，研究采取了一系列支持振兴的具体措施。

与地方政府密切配合做好区港联动试点工作。积极参与区港联动试点的申办工作和保税物流园区的规划与建设，多次协调并陪同地方领导赴京向海关总署领导汇报工作。8月16日国务院正式批复同意后，一方面，关领导多次带队到园区现场办公，重点推进各项海关监管设施建设；另一方面，反复研讨制定了严密便捷的监管实施方案，创造性地提出了“三统一”监管思路和“七化”监管目标，开发了科学适用的监管信息系统，着手谋划监管机构设立，并认真组织了预验收。11月24日，大连保税物流园区顺利通过了海关总署等国家六部委的正式验收，大连成为继上海之后全国第二个开展区港联动试点的城市，总署领导和省、市主要党政领导多次对大连海关作出的重要贡献予以高度评价和赞扬感谢。

深化通关业务改革，进一步提高通关效率。整合梳理内部作业流程、职责分工等，以崭新形象和高效率入驻大连航运交易市场，促进了大连“一站式”通关的实现；推出了“多点报关、口岸提货”，“直通式”报关和口岸报关三种方便企业的选项；建立了“大连电子口岸平台”，为企业和口岸相关部门提供“一网式”、“一条龙”通关服务；整合各项便捷措施，推出了“便利通关模式”，对适用企业给予联网报关、提前报关、加急审单、快速通道、无纸通关、快速转关、担保放行、网上支付税费、专设通关窗口等优惠待遇，并首批选定了报关单量占关区总量20%以上的44家重点企业签订担保协议、召开新闻推介会正式实施。据统计，今年大连海关所用进口和出口总通关时间比去年分别缩短了43.8%和34.1%，受到了进出口企业的欢迎，原辽宁省委书记闻世震、省长张文岳、大连市委书记孙春兰等视察航运交易市场时，对大连海关的工作效率给予了充分肯定。

充分发挥业务牵头作用，确保东北转关货物及时顺畅。主动与东北地区各关加强合作配合，联手创造“区域无障碍通关”环境，确保了转关货物应转尽转快转。进一步完善了大连、沈阳、长春、哈尔滨四关和沈阳、哈尔滨两个铁路分局及大连港加快转关合作协议，与沈阳海关积极研究开展对沈阳保税物流中心的转关合作，与满洲里海关研究加快转关、实现港口与铁路口岸联接。大连关区全年共办理跨关区快速转关货物101 380票，总计408余万吨，同比分别增长9.7%和83.4%，为长春、沈阳、哈尔滨等关区快速转关货物应缴税款达126亿元人民币，有力地促进了东北腹地经济发展。

探索开展环渤海内支线内外贸集装箱货物同船运输业务。与沈阳海关多次协商讨论，于9月15日在大连签署了监管联系配合办法正式开展此项业务，在保证海关监管严密的同时，有效降低了物流成本，提高了运输资源使用率及省内口岸的竞争力。

进一步简化手续下放权限，跟踪服务首批振兴国债项目。将原由总关负责的部分减免税、加工贸易等具体审批、备案、核销业务全部下放到现场海关操作，并进一步简化手续、明确办事时限，最大程度的方便企业就近、快速办理海关手续。登门走访了几十家国家确定的首批振兴国债项目单位，确保国家和总署的支持措施执行准确、优惠政策落实到位。年内，大连海关与鞍钢、本钢、大连高新园区及重点民企大杨集团等签订了合作备忘录，支持省、市重大振兴战略的实施。

支持大连东北亚国际航运中心建设。积极参与航运中心建设实施方案的研讨论证，采取多种形式促进大连原油码头、矿石码头、大窑湾港二期工程、北良港粮食专用码头、汽车专用码头及庄河港等6大码头的建设与使用，整体提升大连口岸的竞争、辐射、服务能力。在辽宁省加快建设东北亚国际航运中心工作会议上，省、市领导对大连海关的做法提出了表扬。

千方百计支持省、市扩大外贸出口。加强海关统计分析与信息专报，高效服务省、市领导外贸决策；认真落实通关应急机制，主动帮助出口企业解决实际困难；对软件出口等确保申报当日审结、放行、结关及签发证明联，加快企业办理出口退税速度。

【税收突破200亿元大关，各项业务保持稳定协调发展】 大连海关党组认真组织关区同志学习贯彻十六届四中全会精神，致力于不断提高海关执法能力和业务工作水平，坚持科学发展观，继续保持了税收、监管、打私等各项业务的稳定协调可持续发展。2004年共征收关税和进口环节税208.64亿元，同比增长26.28%。受理进出口报关单113万票，增长17.5%。备案和核销加工贸易合同29 186份和63 008份，内销补税3.92亿元。监管进出境货物5 734万吨，总值400亿美元，增长26.3%。监管进出境快件103.8万份，运输工具117 285架（艘、次），人员167万人次，分别增长15%、减少4%、增长40%。查获反动、淫秽、宗教等印刷品、音像制品24 174份（盘），减少48.3%。

税收实现历史性突破，征管质量稳步提高。税收是一个海关各项监管、执法乃至管理水平与质量的综合反映，大连海关党组始终按署领导要求把税收工作放到轴心的位置，关区上下齐心，克服不利因素，采取有效措施，用三年时间实现了税收从100亿到200亿的跨越式发展。一是加强宏观监控，完善反价格瞒骗机制。对征管、审价情况和重大税源商品不断进行监控、分析，完善了税收考评量化指标并定期公布考评结果，将低瞒报价格风险分为三级并确定了相应处置措施。二是大力推行预审价。制定了《大连海关预审价管理办法》，采取系列措施拓宽审价渠道，避免因价格风险参数调整滞后或贸易情况差异造成审价障碍。三是切实规范商品归类。编写下发了《进出口商品规范申报目录》，加强各通关现场的二级监控，积极开展预归类，大力整改同品名商品归类差异现象，使差异率由0.056%降至0.0042%。

保持打私高压态势，屡破大案要案。2004年大连海关共开展了9次打击走私专项行动，进一步改善了执法环境，维护了良好贸易秩序。成功查办了“1·19”走私汽车案、总署督办的走私冻品案、公安部督办的“9.17”特大跨国团伙走私冰毒案等13起涉罪走私案件，对50名犯罪嫌疑人采取了强制措施，其中向检察机关移送起诉案件10起、犯罪嫌疑人29名。查处走私违规案件690件，案值1.7亿元，罚没收入2 324.38万元，缴获冰毒3 100克，摇头丸15粒，还协办辽宁省公安部门专案查获冰毒44.875公斤，向辽宁省文物局移交文物190件。

创新监管方式，强化正面监管。一是开展加工贸易及保税监管改革。与华录·松下公司和佳能大连公司实现了联网监管，备案效率和报关效率均成倍提高，基本完成了另6家企业的联网监管准备工作。积极推进保税仓库监管改革。认真开展超期未核销加工贸易合同清理工作，对79家企业、354份、涉税金额2 128.6万元的此类合同进行了集中清理。二是创新查验作业制度。重点推行“非侵入式”查验，强化复查和武警参与查验及查验绩效考核，建立了以风险管理为核心的新型查验机制。推行行邮监管业务计算机联网管理，开发了免税品管理系统，实现了监控重点前置、监管信息共享。三是加强对敏感物项出口管理。在中朝边境丹东地区查处了7起对朝走私出口敏感物项案件，受到了中央和总署及国家有关部门的好评。

全面推广H2000系统，大力推行风险式管理。大连海关以推行风险式管理和推广H2000系统为两个抓手，努力提高业务管理水平和通关运行质量。目前已完全实现了H2000系统在关区的推广应用，99%以上的进出口业务已转入H2000系统操作。继续加大推行风险式管理力度，出台了《建立通关风险分析和业务运行质量监控机制框架方案》，充分利用平台功能和数据分析对各作业环节进行监控，2004年通过平台应用查发涉嫌走私、违规案件和非案补税共646起，案值1.73亿元，已补税入库706.6万元，总署在第二期《全国海关风险管理专报》上对大连海关的做法作了示范专报。

学习贯彻《行政许可法》，保证依法行政落实。2004年初，大连海关制定了学习贯彻《行政许可法》方案，年中分别组织了4次领导干部培训和全员辅导讲座，在全关区进行了法律考试及论文研讨。6～12月开展了加强制度建设活动，共清理、修订、新订各类规章制度近700项，最后保留280余项汇编成册，下发每名同志学习执行。同时着力建立行政执法过错追究制度，进一步提高了全关同志的依法行政意识和能力，保证了各项业务工作任务的顺利完成。

【落实12字队伍建设要求，努力打造准军事化海关纪律部队】 “政治坚强、业务过硬、值得信赖”是新时期党中央对海关队伍建设的总要求。一年来，大连海关始终围绕着“为国家把好关，为人民用好权，为企业服好务，为海关管好人”这一奋斗目标，不断加强队伍建设，取得了较好成效。

深入开展“5年回顾教育”活动。成立了由关长牵头的研讨教育活动领导小组和办公室，制定方案，细致部署，强力推动，并在大连海关网站开辟了“5年历程回顾教育”专栏，党组成员分别深入基层参加研讨座谈，全关共征集论文一百多篇，进一步统一了思想，明确了形势任务，增强了风险意识和忧患意识，坚定了贯彻落实12字队伍建设要求和16字海关工作方针的自觉性与责任感。通过开展“5年回顾教育”，大连海关得到四点宝贵的启示：必须坚持把队伍建设作为第一要务，尤其要大力加强各级领导班子建设；必须坚持一手抓教育，一手抓惩处，廉政建设要警钟长鸣、长抓不懈；必须坚持深化业务改革，强化内部监控机制建设；必须坚持建立健全规章制度，同时狠抓各项制度的落实。

努力提高关区队伍整体素质。成立政治部，进一步加强思想政治工作和党建工作，研究制定了《大连海关落实〈海关基层建设纲要〉实施办法》和《大连海关思想政治工作实施细则》；选拔提任47名处级领导干部，交流29名处级领导干部，通过开展竞争上岗和选拔任用了160名科级领导干部，有效改善了各级领导班子的年龄、知识、专业结构；集中利用一个半月时间，分多期对关区近 1 650 名干部进行了封闭式全员军训，有效加强了队伍正规化建设；举办副处级和科级领导干部任职资格培训、岗位业务技能培训、常规性跟班带岗培训、新关员岗前培训等各类培训 27 期，参加人数 1 805 名。

扎实开展党风廉政建设和反腐败斗争。一是认真开展“6 项禁令”学习宣传教育。通过对外张贴、向企业发放公开信、公布举报电话、组织处以上领导干部封闭培训考试、开展评选执行“6 项禁令”先进个人等多种方式，为落实“6 项禁令”创造了良好氛围。二是积极开展“执法为民，树立新风，共建廉洁海关”主题宣传月活动。在省、市主要媒体上连续 15 天进行集中宣传，关区各单位组织了 144 次座谈会和 64 次暗访，关领导分别带队走访各大机关与企业 200 余家，与 40 余家企业、公检法机关及协勤武警签订了《廉洁共建协议书》，并适时组织了整改措施落实“回头看”活动。

通过全关上下共同努力，大连海关各项工作呈现出健康、平稳发展的喜人景象。牟新生署长，李克农、龚正副署长，党组成员叶剑以及天津特派办领导先后视察大连海关时，对大连海关支持东北振兴举措及其它各项工作都给予了充分肯定。辽宁省副省长李佳视察大连海关时代表省委、省政府对大连海关工作给予高度评价，并转达原省委书记闻世震同志的话说：“大连海关近年来为辽宁省的改革开放做出了突出贡献，大连海关的工作水平与质量代表着辽宁省的开放水平与质量。”中央候补委员、鞍钢集团董事长兼总经理刘玠表示：“没有大连海关的支持就没有鞍钢的今天。”大连海关还收到企业等表扬信、感谢信、锦旗 70 余封（面），有数十人次和单位受到了各级各类表彰。

（周建伟）

2004 年大连海关关区业务统计表（一）

项目		单位	累计	累计同比（%）
进出口报关单总数		万张	113.09	17.5
进出口记录条总数		万张	232.71	19.6
进出口总值	合计	万美元	4001647	26.3
	进口	万美元	1945935	40.8
	出口	万美元	2055712	15.1
进出口货运量	合计	万吨	5734.7	-4.6
	进口	万吨	3504.3	40.8
	出口	万吨	2230.4	-36.7
集装箱	集装箱总数	万箱	199	22.7
	箱载货物	万吨	965	8.2

项目			单位	累计	累计同比（%）
监管运输工具	监管总数		架艘辆	117285	4
	其中	飞机	架	8349	41.8
		船舶	艘	20033	8.8
		火车	节	27036	0.7
		车辆	辆	61867	-13.4
企业	注册企业		个	2425	49.4
	其中：报关单位		个	2312	55.3
进出境人员			人次	1673051	40
行邮	邮、快递物品总数		万件	1250432	11
	其中	邮递物品	万件	212490	-3.4
		快件	万件	1037942	15
加工贸易	实有加工贸易企业		个	1948	
	备案加工合同		份	29186	2.3
	合同备案金额		万美元	677514.6	4.9
	经批准内销补税		万元	39235.86	-36

2004年大连海关关区业务统计表（二）

项目			单位	累计	累计同比（%）
税收	关税		百万元	5006.32	-7.23
	进口环节税		百万元	15857.96	42.53
	两税合计		百万元	20864.28	26.28
	其中	审价补税	万元	16588.5	18.57
		归类补税	万元	1325.4	-26.4
减免税审批	减免关税		万元	63114	
	减免环节税		万元	172499	
	合计		万元	235613	42.41

项目		单位	累计	累计同比（%）
减免税（实际进出口）	减免关税	万元	57039	
	减免环节税	万元	152428	
	合计	万元	209467	37.02
走私案件	查获宗数	起	690	94.36
	案值	万元	17087.3	61.87
	抓获犯罪嫌疑人	人	50	85.18
罚没收入	缉私罚没收入	万元	1937.7	122.74
	海关其他罚没收入	万元	386.68	-46.09
	合计	万元	2324.38	46.45

沈阳海关

2004年，沈阳海关在海关总署党组的正确领导下，在地方政府的大力支持下，按照海关工作16字方针和海关队伍建设12字要求，以年初制定的“六化”建设为目标，坚持科技兴关，人才强关，深化通关业务改革，全面推进《行政许可法》的实施，努力提高行政水平和执法能力；以“5年回顾教育”活动为契机，深入贯彻“海关人员6项禁令”，在全关人员共同努力下，圆满完成各项工作任务，“六化”建设初见成效，改革任务顺利进行，整体风气明显好转，基础建设扎实开展，社会地位和作用不断提高，适应东北老工业基地振兴的形势需要，基本实现了三年上台阶的发展规划。

【突出税收工作的轴心地位，加大综合治税力度，税收再创新高】 沈阳海关以税收工作为轴心，坚持依法征管，立足于综合治税，不断稳定和扩大税源，强化估价、归类、原产地认证等基础性工作，税收首次突破20亿，创历史最高水平。2004年征收税款24.54亿元，同比增长46.04%，比2003年增收7.38亿元，超额完成全年税收任务；税收增长与贸易增长同步，税收征管水平为1.1，高于全国平均水平，基本上实现了税收工作的质量并举。

深入调研，以高效服务稳定和扩大税源。紧密结合促进东北老工业基地振兴要求，深入重点项目企业和税源大户开展税源调研，了解企业困难，切实帮助解决问题；主动加强与兄弟口岸海关沟通，积极协助企业转关，以优质高效的通关服务进一步稳定和扩大税源，全年属地纳税额12.71亿元，同比增长68%。

强化估价、商品归类、原产地认证等基础性工作，提高征收质量。完善价格资料数据库，利用关税分析监控系统和估价补税分析系统，确定估价重点商品，做好价格监控预警分析，提高税收征管水平。2004年通过审价补税320万元，同比增长417%，通过归类补税414万元，同比增长57%；积极开展预归类，强化税收源头控制，对宝马集团进口的1 356个汽车零部件进行事前归类认定；认真开展 CEPA 中文原产地证书启用工作，加强对原产地认证工作的宣传和培训。

坚持综合治税，齐抓共管，做到应收尽收。坚持依法审批减免税，加大加工贸易核销力度，发挥稽查、监管、督察审计的职能作用，加强催缴欠税、非贸税收征管，切实做到应征不漏，应收尽收。2004 年通过加工贸易核销补税 1 694 万元；通过稽查补税 311 万元。

【加强软环境建设，提高整体服务水平】 2004 年是党中央、国务院振兴东北地区老工业基地开局之年，也是辽宁省环境建设年，沈阳海关提出了“振兴老工业基地工作开展到哪里，海关工作就跟进服务到哪里”的工作思路，明确了“查实情、出实招、办实事、求实效”的工作要求，组织开展了卓有成效的促进东北老工业基地振兴工作，受到省市政府和企业的好评。

树立三个意识，出台八条意见，建立工作机制。研究制定了《沈阳海关关于促进辽沈地区老工业基地振兴的工作意见》。要求全体关员树立“政治意识，责任意识和服务意识”，从思想理念、组织领导、建立机制、原则标准等 8 个方面，提出具体要求。为做好工作，成立了领导小组，下设促进办，具体负责日常工作。建立了与省市两级党政办公厅、地方政府相关主管部门和重点企业的三个沟通机制。梳理了关区内 59 个振兴东北老工业基地的国债项目，建立起《沈阳海关对辽沈地区重大项目和重点企业跟踪服务档案》，指导和督促各现场海关对所辖地区重大项目和重点企业开展跟踪服务。

加强政策宣传，从政策层面上积极探索促进东北老工业基地振兴的新途径。沈阳海关领导带队走访了关区具有代表性的企事业单位和国有大中型企业 40 余家，围绕国家税收优惠政策适用情况进行了深入调研，了解近年来沈阳关区在减免税政策执行上存在的问题，帮助企业解决各类问题 50 多件。针对企业反映的问题和提出的建议，认真研究相关政策，对于政策界线不清的，积极向总署请示，帮助企业用好、用足国家进出口优惠政策；通过《促进辽沈地区老工业基地振兴工作简报》、《海关统计》等载体为地方领导提供信息，得到省、市有关领导肯定与表扬。

在关区内开展“属地报关、口岸验放”新型通关模式的试点，提高通关速度。针对空运进出口货物日益增长，企业对通关速度要求越来越高的呼声，经过充分调研论证，在 H2000 系统下开展了“属地报关、口岸放行”的通关模式的试点。这种通关模式与网上支付有机结合，大幅度提高了空运货物的通关速度，降低了企业的通关成本，深受进出口企业欢迎。

主动协助地方政府及企业解决实际问题，把振兴工作落到实处。积极协助地方政府开通沈阳经北京至法兰克福、洛杉矶、悉尼三条国际航线，与北京海关签署了国内首个国际航线跨关区监管联系办法，解决了国际、国内旅客混乘，国内货物与进出口货物混载的问题，促进了辽沈地区进一步扩大对外开放；协助沈阳华晨宝马汽车有限公司将汽车零部件进口口岸由大连变更至沈阳，口岸变更后该企业进口货运量和价值分别增长 96%、115%，有力支持了当地经济发展；与大连海关签署了对内支线同船运载内外贸集装箱货物监管联系配合办法，使国际海运航线延伸至辽宁省环渤海各个港口，有力促进了环渤海经济圈的发展。

积极宣传和参与调整税收优惠政策，增强国有大中型企业的竞争力。在走访调研的基础上，主动深入企业，宣传税收优惠政策，帮助企业解决实际问题，切实把国家减免税优惠政策转化为现实的生产力，帮助企业提高竞争力。协助抚顺电瓷厂、欧盟—中国辽宁综合环境项目办公室圆满解决减免税政策适用问题，受到了地方政府的好评；积极参与国家发改委关于税收优惠政策的建议调研，结合《国内投资不予免税的进口商品目录》修订工作，针对辽沈地区内资企业的特殊情况开展专题研究，紧密结合辽沈地区大中型内资企业可持续生产的客观要求，提出建议，受到国家发改委的重视，予以采纳。

【以风险管理为中心，加强海关把关职能，业务改革和建设取得新突破】 加强风险管理机制建设，广泛推广风险管理平台的应用。积极探索建立适合本关区的风险管理机制模式，提出了建立以风险管理委员会为决策层、风险办为组织管理层、各业务职能部门为综合监控层、各现场海关为具体执行层的4个层级风险式管理体系的构想；积极开展风险管理平台培训、测试、使用授权和参数维护工作，利用风险分析平台开展风险分析，加强人工即决式风险布控，提高布控有效率。2004年人工下达布控指令2 917条，占即决式布控指令的91%，同比增长31%，布控有效率为12%；通过风险数据实时监控纠正归类错误11起，退补税款合计105万元；发现走私案件1起，案值达1 000多万元，涉税约200万元。

以执法质量建设为主线，坚持清理积案和侦办案件并举，努力提升缉私业务水平。集中人力清理积案，加强基础性工作。全年共清理积压刑事案件17起，其中移送起诉2起，撤销2起，不予立案5起，挂案8起；结合缉私总局关于加强缉私部门刑事、行政执法质量考核有关要求，深入开展“加强法制建设、规范执法行为、提高执法水平”的主题教育活动，提高依法行政意识，规范办案制度；全力侦办走私违法犯罪案件，查获关区数量最大的邮递渠道走私毒品案，缴获毒品2 966.4克。全年共立案查处走私违规案件89起，案值4 947万元，偷逃应缴税额762万元，罚没收入127万元，抓获犯罪嫌疑人24人。

积极开展专项稽查，探索建立风险管理、海关稽查、企业诚信管理三位一体的海关管理模式。在稽查工作中引入风险管理机制，大力推行“阳光稽查”，以印刷行业、橡胶行业、加工贸易企业、不作价设备进口企业、科教免税进口设备单位为重点开展专项稽查工作，全年稽查企业109家，查获走私违规案件7起，案值5 910万元，涉税1 100万元，入库罚没收入1 507万元；加强和完善企业档案数据库管理，建立“企业信息反馈联络员”制度，对关区37家自理、代理报关企业开展专项治理，进行了规范和业务培训；与相关执法部门配合共同制定了《企业诚信管理框架实施方案》，初步建立了海关与政府有关部门间的联系配合机制，形成企业自管、海关监管、社会共管的局面。

按照数字化和网络化的要求，积极创新监管模式，提高实际监管力度。顺利完成H2000系统切换。按照总署统一部署，1月16日正式成功启动H2000系统，平稳顺利实现了网络结构、系统硬件、软件、运行平台及运行维护管理模式的全面切换，3月23日完成了全关区所有业务现场的切换工作。

进一步扩大“网上支付”项目的推广应用。全年分别与五家银行的分支机构签订了网上支付合作协议，目前关区共有16家企业签署了网上支付协议，网上付税总金额由2003年的583万元上升到2004年的2 287万元，增长292%。

积极推进加工贸易联网监管，加工贸易管理水平提高。7月1日，正式实现了与沈阳西科石英有限公司的加工贸易联网监管，9月份对该联网软件进行升级。联网监管后该企业通关费用下降了80%，取得了实效；扩充完善关区三级单耗数据库，建立三级单耗数据191条，同比增加177%，覆盖关区内42%加工贸易企业，88种商品；按照总署统一部署，开展加工贸易遗留手册专项清理。共清理逾期未核销手册共计836本，涉及企业336家，进口金额21 182万美元，加工贸易合同结案率排序从年初的全国第25位上升至第三季度的第7位。全年备案加工贸易手册2 219份，合同金额30.59亿美元。

积极适应形势需要，探讨建立新型物流监管模式。积极支持关区汽车制造企业发展，批准建立了“集铁物流集装箱场地”；主动走访出入境检验检疫部门，探讨海关与检验检疫合作开展“电子通关单联网”的报检通关模式，取得初步进展；与大连海关共同开展了现代物流与海关监管研究，就适应区域经济发展要求，建设保税物流中心等新型监管模式进行了理论探讨。

认真开展统计分析，提高统计预警功能。认真做好报关单数据质量检控分析系统（CSD系统）的推广应用工作，提高统计数据质量；利用海关执法评估系统，分析整合统计数据，积极开展统计监督工作，通过统计监督补征税款18.5万元；将统计分析的重点转移到为地方对外开放服务，促进东北老工业基地振兴上，采取定人员、定制度、定时限的“三定”措施，及时为省市政府提供进出口情况统计分析，为地方经济建设决策提供了有力的数据支持。2004年编发《海关统计》118期，受到省、市党政领导批示36篇。

【以“5年回顾教育”活动为契机，深入贯彻“海关人员6项禁令”，党风廉政建设和反腐败工作扎实开展】 坚持“立足实际，注重实效”，认真开展“5年回顾教育”活动，深入贯彻“海关人员6项禁令”。根据《海关总署党组关于开展总结回顾海关5年历程研讨教育活动的通知》的有关要求，提出了要克服“三种思想”，树立“三个意识”，即克服与己无关思想，树立执法为民意识；克服不愿揭伤疤思想，树立依法行政意识；克服骄傲自满思想，树立廉洁自律意识；做到“4个结合”，即与开展“6项禁令”活动相结合、与贯彻实施《行政许可法》相结合、与学习红其拉甫海关艰苦奋斗精神相结合、与促进东北老工业基地振兴相结合。认真开展学习教育、理论研讨，召开领导干部民主生活会，查摆问题、制定措施、认真整改；通过回顾反思，队伍正气上升，凝聚力和向心力不断增强，受到了署领导和省市党政领导的好评。

深入开展“6项禁令”教育活动，通过学习、考试、检查等多种措施广泛开展宣传教育活动，确保每位关员熟知、牢记、入脑、入心。积极向省市政府及口岸部门、广大进出口企业、关区廉政义务监督员、关员家属通报“6项禁令”的情况，在关区8市的主要新闻媒体、各业务现场公布“6项禁令”，公布举报电话，主动接受社会各界监督。

纠风工作扎实有效，行风状况受到地方党政和社会各界的好评。深入开展“执法为民、树立新风、共建廉洁海关”主题宣传月教育活动；聘请党风廉政建设义务监督员对行风工作监督检查，坚持党风廉政建设义务监督员联席会议制度，定期召开座谈会；组成行风暗访小组暗访检查，对关区内进出口业务量较大的30家企业和23名义务监督员进行了走访，发放调查问卷1 700余份。结果显示，群众对沈阳海关廉政和行风状况的满意率逐年上升，由2002年的86%、2003年的95%上升到2004年的99%。党风廉政建设和反腐败工作成效明显，廉政形势呈现可喜局面。

发挥海关内部督察审计作用，提高督察有效性。按照总署督察办统一部署，积极开展加工贸易内销补税和进口飞机及航材的专项督察工作，对海关执法评估系统提示的问题进行常规督察；组织开展对基层单位执法执纪情况检查，及时纠正基层业务建设中的问题。2004年对隶属关办领导开展了5次任期经济责任审计，对任期间内控制度的薄弱环节和财政、财务收支管理中存在的问题，提出了审计建议性问题34个、审计决定性问题17个，对提出的问题进行整改。

认真落实党风廉政建设责任制，查处违法违纪案件。落实领导干部“一岗双责”的要求，对领导班子的党风廉政建设及关区党风廉政建设责任制实施量化考核。将党风廉政建设和反腐败工作的7项任务38项具体工作，分解到相关部门，落实到具体人，做到责任清楚、任务明确，形成反腐败整体合力。认真查办违法违纪案件，全年初核案件6起6人，立案3起3人，结案3起3人，3人给予行政处分。

【坚持队伍建设正规化，以人为本和准军事化管理相结合，队伍建设整体水平得到提高】 加强领导班子自身建设，在提高素质、增强合力上下功夫。坚持党组理论中心组学习制度，把提高能力建设作为加强领导班子建设的重点。通过学习，领导干部的政治理论素养得到提高，政治敏感性和政治鉴别力不断增强，整体素质有所上升；充分发扬民主，坚持重大事项集体决策制度；召开民主生活会，广泛征求群众意见，对群众提出的队伍建设、工作作风、职工福利、基层困难等四方面32条意见，认真研究，给予答复；坚持落实领导干部述职述廉制度，全年有45名领导干部进行了廉政述职。

强化正规化建设，认真探索基层建设和准军事化管理工作的模式、途径。及时推广锦州海关、机场办事处、现场业务处落实基层建设的经验和做法。加强准军事化管理工作力度，组织开展全员军训，注重关员养成训练，成立关容风纪纠察分队，对关员的仪容关貌、办关秩序、遵章守纪情况进行督促检查，关员准军事化管理意识有所提高，队伍正规化建设有所进步。

多渠道、多形式开展政治和文化教育，切实打牢关员思想政治基础。组织开展“弘扬红其拉甫海关艰苦奋斗精神百米长卷签名赠言”活动，充分利用《政工简报》和“精神文明建设专栏”，宣传先进经验、先进事迹，树立良好风气；组织领导干部和关员去贫困地区体验生活，开展丰富多彩的文化生活，增强队伍凝聚力。圆满完成了全国海关首届乒乓球赛（沈阳赛区）的组织承办工作，组织了关区第一届体育运动大会；积极开展扶贫助学活动，为桓仁县雅河中学组建了微机室，向63名贫困学生捐赠助学款2万元；走访慰问雅河乡部分贫困家庭，捐赠助困物资合计6 000余元；响应公安部和总署缉私局“关爱英烈家属、共享爱心安宁”捐款号召，全关捐款37 640元；制定群众生活“六必访”（即生、老、病、死、丧偶离异、亲属下岗必访）制度，解决职工工作和生活中的实际困难和问题；主动关心离退休老干部生活，组织老干部开展学习、旅游及文体活动，使老干部感受集体温暖。

坚持人才强关，完善干部任免机制，组织开展教育培训。完善干部任免机制，坚持选拔任命和竞争上岗相结合，全年选拔任用处、科两级领导干部39名；继续有计划、有重点地推进干部合理交流，坚持干部交流与选拔、培养与使用紧密结合起来全面培养干部，全年交流处、科两级领导干部46名；对关区机构设置和人力资源配置开展调研，完成部分职能部门、隶属关办的机构设置和业务职能的调整及关区调查资源整合工作，通过整合，机构和人员配置得到优化，管理效能得到提高；采取封闭培训、讲座讨论、互动式教学等多种形式扎实开展教育培训工作，做到“三个结合”：即系统理论课和专题讲座相结合、授课和座谈研讨相结合、考试和日常考察相结合，紧密贴近海关工作实际，分层次有针对性地开展培训。全年对关区320余名关员开展了计算机应用知识（技能）培训，对107名科级领导干部分两期进行了封闭培训，对28名新入关人员进行了教育培训，通过学习培训，人员的业务水平和管理能力得到了有效提高。

通过一系列措施，关区队伍精神面貌有了很大改变，树立了良好的对外形象，财务处副处长刘大涌同志被授予“人民满意的公务员”荣誉称号，调查局李喆同志、缉私局李振杰同志被授予“辽宁省优秀青年卫士”荣誉称号，部分单位和个人受到了总署及省市政府部门的表彰。

【推行政务管理信息化，充分发挥科技、法制、政研、信息宣传、财务后勤工作的作用，提高保障能力，强化内部行政管理】 政务信息化以全面推广办公自动化为重点，实现了关区办公收文、发文、请示单、督办等工作的全程网上办公，有效地提高了办公效率，降低了办公成本；完成了移动办公方案选型测试工作，开展了VCN远程移动办公小范围试点工作；进一步完善海关内网建设，开设部门网页和专题网页，在内网的基础上搭建了沈阳海关外网网站，信息传播和服务功能得以充分发挥。

科技工作注重合理布局，统筹安排，积极争取资金和设备，为全关业务建设和政务管理奠定坚实基础。全力做好H2000系统切换、风险管理平台建设、加工贸易联网等重点工程项目的技术保障；完成关区11条网络专线的扩容改造和总关到各隶属关办及邮局办事处、车站办事处14条主干网的专线升级，信息处理速度提高了几十倍；开发全国海关信息安全管理网和沈阳电子口岸平台项目；开通省际虚拟移动专网，关区700余台手机用户正式实施MSC互联，通信技术工作取得重大突破，大幅降低了关区通讯话费支出。

法制工作结合《行政许可法》的实施，按照规章制度统一化的要求，积极开展清理规范性文件工作，针对行政许可项目共清理规范性文件和内部制度200余项，使各项业务规范和操作规程符合《行政许可法》的要求；以《行政许可法》、《海关实施〈行政许可法〉办法》、新《知识产权海关保护条例》和《海关行政处罚实施条例》为重点，大力开展法制宣传教育活动，开展了《行政许可法》专题理论研讨，提高全关人员依法行政意识；进一步强化对业务的指导和协调职能，建立关区法制联络员制度，加强对重大案件和事项的审核把关，对关区行政执法行为进行有效监督；复议、应诉工作成绩突出，案件数量大幅度下降，发生行政诉讼案件1起，无行政复议案件。

政研工作围绕振兴东北老工业基地专题，积极开展调研活动。在全关干部职工中开展了“振兴东北老工业基地海关怎么办”专题研讨活动，征集论文38篇，为党组开展振兴工作提供了理论支持和决策参考；编发《工作思考与建议》67期，《工作简报》200期，及时反映情况，总结交流经验，发挥政研决策辅助作用；积极支持学会开展理论研讨工作，建立机制，培养骨干，广泛发动领导干部和群众，征集论文180余篇，在大连分会获奖10篇，形成理论研讨的良好氛围。

信息宣传坚持围绕党组中心工作，提高质量，打造精品，突出特色。信息工作以动态反映、统计分析、总结经验为重点，努力提高信息质量。全年刊发动态信息4 700余条，综合信息65篇；新闻宣传工作加强系统性和整体性，坚持与总署工作思路、关党组中心工作和东北老工业基地振兴紧密结合，通过报纸、广播、电视、网络等多种形式，广泛宣传沈阳海关支持地方经济建设，促进老工业基地振兴的措施，引起了良好的社会反响。2004年《人民日报》、《光明日报》、《经济日报》等中央新闻媒体登载新闻稿件35篇，辽沈地区新闻媒体播发、登载各类新闻稿件达500余条，达到历史最好水平。

（范志军）

2004年沈阳海关关区业务统计表（一）

项目		单位	累计
稽查	稽查企业	家	109
	稽查补税	万元	311
税收	关税	亿元	7.48
	代征税	亿元	17.06
	合计	亿元	24.54
审价补税	商品项	宗	273
	补关税	万元	23
	补代征税	万元	297
归类补税	商品项	宗	784
	补关税	万元	316.6
	补代征税	万元	97.8
审批减免税	宗数	宗	2422
	商品	项	4386
	审批货值	亿美元	9.85
	减免关税	亿元	3.95
	减免代征税	亿元	13.35
合同管理	备案合同	份	2219
	备案金额	亿美元	30.59
	报核合同	份	2188
	结案合同	份	2226
内销补税	补关税	万元	386
	补代征税	万元	1308
	合计	万元	1694
企业注册	AA类	家	10
	A类	家	74
	B类	家	4082
	C类	家	9
	D类	家	4

2004年沈阳海关关区业务统计表（二）

项目		单位	累计
贸易值	进口	亿美元	26.17
	出口	亿美元	15.72
	合计	亿美元	41.89
货运量	进口	万吨	245
	出口	万吨	196
	合计	万吨	441
	转关	万吨	14
报关单	进口	份	45734
	出口	份	31653
	合计	份	77387
集装箱	箱次	个	19302
	箱载货物	万吨	11
运输工具	飞机	架次	6530
	船舶	艘次	728
行邮监管	进出境人员	万人次	588104
	邮递物品	万件	1813122
	印刷品	万件	1612750
稽查案件	案件	起	7
	案值	万元	5910
	罚没金额	万元	1507
缉私刑事/行政案件	立案刑事/行政案件	起	6/83
	刑事/行政案值	万元	1216/3731
	罚没收入	万元	127
	结案案件	起	8/65
	立案偷逃税额	万元	250/512
	抓获犯罪嫌疑人	人	24

辽宁省边防总队

2004年,辽宁省公安边防总队边防检查工作始终从维护国家政治和社会稳定、促进地方经济建设的大局出发,以落实全国二十公、部局党委扩大会议和边防检查工作会议精神为契机,以"大练兵"、"双争"活动为载体,以口岸查控和反偷渡工作为重点,狠抓各项规范的落实和人员素质的提高,稳步推进执勤执法规范化建设,使服务意识和服务水平不断提高,保证了各项工作任务圆满完成。

【精心组织,深入开展"双争"活动】 3月份,部局《关于开展"双争"活动的通知》下发后,辽宁省公安边防总队多次召开党委会、首长办公会,专题研究部署"双争"活动,成立了由总队长为组长,司、政、后部门领导和相关处室人员为成员的"双争"工作领导小组,制发了《检查方案》,明确了检查的具体内容、方法、步骤和要求。8月中旬,部局《关于做好基层建设、正规化管理和边防检查站"双争"活动检查总结工作的通知》精神下发后,辽宁省公安边防总队及时组织专门人员重新修订了《执勤业务科检查验收细则(边检业务部分)》、《监护中队检查验收细则(边检业务部分)》,将"双争"活动纳入到支队级党委班子及成员量化考核之中,为进一步做好"双争"工作奠定了基础。同时,总队还在局域网站首页开辟了"双争"活动专栏,及时通报"双争"活动开展情况及各边检站"双争"活动自查情况,营造了"比、学、赶、帮、超"的浓厚活动氛围。沈阳、周水子、大连、丹东、营口鲅鱼圈等边检站根据部局和总队的部署,相继召开了"双争"活动动员、再动员大会;沈阳、丹东、周水子等边检站以召开口岸联席会、旅游系统座谈会等形式,加强了与相关单位的联系沟通,争取支持和配合;各站还采取悬挂标语、发放宣传单和征求意见函等方式,积极向服务对象宣传边防检查机关开展"双争"活动的有关政策,主动征求建议和意见。同时,各边检站结合工作实际出台了一系列亲民爱民措施,端正执法思想,增强服务意识,进一步改善口岸通关环境。沈阳、周水子等边检站克服警力不足等困难,积极承担新增航线的边防检查任务,为支持地方经济建设做出了应有的贡献;丹东、沈阳、营口鲅鱼圈等边检站成立了便民服务小组,制作了《旅客检查流程图》,建立了"站长接待日"等制度,进一步方便了出入境旅客;大连地区各海港边检站改进了登轮管理措施,实行"一港通"式证件,为相关单位和登轮人员提供了方便。此外,各边检站还通过发放调查问卷、走访地方政府和口岸相关单位、召开社会监督员会议等方式,主动征求意见和建议,广泛接受社会监督,积极改进工作,使地方政府和出入境旅客的满意率达到95%以上。

一年来,通过"双争"活动的深入开展,有效提高了各边防检查的查控能力、服务质量和队伍的正规化建设水平,赢得了地方政府的高度评价。周水子边检站在大连市政府开展的口岸行风建设评比活动中被评为优胜单位,并获得"大连市2003年度旅游工作先进单位"称号;丹东边检站被辽宁省委、省政府、省军区联合评为"辽宁省2002—2003年度军(警)民共建工作先进单位";锦州边检站被辽宁省委、省政府授予"文明单位"称号,执勤业务科被锦州市委、市政府评为"文明窗口"单位;沈阳边检站也多次受到沈阳市政府和沈阳军区赴利比里亚维和办公室的表扬。

【立足实际,突出抓好查控和反偷渡工作】 各边检站严格贯彻落实《查控工作规范》,采取多项措施,确保了查控工作万无一失。一是加强组织领导。各边检站均成立了由站长任组长、分管业务的站领导及有关部门负责人为成员的查控工作领导小组,建立健全了责任制。二是健全规章制度。总队制发了《辽宁省公安边防总队查控工作奖惩规定（试行）》，对查控工作提出了明确要求；沈阳、锦州、和尚岛等边检站结合工作实际，制定了查控工作奖惩规定，明确了各级人员职责和工作要求。三是加强检查指导和监督。年内，总队多次派出工作组对全省 11 个边检站的查控工作情况进行了 2 次全面检查和 4 次抽查，并及时通报检查情况，提出整改要求。四是提高处置突发事件能力。根据形势发展的需要，总队指导各边检站不断完善口岸处置突发事件预案，定期组织“处突”演练，保证了重点时期、敏感时期口岸的安全和社会的稳定。

针对当前口岸偷渡活动出现的新情况、新特点，辽宁省公安边防总队着力在证件研究、规范执法、加强培训上下功夫，进一步加大了反偷渡工作力度，取得了明显成效。一是加强了证件研究工作。总队成立了证件研究室，加大了对证件资料的收集、整理和分析工作力度，印制了内部刊物《证件研究与业务研讨》，发表了 30 余篇业务论文，用以指导基层的反偷渡工作。各边检站也组织业务骨干，积极开展证件研究工作，提高了一线人员识别伪假证件的能力。二是进一步理顺了执法办案程序。总队决定将各边检站查获的需要立刑事案件的偷渡案件全部移交总队或边防支队刑事侦查队侦办，进一步加大了深挖案件、严打“蛇头”的工作力度。2004 年，辽宁省公安边防总队各级侦查队根据各边检站发现的案件线索，先后破获了“11·17 集装箱偷渡案”、“韩国人张泰寿组织他人偷渡案”等多起有影响的案件，共抓获“蛇头”19 人，严厉打击了偷渡组织者的嚣张气焰。三是初步建立了反偷渡工作协作机制。在总队协调指导下，大连大窑湾、营口鲅鱼圈边检站积极争取地方政府和港务部门支持，成立了由政府牵头、口岸相关单位参加的口岸反偷渡工作领导小组，形成了对集装箱偷渡活动的打击合力；沈阳、大连周水子边检站加强了与安检、航空公司等相关单位的协作，加大了对利用转乘飞机实施偷渡活动的防范和监管力度，取得了明显成效。

【多措并举，切实提高边防检查规范化水平】 辽宁省公安边防总队及各边检站始终把强化边防检查规范化建设作为全面提高边防检查工作水平的有效手段，把执勤执法规范化建设放在业务工作的突出位置来抓。总队摄制了《出入境边防检查规范化执勤（旅检部分）教学片》，制发了《边防检查查控工作奖惩制度》，建立了查控工作定期检查、评比、通报制度。2004 年 4 月 26 日，总队召开了全省边防检查工作暨规范化执勤现场会，深入学习贯彻部局边检会议精神，总结交流做法与体会，对全省边防检查工作和队伍建设做出了全面部署，同时推出了 14 项便民利民措施，分类别统一了勤务簿册。各边检站以落实两级边防检查工作会议精神为契机，以执勤规范化建设为重点，进一步加强和改进执勤执法工作，不断推动边防检查规范化建设向纵深方向发展。沈阳边检站开展了“规范化执勤执法月”活动，进一步规范了执勤执法行为，做到了“严格执法，文明执勤，热情服务”；营口鲅鱼圈、丹东港、丹东等边检站按照总队下发的《教学片》，对旅客检查勤务进行了统一、规范，做到“上下勤队列化、语言文明化、动作标准化”；大连边检站合理调整了警力部署和勤务分工，设置了指挥中心，加强了对各执勤业务科的协调管理，有力推动了执勤规范化建设。

【多管齐下，努力提高边检队伍整体素质】 总队、各边检站以检查员等级评定为契机，紧密结合公安部开展的“大练兵”活动，采取网上培训、脱产学习、集体培训等多种措施，有针对性地开展业务培训和岗位练兵，使执勤人员的综合素质和业务能力有了明显提高。总队边检处对 2000 年下半年至 2003 年边防检查业务文件进行了汇集整理，并在网页上发布，为边防检查执勤工作提供了便利；新的《公安机关办理行政案件程序规定》实施后，总队边检处与法制处联合举办了专题培训班，通过视频电话系统对各边检站执法人员进行了培训。按照总队要求，各边检站也确立了“以人为本”的基本理念，加强了人员培训工作。大连、周水子、丹东、丹东港边检站通过举办查控、边检业务、情报调研等培训班，加强了对执勤人员业务、外语、计算机、法律知识的培训，进一步提高了执勤人员的综合素质和业务能力；丹东边检站采取“走出去”的办法，组织人员到满洲里、黑河、珲春等口岸进行考察、学习，同时选派业务骨干到沈阳边检站跟班学习，提高了实际工作能力；周水子边检站也组成了由主管业务领导带队的考察小组，赴浙江、福建等地进行学习、考察。针对一线检查人员主要因计算机、外语水平不过关导致等级评定成绩不合格的实际情况，各边检站还鼓励检查员积极参加社会培训，提高计算机应用能力，为顺利通过等级评定奠定了基础。

为推动“大练兵”活动深入开展，8月初，总队在沈阳举办了以业务知识竞答和出入境卡片微机录入为主要内容的边防检查业务比武竞赛，再一次掀起了“学业务、强素质”的业务练兵高潮。在9月份部局举办的“大练兵”汇报演练中，总队取得了边检业务科类第一名的优异成绩。

【加大投入，不断改善边检基础设施】 总队及各边检站在积极争取部局和地方政府支持的基础上，不断加大资金和设备投入力度，逐步改善检查现场的执勤设施。2004年以来，总队先后投入100余万元为各边防检查站配发了物证鉴别仪等检查、查验设备，同时，争取部局支持，为营口鲅鱼圈、丹东港边检站配备了文检仪，为周水子、丹东等边检站建立了电子监控系统，执勤基础建设得到进一步加强。各边检站还积极争取地方政府支持，对执勤现场设施进行了更新、改造。沈阳边检站积极与机场有关部门协调，完成了对边防检查执勤现场供电设施的改造，解决了前台录入系统24小时不间断供电问题；大连湾边检站争取地方单位支持，逐步完善执勤现场办公、检查设备的基础设施建设；丹东边检站多次与市政府有关部门协调、沟通，进一步加强了公路口岸现场办公用房等基础建设；鲅鱼圈、锦州边检站在地方政府和港务部门的支持下，完成了港区电子监控系统建设；大连边检站利用进驻大连航运交易市场的有利时机，更换了前台查验设备，并完成了站机关到旅客检查现场的数据光缆建设。

【严密部署，圆满完成重要活动、重要团组的边防检查任务】 在上级正确指导和积极协调下，各边检站及时调整工作部署，采取有效措施，合理调配警力，圆满完成了敏感时期、重要活动期间的边防检查任务。沈阳边检站圆满完成了联合国维和工兵、医疗分队出入境和越南总理潘文凯专机出境、东帝汶总统及其代表团入境以及沈阳“韩国周”、“制博会”期间边防检查任务；大连周水子边检站完成了文莱苏丹专机入境和大连第十五届“赏槐会”期间各项边防检查任务；丹东边检站圆满完成了“4·10”专项安全保卫任务、运送援朝物资车辆、人员出入境及中国艺术团赴朝演出器材出境边防检查任务。

（皮跃）

2004年辽宁省口岸出入境旅客统计表

单位：人次

项目		出入境旅客 入境	出入境旅客 出境	合计
中国籍	因公	27102	26826	53928
	因私	233839	269262	503101
	香港	17013	15281	32294
	澳门	144	110	254
	台湾	17614	20618	38232
外国籍		570208	558811	1129019
合计		865920	890908	1756828

2004年辽宁省口岸出入境员工统计表

单位：人次

项目		入境方式					出境方式					合计
		飞机	船舶	火车	汽车	小计	飞机	船舶	火车	汽车	小计	
中国籍	因公	45830	60272	2613	28150	136865	46308	69930	2604	28710	147552	284417
	因私	971	159	14	357	1501	936	152	12	373	1473	2974
	香港	579	43	0	0	622	586	48	0	0	634	1256
	澳门	3	0	0	9	12	6	0	0	12	18	30
	台湾	73	233	0	0	306	72	92	0	0	164	470
外国籍		26810	54670	2039	9831	93350	26665	53622	2214	10035	92536	185886
合计		74266	115377	4666	38347	232656	74573	123844	4830	39130	242377	475033

辽宁出入境检验检疫局

【概况】 2004年是不平凡的一年。在国家质检总局和地方党委、政府的正确领导下，辽宁出入境检验检疫局按照“围绕一个中心，实现三大目标，完成八项任务”的工作部署，全面拓展检验检疫发展空间，加强执法把关,强化内部管理,团结一心,抓住机遇,奋力拼搏,扎实工作,较好地完成了以检验检疫为中心的各项工作任务,各项工作在去年的基础上实现了新的跨越和发展,取得了可喜的成绩。

2004年,辽宁出入境检验检疫局检验检疫出入境商品32.8万批,货值231.9亿美元,同比分别增长20.9%和30.9%。其中出境货物24.1万批,货值111.8亿美元,分别增加33.3%和25.1%。入境货物8.8万批,货值119.8亿美元,批次减少3.7%,货值增加36.7%。出境不合格商品293批,货值1 248万美元,批次增长11.7%,货值减少9.5%;入境不合格商品683批,货值53 549万美元,批次、货值增长66.6%和31.8%。全年经检验检疫的进出口总额占辽宁省贸易总额442.05亿美元的52%。其中检验检疫出境动物及其产品22 365批,货值7.3亿美元,分别增长3.2%、20.2%,其中不合格58批,货值185万美元。检验检疫进境动物及其产品9 513批,货值60 313万美元,分别增长20.6%、17.8%,其中不合格33批,货值76万美元。检验检疫出境植物及其产品30 153批,货值104 522万美元,批次增长21.4%,货值减少32.4%,其中不合格101批,货值312万美元;检验检疫入境植物及其产品4 245批,货值86 586万美元,分别增长40.33%、50.8%,其中不合格48批,货值2 060美元。全年共监测体检129 103人次,艾滋病检测83 822人次,分别增长8.7%、1.1%。进行预防接种105 372人次,减少23.3%。发现病例11 983人次,增长73.0%。检疫出入境船舶11 870艘,增长4.6%;飞机12 543架,增长35.2%;火车32 486节,增长28.3%;汽车111 650辆,增长52.4%。

【敏感商品及高致病疫情检验检疫】 根据国家质检总局关于加强旧机电、废物原料和进口敏感商品检验检疫工作会议的要求,成立了辽宁局敏感商品检验检疫监管工作领导小组,明确敏感商品的检验检疫监管规程和标准,严格落实双人上岗、定期轮岗、责任追究、奖惩措施等制度。开展工作质量自查和检查,对存在的问题明确了整改措施。开展进境肉类存储冷库专项检查,规范了进境水果现场检验检疫和室内检测鉴定的操作程序,保证了辽宁口岸进境敏感商品的安全。严格落实总局防控禽流感的各项要求,加强对来自禽流感国家和地区入境人员的查验工作,对注册饲养场、加工厂进行了全面检查和重新考核确认以及企业防疫人员的培训。及时启动了防控“非典”工作紧急预案,做到监控有效,保证了各项防控措施落到实处。发挥监控体系的预警、协调作用,利用各种渠道收集、整理、发布国内外疫情动态和检测信息,为业务工作提供参考。对不合格货物和送样品情况以及收费情况进行了专项稽查。跟踪检出的不合格商品的处置情况,规范了送样工作。对全系统的证单质量进行了专项检查评比,组织对全系统计收费情况进行了检查,对存在的问题提出了整改意见。检疫性传染病、监测传染病、动植物疫情及有毒有害物质的检出率明显提高,在全国检验检疫系统内的排名靠前。连续查获和退运多批进口矿产品放射性严重超标和不合格进口废物原料,多次封存来自美国、韩国的牛肉、鸡肉。

【科研工作】 在认证认可工作方面,成立了专门的认证监管部门和正源咨询公司,建立了认证认可、注册管理、认证咨询的工作体系,扩展了业务范围。对近400家企业进行了定期监督检查,不断更新向韩国、日本、新加坡、美国、欧盟的推荐注册。新开辟了QS9000和OHSAS18000体系认证领域,加强与地方政府的合作,促进了5大体系认证工作全面展开。与10余家国内外知名认证机构建立了长期合作关系,为认证咨询业务的发展奠定了基础。在实验室建设方面,顺利完成全系统实验室事业单位法人登记,在省局技术中心成立了检验检疫技术研究所,进一步扩大了实验室技术把关和技术服务的业务领域。本着“布局合理、管理规范、技术先进“的总体思路,建立和完善了辽宁检验检疫系统实验室网络，强化分类管理，突出重点实验室的建设，不断加大人、财、物的投入，2004 年总计投入约 5 000 万元，实验室仪器设备水平有了明显改善，被国家认监委评为计量认证转换工作先进单位。积极应对国外技术壁垒，开发新检验检疫项目 120 多项，检测能力有了新突破。食品实验室获得了韩国国外公认的检测机关资格。2004 年 12 月，通过了中国实验室国家认可委员会组织的能力验证提供者认可的现场评审，辽宁局成为国内首家食品安全实验室能力验证的提供者。作为国内唯一的国际实验室能力验证项目协调单位，代表国家认可组织承担的亚太实验室认可合作组织（APLAC）的三个国际能力验证项目（T034 转基因能力验证计划、T035 食品添加剂能力验证计划和 T036 兽药残留能力验证计划）顺利地通过了验证。亚太实验室认可合作组织能力验证委员会主席以及国家实验室认可委员会的主要领导对辽宁局实验室的技术水平和协调工作给予了很高的评价。与这些国际合作项目相关的科研工作形成的理论和应用成果处于国际领先地位，显示了辽宁局的科技实力和管理水平，提高了辽宁局实验室的国际声誉，不仅在国内外相关领域产生了深远的影响，而且为促进国际贸易、减少贸易技术壁垒起到了积极的作用。在科研制标工作上，辽宁局开展了食品中农兽药残留快速监测方法、动物疫病快速检测技术、出口玉米检验关键技术与管理等项目的研究，全年完成了 31 个科研制标项目，评出辽宁局一等奖 3 项，二等奖 10 项，三等奖 3 项。在总局 2004 年度科技兴检奖的评选中，辽宁局参与完成的项目获一等奖 2 个，二等奖 1 个，三等奖 1 个；独立完成的项目获 1 个二等奖、3 个三等奖。另外，在科研和标准立项方面，参加科技部重大科研项目 4 项，承担国家队局科研项目 8 项，承担检验检疫行业标准 17 项，辽宁局科研项目 22 项。评选出新一届辽宁局中青年专家，并完成了辽宁局科技委及专业委的换届改选工作。

【辽宁老工业基地振兴】 成立了辽宁检验检疫局支持辽宁老工业基地调整改造工作小组，组织相关业务处和分支局对首批 52 个国债项目进行有针对性的分析和研究，对其中涉及到引进设备或产品出口的近 40 个项目制定了重点扶持措施。省局与鞍钢集团签署了检验检疫合作备忘录，所属各单位也把落户在本地区的重点项目列为“局长工程”、“处长工程”，深入企业走访，听取意见，现场协调解决企业在检验检疫方面遇到的困难，针对企业的不同需求，实施有重点的专项服务。对辽宁 100 家农产品重点龙头企业制定了六项扶持政策，并普遍走访了一次，进一步加大促进农产品扩大出口工作的力度。为粮谷、果菜、食品加工企业培训厂检员和为动物饲养场培训兽医防疫人员；帮助出口稻草企业全面推行质量管理体系，完成了第一批技术改造，保证了监管有效，产品稳定出口。督促食品和农产品生产企业建立并推行危害分析与关键控制点、良好操作规范、卫生标准操作规范等科学生产加工管理体系，建立和完善源头管理及过程控制体系。积极配合政府有关部门搞好出口蔬菜水果生产基地建设，实施了基地备案和注册管理，指导和帮助有关企业建立规范化的萝卜、大葱、辣根、牛蒡、辣椒、西兰花等种植基地，支持辽宁蔬菜、水果产品形成生产规模，逐步扩大出口。促成首批产自大连的 168.5 吨大白菜出口日本。面对我国部分地区发生禽流感疫情后国外纷纷设禁的形势，积极帮助企业实现鹌鹑蛋罐头出口，促成了供港澳新鲜禽蛋的出口。促成了干燥灭菌禽肉、蛋粉产品出口东南亚、巴基斯坦和中东、加勒比海地区。目前，省鹌鹑蛋和蛋粉制品出口量列全国第一。各单位建立了与企业的热线电话，对企业在检验检疫中遇到的特殊困难给予重点解决。积极配合地方政府加强港口检验检疫配套设施建设，提出了检验检疫配套设施的设计方案，深入细致地做好大连港两个 30 万吨级的重载试车以及保税区区港联动物流园、大连湾杂货码头工程等项目检验检疫配套设施的规划工作。

【"大通关"工作】 进一步加快检验检疫信息化建设。加大投入，推行了无纸化报检的试点工作，自营报检单位已基本上全部实行了"直通式"报检，并在有条件的代理报检单位试行"直通式"报检。全系统有8个单位的电子报检率达到了100%，3个地区实现了电子通关。产地证电子签证率一直保持100%。成功实现了大窑湾口岸电子快速查验系统(海港版)与国家局信息物流平台的联网对接，现已试运行。辽宁检验检疫网站已经开始在内部运行，即将正式对外开放。进一步深化检验检疫监管模式改革。对出入境检验检疫业务实行合理的"前推"、"后移"，深化检验检疫监管模式改革，加快实货验放。扩大实施分类管理和"绿色通道"制度企业范围，目前实施一、二类分类管理企业已近100家。从8月1日起，全面实施了检验检疫内部传递证单无纸化运行。11月15日，检务处以及大窑湾局检务部门与海关、边检、港务管理、银行、物流等部门同时进驻大连市航运交易中心，实行"一站式"办公，方便企业报检通关。此前，有针对性地对业务流程、内部业务职能进行了调整整合，新设立了口岸查验科，缩短了口岸核查货证的时间，保证了出口快捷通关。进一步优化"大通关"软环境。在建立检验检疫通关机制等方面加大工作力度，坚持把企业的满意程度作为衡量"大通关"工作质量的依据，在机电处、大连开发区局、大窑湾局、大连国际机场办事处、大连保税区办事处、局本部等六个单位进行试点，对三资企业、IT、机电产品检验检疫的通关时限、服务标准、企业满意度进行跟踪考核，实行"一票一监督"，并形成监督系统，在通关效率、服务质量、企业满意度等方面取得了明显的成效。通过以上措施，基本实现了"提速、减负、增效和严密监管"的"大通关"工作目标。

【人才队伍建设】 加强领导班子和干部队伍建设。坚持党组理论学习制度，联系实际认真学习贯彻十六大、十六届四中全会精神，进一步提高了领导班子成员的政治理论素质，提高执政能力。认真落实《辽宁检验检疫局关于规范领导班子从政行为规定》以及加强领导班子建设的各项措施和制度。顺利完成班子的新老交替，实现平稳过渡。按照党政干部任用条例规定和总局党组关于培养后备干部的要求，认真做好选拔培养优秀年轻干部工作，先后8次调整了涉及31个单位54名干部的职务。制定实施了《辽宁检验检疫系统干部交流工作规定》，对18名处级干部进行了平级交流，促进了干部交流轮岗工作经常化、制度化。针对辽宁局干部队伍的实际状况，对37名同志提任了非领导职务，对41名同志进行了不同层次的专业技术职务评聘，对7名军队转业干部确定了职务。出台了《关于鼓励职工在职继续学历（学位）教育的若干规定》，鼓励职工在职参加学历（学位）教育，调动了干部职工的学习积极性。以贯彻《行政许可法》为契机规范执法工作。组织实施《行政许可法》和《商检法实施条例》培训，组织了《行政许可法》知识考试，组织开展了行政许可项目的清理工作。设立了行政许可"一站式"办公大厅，公布了全部的行政审批事项。对贯彻执行新收费标准工作进行了具体部署，并按照《行政许可法》的规定对新的收费标准和辽宁局的保障措施进行公布、公示，对企业做好宣传解释。加强党风廉政建设。进一步明确了"谁主管谁负责"和一岗双责责任制，结合目标管理建立健全考核考评细则，全系统189名处级干部逐一填写了"自律情况登记表"。认真开展"四大纪律、八项要求"党风廉政主题教育活动，进行了《中国共产党纪律处分条例》、《中国共产党党内监督条例(试行)》专题辅导。抓好《辽宁检验检疫系统加强行风建设"两要、八严禁"承诺》和《辽宁检验检疫局实行挂牌上岗、违纪待岗下岗暂行规定》的落实，抓好以收费、发证、办班为重点的专项治理，抓好与企业的沟通，拓宽监督渠道。按照"零投诉、无举报、企业满意"的目标，及时纠正侵害群众利益的不正之风。普遍开展与企业签订《廉政监督公约》活动，目前已和600多家企业签订了《廉政监督公约》。认真做好信访举报和案件查处工作，对13件信访举报进行了认真查处，分别对个别干部进行了告诫谈话。认真抓好精神文明建设和老干部工作。以创建全国文明单位为目标，通过贯彻实施辽宁局精神文明建设方案和推行百分制量化管理、考核办法，使辽宁局精神文明建设向规范化、制度化迈进了一步。开展争创“文明单位”、“文明窗口”、“青年文明号”和争当“青年岗位能手”活动，促进了精神文明建设的深入开展。辽宁局被辽宁省委、省政府评为2002－2003年度精神文明建设“文明单位标兵”，被省直机关评为目标管理先进单位，全系统有2个单位被国家质检总局评为先进单位，8个单位被评为省级“青年文明号”，11名同志被国家局、省市政府评为先进个人。积极响应地方党、政领导机关的号召，开展扶贫帮困和捐资助学活动。老干部工作按照“落实待遇、深化管理、优质服务、保持稳定”的要求，在做好“两个待遇”落实工作的基础上，组织开展适合老年人特点的各项活动，丰富了老同志的晚年生活。离退休老领导、老同志心系检验检疫事业，关心和支持辽宁局的建设和发展，老干部工作被省直机关、大连市评为目标管理优秀达标单位，第二党支部和4名老同志分别被评为全国质检系统“离退休干部先进党支部”和老干部先进个人。进一步强化内部管理。建立健全了各项管理制度，从内部行政管理和财务管理上要效益。在行政管理方面，抓劳动纪律和工作纪律，抓着装和挂牌上岗，使机关作风有了较大的改变。在财务管理方面，先后召开三次财务工作会议，分析形势，查找薄弱环节，对于苗头性的问题及时整改。实行审计先行，进行了财务收支及预算执行情况、领导干部离任审计、政府采购、收费审计，堵塞财务漏洞，加强预算管理。加强财务的监督管理，严格落实预算计划，基本实现了按预算支出，增收节支工作效果显著。组织全面的资产核对，进一步完善加强对国有资产管理的措施。加强对政府采购、会议、接待的监督管理，提高了资金的使用效益。积极稳妥地推进事业单位改革，向一线岗位充实了人员，保证了检验检疫一线的需要。铁岭局正式挂牌成立，庄河港检验检疫机构的建设正在按计划进行。提出了增收节支的措施，积极组织经营服务性收入，规范了检验检疫收费和经营服务性收入的管理。目前辽宁局内部管理已经有了较大的改善，基本上做到了政事分开、政企分开，有力地保障了检验检疫事业的发展。关心职工生活和切身利益。职工就餐得到了保障和改善，坚持每年为职工做一次体检，开设了职工门诊，方便职工看病就医。按照有关的政策，积极采取措施解决职工的福利待遇，想方设法解决老干部的福利问题。

（王刚）

2004年进出口货物总体情况

单位：万美元

	商品检验			
	批次	金额	比上年同期增长%	
			批次	金额
出入境货物总计	270632	2181359	23.04	32.36
农副产品	64819	317175	－18.72	－17.93

	商品检验			
	批次	金额	比上年同期增长%	
			批次	金额
动物及其产品	30358	125917	6.25	17.75
植物及其产品	34399	191109	23.46	-11.19
食品及化妆品	30482	76162	29.43	19.21
纺织品	48433	146600	38.13	86.13
轻工品	15155	26640	20.2	0.23
矿产品	7591	605892	7.05	50.46
金属及其制品	14021	220072	37.7	102.12
化工品	18912	275175	20.43	22
机电产品	71382	495167	18.67	22.33

2004年主要动物及其产品出口情况

单位：万美元

CIQ编码	商品名称	批次	同比±%	金额	同比±%
02040151	鲜、冷、冻鱼片	7405	33.4	29840.3	37.4
02049999	未列出的其他水生动物产品	958	201.3	2197.1	87.2
02040502	鲜、冷、冻鱿鱼	689	-32.8	3052.3	-33.6
02040399	未列出鲜、冷、冻水蟹产品	656	24.7	3884.5	11.5
02040403	鲜、冷、冻扇贝	300	22.9	1572.8	27.1
01090108	杂色蛤	255	4.5	1343.7	18.3
02010502	鸡胸、鸡腿	441	-52.5	2005.4	-46.8
02070304	猫、狗饲料	1223	92.6	1849.7	447.4
02010101	马肉	146	84.8	65	124.2

2004年主要进境动物产品情况

CIQ编码	商品名称	数/重量	同比±%	金额（万美元）	同比±%
01010202	牛	13455头	17.5	1978.8	29.8
02010313	猪蹄	20862.1吨	379.4	1460.9	454.6
02010332	绵羊肉	24946.5吨	-26.2	2991.3	-15.7
02040103	鲜、冷、冻鳕鱼	145707.7吨	43.7	16133.9	40.6
02079903	红鱼粉	40055.3吨	20.1	2649.4	34.5
02080304	牛皮	19448.3吨	-2.4	4310.9	-17.6
02040104	鲜、冷、冻比目鱼	49937吨	16.3	5031.1	33.1

2004年主要植物产品出口情况

CIQ编码	商品名称	数/重量	同比±%	金额（万美元）	同比±%
01010202	牛	13455头	17.5	1978.8	29.8
04010499	玉米	1372105吨	-82.6	19532.4	-75.9
04030399	其他薄板	12938吨	18.9	3140.8	21.6
04030210	其他非针叶木材	95651吨	86.1	13914.2	100.6
04030605	木质厨具及厨房用品	88441吨	-21.1	9006.4	-24.2
04030699	其他木制品	135004吨	24.4	17341.6	15.8
04059999	稻草	159097吨	4366	2828.7	4837
04020199	大豆	293059吨	-28.0	12131.9	77.6
04011299	高粱	149474吨	36.6	2376.8	81.9

2004年入境主要工业品情况

货物名称	批次	同比±%	数/重量	同比±%	金额（万美元）	同比±%
原　油	238	13.3	1605.8万吨	34.8	462353.5	69.1
汽　车	3852	5.5	38619辆	32.6	104231.3	77.6
初级形状塑料	4822	16.4	19.4万吨	-27.5	26502	17.7
废　钢	1077	-0.5	68.1万吨	1.4	12597.5	30.8
机电产品	19107	-14.5	5.8万吨	-52	70360.4	6.1
钢　材	3510	22	25.9万吨	-17.9	22030.6	5.5
机械设备	5194	7.2	1936913台	-12.5	73367.3	23.6
铁矿砂	225	52	1216.2万吨	88.5	60004.7	222.5

2004年出入境交通工具检疫与2003年同期对比

项　目	单　位	2004年	2003年	同期增减%（±）
船舶	艘	11870	11340	4.6
飞　机	架	12543	9278	35.2
火　车	节	32486	25329	28.3
汽　车	辆	111650	73284	52.4

出国体检历年同期的业务统计比较表

单位：人次

项　目	2001年	2002年	2003年	2004年
监测体检数	94896	98826	118768	129103
HIV抗体阳性	5	2	8	6
性　病	226	204	298	178
肝　炎	213	197	120	238
肺结核	67	51	47	63
HbsAg阳性	2422	2554	2469	2500
其他疾病	2581	3463	3971	8965

辽宁海事局

辽宁海事局紧紧围绕水上安全监督管理这一中心工作，不断提高监督管理水平，在保证船舶航行安全的前提下，树立主动服务意识，坚持“改进服务工作，完善服务功能，提高通关效率”的方针，采取积极有效措施，切实落实好口岸“大通关”工作。确保了辖区内水上交通安全形势的稳定，为促进辽宁经济的发展做出了积极的贡献。

【推行便民措施，提高通关效率】 根据交通部2004年第3号公告和中国海事局《关于实施全国海事系统行政执法八项便民措施有关事项的通知》要求，本着依法行政、执法为民、服务社会、服务地方经济的海事工作宗旨，辽宁海事局结合辖区实际，制定出台了多项便民措施，并于2004年3月1日起在辖区内施行，收到了良好成效，切实提高了通关效率。

在船舶登记和公司审核方面，进一步明确了严格把关、务实高效的原则，在航运公司提出审核申请或增发DOC副本申请时，采取接受申请、办理副本工作与船舶登记或公司交接船舶同期进行，提前报上级部门核准签发的副本由审核办公室保管，待船舶登记或公司交接船舶完成，立即颁发DOC副本，减少了船舶等待证书的时间，保证了船舶及早投入营运。

在船员管理方面，辽宁海事局出台了《公民个人办理船员证件服务指南》，公布了《办理证书收费标准》；为方便船员取证，推出了特快专递业务。为方便船公司船员再有效培训，降低其经营成本，该局组织开展对大连远洋运输公司在船培训的监督和指导工作。在船培训使部分教学内容实现了由模拟向真船实操的转化，不仅直观、真实，而且更易理解和掌握，教学效果明显。此举作为行政管理向行政服务转变的典型在中央电视台新闻档播出，取得了较好的社会反响。

辽宁海事局建立并完善了船舶安全检查工作程序，为实现对船舶现场监督管理的公正、公开、便民和高效，各分支局按照依法行政和便民利民的原则，将各自辖区内船舶进出港手续办理点、联系电话、船舶载运危险货物申报电话以及船舶开航前检查和安全检查的申请方式、联系电话向社会公开；对集装箱班轮的开航前检查和安全检查实行提前申请，约时检查，提高了船舶营运效率，节省了船期；国际航行船舶进出该局辖区内对外开放口岸，船舶或其代理人办理进出口手续，海事管理机构24小时办理，全年不休，船舶在港停留少于24小时的，进出口手续合并办理；为每个安全检查人员配备了所有“安全诚信船舶”名单，对到港船舶提前核对，对“安全诚信船舶”给予24个月内免于例行的安全检查。

为进一步方便船方，辽宁海事局将船舶进出口检查的职责全部下放各相关海事处，使船舶的现场监督管理和进出口检查有机地结合在一起，既有效地加强了船舶的安全管理，又方便了船方及代理，使代理公司在现场就可直接办理进出口手续，为船舶快速通关创造了有利的条件。各基层海事处编制了《海事处工作指南》，对船舶到港后船方如何办理相关手续做出说明，为船方能够在短时间内办妥口岸查验手续提供了必要的便利条件。同时，主动向首次到港船舶发放《进港须知》和《海事处业务指南》，并实行首问负责制。辽宁海事局所属的营口海事局针对港内施工单位和施工船舶推出了“服务到水上”的新举措，及时解决施工中存在的安全管理问题，受到了施工单位和船舶的广泛好评。所属的大连海事局对干线班轮提供优先通航、VTS助航的服务，对载运危险品船舶提供即到即批等服务，对偏远口岸的进出口查验工作（旅顺、长海、锚地等）统一由大港海事处代办，提高了船舶通关效率，缩短了船舶在港停留时间。

为保障电煤运输，辽宁海事局特事特办，急事急办，对来港电煤船舶实行优先办理签证、优先使用航道、优先安排进出港、提供VTS全程监控等服务措施，对运输电煤船舶提出的各类申请、咨询及时优先答复，尽可能减少登轮次数和登轮人员，压缩在船时间。对海事事故及时处理，特事特办，没有一艘运输电煤船舶因发生海事延误船期。为电煤运输提供了安全、便捷和畅通的通航环境，最大限度地加快了电煤运输船舶通关速度。

【改善通航环境，清理非法养殖】 为贯彻落实辽宁省“建设一个中心、培育两大基地、发展三大产业”，举全省之力建设大连东北亚国际航运中心的发展战略，辽宁海事局积极对辖区通航水域总体布局情况进行了深入调研。重点走访了大连、营口等地主要的港航企业，分析了辖区水域的现有通航情况，结合各港口发展趋势，对现有通航水域布局规划中的相关内容进行调整。

辽宁海事局积极对辖区重点港口VTS（船舶交通管理）系统进行更新换代，在大连港周围的黄白咀、老铁山、和尚岛和大港区设置四个雷达站，从而形成了四站一中心的大连VTS系统。新VTS系统于2004年6月8日正式运行，初步实现对老铁山水道和大连港的船舶交通管理，极大改善了该海域船舶通航秩序，确保该海区航行船舶的安全。为了更好地发挥其先进功能，大连海事局制定了《中华人民共和国大连海事局船舶交通管理系统安全监督管理规定（暂行）》及《大连VTS（船舶交通管理系统）指南》。同时利用新系统大力推行便民服务，提出了24小时随时受理船舶进出口申报、非监管区审批等便民措施，向各港航单位提供助航服务信息、气象信息，特别是做好大风大雾天气锚泊管理工作，为航运企业和船舶安全生产保驾护航。为确保烟大轮渡航线的交通安全，辽宁海事局正在建设旅顺羊头洼VTS雷达站，2005年将完工，届时，该水域的通航秩序将会得到极大改善。

大连港长期存在的海上非法养殖是影响船舶航行安全，破坏海上通航环境和通航秩序的重要因素。2003年，在大连市政府统一领导下，大连市成立了海上清障领导小组，海事局作为清障工作的执法主体，在有关单位参与和配合下，采取科学有力的措施，投入了较大的人力、财力和物力，克服了恶劣天气、不利海况和非法养殖业主不配合的影响，至2004年底，共清理碍航养殖物近5 000台筏，有效遏制了海上养殖侵占航道、锚地现象，大连港通航环境得到明显改善。

【服务地方经济，解决企业困难】 辽宁海事局在保证安全的前提下，采取有效措施，确保了大型、超规范船舶顺利安全靠泊，切实解决了企业的实际困难，受到了企业的好评。为推进大连市东北亚重要国际航运中心建设，近年来，大连港口集团加快了港口建设步伐，25万吨矿石、30万吨原油、大窑湾二期11# －16#集装箱泊位、大连湾港区通用杂货泊位、新港改扩建工程等国家重点工程项目相继上马 部分项目已完工，验收后可正式投入使用。针对这些重点工程项目，辽宁海事局本着以促进地方经济建设为己任，树立主动服务意识，完善服务功能和提高工作效率的原则，对手续完备，符合要求的工程项目即时办理各类建设、施工手续；对手续尚不完备的工程，想方设法帮助企业加快审批进度。

为把大连建成东北亚重要的航运中心，切实提高口岸通关速度，方便管理相对人，2004年10月，辽宁海事局所属的大连海事局受理窗口进驻大连航运交易市场，受理船载危险货物申报、危险货物咨询、船员证件受理业务，得到管理相对人的广泛欢迎和好评。

营口大地实业有限公司雇佣了外国籍船舶欲在营口鲅鱼圈海域非监管区采砂出口作业;庄河港由于工程建设的需要,急需韩国工程船只临时进驻庄河港作业。针对上述情况,辽宁海事局建议采取光船租赁登记形式办理有关手续,这种服务于企业,特事特办的做法,既保证企业行为符合国家的法律法规,又促进企业和辽宁省外向经济的发展。预计采砂作业每年将为辽宁省增加300万吨的外贸出口量。

大连伍德集团公司急需出口的货物“碳黑”因被怀疑具有危险性,被口岸部门滞留。辽宁海事局危险货物运输研究中心了解情况后,立即派员乘早班火车赶到鞍山的生产车间,详细了解有关信息并取样后,连夜返回大连进行检测,经检测该“碳黑”不属于危险货物,出具了《测试鉴定报告》,货物得以及时装船出口。

【整合内部机构，规范执法行为】 为更好地进行有效监管,提供优质服务,辽宁海事局积极开展执法模式改革,优化调整管理机构设置,创新管理模式。对局属相关单位内部机构进行了整合,进一步理顺职能分工,完善海事执法管理体系和运作机制。

大连VTS系统更新改建后,辽宁海事局本着减少流通环节,提高工作效率,加快船舶的通关速度的原则,把涉及船舶进口申报、动态计划审批、进出港信号指挥等原由值班室、交管中心、信号台等3个部门承担的职能,整合为由新的VTS中心1个部门实施;将大窑湾、新港的交通管理工作并入大连VTS中心,由VTS中心统一实施对整个大连港船舶动态的监督管理,减少船舶动态计划实施的内部流通环节。船舶进出港由过去向2个部门报告,改为只向1个部门报告;由过去报告6次减少为报告3次。

为贯彻落实《行政许可法》,辽宁海事局下发了《辽宁海事局实施政务公开若干意见》,编制了《辽宁海事局政务公开指南》。该局严格执行受理、审核、审批“三分离”制度,实现权力制衡,海事业务实行以“一个窗口对外”的集中、统一办理制度,提高了办事效率。目前,政务中心已进驻大连市航运交易市场受理大连地区船舶管理、通航管理、船员管理、危防管理等方面的海事业务。规范的工作程序,严格的管理制度,使受理工作得到了社会的普遍认可。正如许多申请人所言,从受理过程中切实体会到了阳光海事和依法行政。

辽宁海事局本着依法行政、服务社会的宗旨,借宣贯《行政许可法》的契机,建立健全内外部监督网络和责任追究机制,加强执法监督与检查,加大执法过错追究力度,规范海事行政行为。对一线执法人员在执法过程中出现的有章不循、执法不严行为予以及时查处。所属大连海事局积极推行“行政审批责任分解表”和《行政许可告知记录簿》,制定了兼职法规员工作指南、船舶供受油作业监督管理规定、船舶交通管理规定、船员考试和评估发证办法等,使相关业务工作得到进一步规范。

【加强横向交流，实现信息共享】 辽宁海事局累计投资500多万元,自行研制开发了具有国内领先水平的船舶管理系统——船舶动态管理系统。该系统具有实时显示船舶的方位和航行状态的功能,可以对大连辖区内在航船舶和停泊船舶实施跟踪管理。该系统提供的信息,对于相关口岸管理部门、航运企业和港口生产单位在加强监督管理、加快通关速度、提高经济效益等方面同样具有非常重要的作用。为进一步加快通关速度、提高通关效率、加强信息资源共享,辽宁海事局先后与大连海关、辽宁出入境检验检疫局签署了《关于共享船舶动态数据的合作协议》,根据协议,通过大连口岸物流网向大连海关、辽宁出入境检验检疫局传输船舶动态数据,以此实现信息合作,同时还将在海事法律法规、船舶监管等方面进行信息互通。此举打破口岸查验单位之间界限,克服信息系统不兼容,加强交流合作，形成管理合力，在全国口岸系统开创了实现船舶动态数据在多个口岸查验部门之间的实时传输和共享合作的先河，对于进一步提高大连口岸整体效率、促进大连口岸经济的发展将会发挥重要的作用。

辽宁海事局积极加强与相关涉海部门的业务沟通，形成部分行政审批会签制度。随着海域使用管理法、港口法的出台，海洋、港口主管部门的多项业务与海事管理形成一定程度的交叉，为方便管理相对人，避免因单位间沟通不畅导致的相互推诿、相互掣肘，所属各分支局逐步形成了与当地海洋局、港口局等相关部门间的一家审批、相关单位会签的行政审批会签制度，既保证了有效监管，又做到了高效服务。 （邹启东）

2004年辽宁海事局海事业务统计表

船舶管理	办理船舶登记	1087艘次
	安全体系审核企业	37家
	实施安全检查	2667艘次
	滞留船舶	21艘次
船员管理	组织船员考试	4962人次
	签发各类船员证书	34070本
	办理出境证明	3545份
海上救助	组织指挥海上救助	34次
	出动救助船舶	172艘次
	救助人员	720人
	救助船舶	30艘
海上巡航	巡航次数	3302次
	巡航里程	125612海里
危防管理	船舶排污设备铅封	153艘
	受理危险货物申报	6549.4万吨
船舶进出港	船舶进出港	366470艘次
	其中外轮进出港	13149艘次

辽宁口岸大事记

1月5日

省口岸办派专人参加全省防治非典工作大检查。

1月16日

沈阳口岸新春表彰会在沈阳军区现代化管理干部学院举行。表彰会由市口岸办方向东主任主持，赵长义副市长出席表彰会并作重要讲话，张宁副秘书长在会上宣布国门卫士、先进个人、先进集体名单。口岸各单位参加了表彰会。

1月17日

沈阳市副市长赵长义、副秘书长张宁走访慰问了沈阳海关、市公安局出入境管理处、沈阳出入境检验检疫局等口岸单位。

2月17日

海关总署调研组于2月16日至17日对辽宁口岸“大通关”工作开展情况进行调研。省口岸办全面汇报了省“大通关”工作进展情况，并派人陪同到沈阳、大连口岸检查调研。海关总署调研组对省“大通关”工作成效给予充分肯定。

2月18日

中铁集装箱公司沈阳分公司举行挂牌仪式。

1月20日

沈阳海关肖亚农关长、张皖生副关长在锦州海关会见市长赵明鹏、常务副市长王雷、副市长张建明。

1月25日

营口口岸委组织了“辽宁振兴、营口发展、口岸怎么办?”大讨论活动。各查验单位和生产单位结合本单位特点，有针对性的组织了学习和讨论活动，并积极探索工作新思路，制定、出台了创新服务模式，改善通关环境政策措施95项。

1月31日

锦州港1月份实现吞吐量173.1万吨，创锦州港开航以来单月新高。

2月1日

锦州出入境检验检疫局6个业务科室与30家相关企业签订了《廉政监督公约》，并聘请了义务监督员。

2月23日

勇仁忠同志任丹东口岸办公室副主任（正县级）。

营口口岸委组织对营口地区“三资”和“自营”企业的集装箱货源状况进行普查。普查内容为2003年企业集装箱进出口的货物名称、数量、流向、起运港、目的港、运输方式等。

2月27日

沈阳市政府在沈阳迎宾馆召开通开沈阳—法兰克福、洛杉矶、悉尼三条国际航线新闻发布会。

3月1日

新加坡国际企业发展局国际业务署署长谭宝昌、副署长倪伯琪率新加坡国际企业发展局交通、物流、机场财团考察团来沈阳考察。考察团在沈阳期间同有关部门进行了接触、商谈，为新加坡—辽宁经贸理事新加坡方面主席、教育部尚达曼部长访沈做前期准备。口岸办负责考察团在沈有关事务的安排工作。

3月2日

丹东市人民政府于怀乐副市长会见由辽宁省口岸办公室副主任刘丹及辽宁省机场管理集团公司领导，商议丹东机场开辟国际航线事宜。

3月4日

沈阳海关李国副关长陪同天津特办王均银主任一行到锦州海关检查指导基层建设工作。

3月8日

锦州海关召开国家进口“税收优惠政策”征求意见座谈会。

3月11日

全省口岸委（办、局）主任会议在沈阳召开。会议总结了2003年全省口岸工作，讨论通过了2004年全省口岸重点工作。江瑞主任到会并作重要讲话。

3月12日

国家计委外资司副司长刘旭红、国家计委外资司贷款一处处长蒋晓菲，在锦州市计委有关领导的陪同下到锦州港视察指导工作。

3月22日

省政协对全省软环境建设情况调研，专门听取了省口岸办江瑞主任有关全省口岸大通关情况的汇报。董万德副主席及有关委员会的常委们对大通关工作取得的成效表示满意，并要求继续做好大通关工作，为振兴辽宁老工业基地营造良好通关环境。

3月23日

具有2 200个箱位的集装箱轮“新锦州”造访锦州港，完成作业量947TEU。

3月26日

锦州港新建204#散杂货泊位及207B、208B专用集装箱泊位疏港工程开工。

3月28日

沈阳—法兰克福、洛杉矶、悉尼三条国际航线首航仪式在沈阳桃仙国际机场举行。

全日空航空公司沈阳—东京航线首航仪式在沈阳桃仙国际机场举行。

4月1日

韩亚航空公司驻沈阳办事处正式挂牌成立。

4月2日

锦州出入境检验检疫局在对进口冷冻品专项检查中，检出来自美国的国家明令禁止进口的猪脚、肉品4.2吨/270件，并进行了退货处理。

4月3日

沈阳市口岸办组织桃仙口岸查验单位赴雷锋团开展军民文明共建活动。

4月4日

辽宁省委常务副书记王万宾在市领导佟志武、刘志强、王雷、李东的陪同下到锦州港视察。他要求锦州港要加快建设，发挥港口对区域经济的牵动作用，为振兴辽宁老工业基地做出应有的贡献。

4月6日

锦州海事局成立了锦州市安清海事科技咨询公司。

4月9日

锦州出入境检验检疫局、锦州边防检查站被辽宁省委、省政府授予“2002－2003年度全省精神文明建设先进单位”称号。

4月12日

为创建全国最佳通关环境，省口岸办组成调研组于4月12日至14日分别对沈阳、营口和大连口岸通关工作中存在的问题进行调研。针对通关工作中存在的问题制定了《关于进一步改善全省通关环境的意见》。《意见》对全省通关工作的总体工作目标、转变口岸通关工作理念、建立通关作业量化指标考评体系、提高通关设施装备水平、整合通关作业资源进行信息化建设、进一步改革口岸查验方式提高通关作业效率等方面提出10条具体措施。《意见》由省政府办公厅以辽政办［2004］81号于9月28日下发执行。

营口召开“老港区货主码头统计人员座谈会”，重点探讨老港区货主码头克服畏难情绪、挖掘潜力、加大统计力度、消除统计死角，科学、有效、真实、详尽地做好统计工作。参加会议的货主码头单位有公安（聚源）油品码头、庆孚码头、水产公司码头、亚细亚码头、造纸厂码头、石油商埠公司码头、交通局港航管理处、营口水产局计财科、营口渡口等九家单位。

4月14日

沈阳市口岸办领导与俄罗斯航空公司首席代表拉索欣就有关沈阳—莫斯科正班航线问题进行商谈。

4月20日

沈阳市政府市长陈政高、秘书长张景辉、副秘书长张宁在桃仙机场听取省机场集团总经理宋玉岐工作汇报。

4月27日

锦州出入境检验检疫局严把入境船舶检疫关，在对“安捷丰”轮进行检疫时发现德国小蠊10000余只，并进行了杀灭处理。

5月10日

大连市港口与口岸局与交通部水运司、规划司在大连举办“建设大连东北亚重要国际航运中心研讨会”，30多名国内港口、航运等知名专家学者到会。

丹东公路口岸开始整治施工。

5月11日

锦州市海上搜救中心工作会议在锦州海事局召开，锦州市副市长邢恩惠、市政府秘书长李铁成，辽宁海事局副局长郭子瑞以及26家单位的领导参加了会议，会议对锦州市海上搜救中心十三年来的工作做了认真的总结和回顾，对今后的工作做出了安排。

5 月 12 日

锦州边防检查站召开首届党员代表大会，会议选举产生了新一届党委。

5 月 14 日

以副省长滕卫平为团长的辽宁省代表团将价值 100 万元人民币的援朝物资经丹东公路口岸送达朝鲜新义州市，以发展中朝友谊。丹东口岸各单位全力以赴做好援朝物资的口岸通行工作。

5 月 19 日

沈阳韩国周于 19 日至 25 日举行。期间沈阳口岸办积极开展工作，做好要客口岸通行工作，受到好评。

5 月 21 日

锦州—泉州—汕头航线正式首航，并开通锦州—泉州—汕头集装箱航线。

5 月 23 日

越南社会主义共和国政府总理潘文凯一行来沈，口岸办在桃仙机场圆满完成迎送的相关协调工作。

5 月 25 日

丹东—青岛内贸集装箱班轮航线正式开通，这标志着丹东、青岛两港在集装箱业务领域的全面合作正式启动。

5 月 31 日

赵长富副市长召集土地规划局、规划设计院、口岸办研究丹东公路口岸改造事宜，要求共同调研，拿出规划设计方案。

针对我国部分地区出现 SARS 个别病例，锦州出入境检验检疫局立即启动防治 SARS 应急预案，对所有入出境人员进行体温监测，总计 5 000 余人次。

6 月 3 日

锦州市人大组织人大代表深入到锦州港、锦州海关等口岸部门视察“大通关”工作。

6 月 14 日

丹东市召集公路口岸改造座谈会，广泛听取各方意见和建议。

6 月 15 日

营口口岸组织“振兴”杯乒乓球比赛。口岸的查验和生产、运输、代理、仓储、银行等单位共 35 个队参赛，经过三天团体 150 场，单打 180 场的激烈争夺，决出了名次，赛出了风格，进一步提高了口岸整体凝聚力。

6 月 17 日

“景洪海”轮靠泊锦州港，标志锦州港—妈湾港定线班轮航线开航。连同锦州港—蛇口港、锦州港—黄埔港共三条“高速绿色直通车”的成功运作，结束了锦州港与东南沿海各港口之间无散杂货定线班轮的历史。

6 月 21 日

大连市政府与海关总署在北京签署《关于建设大连电子口岸的合作备忘录》。

国务院老工业基地调整改造领导小组办公室在大连召开航运中心建设国际研讨会。

6月22日

省口岸办以《关于商请扶持省重点工业企业有关事宜的函》（辽口办［2004］10号），要求大连、沈阳海关，辽宁检疫局对85户重点工业企业予以通关业务扶持，为振兴东北老工业基地做贡献。得到上述单位积极响应，并将相应措施回函省口岸办。

6月28日

锦州港《港口设施保安评估报告和保安计划》获得交通部SOLAS公约港口设施保安履约组批准，锦州港成为东北港口中唯一一家上榜单位。

6月30日

锦州市人大常委会召开会议专门听取市口岸办代表市政府对全市口岸“大通关”工作进展情况的汇报。

7月9日

丹东市口岸办组织召开公路口岸改造协调会议，研究口岸区规划、联检厅设计方案及办公用房分配。

7月16日

营口海关安装闭路视频系统，可监控老港区内各泊位的作业现场，港区货场、磅房和海关卡门等监管场所，对打击走私、查处少报多装等现场案件提供现代监管手段。鲅鱼圈边防检查站和营口边防检查站分别购置云台监控系统，对新老港区加强监控。鲅鱼圈边防检查站还购置了二氧化碳探测仪，进一步提高检查质量。

交通部海事局工会主席孙季到锦州海事局进行调研。

7月25日

完成了《辽宁省“十一五”口岸发展规划》的编制工作，以省政府文件上报海关总署。

7月26日

锦州市政府召开全市口岸工作会议，市委、市人大、市政府、市政协有关领导参加了会议。会议总结了2003年以来的工作，部署了今后一个时期的任务，并对荣获2003年度省级文明单位及省、市口岸系统“文明窗口”单位进行了表彰。

7月31日

锦州港203B杂货泊位正式竣工交付使用。该泊位年设计吞吐能力400万吨，工程总造价1.2亿元，至此锦州港已经具有泊位11个，年设计吞吐能力1 985万吨。

8月2日

交通部副部长徐祖远在交通部水运司司长苏新刚、水运司综合运输处处长王明志、水运司基建处处长白景涛的陪同下，到锦州港考察煤炭运输工作。

8月7日

辽宁省口岸办公室组织完成了《中国口岸年鉴》辽宁部分的编纂工作，文稿报中国口岸协会。

8月9日

根据省委、省政府《大连市人民政府机构改革方案》的通知要求，大连口岸管理职能从原大连市交通口岸管理局划转到大连市港口与口岸局。

8月11日

省口岸办组织全省口岸有关单位精神文明建设负责同志24人赴福建口岸学习考察。

8月16日

海关总署审计组到锦州海关进行延伸审计,对锦州海关关税、减免税、财务和调查等工作进行检查。

锦州港召开7万吨级散杂货泊位竣工投产暨锦州港—蛇口港杂货班轮开通新闻发布会,辽宁省航运局局长裴松、锦州市委书记佟志武、锦州市人大主任褚光宇、锦州市委副书记王铁成等200多名来自各界的领导和嘉宾参加了发布会。

8月19日

海关总署龚正副署长在沈阳海关肖亚农关长、李国副关长等领导的陪同下莅临锦州海关检查指导工作。

8月24日

为使进出口企业全面系统地了解通关业务相关政策和通关操作规程,提高企业从事通关业务的人员素质,减少报检、报关差错率,提高通关工作效率,降低企业通关成本,省通关办会同中国口岸协会组织全省从事通关业务的进出口生产企业、加工贸易企业、外贸企业、外资企业、物流运输企业、货代企业327家及相关单位近400人分别在沈阳、大连进行集中培训,由海关、检验检疫和外汇管理等部门精通业务的负责人和专家授课,取得良好效果。

8月30日

锦州出入境检验检疫局与锦州港合作投资兴建的煤炭检测中心建成投入使用。

9月5日

东帝汶民主共和国总统夏纳纳·古斯芒来沈访问,口岸办在桃仙国际机场圆满完成迎送的相关协调工作。

9月6日

省口岸办和省信息中心有关人员来丹东口岸,与港务局研究落实入股建立省口岸公共信息平台。丹东港务局同意出资10万元参股。

9月8日

辽政报2004年17期公布省政府决定,因省政府领导分工变化和有关部门人事变动对辽宁省通关工作协调领导小组成员进行调整。省人民政府副省长李佳任辽宁省通关工作协调领导小组组长,省政府副秘书长王金笛任副组长。办公室设在省口岸办,主任由省口岸办主任江瑞、外贸经厅厅长陈晓昆兼任,副主任由刘丹、唐审非兼任。

9月9日

锦州市代市长刘志强、常务副市长刘伟、市政府秘书长李铁民、副秘书长刘成吉以及锦州市发改委、开发区、环保局、港务局、国土资源局、财政局等相关部门负责人到锦州港现场办公。

9月15日

大连海关和沈阳海关签署了《内支线同船运载内、外贸集装箱货物监管联系配合办法》,环渤海内支线内外贸集装箱同船运输正式启动。

9月17日

第四届“沈阳口岸杯”篮球赛圆满结束。10支代表队经过一个星期的激烈比赛，沈阳边防检查站、北陵机场口岸队、桃仙机场旅客服务公司队分别获冠军、亚军和季军。沈阳出入境检验检疫局驻机场办事处获精神文明奖。

9月23日

全省口岸系统信息统计会议在沈阳召开。全省口岸系统从事信息统计工作的同志参加了会议，并对如何做好信息统计工作进行了研讨。

9月26日

大连港集团30万吨级进口原油码头和30万吨矿石码头正式投产。

10月1日

锦州海事局开通了12395海上搜救电话。

10月14日

锦州港自开港以来已经累计实现吞吐量1亿吨，为腹地经济发展做出了卓越的贡献。

10月15日

锦州边防检查站闭路电视监控系统及监控值班室建成投入使用，实行了24小时监控制度，实现了对港内船舶的有效监管和控制。

10月19日

截至当日8时28分，锦州港已经累计完成年度吞吐量2 000万吨，提前一年实现了港口在“十五”初年提出的“奋战‘十五’，再造一个锦州港”的发展目标，提前16年完成了港口在建港之初设定的规划目标。

中远集团所属的集装箱船“汉江河”号靠泊锦州港，标志着中远集团与锦州港合作的开始。

10月31日

辽宁省口岸办公室组织全省口岸管理部门、相关企业负责人，于10月31日至11月18日就口岸管理和通关作业信息化问题赴欧洲四国学习考察，形成考察报告报省政府。

11月2日

丹东市政府会议宣布“丹东口岸管理职能划给市外经贸局”。口岸办人员编制为在职人员7人、离休2人、退休4人、二线2人。

锦州市第五届口岸系统职工“口岸杯”篮球赛在锦州渤海大学体育馆举行。比赛历时两天，共有8支代表队80余名篮球爱好者参加比赛，锦州港股份公司代表队、锦州中海代表队、锦州地铁局代表队分获冠、亚、季军。

11月9日

国内最大的内贸集装箱船“新宁波”号靠泊营口港。此后，第四、第五代集装箱船相继靠港，揭开了营口港集装箱发展的崭新一页。

11月11日

锦州市政府调整了市通关工作协调领导小组的领导成员，并以锦政办机［2004］34号文件下发。

11月12日

沈阳市政协港澳台侨联络与外事委员会组织部分委员、顾问在王声溢副主席、吴贵民秘书长的率领下，对沈阳口岸工作进行了专题视察，听取了沈阳市口岸办、桃仙国际机场、沈阳边防检查站、桃仙机场海关、沈阳检验检疫局驻机场办事处、沈阳市公安局出入境管理处等单位的工作汇报，市政协副主席王声溢作了重要讲话，宋琦副市长对口岸工作十分重视，专程到场听取汇报。王声溢副主席、宋琦副市长对口岸工作给予高度评价。

11月13日

国务院总理温家宝到锦州港视察，辽宁省委书记闻世震、省长张文岳、锦州市委书记佟志武、代市长刘志强等陪同。在公司沙盘室，温总理在了解了锦州港的基本情况和近年发展情况后说："知道你们这个港口今年吞吐量要达到2 400万吨的规模，发展速度是比较快的。"他还说，锦州港的煤炭和粮食货源与市场有关，油品货源与腹地石化工业有关。温总理一行又来到锦州港集装箱码头。总裁刘钧首先向温家宝总理介绍了锦州港今年的建设投入、今年已经交工和即将交工的泊位，并介绍了港池内施工船舶的作业情况。在谈到锦州石化、锦西炼化两厂和港口油泊位建设时，温家宝总理指示："港口规模一定要与五六两厂的需求配套。"总理对港口加大投入、快上规模表示肯定，并要求港口一定要保证工程质量。

11月18日

营口港吞吐量突破5 000万吨，排名全国沿海港口第10位。

11月19日

大连航运交易市场正式揭牌运行。大连航运交易市场是东北亚国际航运中心的标志性建筑。大连港湾海关、大窑湾海关、辽宁出入境检验检疫局、大窑湾出入境检验检疫局、大连边检站、大连海事局、口岸物流网、中信实业银行、交通银行、中保财产股份公司、大连邮政局同城快递分局、辽宁外运和两家预录入公司等14家单位（部门）进驻。

11月21日

中远集团所属上海泛亚航运有限公司的集装箱船"汉涛河"号抵达锦州港，标志中远集团已将其于10月19日开通的锦州—上海航线向南延伸到黄埔，锦州港又增加了一条新的航线。

11月24日

大窑湾"区港联动"试点通过国家海关总署验收。

11月25日

营口口岸召开"口岸精神文明建设和创建文明行业活动"表彰总结大会。一个国家级文明单位，一个省级文明单位标兵，五个省级文明单位，六个省级文明窗口，三个市级文明单位受到表彰。其中鲅鱼圈海关是全省口岸系统近四十个基层查验单位中唯一的省级文明单位标兵。鲅鱼圈边防检查站被市委、市政府、营口军分区评为"双拥共建模范单位"。

12月2日

英国副首相约翰·普雷斯科特来沈访问，口岸办在桃仙国际机场圆满完成迎送的相关协调工作。

12月13日

锦州市政府下发了《关于进一步改善全市通关环境的实施意见》，对进一步提高全市口岸通关效率，深入推进“大通关”工作提出了具体实施意见。

12月16日

锦州口岸各查验部门和重点企业制定了本部门各自的通关作业量化考核指标，并在《锦州日报》等新闻媒体上进行了公示，向社会公开承诺，接受社会各界监督。

12月20日

太平湾口岸临时恢复通行。

12月27日

省委书记李克强来连调研。在市委书记孙春兰、市长夏德仁、副市长邢良忠陪同下，视察大连航运交易市场。

12月28日

省通关办组成调研组于2004年12月13日至27日对沈阳、大连、营口、丹东、锦州、葫芦岛和盘锦7个口岸市的通关工作进行了调研。听取了口岸查验、生产运输和理货等67个单位的情况介绍，召开83个企业参加的7个座谈会，查看了部分通关现场，并向省政府报告了2004年全省“大通关”工作情况。

12月31日

营口口岸评选出40家企业为“2004年营口口岸物流行业诚信单位”，评选出26名口岸人员为物流“杰出人物”。

锦州港全年完成货运吞吐量2 455.2万吨，历史上首次突破2 000万吨，同比增长43.92%，增长速度在全国沿海主要港口中名列前茅，高出全国平均增长率22个百分点，提前16年完成建港之初设定的规划目标。

吉林口岸工作综述

2004年，吉林省口岸工作在省政府和厅党组正确领导下，在口岸各查验部门的密切配合下，紧紧围绕经济建设这个中心工作，以扩大对外开放、发展对外贸易为切入点，积极协调有关部门，正确处理“把关”与“服务”的关系，努力提高口岸工作效率，使口岸总体功能得到了进一步发挥。

【口岸数】 截止到2004年底，吉林省与俄罗斯滨海边疆区双方设有边境口岸共2个，即珲春—克拉斯基诺公路口岸和珲春—卡梅绍娃亚铁路口岸，均为国家一类口岸，允许第三国客货通行；吉林省与朝鲜两江道、咸镜北道和慈江道双方共设有边境口岸、通道12个，其中国家一类口岸2个，为圈河—元汀公路口岸、图们—南阳铁、公路口岸；原国家二类口岸5个，为开山屯—三峰、三合—会宁、南坪—茂山、临江—中江公路口岸、集安—满浦铁路口岸；地方二类口岸4个，为长白—惠山、古城里—三长、沙坨子—赛别尔公路口岸、老虎哨—渭源水运口岸；公务通道1个，即双目峰—双头峰公务通道；另有11个临时过货点。

吉林省还有内陆国家一类口岸2个，为长春航空口岸、延吉航空口岸；内陆国家二类口岸1个，为大安港内河水运口岸；内陆地方二类口岸2个，即长春铁路货运口岸，吉林内陆港铁路口岸。

全省30个口岸通道和临时过货点中，边境口岸分布在延边朝鲜族自治州和通化、白山市境内；内陆口岸分布在长春、吉林和白城市境内。各口岸均设有边防、海关、出入境检验检疫机构。

【口岸通过量】 截止到12月底，进出口货运量2 316 828吨，同比25.6%。实现进出口贸易额4 246 002 460美元，同比29.9%。进出境工具辆199 054辆（艘），同比56.2%。进出境人员985 775人次，同比29.8%。审批临时过货39批次，进口木材15.5万立方米，同比增长20.2%；出口机电产品9456台（件），同比增长79.8%；进出口货物25万吨，同比增长10.1%。

2004年全省GDP产值2958.2亿元，财政收入329亿元，城镇人均收7841元，农民人均收入3 000元。全省外贸进出口实现67.93亿美元，其中，对俄进出口贸易7 360万美元；对朝进出口贸易28 317万美元。合同利用外资金额15.9亿美元，外商直接投资实现4.53亿美元。

【口岸开放及开通国际航线】 （一）2003年12月26日，吉林市政府在吉林铁路西站举行了吉林市内陆港监管查验场所开通典礼仪式。上午11时，首批价值6万美元的货物，从吉林铁路西站运出，通过大连大窑湾港运往美国，标志着吉林市内陆港监管查验场所正式开通。

（二）完成了延吉航空口岸省内预验收。根据国务院《关于同意延吉航空口岸对外开放批复》（国函［2003］68号）精神，经组织协调有关部门积极准备，于6月3日，组织省政府有关部门和国家驻省查验单位的负责同志组成验收组，对延吉航空口岸对外开放前的准备工作进行了预验收。形成了验收纪要，并代省政府拟文报请海关总署，择定时间组织国家有关部门来省验收。

（三）完成了延吉至汉城临时包机延续飞行的报批工作。延吉航空口岸未经国家验收，临时包机飞行需一年一报，在去年飞行的基础上，6月经申报，海关总署以署办函［2004］229号文，批复同意2004年6月1日至12月31日临时开通“延吉—汉城”包机航线。12月，又报请海关总署，将包机飞行延续到2005年4月。

(四)完成了长白、古城里、沙坨子口岸升格为国家口岸和图们铁路口岸增加国际客运功能的调研论证工作,编制了可行性研究报告,其中长白、古城里口岸开放正在国务院有关部门协商审批中;图们铁路口岸增加客运功能于近期上报国务院;沙坨子口岸开放待沈阳大军区提出意见后上报国务院。

(五)完成了吉林省“十一五”口岸发展规划的编报工作。根据海关总署《关于报送国家第十一个五年口岸发展规划意见的函》(署岸函[2003]265号)精神，本着扩大对外贸易和国际交往的发展需要，调研编制了吉林省“十一五”口岸开放规划。并报海关总署。

(六)长春航空口岸在原有的航线基础上，经与省有关部门协调，并报请国家民航总局同意，于3月28日，开通了“长春—东京”国际航线。

(七)完成了长春航空口岸、珲春口岸落地签证报批工作。经与省内有关部门共同努力，国务院以国函[2004]55号文批复，同意珲春口岸和长春航空口岸开展口岸签证工作。

(八)调研了南坪管道口岸对外开放工作，在将其列入“十一五”口岸开放规划的同时，初步提出了对外会谈和临时对外开放方案。

【口岸建设与改造】 (一)完成了延吉航空口岸查验办公楼工程建设。总建筑面积5 138.46平方米,总投资1 937万元,其中,边防2 096平方米,海关600平方米,出入境检验检疫局600平方米,附属面积1 842.46平方米;完成了国际联检厅的装饰和隔断;购置了所需的办公和查验设施;初步落实了口岸查验单位职工生活用房;落实了边防检查验证工作台、营区围栏、训练场地和公用场地工作。

(二)参与了南坪口岸中朝国境桥建设的相关工作，并协调有关部门抓紧了与之配套的口岸设施建设工作。从2003年年初开始，会同省外办、省交通厅积极参与了南坪口岸新建国境桥的有关工作，提请省政府召开专题会议研究确定建设项目和投资主体。2004年6月，由交通部门投资500多万元与朝方合建的南坪口岸国境桥竣工投入使用。为使口岸联检设施与新桥相配套，会同有关部门调研论证，确定新建口岸联检楼2 000平方米，投资770万元，并商省发改委、省边防总队、长春海关、吉林检验检疫局，积极促进落实建设资金。

(三)落实了长春新机场口岸联检大厅和各项配套设施建设资金，协调解决了长春边防检查站营房等2万平方米建设用地和建设资金。

(四)落实了延吉航空口岸开办费18万元。根据延吉航口岸对外开放的需要，经与省财政厅积极协商，落实了口岸查验部门开办费。

(五)投资23万元，完成了珲春口岸铺设砼地面954m^2、砌筑挡土墙86.4m开挖排水沟、集水坑、撤土方5，240m^3。沙坨子口岸大院撤土方、平整场地，扩大了车辆停车场。对珲春、圈河口岸查验楼屋顶及墙体进行维修，解决了因墙体空鼓而漏雨的问题；投入4万元，维修了珲春口岸出入境大厅电动伸缩门、改造了珲春口岸所有红外线自动门、圈河口岸入境大门；投入3万元更换珲春口岸国微2个、圈河口岸国微2个、圈河口岸名牌2个，提高口岸形象；全面检修了珲春口岸自维线路，确保该线路可靠运行，改造和维修供热、供水系统；投资11万元更新珲春口岸通勤车，积极做电信局工作，在珲春口岸安装3部IC卡电话，保障了3个口岸正常运行。

(六)为改善口岸条件，投资2万元对老虎哨口岸房屋进行了维修。

【口岸管理与协调】 (一)完成了延吉至俄乌苏里斯克汽车客货运输线路延伸工作。珲春公路口岸自1991年开通后，中俄双方汽车运输线路开始是珲春至克拉斯基诺，后双方延伸到图们至斯拉夫杨卡。根据双方汽车运输的需要，自2003年以来，经组织省军区、省交通厅、省通讯管理局联合对延吉至图们高速公路沿线的军事设施进行了踏查后，提请省政府召开专题会议研究解决了涉及的军事设施保密问题，经省政府发函征求沈阳军区同意，上报国家，2004年1月2日，交通部以交函公路[2004] 1号文批复同意延伸这条运输线路。从6月份开始，中俄双方已开始运营。

（二）完成了珲春铁路口岸边境管理区交接工作。珲春铁路口岸开放后，需要将解放军管辖的口岸工作区域交给边防检查站管理。因交接双方省军区和省边防总队意见分歧较大，经多次协调，并借鉴外省经验，提请省政府于5月9日召开专题会议，研究确定了交接范围和管理原则，落实珲春市政府具体组织实施，于5月18日正式交接完毕。

（三）协调落实了延吉航空口岸查验部门机构编制，仪器设备，交通工具，保证了延吉至汉城包机航线的正常飞行。

（四）就鸭绿江、图们江上6座中朝口岸国境桥存在老化、不同程度损坏等问题，提请省政府召开专题会议，提出了涉外会谈、投资立项和维修意见。

（五）解决了珲春4个口岸运行所需维护经费渠道。根据省政府交办的《延边朝鲜族自治州人民政府关于解决珲春各口岸正常运行所需经费的请示》（延州政报[2004]）文，经反复与省发改委协商，批复同意珲春市征收口岸设施维护费，解决了珲春各口岸正常运行所需经费渠道。

（六）完成了2003年《中国口岸年鉴》吉林部分编纂工作，并于6月末报海关总署。

（七）珲春、圈河口岸各配备了1台备用潜水泵，在水资源严重不足的情况下加强供水管理，采取定时供水、控制水压等方法，保证了口岸正常供水。

（八）为了防止重大火灾和交通事故的发生，组织有关部门对各口岸进行了一次全面的消防安全大检查。对检查中发现的火灾事故隐患，提出了整改措施，并配备了消防设施。同时，成立消防安全领导小组，对各口岸的消防安全工作做到常抓不懈。

【口岸精神文明建设】 （一）珲春市“创争”活动在口岸联检单位25个窗口全面开展了以“创建文明窗口、争当岗位明星”为内容的口岸精神文明建设活动。通过两年活动的开展，在很大程度上改善了口岸软环境，增强了职工队伍素质，加强了职业道德建设，提高了服务技能和工作效率。

（二）制定了《珲春市口岸管理人员行为规范》，对口岸管理人员的仪表、着装、接待举止、物品摆放、环境卫生都做了明确的规定，树立了口岸管理人员良好的外部形象。同时，我们结合本单位的特点，制定完善了14个切实可行的规章制度和岗位职责，明确了各个岗位及工作人员的责、权、利，便于社会的监督，提高了职工工作效率，改善了工作环境。为使口岸管理逐步走向制度化、规范化奠定了基础。

在珲春、圈河、沙坨子三个口岸栽树、种花，并摆放了14盆大型欧式花盆，美化了口岸环境。

（王　影）

吉林口岸检验单位工作综述

长　春　海　关

【基本情况】　长春海关是海关总署直属正厅级机构，下辖吉林省内珲春、图们、延吉、吉林、集安、临江、长白、长春经济技术开发区8个正处级隶属海关和延吉、珲春、图们、长白、集安5个正处级缉私分局。其中珲春海关所辖长岭子口岸是吉林省唯一的对俄口岸，其它边境海关下辖各口岸均为对朝口岸。长春关区既有边境口岸，又有内陆海关，各类业务齐全。其中长春海关、长春经济技术开发区海关、吉林海关为内陆海关，延吉、图们、珲春、集安、长白、临江为边境口岸海关，进出口贸易方式主要为一般贸易、加工贸易和边境小额贸易。

2004年，长春海关税收入库86.6亿元，同比增长15%；监管进出口货物232万吨，同比增长25.59%，货值42亿美元，同比增长29.88%；进出境人员99万人次，同比增长29.8%；监管进出境邮递物品10.5万件，同比减少7.6%；印刷品和音像制品46.4万件，同比增长3.5%；受理并立案侦查涉嫌走私犯罪案件4起，案值1 016万元，偷逃税额364万元，实现罚没收入662.7万元，抓获走私犯罪嫌疑人32人，其中刑事拘留27人，经检察机关审查并批准逮捕21人，经审判机关依法判决9件11人。

【加大通关改革力度，严密监管高效运作】　2004年长春海关对汽车零部件快速通关管理系统进行了优化调整，增加了新的功能，实现了一汽的所有到货全部纳入“长春海关快速通关辅助管理系统”的目标；根据企业的要求，对一汽大宗进出口货物实行了集中报关；针对2004年第四季度汽车行业整体销售不景气的现状，积极支持一汽建立保税仓库；创新管理思路，开发建立了新版《长春海关通关管理网》，提高了管理效率；积极推动“大通关”建设，监管水平和通关效率得到提高；加工贸易和保税监管改革稳步推进，2004年吉林省首家公用型保税仓库建成并投入使用；旅检现场进一步加强业务基础建设，严格单证及舱单管理，制定《旅客带货提前报关联系配合办法》，为旅客快速通关提供了便利。积极开展网上付税业务，从3月份开始，长春海关先后与4家银行签订了网上支付合作协议，目前，已有7户进出口企业实现了网上付税。2004年，长春海关通过网上支付征收税款达5.36亿元，企业不出门即可完成纳税业务，进一步提高了通关效率；长春海关通关效率的提高，有力地促进了吉林省的对外开放，为吉林省经济的快速发展创造了有利条件。

【加强综合治税，提高税收征管质量】　2004年长春海关税收再创历史新高，比上年增收1.2亿元，占全国海关税收的2%，提前一个月完成了全年税收任务，成为长春海关工作中的一个亮点。主要做法是把综合治税与各项业务改革相结合，通过创造更加便捷的通关环境支持合法进出和促进依法纳税，做到应收尽收。借助H2000工程和风险管理系统的推广应用及各项配套措施的完善，依托“关税分析监控系统”和“执法评估系统”，加强税收监测监控，定期进行税收进度及问题分析，不断提高税收征管质量。在充分发挥关税主管部门作用的同时，各职能部门、各业务现场都把税收工作作为“轴心”，齐抓共管，加强协作，形成合力。加大后续核查补税力度，突出对加工贸易的核查核销，严厉查缉走私违规行为。2004 年共稽查企业 63 家，补税入库 357 万元；加工贸易补税 56 笔，补税入库 378.5 万元；审价补税 1 805 宗，补税入库 1 286 万元。

【加强综合治理，严厉打击走私】 海关缉私部门在继续保持打击边境绕越走私力度的同时，加大了对货运渠道走私、毒品走私、文物走私和反动、淫秽违禁品走私的打击力度。开展打私专项斗争，严防走私回潮。加强情报基础建设，完善长春关区情报数据库，建立了适合长春关区特点的情报基础网络。为有效防止边境地区的毒品走私，长春海关认真贯彻全国打击毒品走私工作会议精神，成立了长春海关缉毒小分队，开展了专项斗争，取得了明显的效果。2004 年破获走私毒品犯罪案件 5 起，抓获犯罪嫌疑人 9 人，缴获冰毒 833.47 克，吗啡针剂 203 支。同时加大对非贸易渠道走私的打击力度，全年查扣各类违禁印音制品 2.96 万件。在加强刑事执法的同时，也加强了对行政案件的查处力度，全年立案调查行政违法违规案件 120 起，案值 593.68 万元，偷逃税额 72.7 万元。围绕现代海关第二步发展战略的目标和任务，海关调查部门进一步转变职能，充分运用风险管理平台的作用，强化风险管理意识，成立风险管理委员会，制定《长春海关风险管理工作业务规范》，做好风险管理平台的参数维护及风险信息的编报工作。2004 年利用风险管理平台共查获归类补税案件 18 起，补缴税款 122 万多元。从规范企业经营行为入手，加强海关管理。通过与长春长客进出口有限公司等企业签订合作谅解备忘录，建立了海关与企业之间新型战略合作伙伴关系。

【促进地方经济发展，制定落实《支持振兴东北老工业基地十项措施》】 为深入贯彻党中央、国务院振兴东北老工业基地的战略要求，年初，长春海关党组成员分批次先后到长春、吉林和延边地区对部分老国有企业和边贸发展情况进行了重点调研。在深入调查研究和认真征求意见的基础上制定了《长春海关支持振兴东北老工业基地十项措施》。具体措施如下：一是进一步解放思想、转变观念，深入学习、创新和发展长春开发区海关“服务经济，促进发展”的经验。二是推动延边扩大对外开放，促进人流、物流和资金流的形成，为图们江地区开发创造有利条件。三是不断完善快速通关管理系统，创新管理模式，为大型优势产业的发展和支柱企业的现代经营提供可靠保障。四是为老国有企业走向国际市场创造优惠条件，提供有力支持。五是为促进产业结构调整，推动产业升级积极做贡献。六是坚持从实际出发，促进贸易便利化，帮助企业规避国际贸易风险。七是积极支持企业技术改造，对重大项目或引进设备的特殊通关要求，主动上门服务，保证重大技改项目及时顺利安装投产。八是充分发挥海关监管场站作用，帮助企业有效降低运输成本和通关成本，提高经济效益。九是建立项目服务机制，突出监管和服务重点。十是发挥海关业务和信息优势，为振兴东北老工业基地全方位提供服务。这些措施得到了中共吉林省委、吉林省政府的关注，省领导作了重要批示，给予了充分肯定。2 月 23 日在吉林省政府办公厅的配合下，邀请吉林省、长春市各大新闻媒体和中直新闻单位驻长记者召开了新闻发布会，长春海关正式向社会公布了措施的具体内容，并现场回答了记者的提问。省委书记王云坤对长春海关支持振兴东北老工业基地所做的各项工作也给予了充分的肯定，并要求今后要进一步加强联系。

长春海关2004年主要业务情况表

项　目	单　位	全年累计	同比增减
进口报关单	张	29226	35.4%
出口报关单	张	19424	7.7%
进出口货运量	吨	2316828	25.59%
进口货运量	吨	1749207	63.92%
出口货运量	吨	567621	-27.01%
进出口货值	美元	4332620000	32.5%
进口货值	美元	3966320000	33.7%
出口货值	美元	366300000	15.5%
进出运输工具	辆艘	199054	56.24%
进出境集装箱	箱次	59384	-34.88%
转关货物	吨	2833	-85.26%
实有加工贸易生产企业（电子账册）	个	11	
实有加工贸易生产企业（纸制账册）	个	307	
备案加工合同数	份	1219	-5.43%
备案加工合同金额	美元	323254037	10.17%
结案合同	份	293	
保税仓库注册实有	个	7	
保税仓库入库货物	吨	230761	4579.8%
保税仓库入库货值	美元	23697954	306.09%
进出境人员	人次	985775	29.84%
进出境邮递物品	件	104655	-7.56%
进出境印刷品及音像制品	件	464493	3.48%
查处走私案件数	起	4	-66.66%
案件总值	万元	1016	-57.9%
抓获犯罪嫌疑人	人	32	-28.8%

吉林省公安边防总队

2004年，吉林省边防检查工作以“争创执法为民窗口、争当执法为民标兵”（以下简称“双争”）活动为载体，以“岗位大练兵”为动力，以规范化执勤为中心，以口岸查控、反偷渡和预防职务性违法违纪工作为重点，深入贯彻落实公安边防部队边防检查工作会议精神，充分发挥自身职能作用，积极为地方经济建设服务，圆满地完成了各项边防检查任务。全年，共检查出入境人员 1 037 713 人次，比去年同期增加 33.7%，其中旅客 786 780 人次，员工 230 689 人次，边民 20 244 人次；检查出入境汽车 187 899 辆次，比去年同期增加 86.7%；火车 1 430 列次，比去年同期减少 7.7%；飞机 2 453 架次，比去年同期增加 18.6%；查获在控对象 26 人，抓获偷渡分子 738 人，发现和处理各类违法违规人员 193 人，未发生失漏控事故和复议改变处罚决定、行政诉讼和行政赔偿案件，较好地履行了工作职能。主要工作情况如下：

【积极开展"双争"活动，提高了执法执勤工作水平】 为开展好"双争"活动，吉林省公安边防总队召开专门会议，研究落实措施，成立了"双争"活动领导小组，结合吉林省实际下发了《边防(境)检查站开展争创"执法为民窗口"、争当"执法为民标兵"活动方案》，并进一步加强领导力度。首先，贯彻落实了全国边防检查工作会议精神。4 月召开了由各边检站站长、参谋长(办公室主任)、政治处、后勤处负责人以及总队部门副职以上领导和机关全体干部参加的全省边防检查工作会议。与会人员讨论并修改了《吉林省公安边防总队党委关于全面加强边防检查工作的决定》(以下简称《决定》)，并于会后下发各边检站执行。《决定》以"二十公"和"立警为公，执法为民"思想为指针，提出了全面加强吉林省边防检查工作的 20 条措施，目前吉林省公安边防总队和所属边检站落实《决定》的工作已全面展开。其次，采取切实有效的措施，落实"双争"要求。一是为落实《公安机关办理行政案件程序规定》，总队于 6 月份举办了一期由各边检站执勤业务科领导和法制人员参加的全省公安边防法制培训班。同时指导长春、珲春、延吉、图们等边检站规范了办理行政案件工作，实现了检查、处罚与法制监督三者分离的执法模式，进一步规范了执法工作，使执法规范化水平有了较大幅度的提高。二是为提高各边检站业务建设水平，3 月中旬召开了全省边检站业务内勤座谈会，总结了边防检查业务内勤工作经验，查找了工作中存在的不足，澄清了工作中的模糊认识，讨论并修改了《吉林省公安边防总队边防检查业务内勤工作规范(试行)》，并于 6 月份下发各边检站试行。三是指导各边检站结合本单位实际开展 "双争"活动。图们、珲春边检站实行了"亲民体验周"和"站长接待日"制度，长春边检站于 7 月初召开了东北三省空港边防检查站业务研讨会，与会的各边检站总结交流了在"双争"活动中和执法为民方面好的经验与做法，形成了业务交流与反偷渡合作机制，有力地促进了各边检站执勤水平的提高。再次，狠抓队伍建设，部队正规化管理得到了进一步加强。指导各边检站根据"双争"活动要求，严格落实部队条令条例，规范了执勤用语和忌语忌行，进一步规范了执勤动作，确保了作风形象优良，严格按照要求规范执勤现场、站机关的设施和物品摆放，统一了各边检站执勤现场的登记簿册，部队正规化管理水平得到了明显提高。最后，积极做好"双争"活动宣传报道工作。一是充分利用公安信息网，快速传递"双争"信息，使各边检站能够及时了解兄弟单位工作情况，取长补短，有效地调动了各边检站开展"双争"活动的积极性。二是指导各边检站通过在电视、广播、报刊等新闻媒体上加强对"双争"活动的宣传，大造声势，在地方政府和群众中扩大了边检站的影响，树立了良好的边防卫士形象。三是指导各边检站注意收集整理"双争"活动的照片、影像以及宣传报道的文章等资料，汇编成册做为"双争"活动资料保存，方便了上级检查工作和今后工作的借鉴。

【狠抓岗位大练兵，增强了检查队伍的整体素质】 全国公安机关大练兵活动开始后，吉林公安边防总队把大练兵活动作为提高检查员队伍整体素质，推进边防检查队伍正规化建设的一项有力措施。一是制定了边防检查岗位业务大练兵标准。要求边防检查各岗位人员要熟悉边防检查法律法规和本职业务，熟练操作计算机和有关技术器材，熟悉本口岸常用外语，能够正确识别伪假证件，熟悉有关国家和地区的人文地理知识，熟悉边防检查执法程序、会办理边防检查行政案件。二是指导各边检站采取有效措施狠抓了岗位大练兵。长春边检站进行了识别伪假证件、调研、执法等业务知识专题讲座。珲春边检站建立了检查员培训基地，采取聘请专家授课、观看教学片、剖析案例等灵活多样的培训方法，提高了检查员的业务技能和执法水平。图们边检站进一步制定和完善了《图们边防检查站业务培训工作计划》，细化、量化培训项目、时间、内容，做到每天有组织、每周有安排、每月有考核，编印了《检查员业务手册》和《朝鲜语学习手册》，较好地解决了业务培训学习资料短缺的问题，同时采取“全员普训、骨干轮训、后进补训、尖子深训”的办法，强化岗位速成，提高业务层次。三合、南坪、长白等边检站也充分利用业余时间，聘请朝语老师教授朝语，不断提高检查员外语水平。这些措施有效地激发了检查员大练兵的热情，提高了检查员的综合素质。三是把检查员等级评定与“双争”活动相结合，加强了等级评审的工作力度。总队把检查员等级评定作为提高检查队伍整体素质，促进“双争”活动开展的一项重要任务。年初，吉林省公安边防总队将部局下发的《边防检查员等级考试纲要》和经过收集整理的有关边防检查业务知识上网公布，给检查员提供了一个良好的学习环境，同时拟制了边防检查业务、法律法规、外语等模拟试题下发各边检站进行测试。为进一步搞好初级检查员评审，根据吉林省实际，从实战出发，规定除理论笔试外，还从外语口语、边防检查业务和法律应用、伪假证件识别与计算机操作等三个方面，对全体参评人员逐一进行现场评审。每名检查员的理论和现场评审成绩经综合评定后作为该人的初级检查员等级考试总成绩。从考核情况看，参评人员的成绩普遍较好，达到了预期的效果。下半年，吉林省公安边防总队还根据工作实际，对检查员评审小组成员进行了调整，由吉林省公安边防总队政委亲任组长，进一步加强了组织领导。四是举行汇报演练检验大练兵成果，促进了“双争”活动进一步开展。9月份，吉林省公安边防总队在边防教导大队举行了全总队大练兵汇报演练，各边检站对此高度重视，经过精心准备，由主要领导带队的各边检站检查员队伍，在训练场上展示了边防检查人员的风采。

【加强口岸查控工作，切实维护了口岸安全稳定】 吉林省公安边防总队始终把口岸查控工作作为全省边防检查工作的首要工作抓紧抓好，从“接、布、核、查、撤”五个重点环节入手，严格落实《出入境边防检查查控工作规范》。一是对边控文件做到了“五个及时”，即：及时布控、及时核对、及时核查、及时撤控、及时整理。二是针对吉林省边检站多、地处偏远、驻地分散等不便于经常到一线检查的实际，坚持采取不定期抽查的方式，及时了解和掌握各边检站的查控工作情况，发现问题及时纠正，确保了查控资料库的准确性和查控工作的安全性。三是进一步加大查控工作力度，吉林省公安边防总队指定专人负责查控工作，司令部边检处设置了专门查控办公室，安装了防盗设施，确保了查控工作安全有效。2004年初以来，各边检站结合本口岸实际，对《处突预案》进行了完善，做到对在控对象发现得了，控制得住。全年共查获在控对象26人，未发生失、漏控事故。

【加大执勤现场投入力度，完善了口岸执勤设施】 为创造便利快捷的通关环境，总队2003－2004年共投资140余万元，加大了对各执勤现场设施的建设和完善。一是指导集安、图们等边检站从强化执勤设施入手，更新了边防检查验证台、指示标牌、咨询台、填卡台等执勤设施，对计算机等执勤装备进行了检修，基本上达到了执勤现场规范化建设标准的要求。二是指导珲春、长春、延吉等边检站根据需要增设了“绿色通道”，扩大了候检区面积，便利了旅客出入境，改善了因候检区面积小，受检人员拥挤、现场秩序混乱的状况,受到了出入境旅客的好评。三是各边检站积极完善了执勤设施。图们边检站为了给检查员创造一个良好的学习环境,筹建了业务学习室及业务资料室,并配备了计算机。延吉边检站针对口岸旅客流量增加与执勤现场基础设施老化之间的矛盾日益突出的实际,在确保航班正常运行的情况下,抢时间,要效率,更换和增加了6个开放式验证台,对边防检查信息管理系统进行了升级,为每个验证台配备了紫光灯、放大镜等设备,加大了检查工作的科技含量和资金投入,提高了验放旅客的速度,缩短了旅客在检查现场滞留时间,为出入境人员创造了便利的通关环境。

【践行执法为民思想，积极为地方经济建设做出了应有的贡献】 工作中，牢固树立“立警为公、执法为民”思想，切实增强为地方经济建设服务的使命感和责任感，促进了“双争”活动的深入开展。一是力促俄方恢复了对吉林省旅行社团组赴俄边境旅游的验放。2003 年初，由于中方有的旅行社在组团上存在一些问题，俄边防机关不再验放吉林省旅行社团组赴俄边境旅游。虽经地方党委、政府和各旅行社做了大量工作，但是，俄方一直没有松动。2003 年，吉林省公安边防总队邀请俄罗斯联邦安全局太平洋地区边防管理局代表团赴长春市进行年度工作会谈，其中专门研究了恢复吉林省旅行社组团赴俄边境旅游事宜。此后，多次与俄边防机关进行电话、书信联系，力促俄边防机关尽快恢复验放吉林省旅行社团组赴俄边境旅游。2004 年 6 月初吉林公安边防总队代表团赴海参崴与俄罗斯联邦安全局太平洋地区边防管理局进行 2004 年度工作会谈，再次提出了请俄方恢复验放吉林省旅行社团组赴俄边境旅游的要求，俄方表示同意并从会谈后恢复了验放。二是促成了赴俄自带车事宜。吉林省公安边防总队积极利用 2004 年年度会谈时机，加强与俄边防机关协商沟通，使俄方同意中方有权组织赴俄边境旅游的旅行社在组团赴俄旅游时，可自带旅行车辆（9 座以上）出境到海参崴，同时双方还同意在旅游高峰期和出入境人员增多的情况下，在珲春——克拉斯基诺口岸延长开闭关时间，这些措施有力地促进了中俄边贸活动的进一步发展。三是实现了圈河口岸星期日通关。2004 年 3 月，在总队的指导下，珲春边检站与朝通行检查机关会晤，就圈河——元汀口岸星期日开关问题达成一致意见，并于 4 月 18 日开始正式实施，开创了中朝边境陆地公路口岸星期日开关的先例。四是延长口岸通关时间，为外贸单位创造了丰厚的经济效益。珲春边检站积极与俄方协商，实现了无午休工作制；南坪边检站根据当地外贸单位与朝方签订的运输货物合同的实际，积极与朝通行检查机关协商并协调联检单位，达成了每天提前 1 小时开关，延后 2 个小时闭关的一致意见，为双方贸易单位提供了充足的通关时间保障，仅此一项就直接增加经济效益 800 余万元。五是做好新开口岸的边检准备工作。国家批准延吉航空口岸对外开放后，总队积极工作，成立了延吉边检站筹备指挥部，由总队主管业务领导亲自指挥，经过筹备指挥部的不懈努力，延吉航空口岸的边检营房、查验设施基本建成，延吉边检站人员配齐到位，于 8 月 1 日起正式挂牌成立。2004 年 6 月，延吉航空口岸通过了省政府预验收。总队及各边检站充分发挥自身职能优势，推出了一系列便民利民措施，积极支持地方经济建设，取得了显著的成效，受到了省委、省政府和公安部的通报表扬。2004 年 3 月份，吉林省人民政府对我总队为地方经济建设所做的突出贡献予以表彰，为吉林省公安边防总队记集体二等功一次，奖励 50 万元。

吉林出入境检验检疫局

【综述】 主要业务数据:2004 年吉林出入境检验检疫局共检验检疫出入境货物 66 931 批,金额 405 988

万美元,分别比上年(即2003年,下同)批次增加了5.61%,金额增加4.99%。其中检验检疫出境货物32 290批,金额85 095万美元,分别比去年批次减少了26.75%,金额减少了42.50%。出境货物经检验检疫不合格119批,金额489万美元,分别比上年批次增加了19%,金额增加21.64%,批次不合格率为0.31%,金额不合格率为0.57%。检验检疫入境货物34 641批,金额320,893万美元,分别比上年批次增加了79.52%,金额增加了34.42%。入境货物经检验检疫不合格181批,金额1 957万美元,分别比上年批次减少13.40%,金额增加了179.97%,批次不合格率为0.52%,金额不合格率为0.61%。

签发普惠制产地证书6 431份,金额25 566万美元,分别比上年份数增加了11.34%,金额增加了28.88%。签发一般原产地证1 163份,金额4 493万美元,分别比上年份数增加了49.10%,金额增加了39.52%。

完成出入境人员监测体检72 035人次，比上年增加了12.30%；检出疾病6 834人次，比上年增加了11.21%，疾病检出率9.49%；艾滋病监测70 425人次，比上年增加了15.12%；预防接种30 744人次，比上年减少了4.37%。

检疫出入境集装箱73 317标箱，比上年减少了23.58%。

出境木质包装监督检疫3 621批,数量453 382件,分别比上年批次增加69.84%,数量增加814.69%。入境木质包装监督检疫5 504批,数量780 120件,分别比上年批次增加5.87%,数量增加27.98%。

检出动物疫情8批，动物疫情检出率0.12%；检出植物疫情63批，植物疫情检出率0.22%；累计截获禁止进境旅客携带物1 343人次，禁止进境物数量1 886件，人次截获率0.73%，件数截获率1.05%。

严把国门。为切实把好国门，吉林出入境检验检疫局党组确立了“抓好检验检疫覆盖率、不合格商品和疫情疫病检出率、禁止进境物截获率‘四率’”的工作要求，采取了层层落实责任制、举办培训班、规范查验行为、统一执法尺度等一系列有效的措施，并取得了成效。2004年，检验检疫覆盖率为66%，比2003年增长了1个百分点。为适应一汽大众二厂建设的需要，加大检验检疫力度，在进口商品质量检验和截获有害生物方面都取得新突破。先后开展了对全省出口禽肉生产企业及其养殖场检查，对21家生产强制性产品的出口企业认证情况检查，对26家出口危险货物包装容器生产企业普查，增强了企业的自律和质量意识。

阻击禽流感疫情。2004年春节前后，我国及周边国家、地区相继暴发了高致病性禽流感。为了确保吉林省禽及禽类产品的安全，吉林出入境检验检疫局局全力应对，加强对入境货物、运输工具的检验检疫，允分发挥吉林省防治禽流感指挥部监管检疫组组长单位的作用，积极向省委、省政府建言献策。定人定向对辖区内注册饲养场进行全面巡查，指导防疫，加强对注册饲养场的监管和疫情检测，适时出台了《促进德大公司肉鸡恢复出口的八条措施》，确保了吉林德大公司的注册饲养场未发生任何高致病性禽流感疫情，使德大公司成为首批恢复向日本、韩国出口熟加工禽肉的企业之一。

加大执法监督力度。在整顿市场经济秩序的工作中，根据国家质检总局和国家认监委有关文件要求对全省相关企业强制性产品认证的落实情况进行检查。对长春市各大冷库存放进口肉类的情况进行检查；对长春、四平和辽源市主要商场、超市经营的进口奶粉进行了检查。严肃查处了长春古河金山汽车线束有限公司进口旧机电产品案，有效地规范了进出口商品的市场经济秩序。对长春博德生物技术有限公司私自开拆、损毁检验检疫封识、不经检验就使用血液试剂案进行查处。对从韩国进境的共计33包千余件“洋垃圾”服装进行了焚烧销毁。

【在振兴吉林老工业基地中发挥促进作用】 “六个一批”工程取得新进展。吉林出入境检验检疫局充分发挥检验检疫在技术、设备、人才、信息、协调等方面的优势和职能，开展“六个一批”工程(——帮助一批企业取得走向国际市场通行证,获得质量体系认证、食品卫生注册等注册认证;——支持一批企业攻克技术壁垒,主动为出口企业传递最新的法规、标准、预警公告和国外新壁垒信息;——推动一批出口企业实现分类管理,实现提速、减负、增效;——促进一批企业产品打入国际市场,努力提高企业在国际市场竞争力;——提出一批合理化建议,为各级地方党委、政府当好参谋助手;——指导一批企业提高防控技术和实验室检测水平。)2004年全省又有77家企业获得了卫生注册，5家企业获质量许可；92家企业通过了监督审核，38家企业获得体系认证，32家企业通过了复审换证。白城地区红辣椒出口达3 021吨，比上年增长6倍；延边、珲春、集安和图们所辖地区的一些加工企业实现了苏子叶、元葱、辣椒、人参、南瓜、白萝卜、西兰花等农产品出口零的突破或高增长。长春高榕农业有限公司破除了日本以中国“毒菠菜”为由封关2年的技术壁垒，实现了鲜菠菜重新出口。加大了对玉米深加工企业的帮扶力度，使该产品出口达17.06万吨，比上年出口数量增加87.3%。

梅河口市果仁加工产业蜚声海内外，现已形成了国际上较大的果仁加工和贸易集散地。加工的品种多、产量高，产值约达5亿多元人民币，总产量占全国的80%以上，绝大部分出口到美国、欧盟、日本、香港等30多个国家和地区，已形成当地的主导产业。然而，就是这样一个以出口为主导的优势产业，2004年前，竟没一家企业获得出口食品卫生登记证书，也不了解国家对出口食品企业的卫生要求。面对这种情况，吉林出入境检验检疫局主动上门服务，宣讲文件、提出要求、接受咨询，组织相关评审员，历时两周多的时间，集中对申请办证企业进行了评审。其中16家企业符合出口食品卫生登记要求。7月9日，在梅河口市召开了全省出口果仁企业卫生登记工作会议，颁发了吉林省首批出口果仁企业卫生登记证书。

长春煤气公司2004年5月份，向英国出口5万吨货值1 500万美元的焦碳，该产品属于质量许可证管理。经对该公司的评审，发放了质量许可证，使得该产品顺利出口。

通过卫生登记和质量许可证，靖宇、抚松的中草药、长白山人参分别出口意大利、日本、韩国、台湾等国家和地区，开拓了国际市场。省内3家生产出口木制品、服装的企业实行了分类管理，推动了企业提速、增效、减负工作。

为了帮助企业充分利用普惠制，享受有关国家给予的关税优惠，提高出口产品的竞争力，进一步做好全省的产地证签证工作和原产地标记注册保护工作，组织召开了全省产地证工作会议，对在全省做好新增加的《曼谷协定》、《中国与巴基斯坦优惠贸易安排》、《中国—东盟自由贸易区》优惠原产地证签证业务，加强原产地标记注册保护工作。举办了两期申领员培训班，对163名申领员进行了培训。通过努力，全省实现了产地证新业务领域零的突破——签发了1份对泰国的《中国—东盟自由贸易区》优惠原产地证，签发了5份《曼谷协定》项下的服装产品的优惠原产地证。还完成3家企业4个品种的原产国标记的审核认定工作。

大通关建设稳步推进。吉林出入境检验检疫局自行研发推广实施了“流程监控系统”，实现了网上催办、核放、跟踪督办，确保了检验检疫工作在流程时限内的完成。在全省推广了证稿无纸化、短信回执、进口动植物及其产品网上申报审批等新型信息服务业务。研发的驻一汽大众办公室“专用统计程序和CIQ2000资源信息查询系统”提高了统计准确性和效率；珲春局“口岸货物及人员登录管理系统”和集安“口岸出入境人员、车辆管理系统”，进一步提高了口岸通关速度。完成了CIQ2000的8次系统升级工作，基本实现了全省检验检疫流程时限的实时信息处理和综合管理。全省28个口岸检验检疫工作实现了“五统一”，（即——统一口岸查验率；统一口岸消毒、杀虫、灭菌的工作依据；统一口岸收费；统一口岸报表内容；统一口岸对外业务会晤及信息沟通的有关规定。）检验检疫业务流程缩短了1-2天，为企业快出快进赢得时间。

优质服务赢得企业赞誉。吉林出入境检验检疫局检验检疫人员深入到德大、大成、黄龙、赛力事达等企业进行检测技术指导，解决技术疑难问题；2004年在出口危险货物包装使用鉴定中，先后四次鉴定出危险货物包装存在重大隐患而避免危险事故的发生，生产企业和使用企业均对吉林出入境检验检疫局认真负责的敬业精神和准确无误的鉴定结论深表敬佩；吉林出入境检验检疫局开展首问咨询值班工作，曾多次接受省政府各有关部门的暗访受到好评。2004年一共有410人次值班，接待业务咨询46次，方便进出口企业，收到了良好的社会效果。吉林出入境检验检疫局主动上门服务、热情咨询服务和急企业所急，赢得企业的赞誉。2004年局机关共收到企业的锦旗14面、表扬信46封，各新闻媒体先后100余次报道了吉林出入境检验检疫局局依法行政、执政为民的事迹。

2004年主要检验检疫业务情况表

出入境货物检验检疫情况表

	批次	同比上年±%	金额（万美元）	金额同比上年±%
出入境合计	66931	5.61	405988	4.99
出境检验检疫	32290	-26.75	85095	-42.50
入境检验检疫	34641	79.52	320893	34.42

出入境货物检验检疫不合格情况表

	批次	批次不合格率%	金额（万美元）	不合格率%
检出不合格	300	0.45	2446	0.60
出境不合格	119	0.30	489	0.57
入境不合格	181	0.52	1957	0.61

口岸交通工具检疫情况表

飞机（架）	其中		火车（节）	其中		汽车（辆）	其中	
	出境	入境		出境	入境		出境	入境
2387	1192	1195	13753	7135	6618	174291	87306	86985

集装箱检疫情况表

	出入境合计（标箱）	出境（标箱）	入境（标箱）
总合计	73317	4998	68319
海 运	67338	1925	65413
陆 运	5978	3072	2906
空 运	1	1	

监测体检及预防接种情况表

监测体检		预防接种		爱滋病监测	
人次	同比上年±%	人次	同比上年±%	人次	同比上年±%
72，035	12.30	30，744	-4.37	70，425	15.12

出入境检验检疫签证情况表

出入境证单合计（份）	出境			入境		
	合计	证	单	合计	证	单
105888	71506	47846	23660	34382	8129	26253

签发通关单情况表

出入境合计		出 境		入 境	
份数	金额（万美元）	份数	金额（万美元）	份数	金额（万美元）
45168	340651	13739	17599	31429	323052

产地证签证情况表

普惠制产地证				一般产地证			
份数	同比上年±%	金额（万美元）	同比上年±%	份数	同比上年±%	金额（万美元）	同比上年±%
6，431	11.34	25566	28.88	1163	49.10	4493	39.52

截获禁止进境物情况表

检验检疫进境旅客、边民携带物及邮寄物		其中截获禁止携带物及禁止邮寄物	
人次	件数	人次	件数
184202	178976	1343	1886

（周广仁　翟文阁）

吉林口岸大事记

1月4日－9日

长春海关完成H2000及风险管理平台运行环境客户端的安装工作。

1月9日

海关总署调查局派员到长春海关就特许权使用费问题开展调研。

2月11日

吉林出入境检验检疫局长春机场办事处从来自韩国的OZ337次航班的3名入境旅客携带物中，查获了18枚鸡蛋，并对其做高温高压销毁处理，严防禽流感传入吉林省。

2月18日

长春海关李录副关长向吉林省政府矫正中副省长就长春海关制定《长春海关支持振兴东北老工业基地十项措施》的有关情况作了专题汇报，矫正中副省长对长春海关主动服务地方经济的工作给予了高度评价。

2月23日

长春海关在吉林省宾馆新闻发布厅召开了"长春海关支持振兴东北老工业基地十项措施新闻发布会"。

3月25日

在中共吉林省直机关党工委举行"'学、做、创'活动"表彰大会。吉林出入境检验检疫局荣获"省直机关'学、做、创'活动优秀组织单位"称号，局机关党委专职副书记金平同志获得"省直机关'学、做、创'活动优秀组织工作者"称号。

2月26日

从韩国到长春的CJ688次航班上一名韩国女留学生洪垂辰，因体温达到38.9℃被送到吉林大学第一医院发热门诊。经医生会诊后，初步诊断为肺炎，但暂时不排除有其他疾病的可能，为慎重起见，医生决定让该女生在发热门诊隔离观察一宿。这是吉林省今年查出的首例高热旅客。本次CJ688次航班上共有乘客134人，机组人员3人，乘务员5人。

3月初

在吉林边防总队的指导下，珲春边检站与朝通行检查机关会晤，就圈河—元汀口岸星期日开关问题达成一致意见，并于4月18日开始正式实施，开创了中朝边境陆地公路口岸星期日开关的先例。

吉林省人民政府对吉林边防总队为地方经济建设所做的突出贡献予以表彰，记集体二等功1次，奖励50万元。

3月28日

长春—东京（成田机场）航班正式开通，每周日往返一班，航班号为CZ623/4，空中飞行时间为2小时40分。

应仙台市日中友好协会邀请，长春市口岸办组织由海关、检验检疫、边检等口岸单位和部门组成的“长春—东京”航线首航考察团也赴日本参加首航式，同相关部门进行业务接洽，对仙台、东京等地的航空运输市场进行了考察。

长春至东京国际航线正式开通，机场办事处认真完成监管工作。

3月29日

长春海关H2000工程通过验收。

4月6日

长春海关与交通银行长春分行举行网上支付合作签字仪式。

4月11日

圈河口岸—朝鲜元汀口岸，实行“星期日”旅游客人通关，并于2004年4月18日举行了开通仪式。

4月15日

在共青团吉林省委举行的“吉林省创建青年文明号活动十周年纪念暨表彰大会”上，吉林出入境检验检疫局检务处签证科荣获吉林省青年文明号十年成就奖。

4月19日

图们办事处出入境检验检疫工作正式开始。

4月27日

长春海关与交通银行沈阳分行签署网上支付合作协议。

5月8日

国家质检总局《关于同意吉林出入境检验检疫局内设机构调整的批复》（国质检人［2004］191号），撤销科技与认证处、轻纺检验处和化矿检验处，设立认证监管处、科技处和轻纺化矿处。

5月11日

长春海关一汽监管场站减免税现场正式办理业务。

5月18日

举行了珲春铁路出境点执勤任务交接仪式，出境点正式由65811部队移交给珲春边防检查站进行管理，理顺了出境点管理程序。

5月31日

长春海关与中国银行吉林省分行签署网上付税协议。

长春海关于明副关长参加吉化建厂50周年庆典暨60万吨乙烯开工奠基仪式。

6月初

吉林边防总队代表团赴海参崴与俄罗斯联邦安全局太平洋地区边防管理局进行2004年度工作会

谈，再次提出了请俄方恢复验放吉林省旅行社团组赴俄边境旅游的要求，俄方表示同意并从会谈后恢复了验放。

6月3日

吉林省商务厅、口岸办、长春海关等10个部门组成省验收组圆满完成了对延吉航空口岸的验收工作。

6月26日

长春海关以“抵制毒品，参与禁毒”为主题积极开展禁毒宣传工作。

6月29日

海关总署党组成员、政治部主任鲁培军、人教司司长白伟到长春海关视察工作，白伟司长宣读了总署关于李录任长春海关党组书记、关长的决定。

7月1日

长春海关上半年税收收入突破60亿元，与去年同期相比增长71.62%，完成全年税收计划的70%。

7月8日

海关总署缉私局副局长李晓武一行到长春海关检查指导工作。

7月16日

吉林省政府副省长李锦斌、副秘书长王葆光约见了长春海关新一届党组成员，对长春海关工作给予了充分的肯定。

7月20日

长春海关在吉林市召开关区“五年回顾教育”理论研讨会暨论文交流会。

吉林省副省长、吉林市代市长矫正中约见了长春海关党组主要成员。

7月24日

延边出入境检验检疫局综合实验楼在延吉市正式动工兴建。

7月28日

长春经济技术开发区海关荣获全国青年文明号活动十周年成就奖。

国家质检总局局长李长江在吉林出入境检验检疫局全体职工大会上，宣布吉林出入境检验检疫局新一届领导班子成员。于永清任吉林出入境检验检疫局局长、党组书记；张明任副局长、党组成员；刘培森、居峰任副局长、党组成员；秦伯英任副局长、党组成员；纪检组长：王立成；刘亚贤、金平任吉林出入境检验检疫局助理巡视员。免去李元平局长、党组书记职务，另有任用。

8月3日

全国海关《行政许可法》论文评审工作在图们海关进行。

8月4日

长春海关召开整顿机关纪律作风工作动员大会。

8月7日

《中华人民共和国商检法实施条例》修改工作会议在吉林出入境检验检疫局召开。

8月11日

吉林省内首家现代化保税仓库福达国际物流保税仓库通过海关审查验收正式开办业务。

国务院以国函［2004］55号文件正式批准同意在珲春口岸和长春航空口岸开展口岸签证业务。

8月12日

国家民委主任李德洙到长春关区长白口岸视察工作。

8月19日

东北片区转关运输监管工作会议在延吉召开。

8月23日

参加中日韩三国青少年体育交流比赛的日本、韩国代表团一行500余人分乘4个航班先后抵达长春机场，口岸单位精心组织，圆满完成了接待任务。

9月15日

口岸单位成功接待“2004大众汽车中国乒乓球公开赛”参赛队员和领导。

9月29日

在吉林省劳动模范表彰大会上，吉林出入境检验检疫局检验检疫技术中心副主任牟峻荣获省级劳动模范殊荣。

10月4－7日

《吉林卫视》和《吉林乡村》两个频道，连续报导延边检验检疫局采取措施，保护长白山珍贵野生松茸资源，帮助企业提高出口质量的事迹。

10月11－13日，海关总署“构成整车特征汽车零部件进口管理系统立项论证会”在长春召开。

10月12日

长春海关完成政治部组建工作。

10月25日

《中国国门时报》报道了吉林出入境检验检疫局热心服务企业、促进吉林外贸出口的文章。

10月26日

《吉林日报》第一版报道了反映吉林省糠醛出口喜忧参半的话题以及吉林出入境检验检疫局为促进吉林省糠醛出口所做的工作。

11月12日

吉林省代省长王珉视察长春关区珲春口岸并对海关工作给予肯定。

11月18日

吉林出入境检验检疫局召开吉林省出口企业强制性产品认证座谈会，一汽集团公司等全省20多家出口企业参加了座谈会。

11月30日

长春海关实现税收入库85.58亿元，提前1个月完成全年税收计划。

12月6日

召开新机场联检楼建设专题会议，研究联检楼建设有关事宜，会后进入图纸设计阶段。

12月30日

长春海关实现税收入库86.6亿元，同比增长11.2亿元，创历史新高。

黑龙江口岸工作综述

2004年，黑龙江省口岸工作在省委、省政府的正确领导下，在国家有关部门的关心支持下，紧密围绕“管好用好现有口岸，加强基础设施建设，突出抓好重点口岸，努力提高通关效率”的工作思路，积极为对外经贸和旅游事业发展服务，较好地完成了各项任务，实现了预定工作目标。

【工作目标完成情况】 口岸客货运输生产双创历史新高，为对外经贸和旅游事业发展做贡献。2004年全省口岸进出口货物完成821.7万吨，比上年增长11.2%；出入境人员完成300万人次，增长35.8%。全省口岸年货运量增长速度较快，除传统的口岸大户绥芬河仍保持强劲的增长势头外，涌现出一些新的增长点。其增长主要原因是：一是受国内市场需求的拉动，原木、化肥进口数量较大；二是随着俄罗斯对出口废钢的解冻，黑色金属的进口成为一个亮点；三是2004年河运口岸水位较好，有利于船舶运输；四是各地口岸抢前抓早，对货源准备较充分，口岸加强服务，积极疏港疏站。部分公路口岸货运量出现了较大幅度下滑，主要原因：一是口岸经营品种单一，受大米出口配额限制，水稻收购价格上涨影响，出口量大幅下降，导致货运量下降；二是中俄双方公路口岸进行限载限重，增加了企业运输成本；三是出口商品附加值全面提高；四是俄方调整关税，对我出口产品也起到了一定的制约作用。

2004年全省口岸客运量增幅创历史最高水平。其增长的主要因素：一是2003年同期受非典影响客运量急剧下降，2004年较上年相比客运量增长幅度较大；二是部分口岸旅游业全面放开，打破独家经营局面，旅游价格大幅下降，游客进出境较踊跃，拉动了客运量的增长。

继续抓好口岸“大通关”建设，为发展对外经贸和旅游事业服好务。一是根据国务院领导的讲话精神及上海口岸“大通关”会议精神，把全省口岸“大通关”建设作为年度工作目标和主要任务，落实责任制，认真组织实施。年初将绥芬河口岸“大通关”试点工作经验材料，在各口岸进行了推广，以推动全省口岸“大通关”建设深入进行。强化全局观念、服务观念、效率观念和责任意识；加强组织领导，突出抓好口岸大通关工作，进一步提高口岸工作效率；继续抓好重点口岸的发展和完善，将近年货运量突破10万吨、客运量达10万人次、年客货运量排在全省前几名的口岸，作为重点口岸加强管理和建设，以利构筑和拓宽对俄经贸大通道的建设。二是积极开展协调工作，解决口岸通关中遇到的实际问题。2004年8月份，铁道部全面实行收取铁路口岸车辆滞纳金。对此，企业反应强烈，省口岸办和哈尔滨铁路局积极沟通，经与地方政府、企业反复协商，推迟了执行时间，重新制定了执行标准，既落实了收费规定，又使企业和地方政府能够接受。

在管好用好现有口岸的基础上，不断扩大口岸对外开放。目前，国家对黑龙江省口岸布局提出了“清理调整”和“关停并撤”的要求，而黑龙江省正面临着外经贸形势日益发展，需要积极争取口岸开放和扩大开放。在省政府及有关部门的支持下，通过口岸所在地政府的努力，黑龙江省口岸扩大开放取得了一定的进展：

一是积极做好佳木斯机场延续对外开放工作。由于历史的原因，佳木斯机场建设十年没能通过国家验收，给临时飞行带来了很大难度，为了获得国家批准，多方努力，在获得临时开通对外包机航线后，2004年继续临时开通对外包机航线。每周双飞哈巴罗夫斯克，上座率达90%，取得了较好临时开通业绩，为争取通过国家验收打下了良好基础。

二是积极为齐齐哈尔机场申请临时对外开放。齐齐哈尔机场临时对外开放的难度比佳木斯机场还要大，因为没有临时飞行历史。为迎接第四届“绿色食品博览会”，齐齐哈尔申请开通临时国际客运包机航线。王利民副省长批示：“请省口岸办帮助齐市向国家争取开通，难度很大，需要努力。”先后以黑龙江省政府和黑龙江省口岸办名义两次向海关总署申报，并与地方政府一起多方努力工作，齐齐哈尔机场终于获准临时对外开放。

三是积极为省华诚公司继续申请开通洛古河季节性临时过货通道。2004年冬季是洛古河性临时过货通道开通的第5个年头，根据国家主管部门有关规定，必须重新申请报批。考虑到涉及部门较多手续繁杂，按照王利民副省长“请商务厅速办”的批示，从8月份就开始起草相关文件报告，与有关部门积极进行协调沟通。为了尽快解决问题，还主动到有关部门进行拜访，请求给予帮助和支持。与此同时，会同其他部门一起组成政府代表团，与俄罗斯赤塔州代表团进行临时通道开通的专题会谈，签署了《中国洛古河—俄罗斯波科洛夫卡季节性临时过货通道工作会谈纪要》，确保了该通道2004年冬季如期开通。

四是认真研究办理绥芬河阜宁直升机场临时对外开放事宜。该机场对外开放难度很大又十分敏感。黑龙江省委财经领导小组要件2004年第5期以《死“鸡”何时能上天》为题，发表了绥芬河直升机场申报临时口岸难的调查报告。省委书记宋法棠、王利民副省长在相关文件上批示，按照省领导的要求，积极和牡丹江市政府、绥芬河市政府及民营企业协调沟通，制定工作方案。认真研究分析临时机场对外开放存在的各方面问题，需要办理的事项和应该履行的程序，督促民营企业按正常程序办事。同时，还到海关总署就调查报告反映的问题解释说明。经努力协调，各查验单位改变了过去坚持要先解决人员编制才能上岗的意见，支持该机场临时对外开放。

努力发展完善口岸基础及配套设施建设，为拓展对俄经贸大通道奠定基础；

一是积极配合省发改委制定2004年黑龙江省口岸基础设施建设规划，为投放4000万元口岸建设资金，提供基础依据、资料和数据等。为贯彻落实党中央、国务院关于实施东北地区等老工业基地振兴战略，认真完成了黑龙江省老工业基地振兴基础设施专项规划口岸基础设施建设近期、中期、远期规划的意见。全省口岸基础设施建设在未来10年立项162项，计划投资总金额达170亿元。

二是对重点口岸的基础设施建设规划进行了系统指导。按照省领导“要把黑河、绥芬河口岸作为发展重点，搞好规划，抓好落实”的指示，派专人对黑河、绥芬河、同江等发展潜力大的重点口岸的发展规划进行系统指导。制定了近期的黑河黑龙江大桥、洛古河黑龙江大桥、绥芬河铁路扩能改造、中长期的同江大桥建设及应急浮桥的建设规划。同时，对各市地县口岸基础设施建设规划意见逐一进行分析论证，既做好宏观指导，又清楚解答提出的每项具体问题。

三是发挥地方政府的积极性，建立多元化投资渠道。反复向口岸所在市县政府宣传，要把口岸基础建设作为口岸发展的必要前提，各地政府相继加大了对口岸基础设施投入力度。绥芬河市在铁道部支持下，2004年投入资金2800万元，新建6800m^2口岸联合报关大厅，于10月27日正式使用，进一步完善了“一站式、一条龙”服务，加快了通关速度。黑河口岸对原口岸互贸区通道功能进行了改造扩建，投资120万元在黑河市四个出口设立了边防监护房，将互贸区功能扩大到整个黑河市。俄籍公民不用组团，凭有效证件就可以在互贸区经商办厂，从而使进出境人员大幅增加，为黑河市对外经济贸易的全面提档升级创造了条件。东宁对口岸现场进行投资改造，修建了口岸传染病隔离室，维修了联检大厅，亮化了口岸庭院，美化了口岸园区。同江口岸共筹资1800万元对港区进行了扩能改造，修建了滚装码头挡土墙、港区道路、停车场、计量房，建造1艘新轮渡船和1个3000吨级杂货泊位码头，还铺设了进港铁路专用线，进一步提高了同江港区货物吞吐能力，为全年口岸货运量升至全省第二位创造了良好条件。

充分利用中俄口岸工作会谈会晤制度，解决好口岸运行中的实际问题。一是利用中俄口岸工作组会谈机制。为解决全省口岸对外开放和扩大开放事宜，对需要纳入中俄两国领导人会晤磋商的问题进行收集整理，并为中俄口岸工作组第七次会议做好准备。在调查研究和听取各方面意见的基础上，向海关总署做详实汇报，争取有更多的事项被纳入议题。黑河口岸改为7天工作制，就是经协商各查验单位后，纳入中俄口岸工作组会议议题，促使双方达成一致。二是充分利用中俄其它方面相关工作组、分委会（经贸、交通等）会晤机制。省口岸办就黑河铁公两用大桥建设、洛古河公路大桥建设、东宁至乌苏里斯克铁路接轨建设、绥芬河中俄铁路站场间口岸通过能力扩能改造等问题向中俄分委会相关工作组提出建议并参与研讨论证。

【其他工作完成情况】 认真完成交办的省人大代表及政协委员各项提案议案。2004年人大代表、政协委员对口岸开放发展、基础设施建设、边境城市发展等提出诸多提案议案。相继完成了《关于支持黑河口岸通道建设的议案的办理情况》、《关于在同江口岸建设黑龙江跨国大桥的议案的办理情况》、《关于增加东宁口岸查验人员编制的建议的办理情况》和《关于推进我省沿边开放的建议》等提案议案。

开展并参与了多项专题调研。一是对东宁县反映的对俄方载重车辆进行对等限制问题，与黑龙江省道路运输管理局进行认真分析，并提出双方为了经贸企业的发展都要减少限制的想法和意见。在省政府召开的有关问题协调会上，力主尽最大可能给企业创造宽松条件和环境，双方最好都回到放开的基准上。二是对哈尔滨铁路集装箱场站迟迟不能搬进新址和吊车发生责任事故进行现场调查了解，提出请哈尔滨市督促相关部门立即搬进新址的意见，并及时向有关领导进行了汇报。三是派人参加省政府组织的对俄经贸调研组，先后赴大兴安岭、黑河，对两地市对俄经贸及口岸开通情况进行调研，起草分组调研报告及整体调查报告中的口岸部分，为召开“全省对俄经贸科技合作战略升级工作会议”做好准备。

积极参与界河大桥建设的可行性论证。推进界河大桥建设是新一轮口岸建设的突破口，洛古河黑龙江大桥、黑河黑龙江大桥、同江铁路大桥、饶河乌苏里江大桥等建设项目都在紧锣密鼓的推进。先后多次参与了大桥建设的论证会议、专家会议和中俄会谈等，提出相关意见和建议，协助有关市县和部门，积极推进大桥建设的快速进行。

认真编制黑龙江省第十一个五年口岸发展规划。按照海关总署《关于报送第十一个五年口岸发展规划意见的函》的要求，2004年要向国家呈报黑龙江省第“十一五”口岸发展规划意见，事关黑龙江省口岸未来的发展，省政府领导非常重视。黑龙江省是口岸开放大省，仅次广东省列全国第2位，但口岸客货运量却排在新疆、内蒙之后，国家一直认为黑龙江省口岸开放数量过剩，要进行清理整顿。而黑龙江省边境市县又不断提出建江桥、修铁路、开机场等新要求。紧紧抓住党中央、国务院振兴东北老工业基地的良好契机，制定了“十一五”口岸发展规划专题工作方案，进行系统布置，提出具体要求，并组成工作组深入口岸进行专题指导，搞好口岸开放现状与发展的调查研究，与口岸所在市县政府充分交换意见，形成了《关于报送对国家第十一个五年口岸发展规划意见的复函（征求意见稿）》，经征询省政府有关部门意见，修改后形成送审稿，于6月底前报请王利民副省长审定。在得到了王利民副省长的肯定后，姜国文副秘书长于12月1日召开了相关部门参加的协调会，按照会议意见，再次与省发改委等部门沟通协商，并到海关总署进行专题汇报，最后正式拿出黑龙江省“十一五”口岸发展规划意见。

抓好口岸客货运输生产情况分析，及时编发口岸信息，并督促各口岸市县加快电子口岸建设。

参加全国口岸（委）办主任联席会议，并应邀作了题为《实施口岸“大通关”战略，促进对俄贸易快速发展》的经验介绍，该经验介绍在大会上引起了与会代表的热烈反响，中国口岸协会以简报的形式全文予以转发。

为黑龙江省口岸争取建设资金做了先期的基础工作。为配合实施振兴东北老工业基地战略，加速全省口岸基础设施建设步伐，按照省政府领导的指示，在对全省口岸深入调查的基础上，起草了《黑龙江省公路、水路口岸基础设施建设情况的报告》，并经省政府上报交通部，为黑龙江省口岸争取建设资金做了先期的基础工作。此报告受到省政府主管领导的批示表扬，王利民副省长的批示：“甚好，是一篇高质量的报告。”

黑龙江口岸查验单位工作综述

哈 尔 滨 海 关

2004年，哈尔滨海关以邓小平理论和“三个代表”重要思想为指导，深入学习贯彻党的十六大，十六届三中、四中全会精神，认真贯彻海关工作方针，按照“以人为本、以德治关、强化基础、全面发展”的关区工作总体思路，以边关精神为指导，大力加强干部队伍建设，不断强化业务基础建设和基层建设，切实履行把关服务职能，较好地完成了全年各项工作任务。年内牟新生署长莅临哈尔滨海关检查、指导工作，对各项工作给予了充分肯定，给予海关关员巨大的鼓舞和鞭策。

2004年，哈尔滨海关多项业务指标均保持良好增长态势，税收入库总额9亿元，同比增长2.0%；监管进出口货物812万吨，增长11.3%；进出境运输工具43.4万辆（艘）次，增长13.7%；进出境人员304.7万人次，增长36.8%；进出境邮递物品、印刷品、音像制品、快件99.2万件，下降10.2%。全年共受理走私犯罪案件10起，立案9起，案值661万元，对20名犯罪嫌疑人采取了强制措施，移送起诉案件9起14人，法院判决案件4起8人。立案调查走私违法案件95起，案值3215万元。

【深入贯彻海关工作方针，较好地完成了把关服务的各项任务】 围绕税收这一“轴心”，坚持依法治税和综合治税，确保了应收尽收。面对2004年关区税收工作诸多不利因素，加强了对税收工作的领导，先后召开了多次业务例会，分析形势，研究对策，努力扩大税源。不断完善业务运行监督机制，建立了业务例会制度，成立了业务专家顾问小组。监管、通关、缉私、调查、价格等部门围绕税收这个“轴心”，全力协作配合，严厉打击价格瞒骗，确保了应收尽收。加大国内外价格调研力度，重新整合驻莫斯科价格调研组，拓宽了价格信息收集渠道。关区逾期手册清理工作已基本完成，解决了一批历史遗留问题。

深化监管工作改革，进一步加大海关实际监管力度。积极开展创新查验机制工作，在深入调研的基础上制定了实施方案。组织落实了处级领导现场巡视和科长带班作业制度。加强对转关运输的监管，顺利解决了黑龙江省与浙江省通过江海联运开展内贸粮食运输的监管问题。加大了行邮监管工作力度。

严防猛打，坚持不懈，保持打私高压态势。积极开展调查研究，分析、掌握关区走私动态，把握斗争主动权。开展情报工作，充分发挥情报工作的职能作用。按照总署的统一部署，开展专项斗争，查获了一批走私违法案件。紧贴海关业务现场，充分发挥内部打私合力。隶属海关缉私机构自觉接受所在地海关的领导，主动融入海关工作的整体之中，进一步理顺了关区缉私工作体制。顺利完成了反走私综合治理职能由调查局向缉私局的调整工作。下发了《哈尔滨海关党组关于加强缉私工作有关问题的通知》。加大对经办走私案件的审查把关、执法检查和个案评估力度，保证办案质量和效率。树立打私“一盘棋”思想，协查各类案件88起。

抓好统计工作，充分发挥海关统计服务经济发展和海关管理的有效作用。在确保统计数据质量的基础上，全面实施执法评估。及时发布统计数据，积极做好统计咨询服务工作。深入开展调查研究和专题分析，发挥了海关统计监督和辅助地方经济决策的作用，多次受到了总署和地方党政领导的好评。按照总署的统一部署，已完成了报关单数据质量检控分析系统在全关区的培训、前期测试以及用户授权等工作。

积极探索海关在振兴东北老工业基地中应发挥的作用，不断提高服务地方经济发展的层次和水平。认真落实哈尔滨海关提出的“支持扩大外贸出口、发展对俄经贸”的各项措施，并根据实际情况不断完善。组织人员对国家出台的政策进行研究，从海关工作出发，积极做好政策的宣传，提出建议。“哈洽会”期间，进一步改善服务、优化服务。充分发挥外事工作优势，与俄罗斯远东海关管理局成功举行了两次会谈，双方签署了会议纪要，建立起了哈尔滨海关与俄罗斯远东海关管理局之间、哈尔滨海关缉私局与俄罗斯远东业务海关之间、各隶属口岸海关之间三个层面的长期、稳定、多层次的联系配合机制。随时关注掌握俄方海关政策的调整和动态，及时向地方政府和外贸企业通报或预警。全关的工作多次受到地方党政的好评，省“两会”期间，在省政协的大会上，哈尔滨海关作了重点发言。

【以边关精神为指导，大力加强干部队伍建设】 深入学习贯彻牟新生署长视察关区时的重要讲话精神,进一步统一思想,增强做好海关工作的使命感和责任感。7月22－29日,牟新生署长莅临哈尔滨海关视察工作。在八天的时间里先后视察了哈尔滨海关,机场办事处以及黑河、逊克、嘉荫、萝北、同江、佳木斯、绥芬河、东宁等8个边关,多次发表重要讲话。在东宁海关的讲话中指出“哈尔滨海关近三年来发生了根本性的变化,哈尔滨海关是可以让总署党组放心的”。牟署长的讲话,既是对哈尔滨海关各项工作的充分肯定,更是对今后工作提出了新的更高的要求。署长视察结束后,关区上下迅速开展了学习贯彻牟署长的重要讲话精神的活动,统一了思想,鼓舞了斗志,更加坚定了扎根边疆、安心边关、做好海关各项工作的决心和信心。

大力弘扬边关精神，全面提高队伍的凝聚力和战斗力。哈尔滨海关以弘扬边关精神为主旋律，采取多种方式，大力加强海关思想政治建设和文化建设。组织了弘扬边关精神演讲活动和书画摄影作品巡回展，共有 14 个隶属海关的 400 余人参加了此次活动，使边关精神更加深入人心。哈尔滨海关组队参加了首届全国海关乒乓球赛，并取得优异成绩。组织了一次为期 4 天的机关篮球赛和首届“边关杯”关区篮球赛。继续加强边关文化载体建设，出版了《北国边关情》画册，专题片《奋进中的哈尔滨海关》已开始摄制和制作。牟署长在视察中有感于关员们通过弘扬边关精神所激发的昂扬向上的精神面貌，对边关精神给予了高度评价，指出“边关精神”4 句话 16 个字与红其拉甫海关的“四特精神”在本质上是相同的，这是哈尔滨海关党组求真务实、创造性地开展工作的生动体现，是关区广大关员昂扬向上精神风貌的生动体现，是关区全体关员努力实践海关工作 16 字方针的思想基础和生动体现，是边关人集体智慧的结晶。

认真学习贯彻十六届四中全会精神。党组中心组进行了集中学习，对关区十六届四中全会的学习贯彻工作进行了全面部署。11 月中旬召开了关区党的执政能力建设理论研讨班，进行了为期 3 天的学习研讨。哈尔滨海关党组初步提出了今后重点提高六种能力建设的要求，全体同志进一步增强了做好海关工作的责任感和使命感。

扎实有效地开展了“5 年回顾教育”活动。成立了由孔祥君关长任组长的“5 年回顾教育”活动领导小组，制定了工作方案，进行了动员。经过充分准备，4 月 20 日至 22 日召开了专题党组民主生活会，党组成员分别结合关区实际和自身多年来的切身感受，重点对“5 年回顾教育“活动议题进行了深入的回顾和反思，查找了存在的问题，开展了批评与自我批评，使关党组进一步统一了思想认识，增进了团结，明确了今后的努力方向。总结出了关区 5 年工作的经验和体会，形成了关党组的研讨论文。8 月中旬专门召开关区关长工作会议，各隶属海关、总关各部门主要负责人进行了研讨交流活动。关区各单位开展了座谈会、论文研讨会等形式多样的活动，引导大家结合本职工作以及自身思想实际谈感受、讲体会，使广大关员进一步增强了忧患意识，保持了清醒头脑。

积极推进干部人事制度改革，加大关区中层干部的调整配备力度。召开了关区干部人事工作会议，贯彻落实全国海关干部人事工作会议精神，回顾总结近年来关区干部人事工作，明确了今后一个时期干部人事工作的主要任务。通过推荐选拔和竞争上岗，年内共提拔 9 名副处级和 27 名副科级领导干部。按照“三个着眼于”关区干部人事工作指导思想的要求，对关区中层领导班子进行了较大幅度的调整，对 11 个基层海关的领导班子和总关 12 个处室的领导班子进行了调整、补充和加强，使关区中层领导班子知识结构进一步合理，年龄构成进一步优化，为关区各项事业的进一步发展增添了动力。

准军事化纪律部队建设成效显著。认真开展了“立党为公、执法为民、整肃纪律、树立良好形象”为主题的教育整顿活动。总关及大多数隶属海关均开展了全员军事训练，整肃了关容风貌，规范了内务管理，初步树立起了准军事化纪律部队的形象，为关区各项事业的改革与发展提供了强大的推动力。

以建立学习型海关为目标，继续强化教育培训。响应总署提出的“百千万”人才工程的号召，注重培养和树立“学习为本、终身学习、团体学习”的理念。先后举办了 H2000 系统技术培训班、风险管理平台培训班、纪检监察特派员培训班等系列培训工作。聘任了 24 名首批关区兼职教师，并进行了培训。

【不断加强党风廉政建设和反腐败工作】 深刻分析和充分认识当前关区反走私、反腐败斗争所面临的形势。哈尔滨海关党组进一步加强了领导，针对南方个别关区近来出现的严重受贿放私案件，多次召开党组会议,听取纪检监察部门的汇报,深刻分析关区党风廉政建设和反腐败工作所面临的形势,得出了“反走私斗争形势不容乐观,反腐败斗争仍有隐忧”的判断。关党组教育和告诫关区各级党员领导干部要正确地认识和分析当前关区反走私、反腐败工作的形势,居安思危,保持清醒头脑。

认真贯彻落实全国海关纪检监察工作会议精神。通过传达学习,对关区2003年度的党风廉政建设和反腐败工作做了全面总结,对2004年度的党风廉政建设和反腐败工作做了部署,明确提出全力建设廉洁海关的目标,签订了党风廉政责任状。制定并实施了《哈尔滨海关领导干部个人重大事项的规定(试行)》,将关区党风廉政建设和领导干部思想作风建设进一步推向规范化、制度化。

充实加强了纪检监察干部队伍。坚持以配齐配强、优中选优为原则,通过竞争上岗和工作岗位交流等方式,妥善地完成了特派员的调整工作,增强了关区的特派员队伍力量。对新任特派员进行了为期6天的培训,并取得了良好的培训效果,达到了预期的目的。目前,新任特派员均已到达各自工作岗位并开展工作。

狠抓行风建设。积极开展“执法为民,树立新风,共建廉洁海关”行风宣传月活动。认真贯彻落实黑龙江省《关于2004“正行风、促发展”民主评议行风活动实施意见》,4月24日,总关党组全体成员与部分局处室负责同志参加了省广播电台的“行风热线”栏目,直接解答广大群众提出的问题,由于事先准备充分,取得了预期的宣传效果,进一步扩大了海关的社会影响,使全关的“两风”建设得到了检验。

深入学习贯彻《中国共产党党内监督条例(试行)》、《中国共产党纪律处分条例》和总署党组提出的“海关人员6项禁令”要求。哈尔滨海关党组对全关区学习贯彻落实两个《条例》精神提出了明确要求,做出了具体的部署。党组书记、关长孔祥君同志带头表示,总关党组要发挥表率作用,认真执行两个《条例》,自觉接受党组纪检组、监察室和全体党员、关员的监督,并要求党组纪检组、监察室切实抓好两个《条例》执行情况的监督检查。组织开展“海关人员6项禁令”宣传月活动,要求各单位、各部门主要负责人要切实担负起组织学习和带头遵守的责任,深入推动“6项禁令”在关区的贯彻执行。印发了卡片,要求每位关员能够熟练背诵和理解。“6项禁令”的学习和宣传,在关区上下也引起了强烈共鸣,充分认识到了贯彻实施“6项禁令”对于时时刻刻规范和监督自己言行的重要意义。

【全面推进关区基层基础建设和法制建设】 开展了对关区基层建设情况的全面检查。按照哈尔滨海关党组的部署,哈尔滨海关基层建设领导小组对关区基层建设进行了为期1个月的检查。在检查中,听取了基层单位关于基层建设开展情况的汇报,实地查看了基层单位规章制度建设以及落实等情况,召开了不同类型的座谈会,听取基层单位干部、群众对基层建设工作的意见和建议。各单位对于检查出的问题进行了认真的总结,提出了改进措施并认真整改。党组专门听取了检查组的工作汇报,对今后一个时期关区基层建设工作做出了部署。

借鉴威海海关经验,进行了建立业务运行内部监督制约机制的试点。参与试点的5个隶属海关都成立了由关长任组长,副关长任副组长,各业务科室科长为成员的业务运行监督制约机制领导小组。各试点单位结合各自单位的具体特点制定了业务运行内部监督制约机制试点方案,并指定一名副关长具体组织试点工作的实施。按照试点方案确定的内容,各试点单位对2003年和2004年上半年的报关单和业务单证进行了全面复核。根据内部督察审计的结果,制定和完善了各项规章制度,统一了操作规范。年底召开了5个试点海关参加的座谈会,总结交流了试点工作经验。

以《行政许可法》的贯彻实施为核心,大力推进关区法制建设,切实提高依法行政水平。关区各单位、各部门高度重视行政许可法的学习和培训工作，全力以赴做好行政许可法的贯彻实施工作。认真清理各项规范性文件和制度，重新设立业务流程。加大了教育培训力度，在关区范围内组织开展了行政许可法的巡回培训活动。开展了行政许可法的理论研讨活动，组织了关区内的行政许可法答题自测及考试活动。召开关长办公室会议，明确了海关 20 项行政许可中涉及全关的 18 项行政许可的主管或牵头实施部门。继续加强了行政复议、知识产权保护、贸易管制、法律知识培训和法律宣传工作，提高了关区法制工作水平。

充分发挥审计监督作用，促进依法行政。哈尔滨海关注重将审计监督贯穿于资金管理的全过程，进一步完善了基建工程、大项开支的审计工作，共审计隶属海关基建项目 23 项，累计审计金额 4，908 万元，审计大项开支 30 项，累计审计金额 518 万元，有效地节约了开支，避免了浪费现象的发生。抽调关区业务骨干，对 4 个隶属海关的前任关长进行了任期经济责任审计，及时向相关海关反馈改进工作的建议，对促进隶属海关不断提高业务执法水平和内部管理水平起到了积极的推动作用。

依法理财，不断提高后勤保障水平。严格执行各项财经纪律，不断改善工作环境和生活条件，妥善处理了服务保障与扩大创收之间的关系，不断提高保障水平。抓好关区基建工程建设，各个基本建设项目进展顺利。绥芬河海关业务技术综合楼、黑河海关业务综合楼附属设施工程、东宁海关综合楼和集资住宅楼等隶属海关基建工程已竣工并投入使用，总关综合楼和驻机场办事处综合楼土建部分已经完成，开始进入内部装修阶段。关区各单位进一步加强和完善了对海关基建工程、大项开支的审计和把关工作。

此外，办公室、海关学会工作水平进一步得到提高，总关办公室作为典型代表在全国海关办公室工作会议上作了重点发言，受到各方面的好评。

【继续深化通关作业改革，加强科技应用，稳步推进海关现代化建设】 加强了现代海关制度第二步发展战略目标的研究工作。党组专门进行了研究，成立了总课题组和分课题组，就关区范围内的研究工作进行了部署。办公室按总署办公厅要求加强了内部行政管理体制课题的研究，报送了有关研究成果。

以风险管理平台推广应用为突破口，稳步推进风险管理工作。制定了《哈尔滨海关风险管理作业单应用管理实施细则》等 5 项制度规范，为风险管理工作的开展提供了制度保障。定期监控平台的数据导入，及时解决了风险管理数据维护工作中存在的问题。充分挖掘风险分析线索，创办了《风险预警信息》专刊，为领导决策和指导业务现场监管起到积极的促进作用。经过一段时期的实践，各职能部门基本掌握了利用风险平台进行职能管理新途径，运用风险式管理方法进行指导、规范、服务、监督工作，有力地促进了职能管理实现方式的转变和创新。

信息化建设取得积极进展。顺利完成 H2000 通关系统的切换工作，关区进入全面应用 H2000 系统进行业务处理的阶段，建立了适应新系统的业务操作规范和保障系统稳定运行的维护管理机制。切实保证信息网络安全，全年无病毒感染记录。按照总署的部署要求，积极做好绥芬河铁路口岸信息平台（舱单）的联合测试工作。完成网上支付税费项目的系统测试、签订协议、业务培训、开展试点等工作，促进了通关效率的提高，受到了企业的好评。在全关区范围内正式推广应用网络办公自动化系统。关区移动虚拟专网已全部开通试运行。

口岸客货运量及交通运输工具通过量统计表
2004 年度

哈尔滨海关　　　　署业临字(99)1 号表

口岸名称	运输方式	货运量(万吨)						客运量(万人次)			交通工具(乘务)人员数(人次)			交通运输工具(艘、架、列、辆次)				
		货运量			其中:转关运输量									入境		出境		合计
		进口	出口	合计	进口	出口	合计	入境	出境	合计	入境	出境	合计	中国籍	外籍	中国籍	外籍	
哈尔滨海关	海运	1.0	4.0	5.0	1.0	4.0	5.0											
	铁路	0.003	0.2	0.2	0.003	0.2	0.2											
	空运	0.08	0.06	0.1	0.06	0.03	0.09	10.9	11.1	22.0	11750	11675	23425					2155
绥芬河海关	铁路	577.1	29.3	606.4	0.1		0.1	22.7	27.4	50.1	23170	23167	46337					251504
	公路	3.0	30.2	33.2	0.03		0.03	28.9	26.6	55.5	34786	34389	69175					65113
黑河海关	海运	18.0	8.2	26.2				27.5	27.6	55.1	49164	50015	99179	3355	5430	3333	5456	17574
同江海关	海运	22.8	12.8	35.6				1.0	1.1	2.1	4341	4749	9090	1093	75	1127	87	2382
佳木斯海关	海运	0.01	0.6	0.6	0.01		0.01							3		5		8
	空运							0.07	0.07	0.1	222	236	458					46
牡丹江海关	空运							1.7	1.6	3.3	2326	2326	4652					436
东宁海关	公路	17.2	9.0	26.2	0.02		0.02	23.8	21.7	45.5	19264	19025	38289					38289
逊克海关	海运	0.6	0.1	0.7				1.1	1.1	2.2	1528	1528	3056	8	237	8	237	490
密山海关	公路	0.3	1.9	2.2	0.003		0.003	10.0	10.0	20.0	3693	3711	7404					7333
虎林海关	公路	0.6	2.2	2.8				0.1	0.09	0.2	1345	1351	2696					2696
富锦海关	海运	17.6	0.9	18.5	2.4		2.4				347	201	548	19	18	9	15	61
抚远海关	海运	2.6	2.6	5.2				4.8	4.8	9.6	7627	7593	15220	815	711	808	706	3040
漠河海关	公路	11.8	0.007	11.8				0.1	0.1	0.2	4759	4799	9558					8181
萝北海关	海运	11.9	0.5	12.4				0.6	0.6	1.2	2799	2726	5525	360	29	347	30	766
嘉荫海关	海运	0.003	0.04	0.04				0.1	0.1	0.2	604	605	1209	80		80		160
饶河海关	公路	0.2	3.5	3.7				1.1	1.0	2.1	8328	8328	16656					6020
	合计	684.8	106.1	790.8	3.6	4.2	7.9	134.5	135.0	269.4	176053	176424	352477	5733	6500	5717	6531	406254

黑龙江省公安边防总队

黑龙江省公安边防总队下辖22个建制边防检查站，承担着黑龙江省各口岸出入境人员、交通运输工具及货物的边防检查任务。

2004年，黑龙江省公安边防总队坚持以党的十六大精神为指导，认真贯彻“二十公”、公安部边防局党委扩大会议和全国边防检查工作会议精神，抓住机遇，乘势而上，不断增强大局意识、政治意识、忧患意识、群众意识、法制意识，以周永康部长提出的“人要精神，物要整洁，说话要和气，办事要公道”为标准，本着总队确定的“盯着问题抓落实，解决矛盾求发展”的工作思路，深入开展“双争”和“大练兵”活动，全面提高检查员素质和边防检查站规范化建设水平，严密实施口岸查控，严厉打击了口岸偷渡、走私等违法犯罪活动，为维护国家安全和社会秩序、促进地方经济建设做出了一定贡献。2004年，全省边防检查站共验放出入境人员2 997 819人次，与2003年相比（以下称“同比”）增长35.9%，创历史新高。其中旅客2 658 667人次，同比增长39.3%，员工339 152人次，同比增长13.9%。检查入出境交通运输工具196 668次，同比增长16%，其中船舶22 239艘次，飞机2 599架次，火车7 628列次，机动车辆164 202辆次。检查进出口货物812万吨，同比增长11.3%。查获偷渡案件123起158人，接收境外遣返我国公民41人，查获各类在控对象21人，查处旅客出入境手续不符501人。

【牢固树立执法为民的思想，深入开展“双争”活动，检查出入境人员数量创历史新高】 2004年4月15日至16日，黑龙江省公安边防总队在绥芬河边防检查站召开了全省边防检查工作会议。会议认真传达学习了公安边防部队边防检查工作会议精神，周书奎总队长作了题为《抓住机遇，乘势而上，努力开创全省边防检查工作新局面》的讲话，李伍军政委就进一步加强检查员等级评定工作和检查员队伍建设提出了明确要求。哈尔滨、绥芬河、黑河边防检查站分别从打击口岸偷渡、服务地方经济建设和正规化执勤等方面介绍了工作经验。通过开会学习，广大边防检查官兵充分认清了边防检查工作面临的形势，坚定了立警为公、执法为民的思想，各边防检查站严格按照“执勤执法规范、执勤设施完备、队伍管理正规、组织机构合理、政府群众满意”的要求，在“人要精神，物要整洁，说话要和气，办事要公道”上下功夫，将人民满意作为“窗口”形象的根本标准，全面落实18项便民利民措施，提高人民满意程度。通过全省边防检查官兵的积极努力，2004年完成近300万出入境人员的检查任务，比历史最高的2002年增长33.3%，再创新高。主要工作有：一是深入开展“双争”活动。按照部局要求和总队部署，结合实际，制定活动评比标准，确保活动深入，在全省边防检查站范围内形成了个个为创“文明执法窗口”争先、人人为当“执法为民标兵”创优的良好氛围。绥芬河、哈尔滨等边防检查站召开了动员大会，黑河、东宁、虎林、牡丹江等边防检查站制定了活动方案。绥芬河边防检查站还根据新编制、人员素质和工作岗位需要进行机构调整，在优化组合了基层科室领导班子的基础上，抽调整体素质强、工作积极性高的一专多能型人才充实到业务繁忙的基层科室，同时，将素质相对较弱人员进行适当调整，促进学习提高，使岗位需要和从业人员实际工作能力有机结合起来，提升了工作的质量和效率。抓住边防检查的重点环节，加强一线重点科室的警力，保证边防检查中心工作的顺利完成。逊克边防检查站推出了“平台式”办公、“零距离”服务，在检查现场为旅客准备了水壶、水杯、纸、毛巾、针线包等常用物品。密山边防检查站积极向当地政府、联检部门通报全省边防检查工作会议精神，向人大、政协、口岸办、公安、旅游等部门发放了《密山边防检查站关于开展“争创执法为民窗口、争当执法为民标兵”活动征求意见和建议的函》，得到了有关单位的好评。1月，黑河广巨货运公司出口的3车鲜果由于合同问题被俄方海关退回，抵达黑河货检现场已是晚上9点多，黑河边防检查站货检官兵积极协调有关联检部门为其办理手续，挽回直接经济损失15万元。二是实行旅游团组出境预申报制度。在2003年绥芬河边防检查站率先启用预申报团体验放制度的基础上，逐步向全省推广。从而加快出入境旅客的验放速度，缩短旅客候检时间。绥芬河边防检查站将出入境登记卡片发放到交通运输工具员工手中，直接在交通运输工具上填写，减少其在口岸停留的时间。三是充分发挥“中国公民通道”作用。在已有的10条“中国公民通道”基础上，加大引导和宣传力度，增强公民的爱国意识和民族自豪感。虎林边防检查站积极与地方政府联系，辟建了新的检查通道。四是规范了中俄边境旅游市场和交通运输工具出入境秩序。加强与省旅游局、航务局的工作联系，协商解决赴俄旅游团成员滞俄长期不归问题，提前掌握中俄双方出入境船舶资料，解决出入境船舶未经授权、超越权限和不按规定路线营运的问题，维护口岸正常的运输管理秩序，更好地服务地方经济建设，避免投诉、上访问题和预防执勤事故及违法违纪案件发生。五是积极服务地方经济建设。对建设洛古河和黑龙江公路大桥和辟建逊克—波亚尔科沃中俄边民互市贸易区积极开展调研，提出切实可行的公安边防工作意见。六是创造良好的口岸通关环境，热情为“哈洽会”服务。第十五届“哈洽会”期间，国内外客商云集哈尔滨，口岸出入境边防检查任务繁重。为保证参会人员通关便利，总队站在振兴东北老工业基地和“努力快发展，全面建小康”的高度，与政府意识同步，积极调整警力部署，下发了《关于切实做好第十五届“哈洽会”期间公安边防工作的通知》，要求简化参会人员出入境查验手续，创造宽松的通关环境，为旅客提供服务，使中外嘉宾高兴而来，满意而归。会议期间，所属边防检查站共检查来自44个国家和港澳台地区的出入境人员21 213人次，圆满完成出入境边防检查任务。因工作突出，公安边防总队被中国哈尔滨经济贸易洽谈会组委会授予“突出贡献奖”，哈尔滨边防检查站被哈尔滨市政府评为“‘哈洽会’先进集体”，5名同志受到表彰和嘉奖。

【加强边检法制建设，努力提高公正、严格、文明执法的水平，推进全省边防检查工作步入法制化轨道】 按照公安部边防局《关于加强公安边防法制工作的决定的通知》，进一步加强边防检查站的法制建设，加大了执法人员培训力度，提高执法水平。一是规范执法程序，提高办案效率。严格按照《公安机关办理行政案件程序规定》实施行政执法工作。6月25日，总队通过视频网络举办了全省边防检查站执行《公安机关办理行政案件程序规定》培训班，按照公安部边防局在天津总站的办班精神，重点讲解了《公安机关办理行政案件程序规定》和《关于出入境边防检查站执行〈公安机关办理行政案件程序规定〉的通知》（公境［2004］684号）内容、新式边防检查行政法律文书的制作与填写、《出入境边防检查行政处罚实施办法》的实际适用等，边防总队有关业务处室和全省18个边防检查站主管业务站长、参谋长、办案人员和法制参谋参加了培训。通过培训，广大边防检查人员进一步规范了行政办案程序，确保7月1日新的法律文书正式投入使用。二是严格案件审核，确保办案质量。在办理案件过程中，认真执行三级审核制度，即办案科室领导初审、法制参谋审核、站值班领导审批。着重从程序的合法性和适用法律的准确性进行审核，对案件的事实、程序、定性、处理等方面进行严格审核把关，确保办案质量，避免被提起复议、诉讼和赔偿。东宁边防检查站提出执法工作

“三个准确”和“四个规范”，即定性、尺度、处罚准确，执法程序、取证材料、法律文书、案卷装订规范。三是加大执法监督力度，提高执法水平。按照公安部边防局下发的《关于进一步规范边防检查行政执法有关问题的通知》和《出入境边防检查机关执法质量考核评议实施办法》，进一步强化内部监督机制，明确执法权限和职责，具体落实到岗到人，并与干部量化考评工作挂钩。严格实行案件倒查机制，抓好执法过错责任追究工作的落实。哈尔滨边防检查站开展了一次为期10天的执勤执法整顿教育活动，查找问题，及时整改，收到明显效果。

【加强证件研究，严密勤务部署，严厉打击口岸偷渡、走私、贩枪、贩毒等违法犯罪活动】 2004年，边防总队采取多种管制措施，严厉打击口岸偷渡、走私等各类违法犯罪活动。查获偷渡案件123起158人，重大走私案件1起。10月30日，密山边防检查站协同密山海关、检验检疫局成功查获一起利用汽车集装箱走私珍稀动物制品的重大案件，缴获海参、驯鹿鹿茸、马鹿鹿茸、鹿角等珍稀动物制品5吨。工作的主要措施有：一是加强证件研究。重点加强对俄、韩、日、美等国现行护照的特征和防伪标记及伪假证件的研究。哈尔滨边防检查站证件研究中心上报证件信息20余份，并完成伪假证件数据库的筹建工作，组织业务骨干召开了证件信息业务研讨会，为提高全省边防检查员识别伪假证件能力奠定了基础。二是开展有重点的检查和打击工作。针对韩国政府纵容中国朝鲜族公民滞韩有关政策的出台，进一步加强对重点人员、重点航班的检查和情报收集工作，提高打击效果。哈尔滨边防检查站将汉城、新舄、洛杉矶的出境航班作为重点检查对象。其中，对前往洛杉矶和新舄的航班以福建人为重点；对汉城航班以中国朝鲜族人员为重点，采取边检查、边盘问、边观察的方式，注意发现疑点。同时，该站根据公安部边防局《关于美国总统布什建议修改移民法的情况通报》内容，研究制定了《哈尔滨边防检查站加强打击偷渡美国活动的工作措施》，有效防止和遏制了偷渡美国的违法活动。三是加强对口岸限定区域的管理。空港口岸加强了机场各个梯口、隔离区、候机大厅等地的监管措施，防止了不法之徒混入混出或实施“调包”。为绥芬河、东宁、密山、虎林等公路口岸配备值班警犬，各公路口岸坚持24小时值班备勤，加强了口岸夜间巡逻力度。黑河边防检查站针对口岸候检大厅无关人员多、货物堆积的混乱局面，积极争取市政府支持，重新划定了口岸限定区域，警戒哨位由检查台延伸至候检大厅外，维护了口岸秩序。东宁边防检查站采取界桥客车复查办法，防止不法分子混入混出。四是加强情报调研，为反偷渡工作服务。绥芬河边防检查站提出情报调研工作两个“一流”的目标，即建立一流情报调研队伍，搜集一流情报调研信息。哈尔滨边防检查站同口岸联检单位、各国航空公司驻口岸代办密切联系，及时掌握相关国家移民机关的最新动态，确保预警性强的信息及时反馈给上级部门。从查获的偷渡案件来看，其特点主要有：一是伪造户籍资料，冒用他人资料骗领护照；二是从海上乘渔船偷渡至韩国；三是以冒充公司职员、前往境外考察等方式非法获取护照签证；四是随团旅游出境后，擅自脱离团队，经东南亚国家或香港偷渡至韩国；五是持用伪造证件偷渡出境；六是由外籍人员引带偷渡者出境；七是印度等国家人员借道我国和俄罗斯偷渡欧洲；八是查获偷渡入境案件数大幅增加。2004年，哈尔滨边检站查获的偷渡入境案件达93起113人，占案件总数的71.5%。

【深入开展“大练兵”活动，全面推进检查员等级评定工作，不断提高各级执勤人员的业务素质】 为提高全省边防检查人员整体素质和工作水平，培养一批俄语翻译人才，推进检查员等级评定工作，推动练兵效果，5月10日，边防总队在绥芬河边防检查站举办了为期半年的俄语培训班，经过严格的笔试和口语测试筛选，来自各边防检查站的具有一定俄语基础的20名营职以下检查员参加了培训，并全部通过了结业考试，其中80%学员达到了翻译水平。在开展“大练兵”具体活动中，边防总队以“全警参与、重在基层、立足岗位、注重实效”为原则，成立了“大练兵”活动领导小组，研究制定了《黑龙江省公安边防总队岗位“大练兵”实施方案》和《黑龙江省边防总队军事业务比武竞赛实施细则》。边防检查业务练兵以公安部边防局的检查员等级考试题库为主，着重学习《边防业务知识问答》有关边防检查业务部分，黑河边防检查站获得边防检查业务团体第一名。在组织活动中，密山等边防检查站召开了全站“大练兵”动员会；黑河、萝北边检站建立了检查员培训档案；东宁边防检查站以政治水平、军事业务和体能三大素质为重点开展练兵；牡丹江边防检查站成立了练兵领导小组；黑河边防检查站改建了现场学习室，设立了多功能教室；逊克边防检查站将“大练兵”活动与“双争”活动进行有效结合；哈尔滨边防检查站举办了一期脱产业务培训班，组织人员到省公安厅制证中心熟悉掌握97版护照制作全过程，提高了识别伪假证照的能力。各边防检查站还积极与地方考试中心联系，进行计算机专业培训，在4月份和9月份组织检查员参加全国计算机等级考试，推进检查员等级评定工作。

【注重信息化建设，加快科技强警步伐，提高边防检查工作质量】 为切实解决全省边防检查站警力少、任务重、工作效率低等问题，边防总队进一步明确了“科技强警”意识，着重加强了边防检查站信息化建设和技术设备的投入，实现了网上培训教学，节省物力财力。同时，在公安部边防局装备投入的基础上，对各边防检查站执勤现场88台老化、低配置计算机全部进行了更新，对边防检查站现有对讲机全部进行维修，不堪使用的全部更换补齐。加大对口岸现场闭路电视监控系统的建设力度，完成了哈尔滨、绥芬河口岸的建设工作，对黑河、东宁口岸的闭路电视监控系统进行了实地调查论证。积极调试网络传输系统，坚持每日验放旅客卡片数据的传输上报工作。

【加强对俄交往，不断拓展与俄边防机关的合作领域，为巩固中俄两国战略协作伙伴关系和发展双边经济做出努力】 根据公安部与俄联邦边防局签署的《合作协议》和三个《议定书》框架内容及全总队与俄对应边防机关签署的关于建立代表联系制度纪要所确定的双方工作互访原则，积极开展对俄交往与合作。2004年，边防总队及所属边防检查站共与俄方边防机关进行涉外联系149次，其中会谈14次，会晤93次，友好活动4次，直通电话联系37次。为促进双方边防机关友好往来，以周书奎总队长为首的总队代表团分别与俄罗斯联邦安全局远东联邦地区边防管理局和滨海边区边防管理局分别举行了工作会谈，并签署会谈纪要。按照纪要精神，6月9日边防总队派出工作组与俄方口岸共同对中国萝北和俄罗斯阿穆尔捷特口岸进行了联合考察。通过会谈会晤、联合考察、文体交流等活动，进一步加强了中俄双方边防机关合作关系，促成了黑河—布拉戈维申斯克口岸每周7日工作制的如如期实现，并对恢复开通虎林－马尔科沃口岸客运班车和旅游业务进行了有效磋商，保证了边境口岸通关秩序的顺畅。同时，各边防检查站利用口岸会谈会晤的有利条件，积极为出入境旅客服务。6月22日，俄方邀我虎林边防检查站会晤，通报一中国籍男子因车祸将回国治疗，伤势严重需乘坐有担架的车辆。虎林边防检查站立即联系车辆并与其家属取得联系，延长口岸通关时间，为其顺利办理了入境手续。伤者得到了及时救治，其家属打来电话对虎林边防检查给予的大力帮助表示感谢，边防警察的良好形象得以充分体现。

黑龙江出入境检验检疫局

【概述】 2004年，黑龙江检验检疫局在国家质检总局的正确领导下，在省委、省政府的关心支持下，全面开展检验检疫工作，圆满地完成了各项工作任务，获得了省委、省政府“工作提速增效活动先进单位”、全省“正行风、促发展民主评议行风先进单位”和省直工委“全省行业作风建设先进单位”等荣誉称号。2004年，黑龙江检验检疫局共检验检疫出入境货物110 865批、货值183 932万美元，同比批次、货值分别增长9.7%和10%。

商品检验。黑龙江检验检疫局共检验出入境商品101 856批、货值161 024万美元，同比批次、货值分别增长8.8%和4.8%。其中：检验出境商品30 347批、货值60 869万美元，同比批次、货值分别减少7.8%和10.7%。检出不合格商品5批，货值5万美元；检验入境商品71 509批、货值100 155万美元，同比批次、货值分别增长17.8%和17.3%；检出不合格商品2 681批，货值7 047万美元，批次、货值不合格率分别为3.7%和7%。对外出具索赔证书2 935份，索赔金额112万美元。

动植物检疫。黑龙江检验检疫局共检疫出入境动植物及其产品77 157批、货值81 914万美元，同比批次、货值分别增长10.4%和6.4%。其中：检疫出境动植物及其产品21 740批、货值29 537万美元，同比批次、货值分别减少12.9%和30.3%；检疫入境动植物及其产品55 417批次、货值52 376万美元，同比批次、货值分别增长23.3%和51.3%。

签发检验检疫证单。黑龙江检验检疫局共签发出入境检验检疫证单186 764份。其中：出境证单112 742份（证书89 583份），入境证单74 022份（证书5 514份）。共签发普惠制产地证书12 294份，货值27 230万美元；一般原产地证1 084份，货值5 308万美元。

食品检验。出入境食品卫生监督检验3 404批、货值9 145万美元，同比批次、货值分别增长47.8%和73.1%。其中：出境检验3 306批，货值9 073万美元；入境检验98批，货值72万美元。

货物木质包装检疫。黑龙江检验检疫局共检疫出入境木质包装5 580批、493 489件。其中：检疫出境货物木质包装3 007批，464 689件；检疫入境货物木质包装2 573批、28 800件。

监测体检及预防接种。黑龙江检验检疫局出入境健康体检299 487人次，同比增长45.4%。艾滋病监测64 439人次。检出各种患病人数8 528人次，占监测体检人数的2.8%。

运输工具及集装箱检疫。检疫出入境交通工具396 216批。其中：出境199 289批，入境196 927批。共进行卫生除害处理86 159批次。检疫出入境集装箱6 428标箱。其中：出境3 972标箱，入境2 456标箱。进行卫生除害处理271标箱。

出境商品包装检验。出境商品包装检验2 028批，790万件。其中：一般商品包装检验1 718批，773万件；危险货物包装检验310批，18万件。

外商投资财产鉴定。外商投资财产价值鉴定共受理报检151批，申报总值3 966万美元，其中独资企业12批，申报总值31万美元；非独资企业139批，申报总值3 935万美元。已完成外商投资财产价值鉴定92批，申报总值623万美元，鉴定价值621万美元，降值率0.32%。

检验检疫出境旅客携带包裹。检验检疫出境旅客携带包裹10 676批，138万件。

【应对突发事件的能力明显增强】 2004年，黑龙江检验检疫局经受了高致病性禽流感疫情、口蹄疫疫情和“非典”疫情的三次考验，由于反应及时、准备到位、责任明确、措施有力，成功地阻止了疫情经口岸传入传出：

——加强组织领导，做好物资准备。黑龙江检验检疫局和所属各分支机构都成立了由主要领导挂帅的出入境重大疫情应急处理小组，层层落实防制工作责任制。加大了疫情防制设备的投入力度，2004年为全省各口岸统一配备了门式红外线体温测试仪和便携式红外线体温测试仪等设备，并紧急购入3吨高效消毒药物，为疫情防制提供了充足的物资保证。

——反应及时，行动迅速。黑龙江检验检疫局进一步完善和加强了疫情信息的收集和整理工作，通过上网查阅等多种渠道及时掌握国内外疫情动态。4月15日，黑龙江检验检疫局在掌握俄罗斯阿穆尔州发生口蹄疫疫情后，立即上报国家质检总局和黑龙江省政府，为有效防止疫病传入赢得了宝贵的时间。

——积极参与地方政府的防制工作。黑龙江检验检疫局和所属各分支机构都参加了当地政府重大动物疫病防治指挥部的工作，普遍建立了协作机制。这期间，黑龙江检验检疫局负责收集和整理信息，共编发8期《监管检疫组工作动态》，并派员参加了黑龙江省指挥部组织的督导检查组，监督指导各地的防制工作，为黑龙江省取得防制禽流感的全面胜利做出了应有的贡献。

【检验检疫把关能力进一步增强】 2004年受理进口旧机电备案申请138批，准予备案107批，另有31批因不符合要求不予受理。黑龙江检验检疫局在严格按照国家质检总局制定的检验规程，对废物原料进行检验检疫的同时，加强了废物原料的后续监管工作，对各口岸的废物原料的流向做了全面的摸底调查和登记，尤其对2004年以来进口的“地条钢”的流向进行了逐一清查。有效地保护了环境、保障了人民健康和生产安全。积极开展进境落地木材的监管工作，探索进境木材落地除害处理的新方法、新路子，既防止了境外有害生物的传入，又为促进地方经济的发展做出了贡献。

确保进出口商品质量。进一步加强对出口食品、动植物产品的检验检疫，确保安全。对重点商品、敏感商品实施严格检验检疫监管。加强了对此类商品的品质、包装物和防腐药剂的检验检疫，查堵了部分不合格商品，保证了商品的质量，大大降低了这类商品的退运比例，维护了我国商品的国际信誉。保质保量地完成了30万吨陈化小麦的出口任务，陈化小麦顺利出口韩国、日本和菲律宾等国家。加大进境商品的查验力度，检出不合格商品2 556批，货值5 910万美元，不合格金额1 035万美元，批次、货值不合格率分别为4.2%和7.5%。对外出具索赔证书2 721份，索赔金额88万美元。截获植物检疫重要疫情111批次，全部为昆虫类有害生物。

风险预警和快速反应机制得到完善。完成了《黑龙江出入境口岸应对突发公共卫生事件处置预案》、《进出境重大植物疫情紧急处置预案》等6套预案的编写工作。同时在全省系统范围内开展了进出口食品、化妆品风险预警及快速反应预演和进出境动物疫情应急处理演练，进行岗位练兵，提高了风险预警及快速反应的工作质量和应对突发事件的能力。对国内外和边境口岸出现的疫病和疫情，能够做到及时发现、及时反馈、及时处置。

【重视“三农”工作，促进农产品出口】 黑龙江检验检疫局制定了《黑龙江检验检疫局支持“三农”十项措施》，对涉农出口企业加大扶持力度。积极出谋划策，在扩大出口和引进国外优势品种等方面给黑龙江省委、省政府和相关企业多次提出了建议，得到了省政府领导的肯定。争取国家质检总局核定了黑龙江省劳务偿还物大豆的配额。为黑龙江省进口奶牛、扩大生猪出口等方面作了大量扎实的国内、国际争取工作，虽受疫情影响实效不明显，但为解禁后的出口做了大量有力的铺垫工作。

【注册登记评审】 2004年，黑龙江检验检疫局共组织24个评审组对全省47家企业进行卫生注册登记评审，其中30家新申请企业通过评审，对15家企业进行了复查换证。对外推荐注册企业4家，其中黑龙江正大实业有限公司已获得日本注册，东宁宁海水产品有限公司已获得美国和韩国注册，黑龙江北隆食品有限公司获得热加工偶蹄产品对日注册。

【精神文明建设和党风廉政建设】 2004年，黑龙江检验检疫局进一步加大了行风建设的力度，积极参与“正行风、树形象、促发展”民主评议行风活动，紧紧围绕黑龙江省老工业基地调整改造改善环境年、招商引资年，推出了行风建设服务承诺，并付诸实施，主动服务地方经济发展意识上有提高、行动上有举措、工作上有一定推进。

精神文明建设稳步推进。国家质检总局和团中央新命名绥芬河检验检疫局铁路办事处为“全国青年文明号”，继续命名黑河检验检疫局大岛办事处和绥芬河检验检疫局检务科为“全国青年文明号”。又有7个分支机构进入“省级文明单位”和“省级文明单位标兵”的验收程序。

【源头抓质量，促进农业发展】 黑龙江是农业大省、国家重要的商品粮基地、绿色食品大省，有畜牧业发展的良好基础。巩固农业的基础地位是振兴老工业基地的重要条件。检验检疫在扩大农产品出口、促进畜牧业和食品工业的发展上，具有独特的优势，黑龙江检验检疫局积极采取措施，扶持农业、畜牧业和食品工业发展。以农业标准化为基础，引导企业特别是种植业、养殖业建立健全标准化体系、质量安全监测体系和质量保证体系。鼓励实行“公司+基地”的模式，扶持农畜产品出口基地建设，推动集约化、规模化生产。对出口农畜产品的种植、养殖基地、加工生产进行检验检疫备案管理；对动植物疫情加强监控，做好农兽药残留监控计划的实施；帮助出口食品企业改进工艺和管理水平，使更多的出口企业获得国外注册；帮助出口企业建立HACCP、GMP管理模式。

【加强与俄方交流与合作】 进一步加强与俄方边境各州和边区政府检验检疫部门的交流与合作，进一步完善定期会晤机制，相互通报疫病疫情和商品质量状况。及时了解我国出口商品存在的质量问题，督促企业加以改进。对从俄方进口商品存在质量问题，黑龙江检验检疫局及时反馈给俄方有关部门，敦促俄方改进商品质量。加大与俄方在技术法规、标准和合格评定程序等方面的信息沟通，加强与俄方检验检疫技术交流与合作，并对俄方的有关法律、法规及时进行翻译、整理和研究。对俄方采取的限制我国出口产品的技术性贸易壁垒，加大与俄方有关政府检验检疫部门交涉力度，向俄方宣传国际贸易的无歧视待遇原则、最惠国待遇和国民待遇的规则，促使他们在加入WTO的进程中，逐步遵守WTO规则，为我国商品对俄出口扫清技术障碍，促进和扩大我国商品对俄出口。

【加强边贸口岸基础设施建设】 进一步扩大开放领域，优化投资环境，是进一步振兴黑龙江老工业基地的重要途径。黑龙江省与俄罗斯有3 045公里的边境线，目前已开通的边贸口岸15个，俄罗斯幅员辽阔、资源丰富，许多资源如木材、石油和一些矿产品是国内急需的，同时俄方对轻工、日用生活和农副产品需求量大，双方经济有很强的互补性。黑河、绥芬河对岸俄方城市可通过远东铁路到莫斯科及欧洲各地。近年来，边境贸易额占全省对外贸易总额的近50%。黑龙江对外贸易依存度仅为8%左右，与全国平均水平44%相距甚远，所以，对外贸易发展潜力巨大。扩大对俄边境贸易，是振兴老工业基地的重要途径，并为老工业基地的改造提供支撑。所以，黑龙江检验检疫局把加强口岸的检验检疫基础设施建设，促进对俄边境贸易的发展，放在全局工作的重要位置上。

【建立网站，开展咨询工作】 我国出口商品屡遭国外技术壁垒限制，被迫退出市场的情况频繁发生，有的是国外利用WTO有关技术壁垒的规则，以合法的手段搞贸易保护主义。在遇到进口国技术壁垒的企业中，有36%是信息不灵活或是缺乏技术壁垒方面的信息服务造成的，为此黑龙江局抽调专人，成立研究室，研究利用技术性贸易措施保护产业和破解国外技术壁垒的具体措施。在资金十分紧张的情况下建立了黑龙江检验检疫网站。除在网上宣传检验检疫法律、法规和政策外，在全系统内率先对WTO、SPS　TBT有关内容进行咨询服务，及时向企业提供国外技术型贸易壁垒的有关情况，特别是国外有关安全、卫生、健康和环境保护的具体规定，引导企业适应国际贸易规则；告诉企业，进口国对商品有哪些规定，涉及安全、卫生、环保的检测项目，限量标准，安全指标，认证注册规定等；帮助企业按进口国要求组织生产，确保企业产品质量达到进口国标准，从而促进和扩大出口，为黑龙江老工业基地的振兴创造有利的条件。

黑龙江出入境检验检疫局2004年业务统计

黑龙江出入境检验检疫局2004年全省共检验检疫出入境货物110 865批，货值183 932万美元。同比批次、货值分别增长9.7%和10%。

一、商品检验

全省共检验出入境商品101 856批、货值161 024万美元，同比批次、货值分别增长8.8%和4.8%。其中：检验出境商品30 347批、货值60 869万美元，同比批次、货值分别减少7.8%和10.7%；不合格商品5批、货值5万美元。检验入境商品71 509批、货值100 155万美元，同比批次、货值分别增长17.8%和17.3%；检出不合格商品2 681批、货值7 047万美元，批次和货值不合格率分别为3.7%和7%。对外出具索赔证书2 935份，索赔金额112万美元。

二、动植物检疫

全省共检疫出入境动植物及其产品77 157批、货值81 914万美元，同比批次、货值分别增长10.4%和6.4%。其中：检疫出境动植物及其产品21 740批、货值29 537万美元，同比批次、货值分别减少12.9%和30.3%；检疫入境动植物及其产品55 417批次、货值52 376万美元，同比批次、货值分别增长23.3%和51.3%。

三、签发检验检疫证单

共签发出入境检验检疫证单186 764份。其中：出境证单112 742份（证书89 583份），入境证单74 022份（证书5 514份）。

共签发普惠制产地证书12 294份，货值27 230万美元；一般原产地证1 084份，货值5 308万美元。

四、食品检验

出入境食品卫生监督检验3 404批、货值9 145万美元，同比批次、货值分别增长47.8%和73.1%。其中：出境检验3 306批，货值9 073万美元；入境检验98批、货值72万美元。

五、货物木质包装检疫

全省共检疫出入境木质包装5 580批，493 489件。其中：检疫出境货物木质包装3 007批，464 689件；检疫入境货物木质包装2 573批，28 800件。

六、监测体检及预防接种

全省出入境健康体检 299 487 人次，同比增长 45.4%。艾滋病监测 64 439 人次。检出各种患病人数 8 528 人次，占监测体检人数的 2.8%。

监测体检发现病例：HIV 感染及 AIDS 2 例，澳抗阳性 3 176 例，性病 155 例，肺结核 196 例，肝炎 86 例，皮肤病 6 例，其他传染病 320 例，非传染病 4587 例。

预防接种 23 827 人次，其中：霍乱疫苗 17 965 人次，黄热疫苗 422 人次，其他 5 440 人次。

七、运输工具及集装箱检疫

检疫出入境交通工具 396 216 批。其中：出境 199 289 批，入境 196 927 批。共进行卫生除害处理 86 159 批次。

检疫出入境集装箱 6 428 标箱。其中：出境 3 972 标箱，入境 2456 标箱。进行卫生除害处理 271 标箱。

八、出境商品包装检验

出境商品包装检验 2 028 批，790 万件。其中：一般商品包装检验 1 718 批，773 万件；危险货物包装检验 310 批，18 万件。

九、外商投资财产鉴定

外商投资财产价值鉴定共受理报检 151 批，申报总值 3 966 万美元，其中独资企业 12 批，申报总值 31 万美元；非独资企业 139 批，申报总值 3 935 万美元。已完成外商投资财产价值鉴定 92 批，申报总值 623 万美元，鉴定价值 621 万美元，降值率 0.32%。

十、检验检疫出境旅客携带包裹

检验检疫出境旅客携带包裹 10 676 批，138 万件。

黑龙江海事局

黑龙江海事局是交通部直属海事机构，肩负着黑龙江水系水上交通安全管理和水域环境保护两大重任。目前，设有机关处室 12 个，分支机构 11 个和派出机构 32 个，在职人员 368 人。2004 年 12 月 8 日，交通部海事局与黑龙江省交通厅签署了《关于调整黑龙江海事局管理体制的协议》，协议明确规定从 2005 年 1 月 1 日起，黑龙江海事局调整为交通部海事局直接管理。黑龙江海事局管辖范围为黑龙江水系“四江”（黑龙江、松花江、乌苏里江、嫩江），“三湖”（镜泊湖、莲花湖、兴凯湖），有船水库、湖泊 43 处，干线通航里程 5 378 公里。其中黑龙江、乌苏里江、松阿察河和兴凯湖中俄界河 2661 公里；松花江干流、嫩江部分河段为黑龙江省与吉林、内蒙古两省（区）共管水域。辖区内共有 14 个一、二类水路开放口岸，其中界河一类开放口岸 9 个。黑龙江水系现有港口泊位 172 个，年吞吐能力 1 500 万吨。省内拥有水运企业 697 家，其中港口企业 166 家，水运企业 531 家。目前，黑龙江海事局登记注册船舶 3 235 艘，总吨位 3 733 75 吨，总功率 186 462 千瓦，年运输能力 24 亿吨公里。

2004 年是实现“十五”计划的关键一年，也是海事工作深化改革，谋求新发展的起步年。按照交通部海事局关于交通新的跨越式发展思路和建设“三个海事”、实现“三个追求”的部署，黑龙江海事局坚持“以人为本、执法为民、便民”的方针，推进依法行政，发展和繁荣地方经济，圆满完成口岸工作任务，2004 年口岸旅客进出港 516 192 人次，货物吞吐量 1 241 089.9 吨。

【健全制度、加强现场监督管理】 为了加强对船舶的有效监管，黑龙江海事局与俄罗斯水上安全管理部门制定了《中俄船舶航行管理规定》、《气垫船舶航行和停泊示意图》等多项规章制度，使双方船舶的监督管理有了共同的依据，保证了船舶的航行和停泊安全。按照规定，充分利用口岸港口的有限位置，划分港区功能，划定旅客区、行李物品区，实现客、货分区分流。随着外贸货运量的逐年增长，进出口岸的船舶大量增加，在狭小的江面上，外贸船舶的锚泊安全成为突出问题，经过深入细致的调研，在进行了现场勘测的情况下，在各口岸划定了外轮停泊锚地。针对国家检验检疫机关的有关规定，进口木材要求进行熏蒸，又在同江、富锦、萝北划定了3个木材船舶熏蒸锚地，并制定了船舶熏蒸管理办法，保证生命财产安全。针对水翼船旅客携带包裹过多过重的问题，经过调研，向上级提出了意见和建议，经黑龙江海事局与俄罗斯主管机关协商，签订了水翼船安全管理协议，保证了水翼船的航行安全。同时，加强现场监督，防止旅客拥挤，保证旅客安全。重点监督检查车辆的上船位置、汽车装载货物的超高和装载危险品情况，由专职船员调度车辆上下船，安排汽车的停放位置，保持船舶平衡和有良好的驾驶视线，避免水上交通事故的发生。

【执法为民，简化手续，方便船舶进出港】 作为海事人，黑龙江海事局始终把强化素质建设作为重点，加大对监督执法人员的技术业务培训和政治理论水平学习力度，积极参加各政府及口岸部门组织的优质服务竞赛。通过一系列的措施，使口岸工作作风有了较大的改变、服务质量得到了提高，行业文明建设得到了加强。通过开展多层次、多方位的文明创建活动，开展警示教育，教育干部党员廉洁自律、克已奉公。加大文明执法服务港航力度，积极推行政务公开，实施阳光工程，印发《政务公开指南》，聘请义务监督员，全方位接受社会监督，密切了海事与有船单位、船员的关系。简化手续，方便船舶进出港，加快船舶的验放速度，增加船舶的周转率，积极为港口、船舶提供优质、便捷的服务，极大地方便了进出口岸的船舶，做到了既严格监督、把关与管理，又文明执法、热情服务，促进了口岸的繁荣，为黑龙江省边贸业的发展，为地方经济的发展起到了推动作用。黑龙江海事局在口岸设置的海事管理人员，本着“有礼、有节、文明、诚信”的工作理念，较好地处理了中俄双方海事间的事务，树立了中国海事新形象，展示了中国海事人的风采。同时，树立了一批先进典型和示范窗口，多个口岸海事部门受到了当地政府的一致好评和先进表彰。

【重点监管、落实安全管理责任】 有了教育、制度和监督，才能保证工作的顺利开展。中国黑河市—俄罗斯布拉戈维申斯克市的气垫船的监督管理，给海事工作提出一个新课题，气垫船在冰上和冰水混合物状态下航行是前所未有的。为了探索出气垫船的管理经验，黑龙江海事局在工作中边干边摸索，总结管理经验。多次组织有关人员、驾驶员和轮机员进行专题座谈，对气垫船的特殊操纵、流冰期和积冰期越障能力、抗风能力进行研讨，征求意见，制定实施了气垫船监督管理规定。同时，为保证气垫船航行安全，制定安全管理制度，落实责任。一是船舶所有人加大对船舶安全设备的投入，保持船舶处于最佳适航状态，停泊作业区地面要平整、宽敞，照明达到标准，消防设施齐全、有效；二是领导和调度部门合理调度，避免出现“三违”情况，采纳船长的安全建议和意见；三是航行前驾驶员要仔细全面检查船舶的适航状况，船长将检查结果报告给海事部门，并填写《航前自查报告单》，船长签字，海事同意船舶航行；四是为了防止气垫船在运行期间发生意外，要求船舶所有人留有适航的气垫船在岸待航，做消防、救生应急之用。五是制定救生、消防指挥预案，明确责任、统一指挥、协调运作。

【加强协作、共同维护水上交通秩序】 为了加强中俄海事的合作，增进了解和沟通，更好为船舶服务，中俄每年进行一次例会，双方按照例会上通过的有关协议，认真落实，严格执行。认真开展中俄航行联合检查，坚持对违章船舶进行严肃处理和双方通报制度。黑龙江海事局下属黑河海事局还与对岸俄罗斯达成定期会谈制度，签订会谈纪要。双方定期交换情报，制定船舶的监督管理规定，掌握各国的法律法规，了解船舶在对方港口的动态，防止船舶在对方港口被滞留和处罚，维护国家的利益，提高海事形象。在会晤时双方交流船舶就执行航行例会及相关法规、国际条例的执行情况，互相通报对方船舶在运行中存在的问题和违反规定的情况，总结监督管理经验，使得海事部门更好采取有效监督管理措施，打击违法行为，有力保障船舶的航行安全，有效地强化了监督管理机制，共同维护了黑龙江水域航行环境的稳定。同时，重点加强了界河航行船舶的防污染管理，对国际航线船舶污染物外排管系实行强制铅封，避免污染事故发生。为了维护国家领土和主权的完整，重点强化对绕航河段的安全管理，把好现场监管，确保绕航船舶安全，维护绕航河段良好的通航秩序。

【加强信息化建设，为监督管理提供技术保障】 按照交通部海事局提出的建设“三个海事”中“数字海事”的统一要求和部署，2004年黑龙江海事局共投资750万元，完成了全局部分巡逻艇及业务用房的改造维修工作和部分车辆、计算机等办公设备及监督通信设备的配备；完成了水监信息二期建设的部分工程，实现了与交通部海事局和与分支海事局线路的租用连接；初步建立了黑龙江海事局信息化基础设施平台，完成三级相连的局域网、广域网建设及相关设备的安装、调试和运行，开通了与交通部海事局及其他海事局的视频会议系统。重点推广、应用了船舶管理、船员管理、事故应急、船载客货、通航环境管理应用系统，制订并完善了相关的信息管理制度和标准，提高了信息化管理水平，为改进监督管理模式和增强管理能力提供了技术保障，为管理信息化、海事数字化建设打下了坚实基础。

上海口岸工作综述

2004年，上海口岸管理和“大通关”工作在市委、市政府的领导下，在市政府有关部门和口岸查验单位的支持下，以建设上海国际航运中心为目标，以深入贯彻《若干意见》为主线，以增强和完善口岸功能为重点，以深化完善“大通关”为抓手，在加强口岸管理，提高口岸工作效率等方面做了大量工作，取得了新的成效。

2004年1—12月份，上海集装箱吞吐量1 455.4万标箱，同比增长29.0%；海港货物吞吐量3.79亿吨，增长19.9%；外贸进出口货值2 826亿美元，增长40.5%；出入境旅客1 273.2万人次，增长56.6%。

【全面深化上海口岸“大通关”工作】 深化口岸通关改革，巩固“5+2天”工作制。据统计，截止到2004年9月30日，试行“5+2天”通关工作制的一年中，在116天国定假日和双休日内，上海海关共受理进出口报关单149.6万余批，是周一至周五正常工作日受理报关单量的21.9%，监管进出口货物总值221.83亿美元，参与“5+2天”工作的关员共计2.41万人次。上海检验检疫局共受理进出口申报98.13万批，实施进出口查验6.9万批次，出入境船舶检疫5 821艘，对3 548人次的出入境人员实施了体检，参与“5+2天”工作的检验检疫人员共计1.95万人次。海事局、边防检查总站也投入了大量的人力和精力，确保交通工具及时出入境。工作中，口岸办与上海海关、检验检疫局、海事局、边防检查总站以及银行等相关单位一起，积极为方便企业着想，建立有序联动的工作机制，确保了口岸报检、报关、金融结算、货物运输服务等各通关环节便捷通畅。“5+2天”工作制的试行，缓解了“星期五拥堵现象”，进一步改善了上海的口岸通关环境和投资环境，降低了企业商务成本，吸引了更多外省市货物到上海口岸进出口，受到了社会和企业的好评。

扩大通关试点范围，发挥“大通关”政策效应。目前，已将外高桥保税区空运进口货物“直通式”试点范围扩大到区内所有生产型企业及与之配套的仓储企业；已将松江出口加工区空运进口货物“快速通关”试点扩大到区内所有企业，并先后扩大到金桥、松江（B区）、青浦、闵行、漕河泾等出口加工区；已将“三高一大”（高科技、高创汇、高资信、大型生产型企业）重点出口企业“便捷通关”试点，扩大到所有年出口额1 000万美元以上的有需求、符合条件的企业，使更多的“三高一大”企业享受“便捷通关”。

建设口岸电子平台，增强口岸服务功能。经过近年来的基础建设，口岸电子平台基础框架基本形成并逐步完善；口岸电子平台六大服务功能（通关物流信息服务、电子单证传输和处理、加工贸易企业联网监管、加工区物流联网监管、网上电子支付、跨国采购信息服务等功能）得到了进一步增强。目前，上海口岸电子信息平台已有注册用户逾30 000家，其中，有67%的用户来自上海以外地区，用户遍及全国各省市（包括台湾地区）；上海口岸58种通关物流单证中，已有41种实现电子化，占70.7%。与市信息委、上海海关、检验检疫局、亿通公司等单位联手，于11月开始，在外高桥保税区部分企业开展“一单两报”系统试运行试点；12月下旬，进口集装箱提货单电子化正式启动。

规范口岸收费行为，优化口岸服务环境。会同市物价局等单位，完成了清理、整顿、规范、降低口岸通关收费标准的协调工作，公布了《上海港国际集装箱通关环节主要收费项目和标准》，与此同时，明确理货实行委托。重新发布了《上海市国际集装箱货运站、中转站收费规定》。从7月1日起废除《进口集装箱公路整箱运输暂行规定》，取消了整箱提运的“汽车运输代理服务”环节。明确了上海口岸检验检疫电子报文交换平台的收费标准。同时，完善国际货代行风评议制度和日常投诉制度，发挥货代协会的自律功能，推进上海国际货代行业的诚信体系建设，实行服务承诺制，接受社会监督。完善国际货代行业的服务规范，实行国际货代行业指导价制度。

【加强上海口岸扩大开放管理】 配合上海航空枢纽建设，做好空港口岸配套设施扩建工作。根据推进上海航空枢纽建设联合领导小组办公室的要求，口岸办从浦东机场扩建一条起降跑道和新建东货运区、扩大旅客出入境查验通道的实际情况出发，对口岸查验单位提出的增加人员编制的要求，进行了专题研究。目前，已按照国家有关口岸开放和口岸配套设施建设的政策规定，提出了以口岸查验单位内部挖潜解决人员问题，地方政府适当给予经济补助的初步方案。

配合国际航运中心建设，做好海港口岸扩大开放有关工作。在2003年8月口岸办向市政府上报关于洋山深水港口岸和化学工业区码头对外开放等事项的请示报告的基础上，2004年，口岸办进一步听取查验部门的意见，完善有关上报方案。同时，积极与南京军区、海军司令部、东海舰队进行沟通和协调，取得了部队的同意和支持。同年11月10日，口岸办再次向市政府上报了《关于上海国际航运中心洋山深水港区对外开放、设置检查检验机构、配备人员编制和解决口岸配套设施建设资金等事项的请示》。化工区码头对外开放工作正由海关总署口岸规划办公室征求国家有关部委的意见，同时，口岸办会同口岸查验部门，想方设法协调、解决化工区码头临时停靠国际航行船舶等问题。

配合落实内地与香港CEPA计划，做好铁路上海站临时口岸运行和正式口岸开放申报的有关工作。经国务院批准，自2003年10月1日起，铁路上海站临时口岸开放，沪港直通列车旅客在铁路上海站办理通关手续。口岸办针对铁路上海站临时口岸开放采取“自上而下”批准运作的新情况，积极协调上海海关、检验检疫局、边防检查总站、铁路部门等单位做好相应工作，确保了铁路上海站临时口岸正常运行。2004年7月按照海关总署口岸规划办公室的要求，筹办铁路上海站口岸正式开放的有关工作，起草上报了《关于铁路上海站口岸正式对外开放有关事项的情况报告》。由于铁路口岸正式开放的条件还不成熟，海关总署批复铁道部同意延长北京西站和上海站铁路临时口岸开放的期限，自2004年10月1日至2005年3月31日止。

适应口岸功能发展，编制上海口岸规划。根据海关总署和市政府办公厅的要求，会同市发展改革委、市规划局、市港口局、市空港办等市政府有关部门和上海海关、检验检疫局、海事局、边防检查总站等口岸查验单位，组织了上海口岸“十一五”发展规划的编制工作，针对上海口岸发展趋势及“十一五”期间上海口岸对外开放的空间主要在海港口岸的实际情况，口岸办依据市港口局上报的《上海港（海港）“十一五”规划》，在进一步会商口岸查验单位的基础上，编制完成了上海口岸“十一五”规划，并于8月27日向市政府上报了《关于报送上海“十一五”口岸发展规划意见的请示》。

【开展增强口岸功能的专项调研】 探索拓展口岸综合功能。2004年来，为切实找准和解决影响口岸工作和“大通关”工作的瓶颈问题，按照周禹鹏副市长和李良园副秘书长的要求，口岸办会同口岸查验单位和市区有关部门，对上海对外开放口岸现状，口岸货物通关服务模式，口岸货物流量、流向和结构等三个课题进行了专题调研，形成了《上海对外开放口岸现状及对策的调研》、《上海口岸货物通关服务模式研究》、《2003年上海口岸货物流量、流向和结构分析》三个调研报告，提出了探索拓展口岸综合功能的对策和措施。

探索加强口岸管理体制机制。2004年6月，根据韩正市长、周禹鹏副市长的要求，在李良园副秘书长牵头下，市外经贸委（口岸办）、市发展改革委、市编办等单位组成调研工作小组，对上海口岸管理体制机制情况进行专项调研，走访、考察了市空港办等单位和有关兄弟省市口岸管理部门，经过分析比较，初步提出了进一步完善上海口岸管理体制机制、增强口岸综合协调功能的建议和措施。

【强化口岸综合协调服务功能】 坚持口岸工作例会制度，完善“大通关”工作协调服务机制。坚持每季度一次的口岸办主任办公会议机制。2004年先后召开了3次口岸办主任办公会议，研究、协调推进“大通关”工作的措施。明确各单位“大通关”工作的任务和责任，形成合力，联手推进。建立双月一次的出口加工区“快速通关”工作机制。制定加强“快速通关”工作的意见和操作规范，加强出口加工区管委会与浦东机场两个货运站的沟通，及时协调解决出口加工区“快速通关”工作中的新问题和难点问题。

采取各种措施，加大为重点企业服务的力度。首先，主要对高新技术企业和重点出口企业采取特事特办，“政策聚焦”，提供个性化服务。如上海海关、检验检疫局对“三高一大”企业采取多项便捷措施，为缩短通关时间，突破现行通关查验模式，在企业所在地一次性完成检查检验检疫工作。其次，推出方便企业报检报关承诺事项，提供便捷通关服务。上海海关、检验检疫局、边防检查总站、海事局制定公布了方便企业报检报关的承诺事项，明确承诺，对重点区域、特定企业实施一周7天24小时预约服务。较好地满足了高新技术产业“快进快出”的需求，得到了广大企业的好评和赞誉。

加大综合协调力度，保障口岸“大通关”工作正常运行。如协调推进上海航空枢纽建设。按照推进上海航空枢纽建设联合领导小组制定的行动方案有关要求和时间节点，完成了牵头负责协调推进“优化查验流程、创造便利通关环境”的任务。并于4月份召开了上海主要出口企业与航空公司直接沟通协调会，协调解决企业在空运过程中遇到的运力瓶颈问题。又如协调解决重点企业通关难点问题。对上海市前20位重点机电进出口企业通关问题进行专题调研，并召开重点企业负责人与查验单位负责人恳谈会，及时解决企业通关难点问题。再如协调解决中货航“绿地”改建问题，扩大理货场地。口岸办领导多次与浦东新区有关领导和有关部门协调，解决了中货航在浦东机场物流中心“绿地”改建操作场地问题，确保中货航货站为出口加工区提供满足进出口货物操作的“快速通关”理货场地。

运用多种形式，宣传“大通关”政策。印发了4 000余份《“大通关”宣传手册（二）》。与企业负责人对话，宣传“大通关”政策和《若干意见》精神。将海关、检验检疫、海事、边防检查等口岸相关部门为推进“大通关”工作、试行“5+2天”工作制所作的承诺事项，在上海口岸网统一公示，接受社会舆论的监督，收到良好效果。

2004年上海口岸主要指标一览表

项 目	2003年	2004年	单 位	增长
集装箱	1128.6	1455.4	万TEU	29%
货物吞吐量	3.16	3.79	亿吨	19.9%
国际航行进出口船舶	22400	26077	艘次	16.4%
海港口岸出入境地旅客	37357	41658	人次	11.5%
铁路口岸出入境旅客		93317	人次	
外贸货物	12968.4	15835.6	万吨	22.1%
外贸货值	2012	2826	亿美元	40.5%
	进口889	进口1213	亿美元	36.4%
	出口1123	出口1613	亿美元	43.6%
空港口岸出入境飞机	69132	104707	架次	51.4%
空港口岸出入境旅客	807.1	1259.7	万人次	56.1%
空港口岸进出口货物	108.4	162.1	万吨	49.5%
口岸出入境旅客总数	812.9	1273.2	万人次	56.6%

上海口岸查验单位工作综述

上 海 海 关

【全年监管工作概述】 2004年上海海关努力贯彻“依法行政、为国把关、服务经济、促进发展”的海关工作方针，较好地完成了总署下达的各项监管任务。全年监管进出口货物1.06亿吨，同比增13.5%。其中进口6 280万吨，增8.9%；出口4 358万吨，增20.9%；监管进出口货物总值2 826亿美元，同比增40.4%。其中进口1213亿元，增36.5%；出口1 613亿元，增43.6%；监管进出口集装箱1 173万标箱，同比增24.2%。征收进出口货物税款1 042亿元，同比增23%。处理进出口货物报关单859万批，同比上升26%。查禁走私违规案件2 961起，案值12.26亿元，罚没入库1.32亿元，提起公诉并判决41起61人；查获走私毒品案件8起，共7 058克。

【海关税收首次突破千亿元】 2004年，上海海关继续加大依法治税力度，坚持多征税、征好税，为中央财政作出了积极的贡献。全年税收入库1 042.18亿元人民币，首次突破千亿元，比上年增23%。

其中，关税 262.7 亿元，进口环节税 779.5 亿元。海关税收的大幅度增长，主要得益于上海口岸外贸进出口的持续快速增长，口岸功能的不断增强，以及海关税收征管制度的进一步健全和完善。随着我国外贸对国民经济依存度的不断提高，海关税收在今后若干年内仍将呈现持续稳步增长的趋势，并为国家财政发挥积极的作用。

【实现 H2000 作业系统切换】 海关 H2000 作业系统是原 H883 作业系统的升级换代产品，与 H883 系统相比具有全国海关数据集中处理，数据库结构更加合理，操作界面更趋人性化等特点。为确保切换平稳过度，上海海关本着“分步实施，稳步推进”的原则，年内完成了方案制定，测试环境建立，部分内嵌、外挂项目软件设计，数据压力测试，操作手册编写，内、外部培训等工作。由于在切换过程中计划周密、准备充足、实施稳妥，因此并没出现因系统不稳定而导致大面积死机，影响口岸通关的重大事故，外界普遍反映良好。H2000 通关作业系统是海关实施管理制度和科技创新的最新成果，有利于进一步强化海关垂直领导，提升海关作业水平，加速口岸通关，也是海关面对业务量逐年激增，管理资源日趋紧缺形势下，采用前沿信息化技术实现科技创新，实施科技强关战略，实现海关协调可持续发展的必然选择。H2000 系统的全面推广和应用，标志着海关信息化建设进入全面联网、集中处理的新阶段，是深化通关作业改革的重大措施，是建立“电子海关”、“电子口岸”的重要步骤，在海关信息化建设进程中具有里程碑意义。

【构建保税物流园区监管模式】 上海外高桥保税物流园区是上海海运口岸实践“区港联动”的重要成果，是国务院为促进保税区新一轮发展所作的重要决策。外高桥保税区占地 1.03 平方公里，专供发展仓储物流产业，实行保税区和出口加工区税收优惠政策，保税物流园区是“区港联动”的载体，对进一步提升上海外向型经济的发展水平，促进长三角区域经济发展的联动效应，增强上海口岸的国际综合竞争力具有重大意义。保税物流园区与保税区模式相比，一是物流园区内的企业可享受保税区除生产加工以外的各项优惠政策和出口加工区出口退税的优惠；二是物流园区具国际中转、国际配送、国际采购、国际转口贸易四项功能；三是海关对园区实施封闭式、网络化、集约化管理，企业通关更为便捷。上海创建的全国第一个保税物流园区已对我国的进出境物流的规范化管理产生了深刻的影响，其经验已为全国许多沿海开放地区所借鉴，并纷纷建立了规模不等的保税物流园区。园区作业模式的推广实施为海关实施有效监管，方便合法进出，企业高效运作创造了可持续发展的有利条件，具有良好的发展前景。自 7 月 15 日正式运作至年底，共监管进出区货物 4 615 票，货值 4.54 亿美元。其中，视作出境的 2 332 票、2.38亿美元；进境备案货物 112 票、0.07 亿美元；视作进境的 1 697 票、1.96 亿美元；出境备案货物 474 票、0.13 亿美元。

【开展洋山保税港监管模式可行性研究】 洋山深水港一期工程即将在 2005 年建成投产，海关对洋山港监管模式的研究也正同步进行。上海海关将按照建设上海国际航运中心，建一流国际大港的要求，以卡口管理为监管的基本格局，按照信息化、智能化、集约化的要求构建科学高效的洋山港物流监控体系。同时，借鉴外高桥保税物流园区海关监管模式做法，进一步对构建洋山保税港海关监管模式作可行性研究。设想中的保税港是指在整个洋山港（包括洋山港区、东海大桥和与东海大桥相连的 6 平方公里陆上特定区域）实施保税区和出口加工区政策。进口货物进港视作保税货物，出口货物进港视作出境货物，即可办理出口退税。洋山保税港划分为港口作业区、仓储物流区和出口加工区三大功能区域。海关对洋山保税港实施封闭化、信息化、集约化监管，按照“一线放开、二线管住、区内自由”的监管原则，通过港口经济与产业经济的联动发展，提升洋山保税港航运枢纽和国际航运中心的地位。设想中的洋山保税港将具国际中转、多式联运、国际配送、国际采购、国际转口贸易、出口加工区等功能。国家设立洋山海关统一管理保税港及临港新城的海关事务。保税港实行海关、质检、银行、国税、管委会、企业、港口、代理间电子联网，信息共享，并建集中式报关报检“一门式”服务大厅。同时，海关将逐步推广通关作业无纸化，以降低通关成本，推动贸易便利化进程。

【开展风险式通关作业模式调研】 随着近10年来上海口岸进出口业务量的持续大幅增长，上海海关承受着与日俱增的业务压力，管理资源日趋紧缺。为进一步支持和促进上海对外贸易的健康有序发展，有效缓解业务增长给海关带来的巨大压力，根据海关总署以“实施风险管理为中心环节，全面、协调地推进和整合海关各项改革的第二步战略规划”的要求，上海海关率先设想，对以逐票审单为主要特征的现行通关模式进行改革，建立以差异化管理为核心的风险式通关管理模式，以此来提升作业效率，控制风险，优化配置。风险式通关是指海关以接受风险为前提，以控制重大风险为原则，以风险识别、分析和评估为基础，在通关环节实施对低风险企业和商品加速通关，对高风险企业和商品加大监管力度，并实施对企业事后稽查的一种新型通关作业方式。风险式通关是在我国经济高速发展，外贸依存度日益提升，海关管理资源日见紧缺背景下，海关通关作业方式的必然选择，对提升口岸通关效率，促进贸易便利化进程具有重大意义，也是海关谋求自身可持续协调发展的需要。风险式通关是海关风险管理的重要组成部分，已为世界许多发达国家海关所普遍采用。

【出口加工区监管模式促进保税业良性循环】 上海地区已于去年建成了6个出口加工区，构建了统一的海关物流监控标准，开发了上海出口加工区信息化管理系统，实现了海关、管委会、企业联网，企业从料件报备、报关、报核到海关审核、放行、核销均纳入全程网络化管理，严密与高效的优势十分显著。同时，加工区与口岸海关的卡口还实行365天全天候验放，呈现进出物流24小时不间断快速流动。2004年，上海出口加工区进出口货物总值已达到175.3亿美元，约占全国出口加工区进出口总值的49.5%。其中，最早封关运作的松江出口加工区出口值从2001年的1.7亿美元，2002年的9.96亿美元，2003年的58.51亿美元，一路飙升至2004年的83.7亿美元。3月份刚刚封关运作的漕河泾出口加工区，至年底已实现进出口总额25.68亿美元，跃居全国出口加工区第四。上海5家出口加工区外资项目批准数达到103家，共吸引投资19.39亿美元。

【完善海关“5+2天”工作制】 在市政府的统一部署下，上海海关于2003年10月1日起试行“5+2天”工作制，即每周双休日、节假日按照操作规程和工作标准不变的要求，在浦江海关驻上海航交所集中报关点受理海运进出口货物报关手续，在吴淞海关、外高桥港区办事处等海关现场办理货物查验、放行等手续；在浦东国际机场海关受理空运进出口货物报关、查验、放行等通关手续，实现了上海市政府提出的上海口岸“365天，天天能通关”的目标。随着上海口岸环境的不断变化，企业对口岸加速验放需求的日益提升，2004年，上海海关对业已制定的“5+2天”工作制的长假（春节、五一、国庆）期间的作业格局作出相应调整：恢复海运口岸报关现场节假日接单，出口单日（春节为初一、三、五、七）和进口1、5日（春节为初一、五）。同时，上海海关健全了业务现场和相关职能部门业务，分管领导值班制度24小时开通手机，确保业务应急事件的及时处置。这一调整在有效缓解航交所节假日期间接单压力的同时，还有效改善了海关管理资源的合理配置和“5+2天”工作制的完善，推动上海口岸“大通关”向纵深发展，企业普遍反响良好。

上海海关5年业务量一览表

内容 \ 年份	2000	增减(%)	2001	增减(%)	2002	增减(%)	2003	增减(%)	2004	增减(%)
进出口吨位（万吨）	6238	18．7	6413	2．8	7586	18．3	9370	23．5	10637	13．5
进出口货值（亿美元）	1093．1	42．8	1204．9	10．2	1425	18．3	2012	41．2	2826	40．5
集装箱量（万标箱）	486．1	57．8	552	13．6	736．3	33．4	943．9	28．2	1173	24．3
运输工具（万艘/架/辆）	5．66	16．2	6．6	16．6	7．85	18．9	9．03	11	12．3	36．2
报关单（万批）	358．9	34．5	412．5	14．9	526	27．5	681．3	29．5	859	26．1
入库税款（亿元）	486．8	41．1	589．6	21．1	582．8	－1.15	847．1	45．4	1042．2	23

上海出入境边防检查总站

2004年，在公安部和上海市政府的领导下，在市政府有关部门的支持下，上海边防检查总站以“立警为公、执法为民”为宗旨，认真履行维护国家安全和保障口岸畅通的职责，积极服务地方经济建设。全年总站共检查入出境人员14 277 956人次，同比增长53.6%；检查入出境旅客12 732 750人次（入境6 174 446人次，出境6 558 304人次），增长56.6%，其中空港站检查入出境旅客12 597 775人次，增长56.1%，海港站检查入出境旅客41 658人次，增长11.5%，铁路站（筹）检查入出境旅客93 317人次。检查入出境员工1 545 206人次，增长32.5%，其中空港站检查员工1 105 224次，海港站检查员工428 878人次，铁路站（筹）检查员工11 104人次。检查入出境飞机97 716架次，增长53.4%，检查入出境船舶20 311艘次，增长9.1%，检查入出境列车365车次。共办理48小时过境免签证手续29 538人次，增长447.5%，检查持APEC商务旅行卡人员102人次。查获、审理偷渡案件478起613人次，分别增加13.8%和15.2%，接受处理遣返4 185人次，减少19.2%。主要工作如下：

【全面提高口岸管控能力，创上海安全口岸】 强化口岸查控功能。一是增强政治意识和大局意识，充分认识查控工作对维护国家安全和社会政治稳定的重要性。口岸查控工作是边检工作的重中之重，上海空港口岸是全国最大的开放口岸，面对复杂的国际国内形势和严峻的口岸对敌斗争形势，总站积极落实部领导“要把查控工作纳入到公安工作大局中加以考虑和部署”的要求，牢记国家发展战略机遇期公安机关的三大政治任务，始终把查控工作放在各项工作首位，严抓制度落实，加强查控工作基础建设。总站从严密接控、布控、查控各环节工作制度入手，着力提高各级人员工作责任心和严密查控程序，实行网络布控，提高查控工作效能，确保口岸查控工作“发现得了，控制得住，处理得当”。

完善打击偷渡活动的手段。一是高压严打，充分发挥反偷渡专项行动威力。在去年10月至今年3

月开展的反偷渡专项行动中，总站根据公安部的部署，坚持“综合整治、加强协作、突破创新”的工作方针，多策并举，强化措施，从严从快打击口岸偷渡活动，共查获偷渡案件184起255人，严惩了一批组织、运送和协助他人偷渡的人员，有效遏制了上海口岸偷渡活动的蔓延趋势，并三次受到公安部的表彰和奖励。二是深化证件研究，铸造打击偷渡活动的利剑。总站以浦东边检站的证件研究为基础，在证件研究领域积累了一定经验，培养了一批人才，为进一步开展证件研究工作奠定了良好基础，并注重及时将研究成果转化为实际战斗力，注重以点带面，全面发展。三是完善反偷渡协作网络，走综合整治之路。为加大对偷渡活动的打击力度，进一步深挖“蛇头”，总站进一步加强与地方公安机关、兄弟总站以及口岸相关单位的协作配合，拓宽对偷渡活动的打击渠道。

【进一步转变职能，建高效、服务型边检行政管理模式】 盘活警力资源，确保口岸畅通。随着上海口岸的大发展，出入境检查任务快速增长，总站长期以来警力紧张的困难凸显。如何优化警力配置、提高警务效能以缓解矛盾，成为总站需要着力解决的重要课题。在深入调研的基础上，总站采取了深化海港勤务制度改革、二次精简二级机关、人员跨站调配、合理利用职工、调整虹桥口岸备勤模式等措施，挖潜增效，向科学管理要警力，在总体警力增加较少的情况下，圆满完成了大幅增长的出入境人员、交通运输工具边防检查任务。全年检查出入境人员、交通运输工具再创纪录，分别达14 277 956人次和118 392架（艘、列）次，同比增长53.6%和43.6%；浦东机场口岸出入境旅客已突破千万大关，达12 597 775人次，同比增长56.1%。特别是“春节”、“五一”、“十一”期间，留学生回国流、援外劳工返乡流、内地居民境外旅游流、华侨探亲流等“数流”叠加，出入境人员数量出现“井喷”现象，各站采取了控制人员休假、出入境队警力互补、机关人员支援基层、合理利用应急通道等措施，确保了旅客及时通关。“十一”期间，浦东站单日检查出入境旅客数量最高分别达27 215人次和25 480人次，均创历史新高。同时确保了上海化工区码头、外高桥五期码头的临时开放。

提高管理服务水平，优化通关环境。一是转变管理服务理念，积极落实便民利民措施。总站积极落实部局改进入境航班边防检查、持《往来港澳通行证》及《因公往来香港澳门特别行政区通行证》人员免填出入境登记卡、方便需扶助人员出入境等便民利民措施，受到出入境人员广泛好评。加强了总站、站二级值班室出入境业务咨询功能，方便个人和有关单位了解出入境法律法规和政策。浦东站针对内地居民境外团体旅游、个人港澳游、外国人来华旅游规模不断扩大及新加坡、文莱、日本等国公民短期来华免签证政策效应进一步显现等情况，专设了外国人旅游团通道、增设境外旅游团名单预录入报送点等措施方便境内外游客出入境；针对过境旅客不断增长的情况，专设了过境旅客检查通道，方便旅客及时中转过境。二是规范执勤，树立良好国门形象。总站以贯彻落实周永康部长关于边检工作的批示、指示和部局电视电话会议精神为契机，积极开展整顿工作，进一步加强执勤规范化建设。整顿活动以查摆整改问题、健全工作制度为重点，严格遵守“六不准”规定。浦东站制定了《检查员验证工作规范》；上海站制定了《办证常遇问题处理规范》和《窗口民警文明执勤规定》。通过整顿，规范执勤观念进一步强化，国门文明形象进一步树立。三是完善方案，做好大型国际活动、会议边防检查工作。总站还结合上级规定和以往工作经验，制订了《大型国际会议和活动边防检查工作方案》，将其纳入常态管理，圆满完成了联合国亚太经社会（ESCAP）第60届年会、世界银行全球扶贫大会、WHO西太区第55届会议、国际汽联F1大奖赛、世界工程师大会及上海市举办的国际旅游节、国际艺术节、国际电影节、市长国际企业家咨询会议等近30次大型会议、活动的边防检查工作，为

1 000多名国家首脑、高官及其他重要旅客办理了边检礼遇手续。

在“以人为本”理念和“执法为民”思想指导下，各站服务质量明显提高。浦东边检站“让旅客感动”服务项目被浦东机场评为“七大服务品牌”之一，巾帼文明岗位、机组执勤岗位被上海市同创共建文明航空活动办公室评为航空港文明示范窗口，入境一队以“倾情打造45秒”的特色服务被评为市（公安）局级“共青团号”，并被公安部推荐参加中央国家机关“青年文明号”评选。上海边检站圆满完成了大型邮轮、客班轮的出入境检查任务。铁路边检站（筹）多次较好地处理了沪九直通旅客列车运行途中乘客急病、死亡等突发事件，及时为临时下车旅客补办了相关边检手续。

深化勤务制度改革，探索新形势下边检勤务运作模式。一是海港勤务制度改革全面推广。以建立体现上海边检内在发展方向的海港边检勤务机制为目标，在总结前期试点成功的基础上，总站今年在各海港站全面推广了一类码头电视监控、快速出警、码头巡查并存和二类码头护船队协管、快速出警、机动抽查并存的国际航行船舶监护管理模式，取得了明显成效，体现了内紧外松的原则，有机调配了现有警力，受到部局领导的肯定。二是调整船舶出入境检查方式。针对航交所报检中心执法地位合法性，检查与监管衔接等方面存在的问题，为确保口岸安全，严格依法行政，总站经过认真研究并报部局批准，于5月1日撤销了边检驻报检中心办事机构，将其承担的任务交由各站负责。为做好这一重大勤务的调整工作，总站制定了严密的工作方案，妥善处理内外关系，实现了勤务调整的平稳过渡和船舶出入境检查工作的正常开展。三是网上报检制度顺利实施。为促进上海市“大通关”建设，方便船舶代理企业，总站于11月1日起推行了国际航行船舶网上报检制度。网上报检制度实施后，上海港国际航行船舶代理公司可通过互联网办理报检业务，最大限度减少了船舶代理人员前往边检站办理有关手续的次数，方便了企业生产。

投身上海国际航运中心和航空枢纽建设，服务地方经济建设大局。随着上海国际航运中心建设稳步推进和航空枢纽建设全面“提速”，上海口岸发展进入新一轮高潮。上海相继建成了外高桥五期码头，金山化工区码头、浦东机场一期候机楼改造已经完成并即将启用，浦东机场二期建设提前动工。为服务上海经济建设，总站努力克服自身困难，积极支持配合这些口岸建设开放。经过深入调研和广泛征求意见，空港口岸国际中转旅客查验流程改革方案初步确定，为航空枢纽建设提供了有力的政策支持。针对浦东机场一期候机楼改造新增22个出境边检通道后现场检查设施不完善、边检机关需增加大量警力的情况，总站一方面主动向上海市政府报告、积极与机场方面协调磋商，争取工作主动权，同时认真筹备在2005年2月份启用部分通道。为配合上海化工区建设进程，总站指导金山边检站制定了《关于上海化学工业区大件设备运输码头临时开放的勤务实施方案》，并就口岸临时开放后边检实施有效监管所需要的软硬件设备等相关事宜与化工区发展有限公司进行了磋商，就落实边检执勤七项执勤条件形成会议纪要。至年底，金山边检站已完成了化工区码头9艘次临时停靠船舶的出入境检查、监护任务，有力地支持了化工区的建设。为确保外高桥五期码头12月25日正式投入使用，外高桥边检站就警力配备、勤务组织等问题制定了严密的实施方案，并于码头开放前如期进驻执勤，至年底，外高桥边检站已完成了14艘次出入境船舶的边防检查和监护任务。

【加强业务建设，夯实边检工作基础】 加强业务练兵，全面提高民警业务素质和岗位技能。以“大练兵”活动为契机，结合年度工作计划，总站以岗位练兵为重点，深入开展业务“大练兵”活动，编印了《上海总站“大练兵”岗位业务知识汇编》和《出入境边防检查常用法律法规汇编》、先后举行了上海总站业务知识竞赛、“执法为民”英语演讲比赛及“大练兵”业务基础知识考试，举办了情报调研工作培训班，二级机关指挥室人员培训班、组织各站进行了口岸“处突”演练。通过业务练兵，民警研究学习业务知识的热情高涨，业务素质明显提高，并涌现了一批业务尖子和英语人才。浦东站一名民警被评为“上海市新长征突击手”和“2004 年上海公安‘十佳’青年民警。”

加强法制建设，积极推进依法行政。2004 年是国务院《全面推进依法行政实施纲要》提出建设法治政府十年计划的第一年，总站努力按照合法行政、合理行政、程序正当、高效便民、诚实守信、权责统一的要求积极推进依法行政。一是做好新颁布法律、规章的贯彻实施工作。总站举办了贯彻《公安机关办理行政案件程序规定》培训班，并做好新版法律文书的更换工作。二是继续在执法中强化“三个意识”和完善“三个制度”。即强化程序意识、证据意识和保护当事人合法权益意识，坚持完善行政处罚复核制度、错案追责制度和执法质量考评制度，确保行政执法合法、公平、公正。

加强业务工作制度建设，防止职务性违法犯罪。为完善业务工作制度，最大程度上防止职务性违法犯罪案件发生，总站加强了“五个监督”，即在实体和程序上明确、规范业务问题处理，加强事前监督；完善业务差错、事故倒查制度，加强事后监督；强化领导把关和各岗位分权制约作用，加强内部监督；提高各项业务工作的公开度、透明度，加强外部监督；对重要、敏感岗位和事项加强重点监督。

2004 年，上海边检总站积极应对上海口岸目前发展的机遇与挑战，注重口岸文明执勤建设，积极优化警力配置，不断提高口岸管控能力，较好地完成了各项边检业务工作，确保了上海口岸安全、有序、畅通，为国家和地方的经济建设、社会发展作出了积极贡献。

上海出入境检验检疫局

2004 年上海检验检疫局坚持以“三个代表”重要思想为指导，坚持贯彻十六大和十六届四中全会精神，坚持按照国家质检总局的工作部署和各项要求，在严把国门的前提下，为上海口岸、长三角地区乃至全国的经济发展和国际交流服务，检验检疫事业得到蓬勃发展，各项工作取得了新的进步。共完成进出口商品检验 81.5937 万批，金额 449.4667 亿美元，与上年同期相比，分别增加 16.0% 和 28.5%。经检验的不合格进出口商品 4 035 批，金额 10.2825 亿美元，批次、金额的不合格率分别为 0.49% 和 2.28%，与去年相比，不合格率下降 0.75%，不合格金额与去年基本持平；外商投资财产鉴定 111 批，金额 6 575 美元，同比下降 59.9% 和 46.2%；签发普惠制产地证 316 051 份，金额 779 353 万美元，与去年同期比，分别增长 18.9% 和 12.9%；签发一般产地证 73 021 份，金额 223 032 万美元，与去年同期比，分别增长 34.5% 和 20.9%；进出境动植物及其产品检疫 104 613 批次，金额 482 228 万美元，发现二类以上疫情 206 批；进出境木质包装查验检疫 287 711 批次，截获各类疫情 1331 批次；进出境集装箱检验检疫 2 796 852 标箱；进出境船舶检疫 20 618 艘次，飞机检疫 98 650 万架，出入境旅客检疫 1 236 万人次；进境食品及化妆品检疫 31 806 批次，金额 106 343 万美元，经检验不合格的 371 批，金额 386 万美元，不合格率为 1.17%；对出入境货物、交通工具实施卫生除害处理 592 486 次；杀灭病媒昆虫和啮齿 312 批次；预防接种 64 585 人次，监测体检 57 842，艾滋病监测 53 463 人次；发现各类传染病 4 319 例，其中 HIV 感染者 8 例，发现非传染病 92 567 例。

【严格防控高致病性禽流感，提高应对突发疫情的能力】 2004 年，高致病性禽流感疫情在多个国家和地区迅速蔓延。上海局快速反应，及时行动，结合上海口岸实际制订和完善了工作预案，明确了各方职责，进行了周密的部署，加大了检疫查验和消毒处理的力度，实行了防控责任制和疫情零报告制度，经受住了禽流感疫情的考验，最终取得了这场斗争的胜利。在做好禽流感防控工作的同时，也十分重视其它重大动物疫病的防控，加强对进境大、中家畜隔离检疫期间的兽医驻场监管和供港猪注册饲养场的防疫监督和出口检验检疫。加强对来自疫区的动植物及其产品的把关，根据国外疫情动态、口岸截获疫情等情况完善预警机制，制定完善重大动植物疫情应急处理预案，研发了进境木质包装电子检疫监管系统，防范外来有害生物传入。先后两次在来自美国的2号软白麦中检获一类检疫性有害生物小麦矮腥黑穗病菌。根据国家质检总局关于促进食品、农产品出口的工作部署，落实了相应措施，帮助与指导上海的出口水产品、肉制品生产企业先后接受日本农林水产省、美国食品药品管理局、新加坡农业食品兽医局和韩国海洋水产部等国外官方检查团的检查，通过国外注册，打破技术壁垒，促进上海禽肉产品、羽绒制品和蜂蜜产品的出口。

7月上旬，全国人大常委会来上海执法检查时，乌云其木格副委员长对该局的工作给予充分肯定，高兴地表示："上海检验检疫局执行动植物检疫法的情况令人振奋。"

【突出重点，严密监管，转变检验监管工作重心】 根据国家质检总局关于加强进口重点敏感商品检验检疫把关的要求，迅速开展了对进口废物原料、肉类和水果的专项检查，提出了相应的措施，规范了内部管理体制，完善了相关的操作规程，加大了审单力度。年内启动进出口食品、化妆品标签审核操作规程的受理程序，对上海口岸进境水果有毒有害物质残留实施动态的监控检测，还与工商、技监等部门开展联合执法检查，集中整治在本市冷库中存放的进境肉类产品，对无法提供有关入境证明的依法作销毁处理，对口岸重点敏感商品查验工作中发现的问题，及时向国家质检总局汇报，规范做法。

检验监管重心继续向安全、环保、卫生、健康、反欺诈转移。先后组织对进口心脏起搏器、涂料、旧机电产品、轻纺产品偶氮染料等实施抽查检测。严格按照危险品包装质量许可证的考核管理办法和考核标准，对上海地区93家企业进行全面的检查。进一步扶植上海名牌产品、名牌企业，出口免验和原产地保护标记认证又有新亮点，在上海局的推动之下，上海机床厂出口外圆磨机床获得国家质检总局出口免验，上海康培尔服装公司的出口西服、上海飞达羽绒服装总厂的出口羽绒服和使服的免验资格经审核继续有效。上海卷烟厂的"熊猫"牌香烟、上海冠生园华光酿酒药业有限公司的"和酒"相继获得原产地签证保护。

【强化依法行政意识，提升行政执法能力和水平】 在7月1日《行政许可法》实施之前，上海局在全局范围内组织了大规模的执法培训。按照《行政许可法》的规定和要求，对相关的行政许可事项展开了清理，对列入行政许可项目的依据、主体、程序和收费等环节逐一进行清理，整理出行政许可项目34个，取消了强制性产品认证目录外确认和14种情况不办强制性产品认证审批，改为凭贸易关系人自我声明和证明文件审核放行，将监管重心放在后续查验，既方便贸易又提高了入境验证工作的有效性。行政处罚工作不断规范，行政处罚涉及的违法案件的种类增至21种，涉及商检法、动植检法、卫检法、食品卫生法和认证认可条例。在对一起企业不服处罚提出行政复议后又向法院提起诉讼时，沉着应对，作出行政复议决定，继而积极应诉并取得这起历史上首例行政诉讼案件的胜诉，维护了法律法规的严肃性，体现了检验检疫人员良好的执法素质和检验检疫机关良好的社会形象。

【"大通关"建设进一步深入】 开展了《入境集装箱货物快速查验系统（海港版）》试点，通过前期深入细致的调研和测试，试点范围逐步扩大，目前已有11家企业参加试点，正向提货单电子化迈进。以2003年浦东检验检疫局试点为基础，在全局全面推广出口货物电子审单快速核放系统，并与企业的电子报检、海关的电子通关单联网，形成报检通关全过程的电子链接、无纸通关，提高了电子通关的利用率和扩大了使用电子通关企业的覆盖面。国家质检总局对上海地区出口电池电子监管试点顺利进行。在新开口岸进一步推进作业制度改革，扩大无纸化电子通关的受益面。上海局进驻漕河泾出口加工区仅两个月，就接受出入境货物申报和报检达2 386批。“5+2天”工作制是具有上海特色的新型口岸通关作业制度，在加快通关速度、方便进出方面取得明显成效，实现了365天不间断服务外贸的目标。牵头在浙江宁波召开沪苏浙甬皖赣检验检疫联席会议，探索和完善区域内协调联络的新机制，拓展通关合作和执法查处的新领域。

坚持信息化建设，充分利用网络资源，实现了检务现场触摸屏业务数据查询和检验检疫业务数据语音查询，在主要口岸检务窗口推广电子派单排队系统。在完善网站结构的同时，一批较为成熟的网上办理业务软件也开始上网运行，如3C特殊情况申请、HS编码查询等。业务上网既体现现代政府高效的良好形象，又大大缩短了业务处理时间，节约了宝贵的人力资源。

【建立防疫反恐常态长效管理机制，做好口岸卫生检疫工作】 一是坚持执行“防非”的八项常态长效管理措施，保持内紧外松的态势，做法上宽严相济，做到“五个到位”、“五个不漏”，达到既密切关注疫情动态，又注意维护良好的口岸出入环境。二是完善口岸处置恐怖袭击事件工作预案，举办反核辐射生化恐怖袭击的业务培训，做好物资储备和人员准备，分别在海空口岸组织3次反恐演练，进一步提升防范和处置恐怖袭击事件的能力。三是主动与铁路、卫生、边检、海关等部门进行协调，推动建立上海口岸沪九直通车突发公共卫生事件应急联动机制。四是与市人事、劳动等部门合作，理顺对境外人员来沪就业的健康管理。五是从公用码头、专用码头和进境货物查验点入手，规范口岸出入境货物储存地卫生监督。

【积极参与上海现代化国际大都市的发展战略研究】 上海局全力参与洋山保税港、亚太航空枢纽港等重大项目的规划研究以及2010年上海世博会的前期各项工作，并探索业务管理模式创新，为提升上海国际竞争力贡献力量。为适应上海新一轮经济增长及对外开放，积极筹建化工区、物流园区、国际客运码头等检验检疫机构及浦东保健中心，如期进驻铁路和4个新成立的出口加工区履行检验检疫职责，金山撤办建局后对改善地方招商引资和外商投资环境作用明显。此外，还主动采取有效措施，保障全球扶贫大会、联合国亚太经社理事会第60届年会、第二届世界工程师大会、F1世界锦标赛中国上海大奖赛、国际工程机械展等重大活动、国际赛事和国际会展圆满举行，获得上海市政府的肯定。

【精神文明建设取得新成绩】 2004年的8月10日，是上海检验检疫局正式挂牌成立五周年的纪念日，上海局用隆重而又简朴的方式，组织包括座谈、征文等一系列活动，弘扬上海检验检疫局团结奋进、开拓创新的文化理念。10月份，举行建局以来的首届运动会，充分展示上海局职工昂扬向上的精神风貌。行风建设已经成为上海局树立良好口岸执法形象的重要切入点。年初，上海市城乡调查队对上海局文明行业建设情况进行测评，上海局继2003年之后再次获得全市达标行业社会公众满意度测评第一名。长期的努力带来了丰硕的成果，航交办检务科被评为全国“三八”红旗集体，团委荣获“全国青年文明号”优秀组织奖，叶志平同志被评为上海市劳动模范。

上海海事局

2004年，上海海事局为加快上海国际航运中心建设步伐,逐步改善上海口岸的软、硬环境,提高口岸工作效率,在认真行使法律赋予的口岸管理工作的同时,不断深化口岸“大通关”工作;通过加强对国际航行船舶进出口岸实施监控管理、口岸查验、船舶安全检查、诚信管理等手段,进一步提高口岸服务质量和管理水平,为维护国家主权、口岸安全和支持上海外贸经济建设作出了应有的贡献。

【认真开展口岸检查工作，严格把好外国籍船舶进出口岸关】 上海海事局2004年度船舶查验国际航线船舶27 980艘次，其中外国籍船舶25 434艘次，占进出口岸船舶总数的90.9%，与2003年同比增长11.77%；对外国籍船舶重点检查591艘次，对其中存在严重安全问题的42艘船舶进行了滞留。

加强进出口岸船舶查验工作，杜绝低于国际公约标准的外国籍船舶进港。2004年，上海海事局在积极营造宽松口岸环境的同时，对查验工作毫不放松，严格把关，防止低标准外国籍船舶将风险转移到上海港水域。针对2004年出现的挂方便旗船舶数量增加迅速、船舶各项技术指标普遍较低的特点，及时加强了对此类船舶的查验力度（尤其是对柬埔寨籍和伯利兹籍船舶的查验），及时查获部分船舶证书不齐全、证书年度检验过期等违法行为。对此，通过采取禁止进港、离港、强制配备、加大处罚力度等一系列行政措施，有效遏制了此类低标准或者违法船舶进入上海口岸，维护了国家主权和经济利益。

建立诚信船舶管理机制，对不诚信船舶加重处罚。2004年上海海事局与国内外船级社建立了船舶管理机制，积极主动地与对被滞留船舶（国际航线）的船级社进行面对面交流，共同加强对被滞留船舶的管理。

加大港口国检查的履约力度。上海海事局利用《国际船舶与港口保安设施规则》（ISPS）于2004年7月1日对我国生效的契机，对外国籍船舶开展了为期3个月的专项检查，提高了船舶反恐能力，有效防止国际恐怖主义势力利用船舶开展破坏活动，维护了上海港水域的安全和稳定。

针对近年我国部分国际航线船舶在国外港口因船舶安全原因被滞留，给国家的经济和形象造成的极大影响，为维护国家利益和声誉，上海局加强了中国籍国际航行船舶在上海港开航前的检查。2004年对中国籍国际航行船舶开航前安检189艘次，这些船舶在国外未发生因安全原因被滞留，已连续保持由上海离口岸经上海海事局开航前检查的船舶在国外被滞留率为零。

【加强防治船舶污染和船舶载运危险货物安全管理，树立上海海港口岸的安全与环保形象】 加大对散装液态危险货物船舶的监管力度。2004年上海港口岸散装化工品船达到1 375艘次，进口散装化工品数量达到170余万吨。上海局对散化新品种船舶进口岸实行专家评估制度；对高毒性危险货物船舶，实施医疗急救监护措施；利用船舶交通管理系统和船舶报告系统，对装运散装液体危险货物等重点船舶进行监护和防污染监视；对船舶的输油软管实行定期检测制度；对过境危险品船、超龄液货船实施严格控制；对A类物质和高黏度B、C类物质船舶，实施卸货后强制预洗和洗舱水接收处置制度。通过坚持对散装液态危险货物船舶的制度管理，切实保障了上海口岸的安全。

积极支持上海化工区、外高桥五期建设。在孚宝港务公司建设之初，上海海事局就与该公司取得联系，对其环保工作予以指导。2004年开港时，上海局通过多次沟通，帮助孚宝公司初步达到了具备接收外国籍船舶靠泊的必要安全和防污染条件。外高桥五期码头试生产开始后，在其从事危险货物安全作业能力尚未正式评估的情况下，上海局采取个案方式，在具备安全条件的情况下，批准载有危险货物的外国籍船舶进港靠泊外高桥五期码头。

积极应对，防治船舶污染。上海海事局对上海港现有的船舶污染应急力量进行了调查核实，按照“分散配置，集中使用”原则，调整了现有应急力量布局，使其作用得到了最大限度地发挥。全年共对“4·18”重大污染事故（巴拿马籍“现代荣耀”轮与利比里亚籍“大西洋商人”轮碰撞污染事故，泄漏燃料油约 30 吨）等 16 起船舶污染事故实施应急处置，减少了污染事故所造成的损害。上海局还积极参与上海市第一、第二轮环保三年行动计划，与上海市环保局、环卫局共同建立船舶污染物接收系统，2004 年上海港共处置了 400 吨 A 类物质洗舱水、206 614 吨含油污水、6 191 吨船舶垃圾、12 607 吨生活污水，有效防止了上海市海域污染现象的发生，树立了上海海港口岸的环保形象。

对船载集装箱实施开箱检查，严厉打击瞒报危险货物性质的违法行为。针对集装箱运输中隐瞒危险货物性质违法行为的蔓延已影响我国国际声誉，恶化航运经济发展环境，阻碍上海国际航运中心建设，部分国际航行船公司甚至拒载上海口岸集装箱危险品的严峻局面，上海海事局在 2004 年加大了对外贸集装箱的检查力度。通过对船载集装箱实施开箱检查等措施，共查处隐瞒危险货物性质案件 13 起，查获涉案集装箱 16TEU，共计处罚 55·1 万元，使瞒报危险货物性质行为得到了有效遏制。同时，上海局还通过加大宣传力度，帮助相关企业提高管理水平，对装箱点和装箱人员、申报人员实施跟踪管理等手段，消除了船公司对上海海港口岸出口集装箱安全状况的顾虑。

【依托信息化，形成现代化的动态监管模式】 目前上海海事局已形成了以吴淞船舶交通管制系统和洋山船舶交通管制系统、上海港船舶自动识别系统、黄浦江 CCTV 监控系统、巡逻船管理系统、110 联动系统为一体化的现代化监管网络，构成全方位的立体船舶动态监管模式，能快速传递海上船舶航行信息，为国际航行船舶安全进出上海口岸提供良好的服务，有效降低了水上交通事故的发生率，保障了上海港的水上交通安全。

2004 年，上海海事局共对 20 起涉及外国籍船舶的险情实施搜寻救助，成功救助遇险人员 50 多人；对 26 起涉及外国籍船舶的水上交通事故进行了调查处理，事故共造成直接经济损失 3 970.1 万元，4 艘船舶沉没（其中外国籍船舶沉没 1 艘，为柬埔寨“海风”轮），10 人在事故中死亡或失踪（均为中国籍船员）。

2004 年，该局共对 94 艘违反水上交通安全和防止船舶污染法规的外国籍船舶实施行政处罚，罚款 125.28 万元。

【进一步完善口岸“大通关”管理，提高口岸服务效率和质量】 完善口岸“5+2 天”工作制。为了提高口岸服务质量，提高办事效率，上海海事局将原先分散办公的口岸检查人员和设备统一集中，并充实了人手和办公设备，做到了集中办公、“一门式”服务，保证了口岸服务工作的安全、优质、快捷运行。

推行国际航行船舶港内安全作业报备制度。自 2004 年 8 月份起，上海海事局对在港的国际航线船舶统一实行七大系列十余项安全作业报备制度，减免了作业申报时间，进一步方便船公司，提高国际航行船舶在港的周转效率。

加强船舶申报管理，提高口岸通关效率。2004 年船舶代理公司发展很快，已增加到 69 家，然而，由于申报人员业务不熟，在船舶动态申报中经常出现差错，严重影响了口岸通关效率。针对这种情况，上海海事局联合其它口岸查验单位积极组织口岸业务知识培训，帮助代理公司提高业务水平。2004年，该局联合各查验单位共举办2期80余人的培训班，使申报差错显著减少，有效提高了口岸通关效率。

配合上海口岸办做好口岸服务工作。2004年是上海口岸扩大开放比较集中的一年，上海化工园区、外高桥五期和长兴岛振华港机等水域或码头相继开放，上海海事局在开放码头办公条件尚未到位、人手相对紧张的情况下，克服种种困难，积极稳妥地做好口岸的试开放工作。据统计，2004年共查验临时开放码头的外国籍船舶180余艘次，有效地支持了上海的口岸发展与经济建设。

2003年及2004年上海口岸监督管理工作对比表

年份	国际航行船舶进出口岸			安检检查（艘次）	
	进口	出口	小计	港口国检查	船旗国检查
2003	12430	12588	25018	517	6630
2004	13993	13987	27980	591	5238
增减（%）	12．57	11．11	11．84	14．31	21

上海口岸大事记

1月1日

为期22个月，长江口深水航道二期疏浚工程正式启动。

1月1日

上海海事局与上海港口管理局建立了危险货物船舶、作业信息通报制度。

1月3日

上海港国际客运中心在“北外滩”高阳码头原址正式动工兴建。副市长杨雄为工程启动开工按钮。

1月7日

海关总署李克农副署长会见杨雄副市长，就上海电子口岸信息平台制度建设取得共识。

1月9日

上海口岸管理委员会办公室徐逸波主任到边防检查总站听取总站领导有关工作情况的汇报。

韩正市长出席在上海召开的2004年全国海关关长会议，并作重要讲话。政治局委员、市委书记陈良宇会见海关总署党组成员。

1月12日

上海口岸管理委员会办公室在松江出口加工区召开了2004年度第一次出口加工区“快速通关”工作例会。

1月21日

上海市副市长杨雄到浦东国际机场检查春运工作。

1月28日

正在上海考察调研的中共中央政治局常委、国务院副总理黄菊在上海主持召开了长江三角洲交通发展座谈会，专门听取了江苏、浙江、上海两省一市，国家发改委，交通部负责人关于加快长江三角洲交通发展的意见和建议。

2月2日

总投资约28亿元的上海外高桥港区五期工程项目，获得国家批准，并正式立项。

2月3日

副市长周禹鹏到外高桥保税区调研“区港联动”和海关监管模式。

2月9日

“郑和下西洋600周年”纪念活动筹备领导小组在沪召开会议。

2月6日

上海海关召开2004年工作会议，市委常委、副市长周禹鹏出席并讲话。

韩正市长就上海海关2003年工作总结批示：“上海海关依法认真履行职责，同时积极推动各项改革，为上海的经济和社会发展作出了重大贡献。”

2月6日

徐逸波主任主持召开了2004年第一次口岸办主任办公（扩大）会议，通报了2003年贯彻落实《若干意见》的主要情况和2004年进一步贯彻落实的措施。

2月13日

上海口岸管理委员会办公室在铁路上海站召开沪九旅客直通车管理专题会。

2月14日

上海市外贸工作会议召开，市委常委、副市长周禹鹏出席会议并讲话。

2月18日

中远集团和香港蓝筹股——中远太平洋有限公司合资组建的中国远洋物流有限公司揭牌成立。

2月20日

中海集装箱运输股份有限公司成立。

2月21日

上海化工区大件码头首次靠泊外轮成功。金山海关为“领袖”号办理船舶和货物进口手续。

2月23日

在“2003年度全国旅客话民航”服务评比中，中国东方航空股份有限公司再次夺冠，并连续三年荣获航空公司年度客运输量1 000万人次以上组评第一名。

2月23日

中海集团4250标准箱的集装箱船“佛利斯多”号从上海外高桥码头启航。

2月24日

上海口岸管理委员会办公室召开2004年上海口岸信息工作会议。

2月24日

上海市召开2004年港口工作会议。

2月25日

中远集装箱运输有限公司与希腊COSTAMARE公司在上海签署协议，5艘8500TEU的新造超巴拿马型船舶，将以长期期租的形式，于2006年交付中远集运，租期为10年。

2月25日—27日

中俄标准计量认证和检验监督常设工作组第二次会议在上海召开。市委副书记、市长韩正在会议闭幕后会见了双方代表，并对会议取得的成果表示祝贺。

2月26日—27日

由挪威TradeWinds主办的“中国航运2004”在上海举行。来自24个国家的300多名代表参加了会议。

3月1日

上海海事局正式出台《〈长江口深水航道航行安全管理办法〉补充规定》。

3月3日

新加坡港务集团中国有限公司上海代表处开业。

3月3日

“推进上海航空枢纽建设联合小组”办公室召开第一次工作会议。

3月5日

姜斯宪副市长就区港联运试点到外高桥保税区调研。

上海口岸管理委员会办公室在青浦出口加工区主持召开2004年度第二次出口加工区“快速通关”工作例会。

3月11日

副市长周禹鹏接待江苏省张卫国副省长一行21人来沪考察团，会上通报了“人通关”有关情况。

3月12日

《上海港罗泾港区二期工程预可性研究报告》通过市预审。

3月19日

上海口岸协会召开第二届第四次理事大会。

3月24日

上海边检总站对各船舶代理公司新录用代理业务员进行了出入境边防检查业务知识集中培训。

3月30日

上海口岸协会吴淞地区国际物流专业委员会成立。

3月31日

上海航运交易所总裁张页在航交所会见了新加坡共和国交通部常任秘书王文辉先生一行。

4月1日

市委副书记罗世谦到沪东公司和外五期工程现场考察。

上海海事局实行上海港中小型船舶报港制。

4月5日

南京军区副政委熊自仁中将一行在上海警备区副政委张龙少将陪同下视察了浦东机场。

4月7日

牟新生署长会见周禹鹏、姜斯宪副市长，并考察外四期和保税物流园区。

4月9日

美国会议院代表团参观外二期H986集装箱检查设备和海关卡口。

上海海关举行新闻通气会，建立新闻发言人制度。

4月12日

上海市市长韩正会见日本邮船代表团株式会社会长草刈隆郎，社长宫原耕治一行。

4月15日

外高桥保税区物流园区通过国家海关联合验收小组验收。海关总署副署长龚正与市委常委、副市长周禹鹏签署了验收纪要。龚正副署长向外高桥管委会颁发了验收合格证书，并同周禹鹏一起为外高桥保税区物流园区揭牌。

4月16日

民航上海区域管制中心顺利通过初试。

4月17日

韩正市长到浦东机场听取浦东机场二期工程建设方案汇报。

4月21日

上海市召开打击走私综合治理领导小组扩大会议，市打击走私综合治理领导小组组长、副市长周太彤出席会议并讲话。

4月22日

政治局委员、市委书记陈良宇和副书记、市长韩正分别接见鲁培军关长。

4月25日

交通部东海救助局实施海空联手营救外轮急病人。

4月26日

交通部张春贤部长到上海海事局、东海救助局、上海打捞局视察。

副市长杨雄、副秘书长张杰民到港务集团调研。

4月28日

民航总局局长杨元元到浦东机杨，听取二期工程建设汇报。

中国民航史上最大的一次国际航空论坛“上海国际航空论坛”在上海召开，来自全球的150家航空界巨头到会。国家民航总局局长杨元元、上海市市长韩正、副市长杨雄、江苏省副省长李全林、浙江省副省长王永明、江西省副省长凌风兴、云南省副省长李汉伯等出席论坛。

4月28日－29日

2004年亚洲集装箱峰会在上海召开。

4月29日

市政协主任蒋以任、市政协副主席宋仪侨、沈红光、谢丽娟、左焕琛、王荣华到东方航空公司调研。

上海市港口管理局举行二季度新闻发布会，发布了一季度港口经济运行情况、《2003年上海市港口与航运发展报告》发行等消息。

上海海事局宣布上海港长江口航标配布和编号调整顺利完成。

5月1日

上海港口第一本白皮书——《2003年上海市港口与航运发展报告》出版。

上海港口局开通上海港航网站，并率先向社会免费公开政府信息。

5月10日

《上海港和汉堡港关于建立友好港关系的协议》在上海签署。

长江口深水航道9米通航水深正式开通。

上海航运交易所总裁张页会见在上海访问的法国梅克伦堡——前波美拉尼亚洲政府经济部长艾博特博士，双方就合作前景交换了意见。

5月11日－12日

沪港港口物流研讨会在上海召开。

5月12日

国际港务（集团）有限公司和中远集装箱运输有限公司签署协议共建“精品航线”，“文明港口”。

5月11日－14日

2004中国国际港口航运博览会在上海举行。

5月18日

上海泛亚航运有限公司成立。

5月20日

上海口岸管理委员会办公室在漕河泾出口加工区主持召开了2004年度第二次出口加工区“快速通关”工作例会。

中国国际商事仲裁论坛在上海举行，来自28个国家和地区的360多名中外专家、学者参加论坛。

5月22日

我国最大的打桩船“天威”号准确地将最后一根钢管桩打入海中，这标志着东海大桥5697根海上桩已经全部就位，比原计划提前了40天。

应日本海上保安厅邀请，由我国交通部体法司、国际司、海事局约50人组成的代表团一行，今天乘坐国内最大巡视船“海巡21”轮从上海出发，出访日本，参加在东京湾举行的“日本海上保安厅检阅式及综合训练”联合演习。

中俄首辟空中货运航线从浦东机场起飞。

5月24日

由中国海事局协办的国际航标协会（IALA）第34次理事会在上海召开。

5月25日

1 000多位港航各界人士齐聚上海展览中心，参加了“许振超先进事迹报告会”。市委副书记殷一璀出席报告会并讲话。

中共中央政治局常委、国务院总理温家宝在中共中央政治局委员、上海市委书记陈良宇及上海市市长韩正等中央和上海市有关部委领导的陪同下，视察了上海港。温家宝总理听取了副市长杨雄关于上海港建设和发展情况的汇报。温总理充分肯定了上海港在上海市委、市政府领导下建设上海国际航运中心方面所取得的成就，并就洋山深水港区、外五期和外高桥保税物流园区的建设，以及加快港区联动发展作了重要指示。

5月27日

交通部副部长胡希捷到上海打捞局和东海救助局考察工作。

5月28日

目前国内最大，设施最完善并配备直升机升降平台的“沪港引1”号引航船改装竣工交接仪式在高阳码头5泊位举行。

6月8日

副市长周禹鹏、副秘书长李良园到市外经贸委（口岸办）调研。

6月11日

徐逸波主任主持召开了2004年第二次口岸办主任办公（扩大）会议暨上海机电进出口重点企业通关恳谈会。

6月15日

美国海岸警卫队最高司令官Collins上将一行7人拜访上海海事局。

6月20日

上海海关与上海国际港务（集团）有限公司召开同创共建暨2004年工作例会，协商洋山港建设、进出境运输工具和货物监管、国际转运、港区卡口改造等问题。

6月21日

口岸办徐逸波主任与铁道部国际合作司司长张延昭、上海铁路局副局长刘建民、上海铁路分局等有关领导就上海铁路口岸正式开放有关事宜进行沟通和商议。

6月26日

在上海港外高桥一期码头举行首次反恐演习。副市长杨雄观看了演习。

6月29日

市府副秘书长李良园召开关于口岸管理体制机制专题会议。

7月8日

全国人大常委会副委员长乌云其木格率全国人大农业和农村委员会到上海检验检疫局检查上海口岸《中华人民共和国动植物检疫法》执行情况。

7月9日

世界上最大的8500标准箱集装箱船“中海亚洲”号，在外高桥二期码头举行首航仪式。

7月14日

南京军区司令员朱文泉、上海警备区司令员王文惠一行、市委副书记刘云耕、建委副主任黄健之等到上海海事局视察工作。

7月21日

上海海事大学和上海港口管理局共同组建的“上海国际航运中心港航人才培养基地”揭牌。

7月23日

上海口岸管理委员会办公室在金桥出口加工区召开了第四次出口加工区“快速通关”工作例会，小结上半年工作。

7月26日

上海口岸办向海关总署口岸规划办公室上报了《关于铁路上海站口岸正式对外开放有关事项的情况报告》。

7月27日

中共中央总书记、国家主席胡锦涛一行在中共中央政治局委员、上海市委书记陈良宇、市长韩正的陪同下，考察了上海集装箱外高桥分公司码头，听取了市政府工作汇报。

上海市港口管理局开通了市公务网“上海港航”网站。

7月28日

上海口岸协会召开二届十次会长办公会，上海市外经贸委副主任、上海口岸管理委员会办公室主任、口岸协会名誉会长徐逸波出席会议并讲话。

美国CSI选遣小组考察上海海关，双方就CSI合作项目交换意见，并参观外高桥一至四期码头。

7月29日

上海金山出入境检验检疫局成立。

8月2日

浙江省副省长钟山一行考察上海“大通关”和电子口岸建设，参观国际航运服务中心和电子口岸上海数据分中心。

8月5日

上海海事局在黄浦江上首次举行溢油事故应急处置演习。

8月10日-11日

全国民航机场工作会议在上海召开。民航总局局长杨元元、副局长杨国庆，副市长杨雄等领导到会并讲话。

8月23日

市政府召开外贸工作会议，市委常委、副市长周禹鹏出席会议并讲话。

上海市外经贸委主任潘龙清、副主任兼口岸办主任徐逸波与上海出入境边防检查总站杨祥大总站长商谈浦东机场一期改造有关人员编制、经费、上海铁路口岸正式开放及航交所报检中心等问题。

8月25日

市政府常务会议听取上海海关孙毅彪关长就洋山港海关监管模式汇报，市长韩正，副市长周禹鹏、杨雄出席。

8月26日

中共中央政治局委员、市委书记陈良宇，市长韩正一行到洋山深水港工程建设工地，实地考察调研洋山深水港、东海大桥、临港新城建设情况。市委副书记罗世谦，市委常委，市委秘书长范德官，副市长杨雄等参加了视察调研。

副市长周禹鹏在上海检验检疫局报送的《上海口岸在进口废铜中查获大批子弹》的情况简报上批示："感谢出入境检验检疫局为上海把牢国门。请海关进一步查清原由，依法严肃处理。"

9月1日

市政协副主席宋仪侨带领部分市政协委员，视察了正在建设中的洋山深水港区、东海大桥、临港新城，并听取了建设部门有关领导的汇报。

9月3日

中海集团与宝钢集团举行《战略合作》签字仪式，标志着中海宝钢正式成为战略合作伙伴。

9月6日

东海救助局和上海海事局在长江口成功实施海空立体救助，救起受"桑达"台风影响沉没的"金昌68"轮上的15名船员。

9月9日

民航总局王昌顺副局长等到东航检查工作。

9月10日

上海口岸管理委员会办公室在闵行出口加工区召开了2004年度第五次出口加工区"快速通关"工作例会。

9月13日

吴仪副总理在沪期间对韩正市长关于建立洋山保税港设想表示支持，要求市政府尽快向国务院报告。

9月15日

中央编办和海关总署部门负责人到上海调研口岸管理等问题。

洋山港东海大桥基础施工全面完成。

9月22日

《上海港口章程》正式出台。

9月29日

市长韩正听取上海航空枢纽战略规划研究工作专题汇报。

上海国际港务集团与和记港口集团在上海国际会议中心联合举办外高桥港区五期码头合资合同签字仪式。副市长杨雄出席签字仪式。

10月8日

海关总署批复铁道部关于同意延长北京西站和上海站临时口岸开放期限，从2004年10月1日至

2005年3月31日止。

10月9日

上海市同创共建文明航空港活动十周年领导小组会议在虹桥机场召开。

10月11日

上海化工区最大立体码头启用。

全国口岸办（委）主任联席会议在河南省郑州市召开，上海口岸管理委员会办公室主任助理章式洪参加了会议，并在会上介绍了上海口岸“大通关”工作有关情况。

10月12日

韩正市长会见国务院八部委洋山保税港调研组。

由中国东方航空股份有限公司、中国远洋运输集团公司和中国货运航空有限公司三方共同投资组建的上海东方运航物流有限公司在上海挂牌。

10月13日

市政府向国务院八部委联合调研组汇报洋山港建设情况。

10月16日

上海崇明国际货运码头建成启用。

10月18日

由日本成田日中友好协会副会长郡司福勇率领的成田市议员代表团访问浦东国际机场。

10月19日

英国利滋市政厅厅长马凯率领利滋市议员代表团访问浦东机场。

10月20日

市政府副秘书长李良园召开“关于口岸管理体制问题”专题会，由市编办作了《关于进一步完善上海口岸管理体制机制的方案汇报》，主任徐逸波参加了会议。

10月18日－22日

上海海事局在上海港辖区水域内集中开展2004年秋冬通航秩序整顿。

10月21日

美国马里兰洲港务局局长Mr·JamesJ·Whire一行赴上海航运交易所参观，并拜会航交所总裁张页先生，双方就加强美国马里兰洲同上海航交所的友好合作关系交换了意见。

10月22日

《上海航空枢纽线规划》专家评审会在上海召开。

10月23日

副市长周禹鹏召开上海口岸工作专题会议，听取口岸办徐逸波主任关于口岸工作和“大通关”工作的情况汇报。

10月25日

海关总署和上海市政府签署了建设上海电子口岸合作备忘录。海关总署副署长李克农和副市长杨雄签署合作备忘录，并为上海电子口岸揭牌。

10月26日－28日

第11届环太平洋友好港研讨会在上海举行。

11月1日

《上海航空枢纽战略规划》在京召开的推进上海航空枢纽建设联合领导小组第二次工作会议上，正式通过。国家民航总局局长杨元元，市委副书记、市长韩正出席会议并讲话。

上海边防检查总站在上海港实行国际航行船舶边防检查网上报检。

11月3日－4日

2004年度华东地区交通处长工作座谈会在沪召开。

11月6日

武警部队副司令陈传铜中将，在上海市武警总队总队长辛举德少将陪同下，视察了浦东国际机场二期工程。

11月8日

上海宝钢集团公司与中远集团在上海签订“30万矿砂船运输合同”。全国政协副主席、中国工程院院长徐匡迪，上海市政协主席蒋以任出席了合同签约仪式。

11月8日

中国海运集团和中国船舶工作集团正式签约建造4至5艘8530标准箱的集装箱船。

11月11日

上海边防检查总站召开上海港登轮管理年度工作会议。

11月12日

本市召开海防基础设施建设工作会议，市委副书记、市边防委员会主任刘云耕出席会议并讲话。市委常委、市委政法委书记、市边防委员会副主任吴志明主持会议。

11月16日

第57届国际航空安全年会（IASS）在沪召开，来自50多个国家和地区民航运输和制造业的500多名代表参加本届年会。

11月17日

卡尔玛（KALMAR）工业集团投资临港签约仪式在沪举行。副市长杨雄、市政府副秘书长张惠民、芬兰外贸部长Parla Lehtomaki女士、芬兰驻华大使Benujamin Bassin先生、芬兰驻沪总领事Paivi Hiltrnen女士出席了签约仪式。

上海港对原高阳港务公司大楼成功实施了定向爆破，上海港老港区将建国际客运中心。

11月18日

上海市物价局、上海市财政局和上海市港口管理局联合召集了第二次上海港岸线使用费调价座谈会。

11月19日－25日

亚太地区港口国东京备忘录会议首次在上海召开。

11月22日

世界海关组织和中国海关在沪联合举办“WCO知识产权保护地区论坛”。吴仪副总理致信祝贺，牟新生署长、韩正市长分别致辞。

11月23日

海关总署副署长刘文杰视察上海航运交易所。

11月23日

“WCO知识产权保护地区论坛”在沪闭幕，通过《上海倡议书——亚太地区海关共同打击假冒盗版违法行为》决议。

11月24日

世纪海关组织（WCO）中国亚太地区培训中心揭牌仪式在上海海关高等专科学校举行，海关总署署长牟新生、副署长龚正，副市长严隽琪等出席仪式。

11月29日

吴仪副总理在沪为2010年上海世博会会徽揭晓。

12月1日

洋山水域实行船舶报告制。

12月6日

“第二届中国港口业国际高峰会议2004”在上海召开。

12月8日

中海集团在沪成立中海国际船舶管理有限公司。

12月16日

上海口岸管理委员会办公室牵头召开了第六次出口加工区“快速通关”工作例会。

上海口岸管理委员会办公室在上海松江出口加工区达丰（上海）电脑有限公司举办了2004年出口加工区“快速通关”模式培训班。

12月17日

上海口岸办主任徐逸波召开口岸办主任办公（扩大）会议，协调外高桥五期码头试运行有关问题。

市外经贸委（外资委）召开干部务虚会，传达中央经济工作会议和市委八届六次会议，总结2004年上海外贸工作，部署2005年工作，市委常委、副市长周禹鹏出席会议并讲话。

上海海关税收入库首次突破千亿元，达到1 001.94亿元

12月20日

上海口岸进口集装箱提货单电子化正式运行。

12月21日

副市长杨雄主持“洋山保税港规划方案”讨论会，明确2005年底保税港与深水港同步建成。

12月24日

市委副书记、市长韩正，市委常委、浦东新区区委书记杜家毫，副市长杨雄，浦东新区区长张学兵，市政府秘书长杨定华，交通部水运司司长苏新刚等领导出席上海港外交桥五期工程建成暨生产仪式。副市长杨雄讲话。

上海市信息委召开上海口岸报关、报检“一单两报”系统试运行专题会。

12月28日

上海长江隧桥（崇明越江通道）工程启动。

上海外高桥港区海关揭牌。

12月29日

上海国际港务（集团）股份有限公司多元化股份改制协议签约仪式举行。市委副书记、市长韩正出席签约仪式并讲话。市委副书记王安顺，市委常委、副市长冯国勤，市委常委、组织部部长姜斯宪，副市长杨雄等出席签字仪式。

12月31日

上海海关2004年征收税款1 042.18亿元，同比增23%。

江苏口岸工作综述

【对外运输】 2004年，全省口岸共完成外贸运量9 822.2万吨，国际集装箱运量216.0万标箱，分别比上年增长16.2%和40.8%。

水运全年各主要港口口岸完成外贸运量：连云港港2 760.3万吨，张家港港2 019.0万吨，南通港1 464.4万吨，南京港912.9万吨，镇江港801.6万吨，江阴港544.2万吨，太仓港373.8万吨，常熟港278.6万吨，扬州港212.5万吨，常州港189.3万吨，泰州港188.4万吨；国际集装箱运量：连云港港50.2万标箱，南京港49.0万标箱，张家港港32.8万标箱，南通港31.1万标箱，镇江港16.3万标箱太仓港9.2万标箱，常熟港5.3万标箱，江阴港5.1万标箱，扬州港2.9万标箱，泰州港2.5万标箱、常州港2.1万标箱。

陆运苏州工业园区、苏州新区、昆山开发区、南京铁路等陆路口岸共完成外贸运量80.0万吨，国际集装箱运量9.1万标箱。

空运南京航空口岸全年共运送出入境旅客38.8万人次。

【检查检验】 2004年，南京海关全关区共监管出入境货物9 621.8万吨，比上年增长12.9%，货值1 500.9亿美元，同比增长63.0%；征收并入库税款472.1亿元，比上年增长30.4%，税收占全国海关的十分之一，位居全国海关第二位，共查获走私案件298起，案值4.3亿元；查获违规案件238起，案值7.5亿元；立案侦查案件38起，案值1.7亿元，抓获走私犯罪嫌疑人101名。

2004年，全省检验检疫系统共检验检疫出入境货物100.43万批次，价值605.24亿美元，批次同比增长25.8%，价值增长42.5%；其中检验检疫出境货物83.7万批次，价值307.4亿美元，同比分别增长20.1%和35.5%；检验检疫入境货物16.7万批次，价值297.9亿美元，同比分别增长65.0%和50.4%。对出入境人员实施疾病监测体检9.7万人次、艾滋病监测7.7万人次、实施船舶检疫18 363艘、飞机检疫4 916架、集装箱检疫115.0万标箱、木质包装检疫11.5万批次，同比疾病监测体检数增长12.3%，艾滋病监测增长10.4%，船舶检疫数持平，飞机检疫增长57.8%，集装箱检疫增长7.7%，木质包装检疫增长30.8%。全省各分支局的业务普遍保持了较高增长，有9个分支局的业务增幅超过了50%。

2004年，全省边防系统共检查出入境人员68.8万人次，比上年增长38.4%；检查出入境交通工具20 607艘（架）次，增长17.5%；检查进出境船舶16 068艘次，同比增10.6%，其中，进出境外轮13 008艘次，同比增长8.4%，检查进出港外轮6 512艘次，增长3.5%；检查出入境飞机4 539架次，增长50.8%。共发现和查获偷渡案件6起15人，同比增长50.0%和146.2%；审查处理非法入境外国人7起17人，同比增长133.3%和88.9%，审查处理境外遣返人员24起108人，同比增长380%和184.2%。查处其他违反出入境管理法规行政案件124起180人次，同比下降了13.9%和14.5%，维护了口岸正常的出入境秩序。

江苏海事局辖区全年监管船舶货运量4.1亿吨，其中危险货物7 961万吨，同比增长55.2%和

8.0%；监管时出港船舶70.3艘次，长江江苏段日均船流量2 911艘次，同比增长39.6%和14.7%。2004年发生水上交通事故58起，同比下降13.4%。其中重大事故件数、死亡失踪人数同比下降45.5%和34.6%。办理船舶签证67.8万艘次，办理国际航行船舶进出港检查手续2.7万艘次，同比增长41.2%和15.5%。

【口岸管理】 根据国函［2002］120文件精神，针对江苏省码头建设和使用的特点，江苏省口岸办会同江苏海事局、南京海关、江苏出入境检验检疫局、江苏省公安边防总队，制定了《关于已开放港口口岸新建码头启用和管理工作的意见》，并联合印发执行。通过计划手段和改进宏观调控，着重解决码头建设和开放过程中存在的衔接与协调问题，使码头开放验收与日常管理工作更加规范、高效。2004年，江苏省口岸办会同江苏海事局、南京海关、江苏出入境检验检疫局、江苏省公安边防总队和长江引航中心对各口岸贯彻落实《关于改进口岸管理、支持沿江开发的若干措施》的情况进行调研，总结出不少改进口岸管理的先进经验，也发现了许多制约口岸发展的问题，提出了具有较强针对性和可操作性的工作措施和建议，参与调研的联检部门和长江引航中心一致表示，将总结经验，针对问题改进口岸监管和服务措施，促进地方经济建设。

【口岸开放】 一是顺利开通盐城至韩国汉城的临时包机和航线；二是加快了列入国家“十五”口岸开放的大丰港一类口岸报批进度；三是联合验收并批准对外开放13座新建码头，合计新增靠泊能力约40万吨；四是顺利开通连云港至韩国的客货轮航线。

江苏口岸查验单位工作综述

南 京 海 关

2004年，南京海关在海关总署党组的正确领导下，在江苏省委、省政府的关心支持下，全面贯彻党中央、国务院、海关总署的各项部署和要求，解放思想，开拓创新，居安思危，励精图治，圆满完成年度各项任务，关区海关队伍稳定，各项改革建设事业全面发展，受到海关总署、地方党政及社会各界的广泛好评。

2004年，南京海关紧紧抓住《行政许可法》、《关税条例》和《海关行政处罚实施条例》的出台实施，以规范执法、提高能力为抓手，切实提高海关执法的规范化水平，圆满完成了年度各项任务。

【加强法制工作，提高执法水平】 以贯彻实施《行政许可法》为契机，举办法制讲座，开展论文研讨，组织网上培训，组织全员法律知识测试，着力提高关员的法律素质和执法能力；全面清理关区规范性文件，制定实施《南京海关实施行政许可事项公示指南》，有效规范关区海关行政执法行为；及时汇编整理《保税仓库海关监管法律指引》等文件，切实加强法律指引；加大法制宣传力度，推动关务公开，参与组织编写《完全通关800问》，使海关法律和执法行为公开透明；规范行政复议、应诉工作，开展执法评估，完善执法监督，有重点地组织开展专项执法督察，推动各项规章制度落到实处，较好地推动了各项监管工作的开展。

【扎实基础工作，强化实际监管】 制定实施通关监管现场处、科级领导巡视带班作业制度，加强对实际监管的领导。加大科技装备投入，强化监管场所管理，先后组织无锡、昆山海关与上海海关进行了“卡口联网与控制系统”试点，现场业务处、镇江海关进行了“海关监管场所备案系统”试点。引入分类管理和信用管理机制，在苏州、新生圩等海关开展运输企业信用管理试点。根据总署委托，完成了“海关选择查验计算机应用系统”前期工作，并与中国科技大学合作，建立科学数理模型，形成了系统设计方案，得到总署认可。此外，还牵头召开陇海、兰新铁路沿线海关第五次转关运输协调会，进一步完善了联系配合办法。在知识产权边境保护工作中被评为全国海关先进集体，在邮递物品监管中实现了查缉毒品零的突破。全年，监管进出境货物 9 621.8 万吨，货值 1 500.9 亿美元，同比分别增长 12.9%和 63.0%；监管进出境人员 82.2 万人次，增长 31.4%；监管邮、快递物品 301.8 万件，增长 3.1%。

【提高税收质量，再创历史新高】 加强税收骨干队伍建设，组建了关区归类、审价、减免税技术小组。运用关税分析监控系统、同品名商品归类差异系统，开展特许权使用费、大宗货物合约价、物流费用、内部调拨价格等普查和调研，加强关区商品价格归类监控，关区估价、归类工作取得良好成效，价格水平一直稳定在总署公布的绿区范围之内，归类差异率由年初 6.3%降至年底前的 0.27%，估价补税突破 2 亿元。继续探索实施纳税大户属地管理、预归类、便捷审价试点，初步建立了 30 家年税收亿元以上税源大户档案，对 3 个口岸 5 家大型企业 3000 多种生产料件开展了预归类，提高了审价、归类准确率和货物通关速度。此外，还开发应用了“特定减免税监控分析系统”，建立了减免税货物后续管理属地工作制度，有效规范海关减免税审批管理。全年共征收入库税款 472.1 亿元，占全国海关的 1/10，同比增长30.4%，位居全国海关第二位。

【增强打私效能，严厉打击走私】 以情报为先导，基本形成比较成熟的数据分析、案件经营、秘密力量物建、走私态势分析等工作思路和业务流程，通过情报经营成案 61 起。同时，以办大案、铁案、精品案为目标，加大刑事、行政执法力度，适时组织开展打击香烟、毒品、淫秽光盘及其生产线走私等专项行动，以及对进口 PP－R 管、数控中心、印刷机等的专项稽查，并注意深追细挖，扩大战果，提高缉私整体效能，先后查获了欧马公司走私进口数控加工中心案、安桥公司走私进口功放案、南通一公司走私进口废品案等一批有影响的大要案，中央电视台等新闻媒体多次进行报道。此外，还成功举办全国打击走私成果展览南京巡展，受到了总署和省市党委政府主要领导以及社会各界的高度评价，推进了综合治理，营造了打私良好氛围。全年，关区调查部门查获违规案件 238 起、案值 7.5 亿元，查获走私案件 15 起、案值 1.85 亿元；关区缉私部门立案违规案件 298 起、案值 4.3 亿元，立案走私犯罪案 38 起、案值 1.7 亿元，抓获犯罪嫌疑人 101 人。

【做好统计工作，保持领先地位】 制定实施《南京海关进出口货物报关单证档案管理实施细则》、业务统计考评办法，安装运行 CTA 数据审核系统以及报关单数据质量检控分析系统，严格统计处罚程序，规范报关单证和统计数据管理。全年审核上报报关单 170 余份、商品记录 400 余万条，无一重大差错。同时，紧密结合江苏口岸实际，积极拓展统计分析的广度和深度，充分发挥决策辅助和预警监测作用。全年编发《统计分析简报》近 300 期，其中被海关要情采用 50 余篇次，中办、国办采用近 40 篇次，中央和省领导批示 10 余篇次。在总署统计司组织的统计分析文章和统计分析人员评选中，名列全国海关首位。关区统计工作继续保持全国领先地位。

【以风险管理为中心，海关管理效能进一步提高】 采取集中培训、网络交流、专题讲座等方式，全面开展风险管理培训，全年关区培训人员达 1 500 余人次。建立关区风险管理协调运行机制，明确职责分工，规范操作流程。继续开展对重点大企业的规范工作，探索实行属地管理。积极参与江苏信用管理体系建设，主动与政府有关部门和行业协会建立固定工作联系方式，为风险管理提供有力支持。在苏州、张家港海关进行风险管理试点，建立风险管理工作机制和运作模式。在苏州工业园区、新生圩等海关以及机关职能部门试点，探索运用风险管理方法，促进风险管理与海关业务的深度融合。充分依托风险管理平台，开发运行“价格比对分析系统”等多个项目，强化风险分析，全年共查获涉嫌各类走私违规案件 97 起、案值 5.95 亿元，查实非案补税情事 49 起，货值 5 330 万元，累计涉及进口税款 3 591 万元，补税入库 1 507 万元，罚没入库 1 498 万元。

【以 H2000 切换为重点，不断深化通关作业改革】 克服起步晚、时间紧、机构多、业务量大等困难，加强组织领导，全力抓好 H2000 系统切换工作，6 月底关区 41 个业务现场全面切换运行 H2000 系统。与省外经贸厅联合调整了省内便捷通关企业的资格条件，新批便捷通关企业 8 家、无纸通关企业 4 家、新签约网上支付企业 290 家，并在部分企业开展电子通关单联网核查试点。无纸通关试点现场扩大至 8 个，网上支付签约银行增加至 9 家，网上纳税 20 余亿元。探索区域通关模式，在禄口机场、现场业务处、苏州、无锡海关试行空运货物“属地报关，口岸分流/放行”改革试点，简化手续，提高效率，取得良好成效。

【以促进加工贸易转型升级为目标，继续推进加工贸易监管改革】 确立并推广关区联网监管“3 + 1”模式，供不同类型企业自主选择，联网监管范围进一步扩大，关区联网监管企业达到 209 家，联网监管覆盖面已近全省加工贸易总量的 40%。开发运行了吴江、江阴加工贸易联网监管区公共平台，以及昆山出口加工区辅助监管系统，成效初步显现。联合江苏省外经贸厅制发《江苏出口加工区海关监管整体联动指导方案》，积极推进省内出口加工区整体联动，受到省政府领导高度重视。张家港保税区“区港联动”改革试点获得国务院批复同意，已经通过预验收，待总署组织正式验收；苏州工业园区全国首家保税物流中心（B 型）成功启动运行。此外，进一步开展了保税仓库清理工作，并试点运行了保税仓库电子账册系统，关区海关保税物流监控体系初步形成。全年，关区海关备案加工贸易合同 54208 份，下降 0.8%；备案合同金额 795.1 亿美元，增长 51.9%。

【以服务江苏开放型经济发展为己任，进一步提高把关服务水平】 全面推行了 24 小时预约加班、“5 + 2”全天候通关服务等制度。认真落实国家减免税政策，全年审批各类减免税 66095 笔，审批货值 110.2 亿美元，免征税款 209.5 亿元，位居全国海关第一位。紧紧围绕江苏开放型经济发展中的重要问题，开展调查研究，与省内各地市主要领导进行广泛沟通，多次深入企业走访调研。党组书记、关长邢强同志《关于推进江苏开放型经济发展的几点建议》受到省委、省政府高度重视，省委书记李源潮、省长梁保华、常务副省长蒋定之、副省长张卫国多次批示，组织省政府有关厅局逐条研究。近期，省政府将召开常务会议，专题研究落实海关的建议。

【以人为本，严格管理，队伍建设得到新的加强】 着力加强领导班子和领导干部队伍建设。在抓好党组班子自身建设的同时，以 5 年回顾教育和“两个条例”、党的十六届四中全会精神等的学习为重点，严格干部教育管理。年初对关区处以上领导班子和领导干部进行公开讲评，指出问题，提出要求。积极探索关长任中经济责任审计，全年共对 3 名隶属海关关长进行任中审计，发现问题 38 个，制发督察审计建议书2份；加快选拔任用步伐，周密组织处科级干部竞争上岗工作，年内提任处级干部49人，交流处级干部28人，将15名40岁以下的干部充实进处级领导班子；认真组织开展处级后备干部的推荐考察，已完成隶属海关71名处级后备干部的考察，对机关的后备干部考察正在进行；进一步规范干部管理，赋予政治部管理机关科以下干部的权力，并制定实施《南京海关非领导职务设置办法》、《南京海关关于规范干部借调工作的通知》等干部管理制度；加大干部培训力度，与江苏省委党校联合举办处级干部培训班，提高干部素质。

扎实推进基层建设和准军事化海关纪律部队建设。积极加强基层建设，年初召开关区基层建设会议，按照分类指导的原则，继续加强对关区基层建设的检查指导，全面落实《基层建设实施纲要》，基层建设水平有了新的提高；稳步推进关区海关的准军事化纪律部队建设，年初在无锡海关进行准军事化纪律部队试点，通过狠抓正规化建设，营造准军事化氛围，得到了总署的充分肯定并向全国海关推介。还研究制定了《南京海关准军事化管理规范》，指导关区的准军事化纪律部队建设。

深入开展教育培训、文明创建和思想政治工作。及时召开关区思想政治工作会议，分析解决思想政治工作中存在的矛盾和问题。深化“三珍惜、三热爱”、“两个务必”、“立党为公、执法为民”主题教育活动，开展弘扬红其拉甫海关艰苦奋斗精神教育活动，积极推进精神文明创建，南京海关被团中央授予“十年全国青年文明号活动”优秀组织奖，关区现有国家级青年文明号5家，在海关系统名列榜首。紧抓干部教育培训，全年举办处、科级干部培训班以及各类专业培训班近百期，培训人员5000余人次。成功举办关区第二届体育运动会，推动群众性文体活动的开展。此外，还修订了《南京海关奖励工作实施办法》，规范奖励标准和奖励实施，及时激励先进，鼓舞士气。全年，有2个集体荣立集体二等功、9个集体荣立集体三等功、14个集体受嘉奖，9人荣立个人二等功、29人荣立个人三等功，127人受嘉奖。

全面构筑反腐倡廉的坚固防线。年初层层签订《党风廉政建设责任书》，对年度任务实行责任分解，形成一级抓一级、一级对一级负责的工作格局，这种做法在全国部分海关落实党风廉政建设责任制座谈会上做了经验介绍。制定实施《南京海关党组关于进一步加强党风廉政和反腐败工作的意见》，突出党组自身和处以上领导班子廉政建设，在程序、范围、职责和民主生活会、自觉接受监督等方面进一步加强了领导班子的廉政建设。狠抓“海关人员6项禁令”的贯彻落实，采取事先不打招呼的方式，对关区20个处级单位进行暗访和突击检查，并在关区工作会上进行公开讲评；深入开展“执法为民，树立新风，共建廉洁海关”主题宣传月活动，向企业发放宣传手册5 436本、公开信7 718份，走访企业295个，召开各类座谈会74次，有力推进了关区行风纠建工作。印发《南京海关加强督察审计工作的意见》，加强对重点工程的监督，共对关区13项基建项目实施审计，核减节约资金1 038万元，平均核减率23.2%。全年，关区各级领导班子和领导干部以及普通关员中未发现一起重大违纪违法情事；关区海关干部职工主动上交现金、有价证券、支付凭证、礼品千余人次、70余万元；拒礼拒贿、拒吃请5 000余人次；收到表扬信48封，收到锦旗62面。

此外，还组织开发关区统一的集中式计算机应用平台，组织实施机关服务中心改革，认真做好江宁办事处和驻邮局办事处的筹建工作。

江苏省公安边防总队

2004年，在部局、省厅党委的领导下，总队以“三个代表”重要思想和“二十公”精神为指导，深入贯彻全国公安边防部队边防检查工作会议精神，牢固树立科学的发展观，进一步深化边检勤务改革，积极组织开展“大练兵”和“双争”活动，圆满完成了各项边防检查任务，为创建“平安口岸”、服务“两个率先”，做出了积极的贡献。1－11月，共检查出入境旅客、员工634 914人次，同比增长41．17%；检查出入境交通运输工具18 877艘（架）次，同比增长18．44%，其中，船舶14 629艘次，同比增长10．21%，飞机4 248架次，同比增长59．46%；检查进出港外轮5 850艘次，同比增长1．97%；查获口岸偷渡案件10起25人，审查处理境外遣返人员23批106人，查处其他违规违章案件111起167人次。

【扎实开展“平安口岸”创建工作，有效维护了口岸正常的出入境秩序】 为深入贯彻胡锦涛总书记考察江苏时的重要讲话和省委十届七次全会精神，充分发挥边防检查机关在“平安江苏”创建中的职能作用，总队坚持以科学的发展观为指导，进一步改进和加强边检工作，大力开展边检站“平安口岸”创建活动，充分履行守卫国门职责，用实绩赢得了地方党委、政府和人民群众的肯定和支持。

加强查控基础工作，维护开放口岸安全稳定。全省各边检站狠抓接控、布控和查控等各项工作制度的落实，严密对各类不准入境人员和边控对象的管理和控制，圆满完成了全年接、布、查控任务。根据形势发展需要，总队及时拟制了口岸突发事件处置预案，指导部分边检站“处突”模拟演练，提高了各边检站出入境控制能力，维护了重点、敏感时期开放口岸的安全与稳定。

注重科技强警，努力提高科技手段在边防检查工作中的运用。一是完善和改进“电子门警”系统。在2003年总队研制开发“电子门警”系统的基础上，结合试用情况，先后四次对系统相关功能进行了完善和改进，并于5月份在部分口岸投入使用。该系统是按照“机械警察”思路研制的，具有对上下轮人员磁卡查验、掌形识别、红外线移动侦测、后台语音提示对讲、数据自动统计、面部图像采集等功能，与高清晰度的闭路电视监控系统相配套，基本形成对监护目标的有效控制。二是加快视频监控系统建设。按照公安部关于边防检查现场设施建设标准，总队将码头现场闭路电视监控系统作为码头对外开放的硬件要求加以规范，截止11月，全省已有100多个开放码头泊位实现了视频监控，镇江、常熟、太仓边检站还建设了从码头执勤现场到监护中队、现场值班室、站机关的远程监控系统，有效地增强了边检站对口岸码头的全面管控能力。三是注重巡查巡视的装备建设。年内，地方政府先后支持6辆边检巡查车用于边检站勤务改革工作。为规范全省巡查巡视的装备，总队及时对全省巡查车辆的标识进行了规范，并投入经费统一购买了警用头盔、武装带、橡皮棍配备给边检站。

采取有力措施，深入开展反偷渡工作。根据部局年初反偷渡通知精神，全省各边检站切实采取有力措施，进一步加强沿江、沿海地区和空港口岸的管理工作，严格落实反偷渡综合治理等各项措施，坚决遏制住江苏省部分口岸的偷渡活动。在夯实反偷渡基础工作中，各港口边检站主要抓三项工作：一是以重点航线国际航行船舶为重点，加大出入境边防检查和监管力度，加强对船舶在港期间的巡查巡视，严把入境关、出境关、抵港关、出港关。二是贴近反偷渡工作实际，加强岗位实用技能培训，进一步提高执勤人员在反偷渡工作中的发现、处理和打击能力。为扎实开展反偷渡工作，全省各港口边检站能主动加强与海关、海事、远洋运输等部门的协调配合，强化对集装箱的监管力度，确保利用集装箱偷渡活动能够及时查获。同时，总队对还及时指导有旅检任务的边检站进一步加大对前往西欧、韩国旅客的检查力度，将因私出境的福建、浙江省籍、东北朝鲜族人员作为重点，严厉打击持用伪假证件和利用转机机会前往西欧、韩国的偷渡活动。

【稳步推进边检勤务改革，切实提高了边检监管服务效能】 针对边检人员编制远远滞后于任务量迅猛增长的实际，总队党委将推动全省边检勤务改革工作作为业务建设的重要内容，积极启动边检勤务改革试点工作。按照“去年试点、今年推广”的工作步骤，2004年上半年，总队精心组织人员，认真整理、综合2003年以来各试点单位的勤务改革经验，并于6月22日、23日，在张家港边检站召开了全省边防检查工作会议暨勤务改革现场会，全面总结推广近年来勤务改革试点经验。会后，总队相关职能处室及时跟进，深入调研，认真指导各边检站将勤务改革与文明执勤相结合，大胆探索和改革边检勤务模式。全省各边检站深入贯彻这次会议的工作部署，均成立了边检勤务改革领导小组，坚持以促进口岸经济发展为宗旨，以服务江苏省“两个率先”为基点，以创建“平安口岸”为目标，因地制宜，统筹兼顾，制定了切实可行的勤务改革细化措施和方案，并全面推进实施。

大力加强“边检协管员”队伍建设。为确保口岸安全与畅通，切实缓解警力紧张的矛盾，年内，在地方政府的大力支持、企业的积极配合下，江苏省部分港口边检站充分借鉴南通边检站的试点经验，坚持走群众路线，运用民力大力加强“边检协管员”队伍建设。边检协管员队伍的建立，增强了码头通关能力，保障了企业利益，严密了边检管控措施，缓解了警力不足矛盾，减轻了执勤用兵强度。特别是SOLAS国际公约对企业安全保卫措施的要求与边检协管队伍的作用相适应，给企业带来很大实惠，许多企业在得益后交口称赞，一致认为协管员队伍的建立体现了执法为民思想，营造了亲商氛围，优化了企业管理，提升了企业形象。目前，在协管员的协助下，两、三名战士就可以监管一座码头多条船舶。运用协管力量的边检站在老兵退伍缺员1/3的情况下，仍能从容应对繁重的执勤任务，既确保了国门安全、口岸畅通，又有利于部队的长远建设。

积极推广“四位一体”边检勤务运行机制。按照张家港会议的统一部署，各港口边检站认真借鉴张家港、江阴边检站“边检口岸限定区域、电子门警（或卡口监护）、闭路电视监控、小分队处警”的“四位一体”的监护模式，并结合本口岸地理环境、码头特点和靠泊船舶类型，反复论证，周密部署，科学实施符合自身实际的边检勤务改革模式。具体工作步骤是：一是针对勤务改革中出现的新情况，对相配套的规章制度进行逐条修改，做到边改革、边完善，保证各项勤务改革制度的可操作性和规范性。二是精简机关，整合科室，组建承担办证、查验、巡查（处警）、调研等业务的综合业务执勤科，强化外语、法律和业务知识培训，实现一警多能。三是积极向地方政府争取配备边检巡查车，购置边检巡查器材，完善巡查巡视装备。四是选择具有典型的和代表意义的开放码头，实地运行“四位一体”等新型监护模式。

逐步完善“星级”考评制度，优化口岸监管、服务软环境。2003年，连云港边检站试点实施“星级”考评制度，年内，为确保“星级”考评工作规范开展，该站先后制定和完善了“星级”考评的工作方案、实施办法和考评细则。结合“星级”评审的流程，规范制作了船舶及口岸涉检单位“星级”资格的申请表、审批表、“星级”考评扣分标准、《船舶在港期间船方自身管理记录本》、《检查考核情况登记表》等文表，同时按照“以点带面、稳步推进”的思路，对连云港口岸的出入境船舶、涉检单位全面展开了“星级”考评工作，截至目前，已有9家单位获得“三星级诚信单位”。“星级”考评制度充分调动了边检站服务对象主动参与管理的积极性，广泛赢得了地方党委政府、服务对象对边检工作的理解支持，全面提升了边检站的管理与服务水平。

推行“七项制度”，深化边检服务机制改革。为全面强化大局意识和服务意识，体现边检站便民、利民、为民、亲民的形象，总队积极指导各边检站启动边检服务机制改革工作，大力推行“七项制度”。一是首问负责制，要求接待群众咨询、报警、求助以及外来办事人员的首位官兵，对属于自己职责范围内的事务立即办理，对不属于自己管辖或职责范围的事务，先行受听，做好接待，并在第一时间内通知相关人员及时答复、办理。二是实行“24小时”边检工作制，确保出入境飞机、船舶一天24小时可随时从江苏省开放口岸出入境、港。三是实行出入境船舶预检制，缩短出入境船舶在港期间非作业时间，方便船舶作业生产，维护船方及企业的经济利益的最大化。四是实行限时办结制，规定边检站每次办理船舶出入境手续不超过15分钟，检查一名船员证件不超过45秒钟，办理船员换班手续不超过5分钟，办理每份《登轮证》、《搭靠证》、《登陆证》或《住宿证》不超过3分钟。五是实行边检程序简化制，对符合出境、入境一次性查验条件的船舶，坚持一次性验证制，最大程度地节约船方及企业的运营成本。六是推行人性化边检服务制，对需要参加边检业务培训人员较多或生产任务较重的单位，边检站安排专人上门免费培训，实施“上门服务”；对驻地政府、口岸涉外机构、码头涉检单位及投资兴业的客商主动宣讲出入境边防检查政策、法规，提供信息服务。七是实行警务公开制，公开岗位职责、执法依据、办事程序、法定时限、收费标准、监督方式及其他相关内容，一线执勤人员全部挂牌上岗，主动接受群众监督和评议。

【主动融入发展大局，为地方口岸建设提供了良好服务】 近年来，江苏省盐城、无锡、徐州等地方政府为了加快经济发展、提高区域竞争力，加快当地航空口岸建设的愿望比较迫切。为此，总队认真按照国家有关规定进行工作研究并及时请示部局业务部门，确保有关工作措施既体现中央事权的要求，又倾注对地方经济建设和发展的支持，在此基础上，与地方政府领导进行工作互访，商谈解决口岸临时对外开放涉及的问题。在这些会谈中，总队以有利于边检工作开展、维护边检机关切身利益为出发点，围绕边检人员编制、执勤人员办公条件、边检查验设施和相关设备等具体问题，与地方政府部门进行协商并达成了共识，确保了4月8日盐城机场临时对外开放后各项边防检查工作的开展。在总队积极指导下，连云港至仁川客货班轮航线即将于12月29日开通，无锡、徐州机场临时对外开放事宜也正处于手续申报和现场设施完善阶段。此外，年内总队还就已开放港口口岸内新建码头的边防检查与监管设施、相关配套条件，与地方政府、企业多次沟通联系，提出了建设性意见和建议，争取以省经贸委、省级查验单位名义出台一部指导性规范文件，从而进一步将有关工作纳入规范化轨道。

【组织开展边检业务“大练兵”活动，有效提高了业务人员整体素质】 根据部局和总队统一部署，按照“干什么、练什么，缺什么、补什么”和“全警参与、重在基层、立足岗位、注重实效”的原则，总队及时将“大练兵”工作重心倾向基层，认真组织指导各边检站广泛、深入地开展边检业务大练兵活动，努力实现人人参加练兵、人人受到教育、人人得到提高的目标。工作中，总队着重把“大练兵”与检查员等级评定工作有机结合起来，并于3月份，举办了全省初级检查员资格考试，共有141名业务人员获得初级检查员资格证书。年内，总队还综合利用部局开发的“检查员考试系统”、“卡片录入系统”等实用软件，不断充实、完善“边检人员岗位练兵题库”，积极为边检业务人员搭建业务、外语、法律、计算机等学习、培训平台，努力造就一支业务精通的边防检查队伍。

【大力开展“双争”活动，进一步提升了边检“窗口”形象】 年内部局组织开展争创执法为民窗口、争当执法为民标兵”活动以来，总队党委高度重视，认真结合“杭州会议”精神和江苏省边检勤务改革工作实际，多次召开会议进行研究部署落实。为确保“双争”活动扎实有效，总队及时制定全省边检站开展“双争”活动考评细则并进行跟踪指导。各边检站根据部局“双争”活动方案和总队考评细则，结合本口岸实际，精心安排，广泛宣传，制定了“双争”活动具体实施方案，进一步明确了各阶段工作重点，确保“双争”活动有计划、分步骤地扎实开展。

在开展“双争”活动中，各边检站努力将这项活动作为加强边检站全面建设、落实执法为民的有效载体，突出重点，注重实效，进一步规范边防检查工作，落实便民利民措施，内强素质，外塑形象，大力加强边检队伍和业务建设。建设中，各边检站坚持机关、基层同步建设，硬件、软件同步发展，“窗口”建设取得明显成效。“查控”、“旅检”、“港口业务”等业务规范得到较好落实，“窗口”设施和勤务制度进一步完善，业务档案资料建设、执勤业务训练得到进一步加强。在边检站经办的111起行政案件中，无一例提起行政复议、行政诉讼、国家赔偿。“执法为民窗口”和“执法为民标兵”等先进典型不断涌现，其中有2个单位和4名个人还获得参加部局评比的提名。通过“双争”活动卓有成效地开展，大多数边检站被评为省、市级先进单位、精神文明共建单位。连云港、南京边检站还被评为“江苏省文明单位”。镇江、扬州边检站在开展“双争”活动中，由于“双拥”工作突出，被当地党委、政府和军分区评为“双拥模范单位”，荣立集体三等功。南京港边检站监护一中队还被公安部和共青团中央命名为“青年文明号”。

江苏出入境检验检疫局

【概况】 2004年，江苏出入境检验检疫局认真贯彻国家质检总局和江苏省委、省政府的工作部署，以依法行政、严格把关、服务经济、促进发展为中心，以加大改革创新为主线，深化业务、人事和事业单位三项改革，加强基础、法制、队伍和廉政四个方面建设，较好地履行了忠于职守、勇于负责、严格把关、保国安民的职责，为促进地方经济既快又好发展做出了积极的贡献。全省检验检疫业务总量、收费以及不合格商品、疫情疫病的检出率都较2003年同期有明显提高。据统计，2004年，全省系统共检验检疫出入境货物1 004 359批次，6 052 451万美元，批次同比增长25.8%，金额同比增长42.5%；其中检验检疫出境货物837 237批次，3 073 858万美元，同比分别增长20.1%和35.5%；检验检疫入境货物167 122批次，2 978 593万美元，同比分别增长65.0%和50.4%。完成出入境人员疾病监测体检97 328人次，实施艾滋病监测77 363人次，实施船舶检疫18 363艘、飞机检疫4 916架、集装箱检疫1 150 038标箱、木质包装检疫114 600批次，同比疾病监测体检数增长12.3%，艾滋病监测增长10.4%，船舶检疫数持平，飞机检疫增长57.8%，集装箱检疫增长7.7%，木质包装检疫增长30.8%。签发普惠制产地证书35万份，货值111.9亿美元，同比分别增长12.8%和22.9%。全省各分支检验检疫局的业务普遍保持了较高增长，有9个分支局的业务增幅超过了50%。

【防治高致病性禽流感工作扎实有效】 年初部分省市区发生禽流感疫情后，江苏检验检疫系统认真贯彻上级部署，严防死守，准确应对。一是全面贯彻部署防治工作，切实加强组织领导。全省系统及时成立了由“一把手”担任组长的各级防治工作领导小组，在省内各口岸构建了严密的防治网络。二是落实应急预案，全力构筑防控屏障。适时启动了《江苏检验检疫局进出境重大动物疫情处理预案》，制定并实施了《禽流感检验检疫应急预案》。三是严格落实各项应对措施，切实加强“内堵外防”。采取了严格入境货物检疫查验、加强出境货物检疫把关、强化检疫消毒处理等9项措施，严防禽流感疫情的传入传出。据统计，禽流感防治期间，全省系统共计对387艘次船舶食品舱内的6 443.83公斤疫区禽类产品实施了封存；消毒国际邮包、快件1 195件，查获有情况邮包37个，查扣禽肉制品42公斤；对全省辖区内4个备案养殖场存栏的2万只鸡和7万只鸭进行了禽流感免疫，并联合相关部门对全省75个禽类产品加工厂和冷库进行了专项检查，为赢得全省防治高致病性禽流感的胜利做出了积极贡献，被江苏省人民政府授予“江苏省高致病性禽流感防治工作先进集体”称号。

【执法把关成效持续提升】 全省系统着力提高执法把关成效，建立了全面覆盖检验检疫执法工作的把关成效评价体系，将把关成效量化，促进了全省系统检验检疫执法能力的提高，确保了国门安全。全省系统全年共发现不合格出入境货物3 494批次，262 855万美元，分别占总批次、总金额的0.35%和4.4%。其中出境货物不合格1 172批次，金额3 575万美元，同比分别增长19.6%和35.8%；入境货物不合格2 322批次，金额25.9亿美元，同比分别增长36%和78.3%。

坚持狠抓重点敏感商品质量。继续加快了检验检疫工作重点向涉及安全、卫生、健康、环保和反欺诈方向的转移，特别按照总局的部署，狠抓了进出口食品、农副产品、进口废物原料、旧机电等重点敏感商品的检验检疫工作质量。全年实施进口旧机电以旧顶新行政处罚共45起，罚金148.8万。对10批违规进口的旧机电产品实施了退运或销毁处理。特别是在夏季全省电力紧张时期，及时发现了进口发电机以旧充新、安全质量不合格的情况，引起国家质检总局高度重视，专门向全国发出警示通报，维护了国家利益，保证了安全生产。查处18批5 600多吨环保不合格的进口废物原料，均移交海关作退运处理，在认真施检的同时，加强了对废物原料进口企业的监督管理，建立了企业档案，为保护环境发挥了应有的职能作用。先后5次组织300多人次对全省冷库、市场的进境肉品开展专项集中检查，查获境外不合格肉品14批计289.87吨。对南京西站9车皮进境冷冻肉品依法实施了查封，并对其中确认不能提供有效检验检疫单证、货证不符以及来自疫区的212.49吨境外不合格肉品实施了深埋销毁处理。这是我国检验检疫等部门联合举行的最大规模的一次销毁非法入境冷冻肉品的行为，在系统内外引起重大反响，并且由于是在禽流感防治和总局部署对重点敏感商品检验检疫工作进行整顿的关键时期，这一事件的成功查处，推动了这两项工作的深入开展，总局因此予以通报表扬。

疫病疫情的检出率继续位居全国系统前列。全年在出入境人员体检中，发现各类疾病9 421例，其中，艾滋病病毒感染者19例，性病140例，同比分别增长72.73%和10.24%。检查发现各类医学媒介生物3 941批、37.93万只，同比分别增长176.37%和243.51%。从进境动植物及其产品中截获各类有害生物766种13 789批次，同比分别增长了56.3%和67.9%，其中截获我国禁止进境的一类有害生物6种105批次、二类10种813批次。从进口木薯干、肠衣等产品中多次检出铅、呋喃西林、硝基呋喃等各类有毒有害物质。在进口粮食、木材、木质包装、运输工具检疫等方面也保持了较高的检出率，相继截获了大豆疫病、印度腥黑穗病菌、咖啡果小蠹、鳞球茎茎线虫等危险性有害生物。

【认证认可工作扎实推进】 认真做好出口食品企业对外注册工作，并以此作为突破国际技术壁垒的有效手段。对申请企业实施严格评审，同时加大对获证企业的监管力度，建立网络化管理平台，实施动态管理，确保不出影响全局的大问题。精心准备，强化指导，使各迎检企业顺利通过了日本、美国、韩国的官方检查。全年共受理出口食品生产企业卫生注册登记申请366份，其中卫生注册169家，卫生登记197家；新推荐对欧盟注册水产品企业2家，对俄罗斯注册肠衣企业3家，对美注册水产品企业3家，对日推荐冷冻菠菜加工企业5家，推荐熟禽肉加工企业5家。至此，全省有效的卫生注册登记企业已达722家，对外注册企业共59家85厂次。

国际质量体系认证工作取得新成绩。从国内认证市场扩展到海外认证市场,2004年5月派出专家赴日本株式会社东京纸盆制造所对其实施环境管理体系认证,实现了海外认证市场零的突破;管理体系认证从单一的质量管理体系认证发展到环境、职业健康安全等多体系认证;从单一组织的认证发展到了集团性系统认证,成功开拓了江苏省地税系统58家地方税务局的ISO9000认证业务,开创了中国质量认证中心(CQC)集团系统认证的先河,在系统内产生了较大影响。江苏评审中心全年共计发证883家,同比增长6.2%,其中,ISO9000发证800家,ISO14000发证71家,OHSAS18000发证12家。

【检验检疫“大通关”建设持续加快】 针对江苏开放型经济发展迅猛，出入境人流及外贸物流不断提速的现状，江苏检验检疫局持续深入推进“大通关”建设，实现了“提速、减负、增效、严密监管”的预期目标。一是进一步加大了信息化基础建设投入，制定并积极落实购置小型机、实施全省系统广域网三期工程等方案，建成了以业务管理、办公自动化和信息发布为主干的三大信息网络体系。二是“三电”工程（电子报检、电子转单、电子通关）进展迅速，截止2004年底，全省已有3 558家企业实现了电子报检，电子报检率达100%；产地证电子签证企业2 000多家，电子签证率达90%以上；出境货物符合转单条件的实行100%电子转单，入境货物实现了100%电子转单。与南京海关合作南京地区的电子通关试点，进展情况良好。同时对全省162家企业试行了出口货物电子审单快速核放。三是继续深化内部改革，为企业提供快捷服务。设立“证单中心”，借鉴银行“通存通兑”做法，推出“通报通签”业务，并推广运用无纸化报检，在网上开通CIQ信息频道，架起联结企业与检验检疫交流的电子桥梁。全面实行“5+2”作业制度改革，即在周六、周日抽调检验检疫人员轮流加班，对出入境船舶、进出境旅客、出入境快件、鲜活货物及其他进出口应急货物的检验检疫，实行申报、查验、检验、放行24小时工作制，进一步方便了外经贸企业。四是检验检疫监管模式改革持续深化。截止2004年底，全省仅实施过程检验的企业就已达700余家，另有12家出口食品企业和1家化妆品企业实施了监督检验试点工作。昆山、苏州检验检疫局还试行了检验检疫电子远程监控，对入境货物实行实时摄像录影、动态监控和资料查询，实现了进境货物从机场直达企业的无障碍、零距离的通关便利。参加模式转换的企业普遍反映实施模式转换既加强了对产品的全过程控制，促进了产品质量的提高，同时大大提高了检验检疫通关速度，减轻了企业负担，也缓解了检验检疫人员紧张的矛盾。另外，全省有220家企业获得”绿色通道”企业资格，数量占全国总数的18%。同时在已有3家企业获得总局出口免验资格的基础上，2004年我省舜天国际集团舜天西服厂又通过了总局出口免验现场审核，并另有5家企业申请出口免验。

【职工教育培训工程正式启动】 大力加强队伍建设，在全国系统率先启动职工教育培训工程，确定在2至3年内将全省检验检疫业务人员全部按照岗位要求轮训一遍，专业人员全部实现持证上岗。截止2004年底，已有鉴定等多个专业的岗位培训教材印刷出版，玩具检验、卫生检疫、动植物检疫、轻纺等专业的培训已全面开展。全省系统累计已有3000多人次参加了培训。同时继续做好科研人才的选拔和培养工作，再次对学科带头人培养对象进行了选拔和调整，共有138名同志被列为学科带头人培养对象，另有3位同志被总局授予优秀中青年专家，13人被列入江苏省“333”工程培养对象，并建立了动植物与食品检测中心博士后科研工作站，为加快人才培养开辟了新途径。

人员素质的持续提高，有力地保证并促进了检验检疫科研工作的开展。2004年江苏检验检疫局又有25个项目获得全国质检系统“科技兴检”奖，其中一等奖2个、二等奖9个，获奖总数再次位居全国系统首位。科技成果推广应用也初见成效，《食品中大肠菌群快速检验方法及试剂的开发》项目被科技部列入《国家科技成果重点推广计划》，《高效杀虫气雾剂研究》项目获得了国家专利，也已得到推广使用。

【创建文明行业活动成果丰硕】 积极响应国家质检总局和省委、省政府关于加强机关作风建设的精神，按照“为民、务实、清廉”的要求，以“服务基层、服务外贸、服务发展”为主题，深入开展了机关作风整顿活动。组织走访重点外贸企业，并向100多家企业发放了征求意见表，广泛征求各界对加强和改进检验检疫机关作风的意见和建议。在此基础上，制定了加强省局机关作风建设的18项措施，并在《新华日报》公示。在年终全省”万人评议机关作风”中，测评成绩名列前茅。全省系统深入开展创建学习型、服务型机关的活动，广泛开展了“打造诚信国检，树立文明行风”的主题教育活动，省局被团中央等23个部委联合授予“十年全国青年文明号活动优秀组织奖”，并涌现出全国”五一”劳动奖章获得者、全国质检工作先进集体和先进个人、全省”坚持科学发展，提高执政能力”党政领导干部等一批先进典型。

江苏海事局

2004年，江苏海事局在交通部和交通部海事局的领导下，在各级地方政府的支持下，紧紧依靠全局干部职工，各项工作继续保持健康发展，监管成效显著。在地方航运经济高速发展中，辖区安全形势保持稳定。辖区全年船舶货运量4．13亿吨，其中危险货物7 961万吨。分别比2003年增长了55．21%和7．98%。进出港船舶70．33万艘次，长江江苏段日均船舶流量2 911艘次，分别比2003年上升了39．6%和14．7%。2004年仅发生水上交通事故58起，比2003年67件下降13．43%。其中重大事故件数、死亡失踪人数分别比2003年同期下降45．45%、34．62%。实施PSC检查635艘次，FSC检查7 439艘次，开航前检查285艘次，全面超额完成分配指标。办理船舶签证67．76万艘次，办理国际航行船舶进出港检查检验手续2．72万艘次，分别比2003年上升41．17%和15．50%。

江苏海事局辖区内现有沿江沿海11个一类开放口岸，具体是连云港、南京、扬州、镇江、泰州、江阴、张家港、常州、常熟、南通和太仓；另外还有浏河和射阳2个二类开放口岸。沿江开放岸线有350多公里；沿海开放岸线有60多公里。江苏沿江地区共有806座码头、泊位，其中一类开放码头、泊位183座，二类开放码头、泊位7座。2004年，辖区共计进出港海轮15．17万艘次，国际航行船舶（含外国籍船）2.72万艘次，其中海船载货量2．0842亿吨，国际航行船舶载货量0．9390亿吨。

随着江苏沿江沿海经济的大开发，2004年江苏沿江沿海对外开放口岸有了新的发展。一是在原开放水域内新增开放20座对外开放码头，新增开放码头较上一年呈较大幅度增加；二是江苏沿海以前不是港口的地区现在正在新建港口及作业设施，即将成为对外开放的口岸。

近年来，江苏海事局为了适应江苏沿江沿海经济大开发的需要，以加强水上运输的安全、方便船舶航行、提高水路营运效率为目的，制定和实施长江江苏段船舶定线制，率先开展海事监督管理执法模式的改革，为江苏口岸管理做了许多开创性的基础工作，使长江下游江苏段较好地发挥了黄金水道的作用。

【实施船舶定线制，实现“水上高速公路”】 为配合支持江苏沿江经济腾飞的宏伟发展战略，给越来越多的大型船舶安全进江创造条件，海事局在大力整治通航秩序和完善长江水域锚地建设的基础上，积极推进长江江苏段航路改革，并于2003年7月1日全面实施长江江苏段船舶定线制，真正实现了长江江苏段船舶航行与国际接轨，大大提高船舶航行效率和航行安全，并使大型船舶夜航成为可能，实现了安全、高效、快捷和全天候通航的目标，一条“水上高速公路”已经展现，极大促进了江苏沿江外向型经济的发展。

【积极推进长江江苏段进江海船的夜航】 为缩减船舶在长江的逗留时间，减少船舶的营运成本，增加船舶营运效率，吸引更多的船舶进入长江，提高港口的利用效率，江苏海事局自成立以后，一直努力推进进江海轮夜航并为之做了大量的工作。随着船舶定线制的实施，大大提高了船舶航行效率和航行安全，为船舶航行提供了良好的通航环境，也使大型船舶夜航的条件更加成熟。2004年，海事局对进江海船夜航作了进一步推动，并召开了新闻发布会宣布长江江苏段进江海船可以全面夜航，目前进江海轮的全面夜航已经实现。

【重新划定长江江苏段锚地和建立水上服务区】 为适应航运经济的发展，巩固船舶定线制的成果，海事局重新对长江江苏段锚地进行了划定，满足了逐年增加的国际航行船舶进出口岸的需要，缓解了进口岸国际航行船舶和进江海轮锚泊难的问题，解决了长期以来制约江苏沿江经济发展的一个“瓶颈”。海事局引导水上服务模式改革，规划并公布了26个水上服务区，既改变供受油船舶乱停乱泊现象、提高了船舶通航率，又给船方提供了功能齐全、标准规范的服务，得到了船民的普遍欢迎和上级领导的充分肯定。此外，海事局还在长江江苏段设置了10块航行安全警示牌、信息牌，极大方便了船舶航行，对遏制重点水域事故多发，实施船舶定线制起到了积极作用。

【进一步简化进出口查验手续，完善全天候审批制度】 海事局进一步简化国际航行船舶进出口查验手续，及时向各查验单位通报进出口岸船舶动态，协调查验工作，提高了办事效率，减少了船舶在港非生产性滞留时间，树立了江苏口岸及海事系统的形象。为使进出江苏口岸的国际航行船舶尽可能快地进出口岸，海事局在海事管理和服务中，克服任务重、人员少等实际困难，进一步完善24小时值班和国际航行船舶全天候申报审批制度，提高了口岸管理的工作效率，深得各地口岸单位的好评。

【进一步做好超大型船舶进出江安全监管工作】 为进一步提高长江江苏段口岸的码头、泊位的效率，顺应进出长江船舶不断大型化的发展趋势，让更多的大尺度船舶直接进出长江为地方经济建设服务，海事局在尊重科学和实事求是的基础上，结合辖区水域、航道、港口码头的具体情况，进一步完善超大型船舶进出长江的管理办法，对超大型船舶进出长江实施逐条全程维护，并在确保安全监管的前提下，尽可能简化申报审批程序，努力使更多的超大型船舶进出江苏口岸，以充分发挥江苏口岸效率。

【加快VTS改造步伐和信息网络建设，推行电子口岸】 为更好地适应江苏口岸的发展，海事局投入大量资金，一是加快长江南浏VTS改造步伐，完成了南通段VTS改造工程和张家港福南水道CCTV的建设，利用先进的科技设施加强对长江江苏段水上交通的监控，更加有效地为水上交通安全提供保障；二是加快信息网络建设，初步在全局实现国际航行船舶进出江苏口岸以及江苏口岸码头对外开放情况等方面的信息资源联网共享，并积极推行电子口岸，实行的国际航线船舶进出口岸网上申报，在加强对船舶港口国和船旗国监督检查的前提下，进一步提高了工作效率，做好服务工作。

【协调有关各方，积极做好码头、泊位的对外开放工作】 在江苏口岸对外开放工作中，海事局解放思想、转变观念，处理好把关与服务的关系，主动并提前介入码头对外开放的前期工作，指导、督促码头单位建立起各项安全管理制度，主动协调有关各方，对于外国籍船舶临时停靠开放水域的非开放码头采取“一船一议”审批方法，积极做好码头（泊位）对外开放工作。

浙江口岸工作综述

2004年浙江省口岸工作在省委、省政府的领导下，坚持以邓小平理论和“三个代表”重要思想为指导，牢固树立和落实科学发展观，紧紧围绕实施浙江省“八八战略”和建设“平安浙江”的要求，把全面支持、促进浙江省开放型经济发展为口岸工作的首要任务，在加大口岸开放力度，加快口岸通关速度、改善口岸服务环境，提高口岸工作效率等诸多方面都取得了可喜的成效。根据浙江省委、省政府有关机构改革的精神，2004年6月，省口岸办从省经贸委划出，与原省打私办和省海防办合并，新设立“浙江省打击走私与海防口岸管理办公室”（简称“三办”），仍保留“浙江省人民政府口岸办公室”的印章和牌子。口岸管理机构得到进一步加强。

【口岸客货运量大幅增长】 2004年，浙江省完成外贸进出口总额852亿美元（其中：进口270.7亿美元，出口581.6亿美元），同比增长38.8%。浙江海港口岸共完成进出口货物吞吐量1.33亿吨，集装箱吞吐量412.7万标箱，入出境船舶2.19万艘次，同比分别增长22.07%、43.1%和15.1%；其中宁波海港口岸完成进出口货物吞吐量1.02亿吨，集装箱吞吐量400.5万标箱，入出境船舶1.34万艘次，同比分别增长24.6%、44.5%和18.6%。浙江航空口岸完成入出境旅客92万人次，入出境飞机9834架次，进出口货物2.16万吨，同比分别增长77.87%、79.1%和6.13%；其中杭州航空口岸完成入出境旅客70.3万人次，入出境飞机7344架次，进出口货物1.34万吨，同比分别增长83.44%、88.9%和3.42%。

【口岸扩大开放取得新进展】 杭州航空口岸扩大对外国籍飞机开放，新增多条国际航线航班。2003年9日27日，国务院批复同意杭州航空口岸扩大对外国籍飞机开放。在浙江省、杭州市领导的重视和支持下，通过各查验单位、各有关部门和杭州萧山国际机场公司等单位的通力合作、密切配合，经过积极筹备2004年1月9日，通过了浙江省口岸办组织的省级预验收。3月5日，海关总署组织国家验收组对杭州航空口岸扩大对外国籍飞机开放进行了正式验收。3月12日，海关总署印发了《关于杭州航空口岸对外国籍飞机开放前准备工作的验收纪要》（署岸函［2004］87号），这标志着杭州航空口岸正式对外国籍飞机开放。

3日18日，浙江省政府新闻办召开了“杭州航空口岸扩大对外国籍飞机开放新闻发布会”。3月28日，日本航空和全日空两家航空公司同时开通了杭州—东京、杭州—大阪的国际航班。7月7日，韩国大韩航空公司开通了杭州—汉城货运航班；9月23日，马来西亚航空公司开通了杭州—吉隆坡—迪拜货运包机航班。杭州航空口岸的正式对外开放，使入出境运量快速增长，极大地方便了旅客和货物的出入境，提升了杭州机场的知名度。

舟山港口岸老塘山港区三期外贸码头对外启用。根据《国务院关于已开放港口口岸新建码头启用等有关问题的批复》的精神和舟山市政府的要求，浙江省口岸办组织省级查验单位对舟山港口岸老塘山港区三期外贸码头对外启用筹备工作进行了验收。浙江省政府于2004年4月28日批复同意对外启用。

舟山港口岸马迹山港区对外国籍船舶正式开放。根据《国务院关于同意舟山港口岸马迹山港区对外国籍船舶开放的批复》（国函［2002］116号）文件精神，2004年6月3日，浙江省口岸办组织驻浙部队、省级各查验单位和舟山市、嵊泗县政府及宝钢公司，进行了开放前筹备工作的预验收。9月16日，海关总署组织国家有关部门对舟山港口岸马迹山港区对外国籍船舶开放进行了正式验收，并通过了验收会议纪要。11月24日，交通部（交函海［2004］336号）批复同意舟山港口岸马迹山港区正式对外国籍船舶开放。

及时上报和办理了有关口岸开放事项。(1) 东海春晓气田群海底输气管道路由海域对外籍船舶铺管作业临时开放；(2) 申报开通温州至泰国曼谷临时包机航线；(3) 划定宁波港口岸开放范围；(4) 划定舟山港金塘开放水域范围；(5) 宁波港北仑四期码头水域范围临时对外开放；(6) 延长外国籍船舶临时进出杭州湾非开放水域铺设海底管道期限；(7) 开通大连经停宁波至新加坡临时航线；(8) 延长舟山嵊泗马迹山宝钢矿石中转码头临时接靠外国籍船舶期限；(9) 嘉兴港秦山码头临时对外开放；(10) 增加宁波航空口岸查验单位人员编制；(11) 国家发改委批复同意舟山口岸监管用房等设施改扩建工程的补助资金；(12) 申报舟山港口岸岙山原油码头开放水域和西蟹峙油码头临时开放；(13) 宁波恒富船业（集团）公司航修点，开展外轮航修业务。

【编制上报《浙江省“十一五”口岸发展规划》】 根据《海关总署关于请报送对国家第十一个五年口岸规划意见的函》（署岸函［2003］265号）要求，浙江省口岸办在有关市“十一五”口岸发展规划编制的基础上，结合浙江省“十一五”期间经济和社会发展的需要，通过征求意见、深入调研，编制了《浙江省“十一五”口岸发展规划》。2004年8月9日，浙江省政府报送海关总署。

【认真办理省人大、省政协会议的有关提案】 随着浙江省开放型经济的发展，浙江省人大、省政协对口岸工作十分关注，提出了多项提案。在浙江省十届人大二次会议和省政协九届二次会议期间，有关代表提交了《关于完善政府口岸综合管理体制的议案》、《关于要求理顺舟山部分港区管理权属，并进一步规范港口管理工作的议案》、《关于要求划定舟山港金塘水域范国的议案》、《关于要求进一步扩大和调整嵊泗口岸对外开放范围的建议》、《加强政府涉外系统建设，不断改善口岸环境》等五件议案、建议。对浙江省人大代表的建议和政协委员的提案，浙江省人民政府口岸办公室进行了认真的学习研究，通过调研协商，在规定时间内向代表和委员作出了认真的答复。

【推进口岸“大通关”建设，进一步搞好口岸管理】 通过近两年的“大通关”建设，浙江省口岸通关环境得到明显改善，通关时间明显缩短，通关费用明显降低，通关效率明显提高。特别是各查验部门从服务经济、服务开放、促进发展出发，转变观念、深化改革，做到了既依法行政，又努力提高通关效率，为浙江省开放型经济作出了贡献。为进一步推进浙江省的“大通关”建设工作，学习借鉴兄弟省市“大通关”建设工作的经验和做法，在钟山副省长和楼小东副秘书长的带领下，省口岸办和有关部门先后赴上海市、广东省、深圳市等地考察学习；并对浙江省内的宁波、舟山口岸和杭州航空口岸同时进行了调研；召开大通关建设座谈会，征询杭州萧山机场公司、货代、旅游、外贸等企业对于大通关建设的意见和建议。通过省内外的学习考察和调研，结合浙江省实际，11月5日，钟山副省长主持召开浙江省“大通关”建设工作领导小组成员会议，专题研究进一步加快推进浙江省“大通关”建设有关问题。12月1日，浙江省政府下发了《浙江省人民政府关于进一步推进大通关建设的实施意见》宁波口岸2004年大通关工作的重点是继续围绕大通关“三化”建设展开，以信息化为支撑，加快宁波电子口岸建设；以集聚化为载体，加快宁波海港通关中心建设；以数据化为重点，构建口岸通关效率量化分析体系。对年初提出的实施方案进行总结检查，基本实现了第四轮大通关建设提出的目标要求。舟山口岸在调研的基础上撰写了近万字的调研报告供舟山市政府决策；继续推行24小时值班、节假日预约通关、提前报关报检、绿色通道等等，不断促进通关效率的提高；并坚持口岸委经常性的例会制度和重大问题协调会议制度，及时交流沟通、协调解决问题。温州市政府出台了《2004年温州口岸大通关建设实施方案》，召开温州市口岸大通关建设动员大会，使大通关各项工作全面展开。并坚持海运月度外贸工作例会制度，加强协调服务，确保外贸运输有序进行。台州口岸立足解决针对对口岸进出口货物结构特点和通关环节中存在的一些问题，搞好各有关部门之间的协调。并针对新闻媒体反映的有关固体废物拆解的新闻报道，经过调研协调形成了《关于台州口岸限制性可用作原料固体废物进口监管情况的报告》上报市政府决策。嘉兴口岸不断加强港口建设力度，至2004年底已建成外海泊位14个，其中万吨级以上泊位9个，千吨级泊位5个，成为内外贸兼营、功能较全的综合性港口。

【共建文明口岸，促进各项工作】 开展精神文明口岸共建活动是凝聚口岸各单位力量，发扬团结协助精神，提高口岸工作效率的一种行之有效的活动，浙江省和各市口岸办在抓好口岸开放和管理工作的同时，都十分重视抓好精神文明口岸共建活动。为促进杭州航空口岸大通关工作，树立口岸良好形象，在2004年省大通关建设工作领导小组第二次全体会议上，浙江省打私与海防口岸办和杭州市口岸办（筹）分别与驻杭州萧山机场各查验单位签订了《2004和2005年度杭州航空口岸共建责任书》。同时做好对浙江省口岸协会的指导工作，支持省和各有关市口岸协会的工作，使口岸协会能更好地发挥桥梁和纽带作用。宁波口岸在每年组织市级评比、宣传口岸共建文明先进的基础上，开展“五项活动”，进一步深化军政、警民和口岸不同行业之间的共建互动工作。舟山口岸的共建活动一直开展得有组织、有计划，形式多样、成效显著。2004年又组织了舟山口岸与市民网上对话活动，答疑解惑、接受咨询和征求意见，收效较好。温州、台州等口岸办也通过创建文明单位、双争、双拥等活动来推进口岸共建精神文明工作，不断改进口岸面貌。

2004 年浙江海港口岸进出口运量统计表

单位：货运量（万吨）/集装箱（标箱）

项目 / 单位	类别	合计	比上年增长%	其中进口	比上年增长%	其中出口	比上年增长%
宁波口岸	货运量	10232.5.	24.59	8381.5	23.4	1851	30.29
	集装箱	4005500	44.5	1953300	41.24	2052200	47.75
温州口岸	货运量	169	-5.59	126	-10.64	43	13.16
	集装箱	70796	8.94	35634	8.53	32156	0
舟山口岸	货运量	2554.08	20.01	2529.54	21.04	24.54	-35.99
	集装箱	2173	61.08	2138	97.23	35	-86.79
台州口岸	货运量	176.07	10.74	171.35	8.83	4.72	136
	集装箱	40451	38.17	20110	32.45	20341	44.33
嘉兴口岸	货运量	201.73	68	197.71	-0.8	4.02	252.6
	集装箱	7731	345.33	4648	343.09	3082	348.61
总　计	货运量	13333.38	23.74	11406.1	34.41	1927.28	28.73
	集装箱	4126654	43.82	2015830	40.66	2107814	46.76

2004 年浙江航空口岸出入境统计表

出入境旅客　　单位：人次

类　别 / 项　目	合计	同比增长%	内地	港澳	台湾	外国籍
出入境总数	919758	77.63	296549	147462	193263	282484
其中出境	457117	74.8	160380	65953	92536	138248
其中入境	462641	80.52	136169	81509	100727	144236

出入境货物　　单位：吨

出入境总数	21562	同比增长%	6.13	其中出境	13374	其中入境	8188

出入境飞机　　单位：架次

出入境总数	9834	其中出境	4923	其中入境	4911

2004年浙江海港口岸大宗物资统计表

单位：万吨

单位	项目	进口										出口				
		铁矿石	原油	成品油	液化气天然气	煤炭	大豆	化工原料及制品	钢材废金属	木材	其他	水产品	铁矿石	成品油	船舶	其他
宁波口岸	全年合计	2779.6	3080.3	151.8		1719.1		344.7	261.7	42.3	2	3.5	877.2	727.1		243.2
	同比增长%	12.9	15.7	13.4		16.1		31.6	34.3	-19.6		15.2		21		
温州口岸	全年合计		3.7		42	1.25		20.82		1.49	56.74					43
	同比增长%				-35.15	-64.59		4.1		-21.37	14.56					13.16
舟山口岸	全年合计	1286.45	917.67	231.74			44.31		11.5	1.5	36.37	5.03		0.61	5.62	13.28
	同比增长%	9.15	30.82	32.02					9.11	-59.89	82.67	-5.09		-96.51	-31.38	80.43
台州口岸	全年合计							1.25	164.82	3.04	2.24					4.72
	同比增长%							-51.74	96.12	-64.65						136
嘉兴口岸	全年合计		51.11		26.94	9.96			13.44	21.13	75.13					4.02
	同比增长%		-10.2		-9.3	17.7			-8.9	-14.5						
总计	全年合计	4066.05	4052.78	383.54	68.94	1730.31	44.31	366.77	451.46	69.46	172.48	8.53	877.2	727.71	5.62	308.22
	同比增长%															

2004年杭州航空口岸出入境统计表

出入境旅客　　单位：人次

类别 项目	合计	同比增长%	内地	港澳	台湾	外国籍
出入境总数	702676	83.44	230200	105711	121157	245608
其中出境	346360	78.95	119948	47952	58804	119656
其中入境	356316	88.02	110252	57759	62353	125952

出入境货物　　单位：吨

出入境总数	13396	同比增长%	3.42	其中出境	8870	其中入境	4526

出入境飞机　　单位：架次

出入境总数	7344	其中出境	3673	其中入境	3671

2004年宁波航空口岸出入境统计表

出入境旅客　　单位：人次

类别 项目	合计	同比增长%	内地	港澳	台湾	外国籍
出入境总数	186138	58.72	5481	37554	62463	31640
其中出境	93455	59.18	31538	16551	29357	16009
其中入境	92683	58.26	22943	21003	33106	15631

出入境货物　　单位：吨

出入境总数	6308	同比增长%	18.06	其中出境	3044	其中入境	3264

出入境飞机　　单位：架次

出入境总数	2046	其中出境	1027	其中入境	1019

2004年温州航空口岸入境统计表

出入境旅客　　单位：人次

项目＼类别	合计	同比增长%	内地	港澳	台湾	外国籍
出入境总数	30944	77.30	11868	4197	9643	5236
其中出境	17302	87.15	8894	1450	4375	2583
其中入境	13642	66.20	2974	2747	5268	2653

出入境货物　　单位：吨

出入境总数	1858	同比增长%	-8.07	其中出境	1460.6	其中入境	398

出入境飞机　　单位：架次

出入境总数	444	其中出境	223	其中入境	221

宁波口岸工作综述

2004年，宁波口岸的各项工作在宁波市委、市政府领导下，以“三个代表”重要思想为指针，按照宁波市第十次党代会确定的奋斗目标，坚持科学发展观，与时俱进、开拓创新，把全面支持、促进宁波市大港口建设和外向型经济发展作为口岸工作第一要务，积极推进口岸扩大开放和大通关建设，努力优化口岸服务工作。主要表现在：口岸开放力度进一步加大，口岸通关速度进一步加快，口岸服务水平进一步提高，口岸环境进一步改善，口岸为宁波市经济社会稳步、协调、快速发展的支撑作用更加凸显。宁波已成为全国口岸最具活力的重要城市之一。

【口岸总量继续快速增长】　据统计，2004年宁波口岸进出口贸易总额达到515.76亿美元，同比增长52%；占浙江省852亿美元的65%；其中进口249.35亿美元、出口266.41亿美元，分别增长65.6%和41.1%。口岸海关税收达到326.45亿元，增长64.2%。口岸进出口贸易总额、海关税收分别位居全国41个主要口岸的第7位和第5位。

宁波海港口岸外贸货物运量达到1.02亿吨，同比增长24.6%，占浙江省总量1.35亿吨的72%。港口货物吞吐量继续位居全国大陆沿海主要港口第二位。

集装箱吞吐量达到400.5万标箱，同比增长44.5%，占浙江省412.5万标箱的97%。集装箱增幅仍位居全国第一位，吞吐量从第三季度首次超过天津港，位居全国第四位。

检查监管国际航行船舶 1.34 万艘次，同比增长 18.6%，占浙江省 2.19 万艘次的 63.4%。检查中外籍船员 15.74 万人次，同比增长 14.5%，占浙江省 22.4 万人次的 42.3%。查处违规案件 75 起 120 人次，查处偷渡涉案人员 3 起 5 人次。

航空口岸共保障出入境航班 2 046 架次，同比增长 57.99%；客运吞吐量 18.73 万人次，同比增长 59.67%；货物吞吐量 6 308 吨，同比增长 18.06%。

【口岸大通关建设进一步深化】 在宁波口岸各查验单位和相关部门的共同努力下，经过四年的大通关建设，宁波的口岸环境得到优化，通关效率得到提升，口岸竞争力得到提高，受到企业、货主、港口等单位的普遍欢迎和好评。

2004 年口岸大通关的重点是继续围绕大通关“三化”建设展开，即明确以信息化为支撑，加快宁波电子口岸建设；以集聚化为载体，加快宁波海港口岸通关中心建设；以数据化为重点，构建口岸通关效率量化分析体系。

首先，口岸信息化建设取得重要进展，编制完成了宁波电子口岸平台规划，为下步的实施打下良好基础。海关总署与宁波市政府签署了共建宁波电子口岸的合作备忘录，宁波海关公共服务信息网与宁波港 EDI 中心网实现了“两网”合一，建立了统一的门户网站。电子口岸的应用项目开发积极推进。

其次，宁波海港口岸通关中心 10 月 8 日正式启用，已有海关、检验检疫、港航企业、货代、报关行、银行等 50 多家查验、服务单位进驻办公。为外贸生产经营企业、货主、代理提供了“一站式”通关服务。真正实现了进一家门办多家事，深受企业欢迎，特别是为宁波市外、浙江省外的货主提供了较大便利。据企业反映，目前，办理一票报关、报检业务比原来节约了 1 – 2 小时。

再次，为使大通关工作说得清、查得明、推得进，重点建立大通关量化数据分析系统，以便及时发现“通关链”中的薄弱环节，分析出存在的问题，采取有效措施改进。目前在宁波电子口岸平台上已开通了海关进口通关效率、海关出口效率和港口作业效率等三项效能查询项目。

最后，开展大通关建设的宣传和理论研讨，重点开展深化实施宁波口岸大通关建设的对策研究。有关新闻媒体涉及大通关的宣传报道达到 120 多篇，进一步提高了宁波口岸大通关的影响力，塑造了宁波口岸良好形象。

由于口岸环境的优化，宁波口岸的进出口贸易量增幅迅速，宁波口岸对浙江省外企业的吸引力逐年加大。目前，浙江省外企业在宁波口岸的进出口比重已从 2001 年的 7%提高到 32.5%。

【航空口岸对外籍飞机开放取得重大进展】 经过多年努力，倍受宁波社会各届高度关注的航空口岸对外籍飞机开放已取得重大突破。2004 年 2 月，宁波市政府主要领导在听取口岸办汇报后，指示将宁波机场对外籍飞机开放一事列入宁波市全国人大会议提案。2004 年北京“两会”期间，宁波市领导以人大代表身份致信国务院领导。3 月，宁波市委主要领导又就此事专程到北京向海关总署进行汇报。4 月 1 日，吴仪副总理就宁波机场开放一事作出批示：要求海关总署支持。经过近一年时间的努力，取得了国家 10 多个部委的全力支持，已同意核增宁波空港查验单位编制人数，完成了所有会签程序。9 月 15 日，青岛—宁波—新加坡国际经停航线正式开通，至此，结束了宁波空港口岸没有国际航线的历史。

【积极推进北仑 4 期集装箱码头口岸开放】 宁波的港口发展，开放是前提、是基础。由于北仑 2、3 期的集装箱吞吐能力已近饱和，加快北仑 4 期试投产就显得十分重要。6 月，北仑 4 期 3# 泊位建成。

为确保尽快临时对外开放，宁波市口岸办公室做了大量工作，多次召开口岸协调会议，要求各查验单位克服人员紧张等困难，积极支持4期3#泊位临时开放。其次，积极协调港务部门抓紧做好临时开放后口岸查验部门进驻现场的各项准备，确保了4期3#泊位6月30日按计划投产使用，并顺利首靠“兰花香”号国际集装箱船。至2004年底，北仑4期3#泊位和4号泊位（试生产）已装卸国际集装箱11.6万标箱。北仑4期3#泊位的投产是在口岸查验机构的大力支持下实现的，是在查验单位自身人员紧张、口岸临时开放的极为复杂和困难的条件下实现的。

【重点项目建设口岸保障有序高效】 春晓气田群项目是浙江省、宁波市政府的重点项目，为确保外籍船舶按期进入我国非开放水域施工，宁波市口岸办公室先后多次召开该项目不同类型的业务协调会议；几十次分别就项目的具体事宜与项目组中方、韩方会谈，与东海舰队、海事局、宁波港集团公司、引航站等部门进行会商。在口岸查验部门和部队的共同支持下，8月18日以来，该项目共有24条外籍施工船、辅助工作船，以及来自14个国家约430名外国海员和项目施工技术人员陆续抵达宁波口岸。口岸查验单位以最快的速度，最好的服务，为外轮和外国海员、外籍施工人员办理了船舶和人员入境手续；引航部门也积极配合。施工船队已于去2004年9月初分别进入项目的施工海域，开始正常施工作业。

【“十一五”口岸发展规划编制顺利完成】 宁波口岸“十一五”发展规划，是新世纪宁波口岸的第二个五年计划。根据《海关总署关于报送国家第十一个五年口岸发展规划意见的函》（署岸函［2003］265号）精神，由口岸办起草的宁波口岸“十一五”发展规划，在大量前期调研基础上，坚持城市总体规划，港口建设规划和沿海产业带发展规划相结合，进一步明确接轨国际、建设国内一流口岸和建设大口岸、实施大通关、构筑大平台、发展大物流、搞好大服务的基本思路和要求，对口岸发展工作目标，分别确定了合理口岸布局、增大口岸总量、推进港口开发、加快空港建设、拓展陆路口岸、完善基础设施6方面重点任务，特别注意把握了三个方面问题：一是坚持口岸发展规划与宁波市城市总体规划、港口建设规划和沿海产业带发展布局相协调。二是坚持口岸建设可持续发展原则。宁波具有良好建港的岸线资源是不可再生的，必须认真整合。要面对当前、立足长远、科学论证，一次规划、分期实施。三是坚持突出重点、统筹协调，同时，还注意正确处理发展规划与搞好军事设施保护和查验配套设施建设的关系。该《规划》已以甬政函［2004］11号文上报浙江省政府。

【口岸精神文明共建再结硕果】 一是按照2003年度开展社会主义精神文明建设精神，进一步深化了军政、警民和口岸不同行业之间的共建互动工作，并对涌现出的一大批口岸新事、先进集体、共建先进对子和先进个人进行了通报表彰。二是在全口岸开展五项活动，即举办一次口岸系统联欢会，组织一次“我与口岸共发展”演讲会，与东海舰队进行一次体育比赛，开展一次口岸学习考察活动等。尤其是2004年开展的“我与口岸共发展”演讲，通过对10多个单位20个选手的演讲预赛、决赛，进一步增强了口岸凝聚力，并得到宁波市人大、市政协、市文明办和口岸单位领导的好评。三是根据口岸把关服务不同要求，不断加强党的方针政策和法律法规学习，不断加强业务培训和知识更新。四是继续加强非典、禽流感和“登革热”的口岸预防工作，做到组织健全、措施完善，确保口岸安全畅通。五是按照年初宁波市口岸办确定的建设学习型、创新型、服务型、自律型“四型机关”要求，进一步加强口岸办自身领导班子和干部、党员队伍建设。

浙江口岸查验单位工作综述

杭 州 海 关

2004年，杭州海关在海关总署的正确领导下，在浙江省委、省政府的关心支持下，坚持以邓小平理论、“三个代表”重要思想和党的十六大精神为指导，认真贯彻落实党的十六届三中、四中全会、中央经济工作会议和全国海关关长会议以及浙江省“八八战略”和“平安浙江”建设要求，深入实践海关工作方针，巩固提高、扎实推进，关区各项改革和建设事业得到稳步发展。

【海关税收再创新高，税收质量保持良好】 2004年，杭州关区两税合计净入库122.85亿元，同比增长20.8%。价格水平维持在正常区间，基本实现了税收增长与应税货值增长的一致，价格水平与全国进口应税商品实际成交价格的合理区间的基本一致，税收预测数与实际完成数的基本一致。

【综合治理发挥作用，打击走私成绩突出】 建立并推行执法联动、案件移交、情报共享的工作机制，充分发挥打私合力，以打击价格瞒骗及加工贸易渠道走私案件为重点，开展了打击光盘、海上成品油走私和板材行业价格瞒骗等专项行动。杭州关区2004年共立案走私犯罪案件34起，案值3.8亿元；查获走私违规案件359起，案值10.1亿元；罚没入库收入1.56亿元；抓获走私犯罪嫌疑人103人，其中逮捕27人，移送起诉32起共60人，法院已判决41人。特别是成功破获“11.1”特大古生物化石案，查获走私古生物化石2925件，取得了空前的社会效果。

【通关作业规范高效，实际监管得到强化】 在确保H2000系统平稳切换的基础上，保持进出口通关作业的规范运作；“网上支付”推广有力，2004年新增签约企业34家，网上支付税款达1.6亿元；严格执行处长巡视和科长带班作业制度，加大海关监管力度，创新查验工作机制。杭州关区2004年共监管进出境货物3379.3万吨，货值141.4亿美元，同比增长17.7%和46.9%；验放进出境人员旅客86.9万人次，监管行邮物品262.2万件，同比增长70.5%和4.8%。

【加工贸易监管水平不断提升】 严格落实《加工贸易和保税监管改革指导方案》，以信息化建设和核销质量管理为重点，探索多种方式的加工贸易联网监管模式。出口加工区、保税仓库和出口监管仓库管理进一步规范，遗留加工贸易手册得到及时清理。2004年，杭州关区备案加工贸易合同2.2万份，金额60.7亿美元，分别增长9.8%和53%、核销到期合同2.0万份，核销率99.94%，结案率99.34%。

【海关统计职能作用进一步发挥】 统计基础性工作得到强化，数据质量不断提高；执法评估系统运行顺利，2004年完成了三次执法评估核查任务；统计预警功效取得成效；统计分析的决策辅助水平有所提高，2004年共有12篇被总署“综合信息”录用，15篇得到浙江省委、省政府领导批示。

【法制工作基础保障作用不断加强】 围绕《行政许可法》的实施，杭州关区行政许可和法规清理工作基本完成，行政执法行为和执法程序进一步规范；法制教育和宣传取得实效，全员法律意识得到提高，海关对知识产权保护力度不断加大。

【风险管理工作按计划实施开展】 增设风险管理常务工作委员会，改革委员会常规工作程序，划分运作管理层次，关区风险管理机构职能基本理顺；涵盖直属海关、现场海关两级的风险管理防控网已初步建立；风险信息收集水平和分析质量有较大提高；风险管理平台应用初显成效。

【建立准军事化部队，促进正规化建设】 以杭州海关政治部成立为契机，大力加强正规化建设。制定了《内务督察办法》等内务管理规定，实施量化积分管理；成立内务管理督察队，专司内务规范检查，定期发布执行情况红蓝榜；各单位还普遍组织了全员军训。关区准军事化队伍建设水平上了新台阶。

【扎实开展“5年回顾教育”活动】 杭州关区成立了领导小组，制定了活动计划和实施方案，关区党组成员带头撰写剖析材料，采取多种形式认真回顾总结，从指导思想、廉政建设、业务建设和法制建设等方面查找存在的问题，制定了相应整改措施，并对照4条标准，对各单位逐一进行了检查和验收，达到了总结经验、汲取教训、警世后人的目的。

【着力抓好廉政建设】 以加强基层党风廉政建设责任制为重点、贯彻执行“海关人员6项禁令”为主线，结合“执法为民、树立新风、共建廉洁海关”主题宣传月活动和行风专项整治活动，认真履行“一岗双责”，全面落实廉政工作各项任务；不断创新廉政建设新举措，拓宽信访渠道，扩大监督渠道，加强与地方监督部门联系，廉政形势整体良好。

【注重提高基层建设整体水平】 坚持机关与基层一起抓，把机关建设纳入基层建设范畴，启用了“机关职能部门基层建设电子台账系统”，继续开展机关、基层的“双评双及时”活动，推行基层建设考核达标制。

【积极推行机关效能建设】 修订《杭州海关工作规则》，执行工作时间午餐禁酒令，开发移动办公系统，严格执行会议审批制度，机关内部效率得到提升；下发《关于开展机关效能建设的决定》，落实岗位责任制、服务承诺制、首问负责制和限时办结制。年底开展以“效能建设回头看”为主题的自查自纠工作，进一步巩固机关外部效能建设取得的实效。

【积极推进大通关建设和口岸建设】 一是切实加强口岸调研，用4个月的时间对机场口岸大通关效率进行了调研，取得了大量第一手资料，有力推动了浙江省大通关建设；二是深入抓好浙江电子口岸平台建设；三是与上海、宁波等口岸积极配合，初步构建了口岸跨部门联网协作体系；四是适当增设海关机构，关区口岸布局更加合理，2004年共有温岭、永康等2个新设机构得到总署批复。

【积极支持地方招商引资和企业技术改造】 落实减免税政策，2004年审批减免税货值达31亿美元，减免两税63.4亿人民币；切实采取措施促进浙江省加工贸易转型升级；严格执行节假日预约通关制度，严守通关作业时限承诺。

【建设“平安浙江”，规范市场秩序】 基本完成企业守法管理系统的研发、测试工作，妥善处理特殊事件，维护了社会稳定。

杭州海关 2004 年主要业务量统计表

项目		单位	业务量	同比
货运量合计		万吨	3379.26	17.74%
其中	进口	万吨	3230.65	17.24%
	出口	万吨	148.61	29.58%
货运值合计		亿美元	141.35	46.94%
其中	进口	亿美元	107.49	39.08%
	出口	亿美元	33.86	79.10%
监管运输工具		辆艘架次	187158	47.92%
其中	汽车	辆次	168292	56.20%
	火车	节	2238	-63.83%
	飞机	架次	8020	91.77%
	船舶	艘次	8608	2.34%
集装箱总量		万标箱	41.23	39.93%
进出境人员		万人次	86.85	70.50%
行邮物品总数		万件	262.23	4.76%
印刷品、音像制品		万件	31.64	-6.69%
备案加工贸易合同		份	22182	9.75%
累计注册企业总数		家	21150	36.54%
查处走私违规案件		起	359	7.81%
侦查终结走私犯罪案件		起	34	6.25%
征收关税		亿元	122.85	20.80%
其中	关税	亿元	16.86	29.75%
	代征税	亿元	105.99	19.49%
减免关税和增值税		亿元	63.64	6.21%
报关单数		份	207448	48.87%
其中	进口	份	85470	31.75%
	出口	份	121978	63.79%

宁 波 海 关

2004年，宁波海关紧紧围绕全国海关关长会议确定的工作部署，弘扬求真务实的精神，发扬真抓实干的作风，出实招，办实事，求实效，积极履行职责，深化业务改革，加强队伍建设，狠抓工作落实，各项工作取得了明显的进展。全年共监管进出口货物9 862万吨，同比增长31.25%；进出口贸易总额515.76亿美元，增长51.95%；征收税款326.45亿元，增长64.23%；审批减免税30.74亿元，增长24.32%；审核报关单108.22万份，增长33.54%；查处走私违规案件1 298起，案值4.13亿元；罚没入库收入4 507万元。

【海关税收再创历史新高】 宁波海关2004年全年关税及进口环节税累计入库达326.45亿元，同比增长64.23%，完成年税收计划的151.84%，创历史税收新高，其中征收关税37.44亿元，进口环节税289.01亿元。罚没收入入库4 322.13万元，增长46.72%，其中上缴中央财政2 591.91万元，上缴地方财政1 730.22万元。

【通关效率和实际监管能力提高】 2004年，宁波海关进一步完善了“多点报关，口岸放行”、“提前报关，实货放行”、“保税区报关，口岸放行”等监管模式改革，推广应用全国跨关区快速转关作业系统，大力支持北仑港4期码头、大榭集装箱码头、宁波空港的对外开放，做好“无纸通关”、“网上付税”、“特快窗口”、“绿色通道”、“电子通关单联网核查”、“集中报关”等便利通关举措，确保宁波口岸的通关速度保持在全国先进行列，进口货物的平均海关通关时间12小时，出口货物的平均海关通关时间1小时。强化通关监管的联系配合，理顺作业流程，规范现场操作，切实重视和有效解决通关监管作业流程中的业务结合部问题，避免形成海关监管作业的“盲点”。继续完善北仑海关、镇海海关和大榭海关的视频监控中心，推广第二代龙门吊称重系统在港区的应用，充分发挥H986设备的效能，通过该系统查获涉嫌违规案件1 407件，涉案金额3.7亿元。

【加快加工贸易和保税管理改革】 2004年，宁波海关积极部署联网监管试点工作，确定关区10家企业推广海关总署联网监管标准模式。在镇海海关试行内外勤分离制度，在开发区办事处进行了“四管机制”创建试点，初步构建了加工贸易“四管机制”。下发了《宁波海关加工贸易业务监控工作实施办法（试行）》，明确了职能部门和各业务现场的职责及联系配合办法，加强单耗管理，规范加工贸易管理。推动地方政府高度重视加工贸易的转型升级，促成了“宁波市促进加工贸易发展工作领导小组”成立，协助起草了《宁波市发展加工贸易工作方案》，推出了促进加工贸易发展的九项措施。

【打击走私的高压态势持续增强】 2004年，宁波海关根据海关总署的统一部署，完成了打击走私综合治理职能的顺利移交，关区打私机构进一步健全，成立了镇海缉私分局。积极开展打击成品油走私、烟草走私、低瞒报价格走私等专项斗争，成功侦办了“时利和”、“舟顺15号成品油”等一批走私大要案，查获了大量假冒出口香烟，海上打私取得了历史性突破。进一步加强风险管理，确保风险平台按时应用，利用风险平台查获案件68起，案值1.9亿元。深化以商品为单元和以企业为单元的数据分析工作，查获了一批带有行业特色的违规案件。深化规范企业经营行为工作，认真做好浙江远大等5家达标试点企业的验收，与172家企业签订了MOU。积极发挥企业管理在后续监管中的作用，年审企业7 131家，年审报关员913名，评定A、AA类企业32家。成立了宁波报关协会。积极开展知识产权海关保护工作，下发《宁波海关保护知识产权专项行动实施方案》，查获侵权案件80起，案值1 158万元。

【信息化建设上新台阶】 2004年，宁波海关积极探索科技工作新模式，按照“管理、开发、运行”三分离的科技资源整合思路，对项目立项、开发和运行实行归口管理。积极稳妥地开展H2000系统推广应用运行工作，顺利完成了宁波关区所有业务现场的全部业务切换，并妥善应对系统切换后的外挂项目问题。推进宁波关区因特网“网吧”建设，圆满完成了“三网分离”，初步实现了千兆光纤互联，构筑了关区安全通畅的“信息高速公路”。着手实施政务信息化系统的整合，为HB2004系统试点做好人员和技术准备。建设信息系统安全工作体系，制定了《宁波海关业务管理网防病毒与补丁升级解决方案》和《关区网络信息系统安全管理建议方案》，研发了《海关H2000客户端安全管理和监控系统》，网络系统的可靠性和安全性显著提高。

11月1日，宁波海关缉私局和杭州海关缉私局根据情报线索，合作在北仑口岸成功查获一起特大文物走私案，查获国家禁止出口文物古生物化石15箱共计1 178件。当日，江西省玉山县对外经济贸易公司向宁波海关申报出口工艺相框等货物，目的地美国。经北仑海关、北仑海关缉私分局锁定箱号，大型集装箱检测设备查验，发现集装箱中夹藏大量古生物化石，包括古生物化石相框18盒，羽毛化石相框和动植物化石片1 108片，鳄鱼头2只和龟类化石10个，水晶状化石1盒，龟类和恐龙蛋30个，脊椎动物化石5个，植物化石2个，骨头2箱，有力地打击了文物走私犯罪活动。

宁波海关2004年业务统计表

指　标	单　位	数　值	增长率%
审核报关单	份	1082165	33.54
进出口贸易总额	万美元	5157576	51.95
进出口货运量	万吨	9862	31.25
监管集装箱	箱次	3338579	38.28
进出境运输工具	辆艘	8404	22.65
备案企业	个	13234	35.14
备案加工合同	份	9183	18.32
合同备案金额	万美元	208571	75.91
结案加工合同	份	8203	16.62
合同结案金额	万美元	148720	51.33
征收税款	万元	3264500	64.23
审批减免税	万元	307444	24.32

指　　标	单　位	数　值	增长率%
违规案件结案数	起	1267	133.33
违规案件结案案值	万元	37473	49.71
走私行为案件结案数	起	31	10.71
走私行为案件结案案值	万元	3830	-57.84
罚没入库总金额	万元	4507	54.93
走私犯罪立案数	起	11	175.00

浙江省边防总队

2004年，浙江省边防总队贯彻落实全国、全省边检工作会议精神，结合开展“争创文明执法窗口，争创执法为民标兵”活动，落实各项工作规范，改革口岸勤务制度，创新边检业务模式，实践执法为民思想。2004年，共检查出入境交通运输工具23 811次，其中飞机9 834架次、船舶13 977艘次；检查出入境人员1 237 157人次；查获偷渡人员40名，查处其他违法违规案件1 257人次，保障了正常的出入境秩序，维护了口岸的安全稳定，树立了国门卫士的良好形象。

【保障全国边检工作会议召开】　2004年3月29日至30日，全国边防检查工作会议在杭州召开，公安部边防局局长陈伟明、政委傅宏裕出席会议并讲话。浙江省委书记、省人大常委会主任习近平来电祝贺，省委副书记、政法委书记夏宝龙，省委常委、常务副省长章猛进看望与会代表。浙江省边防总队完成会务保障任务，受到部边防局和与会代表好评。4月26日，浙江省边防检查工作座谈会在甬召开，会议传达全国边防检查工作会议精神，总结自2001年边防部队领导管理体制调整以来边检工作取得的成绩，分析存在的问题和困难，修改《浙江省边防总队检查员等级考评暂行规定》，部署下阶段边防检查工作。

【推广“双争”活动】　2004年2月，公安部边防局确定宁波北仑边防检查站为全国“争创执法为民窗口，争当执法为民标兵”活动试点单位，浙江省边防总队以点带面，在全省各边检站推行“双争”活动，并出台便民、利民措施，完善各项勤务制度，加强执勤管理设施建设，全面提升边防检查工作水平。

【推进“大通关”建设】　2004年，浙江省边防总队贯彻全国、全省边防检查工作会议精神，加强边检正规化建设，探索勤务制度改革，支持口岸开放，推出现场办证、“5+2”服务、全天候服务、预约服务、上门服务等措施，开展网上报检，构筑良好的“大通关”环境，受到地方政府和企业单位好评。

【探索口岸数字化建设】　2004年，浙江省边防总队创新理念，推进科技强警战略，探索口岸数字化出入境管理工作新模式，建成“用电脑站岗，用鼠标巡逻”的现场监控和电子门警系统，开通船舶网上报检和出入境旅游团队预录系统，提高工作效能，方便群众办事，促进边防检查工作数字化管理水平。

【勤务制度改革】 2004年，浙江省边防总队按照提高口岸通关效能要求，探索边防检查勤务制度改革。各边防检查站改变巡查为主的监管模式，借鉴地方公安社区警务模式，推行现场警务区管理，将辖区划为两片，分设执勤管理中心，将执勤科所有警力从站机关前移至执勤管理中心，开展现场办公。勤务组织实行“条块”结合，执勤科长总负责，下设警务区警长负责执勤区域的检查管理、案件查处和基础调查工作。采取定人定点包干管理，执勤区域责任到人。依托执勤中心的辐射作用，实现第一时间接、处警，提高了口岸防控能力和效率。

【开展检查员等级评定】 2004年10月12日，浙江省边防总队出台《初级检查员考评暂行规定》，首次采用自主研发的“检查员考试系统”，实行网上考试，确保检查员等级考评的公平、公正。全省133名边检业务或其它岗位干部参加考评，124人获得浙江省省级边防检查员等级，有效提高边检干部的整体素质。

2004年检查入出境交通运输工具

类别 项目		船舶（艘次）					飞机（架次）		
		中国籍				外国籍	合计	中国籍	外国籍
		合计	国际航行	港澳地区	台湾				
总数	23811	13977	3521	406	33	10017	9834	8093	1741
入境	12909	7998	1799	262	19	5918	4911	4040	871
出境	10902	5979	1722	144	14	4099	4923	4053	870

2004年检查入出境服务员工（人次）

类别 项目		港口				机场			
		合计	中国籍		外国籍	合计	中国籍		外国籍
				其中港澳台				其中港澳台	
总数	316896	232077	117678	1739	114399	84819	64880	11429	19939
入境	172013	129650	67959	902	61691	42363	32383	5716	9980
出境	144883	102427	49719	837	52708	42456	32497	5713	9959

2004 年检查入出境旅客（人次）

类别 \ 项目			入境			出境		
			合计	港口	机场	合计	港口	机场
入出境总数		920261	463126	485	462641	457135	18	457117
中国籍	合计	637302	318423	18	318405	318879	10	318869
	因公	15732	8834	13	8821	6898		6898
	因私	280845	127353	5	127348	153492	10	153482
	华侨	3629	2423		2423	1206		1206
	港澳	147462	81509		81509	65953		65953
	台湾	193263	100727		100727	92536		92536
外国籍		282959	144703	467	144236	138256	8	138248

浙江出入境检验检疫局

2004 年，浙江出入境检验检疫局坚持以“三个代表”重要思想为指导，努力实践“科学发展观”要求，围绕加强执政能力建设这一重大课题，以服务地方经济发展为首要任务，以严格把关和提升产品质量为主要职责，以技术进步为执法支撑，以队伍建设为发展基础，以深化改革为工作动力，继续推进检验检疫事业的协调快速发展；确定了“围绕全面推进事业发展这条主线，立足依法行政和促进经济两个根本，提高通关运作、科研技术、内部管理三项水平，突出业务改革、事业单位改革、应对突发事件能力和队伍建设四个重点”的工作思路，加快制度创新，建立适应新形势发展要求的检验检疫工作体系，促进检验检疫事业再上新台阶，为浙江对外开放和经济建设的发展作出了新的贡献。

【业务概况】 2004 年，浙江出入境检验检疫系统共检验检疫出入境货物 81.44 万批、货值 261.58 亿美元，分别比去年同期增长 27.1%和 31.5%。其中出境 77.56 万批，货值 189.31 亿美元，同比增长 25.5%和 25.8%；入境 3.88 万批，货值 72.27 亿美元，同比增长 71.7%和 49.3%。检出不合格出境货物 1 337 批，货值 4 492 万美元；不合格入境货物 11 11 批，货值 14 697 万美元。动植物及其产品检疫 8.24 万批，货值 23.37 亿美元。

共完成飞机检疫 7 479 架次，轮船 5 629 艘次，集装箱 23.18 万标箱；签发各类证单 93.07 万份，普惠制及一般产地证 44.18 万份，涉及金额 122.01 亿美元。

监测体检 48 485 人次，艾滋病监测 48 168 人次，预防接种 10.79 万人次，发现各类病例 19 447 人次，其中 HIV 感染及艾滋病 11 例，性病 153 例，肺结核 56 例，肝炎 154 例，皮肤病 11 例，其他传染病 1 例；截获进境植物检疫有害生物 968 批，171 种，其中 2 类危险性有害生物 69 批次、13 种，3 类危险性有害生物 71 批次、12 种，一般性有害生物 828 批次、146 种。

【强化依法行政观念，提升行政执法水平】 浙江检验检疫局致力于加强执政能力建设，进一步强化职权法定、程序合法、权责统一观念，严格行政执法责任制，完善行政执法人员管理约束机制，克服行政执法的随意性，提升执法把关能力。其中《行政许可法》的贯彻实施是法制工作的重点，为此专门成立了贯彻实施《行政许可法》工作领导小组，对行政许可法的学习贯彻工作作了具体部署。一是采取多种形式组织全省系统各级领导干部进行学习培训；二是组织《行政许可法》学习培训情况考核，通过考试，促使每个工作人员认真、主动、全面地学习《行政许可法》的相关内容；三是将《行政许可法》的学习培训工作纳入2004年“四五”普法计划，同时把《行政许可法》纳入公务员知识更新教育和公务员录用考试、上岗培训考核内容。为做好7月1日《行政许可法》实施的准备工作，还专门成立行政许可项目清理小组，负责对辖区范围内实施的行政许可进行清理。经过清理，共整理出32个行政许可项目，对这些行政许可项目的实施依据、实施主体、实施程序及收费情况等都作了认真细致的对照检查，并根据不同情况提出了保留、取消或改变管理方式等相应的意见和建议。为规范检验检疫行政执法，提高行政执法工作质量，加强了制度和工作规范的完善工作：一是建立了浙江检验检疫局重大执法事项请示报告制度；二是制定了《浙江检验检疫行政执法人员法律培训暂行规定》；三是在广泛开展调查研究的基础上，针对工作实际，研究制定了《卫生除害处理单位管理办法》、《进口旧机电检验监督实施细则》等业务管理文件。为有效打击假冒UL标志的不法行为，根据国家质检总局的统一部署和要求，与浙江省质量技术监督局一起成立了打击假冒UL标志联合工作组，组织各分支检验检疫局开展打假专项治理活动。根据国家质检总局和国家认监委《关于进一步加强强制性产品认证行政执法工作的通知》精神，加大了对进口许可制度民用商品入境验证管理的力度，组织开展了相应领域的执法检查工作。“3·15”期间，联合工商、质监、消协等部门，共同对市场销售的进口家用电器等商品3C标志加施情况进行了抽查，对发现的问题，均作出现场撤柜处理，对确属违法经营的，移交有关部门立案处罚。2004年，浙江出入境检验检疫局共立案调查14起，已结案11起，另3起正在处理之中。共接受和受理调查或各类委托检验鉴定23批，涉及的商品有手表、手机、化妆品、服装、水产、皮具等，为浙江省打击非法进口仿冒品牌商品做出了贡献。

【严格把关，防止疫情】 加强进口把关。加大进口食品检验监管力度，进一步强化进口食品后续监管，加强了对进口预包装食品标签的审核和相符性检验工作，做到每季度公布一次进口食品后续监管重点，每月对重点进口食品进行一次以上的监督检查。重视进境木质包装检疫工作，在进境木质包装的检疫工作中，逐步摸索出一套进境木质包装检疫的做法，包括审单、现场查验和实验室检测、检疫处理、后续监管、信用制度和风险管理、专人负责报送疫情等。加强进口废物原料检验监管，进一步完善并强化转关进口废纸的检验检疫工作管理。整理转关进口废纸相关执行依据性文件，保证一线检验检疫人员随时调用查阅；制定《转关进口废纸检验检疫作业指导书》，进一步明确检验检疫程序和要求；制定《进口废物原料检验检疫监管工作检查方案》，作为今后工作督查和行业管理的指导。加强对进口旧机电产品的检验监管，自国家质检总局《进口旧机电产品检验监督管理办法》颁布实施后，浙江检验检疫局落实了部门和专人负责进口旧机电产品的备案和检验工作，严格按照市场准入原则、要求，对进口旧机电进行严格检验监管。

重抓源头，把好出口产品质量关。深入开展出口茶叶掺杂使假专项整治工作，针对出口茶叶掺杂使假(灰分超标)行为,加大打击力度,确定专人对每一批出口绿茶进行灰分检测和开汤审评。2004年共出动30余人次,对浙江省30余家出口茶厂进行专项检查,抽取原料和半成品样品170余个,立案查处5家违规企业,暂停10家企业的出口报检,5家茶厂列入重点检验监管企业名单(黑名单),有效地遏制了茶叶中的着色行为,出口茶叶的灰分超标率与2003年相比下降了80%以上。进一步加强出口蔬菜基地备案考核工作,在浙江省开展以出境蔬菜种植基地备案监管为主线的源头监管工作,狠抓种植基地植保员的统一培训和基地的日常监管,做到源头监管不走形式,确保备案必监管,监管必到位。同时,按照基地管理基本要求,结合蔬菜原料的风险高低和原料种植管理情况、出口国家的敏感性以及企业的管理能力和水平等多种因素,对原料来自浙江省以外的蔬菜实施不少于30%的农残抽查要求。2004年初出台《2004年出口蔬菜农药残留监控指南》,在验证农残检测报告的基础上,结合对出口蔬菜基地管理加大执法抽查力度,建立了月度、季度、年度抽查制度,出境蔬菜源头监管工作取得了显著成效。加强供港活猪检疫监管,2004年经浙江检验检疫局检验检疫合格的供港活猪没有被港方检出药物残留超标的,有力地保证了浙江省活猪的安全供港,促进了出口创汇。积极做好对欧盟恢复出口动物源性食品工作。2004年7月16日,欧盟委员会宣布解除对中国动物源性食品的进口禁令,根据全国对欧盟恢复出口动物源性食品安全工作会议精神,深入温州、台州、舟山等地调研,在总结2001年浙江省出口欧盟虾仁氯霉素事件深刻教训的基础上,结合浙江出口欧盟动物源性食品的特点,制定了《恢复对欧盟出口动物源性食品工作程序》、《浙江省出口欧盟蜂蜜、蜂皇浆生产企业基本条件及要求》、《浙江省出口欧盟水产品生产企业基本条件及要求》以及《浙江检验检疫局对欧盟出口动物源性食品安全质量工作督查制度》、《浙江检验检疫局对欧盟出口动物源性食品检验工作规范》等工作规范和监管制度,并对浙江省出口虾仁和蜂产品分别提出了风险分析报告。为确保对欧盟恢复出口水产品企业实验室的检测水平和能力,10月份对18家企业开展了氯霉素水平测试,收到了较好效果。

认真开展对进出口重点敏感商品检验检疫监管的自查工作。开展全面的自查和抽查活动，查找在进出口重点敏感商品检验检疫监管工作上存在的薄弱环节和主要问题，实事求是地分析了产生问题的原因，制定并落实了具体的整改措施，促进了检验检疫执法工作质量的提高。

强化认证认可监管，严格出口企业的卫生注册制度和质量许可制度。2004年，根据国家质检总局、国家认监委的要求和安排，狠抓进出口食品生产企业的卫生注册登记工作，督促落实浙江省出口食品监管计划，强化出口食品企业国外注册工作：一是根据国家认监委的统一要求，在浙江省开展了对出口食品企业的拉网式检查，实现从“源头”上落实注册管理的目标；二是加强对注册企业的现场考核和异地评审工作，并对严重违反20号令的有关企业作相应的处罚；三是严格按照要求实施新申请企业的卫生注册登记考核及到期复查工作；四是积极推进HACCP官方验证工作。

全力阻击禽流感，防止疫情的传入传出。针对国内外禽流感疫情肆虐的严峻形势，浙江检验检疫局认真贯彻落实国务院办公厅、国家质检总局、浙江省委省政府关于加强高致病性禽流感防治工作的要求，较好地完成了防止禽流感疫情传入传出、促进外贸出口等各项任务，确保了浙江省畜牧业生产安全和人民身体健康：一是建立和健全应急处理指挥系统，做到组织到位、制度到位、措施到位；二是加强对进出境禽类及产品的监管，把好口岸检验检疫关；三是组织对冷库和流通领域进口禽肉产品的全面清查。

【服务企业，促进浙江外贸发展】 加快大通关建设，构筑便捷、高效、低成本的检验检疫通关机制，同时推广“绿色通道”制度，促进外贸出口。在充分利用长三角检验检疫机构联席会议合作平台，建立口岸直通模式与互通模式的基础上进一步加强与海关的协调配合。

进一步加强原产地标记保护工作。2004 年全浙江省原产地标记保护工作又上了一个新台阶，有 8 个地理标志产品和 1 个原产国标记产品获得国家质检总局原产地标记注册保护。在积极做好申报工作的同时，做好原产地标记保护的后续管理工作，对在浙江省注册的产品（如嘉兴粽子、仙居杨梅等）上加贴地理标志。

继续加大普惠制的宣传力度，做好签证工作。积极做好《曼谷协定》、《中泰果蔬协定》等关税优惠措施的宣传和有关优惠原产地证书的签证工作，充分发挥普惠制等关税优惠制度在促进浙江外贸扩大出口中的积极作用。2004 年 1 月 1 日开始签发中国—东盟自由贸易区关税减让优惠原产地证书和中国与巴基斯坦优惠贸易原产地证书。

充分发挥技术信息优势，引导企业产品出口。我国禽流感疫情公布、国家质检总局暂停浙江省禽鸟及其产品出口后，浙江检验检疫局一方面立即向外贸企业通报情况，另一方面及时向上级反映羽绒制品的加工特点及风险情况，为上级领导决策提供依据，从而较快的恢复了羽绒制品出口，减少了外贸损失。

【加强内部管理，提高队伍整体素质】 树立“人才强检”战略观念，打造精干、高效的人才队伍。按照《中共中央、国务院关于进一步加强人才工作的决定》和国家质检总局《关于大力实施人才强检战略加速培养专业技术人才的实施意见》的精神，制定了《浙江检验检疫系统人才队伍建设实施意见》，加大交流培养力度，推进领导干部队伍建设。突出抓好拔尖人才和专业人才的培养选拔，提高队伍整体素质，在国家质检总局优秀中青年专家人选选拔中，浙江检验检疫局有 2 名同志经国家质检总局批准，荣获首批国家质检总局“优秀中青年专家”称号。

积极开展机关效能建设。根据浙江省委、省政府的统一部署，结合浙江实际，组织开展了机关效能建设活动，为此专门成立了局机关效能建设领导小组，明确了活动的指导思想，出台了机关效能建设的实施意见和效能建设八项制度，并认真抓好落实。同时，积极开展绩效考核工作，在对全局机关充分调研的基础上，根据不同岗位，不同的工作内容，有针对性的制定考核办法。

【加强精神文明建设，树立检验检疫队伍新形象】 组织开展政治学习，不断完善各级学习制度，使学习贯彻“三个代表”重要思想新高潮活动不断引向深入，切实提高党员和干部、职工的理论素养。

继续深入、扎实地开展各项创建工作。2004 年上半年，圆满完成了全国质检系统、浙江省检验检疫系统、浙江检验检疫局机关青年文明号和青年岗位能手的申报、考核、复评、公示、命名等工作，浙江省检验检疫系统新增全国青年文明号 1 个、省级青年文明号 6 个、市级青年文明号 3 个、市级青年岗位能手 13 个。在抓好自身创建的同时，还积极组织参加驻地的各类共建活动，扩大了检验检疫的社会影响。

建立健全责任体系，确保党风廉政建设和反腐败工作落到实处：一是组织“两个条例”的学习，抓好领导干部廉洁自律工作的落实；二是健全各项制度，拓宽从源头上防止腐败领域；三是严格执行信访举报管理制度，及时做好来信来访的处理，特别重视对重要的举报线索和重复的信访举报进行处理。

2004年浙江检验检疫业务情况统计表

金额单位：万美元

货物检验检疫	总计				商品检验				动物及其产品检疫		植物及其产品检疫		食品及化妆品			
	批次	金额	检验检疫不合格		批次	金额	检出不合格		批次	金额	批次	金额	批次	金额	检出问题	
			批次	金额			批次	金额							批次	金额
合计	814436	2615754	2448	19189	7[illegible]6727	2425126	2366	18634	18975	123396	63394	110295	40982	96045	161	709
出境	775609	1893105	1337	4492	676221	1750375	1309	4415	14139	64852	62660	87132	40319	94505	156	545
入境	38827	722649	1111	14697	30506	674751	1057	14219	4836	58544	734	23163	663	1540	5	164
其它业务	监测体检及预防接种（人次）				交通工具检疫		集装箱检疫	签发检验检疫证书(份)	签发通关单		签发换证凭单（份）	签发不合格通知单（份）	产地证			
													普惠证		一般	
	监测体检	艾滋病监测	发现病例	预防接种	轮船（艘）	飞机（架）			份数	金额			份数	金额	份数	金额
合计	48485	48168	19447	107914	5629	7479	231762	100507	51661	733418	763901	1408	348363	916630	93482	303519
出境	42456	42139	16400	107902	2336	3893	134950	97811	17523	55621	763901	1408	348363	916630	93482	303519
入境	6029	6029	3047	12	3243	3586	96812	2696	34138	677797	—	—	—	—	—	—

宁波出入境检验检疫局

2004年是宁波检验检疫事业审时度势、抢抓机遇、乘势而上、加快发展的一年。宁波出入境检验检疫局坚持以“三个代表”重要思想和党的十六大、十六届四中全会精神为指导，在国家质检总局和浙江省委、省政府、宁波市委、市政府的正确领导下，团结和带领全局干部职工，牢固树立科学的发展观，妥善处理检验检疫改革、发展、稳定的各种关系，突出把关与服务的重点，坚持把国家质检总局的工作部署和地方党委政府的各项要求与宁波检验检疫工作实际有机结合起来，按照“争创五个一流，实现五个更加”的2004年工作部署，求真务实、克难攻坚、锐意进取、扎实工作，较圆满地完成了全年工作任务，并在强化执法把关、深化业务改革、加强队伍建设、扎实开展创省级文明单位工作、加强基础设施和信息化建设等方面，均取得了显著成绩。

【各项业务指标继续保持快速增长】 2004年共完成出入境检验检疫货物34.06万批，同比增长29.8%，货值231.93亿美元，同比增长54.3%；检验检疫收费突破3亿元，同比增长超50%，其中检验检疫出境货物23.70万批，同比增长19.3%，货值60.05亿美元，同比增长31.6%；检验检疫入境货物10.36万批，同比增长62.7%，货值171.88亿美元，同比增长64.1%。签发产地证24.63万份，签证金额55.71亿美元，其中签发普惠制产地证21.59万份，签证金额47.71亿美元，同比分别增长20.18%和27.25%。全年经检验检疫发现不合格货物1 198批，货值8.7亿美元，其中不合格出境货物406批，货值670万美元，不合格入境货物792批，货值8.6亿美元。入境检疫截获有害生物256种，涉及1 668批次，其中一类有害生物2种、15批次，二类有害生物13种、64批次。实施出境货物运输包装容器检验鉴定5万批、1.6亿件。重量鉴定3 955批，鉴定重量7204.11万吨。财产鉴定137批，发现低价高报26批，挽回损失金额128.39万美元。船舶检疫8 002艘，进行检疫除害处理92次；飞机检疫2 045架，进行检疫除害处理1 018次。检疫集装箱255.37万标箱，实施检疫除害处理63.77万标箱。受理出境货物木质包装检疫报检1.12万批、109.29万件；受理入境货物木质包装检疫报检2.37万批、71.57万件。检疫出入境人员35.48万人次，完成传染病监测体检6 465人次，发现病例538人次，预防接种3 061人次。严防高致病性禽流感和非典疫情，口岸疫情疫病防控能力进一步增强。植物疫情检出率创历史新高，统计及上报质量名列全系统前茅。特别是从“地平线”轮装载的共计约4.9万吨美国小麦中截获TCK疫情，疫情截获量创宁波局历史之最，受到浙江省宁波市领导的高度评价。认真贯彻落实《行政许可法》，加强行政许可事宜的集中统一管理，设立行政许可办理专窗，统一受理、统一送达，加大业务规范性文件和行政许可事宜清理力度，严格执法，行政处罚力度进一步加大，行政处罚立案237件，增长率为169.32%。

【规范化管理有效性进一步增强】 宁波检验检疫局综合实验大楼顺利建成投入使用并正式对外办公，极大地改善了全局实验办公条件。在国家质检总局和宁波市政府的大力支持下，新增广场地下停车场建设项目。调整增建后的宁波检验检疫局综合实验大楼总建筑面积达到约3.6万平方米，基本满足了宁波检验检疫局检验检疫实验办公需求，为履行好把关服务职责提供了有力的基础保障。镇海检验检疫业务办公大楼规划设计顺利完成。北仑、鄞州检验检疫综合实验大楼建设地块得到初步明确。宁波空港检验检疫设施建设工作稳步推进。同时，局机关ISO9000质量管理体系持续、有效运行，全系统各分支机构的ISO9000管理体系普遍建立，ISO9000体系管理与日常管理进一步融合，建立健全管理制度，规范工作程序，使全局工作更加有据可依，工作职责更加明确，工作流程得到有效控制，科学管理理念更加深入人心，促进了局机关各项工作科学、规范、有序、高效运行，并在市级机关中推广ISO9000管理经验，受到宁波市政府主要领导充分肯定，有力提升了宁波检验检疫局机关管理形象与社会地位。认真做好财务审计工作，有力执行国家财政预算政策，强化财政资金预算管理，规范检验检疫计收费行为；经质检总局批准在全国系统率先成立财务核算中心，加强内部核算监控，合理调配资金使用；局党组及相关部门下大力气力争做到关心职工生活与执行国家相关政策、对上负责和对群众负责的“双统一”，在稳定队伍、强化保障等方面发挥了重要作用。

【检验检疫业务改革迈出新步伐】 加快检验检疫工作重点向安卫环转移步伐，对进口废物原料、化矿金、动植食等重点敏感商品、疫病疫情和有毒有害的监管进一步加强，农兽药残监控力度进一步加大，企业自控体系建设进一步完善，认真做好欧盟解除我国大部分动物源性食品进口限制及日本恢复熟制禽肉进口的有关工作。业务调整、下放和整合力度进一步加大，检验检疫鉴定一体化改革和业务深度融合取得新成效；顺利进驻宁波海港口岸通关中心实行“一站式”检验检疫业务运作新机制，积极参与省市口岸大通关建设促进外贸出口取得新成果，为宁波港吞吐量达1.2亿吨和集装箱吞吐量突破400万标箱作出重要贡献，受到宁波市委、市政府通报嘉奖。适应国家宏观调控和入世过渡期外贸新形势，加快推进检验检疫分类管理和风险管理，积极探索和推行多种检验检疫监管模式相结合的监管模式，空港电讯检疫正式实施，出口商品免验管理取得了突破，慈兴轴承成为宁波地区首个出口免验商品；原产地标记保护管理工作成效明显，2004年新通过溪口千层饼、奉化芋艿头、樟村浙贝等原产地标记保护审核7个，进一步推动了宁波市加工贸易的发展、“以质取胜”战略的实施和名牌产品扩大出口。强化强制性认证和进出口食品卫生注册管理，积极探索自愿性认证，认证认可体系建设得到进一步加强。

【信息化建设迈上新台阶】 新大楼计算机网络集成工作顺利完成，为加快信息化建设步伐奠定了扎实基础。进一步完善CIQ2000综合业务系统，全面实施电子报检、电子签证和电子转单，集装箱适载检验纳入CIQ2000综合业务系统管理。继续深入开展与海关实施电子通关单联网核查试点工作。自主开发了业务流程数字化管理系统，实现业务流程和检验检疫时限的数字化监管。全面推广实施了出口货物电子审单快速核放系统，积极探索了进口货物快速查验系统，适应了快速通关发展要求。稳步推进电池、蔬菜、木质包装等检验检疫电子监管。实行动植物产品检疫网上审批，提高审批效率。试行口岸船舶检疫、进口废物储存场地、无木质包装货物检疫等电子监管，创新监管手段，提高监管效率。口岸疫病疫情预警系统运行效果良好。积极参与推进宁波电子口岸建设，电子口岸数据整合初步设计规划方案顺利完成。行政办公信息化建设稳步推进并取得阶段性成果，局本部办公自动化系统发文处理等部分模块正式投入使用，4个分支局办公自动化系统试点运行启动，宁波检验检疫网站建成并正式对外开通。

【科研检测实力又有新提高】 充分发挥局科技委的龙头作用和学科带头人的示范作用，完善科技奖励和激励机制，推动“科技兴检”工作发展。扎实推进《实验室建设规划》的落实，合理设置实验室机构，统筹调配资源，投入仪器设备专项资金3 000多万元，为进一步提升技术执法水平奠定了扎实基础。加快电气安全检测实验室二期工程建设，努力适应宁波地区占到浙江省近80%份额的小家电出口型式试验及强制性认证要求。针对宁波口岸进口化工产品列全国首位的实际需求，积极推进“危险品分类鉴定实验室”建设。与中国质量认证中心合作筹建了浙江中认检测认证实验室。艾滋病检测实验室经国家质检总局考核取得检测水平测试优秀成绩。加强了科研和标准化体系建设，成果喜人，3项科研课题荣获2004年国家质检总局“科技兴检”奖，16个项目在国家质检总局和省、市科技部门立项，还自主立项25项科研课题，制（修）订宁波检验检疫局方法21个项目，“科技兴检”已成为宁波局上下的共识。

【文明创建工作取得新成果】 坚持“三个文明建设”一起抓，坚持不懈地开展机关党建“五个一”活动，为宁波检验检疫局争创“五个一流”目标推进提供了强大的前进动力；坚持不懈地扎实推进创建文明单位工作，在取得宁波市级文明单位称号的基础上，一鼓作气地积极开展争创省级文明单位，创建工作扎实有效，通过不懈努力，宁波检验检疫局和慈溪局被省文明委授予浙江省文明单位称号，促使创建水平再上一个新的台阶；以“八个坚持、八个反对”为标准，积极开展机关效能建设活动，进一步加强了机关作风建设和效能建设，召开了全市124家企业参加的“百家企业座谈会”，广泛征求意见和建议，不断提升社会各界对宁波检验检疫局行风建设的满意度；以创“青年文明号”、创“巾帼文明岗”等文明创建方式为载体，通过举办全系统首届职工运动会、青春风采展示等多种丰富多彩、有声有色的党工团活动营造了全系统“三个文明”协调发展的浓厚氛围。

【口岸大通关建设再上新台阶】 2004年，宁波出入境检验检疫局紧紧围绕国家质检总局提出的“提速、减负、增效、严密监管”的口岸大通关建设目标，围绕宁波市政府《2004年宁波口岸大通关建设实施方案》的部署要求，及时研究制订《宁波检验检疫局2004年大通关建设实施方案》，以建设电子检验检疫为重点，大力推行电子申报、电子监管、电子放行，优化口岸检验检疫管理职能，全面提升检验检疫工作效率，使各项工作再上新台阶。一是质检“三电工程”建设达到预定目标，实现了宁波口岸“电子报检、电子签证和电子转单”应用率三个100%。“电子报检”使每批办理时间平均节省约2小时，“电子签证”使产地证签证周期平均每证至少缩短4小时，“电子转单”则可为办理转单业务缩短10小时以上。二是成立北仑检验检疫局通关中心办事处，实现快捷高效的“一站式”服务。调整宁波检验检疫局口岸通关处工作职责，合理调配通关中心办事处职能，将进境废物原料检验检疫、进境货物木质包装检疫、进境疫区集装箱检疫、出口商品口岸查验等检验检疫工作进行有机整合。进口废物原料及其木质包装检疫和集装箱检疫从原来的两地三个窗口报检和三个部门分别实施检验检疫的模式，转变为一地一个窗口一次受理报检，实现一个部门一次检验检疫。对进境废物原料、随货木质包装和疫区集装箱的检验检疫实行多项目的一次性现场查验，检验检疫验放行时间从原来的3天缩短到现在的1天。三是筹建宁波检验检疫局穿山办事处，支持北仑四期码头对外开放。2004年8月，宁波检验检疫局专门成立以王松青副局长为组长的北仑四期集装箱码头建设检验检疫协调小组，在积极争取成立办事处的同时，根据宁波市的部署要求，主动克服编制不足等诸多困难，先期成立临时机构，并及时开展4期码头的现场检验检疫业务。四是电子通关单联网核查项目试点推广工作取得实效。根据国家质检总局《关于进一步扩大电子通关单联网核查项目试点范围的通知》（国质检通联［2002］361号）的要求，宁波检验检疫局被列入新增试点的11个直属局之一。在2003年3月电子通关联网核查项目试点成功后，积极稳妥推进，2004年已有15家企业作为扩大电子通关试点的重点企业，推行出境货物电子通关，共发送出境货物电子通关单3200份。五是实施出口货物电子审单快速核放系统。六是试行进口货物快速查验系统取得阶段性的成果。宁波检验检疫局积极开展快速查验系统（海港版）的推广调研，对该系统和CIQ系统的数据交换机制、信息监控条件、数据碰撞核销和电子放行等方面进行深入测试，并加强与港口、运输、外贸生产企业之间的联系，各项工作进展顺利。七是电子监管取得新进展。积极对具备网络信息传输条件的码头、集装箱储存场地、进口废旧物品的储存场库、进出口动物产品加工场库、货物或木质包装查验场地、企业生产加工场所和生产流水线尝试实施远程视频监控，已对中华纸业有限公司、镇海再生园区、大榭码头实行了远程电子检验检疫监控，根据风险评估和预警，有针对性地确定监管重点，合理安排轻重缓急，取得了明显效果。对北仑港集装箱堆场开展电子监控试点工作，实现了疫区集装箱和木质包装一次性查验。八是积极参与建设宁波口岸国际物流公共信息平台的系统分析和设计开发工作，实现口岸单位之间数据信息的充分共享和交换，提高口岸工作运转效率。九是创新有效监管模式。对出口查验等具备条件的货物实现多点报检；积极应用口岸集装箱查验系统，减低移箱率；增加出入境船舶电讯检疫的比例。目前，船舶电讯检疫率已超过50%，入境集装箱船舶的电讯检疫率达88%；对宁波地区18家重点IT企业、15家名牌出口产品企业和空港直通车通关方式制定并实施检验检疫便捷措施，落实49家企业出口货物"绿色通道"制度。十是强化与各有关单位的工作联系和协作，建立了"检贸"联系会议制度、重点进出口企业联系制度，适时召开面向不同外经贸单位的政策法规宣讲会等。

【实施出口货物电子审单快速核放系统】 2004年1月，宁波检验检疫局印发了《关于实施出口货物电子审单快速核放系统有关问题的通知》（甬检法综［2004］8号），明确电子审单快速核放的业务运作规范和业务流程，在业务模拟运行调试的基础上，于3月9日正式在宁波检验检疫系统启动出口货物电子审单快速核放系统。该系统是检验检疫机构对有健全的质量管理体系，产品不涉及安全、卫生和环保要求且质量相对稳定，具有良好信誉的企业实施的一种快速、便捷的出口货物放行模式。对于符合快速核放要求的出口货物，企业只要备齐相关的资料就可以直接到检务部门办理放行手续，简化了工作环节，大大加快了货物出口的通关速度。截止到年底，宁波局已对19家出口企业成功实施出口货物电子审单快速核放，共有5696批小家电、纺织品、自行车、空调器等出口商品实现快速出口通关。出口货物快速核放系统的实施，使得原来需2个工作日的检验检疫周期缩短为在半个工作日内就可以实现快速通关，为企业节省了大量的人力物力，得到了企业的支持和一致好评，有力地促进了外贸出口。

2004年宁波检验检疫业务情况统计表

金额单位：万美元

货物检验检疫	总计				商品检验				动物及其产品检疫		植物及其产品检疫		食品及化妆品			
	批次	金额	检验检疫不合格		批次	金额	检出不合格		批次	金额	批次	金额	批次	金额	检出问题	
			批次	金额			批次	金额							批次	金额
合计	340595	2319308.8	1198	87153	268420	2128614	962	66126	4234	33575.89	13399	61894.36	16750	81504	169	43335
出境	236952	600496.7	406	670	216375	534336	377	606	2519	10675.93	10919	19191.15	13921	30874	53	89
入境	103643	1718812.1	792	86483	52045	1594278	585	65520	1715	22899.96	2480	42703.21	2829	50630	116	43246

其他业务	监测体检及预防接种				交通工具检疫		集装箱检疫	签发检验检疫证明(份)	签发通关单		签发检验检疫证明(份)	签发不合格通知单(份)	产地证			
	监测体验	艾滋病监测	发现病例	预防接种	轮船(艘)	飞机(架)			份数	金额			普惠证		一般	
													份数	金额	份数	金额
合计	6465	5946	538	3061	8022	2045	2553737	25689	458606	2970206.48	79141	560	215886	477117.34	21036	50095.98
出境	5001	4482	473	3061	3617	1027	1220195	21510	377947	1070274.91	79141	560	215886	477117.34	21036	50095.98
入境	1464	1464	65		4385	1018	1333542	4179	80659	1899931.57						

浙江海事局

2004年，浙江海事系统坚持以“有效监管，优质服务”为标准，围绕水上安全监督管理工作中心，深化“两改一化”(海事监管模式改革和人事制度改革，推进信息化)，实施“人才强局”和“科技兴海事”两大战略，逐步实现水上交通安全“智能化监控”，各项工作取得了长足的进步。2004年组织巡航8 920次，出动船艇9 045艘次，巡航里程183 043海里。审核并发放水上、水下施工作业许可证426件，发布航行通告395次、无线电航行警告312次。组织协调海上搜救行动263次，出动海事巡逻艇263艘次；协调出动专业救助船31艘次、部队船艇23艘次，社会船艇参与救助230艘次，飞机2架次；救助遇险人员1 653人次、遇险船舶230艘次。登记各类船舶12 618艘次；办理国内航行船舶进出港签证293.1万艘次、外轮进出口岸审批手续16 896艘次；实施港口国监督管理（PSC检查）390艘次、滞留15艘次；实施船旗国监督检查（FSC检查）4 683艘次、滞留65艘次；检查内河船舶3 779艘次。完成危险品申报审批30 744艘次。组织各类船员培训394期，办理各类船员证件47 172本（份)，组织全国海船船员考试2期1 500多人、浙江省丁类海船船员考试3期3 000多人。安排国内航运公司安全管理规则（SMS）审核64次、船舶审核237次。2004年，辖区水上安全形势保持基本稳定。

【辖区水上交通安全形势基本稳定】 2004年，辖区共发生一般等级及以上水上交通事故87件、沉船60艘、直接经济损失6 606.34万元、死亡78人（以上称事故“四项指标”)，分别比上年下降了20.1%、6.3%、8.4%和上升了18.2%。在辖区危险货物吞吐量增至1.16亿吨的情况下，污染事故比上年下降了69.5%。辖区水上交通安全形势基本稳定。

【监管模式改革取得明显效果】 2004年,浙江海事局监管模式改革坚持动静分开原则,建立和完善业务工作制度与程序,不断完善制定现场监管计划的制度,规范和完善执法活动记录和台帐,积极探索和开展绩效考核与评价,积极拓展信息渠道,丰富现场监管的信息输入。自全面试行监管模式以来,确保了平稳过渡和新模式各项机制的准确运行,基本实现了改革的预期目标。调整机构和岗位设置,整合执法资源,加强现场力量,海事处现场执法的职能定位进一步强化;建立综合执法体系和流动执法体系,现场执法力度明显加大,执法威慑力凸现;通过内部制约体系的构建和责任机制的落实,依法监管意识加强,行政执法质量有了提高,业务管理得到进一步规范;分支局应急反应指挥协调作用得到加强,应急反应能力明显提高,应急反应速度明显加快;政务受理工作效率提高,方便了管理,提升了海事机构的社会影响力;海事业务应用项目管理机制初见成效,应用领域逐步拓展,并为越来越多海事执法人员所接受;执法人员责任心、职业敏感性、学习热情进一步增强,工作主动性进一步提高;注重海事监管信息的交流,科学管理的理念初步建立,为建立长效管理机制创造了良好的开端。

【首次举行海、陆、空立体巡航行动】 12月20日，浙江海事局举行了建局以来第一次全辖区统一的海、陆、空联合立体巡航行动。此次集中巡航覆盖了浙江海事局管辖的全部沿海水域，重点对舟山马迹山港区、杭州湾大桥施工作业区、金塘锚地、宁波北仑三期码头、舟山朱家尖大桥附近水域及虾峙门口外锚地、台州椒江老鼠屿、大麦屿锚地、温州七里港区等进行了巡查。共出动直升机1架、海事巡逻艇25艘、海事执法车23辆，近500名海事执法人员参加了行动。空中巡航时间约7小时、巡航里程900多海里。陆、海、空的联合巡航，实现了海事执法空中与海上的有效交接，最大限度地提高了执法的时效性与威慑力。

【信息化建设工作取得突破性进展】 2004年，浙江海事局按照“基础做牢、功能做优、质量做精”的要求，加速信息化建设步伐，初步构建“三个网络、一个平台”。建成了覆盖浙江局机关、5个分支局、25个海事处、91个签证点的计算机内部网络。完成了船舶登记、船舶动态、船员管理、通航管理、船载客货、事故应急及“政务公开、执法监督”电话语音系统、“行政处罚系统”等软件在全系统的安装和推广应用。完成了全系统固定电话语音虚拟网、浙江海事局机关与各分支局、部海事局之间的视频会议系统建设。初步完成了浙江海事局门户网站、内部办公门户（OA系统）、综合业务门户（业务信息综合查询系统）等系统的开发工作。

【60米级巡逻船顺利建成】 11月3日，浙江海事局60米级巡逻船“海巡113”在广州黄埔造船厂顺利下水，这是适应海事监管现代化和扩大海区监管需要而新设计研发的高性能新型船舶，也是目前全国海事系统最为先进的中型巡逻船。60米级巡逻船是总长61.2米、型宽9.2米、型深4.5米，设计航速不低于25节，抗风力9级，自持力7昼夜，续航能力1 000海里。配有完善的通信导航设施、生活设施和先进的油污分析仪、工作艇快速收放系统、UV搜索灯，并首次采用了尾部斜滑式工作艇收放系统、减摇鳍装置等多项先进技术，特别是该船所采用的工作艇在母船航行状态下快速下滑和回收的艉部斜滑式系统，能以最短时间实现在海面监管并向遇险人员实施救助，大大提高了船舶性能和使用功能。该船的开发建造，对提高浙江海事局辖区近海区域海事监管能力、应急反应能力和搜救水平具有重要意义。

浙江海事局2004年业务数据统计表

序号	数据名称	数据量
1	组织巡航次数（次）	8920
2	巡航里程（海里）	183043
3	审核并发放水上水下施工作业许可证（份）	426
4	发布航行通告（次）	395
5	无线电航行警告（次）	312
6	组织协调海上搜救行动（次）	263
7	出动海事巡逻艇（艘次）	263
8	协调出动专业救助船艇（艘次）	31
9	部队舰艇（艘次）	23
10	救助遇险人员（人次）	1653

序号	数据名称	数据量
11	获救船舶（艘次）	230
12	办理国内航行船舶进出港签证（万艘次）	293.1
13	外轮进出口岸审批手续（艘次）	16896
14	实施港口国监督检查（PSC检查）（艘次）	390
15	PSC滞留（艘次）	15
16	实施船旗国监督检查（FSC检查）（艘次）	4683
17	FSC滞留（艘次）	65
18	在册登记运输船舶（海船）（艘）	3969
19	在册登记非运输船舶（海船）（艘）	508
20	组织各类船员培训（期）	394
21	办理各类船员证件（本）	47172
22	组织全国海船船员考试（期）（人）	2期1500人
23	全省丁类海船船员考试（期）（人）	2期3000人
24	办理危险货物进出口申报审批（艘次）	30744
25	危险货物吞吐量（万吨）	11606
26	审批防污作业（次）	8023

浙江口岸大事记

1月2日

浙江省政府办公厅孙志丹副主任主持召开杭州萧山机场国际联检厅查验布局协调会，省经贸委副主任、省口岸办主任沈陇声和省级各查验单位及机场公司的领导参加了会议。

1月6日

印度籍巨型油轮“JAGLARTISH”轮靠泊嘉兴港乍浦港区陈山原油码头10号泊位，刷新了嘉兴港安全引领靠泊最大吨位纪录。

1月9日

浙江省口岸办组织有关部门召开了杭州航空口岸扩大对外国籍飞机开放筹备工作预验收会议，并印发了验收会议纪要（浙口办［2004］5号）。

2月2日

浙江省政府吕祖善省长批复同意杭州航空口岸扩大对外国籍飞机开放增编人员配套设施的建设资金（省财总［2003］66号）。

2月5日

浙江省口岸办公室（浙口办［2004］10号）转发南京军区《关于舟山市5处船舶修理点对外国籍船舶开放事的函》。

2月10日

浙江省口岸办组织召开了浙江省口岸工作会议暨省口岸协会二届二次常务理事会议，全省各市、县口岸办主任参加了会议，浙江省经贸委副主任、省口岸办主任沈陇声作了会议总结报告。

浙江省经贸委副主任、省口岸办主任沈陇声、杭州市政府秘书长娄延安带队赴京，向海关总署、公安部、国家质检总局、总参空军局汇报“杭州航空口岸扩大对外国籍飞机开放”的有关事宜。

3月3－8日

海关总署口岸规划办罗文金副主任组织国家有关部门对杭州航空口岸扩大对外国籍飞机开放进行验收。驻浙部队、浙江省、杭州市政府领导及省级各查验单位的代表参加了验收会议。会议通过了验收纪要。

3月15日

海关总署印发《关于杭州航空口岸对外国籍飞机开放前准备工作的验收纪要》函（署岸函［2004］87号），至此，杭州航空口岸正式对外籍飞机开放。

3月18日

浙江省政府新闻办举行杭州航空口岸扩大对外国籍飞机开放新闻发布会，省经贸委副主任、省口岸办主任沈陇声发布新闻。44家中外媒体记者，省级有关12个部门的代表出席了新闻发布会。

3月24日

浙江省政府钟山副省长召开“省打击走私与海防口岸管理办公室”机构筹建会议，会议决定由楼小东副秘书长牵头机构的筹建。省政府办公厅孙志丹副主任、省经贸委沈陇声副主任、省军区裴小光副参谋长等参加会议。

3月28日

日本航空公司、全日空航空公司分别开通了杭州—东京、杭州—大阪航线。浙江省委常委、杭州市委书记王国平和浙江省政府王永明、钟山副省长分别出席了首航仪式并剪彩。

4月7日

浙江省舟山市政府竺园副市长等5人赴省口岸办商洽老塘山三期外贸码头对外启用和马迹山矿石中转码头对外开放筹备工作预验收事项。

4月14－15日

浙江省口岸办组织有关部门对“舟山港口岸老塘山港区三期外贸码头对外启用”筹备工作进行验收。

4月28日

浙江省政府批复同意舟山港口岸老塘山港区三期外贸码头对外启用（浙政函［2004］67号）。

5月23日

浙江省政府钟山副省长批示同意省口岸办向省人民政府上报的《关于要求解决杭州航空口岸扩大对外国籍飞机开放配套设施建设缺口资金的请示》（浙口办［2004］22号）。

5月25日

浙江省口岸办向省政府办公厅上报了《关于划定海门港口岸对外开放范围的意见》（浙口办［2004］25号）。

5月26日

浙江省口岸办按时对浙江省人大十届二次会议和省政协九届二次会议有关的五个提案作了答复。

5月27日

浙江省经贸委副主任、省口岸办主任沈陇声向海关总署李克农副署长、浙江省政府钟山副省长汇报全省电子口岸建设情况。

5月28日

浙江省政府办公厅下发了《浙江省人民政府办公厅关于印发浙江省打击走私与海防口岸管理办公室职能配置内设机构和人员编制规定的通知》（浙政办发［2004］43号），标志着浙江省"三办"的正式成立。

6月3日

浙江省口岸办组织有关单位对"舟山港口岸马迹山港区对外国籍船舶开放"筹备工作进行了预验收，会议由省口岸办主任沈陇声主持并形成纪要（浙口办［2004］27号）。

浙江省政府钟山副省长召开省打私、海防、口岸办全体工作人员会议，省政府副秘书长詹泰安宣布浙江省人民政府关于任命楼小东同志任"浙江省打击走私与海防口岸管理办公室主任"的决定（浙政干［2004］30号）。

6月4日

浙江省口岸办在舟山定海召开春晓气田群海底输气管道路由临时对外籍铺管施工作业船舶开放协调会议，会议形成纪要（浙口办［2004］29号）。

6月7日－8日

浙江省政府副秘书长、省打私与海防口岸办主任楼小东带队赴闽，对福建省口岸与海防打私办进行考察学习；此后，又先后带队赴浙江省军区、杭州海关和省边防局等有关单位，就浙江省"三办"组建的有关问题进行了调研。

6月9日

浙江省委副书记周国富一行在嘉兴市委书记黄坤明等领导的陪同下视察了正在建设之中的嘉兴港乍浦港区三期工程。

6月11日

浙江省口岸办向省府办公厅上报《关于要求报送浙江省“十一五”口岸发展规划的请示》（浙口办［2004］28号）。

8月9日

浙江省政府向海关总署报送《浙江省人民政府关于报送浙江省“十一五”口岸发展规划意见的函》（浙政函［2004］118号）。

6月21日

浙江省政府副秘书长、省打私与海防口岸办主任楼小东带队赴京，向海关总署口岸规划办罗文金副主任汇报省口岸机构改革和有关口岸工作情况。

6月30日

浙江省口岸办召开杭州—汉城货运包机航线开通协调会议。

6月30日

交通部向乍浦港区一期、二期公用码头和上海石化炼化部陈山码头三个港口设施经营人颁发《港口设施保安符合证书》，标志着该开放港口设施已处于1级保安状态。

7月4日

交通部批复浙江省口岸办《关于同意国际航行船舶临时进出东海非开放水域的函》（交函海［2004］193号）。

7月7日

大韩航空公司开通了汉城—杭州—汉城货运包机航线，每周三、五各一班。

7月15日

浙江省政府办公厅印发了《浙江省人民政府办公厅关于成立浙江省政府打击走私与海防口岸管理委员会的通知》（浙政办发［2004］59号）。

7月21-23日

浙江省政府副秘书长、省打私与海防口岸办主任楼小东带队赴宁波、舟山口岸进行大通关调研。

7月26日

浙江省政府钟山副省长召开关于开辟杭州至欧洲法兰克福航线的协调会议。

浙江省政府钟山副省长带队赴宁波口岸调研“大通关”工作。

7月28日浙江省口岸办在杭州萧山国际机场召开大通关建设座谈会，听取机场公司和旅游、外贸、货代企业的意见和建议。

8月2-6日

浙江省政府钟山副省长带队赴上海市、广东省、深圳市进行大通关建设调研。

8月12日

交通部批复浙江省口岸办《关于同意延长外国籍船舶原油管道铺设施工作业船舶临时进出杭州湾非开放水域期限的函》（交海函［2004］221号）。

8月16-18日

河南省政府口岸考察组来浙江口岸考察，省口岸办负责接待并介绍了浙江省口岸管理、开放和大通关建设等情况。

8月30日

浙江省打私与海防口岸办主任楼小东召开全办会议，传达全国海防、打私工作会议和部分口岸办主任座谈会精神，并布置具体工作。

9月16日

海关总署口岸规划办组织国家有关部门，对舟山港口岸马迹山港对外国籍船舶开放进行验收。浙江省打私与海防口岸办楼小东主任和有关单位的负责人参加验收会议，会议通过纪要。

9月20日

浙江省政府吕祖善省长主持召开第17次省长办公会议，商议浙江省“大通关”建设工作。省打私与海防口岸办主任楼小东汇报了浙江省“大通关”建设的有关情况。

9月21日

浙江省政府副秘书长、省打私与海防口岸办主任楼小东召开全省打私、海防、口岸工作座谈会，全省各市有关打私、海防和口岸办的负责人参加了会议。

9月23日

马来西亚航空公司开通杭州—吉隆坡、杭州—迪拜的货运包机航班，每周3班。

曼谷航空公司邓心山先生一行来浙江省口岸办协商开辟杭州－曼谷航线等有关问题。

9月24日

新版《舟山口岸手册》完成编印工作，舟山市政府竺园副市长为手册作序。

10月8日

宁波港口岸通关中心举行开业典礼，浙江省口岸办有关人员出席并考察了台塑工业（宁波）有限公司化工一期码头。

10月9日

浙江省口岸办向海关总署上报了《关于温州市人民政府要求引进香港中富航空公司经营温州至香港航线的请示》（浙打防岸［2004］7号）。

10月26日

原省口岸办从省经贸委搬迁至省打私与海防口岸办公室办公（省政府大院内弥陀山小楼）。

为进一步规范舟山口岸国际航行船舶港口供应工作，舟山市口岸办下发了《关于进一步加强舟山口岸国际航行船舶港口供应工作的通知》。

10月31日

杭州海关温州龙湾“一站式”通关中心正式运行。

11月5日

浙江省“大通关”建设工作领导小组召开第二次全体成员会议。浙江省政府钟山副省长主持会议，楼小东副秘书长汇报前阶段“大通关”工作，提出今后的目标任务；浙江省打私与海防口岸办、杭州市口岸办（筹）分别与杭州边防检查站、杭州海关驻机场办事处、浙江出入境检验检疫局机场办事处签订了《共建责任书》。

11月24日

交通部批复浙江省口岸办《关于浙江舟山港口岸马迹山港区正式对外开放的函》(交函海[2004]336号)。

交通部批复浙江省口岸办《关于同意国际航行船舶临时进靠宁波港北仑港区四期集装箱码头3号泊位的函》(交函海［2004］357号)。

11月26日

浙江省政府钟山副省长在温州召开温州涉外单位主要负责人座谈会。

11月30日

浙江省政府任命邵志华同志为浙江省打击走私与海防口岸管理办公室副主任(浙政干[2004]73号)。

12月1日

浙江省政府下发《浙江省人民政府进一步推进"大通关"建设的实施意见》(浙政发[2004]51号)。

12月14日

海关总署批复浙江省口岸办《海关总署办公厅关于同意大连—宁波—新加坡临时班机继续在宁波航空口岸出入境的函》(署办函［2004］427号)。

宁波市政府向浙江省政府报送了《关于要求对外启用台塑工业（宁波）有限公司化工一期码头的请示》(甬政［2004］91号)，省政府副秘书长楼小东作了重要批示，钟山副省长同意楼小东副秘书长的批示。

12月24日

国家质检总局检验监管司刘世远处长一行四人来浙江省调研富阳进口废纸的检验检疫问题，省打私与海防口岸办邵志华副主任召开会议，双方就此交换了意见。

12月27日

浙江省政府打击走私与海防口岸管理委员会召开第一次会议，省政府楼小东副秘书长作了工作报告。会议讨论通过《2005年浙江省打私走私与海防口岸管理工作要点》，钟山副省长作了总结讲话。

12月28日

浙江省政府任命陈智伟同志为浙江省打击走私与海防口岸管理办公室副主任（列楼小东之后）(浙政干［2004］82号)。

12月29日

浙江省打击走私与海防口岸办副主任邵志华带队赴甬，出席宁波市口岸办召开的关于台塑化工一期码头对外启用准备工作的协调会议，宁波市政府吕副秘书长和宁波市口岸办、有关查验单位的负责人参加了协调会。

12月30日

浙江省打击走私与海防口岸办副主任邵志华带队检查浙江海事局、省边防总队关于协调台塑化工一期码头对外启用的准备工作事宜。

安徽口岸工作综述

2004年安徽口岸工作在上级领导和口岸各部门大力支持下，认真贯彻执行国家和省有关口岸工作的方针政策，努力完成各项工作任务，积极主动为全省对外经济贸易、对外交往和国际旅游事业服务，取得了较好成绩。

【口岸运行保持良好态势，口岸客货运量创历史新高】 货运口岸运量首次突破200万吨大关。全年口岸进出口运量230万吨，比2003年增长23%。其中：出口运量137万吨，进口运量93万吨，同比分别增长了9.9%和49.3%。进出口运量超过30万吨的口岸依次为：马鞍山、铜陵和芜湖口岸。2004年全省口岸直接进出口运量中，在传统资源性商品保持稳定增长的同时，马鞍山、芜湖、安庆和铜陵口岸国际集装箱运量也有较大幅度增长，反映本省口岸商品结构进一步优化。究其原因，一是口岸硬件进一步优化，装卸、仓储、监管条件有显著改善；二是口岸各部门通力协作，工作效率得到提高。由此吸引更多货源从本省口岸通过。

航空口岸发展势头良好。航空口岸完成进出境旅客4万人次，国际航班442架次，同比分别增长37.3%和118%。增幅较大原因：除去年非典因素影响基数较小外，主要是口岸各部门密切配合，加大香港航班密度的同时，还开通合肥至泰国、黄山至韩国临时旅游包机，合肥航空口岸2004年还首次接待了日本政府公务包机和境外私人商务专机。

【口岸开放取得突破性进展】 合肥航空口岸对外国籍飞机开放年内可获得国家批准正式对外开放；池州口岸对外国籍船舶开放申报工作取得突破性进展，已征得海关总署、质检总局、公安部、交通部及总参的同意，现已进入最后审批阶段（以上两项目均为国家“十五”规划项目）；应铜陵、池州和安庆市政府要求，7月份和12月份厅领导率海关、边防、海事及出入境检验检疫等部门对铜陵、池州和安庆口岸新开放码头进行验收，并报省政府批准正式对外开放，解决了企业进出口货物运输困难。

【口岸基础设施建设取得实效】

总投资1 014万元的合肥机场国际联检厅扩建改造工程已完工并投入使用。旅客通关环境有较大改善、旅检通关速度有较大提高，现场设施基本达到口岸升级标准；电子口岸建设取得较快进展，合肥、芜湖、铜陵、安庆口岸现场电子监控设备逐步得到落实，全省口岸监控条件得到根本改善；池州港泥洲外贸码头建成投产，为池州口岸对外国籍船舶开放创造条件；在各级政府的支持下，边防、海关、出入境检验检疫等部门多渠道筹措资金，办公设施建设取得较快进展。

【积极主动作好口岸管理协调工作】 各级口岸管理部门积极主动做好口岸管理协调工作，努力树立良好形象。2004年以来，航空口岸各种临时航班增多，申报协调任务较重。在审批环节有所增加和申报时间紧的情况下，省口岸办在最短时间内办妥有关手续，并加强与上级机关联系，跟踪催办审批的全过程。7、8月份，先后有日本高知县友好代表团专机和韩国汉城旅游包机分别在合肥、黄山入境，有关单位由于种种原因申报时间迟，口岸办按照省政府要求，派专人到京催办，在短短几天内拿到批文（一般情况下需20－30天），确保航班如期执行。

积极主动地配合政府大型对外经贸及友好交流活动，保证大型团组在全省口岸顺利快捷通关。按照省政府和有关单位要求，口岸办为赴港招商、“红三环”世界杯女排大奖赛和日本高知县友好代表团进出合肥口岸做好组织协调工作，受到各方好评。口岸办还组织协调了外方军事装备及人员入境联检工作。

【加强业务基础建设，扩大对外宣传】 初步建立《安徽省长江港口资料库》，为进一步掌握全省港口基础设施现状，为港口招商和各级领导决策提供详实资料；规范口岸月度报告制度，口岸月度进出口运量情况从7月份起正式列入厅《全省进出口情况通报》；在商务厅网加挂口岸专页，刊载有关口岸资料，扩大对外宣传。

【加强法制建设】 在有关部门的大力支持下，《安徽省口岸管理办法》已上报省有关部门，目前正在征求意见中。

安徽口岸查验单位工作综述

合　肥　海　关

2004年是实施现代海关制度第二步发展战略起步之年，在海关总署的正确领导和安徽省委、省政府的关心指导下，合肥海关结合关区实际，认真贯彻海关工作十六字方针和队伍建设十二字要求，与时俱进，开拓创新，较好地履行了各项职责，顺利完成了全年各项工作任务。

【税收征管】 一是建立科学征管机制。定期编制《税收监控简报》，开展税收科学预测和分析，挖掘潜在税源，调控税收压力，强化综合治税管理；二是加大审价力度。细化征管，确保合肥海关价格水平始终处于正常的黄区和绿区，低价记录数较往年趋于正常；三是严格减免税审批。完善减免税相关制度，简化审批程序，实施科学减免，为企业提供政策支持和优质服务；四是开展加工贸易遗留合同清理。成立总关和业务现场两个层面的清理小组，对内加强组织领导，对外加强协调配合，统一政策处理界限，逐一开展案件核销，研究解决疑难问题，确保清理取得实效。在此基础上，全面总结经验教训，完善相关制度，强化内部监控，实施责任追究，加大惩戒力度，杜绝新的逾期手册出现。2004年11月份的业务统计报表显示，2003年度合同超期未报核率降至0.2%，2002年度合同超期未报核率降至0。逾期合同的清理工作得到海关内外高度好评。全年，实际征收税款11.89亿元，其中关税3.04亿元，进口环节税8.85亿元，扣除政策性退税0.14亿元，净入库达11.75亿元，比上年（下同）增长7.6%。加工贸易遗留合同清理工作顺利结束，共依法清理出364份加工贸易逾期手册，涉及金额1.14亿美元。

【打击走私】 一是开展专题调研。年内开展了关区走私形势分析调研和长江安徽段成品油走私调研，围绕关区走私动态、走私手法和存在的难点进行研讨，理清工作思路，确定工作重点；二是以风险分析为先导，围绕涉税重点商品和重点企业，组织开展数控机床、减免税设备等专项稽查和贸易调查。2004年，共稽查企业54家，立案19起，案值2.28亿元，调查稽查共补税44万元。三是加大案件查处力度。充分运用刑事和行政执法手段，完善制度配套，理顺程序衔接，及时有效处置案件。四是建立健全打私协作机制，强化打私整体合力。打私办职能调整及时到位；完善与工商、税务等相关职能管理部门联系配合办法；主动走访公检法等有关单位，交换意见，争取支持，保障案件侦办工作顺利开展；五是规范企业经营行为。坚持查处走私与规范教育相结合，突出信用管理和分类动态管理，加强宣传，指导企业规范经营管理。全年，调查部门立案19起，案值2.28亿元，涉税2155.8万元；缉私部门刑事立案2起，案值109.56万元，涉税6.03万元；行政立案13起，案值2397.8万元，涉税554.4万元。协助办案53起。上半年，成功破获一起利用邮政渠道走私贩运毒品的连环大案，缴获高纯度海洛因15.388千克，查获毒资125万人民币，抓获犯罪嫌疑人9名。该案是合肥海关破获的最大一起毒品走私贩运案件，无论是缴获毒品、查获毒资还是抓获人员的数量都在2004年来全省同类案件中位列前茅；围绕该案件的宣传布置及时、周密，宣传效果突出，也为合肥海关建关十五周年献上浓厚一笔。**【通关监管】** 一是完善“大通关”建设。在关区范围内全面推广网上税费支付项目，完成H2000报关行版预录入系统试点推广，开展省进出口领域企业基础信息交换试点工作，同时配合省有关部门做好“大通关”调研和宣传，“电子口岸”应用水平进一步提高；二是创新管理手段。实施红绿通道分流管理，实行电子审单，降低人工审单率，进一步提高通关速度。据统计，2004年进、出口平均通关时间分别为1.86天和0.33天，同比通关效率分别提高22.8%和8.3%。；实施选择性查验，建立查验查获信息整合通报制度，成功实施对查验率的控制，查获率科学下降。实施监管场所处科长巡视带班制度，降低执法风险。目前关区巡视带班覆盖率已达100%。三是强化制度管理。制定《合肥海关进口固体废物监管暂行办法》，加大异常数据监控通报力度，强化对H2000系统授权管理和业务台帐管理；四是清理整顿监管场所。规范关区监管场所建设，加强监管场所基础设施投入，健全监管场所档案资料。全年，共监管进出口货物231.9万吨，总货值15.2亿美元，分别增长了6.4%和4.1%；进出口货物查获率2.93%，降低了47.1%。积极开展选择性查验工作，规范进口固体废物监管，清理整顿关区监管场所，加强监管场所基础建设和设备投入。合肥海关总关陆路直通式监管点按时建成并顺利投入使用。

【风险管理】 一是树立风险管理意识。加大宣传力度，普及风险管理知识和理念，增强关员风险管理意识；二是系统组织学习培训。充分运用培训、讲座、网络等手段，组织开展多层次、多形式学习培训，帮助有关人员迅速了解和掌握平台功能及应用；三是完善制度建设。制定《风险信息管理办法》、《风险布控处置管理办法》等制度，初步建立关区风险管理制度框架，推进风险管理协作机制的形成；四是探索开展风险预警。利用风险平台资源优势，围绕重点商品、重点企业、重点业务领域展开风险分析，发布风险信息，为业务监管和执法监督提供线索。

【支持地方外向型经济发展】 2004年，合肥海关结合关区实际，奋力打造“特色海关”，以“办精品业务”、“创金牌服务”为切入点，全力支持安徽省外向型经济发展。一是认真执行“支持安徽省外向型经济发展八项措施”。如下放减免税审批权限，精简行政审批；开通进出口报关单绿色通道，实行便捷通关、提前报关、快速转关；设立加急通关窗口，实行“全天候无假日24小时预约加班制”，加快通关速度，为企业提供“一站式”服务；积极响应安徽省“861”行动计划，紧贴省情开展调研，针对地方政府和企业集中反映的需求，制定配套措施，扩大服务范围，提高服务质量；二是积极推进安徽电子口岸建设。围绕建设“数字安徽”，进行“大通关”调研，全面开展安徽省进出口企业基础信息交换试点工作，启动安徽地方电子口岸项目调研论证、立项报审工作；三是强化与企业和地方的沟通协调。主动了解省内重点企业进出口中的困难，加强海关政策法规的宣传力度，重点支持国家列名的大型生产性进出口企业和高新技术企业，促进本省经济技术开发区、出口加工区以及特色工业园区建设。对投资规模大、管理规范的高新技术企业，放宽条件，给予在省内适用便捷通关措施的资格。加强与检验检疫、交通、外经贸、外汇、税务等部门的配合，为各级政府招商引资提供政策咨询等服务；四是提供宏观决策信息服务。按月编制《统计月刊》和《业务统计工作量表》，加大向地方和企业提供统计信息的力度，在确保统计数据准确及时的同时，加强贸易统计数据监测分析和经济形势分析，积极发挥海关统计为地方经济发展服务的作用；五是积极开展“文明行业”、“文明窗口”创建活动。严格执行《行政许可法》有关规定，制定“首问负责制”、“行政许可否决报备制”等多项措施，建立健全相关管理机制，进一步转变机关作风，提升行政效能，不断增强关员主动服务意识，确保文明、廉洁、高效执法。

【其他工作】 年初H2000系统全关区一次性整体切换成功，关区业务、政务网络系统安全稳定运行；风险管理力度进一步加大；“网上税费支付系统”在全关区推广，共与191家进出口企业签订了服务协议，通过该系统共征收税款1.65亿元，占同期入库税款的14%。统计数据上报及时、准确，业务数据分析调研和执法评估工作力度加大，预警监测作用进一步提升；认真开展行政许可法学习贯彻，全面完成关区规范性文件清理，行政许可法律指引顺利展开，有关课题组论文获全国海关一等奖；海关学会工作蓬勃开展，硕果累累；集中清理固定资产，提高资产管理水平，严格预算管理，做好国库集中支付前的准备工作；不断提高服务水平。

【队伍建设】 一是加强处科级领导班子建设。组织实施关区处、科级领导职位竞争上岗，调整充实部分基层单位领导班子，优化各级领导班子结构，加大干部交流力度，强化领导班子议事规则、决策程序、民主生活会等落实情况的监督力度，提高班子战斗力；二是完善干部选拔任用机制。以全面落实“四权”为中心，规范选拔任用方法、程序，探索定性与定量相结合的考察考核方法，确保干部基本素质、群众意愿和组织需要的更好结合。实施领导干部任前公示制和干部考察考核预告制，探索干部人事工作联系会议制度，确保拟任用人选综合素质。规范领导干部试用期管理，严格公务员考录工作，把好进人、用人关；三是加强干部教育培训。以提升能力为重点，分层次、分类别展开培训。举办了“关区处科长培训班”，实施培训需求分析、培训内容评估和培训结果考核相结合，完善培训方式方法，提升培训效果。四是狠抓队伍规范化建设。分解落实基层建设责任制，制定基层单位考核达标细则，实施达标量化考核，采取职能部门开展调研与总关党组成员深入一线指导相结合，推动基层建设开展。通过学习海关内务等有关规范，开展全员军训，推行“执星处长”、“每月一星”制度，强化机关工作秩序和内务管理。采取多种方式开展健康有益的文体活动。年内，组织全员认真开展邓小平理论、“三个代表”重要思想的学习；深入开展“5年历程回顾教育活动”，认真贯彻落实海关6项禁令，开通党风廉政建设网站；各级领导干部自警自律，关区连续7年未发现违法行政以及执法腐败职务犯罪案件；督察审计取得实效，基建工程审计核减金额132万元，核减率达14%；继续加大领导干部选拔任用力度，积极稳妥开展非职设置工作，年内任用处科级领导干部33人，科级非领导职务干部80人；按照海关内务规范，组织实施全员军训；“文明窗口”、行风创建继续深入开展，合肥海关连续第八年被评为安徽省直“三优文明机关”。积极开展健康向上的文体活动，组织参加“全国海关首届乒乓球比赛”并取得良好成绩。

【廉政建设】 一是深入开展“5年回顾教育”。制定活动计划，分布实施推进，及时总结经验，指导实际工作。在活动中注意做到“三个结合”，即与思想政治教育相结合，与“6项禁令”的执行相结合，与关区综合执法检查相结合。开展回顾总结交流研讨活动，党组的回顾总结文章被总署两次完整采用交流。组织开展“红其拉甫海关先进集体”教育与黄埔海关案件等警示教育，强化海关内外部对“6项禁令”的监督，及时整改综合执法检查中发现的问题并实施行政监察回访，采取座谈研讨、网上交流、撰写论文等方式，将“5年回顾教育”贯穿其中。二是创新工作方法。狠抓各级领导班子副职抓反腐倡廉工作的落实力度。结合年度考核，实施科级干部党风廉政建设责任制考核，职能部门抽查面不低于30%。开展基层党风廉政建设试点和执法监督制约长效机制试点，将廉政建设和预防职务犯罪具体工作分解成45项任务，增强可操作性。实施责任分析、追究制度，查找隐患，及时落实整改。开通党风廉政建设网站，丰富廉政教育手段。三是强化执法监督。加强分析调研，围绕中心工作开展关区综合执法检查和行政监察回访，积极开展隶属海关关长离任和任中经济责任审计。建立健全三级督审网络，专项审计取得成效。四是规范廉洁从政。认真落实“三谈两述”制度，规范领导干部日常活动管理，制定并严格落实处以上单位（部门）主要领导离岗外出请假报告、报备，及时完成关区52名处级以上干部2003年度个人重大事项和收入申报工作。（季亚东　张杰）

安徽省公安边防总队

2004年，全省边检业务工作在总队党委的领导和上级业务部门的具体指导下，以部局开展的“争创执法为民窗口，争当执法为民标兵”活动和边防检查执勤现场规范化建设达标活动为契机，坚持以边防执勤为中心，以边防查控和反偷渡工作为重点，积极推行规范化执勤，进一步提高检查员队伍的整体素质，着力提高边防检查工作的质量、效率和依法文明执勤的水平，圆满完成了边防检查任务。2004年，全省各边检站共检查出入境人员47 729人次，其中旅客38 217人次，员工9 512人次，检查出入境交通运输工具760架艘次，其中飞机456架次，船舶304艘次，查获偷渡案件1起1人，查获各类违法违规案件12起12人，无复议、诉讼案件，为维护社会稳定和口岸正常的出入境秩序，促进全省改革开放和经济建设做出了积极贡献。

【以人为本，充实执勤一线警力】 长期以来，“人员少”一直是困扰全省边防检查工作的严重问题，具体表现就是总队的编制少，不能适应整体任务的需要；现有在编干部少，满足不了应编检查员队伍的需要；一线实际执勤人员少，远离边检中心工作的需要。针对这一影响边检任务完成的突出问题，总队在认真学习贯彻“三个代表”、“十六大”、“二十公”精神的基础上，结合“全面建小康，边防怎么办”大讨论活动的开展，坚持以人为本，认真研究探讨扩充边检队伍的思路和机制。采取了三条措施：一是积极主动向地方政府汇报编制和工作情况，争取理解和支持。抓住芜湖增加边检执勤码头、黄山增加旅检任务、合肥机场准备向外籍飞机开放等契机，请求省政府向国家申报增加边检编制；二是从省内各高校接收部分应届学生，连同边防部队院校毕业生一起，经过严格的入警和边检业务岗前培训，补充到检查员队伍中；三是本着“压缩机关充实一线”的原则，在执勤岗位上优先编配使用干部，做到随缺随补。同时，总队还明确规定了“三个必须”，即所有新入警地方大学生及部队院校毕业生首次提干必须先从检查员干起；必须通过总队检查员岗前培训后方可上岗；必须在检查员岗位上工作一年后方可委以他任。2004年以来，总队将新接收的15名地方大学生和11名部队院校毕业生全部投入了执勤一线，使一线检查员占干部总数的比例由2000年的20.79%增长到44.14%，检查员总人数绝对值增长了204.8%，各边检站执勤业务科按编制基本配齐。这样，不仅保证了一线执勤力量充裕，基本解决了“人员少”的问题，而且有利于业务干部的培养、发展和储备，使今后可能从事其他工作的各种类型的干部懂得业务，方便工作开展。

【强化培训，提高边检人员素质】 为了确保检查员能够提供优质服务和进行公正执法，把提高执勤人员的业务素质当作业务建设的重点来抓。从教育训练入手，具体做了五个方面的工作：一是积极开展“双争”活动。引导官兵牢固树立立警为公、执法为民的思想，立足本职，争创“执法为民窗口”，争当“执法为民标兵”，严格执法把好关，热情服务进出门，以实际行动为地方的经济建设多做贡献。为了打造文明、方便、快捷的通关环境，推出了九项便民利民措施，开展“四项清理”工作，即对不合理收费和“土政策”以及不规范的执勤点、留置室等进行彻底清理，全部撤除。同时还广聘执法监督员，广泛征求被服务单位的意见，自觉将执勤质量置于社会各界的监督之下。二是全警进行大练兵。按照部局颁发的训练纲要和年度训练计划，本着“执勤需要什么就训什么”的原则，进行了共同科目、专业科目和技术战术科目的普训，不断提高军事、业务素质。不仅如此，还出台落实了《安徽省公安边防总队边检业务培训实施细则》。举办了为期45天的边检业务基础培训班，共训练初级检查员27人，着力把好检查员的入门关；自己组织，广聘教员，集中站长、科长、检查员三级执勤执法人员进行法制的学习和辅导。2004年来，总队共举办各类边检业务培训班11次，边检业务轮训班6次，识别伪假护照、签证及海员证能力强化班1次，执法培训班4次，参训人员达400余人次。在实际工作中，还采取跟班调研，集中讨论，收集意见，集中撰写的方法，从工作细节入手，深入剖析边检执勤每个环节，进一步修改完善了适合全省边检业务特点的一本培训教材和两个执勤规范（旅检规范、港口业务规范）手册，既有较好的指导性，又有较强的操作性。9月，在部局组织的大练兵汇报演练中，安徽省公安边防总队取得了内陆总队团体第一名，执勤业务科类全国第六名和个人全能全国第六名的优异成绩，充分展示了总队开展大练兵的丰硕成果。三是实施“走出去，请进来”的学习考察措施。派出人员先后到上海、杭州、西安、成都、南京、长沙等地学习考察，积极借鉴，取长补短；先后选送3人赴参加部局委托武警学院举办的英语口语强化培训；鼓励支持官兵参加部局组织的法律自学考试，去有关机构进行计算机等级考试；请澳大利亚、加拿大驻上海领事馆有关人员来皖交流、讲学，传授伪假证件识别办法等；《中华人民共和国行政许可法》和《公安机关办理行政案件程序规定》颁发实行后，及时请地方专家学者到部队专门讲解、授课，解难答疑。四是不断考评队伍和执勤执法情况。对初级检查员进行了等级考试和评定，考评52人，49人通过，取得了初级检查员资格；结合干部量化考评，每年对业务站长、业务科长和检查员三级用微机操作形式进行业务考核，考核成绩作为量化重要内容计分。制定执法考评办法，对部队整体执法水平进行年度考评。五是编办了边检动态季度刊。把它作为一块业务园地和窗口，研究动态，交流经验，通报情况，讲评工作。同时，还逐步完善了党委议勤、业务例会等制度，切实加强了对业务工作的指导和领导，统一、规范了全省边防检查业务，有效杜绝了各类事故和案件的发生。

【加大投入，改善查验现场条件】 前些年，由于历史遗留问题，安徽省公安边防总队一直存在“条件差”的问题，具体表现所属各边防检查站检查现场设施差，距离公安部规定的建设标准较大；用于查验的各种装备不仅很少，而且还较为落后，影响口岸开放乃至国家的形象；整体上边防检查的科技含量偏低，不能适应现代条件下执勤的需要。存在这些问题的主要原因是全省整体经济状况欠发达，地方政府重视边检的程度需要进一步提升和本来的建设基础就很薄弱。面对该“瓶颈”，首先加大自建力度。认真落实公安部制定的“国家对外开放口岸边防检查现场设施建设标准”和“公安机关窗口单位服务规定”，按照部局要求，从去年开始，积极开展为期两年的“边防检查现场规范化建设”达标活动。其次争取地方支持。主动接受地方党委政府和公安机关的领导，积极汇报各项工作，求得理解和重视。2004年，省政府分管省长、省公安厅分管厅长不仅在全省边防工作会议上提要求，而且还代表省政府分别4次赴各市检查协调落实达标工作。到目前为止，省市政府已相继投资200多万，对边检现场基础设施进行改造和建设。合肥、黄山两空港站分别增加了候检面积、通道和执勤用房，更新了各种标牌和相关设施，改善了封闭条件；芜湖、铜陵、安庆三港口站也分别添置了监控等相关设施和执勤用房、标牌等。再次，是实施科技强警。2004年以来，总队先后投入300多万元经费，进行证件研究系统、边检信息网络、视频会议系统、通信机要、多媒体教学、指挥中心、防雷监控等技术项目现代化建设，装备了先进的检查检验设备，改善了指挥手段和办公条件以及查验技术落后的状况，提高了边检质量、效率和服务水平，促进了查验现场规范化现代化建设。

【细致排查，全面加强反偷渡工作】 密切注意偷渡犯罪由沿边沿海向内陆内河转移的趋势，增强防范意识，加强业务培训，进一步提高了业务人员识别伪假证件、集装箱检查等反偷渡能力。2004年以来，合肥、黄山等空港边检站先后举办了12期识别伪假证件培训班，同时加强与上海浦东、虹桥等边检站联系交流，先后投资24万元，建立了后台证件鉴别室。芜湖、铜陵、安庆等港口边检站参照部局下发的重点船舶名单对执勤船舶认真梳理，先后发现可疑船舶35艘次并进行了深入仔细的侦查。为了增强人员反偷渡实际操作能力，总队还于2004年3月在芜湖朱家桥码头举办了空港和长江港口反偷渡大演练，有效提高了官兵打击偷渡的应变能力和快速反应能力。中央和省级报纸、电视台等共9家新闻单位，全国100多家网站报道或转载了演练情况，既取得了练兵效果，又扩大了影响树立了形象。2003年10月至2004年3月，总队还承担了全省反偷渡专项行动办公室工作，先后协调各市公安机关查获“三非”外国人25人，破获重大跨国跨地区拐卖案件2起，受到了公安部多次通报表扬。

【努力践行“立警为公、执法为民”，突出部队法制建设】 根据周永康部长关于“立警为公、执法为民”的重要指示及部局《关于加强公安边防部队法制工作的通知》精神，总队把法制工作作为关乎部队执法水平、关乎部队长远建设和发展的大事来抓，先后下发《关于进一步加强法制工作的通知》、《关于加强行政复议工作的通知》等文件，要求各边检站加强法制教育，注重培训法制专业人才，全面启动总队法制工作。2004年以来，总队先后召开法制工作研讨会6次，举办了5次法制专项教育；总队与各边检站分别明确了专职法制参谋，做到每案必核，确保执法公正；各边检站还加强了警务公开，定期走访口岸联检单位及旅行社，并聘请了3－4名执法监督员，广泛征求社会各界意见。

安徽出入境检验检疫局

【概述】 2004年，安徽检验检疫局坚持以“三个代表”重要思想为指导，深入学习贯彻党的十六届三中、四中全会精神，坚持用科学发展观指导、创新系统发展建设，解放思想，求真务实，深化改革，强化管理，努力提高依法行政能力和把关服务水平，为推动安徽检验检疫事业的快速发展，促进安徽经济繁荣做出了积极贡献。2004年系统共检验检疫出入境货物6.4万批次，货值26.16亿美元，同比增加7.7%和25.4%。其中出境5.96万批次，17.22亿美元，增长7.1%和21.7%；入境4 428批次，8.94亿美元，增长15.4和33%。实施出入境人员健康检查1.06万人次，发现病例数1 506人次，预防接种8901人次，增长12.9%、44%和27.4%。检疫轮船392艘、飞机452架次、集装箱2.45万标箱。签发各类检验检疫证单13.62万份，增长9.49%。其中检验检疫证书2.56万份，增长8.93%；签发换证凭单5.7万份；通关单7 564份；普惠制产地证3.28万份，签证金额10.03亿美元，增长15.73%和36.10%；一般产地证9 776份，签证金额3.17亿美元。检出不合格商品152批次，货值3 973万美元，增长53.5%和383.5%。其中，检出不合格入境货物110批，货值3 902万美元，增长83.3%和464.1%。出具对外索赔证书210余份，索赔额344.67万美元，已理赔137.4万美元。监测体检中检出艾滋病病毒感染者1例、梅毒病毒感染者8例、肺结核感染者19例，丙型肝炎病毒携带者4例。机场截留旅客携带禁止进境物24批次。

【规范检验检疫秩序】 一是加大企业申报环节上的基本项目审核力度，规范了检验秩序，杜绝了随意性；二是严格执行新的收费范围和标准；三是强化放行环节中单证基本项目和随附单据的审核把关，对于厂检单、原始记录单据不全或审核签字手续不完善的，坚决不予放行，降低了风险隐患；四是把签证差错率控制在了0.1%以内。深入开展打击逃漏检和反欺诈工作，充分利用业务广域网络，并结合与地方外贸管理部门信息共享等方式，重点从入境电子转单和流向单着手防范逃漏检行为。共计查获7批次进口钢材和进口设备，货值648万美元，追缴检验收费约77 000元。

【改进监管模式】 积极探索和实践检验检疫监管新模式，逐步由强调事后监管转变为注重源头控制，强化全过程监管；由过去只重视检验检疫监督执法转变为服务引导企业建立、完善质量管理、控制体系，加强自律。强化报检员队伍管理，共组织2期报检员业务培训，完成2次全省全国报检员资格考试工作。目前，全省593人经考核取得报检员资格证书。

【动物检疫监管】 切实把好进出境动物和动物产品检验检疫关。从巴西进境的一批26.01吨冻鸡副产品中检出致泻性大肠埃希氏菌，该批产品已做热熟制处理；首次从巴西进口的鸡翅中检出人畜共患病的病原菌“单核细胞增生李斯特氏菌”。安徽局高度重视，在第一时间将情况反馈相关分支局和进口企业。在严密监管下，对该批货物做了消毒灭菌处理。[植物检疫监管] 强化进出境货物木质包装的检疫工作。查处瞒报、伪报及错报木质包装等违规现象4批次，对298个木托盘及松木包装箱进行了集中焚烧处理。从木质包装中检出滑刃线虫活体；从携带进口废瓦楞纸箱的集装箱中检出活体黄胸鼠1只。

【强化进口大宗及敏感商品检验监管力度】 做好全省进口食品、农产品、化妆品检验监管工作。积极开展食品领域专项整治行动，主动与省质量技术监督部门联系，对全省范围内冻肉、进口奶粉、洋酒等实施专项执法检查。查封合肥某冷库部分手续不全的冻肉及副食品计5.15余吨。对在铜陵市场查处的13箱208公斤来自阿根廷（南纬42度以北）冻牛肚，全部予以销毁处理。对省内3家外贸进出口公司共计4批972吨含有假高粱等杂草种子的进口芝麻进行了监管和除害处理，有效地抵御了国外有毒有害生物对安庆的侵入。

加大进口机电、轻纺等大宗商品监管力度。在进口机电商品中检出不合格84批，索赔金额约

64.88万美元。对进口旧机电产品按照规定实行登记备案，出具工作联系单39份，出具装运前预检验证书62份，实施装运前预检验1起。对不符合安全环保卫生法律法规要求的旧工程机械不予备案2起。进行外商投资财产价值鉴定5票，申报金额约160万美元，鉴定金额150万美元，贬值金额9.5万美元，总贬值率3%，最高贬值率52.5%。针对近年来，安徽省进口棉花大幅增加和进口棉品质、重量隐患增多的形势，局重点加强了检验监管。去年共检验出不合格进口棉花68批，对外出具索赔证书136份，为芜湖裕中、安庆华茂、阜阳华源、铜陵华源、淮北一棉等12家进口棉花企业挽回经济损失100.5万美元。

强化危险品检验监管。对全省现有危险货物35家出口企业、8家危险货物包装生产企业，涉及的氰化钠、电雷管、水胶炸药等68种危险货物和开口钢桶、闭口钢桶、集装袋等8类包装容器，开展全面普查，基本摸清了全省出口危险品及包装企业的生产、管理情况。帮助和指导危险品出口生产企业建立健全内部管理制度，大力宣贯ISO9000系列质量管理体系和《出口危险货物包装生产企业质量许可证考核细则》，指导企业编制《质量手则》及程序性文件，强化内部贯标工作，培训内部管理人员。

【认证认可监管】 加大全省进出口食品、农产品企业卫生注册宣传工作力度同时，积极帮助更多符合条件的企业获证。2004年实施卫生注册评审53家，发证48家；监督检查35家；取消了42家到期未申请企业，淘汰率15%；累计获证企业达240家。对外卫生注册推荐24家次，同比增长100%。其中，对欧盟注册12家，韩国11家，新加坡1家。发放出口产品质量许可证63份。

【质量体系认证】 帮助企业建立完善的质量管理体系。全年与企业签订ISO9000、ISO14000等质量管理体系合约184份，完成审核126家，完成体系复审31家，完成304家企业监督审核，累计评审认证企业650家。

【出口基地建设】 全年累计受理农产品出口种植基地申请19家，考核16家，发证10家，面积约1.5万亩，涉及种养品种30多个。出口水产养殖基地登记备案企业也由12家，36万亩水面，扩大到17家，65万亩水面。

【隔离检疫场建设】 为支持合肥天骄畜牧工程有限公司从澳大利亚等畜牧业发达国家引进优良品种，安徽局派专人赴南京局学习大中动物进境隔离检疫场建设的有关技术标准和要求，经过半年多努力，安徽省第一个大中动物进境隔离检疫场建设已获国家质检总局批准。[加强药残监测] 组织编发12万字的《出口水产品检验检疫规章汇编》。对全省出口水产品加工企业29个捕捞点进行药残检测，发放了安全捕捞证书。分4次对供港活牛育肥注册场和供港动物产品来源地活动抽取尿样进行"7+37"（7种禁用药和37种限用药）残留监测，共检测360多个药物残留指标。供港活畜连续5年没有发生一起疫病及药残问题。

【绿色通道建设】 积极推荐符合条件出口企业进入"绿色通道"，去年完成6家企业的初核工作，目前6家企业已获得国家质检总局审核通过。全省累计31家企业成为"绿色通道"企业。对工业产品生产企业实施一类管理企业达30家、核准二类管理企业74家。[加强协作配合] 充分发挥长三角经济区检验检疫协作组织的作用。通过召开"南京、安徽检验检疫局业务协作座谈会"，进一步与近邻南京局加强业务协作与沟通。双方就电子转单、绿色通道企业免检快速通关、建设动物隔离场技术支持等达成协作意向；在实现信息资源共享，进一步扩大检验检疫监管合作的深度和广度等形成共识，确立了两省今后长期业务交流合作的新机制。

【扶持地方特色产品出口】 积极扶持地方特色产品打入国际市场。通过帮助企业建立卫生质量体系、指导企业把好原料采购关等四项积极措施，使丰原集团 39 吨浓缩梨汁顺利出口美国，实现了安徽省果汁出口“零”的突破。

主动为安徽六安绿宇果树花卉研究中心提供日本苗木进口方面的信息，并对公司技术人员讲授花卉苗木在出口方面检疫知识。经过多方努力，该公司石榴、枣、猕猴桃、柿子 4 个品种，5 万多株果树种苗顺利通关进入日本市场，这是安徽省首次较大批量果树苗木对日出口。先后 2 次向黄山市政府提交调研报告，建议得到市政府的高度重视和采纳。经过不懈努力，2004 年黄山茶叶出口突破 1 000 万美元、出口创汇列黄山市第一、出口额占全省茶叶出口额的 50%。检验检疫的工作受到了黄山市政府、出口企业和茶农的高度赞扬与肯定。

【促进农产品扩大出口】 促进安徽农产品出口是安徽局常抓的一项重点工作。一是出台《促进安徽农产品出口六项措施》，受到安徽省政府文海英副省长高度评价，并向全省转发，为加快促进安徽农产品出口优化了环境。二是深入开展农产品出口情况调研。先后与 10 个市的政府领导和农业、外经贸部门以及出口生产、加工企业召开了座谈会，实地走访了全省优势农产品主要区域和近 30 家出口龙头企业、省级外贸公司，了解情况、征求意见，帮助解决外贸出口方面存在的问题。摸清了安徽农产品生产、加工、资源、基地等基本情况。三是积极贯彻落实总局与安徽省政府签定的《关于加强农业标准化，推进农业产业化，共同促进安徽省主导农产品出口工作备忘录》，向省委省政府专题汇报了安徽农产品出口的现状、存在的问题以及促进出口的措施建议。四是做好宣传和基地考核备案工作。与省商务厅就出口基地建设召开“全省出口基地建设工作会议”。通过各种渠道大力宣传农产品出口基地备案条件、程序和要求；鼓励出口企业建立自有种植、养殖基地，开展农产品和食品认证，按进口市场要求获得有机产品认证或其他国际认证，提高出口竞争力；把原料基地当成第一车间进行管理，严格按照国际标准组织生产，建立生产技术操作规程和质量安全管理制度，统一生产管理，统一农药管理，减少污染，产品优质无害，提高农业生产效益，确保出口食品原料的安全。据统计，去年 10 家备案基地的农产品全部或 80%以上供出口，出口创汇达 1000 多万美元。

【防止禽流感蔓延】 去年初安徽省部分地区出现禽流感疫情，根据疫情流行态势，加强出入境检验检疫，把好国门，严防禽流感传入传出。一是起草并实施《高致病禽流感紧急预案》；二是暂停来自禽流感疫区禽类及其制品的进口报检，到岸的禽类及其制品作退回、销毁或无害化处理；三是加大对进口货物的抽查比例；四是加强对辖区内禽类生产企业的监管工作，要求出口企业暂停生产，产品暂时封存；五是坚持零报告制度；六是加强对来自禽流感疫区船舶和集装箱的检验检疫。通过有效措施，安徽省出口禽类养殖生产企业未出现一例疫情。未使一例问题家禽出入境，有力维护了人民健康安全。

【标准化信息管理】 安徽局重视标准化信息管理，制定了《安徽出入境检验检疫局标准化工作管理办法》，初步建立起系统标准化体系。由安徽局主持制定的《出口山蜇菜检验规程》、《出口鲜竹笋检验规程》行业标准已批准公布；承担起草的《化学品分类和标签安全规范皮肤腐蚀/刺激》、《化学品分类和标签安全规范 严重眼睛损伤/眼睛刺激性》和《化学品警示标签和警示性说明编写规定 严重眼睛损伤/眼睛刺激性和呼吸或皮肤过敏》三项国家强制性标准，通过了国家级审定。

【实验室建设】 适时调整系统实验室规划布局，以此构筑支持安徽省农产品、食品出口的技术保障体系，逐步在安徽建立具有执法性和权威性的农产品、食品检测研发中心。去年实验室开检新检测项目95个。其中，开发的动物源产品硝基呋喃代谢物检测，已报国家质检总局登记注册，填补了安徽局的空白；开发的液相色谱检测蜂蜜中四环素族残留、磺胺药残项目，对日食品甜蜜素的检测可精确到日本要求的0.2PPM。安徽局化学实验室参加并通过了国家认监委组织的蔬菜中3种农药残留量的水平测试。铜原料及产品实验室参加了澳大利亚公司组织的水平测试，铜精矿水平测试所有结果全部合格，数据无一可疑或离群，其中金、铜的分析结果是所有参加实验室中最好之一。通过不断增强检测技术能力，提高了不合格产品的检出率，有力维护了执法工作的准确性、权威性。

安庆海事局

【基本情况】 安庆海事局是长江海事局的分支机构，属国家执法监督机构，主要职责是根据国家法律、法规、行政规章、规范性文件及有关国际公约赋予的各项职权，实施长江干线安庆至池州段的水上安全监督和防止水域污染、航行保障和行政执法。1974年至1989年前名称为“芜湖航政分局安庆航政处”，1989更名“芜湖长江港航监督局安庆处”。2003年1月脱离芜湖海事局，直属于长江海事局，并更名为”中华人民共和国安庆海事局”。2004年元月1日，原芜湖海事局池州处划入安庆海事局管辖。2005年6月1日，长江干线安徽段水监体制改革顺利完成，长江干线水上安全监督工作统一由长江海事机构负责管理。

安庆海事局目前下属六个海事处，分别为：安庆华阳海事处、安庆东流海事处、安庆港区海事处、安庆牛头山海事处、安庆枞阳海事处和安庆池州海事处；局机关设海事监管中心、海事政务科、海事督察科、财务科、技术装备科、局办公室、党群办公室。在职职工224人，离退休职工62人。计有18艘海事巡逻艇和14辆海事执法用车。

安庆海事局管辖范围。上界：北岸马当嘴过河标（长江下游里程717公里）与南岸马当山罐形岸标（长江下游里程716公里）的联线；下界：北岸老洲头白灯船（长江下游里程559.5公里）与南岸五步沟（长江下游里程559.5公里）的联线。全长：北岸157.5公里，南岸156.5公里，跨江西、安徽二省的彭泽、东至、望江、怀宁、枞阳五县（区）和安庆、池州两市。

2004年，以邓小平理论和“三个代表”重要思想及党的十六届四中全会精神为指导，认真贯彻长江海事局2004年工作会议精神，紧紧围绕改革、发展、稳定的大局，以继续加大水上交通安全管理力度，进一步优化通航环境为目标，以确保辖区水上安全形势的稳定为己任。在长江海事局的正确领导下，全体职工发扬自强、团结、奋进的精神，努力工作，较圆满地完成了的各项工作任务。

【围绕中心，海事管理工作不断强化和延伸】 全体职工团结一心、克难奋进，2004年在海事业务工作方面，重点加强了一桥、二区（油区、港区）、三段（太子矶、东流、马当）现场监管力度，进一步优化通航环境，实现油区、桥区、池州管区无等级事故，确保了辖区安全形势的稳定。

分级负责、分片包干，渡船平安行动取得成效。根据长江海事局的部署，认真组织了渡船平安行动工作，以分级负责、分片包干的形式，落实了渡船安全监管的责任，制定了《安庆海事局渡船安全巡查管理办法》，并按照上级要求实施了渡船116工程，即：建立了渡船基本资料数据库、渡船乡管员联系网以及《安庆海事局客渡船定期巡查和检查制度》、《安庆海事局客渡船员安全和业务知识培训教育制度》、《安庆海事局客渡船限航制度》、《安庆海事局客渡船安全定期通报及联系制度》、《安庆海事局客渡船安全年度评先激励制度》和《安庆海事局客渡船监管责任及过错追究制度》。各处站结合实际深化渡船平安行动成效显著。港区处建立了重点渡船的动态报告制度，并以知识竞赛的形式加大渡船安全管理的宣传工作，还和汽车轮渡所开展了安全文明共建活动；池州处在能见度不良时对渡口实施了旁站式监管，确保渡船不冒险航行，并与港口、地方海事解决了客渡船在池州港口的安全靠泊问题；牛头山站建立了与乡管员的密切联系，召开乡镇政府领导及乡管员会议，并第一个制定了客渡船的限航制度；华阳站在加强客渡船管理的同时，及时打击私渡船，对发现非法载客情况及时通报给地方政府，引起了政府领导的重视和支持。通过深化渡船平安行动，90%以上的渡口已经取得了政府批文，全年客渡船安全状况良好。

领导重视、部署周密，航路调整工作获得成果。自9月20日以来，安庆海事局按照长江海事局的统一部署，认真开展了“学习通告、规范航路”百日统一执法行动，在局领导重视及通保科的精心组织下，经过全体职工的努力，圆满地完成了辖区航路调整的任务，辖区船舶航行有序。自10月1日航路变更正式实施以来，未发生等级以上的事故，通航环境得到了明显地改善，对加强长江下游水上交通安全管理，促进长江安徽段安全形势的稳定起了积极地促进作用。在航路调整工作中，领导带头，全局职工全力以赴，放弃了国庆的长假，印制了1万份辖区航路示意图，任务和责任到艇到人，机关人员下到基层，充分体现了安庆局职工的凝聚力和战斗力。航路调整以来，出动船艇1 800余艘次、出动执法人员4 500余人次，巡航时间4 500余小时，发放宣传资料15 000多份，宣传船员13 000余人，现场培训船员1 000多人次，纠正错走航路船舶3 300艘次，重点水域驻守2 800余小时。

严格执法、文明执法，突出违法行为得到整治。针对辖区船舶流量大、违法行为突出、事故多发的情况，认真落实长江局在芜湖召开的“加强长江安徽段现场管理措施的研讨会”精神，强化现场，严格执法，加大打击辖区突出违法行为。一是建立了反超载的长效管理机制，以船舶整顿基地为主线，上下联动，纠正违章，消除隐患。全年，现场纠正违法行为为17 814次，实施行政处罚11 516起（其中一般程序252起、简易程序11 264起）；罚款770.8万元；违法记分1 025件，共计1 104分；二是加强巡航，特别加强了夜间巡航，制定了《安庆海事局夜间巡航工作制度》，各级领导带头，参加夜航，实施了对船舶流的强行调节，使夜间的事故和险情得到一定的遏止。全年出动巡逻艇7 930艘次，累计出动人员37 300人次，巡航时间18 597小时，完成巡航任务79 857次（其中局组织全航段巡航4次），共检查船舶29 759艘次，检查渡口区14 175道次，检查油区2 200次，实现了巡航执行率高于95%的目标；三是加强了安全宣传和文明服务工作，充分体现文明执法、执法为民的理念。发布信息联播、航行通（警）告30次，发布辖区通航环境公示12次，同时大桥站及各艇在能见度不良的情况下及时用高频提醒过往船舶受到了船员的欢迎；与南京长江油运公司开展了安全文明共建活动，为大型船舶（队）通过复杂航段提供安全维护服务，取得了较好成效，受到了船公司的好评。

规范管理、有效管理，海事管理水平不断提升。2004年认真抓了海事管理的规范化工作，加强了基础建设。

一是完成了海事管理体系、《安庆海事局基础资料》、《安庆油港油污应急计划》等业务文件的编写工作，并认真组织了体系文件的宣贯，进行了海事管理规则和体系文件的问卷测试，建立了体系运转的组织机构；二是进一步建立健全了有关制度和程序，加强了对基层的业务规范和指导，先后在客渡船管理、巡航、船员违法记分、行政处罚、危险货物管理等方面建立和完善了制度和指导意见，使整体业务水平有较明显的提升；三是完成了 PSC 检查的授权验收工作，并已经取得授权。同时积极筹建了安庆长江船员培训中心和筹备了船员考试的授权工作，使海事管理工作得到拓展。

2004 年，安庆海事局全面完成了上级下达的业务指标。对内河船舶实施安检 640 艘次（完成指标的 116%），单船缺陷率为 7.5%，海船安全检查 156 艘次（完成指标的 120%），单船缺陷率为 8.4%，中国籍国际航行船舶开航前检查 52 艘次（开航前检查率 100%），缺陷总数为 86，单船缺陷率为 7.2%。办理国际航行船舶手续 79 艘次，其中中国籍国际航行船舶 52 艘次。开航前检查船舶在国外滞留率为 0，船舶登记差错率为 0；船舶签证 4 772 艘/次（其中国际航行船舶 156 艘/次、危险品船舶 918 艘/次）；未发生重特大险情漏报、瞒报或超时限报告事件；未发生行政诉讼、败诉或由复议机关改变或撤销的行政案件、未发生因海事责任而导致国家赔偿的案件。

值得一提的是，安庆长江公路大桥提前近 1 年时间于 12 月 26 日胜利竣工通车，并在整个施工期间未发生任何安全事故。

2004 年，安庆海事局辖区共发生一般及以上水上交通事故 6 起，其中碰撞事故 5 起、触损事故 1 起，死亡（失踪）10 人，沉船 5 艘，直接经济损失 145.6 万元，未发生一次性死亡 10 人及以上重特大事故。去年同期辖区共发生一般及以上水上交通事故 7 起（其中碰撞事故 6 起），死亡 7 人，沉船 7 艘，直接经济损失 432.5 万元。事故 5 项指标与去年同期相比四降一升，安全状况综合评估指数 = 102，小于 120。（若考虑船舶流量 K 值修正，P = 71。其中 2004 年辖区日平均流量 2 022 艘次，2003 年为 1 637 艘/次，2002 年为 1 332 艘/次，2001 年为 955 艘/次，K = 2022/（1637 × 0.5 + 1332 × 0.3 + 955 × 0.2） = 1.435）。

【推进改革，探索建立行之有效的激励机制】 进行海事管理模式改革的探索，强化便民利民。一是组织业务部门和处站领导到江苏学习，开拓视野，并在港区处进行了海事管理动静适度分离的试点；二是为了促进政务公开和规范办事程序，充分体现为船舶单位服务的宗旨，推行海事管理业务受理与审批分离，根据长江海事局《长江海事系统设置海事管理政务大厅（办公室）指导意见》的要求，于 4 月 1 日启动安庆海事局海事政务受理中心，并在有条件的处站建立政务受理窗口（共 5 个），基本实现政务受理一个窗口对外。更新了电脑触摸屏软件查询系统，公布了安庆海事局的服务承诺、投诉和举报电话、政务指南和办事流程，布置和建立了外来人员申请办事和休息的设备，为统一受理建立了良好的工作环境。认真开展政务受理工作，落实了交通部和长江海事局便民措施。

落实人才培养措施，加大培训力度。“以人为本”、“人才强局”是改革的要求，是发展的需要。按照安庆海事局建局之初提出的“1 年理顺稳定、2 年巩固发展、3 年全面提升”的发展思路，十分注重人才的引进和培训。全年举办各类培训班 14 期，包括外派参加培训人员共计 336 人/次，提高了干部职工的政治业务素质。完成 2 名计算机网络专业人员和 1 名船员管理人员的配备；机关干部和执法人员（51 人）计算机水平国家一级以上达标率超过 90%；45 岁以下执法人员（11 人）英语国家四级以上水平达标率为 26%；针对“115 人才工程”后备人选（郭辉、李斌、吴丹 3 人）个人培养措施实施率为 100%；

努力体现按劳分配，激发主人翁精神。2004 年，安庆海事局积极推行绩效酬金制和荣誉酬金制。

想方设法筹措资金，在全局范围内按月、季、半年、全年对全局职工进行工作考核，根据考核结果给予相应绩效酬金；对于在各种比赛中取得好成绩的同志和为安庆海事局争取荣誉的先进人物给予相应荣誉酬金。一年来，被中国交通企业管理协会和交通行业优秀企业管理成果评审委员会评为“2004年全国交通行业优秀质量管理小组”的大桥站、五里庙站二个QC小组和在长江海事局举办的体育运动会上获得两金一银和一个第3名及长江海事局监督员知识竞赛中获得团体第6名、个人第6名的获得者均享受过相应的荣誉酬金。这些做法不但激发了广大职工的工作热情和工作积极性，而且还增强了全体职工的向心力和凝聚力。

【加大投入，奠定了可持续发展的基础】 为了逐步实现长江海事局2004年工作会议提出的“四化三步走”的战略目标，安庆海事局加大资金投入，努力推进“四化”进程。

建立了安庆海事局网络系统，信息化工作得到有效推进。按照长江海事局信息化建设二期工程的统一布置，局中心机房进行了改造，并于6月底建成了本单位局域网，6月20日开通了本单位内、外网站，电子签证工作正常，中创公司船舶动态管理系统于11月20日开始在安庆海事局各基层处站试运行，目前运行情况良好，为该系统在全线应用做了十分有益的尝试和探索，收费机打票据工作按长江局要求推进。

调整布局、整合资源，努力实现反应快速化。为了满足“1540“的快速反应要求，调整了基层处站布局，将原池洲处的管段按照”就近监管”的思路进行重新划定，将原安庆大桥站和五里庙站按照“整合资源”的思路进行合并组建安庆港区处，在东流镇成立了华阳站东流工作点。同时，为了加强现场管理，解决基层站点无办公场所的现状，购置水泥趸船2艘、执法车2辆、执法摩托车6辆，并将海巡艇进行了重新分布，基本实现反应快速化。为了加强现场搜救工作，健全搜救网络和机制，在安庆市政府的关心和支持下，“安庆长江水上搜救中心”于2004年11月正式挂牌，使长江安徽段的搜救网络得以健全。

加强内部管理，使之适应执法规范化。在业务上积极组织编写海事管理体系文件，进一步从制度、程序、监控等方面加强执法规范化建设的同时，继续坚持“站管艇、艇管趸”的管理模式等积极有效的措施，局属处（站）、科（室）相互合作，协调一致地做好各项内部管理工作。船艇完好率为92%以上，船艇可用率为90%以上，一级船艇达标率为30%以上，全年修船计划完成率为100%，海巡艇累计航行时间达18177小时，无一般以上责任事故发生；对建局以前的各类档案进行了整理归档，建局以来各类档案的归档率和完整率为100%；单位内部未发生重大安全责任事故。

【加强财务、征稽管理，实现了收支平衡的目标】 2004年，安庆海事局充分发挥现场优势，继续发扬“三千”精神，采取各种有效的激励措施，加大各项规费征收力度，努力完成长江局下达的规费征收指标。全年完成财务收入307.2万元，完成年计划230万元的133%；船舶港务费征收500.2万元（其中对到港船舶征收214.4万元，现场查补285.8万元，查补船舶1177艘次），完成年计划280万元的179%。未发生漏收和代收现象。采取预算管理和成本管理的方法实现了收支平衡的目标，职工收入稳中有升，无违反财经制度和财经纪律的不良现象发生。

【加强“三个文明”建设，构建和谐的人文环境】 加强了基层党组织建设和党风廉政建设。年初，池州处并入后，原临时党支部已不适应工作要求。在长江海事局党委和安庆市直工委关心下，批准组建了安庆海事局党总支。根据局属单位分布和具体情况组建4个党支部，健全了基层党组织，并发挥了应有作用。一年来，安庆海事局在加强党风廉政和行风建设方面，严格执行了党风廉政和行风建设的各项规定，并不断完善各项监督和约束制度。据统计，截止2004年12月20日止，安庆海事局共拒收现金46 000余元，各种香烟120余条，各种礼品11余件，并多次拒绝吃请。

以人为本，加强了职工思想政治工作。一年来，努力体现以人为本，开展了“三做”和争创“文明家庭”活动，并开展送“生日贺卡”、“节日慰问信”和“送温暖”活动。把关心职工、引导职工积极参与社会活动落到实处。使职工队伍进一步稳定，全年未发生刑事、治安、政治案件、黄赌毒和群众上访事件。

认真实行政务公开，不断丰富海事文化内涵。召开了第一届安庆海事局职工代表大会，进一步深化了局务公开，通过会议、文件、公告、公示等不同方式，落实职工的参与权、监督权和知情权；组织开展职工体育运动、劳动竞赛和岗位练兵活动。在长江海事局举办的体育运动会上获得两金一银和一个第3名，监督员知识竞赛中获得团体第6名、个人第6名，职工队伍综合素质不断提高；认真抓好中心组学习，做到年有计划，季有安排，学研结合，形式多样，并坚持以理论指导实践；开展文明创建活动。在“弘扬振超精神，争创三个一流”活动中，各单位结合实际提出了争创“平安航区”、“诚信油港”、“文明基地”目标，并积极推行，初显效果。文明创建促进了长江海事文化建设，初步形成自强、团结、奋进安庆海事文化精神。一份耕耘，一份收获。年轻的安庆海事局正在一步一个脚印、一年一个台阶地稳健地成长着。在上级的关心支持和正确领导下，通过全局职工的共同努力，五里庙站和池州处签证室被重新认定为“省级青年文明号”，监督科被重新认定为“市级青年文明号”；局团委被授予“市级五四红旗团委”；池州处继续保持省级文明单位称号；安庆局继续保持市级文明标兵单位称号；港区处被长江海事局授予争创“三个一流”先进集体；林建成同志被水利部授予“长江河道采砂管理先进个人”；孙家荣、刘继调同志被市直工委分别授予“优秀党务工作者”、“优秀共产党员”；徐丰收同志被安庆市委、市政府授于“大桥建设功臣”；俞峰同志被评为“市级优秀共青团干部”等。

福建口岸工作综述

【口岸运行】 2004年，福建口岸运行水平迈上新台阶，实现三个突破。一是全省海港口岸外贸货运量突破5 000万吨，达5 642.44万吨，与上年同比增加14.5%（下同），其中进口2 396.3万吨，增加17.5%，出口3246.2万吨，增加12.4%；二是全省海运集装箱吞吐量突破300万标箱，达333.5万标箱，增加20.34%，两岸试点直航累计双向航行2 035航次，运载箱量58.29万标箱，增加14.7%，其中进口30.35万标箱，出口27.49万标箱；三是全省口岸出入境旅客突破200万人次，达214.9万人次，增加40%，其中空港口岸出入境旅客170.4万人次，增加29%，海港口岸累计完成44.42万人次，增加110.2 %。“两马”、“两门”直接往来旅客42.85万人次，增加157.3 %，其中，入境21.5万人次，出境21.35万人次，分别增加158.5%和156%。

【口岸开放】 一是做好口岸扩大开放的审理报批工作。经过努力福州松下港口岸江阴港区通过国家级验收，7月1日由交通部公布正式对外开放；泉州晋江机场获准临时对外开放并于6月30日通过省级验收；12月28日宁德城澳港口岸对外开放通过省级验收；泉州港口岸深沪港区省级验收的准备工作和围头港区扩大开放的申报工作也取得进展。二是积极做好沿海砂石、活水鱼出口和外轮维修点等口岸临时开放审理、协调、报批工作，如协调报批罗源湾可门口活水鱼出口外轮海面交货点工作，福州亭江、王官头锚地设置江中砂石过驳作业点等。三是按照一个设区市设一个一类口岸的总体原则，从有利于地方经济发展和福建实际出发，开展全省海港口岸开放水域新增作业点的清理和规划工作。在沿海各设区市口岸海防办（口岸办）的积极配合和支持下，该项工作已全面完成，经省政府批准公布并制发相应牌匾予以明确；完成非A类外贸作业点开展清理、验收工作，一批不符合监管条件或外贸过货量少的作业点被撤销或降格处理。

【口岸管理】 一是认真制定“十一五”口岸发展规划。针对福建口岸布局不尽合理的现状，围绕和配合福建省建设海峡西岸经济区发展战略，依据国家有关编报口岸开放规划原则精神，本着既满足临港项目落地的目前需要，又考虑到“十一五”期间经济和社会发展对口岸开放的要求适度超前的原则，编制了福建“十一五”口岸发展规划，并于5月底在连江县组织召开了省“十一五”口岸开放规划评审会，明确了福建口岸“十一五”发展总体目标，使口岸布局既突出福州、厦门两大口岸，又兼顾沿海其它地区和内地山区发展需要；二是做好外轮维修点的审批工作。制定了《福建省海港口岸设立外轮维修点的基本条件》，规范了外轮维修点的设置，连江瀚海船业公司获交通部批准临时停靠外轮，做好福安环澳、申银外轮维修点的审批，同时协调好漳州石码口岸临时靠泊维修外轮；三是福州马尾客运站改造取得突破性进展。根据省政府［2004］63号会议纪要精神积极做好马尾客运站改造协调工作，成立省改造协调小组和改造工作办公室，福州市口岸海防办认真做好现场协调工作，改造工程可望于2005年春节前结束，长期困扰和制约两马直航发展的客运站改造问题得到解决；四是做好陆运口岸的管理和促进工作，召开了直通港澳车辆管理培训会议；五是做好福州空港口岸要客接待工作。协调做好南京军区福州总院赴利比里亚维和医疗分队人员、物资出境通关，国外元首、要客通关礼遇，一年一度全省人大、政协会议代表等的口岸通关工作，做到既符合国家规定又最大限度提供方便。据统计，共协调接待13次来访要客的口岸通关工作，同时认真做好偷私渡人员遣返和福建省在外遇难劳工的遗体、骨灰接机工作，受到国内外各界的好评。

【口岸大通关】 一是省及各设区市大通关协调领导小组都进一步调整充实，并充分利用成员会或联席会议等形式，协调和推动口岸各查验单位出台各种通关便捷措施。二是成立省口岸大通关电子信息平台管理办公室，全面启动大通关电子信息平台建设，福州、厦门市口岸与海防办（口岸办）积极参与前期准备工作，目前已确定了平台建设业主单位。三是开展大通关调研。根据省政府统一部署，4～6月组织对福建省开放口岸和口岸查验、生产、中介服务等部门以及口岸所在地政府贯彻落实《福建省进一步提高口岸通关效率的具体措施》和《补充措施》情况，开展专题调研，通过听、察、访、问、答等形式，收到很好效果，达到总结经验，发现差距、交流举措，研究问题、推动工作的目的。6月17日叶双瑜副省长主持召开省大通关协调领导小组全体成员会听取了调研情况汇报，充分肯定了调研工作，全省口岸大通关情况调研报告经省政府批转各地、各有关部门认真落实，并对下一步口岸大通关建设提出了要求。各地、各有关部门对报告涉及的问题都进行认真整改。四是牵头做好全省口岸中介组织的整顿规范工作。8月31日召开各口岸中介行业主管部门和设区市口岸海防办主任及工商、物价等部门领导会议研究部署全省口岸中介整顿工作，各地认真贯彻落实，厦门市口岸办专门成立工作班子，下大力气汇总了厦门口岸中介企业第一手资料，通过协会下发中介组织管理规定，泉州、漳州、宁德市重点从检查中小企业服务规范和改进方面的问题，进行规范整顿，该项工作已基本结束。五是开展铁海联运大通关工作。为加强山海协作，扩大口岸腹地，于12月中旬召开全省铁海联运大通关三明现场会，总结推广三明—厦门铁海联运大通关做法，并通过《福建省开展铁海联运大通关，促进外贸转关运输若干意见》，支持内地山区外向型经济的发展。

【通关监管模式改革】 分类管理，优化监管。福州、厦门海关创新加工贸易管理模式，大力推行企业账册和电子账册管理，为实现联网监管探索了一条新路。福州、厦门海关已对建松、冠捷等十几家企业实行了大手册管理，帮助大企业解决了进出口通关瓶颈问题。福建检验检疫局在全国率先对进出口企业开展质量诚信评价，对不同类型企业分别采取9种检验检疫监管模式，通过模式体系管理检验出口的商品39.3万批，节省98.3万个工作日；为72家企业开辟“绿色通道”，共免查验放行出口商品4.89万批，节省9.7万小时；对出境冷藏集装箱适载检验推行“集中预检、集中出证、分散使用”的新模式，实现冷藏集装箱检验“零占时”。厦门检验检疫局针对不同企业和货物制定了一系列检验检疫监管程序，对出口包装、鞋类、服饰等商品全面实施过程监管和周期检验新模式，对18家信誉好的企业实行监管放行为主的快速通关制度。边检、海事部门开展“信得过”船舶评选活动，对获得“信得过”的船舶，在进出口岸的审批和查验手续上予以简便，对“定航线、定船舶、定船员”运输砂石出口的船舶实行抽查办法。

前置后移，便捷通关。福州海关全面实行海运进口货物“提前报关，实货放行”的申报制度，努力实现进口货物“零滞港”。厦门海关认真落实并扩大便捷通关措施，先后与厦华等9家大型高科技企业签定《责任担保书》，使适用便捷通关措施的企业增加到13家。福建检验检疫局所属各局实行一站式服务，推行对出口货物源头管理、过程检验、抽批检验，对进口货物实施提前报检、集中审核、快速查验、实货放行等便捷方式。厦门检验检疫局改革集装箱验放方式，对进境空箱采用“先检疫后报检”和“抽检＋场站监管”的模式，对有条件的企业实行出境集装箱适载集中检验。厦门边检总站、福州边检站还应用出入境船舶网络报检系统，加强港区电视监控，形成港区巡视巡查，卡口管理、重点船舶监护相结合的管理模式。福建海事局加强通航环境和水上交通秩序整治，实施船舶开航前定期免检制度和诚信船舶管理制度。

科技创新。福州、厦门海关积极推广运用“电子口岸”系统，实现了与省国税局、厦门市国税局退税报关单电子数据网上核查和通关单联网，并先后与中国银行福建省分行、厦门市分行完成了“网上支付”企业的审批和授权，正式启动了“网上支付”。福建、厦门检验检疫局将信息化从检务环节向检验检疫全流程延伸，提高了检验检疫各层面信息化应用水平，电子报检和产地证电子签证均达到100%。福建检验检疫局研制成功《出入境船舶电子检验检疫系统》，该系统首次实现了对船舶卫生检疫和动植物检疫业务的融合和涵盖，填补了国内空白。同时推广应用出口货物快速核放系统，报检签证流程由传统的8个环节减少到3个，时间从原来平均1个工作日缩短到3分钟。电子监管也迈出了新步伐，从而使福州长乐国际机场成为全国第四个实行电讯检验的机场，初步实现了福州空港旅检现场视频实时监控。

【防治非典和禽流感】 一是及时研究和部署空港口岸抗击非典型性肺炎和禽流感工作，加强福建口岸有关部门的协作配合，确保出入境旅客和口岸工作人员身体健康；二是建立和健全口岸各单位防“非典”和禽流感工作预案，并组织防“非典”预案演练，认真做好发热疑似病人和密切接触者隔离、后送工作，做好候机楼通风换气和场所消毒工作；三是积极采取自我保护措施，购置必备防“非典”用品，确保现场工作人员的自身安全；四是深入口岸一线开展口岸系统抗击非典工作的检查，一手抓防非典，一手抓大通关，确保福建口岸生产平稳进行。

（蒋乐超）

2004年福建省口岸外贸海运统计表

单位:(吞吐量)万吨/(集装箱)标箱

项目/口岸	类别	全年完成量	比上年增长%	进口累计	比上年增长%	出口累计	比上年增长%
福州口岸	外贸吞吐量	1821.8676	5.88	290.7621	3.22	1531.1155	6.40
	国际集装箱	629954	14.53	306552	12.53	323420	16.50
厦门口岸	外贸吞吐量	2848.3423	23.83	1297.2849	28.20	1551.0574	20.40
	国际集装箱	2655332	22.16	1272989	22.73	1382343	21.63
漳州口岸	外贸吞吐量	282.1165	7.23	206.6587	－0.46	75.4198	35.98
	国际集装箱	3213	－21.67	990	－37.14	2223	－12.03

项目 口岸	类别	全年完成量	比上年增长%	进口累计	比上年增长%	出口累计	比上年增长%
泉州口岸	外贸吞吐量	594.5792	4.43	533.5921	12.38	60.9871	-35.48
	国际集装箱	37799	8.74	27583	14.89	10216	-4.98
莆田口岸	外贸吞吐量	71.1590	14.23	66.0754	10.56	5.0836	101.12
	国际集装箱	8675	-0.74	5335	3.99	3340	-7.47
宁德口岸	外贸吞吐量	24.3761	104.22	1.8827	-43.47	22.4950	161.41
	国际集装箱						
总　计	外贸吞吐量	5642.4407	14.50	2396.2559	17.51	3246.1584	12.38
	国际集装箱	3334973	20.34	1613449	20.37	1721542	20.31

2004年福建省口岸大宗物资统计表

单位:万吨

项目 口岸		进口					出口		
		粮食	化肥	钢材	成品油	原油	砂石	其中毛角石	其中砂
福州口岸	全年累计数			22.2772	6.4273		1148.0460		1148.0460
	同比增长%			-7.07	50.02		3.41		-1.25
宁德口岸	全年累计数						20.7795	19.1295	1.6500
	同比增长%						237.33	250.76	
莆田口岸	全年累计数	31.9960					0.8387		
	同比增长%						68.24		
泉州口岸	全年累计数	9.2177		4.1063	23.0015	387.5357	22.7140	14.4506	
	同比增长%			-74.80	-25.84	8.06	22.67	599.92	
厦门口岸	全年累计数	51.1396	27.4306	31.0547	62.4931				
	同比增长%	4.79	20.53	-48.80	27.10				
漳州口岸	全年累计数	82.0762		41.7847			83.4502	4.7700	79.8577
	同比增长%	81.91		36.84			192.87	496.25	225.23
总计	全年累计数	174.4295	27.4306	99.2229	91.9219	387.5357	1344.0100	38.3501	1229.5717
	同比增长%	85.72	20.53	-27.28	8.56	8.06	9.29	314.29	3.56

2004年福建航空口岸客货运情况表

单位:(旅客)人次/(货量)吨

项目 口岸	类别	全年完成量	比上年增长%	进口或入境累计	比上年增长%	出口或出境累计	比上年增长%
福州口岸	出入境旅客	456717	15.19	231263	20.05	225454	10.60
	进出口货量	9090.00	33.65	5443	11.58	3647.00	89.65
厦门口岸	出入境旅客	1214879	34.37	592700	35.08	622179	33.71
	进出口货量	54740.00	12.37	15984	-3.05	38756.00	20.26
泉州口岸	出入境旅客	10740		4335		6405	
	进出口货量						
武夷山口岸	出入境旅客	21990	11.27	10602	9.87	11388	12.61
	进出口货量						
总　计	出入境旅客	1704326	29.08	838900	30.86	865426	27.40
	进出口货量	63830.00	14.97	21427	0.29	42403.00	24.46

2004年福建航空口岸客货运情况表

项目 出入境	出入境旅客(人次)						
	全年合计	同比增长%	内地	香港	澳门	台湾	华侨	外国籍
出入境人次	1704326	29.08	591206	146453	9234	388589	5390	568830
其中:出境	865426	27.40	307606	74921	4646	192527	4706	285709
其中:入境	838900	30.86	283600	71532	4588	196062	684	283121

全年出入境货运量63830.00吨,与上年同比增长14.97%,其中出境42403.00吨,入境21427.00吨,转关1376.00吨。

全年出入境飞机17771架次,其中出境8579架次,入境9192架次。

2004年福建海港口岸客运统计表

单位:人次

口岸	项目	各地累计	与上年同比增长%	内地	香港	澳门	台湾	华侨	外国籍
福州口岸	入境	10258	214.46				10258		
	出境	11408	225.57				11408		
	合计	21666	220.21				21666		
厦门口岸	入境	212579	109.06		7725		204854		
	出境	209969	104.00		7978		201991		
	合计	422548	106.52		15703		406845		
总　计	入境	222837	112.34		7725		215112		
	出境	221377	108.00		7978		213399		
	合计	444214	110.16		15703		428511		

2004年福建口岸两岸试点直航统计表

项目/口岸		全年累计双向航行航次	与上年同比增%	全年累计进港航行航次	全年累计出港航行航次	全年累计进出口运载量(标箱)	与上年同比增%	全年累计进口运载量(标箱)	全年累计出口运载量(标箱)
福州口岸		798	－1.35	398	400	243736	7.52	119490	124246
其中	闽方	334	8.79	167	167	116954	11.30	59657	57297
	台方	464	－7.56	231	233	126782	4.26	59833	66949
厦门口岸		1166	1.27	580	586	337041	20.24	165407	171634
其中	闽方	668	－1.47	331	337	160336	1.29	75751	84585
	台方	498	－0.99	249	249	176705	44.82	89656	87049
漳州口岸		71	22.41	32	39	2171	77.65	691	1480
其中	闽方	71	22.41	32	39	2171	77.65	691	1480
	台方								
总计		2035	－0.63	1010	1025	582948	14.70	285588	297360
其中	闽方	1073	2.87	530	543	279461	5.62	136099	143362
	台方	962	－4.27	480	482	303487	24.57	149489	153998

2004年福建口岸对台客货运统计表

单位:人次/吨/标箱

口岸＼项目	类别	出入境	全年完成量	与上年同比增%
福州口岸	出入境旅客（人次）	入境	10221	244.60
		出境	11401	249.29
		合计	21622	247.06
	进出口货物完成量（吨）	进口		
		出口	489405	1695.98
		合计	489405	1695.98
	海港国际集装箱（标箱）	进口		
		出口		
		合计		
	两岸试点直航完成量（标箱）	进口	119490	7.42
		出口	124246	7.61
		合计	243736	7.52
厦门口岸	出入境旅客（人次）	入境	204744	155.35
		出境	202102	152.24
		合计	406846	153.79
	进出口货物完成量(吨)	进口		
		出口	437039	238.62
		合计	437039	238.62
	海港国际集装箱（标箱）	进口		
		出口		
		合计		
	两岸试点直航完成量（标箱）	进口	165407	16.69
		出口	171634	23.87
		合计	337041	20.24

项目 口岸	类别	出入境	全年完成量	与上年同比增%
漳州口岸	出入境旅客（人次）	入境		
		出境		
		合计		
	进出口货物完成量（吨）	进口		
		出口	149625	246.41
		合计	149625	246.41
	海港国际集装箱（标箱）	进口		
		出口		
		合计		
	两岸试点直航完成量（标箱）	进口	691	42.47
		出口	1480	100.81
		合计	2171	77.65
泉州口岸	出入境旅客（人次）	入境		
		出境		
		合计		
	进出口货物完成量（吨）	进口		
		出口	172700	23525.17
		合计	172700	23525.17
	海港国际集装箱（标箱）	进口		
		出口		
		合计		
	两岸试点直航完成量（标箱）	进口		
		出口		
		合计		

项目／口岸	类别	出入境	全年完成量	与上年同比增%
总　计	出入境旅客（人次）	入境	214965	158.53
		出境	213503	156.04
		合计	428468	157.28
	进出口货物完成量（吨）	进口		
		出口	1248769	523.64
		合计	1248769	523.64
	海港国际集装箱（标箱）	进口		
		出口		
		合计		
	两岸试点直航完成量（标箱）	进口	285588	12.67
		出口	297360	16.73
		合计	582948	14.70

厦门口岸工作综述

2004年，厦门口岸广大干部（干警）和职工以邓小平理论和“三个代表”重要思想为指导，认真贯彻落实党的十六届四中全会精神，按照科学发展观的要求，围绕构筑经济特区中心城市的总体目标，振奋精神，扎实工作，努力开创厦门市改革开放和现代化建设的口岸新局面，为厦门经济的发展和繁荣、提高城市竞争力做出新的贡献。

【海港方面】 2004年完成外贸货物吞吐量2 848.33万吨，比2003年增长23.83%；集装箱完成287.18万标箱，比上年增长23.18%。

努力增辟国际客货运航线，培育新的经济增长点。新增辟厦门至地中海、澳洲、美西等3条国际航线，目前集装箱航线已达81条。

加大了港口基础设施的建设。2004年完成投资8.82亿元，比2003年增长67.86%。完成东渡港区18#泊位建设，缓解了厦门港无法停靠大型外贸杂货船的矛盾；完成10万吨级航道二期工程并投入使用，提高了港口通航靠泊能力。国内外航运公司都看好厦门，纷纷安排大型船舶挂靠厦门港，特别是第五代、第六代集装箱船频繁进出厦门港，从而推动集装箱吞吐量的高速发展；厦门湾灯浮标改造工程已全部完工，港口通航环境和救助体系进一步得到改善；积极推进海沧、嵩屿港区 10 个深水泊位和东渡港区 20# 泊位、国际旅游码头及五通—刘五店滚装码头的建设，可望 2005 年陆续完工交付使用。

【空港方面】 2004 年厦门空港口岸出入境旅客完成 154 万人次，比 2003 年增长 44.20%，首次突破 100 万人次。全年完成进出口货运量 7.18 万吨，比 2003 年增长 27.08%。

引进国航、东航、新航 3 家航空公司在厦设立基地，推动厦门航运业的发展。协调开通第二条第五航权货运航线，即新加坡—厦门—南京—洛杉机；宿务航空公司增开厦门—马尼拉航班；澳航开通厦门—澳门货班机；厦航开通厦门—大阪航班；东航开通厦门—连城航班。积极开展“海空联运”、“陆空联运”和中转业务。

【区港联动】 2004 年 8 月，经国务院批准，厦门市成为实施“区港联动”的试点城市。从原先的象屿保税区 0.7 平方公里，规划为总面积 9 平方公里，包括 5 个港区：东渡码头区、区港联动区、象屿保税区一、二期和航空国际物流园区。园区依托东渡港区和高崎国际空港设施，形成陆海空联结，双港联体运作，实现保税区与海港、空港联动发展，实现保税物流与非保税物流、国际物流与区域物流结合，向具有国际自由贸易区功能的国际物流园区发展。

【厦金直航】 厦金海上直航实现每周天天有航班、旅客人数大幅度增长，完成 40.68 万人次，比 2003 年增长 153.47%。该航线的船公司与两岸相关单位联手，推出厦金台海空联运“一票到底、一条龙服务”的新模式，使行程更方便、费用更节省，被台胞誉为进出祖国大陆“最便捷、最实惠”的黄金通道。

【组合港】 厦门湾组合港建设全面启动。厦门市政府与漳州市政府合作，联合开发漳州开发区第四港区深水岸线，实施优势互补、互惠互利的双赢策略，全力推进厦门湾组合港的建设。力争到 2010 年基本建成厦门航运物流中心，使厦门成为海峡西岸经济区的中心城市。目前已完成厦门湾港口总体规划；联手制定厦门湾港口章程；实施港口信息共享，统一协调调度；建立联席会议制度。

【口岸大通关】 一是加快口岸信息平台建设，改善口岸通关环境。厦门口岸电子信息平台基本框架已形成并逐步完善，已投产上线运行或试运行有 8 个系统，包括：海运电子舱单系统、海运出口电子作业系统、空运进出口电子作业系统、加工贸易联网监管系统、国检口岸快速检验等系统。启用“空运进出口电子作业系统”后，使空运通关速度跃居国内口岸领先水平。据统计，以前海关内部从电子审单到电子数据放行，一般需要 3－4 个小时，目前只需要 20 分钟，最快 6 分钟，海关通关时间大幅缩短。电子疏港系统方案已完成，将进入试运行阶段。该物流信息平台被科技部列为国家“十五”重大科技公关项目：“电子商务与现代物流技术研究开发及示范工程”。二是积极协调和推动口岸各查验单位出台各种通关便捷措施，海关为诚信企业开通出口货物便捷通道窗口作业，做到“即到即审，即审即放”；海空港货物实行“提前报关、实货放行”通关制度；开通“网上支付”的便捷措施，提高通关效率，进出口货物的当天放行率保持较好水平。三是创新查验机制，完善卡口智能化建设，推广应用 GPS 系统，加强物流监控，努力实现有效监管与高效运作的统一。四是强化“大通关”热线电话联动处置机制，借鉴 110 联动的方式运作，打造厦门口岸 110，使口岸单位进一步互连互通，加强合作联动，真正实现“大通关”过程的一条龙服务，从而使通关速度快些、再快些。

2004年厦门口岸经济运行情况表

<table>
<tr><th colspan="4">项目分类</th><th>单位</th><th>2004年</th><th>2003年</th><th>同比增长%</th></tr>
<tr><td colspan="4">进出口外贸货值</td><td>亿美元</td><td>241.10</td><td>187.11</td><td>28.85</td></tr>
<tr><td rowspan="17">海港口岸</td><td colspan="3">外贸吞吐量</td><td>万吨</td><td>2848.33</td><td>2300.16</td><td>23.83</td></tr>
<tr><td colspan="3">集装箱吞吐量</td><td>标箱</td><td>287.18</td><td>233.13</td><td>23.18</td></tr>
<tr><td colspan="3">出入境旅客</td><td>人次</td><td>416937</td><td>189328</td><td>120.22</td></tr>
<tr><td colspan="3">出入境船舶</td><td>艘次</td><td>10380</td><td>8334</td><td>24.55</td></tr>
<tr><td rowspan="6">厦金直航</td><td rowspan="3">船舶</td><td>入境</td><td rowspan="3">航次</td><td>1553</td><td>787</td><td>97.33</td></tr>
<tr><td>出境</td><td>1554</td><td>787</td><td>97.46</td></tr>
<tr><td>合计</td><td>3107</td><td>1574</td><td>97.40</td></tr>
<tr><td rowspan="3">旅客</td><td>入境</td><td rowspan="3">人次</td><td>204376</td><td>80574</td><td>153.65</td></tr>
<tr><td>出境</td><td>202440</td><td>79924</td><td>153.29</td></tr>
<tr><td>合计</td><td>406816</td><td>160498</td><td>153.47</td></tr>
<tr><td rowspan="6">两岸试点直航</td><td rowspan="3">船舶</td><td>入境</td><td rowspan="3">航次</td><td>583</td><td>593</td><td>-1.67</td></tr>
<tr><td>出境</td><td>587</td><td>588</td><td>-0.17</td></tr>
<tr><td>合计</td><td>1170</td><td>1181</td><td>-0.93</td></tr>
<tr><td rowspan="3">货物</td><td>入境</td><td rowspan="3">标箱</td><td>162830</td><td>149174</td><td>9.15</td></tr>
<tr><td>出境</td><td>173902</td><td>131122</td><td>32.63</td></tr>
<tr><td>合计</td><td>336732</td><td>280296</td><td>20.13</td></tr>
<tr><td rowspan="3">空港口岸</td><td colspan="3">出入境旅客</td><td>人次</td><td>1125710</td><td>880561</td><td>27.88</td></tr>
<tr><td colspan="3">出入境飞机</td><td>架次</td><td>11466</td><td>10211</td><td>12.29</td></tr>
<tr><td colspan="3">出入境货物</td><td>万吨</td><td>7.18</td><td>5.65</td><td>27.08</td></tr>
</table>

福建口岸查验单位工作综述

福　州　海　关

2004年，福州关区口岸全年共监管进出口货物1 838.77万吨，其中进口323.38万吨，出口1 515.39万吨，分别比上年增长3.9%、4.64%、3.74%；进出口货物总值114.20亿美元，其中进口54.3亿美元，出口59.9亿美元，分别增长31.26%、35.44%、27.67%；监管集装箱58.31万标箱，增长6.18%；监管运输工具1.07万辆（艘、架），出入境人员69.45万人（次）；监管进出境邮政、快（递）件37.25万件，印刷品54.93万件；年度关税和进口环节税净入库34.52亿元，比上年多收4.11亿元，增长13.52%，超额完成全年税收计划，再创历史新高；办理加工贸易合同备案5 969份，加工贸易合同备案金额30.97亿美元。另外，对14家企业实施加工贸易联网监管，其加工贸易进出口总值77.86亿美元；全年共减免两税2.53亿元人民币。

【深化业务改革，完善工作机制，提高服务能力】　积极推行“就近报关、口岸验放”和“铁海联运”通关模式，认真开展“网上税费支付”工作，改革空箱管理，提高通关效率。认真配合省政府开展口岸“大通关”调研，对调研中发现的问题，积极整改。从7月起，以福清江阴口岸为口岸海关试行“就近报关、口岸验放”通关模式，方便了企业通关，降低了贸易成本，促进了江阴港的发展。12月1日，“就近报关、口岸验放”通关模式在全关区顺利推行。积极宣传“网上税费支付”高效、快捷、安全的特点，并简化手续，已有85家企业与福州关签订了《网上税费支付协议书》，9月后，每月网上付税额以平均70%的速度递增。推行“铁海联运”，三明关区的进出口转关货物实现了三明火车站与厦门东渡港之间的“一次申报，一次查验、一次放行”，为福建省“山海协作”构筑了经济共同发展的桥梁，省口岸与海防办专门召开“铁海联运”工作现场会，向全省各口岸推广。对马尾港进口空箱查验制度进行改革，由原来100%查验、白天验放改为按比例抽查、24小时全天候验放，使空箱日均出港量增加20%，拖车使用效率提高约15%，青洲港区吞吐能力由上年的53万标箱提升到60多万标箱。

顺利推广应用H2000系统，加快业务改单整合步伐。平稳完成H2000系统的切换、数据导人和对比、业务测试、参数维护等工作，加大业务部门与技术部门协调配合力度，提高业务科技一体化水平，促进各项改革措施的深度融合。认真开展规范统一委托报关纸质格式试点工作，完成江阴港H986工程建设。

继续大力推进加工贸易联网监管，促进关区加工贸易转型升级。关区共有15家企业获海关总署批准实行计算机联网监管，已经实行联网监管的企业有10家，进出口贸易量占全关区加工贸易业务量的63%。原9家“C”打头的电子账册全部切换成“E”账册，确保了企业在H2000系统报关时可以进行身份认证。企业贸易成本和海关监管成本都大为降低。

规范工作制度，打造“效能型”海关。在通关监管的各业务环节实行“四时”通关服务，即限时服务、延时服务、加时服务、随时服务。对关区前20位生产型企业实行诚信审价，对贸易型企业实行限时审价，对A类企业实行便捷审价。以上措施大幅度提高通关效率，进口报关单的挂起率由上半年月平均2.43%降为下半年的0.23%、退单率由1.24%降为0.22%、进口报关单通关从接单到放行时间由上半年的1.37天降为1.02天。

【继续保持关区打私高压态势，探索建立反走私长效机制，提高打私能力】 认真开展反走私专项行动，提高海上缉私和情报工作水平。先后开展了打击走私专项斗争和联合行动、2004年元旦春节打私专项行动、破案竞赛和打击成品油、台货、冻品、香烟、反动宗教类出版物等9次大的缉私行动，有力地打击了各类走私活动。全力组织大案攻坚，实行了重大案件领导挂帅、挂牌督办、专案专办三大举措，先后破获了特大象牙制品走私案等多起有重大影响的案件，有力地震慑了走私分子。情报的先导作用得到加强，秘密力量建设取得新进展。

提高业务现场查缉能力。通过加强现场关员缉私技能培训、增配缉毒器材、加强情报信息交流、规范案件移交、健全案件查处反馈制度等举措，提高业务现场整体查缉能力。查获了经邮递渠道“3·15”“K粉”5000克毒品走私案，经机场旅检渠道走私犀牛角5.66公斤特大走私案等一批案件。

规范企业行为，加大稽查、专项调查力度。认真做好“红、黑企业”名单的审核上报工作，促进企业诚信守法。创新稽查工作模式，提高常规稽查和专项稽查水平，增强稽查工作的针对性和有效性。

全年共查获走私犯罪案件31起、走私行为案件53起，总案值4 466万元，涉案偷逃税款1219万元，查办违规案件144起，抓获走私犯罪嫌疑人122名；移送检察机关审查起诉案件32起、犯罪嫌疑人63名，结案案值11 246万元，偷逃税款3 222万元；摧毁走私犯罪团伙10个，其中侦办刑事案件数、总案值、抓获走私犯罪嫌疑人数分别比2003年增加39%、144%、60%。

【以风险管理为中心环节，全面启动现代海关制度建设，提高依法行政能力】 税收征管水平进一步提高。积极探索建立税收征管长效机制，重点解决长期困扰全关的价格水平偏低问题。加强价格水平监控分析，以低价企业和商品为切入点，加大价格磋商和核查力度，拉动全关价格水平稳步回升。全年共审价补税4 816宗，补税金额4 660万元，同比分别上升了28.35%和35.08%，并顺利完成税收计划指标、税收预测指标、价格水平指标等三项税收工作考核指标。同时，关区归类水平稳步提高，归类预警预测机制初步建立。

监管效能建设取得新进展。以创新查验机制为突破口，着力提高监管效能。加强布控流程管理，全面推行处长巡视及科长带班工作制度。建立福州关区快件监管中心，促进关区快件物流的健康发展。制定防范和处置各类突发性事件的工作预案，加快建立关区监管现场的快速反应机制。认真贯彻中央决策，做好借调武警长期监管各项工作。全年协防武警共出动兵力5.89万人次，检查车辆21.20万辆，检查集装箱19.34万个；查获案件共148起，货物重量1 755.8吨，案值人民币1 646.39万元，切实加强了一线监管力度。

统计监测预警和服务职能作用有效发挥。全年通过统计执法评估查获的异常问题累计货值2995.8万美元，补征税款468.91万元人民币，查获率达41.77%。加强对进出口动态的跟踪监测，及时反映地方外贸进出口情况，定期向省政府办公厅、外经贸厅等政府部门报送海关统计数据，为银行、税务、公安等部门提供统计专项查询或咨询服务。

（李与天）

2004年福州关区主要业务统计表

项目			2004年	2003年	增减（%）
进出口货值（万美元）		合计	1142066	870106	31.26
进出口货值（万美元）		进口	543177	401043	35.44
进出口货值（万美元）		出口	598889	469063	27.67
进出口货运量（吨）		合计	18387731	17697477	3.9
进出口货运量（吨）		进口	3233831	3090338	4.64
进出口货运量（吨）		出口	15153900	14607139	3.74
集装箱		集装箱总数（标准箱次）	583065	549123	6.18
集装箱		箱载货量（吨）	3890348	3987307	-2.43
监管运输工具		监管进出境总数（辆艘）	10744	9828	9.32
监管运输工具	其中	进出境飞机（架）	3674	2865	28.24
监管运输工具	其中	进出境船舶（艘）	7069	6963	1.52
行邮		出入境人员（人次）	694530	607389	14.35
行邮	其中	、旅客（人次）	482049	417577	15.44
行邮	其中	运输工具服务人员（人次）	212481	189812	11.94
行邮		进出邮政、快（递）件	372497	312770	19.1
行邮		其中：印刷品进、出口（件）	549297	389323	41.09
加工贸易		加工贸易企业备案数（家）	653	611	6.87
加工贸易		进口料件备案额（万美元）	309671.61	982508.9	-68.48
加工贸易		备案合同数（份）	5969	6025	-0.93
加工贸易		核销合同数（份）	6675	6082	9.75
企业注册（家）		注册总数	4011	3261	23
企业注册（家）	其中	自理企业	3713	2981	24.56
企业注册（家）	其中	代理报关	21	23	-8.7

项　目			2004 年	2003 年	增减（%）
税收（亿元）	关税入库		8.08	8.5	-4.94
	进口环节税入库		26.44	21.93	20.57
	两税合计		34.52	30.43	13.43
调　查	查获走私案件（立案）（起）		1	13	-93
	案值（万元）		0.8	990.4	-99.9
	违规案数（起）		13	30	-56.67
	违规案值（万元）		6770.21	1944.23	248.22
刑事案件	立案	案数（起）	31	24	29.2
		案值（万元）	3575	1465	144
		偷逃税额（万元）	1063	357	198
		犯罪嫌疑人（人）	122	76	60.5
	结案	案数（起）	32	19	81.3
		案值（万元）	11246	1596	604.6
		犯罪嫌疑人（人）	63	38	65.8
知识产权案件	案件数（起）		52	30	73.3
	案值（万元）		235	274	16.6

厦　门　海　关

【概况】　2004 年，厦门海关以邓小平理论、“三个代表”重要思想和科学发展观为指导，以“依法行政、为国把关，服务经济，促进发展”的工作方针和“政治坚强、业务过硬、值得信赖”的队伍建设要求为准则，坚持垂直领导体制，取得风险管理、加工贸易联网监管、创新查验机制等 3 项重点改革的阶段性成效，关区业务保持较快发展势头，各项工作稳步推进。厦门关区全年进出口报关单总数为 1 332 416 张，与上年相比增长（以下简称“比增”）17.74%；进出口贸易总值为 362 亿美元，比增 31.4%；进出口货运量为 3 290 万吨，比增 24.25%；监管集装箱总数 2 583 336 标箱，比增 26.53%；年度税收入库总额 121.44 亿元；减免关税和进口环节增值税合计 17.95 亿元；加工贸易合同备案金额 110 亿美元，比增 15.53%；全年受理刑事案件 103 起，立案 61 起，案值 6.54 亿元，涉嫌偷逃税款 2.15 亿元，同比分别上升 98.5%和 175%；抓获犯罪嫌疑人 205 人，刑事拘留 122 人，逮捕 83 人；移送起诉47起116人。办案质量不断提高，案件批捕率达到98%，起诉率达到100%。

【“两税”入库首次突破百亿】 依托关税分析监控系统，每月初通报厦门关区前100位商品价格及各业务现场一般贸易实征税款前20位商品价格与全国价格差幅情况，进行风险提示；定期从关区价格与全国平均单价差幅10%以上，税收前100项商品及化验商品风险目录中整理筛选并编发《厦门海关规范申报商品目录》，积极引导企业和报关员了解掌握预录入环节的规范申报须知；将预归类作为提高通关效能的重要手段，年内对656项进出口商品作出预归类决定书，涉及柯达、戴尔、ECCO（厦门）、厦门航空器材等关区内9家业务量大的企业；抓好化验质量管理，防范伪瞒报价格，提高必检目录调整频率，将高风险商品及时纳入必检商品管理范围，加强化验风险管理，提高命中率。全年关税和进出口环节代征税合计入库达121.44亿元，同比增长24.55%，实现历史性突破；反映税收征管质量的“3项指标”（完成年度税收计划情况、价格水平、应收尽收率）均达到总署的要求。

【深化落实通关便捷措施】 进一步细化和规范实行“担保验放”、“提前报关”、“审价绿色通道”等便捷通关措施企业的监管操作规程，逐步实现普适性的“提前报关，实货放行”，开展加工贸易结转货物“无纸通关”试点，大力推动税费“网上支付”，先后与中国银行厦门分行等7家银行签订税费“网上支付”协议，年内有150家企业进口货物税收采用“网上支付”形式，支付税费2.82亿元。通关效率不断攀升，进、出口货物当天放行率分别达50.84%和79.18%。

【积极探索海关监管新模式】 在全国海关系统率先制定并实行处长巡视、科长带班制度，建立查验工作绩效评估管理机制，及时分析关区查验工作效率和机检设备使用效能。不断加大非侵入式查验的比例，进一步提高查验的针对性、准确性和有效性，查获率逐步提升，全年查获率达6.12%；不断完善物流监控体系，东渡海关与海沧办事处等两个本关区内业务量最大的现场正式启用卡口联网与控制系统，增设选择查验机构，专门负责分析查获的典型案例，发布查验风险趋势预报，初步建立起“统一、规范、安全、高效”的关区查验制度体系和查验风险管理机制。深入探索借调武警协助海关监管执法的长效机制。

【深化加工贸易监管改革】 编发《厦门海关加工贸易联网监管宣传手册》、《H2000加工贸易联网监管电子账册管理系统操作手册（试行）》，组织举办面向企业的联网监管培训班，加强对联网工作的检查、督促，形成海关业务现场、职能部门与企业之间的协调、沟通、配合工作机制，年内有10家企业已基本完成了联网监管前的各项准备工作，其中2家企业已核发电子账册。以企业为单元的加工贸易监管模式改革创新初见成效，辖区内已有127家企业实行“以企业为单元”企业手册管理，基本达到“有效监管和高效运作相结合”的目标和海关与企业“双赢”的目的。

【区港联动和保税物流园区建设取得阶段性成果】 配合厦门市政府完成象屿保税区“区港联动”试点项目的国家审批，海关、厦门市政府和企业抓紧硬件设施的建设，争取早日通过国家验收。积极推动地方保税物流业的发展，根据总署建立多元化保税物流监管体系的整体思路，制定《厦门海关对象屿保税物流园区的监管实施方案》。年内，保税区、出口加工区、保税仓库和出口监管仓库业务均有显著增长。

【加强打击走私综合治理】 综合运用刑事、行政手段扎实推进侦查破案工作。先后侦破“3·24”台货走私团伙案、三明财通公司伪报螺丝品名案；抓获“11·02”走私汽车涉案人员9人，追缴赃车26辆；移送起诉海关总署督办的“7·11”伪报贸易性质走私案、“9·3”利用高科技走私案等案件。与此同时，打击加工贸易及货运渠道走私取得新突破，先后查处诺尔起重设备有限公司擅自销售保税进口料件案、厦门宏发电声有限公司内销成品违规使用保税料件案、厦门高卓立液晶显示器有限公司高报单耗案等一批行政违规大要案。针对关区重点敏感商品走私态势，以走私活跃地区为重点，精心组织开展打击走私成品油、香烟、台（杂）货、冻品、光盘、非法出版物等近20次专项打击行动。加强海上巡查力度，全年缉私艇出航率达89.4%，临检各类可疑船舶334艘次，查获走私违规案件51起，案值770万元。从体制和机制上促进缉私警察与海关其他业务部门的深度融合，推动“网上缉私”工作试点，依托海关H2000系统和风险管理平台查获多起走私案件；迅速侦破“3·13”走私毒品案，查获海洛因3 800克；全力投入省、市政府组织开展的反走私联合行动，进一步加强与广东分署、汕头海关协作，联合打击闽南、粤东结合部海域成品油走私活动。因地制宜的推行反走私科、镇挂钩试点工作，取得良好效果。

【发挥统计决策辅助作用】 启动报关单数据质量检控分析（CSD）系统试点测试工作，开辟《厦门海关统计预警专报》，积极配合省市产业损害预警工作，与厦门市经发局联合完成《关于欧盟电子电气“两指令”对厦门市机电企业影响的分析》，加强对关区重点敏感进口商品和关区主要出口商品的监测预警分析；建立和完善关区统计数据质量保障机制，深化统计执法评估作用。全年共撰写统计分析文章157篇，其中中办、国办采用17篇、新华社《国内动态清样》采用1篇、海关总署采用26篇、省市政务信息采用200多条，另有25篇获省、市领导批示，海关统计的决策辅助作用更加显著。

【加强海关法制基础建设】 以《行政许可法》7月1日实施为契机，严格规范海关行政许可行为。强化全员的证据意识、程序意识、规则意识和诉讼的意识，对本关制发的涉及行政许可的规范性文件进行“废、改、立”专项清理，将规范性文件全部转换成电子文本，建立“规范性文件电子数据库”。同时，对全关所有业务操作规程进行重新梳理和规范，切实加强规范性文件和业务操作规程的权威性。建立起“统一、透明、好使、管用”的厦门海关规范性文件体系。

【加大知识产权保护力度】 贯彻执行《知识产权海关保护条例》，推动知识产权保护工作上新台阶。举办实施“条例”培训班和真假产品鉴定会，开展海关保护知识产权专项行动，公开销毁一批侵权鞋面和手表，有力维护权利人的合法权益。年内共查获各类侵权案件209起，案值1 500多万元，比增177%。知识产权海关保护力度大，收效好，受到权利人和全国整规办、国家商务部等有关部门的高度赞誉。

【风险管理初见成效】 突出风险管理作为现代海关制度第二步发展战略目标的中心环节的作用，年内制定《厦门海关风险管理工作制度》及8个配套管理规定，建立风险管理三级网络，规范、扩大风险管理平台的授权使用范围；实行风险管理绩效评估，推动其不断向深层次发展。促进政务信息平台和风险管理平台“两大载体”的良性互动，全年共向总署调查局报送各类工作快讯144篇、经验交流10篇，在全国海关排名均为第一；报送风险动态189篇、风险论文9篇，在全国海关排名均为第二；与兄弟海关相互借鉴、有效联动、资源共享，突显风险管理的“雷达”作用。全年通过风险平台分析与布控查获各类情事1 333起，其中移送缉私部门案件503起，非案补税情事830起，总计案值约1.93亿元人民币，涉税约1 359.5万元人民币，追缴税款并入库961.1万人民币，风险管理平台在实际业务应用中取得较好成效。

【开创关企合作良好局面】 综合运用政策宣讲、市场调查、走访核查等手段，与厦门市贸发局、外资局、厦门报关协会共同举行大规模的规范企业进出口行为政策宣讲会，与厦门地区74家企业举办两期规范企业进出口行为知识培训，按时保质地完成对关区111家企业的规范任务。全年累计向企业发放《企管服务指南》4 600余份、《进出口企业管理者必读》6 200余册，进一步增加海关和企业的直接交流，受到地方政府和商务部门的好评，取得良好社会效应。

【强化科技业务一体化建设】 加大科技投入，全年共投入科技经费近900万元，购置各类设备620多台、件，进一步促进关区科技业务一体化。建立健全H2000运行的应急机制和快速维护管理机制，确保H2000及H883双系统稳定运行；构建网络运行管理平台，建立信息安全主动防御体系；根据业务需求，整合H2000外挂系统；开发应用海关技术设备管理系统，为提高技术设备配发的科学性和设备的使用效益奠定良好的基础；继续完善办公自动化系统，重点优化网上办公系统；实现关区手机虚拟网的合并和关区程控交换机联网升级改造，方便通讯联络。

（吴建华）

2004年厦门关区业务统计表（一）

指标		单位	数值		
			2004年	2003年	同比±%
进出口报关单总数		张	1332416	1，131622	17.74
进出口记录条总数		条	2668343	2，445667	9.10
进出口贸易总值	合计	万美元	3620907	2755549	31.40
	进口	万美元	1302664	1036500	25.68
	出口	万美元	2318243	1719049	34.86
监管货运总值	合计	万美元	3，657，073	2，770，903	31.98
	进口	万美元	1328253	1033633	28.50
	出口	万美元	2328820	1737270	34.05
进出口货运量	合计	吨	32，900，556	26479133	24.25
	进口	吨	18947123	15007297	26.25
	出口	吨	13953433	11471836	21.63
集装箱	集装箱总数	箱次	2583336	2041706	26.53
	集装箱箱载货物	吨	17962182	13272494	35.33
监管运输工具	监管进出境运输工具	辆艘	25932	21565	20.25
	其中：进出境船舶	艘	14048	12281	14.39
	进出境飞机	架	11884	9284	28.01

指标		单位	数值		
			2004年	2003年	同比±%
货物查验	查验货物报关单	份	38193	40350	-5.35
	查验率	%	2.99	3.49	-
	货物报关单查获	份	2372	1348	75.96
	查获率	%	6.21	3.34	-
企业注册		个	9，268	7，398	25.28
行邮渠道监管	进出境人员	人次	1，968，002	1485198	32.51
	其中：旅客	人次	1554015	1094973	41.92
	行邮物品、快件总数	件	3，403961	1969330	72.85
	其中：行邮物品	件	2719492	1094957	148.37
	快件	件	684469	874373	-21.72
	没收扣退印刷品	件	4327	5923	-26.95
	没收扣退音像制品	件	8288	2871	188.68

2004年厦门关区业务统计表（二）

指标		单位	数值		
			2004年	2003年	同比±%
加工贸易管理	备案加工合同	份	8，413	8，985	-6.37
	合同备案金额	万美元	1，100，291	952，400	15.53
	经批准内销补税	万元	167，238	126，971	31.71
税收	两税合计	万元	1，214，358	974，968	24.55
	关税入库	万元	204，463	181，521	12.64
	进口环节税入库	万元	1，009，895	793，447	27.28
减免税	减免关税	万元	41，134	20，578	99.89
	减免进口环节税	万元	138，396	63，204	118.97
查处违规	立案违规案数	起	691	517	33.66
	立案违规案值	万元	26，432	7，091	272.74
	结案违规案数	起	616	484	27.27
	结案违规案值	万元	12，218	8，976	36.12

指标		单位	数值		
			2004年	2003年	同比±%
查处走私行为	立案案数	起	215	185	16.22
	立案案值	万元	1，678	4，807	-65.09
	结案案数	起	197	158	24.68
	结案案值	万元	1，793	817	119.46
缉私	走私犯罪立案案数	起	61	83	-26.51
	走私犯罪立案案值	万元	65，427	10，194	541.83
	立案案件偷逃税额	万元	21，545	2，111	920.70
	立案案件犯罪嫌疑人	人	96	161	-40.37
	走私犯罪结案案数	起	51	59	-13.56
	走私犯罪结案案值	万元	20，423	36，127	-43.47
	结案案件偷逃税额	万元	5，242	9，738	-46.17
	结案案件犯罪嫌疑人	人	131	137	-4.38

福建省公安边防总队

【概况】 2004年，福建省边防检查工作在总队党委的领导和上级业务机关的指导下，积极顺应地方经济发展和口岸扩大开放的形势需要，紧紧围绕“规范执法行为、促进执法公正”的工作目标，深入开展“争创执法为民窗口、争当执法为民标兵”的活动，全面加强边检窗口建设，不断规范行政执法工作，扎实推进业务大练兵，有效提升了部队执法为民和正规化建设水平。全年共检查出入境人员682 952人次，与2003年同比增加14.4%，检查出入境交通运输工具15 341艘（架）次，与2003年同比增加19.5%；查处口岸违法违规行为960人次；查获非法出入境案件269人次；接收处理境外遣返人员24人次。

【围绕执法为民，加强窗口建设】 认真践行执法为民，全面开展“争创执法为民窗口、争当执法为民标兵”活动，加强窗口建设、深化便民措施，不断提高自身服务地方经济建设和人民群众的能力。全省口岸通关环境明显改善、窗口文明建设成效明显，福州边检站报检大厅被评为第四届创建文明行业口岸系统省级示范点，福州、漳州边检站执勤业务科被评为省级青年文明号，福州机场边检站女子旅检科荣获“福建省青年文明号活动十年成就奖”。与此同时，认真应对闽台直接往来航班日益增加、开放福建居民赴、金、马、澎旅游等局势，从讲政治的高度，克服警力不足、设施简陋等实际困难，服从祖国统一大业，采取跟进服务、承诺服务等措施，营造高效畅通的口岸通关环境，2004年共检查闽台直航客轮542艘次、出入境旅客员工24 238人次。

【围绕安全稳定，严格口岸管防】 围绕口岸的安全与稳定，严格检查、严格管理，不断强化口岸管防能力。一是进一步完善了口岸查控工作措施，严格落实职责分工和责任追究制度，加强“两会”、3·20台湾大选等敏感时期的专门部署，提高查控人员政治敏感性和工作责任心，制定了总队、站两级处置冲击口岸群体性事件方案并定期组织演练，严防敌对势力、敌对分子、“法轮功”分子等不法分子从口岸潜入潜出。二是密切与各警种、各部门及部队之间的反偷渡协作配合，完善协作机制、拓宽协作渠道，有效防范和打击口岸偷渡活动。福州机场边检站启用旅客信息管理系统，将值机台、边检台、安检台和登机台四位合为一体，通过网络平台构筑起对旅检现场的立体管控体系；海港边检站主动与海关、海事、港务等部门达成合作协议，与边防、海警支队建立联防联动机制，与港区（码头）、船舶、代理等公司签订共管责任状，初步构建起防范打击偷渡活动的长效、防控网络，实现了全省海港口岸偷渡活动的零发案率。

【围绕中心任务，推进业务练兵】 围绕边防检查执勤中心任务，本着“干什么、学什么、缺什么、补什么”原则，明确“练技能、练业务、练形象、练服务”等练兵重点，抽调业务骨干编写多媒体培训课件，推广检查人员考试系统，开发业务卡片录入技能训练软件，组织全省业务比武竞赛，并定期对基层执勤业务科“大练兵”进行集中考核，全面推动业务“大练兵”活动，队伍整体业务素质明显提高。目前全省共有中级检查员2名、初级检查员308名。同时，围绕“基地化组训、院校化教学、专业化培训和规范化管理”的思路，依托福州机场边检站建成总队检查员轮岗培训中心，开设“边检业务培训网”，开发了“业务知识随机抽题测试系统”、“空港边检常用英语口语”等教学培训软件，为今后检查员学习提供了广阔平台。

【围绕长远发展，规范执勤现场】 在口岸基础建设上，始终围绕着业务工作的良性发展，立足长远、加强规划，紧紧抓住福清松下港江阴港区、泉州晋江机场、宁德城澳城、肖厝三梅码头对外开放等契机，从有利于边防检查执勤和加强监管角度出发，严格口岸审批、加强基础建设，对部分查验设施落后、执勤条件较差的港区码头加以督促整改，提高全省口岸基础建设水平。同时，认真对照《国家对外开放口岸边防检查现场设施建设标准》，注重跟进口岸后续管理规范工作，全面改善口岸现场环境。空港口岸科学调整现场执勤用房，增设监控室、验讫章保管室等专用库（室），并重新划定口岸限定区域，规范设置标识牌、工作台和拦阻设施，大大改善了现场封闭与监管条件；海港口岸在主要港区、码头设立引导牌、告示牌、标志牌，划定口岸限定区域，建立执勤岗亭与巡视巡查值班室，并建成港区（码头）的远程电子监控系统。

【围绕固本强基，夯实业务基础】 紧紧围绕固本强基思路，部署开展为期一个月口岸大通关建设专项整顿教育活动，着重解决执法态度不端正、勤务组织不科学、服务意识不够强、宣传沟通不到位等问题，并在修订完善4类50项规章制度的基础上，专门组织拍摄各类勤务组织示范片，出台加强边防检查站业务基础建设的工作意见，全面规范业务基础建设。与此同时，各边检站以贯彻落实《公安机关办理行政案件程序规定》为契机，进一步规范管辖、调查、行政处罚、涉外案件办理等内容，于7月1日起统一启用新的公安行政法律文书，还通过邀请当地党委政府、共建单位和友邻单位有关人员参加警民座谈会、向出入境人员分发《征求意见表》、聘请廉政监督员等形式，广泛听取社会各界和人民群众的意见和建议，促进严格、公正、文明执法，全年无任何行政复议或行政诉讼案件。

2004年福建口岸出入境旅客统计表

项目		出入境旅客 入境	出入境旅客 出境	合计
中国籍	因公	3415	3171	6586
	因私	77444	82351	159795
	香港	30027	28440	58467
	澳门	1178	1060	2238
	台湾	78346	77802	156148
外国籍		50621	48948	99569
华侨		5436	15519	20955
合计		241031	241772	482803

2004年福建口岸出入境员工统计表

项目		入境方式			出境方式			合计
		船舶	飞机	小计	船舶	飞机	小计	
中国籍	因公	64605	18596	82641	63039	18636	81675	164316
	因私	26	12	38	22	12	34	72
	香港	52	1575	1627	5	1580	1635	3262
	澳门	0	0	0	0	0	0	0
	台湾	1992	0	1992	1986	0	1986	3978
外国籍		11851	1958	13809	12763	1949	14712	28521
合计		77966	22141	100107	77865	22177	100042	200149

2004 年福建口岸出入境交通运输工具统计表

<table>
<tr><th colspan="2" rowspan="2">项　目</th><th colspan="3">入境</th><th colspan="3">出境</th><th rowspan="2">合　计</th></tr>
<tr><th>船舶</th><th>飞机</th><th>小计</th><th>船舶</th><th>飞机</th><th>小计</th></tr>
<tr><td rowspan="4">中国籍</td><td>内地</td><td>2079</td><td>2502</td><td>4581</td><td>1936</td><td>2502</td><td>4438</td><td>9019</td></tr>
<tr><td>香港</td><td>476</td><td>360</td><td>836</td><td>477</td><td>360</td><td>837</td><td>1673</td></tr>
<tr><td>澳门</td><td>0</td><td>1</td><td>1</td><td>0</td><td>1</td><td>1</td><td>2</td></tr>
<tr><td>台湾</td><td>220</td><td>0</td><td>220</td><td>217</td><td>0</td><td>217</td><td>437</td></tr>
<tr><td colspan="2">外国籍</td><td>1947</td><td>140</td><td>2087</td><td>1987</td><td>136</td><td>2123</td><td>4210</td></tr>
<tr><td colspan="2">合　计</td><td>4722</td><td>3003</td><td>7725</td><td>4617</td><td>2999</td><td>7616</td><td>15341</td></tr>
</table>

厦门出入境边防检查总站

2004 年，厦门边检总站认真贯彻落实《中共中央关于进一步加强和改进公安工作的决定》和第 20 次全国公安会议精神，以队伍正规化建设为目标，以基层基础工作为重点，以勤务创新、制度创新为动力，坚持解放思想，实事求是，与时俱进，开拓创新，不断加强和规范口岸管理，圆满地完成了以出入境边防检查为中心的各项工作任务。全年总站所属各边检站共检查出入境旅客员工 1 828 416 人次，检查出入境交通工具 22 353 架（艘）次，查获偷引渡人员 414 人次，审查境外遣返人员 3 583 人次，处理违反出入境管理法律法规人员 1205 人次、违规交通运输工具 19 艘（架）次。

【规范管理，切实维护口岸安全稳定】 2004 年，厦门口岸出入境人员、交通运输工具数量继续快速增长，分别比 2003 年增长 37%和 26.5%。厦金航线发展迅速，福建居民赴金门旅游也于 12 月 7 日开通，出入境边防检查任务十分繁重艰巨。面对压力和挑战，总站始终把维护国家主权安全、保持口岸安全稳定作为各项工作的“重中之重”，切实履行职责，扎实抓好维护稳定工作。一是加强证件查验和核查把关，严密口岸管理，先后查获多名违法犯罪嫌疑人。一年来，各检查站共查获涉嫌重大犯罪案件的犯罪嫌疑人 13 人次，涉案金额 14.3817 亿元，比 2003 年上升 285%。二是严厉打击非法出入境行为，针对厦门口岸的区位特点，加大工作力度，注重反偷渡长效机制建设，努力提高识别伪假证照能力，加强港区和出口集装箱管理，密切与地方公安机关、边防部门、口岸单位以及外国驻华使领馆的沟通协作，构建起打击偷渡“群防群治”网络。全年先后向有关部门反馈伪假证件信息 58 条，将 11 名涉嫌组织、协助他人偷越国边境的犯罪嫌疑人移交地方公安机关进一步侦查并追究其刑事责任，提高了对非法出入境活动的打击效能。三是依法行政、规范执法。在努力提高工作针对性和管理效能的同时，大力加强边检法制建设。年内，以贯彻执行《行政许可法》、《公安机关办理行政案件程序规定》为重点，有针对性地加强法制研究、强化法制教育、完善规章制度，先后制订出台《登轮许可证管理办法》、《搭靠外轮许可证管理办法》、《边检限定区域管理办法》，进一步提高了执法规范化水平，全年没有因不规范执法引发行政复议、行政诉讼。

【强化服务，努力优化口岸通关环境】 2004年，总站紧紧围绕口岸大通关战略，继续把改进查验方式、优化通关环境、提高通关速度作为落实执法为民思想、服务地方经济建设的重要环节抓紧抓好。一是根据公安部出入境管理局的统一要求，简化通关手续，认真落实内地居民往来港澳不再填写出入境登记卡和简化入境航班机组检查手续等改革措施，进一步提高了查验效率，缩短了旅客候检时间。二是积极推出优化通关新举措，进一步提高工作效率，在确保安全的前提下，认真总结船舶网上报检工作经验，规范和加强后续管理，扩大报检范围，继续提高船舶网上正检率，全年出入境船舶网上正检率达到90%，加快了通关速度。此外，为提高出口集装箱检查效率，方便经营单位生产作业，在充分调研论证的基础上，总站还组织开发了集装箱网上报检系统，并于年底投入试运行，取得良好社会效益。三是努力拓展服务范畴，加强与各类媒体的良性互动，通过在报纸、电台开设边检专题栏目，定期发布出入境信息，宣传边检法律法规知识，提供出入境政策咨询，方便广大出入境旅客。通过优化通关环境，努力提高工作效率，使出入境边防检查工作得到了社会各界的充分认可，在6月厦门市组织的政府机关网上行风评议中，总站执法工作的满意率居口岸各部门前列，东渡边检站九队等一批基层窗口单位被授予福建省“青年文明号”、“巾帼文明岗”称号，树立了良好的文明国家窗口形象。

【立足岗位，深入开展“大练兵”活动】 根据全国公安机关组织开展大练兵活动的总体部署，总站把深入开展大练兵活动作为加强和改进队伍建设的一项长期性、战略性任务，摆在队伍建设的突出位置，坚持领导带头、全员参与、全面练兵、岗位练兵、面向实战、科学组织，有效地促进了队伍综合素质和执法水平的提高。为确保大练兵顺利开展和取得实效，总站、站两级分别建立了大练兵工作机构，并在认真分析业务工作和队伍情况的基础上，制订出详细具体、切合实际的练兵实施方案，对训练科目、内容、考评方式与标准、职责分工及总体工作进程作出明确安排。工作中，各级各部门按照“干中练，练中学”的要求，把开展大练兵活动的根本出发点和落脚点放在岗位练兵上，针对不同岗位、不同素质结构和不同年龄层次的民警，有计划、分步骤进行训练，先后组织开展了队列大会操、业务知识竞赛、理论知识考核等形式多样的练兵活动，大练兵活动开展以来，各单位共组织各类研讨交流活动173场次，所属在岗民警参训率达到100%。通过广泛深入的练兵活动，广大民警的政治素质、业务知识和岗位技能得到了明显提高，为各项任务的顺利完成打下坚实的素质基础。

【突出重点，全面推动基层警队规范化建设】 为深入贯彻落实《中共中央关于进一步加强和改进公安工作的决定》和第20次全国公安会议精神，全面加强队伍正规化建设，2004年，总站着力抓好基层警队规范化建设，大力加强基层基础工作，并与政治教育、业务建设、内部管理、贯彻执行“五条禁令”等有机结合，从工作机制、人力物力等方面向一线倾斜，使基层警队规范化建设水平得到明显提升。总站将东渡边检站巡查五队作为基层警队示范队进行重点建设，加大工作指导力度，采取工作组蹲点的形式对规范化建设实行“面对面”的指导，制定出基层警队建设八个方面的标准；同时，以高崎边检站旅检三队的执勤规范化为切入点，从勤务组织与管理、执勤基本动作等方面努力探索建立保障文明规范执勤的有效机制。通过重点建设，示范作用得以凸显，警队面貌有了新起色，为推进基层警队规范化建设创造了条件，提供了借鉴，积累了经验。8月，总站党委专门召开基层警队规范化建设大会，作出《关于全面开展基层警队规范化建设的决定》，推广示范队建设经验，从统一思想认识、文明规范执勤、内部安全管理、深化大练兵活动、改进工作作风、保障体系建设等六个方面对基层警队规范化建设作出全面部署，有力地推动了队伍正规化建设向纵深发展。

2004年厦门口岸出入境旅客统计表

单位：人次

国籍＼项目		出入境旅客		合计
		入境	出境	
中国籍	因公	12861	12015	24876
	因私	186031	212411	398442
	香港	41512	46067	87579
	澳门	3506	3620	7126
	台湾	281339	276482	557821
外国籍		231598	235205	466803
合计		756847	785800	1542647

2004年厦门口岸出入境员工统计表

单位：人次

国籍＼项目		入境方式			出境方式			合计
		船舶	飞机	小计	船舶	飞机	小计	
中国籍	因公	49953	27464	77417	53764	27908	81672	159089
	因私	0	598	598	0	602	602	1200
	香港	20	3359	3379	58	3357	3415	6794
	澳门	0	748	748	0	748	748	1496
	台湾	4750	105	4855	4954	102	5056	9911
外国籍		32335	19480	51815	36815	18649	55464	107279
合计		87058	51754	138812	95591	51366	146957	285769

福建出入境检验检疫局

【概况】 2004年福建检验检疫局按照建设“四个体系一个机制”的工作思路，全面落实国家质检总局与福建省政府签订的《关于建立紧密工作联系机制，促进福建扩大出口备忘录》，启动新一轮发展，并集中力量防制高致病性禽流感、加强重点敏感商品把关、宣传贯彻“行政许可法”和“认证认可条例”、大力促进食品和农产品扩大出口、强化科技人才工作、开展绩效考评等，工作成效明显。

全年共检进出境货物50万批、174亿美元，与上年比增（下同）15%和34%；检出不合格货物1546批、3.35亿美元，比增9%和158%；检出有害生物和致病菌501批、312种，比增23%和81%；在出入境人员检疫与传染病监测中检出各类病例和阳性体征9 200人次，其中HIV病毒携带者12人；检疫进出境集装箱67万标箱，比增22%，交通工具15 937艘（架）次，比增25%。全省15个产品通过地理标志注册；签发普惠制原产地证133 166份，249 579万美元，分别比增13.55%和23.42%，为辖区企业出口货物获进口国关税减免12 479万美元，比增23.42%；签发一般原产地证41 219份，95 146万美元，分别比增22.33%和34.59%。依照《行政许可法》深化行政许可制度改革，将11个行政许可事项集中到申报大厅“一个窗口”对外；加强行政执法，积极参与整规工作，全年办结行政处罚案件97起，涉案金额1 228万美元，罚款41万元，比增76%、228%和114%。

【履行把关职责，严防疫情疫病的传播】 在防制禽流感方面，加强口岸进境动物检疫查验工作，共截获80批次、2 582公斤境外禽类产品；加强出入境人员卫生检疫，严防人间禽流感疫情传播。在产地组织对辖区17个出口禽类产品备案基地和14家出口注册加工厂全面检查，同时开展内部督查，防止盲目突击发货；紧急添置荧光PCR仪，提高禽流感抗体检测能力。作为省交通检疫组组长单位，协调组织交通、边防等14个厅局，建立健全信息综合上报、日常联系协调、督促检查三项机制，并积极帮扶企业应对突发事件。全年防非应急状态期间共监测出入境人员311 604人次，排除发热病人88例；交通检疫体温监测740万多人次，排除发热病人306例。加大对登革热疫情监测和及时对来自疫区的人员、交通工具、集装箱、货物的口岸检疫查验力度和控制措施。及时调查并协助处置我省5例输入性登革热病例，未因输入性病例造成本土感染。口岸生物媒介监测取得突破，在福州机场发现蝇新种类66种，在招银港发现蝇新种类24种，在武夷山机场发现蠓新种类11种，检出鼠流行性出血热阳性标本8例。正式进驻福州快件监管中心，初步实现对进出境快件的全面监管。推广口岸非典与卫生检疫管理系统，建立健全“预案”并组织应急演练，初步建立口岸传染病防控长效机制。

【加强重点敏感商品把关】 实行轮岗和持证上岗，健全把关机制，提高检出率。全年共检出不合格进口废料46批、278万美元，不合格率分别为2.41%、2.48%，比2003年分别上升0.6、1.6个百分点；从巴西进口的6.1万吨大豆中检出“红衣豆”，并依法成功退运，总局为此发布警示公告。针对把关中发现的以伪报瞒报、伪造入境货物通关单进口不合格废料和境外不合格肉类试图从台轮停靠点闯关进境的两个新动向，采取有效措施，截获18批、626吨非法进境肉品，有力打击了非法进口肉类试图转入福建的不法行为；查处一起罕见的伪造通关单案。总局督查组对福建检验检疫局重点敏感进出口商品把关工作予以充分肯定。

【涉台检验检疫工作】 与边防部门密切协作，加强对台小额贸易的监管，全年共检进出境船舶2 683

艘次，货物 1 449 批次、1 653 万美元；检疫闽台直航客货轮 2 131 艘次，检疫旅客和船员 41 400 人次，从旅客携带物中截获禁止进境物 92 批。

【“大通关”建设新进展】 在提速、减负、增效方面，新增电子签证企业 190 家（累计 1 154 家）、电子报验企业 212 家（累计 1 260 家）、实施电子放行 53.3 万批，口岸放行周期平均缩短 1.5 个工作日。接受电子申报 73.08 万批，快速核放检验 4.19 万批，实施电子放行 53.29 万批，其中电子通关 16.22 万批、电子转单 37.08 万批，“绿色通道”放行 6.89 万批；进出口工矿产品检验监管新模式 37.03 万批；对冷藏箱实施集中预检 1.97 万标箱。累计使企业节省 138.35 万个工作日，节省直接费用 8 334.5 万元。同时，从 2004 年 4 月 1 日起，执行新的检验检疫收费办法，为全省企业减少行政事业性收费 2 302 万元。在扎实推进电子检验检疫体系方面，组建信息中心，信息化建设已纳入“数字福建”，“进出口企业信息服务系统”获省里立项。实现 CIQ2000 省域“数据大集中”；自行开发应用检验监管决策支持系统（ISD）和检务工作质量自动稽核系统；推广出入境船舶电子检疫系统和出口货物快速核放系统；推进医学媒介生物及植物有害生物远程电子鉴定工作；完善和推广应用实验室资源管理系统（LRP2000）和保健中心综合业务信息管理系统（ITHC2000）；开通“食品安全信息网站”，成为福建省治理“餐桌污染”建设“食品放心工程”联席办发布食品安全信息承办单位；在部分出口产品生产企业推行电子监管；与福州海关形成实施电子通关的初步工作方案。

在进出口企业检验检疫信用体系建设方面，制定了《进出口企业检验检疫信用管理体系建设规划》和《进出口企业检验检疫信用等级评定管理办法（试行）》，体现七个特点：一是评定范围较广；二是以企业质量诚信为核心；三是建立并完善各项配套制度；四是建立层层把关机制；五是采取国际上通用的 4 级制；六是扶优限劣措施完善；七是实施动态管理。改革出口食品企业卫生注册登记复审机制，建立“卫生注册评审技术委员会”，加强注册登记企业后续监管。辖区卫生注册登记企业达 756 家，居全国第三位；205 家食品企业对国外卫生注册，464 家企业获机电、玩具、包装出口质量许可，39 家企业获输美陶瓷认证。对各类企业实施信用分类管理，共有 2 022 家工矿企业、747 家食品生产企业、72 家“绿色通道”企业、293 家快速核放企业。

【转变检验监管模式】 完善“工矿产品检验监管工作规范”，形成新的综合分类管理制度，完善了检疫监管模式体系，涵盖机电、轻纺、化矿及包装类产品，开展了 7 大类商品专项监督抽查，促进了监管工作重点转移，福建检验检疫局机电检验监管模式转变的突出成绩受到总局通报表彰。完善鳗鱼质量安全监控体系，以提高源头监管能力为重点，把养殖、饲料、用药三个关键环节纳入鳗鱼药残源头治理，实施养鳗场备案、供货证明、监管手册和批次溯源制度，帮助促进加工企业完善质量自控体系，建立从养鳗场、加工厂到口岸查验的三级把关制度，保证了出口鳗鱼安全卫生质量。在系统率先启动出口食品（烤鳗）分类管理模式，并推广到罐头、水产品、水煮笋等行业，推进了出口食品和农产品质量安全监控体系建设。

【加强与有关单位的协作配合】 与厦门局多次召开业务协调会，进一步完善了口岸与内地机构的协作机制。与福州海关密切了通关协作机制，与厦门海关签订了“关检协作备忘录”，并在闽南片区联合开展了检验检疫通关单专项执法检查。与泉州市政府签署了“促进出口工作意见”，分支机构、省局业务处也结合实际与相关市县政府签订“协议”、“工作方案”等，同时，与农业、海洋渔业、质监、发改、科技、工商等部门密切协作，合力深化源头治理、应对技术壁垒，促进扩大出口、服务经济社会发展，取得明显成效。

【积极应对国外技术壁垒】 构建 WTOTBT/SPS 信息平台，开通“中国技术性贸易措施网”、“标准查询系统”,完善风险预警和应急制度,提升福建省应对国外技术措施和技术壁垒的能力;对辖区出口商品风险等级进行动态管理,制订并下发《2004年出口商品的风险分类目标》;开展出口动植物源性药物残留物质的监测、禽流感及实蝇等疫情疫病监测工作。8月10日日方通报长乐聚泉公司一批烤鳗被检出恩诺沙星超标,要求停止其产品出口,福建检验检疫局基于对源头管理的信心,并查出日方抽样的不规范,对日方提出质疑。经总局积极交涉,终于迫使日本驻华使馆来函承认工作差错并致歉,保证了企业产品正常出口,也促进了辖区的19家烤鳗厂对日恢复出口。全年辖区烤鳗对日出口2.53亿美元,出口额比增36%,烤鳗企业经济效益比增20-50%。随着养鳗场经济效益比增170-260%、饲料厂经济效益比增10-20%。致使出口鳗鱼变“危机”为“转机”,实现了“增值增效”,得到了地方政府、企业和社会的广泛赞誉。

【服务地方经济发展】 福建检验检疫局在促进福建省烤鳗出口和食品、农产品扩大出口的同时,还充分发挥职能作用和技术、信息等优势,积极扶持地方重点产业和重点项目建设,为重点建设项目和原料、产品进出口提供高效的查验监管和快速通关服务,促进了重点项目顺利建设和投产,取得了较好的社会和经济效益。全年检验辖区工矿产品390 577批,货值1 083 965万美元,比增16.83%和37.14%,同时制定重点项目施检方案21个,完成检验100多批次,货值近1亿美元,生产线20条,设备2套。经总局批准在湄洲湾秀屿港建立封闭管理的“木材检疫除害处理区”,将有效推动福建省畜牧业、木材和乳品加工业、饲料产业及牧草种植业的发展。至2004年底秀屿木材加工区已签5个大型木材加工项目,总投资达2.2亿元,投资方分别来自日本、加拿大、新加坡等地。

【实验室建设】 福建检验检疫局“9+13+16”的实验室网络体系建设取得进展,完成了全部实验室的清理和“两级规划”的对接,并纳入省级重点实验室建设和管理;跨地区实验室资源整合及多种体制实验室建设取得重要进展,泉州地区实验室完成整合,国家鞋类检测中心和总局轻纺产品检测中心(石狮)实验室先后挂牌成立。福建检验检疫局技术中心获省科技厅授予“省检验检疫技术研究重点实验室”,并成为全省唯一同时被授予“十五”国家重大科技专项“食品安全关键技术应用的综合示范”的“项目承担单位”和“综合示范基地”称号的单位;顺利通过CNAL扩项评审,认可的检测产品数由58类扩至229类,认可标准数从285个扩至827个;新开检53个项目,鳗鱼药残微生物初筛等快速检测方法,获总局推广。福建检验检疫局保健中心获评“全国系统先进保健中心”称号,获美国CDC预防接种考核优秀;HIV确认实验室连续第3年获卫生部考核优秀,并首次获认监委能力验证考评优秀。

【科研制标工作】 2004年有8项科技成果获总局“科技兴检”奖,其中一等奖2项、二等奖1项、三等奖5项,另有2项获省“科技奖”,赶上系统前列,牵头制订的《中国型脂松节油》获ISO正式发布实施,另一国际标准也已通过TC54委员会最后审定;1项标准成为福建省地方标准;1项省科技厅立项的重大科研项目成果通过鉴定。首批选定7位学科带头人及49名科技骨干,7名同志入选系统WTO/SPS通报评议工作首批专家,3人入选总局、1人入选福建省中长期规划专家。与地方高校及国外检测、科研机构开展了各种学术交流与科技合作,开放的检学研科技合作机制逐步形成。实验室用人、分配及财务制度改革逐步深化。

【绩效考评工作成效明显】 健全和完善内部管理平台,突出量化、责任和实效,深化机关效能建设,开展半年、年终两次绩效考评,改进了对班子和员工实绩的评价体系,将各项工作细化量化到每个单位、每个岗位、每位员工,强化全员责任制,强化内部管理和工作落实,改进了工作作风,提升了工作效能。分支机构和省局机关实行“双向”互评以及电子考评、全员考评等创新做法,受到福建省绩效办充分肯定。

【班子和队伍建设】 认真学习贯彻四中全会精神及总局党组《关于加强班子思想政治建设的意见》,落实省局党组《关于进一步加强自身建设的决定》,134人次科以上干部参加党校等理论学习培训,不断提高"两级"班子和干部人才队伍的综合素质。深化干部人事制度改革,对包括11名处级一把手在内的106人次进行交流轮岗,推出7个处级领导职位进行竞争上岗。深化事业单位用人、分配制度改革。实施党风廉政责任制度,防范职务违纪犯罪,加强行评纠风和"十不准"、"八严禁"教育,队伍整体素质明显提高。

【精神文明建设】 2004年,福建检验检疫局被总局和团中央授予"十年全国青年文明号优秀组织奖",福建局及宁德局检务窗口被授予"福建省青年文明号活动十年成就奖",3位同志获得十年突出贡献奖和优秀组织奖;福建局机关和10个分支机构均顺利通过第八届省级文明单位届中复查;保健中心获省"巾帼文明示范岗",1位同志被评为全国三八红旗手。创办福建老年大学国检分校,进一步做好老干部工作,1位同志荣获全国系统和全省双"老干部工作先进",省局老干二支部荣获系统先进老干支部,国检老干部艺术团获省直机关纪念邓小平百年诞辰歌咏比赛金奖。(陈宇)

2004年福建出入境检验检疫局业务概况表

单位:万美元

<table>
<tr><th colspan="3" rowspan="2">项目</th><th colspan="2">合计</th><th colspan="2">出境</th><th colspan="2">入境</th></tr>
<tr><th>累计</th><th>增减(%)</th><th>累计</th><th>增减(%)</th><th>累计</th><th>增减(%)</th></tr>
<tr><td rowspan="16">货物检验检疫</td><td rowspan="6">合计</td><td>批次</td><td>499586</td><td>14.8</td><td>443815</td><td>17.6</td><td>55771</td><td>-3.7</td></tr>
<tr><td>货值</td><td>1744027</td><td>33.6</td><td>1177065</td><td>37.8</td><td>566962</td><td>25.8</td></tr>
<tr><td>不合格批次</td><td>1546</td><td>8.9</td><td>905</td><td>28.0</td><td>641</td><td>-10.1</td></tr>
<tr><td>不合格货值</td><td>33465</td><td>157.8</td><td>1763</td><td>19.5</td><td>31702</td><td>175.6</td></tr>
<tr><td>批次不合格率</td><td>0.31</td><td>-0.02</td><td>0.20</td><td>0.02</td><td>1.15</td><td>-0.08</td></tr>
<tr><td>货值不合格率</td><td>1.92</td><td>0.92</td><td>0.15</td><td>-0.02</td><td>5.59</td><td>3.04</td></tr>
<tr><td rowspan="4">商品检验</td><td>批次</td><td>416953</td><td>13.3</td><td>390577</td><td>16.8</td><td>26376</td><td>-21.6</td></tr>
<tr><td>货值</td><td>1464380</td><td>29.3</td><td>1083965</td><td>37.1</td><td>380415</td><td>11.3</td></tr>
<tr><td>不合格批次</td><td>1305</td><td>13.2</td><td>888</td><td>32.0</td><td>417</td><td>-13.1</td></tr>
<tr><td>不合格货值</td><td>10548</td><td>30.0</td><td>1750</td><td>21.1</td><td>8798</td><td>31.9</td></tr>
<tr><td rowspan="2">动植物及其产品检疫</td><td>批次</td><td>59837</td><td>11.8</td><td>53508</td><td>17.8</td><td>6329</td><td>-21.8</td></tr>
<tr><td>货值</td><td>182797</td><td>45.4</td><td>92148</td><td>27.9</td><td>90649</td><td>68.8</td></tr>
<tr><td rowspan="4">食品卫生监督</td><td>批次</td><td>52327</td><td>13.3</td><td>50947</td><td>13.3</td><td>1380</td><td>13.1</td></tr>
<tr><td>货值</td><td>121122</td><td>27.6</td><td>113263</td><td>29.9</td><td>7859</td><td>1.7</td></tr>
<tr><td>发现问题批次</td><td>396</td><td>18.6</td><td>322</td><td>23.4</td><td>74</td><td>1.4</td></tr>
<tr><td>发现问题货值</td><td>524</td><td>-9.8</td><td>406</td><td>-15.2</td><td>118</td><td>15.4</td></tr>
</table>

项　目	合　计		出　境		入　境	
	累　计	增减(%)	累　计	增减(%)	累　计	增减(%)
交通工具检疫(架次)	15937	24.5	7970	23.8	7967	25.2
集装箱检疫(标箱)	672754	21.9	390810	14.4	281944	34.2
检出疫情批次	501	22.5	17	-45.2	484	28.0
检出疫情涉及货值	28032	95.7	12	-52.9	28020	96.0
发现疫情种类数	312	81.4	28	64.7	307	88.3
入境携带检疫(批次)	88542	60.8				
入境邮检检疫(批次)	180043	4.5				
监测体检(人次)	39854	-28.2				
其中:发现病例(人次)	9200	-26.2				
艾滋病监测	38982	-31.4				
预防接种(人次)	54970	-3.6				
木质包装检疫监管批次	35856	12.1	26382	19.1	9474	-3.6
木质包装检疫监管货值	310247	25.9	207042	60.2	103205	-11.9
外商投资财产鉴定批次	570	-42.1			570	-42.1
外商投资财产鉴定货值	5451	-41.5			5451	-41.5
出口包装检验(万件)	31431	32.4				
重量鉴定(吨)	10652562	35.6				
签发通关单份数	201862	9.9	149272	12.1	52590	4.3
签发普惠制产地证份数	133166	13.6				
签发普惠制产地证金额	249579	23.4				
签发一般原产地证份数	41219	22.3				
签发一般原产地证金额	95146	34.6				

厦门出入境检验检疫局

2004年，厦门出入境检验检疫局以深化改革为主线，以强化管理为基础，认真履行严把国门服务经济的神圣职责，全面提高队伍整体素质和把关服务能力，为福建省、厦门市经济建设持续、快速、协调健康发展做出了积极贡献。

【概述】 厦门出入境检验检疫局2004年共受理报检/申报出入境货物56.8万批，货值179.4亿美元，分别比2003年增长（下同）18.5%、31.5%。实施货物检验检疫21.4万批，货值87.3亿美元，分别比增14%、19%。船舶检疫8636艘次，飞机检疫9912架次，进境集装箱检疫73.8万标箱，出入境人员检疫总计146.3万人次，监测体检7748人次。入境快件检疫19.3万件，入境邮件检疫11.5万件。完成外商投资财产价值鉴定705批，总报价4.8万美元。出口商品包装鉴定4430批，5959.3万件。重量鉴定276.7万吨，出境集装箱适载检验1.15万标箱，残损鉴定11批。签发普惠制产地证11.2万份，金额21.4亿美元，同比增长16.2%和26.1%。通过检验检疫，检出不合格商品1738批，货值1.5亿美元，不合格批次比上年减少11%，货值增长37.4%。在进境植物检疫中截获一、二类有害生物10种52批次；在进境动物检疫中检出二类有害生物11例；在出入境人员传染病监测中，查出5例艾滋病病毒感染者，10例性病患者。

【全力抗击禽流感，积极应对口岸突发公共卫生事件，做好对台检验检疫】 自2003年12月底韩国、日本、越南等东南亚国家相继爆发禽流感疫情以来，加强对进出口禽鸟及其产品的检疫把关，牵头厦门市防治禽流感领导小组口岸组工作，负责口岸查验和走私禽类及其产品的处理等工作。在1-3月防治禽流感工作期间，共检疫进出境人员29万人次，发现体温异常或有异常症状的156例，都及时排除了疫情；在入境旅客携带物和运输工具中查获并销毁来自疫区的禽类产品145批、1630公斤，销毁走私入境的禽类产品4批、11.04吨。面对严峻的西尼罗热、登革热等蚊媒传染病疫情，加强口岸查验和监测，对31艘次来自疫区的船舶实施检疫和预防性灭蚊处理，对出入境人员进行登革热血清学检测。及时妥善地处理来自泰国曼谷航班货舱中发现活鼠事件、新加坡驻厦门总领事馆遭白色粉末恐吓事件、乘坐金厦直航船舶的一位金门蔡姓老人疑似"非典"事件，得到总局和地方政府的赞赏。由于厦门在对台交往及两岸统一中的特殊地位，近年来厦门对台贸易及人员往来迅速发展，因此涉台检验检疫工作量急剧增加。全年共检疫厦门—金门直航客轮3 108艘次、人员44万人次，分别比上年增长97%、151%。检验检疫来自金门货物255批，货值515万美元，批次同比增长325%，货值增长239%。

【全面推进检验检疫监管模式改革，突出检验检疫监管重点，提高执法把关能力】 推进检验检疫监管模式改革。根据新的分类管理办法和检验检疫规程，对71家企业实施一、二类管理。对出口钨制品、鞋类、玩具、包装、陶瓷、小家电、机电、轮胎等的191家企业实施"周期检验十日常监管"模式。对实施一、二类分类管理的出口工业生产企业及其产品实行出口货物电子审单快速核放系统管理。完成45家企业的审批手续并实行快速核放管理，涉及出口产品100多种。实行快速核放的货物从报检到放行的工作周期由2-4天缩短到1小时之内。通过全面实施检验检疫模式改革，实现了从以往出口产品在口岸检验向生产过程检验监管为主的转变，减少了企业备货时间，降低了企业出口成本，既增强了企业诚信意识，促进了企业产品质量的提高，又使出口货物的通关效能有了全面的提高。

抓好进口敏感商品检验检疫工作。加强对粮食、饲料的检验检疫把关。在国家质检总局的支持下，顶住各方面压力，对一船有毒巴西大豆依法做出禁止进口的决定，出具卫生不合格证书，实现我国有史以来第一次成功退运国外大宗粮食。对进口废物原料、旧机电产品等重要敏感商品严格报检审核，不折不扣按照有关法规、标准要求实施检验检疫，做到批批查验，加大现场查验比例。对从新加坡进口的旧脚手架进行检验时发现严重质量问题，及时向总局汇报，总局据此发布了预警通报，中央电视台对此事及时进行了采访报道。加强进口塑料原料检验监管，发现6批为工业废弃物，予以退货处理；积极开展进口纸尿裤等一次性卫生用品的监督抽查及政策研讨，引起总局的高度重视和肯定。

加强认证认可工作。认真学习贯彻《认证认可条例》,对境外咨询、培训机构进行备案登记管理。做好出口质量许可证管理和卫生注册工作,新发、换发出口商品质量许可证26家,新增卫生注册登记企业23家。组织开展多项专项检查。新评审ISO9000等管理体系企业113家,提高企业质量管理水平。

狠抓源头管理，保证出口商品质量。认真落实福建省政府与总局合作备忘录，进一步狠抓出口蔬菜、水产品的基地管理。通过狠抓源头管理，提高出口商品的质量。烤鳗恢复了对日出口；在口岸检出农残超标的出口蔬菜，2002年77批，2003年7批，2004年只有1批。

【大力推进大通关建设，完善预警机制，促进地方经济发展】 加强大通关建设。结合海沧港区现有检验检疫工作实际，改进原有集装箱及其货物检验检疫散、乱的查验方式，于9月20日起对部分出入境集装箱及其货物开展现场集中查验的试点工作，提高通关速度，减轻企业负担，使监管工作更加严密。强化检贸协作、关检协作机制。在总局山东现场会后，积极协调市贸发局，推进9部门促进农产品出口联席会议机制的建立。3月和6月分两次举行2004年度关检协作工作会议，与厦门海关加强联合查验、旅邮检、电子通关、商品归类、联合打私等方面的把关协作。

完善风险预警通报机制。帮助企业做好技术贸易措施应对。及时向地方政府有关部门通报预警信息，及时向相关企业通报最新的预警信息和国外检验检疫技术法规，帮助企业有效应对国外技术贸易壁垒。同时，在厦门经贸信息网上开辟技术法规网上在线咨询窗口，随时回答企业问题。实施出入境风险管理信息员制度，保证风险管理措施的及时有效落实，最大限度地减少技术贸易措施对货物通关的影响。

服务企业，促进地方经济发展。继续采取预约报检、提前报检、急事急办、特事特办、24小时值班等便利企业的措施，落实首问负责制、一次性告知等机关效能制度。积极开展普惠制工作，帮助企业获得可观的关税减免。做好引进种羊、种牛检疫管理服务工作，圆满完成109只澳大利亚种羊和2667头澳大利亚种牛的隔离检疫工作，为发展农村经济、增加农民收入做出贡献。

【加强信息化建设，促进科技进步，推进人才队伍建设】 全面推进信息化建设。继续推进出入境货物和产地证签证的电子申报，对已安装电子申报端软件的企业，随时开通出境货物直通式电子报检。目前安装电子报检企业端软件639家、通过网上电子申报的企业近400家，电子报检率为100%，产地证的电子签证率也达到100%。加强办公自动化建设。3月，开始运行办公自动化系统。10月，开始试行公文处理无纸化，提高了公文处理效率和质量。加强了信息宣传工作。

加强实验室建设。积极开展实验室检测能力资源调查，以长远科学地规划厦门局实验室。技术中心各实验室顺利通过CNAL监督评审、计量认证监督检查，并顺利新扩1个领域、13类产品、35个标准和31个检测项目；积极参加国家总局、认监委、APLAC和CNAL组织的能力验证活动，加强了实验室对检测能力的质量监控。保健中心建立了炭疽—结核病检测实验室，为劳务人员出国体检发现可疑结核病例开展结核分枝杆菌检测；保健中心实验室引入 ISO/IEC17025 导则，顺利通过 CNAL 评审。

科技工作取得新进展。认真组织 2004 年度科技兴检奖评审和申报质检总局科研制标项目计划。10 个制标项目被批准列为质检总局 2004 年度检验检疫行业标准制修订计划项目，7 个科研项目被批准列为质检总局 2004 年、2005 年度科研计划项目。完成局科技委、专业委换届改选。围绕检验检疫新问题，技术中心开发建立了近 20 项食品、农产品和动植物产品的新检测项目。完成国家质检总局重大项目《空肠弯曲菌的磁捕获—荧光 PCR 检测技术研究》，由总局科技司组织的成果鉴定会认为该研究达到了国际先进水平，已申请一项发明专利。

推进人才队伍建设。选送 8 名处以上干部参加总局或地方组织的各种培训班，选送 140 多名干部参加系统及其他有关业务知识的培训。组织近 60 人参加新进人员培训班，300 多位行政人员参加《行政许可法》培训班，140 人参加认证监管业务培训班，以及兼职计算机管理员、OA 操作系统、兼职文书（督查员）培训班等，提高了干部职工的政治业务素质。组织全局职工认真学习《行政许可法》并进行考试。举行全局首次检验检疫法律法规知识竞赛，处级干部带头参加，共有 200 多名职工参加竞赛。此外，还编制《法制工作简报》，开展对本局及下属机构具体执法实践业务的指导、培训。通过上述措施，形成了全局自觉学法、用法的良好氛围，大大强化了全局职工的法律意识。

【深化机构改革，增强企事业单位活力】 深化机构改革。为正确处理管理与执行的关系，理顺东渡港区一批货物多个部门查验问题，以及根据厦门岛内不少企业迁往同安区发展的实际情况，向总局申请要求成立东渡办事处和同安办事处，并获总局批准。10 月 18 日，分别成立厦门检验检疫局东渡办事处筹建处和厦门检验检疫局同安办事处筹建处。12 月 6 日，厦门检验检疫局东渡办事处正式对外办理业务，主要负责东渡港区出入境货物及船舶、集装箱等运输工具的检验检疫业务。为适应基层管理工作的需要，对鉴定处等部门内设科室进行了调整，加大了相关检验检疫工作的力度。

积极推进企事业单位改革。将事业单位改革作为推进厦门检验检疫事业的突破口，对技术中心、保健中心、服务中心改革进行认真研究，按照积极稳妥的方针，制定 3 个中心的改革方案，推行事业单位人事、财务制度改革。保健中心、服务中心的中层干部全部实行竞争上岗，该项工作正在积极进行中。通过改革，增强了事业单位的活力和实力。评审中心的改革将按 CQC 总部的要求进行。

（吴琼）

2004年厦门出入境检验检疫局主要业务数据概况表

业务项目＼批次、金额数量	批次	与上年比增%	金额（亿美元）	与上年比增%
受理报检	56.76万批	18.47	179.42	31.47
其中：出境	38.50万批	18.79	95.38	43.61
入　境	18.26万批	17.81	84.04	19.96
货物检验检疫	21.43万批	13.98	87.34	19.01
其中：出境	11.08万批	13.20	28.34	25.61
入　境	10.35万批	14.82	59.00	16.09
不　合　格	1740批	-10.91	1.59	41.54
签发通关单	51.31万份	22.49	162.04	36.42
普惠制产地证	11.20万份	16.21	21.45	26.08
一般产地证	2.70万份	31.56	5.96	41.23
出入境船舶检疫（艘次）	10388	21.09		
出入境飞机检疫（架次）	12003	29.37		
入境集装箱检疫（万标箱）	89.3	21.01		

2004年厦门检验检疫商品分类情况

（金额：万美元）

	商品名称	2004年				与上年对比增减%				不合格情况							
		检验检疫		其中：商品检验		检验检疫		其中：商品检验		检验检疫不合格		检验检疫不合格率%		其中：检验不合格		其中：检疫不合格	
		批次	金额	批次	金额	批次	金额	批次	金额	批次	金额	批次	金额	批次	金额	批次	金额
出入境合计	出入境合计	214288	873413.6	166680	715711.2	14.0	19.0	15.5	19.0	1740	15905.1	0.8	1.8	354	4612	1413	14689.7
	动物	563	1010.5	299	923.2	53.0	165.1	-9.4	143.8	1	1.3	0.2	0.1			1	1.3
	动物产品	7027	20152.3	6445	17289.5	36.1	8.2	37.3	3.9	8	40.2	0.1	0.2	4	33	5	14.4
	植物	432	694.5	47	249.7	12.2	3.9	-46.0	28.2	1	0.5	0.2	0.1			1	0.5
	植物产品	12951	42128.9	5721	29961.3	17.6	53.6	11.1	54.5	84	10371.2	0.6	24.6	43	3834.2	44	9858.5
	食品、化妆品及原料	14429	40308.9	135363	38198.1	19.4	55.5	17.0	51.9	52	46.3	0.4	0.1	46	38.2	8	8.2
	纺织品	8942	23276.8	6592	17587	16.3	11.6	13.7	9.0	43	63.9	0.5	0.3	39	54.4	4	9.5
	轻工品	21420	39976.4	14439	28869.4	11.5	12.6	7.4	8.1	29	44.1	0.1	0.1	24	31.8	5	12.6
	矿产品	22345	74160.9	17427	67800.9	43.0	58.1	83.3	71.8	1116	3905.9	5.0	5.3	30	14.8	1086	3891.2
	金属及其制品	7281	54563.8	6152	46817.4	0.1	7.3	-5.0	-1.6	38	241.1	0.5	0.4	5	75	34	176.8
	化工品	24684	198423.1	18276	170737.4	12.8	39.9	9.6	41.1	35	140.7	0.1	0.1	14	28.9	22	121.8
	机电产品	92849	360628.3	75799	280047.4	9.0	0.1	11.4	-1.7	275	831.2	0.3	0.2	113	400.2	162	432.5
	特殊物品	28	43.7	9	14.3	-17.6	-15.0	-18.2	28.8			0.0	0.0				
	其他货物	3860	18045.8	3633	17215.7	-18.4	309.7	-17.8	317.2	60	218.7	1.6	1.2	37	102.5	42	162.4

	商品名称	2004年				与上年对比增减%				不合格情况							
		检验检疫		其中：商品检验		检验检疫		其中：商品检验		检验检疫不合格		检验检疫不合格率%		其中：检验不合格		其中：检疫不合格	
		批次	金额	批次	金额	批次	金额	批次	金额	批次	金额	批次	金额	批次	金额	批次	金额
出境	出境合计	110768	283404.4	93197	251603.9	13.2	25.6	13.8	29.3	153	206.5	0.1	0.1	142	194	11	12.9
	动物	166	427	149	426.7	-48.1	21.4	-48.6	21.9								
	动物产品	1951	6024.2	1714	4907.4	34.5	-6.2	31.4	-14.1	3	25.8	0.2	0.4	3	25.8		
	植物	319	253.7	15	24.7	23.6	3	-65.9	-50.8	1	0.5	0.3	0.2			1	0.5
	植物产品	10121	12536.7	3816	3699	18.4	18	9.4	-2.5	16	10.3	0.2	0.1	10	4.2	6	6
	食品、化妆品及原料	11013	27196.7	10884	26842.3	16.1	63	15.8	62.5	28	16.5	0.3	0.1	28	16.6		
	纺织品	3449	7172.7	3441	7163.2	12.7	20.1	12.5	20	36	50.6	1	0.7	36	50.6		
	轻工品	17228	26036.8	12535	19799.3	14.5	12.1	10	6.5	25	31.5	0.1	0.1	24	31.8	1	0
	矿产品	8901	14014.2	4101	7892	51.3	64.4	2178.3	233.7	4	6.4	0	0			4	6.4
	金属及其制品	365	2870.5	208	1656.7	86.2	207.1	26.8	107.6								
	化工品	3678	12583.4	3349	11873.9	17.1	9.7	17.1	29.5								
	机电产品	54411	174200	53353	167318.7	13.8	23.4	13.8	27.5	41	65	0.1	0	41	65.5		
	其他货物	81	88.6			-97.6	712.8										

	商品名称	2004年				与上年对比增减%				不合格情况							
		检验检疫		其中：商品检验		检验检疫		其中：商品检验		检验检疫不合格		检验检疫不合格率%		其中：检验不合格		其中：检疫不合格	
		批次	金额	批次	金额	批次	金额	批次	金额	批次	金额	批次	金额	批次	金额	批次	金额
入境	入境合计	103520	590009.2	73483	464107.3	14.8	16.1	17.8	14	1587	15698.6	1.5	2.7	212	4418	1402	14676.8
	动物	397	583.5	150	496.5	727.1	1878	275	1642.1	1	1.3	0.3	0.2			1	1.3
	动物产品	5076	14128.1	4731	12382.1	36.7	15.7	39.6	13.4	5	14.4	0.1	0.1	1	7.2	5	14.4
	植物	113	440.8	32	225	-11	4.4	-25.6	55.7								
	植物产品	2830	29592.2	1905	26262.3	14.9	76	14.8	68.4	68	10360.9	2.4	34.5	33	3830	38	9852.5
	食品、化妆品及原料	3416	13112.2	2679	11355.8	31.3	42.1	21.8	31.6	24	29.8	0.7	0.2	18	21.6	8	8.2
	纺织品	5493	16104.1	3151	10423.8	18.6	8.2	15.1	2.6	7	13.3	0.1	0.1	3	3.8	4	9.5
	轻工品	4192	13939.6	1904	9070.1	1	13.7	-6.9	11.9	4	12.6	0.1	0.1			4	12.6
	矿产品	13444	60146.7	13326	59908.9	37.9	56.7	42.8	61.5	1112	3899.5	8.3	6.5	30	14.8	1082	3884.8
	金属及其制品	6916	51693.3	5944	45160.7	-2.3	3.5	-5.8	-3.5	38	241.1	0.5	0.5	5	75	34	176.8
	化工品	21006	185839.7	14927	158863.5	12.1	42.5	8	42	35	140.7	0.2	0.1	14	28.9	22	121.8
	机电产品	38438	186428.3	22446	112728.7	2.8	-15	5.9	-26.6	234	766.2	0.6	0.4	72	334.7	162	432.5
	特殊物品	28	43.7	9	14.3	-17.6	-15	-18.2	28.8								
	其他货物	3779	17957.2	3633	17215.7	174.2	308.7	182.9	317.2	60	218.7	1.6	1.2	37	102.5	42	162.4

福建海事局

2004年，福建辖区共发生一般以上水上交通事故40起，同比持平；死亡或失踪34人，同比减少46%；沉船28艘，同比增加7.7%；直接经济损失6 310万元，同比增加7.7%，辖区水域交通安全形势持续保持基本稳定。

【突出专项整治，强化现场监管】 2004年，福建海事局继续以专项整治为突破口，集中力量解决辖区影响水上交通安全形势稳定的突出问题，分别开展了“百日安全”、“反三违月”、“安全生产月”等活动以及沿海小型船舶专项整治、“四客一危”船舶专项整治、“雾航安全”、“冬季海上航行安全”专项整治等各种类型专项检查活动。在沿海小型船舶专项整治活动中，共对辖区153家航运公司的1 098艘船舶进行了全面的调查摸底并建立辖区航运公司和船舶档案，检查船舶1 662艘次，发现缺陷9 938项，滞留船舶19艘次，同时确定12家航运公司和12艘船舶为重点检查对象，对被交通部海事局列入重点检查名单并持有安全管理体系符合证明的公司进行了附加审核，对平潭县所属的所有航运公司进行了重点跟踪检查；在“四客一危”专项整治活动中，实行登轮检查159艘次，实际适检并实施安全检查86艘次，查出安全缺陷608项，处罚违章船舶3起，同时对20年以上船龄的液货船检查率达到100%；在ISPS（国际船舶和港口设施保安规则）集中会战大检查中，共对54艘适检船舶实施了监督检查，共查出缺陷船舶14艘，缺陷62项，滞留船舶1艘，有效阻止了外国籍低标准船舶在辖区水域的营运。通过强化安全检查和现场监管，有效遏制了水上交通安全的不稳定因素，进一步维护了辖区水上交通安全形势的持续稳定。

【规范市场准入，保障航行安全】 在船公司安全管理上，进一步推进NSM规则的实施，加大内审员培训力度，建立完善“诚信船舶”制度，积极帮助船公司掌握、建立和运行安全管理体系，目前福建片区共有15家国际航运公司和16家国内航运公司取得了DOC（安全管理规则的符合证明），95艘国际航行船舶和47艘国内航行船舶取得了SMC（安全管理证书）。

在船员管理上，福建海事局建立并运行了覆盖全局的“船员考试、评估和发证质量管理体系”，基本实现了船员培训、考试、评估和发证工作的制度化、规范化、程序化。2004年组织各类海船船员考试12期，共对6 081名船员进行了适任考试和评估，签发海员证4 257本，海员出境证明1 501份，引航员适任证书31本，乙类适任证书1 554本，有效促进了辖区船员教育培训机构和船员队伍的发展壮大。

在维护通航环境上，进一步加强辖区动、静态管理，不断完善辖区安全监督管理长效机制体系。一是加强区域间合作，分别与上海海事局、浙江海事局共同建立了辖区沿海通航与航标管理工作机制和闽浙两地日常船舶安全监督管理联动互信合作机制；二是加大“三个重点”巡航力度，全面组织开展海区交叉巡航，2004年累计完成海区巡航261次，巡航时间578小时，巡航航程8 270海里，出动船艇297艘次，出动人员1 705人次；完成港区巡航6 474次，巡航时间15 857小时，巡航航程136 613海里，出动船艇6 516艘次，出动人员26 465人次，并以巡航带动海上现场执法，及时纠正违章，保证良好的通航秩序。厦门海事局还首次对环金门诸岛海域进行了巡航，在维护国家海洋权益，保障海上安全上向前迈进了一步。

【完善应急协调机制，提高海上搜救水平】 配合福建省政府出台了《福建省人民政府海上搜救应急预案》，制定了《水上险情事故应急反应程序》，建立了与东海第二救助飞行队的搜救联系协调机制，成立了“台湾海峡两岸搜救协调机制”课题研究小组，积极与交通部海事局、大连海事大学、台湾中华搜救协会协作，对海峡两岸搜救协调机制进行系统、全面研究。福建海事局还以雾航和防抗台为重点，加强季节性安全防范工作。第18号强台风“艾利”正面袭击并四次登陆福建沿海地区，由于全局防台工作早部署、早落实、早检查、早发现，措施有力，辖区未发生一起由于台风造成的船舶交通安全事故和人员死亡或失踪事件。

2004年，福建省海上搜救中心共接到海上遇险报警260次，采取搜救行动116次，获救人员1 383人，有效率95.12%，获救船舶63艘，成功率70.59%，辖区水上交通重大事故为零，船舶交通事故、沉船和死亡、失踪人数三项指标与上年同比分别下降了13.5%、10%和76.2%，海上搜救能力和水平有了较明显的提高。

【继续推进两岸三地船舶直航和“大通关”工作】 实行不登轮检查、24小时服务承诺、电子远程申报和国际航行、两岸直航船舶优先办理等优化口岸环境、提高通关效率的十八项制度，在2004年迎峰度夏保障电煤运输中，福建局部署迅速，措施有力，为电煤运输创造了安全、便捷、畅通的运输环境。

【加强法制建设，推进依法行政】 先后完成了《福建沿海港区船舶残余油类物质接收作业监督管理办法（暂行）》、《福建沿海拆解船舶监督管理办法（暂行）》、《福建海事局船员评估实施办法》、《福建海港引航员考试、评估、发证和安全监督管理暂行办法》等系列规范性文件的审查、批准、上报和颁行工作，同时聘请人大、政协等有关人员为“海事执法、廉政”社会监督员，加强社会内外监督，不断建立健全执法监督体系，提高工作绩效，落实“八项”便民措施。

积极探索以“理顺管理关系，明确事权主体，整合管理资源，提高监管效率”为主要内容的海事执法管理模式改革，制订了《福建海事局海事执法管理模式改革方案（实施意见）》。

【加大基础设施建设力度，增强海上执法保障能力】 2004年，福建海事局加强了基础设施建设。配备了2艘20M和1艘40M海巡船并分别交付厦门、福州、泉州海事局使用，推进了从港区向近海区执法的跨越，提高了快速反应能力和巡航应急能力。福建海事局VHF（甚高频电话）、厦门海事局VTS（船舶交管系统）等通信工程相继完工并投入试运行，使福建局辖区范围内A1（距岸25海里内）海域的安全通信得到有效覆盖。

【以信息化促进海事管理现代化，提升海事监管效能】 福建海事大厦、宁德白马港业务用房等信息化建设基础（硬件）设施基本建成，开通了福建局至6个分支局以及分支局至17个海事处（或现场签证点）的2M数字电路，基本实现福建局—分支局—海事处的三级专线网络互联和资源共享，初步完成了福建海事局的信息高速公路建设，全面推进船员管理、船舶动态、事故应急、船载客货、通航管理等业务软件的实施，在福州、莆田海事局完成了6个现场监控点的CCTV（闭路电视）系统建设，提高了监管手段，增强了预控应急能力，同时政务公开语音系统已投入使用；无人飞机巡航和无线现场执法系统课题研究已进入实质性阶段。

为响应福建省委、省政府提出的建设海峡西岸经济区的构想，2004年，福建海事局相继成立“台湾海峡船舶定线制”、“台湾海峡两岸船舶溢油应急协作计划研究”、“台湾海峡两岸海上搜救协调机制研究”等课题组，并着手进行“船舶动态管理信息系统”、“遥控模型飞机海上远程立体巡航”等课题研究，进一步把科研与海事管理实践结合起来，努力提升福建海事整体实力。

【加大人才培养力度，提升队伍素质】 2004年全局共举办各类岗位培训班60期次，培训人员2 250人次，组织推荐3位同志参加世界海事大学硕士班学习，33人获得《航政管理》大专专业证书，40人获得《交通运输工程管理》本科学历。目前，全局具有大专学历和大专文化程度的共217人，占在岗人员总数的49%，与上年同比提高7.2%，具有大学本科以上学历209人，占32.9%，与上年同比提高5.3%，干部队伍文化素质有了明显提高。（林晨）

2004 年福建海事局辖区对外开放港口进出港船舶统计(海船)汇总表

船舶类别	进港船舶							出港船舶						
	艘数(艘)	总吨(吨位)	总载重量(吨)	载客量(客位)	船员人数(人次)	货物到达量(吨)	旅客到达量(人)	艘数(艘)	总吨(吨位)	总载重量(吨)	载客量(客位)	船员人数(人次)	货物发送量(吨)	旅客发送量(人)
甲	1	2	3	4	5	6	7	8	9	10	11	12	13	14
总数	152339	190238439	208898242	15400729	1130338	57320578	10890295	152874	190320579	206226222	15489335	1121706	45996118	10914888
中国籍船舶	145942	84324598	81706300	15348551	990688	39163120	10877048	146488	84005186	80961941	15437627	989069	21356463	10747707
其中:外贸船	5298	13812804	15440147	420270	74098	3625503	204825	5843	14599714	15483216	515140	79831	3908926	237056

2004 年福建海事局辖区搜救情况统计表(按遇险船舶船籍分类)

区域	船舶国籍	序号	人命救助																	商业救助			备注
			搜救行动(次)	搜救时间(小时)	遇险人数(人)	获救人员		遇险船舶艘数(艘)	获救船舶			参与力量								救助消耗(万元)	救助行动(次)	救助船舶(艘)	救助价值(万元)	
												舰船(艘次)				飞机(架次)								
						人数(人)	有效率(%)		艘数(艘)	价值(万元)	成功率(%)	海事系统	救捞系统	军队力量	社会力量	海事系统	救捞系统	军队力量	社会力量					
甲	乙	丙	1	2	3	4	5	6	7	8	9	10	11	12	13	14	15	16	17	18	19	20	21	丁
年内累计		1	116	1319.50	1447	1383	95.58	90	63	18880.00	70	85	60	19	115	0	0	0	0	358.7	13	15	300	
内河	年内累计	3	30	233	404	400	99.01	24	24	11370.00	100	34	27	3	10	0	0	0	0	169	0	0	0	
	中国籍船舶	5	30	233	404	400	99.01	24	24	11370.00	100	34	27	3	10					169				
	港澳船舶	6																						
	台湾船舶	7																						
	外籍船舶	8																						
海上	年内累计	9	86	1,086.50	983	94.25	66	39	7510.00	59.09	51	33	16	105	0	0	0	0	189.7	13	15	300		
	中国籍船舶	11	76	1037.50	821	761	92.69	60	34	2360.00	56.67	46	28	13	100					132.5	10	12	300	
	港澳船舶	12																						
	台湾船舶	13	4	10	84	84	100	2	1	0	50	1	1	0	2					6	2	2	0	
	外籍船舶	14	6	39	138	138	100	4	4	5150.00	100	4	4	3	3					51.2	1	1	0	

2004年福建海事局辖区沿海港区巡航工作统计表

项　目	计算单位	序　号	全年完成量
甲	乙	丙	
一、巡航内容合计	次	1	18，585
其中：1. 施工作业区巡航	次	2	2122
2. 重要航路巡航	次	3	8615
3. 锚地巡航	次	4	3，369
4. 禁航禁锚区巡航	次	5	3598
5. 抛泥区巡航	次	6	282
6. 其他区巡航	次	7	599
二、完成巡航工作任务合计	次	8	20061
其中：1. 发现违章	次	9	6255
2. 纠正违章	次	10	5569
发现异常情况	次	11	205
4. 处理异常情况	次	12	198
5. 救助	次	13	160
6. 检查航标	次	14	3178
7. 其他工作任务	次	15	4496
三、累计巡航次数	次	16	6474
四、累计巡航时间	小时	17	15857.30
五、累计巡航航程	海里	18	136621.30
六、累计出动船艇	艘次	19	6516
七、累计出动人员	人次	20	26465
其中：1. 监督人员	人次	21	17692
2. 其他人员	人次	22	8，773

2004年福建海事局辖区沿海海区巡航工作统计表

项　目	计算单位	序　号	全年完成量
甲	乙	丙	
一、巡航内容合计	次	1	285
其中：1. 施工作业区巡航	次	2	3
2. 重要航路巡航	次	3	219
3. 锚地巡航	次	4	23
4·禁航禁锚区巡航	次	5	1
5. 抛泥区巡航	次	6	4
6. 其他区巡航	次	7	35
二、完成巡航工作任务合计	次	8	229
其中：1. 发现违章	次	9	47
2、纠正违章	次	10	66
3. 发现异常情况	次	11	2
4. 处理异常情况	次	12	2
5. 救助	次	13	10
6. 检查航标	次	14	70
7. 其他工作任务	次	15	32
三、累计巡航次数	次	16	261
四、累计巡航时间	小时	17	578.77
五、累计巡航航程	海里	18	8270.40
六、累计出动船艇	艘次	19	297
七、累计出动人员	人次	20	1705
其中：1. 监督人员	人次	21	683
2. 其他人员	人次	22	1022

2004年福建海事局辖区对外开放港口进出港船舶统计表(海船)

港口	船舶类别	进港船舶							出港船舶						
		艘数(艘)	总吨(吨位)	总载重量(吨)	载客量(客位)	船员人数(人次)	货物到达量(吨)	旅客到达量(人)	艘数(艘)	总吨(吨位)	总载重量(吨)	载客量(客位)	船员人数(人次)	货物发送量(吨)	旅客发送量(人)
甲	乙	1	2	3	4	5	6	7	8	9	10	11	12	13	14
福州港	总数	17537	35094927	54526705	38822	206164	11507401	7332	17618	35547977	54567455	47943	207126	22622737	7677
福州港	中国籍船舶	15320	20712442	32146853	682	165157	9566434	0	15414	20691494	32297506	9682	166302	9442142	2730
福州港	其中:外贸船	1499	1826094	2505324	82	20133	680260	0	1544	3103079	2920192	82	20716	1418186	0
宁德港	总数	2686	1767552	2954253	1173	27943	1237828	1003	2709	1807962	3019420	1173	28399	980798	1014
宁德港	中国籍船舶	2544	1356906	2270982	1173	26464	1215136	1003	2585	1355369	2271208	1173	26880	795923	1014
宁德港	其中:外贸船	19	11325	15064	0	192	0	0	25	20053	31230	0	269	4710	0
莆田港	总数	2092	3182272	4832160	57433	15868	4514822	379629	2092	3182272	4832160	57433	15868	121392	379021
莆田港	中国籍船舶	2031	2634457	4005127	57433	14640	3833392	379629	2031	2634457	4005127	57433	14640	121392	379021
莆田港	其中:外贸船	48	47998	158133	0	566	17924	0	48	47998	158133	0	566	359	0
泉州港	总数	5285	13297490	19955941	0	67815	10947251	0	5285	13297490	19955941	0	67815	4760076	0
泉州港	中国籍船舶	5037	9411932	14137517	0	62914	7379183	0	5037	9411932	14137517	0	62914	4479642	0
泉州港	其中:外贸船	362	1249203	1985044	0	6017	1049171	0	358	1082551	1698128	0	5886	271188	0
厦门港	总数	70451	115241332	120774562	5742415	528677	18581190	3060495	70934	115062830	118214214	5830152	520116	14987827	3096037
厦门港	中国籍船舶	67067	31225432	24313154	5728377	443856	8551745	3054580	67531	31093673	23540603	5816705	442288	4758807	3086561
厦门港	其中:外贸船	3226	10262555	10578747	420022	45257	1632135	204825	3684	9785385	10284981	510602	50042	2075470	236332
漳州港	总数	54288	21654866	5854621	9560886	283871	10532086	7441836	54236	21422048	5637032	9552634	282382	2523288	7278381
漳州港	中国籍船舶	53943	18983429	4832667	9560886	277657	8617230	7441836	53890	18818261	4709980	9552634	276045	1758557	7278381
漳州港	其中:外贸船	144	415629	197835	166	1933	246013	0	184	560648	390552	4456	2352	139013	724

福建口岸大事记

1月5日

省口岸海防办发出《关于切实做好我省口岸防制非典工作的通知》(闽口海〔2004〕2号)。

1月7日

省口岸海防办会同省台办组成联合调研组赴福州港马尾客运站调查了解客运站改造工作，同时走访了省交通控股公司等有关单位。

1月12日

省口岸海防办陪同国家有关部委联合调研组检查“两马”直航情况。

1月19日

省口岸海防办向省政府提交关于福州港马尾客运站改造问题的调查报告。

1月29日

交通部批复《关于同意国际航行船舶临时进出福清松下港口岸江阴港区的函》(交函海〔2004〕18号)。省口岸海防办以闽口海〔2004〕35号文转发。

2月3日

在省政府第10会议室召开省口岸大通关协调小组全体成员会议，通报2003年全省口岸大通关工作情况，提出2004年工作重点。

2月10日

省政府下发《关于同意使用福州、厦门等海港口岸开放水域新增作业区的通知》(闽政文〔2004〕41号)。

福建省叶双瑜副省长与海关总署李克农副署长就福建省大通关口岸电子信息平台建设有关问题召开专题会议，对信息平台的建设提出了明确的要求。

2月12日

省口岸海防办在长乐市召开省口岸大通关协调小组办公室成员会议，传达领导小组会议精神，通报2月10日省政府专题会议精神。

2月13日

召开全省制订“十一五”口岸开放规划座谈会，提出制订的指导思想、基本原则和要求，布置正式启动该项工作。

2月16日

交通部批复《关于同意国际航行船舶临时进靠泉州港深沪港区的函》(交函海〔2004〕33号)。省口岸海防办以闽口海〔2004〕34号文转发。

2月17日

在福清市召开江阴港区外轮引航锚地和进出港航路审定会，会后专文报南京军区司令部确认。

2月25日

省口岸海防办发出《关于认真贯彻〈福建省政府关于同意使用福州、厦门等海港口岸开放水域新增作业区的通知〉的通知》(闽口海［2004］31号)。

3月10日

省口岸海防办向海关总署申请要求批准晋江机场开通至东南亚及港澳地区临时包机。

3月15日

省口岸海防办同意省汽车运输总公司延期使用香港入境货运车辆指标。

3月25日

全省口岸海防打私办主任会议在福州召开。

3月31日

“福建口岸海防打私网”网站正式开通。

福建省第十届人民代表大会常务委员会第八次会议将《福建省口岸综合管理条例》列入省人大2004年地方性法规立法调研项目。

4月1日

省口岸海防办同意泉州圣莎拉制衣发展有限公司延期使用香港入境货运车辆指标。

4月5日

召开各设区市口岸海防办（口岸办）主任会议，部署开展全省口岸大通关调研工作，向社会各界分发全省口岸大通关工作调查问卷。印发《福建省口岸大通关工作资料汇编》(一)。

省口岸海防办发出《关于开展全省海港口岸开放水域非A类新增作业点清理工作的通知》(闽口海［2004］64号)。

4月9日

省政府办公厅闽政办［2004］65号文调整充实省口岸大通关协调小组成员，并将福建省口岸大通关协调小组更名为福建省口岸大通关协调领导小组，将联络员办公室更名为协调领导小组办公室，增设大通关口岸电子信息平台管理办公室。

4月12日－23日

组织“全省口岸大通关记者行”活动，邀请福建电视台、《福建日报》、福建人民广播电台记者参加，从窗口建设、通关现场、进出口企业和一线人员角度入手，通过材料介绍、人物采访、现场跟踪、明察暗访等方法就福建省口岸大通关实施情况进行实地采访报道，从舆论角度有效配合了全省口岸大通关督查工作。

4月15日－16日

在深圳召开直通车经营业主管理培训工作座谈会。

4月21日

海关总署办公厅下发《关于同意泉州晋江机场临时对外开放的复函》(署办函［2004］127号)，时间为5月1日至10月31日。省口岸海防办以闽口海［2004］74号文转发。

在漳州市召开第二次共建文明口岸联络员会议。

4月23日－24日

在宁德市召开全省外轮维修工作会议。

4月26日－30日

召开全省口岸生产运行统计工作会议。

4月28日

省口岸海防办再次发出《关于切实做好我省口岸防制非典工作的通知》(闽口海［2004］73号)。

4月29日

省政府召开专题会议研究落实马尾客运站改造工程的牵头协调单位、工程规模和资金渠道等若干事项。

5月9日－26日

由省大通关协调领导小组成员单位及省政府督查室领导组成3个调研组分别对全省9个设区市，11个海空港一类口岸，南平、三明陆运口岸及福、厦关区查验主管部门开展大通关工作的情况进行实地调研和检查。

5月10日

成立口岸综合管理地方性法规立法起草小组。

5月14日

向省政府办公厅报送赴兄弟省市口岸考察口岸电子信息平台建设情况及福建省大通关口岸电子信息平台建设思路报告。

5月24日

省口岸海防办同意漳州联丰货运有限公司调剂使用20辆香港入境货运车辆指标。

5月31日－6月2日

福建省“十一·五”口岸开放规划编制工作评审会在连江县召开，制订了福建省“十一·五”口岸发展规划，省政府以闽政函［2004］51号文报海关总署。

6月3日－4日

福州松下港口岸江阴港区对外开放通过国家验收。

6月9日

省口岸海防办发出《关于停止使用福州港口岸台江外贸作业区的通知》(闽口海［2004］90号)。

向交通部要求延长泉州港口岸深沪港区临时开放期限。

6月10日

请求交通部准许巴拿马籍“福星号”施工船进入平潭至南日岛水域施工。

6月24日

省口岸海防办与省妇联联合发文，通报2003年全省“巾帼文明岗”评选结果，共评选出福建省公安边防总队司令部通信站话务班、福建海事局通信导航站福州无线话台、厦门东渡海关进出口通关科、福州国际航空港有限公司安检护卫中心旅检科、漳州开发区江洋哨所、厦门东渡出入境边防检查站九队等六单位为“巾帼文明岗”。其后进行授牌表彰。

6月30日

晋江机场临时对外开放通过省级验收。

7月1日

交通部下发《关于福建福清松下港口岸江阴港区正式对外开放的函》(交函海［2004］188号)。

交通部批复同意巴拿马籍"福星号"施工船进入平潭至南日岛水域施工(交函海[2004]191号)。

福州港台江外贸作业区停止使用。

7月5日–15日

组织对全省海防、打私系统的精神文明建设进行综合调研。

7月7日

在厦门同安区召开省口岸大通关协调领导小组办公室成员会议，通报全省口岸大通关调研工作情况，部署落实整改工作。

7月12日

晋江机场恢复香港包机航班。

7月21日

向交通部报告巴拿马籍"福星号"施工船在平潭至南日岛水域施工情况。

8月18日

省口岸海防办印发《福建省海港口岸设立外国籍船舶维修点的基本条件》(闽口海[2004]126号)。

8月19日

组织《福建省口岸综合管理条例》起草小组有关人员会同省人大财经委和省政府法制办对《福建省口岸综合管理条例》进行联合修改。

8月24日

省口岸海防办发出《关于加强打击禽肉冷冻产品走私的紧急通知》(闽政打私［2004］2号)。

8月25日

成立福州港马尾客运站改造工作协调小组及其办公室。

8月31日

召开全省口岸中介整顿规范工作会议，随后发出《关于开展全省口岸中介企业整顿规范工作的通知》(闽大通关办［2004］1号)。

9月1日

交通部下发《关于同意国际航行船舶临时停靠福建省瀚海船业有限公司文湾船厂的函》(交函海［2004］243号)，省口岸海防办以闽口海［2004］140号文转发。

9月1日–2日

完成福州海港口岸非A类外贸作业点清理、验收工作。

9月3日

完成泉州肖厝口岸沙格港区三梅码头省级验收。

9月7日

召开福州松下港口岸牛头湾港区扩大开放水域论证会议。

9月8日－9日

完成宁德城澳港口岸非A类外贸作业点清理、验收工作。

9月10日

召开宁德港口岸白马港区扩大开放水域论证会议。

9月12日

晋江机场获准临时对外开放后首航马尼拉。

9月21日

在福州市邮政快件监管中心召开海关、检验检疫等有关单位领导座谈会，商讨规范快件中心管理等相关问题。

9月22日

召开省大通关口岸电子信息平台建设业主推介会，厦门电子商务中心等4单位参加。

向海关总署申请要求批准晋江机场继续临时对外开放。

9月23日

向省政府上报《关于全省口岸大通关建设调研报告中所列存在问题整改情况的报告》。

9月30日

省统计局批准口岸生产运行月报为正式统计项目。

10月11日－14日

第十二届全国口岸办主任联席会议在河南召开，福建办在会上介绍进一步深化口岸大通关工作、服务海峡西岸经济区建设的做法和经验。

10月17日－20日

赴龙岩连城调研连城机场列入“十一五”口岸开放规划相关问题。

10月26日－27日

完成厦门海港口岸开放水域新增作业点省级验收。

10月29日

省口岸海防办发出《关于实施福建省反走私工作综合治理领导责任制的函》(闽口海[2004]165号)。

海关总署办公厅下发《关于同意晋江机场继续临时开放的函》（署办函［2004］362号），时间延长至2005年1月31日，福建省口岸海防办以闽口海［2004］167号文转发。

11月1日

省口岸海防办上报《关于报送2005年度地方性法规案项目建议的报告》(闽口海[2004]168号)。

11月2日

召开马尾客运站改造工程方案审定会。

11月9日

召开省大通关口岸电子信息平台建设业主评审会，初步确定项目建设业主。

11月22日

交通部下发《关于同意日本籍活水船临时进出罗源湾可门口水域的函》（交函海［2004］356号），省口岸海防办以闽口海［2004］180号文转发。

11月23日

福建省委办公厅发出《关于印发〈福建省反走私工作综合治理领导责任制〉的通知》（闽委办［2004］85号）。

12月8日

省政府专题会议研究确定省大通关口岸电子信息平台项目建设业主。

12月14日－15日

在永安市召开全省铁海联运大通关现场会，总结推广三明、厦门铁海联运大通关工作做法和经验。

12月20日

福州港马尾客运站改造工程正式动工。

12月23日－24日

在福清市召开省口岸大通关协调领导小组办公室成员会议，总结通报2004年大通关情况，研究2005年大通关工作安排。

12月25日

城澳港口岸直航运毛角石到马祖首航。

12月27日

省口岸海防办发出《关于印发〈福建省开展铁海联运大通关，促进外贸转关运输的若干意见〉的通知》（闽口海［2004］193号）。

12月27日－28日

宁德城澳港口岸对外开放，通过省级验收。

江西口岸工作综述

【概述】 2004年，是江西口岸工作建设、发展的关键一年，在省委、省政府的正确领导下，全省口岸各单位认真贯彻落实党的十六大和省委十一届三次会议精神，团结拼搏，开拓奋进，为加快江西开放型经济的发展，开辟新的口岸通道，搭建新的口岸开放平台，确保了口岸安全、畅通、文明、高效，使全省口岸工作全面迈上一个新台阶。

【口岸客货运输】 2004年，共完成进出口货物运量24.7874万吨，完成国际集装箱17 951重标箱，分别比上年同期增长61.71%和63.77%。其中：一类口岸完成进出口货运量15.3830万吨，国际集装箱11 657重标箱，分别增长87.05%和91.66%；二类口岸完成进出口货运量9.4044万吨，国际集装箱6 294重标箱，分别增长32.38%和29.00%。共完成出入境旅客员工查验任务31 066人次，出入境飞机423架次，分别增长47.71%和35.14%。

【口岸扩大开放】 2004年，省口岸工作协调领导小组以南昌航空口岸扩大对外国籍飞机开放为主要任务，开辟江西对外空中通道，搭建新的对外开放平台。

完成了国家有关部委、军队的各项报批手续及包括航空口岸现场的建设、改造以及配套设施的完善等开放前的各项准备工作，2月24日顺利通过了国家验收组的验收，实现了南昌昌北机场正式对外国籍飞机开放，4月20日，民航总局批复同意南昌昌北机场更名为“南昌昌北国际机场”。

正确选择了第一条国际航线及由南方航空公司执飞，签订了《南昌—广州—新加坡国际航班国内段载运客货业务监管联系配合办法》，组织了以副省长为团长的赴新加坡、马来西亚宣传推介团，4月28日，南昌—广州—新加坡国际航线正式通航，为江西走向世界迈出了可喜的一步。

加快发展步伐，拓展对外开放平台。与东方航空股份有限公司签署了《关于共同做好南昌昌北国际机场增开国际航线有关工作的备忘录》。双方将依托南昌昌北国际机场对外国籍飞机开放和江西在中部地区的中心区位优势，以及东航对外航空合作的优势地位和上海国际化大都市等有利条件，尽可能采取“国际航班国内段”的方式，在南昌昌北国际机场增开更多的国际航线。9月份，在南昌—香港、香港—台北航线上推出了“一票到底、行李直挂”快捷中转服务。11月底，经国家民航总局批准同意东方航空股份有限公司采取内部航班号共享的方式开通南昌—上海—洛杉矶、南昌—上海—汉城国际航线。

【口岸建设】 2004年，根据江西开放型经济发展的总趋势，不失时机的推进了口岸机构建设、口岸基础设施建设和设区市口岸建设。经江西省政府同意并报海关总署批准设立了新余海关和龙南海关办事处；九江港外贸码头完成二期工程的建设与验收，南昌—湖口赣江航道经整治达到三级通航标准，赣州公路货柜车查验场和保税仓工程已竣工等待验收，南昌航空口岸各查验单位配套设施建设基本完成，南昌货运口岸的整合、昌北物流平台的设计、南昌国际集装箱码头的建设等进展顺利；各设区市口岸发展迅速，九江口岸办紧抓发展第一要务，口岸外贸运输迈上了新台阶，2004年共完成外贸运量233.8051万吨，较上年增长103.37%；完成国际集装箱运输21 496标箱，其中重箱11 657标箱，增长91.66%；接泊进出港国际集装箱运输支线班轮1 282航次，增长254航次。赣州口岸办经过努力，2004年7月，争取赣州市政府将口岸服务体系、物流体系列入全市“十大体系建设”之内，并将其作为当前和今后一段时间的重要工作来抓。同时主动对接，加强了与沿海口岸的协作，与深圳市口岸办共同签署了《关于加强两地口岸合作的协议》。吉安口岸办把完善设施提升功能作为2004年口岸建设的重点工作，积极采取应对措施，认真组织口岸各单位深入县市和企业进行调研，并先后组织了2期培训、15场讲座，认真开展了“我为吉安口岸发展献一计”活动，及时了解和掌握了吉安开放型经济发展和口岸建设的第一手资料，有效地促进了当地开放型经济的发展。

【推进“大通关”，服务开放型经济】 创新服务模式，推进“大通关”建设，服务开放型经济发展。南昌海关在思想观念、体制机制、方法手段等方面和沿海海关把关、服务理念实现对接与互动，制定并落实了25条服务措施、12项公开承诺。江西出入境检验检疫局继续推进监管模式改革工作，建立了“1+10+N”（1个实施细则，10个配套工作规范，N个商品检验作业指导书）的出口工业产品检管新模式。省边防总队紧紧抓住硬件建设不放松，促进软件建设上台阶，提出了25条便民利民措施，成立了服务小分队，开展了“文明执勤之星”评选活动。

施行“海铁联运”，实现“门到门服务”，降低商务成本，服务江西开放型经济发展。2004年，根据吴新雄常务副省长关于“降低商务成本”的指示精神，省口岸工作协调领导小组成立了专门的调研小组，召开有关部门、企业座谈会，对重点出口和运输企业进行深入调研。经过调研和分析比较，提出了以发展城市物流为重点，以施行“海铁联运”、开行“五定班列”为突破口的降低进出口货物运输成本的初步建议。12月29日，南昌至深圳“铁海联运”开始试运行。

推动九江申报设立出口加工区，带动加工贸易发展，服务江西开放型经济。出口加工区是目前政策最优惠、通关最快捷、管理最简便、设施最完善的海关监管特定区域，已成为中外客商在中国投资的最新亮点。2004年，九江口岸办配合市政府积极推动九江出口加工区的申报和建设。九江出口加工区已在国家发改委、国土部、商务部、财政部等九部委会签，会签后报国务院批准。

【口岸管理】 根据口岸工作具有整体性、涉外性、时效性的特点，2004年，制定了《南昌航空口岸现场管理制度》、《关于建立南昌航空口岸协调机制的实施意见》、《江西省口岸信息工作实施意见》。同时，建立了南昌航空口岸协调工作小组，并于11月19日召开了南昌航空口岸协调工作小组第一次会议。这些制度的制定和实施，使口岸的管理更加规范化、制度化，提高了口岸的凝聚力，增强了合作力。全年，口岸优质、文明、高效的为来往嘉宾、领导及参加江西各项大型活动的人士提供礼遇10余次。特别是在保障运送在阿富汗“6·10”恐怖袭击中遇难的江西籍工程人员灵柩的专机和参加南昌亚啤10周年庆典的菲律宾包机的工作中，南昌航空口岸文明、高效的查验水平获得了外国友人及外交部和省市领导的一致称赞。

【制定“十一五”口岸发展规划】 2004年，根据海关总署《关于请报送“十一五”口岸发展规划意见的函》（署岸函［2003］265号），省口岸工作协调领导小组召开了专题会议并组织了调查小组，进行深入细致的调查研究，掌握了大量第一手材料。在对全省开放型经济发展充分预测和对全省各设区市口岸现状及发展需求认真分析的基础上，制定了《江西省“十一五”口岸发展规划纲要》。这个规划纲要，将指导全省口岸建设达到新的水平。到2010年，全省进出口总额将达到120亿美元，口岸货运量将达到700－800万吨。

【口岸精神文明建设】 全省口岸各单位深入开展了创建“青年文明号”活动，2004年口岸系统荣获省级“青年文明号”集体13个，国家级“青年文明号”集体3个。在12月份举行的“江西省青年文明号”活动10周年表彰大会上，江西出入境检验检疫局报检签证大厅荣获全省“青年文明号活动10周年杰出青年文明号奖”，江西出入境检验检疫局党组书记、局长陶武盛荣获全省“青年文明号活动10周年突出贡献奖”。南昌海关政工办等四个部门获“优秀组织奖”，九江海事局张永红等4位同志获“先进工作者”称号，使口岸系统精神文明建设再上新台阶。 （罗莎 詹瑞明）

2004年江西省口岸运行情况

项 目	单 位	数 量	同比%
出入境人员	人次	31066	47.71
进出口货物	万吨	24.7874	57.78
集装箱吞吐量	万重标箱	1.7951	63.77

2004年江西省口岸客运情况表

项目 / 出入境	出入境旅客（人次）							
	全年合计	同比%	内地	香港	澳门	台湾	华侨	外国籍
出入境人次	27864	49.24	5115	3569	12	16810	7	2351
其中出境	12891	43.65	3043	1538	5	7510	7	788
其中入境	14973	54.42	2072	2031	7	9300	0	1563

备注：2004年，南昌航空口岸通过国际航班国内段的方式，开通了南昌—广州—新加坡航班，并累计运送出入境旅客2 463人次，其中出境1 104人次，入境1 359人次。

2004年江西省口岸货运量情况表

项目 / 口岸	货运量（万吨）					
	进出口累计	同比%	进口累计	同比%	出口累计	同比%
南昌航空口岸	0.0295	19.92	0.0225	15.38	0.0070	37.25
九江水运口岸	15.3535	78.91	3.7774	47.46	11.5761	92.29
其他监管点	9.4044	32.38	2.6352	1.72	6.7692	49.98

2004年江西省口岸集装箱运量情况表

单位：重标箱

项目 口岸	进出口累计	同比%	出口累计	同比%	进口累计	同比%
九江口岸	11657	91.66	8309	95.37	3348	83.05
南昌口岸	5317	23.71	3175	47.81	2142	-0.37
其他口岸	977	68.16	899	59.12	78	387.5

江西口岸查验单位工作综述

南　昌　海　关

2004年，南昌海关以邓小平理论和“三个代表”重要思想为指导，树立科学发展观和正确政绩观，全面实践“依法行政，为国把关，服务经济，促进发展”海关工作16字方针和“政治坚强、业务过硬、值得信赖”海关队伍建设12字要求，以建立现代海关制度第二步发展战略和创建内陆一流海关为目标，深化业务改革，加强队伍建设，依法为国把关，服务江西崛起，规范内部管理，打牢基础工作，关区各项工作持续健康协调发展。

【依法治税，合力征管，提前超额完成当年税收任务】 突出税收“轴心”地位，坚持以质为主、质量并举的原则，围绕重点税源商品和税源大户深入调研，拓引税源；强化综合治税合力，探索建立应收尽收的税收长效管理机制；加强审价、归类、原产地管理和加工贸易、减免税后续管理，加强税收分析监控，确保应收尽收。关区全年征税4.04亿元人民币，同比增长45.52%，提前超额完成3亿元的年度税收计划。

【继续保持反走私高压态势，推进反走私综合治理】 南昌海关积极探索建立“预防、规范、打击”三位一体的反走私机制 综合运用侦查、调查、稽查等手段，深入开展打私专项斗争和联合行动，关区全年共立案查处走私、违规案件14起，案值1 926万元，其中刑事案件1起，案值1 713万元；对22人次采取强制措施；协助兄弟海关侦办案件85起。查获各类违禁印刷品369份、音像制品1 038件。同时，积极参与地方整顿和规范市场经济秩序工作，在合力打击非法陶瓷展销、建设食品药品安全保障体系、“扫黄打非”、海关知识产权保护等方面取得成效。通过进一步规范企业进出口行为，引导企业守法经营。与江铜、新钢、江铃等7家大型生产型进出口企业签订MOU，实行信用管理，提供通关便利。

【贯彻实施行政许可法，不断加强法制建设】 以实施《行政许可法》为契机，在关区广泛开展法制宣传教育。组织全员学习领会《行政许可法》的基本原理、主要制度及要求，熟悉掌握海关行政许可项目、程序和责任要求。加强制度建设，清理和完善了一批规范性文件和业务规章制度，对15项行政许可事项进行了对外公示。严格按照法定程序和时限实施海关行政许可，加强对行政许可事项实施和执法工作的监督检查。

【积极运用风险管理和信息技术手段严密进出境监管】 南昌海关以H2000通关系统运行为契机，不断改进监管方法和手段，探索选择性查验和风险布控查验方式相结合的针对性和有效性。在保持查验率合理比例的前提下，查获率进一步提高。加大转关协调和通关服务力度，畅通转关运输渠道，促进了监管业务量继续保持增长。关区全年监管进出口货物总值9.01亿美元，同比增长77.4%；监管进出口货物总量43.1万吨，同比增长34.1%。进一步完善加工贸易监管改革，规范加工贸易管理，加工贸易合同备案金额和进出口值分别增长57.76%和126.68%，达到3.95亿美元和5.12亿美元。

【适应南昌航空口岸对外籍飞机开放，加强进出境旅客通关服务】 2004年，南昌航空口岸对外籍飞机开放并开通了南昌—新加坡国际航线，南昌海关认真做好南昌至香港、新加坡等航线和快件、直航货物的进出境通关监管，保障旅客顺畅通关。顺利完成阿富汗“6·10”事件中江西省援阿遇难人员灵柩入境、沪九直通车突发事件处置、菲律宾工商界高层人士包机入境监管等工作。全年监管进出境飞机583架次和进出境人员3.38万人次，分别增长86.26%和63.56%。

【主动服务大开放主战略，支持服务江西崛起实现新进展】 坚持经常向海关总署及各相关部门汇报江西的快速发展形势和后发优势，反映加快江西发展的各种需求，努力争取政策、资金、设备等各方面的支持。主动配合地方政府获得国家新批设立新余海关、南昌海关驻龙南办事处等机构。积极配合地方政府抓紧景德镇、新余海关和南昌高新区、龙南海关办事处的筹建工作。九江出口加工区的申报设立工作正按计划抓紧进行。南昌海关还与深圳海关草签了开通深圳－南昌“五定班列”的监管协议，并分别与上海海关、厦门海关、宁波海关商谈开展“铁海联运”等相关事宜。

【提高通关效率，支持进出境物流发展】 通过创新管理机制，强化通关服务，建立快捷高效的通关环境，畅通物流渠道，降低企业贸易成本，推动贸易便利化。实行24小时业务值班和节假日预约通关等制度，做好限时服务、预约服务和加班服务。对高新技术企业、IT行业、信誉良好的企业和重点进出口企业，设立便捷窗口和通道，快捷通关。采取“走出去、请进来”方式，主动与沿海口岸海关的联系协作，畅通物流渠道，提高通关效率。加快出口货物电子数据回执的反馈速度和出口报关单退税证明联的核发速度，保证出口货物的及时退税和外汇核销。通过推广H2000系统，电子口岸和网上税费支付等科技项目，提高通关作业信息化、集约化和规范化水平，为企业网上办理进出口业务提供便利，进出口货物通关时间不断缩短，出口货物做到当天申报、当天验放。江西省2004年外贸进出口总值达35.32亿美元，同比增长39.7%。

【积极落实国家进出口优惠政策，促进江西招商引资和承接沿海产业梯度转移】 一是落实进口设备税收优惠政策，积极扶持高新技术项目、技改项目和外商投资项目落户江西，促进江西产业结构的调整和优化。全年办理减免税11.34亿元人民币，同比增长93.39%。二是认真落实加工贸易和保税政策，改革加工贸易及保税监管模式，促进加工贸易转型升级。通过推行电子帐册管理、联网监管试点，增设保税工厂和保税仓库，支持设立出口加工区等措施，积极促进服装、纺织、航空制造、有色金属等江西优势产业发展加工贸易。三是积极宣传和鼓励高新技术企业享受便捷通关优惠措施，在预约通关、上门监管等方面提供优质服务，方便企业进出口，推动江西省高新技术产业的发展。四是加强对省内重大活动、重点项目和重点企业的跟踪服务。积极参与省内招商引资、项目推介等重大活动,为全国农运会、赣台经贸洽谈会、景德镇瓷博会和客家恳亲大会等活动做好政策咨询、通关服务和展品物品监管工作,为境外重要宾客提供出入境快捷通关便利。对省内投入大、规模大、效益高等重点投资项目,提前介入,主动跟进,专人跟踪服务,提供政策咨询和通关指导,顺利办理海关手续。

【加大海关政策法规宣讲和调研力度，为江西经济发展建言献策】 南昌海关组成4个海关政策法规宣讲和调研巡回小分队，分赴省内各设区市开展海关政策法规和业务操作义务宣讲，听众达2 800余人次，加深了地方有关领导及相关部门、企业负责人对海关职责任务、政策法规、执法程序、作业流程和国际贸易、进出口实务、招商引资等业务知识的了解掌握。召开座谈会，面对面听取企业对海关工作的意见，解答企业咨询。深入市、县和进出口企业调研，了解掌握地方对外贸易、开放型经济发展现状、企业生产经营以及地方党政、进出口企业对海关工作的需求、意见建议，研究拟订支持服务措施。对照国家有关政策法规，结合海关工作实际，在支持扩大出口、发展加工贸易、招商引资、园区建设、区域经济合作、口岸规划布局、设立海关机构和“大通关”等方面建言献策。

【重视统计基础工作，发挥好统计预警分析功能】 在确保海关统计基础数据真实准确的基础上，积极开展统计分析、监督、咨询和执法评估等各项工作。加强报关单数据库和纸质报关单证管理，按时发布海关统计数据。加大统计分析和咨询服务力度，一年来共向地方党政及相关部门提供统计分析资料15篇，社会和企业查询海关统计数据170余人次，为地方政府决策和企业发展提供统计信息支持。

【深入开展“5年回顾教育”活动，推进政治思想建设】 全面回顾海关5年的发展历程，实事求是地总结经验，反思教训，查找问题，运用正反两方面经验教训进行警示教育，将“5年回顾教育”与深化海关工作16字方针的再学习再领会，与创建内陆一流海关的实践、与提高各级干部的能力素质相结合，使全体关员受到了一次普遍洗礼，增强了垂直领导理念、执法为民观念、居安思危的忧患意识和求真务实的作风。大力加强思想政治工作，组织开展弘扬红其拉甫海关艰苦奋斗精神、“立关为公、执法为民”、“树立科学发展观，建设美好新江西”、深化和拓展“树组工干部形象”等主题教育活动来活跃思想政治工作。加强基层党组织建设，重点加强党员和各级领导干部的政治思想素质养成，提高党组织的凝聚力和战斗力。加强关区文化建设，发挥党团工妇等组织的作用，开展篮球、乒乓球等文体活动和扶贫、植树、创卫、义务献血等社会公益活动。一批学术论文、文学、摄影作品被刊用和获奖。吉安海关报关厅被评为全国“青年文明号”，南昌海关被评为省级“文明单位”，关区有3个集体被评为省部级“专项先进集体”，10名个人被评为省部级“先进个人”等称号。

【严格执行海关人员“6项禁令”】 南昌海关认真执行海关总署颁布的海关人员“6项禁令”，将“6项禁令”制成卡片，配发给每位关员，随身携带，熟知熟记、自觉遵循。加强对“6项禁令”贯彻执行情况的检查监督。及时向地方党政、有关部门和企业宣传“6项禁令”，认真听取他们对海关廉政工作的意见，主动接受监督。加大行风治理力度，开展违规接受和赠送“红包”专项治理活动和“执法为民，树立新风，共建廉洁海关”主题宣传月活动。不断保持惩治腐败、纠正行业不正之风的高压态势。不断推进反腐倡廉工作与业务工作的融合，加大督察审计力度，开展了加工贸易内销补税专项督察、执法评估等工作。

【加强准军事化建设的探索与实践】 结合内陆海关的工作性质、任务和特点，开展建设准军事化海关纪律部队的讨论，强化关令如山、执法执纪如山，自觉维护垂直领导体制和职权法定观念，培养干部职工令行禁止、纪律严明的准军事化意识；落实衔（层）级管理，实行正规化、制度化的准军事化管理；按照《海关内务规范（试行）》和《海关工作人员着装规定》，统一内务、统一着装，严肃关容风纪、规范办公秩序，培养干部职工的雷厉风行、忠于职守的准军事化作风；按照建设准军事化海关纪律部队的要求，组织关员到部队、军事院校开展封闭式全员军训，过军事化生活，组织队列训练。认真落实“勤、实、严、廉、新”的要求，狠抓机关作风建设。优化政务环境，积极组织参加省直单位政务环境评议评价活动，加大关（警）务公开力度，改进工作作风，提高工作效率，努力建设学习型、服务型、法治型、效率型和廉洁型“五型”机关。

（陈斌）

南昌海关2004年业务统计表

项目	单位	数量	增幅%
全省进出口	万美元	353194	39.71
全省出口	万美元	199539	32.52
全省进口	万美元	153655	50.30
监管进出口货物总值	万美元	90106	77.41
进口	万美元	56963	56.68
出口	万美元	33143	129.63
监管进出口货物总量	吨	431032	34.11
进口	吨	268497	16.49
出口	吨	162535	78.78
报关单	份	10732	52.03
进口	份	3640	27.76
出口	份	7092	68.46
关税征收入库	万元	8811	32.60
增值税	万元	31602	49.59
消费税	万元	0	0.00
合计	万元	31602	49.59
税收入库总计	万元	40413	45.52
审批减免税	万元	113422	93.39
注册三资企业	个	222	0.91
注册资本	万美元	59910	-8.38
投资总额	万美元	87360	-9.37

项目	单位	数量	增幅%
备案保税合同	份	851	13.92
备案合同金额	万美元	39478	57.62
核销结案合同	份	707	-2.35
进出境飞机	架次	583	86.26
进出境人员	人次	33779	63.56
集装箱	个	17618	61.12
查处案件	起	16	166.67
查处案值	万元	3215.7	328.76
罚没收入	万元	41	32.26

江西省边防总队

【概述】 2004年度总队边防检查工作在总队党委的正确领导和公安部边防管理局业务部门的大力指导下，在省委、省政府及口岸联检单位的关心支持下，紧紧抓住硬件建设不放松，促进软件建设上台阶，圆满完成了以边检执勤为中心的各项工作任务。2004年度共检查出入境人员31066人次，其中旅客27864人次，员工3202人次，飞机423架次，无一起执勤责任事故，无一例投诉案件。南昌边检站执勤业务科被授予省级“青年文明号”，九江边检站被评为“口岸精神文明先进单位”。

【贯彻落实边检工作会议精神,认真开展“双争”活动】 3月底公安部边防管理局杭州边检工作会议召开后,为及时传达贯彻会议精神,深入开展“双争”(争当执法为民标兵,争创执法为民窗口)活动,总队立足部队实际,突出工作重点,迅速确定了贯彻落实的方法步骤,明确了“抓住契机,落实精神,加快发展”的工作思路,按照先硬件后软件、先重点后一般的方法,扎扎实实地开展了“双争”活动。(一)召开会议,领会精神。先后召开了总队党委会、党委扩大会和机关干部党员大会,学习研究如何贯彻落实边检工作会议和公安部边防管理局领导讲话精神,广泛征求收集官兵意见和建议,结合江西工作实际制定了活动方案,成立了组织领导机构,明确了工作步骤,提出了活动要求,确立了工作目标。4月14日总队召开了全体干部参加的“‘双争’活动开展暨边检站三年建设规划动员大会”,会议传达了陈伟明局长在杭州边检工作会议上的讲话精神,宣读了总队“双争”活动方案,进一步把官兵的思想都统一到杭州边检工作会议精神上来,为下一步贯彻落实会议精神奠定了坚实的思想基础。(二)按照方案,贯彻落实。根据公安部边防管理局的工作部署,总队“双争”活动共分动员、落实、总队初考、迎接公安部边防管理局抽考四个阶段,单位和个人两个层次的内容。两站按照总队动员大会的活动方案,结合本单位实际情况,对其中“落实”阶段的内容进行了细化,按照查漏补缺、精益求精的原则,找出找准了本单位的工作重点、着力点。南昌边检站根据业务量较多、新老检查员“青黄不接”的特点,重点加强了执勤规范化建设,进一步完善了执勤交接班制度、小结制度、岗位培训机制、阶段性业务考核制度等。九江边检站针对业务量少、人员相对易集中的特点,从提高个人的业务水平和服务意识入手,认真组织开展了端正执法思想、提高服务水平的教育活动,提高了业务人员的执勤执法能力。(三)投入资金,加快发展。根据公安部边防管理局“现场设施完善,装备运行良好”的工作要求,总队年初对两站的查验工作环境、查验设备进行了一次调查统计,按照“利于工作,方便旅客”的原则,对执勤现场的标识牌、护栏、工作台、填卡台、咨询台等进行了改造,基本达到了科学、实用、简洁、协调的基本设置要求。针对总队人员少、口岸小、业务量少、技术力量不强的情况,为进一步提高部队科技强警能力,先后投资近10万元购置和添加了紫光灯、放大镜等查验设备,完成了部队局域网、办公自动化系统、监控系统的升级,2004年按照公安部边防管理局边检处的要求给南昌边检站安装了文检仪设备,并帮助解决了2万元的配套设施。通过“双争”活动的开展,部队执勤设施建设上了一个新台阶,各项执勤执法规章制度得到了进一步地完善,部队内外关系融洽。南昌边检站执勤业务科被授予省级“青年文明号”,九江边检站被评为“口岸精神文明先进单位”。

【以“大练兵”活动为契机,大力加强业务培训工作】 公安部边防管理局自5月中旬起在全部队广泛开展了“大练兵”活动,这既是贯彻落实胡锦涛总书记等中央领导同志的重要指示精神,贯彻落实中央《决定》和“二十公”精神的重要举措,也是全面提高江西公安边防部队整体素质和执法水平的良机,总队党委对此高度重视,迅速制定工作方案,加强业务培训工作,提高了官兵的综合业务素质。一是制定计划,认真实施。年初形成了军事业务工作意见,把外语、计算机、法律、公文写作作为业务基础训练课目,以《检查员考试题库》、《公安边防业务常识问答》为主要内容,明确了业务领导干部和一般业务干部的培训内容,按照公安部边防管理局下发的“大练兵”业务训练科目、内容和目标,分层次、分内容地进行。各单位在落实总队业务训练计划时,能够做到训练内容有充实,训练时间有保证,训练方法有创新,训练成绩有提高。部队全年共完成210个业务训练课时,机关业务干部参训率达到75%,基层业务科干部参训率达到90%。二是走出去,外学“良经”。为拓宽业务干部的视野和增强业务干部的实际操作水平,迅速形成一批自己的业务骨干,各级党委非常重视拓展业务培训的外延平台,敢于走出去,“跳出江西看江西、跳出边防看边防”,学习兄弟单位好的经验和做法。2004年总队共选派2名干部分别参加了公安部边防管理局举办的英语培训班、文检仪培训班。4月,南昌边检站组织5名干部先后到成都、贵阳、武汉等边检站参观见习。九江边检站组织业务干部分批次到驻地派出所跟班学习执法办案程序。既为个人增长了见识,又为部队锻炼了人才。三是请进来,勤练内功。2004年总队结合“大练兵”工作,邀请了上海浦东边检站2名业务骨干到部队讲授如何识别伪假护照证件和如何在对外籍飞机开放口岸做好边防检查工作。根据业务培训进度,南昌、九江边检站分别请了省劳改局、南昌市法制局和九江市司法局的业务人员到部队授课。为提高业务水平,南昌边检站成立了“边检技术、通讯技术、情报信息、预审侦查”攻关小组,指定专人收集各种边检信息资料,共收集世界各种版本的护照、签证样本455种,制成近20万字的电子教学书,建立了护照、签证图库、业务文件库和伪假证件鉴定资料库等学习查询数据库,并在网上开辟了业务经验交流专栏。四是经常性考核,检验效果。本着“以考促训”的原则,2004年共组织了3次较大规模的业务知识和技能考核,各单位按照总队要求每个学习阶段都组织一次大考,每个月都有一次小考,基层业务科每周都坚持一次抽考。总队7月1日组织了一次业务知识竞答活动,既活跃了气氛,又促进了学习。部队现有80%的业务干部掌握了一门以上的外语,96%的业务干部通过了国家计算机等级考试,90%的业务干部获得了大专以上学历。

【推出各项便民利民措施,积极为地方建设服务】 坚持以人为本,在管理中体现服务。按照上级关于

“立警为公、执法为民”的工作要求，为落实总队党委提出的25条便民利民措施，在边防执勤执法中体现人文关怀，从提供便捷通道入手，设立了旅游团队专用通道，增开了经贸投资“绿色通道”和老、弱、病、残、孕需扶助人员通道，成立了服务小分队，搞活了“文明执勤之星”评选活动，共为重要客商提供优检服务316人次，为旅客和需扶助人员做好事207件，受到广大旅客的好评。3月，南昌市台商会还专门送来了“台商之友”锦旗。主动请缨，积极为地方政府分忧。总队提出了“边检工作也要出生产力”的口号，靠前工作，主动为地方经济建设服务，协助省市有关单位完成赣台经贸洽谈会，港澳委员赴赣考察团、南昌亚啤10周年庆典等大型代表团接待任务7次。另一方面，在政府需要部队出警出勤时，积极出谋划策，认真拟定方案，确保任务完成。2004年景德镇陶瓷非法展销活动又有抬头，总队派人参加了省政府的事件处理工作组，及时与各口岸取得联系，为防范打击违法活动作出了贡献。6月份阿富汗“6·10”遇难者灵柩要空运回国，总队接到任务后，迅速成立了指挥部，总队领导亲自挂帅，按照预定的工作方案圆满完成了边检执勤任务，受到遇难者家属和省市政府的好评。10月30日凌晨，总队还迅速完成了一起上海至九龙K99次国际列车上突发性事件的边防检查任务。加强联系，努力为地方业务相关单位提供支持与帮助。总队一直重视加强与公安、联检等有关单位的业务联系，互通信息，提供支持，促进彼此的业务建设。2004年总队派人参加了省公安厅、省检验检疫局、省口岸办等单位的情报信息小组、处理突发性事件小组、对外籍飞机开放工作小组等各类组织，为省政法委提供了近年来江西口岸反偷渡工作的情况分析报告，给省政府提出了对《江西口岸“十一五”发展规划纲要》和《关于降低进出口贸易运输成本实施意见》的修改意见。江西省远洋运输公司因开展业务培训，需要部队普及边检知识，根据课程内容安排，总队及时抽调人员为其完成了授课任务。2004年南昌边检站为航空公司、九江边检站为海关关员共培训3批次120人次。

（陈京军）

2004年江西口岸出入境旅客统计表

项　目		出入境旅客		合计
		入境	出境	
中国籍	因公	256	303	559
	因私	1816	2740	4556
	香港	2031	1538	3569
	澳门	7	5	12
	台湾	9300	7510	16810
外国籍		1563	788	2351
华 侨		0	7	7
合计		14973	12891	27864

2004年江西口岸出入境交通工具统计表

项　目		入境		出境		合计
		船舶	飞机	船舶	飞机	
中国籍	因公	0	1601	0	1581	3182
	因私	0	0	0	0	0
	香港	0	0	0	0	0
	澳门	0	0	0	0	0
	台湾	0	0	0	0	0
外国籍		0	10	0	10	20
合计		0	1611	0	1591	3202

2004年江西口岸出入境员工统计表

项　目		入境		出境		合计
		船舶	飞机	船舶	飞机	
中国籍	因公	0	211	0	210	421
	因私	0	0	0	0	0
	香港	0	0	0	0	0
	澳门	0	0	0	0	0
	台湾	0	0	0	0	0
外国籍		0	1	0	1	2
合计		0	212	0	211	423

2004年江西口岸查获违法违规人员统计表

违法违规事项	次数	人数
偷渡	0	0
签证或签注无效	0	0
非法居留	1	1
合计	1	1

江西出入境检验检疫局

【概述】 2004年是江西检验检疫局班子和队伍建设力度最大的一年，是检验检疫业务增长速度最快的一年，是促进出口取得最为明显成效的一年，是胜利处置突发事件最多的一年，是社会满意度最高的一年。这一年，在国家质检总局和江西省委、省政府的正确领导下，江西检验检疫局以邓小平理论和“三个代表”重要思想为指导，依法行政，严格把关，改进服务，促进出口，全年共受理出入境货物报检31 265批16.8亿美元，批次和货值分别增长12.9%和38.1%。其中受理出境货物报检27 948批8.8亿美元，批次和货值分别增长14.3%和21.2%；受理入境货物报检3 347批8亿美元，批次和货值分别增长2%和63.2%。检疫出入境航班419架次，增长36.5%；检疫处理集装箱11 666标箱，增长58.7%；查验出入境人员30 876人次，增长58%；完成监测体检5 596人次，艾滋病监测5 562人次，预防接种5 493人次。签发各种检验检疫单证38 064份，增长13.5%；签发原产地证书9 233份，签证金额3亿美元，份数和金额分别增长45%和31.6%。

【有效防治禽流感疫情】 按照上级的统一部署和要求，高度重视疫情防治工作，成立了领导小组，先后5次召开会议研究布置各项防治工作，启动出入境检验检疫重大动物疫情应急处理实施方案，加强了口岸检疫和防疫，共检查出入境旅客2 987人次，多次截获旅客携带的来自疫区的禽产品，防疫消毒处理来自疫区的集装箱116个，飞机58架次。牵头组织质监等部门开展了进口禽类产品专项检查。共查获来自国内外疫区的禽类产品1 964箱，查封来自泰国的禽产品452箱。加强对出口企业的监管，督促羽绒制品加工企业做好高温消毒处理工作，指导蛋品生产企业加强整改，做好养殖监管和疫情监测，使江西省对日本出口羽绒制品未受疫情影响，确保2月17日恢复清水鹌鹑蛋出口，3月9日恢复皮蛋、咸蛋出口。认真履行省政府督查组组长单位职责，督导检查相关地市防治工作，对发现的问题及时提出整改意见，积极为各级政府调整工作部署提出建议，为江西省夺取防禽工作胜利，较早解除疫情发挥了应有的作用。严格执行国家质检总局关于对出口禽类及其产品免收检验检疫费的政策规定，从2月1日至7月30日，共对227批2 081万美元出口禽类产品免收检验检疫费27.7万元，使这一期间出口禽类产品比去年同期增长26倍。

【促进食品农产品扩大出口】 认真贯彻落实中央一号文件精神和七部委联合下发的《关于扩大农产品出口的指导性意见》，以严密监管作保证，以主动帮扶为手段，千方百计促进食品农产品扩大出口。2004年，江西农产品出口在大米减少5 000多万美元的情况下，还出现了大幅度上升的势头，出口创汇2.25亿美元，同比增长33.5%。

加强大宗商品的检验监管。对出口烤鳗严把鳗鱼养殖场登记备案关，实行“专场专号专用”，制定出口鳗鱼产品监管工作规范，从鳗鱼养殖、药物饲料使用、水质监控、原料抽检、成品检验、监装放行等环节层层把关，确保产品安全卫生。通过严密监管，烤鳗出口大幅增长，成为江西省出口创汇最高的单项农产品，出口创汇5 935万美元，是2003年的3.1倍。

力促传统产品恢复出口。针对赣南脐橙、南丰蜜桔等柑桔产品出口秩序较为混乱，产品质量参差不齐，国外市场严重萎缩的现状，从源头开展清理整顿入手，积极扶持种植基地建设，在赣南建立了4个出口脐橙基地，在南丰扶持5家企业建立了“公司+基地”的种植模式。针对柑桔属鲜货的特点，制定了《出口柑桔管理办法》，对备案基地出口柑桔实行就地验放。主动加强与口岸检验检疫机构的协作，与深圳检验检疫局签署了江西出口柑桔类水果产地检验检疫和口岸查验合作备忘录。两局的密切配合与协作，在遏制2004年发生的“染色橙”事件中发挥了至关重要的作用，这种合作机制得到了国家质检总局的赞同，并准备在更广泛的领域予以推广。通过主动帮扶和有效监管，2004年赣南脐橙和南丰蜜桔恢复出口91批2231吨，出口创汇额是2003年的3.3倍，逐步走出了长年难以直接出口的困境。

帮扶特色产品开拓国际市场。提前介入指导鄱阳淡水小龙虾首次远销美国，永丰辣椒首次出口韩国，高安盐渍红椒首次直接出口台湾，江西牛肉首次进入国际市场；帮助江西（安义）现代农业科技园建立了完整的农残监控体系，完善了基地备案和卫生登记，指导特大型企业中粮（江西）米业有限公司工程建设与卫生登记考核工作同步进行，使江西省食品、农产品出口得到快速发展。

【卫生检疫监管】 以卫生检疫工作和安全、健康、环保检管为攻入点，严把进出口关，全年共检疫出入境航班419架次，查验出入境人员30 876人次，传染病监测体检5 596人次，艾滋病监测5 562人次，查出HIV阳性1例，查出有各类传染病的人员486人次。通过建立制度和完善机制，处理公共卫生事件的应急反应能力不断提高。6月14日，圆满完成了在阿富汗11名遇难人员的运送专机和棺柩的卫生检疫及处理；9月14日，妥善劝阻一名发烧旅客出境并护送到指定医院就诊，10月29日，牵头组织相关单位对沪九直通列车死亡旅客实施了卫生检疫及消毒处理。

【进出境动植物检疫监管】 检疫动物及其产品2 059批11 633万美元，检疫植物及其产品3 158批4 762万美元。健全了防范外来有害生物传入的机制和制度，口岸截获各种有害生物49批79种次，检疫不合格木质包装74批，从8批入境木质包装中截获了有害生物。在全省范围内多次开展了打击非法入境肉类专项行动，共查获有问题的进境肉品310余吨，强制退回或销毁来自国外疫区和非法入境的肉品19吨，封存进口手续不全的肉品123吨，对擅自改变用途的170余吨进口肉品强制定点熟制加工。配合“海铁联运”和“五定班列”的开通，积极开展出境火车车皮的检疫和除害处理，共检疫火车车皮114节。

【进出口商品检验监管】 检验进出口商品24161批14.74亿美元，共检出不合格进出口商品233批699万美元，其中，出口不合格商品136批278万美元，进口不合格商品97批421万美元。以安全、卫生、健康、环保和反欺诈为重点，加强了进口旧机电产品的检验监管，把好备案管理关，全年共办理旧机电产品备案46批，货值500多万美元，不予备案的旧机电产品货值达15万美元。对进口废物原料严格实施批批检验检疫和放射性监测，江西某公司进口16个集装箱302吨废金属因放射性超标，被依法全部退运出境，某企业谎报H·S编码进口一批国家禁止进口的废物原料被江西局及时发现，通报海关和环保部门作出了相应处理。强化了对出口烟花爆竹药剂性能的安全检测，共检测药剂配方385个，检出不合格配方59个，不合格率为15.3%，出口烟花爆竹未发生一起安全事故，出口稳步增长，创汇5 497万美元，同比增长14%。

【认证认可工作】 对出口食品生产企业实施卫生注册、登记、备案及换证考核92家，对出口企业实施质量许可、登记备案考核32家，对实施3C认证企业开展工厂检查155家。经过严格考核，推荐20家出口动物源性生产企业向总局申请恢复出口备案，新推荐5家企业对欧盟等国注册，2家陶瓷企业对美国FDA注册。

对江西铜业公司在党建工作中导入ISO9000体系进行的审核认证，引起了有关部门的高度重视，国家认监委先后2次考察，中宣部组织了中央13家主流新闻媒体进行宣传，中组部在全国选择了5家大型国有企业试点推广，江铜被列为首家试点单位，充分显示了党建工作体系认证的重大意义。

首次举办了原产地标记注册产品颁证暨新闻发布会，国家质检总局和省政府领导亲临颁证，迄今已有19个江西名牌产品获得原产地标记注册保护。

【执法稽查】 对有关医疗机构使用未经商检进口心脏起搏器、有关企业变造3C认证证书、进口饮料伪造卫生证书、进口国家禁止入境的废物原料、进口设备未经检验擅自使用、进境货物逃避法定检验检疫等违法行为进行立案调查，共立案调查违法案件14起，实施罚款73 813元。开展了《目录》外进出口汽车零部件、进口液化石油气、进口橡胶制品、进口木质品、进出口燃器具和出口一次性医疗器械等进出口商品市场的监督抽查工作。

【法制基础建设】 为严格遵守《行政许可法》，推进依法行政工作，按照《行政许可法》有关清项目、清依据、清主体、清程序、清收费的“五清”工作要求，对22项由江西检验检疫局负责实施或初审的行政许可项目进行了清理，对2001年以来下发的业务管理规范性文件进行了全面清理。制定了《江西检验检疫行政处罚工作激励办法》、《江西检验检疫行政执法监督检查办法》、《江西检验检疫局行政执法责任制》和《江西检验检疫局法律考试办法》等四项法制管理制度，修订了《江西检验检疫行政处罚程序规定》，进一步建立和完善了行政执法工作机制。针对依法行政对检验检疫工作提出的新要求，对全省检验检疫人员组织了《行政许可法》专题辅导培训与考试，对新录用公务员全部进行上岗前法律培训与考试，考试成绩作为检验检疫人员能否获得执法资格的重要依据。

【科研与制标工作】 参与完成的《检验检疫标准体系研究》和《保健食品工程》两项课题，分别获得国家质检总局“科技兴检”一等奖、二等奖；自主完成的《出口烟花爆竹药剂75℃热安定性试验方法研究》，获得国家质检总局“科技兴检”二等奖；《出口烟花爆竹禁用药物检验方法研究》等5项科研成果通过了国家质检总局的鉴定，这些研究成果紧密结合检验检疫工作实际，对烟花爆竹生产过程的关键技术环节进行了改进和创新，颇具推广价值；《出口烟花爆竹产品危险等级分类方法》等23项检验检疫行业标准通过了国家认监委组织的审定，评审专家一致认为，这批成果和标准填补了国内烟花爆竹检验领域的空白，有较强的适用性、科学性、指导性和可操作性，具有国内领先水平，基本达到国际先进水平。截止2004年，承担国家质检总局、国家认监委和国家标准委等部门下达的科研制标计划项目有63个，根据检验检疫工作实际自行立项的有20个，科研制标工作进入了快速发展的新阶段。

【检验检疫监督管理模式改革】 自2003年开始实施《江西检验检疫局检管模式实施方案》以来，始终把检管模式改革作为业务建设和发展的重点，并在实践中不断创新和完善。2004年，组织人员对转换检管模式实施情况开展了专题调研，针对检管模式运行中存在的一些问题和各部门（单位）的建议，专门成立了检管模式改革工作小组，进一步加强检管模式改革的领导和日常管理工作，并根据国家质检总局《关于执行<出口工业产品生产企业分类管理办法>有关问题的通知》要求，有重点地对出口工业产品检管体系文件进行修订和完善，即在2003年检管模式改革的基础上，建立“1+10+N”（1个实施细则，10个配套工作规范，N个商品检验作业指导书）的出口工业产品检管新模式，以此增强检管模式管理体系的操作性、有效性和科学性。截止2004年，已对全省518家出口企业实施了分类管理，培训了企业备案检验员790名。

【机关作风和效能建设】 在2003年扎实开展优化政务环境评议评价工作并取得明显实效的基础上，精心组织了“双评”工作，认真开展了整改落实情况和承诺兑现情况的“回头看”，按照“双评”工作的新要求，认真自查，精简行政审批，清理收费项目，执行“收支两条线”，实行政务、事务公开，落实各项责任制的情况。江西检验检疫局的社会满意度进一步得到提升，在21个被评的“具有行政执法职能的单位”中名列第五。结合“双评”工作，开展了“四查一看”活动。这次活动涉及行政执法、监管模式改革、计收费管理、证书管理、流程管理、实验室管理、监督制约机制建设、组织思想作风建设等8个方面，经过近5个月的自查整改，全局干部职工的政治意识、责任意识和依法行政意识明显增强，工作效率和服务质量明显提高，工作作风明显好转，政务环境明显改善。

【干部人事制度改革】 根据干部人事制度改革的要求，积极推行领导职务竞争上岗，按照《党政领导干部选拔任用条例》的有关规定，组织了4个副处长职位的竞争上岗活动，通过笔试、面试和民主测评，从21名参加竞争的干部中，公开公平地选出了政治素质高、工作能力强、群众普遍认同的领导干部。继续推进了干部交流，交流处、科级干部18人次。

【干部教育培训】 加强了干部教育培训，共安排人员参加国家质检总局举办的各类培训班80余人次，举办内部培训班11个，培训干部460人次，继续组织45岁以下、正科级以上领导干部参加了MPA主要课程的学习。

【党风廉政建设】 把从源头上预防腐败、加强行风建设、落实党风廉政建设责任制作为反腐倡廉的重点。按照党风廉政建设责任制的要求，党组领导与各部门（单位）主要负责人签订了《党风廉政建设责任书》，将党风廉政建设41项重点工作落实到各相关部门；针对近年国内和系统内经济领域违法违纪的新情况，制定了内部审计暂行办法和领导干部任期经济责任审计暂行办法，加强了对领导干部廉洁自律，规范从政行为的监督工作；针对性开展了专项治理工作，对领导干部违规兼职、党政机关用公款为职工购买商业保险、党员干部拖欠、借用公款、违规接受和赠送“红包”、参与赌博等问题进行了清理、清查，没有发现一起违规违纪行为。

【精神文明建设】 江西检验检疫局和6个分支机构同时被授予“江西省第九届文明单位”，这在全国检验检疫系统是不多见的；局机关被江西省直机关工委授予“机关作风建设先进单位”，被江西省妇联授予“爱心集体”荣誉称号；全省检验检疫系统8个对外服务窗口全部被授予省级“青年文明号”，其中有3个被授予全国“青年文明号”。

（余静漪　段利平）

2004年江西出入境检验检疫局主要业务统计表

<table>
<tr><th colspan="2">项目</th><th>出境</th><th>入境</th><th>合计</th></tr>
<tr><td rowspan="2">出入境货物报检</td><td>批次（批）</td><td>27918</td><td>3347</td><td>31265</td></tr>
<tr><td>货值（万美元）</td><td>88026</td><td>80083</td><td>168109</td></tr>
<tr><td rowspan="2">不合格出入境货物</td><td>批次（批）</td><td>248</td><td>131</td><td>379</td></tr>
<tr><td>金额（万美元）</td><td>278</td><td>421</td><td>699</td></tr>
<tr><td rowspan="3">截获有害生物</td><td>旅检</td><td colspan="3">39批63种</td></tr>
<tr><td>木质包装</td><td colspan="3">8批11种次</td></tr>
<tr><td>货物</td><td colspan="3">2批5种次</td></tr>
<tr><td rowspan="2">交通工具检疫</td><td>飞机（架）</td><td>209</td><td>210</td><td>419</td></tr>
<tr><td>火车（节）</td><td>114</td><td></td><td>114</td></tr>
<tr><td colspan="2" rowspan="2">集装箱检疫（标箱）</td><td>7011</td><td>4655</td><td>11666</td></tr>
<tr><td colspan="3">检出问题：3标箱</td></tr>
<tr><td colspan="2" rowspan="2">出入境人员查验（人次）</td><td>14642</td><td>16234</td><td>30876</td></tr>
<tr><td colspan="3">查出违规41人次65批</td></tr>
<tr><td colspan="2" rowspan="2">监测体检（人次）</td><td>——</td><td>——</td><td>5596</td></tr>
<tr><td colspan="3">发现病例：486人次</td></tr>
<tr><td colspan="2">艾滋病监测（人次）</td><td>——</td><td>——</td><td>5562</td></tr>
<tr><td colspan="2">预防接种（人次）</td><td>——</td><td>——</td><td>5493</td></tr>
<tr><td rowspan="2">一般产地证签证</td><td>份数</td><td>——</td><td>——</td><td>1840</td></tr>
<tr><td>金额（万美元）</td><td>——</td><td>——</td><td>4874</td></tr>
<tr><td rowspan="2">普惠制签证</td><td>份数</td><td>——</td><td>——</td><td>7393</td></tr>
<tr><td>金额（万美元）</td><td>——</td><td>——</td><td>25483</td></tr>
<tr><td rowspan="2">鉴定业务</td><td>普包（批）</td><td>——</td><td>——</td><td>9235</td></tr>
<tr><td>外商投资财产（批）</td><td>——</td><td>——</td><td>2</td></tr>
<tr><td colspan="2">认证认可业务</td><td colspan="3">累计发证127份，有效证书462份</td></tr>
<tr><td colspan="2">评审业务</td><td colspan="3">累计发证212家</td></tr>
<tr><td colspan="2">委托业务</td><td colspan="3">876批1960个样品13100项</td></tr>
<tr><td colspan="2">其他特殊物品检疫</td><td colspan="3">检疫棺柩11具，骨灰6盒</td></tr>
</table>

九江海事局

【概述】 九江海事局履行长江干线瑞昌至彭泽126公里区段的水上安全管理和水域环境保护两大职能，负责九江海事搜救中心的日常事务，在编人员166人，配备有海事巡逻艇、囤18艘，执法车辆13部。

2004年，九江海事局坚持“安全第一预防为主、有效监管、优质服务”16字方针，树立以人为本的科学安全观念，围绕长江海事“四化”（管理信息化、反应快速化、执法规范化、监管现代化）建设中心，逐步建立和完善安全管理“六大体系一个机制”，深化内部管理，提高管理水平，完成了各项工作任务，安全形势明显改善，“四化”建设有所推进，文明创建成效显著。

【突出管理重点，抓好事故预防】 九江海事局根据水上交通事故发生的规律，在重点时段、水域，针对重点对象有针对性地开展“三防一禁”、战枯防汛、“两防两打”、打击“双超”、整顿出湖船舶、打击非法采砂碍航、规范航路百日执法行动等专项活动，突出监管重点，抓好事故预防预控，取得了一定成效。辖区共发生一般以上水上交通事故4件（其中大事故2件，未发生重特大水上交通事故），沉船3艘，死亡2人，直接经济损失165万元，综合安全指数63，安全形势明显改善。

出湖船舶超载、夜间集结冲关是近几年九江段水上交通事故的重要原因。九江海事局设置减载基地，昼夜轮班检查，加强夜间巡航，并组织专项整治行动，集中全局力量打击超载，对超载船舶强制卸载，全年减载256艘次，遏制夜间集结冲关现象，保证了航行安全。

九江段3个采砂区在长江下游率先开禁后，九江海事局加强与地方政府及有关部门的联系，加强对业主单位及运砂船的管理，维护采区通航秩序，打击非法偷采，查处碍航，保证了安全畅通。

2004年，交通部实施长江下游航路改革，九江段保留张南、武穴两个横驶区。九江海事局组织江西省40多家船公司集中宣贯，印制九江段航路改革示意图免费发给过往船舶，海巡艇驻守现场指挥船舶按规定航路航行，有效减少交叉相遇，通航秩序明显好转。

九江海事局还以网络、媒体和高频电台为主要渠道，及时发布水文、气象、航道信息，做好事故预防预控。八里江风灾事故多发，九江海事局坚持大风前专项巡航宣传，2004年未发生风灾事故。

【提高搜救能力，强化应急反应】 九江海事局以巡航搜救一体化建设为契机，合理调剂车辆配备，车船结合，基本上可以达到“1540”的反应速度（港区内15分钟、港区外40分钟到达现场）。在2003年组建彭泽搜救分中心的基础上，又组建了武穴搜救分中心，基本上建立了覆盖全辖段的搜救网络；加大“12395”搜救电话的宣传力度，在部分重点航段设立了14块搜救警示牌，组织海难救助64次，获救船舶108艘，获救人员787人，挽回经济损失9100余万元，救助成功率100%。

【加强监督管理，促进水上安全】 九江海事局积极做好基础管理工作。海巡艇巡航5 348次，航行时间15 125.55小时，巡航执行率99%。现场检查船舶29 808艘次，纠正违章9 683次，检查危险品码头1 138处，检查渡口3 369个，审批水工20件，发布航行通（警）告11次，船舶登记242艘次（内河船舶51艘次），船舶签证7 653艘次（内河船舶6 153艘次），安全检查795艘次（内河船舶765艘次），平均单船缺陷数内河8.9项，海船9.2项，滞留船舶26艘次，船员培训122人次，考试船员74人，办理船员适任证书93本。

船公司管理方面，九江海事局发挥长江江西段安全指导委员会的作用，35家船公司参加“安指会”，继续推行实施《船舶安全管理规则》，强化了船公司第一责任人的责任意识，4家公司和24艘船舶通过初次审核，公司的安全管理、船舶的安全营运更具规范化。

船舶管理方面，九江海事局以渡船管理为重点，建立渡船管理责任制等6项制度，发送70份安全建议书向当地政府反映渡船隐患，引起政府高度重视，拨款更新了部分航线的渡船，保证了渡运安全。

船员管理方面，九江海事局完善了培训中心管理制度，实施教师资格审查，取消强制培训。重点加强船员违法记分工作，违法记分达1 193人次、1 301分，充分发挥这一船员管理创新手段的管理效应。

危险品、防污染管理方面，编写制定了《九江港口油区溢油应急计划》，加强相关单位的联系，做好九江港口油区溢油应急预控工作。组织宣传贯彻《船舶载运危险货物安全监督管理规定》（交通部10号令），加强现场监督检查，督促落实载运危险品船舶申报制度、船岸双方检查表制度、供受油双方检查表制度，督促加油站、码头配备防油污设施，防止危险品爆炸污染事故发生。对水上加油站进行全面检查，共检查油船44艘次，液化气船1艘，查处缺陷200项，滞留油船1艘。此外，督促船舶垃圾接收单位加强管理，举办了1期防污培训班。“六五”世界环境保护日当天，出动监督艇42次，执法人员438人次，张贴宣传标语、横幅8条，广播宣传25小时，发放宣传单110份，检查船舶96艘次，加强环保宣传。

【实现便民承诺，提高通关效率】 为外贸集装箱班轮提供便捷服务是九江海事局口岸工作的重点，鉴于近年来九江外贸码头业务量增长较快，为加强现场管理，实践便民承诺，7月8日，九江海事局恢复姚港站派出机构职能，实行24小时签证值班，船随到随签，使班轮不延误船期，全年进出港集装箱872标箱，外贸集装箱船舶载运危险品申报签证16艘次。

6-8月，经国家体育总局和交通部海事局批准，斯洛文尼亚游泳爱好者马乐丁·斯特雷先生在长江流域进行探险式马拉松游泳活动。7月17-18日，九江海事局进行细致周到的维护，马乐丁．斯特雷先生安全通过九江水域。此次活动由中央电视台全程报道，向世界宣传了长江，扩大了影响。

【推进信息化进程，提高队伍素质】 九江海事局信息化建设取得长足发展，3月底开展电子签证，5月建立内部网站并与长江海事局互联，6月份建立了外部网站，开始发布政务信息，实现局站联网，为监管现代化打下基础。

九江海事局继续实施人才强局战略，推行执法岗位准入制和考任制，充实一线执法力量，改善执法队伍结构和水平。落实人才战略，选派两名后备人选分别到宁波、中山海事局进行挂职锻炼。继续抓好学历教育，共举办5期岗位培训班，136人次参加了培训，选送了20名同志参加上级举办的各类培训班，举办了1次英语沙龙，提高职工技术技能。

【建设两个文明，提高创建层次】 九江海事局开展加强两级领导班子建设，坚持贯彻民主集中制，认真执行五项重要会议制度和《党委工作规则》，增强了两级领导班子的战斗力、凝聚力和感召力。逐步建立健全教育、制度、监督并重的惩治腐败体系，以身边的违纪人员和事例教育职工，增强职工“免疫力”。以海事文化建设为主线，开展文明创建活动，第四次获得省级“文明单位”称号，综合治理工作获九江市“先进单位”称号，港区、湖口、彭泽三站首次获得省级“文明单位”称号。 （刘小梅）

2004年海事业务工作数据表

项　目	数据名称	数据量
一、搜救管理	搜救次数（次）	64
	获救船舶（艘）	108
	获救人员	787
二、船舶监督管理	办理内河船舶进出港签证（艘次）	6153
	办理海船进出港签证（艘次）	1500
	船舶安全检查（艘次）	795
	海船所有权登记（艘）	242
三、通航管理	发布航行通（警）告次数（次）	11
	水上水下施工作业审批（项）	20
	乡镇渡口渡船安全检查次数（次）	3369
四、船员管理	办理船员适任证书（本）	93
	办理船员服务簿及签注本（次）	194
	船员违法记分（次/分值）	1193/1301
五、日常巡航	巡航时间（小时）	15125.55
	巡航次数（航次）	5348
	检查船舶（艘次）	29808
	纠正违章（艘次）	9683
六、危管防污	船舶载运危险货物申报签证（艘次）	986
	外贸集装箱船舶载运危险货物申报签证（艘次）	16
	围油栏布设（艘次）	1325
	垃圾回收（吨）	2.16
	油污水接收（吨）	32
	回收船舶垃圾（吨）	0.734

江西口岸大事记

1月1日

南昌海关正式启用保税仓库网上备案系统。

1月13日

海关总署牟新生署长在总署人教司司长白伟、财装司司长甘荣坤、办公厅副主任白雪燕及署长秘书韦江陪同下到南昌关区视察慰问。牟署长听取了南昌海关党组工作汇报，充分肯定了南昌海关新一届党组组建三年来的工作。在赣期间，牟署长同省委书记孟建柱，省委副书记、省长黄智权，省委副书记、常务副省长吴新雄和省委常委、省委秘书长陈达恒等江西省党政领导会见会谈。

1月18日

国务院办公厅以国办函［2004］14号复函江西省人民政府、海关总署，同意南昌海关调整为正厅级机构。

1月29日

南昌航空口岸协助江西省安全厅和鹰潭市安全局查获了一名法轮功分子。共查获法轮功教义存储专用播放器"小蜜蜂"1台、《法轮大法》书一本、《法轮大法》光盘2张，携带者为一江西籍台湾女性旅客。

2月3日

省政府常务副省长吴新雄主持召开了南昌航空口岸对外国籍飞机开放通航工作会议。就开通国际航线、通航方式、通航时间、财政补贴等有关具体问题进行了研究。省口岸工作协调领导小组组长、省政府副秘书长谭晓林，省外经贸厅厅长杨洪基、副厅长周应华参加了会议。

江西检验检疫局成立以党组书记、局长陶武盛任组长的防治高致病性禽流感工作领导小组，加强对高致病性禽流感防治工作的领导。

南昌海关被江西省政府评为"2003年度服务开放型经济工作先进单位"。

2月6日

全省检验检疫系统防治高致病性禽流感工作会议召开，江西出入境检验检疫局局长陶武盛紧急部署并传达了国务院和国家质检总局召开的防治高致病性禽流感工作会议精神。

2月7日－10日

以江西出入境检验检疫局副局长孙工毅任组长的负责督查南昌市防治禽流感工作小组，对南昌市及部分周边地区开展高致病性禽流感防治工作进行督查。

2月11日

南昌海关按照海关总署关税司要求，开始停止征收进口减免税和保税货物海关监管手续费。

2月18日－19日

江西检验检疫局获得南昌市委、市政府颁发的"2003年度招商引资服务奖"。

2月20日

公安部边防管理局局长朱家华少将、司令部办公室高万海主任、边检处李力处长一行在省公安厅分管副厅长曾昭泉及总队长杨伯佬、政委戴进森的陪同下，视察了省边防总队机关及南昌、九江边检站。

南昌海关与江西省委机要局核心机密网开通试运行。

2月23日－24日

由海关总署会同公安部、质检总局、民航总局、总参作战部、江西省人民政府组成的国家验收组对南昌航空口岸对外国籍飞机开放前的准备工作进行了检查验收。江西省委副书记、常务副省长吴新雄出席了验收签字仪式并作了重要讲话，省长助理熊盛文会见了验收组全体成员。省政府副秘书长、省口岸工作协调领导小组组长谭晓林，省外经贸厅厅长杨洪基，省外经贸厅副厅长、省口岸工作协调领导小组常务副组长周应华以及江西省民航部门、军事部门、口岸查验单位和南昌市政府有关领导参加了检查验收。省口岸办主任魏耕夫，副主任万细社、罗莎陪同了验收。

2月24日

南昌海关被南昌市委、市政府授予“2003年度招商引资服务奖”。

2月24日－25日

国家质检总局党组书记李传卿一行考察江西质检工作和防治禽流感工作。

2月28日

经中国进出口商品检验总公司质量认证中心严格审核，东华理工学院后勤服务集团获得ISO9001质量管理体系认证证书，这是江西高校首获此项质量体系认证。

2月28日－29日

中国共产党南昌边防检查站第一次党员大会在南昌隆重召开。

3月1日－2日

中国共产党九江边防检查站第一次党员大会在九江隆重召开。

3月2日

南昌海关陈华山关长陪同省委副书记、常务副省长吴新雄，副省长赵智勇一行走访海关总署，盛光祖副署长会见了江西省领导，就江西设立海关机构和出口加工区以及昌北机场对外籍飞机开放等事宜进行了会谈。

3月12日

南昌海关新办公楼桩基工程完成。

4月5日

江西省委、省政府作出决定，表彰江西省第九届文明单位，南昌海关被授予“第九届省级文明单位”。

4月6日

江西检验检疫局及所属九江、景德镇、赣州、上饶、宜春、吉安六个分支局，由中共江西省委、江西省政府授予江西省“第九届（2002—2003年度）文明单位”。

4月12日

“南昌—广州—新加坡国际航线国内段载运客货业务监管联系配合办法签字仪式”在江西宾馆举

行。吴新雄常务副省长出席了签字仪式并作重要讲话，南昌海关、广州白云机场海关、江西机场集团、南方航空公司代表分别在协议上签字。省政府副秘书长、省口岸工作协调领导小组组长谭晓林，省外经贸厅厅长杨洪基，省外经贸厅副厅长、省口岸工作协调领导小组常务副组长周应华，省口岸办主任余玉贵，副主任罗莎、熊剑玲出席了签字仪式。

4月13日－18日

加工贸易和保税监管改革工作委员会业务工程组在吉安海关进行第一次集中工作。会议对H2000加工贸易深加工结转等4个拟报总署立项的项目进行了讨论修改，明确了业务工程组的职责任务、工作方式及具体分工。

4月14日

省边防总队在南昌召开全体干部参加的开展“双争”（争当执法为民标兵，争创执法为民窗口）活动及边检站三年建设规划动员大会，传达贯彻公安部边防管理局杭州边检工作会议精神，对如何开展“双争”活动和落实边检站三年建设规划做了动员和部署。

4月20日

国家民航总局批复同意昌北机场正式更名为“昌北国际机场”。

4月26日

公安部副部长赵永吉在公安部边防管理局副政委傅宏裕和江西省委副书记彭宏松，副省长兼公安厅厅长蔡安季等领导的陪同下，到省边防总队机关、南昌边防检查站视察工作。

4月28日

南昌—广州—新加坡国际航线首航仪式在南昌昌北国际机场举行。江西省委副书记、省长黄智权出席仪式并致辞，江西省委副书记、常务副省长吴新雄主持了仪式。出席仪式的还有省人大、省政协、省军区领导和广州方面的嘉宾以及省直各单位和设区市的代表等。仪式后，孙刚副省长率中国江西南昌—新加坡国际航线宣传、推介代表团乘首航班机赴新加坡、马来西亚开展宣传、推介活动。首航仪式由省口岸办负责具体准备和实施。

4月29日－30日

海关总署党组成员叶剑在南昌海关考察调研。调研期间，听取了关党组工作汇报，对南昌海关近年来的工作给予了肯定并提出了要求。在赣期间，叶剑同志亲临南昌海关各业务和办公现场，看望并慰问了一线关员；视察了海关总署九江教育培训基地，对基地工作提出了具体要求。

5月13日

南昌海关驻龙南办事处筹建工作会议在龙南县召开，会议就成立南昌海关驻龙南办事处筹建领导小组、南昌海关驻龙南办事处整体规划、办公大楼装修方案、宿舍楼和综合楼建设设计方案以及筹建工作进度等相关事宜进行了认真地讨论和研究，形成了会议纪要。

6月7日

南昌海关陈华山关长陪同吴新雄常务副省长走访海关总署，龚正副署长会见了吴新雄副省长一行，并表示海关将全力支持和配合江西省开放型经济的发展。双方还就设立九江出口加工区和新余海关等问题交换了意见。

6月8日

吴新雄常务副省长率江西省代表团赴上海与东方航空股份有限公司商谈开通有关国际航线事项。双方经过友好协商，就开通航线问题达成共识。参加商谈的有：省政府副秘书长金细安，省政府副秘书长、驻上海办事处主任邵业鹏，省外经贸厅副厅长王中阳，省口岸办主任余玉贵。

6月14日

在阿富汗“6·10”事件中遭遇恐怖袭击遇难的江西省10名工程人员的遗体由专机运抵南昌昌北国际机场，另一名山东籍遇难者的遗体也同机运抵南昌。外交部、商务部、国资委、江西省政府、中铁总公司、中铁十四局、江西省上饶市和广丰县政府、山东诸城市政府代表、遇难者家属，以及专程陪送灵柩来华的阿富汗公共工程部副部长穆罕默德·雅库伯等共计50余人参加了在机场举行的灵柩迎接仪式。南昌航空口岸各查验单位按照省政府的部署和提出的要求，制定了详尽的工作方案，按照时间要求，顺利完成了各项查验工作，确保了这项重大政治任务的圆满完成。

6月16日

省口岸办主任余玉贵一行3人赴海关总署口岸规划办公室、中国口岸协会汇报工作，并争取国家有关部委对江西口岸建设的支持。

6月23日

省政府副秘书长、口岸工作协调领导小组组长谭晓林主持召开了新国际航线工作小组会议。会议讨论并确定了开通新国际航线的工作原则、工作内容和工作方法，标志着江西省新增国际航线工作正式启动。省外经贸厅副厅长、省口岸工作协调领导小组常务副组长周应华，省口岸办主任余玉贵出席会议。

6月29日

江西出入境检验检疫局荣获中共江西省直属机关工作委员会授予的“机关作风建设先进单位”和“基层党建红旗单位”，刘永胜同志荣获“优秀共产党员”、张国清同志荣获“省直机关人民好公仆”称号。

6月30日

省口岸工作协调领导小组一行7人，在省政府副秘书长、省口岸工作协调领导小组组长谭晓林带领下，就落实6月8日吴新雄常务副省长与东航会谈的成果，赴上海与东方航空股份公司进行专题商洽。

7月8日

鉴于九江外贸码头业务量增长较快，为加强现场管理，规范执法行为，体现便民措施，九江海事局恢复姚港站派出机构职能，实行24小时签证值班。

7月9日

江西省委副书记、常务副省长吴新雄率省口岸工作协调领导小组部分人员与中国东方航空股份有限公司党委书记万明武和副总经理张建中，就共同做好南昌昌北国际机场增开国际航线有关工作进行了友好商谈。

7月16日

国家质检总局、江西省人民政府在南昌召开原产地标记注册颁证会暨新闻发布会，向景德镇“红叶”牌高档日用细瓷等12家获得原产地标记注册保护的企业颁发证书。国家质检总局副局长葛志荣、江西省副省长赵志勇出席会议并讲话。

7月17日－18日

九江海事局圆满完成马乐丁·斯特雷先生马拉松游长江的现场维护工作。

7月28日

九江市上半年口岸外贸运输通关工作座谈会在九江海事局召开。九江市政府秘书长曹泽纯、市口岸办主任李烈勇、口岸有关单位负责人等30人参加会议。会上，曹秘书长对九江口岸的发展提出了四点要求：抓住机遇，创新机制；各自找准自己的位置，加快查验速度；大力开拓省内外货源；大家通力合作，拧成一股绳，使九江口岸做大做强。

7月29日

《关于共同做好南昌昌北国际机场增开国际航线有关工作的备忘录》在上海签字，省口岸工作协调领导小组常务副组长周应华代表江西省开通新航线工作小组，东方航空股份有限公司航班计划与国际业务部总经理胡振明代表东航新开航线筹备小组签字。省口岸办主任余玉贵参加了签字。

吴新雄常务副省长会见了前来参加南昌海关党组民主生活会的国家海关总署党组成员叶剑同志一行。

8月4日

省政府副秘书长、省口岸工作协调领导小组组长谭晓林在省政府第七会议室,会见了厦门市副市长徐模及随行考察团。双方就如何加强两地经贸以及“铁海联运”合作,共同发展,进行了友好会谈。省外经贸厅副厅长、省口岸工作协调领导小组常务副组长周应华,省口岸办主任余玉贵出席了会见。

8月12日

景德镇海关筹建工作座谈会在景德镇举行。

9月3日

经江西检验检疫局检验检疫合格，高安元盛食品有限公司领到向黎巴嫩出口牛肉兽医卫生证书，这是江西检验检疫局首次开展出口牛肉检验检疫工作，也是江西检验检疫局成立以来签发的第一份出口牛肉兽医卫生证书。

9月7日

南昌—香港、香港—台北航线“一票到底、行李直挂”快捷中转服务首推仪式在南昌昌北国际机场顺利举行。

9月9日

省口岸办在征求口岸各有关单位意见的基础上，制定并印发了《关于建立南昌航空口岸协调机制的实施意见》。

9月10日－11日

江西检验检疫局受国家质检总局委托，在南昌召开应对京九、沪九直通车运行途中突发公共卫生事件工作会议。国家质检总局党组成员、卫生司司长宋明昌到会讲话，局长陶武盛、副局长朱绍智、助理巡视员刘九胜及有关人员参加了会议。

9月14日

省口岸工作协调领导小组常务副组长、外经贸厅副厅长周应华，省口岸办主任余玉贵，南昌海关监管处处长伍伟平一行赴国家海关总署，就南昌昌北国际机场增开国际航线工作中涉及的海关监管有关事宜向总署监管司领导汇报工作。总署监管司领导表示支持南昌昌北国际机场增开国际航线工作。

9月16日

国务院以《国务院关于同意设立新余海关的批复》(国函［2004］74号)同意设立新余海关。

9月22－23日

2004年长江流域海关转关运输工作会议在吉安海关召开。会议就长江流域海关转关运输工作进行了回顾和总结，交流、探讨了各海关进一步理顺转关运输，加强协作，在严密监管的前提下开展长江流域转关运输监管新模式等问题。

9月24日

公安部边防局副局长张崇德少将到省边防总队视察，慰问部队官兵。并分别为南昌边检站和九江边检站题词："井岗精神，国门传承"和"抗洪精神，国门光大"。

9月28日－10月4日

江西检验检疫局派员前往印度尼西亚雅加达，对南昌东元电机有限公司拟从印尼进口的油亚机、自动焊接机等旧设备实施了装运前预检验。这是江西检验检疫局首次对旧机电产品进行的装运前预检验。

11月6日

经国家民航总局批准，菲律宾航空公司执行的一架包机，由马尼拉直飞南昌，航班号为：PR3380/90，机型为B737－400。该架菲律宾包机是南昌昌北国际机场自2004年4月份正式对外国籍飞机开放以来，首架直飞入出境的外国籍飞机。

11月11日

在省政府五楼第七会议室，省口岸工作协调领导小组组长、省政府副秘书长谭晓林主持召开了省口岸工作协调领导小组成员单位专题会议，会议主要讨论、研究了《江西省口岸"十一五"规划纲要》。省口岸工作协调领导小组常务副组长、省外经贸厅副厅长周应华及小组各成员单位代表参加了会议。

11月14日

南昌海关缉私局将"2·17"走私纺织原料案移送南昌市人民检察院依法起诉。经过9个月缜密侦查，缉私局成功侦破"2.17"福兴集团（香港）公司、厦门新帮公司等涉嫌走私纺织原料案，该案是南昌海关缉私局侦破的首例从江西本省口岸走私进口纺织原料的大案，共抓获犯罪嫌疑人8名，逮捕3名，移送起诉3名。

11月26日

经国家民航总局批准同意，东方航空股份有限公司采用内部航班号共享的方式开通南昌—上海—洛杉矶、南昌—上海—汉城的国际航线。

12月3日

全省青年文明号活动十周年表彰大会在南昌举行。口岸系统受表彰的单位和个人有：江西出入境检验检疫局报检签证大厅荣获"全省青年文明号活动十周年杰出青年文明号奖"，江西出入境检验检疫局党组书记、局长陶伍盛荣获"全省青年文明号活动十周年突出贡献奖"，江西出入境检验检疫局政工处（党办)、赣州出入境检验检疫局综合业务科、江西边防总队政治部、南昌海关政工办荣获"全省青年文明号十周年优秀组织奖"，江西出入境检验检疫局政工处处长刘永胜、江西出入境检验检疫局签证科科长彭雯、九江海事局监督科科长张永红，南昌海关政工办副主任、机关常委专职副书记陈威军荣获“全省青年文明号活动十周年先进个人奖”。

12月20日

省打私办组织海关、公安、税务、烟草等成员单位共44人赴南京参观全国打击走私成果展览。

12月25日

江西物流国际货运有限公司正式加入南昌—上海国际集装箱内支线运输。使南昌—上海国际集装箱内支线运力得到增强，有效增加了水路疏运货物能力，降低了货物运输成本，提升了企业竞争力。

12月29日

南昌—深圳“海铁联运”试运行通车仪式在南昌南站举行。

山东口岸工作综述

【概况】 山东省地处中国东部、黄河下游，是中国的农业大省、工业大省、海洋经济大省、旅游资源大省和主要沿海省市之一。地理坐标为北纬 34°25′～38°23′和东经 114°36′～122°43′之间，南北最长约 420 公里，东西最宽约 700 余公里，陆地总面积 15.78 万平方公里。境域东临渤海、黄海，与朝鲜半岛、日本列岛隔海相望，西接大陆，自北而南依此与河北、河南、安徽、江苏 4 省接壤。山东海岸线全长 3 024.4 公里，大陆海岸线占全国海岸线的 1/6，仅次于广东省居全国第二位。沿海岸线有天然港湾 20 余处，近陆岛屿 296 个。

【综述】 山东省现有开放口岸 30 个，其中一类口岸 15 个，包括 11 个海港口岸和 4 个空港口岸；二类口岸 15 个，其中海港 7 个，陆港 8 个。开放口岸数位居全国第四位。截至 2004 年年底，空港口岸开通国际及地区航线 24 条；海港口岸客货运国际航线新开 26 条，现已有 79 条。海上与世界 140 多个国家和地区的 450 多个港口有贸易往来。各口岸始终坚持以科学发展观建设口岸，发展口岸。蓬莱栾家口港新建 2 万吨级原油专用码头，并于 2004 年 4 月通过了由省口岸办组织的对外开放验收。黄岛通关中心于 2004 年 12 月 15 日正式奠基开工建设，中心启用后将对青岛口岸的通关效率、通关成本、通关环境产生深远影响。迄今，全省沿海港口拥有大中小泊位 286 个，其中万吨以上深水泊位 87 个，通过能力达 1.9 亿吨。近年来航空口岸建设越来越受到各级政府的关注和重视，三个空港都不同程度地加大了投资改扩建的力度，尤其是济南遥墙机场，截止到 2005 年 2 月底累计投资 15.7 亿元，建成了 8 万平方米的新航站楼，设计年旅客吞吐量 800 万人次。青岛机场完成改扩建后，国际厅环境有了较大改观，出入境通关效率明显提高。全省空港 24 条国际及地区航线分别为：青岛空港 15 条，分别至东京、大阪、汉城、澳门、福冈、香港、釜山、大邱、曼谷、经上海至巴黎、经北京至欧洲七国、经深圳至新加坡和至东京、大阪、汉城货运航线；烟台空港 4 条，分别至汉城、香港、大邱、大阪；济南空港 5 条，分别至香港、汉城、曼谷、经深圳至新加坡和至俄罗斯货运航线。加快口岸信息化建设。推行电子口岸，整合信息资源，实施网上办公，推广“三电工程”，实施电子监控，实行关、检、港三家联网等。电子口岸建设初见成效。

【全省口岸外贸运输】 2004 年，全省海港口岸外贸进出口货物运输量突破 1.8 亿，为历史最高纪录。全省港口货物吞吐量完成 2.85 亿吨，比上年增长 17.28%。外贸进出口货运量达到 18 011.16 万吨，增长 20.79%，其中进口完成 1.24 亿吨，增长 28.25%；出口完成 5 596.14 万吨，增长 6.99%。国际集装箱吞吐量完成 571.82 万个标准箱，增长 21.28%。由于加大了国际航线开辟力度，增加了国际航线、航班，使经山东口岸入出境旅客人数达到 177.79 万人次，增长 49.38%。外贸进出港船舶 18 075 艘次，增长 14.3%；国际航线进出空港飞机 11 547 架次，增长 40.9%。口岸各项指标均创历史最好成绩。通过多年有效实施“大通关”工程，山东口岸外贸运输量在各大港口竞争激烈的形势下依然保持持续上升的态势，其中青岛港外贸运量完成 12 062.6 万吨，仅次于上海口岸排全国第二位；烟台港完成 1 531.5 万吨；日照港完成 2 548.29 万吨；威海港完成 520.1 万吨；龙口港完成 367.5 万吨。

从外贸出口的货种看，货运量较大的是钢铁、水泥和化肥，分别增长1.3倍、36.02%和31.36%。进口方面，运量较大的有煤炭、原油、非金属矿和铁矿石，分别增长1.25倍、38.03%、82.3%和31.2%。

此外，2004年山东省口岸旅客入出境达到177.8万人次，增幅在49.38%，是历年最好成绩。

【大通关】 2004年实施口岸大通关仍以“口岸软硬环境有明显改善，通关时间有明显缩短，综合费用有明显下降，直通运输有明显加快，口岸综合管理水平有明显提高”为工作标准，突出青岛龙头口岸的作用，口岸大通关取得了更加明显的成效。一是口岸工作效率大幅度提高。主要落实到提速、降费、规范市场秩序三项基本任务。青岛口岸2004年实现了老港区出口集装箱通关速度控制在24小时以内、前湾港区达到28小时，空港达到了IT产品相关材料4小时送达率的通关时间目标。全年青岛港老港区出口国际集装箱的平均通关速度为21小时，最快的达到18个小时，比2003年的平均24小时又缩短了3个小时；前湾港区的平均通关速度已经达到26小时57分，突破28小时的既定目标，比2003年的平均31个小时缩短了4小时。空港口岸IT产品相关材料4小时送达率为84.63%，比上年的81%提高了3.63个百分点。全省口岸旅客入境边防检查实行限时服务，验放速度基本达到每人不超过45秒。目前，山东口岸通关效率已经达到了国内先进水平。二是以青岛口岸信息电子平台建设为重点，加快全省口岸信息化建设。省口岸办多次派人到青岛与有关部门研究口岸信息平台建设的具体问题，同时就海关总署提出的《建设山东电子口岸合作备忘录》（草稿）向省领导呈交修改意见，积极参与安排山东省政府与海关总署签订备忘录的有关事宜。电子口岸建设步伐加快。各查验单位内部已经基本实现电子化、网络化，纵向的信息共享已经形成。查验及有关单位电子信息联网已经建成并发挥作用。查验设施和查验手段日趋先进，现代化科技含量逐步提高。三是降低通关成本，改善口岸环境。提倡在口岸通关现场实行“5+2天”及24小时不间断通关工作制，优化查验工作流程，口岸“一站式”服务更加完善。上半年，青岛海港口岸还在全国率先推出口岸查验单位及装卸、运输、代理等相关单位国际航行船舶在港零待时。四是配合半岛制造业基地建设，探讨建设便捷的口岸直通通道。省口岸办在对济南、临沂、济宁、聊城等内陆国际集装箱场站进行调研的基础上，筹备建立由内地场站到青岛港口岸的集装箱联运直通通道，使内陆口岸货物通关更加便捷。大通关适应了省委、省政府关于发展“三个亮点”以及建设大而强、富而美的新山东的形势需要，山东口岸货运量和入出境人数有了明显提高，主要口岸通关时间明显加快，通关环节进一步简化，口岸软硬环境得到明显改善，口岸信息资源的整合工作初见成效，内陆与沿海口岸直通运输明显加快，新航线开通有了较强的吸引力，口岸综合管理水平有了明显提高。

【口岸开放与航线开通】 实现威海机场的对外开放。根据国务院文件要求和省政府领导的批示，省口岸办在2003年威海机场开放工作取得重大进展的基础上，认真、超前、扎实地着手机场开放前的各项准备工作。经过方方面面的共同努力，国务院于9月30日批复同意威海机场对外开放。这是山东省第四个对外国籍飞机开放的机场，也因此成为全国第一个有四个对外开放航空口岸的省份。威海机场开放使用后将为发展半岛制造业加工基地发挥重要作用。为使机场早日正式对外开放运营，尽快发挥社会和经济效益，在威海市委、市政府的大力配合下，省口岸办以最快的速度、最高的效率、在最短的时间内协调并组织济南军区、空军及中央驻鲁检查检验单位对机场对外开放进行了省级预验收。紧接着，由孙守璞副省长带队进京汇报机场开放的准备工作及预验收情况，争取各有关部委的支持，并与海关总署及时沟通，尽力促成国家验收组抓紧验收。另外，12月份省口岸办还及时召集中央驻鲁检查检验单位、济南市政府及相关部门、济南机场集团公司等单位和部门，召开济南机场新航站楼国际厅启用现场工作会，与机场公司一起共同做好国际厅收尾工作，确保旅客出入境通道与新航站楼同步启用。

提高海港口岸综合通过能力，完善口岸现有功能。一是依据“十五”期间口岸发展规划，省口岸办积极协调国家有关部门，于2003年1月对栾家口港区开放前的准备工作进行了检查验收。国家验收组一致同意该港区正式对外开放。开放以来，栾家口港区运行情况良好。二是组织济南军区、北海舰队、潍坊军分区等负责同志，对拟将潍坊港作为一类口岸开放进行考察，并以省政府文件报国务院申请批准潍坊港由二类口岸升格为一类口岸。三是于4月30日组织省口岸查验单位对蓬莱口岸栾家口港区原油专用码头进行开放前验收，并报省政府对外公布准予启用。

加大开辟新的空中国际航线工作力度，创造良好的投资环境。首先，认真落实省政府关于开通济南至日本航线专题会议纪要的精神，发挥省口岸办的牵头作用，积极向民航总局提出申请，争取将济南列为对日承飞点。多次参与山东省与日本有关方面的航空会谈，促成济南至日本国际航线的开通。此项工作已得到民航总局的认同，将提交2005年中日航空会谈决定。其次，调动各方面积极性，下大力气开辟更多的空中国际航线。2004年新开通了青岛—汉城货运包机，恢复了济南至曼谷、经深圳至新加坡航线，增加了青岛—汉城、大阪、泰国曼谷、新加坡国际航线、航班。经中俄航空会谈，将维持了7年的济南至莫斯科货运包机航线改为正班。全省空港口岸入出境旅客量达到177.79万人次的历史最好记录。

【口岸综合管理】 围绕实施大通关工程、促进外经外贸发展，坚持开展以优化口岸环境，创建文明口岸为主题的口岸共建活动，提高口岸凝聚力和向心力，创造优良的口岸环境。年内对主要口岸开展文明共建工作情况进行了抽查，并在全省口岸推广青岛、日照口岸建设文明口岸的先进经验。

进一步强化口岸反偷渡部门联动机制。为使口岸反偷渡工作规范化、制度化，省口岸领导小组办公室、省口岸反偷渡联席会议办公室会同省边防总队等有关部门，制订了《山东省国际集装箱反偷渡工作暂行规定》，印发各口岸试行。同时协调青岛海关与省边防总队，组织口岸反偷渡工作见面会，通报情况，研究查控集装箱反偷渡重点，提出下一步工作措施。

根据《海关总署关于请报送对国家第十一个五年口岸发展规划意见的函》（署岸函［2003］265号）的要求，制定并向国家报送山东省“十一五”口岸发展规划。规划立足于充分利用山东省口岸现有资源，并考虑山东省“十一五”期间外经外贸的发展，经过大量调查研究和多次征求基层及有关部门意见后，以省政府文件正式报海关总署和国家有关部门。

圆满完成省委、省政府交办的多项重大外事活动的口岸通关及礼遇安排任务。先后接待了委内瑞拉总统、韩国仁川市市长、荷兰代理外贸大臣、印尼材源帝集团董事长、美国卡特彼勒公司等30余个代表团。并按照省政府要求到潍坊协调鲁台经贸洽谈会和国外知名企业齐鲁行活动的通关及疏运工作。同时，还为省委、省政府领导由山东空港口岸出、入境提供了一定的礼遇和良好的服务。

积极掌握口岸信息，做好口岸宣传工作。及时总结口岸大通关和口岸外贸运输形势分析、新航线开通、口岸反偷渡及其他方面工作的进展情况，以《山东口岸》简报为对外窗口，并通过报纸、电台、电视台等新闻单位和《中国口岸通讯》予以及时报道。汇总口岸信息，及时向省政府及上级领导汇报口岸工作动态，为领导决策当好参谋。同时，山东省还与各省市、部门以及国家口岸协会保持经常性信息交流，并协助中国口岸协会完成信息调研任务。

（徐毓良）

2004年山东口岸运行情况

名称 \ 项目		单位	2004年	2003年	同比增长
进出口外贸货值		亿美元	608	446.6	36.1%
海港口岸	进出口货物	亿吨	1.801	1.491	20.79%
	国际集装箱	万TEU	571.82	471.48	21.28%
	出入境船舶	艘次	18075	15815	14.3%
	出入境旅客	万人次	51.7187	31.5548	63.9%
航空口岸	进出口货物	万吨	6.2282	5.3139	17.21%
	出入境飞机	架次	11547	8193	40.9%
	出入境旅客	万人次	126.0726	87.4682	44%

山东口岸2004年出入境旅客统计表

单位：人次

项目 \ 口岸	青岛空港	烟台空港	济南空港	青岛海港	烟台海港	威海海港	石岛海港	日照海港	龙眼海港	合计
累计	944477	239110	77139	71555	102989	118840	67458	73279	83066	1777913
同比%	43.72	38.12	73.70	31.46	50.45	47.66	120	275.96	33.91	49.38
入境	469505	116727	40411	37791	52577	60221	34303	36765	42555	890855
出境	474972	122383	36728	33764	50412	58619	33155	36514	40511	887058

山东海港一类口岸2004年外贸运输统计表

项目/口岸	外贸进出口（万吨）		进口（万吨）	出口（万吨）	国际集装箱（TEU）	
	累计	同比%	累计	累计	累计	同比%
青岛港	12062.6	17.77	8745.66	3316.9	5139749	21.26
烟台港	1531.5	5.63	1173.6	357.9	290993	9.54
日照港	2548.29	18.08	1270.81	1277.48	34200	58.37
威海港	520.1	43.12	232.1	288	130390	33.67
龙口港	367.5	16.30	249.7	117.8	83696	52.19
岚山港	816.45	216.07	611.19	205.26		
石岛港	38.1	12.03	19.2	18.9	22552	-10.65
龙眼港	14.3	46.22	6.4	7.9	16582	49.70
蓬莱港	40.76	73.44	35.16	5.6		
莱州港	71.6	29	71.2	0.4		
东营港						
合计	18011.16	20.79	12415.02	5596.14	5718162	21.28

山东口岸查验单位工作综述

青 岛 海 关

【综述】 2004年，青岛海关坚定不移地贯彻“依法行政，为国把关，服务经济，促进发展”的海关工作方针和队伍建设“政治坚强，业务过硬，值得信赖”的要求，认真履行职责，全面推进改革，狠抓队伍建设，各项工作取得了明显成效。年内，在山东各口岸共监管进出口货物1.67亿吨，比上年增长22.8%，进出口总值725.58亿美元，增长40.6%，其中进口总值350亿美元，增长46.4%，出口总值375.58亿美元，增长35.6%；进出集装箱388.4万箱，增长17.8%；进出境飞机11295架次，增长48.4%；进出境船舶17405艘次，增长7.5%；运输工具服务人员54.92万人次，增长11.7%；进出境旅客168.9万人次，增长48.2%；进出境邮递物品17.2万件，增长31.3%；进出境印刷品和音像制品129.5万件，减少5.0%；邮政和非邮政快件134.4万件，增长2.5%；征收税款318.33亿元，增长46.4%，其中关税44.85亿元，增长17.6%，进口环节税273.47亿元，增长52.5%；罚没收入1.04亿元，增长98%；侦查走私犯罪案件49起，减少12.5%，备案加工合同6.61万份，增长3.8%，备案合同金额145.14亿美元，增长31.9%；审核货物报关单208.3万份，增长19.6%，其中进口报关单57.8万份，增长15.4%，出口报关单150.5万份，增长21.3%。

【税收征管】 围绕征管质量和征收水平这条主线，坚持依法征管、综合治税，努力形成科学有效的税收征管机制。抓住税收征管中的关键环节和高风险点，强化职能监控、评估和考核，有效发挥职能督导控制和超前预警作用；实施主要税源商品价格分析核查制度，深入分析“合理价格水平”掩盖下的风险，建立公开点评制度，对现场海关“非合理区间价格水平”自查分析报告实行月度点评，增强现场自查自纠能力；完善退税审批、税单作业等操作规范，严密和规范关区作业；强化审单管理，规范报关单数据填制，加强现场审价、归类和原产地认定等基础性工作。在山东口岸审价补税2.34亿元，首次突破2亿元，增长62.5%；归类补税2 275万元，增长52.9%。以打击价格瞒骗为重点，适时组织开展价格稽查和专项行动，稽查补税2.04亿元，首次突破2亿元，增长95%。加强加工贸易实际监管，严防跑冒滴漏，在山东口岸内销补税8.49亿元，增长21.3%。全年税收入库318.33亿元，首次突破300亿元大关，增长46.4%。

【查缉走私】 刑事和行政执法手段并重，突出重点抓重大走私案。先后侦破了“12·17”海上走私成品油案、“3·21”走私固体废物案、“6·3”走私珍稀动物案、“6·30”低报价格走私船舶案等重特大案件15起，有力打击和震慑了走私违法行为。年内，侦查走私犯罪案件49起，抓获犯罪嫌疑人108名；立案调查行政案件1 155起，案值5.8亿元，分别增长39.5%、18.4%；罚没收入1.01亿元，比去年增长一倍。引入“案件经营”新理念，实施控制下交付，打掉了一个利用“洗单”手法长期在青岛口岸走私木工机械的犯罪团伙，查发案件6起，案值近千万元。坚持打防结合，依托风险分析，大力开展贸易调查、企业稽查和规范企业行为工作，稽查企业836家，查发并移送案件92起，案值8 931万元。建立缉私绩效评估体系，对山东口岸缉私业务开展检查评估，开展了为期5个月的缉私大练兵，增强反走私能力。

【通关监管】 H2000海关通关信息化管理系统顺利切换，并在山东口岸所有通关现场平稳运行。推进查验机制创新，制定《关于建立查验机制的指导意见》等9个文件，设立选择查验机构，规范作业流程。同时构建查验绩效评估体系，定期对布控指令、查验结果和查验人员工作绩效等指标进行评估，增强查验工作效能。年内，查获率达8.4%，同比增长135%。初步完成青岛前湾港监管示范点建设，整合完善闸口物流监控系统，实现了通关信息与物流信息的自动比对和印证。统一和规范关区通关监管作业，编制16万字的《通关操作指引》，编写《监管业务实用手册》3卷。

【加工贸易保税货物监管】 设置了结案及时率等7项监控指标，实行月度监控评估，组织开展核查，手册清核率、结案率的指标明显提升。其中，手册结案及时率达97.9%、超期手册清核率达96.8%，由上年全国直属海关第8和第9位上升至今年的第2和第3位。分别完成了51种二级单耗标准制定和77种三级单耗信息采集任务，进一步统一了单耗审核尺度。以海关总署文件为指导，联合外经贸等部门出台工作方案，完成了逾期手册清理工作，结案逾期手册2 673份，彻底解决了历史遗留问题。开展保税仓库调研和清理整顿工作，注销不合格保税仓库11家。配合做好青岛“区港联动”试点工作，顺利完成“区港联动”海关监管方案设计任务，青岛保税区被批准为全国7个试点单位之一。年内，山东口岸备案加工贸易合同6.61万份，增长3.8%；合同备案总值145亿美元，增长31.9%。

【海关法制】 认真做好《行政许可法》实施工作，组织培训、讲座和研讨，开展网上考试测评，并就行政许可签印、法律文书使用等9个问题制定了实施办法。制定《青岛海关制度建设工作方案》、《青岛海关制度制定管理办法》，明确制度建设的总体规划和要求，并对52份规范性文件和202份内部制度进行了集中清理，新建制度32个。在加强复议应诉工作的同时，选取典型案例，编印《案例选编》，采取"以案说法"的形式进行剖析，对带有普遍性和倾向性的问题提出指导性意见，推动青岛海关执法水平不断提高。加强知识产权保护工作，查处侵权案件49起，同比增长48.5%。

【统计与科技】 突出海关统计为地方经济发展和各级领导决策服务职能，密切关注宏观经济运行态势和进出口动态，深度挖掘数据背后的规律和特点。撰写分析报告300多篇，其中，中办国办采用了17篇。加强执法评估核查工作，开展综合评估2次，专题评估12次。科技保障作用进一步发挥，完成H2000系统切换、加工贸易联网、电子闸口建设等技术项目。加强与地方政府、部门的协作配合，顺利推进"山东电子口岸"建设。建立了以数据分中心为主体的技术设备维护服务机制，提高了设备管理、应用保障和服务的能力。加强信息安全管理，开展安全监控和检查，有效保障了系统平稳运行。

【职能管理】 完善业务职能管理专栏，增设"职能管理建议书"板块，统一质疑单格式，形成了网上质疑、反馈、核查、评估、建议环环相扣的职能管理链。共发布质疑单144份，平均质疑命中率达85%；发布预警信息558条，数据分析报告271份。挽回税款损失1 900万元；纠正不规范通关业务操作，涉及报关单1 500余票；清理超期未核舱单4 869票；超期手册绝对减少3 419份。职能管理平台的搭建，开启了衡量职能部门和业务现场工作质量的窗口，成为业务质量管理的"焦点访谈"。

【风险管理】 在7个业务量较大的沿海海关设立了风险管理机构，组建了风险管理联络员队伍。采取集中培训、实地指导、以干代训等多种方式，加大培训力度，提高风险管理意识和操作技能。制定了《风险管理联络员工作办法》等9项工作制度，完善了调查局、业务职能部门和现场海关3级风险防控模式，健全联系配合制度，风险管理机制初步建立。黄岛海关、流亭机场海关的风险管理试点工作取得进展，涵盖各个业务领域的风险识别单系统正式运行，风险式管理得到较好的应用。年内，共制发风险作业单1000份，处置650份，确认问题单据152份，处置有效率达23.38%，通过风险管理平台查获案件532起，案值1.53亿元。

【无纸通关】 针对山东口岸代理报关量占报关总量90%以上的实际，开展代理报关企业无纸通关试点。开展"无纸通关，属地交单"试点，便利内陆企业无纸通关事后交单。与国检部门密切合作，强化通关单联网传输应急保障工作。加强H2000无纸通关切换前期测试、培训和宣传工作，保证无纸通关成功切换。山东口岸共有无纸通关企业1084家，增长30%，出口无纸通关12万余票，增长50%，占全国出口无纸通关总量的57%。无纸通关平均1.05小时，较有纸方式提高83%。

【网上付税】 与银行密切联系，建立海关、银行网上付税试点联络配合机制，加大推介、培训力度，共同做好网上付税的推广工作。建立网上付税业务运行跟踪和应急保障制度，强化对网上付税企业的服务，提高企业采用网上付税的信心。目前已与4家银行合作运行，并向所有企业开放。网上付税企业已达717家，是去年的3.3倍。网上付税额近90亿元，增长3.8倍，占全国总额近50%。

【加工贸易联网监管】 举办"山东省加工贸易联网监管推介会"。先后举办5期培训班，对16个海关和51家企业的120多名业务人员进行了专项培训。成立联网监管推广小分队，现场指导业务操作。制定联网监管操作规程，编写推广工作手册，指导现场规范作业。开发"加工贸易联网监管业务信息网”，强化系统运行保障。山东口岸标准模式联网企业已达51家，电子账册进出口总值达9亿美元。

【服务经济促进发展】 青岛海关领导带队先后在青岛、烟台、菏泽、聊城等8个地市开展了9次现场办公，与当地政府、协会组织、企业面对面地交流，指导用足用好进出口政策。采取“广泛征集、统一答复”的办法，收集企业的问题和意见集中向海关反映，经反复研究后，在现场办公会上先给予明确答复，针对反映的问题再给予正式书面答复，并公布联系人、联系电话，全程跟踪落实。年内，解决企业反映比较集中的问题100余个。

配合山东半岛制造业基地建设、加快加工贸易发展等一系列战略部署，落实海关总署《加工贸易及保税监管改革指导方案》，研究推出支持支持加工贸易发展9条措施。积极推进“公路直通”、“铁路直通”和“海运直通”监管模式，节约企业物流成本。下放合同备案、减免税审批等15项审批权限，提高审批效率。完善“通关110”咨询处理机制，提供便民高效的服务。7月份，山东省省长韩寓群致信表示感谢；10月，中共山东省委书记张高丽、省长韩寓群分别到海关慰问和致谢；10月，韩寓群省长在向吴仪副总理汇报中提到：“海关主动为外经贸服务，推行无纸通关，设立快速通道，实行网上付税，构建起青岛港与鲁中、鲁南、鲁北三线物流直达系统，提高了通关效率，为加工贸易发展创造了良好条件”。

【以人为本加强队伍建设】 制定实施了《青岛海关基层建设管理责任制》，进一步明确职责分工，完善基层建设管理机制。制定出台了青岛关区海关统一的岗位操作手册，共5编47章206节56万字。制定《青岛海关内务管理细则（试行）》，对关员着装、工作纪律、举止礼仪、办公秩序等作了更为详细的规定。开展了为期2个月的全员军训，共1800人参加了军训，占总人数的88%。制定《正规化建设试点方案》，在日照等5个隶属单位开展了试点。出台《处科级干部选拔任用工作实施办法》、《处科级领导干部竞争上岗实施办法》和《干部交流实施办法》，初步形成了干部选拔任用交流工作的完整制度体系。年内，青岛海关调查处、缉私局法制一处被人事部、海关总署等四单位联合授予“全国打私先进集体”；获省部级以上表彰的先进集体11个。陈福文被中共中央组织部表彰，获全国老干部先进个人和先进离退休干部；获省部级以上表彰奖励的先进个人29人次。青岛海关从1998年至今连续7年获山东省直文明机关。

加强了信息和对外宣传工作，在中央电视台《新闻联播》播发新闻3条次；编发信息2万余期，是2003年的2.4倍。政务信息化步伐不断加快，深度参与开发并试点运行HB2004系统，为全国海关政务信息化建设做出了贡献。

（赵猛）

山东口岸2004年海关主要业务统计表

项　目	单　位	数　量	同比增加
征收税款	亿元	318.33	46.4%
关税	亿元	44.85	17.6%
进口环节税	亿元	273.47	52.5%
审价补税	亿元	2.34	62.5%
归类补税	万元	2275	52.9%
稽查补税	亿元	2.04	95%
内销补税	亿元	8.49	21.3%
进出口货物	亿吨	1.67	22.8%
进口货物	亿吨	1.2	33.2%
出口货物	亿吨	0.47	2.5%
进出口货值	亿美元	725.58	40.6%
进口总值	亿美元	350	46.4%
出口总值	亿美元	375.58	35.6%
进出境集装箱	万箱	388.4	17.8%
进出境运输工具	艘架次	28700	20.58%
进出境飞机	架次	11295	48.4%
进出境船舶	艘次	17405	7.5%
运输工具服务人员	万人次	54.92	11.7%
进出境旅客	万人次	168.9	48.2%
进出境邮递物品	万件	17.2	31.3%
进出境印刷品和音像制品	万件	129.5	5.0%
邮政和非邮政快件	万件	134.3673	2.5%
行邮渠道扣、退物品	件	61818	139%
查获反动宣传品	件	2164	-14.8%
查获邪教出版物	件	192	-85.5%

项　目	单　位	数　量	同比增加
查验进出口货物	万票	4.99	－19.8%
查验率		2.5%	－28.8%
查获率		8.4%	135.1%
侦查走私犯罪案件	起	49	－12.5%
走私犯罪案件案值	亿元	6.04	120%
走私犯罪案件涉税	万元	8686	57.3%
抓获犯罪嫌疑人	名	108	0%
立案调查行政案件	起	1155	39.5%
行政案件案值	亿元	5.8	18.4%
行政案件涉税	万元	3435	－41%
罚没收入	亿元	1.04	98%
备案合同	万份	6.61	3.8%
合同金额	亿美元	145.14	31.9%
进出口报关单	万份	208.3	19.6%
进口报关单	万份	57.8	15.4%
出口报关单	万份	150.5	21.3%

青岛关区2004年各海关、办事处进出口总值表

金额单位：万美元

单位	进出口总值	同比（%）	出口总值	同比（%）	进口总值	同比（%）
黄岛海关	4748982	40.3	2770422	32.3	1978560	53.2
大港海关	600208	30.6	261429	73.5	338779	9.7
烟台海关	535159	38.5	201372	34.3	333787	41.1
日照海关	366508	88.1	115067	69.5	251441	98.1
流亭机场海关	315633	35.8	158241	37.0	157392	34.6
威海海关	284114	34.2	138323	37.7	145791	31.0
石岛海关	117133	36.1	51912	11.8	65221	64.5
龙口海关	82180	58.1	29935	43.4	52245	67.9
济南海关	41019	-1.8	7359	9.0	33660	-3.9
潍坊海关	27728	73.2	1490	70.7	26238	73.4
济关海关	41019	-1.8	7359	9.0	33660	-3.9
淄博海关	26530	27.3	2145	1.0	24385	30.3
莱州海关	18091	177.2	1729	-4.7	16362	247.2
青关邮办	12912	24.3	7611	26.3	5301	21.5
蓬莱海关	12055	46.3	3087	-2.7	8968	77.0
东营海关	9858	-30.5	2076	40.7	7782	-38.8
泰安海关	8631	33.8	14	-42.1	8617	34.1
德州海关	8097	130.6	325	80.5	7772	133.3
聊城办事处	4288	63.6	0	-	4288	63.6
枣庄办事处	3448	2266.3	5	-	3443	2262.9
临沂海关	3201	0.2	915	-44.4	2286	47.5
滨州办事处	1809	-	0	-	1809	-
菏泽办事处	1161	102.7	17	-64.3	1144	118.0
合计	7255824	40.6	3755712	35.6	3500113	46.4

青岛关区 2004 年各海关、办事处进出口货运量表

数量单位：千吨

单位	进出口货运量	同比（%）	出口货运量	同比（%）	进口货运量	同比（%）
黄岛海关	92，792.7	21.9	22，581.3	5.7	70，211.4	28.3
日照海关	34204.2	27.4	14311.1	－10.9	19893.1	84.2
烟台海关	17388.7	24.8	3651.4	7.1	13737.2	30.6
大港海关	11788.9	14.3	3508.0	34.5	8281.0	7.4
龙口海关	3843.9	23.2	1，193.2	－1.0	2650.6	38.5
济南海关	1798.2	－26.3	11.0	－58.9	1787.2	－25.9
威海海关	1438.8	57.9	1，028.5	69.2	410.3	35.2
莱州海关	1126.0	84.1	299.2	6.2	826.8	150.6
石岛海关	524.5	16.7	266.9	－3.0	257.5	47.9
蓬莱海关	514.2	47.3	88.6	－13.1	425.6	72.2
泰安海关	356.0	86.2	0.2	－23.0	355.8	86.3
潍坊海关	313.8	47.3	149.2	200.1	164.6	0.8
东营海关	233.1	1782.2	9.9	347.3	223.2	2095.3
济宁海关	123.1	21.1	15.1	766.0	107.9	8.1
淄博海关	95.5	138.4	17.3	9.9	78.2	221.5
流亭机场海关	59.5	34.6	44.8	37.5	14.7	26.4
聊城办事处	39.0	131.2	0.0	—	39.0	131.2
德州海关	37.9	158.7	14.0	182.8	23.9	146.5
临沂海关	19.5	－41.2	10.9	－54.9	8.5	－4.1
菏泽办事处	5.7	33.2	0.2	135.6	5.5	30.7
青关邮办	2.8	43.3	1.6	67.4	1.2	21.0
滨州办事处	1.3	—	0.0	—	1.3	—
枣庄办事处	0.9	142.2	0.0	—	0.9	142.2
合计	166708.0	22.8	47202.5	2.5	119505.5	33.2

山东省公安边防总队

【综述】 2004年，在公安部边防局、省委省政府的领导和支持下，山东公安边防总队以维护国家政治稳定和社会安定为首要任务，以服务国家改革开放和经济建设、便利人员出入境为工作重点，全面落实2004年部局、总队两级党委扩大会议及全国边防检查工作会议精神，严格执行业务工作规范，扎实推进边检监护勤务制度改革，严厉打击口岸偷渡活动，不断加强执法和查控工作，较好地完成了各项边防检查工作任务，为服务改革开放和经济建设做出了应有的贡献。

【不断改进工作措施，努力创造便利、快捷、优质的出入境环境，为经济社会发展提供良好服务】

一是统一思想，提高认识，奠定全年工作基础。4月21日至23日，山东公安边防总队在黄岛召开了全省边防检查工作会议，传达学习部局杭州边检工作会议精神，回顾总结2002年以来工作，分析面临的形势，全面部署今后一段时期各项工作任务。会上，青岛边检站等6个单位分别从监护勤务改革、集装箱反偷渡、执法为民等方面作了典型发言，组织观看了黄岛边检站执法为民、业务规范化建设演示片，参观了黄岛边检站执勤现场。同时，组织与会人员就边检勤务制度改革和边检站调整编制、警力整合进行了分组讨论。会后，各边检站及时进行了传达，使全省上下统一了思想、提高了认识、坚定了信心、明确了方向，为进一步坚定执法为民思想，扎实做好边检监护勤务改革和边检站编制调整，深入开展好“双争”活动，努力实现边检工作走前列目标奠定了坚实基础。

二是落实“执法为民”各项要求，积极开展“双争”活动。今年部边防局党委扩大会议明确提出了执法为民走前列的目标，并号召在全国边检站开展“争创执法为民窗口、争做执法为民标兵”活动。总队高度重视，把这项活动作为加强现役边检站全面建设、落实执法为民要求的有效载体，抓紧抓实。总队专门成立了由王正平总队长为组长的“双争”活动领导小组，具体领导“双争”活动的开展。各边检站也都成立了“双争”活动领导小组，由站长或分管业务副站长牵头，具体组织指挥“双争”活动，按照部局下发的活动方案和“执勤执法规范、执勤设施完备、队伍管理正规、组织机构合理、政府群众满意”的标准要求，研究制定具体实施方案，进一步规范边防检查工作，落实便民利民措施，内强素质，外树形象，突出重点，注重实效，着力解决执法工作和队伍建设中存在的突出问题以及广大出入境人员、人民群众反映强烈的问题，不断提高党委政府和群众的满意程度，有力地推动了各项边防检查工作。各边检站按照部局和总队的统一部署，把“双争”活动同“双让”主题教育有机地结合起来。通过加强官兵的宣传教育工作，进一步端正执法思想，转变执法观念；利用悬挂标语、召开座谈会、发放宣传单等方式，积极向出入境旅客、口岸作业人员、货主等宣传国家的有关政策和开展“双争”活动的有关情况，主动走访口岸相关单位，征求加强“双争”工作的意见和建议。各站通过广泛听取各方面的意见，不断完善勤务组织工作，积极稳妥地制定合法、合理的出入境检查便利措施，得到了出入境旅客和社会各界的好评。

三是多项措施并举，全力开展了“大练兵”活动。2004年，公安部在全国公安机关部署开展了“大练兵”活动。总队针对边防检查工作特点，不断加强和改进大练兵活动中的业务工作，制定了详细的业务练兵内容及配档，细化考核标准和工作措施，采取个人自学、骨干集训、专家辅导、理论竞赛等方法，确保“每日必学、每周必练、每月必考”的工作运行制度得以落实；将部局下发的边检人员业务考试系统安装在总队网首页，以方便全省边检业务人员上网学习和考核；建立了定期分析、专报等制度，形成了上下齐动，配套运作，稳健推进，分类提高的工作格局，保证了业务练兵活动扎实有序的开展。各边检站采取“走出去，请进来”的方式，通过举办业务和法律法规培训班、邀请法律专家授课、举办业务和法律法规知识竞赛及组织人员参加地方法律培训等形式，不断提高检查人员的执勤执法素质和水平。日照边检站邀请了日照市公安局法制科的专家授课，有重点地学习了有关程序规定；烟台机场边检站邀请法律专家进行了2次集中法制培训，组织执法人员进行了2次听证、行政复议答辩模拟演练，还组织有关人员到烟台市法制办公室、烟台市公安局法制处进行跟班学习，使执法行为更加规范。

四是积极开展了监护勤务制度改革。2004年，山东公安边防总队党委确定了边检工作走前列的目标，并把监护勤务改革定为全年工作“五个突破”之一，切实把规范执勤秩序作为贯彻执行中央经济工作会议提出的“实行‘大通关’制度，提高口岸通行效率”总体要求的一项重要措施，通过考察学习、借鉴别人长处，实地调研、充分论证，不断改革和创新勤务制度模式，大大提高了工作效率。3月份，由姜善模副总队长带领边检处、部分边检站的有关人员赴浙江、上海、广东等地实地考察、学习兄弟单位的先进经验，在4月份全省边防检查工作会议上，对监护勤务改革进行了部署，指导各边检站，结合港区实际，因地制宜、积极稳妥地推开了监护勤务改革。在海港边检站逐步实行了以巡视巡查为主，配合电视监控、卡口监护、快速出警相结合的勤务模式，形成了“全面推进，重点突出”的局面，实现了边检管理工作由点到面、由静态到动态的转变，达到了节省兵力、降低官兵执勤劳动强度的目的。

五是完善执勤设施，规范库室设置，提高业务正规化建设水平。严格按照《机关正规化管理若干规定》、《基层正规化管理规定》和《国家对外开放口岸边防检查现场设施建设标准》的要求，不断完善执勤现场设施，规范办公室和各类库室，确保整齐划一。青岛边检站投入3万余元为旅检现场更新了办公设备，重新制作了各种标志牌、警务公开栏；青岛机场站利用新候机楼启用之机，配置了新的计算机和服务器，订做了验证台护栏、指示牌等基础查验设施；烟台机场站争取地方政府投资200余万元，建设了无盲区的闭路监控系统，LED大屏幕显示系统，可变式通道显示系统，新材料双向式验证台等，使执勤现场的硬件设施得到了极大的改善。

六是加强执法监督，规范执法行为，树立边检队伍的良好形象。各边检站采取党委监督、纪委监督、法制监督、社会监督等多种形式，强化执法监督，有效地保障了依法执勤。对行政处罚案件，站主要领导或值班领导都能够亲自过问，对重大案件，党委集体讨论研究处理。对办案过程中存在的问题，能及时地向执法办案人员通报并责令改正。青岛、青岛机场、岚山、日照、龙口等站聘请了社会义务执法监督员，对官兵的执法行为进行监督，定期召集社会监督员进行座谈，广泛听取对执法工作的意见和建议，有效地提高了执法质量；烟台机场站向联检单位和旅客员工发放《执法情况调查表》，并根据反馈情况，有针对性地采取措施进一步改进执法。各单位普遍做到了公开收费标准和依据，设立举报箱，公开举报电话，坚决杜绝了吃拿卡要现象，有效预防了违法违纪和职务犯罪案件的发生。

七是认真做好重大活动安全保卫和国际会议的边检礼遇工作。边检站把支持地方建设作为一项重要的任务，根据地方需要，合理调配警力，积极参与并圆满完成了多项政府组织的重大活动安全保卫工作。6月21日－22日，亚洲合作对话（ACD）第三次外长会议在青岛召开，此次会议是山东省有史以来承办的最高规格的国际会议，任务重，责任大。总队把做好此次会议的安全保卫工作，当成一项重要的政治任务，又作为部队开展的执法为民教育和大练兵活动的一次实战检验，严密部署，严慎组织。青岛机场边检站为确保与会代表出入境检查工作的正常开展，积极调配勤务，设置勤务机动力量，在旅检现场增设了ACD专用通道，严格按照规定给予与会代表免检、免验、集中交验护照等礼遇，既捍卫了国家的主权和尊严，又为出入境与会代表提供了热情周到的服务，做到了有理、有利、有节。黄岛边检站加强对辖区港区码头的清理检查，在出口增设了岗哨，配合地方有关部门积极完成了温家宝总理对黄岛港区码头视察的警卫工作。ACD会议期间青岛机场、黄岛、青岛边检站与有关单位协同配合，圆满完成了会议期间的边防保卫任务，未出现任何事故和差错，得到了ACD与会外宾的赞扬和各级领导的肯定。

【充分发挥职能作用，加大查控和反偷渡工作力度，全力维护社会政治稳定和口岸出入境秩序】 第一，以做好节假日、敏感期间的查堵工作为重点，加强组织领导，严密部署，切实维护国家安全和社会政治稳定。各级严格落实查控工作有关规定，严密接、布、查控工作的各个环节，确保查控工作万无一失。总队始终把查控工作作为重中之重来抓，以总队长王正平为组长的查控工作领导小组负责对全省查控工作的领导和重大查控事件的部署。各边检站认真落实了查控工作规范，保证了查控工作的时效性和准确性。在重点、敏感时期，尤其在春节、“两会”、“五一”和亚洲合作对话（ACD）第三次外长会议期间，各边检站召开专题会议对查控工作进行研究部署，确保不出现任何问题。一年来，全省共接布控6 900余人次，为山东省和其他省市政法、安全等有关部门核查150多人次，未发生任何查控责任事故。另外，协助国家安全机关破获胡锦涛总书记等国家领导人亲自批示的重大间谍案件一起。

第二，建立健全反偷渡工作机制，努力提高口岸管控能力，较好地维护口岸出入境秩序。一是加强了反偷渡形势的分析研究。经常分析研究偷渡活动特点，针对口岸偷渡活动出现的新动态、新特点、新情况，特别是利用集装箱、中远轮、挂方便旗船舶偷渡的情况，有针对性地开展反偷渡工作，取得了明显成效。二是加强了与口岸有关单位的协作配合。2004年以来，总队进一步密切了与海关、国检局等单位的协作，分别于2月17日和4月22日，与青岛海关就进一步加强合作，打击偷渡、走私犯罪问题进行了专门座谈，就下一步完善配合机制，在防范和打击利用集装箱偷渡活动中形成合力进行了研讨，统一了思想，形成了共识。12月中旬，山东国检局到总队座谈，双方就加强配合，规范口岸登轮管理秩序等问题达成共识，之后，总队向各海港边检站下发了《关于规范登轮证件审核发放有关问题的通知》，省国检局随即也向下发了《关于规范进出口商品检验鉴定市场秩序有关问题的通知》，充分发挥了口岸联动机制的作用，有效地规范了登轮秩序。通过一年来的不懈努力，逐步形成了以边防检查站为主、海关、国检局等管理部门密切配合的反偷渡群防群治新局面。三是加强了反偷渡能力培训。指导各边检站分别建立了识别研究伪假证件的骨干队伍，有目的地加强了业务研讨和成果转化工作。9月中旬，总队组织“识别伪假证件研究小组”，根据山东省口岸航线开辟情况及口岸偷渡活动特点，分别就本省口岸反偷渡工作形势、近期口岸偷渡活动特点、如何深挖案情扩大战果、如何迅速识别偷渡人员的身份以及伪假证件特征分析等五个方面，在威海、烟台、青岛、日照四地，组织了巡回讲座，促进了口岸反偷渡工作。10月下旬，公安部边防局和出入境管理局联合在青岛举办了全国出入境管理、边防检查后台鉴定人员培训班。总队除选派骨干参加培训外，还充分利用地利优势，组织青岛、青岛机场站有关业务人员参加旁听，会后，青岛、石岛边检站参训人员还专门向本单位的检查员介绍了学习成果。另外，经总队党委研究，成立了“山东省边防总队证件研究中心”，对全省各边检站伪假证件鉴定识别工作加强指导和协调。

【出入境边防检查主要数字】 全年山东省开放口岸共检查出入境旅客 1 690 337 人次，员工 517 311 人次，船舶 18 075 艘次，飞机 11 547 架次，查获偷渡人员 110 人次，查处违法违规人员 733 人次，接收遣返人员 242 人次；查获在控人员 53 人次，不准入境人员 17 人次。

出入境交通运输工具情况。2004 年，全省共检查出入境船舶 18 075 艘次，比上年增加 14.3%。其中，中国籍船舶 3 431 艘次，增加 7.2%；外国籍船舶 14 644 艘次，增加 16.1%。居出入境船舶数量前七位的口岸是：黄岛 6198 艘次，青岛 2 449 艘次，烟台 2 138 艘次，日照 1 702 艘次，石岛 1 653 艘次，威海 1416 艘次，岚山 968 艘次。来港外籍船舶分属 50 个国家和地区，列前五位的国家是：巴拿马、韩国、圣文森特、塞埔路斯、伯利兹。青岛、烟台、济南机场全年共检查出入境飞机 11 547 架次，增加 40.9%。其中，中国籍 6 382 架次，增加 40%；外国籍 5 165 架次，增加 42.1%。出入境飞机数据排序依次是：青岛机场 8 283 架次，增加 43%；烟台 2 231 架次，增加 28.9%；济南 1 033 架次，增加 54.4%。

员工情况。2004 年出入境员工 517 311 人次，增加 18.8%。其中，中国籍员工 267 350 人次，增加 14.1%；外籍员工 249 961 人次，增加 23.7%。列出入境员工前七位的口岸是：黄岛 127 756 人次，青岛机场 78 127 人次，青岛 61 858 人次，烟台 58 499 人次，日照 41 642 人次，石岛 31 056 人次，威海 30 007 人次，烟台机场 20 692 人次，其他各站共计 67 674 人次。外籍员工列前五位的国家是：韩国、菲律宾、俄罗斯、日本、印度。

旅客情况。2004 年共检查出入境旅客 1 690 337 人次，增加 47.9%。其中，中国籍旅客 446 070 人次，增加 45.2%，占出入境旅客总数的 26.4%；外籍旅客 1 244 267 人次，增加 48.9%，占出入境旅客总数的 73.6%。外籍旅客中韩国人和日本人分别占出入境外籍旅客的 79.8% 和 15.9%。各口岸入出境旅客依次为青岛机场 866 350 人次、烟台机场 239 109 人次、威海 103 683 人次、烟台 102 841 人次、龙眼港 96 208 人次、济南 76 580 人次、青岛 72 200 人次、石岛 63 237 人次，分别占入出境旅客总数的 51.25%、14.15%、6.13%、6.08%、5.69%、4.53%、4.27% 和 3.74%。从入出境旅客身份看，韩国、日本旅客、港澳台同胞、华侨仍多为经贸人员，占出入境人员的首位。国内人员多是因私和劳务合作人员，其他国家或地区的旅客多为旅游观光人员。

山东出入境检验检疫局

【综述】 2004 年，共检验检疫出入境货物 706 402 批，446.9014 亿美元，同比分别增长 16.52% 和 46.98%。其中，出境 575 475 批，196.7492 亿美元，分别增长 16.97% 和 38.48%；入境 130 927 批，250.1522 亿美元，分别增长 14.58% 和 54.44%。发现不合格 5 635 批，41.5965 亿美元。其中，出境不合格 1652 批，4 553 万美元；入境不合格 3 983 批，41.1412 亿美元。

检疫出入境动植物及其产品 196 207 批，106.9578 亿美元，分别增长 15.22% 和 31.03%。其中，出境 167 571 批，43.2781 亿美元，分别增长 13.88% 和 17.06%；入境 28 636 批，63.6797 亿美元，分

别增长23.76%和42.6%。共从994批动植物及产品中检出疫情，疫病疫情及致病菌检出率为3.47%。其中，检出一类疫情7批，二类疫情155批，三类疫情156批，各种致病菌49批，一般性疫情871批。共对38 038个报检批次的进口货物的木质包装实施了检疫监管，从1 269批木质包装中检出检疫危险性害虫和一般性害虫。

检验进出口食品128 384批，30.1751亿美元，分别增长17.95%和19.99%。其中，出口119840批，27.445亿美元，分别增长18.53%和21.68%；进口8544批，2.73亿美元，分别增长10.32%和5.34%。发现问题320批，1212万美元；其中，出口240批，477万美元；进口80批，735万美元。

检验进出口商品622554批，401.9224亿美元，分别增长17.17%和46.35%。其中，出口514 764批，176.656亿美元，分别增长16.84%和38.25%；进口107 790批，225.2 664亿美元，分别增长18.78%和53.4%。发现不合格4904批，24.7139亿美元。其中出口不合格1 605批，4497万美元，货值不合格率为0.25%，下降0.04个百分点；进口不合格3 299批，24.2643亿美元，货值不合格率为10.77%，增长4.9个百分点。

检验检疫进出口农副产品327 298批，142.2889亿美元，分别增长16.33%和30.92%。其中，出口29万批，83亿美元，分别增长15%和26%；进口40225批，70.7971亿美元，分别增长23.7%和49.34%。

检疫出入境船舶17 402艘次，飞机11 459架次，分别增长10.59%和41.84%。经检疫，从881艘入境船舶中检出检疫性危险害虫、一般性害虫和病媒昆虫。检疫集装箱3611 191标箱，增长6.87%。其中卫生除害处理420 493标箱，增长29.98%。完成衡器鉴重2 929 118吨，减少37.3%；水尺计重2 494船次，8 518 4143吨，分别增长24.51%和10.72%；容量计重474船次，18 159 316吨，分别减少14.9%和增长16.58%。

共完成外商投资财产价值鉴定550批，外商总报价1.1166亿美元，鉴定后价值为1.0877亿美元。对价值进行调整的有40批，其中属高价低报的有4批，鉴定后升值10万美元；属低价高报的有36批，鉴定后降值299万美元。

签发出入境检验检疫证书301 563份，增长10.2%。签发出入境通关单749 662份，涉及货值447.4499亿美元，分别增长16.44%和43.14%。签发出境换证凭单40 030份，增长6.96%。签发普惠制原产地证书241 419份、57.573亿美元，分别增长14.22%和21.03%；一般原产地证书79 862份、24.614亿美元，分别增长26.36%和30.13%。

进行传染病监测体检76 103人次，增长6.48%；体检中共发现各种病例10 295例，增长82.67%，其中，艾滋病9例，性病、肺结核、澳抗阳性、肝炎、皮肤病、流感等10 286例。

【完善机制，强化食品、农产品检验检疫工作】 通过加大四项工作力度，全省出口食品、农产品的质量进一步提高，农兽药残留控制、疫病疫情防治能力进一步增强：一是加大源头治理力度。引导出口企业转变质量管理理念，牢固树立抓源头、保质量的意识，以龙头带源头，指导禽肉、菠菜等龙头出口企业高标准规划和建设自属的种养殖基地，敏感商品真正实现了由“公司+农户”向“公司+基地”的质的转变；对全省种养殖基地进行了全面清理整顿，出口禽肉备案养殖场达420家、备案蔬菜种植基地达125万亩，国外注册的水果基地5.1万亩；为解决出口贝类产品贝毒问题，在全国率先对贝类养殖场实行了备案管理。二是加大“三个体系”建设力度。加强对企业的日常监管，指导所有食品、农产品生产企业建立和完善以GMP（良好操作规范）、疫病疫情控制、残留控制、检验检测、产品追溯等为主要内容的质量自控体系。许多龙头企业的实验室质控中心取得了CNAL认可资格。有672家食品、农产品出口生产企业通过了HACCP官方验证，372家获得国际质量认证。加强检验检疫全过程监管体系和技术支撑体系建设，实现了从原料种养殖、加工到产成品出库全过程的有效监控；进一步规范出口卫生注册工作，严格考核，达不到标准要求的坚决不予注册；对全省2396家出口企业进行了清理整顿，注销、吊销企业350家，限期整改799家。针对黄花鱼注水、出口禽肉热加工不充分、花生黄曲霉毒素超标等问题，积极指导帮助企业加强整改，强化自检自控，对屡次发生问题的取消出口资格，保证了出口产品质量。三是加大迎检工作力度。把每一次国外检查作为促进检验检疫和企业提高管理水平的契机，强化措施，及时整改。去年以来，先后接待了美国、欧盟、日本等14个国家和地区对山东检验检疫监管体系和出口生产企业质量控制体系的21次严格检查，全部顺利通过，得到了所有国外检查团组和有关国家驻华商务参赞等官员的好评，为国家质检总局对外交涉和国外开禁创造了良好的条件。四是加大配套联动力度。在因我国部分地区发生禽流感导致山东禽肉出口受阻的时刻，积极筹备召开了国家质检总局与山东省政府第五次联席会议，分析形势，制订措施。省局与潍坊、威海等市政府不定期召开促进农副产品出口联席会议，研究解决农副产品出口有关问题。山东省政府还专门召开了全省对欧盟动物源性食品出口工作会议。

全年共检验检疫出口食品、农产品29万批，货值83亿美元，同比分别增长15%和26%，拉动山东省GDP增长1.4个百分点，农民人均现金收入增加的490元中有180元是由食品、农产品出口增长贡献的。促进食品、农产品出口工作受到国务院副总理吴仪和省委、省政府的充分肯定，国家质检总局还在山东召开了促进食品、农产品出口工作现场会。

【强化手段，促进“大通关”建设】 一是不断完善电子审单快速核放的新做法。在100%实现电子报检、产地证电子签证、电子通关的基础上，在全国率先实现了全部分支局电子审单快速核放系统上线运行。牵头完成了“国外官方检疫证书内容分析及验证识别系统研究项目”，提高了口岸验证准确率。二是不断完善信息化应用方式。组织了集装箱适载鉴定检验及网络核销系统、纸箱包装联网核查系统、电子支付系统的开发应用；积极开展内部业务单证无纸化试点，制定了内部业务单证无纸化工作计划，并以CIQ2000综合业务系统为依托，建立了电子单据工作站，实现电子数据流转、纸面单据不流转式的检验检疫新流程，提高了工作效率，加快了验放速度。三是不断完善检验监管新模式。突出安全重点，对出口轮胎等产品实施了“质量体系监督+安全性能检测+抽批检验”的检验监管模式，强化了安全质量控制。稳步推进出口产品免验工作，促进了企业管理水平的提高。

【依法行政，提升执法把关有效性】 一是强化国境卫生检疫工作。严防死守，较好地完成了“非典”防治任务；检疫监管出入境人员187.8万人次、船舶17 402艘次、飞机11 459架次，从来自疫区的交通工具、旅客截留、封存或销毁各类检疫物420余批（艘）次。对卫生除害处理队伍进行清理、整合，规范了卫生除害处理工作；加强了口岸突发公共卫生事件应急处理能力建设，制定、修订了7个应急控制预案。严把出入境媒介监测关，上报国家质检总局媒介生物信息、媒介总数名列全国质检系统前三名。二是进一步强化重点敏感工业产品检验监管工作。针对进口废料工作质量问题，制定了一整套进口废料检验检疫工作规范，完善了检验监管机制，共检验进口废料10 246批，226.85万吨，同比分别增长30.11%、30.72%；检出不合格101批，1.23万吨，同比分别增长274.07%、133.63%。

同时，加强了进口旧机电、出口危险品包装等涉及安全、卫生、健康、环保和反欺诈商品的检验监管工作，制定了进境工矿产品和进境集装箱检出重大问题应急预案，有效预防了重大质量事故的发生。三是进一步强化进境动植物及其产品的检验检疫工作。在全国质检系统中从植物产品中首次并连续4次检出植物检疫危险性有害生物，4次检出有毒有害物质——克菌丹和萎锈灵，都严格按总局有关规定进行了处理。查获销毁非法入境肉类产品40余吨；从7批、近2万头进口奶牛中检出病牛168头，并全部捕杀；完成了实蝇监测和冠状病毒流行病学调查工作。四是加大对行政处罚工作的规范力度，全年结案560起，处罚金额133万元，同比分别增长156%和113%。

【狠抓落实，提高检验检疫工作质量】 开展了“工作质量落实年”活动，制定了详细的工作要求，逐一落实责任部门、责任人和办理时限，健全了内部督查机制，每周督办、每月总结。各分支局自我剖析、全面自查，从检验检疫人员、标准方法、检测手段、管理措施四个方面查改问题和不足。省局采取随单跟踪、深入企业等方式对分支局活动开展情况进行明查暗访，对通过自查、专项抽查、全面检查验收等方式查出的788项问题和隐患进行了通报，各单位制订整改措施810项，充实完善150余项规章制度。“工作质量落实年”活动的开展，提高了干部职工的质量意识；初步建立完善了工作质量管理长效机制，各项基础工作普遍加强；增强了检验检疫监管能力和依法行政水平；转变了工作作风，促进了工作质量的全面提升。加强了执法监督和行政处罚工作。开展了《行政许可法》骨干培训和全员培训，做好行政许可的清理和对行政许可法执行情况的监督检查。加强检验鉴定机构管理，规范检验鉴定市场，健全完善执法监督机制，严格实行了执法过错责任追究制度。加强了对收费工作的监督和指导，组织了全省系统计收费工作自查和专项检查，提出了11条规范计收费工作的意见，严格禁止了乱收费等问题的发生。

【加强监管，狠抓认证认可工作】 加强出口质量许可证和卫生注册管理工作，对实施质量许可证书和卫生注册证书管理的企业实施动态管理，扶优汰劣。全年新颁质量许可证企业113家，累计1 046家；新颁出口卫生注册登记企业434家，累计2 393家，占全国总数的22.82%。及时为企业办理“免于办理强制性产品认证免办证明”857份。强化质量体系咨询认证工作，在市场竞争激烈的情况下，积极拓展认证领域，完成ISO9000评审463家、ISO14000评审41家、HACCP评审121家、ISO18000评审15家，在全国系统处于领先地位，各类体系认证数量同比增长15%，促进了企业整体管理水平的提高。

【科技兴检，增强检测实力】 一是积极推进科研和标准化工作。本着科研为检验检疫一线服务的原则，为检验检疫工作提供科技支持和技术保证，科技成果的转化率和贡献率明显提高。17项科研成果获得国家质检总局2004年度“科技兴检奖”，获奖等次和数量均居全国质检系统直属局第一名。其中，牵头完成的《进出口涂料中有害物质检测方法和风险分析研究》获得一等奖；《复合定量RT－PCR检测禽流感和新城疫病毒的研究》通过省科技厅组织的鉴定，两病检测效率提高6倍，检测成本降低50%。龙口粉丝中滥用添加剂、水产品注水检测等检验检疫工作中遇到的突出问题也得到了解决。二是积极推进实验室建设和管理。在加大实验室整合力度的同时，继续加大实验室投入，全年投入4 000多万元用于实验室建设，提升了全省检验检疫系统实验室整体档次。初步制定了全省系统实验室规划管理方案和实验室建设改造的意见。1家农产品重点实验室和4家保健中心实验室通过中国实验室国家认可委员会认可；艾滋病确认实验室通过卫生部验收；淄博陶瓷实验室成为山东第一家通过能力验证计划提供者资格认可的实验室。先后被国家质检总局评为实验室认可、计量认证转换先进单位、标准化工作先进单位；被中国实验室国家认可委员会授予“实验室国家认可杰出贡献奖”。三是积极推进信息化建设工作。投入2 600多万元，实施了小型机的论证、引进和省局新大楼智能化建设，开通了山东检验检疫局科技文献内部信息网和视频会议系统，全省系统新的办公自动化系统已上线运行。

【人才强检，促进领导班子和干部队伍建设】 一是加强领导班子建设。制定实施了12个干部人事工作方面的规章制度，深化干部人事制度改革，将领导干部最高任职年龄适当提前；全面推行领导干部任期制，建立了待岗和领导干部辞职制度，较好地解决了干部能上能下的问题。加强了分支局和省局处室、直属单位领导班子建设；通过交流、轮岗等措施，加快分支局和处室班子成员年轻化、专业化步伐；对个别主要负责人达到最高任职年龄的分支局进行了调整；全省22个分支局中已有12个分支局的一把手实行异地任职，分支局一把手的平均年龄同比降低3.5岁。新调整的领导班子知识结构、年龄结构更趋合理，领导能力、凝聚力、向心力大大增强；加强改进了对分支局和处室领导干部的考核，量化细化考核的各项要素，使考核内容更加具体，标准更加明确。二是加强专业技术人才队伍建设。制定下发了《关于实施人才强检战略，加强人才引进、培养和使用工作的实施意见》，3名同志被国家质检总局确定为首批全国质检系统优秀中青年专家；17名同志被推荐为全省系统第二批10个学科的学科带头人。三是加强教育培训工作。选派2名厅局级干部和13名处级干部参加了总局组织的理论、业务和英语培训班；选派150余名处级干部分别参加了省、市委党校、行政学院及有关培训机构的理论和业务知识培训；共培训科级及以下干部2 600余人次；实行检验检疫业务岗位资格准入制度，举办岗位资格培训班13个，培训业务人员710多人次。

【开拓创新，深化事业单位改革】 一是顺利完成了商检公司体制改革。中检集团山东公司及其直属烟台、日照、青岛、威海、岚山分公司已完成工商注册。中检集团山东公司已正式挂牌成立。二是清理口岸医院，依法加强保健中心管理。对6个口岸医院进行了清理，5个已完成脱钩，1个正在进行脱钩的有关工作。开展了对保健中心业务清理整顿、整合、撤并，清退了没有资格证书的聘用人员，为部分在编人员补办了资格证书，为没有《医疗机构执业许可证》的保健中心办理了许可证。经过整合，第一批上报的5个保健中心已通过总局验收。三是认真制定了检测中心改革方案。借鉴全国检验检疫系统的做法，在实验室管理体制、模式、人员管理、激励机制等方面进行了探索；研究提出了实验室改革和省局技术中心组建的初步方案。同时，加快事业单位登记工作，全省系统29个事业单位全部完成登记。四是不断深化财务体制改革。预算改革的水平全面提高，较好地完成了部门预算收支计划，有力地保证了山东检验检疫事业发展的需要。

【加大力度，完善绩效管理考核】 修订完善了考核办法和2004年重点工作目标。制定了绩效管理考核操作规程，完善了日常监督考核机制；开发了计算机管理软件，逐步实现绩效管理考核工作的科学化、制度化、规范化。绩效管理考核的实施，使全省系统形成了抓管理的良好氛围，省局机关各处室通过对分支局设定目标、日常考核、平时督查，把绩效管理考核工作和本职工作紧密结合起来，加强了工作针对性、有效性；各单位通过落实绩效管理考核有关规定和重点工作目标，建章立制、分解目标、明确责任、监督检查，最大限度地调动了工作积极性，促进了各项工作上台阶、上水平。

【纠建并举，加强党风廉政和精神文明建设】 一是加强了党风廉政建设。制定了《党风廉政和行风建设日常监督检查考核办法》、领导干部三项谈话制度等措施。采取多种形式加强反腐倡廉教育，组织了两个条例的学习、考试，被省直机关纪工委评为组织一等奖。认真抓好“三个专项”清理，做好案件的调查处理工作，信访投诉的核实处理率达到98%以上。结合信访投诉，有重点地进行了明查暗访。在省、市有关部门组织的行风评比中，大部分分支局名列前茅。二是加强了精神文明建设。获全国青年文明号3个、省市级青年文明号32个；有38人次分别被省委、团中央等授予优秀党务工作者、青年岗位能手等称号；有4个分支局跨入省级文明单位、省级文明机关行列；山东检验检疫协会被民政部授予“全国先进民间组织”称号。省局继续保持省级文明机关称号，又被省政府授予机关作风建设年先进单位称号。

山东海事局

【综述】 2004年，山东海事局在交通部、山东省委省政府和中国海事局的领导下，认真贯彻全国交通工作会议和全国直属海事系统工作会议精神，积极响应山东省委、省政府提出的建设“海上山东”、“平安山东”的战略部署，按照“船舶适航、船员适任、安全畅通、有效监管、优质服务”的总体要求，全面推进“交通海事、阳光海事、数字海事”建设，加大海上交通安全的监管力度，提高服务地方经济发展的能力和水平，为山东经济全面协调可持续发展和建设和谐社会做出了应有的贡献，并得到了交通部、山东省委省政府和中国海事局的肯定。2004年，山东海事局先后通过了交通部和省直机关工委组织的文明达标验收，被评名为全国海事系统文明达标单位，山东省安全生产先进单位，山东海事局机关被命名为省直机关文明单位。

【全面履行海事监管职责，努力打造一流的平安航区】 2004年，全省沿海港口吞吐量和船舶进出港艘次大幅度增长，其中进出港船舶达26.97万艘次，沿海港口吞吐量达3.1亿吨，增长19.3%。水上交通运输业是一个高风险的行业，相对于水上交通量的持续增长，海上安全形势继续保持基本稳定。全年共发生水上运输船舶事故10.5件，死亡8人，沉船3艘，没有发生一起重大水上恶性事故，海上安全状况持续稳定。

为促进辖区海上安全形势的稳定，山东海事局立足海事职责，有重点地开展了以下工作：

一是加强对重点船舶、重点区域和重要时段的监管工作。积极协调有关单位部门在客滚船码头安装了危险品检测设备，实现了烟台—大连航线客滚船的专业绑扎，改变了“看、闻、探、摸”的传统方法，极大地提高了检测和系固的可靠性。以“四客一危”船舶为重点，加强对船舶证书、船员证书、船舶状况和载客载货情况的现场监督检查，严格执行船舶抗风等级制度，把好了船舶签证关。进一步完善恶劣气象条件下预警制度，有效组织了10余次防抗大风和强寒流天气。在四节两会期间，提前进行安全隐患排查，加强值班应急力量，充实了现场执法人员，四节两会期间安全运送旅客、游客300多万人次，没发生伤亡事故。

二是突出源头治理、长效管理。认真抓好船舶安全检查工作，保证船舶具备法定的安全营运条件，全年进行国轮安全检查2 413艘次，滞留68艘次，查处缺陷17 746项，跟去年同期相比，滞留船舶增加14艘次，缺陷率由200年的6.7项/艘次增加到2004年的7.35项/艘次。对外轮安全检查451艘次，滞留40艘次，查处缺陷2 706项，和去年同期相比，增加检查船舶27艘次，滞留船舶增加18

艘次，缺陷率由2003年的5.67项/艘次增加到2004年的6.0项/艘次。指导、监督航运公司建立并有效运行安全管理体系，按时完成了辖区31家航运公司的SMS审核，同时加大体系运行日常监督力度，对存在较多问题的烟台渤海轮渡有限公司实施了附加审核，充分发挥了审核的监督指导作用。

三是针对海上交通安全工作发现的突出问题和薄弱环节，在辖区组织开展了沿海小型船舶专项检查、“四客一危”船舶专项检查、《国际船舶保安规则》集中检查百日会战、客滚船消防安全专项检查、小型旅游船员配备及消防救生检查、船舶载运包装危险货物集中会战等15个专项整治活动，有针对性地解决了安全管理中的一些重点、难点问题，消除了一批重大危险源和事故隐患。

四是致力于构建“全方位覆盖、全天候运行、快速反应”的现代化水上安全保障体系。加强执法装备和监管手段建设，启动了黄渤海3000吨级巡视船前期工作，在辖区重要港口建立了CCTV现场监控系统，改扩建了烟台VTS、青岛VTS系统，正在建设实现山东辖区无缝隙覆盖的VHF通信系统。倡导新的效率观和效能标准，坚持依法行政和执政为民，启动了海事监管模式改革，整合海事资源，提高监管效能。组建了海上巡查执法支队，强化海上巡航、事故应急和综合执法工作。

【理顺搜救体制，完善应急机制，搜救协调能力显著增强】 逐步理顺搜救体制，完善搜救体系，成功推动沿海7地市建立海上搜救中心，东营、滨州、潍坊、日照和烟台市已建立了海上搜救中心。深入分析辖区水上交通事故的特点和规律，按照分类指导与分级指导相结合的思路，完成了搜救专项预案《山东海上搜救中心办公室海上险情指导方案》。进一步完善恶劣天气条件下的预警制度，有效组织了10余次防抗大风和强寒流天气工作。

积极应对海上突发事件，加强搜救协调指挥工作，在重大险情和事故多发的情况下维护了辖区的基本稳定。全年组织搜救协调指挥102起，派出搜救舰船209艘次，飞机11架次，救助时间达到811.5小时；救助人员1 085人，有效率97.14%；救助船舶58艘，船舶救助成功率80.56%。妥善处理了“英华”轮火灾事故、“金达266”轮沉没事故、“金赣6”轮与外轮碰撞事故、“津航拖28”轮搁浅等重大险情和事故，得到了交通部和山东省政府的充分肯定和表扬。在2004年11月26日“海鹭15”沉没事故中，积极协调和指挥立体搜救，使13名遇险船员迅速脱险，得到了国务院的肯定，烟台海事局王俊波等同志作为救助有功人员得到了中央政治局常委、国务院副总理黄菊的亲切接见。

【认真做好辖区重点危险货物意外事故及重特大船舶溢油事故的防备和应急工作】 近几年来，随着石油化工产业的兴起和400万吨级国家战略石油储备基地的建设，辖区油品运输迅猛增长，2004年全省以油类为主的危险货物运输吞吐量超过4 103万吨，净增33%，其中青岛原油进口超过2 500万吨，列全国第一。防范和控制重大溢油事故成为影响全省安全形势稳定的一项重要工作。

2004年，为做好重点危险货物意外事故及重特大船舶溢油事故的防备反应工作，山东海事局按照“安全第一、预防为主”的方针，研究制定了《山东海事局辖区重特大危险货物事故应急救援预案》和《山东海事局辖区重特大溢油事故应急计划》，并已按山东省政府的意见由山东局发布实施。经山东海事局各分支局的努力，沿海各地市也完善了辖区重点危险货物意外事故应急预案，并已经或正在纳入地方政府应急预案的总体格局。

加强同有关单位部门协调，实现了全局所有执法单位免费上网查询联合国环境规划署等国际组织合作编辑的《国际化学品安全卡》中文版，并通过安装应用《国际化学品安全卡》和2002年安装的《危险化学品安全卫生综合信息系统》，形成了比较完备的危险货物资料库和应急指南。加强与中石化安全工程研究院等单位合作，建立了辖区危险化学品事故应急反应协调联动机制和专家库。按照市场机制继续推进溢油应急工作社会化，开展了山东辖区船舶溢油应急力量登记备案工作。进一步完善了溢油应急信息系统，在卫星遥感技术应用方面取得实质性突破，先后准确地预测了“金赣6”轮碰撞事故中的溢油漂移轨迹，准确解读出“12·7”珠江口重大溢油事故中船舶溢油的信息，为海事调查和油污事故索赔取证提供了技术支持。

积极参与国际领域的交往与合作，做好“西北太平洋行动计划海洋污染防备反应”项目的跟踪研究工作，成功承办了“西北太平洋行动计划海洋环境应急防备反应2004年专家会议”和“第九届中、日、韩、俄四国搜救工作会议”，举办了国际海事组织（IMO）溢油应急二级培训班。

【实践执法为民宗旨，积极主动地为地方经济和社会发展服务】 全力协助青岛市办理青岛港水域整体对外开放事宜。青岛港界内的部分岸线和400多平方公里水域中的40平方公里的水域在不同的时期被国家分别逐步逐块地宣布对外开放，形成了“蜂窝式”开放格局，对青岛市招商引资和港口发展产生重要影响，青岛市政府为此提出青岛港水域整体对外开放意见。山东海事局对此高度重视，组织专业工程技术人员到海上实地勘测，经过深入调研和缜密论证，为青岛市政府准备了三个具体、详实、完备的明确“青岛港开放水域范围”的备选方案，并派出专业人员协助青岛市政府多次到上级有关部门进行申请、汇报。2004年7月2日，中华人民共和国海事局批复了青岛市政府的申报，明确青岛港开放水域的范围为太平角至象嘴连线内除军用水域外的所有水域，使青岛的开放水域扩容了10倍，进一步拓宽了青岛对外开放发展的空间，有力地支持了青岛港的发展和青岛市的经济建设。

积极支持地方政府办好国际赛事和重大活动。2008年奥运会帆船赛将在青岛召开。为支持奥运建设，山东海事局成立专门的组织机构，响亮地提出了“相约北京，扬帆青岛，海事护航”号召，帮助奥帆委划定了比赛水域，并在全省组织开展了船舶排污铅封行动。目前正一手抓比赛场地建设项目审批和办理比赛水域对外开放事宜，一手抓海上应急预案和监护制定方案。为适应奥帆赛需要，造就高素质的游艇驾驶员队伍，受青岛市政府委托起草了《非营业游艇驾驶员适任培训、考试和发证管理办法》，填补了国内非营业游艇管理的空白，目前该规定已获得中国海事局批准并颁布实施。

采取有效措施保障电煤运输工作。对电煤运输船舶确立了优先办理签证，优先安排船舶进出港，优先安排护航服务的“三优先”原则，工作中简化监督工作程序，提高监督工作效率，确保“零延误”，为电煤运输开辟了海上“绿色通道”。同时充分发挥口岸查验组长单位的作用，当好码头、船东、用煤单位相关代理单位的“协调人”，帮助他们建立起有效的联系机制，促进了电煤运输通道畅通，为促进国民经济协调发展发展做出了贡献。其间全局共监管电煤运输船舶1 304艘次，安全装卸电煤3 346 739吨。

全面推行了公民可以个人名义申办船员证件；《海员出境证明》当天申请、当天领取；船舶进出港手续24小时办理；船舶在港内安全作业由审批制改为报备制；对“安全诚信船舶”给予24个月内免予例行安全检查等八项便民措施，得到管理相对人的普遍赞扬。

山东口岸大事记

1月7日

海关总署会同公安部、交通部、国家质检总局、总参作战部组成蓬莱港口岸栾家口港区对外开放验收组，在省组织的开放预验收的基础上，对栾家口港区开放前的准备工作进行现场考察，经认真检查验收，一致同意该港区对外开放。

1月9日

由青岛港集团、英国铁行集团、中国中远集团、丹麦AP穆勒－马士基集团共同出资8.87亿美元联合经营，目前世界最大的集装箱码头公司之一的青岛前湾港集装箱码头有限责任公司隆重开业。

1月20日

副省长谢玉堂、省公安厅厅长曲植凡以及济南市委、市政府领导到省边防总队机关走访慰问。谢玉堂副省长代表省政府对边防部队为山东建设所做出的贡献表示衷心的感谢。

1月30日

威东航运举行“新金桥5号”的首航仪式。省口岸办主任苗俊礼、青岛市政府和市口岸办的领导及口岸检查检验单位的领导出席了首航仪式。“新金桥5号”轮耗资3亿元人民币，主要经营青岛－仁川航线，该航线于1993年5月开通，先后投入过“金桥”、“新金桥”、“香雪兰”轮运行。通航10年来，该航线共乘运旅客37万多名，集装箱32万个标准箱。

2月9日

青岛关区关长会议在青岛召开。会议传达了温家宝总理的重要批示、吴仪副总理的重要讲话及全国海关关长会议精神。副省长孙守璞到会并作重要讲话。

2月10日－12日

省边防总队在济南召开党委扩大会议。省委常委、政法委书记高新亭出席会议并作了重要讲话。隋援军同志代表总队党委作了题为《坚持执法为民，加强部队建设，为维护山东沿海政治社会稳定而奋斗》的工作报告。

2月17日

省口岸办组织青岛海关与省边防总队研究口岸集装箱反偷渡问题。

2月20日

副省长孙守璞到济南市就发展外经外贸进行调研，省口岸办主任苗俊礼随同调研，并与市有关部门交换了意见。

2月28日

中国航空集团公司、山东经济开发投资公司与山东航空集团三方在济南签订股权转让与合作有关协议。省委副书记、省长韩寓群出席签字仪式。

3月1日－2日

苗俊礼、刘耀鲁到菏泽陆路口岸调研，与市有关领导、场站负责人以及青岛港务有限公司共同研究口岸迁址及场站运营问题。

3月3日

省妇联授予省边防总队10名女警官“巾帼建功十大标兵”和省“三八”红旗手称号。

4月9日

东方航空山东分公司开通济南至曼谷直达航班，每周五一班，使用A320机型。

4月21日－23日

全省边防检查工作会议在黄岛召开。省口岸办主任苗俊礼、副主任王啸冬应邀出席了会议。

4月20日

第21届潍坊国际风筝会暨以“绿色与科技”为主题的第5届中国（寿光）国际蔬菜科技博览会开幕。来自21个国家和地区的共114支风筝代表队成员和来自美国、加拿大、欧盟等50多个国家和地区以及全国30多个省、市、自治区的6 000余名来宾出席了开幕式。省口岸办负责协调所有要客山东口岸入出境礼遇及通关等事宜。

4月22日

省口岸办组织省边防总队、青岛海关见面会，通报口岸反偷渡情况，研究下一步查控集装箱反偷渡工作重点。

4月27日

青岛海关、省外经贸厅加工贸易联网监管推介会暨首批联网企业颁证仪式在济南举行。

4月29日

省委书记、省人大常委会主任张高丽在济南会见了美国卡特彼勒公司董事长兼首席执行官吉姆·欧文斯一行。省口岸办负责协调美国客人口岸入出境礼遇及通关等事宜。

同日，青岛航空口岸新航站楼正式启用。山东省委副书记、青岛市委书记杜世成，青岛市委副书记、市长夏耕等领导出席启用仪式，并为新航站楼正式启用剪彩。

4月30日

组织省口岸查验单位对蓬莱口岸栾家口港区原油专用码头进行开放前验收，并报省政府对外公布。

5月10日－11日

省口岸办组织济南军区、北海舰队、潍坊军分区等负责同志，对潍坊港一类开放有关工作进行考察，一致同意省政府关于潍坊港对外开放的意见，报国务院审批。

5月13日

海关总署、山东省人民政府合作建设“山东电子口岸”备忘录签字仪式暨“山东电子口岸”揭牌仪式在青岛举行。李克农副署长和孙守璞副省长出席揭牌仪式。

5月18日

扬子江快运航空公司开通青岛—汉城国际货机航线。该航线由海南航空公司执飞，每周两班。这是继青岛空港开通青岛—东京、青岛—大阪货运航班后的第三条国际货运航线。

5月19日

国家质检总局党组成员、国家认监委主任王凤清到济南出入境检验检疫局、省质检局等单位检查指导工作。省委书记、省人大常委会主任张高丽，省委副书记、济南市委书记姜大明陪同参加活动。

5月21日

省委副书记王修智在济南会见了以古中友协主席、华裔将军邵黄为团长的古巴古中友协代表团一行。省口岸办负责协调古巴客人口岸入出境礼遇及通关等事宜。

5月22日

省委书记、省人大常委会主任张高丽，省委副书记、省长韩寓群在济南分别会见了日本和歌山县知事木村良树、议长尾崎要二率领的友好交流团一行。省口岸办负责协调日本客人口岸入出境礼遇及通关等事宜。

5月23日

省人大常委会副主任曹学成在济南会见了以葡萄牙中国世代友好联合会理事会主席贡萨维斯将军为团长的代表团一行。省口岸办负责协调葡萄牙客人口岸入出境礼遇及通关等事宜。

5月29日

山东航空公司开通济南—深圳—新加坡航线。这是山航开通的首条国际航线。

6月12日

省委书记、省人大常委会主任张高丽、省委副书记、省长韩寓群在济南分别会见了泰国商业部部长越他那盟素率领的泰国代表团一行。省口岸办负责协调泰国客人口岸入出境礼遇及通关等事宜。

6月26日

省委副书记、省长韩寓群在济南会见了俄罗斯萨哈林州州长马拉霍夫一行。省口岸办负责协调俄罗斯客人口岸入出境礼遇及通关等事宜。

7月2日

国家海事局复函青岛市政府，明确青岛港开放水域范围为自太平角（老鼠礁）至象嘴连线以内的胶洲湾水域。

7月3日

济南—莫斯科货机正班航线正式开通。省口岸办主任苗俊礼参加了首航仪式。该航线暂定每周两班。

7月15日

韩国亚洲航空公司落户青岛。落户当天在青岛空港国际厅举行了青岛至韩国仁川（汉城）空中国际航线首航仪式。

7月16日

省委副书记、省长韩寓群在济南会见了德国副总理兼外交部长约施卡·菲舍尔率领的德国政府暨经济代表团一行。省口岸办负责协调德国客人口岸入出境礼遇及通关等事宜。

7月19日

省委书记、省人大常委会主任张高丽，省委副书记、省长韩寓群在济南分别会见了亚足联主席哈曼、秘书长维拉潘率领的亚足联代表团一行。省口岸办负责协调各国足球队口岸入出境礼遇及通关等事宜。

省委副书记、省长韩寓群在济南会见了奥地利国民议会（下院）第二议长、奥中友协监事会副主席普拉玛率领的奥中友协高级人士代表团一行。省口岸办负责协调奥地利客人口岸入出境礼遇及通关等事宜。

7月27－28日

全省大企业集团创新工作会议在烟台召开。省委副书记、省长韩寓群出席会议并讲话，副省长王仁元对下一步全省大企业集团的发展作出部署。省口岸办副主任徐毓良列席会议。

7月30日

经国家民航总局批准，山东航空公司正式执飞青岛经深圳至新加坡空中航线。该航班号为SC809/810，每周一、五飞行，使用B－737机型。

8月17日

省委书记、省人大常委会主任张高丽，省委副书记、省长韩寓群检查济南航空口岸新航站区建设工程并提出要求。副省长赵克志参加了检查。

8月26－27日

省政府在青岛召开胶东半岛制造业基地暨山东半岛城市群建设座谈会。省委副书记、省长韩寓群出席会议并讲话。省委常委、副省长林廷生主持会议，副省长赵克志、王仁元、孙守璞分别就制造业基地和半岛城市群建设有关问题讲话。半岛8市的市长和省直有关部门负责人在会上发言。

8月31日

菏泽陆路口岸新场站与青岛港直通仪式在菏泽市举行。省经贸委副主任鲍言富、省口岸办副处长刘耀鲁到会表示祝贺。省口岸协会、青岛海关、山东出入境检验检疫局等单位的代表参加了开通仪式。

9月1日

第十届鲁台经贸洽谈会暨海峡两岸制造业产品展览会在潍坊开幕。全国政协副主席、全国工商联主席黄孟复，省委书记、省人大常委会主任张高丽，中央台办、国务院台办常务副主任李炳才，全国工商联副主席谢伯阳，台湾两岸共同市场发展基金会董事长萧万长等出席开幕式。省口岸办负责协调重要客人山东口岸入出境通关及疏运工作。

9月16日

青岛海港口岸前湾港区国际航行船舶在港“零待时”工作正式启动，并开始在欧洲、日本航线的11条国内最先进的第五代集装箱船舶进行首批试点。

9月30日

国务院批复山东省政府，同意威海航空口岸对外开放。

同日，省长韩寓群在青岛会见了青岛海关在青领导班子成员。韩省长对关区海关近年来工作给予了充分肯定，对海关为山东省外向型经济发展所做的贡献表示感谢。

10月5日

省委书记、省人大常委会主任张高丽到青岛海关进行节日慰问，对青岛海关长期以来对山东省改革开放和现代化建设做出的重大贡献表示感谢，对海关在实现新形势下海关工作的“四个转变”，全面推进通关提速，努力营造一流通关环境等方面所作的工作给予充分肯定，并希望海关按照科学发展观要求，为山东各项建设和发展作出更大贡献。省委副书记、青岛市委书记杜世成等领导陪同慰问。

同日，省委书记、省人大常委会主任张高丽在省委副书记、青岛市委书记杜世成，省委常委、秘书长杨传升，青岛市委副书记、市长夏耕等领导的陪同下，到青岛国际机场看望了机场边防检查站执勤一线官兵。张高丽书记认真询问了出入境边防检查情况，并对机场边防检查站的工作情况给予充分肯定。张书记指出，青岛作为我国重要的对外开放城市和2008年北京奥运会唯一伙伴城市，机场边防检查站作为窗口单位，一定要进一步树立“立警为公、执法为民”的思想，切实转变作风，大力加强队伍正规化建设，确保严格、公正、文明执法。

10月7日－11日

中共中央政治局委员、国务院副总理吴仪先后到威海、烟台、泰安、济南等地内外资企业、开发区、出口加工区和旅游景区景点考察，出席了在威海举行的2004东北亚经济合作论坛开幕式并发表演讲。在济南听取了韩寓群代表省委、省政府作的工作汇报。省口岸办副主任徐毓良代表省口岸办参加了省政府的汇报会。

10月14日

国家质检总局在济南召开促进食品、农产品出口工作现场会。国家质检总局局长李长江出席现场会并讲话，省委副书记、省长韩寓群致欢迎辞，国家质检总局副局长葛志荣主持会议，副省长陈延明汇报了山东农副产品进出口情况，副省长孙守璞出席会议。

11月2日－3日

全省经济开发区工作座谈会在东营市召开。副省长孙守璞到会并做了重要讲话。

11月9日

青岛至韩国群山海上国际客货班轮航线在青岛港6号码头举行首航仪式。

11月25日

省口岸办组织济南军区、空军、民航华东管理局、中央驻山东检查检验单位，对威海机场对外开放前准备工作进行预验收。与会人员一致认为威海航空口岸基本具备对外开放条件，同意报请国家有关部委进行正式验收。

11月27日

威海船厂为德国布瑞斯航运有限公司建造的1300TEU集装箱船“皮欧妮亚”完工交付。这是迄今山东省建造的最大吨位出口船，也是威海船厂为德国船东建造的4艘同型船的首制船。

11月30日

孙守璞副省长率有关部门和威海市政府领导到海关总署专程汇报威海机场开放验收事宜。省口岸办副主任徐毓良参加汇报。

12月15日－16日

全省经济工作会议在济南召开。省委书记、省人大常委会主任张高丽，省委副书记、省长韩寓群出席会议并讲话。省政协主席孙淑义，省委副书记王修智，省委副书记、济南市委书记姜大明，省委副书记、省纪委书记赵春兰，省委副书记、青岛市委书记杜世成，省委副书记高新亭出席会议。

12月16日

省口岸办召集省边防总队、济南市政府、市口岸办、市公安局、济南海关、济南检验检疫局、机场公司等单位，就济南机场新国际候机厅启用前准备工作召开现场会，解决问题，安排事项，确保国际厅出入境通道随新航站楼一起通过国家验收，并按时启用。

12月25日－26日

来我国进行国事访问的委内瑞拉玻利瓦尔共和国总统乌戈·拉斐尔·查威斯·弗里亚斯一行，专程来山东进行访问。省委书记、省人大常委会主任张高丽，省委副书记、省长韩寓群在济南会见并宴请了查威斯总统一行。省口岸办主任苗俊礼陪同参加宴会。副主任徐毓良负责协调办理总统专机济南航空口岸出境手续等事宜。

河南口岸工作综述

【口岸工作概况】 2004年,全省空港口岸共验放出入境飞机652架次,验放出入境人员64 789人次。口岸查验部门以"实施'大通关'、服务'大开放'"为指导思想,严格把关,热情服务,促进了全省的对外开放。郑州海关监管进出口货物105万吨,进出口货物总值66.1亿美元,增收"两税"6.8亿元人民币,监管出入境邮递物品21.47万件。河南出入境检验检疫局检验检疫出入境货物4.5万批,货物总值20.63亿美元,同比分别增长8.2%和20%;检验检疫入出境动植物及其产品1.12万批,截获各类疫情疫病和有害生物39批次。河南武警边防总队郑州边防检查站,认真开展"双争"活动,坚持文明值勤,实行微笑服务,实现全年值勤无事故。郑州东站铁路运一类口岸通关业务量再达百万吨。

【召开全国口岸办主任联席会议】 第十二届全国口岸办（委）主任联席会议于2004年10月11日至14日在郑州召开。海关总署口岸规划办公室领导和全国30个省、市、自治区和计划单列市等72个口岸办（委）的代表共120多人参加了会议。河南省人大副主任张以祥、省政府副省长史济春、省政协副主席郭国三到会祝贺，省政府副秘书长王春生主持了会议。会议主题鲜明，议程紧凑，气氛热烈，受到与会代表一致好评。

【召开全省口岸系统表彰会】 2004年2月10日由省口岸办主持召开了2003年度河南省口岸系统"青年文明号""青年岗位能手"表彰大会。大会对洛阳、南阳、漯河、商丘、焦作等市口岸办和口岸联检有关单位推荐评选出的河南省口岸系统2003年度"青年文明号"（郑州海关驻郑州铁路东站办事处业务科等7个单位）和河南省口岸系统2003年度"青年岗位能手"（洛阳市人民政府口岸办公室赵世杰等13名同志）进行了表彰。

【空港出入境人数创历史最高】 2004年，郑州航空口岸出入境人员64 789人次，同比增长101%；出入境飞机652架次，同比增长85.5%。人员数量和航班架次双创历史最好水平，突破多年来在4万人左右徘徊的局面。

【河南省郑州出口加工区顺利通过国家验收】 2004年6月1日，海关总署、国家发改委、财政部等国家九部委验收组对郑州加工区进行了正式验收，验收组对加工区在较短时间内高质量地完成了各项基础设施建设予以充分肯定，认为符合国家标准，宣布郑州加工区正式封关运营。郑州加工区于2002年6月21日经国务院批准设立，位于郑州经济技术开发区内，一期开发1.2平方公里，起步区0.6平方公里。郑州出口加工区由海关监管，实行"一次申报、一次审单、一次查验"，全封闭，24小时通关的新型管理模式。区内基础设施"七通一平"配套完善，海关、出入境检验检疫、工商、税务、金融等机构一应俱全，入驻企业办理一切手续方便快捷，同时，还可在税收、贷款、运费等方面获得优惠。省委、省政府、市委、市政府领导非常重视加工区的建设，多次实地考察和召开会议，强调各有关单位要把加工区建设作为全省对外开放工作的一件大事来抓。郑州出口加工区顺利通过国家验收，为全省对外开放构筑了新的平台。

【郑州出口加工区入驻企业开工势头高】 自2004年6月1日通过验收至2004年12月31日已登记注

册项目18个，完成年计划的120%；注册资金约3.2亿元，完成年计划的128%。其中，高新技术领域项目7个，新批外商投资企业7个，合同利用外资约1 000万美元；开工工业项目3个，投产企业3家。完成固定资产投资约2.5亿元，完成年计划的100%，其中基础设施投资约2亿元，企业固定资产投资约5 000万元。

【《河南省口岸管理办法》颁布实施】 2004年10月1日《河南省口岸管理办法》正式颁布实施。《河南省口岸管理办法》是全省历史上第一部口岸管理方面的政府行政规章。该《办法》的出台，对全省的口岸发展具有里程碑的意义，标志着全省口岸建设、管理、协调等工作纳入了规范化、制度化、法制化轨道，将大大加强政府对口岸的管理力度，从而使口岸真正形成一个有机整体，发挥整体效能，为全省外向型经济发展发挥更大作用。该《办法》共分24条款，分别就颁布该《办法》的意义、口岸的界定、口岸综合管理机构行使职责、口岸查验部门行使职责及口岸有关部门、人员违法违纪处罚规定等做出了相应的规定。

【郑州铁路东站一类口岸通关业务量再创新高】 2004年，郑州铁路东站一类口岸通关业务量在去年的基础上再次达到百万吨。为充分发挥郑州铁路东站一类口岸的货运潜力，把它构建成全国最大的内陆国际物流平台，口岸办在2004年先后5次召开省内大型进出口企业、货运代理及报关公司座谈会，并制定出相应的便利通关措施，吸引企业到郑州东站一类口岸办理货运手续。

【焦作至青岛国际集装箱专列开通】 2004年12月20日，焦作至青岛国际集装箱专列开通。计划每周开行一次，每列30—50个集装箱。此集装箱专列的开通，解决了焦作及周边地区的进出口货物直通边境口岸的问题。省口岸办、郑州海关、河南进出口检验检疫局有关领导参加了开通仪式。

【积极推动口岸联检单位实施“大通关”、服务“大开放”】 2004年，为进一步落实国务院实施“大通关”的政策措施，口岸联检单位加大了“大通关”进程。河南检验检疫局为全省280余家企业安装了电子报检企业端软件，有300家企业已利用自助方式开展报检业务，示范带动河南检验检疫电子口岸建设。为作好出口货物电子审核快速核放工作，河南检验检疫局制定出了《河南检验检疫局出口货物快速核放的实施方案》，并继续落实原产地标记保护、普惠制、24小时服务等扶优扶强措施。郑州海关积极进行河南电子口岸平台建设，完成了河南电子口岸一期工程软件系统开发和电子智能关封系统的集成化、小型化系统测试；开展了加工贸易联网监管试点，制定了《郑州海关加工贸易联网监管实施方案》并于年底正式开始对2家企业联网监管，这标志着一种崭新的加工贸易监管方式在河南省内得到实现。

【开辟国际航线工作取得突破性进展】 为提升河南省对外开放水平，支持全省开放型经济发展。2004年，省政府进一步加大了开辟国际航线工作力度，建立了由省口岸办负责牵头，由省财政厅、商务厅、旅游局、郑州机场公司等有关部门参加的开辟国际航线联席会议制度。经过努力，郑州至曼谷国际客运航线和郑州至卢森堡、郑州至拉各斯、郑州至迪拜等国家地区的国际货运航线顺利签约并即将开通。

（孙庆慧）

河南口岸检验单位工作综述

郑 州 海 关

【概述】 2004年，在海关总署和河南省委、省政府的正确领导和大力支持下，郑州海关以“三个代表”重要思想为指导，认真贯彻落实十六大和十六届三中、四中全会精神，密切联系实际，全面贯彻“依法行政，为国把关，服务经济，促进发展”的海关工作方针和全国海关关长会议精神，按照“政治坚强，业务过硬，值得信赖”的海关队伍建设要求，自觉增强6种意识，坚持以人为本，大力加强海关队伍建设，进一步深化业务改革，实施科技强关和管理创新，切实提高通关效率，提高海关管理水平，为维护进出口秩序、服务和促进河南的对外开放和外向型经济发展作出了积极贡献。

【海关监管】 2004年，郑州海关创新监管手段，增强海关监管的针对性。紧密围绕“更新监管理念，创新查验机制，夯实业务基础，强化职能管理”的思路，创造性地开展工作。清理业务文件，整理《监管法规汇编》；进一步规范关区2次转关、风险信息报送、处长巡视和科长带班等规定，完善相关规章制度；对监管通关环节存在的突出问题进行梳理，查摆问题47个，逐项提出整改措施；进一步降低查验率，加大布控率，提高查获率，增强查验工作的针对性和有效性；走访首都机场、青岛、连云港、深圳等地海关，协调解决转关过程中遇到的问题。通过不断提高通关效率，尽可能为企业通关提供便利。据海关统计，2004年河南省对外贸易进出口呈现高速增长，全年共实现进出口总值66.1亿美元，比上年（下同）增长40.2%。其中，进口24.4亿美元，增长40.4%；出口41.7亿美元，增长40.1%，出口列中西部首位，在全国排名第11位，较2003年上升了2位。全年郑州海关共监管进出口货运量105万吨，下降9.8%，进出口货运总值12.1亿美元，增长5.4%；监管进出境航班653架次，增长78.9%，验放河南口岸进出境人员6.38万人次，增长95.5%；监管邮递物品21.47万件，与上年基本持平。

【海关税收征管】 2004年，郑州海关坚持依法治税、综合治税，不断提高税收征管水平。坚持“以质为主、质量并举”的原则，积极开展年初税收调研、年中税源回访和年底税收检查，准确、及时掌握关区税收动态。进一步划清海关归类、审价的部门职责分工，加强海关估价、归类、原产地和减免税管理。完善归类、审价、化验等规章制度，使税收征管工作有章可循。全年实现关税和进口环节代征税实际入库6.8亿元人民币（不含政策性退税2.4亿元），下降51%。积极落实国家有关减免税政策及其他优惠政策，服务和促进大中型企业特别是省委、省政府关注的重点企业和重点工程项目的发展，加快减免税业务审批速度，加强政策宣传，指导企业用好政策，为河南的科技进步、结构调整和经济发展服务。全年共为河南企业审批减免税款16.62亿元人民币，增长136.31%，其中减免关税4.29亿元，增长109.2%，减免进口环节代征税12.33亿元，增长147.5%。

【海关缉私】 2004年，郑州海关进一步加大反走私力度，努力营造良好的进出口市场环境。针对“入世”后打击走私工作面临的新形势、新任务，密切联系河南实际，积极探索打击走私工作新思路，强化全局意识。坚持“以打促税”方针，在重点办好打击价格瞒骗走私、货运渠道走私、加工贸易渠道走私案件的同时，注重开展毒品及其他非涉税案件的侦查工作，实现对非涉税案件侦办零的突破。落实《案件主办人责任制》、《案件责任追究制度》，确保侦办质量。初步建立与海关总署侦查网和地方公安信息网的联接，加强执法合作和情报交流。开展打击光盘、毒品走私等专项行动，查获走私光盘199张，查获走私非法出版物20份。与兄弟海关联合侦办特大毒品走私案1起，查扣走私毒品海洛因21．802千克，受到海关总署贺电表扬。全年刑事案件立案3起，案值4 391.4万元，涉税366万元；行政案件立案24起，案值3 331.6万元，涉税699.5万元。积极配合兄弟海关办理协查案件83起，抓获犯罪嫌疑人8名。

【海关统计】 2004年，郑州海关进一步加强统计工作，拓展统计服务领域。积极协助配合做好海关通关业务系统从H883到H2000的系统切换，认真查补缺漏，确保统计数据质量。开展统计执法评估，对海关主要行政执法活动进行动态监测分析，查找各项业务环节潜在风险。与地方政府部门建立定期联系会议制度，拓宽信息沟通渠道；加强对重点商品和大宗进出口商品调研力度，提高统计分析和政策咨询的针对性和准确性；实施跨部门、跨关区联合调研，受到有关政府部门好评。利用海关统计数据的权威性，及时准确提供统计信息和统计咨询，作好全省外贸进出口状况分析，为各级领导机关和进出口企业决策提供帮助和服务。全年编制《统计与分析》、《郑州海关业务统计》、《统计监督信息》各12期；撰写各类统计信息和统计分析161篇，其中被中办国办采用1篇，海关总署要情采用1篇，省政府信息载体采用35篇次，省级新闻媒体采用5篇，2篇专题分析获海关总署“年度优秀统计分析三等奖”。全年共接受统计数据咨询200人次，提供数据约60万条（附《2004年郑州海关主要业务统计指标》）。

【加工贸易和保税监管】 2004年，郑州海关加强加工贸易和保税监管，加工贸易管理取得明显成效。年初筹备成立了加工贸易和保税监管机构，在积极做好联网监管试点工作的同时，切实加强对加工贸易的管理。加工贸易手册备案金额迅猛增长，数量稳中有升，全年共办理加工贸易合同备案1 139份，增长12%；备案加工贸易合同金额111 427万美元，增长高达97%；核销到期合同1 117份，增长12%。近3年备案的合同结案率均列全国海关第1位，当年备案合同结案率达到98.55%，列全国海关第9位。郑州海关加工贸易管理提前实现跨入全国海关先进行列的目标。

【积极推广风险管理】 2004年，郑州海关积极做好风险管理推广应用，推进企业管理有序开展。按照海关总署要求，制定《郑州海关风险管理平台推广应用实施方案》，组成专家组对平台功能、业务数据等分期测试、培训，在授权、IC卡、读卡器安装、计算机升级等方面实现与海关总署同步。在企业管理中，与大中型企业建立联络员制度，加强对关区外贸企业风险判别，举办大中型进出口企业中层研讨班和企业高层恳谈会，为河南外贸企业开发利用国际市场，做好思想上和政策上的宣传。对河南绵羊皮行业进行贸易调查与市场调查，实现稽查补税200余万元。进一步完善企业信用管理制度和关企合作备忘录（MOU）制度，在2003年与河南安阳彩色显像管玻壳有限公司、安阳钢铁集团有限责任公司、河南粮油食品进出口集团有限公司、焦作隆丰皮草企业有限公司、河南瑞贝卡发制品股份有限公司、中国石化集团中原石油勘探局等6家AA类、A类企业签定合作备忘录的基础上，2004年又先后与乐凯集团第二胶片厂、河南天冠企业集团有限公司、南阳棉纺织集团有限公司、南阳市色织厂、南阳利达光电有限公司、三门峡湖滨果汁有限责任公司、河南漯河双汇实业集团有限公司等7家AA类、A类企业签定了合作备忘录。11月7日，组织河南考区“2004年报关员资格全国统一考试”。据统计，河南考区参加考试 1 896 人，同比增长 94%，经海关总署报关员资格考试委员会核准，通过考试 285 人，通过率为 15%。

【推进科技创新】 2004 年，郑州海关大力实施科技兴关、科技强关战略。一方面做好移动化办公，大力加强加工贸易联网监管系统、郑州海关门户网站、河南电子口岸、关区风险管理平台和郑州海关税收综合分析系统等重点项目的技术开发；另一方面实现海关信息系统“运行网”、“管理网”、“红机网”的 3 网分离。积极做好技术维护，确保海关通关业务系统从 H883 到 H2000 系统的平稳过渡。完成关区 IP 电话及郑州海关总关至海关总署 IP 电话升级扩容，保障海关各项工作运行畅通。

【加强法制建设】 2004 年，郑州海关积极推进依法行政，认真贯彻落实《行政许可法》，清理并废止与许可法冲突文件 32 份；建立法制工作联络员工作机制；举办《行政许可法》、《行政处罚实施条例》、知识产权海关保护讲座；参加省知识产权知识电视竞猜，获三等奖。开展知识产权保护专项行动。10 月 10 日，首次在出口环节采取主动保护措施，查获上海某鞋业进出口公司涉嫌侵犯知识产权出口货物，这也是 2004 年 10 月全国保护知识产权专项行动开展后，内陆海关查获的案值较大的一起知识产权案件。

【加强队伍建设和基层建设】 2004 年，郑州海关始终把队伍建设作为海关发展的第一要务，坚持以人为本，实行从严治关、以德治关，全面加强思想政治建设和基层建设。一是做好干部选拔和交流工作。进一步完善干部选拔制度，通过竞争上岗，全年提拔处科级干部 25 人，民主推荐选拔处级干部 4 名。全年干部岗位交流 104 人，其中处级 22 人，科级 59 人，一般干部 23 人。二是做好干部培训工作，鼓励干部在职学习。7 月起恢复深圳轮训。全年组织 133 人次参加海关总署及协作区海关和省直党校组织的各类业务和政治理论培训；自行举办各类培训 36 次。总计参加培训干部人数达到 1 000 人次以上。干部自学蔚然成风，全年共 42 人参加在职学习，其中攻读硕士学位 16 人、攻读本科学历 25 人、大专 1 人。三是大力加强基层建设，丰富关员文化生活。在各基层单位和职能处室设置联络员，加强基层单位与职能部门的联系配合，强化对基层单位的组织领导。形成党组统一领导、政工部门组织协调、职能部门齐抓共管、基层单位具体执行的基层建设领导体制和工作机制。严格基层单位考核，狠抓各项基础建设，切实提高管理水平。组织关区乒乓球赛，积极参加海关总署比赛；增购近万元的图书，开放图书室，开展读书活动；参加河南省直机关第三届职工运动会，展示了郑州海关良好形象。2004 年，郑州海关先后获得“省级文明单位”和“省直机关领导班子思想作风建设优秀单位”等荣誉称号。郑州海关求真务实的工作也得到海关总署党组的充分肯定，牟新生署长在对该关工作的批示中指出：“在周冀中同志为班长的新一届党组领导下，郑州海关各项工作有了很大的起色，队伍精神面貌也发生明显的变化，希再接再厉，更上一层楼。”

2004 年郑州海关主要业务统计指标

序号	业务指标	计量单位	2004 年	2003 年	同比 ± %
1	货运量	万吨	105.0	116.4	-9.8
2	其中：进口	万吨	95.5	104.6	-8.7
3	出口	万吨	9.5	11.8	-19.5
4	货值	万美元	120734	114547	5.4
5	其中：进口	万美元	98994	90979	8.8
6	出口	万美元	21740	23568	-7.8
7	海关税收	万元	68054	139454	-51.2
8	其中：关税	万元	21964	52703	-58.3
9	代征税	万元	46090	86751	-46.9
10	审批减免税	万元	166206	70333	136.3
11	统计报关单	份	16515	15267	8.2
12	监管飞机	架次	653	365	78.9
13	监管人员	人次	63841	32654	95.5
14	缉私局立案走私罪案件	件	3	3	0.0
15	缉私局立案走私罪案值	万元	4391	730	501.5
16	缉私局结案走私罪案件	件	2	2	0.0
17	缉私局结案走私罪案值	万元	1552	748	107.5
18	缉私局立案违规案件	件	11	15	-26.7
19	缉私局立案违规案值	万元	2797	10057	-72.2
20	缉私局结案违规案件	件	14	8	75.0
21	缉私局结案违规案值	万元	3542	8454	-58.1
22	调查部门立案违规案件	件	3	9	-66.7
23	调查部门立案违规案值	万元	1703	573	197.2
24	调查部门结案违规案件	件	2	15	-86.7
25	调查部门结案违规案值	万元	1700	1139	49.3
26	罚没收入	万元	247	1593	-84.5
27	审价补税	万元	10	4	150.0
28	内销补税	万元	1348	2107	-36.0

河南省公安边防总队

【边防工作概况】 2004年，河南省公安边防总队以“三个代表”重要思想和党的十六届四中全会精神为指导，以全省公安局处长会议精神和公安部边防局党委扩大会议为依据，紧紧围绕公安厅党委的总体思路，坚持服务经济建设，落实执法为民，坚持加强党委班子和干部队伍建设，坚持狠抓基层建设和正规化建设，圆满完成了以边防检查为中心的各项任务。

【认真贯彻落实全省公安局处长会议和公安部边防局党委扩大会议精神】 坚持以第二十次全国公安工作会议精神为指导，进一步理清工作思路和目标任务。一是迅速传达贯彻。印发文件材料，召开党委会、党支部会、军人大会，把会议精神传达到了每一个官兵。二是深入宣传教育。组成宣讲小组，深入基层，向官兵宣讲会议精神，让官兵准确领会精神实质，明确“二十公”精神中“执法为民是根本、维护稳定是核心、队伍建设是关键”的深刻内涵，增强了执法为民的自觉性。三是明确工作思路和目标任务。总队认真分析部队建设形势，提出了“三个坚持、两个保证”（坚持在服务经济建设、落实执法为民上下功夫，坚持在党委班子和干部队伍、基层建设上下功夫，坚持在提高部队正规化建设水平上下功夫；保证部队安全稳定，保证边防检查任务圆满完成）的工作思路，明确了加强中心工作、搞好“三项建设”的四大任务，为全面落实会议精神确定了方向和目标。

【狠抓“龙头工程”建设，发挥了党委领导核心作用】 坚持开展“讲学习、讲正气、强素质、做表率”活动，提高了班子自身建设和领导部队建设的能力。一是加强了党委中心组学习。制定了《团以上干部年度学习实施计划》，严格落实学习日制度，正副书记带头学理论、讲理论，成员之间谈收获、比提高，形成了浓厚的学习氛围。党委中心组深刻理解把握“二十公”的精神实质，牢固树立了执法为民的观念，增强了把学习成果转化为谋发展、抓工作、搞建设的能力。二是认真坚持民主集中制原则。严格落实《军队党委工作条例》，按照议事程序和议事规则议事决事。在确定部队建设指导思想和工作思路等敏感事务上，党委都能按照组织原则，坚持调查论证、充分酝酿、集体研究、慎重决策，保证了各项决策的科学性。三是注重搞好班子团结。班子内部同心同德、心齐劲足、协调配合、尊重支持，成员之间建立了深厚感情和荣辱与共的思想观念。四是加强了党风廉政建设。按照“为民、务实、清廉”的要求，坚持“查防结合、预防为主，标本兼治、重在治本”的原则，着重抓了党风廉政教育，制定并推行了领导干部责任追究制度和纪委谈话制度。逐步建立健全了案例形势分析、情况报告、党风廉政建设责任制等制度，促进了廉政建设的深入开展。五是加强了作风建设。认真落实“八个坚持、八个反对”的要求，坚持“两个务必”，坚持调查研究，深入基层，深入官兵，及时帮助基层解决实际困难。2004年，总队党委被公安部边防局评为“全国公安边防部队先进党委”，总队长杨建平、政委张清国、副总队长兼参谋长郭群被评为“优秀领导干部”。

【大力加强思想政治建设，打牢了官兵执法为民的思想基础】 一是扎实开展了“双让”主题教育。3至6月份，在部队集中开展了以“端正执法思想，坚持执法为民”为主题的“让党放心、让人民满意”的教育。以贯彻落实党的“二十公”会议精神为主线，靠领导示范带头、靠制度保证落实、靠活动牵引工作、靠精神激励官兵的教育路子。邀请木康边检站缉毒英雄做先进事迹报告，组织官兵参观公安部表彰的执法为民先进派出所白马寺派出所，开展演讲比赛、征文评比、思想漫谈等活动，引导官兵转变执法观念、增强服务意识，坚定了热爱边防、献身边防的信心和决心，开展了“学长霞、铸警魂、树形象”，学习“我最喜爱的十大人民警察”和帕里边防派出所等活动，都取得了较好效果。有1名同志被评为“公安边防部队优秀政治教育工作者”。二是认真开展了经常性思想工作。坚持以“三互”（互帮、互学、互教）活动为突破口，通过开展心理普查和心理分析，及时发现个性问题和倾向性问题，采取预防措施，把问题解决在萌芽状态，拓宽了思想工作的新途径。结合实际研究制定了“三互”活动实施办法，建立了群众性思想工作体系，扩大了管理教育面，密切了内部关系，促进了部队思想稳定。8月份，总队“三互”活动的做法在公安边防部队经常性思想工作暨“三互”活动推广会上做了专题介绍。三是重视搞好科文教育和新闻宣传工作。在官兵中广泛开展了学知识、学文化、学业务、学技术活动。截止目前，已有4名同志取得了研究生学历，有55%的干部参加了继续教育，50%多的士兵有一技之长。重视新闻报道工作，制定了有关通联制度，建立了奖惩机制，分解了目标任务，加强了人员培训，提高了稿件数量和质量。总队机关连续三年被评为“河南省精神文明建设先进单位”。洛阳边检站连续两年被评为“省级文明单位达标单位”。

【着眼提高部队素质，全面开展了大练兵工作】 总队紧密结合新形势下边检工作特点，以岗位练兵、技能练兵为重点，着力锻炼和提高了官兵业务素质和执勤执法能力。一是加强领导，建立机制。总队党委成立了大练兵活动领导小组，建立了协调配合工作机制和监督保障机制，及时将会议内容制作光碟下发部队，制定了《总队军事业务大练兵活动方案》、《总队军事业务比武方案》、《总队军事业务比武评分细则》、《总队军事业务训练管理规定》，明确了各级机关、各级领导干部，以及不同类型单位、不同岗位人员大练兵的内容和所应达到的标准要求，落实了大练兵活动经费及各种器材。做到了思想统一、党委统揽、主官亲抓、机关合力，保证了大练兵工作全面展开。二是区分层次，突出重点。按照全警参与、重在基层、立足岗位、注重实效的原则，坚持“干什么、练什么，缺什么、补什么”的原则，广泛开展了大练兵活动。在训练类型上，分类安排，分头组织；在对象上，突出一线，干部为战士做好表率；在内容上，狠抓基础科目、岗位练兵。各级在经费投入、时间安排、人员补课等方面都加大了工作力度，确保了人员、时间、内容、效果的落实，使部队官兵个个得到锻炼、人人有所提高。三是以比促训，注重效果。6月份参加了省公安厅射击比赛，7月份总队举行军事业务比武，9月份组织了政工干部比武，10月份组织驾驶员进行比武，极大地调动了官兵的练兵积极性，提高了一线官兵的执勤执法能力，全面推动了部队各项工作。

【深入开展“双争”活动，执法为民工作上了新台阶】 一是加强组织领导，扎实开展了“双争”活动，各单位均成立了活动领导小组，制定了实施方案，召开了动员大会，提出了“五个坚持”的指导思想，加强调查研究和分类指导，坚持跟踪问效，及时总结讲评，通过理清工作思想，达到了行动上的自觉与统一。9月份，总队制定了《河南边防总队“双争”活动检查评比实施细则》（共155条），对部队开展“双争”活动情况进行了全方位的检查，确保了“双争”活动的扎实有效开展。二是规范文明执勤，做到了严格公正执法。制订了《河南公安边防部队处置口岸突发公共安全事件预案》，并进行了有针对性的演练，确保了查控工作的准确、及时、安全。以《旅检规范》为标尺，在执勤工作中做到了“十个坚持”，以饱满的精神，严整的警容，规范的程序，娴熟的技能，严格的制度，做到了公正文明执法。加强法制建设，坚持依法行政。组织《公安机关办理行政案件程序规定》和法律文书培训班，修订《行政执法流程图》和《行政处罚流程图》。加强执法审核，推行警务公开，聘请了

13位执法监督员，扩大了社会监督，使执法办案做到了“三个准确”（依据、定性、尺度）和“四个规范”（程序、取证、法律文书、案卷制作），确保了没有发生旅客投诉和行政复议案件。落实《2004年业务学习安排》，举办了业务专题讲座和识别伪假证件培训班，组织人员到北京总站执勤现场进行观摩学习，邀请武警学院边检教研室的教授和北京边检总站业务骨干进行识别伪假证件辅导，使检查人员开阔了视野，增长了知识。认真履行职责，及时向河南省综治委提供偷渡活动现状规律和特点分析，积极参加河南省口岸反偷渡联席会议机制，提高了综合打击管控能力，较好地维护了全省政治社会稳定和口岸出入境秩序。三是积极主动作为，坚持执法为民。坚持为出入境旅客提供便捷服务，为地方经济建设提供优先服务，为旅游发展提供主动服务，为口岸建设提供信息服务。落实了20条便民利民措施，拓宽了服务空间。积极参与河南省国际航线开辟工作，主动向地方政府提供情况报告和数据分析。响应“大通关”要求，主动参与制定了《河南省人民政府关于加强郑州航空口岸管理的意见》。先后3次邀请河南旅游集团等9家旅行社进行交流座谈，改革旅游团队的查验程序，缩短了旅客的候检时间，受到了旅客的好评。在河南省第三届国际投资贸易洽谈会和国际传统武术节期间，提前介入，上门服务，为与会代表开辟专门通道，实行预报预检制度和“一站式”查验，增强了服务中原经济建设的窗口意识。今年，部队先后有1个单位被团省委授予“青年文明号”，5个同志被团省委评为“青年岗位能手”。

【加强管理教育，推进了部队正规化建设】 狠抓《机关正规化管理若干规定》和《基层正规化管理若干规定》的落实，坚持在打基础、抓规范、重经常、求实效上狠下功夫，确保了部队高度稳定和集中统一，提高了部队正规化建设水平。一是深入学习条令，增强了官兵遵守纪律的自觉性。坚持把条令学习作为落实正规化管理的出发点，采取考核、竞赛、教育整顿等方式，做到边学习，边对照，边查找，边整改，边提高。总队制定了《河南省公安边防总队机关正规化、基层正规化管理检查项目评分细则》，实行了“双百分”制考核标准。制定了《河南省公安边防总队士官日常管理量化考核实施细则》，健全了士官管理机制。下发了《河南省公安边防总队礼节礼貌实施细则》，狠抓了作风养成。今年部队进行了4次作风纪律整顿活动，使部队管理工作更加正规有序。二是深入开展“无行政责任事故、无执勤事故、无案件”评比活动，确保了部队安全稳定。各级对安全工作常议、常抓，形成了良好的安全防事故工作氛围。年初，各单位层层签订了《预防事故、案件责任书》、《五条禁令责任状》，强化了各级抓安全工作的责任心。把人、车、枪、酒、财、章作为安全防事故工作的重点，把搞好经常性管理工作和经常性思想工作作为安全防事故的切入点。车辆管理坚持派遣登记、车场日、安全例会等制度，主动邀请交警部门为驾驶员上安全课，增强了司机的职业道德观念。枪弹管理严格落实了“双人双锁”、“双人进库”制度，定期对枪弹进行检查，动用枪弹按规定报批，在训练中严守操作规程，有效地避免了事故的发生。执勤管理严格落实了《查控工作规范》和《边防检查工作规范》，严格领导带班制度和请示报告制度，严格交接班手续。坚持了安全例会制度，定期分析安全形势，及时查找问题隐患和苗头，提出应对办法和要求，落实安全工作责任追究制度，形成了有效预防机制。三是注重加强全面建设，促进了正规化建设。软件建设重点建立了条令学习、安全例会、安全检查、干部士官量化考评等制度，完善了机关早操、警容风纪检查、卫生检查、查铺查哨制度，真正使各项制度渗透到正规化管理的各个环节。硬件建设坚持因地制宜，改善基础设施，有计划地开展达标活动，统一制作配发了各种悬挂镜框、标牌等，统一了内务和各种库室设置，统一印制了11种登记本（表、簿）和学习笔记本，满足了正规化管理的需要。

【重视加强基础工作，基层建设取得了新进步】 按照总队《2002年—2004年基层建设意见》，坚持全面建设、整体提高的原则，抓龙头、打基础，查缺补漏、巩固提高，整体规划、全面推进，使基层建设有了明显进步。一是继续抓了学习教育。在回顾总结以往基层建设成绩和不足的基础上，修订了《河南省公安边防总队基层建设三年规划》，明确了基层建设的指导原则和目标，制定了学习教育、指导帮扶、督促检查、总结讲评等制度，推行了目标责任制，为抓好基层建设做好了准备。二是突出抓了党支部建设。制定了执勤业务科党支部职责，加强了党支部班子。坚持以基层党支部建设常识为基本内容，采取以点带面、整体提高的方法，经常帮扶和检查评比，提高了基层党支部的“三个能力”。加强对支部书记党务知识学习培训，通过组织外出参观、现场观摩、内部办班、专题学习等形式，提高了党支部书记党务工作能力。加强对党员的管理教育，认真落实“七项组织生活”制度，使基层支部组织活动步入了正规化发展轨道。三是狠抓了干部队伍建设。针对干部文化程度高、实践经验少，具体工作多、理性思考少的实际，采取压担子、引路子的办法，坚持组织出题目、个人写文章，引导干部钻研业务，广学博收，岗位成才。有21名干部论文被汇编成册。积极探索建立干部教育管理的长效机制，进一步完善干部培训、选拔、考核和责任追究机制，推行干部量化考核，注重运用考评结果，激发了干部积极主动性。认真落实检查员等级评定工作，对24名检查员颁发了资格证书，促进了检查员队伍思想稳定。四是注重抓好基础设施建设。重点加强了部队营区和办公楼建设。改建、装修了各种库场室，进一步绿化了营区，硬化了路面。为洛阳站安装检查现场监控系统，实现了总队边防检查硬件设施的全面升级。加强部队信息网络建设，提高了网络信息服务质量。五是落实了文化建设标准。按照《基层文化建设三年规划》，逐年落实文化建设标准。继续加强图书室、荣誉室、娱乐室、健身室、篮球场的建设和维护，实现了部局提出的“四室一场”要求。

【坚持管建并举，提高了后勤保障能力】 一是狠抓了基础工程建设。认真落实部局住房改革会议精神，开展了清理不合理住房工作。办公楼前期准备工作取得实质性进展，建设图纸通过了消防部门审批。经济适用住房土地征用工作已基本完成。二是加大了后勤规范化管理。制定了《河南省公安边防总队后勤正规化管理检查补充项目评分细则》，进行了统一规范，明确了责任分工，实行了定人定物定位管理。在财务管理上，制定下发《河南边防总队财务管理专项整顿方案》，成立了财务管理专项整顿工作领导小组，对银行账户和资金管理、私设“小金库”、“账外账”和落实财务内控制度等方面情况进行了查摆整顿；规范了报销程序，落实了党委集体理财和“一支笔”审批制度，增强了经费开支的透明度和使用效益；加大审计监督力度，编配了专职审计员，提高了经费的使用效益。在军械运输管理上，确保了枪弹安全，枪械各项技术指标良好，圆满完成了销毁报废枪支弹药和押运枪弹工作；认真抓好车场正规化建设，保证了车辆管理、停放、维修、保养规范有序；重视提高驾驶员业务水平，定期组织复训，进行安全教育，保证了行车安全。三是做好军需卫生工作。修订了先进食堂评比细则，进一步提高了伙食质量，官兵伙食满意率达到95%以上。认真抓好被装发放工作，适体率达到98%以上。坚持为官兵开设卫生常识课，帮助官兵熟悉疾病预防知识，增强自我保健能力，定期组织全体官兵进行健康体检，为官兵注射乙肝疫苗，预防了各种疾病的发生，保证了官兵身体健康。

（姜海峰）

河南出入境检验检疫局

【出入境检验检疫情况】 2004年，河南出入境检验检疫局围绕“中原崛起”这一宏伟目标，认真贯彻落实国家质检总局总体工作的要求，依法施检、严格把关、突出重点、促进出口、深化改革、抓队伍、强基础、树形象，为促进检验检疫事业和河南外经贸事业的快速、健康发展做出了积极贡献。2004年共检验检疫出入境货物45 023批，货值318 006万美元，分别比2003年增长8.11%和20.05%。其中：出境货物36 585批，货值206 334万美元，分别比2003年增长8.79%和22.04%；入境货物8 438批，货值111 672万美元，分别比2003年增长5.25%和16.55%。检出不合格进出口商品282批，不合格商品货值1 775万美元，对外索赔1 213万美元。2004年全省检验检疫出口商品货值大于进口商品货值。进出口贸易额及批次与去年同期相比有大幅度增长。

2004年共监测体检出入境人员12 609人，比去年同期减少5.76%。其中：出境人员11 502人；入境人员1 107人。监测体检中发现病例1 541人。其中：出境人员1 354人；入境人员187人。对出入境人员实施爱滋病监测11 274人，比去年同期减少15.11%。其中：出境人员10 277人；入境人员997人。对出境人员实施预防接种27 137人，比去年同期减少3.59%。

2004年共检疫出入境飞机654架。其中：出境327架；入境327架。进行卫生除害处理359架。检疫出境火车326节。检疫出入境集装箱19 746标箱。其中：出境2 163标箱；入境17 583标箱。全省出口商品包装鉴定4 311批，数量1 350万件，比去年同期减少32.88%和10.77%。其中：一般包装性能鉴定2 321批，数量1 044万件；危险货物包装性能鉴定1 060批，数量240万件；危险货物包装使用鉴定930批，数量67万件。出境货物木质包装监督5 286批，数量40.1万件。进境货物木质包装监督3987批，数量16.7万件，涉及货值37 812万美元。全年共签发各种检验检疫证书91 129份。其中：出境80371份，入境10 758份。签发通关单7 584份，金额87 417万美元。其中：出境通关单1363份，金额4 095万美元，占出境检验检疫货值的1.98%；入境通关单6 221份，金额83 322万美元，占入境检验检疫货值的74.61%。签发换证凭单35 000份。签发普惠制产地证17 232份，金额121 301万美元。签发一般产地证4 566份，金额19 866万美元。

【进口商品的检验检疫监管】 2004年，河南出入境检验检疫局坚持依法施检，严格把关，加强对涉及安全、卫生、健康、环境和反欺诈进境物品的监管。全年共检出进境不合格商品203批，货值1 268万美元。一是强化了对进口废物原料的检验监管。如对河南一象公司从哈萨克斯坦锌业股份公司进口的铁精矿原料实施检验时，发现存在严重质量问题，在第一时间向国家质检总局和河南省政府报告，在总局和相关专家的指导帮助下，经综合分析后判定为工业矿渣，及时出具了证书，同时为防止对周边环境造成污染，采取措施将该批原料封存在远离城区的矿山上。二是加大了对进口棉花的查验力度。2004年上半年河南出入境检验检疫局共计检验进口棉花3.06万吨、4 775万美元，同比分别增长999%、546%。检验发现进口棉花质量问题突出，不同程度存在品质、短重问题，经及时对外出证索赔近百万美元。在对中纺（河南）棉花进出口公司进口美国一批价值10万美元棉短绒的检验中，发现1/3以上是霉变棉、土杂绒棉等原料废物，极个别是棉绒变异后的恶性垃圾，质量严重不合格，立即出具检验证书，要求公司尽快提出退货和索赔事宜。此事上报国家质检总局后，引起总局高度重视，总局葛志荣副局长批示总局检验监管司会同中央电视台等新闻媒体对此事进行了专题采访，于6月24日在中央电视台新闻频道、国际频道分别播出，警示国内企业严防此类洋垃圾流入国内，以保护国家生产和环境安全。三是对不符合进口条件的旧机电坚决不许进口，依法加强备案管理，严格实施装运前预检验。首先做好国家重点工程的检验把关，圆满完成了安玻集团引进的价值5 000万美元的旧玻壳生产线装船前的检验任务。对省市重点项目——英泰芯片生产线项目和新乡134厂蒸发器生产线改造等项目认真监管，及时请示汇报，落实措施，全力支持了地方经济发展。在新乡134厂蒸发器生产线改造项目引进设备检验中，发现外商漏发数量达15项，经及时出具索赔证书，为企业挽回损失50万元人民币。四是加大了对进出境商品违法行为的立案查处力度。针对江苏新沂良晨公司倒卖进口大豆一案，河南出入境检验检疫局经过深入调查，掌握了有关单位购买江苏新沂良晨公司大豆的有关情况，及时向国家质检总局书面汇报；针对许昌某化纤有限公司和新乡某机械化工公司无视国家有关规定，在未向国家质检总局备案的情况下进口旧机电设备的违法行为，组织专人进行立案调查，依据《商检法》及其实施条例等有关规定，对两单位分别给予了行政处罚。查处许昌某瓷业有限公司调换检验样品的案件，对该企业罚款3 400元。查处禹州市神后镇某厂擅自将出口质量许可证转让给别的企业使用的案件，对该企业处以罚款3 700元，并暂停受理报验。

【出口商品质量把关】 2004年河南检验检疫局共检出出境不合格商品90批，货值562万美元，检出有问题的出境食品48批，货值149万美元。河南出入境检验检疫局一是从源头抓好出口商品质量，抓好“三个体系”（疫情疫病防治体系、药物残留监控体系、卫生质量控制体系）建设等。全年重点抓了出口企业“三级兽医体系”的完善。组织有关业务人员起草了《出口禽肉加工企业食品安全体系建设构想》，配套制定了《河南省出口禽肉残留控制措施》、《河南省出口禽肉疫病控制措施》、《河南省出口禽肉卫生控制措施》、《河南省出口禽肉备案养殖场检验检疫认可兽医管理细则》、《出口肉类供宰动物养殖场管理手册》等文件，帮助企业正确把握“三级兽医体系”的基本思路，指导建立了由兽医总监、部门兽医及基层兽医组成的“三级兽医体系”，制定了详细的兽医职责、分工及奖惩制度，完善了疫病监控、药物使用、残留监控、卫生控制等程序，并应用到具体工作中。二是切实加强对供港活畜的检验检疫监管。在注册饲养场推行“二定三统一”（定厂购买饲料、定厂购买种猪；统一供应疫苗兽药、统一提供畜牧兽医技术服务、统一销售活猪）管理模式，严格“7＋37”药物残留控制，实施疫情监测，开展汽运调研，加强检查监督，确保供港活畜的安全和质量。

【疫病监测监管】 2004年，河南出入境检验检疫局严防疫病疫情和有毒有害物质传入传出。一是加强口岸卫生检疫。切实把全国卫生检疫监管工作会议精神落到实处，采取有效措施，严把出入境疫病、媒介生物、口岸食品卫生、特殊物品卫生检疫关。2004年，对检疫出的不符合卫生标准或来自疫区的交通工具，均进行了彻底除害处理。在泰国入境飞机上一次捕获德国小蠊113只，创造了在外籍交通工具上一次性截获外来有害生物数量的新记录。二是加强了对出入境动植物及其产品、木质包装的检验检疫。全年截获各类疫情16批次，其中植物疫情10批次、动物疫情6批次。圆满完成了双汇集团从丹麦引进576头种猪的检验检疫任务，对患二类传染病的12头种猪依法进行了捕杀处理，从台湾经香港入境航班旅客携带青枣中检出二类危险性有害生物——桔小实蝇。在出口蒙古种猪隔离检疫中，检出布氏杆菌病16头，结核病11头，其他疫病3头。在对河南新野纺织股份有限公司进口的约500吨尼日利亚棉花实施检验中，截获来自“棉花卷叶病”病毒分布区的尼日利亚棉籽约19吨，检验人员现场对该批棉花进行了封闭隔离，并帮助进口单位对该批棉花做出退货处理。认真做好进境检疫审批工作，办理进境检疫审批829次，其中皮张555批，2 497万张，出境动植物产品142批，计105 078吨，无一退单。

【认证认可工作取得了新突破】 2004年，河南出入境检验检疫局办理出口质量许可证27份，办理出口食品卫生注册登记57家，新推荐对外注册企业28家，全省出口食品卫生注册登记企业数量达到212家。针对美国《生物恐怖法》的实施，指导帮助莲花英糖药业等3家企业通过美国FDA注册，截止2004年底，全省有27家食品企业获得美国FDA注册。对13家出口蜂蜜加工企业和13家出口肠衣加工企业进行了拉网检查，暂停或取消了6家企业的获证资格。

【为扩大河南出口服务】 2004年为全面贯彻落实《关于促进河南重点农产品出口合作备忘录》要求，发挥总局与省政府联络点作用，河南出入境检验检疫局制定了具体实施意见。商请省政府和省政协联合对全省100多个县（市、区）组织开展了优势农产品发展及出口情况大型调研。局领导分头深入省内外开展农产品出口调研，提出的有关促进农产品出口的调研报告和建议引起省政府和总局高度重视。南阳、商丘、信阳、安阳、洛阳和其他省内农业大市相继签订了促进农产品出口合作备忘录和工作方案。动检、植检和食检处室制定了促进出口的具体措施。与畜牧、农业、商务等职能部门密切协作，推动主要农产品企业从源头抓起，按照“公司＋基地”的要求做好基础性工作，构筑安全养殖屏障，形成了齐抓共管的局面。截止2004年底全省已有527家养殖场获得注册备案。全年新增国外卫生注册企业19家，新增出口食品注册企业50多家。尤其是确保了华英等3家热加工禽肉企业顺利通过对日注册，在全国排名第三位。在日方对我国的检查情况通报中，河南没有被通报的问题。对日注册的成功，开辟了河南省禽肉出口的新途径。2004年，在受到禽流感严重影响的情况下，全省安全出口禽肉及其制品1.35万吨、2 500多万美元，猪牛肉及其制品5.3万吨、9 000万美元，冻牛肉6 000吨、900万美元。培育了南阳花卉、信阳水产、周口黄牛等16家新的出口龙头企业，成为出口新亮点。先后接待了日本、韩国、新加坡对河南检验检疫监管体系和出口生产企业质量控制体系的3次严格检查。促成了省政府与国家质检总局组团出访新加坡等有关国家，开展国际官方交流，消除新方主管当局对河南省动物社会防疫体系有关问题的疑虑和误解，加深了外方对河南的了解，对扩大河南农产品出口起到了积极作用。2004年，在小麦出口停止、禽肉出口被禁等十分严峻的形势下，共检验检疫河南出口农产品4.54亿美元，除去小麦出口的影响外，其它农产品出口同比增长25.4%。在出口1 000万美元以上的商品中，农产品、食品占到9种，其中大蒜7 516万美元，同比增长59.27%。冻猪肉7 574万美元，苹果汁2 900万美元，熟肉2 556万美元，皮张2 275万美元，活猪1 628万美元，肠衣1 626万美元，饲料添加剂1 414万美元，生姜1 117万美元。全年肉类出口7.24万吨、1.23亿美元，保持了良好的增长势头。

2004年河南出入境检验检疫局继续落实原产地标记保护、普惠制、24小时服务等扶优扶强措施。推荐信阳光山县申请的光山麻鸭、鸭蛋，平顶山市申请的郏县红牛和河南大尾寒羊，栾川县申请的栾川白土无核柿、伏牛山连翘及其制品，驻马店市申请的驻马店正道小磨香油等12家单位22项产品通过国家质检总局的终审注册。截止2004年底全省已有57项产品获得保护，总数居全国第一位，保护了河南地方特优资源。河南出入境检验检疫局还着力抓标准信息服务，指导帮助企业跨越和打破国外技术壁垒。继续健全局标准题录管理系统和标准数据库。收集国家标准电子文本24 678条，实现了标准管理的科学化、规范化和即时化。同时加强了对机械设备安全等标准的搜集和研究，保证了成套面粉生产设备等机电产品安全出口，创汇近千万美元。2004 年还以汽车安全质量检验为突破口，制定检验监管方案并实施，全年出口各类汽车 71 批、1 470 万美元，使汽车行业成为河南省新的出口大户。洛阳出入境检验检疫局帮扶企业解决了“东方红”大功率轮式拖拉机“三漏”等问题，265 台“东方红”拖拉机首次出口委内瑞拉，结束了中国没有 100 马力以上大功率拖拉机出口的历史。面对输美陶瓷技术壁垒高筑的严峻形势，焦作出入境检验检疫局等对辖区企业从原材料进厂到生产过程实行关键点控制，制定了切实可行的铅、镉融出量的检验抽检制度，确保了全省 5 811 批、7 100 万美元陶瓷安全出口。2004 年继续帮助出口企业用足用好普惠制，为河南出口商品减免关税 970 万美元。2004 年完成 ISO9000 等认证 672 家，居全国评审中心第二位。认证企业总数目前已达 1 360 家，居全国评审中心第八位。全面推行政务公开、服务承诺、首问责任制、重点企业联系制等制度。通过以上举措，打造了检验检疫品牌，发挥了促进外贸出口生力军的作用。

【加快大通关战略实施】 2004 年，河南出入境检验检疫局按照“提速、减负、增效、严密监管”的要求，加快“三电”工程步伐。全省已有 280 余家企业安装了电子报检企业端软件，有 300 家企业利用自助方式开展报检业务，全年共受理出入境电子报检 18 066 批次，电子转单 13 235 批。实现了电子报检和电子签证的两个 100%，电子转单率达 89%。同时，以东站铁路口岸、新郑机场航空口岸以及洛阳口岸为试点单位，积极探索推广“大通关”经验做法，示范带动河南检验检疫电子口岸建设。制定了《河南局出口货物快速核放的实施方案》，在中西部直属局中率先开展了出口货物电子审核快速核放工作。截止 2004 年底，已通过快速核放系统放行出口货物 150 余批，大力推行监管模式改革和分类管理，使全省实行分类管理的企业达到 220 家，其中一类企业 61 家，大大提高了工作效能。

2004 年河南出入境检验检疫局采取切实措施减化行政审批程序，压缩审批时限，降低企业成本，切实提高行政服务窗口的运行质量和工作水平，耐心接受报检企业咨询，热情服务。对 22 个行政许可项目重新明确了部门职责，健全了监督约束机制，实施“一站式”办公，“一条龙”服务，使一件审批的办理时间由原来的 2 个月以上缩短为 20 天以内，全年共受理各类行政审批事项 103 票，办结 70 票，未发现超时限的事件。

【科技兴检新成绩】 一是抓科研制标，完成了 2004 年度检验检疫行业标准制（修订）项目的申报工作，共向国家认监委申报行业标准制（修订）项目 53 项。积极向总局推荐 2005 年度科研项目工作，2004 年河南出入境检验检疫局共申报科研项目 33 项，申报的科研项目在质量上与以往相比有明显提高。在国家质检总局下达的 2004 年科研项目计划中，河南出入境检验检疫局有 3 项课题获得国家立项（《检验检疫专用 X 射线检查设备的开发与研制》、《日用陶瓷贴花纸千个含量分析及烤花工艺参数与成品铅镉含量相关性分析》、《婴幼儿乳粉中牛磺酸含量检测方法的研究》），获得项目补助经费 24 万元。二是建立有效的激励机制，加强人员的技术培训与业务交流，培养造就一批科技拔尖人才。截止 2004 年已有 5 位同志入选国家质检总局“质检系统食品安全类 WTO/SPS 措施通报评议专家队伍”；2 个科研项目向总局推荐“科技兴检奖”评审（《猪肉组织中残留口蹄疫抗体水平测定研究》、《豆类食品中异黄酮类激素分析》）。三是加强信息化建设。对检验检疫标准化网站进行了全面改版，除不断增加国际标准数量外，还新增了科技管理、科技交流、WTO 等专栏，增添了国际植物疫情、国际动物疫情、经贸信息等内容。针对部分出口企业不掌握出口国家和地区标准的情况，建立了局标准题录管理系统和标准数据库网页，使可查询标准和标准题录达38万余条，标准全文3万余条，实现了检验人员、进出口企业标准查询的自动化、规范化和即时化。河南出入境检验检疫局开发的《出入境人员卫生检疫业务电子申报及管理系统》，通过了由质检总局检验检疫协会、国家质检总局信息中心、卫检司、解放军信息工程大学等单位专家组成的专家组鉴定，专家组一致认为该项目达到设计要求，结构合理、技术先进、功能完备、运行稳定、效益良好，处于国内领先水平，建议在更大范围内推广应用。四是强化技术性贸易措施建设，为外经贸发展创造良好条件。着手建立技术性贸易措施专家队伍和预警信息网，深入开展技术性贸易措施标准的研究工作，认真开展退货调查，及时发现和掌握技术性贸易措施的动向，向社会和企业提供全面、准确、权威的技术性贸易措施信息，提高应对能力。

【检验检疫诚信体系建设】 在加快建立检验检疫诚信体系建设方面，河南出入境检验检疫局一是建立内部诚信体系基本框架，梳理了建设检验检疫诚信体系的要素：(1) 普遍建立行政服务窗口，改革行政审批，实行“一站式”服务；(2) 大力加强法制建设，坚持依法行政、执政为民，建立起法治机关；(3) 建立健全规章制度，清理并完善目标管理责任制、重大事项负责制、政务公开制、首问责任制、服务承诺制、全天候值班制、重点企业联系制、督查督办制、责任追究制，并将相关制度汇编成册，上网运行；(4) 加强教育培训，全面提高人员综合素质，提升把关服务水平；(5) 加强实验室建设，增强把关服务的技术能力；(6) 以“大通关”工程带动，提高电子信息化应用水平，建立企业电子档案，实行动态管理；(7) 以精神文明建设为载体，以人为本，加强班子建设、党的建设、队伍建设、廉政建设，促进三个文明协调发展。二是以行风建设为载体深入推动诚信建设，以河南全省各级民主评议行风活动为切入口，成立领导小组，制定《实施方案》，针对2004年民主评议行风活动的主题和内容，采取多项措施开展行风自查自评自纠工作。2004年省纠风办民主评议行风工作督导组高度评价全局行风建设工作，在河南省政府组织的由企业参加的行风测评中河南出入境检验检疫局连续被评为“先进单位”。三是以分类管理促企业诚信意识的提高，以电子档案的建立为企业诚信体系建设提供基础资料。如洛阳、安阳出入境检验检疫局对报检员实行差错登记制，并定期对外公布；焦作、商丘出入境检验检疫局先行开展了建立电子档案的探索工作，所辖主要产品的大部分企业已进入电子档案管理系统，加强企业生产经营及相关出入境检验检疫信息、数据的收集、整理和分析，日常检验检疫和监管情况即时入档，随时可查，方便调阅，安全可靠。

【信息宣传工作】 2004年，在各种公开出版物、网站上发表新闻宣传稿件170多篇，开展电视新闻宣传25次，完成新闻宣传积分1 090分。以落实国家质检总局和河南省政府签订的《关于促进河南省重点农产品出口的合作备忘录》为主题，先后组织河南电视台、《河南日报》、《大河报》、《中国国门时报》等多家新闻媒体，进行了全方位、多角度的采访报道。协同《中国国门时报》、《WTO》周刊深入双汇、汇通、华英、永达、大用、湖滨、阿姆斯等出口农产品龙头企业，发表专访、通讯9篇，共7万多字，占用近8个整版，在社会上引起了强烈反响。抓住热点问题进行宣传报道，引导正确的舆论导向。2004年初，在世界范围内爆发了规模较大的禽流感疫情，严重影响了全省禽肉企业的生产、销售和出口的情况下，河南出入境检验检疫局积极行动，邀请中国新闻社、河南电视台、《河南日报》、《大河报》等多家新闻媒体，对全局严把口岸检疫关、严防疫情传入进行宣传报道，对全局对出口禽肉加工企业进行严密监管，确保安全无疫所作的工作进行了深入详细的采访报道，消除了人们对禽肉安全性的误解，帮助禽肉加工企业顺利渡过难关。

2004年6月份，河南出入境检验检疫局在郑州郊区对一批进口棉短绒实施检验检疫时，发现了纺织工业垃圾，为警示国内其他企业进口时避免发生此类质量问题，积极协同中央电视台、新华社、《中国国门时报》、河南电视台等多家新闻媒体的采访。报道播发后在社会上引起了强烈的反响，先后有30多家网站予以转载。

2004年河南出入境检验检疫局被评为“国家质检总局政务信息工作先进单位”，共编发检验检疫信息14期、78条，简报42期，工作月报12期。共有41条政务信息被上级部门采用，其中国务院办公厅《专报信息》采用1条、《每日汇报》采用1条；国家质检总局《质检专报》采用5条；国家质检总局《质检信息》采用26条，专发1条；河南省政府《政府工作快报》采用信息10条，《重要情况专报（专发）》4条，同比增长200%。其中3条受到省政府领导的批示。 （胡清俊）

河南口岸大事记

1月30日

省口岸办参加省政府李成玉省长、史济春副省长组织召开的办公会议，省长听取部分中央驻豫单位的汇报、建议。郑州海关、河南出入境检验检验局、省公安边防总队、郑州铁路局、民航河南管理局、南航河南公司等单位的负责同志参加了会议并作了汇报。

2月9日

为了加强对郑州航空口岸的管理，促进河南省口岸工作逐步走向规范化、制度化轨道，《河南省人民政府关于加强郑州航空口岸管理的意见》颁布实施。

2月10日

省口岸办在郑州召开了2003年度河南省口岸系统“青年文明号”、“青年岗位能手”表彰大会。大会对洛阳、南阳、漯河、商丘、焦作等市口岸办和口岸联检有关单位推荐评选出的7个“青年文明号”单位和13名“青年岗位能手”进行了表彰。

3月26日

按照省领导要求，省口岸办就第三届河南省投资国际投资贸易洽谈会与会代表出入郑州航空口岸通关礼遇问题，召集口岸有关单位进行专题研究，以确保会议期间口岸畅通、便利。

4月1日

省口岸办组织海关、边防、检验检疫局等单位的青年60余人，参加团省委争创“青年文明号”、“青年岗位能手”现场为民服务大型活动。

4月8日－17日

协调机场口岸有关单位，协助办好河南省第三届中国河南国际投资贸易洽谈会境外客商的迎送工作，受到有关领导和单位的好评。

4月19日

省口岸办参加省政府史济春副省长组织召开的省长办公会议，研究部署河南郑州出口加工区的封关验收工作。口岸有关单位、省有关厅局、市政府、加工区的负责同志参加了会议。

4月28日

省口岸办参加省政府贾连朝副省长组织召开的省长办公会，协调争取开辟国际航线等有关问题。省发改委、财政厅、旅游局、郑州机场等单位的负责同志参加了会议。

5月10日

编辑出版《河南口岸》宣传画册。

5月27日

省口岸办薛云伟主任主持召开郑州出口加工区预验收协调会。

5月28日－6月7日

省口岸办薛云伟主任就开通国际客运和国际货运航班前往泰国、韩国等国有关航空公司进行考察、商谈。随团的有郑州机场公司、省旅游局等单位。

6月1日

河南省郑州出口加工区顺利通过海关总署、国家发改委、财政部等国家九部委的验收并正式封关运营。海关总署副署长龚正，河南省省长李成玉、副省长史济春等领导参加了封关挂牌仪式。

6月11日

省口岸办参加省政府贾连朝副省长组织召开的专题研究争取开辟国际航线有关问题的会议。省口岸联检有关单位和省发改委、财政厅、商务厅、郑州市政府、洛阳市政府、郑州新郑机场公司等单位参加了会议。省政府出台了开辟国际航线的有关奖励和扶持政策，并制定了开辟国际航线联席会议制度，并明确由口岸办负责联席办公会议日常工作。

7月8日

省有关部门联合开展河南口岸工作调研。调研组由省委政研室、省口岸办、发改委、商务厅、郑州海关、河南检验检疫局等7个单位组成。

7月26日

省口岸办组织郑州海关、河南进出口检验检疫局、郑州铁路东站等有关单位赴青岛口岸，协调河南进出口货物在青岛口岸运输问题。

8月3日－8月5日

省口岸办主任薛云伟带团前往马来西亚航空公司、大韩航空公司驻中国地区总部进行访问，就郑州—汉城和郑州—马来西亚航线进行磋商。参加单位有郑州机场公司、省商务厅、省旅游局。

8月17日－8月19日

邀请大韩航空公司中国地区总经理张王官淳河南考察，探讨开通河南至韩国航线问题。

9月14日－9月15日

接待泰国旅游局副局长居塔朋·润格罗娜萨女士等一行14人访问河南省。在豫期间，签署了泰国国家旅游局与河南省人民政府关于建立促进旅游合作机制的备忘录，参加了郑州至曼谷定期航班开通签字仪式暨新闻发布会。

10月1日

《河南省口岸管理办法》正式颁布实施。《河南省口岸管理办法》是河南省历史上第一部口岸管理方面的政府行政规章。该《办法》分二十四条款。该《办法》的出台，标志着河南省口岸建设、管理、协调等工作纳入了规范化、制度化、法制化轨道，将会大大加强政府对口岸管理的力度。

10月11日－14日

第十二届全国口岸办(委)主任联席会议在郑州召开。海关总署口岸规划办公室领导和全国30个省、市、自治区和计划单列市等72个口岸办(委)的代表120多人参加了会议。河南省人大副主任张以祥、省政府副省长史济春、省政协副主席郭国三到会祝贺，省政府副秘书长王春生主持了会议。

11月30日

焦作至青岛国际集装箱专列开通。计划每周开行1次，每列30－50个集装箱。此集装箱专列的开通，解决了焦作及周边地区的进出口货物直通边境口岸的问题。省口岸办、郑州海关、河南进出口检验检疫局有关领导参加了开通仪式。

12月9日

口岸党支部经中共河南省政府办公厅机关委员会批准成立，薛云伟同志任书记。

（孙庆慧）

湖北省口岸工作综述

2004年，全省口岸工作认真贯彻落实全省商务工作会议精神，坚持口岸为外贸服务的宗旨，以推进“大通关”建设为主线，以提高口岸效益为重点，围绕口岸外贸运量比上年增长10%、达到180万吨，国际集装箱运量增长20%、达到9万标箱，出入境人数增长8%、恢复到10万人次以上的工作目标，进一步改善口岸环境，提高口岸工作效率，营造更加便捷高效的通关环境，重点抓了以下几方面的工作：

【加强口岸环境建设】 2月下旬至3月上旬，阮继清副厅长深入到机场、车站、码头口岸现场进行调研，了解口岸建设和运行情况，并分别组织召开了查验部门、代理运输单位、重点外贸企业负责人三个座谈会，听取对口岸工作的意见和建议。省口岸办在调查核实的基础上，将这些意见和建议分别反馈给口岸相关单位。武汉海关、湖北出入境检验检疫局对这些意见非常重视，及时提出整改措施，使得一些问题得到较好解决。工作中还加强与查验单位的沟通，密切同他们的联系，协助落实通关改革的各项措施，提高通关速度。目前，货物报关报检作业时间，进口在2个工作日内，出口在1个工作日以内；出口报关单回执异常减少，纸质报关单返回时间为16天左右，保证了企业及时办理核销、退税。

【推动口岸增加运量】 2004年，把口岸运量作为衡量各市口岸工作的一项重要指标，要求各口岸按照货运量增长10%、集装箱运量增长20%的标准安排全年工作；各口岸建立了重点外贸企业联系制度，定期了解外贸运输情况，帮助解决通关过程中的困难和问题，吸引外贸货物从本地口岸进出；除加强对各口岸的督促检查外，积极协调解决影响外贸运输中的突出问题。如公路超限超载造成外贸集装箱运输受阻，各口岸配合开展集中整治工作及时向省治超办反映了情况，并以《商务要情专报》上报省政府，提出了意见和建议；再如，上半年国家保电煤运输，影响了“82751”专列运输，口岸及时与铁路局进行协商，解决车皮问题，保证了外贸货物及时出运。2004年，全省口岸完成货运量243.9万吨，同比增长52.40%。外贸进出口运量双双突破100万吨大关，其中进口运量118.5万吨、增长68.30%，出口运量125.4万吨、增长39.90%；完成国际集装箱运量9.5万标箱，同比增长26.30%。其中进口4.6万标箱、增长30.00%，出口4.9万标箱、增长23.10%。集装箱载货量100.2万吨，占总运量的41%。武汉航空口岸出入境人员12.41万人次，同比增长32.6%。2004年武汉水运口岸直航船舶21艘次，入境11艘次，出境10艘次，其中，外国籍船舶5艘次。

【加强增开国际航线航班协调工作】 2004年，省委、省政府领导非常关注武汉航空口岸的发展，俞书记、罗省长就开通武汉—日本大阪航线作了批示，韩忠学副省长专门听取汇报，进行协调。罗省长多次强调，要加快武汉机场开放步伐，瞄准日韩、东南亚、欧洲三个方向增开航线航班，以适应全省扩大对外开放，加快经济发展的需要。按照省领导的指示，主要做了以下几项工作：一是配合东航武汉公司做好开通武汉—大阪航线的筹备工作。会同省财政厅、发改委、旅游局在进行调查论证的基础上，拟定了开通航线的方案，5月28日武汉—大阪航线开通，首航获得圆满成功。二是配合南航湖北公司，做好增开武汉—汉城航班的首航工作。按照罗省长的指示，保证了首航的顺利进行。三是向省政府专题会议汇报了工作。7月9日，韩忠学副省长主持召开会议专题研究武汉机场增开国际航线航班工作，汇报了航空口岸的情况并提出了建议。会后省政府印发了专题会议纪要（56号），对下一步的工作做出了部署。四是按照专题会议的分工，就开通欧洲航线进行了调研，提出了意见和建议上报省政府，罗清泉省长，周坚卫、韩忠学副省长分别做出了批示，充分肯定了省口岸办的建议。五是按照罗省长关于引进外国航空公司的指示，与法国驻武汉总领馆、马来西亚驻华使馆进行了联系沟通。10月19日，阮继清副厅长约见了法国驻武汉总领事，就法航开通巴黎—武汉航线交换了意见。同时，还与法航大中国区代表处取得了联系，并于11月27日致函该代表处，洽商法航开通巴黎—武汉航线的问题。9月1日，尹汉宁厅长在北京拜会了马来西亚驻华大使，就开通吉隆坡—武汉国际航线交换了意见，并达成了共识。在此基础上，积极与马航办事处联系，提出了开通航线的4点建议上报省政府。六是根据湖北省与法国经济、文化交流日趋密切，人员往来频繁的情况，积极推动南航湖北公司开通武汉—巴黎航线。经过做工作，南航湖北公司同意先将广州—巴黎航线延伸至武汉。12月7日，南航湖北公司正式开通了武汉—广州—巴黎往返航线（每周3班）。七是积极配合武汉机场公司做好开放武汉机场第五航权的报批工作。

【积极开展调查研究工作】 2004年，遵照厅党组关于“大兴调查研究之风”的要求，针对口岸工作中出现的新情况，新问题开展了调研，并在调研的基础上提出了解决问题的对策和建议。一是进行了开设公路口岸调查论证工作。根据省长办公会和厅领导的指示，就开设公路口岸问题分别到省交通厅、武汉经济技术开发区及有关企业进行调研，了解市场需求情况，听取各方面的意见和建议。通过调查，形成了调查报告，对开设武汉公路口岸提出了建议，并以鄂商务文［2004］55号文件上报省政府，省政府已批转交通厅研究。7月12日，阮继清副厅长到省交通厅进行协商并达成初步意见，拟以武汉市即将动工兴建的汉阳郭徐岭公路货运中心为基础，增加口岸设施建设项目，开设公路口岸。二是进行了“82751”专列运行情况的调查研究工作。“82751”次专列是1962年经国务院批准的首趟供港澳鲜活快运列车。40多年来，专列共编组始发7 000余列，26万多个车皮，行程850多万公里，运送物资1 000多万吨。20世纪60年代至90年代初，专列曾是湖北省外贸运输的主要方式，年承运量占全省外贸运量的1/3，为湖北外贸发展做出了积极贡献。但是，从1992年以来江岸车站外贸货物逐年下降，装车数减少了60.5%，鲜活商品装车减少66.88%，一般外贸货物装车减少了58.28%，而且这种下滑的势头还在继续。为了解决这种困难局面，组织武汉海关、湖北出入境检验检疫局以及铁路等部门到广东盐田港等口岸进行调研，通过座谈、实地考察，结合专列的特殊性，探索专列运行的新途径，提出五点建议，形成了《关于“82751”专列运行情况的调查报告》，并以《商务调研》上报省领导。三是进行了开设武汉保税物流中心的调查研究工作。保税物流中心是国家为适应加工制造业发展、加工贸易产业链延伸和国际现代物流广泛兴起的需要，在政策层面上所采取的一项重大举措。2003年以来，国务院已批准上海、大连、青岛、宁波、张家港、厦门、深圳、天津等8个省市开展“港区联动”试点，设立保税物流园区；2004年初，海关总署批准在苏州工业园区设立保税物流中心（B型）。随着这一模式的逐步推广，将为内陆省份进一步扩大对外开放、吸引外资和大力发展外向型经济提供重要契机。为了抓住这一新的发展机遇，阮继清副厅长专门到武汉东西湖台商开发区进行调研。并于11月30日至12月3日，带领省口岸办及武汉市外经局、口岸办，武汉海关，武汉东湖新技术开发区，武汉经济技术开发区，东西湖台商投资区的负责同志到上海、苏州考察学习保税物流中心建设经验。先后考察了上海外高桥保税物流园区、苏州工业园海关保税物流中心，听取了情况介绍，并就投资建设、管理模式、业务拓展、保税退税、申报程序等问题进行了交流。通过考察学习，拿出了关于设立湖北武汉保税物流中心的总体方案。四是进行了增开长江内支线班轮的调查研究工作。针对提高长江水运外贸运输问题，阮继清副厅长带领省口岸办专门到武汉、宜昌、荆州等口岸进行调研，提出了整合运力资源、提高口岸运输水平的要求和增开内支线班轮的具体方案，2004年武汉、荆州、宜昌口岸新增集装箱班轮航线4条，较好地保证了国际集装箱运输的快进快出。

【口岸基础设施建设取得新的成绩】 杨泗港国际集装箱码头改造工程全面竣工。投资6 000万元的码头改造工程于2003年5月开工，对码头吊装设施、堆场、监管等设施进行了全面改造。改造后的集装箱码头，年吞吐能力由原来的8万标箱增加到20万标箱。投资1.7亿元的武汉阳逻国际集装箱转运中心于2月8日试运行，码头吞吐能力将达到10万标箱。随着2座集装箱码头的投产，口岸设施能较好地满足湖北以及长江中游地区国际集装箱运输快速增长的需要。

【完成了“十一五”口岸发展规划编制工作】 2003年，海关总署［2003］265号文件，要求各省在2004年6月底前报送“十一五”口岸发展规划。根据全省口岸布局和外贸发展的需要，拟申请将荆州、宜昌两个二类口岸纳入国家口岸管理范围，并列入国家“十一五”口岸发展规划。省口岸办召开了规划编制工作座谈会，并到荆州、宜昌两个口岸进行调研，指导规划编制工作。在荆州、宜昌两市提出的规划方案的基础上，拟定了《湖北省“十一五”口岸发展规划意见》，并分别征求了省军区、省发改委、交通厅、武汉海关、湖北出入境检验检疫局、武汉海事局及湖北省边防局等部门的意见，经厅领导批示上报省政府，8月6日省政府正式报送海关总署。

【继续做好三峡机场对外开放争取工作】 2004年初，会同宜昌市政府到北京向海关总署口岸规划办公室汇报三峡机场开放准备工作情况，做有关部门的工作，争取支持。2004年3月海关总署在征求国务院8个部门意见后，将三峡机场对外开放工作正式上报国务院，补充列入国家“十五”口岸开放规划和2004年度开放审理计划，已进入最后审批程序。

【加强内部建设】 一是加强政治理论学习，提高党员干部的理论水平与业务水平。按照厅里部署，合理安排学习时间，采取自学与集中学习相结合，组织全体同志认真学习了党的十六届四中全会精神；《中国共产党纪律处分条例》、《中国共产党党内监督条例（试行)》，《宪法》、《行政许可法》以及口岸业务知识。参加了厅里组织的有关的考核、考试等。二是加强廉政建设，提高党员干部反腐倡廉的自觉性。按照厅党组《商务厅2004年党风廉政建设和反腐败工作安排意见》的要求，认真抓好党风廉政建设，落实领导干部廉洁自律专项清理工作，自觉做好四项专项清理自查自报工作。三是按照厅的统一部署，采取多种形式开展法制、道德规范教育，不断提高干部依法行政的能力。

湖北省2004年口岸运量情况统计表

项目类别	货运量（万吨）						客运量（人次）			
	进出口累计	同比%	进口累计	同比%	出口累计	同比%	出入境累计	同比%	入境	出境
合计	243.9	54.2	118，5	68.3	125.4	39.9	124467	32.6	61938	62529
水运口岸	238.3	54.84	117.7	69.0	120.6	44.4				
铁路口岸	5.13	−20.3	0.47	14.8	4.66	22.7				
航空口岸	0.42	18.9	0.28	20.3	0.14	16.2	124467	32.6	61938	62529
公路	0.063	−42.4	0.012	−86.3	0.051	62.8				
邮运	0.005	−2.1	0.003	0.002						

湖北省口岸2004年国际集装箱运量情况统计表

项目类别	国际集装箱运量（标箱）					
	进出口累计	同比%	进口累计	同比%	出口累计	同比%
合计	94874	26.3	46174	30.0	48700	23.0
水运口岸	91660	26.0	44668	28.846992	23.5	
铁路口岸	3214	35.21	1506	81.2	1708	10.5

湖北省各口岸2004年进出口货物量、出入境旅客情况统计表

项目	进出口货运量（万吨）						客运量（人次）			
类别	全年累计	同比%	全年进口累计	同比%	全年出口累计	同比%	全年累计	同比%	出境	入境
合计	243.9	52.4	118.5	68.3	125.4	39.9	122467	32.6	61938	62529
武汉港	178.5	93.9	70.45	249.2982	108.4	45.3	381		184	197
黄石港	22.32	6.7	20.72	7.8	1.6	−6.1				
荆州港	8.33	−3.5	2.8	−43	5.53	48.7				

项　目	进出口货运量（万吨）					客运量（人次）				
宜昌港	19.26	39.7	14.5	37.6	4.76	46.6				
江岸站	5.34	-12.5	0.8	132	4.54	-21				
十堰站	2.94	441.7	2.33	2505	0.61	40.7				
襄樊站	6.79	176.9	6.63	206	0.16	-45				
机场	0.42	18.9	0.28	20.3	0.14	16，2	124086	31.7	61754	62332
其他	0.068	0.015		0.05						

湖北口岸查验单位工作综述

武　汉　海　关

2004年，武汉海关坚持以邓小平理论、“三个代表”重要思想为指导，认真贯彻党的十六大和十六届四中全会精神，全面落实“依法行政，为国把关，服务经济，促进发展”海关工作方针和“政治坚强、业务过硬、值得信赖”队伍建设12字要求，不断深化业务改革，稳步推进干部队伍建设，努力加强基层建设和基础建设，求真务实，锐意进取，勤政廉政，改革创新，圆满完成了各项任务。按照现代海关制度第二步发展战略和海关总署的要求，结合关区实际，武汉海关适时提出了全面建设“五型”海关（团结型、学习型、法制型、廉洁型、智能效率型）的奋斗目标，全关各项改革和建设开创了新的局面。

【税收征管】　2004年，武汉海关围绕完成全年税收任务这一“轴心”，树立综合治税意识，严格依法征管，税收质量逐步提高。结合关区实际抓好新《关税条例》的贯彻落实，强化关区税收征管基础工作；开展价格水平专项治理活动，对影响关区价格水平较大的几种商品开展重点分析，从归类、申报、审价等几方面开展专项核查；开发使用汽车零配件归类审价对碰程序，加强对汽车零配件价格的审核；严格加工贸易管理，完善单耗数据库，清理历史遗留合同，加强内销补税工作。全年关区税收实际入库35.35亿元，首次突破30亿，同比增长35%。严格审批减免税，全年关区共减免关税、增值税15.87亿元人民币，同比下降14%。

【打击走私】　积极组织开展了打击价格瞒骗、汽车零配件走私、减免税货物走私、毒品走私等4个专项行动，突出重点，严厉打击走私违法活动。加强与省有关执法部门及行业主管部门的联系配合，积极开展反走私综合治理。全年刑事案件立案1起，结案4起，案值8 326.6万元，涉税1 711.2万元，移送起诉案件1起1人；行政立案21起，案值5 945万元，涉税1 128万元，结案21起，补税3 033万元。调查工作以规范企业进出口行为为重点，完成规范企业进出口行为“三步走”战略，规范关区重点企业42家；开展常规稽查和专项稽查，稽查企业55家，查获有违法嫌疑企业23家，查获率42%，货值约3.24亿元；立案19起，案值约2.73亿元；结案18起，案值2.05亿元，补税1 777万元。关区全年罚没收入入库2 311万元，稳居内陆海关前列。

【货运监管】 将创新查验机制作为关区全年的重点工作之一，调整查验工作流程，开展查验绩效考核，建立了分工明确、协作配合的查验风险管理机制，提高了查验效能。严格落实了处级领导现场巡视和科长带班作业制度，提高布控质量和查验水平。加强了对海关监管场所的整治，阳逻港正式办理海关业务；加强对转关运输的协调和管理，确保转关运输货物监管到位。制订《武汉海关提高关区汽车零部件监管水平课题方案》，努力提高关区汽车零部件的监管水平。加强对行邮物品的监管，严厉查缉“法轮功”等反动宣传品。完善了通关业务规章制度，重新核定调整了便捷通关企业，坚持做好通关热线咨询服务。全年受理进出口报关单6.51万份，增长25.1%；监管进出口货运量达到244万吨，首次突破200万吨，增长52.4%，进出口货运值45亿美元，增长28.6%；监管进出境邮递物品75.3万件，增长23.8%；验放进出境人员12.4万人次，增长33.0%；备案加工贸易手册3 210份，合同金额6.9亿美元；进、出口查验率分别为8.4%和3.7%，分别下降31.2%和13.7%；进、出口查获率分别为11%和10.5%，增长3.3倍和7.4倍。

【海关统计】 加强统计数据规范管理，理顺统计工作机制。作为全国海关第一批报关单数据质量监控分析系统试点单位，试点推广工作取得圆满成功。改进审核方式，强化统计监督，确保数据质量；积极推进统计信息服务社会化；积极开展分析，为决策服务。全年共撰写统计分析文章60余篇，其中被总署《海关要情》采用6篇，中办、国办采用8篇次，省委省政府采用37篇次，省政府领导批示4篇次。

【业务改革和建设】 H2000系统稳步运行。清理、完善了部分通关业务规章制度和作业规程，研究制订H2000和H883并行期间的过渡办法，启用H2000决策支持系统，授权使用H2000系统应急功能，解决了H2000运行操作中存在的问题，顺利完成了H2000操作系统多次升级。

风险管理工作取得成效。在内陆海关率先启用风险平台，积极开展风险管理机制试点工作。组织了4期平台操作应用培训班，保障了风险平台在关区得到全面推广和运行，提高了平台的运用能力。制定了风险管理平台应用的相关管理制度，推进了关区风险管理机制建设。开展了为期2个月的专项风险分析，取得了明显成效。全年关区通过风险分析补税入库205.4万元，查获涉嫌走私违规案件15起，案值9 977.9万元，涉税735.1万元。

加工贸易联网监管进一步推行。认真总结对美尔雅服饰有限公司实行加工贸易联网监管的成功经验，制定了《武汉海关加工贸易联网监管联系配合办法》，对职责分工及联系配合作了明确的规定。进一步加强宣传和引导，加强与相关部门的协作配合，扩大了试点范围，实现了与武汉NEC移动通信有限公司的联网。

电子口岸建设得到加强。武汉数据分中心于2月份正式成立，并积极开展工作。加强与相关银行的联系配合，积极推广海关税费网上支付项目。海关已与中国银行湖北省分行、招商银行武汉分行、交通银行武汉分行3家银行签订了网上支付协议，关区电子口岸企业入网申报用户达2 740家，网上支付企业达49家，全年网上支付税费1 881万元。

法制建设不断推进。以贯彻落实《宪法》、《行政许可法》和《海关行政处罚实施条例》为契机，深入开展形式多样的法制宣传教育活动，开展了全员培训，进行执法理念大讨论。开发了行政许可法实施系统，精心组织实施行政许可法，取得较好效果。努力提高各级领导干部依法决策、依法行政和依法管理的能力。加强执法监督，开展了综合执法大检查。召开了关区知识产权保护工作会议，对新修订的《知识产权海关保护条例》进行培训；加大知识产权侵权案件查办力度，共查获涉嫌侵权案件4起。

科技建设进一步加强。完成H2000系统的维护、升级、更新，妥善解决了风险管理平台运行中的有关问题。完成了武汉出口加工区电子帐册系统和关区加工贸易企业联网系统由H883向H2000系统的切换。开发通信资源，完成了关区移动虚拟网的建设。认真贯彻落实全国海关信息系统安全运行工作电视电话会议精神，实施信息系统安全运行情况月度通报制度。进一步补充和完善了科技设备管理系统。

2004年武汉海关业务统计综合分析表

项目		本月数			本月累计数		
		2004年12月	2003年12月	增减%	2004年1－12月	2003年1－12月	增减%
进出口报关单数(张)		5812	5088	14.23%	65087	52.050	25.05%
进出口记录条数(条)		14056	10061	39.71%	152256	101893	49.43%
进出口货运值	合计(万美元)	45825	34792	31.71%	445824	346706	28.59%
	进口(万美元)	23298	18684	24.69%	272499	224400	21.43%
	出口(万美元)	22527	16108	39.85%	173325	122306	41.71%
货运量	合计(吨)	308937	102812	200.49%	2439027	1600792	52.36%
	进口(吨)	74541	53183	40.61%	1184763	704004	68.29%
	出口(吨)	234396	49629	372.30%	1254264	896788	39.86%
进出境人员(人次)		6503	7977	－18.48%	124488	93617	32.98%
邮、快递总数(件)		113398	40597	179.33%	752550	608101	23.75%
其中:印刷品(件)		90817	20730	338.09%	537529	413747	29.92%
保税	累计备案合同数(份)				10911	11702	－6.76%
	累计核销合同数(份)				8743	9547	－8.42%
	核销补税额(万元)	839	73	1049.32%	2391	2015	18.66%
企业注册	注册总数(个)				3943	2763	42.71%
	代理报关(个)				43	35	22.86%
税收	关税入库(万元)	12337	7058	7479%	112165	88480	26.77%
	代征税入库(万元)	24346	11556	110.68%	241370	173460	39.15%
	两税合计(万元)	36683	18614	97.07%	353535	261940	34.97%

湖北公安边防总队

2004年,湖北公安边防总队在公安部边防局党委的正确领导下,认真贯彻十六届四中全会和二十公会议精神,圆满完成了边防执勤任务;部队实现连续10年无执勤事故、无行政责任事故、无案件的"三无"目标。2004年,总队被湖北省评为"文明单位",被武汉市评为"对外开放优质服务单位"。武汉站被公安部荣记"集体三等功",武汉市政府专门召开庆功表彰大会,省市领导到会讲话,号召向边防学习。武汉、汉口、黄石三个边检站均被评为"省市口岸工作先进单位"和"市级文明单位"。

【求真务实,开拓进取,建设过硬的党委班子】 总队党委加强中心组学习,把十六大、十六届四中全会精神等作为重要内容,确定了"争创先进党委"的目标,部署开展了"学、查、创"活动。总队健全了党委、纪委,严格遵守《党委议事规则》等制度,坚持民主集中制原则,始终抓好党风廉政建设。

【大力加强队伍建设,官兵整体素质不断提高】 总队深入开展了"双让"教育,制定详细的教育方案,邀请省政府政策研究室研究员、省公安厅法制处领导讲课。围绕"执法为民"的主题,邀请"全国先进典型单位"青岛机场边检站同志来总队进行"执法为民"经验交流,把学习边防部队"四面旗帜","学习"十大边防卫士",学习任长霞等与学习总队先进典型结合起来,使官兵从中受到深刻的教育和启迪,形成"争先创优"的良好氛围。

总队进一步完善了量化考评制度,突出考核干部"履行岗位职责"能力。2004年,5名量化考核优秀的干部提前晋职,在干部中引起了强烈反响。总队结合实际不断深化检查员等级评定工作,进一步激发了检查员队伍活力。武汉站在部局2004年边检工作会议上就检查员等级评定工作交流经验。

2004年公安部部署"大练兵"活动后,总队及时制定方案,迅速统一部队思想。拿出数万元,购买配发了训练器材,举办了边防实战技能培训班和法制培训班。各级领导深入练兵场,指导和参加练兵活动。官兵贴近实战、贴近岗位,开展军事练兵、业务练兵、岗位练兵、政治练兵、养成练兵,提高了综合素质。

总队投入警力210余人次协助地方治理环境,植树1 200余株,向地方捐款19 811元,积极与共建单位开展了演讲、竞赛、演出、帮助军训等活动,受到了社会各界广泛赞誉。总队合唱队加入了湖北省合唱协会,并先后与华中师范大学音乐系、武汉音乐学院、长阳土家歌舞团等联合演出。总队出版的《中国边防警察》专刊,已成为展示湖北边防、了解边防工作的渠道。2004年,总队被评为"省级文明单位",所属三个边检站全部被评为"市级文明单位"。

【围绕维护社会政治稳定,圆满完成各项边防保卫任务】 2004年,共检查出入境人员124 467人次;检查出入境交通运输工具1 445架(艘)次;查处违法违规2起2人;查获偷渡案件3起4人。

加强与口岸相关单位及地方公安机关协作配合,探索建立了有效的口岸突发事件处置联系机制。春节、"两会"、"六四"等重要时期,总队领导都要带领司令部人员到执勤现场调研,检查指导"处突"预案的修订、演练工作,进一步提高了实战能力。

针对武汉口岸偷渡活动特点,以提高识别伪假证件能力为突破口,邀请武警学院专家讲课,开展识假培训。实行"一案一评"制度和"全国偷渡案例通报日"制度,及时总结反偷渡工作经验,分析研究口岸偷渡活动的新特点,进一步提高了检查员的发现能力。武汉边检站执勤业务二科被公安部表彰为"反偷渡工作成绩突出单位"。

【深入开展边检站“双争”活动，服务地方经济建设】 2004年，总队按照上级指示精神，全面部署开展了“双争”活动。按照部局要求和相关文件精神，投入50余万元对执勤现场闭路电视监控系统进行了数字化改造，对各类指示标牌、设施进行了维护和更新。修改细化了《执法责任制》、《执法过错责任追究制》等一系列工作制度，并对照边检工作两个《规范》等文件，规范检查人员执勤动作、执勤用语，严格执勤纪律，树立边检执勤人员良好形象。

紧紧围绕湖北省“中部崛起”战略，主动为党委政府提供口岸信息服务，对出入境旅客、交通运输工具数据中蕴含的旅客分类、旅行目的等大量信息，进行科学分析，每季度和“黄金周”等重要时期及时向地方党委政府上报口岸数据分析报告，为地方政府制定政策提供参考依据。省长罗清泉，省委副书记黄远志、邓道坤，常务副省长周坚卫，武汉市长李宪生等省市主要领导都多次批示给予肯定。2004年湖北省、武汉市举办机博会、医博会、鄂港经贸洽谈会、国际人口与发展论坛、台湾周、国际旅游节、法兰西“巡逻兵”飞行表演等大型国际经贸、文化交流活动期间，总队积极向承办单位介绍边防检查工作程序，开辟专门通道，提供便利服务，保证了参加经贸文化活动的代表快捷、方便、顺利出入境。在执勤中总队官兵充分尊重中外旅客不同的价值取向、思维方式及宗教信仰等，提供得体周到的服务。针对武汉地区高校多，外籍留学生逐年增多等特点，主动和在武汉各大高校的留学生管理部门建立联系，随时提供边检咨询。2004年8月，武汉边检站派人前往百威公司和华中师范大学等出入境人员较多的企业和地方高校进行走访，听取他们对边防检查工作的意见和建议，受到了他们的赞扬。

【围绕中心，服务基层，部队综合保障能力实现新跨跃】 总队先后投入数十万元增添技术设备，进行系统升级，信息化保障水平不断增强。2004年，总队网络监控系统建成，实现了总队、边检站、出入境现场三级网络监控功能，开通了全总队视频会议系统。通信、机要、档案建设也步入规范化轨道，围绕中心工作圆满完成了各项保障任务。

2004年湖北对外开放口岸边防检查主要数据统计表

<table>
<tr><th colspan="5">项 目</th><th>合 计</th><th>入 境</th><th>出 境</th></tr>
<tr><td rowspan="11">出入境人员（人次）</td><td colspan="4">总计</td><td>124467</td><td>62529</td><td>61938</td></tr>
<tr><td colspan="4">出入境员工（人次）</td><td>11999</td><td>6014</td><td>5985</td></tr>
<tr><td rowspan="9">出入境旅客（人次）</td><td colspan="3">总计</td><td>112468</td><td>56515</td><td>55953</td></tr>
<tr><td rowspan="7">中国籍（人次）</td><td colspan="2">合计</td><td>71401</td><td>36622</td><td>34779</td></tr>
<tr><td rowspan="3">大陆公民（人次）</td><td>小计</td><td>24410</td><td>10643</td><td>13767</td></tr>
<tr><td>大陆因公</td><td>4263</td><td>2011</td><td>2252</td></tr>
<tr><td>大陆因私</td><td>20147</td><td>8632</td><td>11515</td></tr>
<tr><td colspan="2">港澳居民（人次）</td><td>18322</td><td>10737</td><td>7585</td></tr>
<tr><td colspan="2">台湾同胞（人次）</td><td>28669</td><td>15242</td><td>13427</td></tr>
<tr><td colspan="2">华侨（人次）</td><td>708</td><td>282</td><td>426</td></tr>
<tr><td colspan="3">外国籍（人次）</td><td>41067</td><td>19893</td><td>21174</td></tr>
<tr><td colspan="5">入出境飞机（架次）</td><td>1424</td><td>711</td><td>713</td></tr>
<tr><td colspan="5">入出境船舶（艘次）</td><td>21</td><td>11</td><td>10</td></tr>
<tr><td colspan="5">查获违法违规</td><td colspan="3">2起2人</td></tr>
<tr><td colspan="5">查获偷渡</td><td colspan="3">3起4人</td></tr>
</table>

注：大陆因私旅客人数中含华侨人数。

湖北出入境检验检疫局

2004年，湖北出入境检验检疫局完成出入境人员传染病监测体检12 215人次，艾滋病监测11 860人次，机场口岸查验出入境人员114 490人次。检疫出入境飞机1 418架次，检疫集装箱115 444标箱。受理出入境货物报检34 325批，货值24.77415亿美元，同比分别增加1.75%和3.88%。其中，出境检验检疫货值为11.25181亿美元，比去年同期下降10.45%；入境检验检疫货值为13.52234亿美元，比去年同期增长19.83%。签发普惠制原产地证书17300份，签证金额5.8169亿美元，比去年同期分别增长26.37%和63.82%；签发一般原产地证书2418份，签证金额8 069万美元，比去年同期分别增长36.69%和30.82%。

【全面加强业务建设】 针对“入世”后检验检疫部门在维护国家经济安全、促进扩大出口的地位和作用更加突出的形势，湖北出入境检验检疫局将业务改革确定为2004年业务建设的中心工作。在理顺全局业务接口关系、合理调整业务分工、推进检管模式改革、狠抓检验检疫覆盖率和检出率的同时，坚持工作机制和监管方式的创新，形成把关与服务高度统一的业务管理体制和运行机制，最大限度发挥检验检疫严把国门服务经济建设的作用。

深化检验检疫业务改革，努力实现“三个转变”。湖北出入境检验检疫局围绕一个核心、实现两个突破、做好三项基础工作、建立四项基本制度、落实五项保障措施，全面开展检管模式改革。

从2004年开始，计划在两年时间内把湖北局管辖的全部商品从批批检验转变为科学评定模式。通过建立全新的、科学的、与WTO要求相一致的检管机制，努力实现“三个转变”：一是建立一整套科学有效的检管机制，逐步从单一的抽样检测评定转变到全方位的合格评定。制定了《关于全面推进检管模式改革的意见》，完成50%（按本年度覆盖率考核指标计算）货物检管模式转换。二是基于个人判定为主的方式逐步转变为程序化、公开化、科学化的判定方式。2004年在业务数据统计分析、建立企业电子档案、业务流程再造等方面进行了积极有益的探索，逐步解决个人说了算的现象。三是检验监管从事后把关转变为事前把关。加强前期监管、产地把关和生产过程监督，推广分类管理、过程检验、装船前检验等行之有效的方法，将检验监管工作向生产过程延伸，帮助企业建立质量保证体系，改进工艺，提高产品质量，减少不合格产品产生，杜绝不合格产品出厂。

严把出入境疫病疫情和商品安全质量关，全力提高检验检疫覆盖率、检出率。以提高检验检疫覆盖率、检出率为手段，切实履行严格把关保国安民的神圣职责，防止有毒有害物品的传入传出。结合实际制定了《湖北局检验检疫覆盖率、检出率考核办法》，把检验检疫覆盖率和检出率作为各单位完成检验检疫工作的一项重要指标进行考核并定期公布，有效地调动了各业务部门的工作积极性和主观能动性，取得了积极效果。2004年前三季度，全局检验检疫覆盖率明显提高，比去年同期增长43.7%。一是突出重点，严把四关，加强卫生检疫监管。重点对口岸疾病、媒介、食品、特殊物品进行严查，落实湖北口岸卫生检疫查验和监管工作，积极做好湖北口岸媒介生物调查，认真履行口岸食物监管工作职能，严把口岸疾病检测关、口岸媒介检测关、口岸食品卫生安全关和口岸特殊物品检验检疫关。并结合湖北实际，加强对出入境人员艾滋病的监管和宣传。2004年在出入境人员中查获各类病例2 489例，其中艾滋病5例，性病23例，开放性结核1例。二是通过严把出入境疫病疫情和商品安全质量关，强化对出入境动植物及产品、木质包装的检验检疫，1－10月全局共截获有害生物48种87次，是前3年截获次数的3倍，其中二类检疫性有害生物2种10次，三类检疫性有害生物1种1次，其他有害生物45种76次，分属昆虫13种13次，杂草33种72次，真菌2种2次，总量位于直属局疫情截获排名第18位。同时，查处进口棉花不合格案、荆州进口废玻璃案、宜昌进口腹腔镜质量案、随州进口X射线医疗设备逃避检验案等一系列案例为突破口，进一步贯彻落实各项检验监管规定，履行保国安民的职责，并取得较好成效。2004年1－10月，湖北省共进口棉花120批、35 780吨，货值5 865万美元，其中品质批次不合格率达83.3%。在与国外棉花专家的5次技术较量中，湖北局均以准确无误的检验数据消除争议，共出具品质索赔证书108批，重量索赔证书111批，为企业成功索赔1 100万元。2004年6月荆州局根据进出境集装箱堆场“碎玻璃”遗留物线索，主动追踪，在内陆二类口岸荆州盐卡港口成功截获了一批71.8吨从美国进口的废玻璃，检验结果显示，该批进口废玻璃主要为旧显像玻屏及玻锥的破碎件，其放射性、铅含量严重超标。环保部门已按照有关规定对该批入境废玻璃作退运处理。

服务重点工程、重点项目和重点企业，积极支持地方经济建设发展。继续抓好重点企业和重点商品联系制度。湖北局对34家重点企业、重点工程和27类重点商品，按照2004年工作要求制定了联系计划，定期走访，对重点商品质量进行分析，及时了解和帮助企业解决实际困难和问题，积极向企业传达国家政策规定和国际市场信息以及国外技术壁垒措施、标准，帮助企业提高质量管理和产品质量水平，促进重点企业、重点商品扩大出口。2004 年针对三峡机组安装调试期间经常发生部件短缺和品质缺陷等情况，为做好出证索赔工作，三峡办事处在做好开箱检验工作的同时，加强了安装调试期的检验监管工作，主动下现场和安装项目部监理进行联系，了解存在问题及安装过程中质量情况，确保出证内容真实、准确。三峡办事处共完成检验检疫工作 110 批，货值 18 526 万美元，出证 33 份，索赔 253 万美元。武钢办事处积极帮助武钢扩大高技术含量、高附加值的优质产品出口，2004 年武钢生产的钢帘线已通过了贝尔卡特集团内部质量体系认证，并纳入该集团全球采购体系，目前已向世界最大的金属制品企业贝卡尔特（美国）钢帘线公司首批出口 1 326 盘、2348.85 吨钢帘线。2004 年湖北局按照《商检法》和《行政许可法》规定和国家质检总局要求，撤销了东汽公司商检办。同时针对东风汽车公司进出口业务实际情况，加强了对东风汽车公司进出口业务支持力度，派员长驻东汽十堰、襄樊生产现场，既保证了依法行政，又不增加企业的报检成本。并针对东汽大进大出，快进快出的特点，把简化工作流程，提高通关验放速度作为服务东汽公司的切入点，实施“一条龙”便捷服务，将检验工作前移，与国际物流接轨。现在每批进口汽车零部件和设备从报检、检验、出证全过程只需 1 天时间，受到企业好评。

牢固树立从源头抓质量的工作思路，切实推动湖北省产品质量全面提升。一是以抓出口企业卫生注册登记为中心，帮助企业建立质量保证体系。2004 年组织专业人员对 18 家新建、扩建、改建的卫生注册登记企业的设计图纸进行了审查，提出了意见和建议，还根据企业各自的发展规划，结合行业发展前景，积极为企业生产品种结构设计、设备选型、工艺设计及配套设施的选用等出谋划策。目前，全省已有 247 家农产品、食品加工企业通过卫生注册登记，12 家企业通过欧盟、美国、韩国、俄罗斯注册。二是加强认证工作，帮助企业提高质量管理水平。认真落实《认证认可条例》，积极推进强制性产品认证制度，严格执行进口强制认证产品和民用商品入境验证管理，加强强制性产品认证的执法监督、执法检查，进一步推动湖北省 HACCP、ISO9000、QS9000、ISO14000、ISO18000 等体系认证，提高企业质量管理水平。在提高认证工作质量和有效性的同时，努力开拓和占领认证市场，帮助更多产品获得原产地保护标记和 CE、UL 等国际通行认证标志。目前，已帮助 759 家出口企业获 ISO9000 证书，22 家获 ISO14000 证书，13 家获 OHSAS18000 证书，7 家获 QS9000 证书；38 家企业通过 HACCP 认证和验证；38 个产品获 CE 标志认证，9 个产品获 UL 标志认证；CCC 强制性产品认证企业已达 300 余家。

进一步推进检验检疫“大通关”建设，为改善湖北省出口软环境服务。一是进一步深化口岸“大通关”建设，不断提高口岸工作效率。通过及时应用检管模式转变的成果，研究更加科学合理的业务流程，不断提高检验检疫通关效率，一批商品检验出证原来平均 2 天减为现在最多半天时间即可完成，降低了物流成本，营造口岸通关良好环境。二是不断推进电子检验检疫建设进程。2004 年共投入信息化建设资金 160 万元进行网络建设和系统优化升级，开展动植物检疫网上审批，改革内部网上作业流程，加快签证速度，在局系统实现电子报检、电子转单和电子签证率 100% 的基础上，积极探索通过互联网对企业进行电子监管。目前已对 14 家供港活猪注册饲养场试行了电子监管。三是积极推进快速核放、“绿色通道”等制度的实施。目前已有 8 家诚信高、产品质量保障体系健全、质量稳定、具有较大出口规模的生产、经营企业纳入快速核放系统，积极扶持17家出口骨干企业向总局申报实施“绿色通道”。通过快速核放、“绿色通道”等制度的实施，极大提高了货物验放速度。

周密部署，积极防治高致病性禽流感。2004年年初，我国部分地区发生高致病性禽流感，按照总局、省委省政府统一部署，及时成立防治高致病性禽流感工作领导小组及办公室，启动《进出境重大动物疫情应急处理预案》，下发《关于做好防治高致病性禽流感工作的紧急通知》，制定了八项具体防治措施。与省质量技术监督局共同制定了《全面清理检查禽类产品，防止禽流感疫情扩散的工作方案》，联合组成两个督查组分赴各地市州督查指导禽流感的防扩散工作。为将禽流感对出口企业造成的损失降到最低，在积极开展防治高致病性禽流感工作的同时，还主动收集信息，努力帮助企业尽快恢复生产出口。重点企业湖北九珠蛋业公司对新加坡17.7万美元的蛋品出口受阻，仙桃局根据新加坡官方的检疫信息，主动与新加坡农产兽医局联系，详细说明皮咸蛋的加工工艺及消毒措施完全达到“等效或高于加热处理标准”的事实，经磋商，新加坡农产兽医局同意批准进口九珠蛋品，在全国率先于疫期恢复了蛋品出口。由于思想重视、准备充分、措施到位，湖北局防治高致病性禽流感工作得到省防指的充分肯定和表扬，被评为“全省防治高致病性禽流感先进集体”。

【从解决“三农”问题的高度，积极支持和扩大湖北农产品出口】 湖北是农业大省，但农产品出口量一直不大，针对这种情况，湖北局把支持农产品出口作为重点工作之一。2004年4月湖北局就湖北农产品出口现状、存在问题、发展前景及建议等一系列问题，向省委省政府报送专题调研报告，得到省领导的充分肯定，省委俞正声书记批示：“此报告很好，应认真研究所提建议，制定规划，建立联系会议制度，指定负责人和单位，落实有关措施，争取数年内将农产品出口大幅上升，以带动农业产业化和农民增收”。随后省政府正式成立湖北省农产品出口工作协调领导小组，领导小组办公室设在湖北局，并批复同意在湖北局技术中心基础上成立湖北省出口农产品安全卫生监控中心。省委省政府批复后，湖北局多次召开农产品出口工作专题会议进行认真研究，在帮助农产品出口方面主要做了以下具体工作：

一是建立健全“三套体系”，确保农产品质量。以湖北省有比较优势的牲猪、蜂产品、淡水产品、大米、烟草等大宗农产品为重点，在省政府及有关部门支持配合下，采取针对性措施，推动全省动植物疫病疫情防治体系、农兽药残留监控体系、企业质量保证体系等三套体系建设，已取得一定成效。

二是加强出口企业技术培训工作，帮助企业解决具体生产问题。充分发挥湖北局检验检疫技术、信息、人才优势，及时推出企业迫切需要的实用技术培训，并从产品规划、设计、工艺等方面对企业进行指导和帮助，深受农产品出口企业欢迎。

三是倡导成立农产品行业协会，推动行业的整体发展。针对湖北省相当部分农产品存在的出口恶性竞争问题，湖北局组织主要蜂产品企业多次开会，促成湖北省蜂产品企业成立行业协会，通过制定行业自律措施，逐步解决蜂源统一控制、用料安全、蜂蜜质量等一系列问题。有效地推动农产品出口行业健康有序发展。

四是促进农产品出口产业集群发展。根据湖北农副产品生产、加工产业链实际，以促进形成农产品出口产业集群为服务突破口，千方百计引进优质客户，与地方政府一道共同帮助优势产业做大出口市场。2004年湖北局了解到一家美国大客户3年内进口鮰鱼需求达5万吨的信息后，专门组织了一次专题研讨会，会上站在贸易第三方的公正角度，向国外客户全面介绍湖北水产品养殖的几大优势，同时向水产品加工企业详细介绍美国人吃鮰鱼的饮食习惯，顾客对鮰鱼加工、包装要求等信息，帮助双方企业加深了解和互信。9月份湖北局邀请美国玛丽娜水产公司为湖北省所有出口水产企业进行了叉尾鮰鱼深加工的专题培训，40多位水产品企业代表受益匪浅，为促成湖北省水产品走出国门打下了基础。

五是在湖北局技术中心基础上成立了湖北省出口农产品安全卫生监控中心。监控中心成立了由湖北省、武汉市农业、科技等相关部门组成的管理委员会和由武汉高校、科研机构的著名专家组成的技术委员会，进一步加大对出口农产品安全卫生的监控力度。全年完成农残监控样品检测48个、200多个项目，对近60个水域的水质、60个原料虾样、48个地方蜂蜜样品等近800个项目实施日常监控检测。

六是抓住欧盟解禁的机遇积极扩大农产品出口。认真贯彻输欧动物源性食品安全卫生工作会议精神，结合湖北实际，采取果断措施，做好两个清理整顿。针对欧盟解禁涉及湖北省的蜂产品、叉尾鮰鱼片等主要出口产品，湖北局加大检验检疫力度，确保输欧盟动物源性食品的安全卫生质量。

经过湖北局和各有关方面的协同努力，湖北省农产品出口迈上了一个新台阶，2004年随州出口香菇3 864万美元，出口额上升30%；水产品出口7 100吨，创汇2 900万美元，比上年同期增加8%；罐头2.6万吨，比上年同期增加80%；茶叶1 700吨，比上年增加60%。

【坚持实施科技兴检和人才强检战略，增强检验检疫监督管理的实力】 加强科技管理。完善现有各项科技管理办法，完成了立项管理、课题管理、技术引进、成果评价、人才培养等相关制度修订工作，形成由科技带头人、专家与基础性应用技术人员所组成的人才梯队，初步建立了适应科技创新、技术开发需要的科技管理新机制。

加快实验室建设。加大投入，优化资源配置，拓展业务领域，提高服务水平和服务质量。全年新购仪器设备共计303台（套），价值759.2万元。完成了纺织、电气、包装实验室的整合工作，充实了技术中心的力量，提高了整体实验检测能力。同时认真落实认监委在系统内推行实验室认可和计量认证的要求，做好实验室注册转换工作，所属实验室已全部通过国家计量认证，被国家认监委评为“出入境检验检疫实验室注册转换工作先进单位”。

狠抓科技立项、科研制标工作。一是加大科研项目投入。2004年向省科技厅推荐科研项目11项，在科技攻关项目中立项7项，争取省科技厅科研经费16万元。省科技厅引导性计划立项的5个项目，湖北局投入资金17万元，湖北局立项16项，投入资金22.5万元，认监委检验检疫标准制修订项目投入资金6.5万元，质检总局科研项目投入资金8万元，科技部食品安全专项资金投入15万元，科研项目共投入85万元，是湖北局近年科研项目投入最大的一年。二是积极开展科研制标工作。2004年完成登记的科研项目6项，获国家发明专利1项，完成注册编号的SN标准3项，完成研制国家标准样品9项。评出“科技兴检奖”一等奖1项、二等奖6项、三等奖7项，“技术改进奖”一等奖2项。在本局评奖的基础上向质检总局推荐参评“科技兴检奖”项目8项，其中3项被评为总局“科技兴检奖”三等奖。另外，湖北局与其他局共同完成的科研项目获质检总局一等奖1项，二等奖1项，三等奖1项。共获总局“科技兴检奖”项目达6项，是“三检合一”以来获总局奖励最多的一年。有一位同志被评为总局“优秀中青年专家”。向质检总局推荐检验检疫科技委专家3人，推荐国家科学技术奖励评审专家6人，推荐检验检疫标准审定专家10人。

加快信息化建设和信息应用研究。加快湖北局电子政务平台建设步伐，已开通湖北局公众信息网站、内部办公网站和外部邮件系统，为企业和社会公众提供检验检疫信息服务和方便简捷地办理检验检疫业务的电子网络环境。办公自动化OA系统已开始试运行，2005年1月1日正式启用。

【抓好队伍建设和行风建设，不断增强凝聚力和战斗力】 全面推进人事制度改革，努力造就一支高素质人才队伍。一是建立待岗制度，对工作能力及工作作风不适应岗位职责要求、考核不称职、严重违纪的人员实行待岗。二是加强轮岗交流，把轮岗交流与干部培养使用结合起来，尽可能地让绝大部分技术人员轮岗，对长期在同一岗位工作、特别是敏感岗位的人员必须实行轮岗。2004年包括处、科级干部在内干部职工轮岗率达10%。三是开展干部竞争上岗，已完成第一批副处级干部竞争上岗，在公开、公正、公平的条件下，12名优秀人员经过笔试、面试、民主测评等多个环节的激烈竞争走上副处级领导干部岗位。四是完善干部考核制度，将目标考核与干部的年终考核结合起来，按照德能勤绩、注重实绩的原则完善干部考核制度。通过人事制度改革更新了选人用人的观念，拓宽了选人视野，优化了中层干部队伍结构，扩大了选人用人方面的民主，极大地激发了干部职工勤奋工作、努力向上的积极性。

积极推进事业单位改革，增强检验检疫事业活力。一是认真贯彻落实湖北局《关于事业单位改革的若干意见》和《关于进一步理顺业务关系明确业务分工的意见》，结合湖北局检验检疫实验室实际，重新规划、合理布局。对现有实验室进行重新整合，以形成力量集中、布局合理的检验检疫技术执法保障体系。按照政企分开、科学规范、统一领导的原则，实行“垂直管理、分级负责”的管理体系，将湖北局系统除保健中心外的所有实验室统一划归技术中心管理，即将原由各业务处室分管的轻纺、电气安全、包装、荆州、襄樊等5个实验室统一划归技术中心管理。通过整合各类实验室资源，技术中心初步形成纵向贯通国家局实验室规划方案，横向覆盖农产品、食品、工业品及原料、动植物检疫等各大类进出口产品的合理布局，为检验检疫工作提供更有效的技术支撑。在没有增加人员的情况下，技术中心创造出最大日检测量的历史记录，1－10月累计检测样品21 450个，检测数据82 852个，分别是去年同期的1.5倍和1.7倍。

二是推进用人制度改革。2004年对所属事业单位实行了全员竞聘上岗，实行竞聘前培训人员105人次，通过竞聘，与64名培训合格人员签订了聘用合同。通过全员竞聘上岗，不断完善激励制度，实现尊重知识、鼓励创新、公平竞争，形成了事业单位优秀人才脱颖而出和人尽其才的良好局面。

深入开展行风建设工作。2004年湖北局被省委省政府列入“2004年年度民主评议行风单位”。局党组高度重视行评工作，召开全系统行评工作动员大会，研究制定行风评议工作实施方案，成立工作专班，推行工作责任制，坚持“管行业必须管行风”、“谁主管谁负责”的工作原则，各单位“一把手”为行风评议第一责任人，形成主要领导亲自抓，分管领导具体抓，一级抓一级，层层抓落实的工作局面。行评工作领导小组对全系统行评工作各阶段情况和评议结果进行及时通报，并将行风评议结果作为党风廉政建设责任制考核和2004年工作评定的重要依据。在局党组的统一部署下，在行评工作领导小组精心组织、统一调度下，全局上下齐心协力，认真实践服务承诺，将文明创建活动与行风建设结合起来，建立长效监督机制，巩固行评成果，确保湖北局行风建设健康发展，赢得了社会各界和行评代表的一致好评，被授予“湖北省民主评议行风合格单位”，进一步树立了检验检疫良好的社会形象。

（彭苏）

2004 年湖北出入境检验检疫局情况统计

<table>
<tr><th></th><th>总批（次）</th><th colspan="2">货值
（万美元）</th><th>不合格
（批次）</th><th>货值
（万美元）</th><th>发现
疫情</th></tr>
<tr><td>出口商品检验检疫</td><td>27343</td><td colspan="2">112631</td><td>142</td><td>426</td><td></td></tr>
<tr><td>进口商品检验检疫</td><td>7023</td><td colspan="2">135630</td><td>593</td><td>3196</td><td></td></tr>
<tr><td>签发普惠制产地证明</td><td>17300</td><td rowspan="2">签证
金额</td><td>58169</td><td></td><td></td><td></td></tr>
<tr><td>签发一般产地证</td><td>2418</td><td>8069</td><td></td><td></td><td></td></tr>
<tr><td>进境食品卫生检疫</td><td>126</td><td colspan="2">370</td><td></td><td></td><td></td></tr>
<tr><td>进境动物及其产品检疫</td><td>15</td><td colspan="2">53</td><td></td><td></td><td></td></tr>
<tr><td>出境动物及其产品检疫</td><td>2227</td><td colspan="2">5051</td><td></td><td></td><td></td></tr>
<tr><td>进境植物及其产品检疫</td><td>350</td><td colspan="2">6474</td><td></td><td></td><td>16</td></tr>
<tr><td>出境植物及其产品检疫</td><td>1318</td><td colspan="2">5458</td><td></td><td></td><td>1</td></tr>
<tr><td>进境木质包装检疫</td><td>3880</td><td colspan="2"></td><td></td><td></td><td>46</td></tr>
<tr><td>出境木质包装检疫</td><td>4496</td><td colspan="2"></td><td></td><td></td><td></td></tr>
<tr><td rowspan="6">进出境运输工具卫生检疫</td><td rowspan="2">船舶</td><td>入境</td><td>10 艘</td><td rowspan="6"></td><td rowspan="6"></td><td rowspan="6"></td></tr>
<tr><td>出境</td><td>9 艘</td></tr>
<tr><td rowspan="2">飞机</td><td>入境</td><td>707 架</td></tr>
<tr><td>出境</td><td>709 架</td></tr>
<tr><td rowspan="2">集装箱
（标箱）</td><td>入境</td><td>57177</td></tr>
<tr><td>出境</td><td>56960</td></tr>
<tr><td>入出境旅客（人次）</td><td>122467</td><td>发现问题</td><td>2741</td><td>监测体检</td><td>12215</td><td></td></tr>
<tr><td>预防接种（人次）</td><td>21288</td><td>艾滋病
监测</td><td>11860</td><td></td><td></td><td></td></tr>
</table>

武汉海事局工作综述

2004 年是武汉海事局实现“四化三步走”战略目标的起步年。该局以邓小平理论和“三个代表”重要思想为指导，局党政领导班子带领全局干部职工围绕年初制定的方针目标，团结一心，同心同德，坚持以水上安全监督管理为中心，服务长江航运建设和发展，服务地方经济，狠抓基本建设和信息化等工作，规范了内部管理，重视文明创建，各项工作取得较好成绩。

【辖区安全形势稳中趋好】 2004年，辖段共发生一般以上水上交通事故1件，造成死亡3人，沉船1艘，直接经济损失约42.67万元。与上年同期相比，事故五项指标除死亡人数持平外，事故件数、碰撞事故数、沉船艘数、经济损失分别下降75%、100%、67%和72%，辖区安全状况综合评估指数大于34.58小于70。辖段共发生一般等级以下事故及险情25起，与2003年同期相比，等级以下事故件数下降了26%。

加大巡航力度，强化了现场管理。海巡艇全年出航8 962次，巡航检查船舶19 601艘，航行时间11 432小时，巡航时间16 051.18小时，发现和纠正违法行为7 073艘次，现场维护船舶17 400艘。其中夜巡1 062艘次，巡航时间1 574小时。巡航执行率100%。

严格审核、审批水上水下工程。全年共进行水上水下工程可行性研究工作17件，办理水工审核、审批5件，办理各类施工审核21件；进行现场查勘81次，发布航行通告28期720份，差错率为零。

提高值班搜救快速反应能力。全年共接到有效的遇险报警电话和信息25次，组织救助行动25次，救助船舶39艘，救助遇险人员234人次，挽回直接经济损失2 483万元。其中完成了“4·7”事故的有效施救。

做好船舶登记管理。全年共受理船舶登记2 095艘次，其中所有权登记289艘次，国籍登记675艘次，抵押权登记15艘次，租赁登记35艘次，变更登记237艘次，注销登记265艘次。船舶登记差错率为零。

强化了危管防污工作。全年进港国内航行危险品船舶1 893艘次、国际航行船舶11艘次，出港内贸货物3 152 625吨，外贸货物37 467吨；出港国内航行危险品船舶1 656艘次，进港内贸货物1 243 276吨，外贸货物51 397吨。危险货物集装箱进港693箱，出港2 679箱，开箱检查61箱。全年共受理、核发《船上油污应急计划》35份，《程序与布置手册》3份，《船舶海洋污染应急计划》3份，《油污损害民事责任保险证书》10份，核发《船舶垃圾记录簿》61本，《油类记录簿》93本，《垃圾管理计划》63本。

强化了船公司和船舶管理工作，严把签证、安检关。对第一批实施SMS的8家船公司及其船舶进行监督检查。要求局辖区从事危险品运输以及通过安全管理体系审核的11家航运公司进行一次内部安全和防污染管理安全情况自查。全年共办理进港签证9 039艘次，出港签证8 654艘次。

稳步推进船员管理工作。共组织船员考试59期，2 666人次参加考试，发证、换证、签注共计12 011本。完成了辖区长江干线一－三等船员适任证书数据的录入，并上报部海事局；编制了公安船艇船员考试大纲和考试办法，协助长航公安武汉分局对其船员培训考试1期；协助部海事局编写了《内河船员考试大纲》的部分科目内容；完善了各类船员证书软件，实现了所有证书计算机打印和数据处理；对2个培训机构实行了教师注册管理；编制了《船公司信誉管理办法》。

圆满完成各项特别维护任务。完成了“0491”、“0492”军运维护任务，完成了密克罗尼西亚总统游览长江、珍稀水生动物增殖放流活动、“宁化运2#”轮特别维护任务、33届渡江活动水上禁航、马乐丁·斯特雷探险式马拉松长江游泳活动、中国武汉国际旅游节及拖带“克里斯蒂”号海轮重点航段维护任务。组建天兴洲大桥监督站，开展了天兴洲大桥施工期钢围堰下水、浮运、定位施工等现场维护任务。

推进执法规范化建设。贯彻实施《行政许可法》，规范执法行为和程序，制定了《政务公开指南》，建立并运行了海事业务管理体系，初步统一了行政处罚实施意见；业务考核体系重要项目和主要项目合格率100%。

【改革发展成效明显】 2004年，武汉海事局坚持长效管理与专项活动的有机结合，积极做好改革发展工作。

信息化建设水平全面得到提高。加强对信息化工作的领导，加大终端设备的配置力度，局机关实现了计算机人手一台，基层六站在岗执法人员计算机配备率接近100%。在率先运行局域网的基础上，进行内网改版，并对局属六站进行网络建设，实现了局、站网络联通，局外网于5月份投入试运行，为实现管理信息化奠定了基础。局所属六站10个签证点已全面实现电子签证，推行了收费票据机打，电子签证船舶2 398艘次。

积极开展了海事体制改革的准备工作。迎接了交通部人劳司、长航局对派出机构设置进行的工作调研；根据长江海事局关于水域划分调整的意见，武汉局管辖水域向上游延伸85公里，对该水域管理的调研工作得到了咸宁市、嘉鱼县政府的支持。推进海事管理方式改革，完善海事政务受理工作。按照受理、审核、批准三分离的原则，明确了工作职责、运作模式和工作流程，目前运行情况良好；结合部海事局和长江海事局便民措施，对外公示了实行措施后的相关业务工作时限，按措施要求开展工作。全年共接受咨询7 213余人次、受理10 021余件，当场不予受理830余件。政务公开工作方便了管理相对人，赢得船舶单位和上级领导的好评。政务大厅荣获长江局和武汉局"青年文明号"称号。

完成了4个业务用房工程项目竣工验收，建设面积4 376平方米，工程总投资1 815万元，工程总评为"优良"；完成青山站业务用房工程建设和竣工验收，建设面积858平方米，工程总投资205.5万元，工程质量总评为"合格"。建设项目按照基建程序执行，没有发生质量不合格及违反廉政合同事件。开展了局"搜救一体化"研究。完成交管工程立项工作，进行交管设备招标前期工作及监理合同洽谈。开展了危管防污工程的初步设计，并通过长航局审批。开展阳逻站码头前期工作，开支90万元，购置码头设施，签订前期工作设计合同。开展了阳逻搜救基地征地洽谈工作。

重视人才工作，加大了培训力度。列入长江局"115"人才工程计划的人员，个人培养计划措施实施面达到100%；对局"113"人才工程后备人选进行了调整，制定并较好地实施了个人培养计划；组织参加上级举办的各类培训班30期，参加人员63人；组织举办局内培训班20期，参加人员746人次；发挥三大交流培训基地的作用，签证培训86人次，安检培训13人，船员培训42人。目前执法人员通过计算机一级考试106人，占执法人员总数的73.1%；机关人员通过74人，占机关人员总数的83.15%。110名45岁以下执法人员中，英语达到国家四级水平以上者13人，占45岁以下执法人员的11.8%。

精神文明建设取得新成绩。加强了两级领导班子建设和组干工作，党委中心组学习内容全面，形式多样，集中学习共24次12天。以"双学双建一创"活动为载体，探索有特色的海事文化建设。总结了大桥站的"三三精神"；调研提出了规范统一基层站台帐记录的意见。大桥站、青山站被长江海事局授予"标准化监督站"称号。围绕海事中心，加强了"两个文明"建设宣传报道工作，共发表地市级以上宣传报道稿件75篇（论文12篇），其中省部级以上53篇，占发表稿件的70%。开展了第六个"党风廉政宣传教育月"活动；加大了从源头预防和治理腐败工作力度。全年行风举报为零。开展了“三整顿”教育活动、创建“三个一流”、学习“振超精神”等活动。局监督科被授予湖北省“青年文明号”、1名个人获湖北省“青年岗位能手”称号，2个集体获长江海事局“青年文明号”、2名个人获长江海事局“青年岗位能手”称号，1名个人获长航局“青年岗位能手”称号；武汉局团委获长江海事局“红旗团委”、“长航五四红旗团委”称号。积极开展职工职业道德建设，局被湖北省总工会授予“双十佳”单位。

2004年武汉海事局业务统计表

项　目	数据名称	数据量
搜救管理	搜求次数	25
	搜求时间（小时）	2101
	获救事主船舶（艘）	39
	获救人员	234
船舶监督管理	船舶办理进出港签证（艘次）	17693
	船舶安全检查（艘次）	1552
	安全管理体系审核（次）	14
	进、出港口船舶总吨（万吨）	448
	进、出港口船舶艘次	37364
	船舶登记（艘）	2095
通航管理	发布航行通（警）告次数	28
	水上水下施工作业审批（项）	21
	水上水下施工作业现场监管时间（小时）	5211
船员证书	船员考试（人次）	2666
	船员发证（本）	12011
事故调查	起数	26
日常巡航	巡航时间（小时）	16051
	巡航次数	8962
危险品管理及防污	危险货物通过量（吨）	3329860
	办理船舶装御危险品货物审批手续（艘次）	2563
	运输危险品货物船舶进出港（艘次）	3549
	检查运输危险货物船舶进出港（艘次）	1922
	检查危险品货物集装箱（标箱）	61
	辖区防污检查（艘次）	2256
	油污水接收处理、垃圾处理等相关作业审批	35
	油污水接收处理等相关作业审批现场监督（次）	16

湖北口岸大事记

1月3日

武汉航空口岸落地签证筹备工作通过公安部组织的验收。

1月8日

湖北出入境检验检疫局召开工作会议，传达贯彻全国检验检疫局长会议精神，研究部署2004年工作，副省长韩忠学出席会议并作重要讲话。

1月12日

公安厅武汉航空口岸签证处正式开展签证业务。

2月8日

武汉国际集装箱转运中心5万标箱的集装箱码头投入试运营。

2月9日

中央政治局委员、省委书记俞正声同志在东航武汉公司关于开通武汉—大阪航线报告上批示："开通此航线对促进对日经济合作意义重大，应指导单位负责此案，形成意见后报省政府定"。

2月14日

国家质检总局蒲长城副局长考察调研湖北禽流感防治工作、行政许可法宣传贯彻和技术机构改革情况。

2月23日

香港食环署和五丰行一行到湖北考察供港注册猪场，并进行了学术交流。

2月27日

中国电子口岸数据中心武汉分中心成立。

3月15日

尹汉宁厅长向省长办公会汇报2004年全省商务工作安排时，罗清泉省长提出改善口岸环境以及调研公路口岸问题。

4月5日

国家民航总局批准东航武汉公司武汉—日本大阪航线经营权。

4月16日

中央政治局委员、省委书记俞正声在湖北出入境检验检疫局呈送的《湖北省农产品出口情况综合调查报告》上作了重要批示"清泉、忠学、友凡同志，此报告很好，应认真研究所提建议，制定规划，建立联席会议制度，指定负责人和单位，落实有关措施，争取数年内将农产品出口大幅上升，以带动农业产业化和农民增收"。

4月27日

省委副书记、武汉市委书记陈训秋到湖北出入境检验检疫局视察指导工作。

4月30日

全省口岸工作暨共建表彰会议在武汉民航酒店举行。

5月18日

武汉海事局阳逻站QC小组成果《减少牧鹅洲水道航行船舶错误选择航路违章率》荣获交通部“优秀成果奖”。

5月28日

武汉—日本大阪航线开通，每周2班。

6月3日

武汉海关、中国电子口岸数据中心与交通银行武汉分行举行网上支付税费合作协议暨服务协议签字仪式。

6月15日

湖北公安边防总队组织全体官兵学习任长霞同志先进事迹。大家决心牢记“忠诚、敬业、爱民、拼搏”的任长霞精神，树立“立警为公、执法为民”思想，积极努力地做好工作。

6月16日

公安部边防局傅宏裕副政委率工作组到湖北公安边防总队检查指导工作；

6月30日

国家质检总局党组书记李传卿来鄂调研，听取湖北局的工作汇报，副省长任世茂等参加了汇报会。

7月9日

韩忠学副省长主持会议，专题研究武汉航空口岸增辟国际航线航班工作。

7月22日

湖北省委常委、政法委书记、公安厅长郑少三等领导到湖北公安边防总队看望慰问官兵，在讲话中充分肯定了总队近年来取得的成绩。

7月25日

韩忠学副省长带领省市相关部门负责人及各查验单位领导到武汉杨泗港、阳逻国际集装箱转运中心码头进行口岸调研。

7月26日

湖北省对外开放领导小组召开会议，研究至2007年全省对外开放工作任务时，重点确定了10个方面的工作，其中4个方面是口岸工作任务。

7月27日

武汉市政府召开大会，表彰武汉边防检查站被公安部荣记“集体三等功”，副省长韩忠学等省市领导出席会议并颁发奖状。

8月3日

上海集海航运公司、中外运湖北公司联合开通武汉至上海港直达快速班轮航线，每周二开行一班，30个小时即可到达上海港。

8月27日

上海中远开通荆州至上海港直航班轮航线，每周开行1班。

9月25日

南航湖北公司开通武汉至韩国汉城航线，每周开行2班。

10月19日

《湖北日报》以《国门大使》为题报道湖北公安边防总队武汉边防站立警为公、践行执法为民的先进事迹。

10月26日

中央政治局委员、省委书记俞正声一行到湖北出入境检验检疫局调研，视察了局技术中心实验室，听取黎庆翔局长的工作汇报。

12月7日

武汉经停广州至法国巴黎航线开通，每周二、五、日开行，共3班。

12月23日

中央政治局委员、湖北省委书记俞正声同志在全省对外开放工作会议上指出，口岸是重要的投资环境，口岸工作很重要，并强调要加强口岸工作。

12月29日

武汉机场第二航站楼正式开工建设。

湖南省口岸工作综述

2004年，是全省口岸工作取得较大成绩的一年。全省口岸系统广大干部职工在省委、省政府的正确领导下，坚持以党的十六大和十六届三中、四中全会精神为指导，贯彻落实省委、省政府关于进一步扩大开放的若干意见，求真务实，开拓进取，圆满完成了各项工作任务，为全省开放型经济发展做出了积极的贡献。

【口岸客、货运量】 2004年，全省口岸克服了非典带来的不利影响，实现了进出境人数、进出口货物同步增长。全省口岸进出境航班（船舶）925个（艘）次，出入境旅客80 265人次，同比分别增长28%和56%。其中，长沙—香港飞行725个航班，进出境旅客62 601人次；长沙—曼谷飞行26个航班，进出境旅客3 400人次；进出境旅客中，台湾同胞36 297人次，港澳同胞17 205人次，外籍人士7 345人次。长沙空港口岸直达货物运输548吨，监管货物2 538吨，关税收入1.1046亿元，分别增长50%、27%和20%。城陵矶内河口岸直达运输货轮2艘，扭转连续两年没有直达运输货物的局面，二程运输进出口货物140万吨，增长75%。

【口岸监管】 全省口岸查验单位对所有进出境人员、交通工具和进出口货物依法进行了有效地监管，清除了一些安全隐患，没有发生任何勤务差错和等级事故，确保了口岸安全。

省边防总队共检查出入境人员80 265人次，出入境交通运输工具925架（艘）次，查获违法违规人员160人次，查获在控对象32人次，已连续三年未发生偷渡事件。

长沙海关机场办查获各类违禁印刷品及音像制品304件，其中反动书刊64本、淫秽杂志12本、淫秽光碟73张、盗版光碟165张。向总关缉私局移交在旅检现场查获的个人携带黄色、淫秽光碟入境案2起共36件物品。开出税单2 631份，受理进出口空运货物申报共10 579份，签发报关单证明联12 019份，征收滞报金61万元，办理保金保函31份。

湖南出入境检验检疫局制定了《长沙航空口岸控制非典预案》和《突发公共卫生事件处置预案》，并成功地将这两个《预案》运用到了禽流感的防治中。机场办检出旅客禁止进境携带物244批，有害生物共6批，其中二类检疫害虫桔小实蝇1批；禽流感防治时期，查获旅客携带的禽类产品4批，对口岸服务生产经营企业现场卫生监督42次，换发卫生许可证6份；检疫入境货物4 215批次；受理报检2 733批次，检验货物532批，发现有问题商品11批，其中旧机电4批、“3C”认证不符5批、货物残损2批。

省机场管理集团公司加强现场管理，严格履行安全检查程序，严格检查标准，加大国际货物监管力度，检测行李74 766件次，查出管制刀具、易燃易爆物品等共180余件。

【口岸设施建设】 省机场管理集团公司狠抓黄花机场国际厅的改扩建工程，该工程于9月19日竣工投入使用。新的国际厅布局合理，构思新颖，整体协调，功能齐全，总建筑面积达3 440平方米，其中新建面积为1390平方米，能同时容纳2个航班旅客通关，有4个值机柜台，4个边防检查通道，还设置了专门的登机桥连接飞机舱门和候机厅，入境卫检、海关、动植物检验检疫设备、体温检测仪等一应俱全。新国际厅的运行，大大地改善了口岸的通关环境，提升了口岸的服务功能。黄花机场还完成了总体规划设计审查，货运仓库改扩建工程。黄花机场着眼于长远发展的需要，开展了机场总体规划设计工作。城陵矶口岸扎实做好岳阳边检站的整体搬迁，启动了港口规划工作，顺利完成了联检大楼的置换工作。

长沙边检站在省机场管理集团公司支持下，铺设了站部至执勤现场的光缆，实现了勤务现场通过公安专网对各类数据和资料进行传送、查询，添置了高功率 UPS。建成了集现场监控、勤务指挥远程操作和电视电话会议功能于一体的勤务指挥中心和电子显示屏等先进设施。配备的计算机、证件阅读机系统，文检仪、电子监控系统，电话、传真、照相机、摄像机、对讲机、复印机取证设备等都达到全国一流水平。

长沙海关现场办在省机场管理集团公司和南航湖南公司的支持下，在两大监管仓库安装了闭路电视监控系统。在旅检现场开通了连接至总关的数据专线，结束了旅检现场计算机不能联网的历史。增加了两台计算机设备，各类违规音像制品的审查更加方便快捷，提高了工作效率。

湖南出入境检验检疫局机场办在货检现场添置了设备，开通了专线上岗，机场报检数据与局本部对接，同时配备了专业技术人员，为开展入境成套设备及零配件检验工作提供了良好的工作平台，实现了机场货检“一站式”服务。

【口岸“大通关”】 建立了全省“大通关”协调机制。经省政府常务会议研究决定，全省建立了“大通关”协调会议制度，由贺同新副省长、刘明欣副秘书长牵头召集，海关、检验检疫、交通、机场、税务、银行、外汇等部门领导和有关市州政府负责人参加，根据口岸建设要求，适时召开协调会议，共同研究解决“大通关”工作的有关问题。

建成了全省加工贸易联网监管示范网点。根据省政府领导指示，省商务厅、省外汇管理局、省国税局、长沙海关、湖南出入境检验检疫局等单位加强联系与沟通，已为全省加工贸易联网监管平台建设筹集 25 万资金，在长沙建成了全省加工贸易联网监管示范网点，为企业节省了人力、物力、财力，降低了运营成本。

举办了“关企座谈会”。省政府经济顾问陈德铨主持召开了长沙海关与全省部分重点企业座谈会，全省 18 家重点企业代表与长沙海关领导和主要职能处室负责人进行面对面的沟通交流，现场解答了“大通关”过程中遇到的一些问题，会议确定关企关系为战略合作关系，开创了关企合作的新局面。

探索了口岸区际合作新机制。根据泛珠三角区域合作新形势，结合全省外经贸迅速发展和企业要求提供跨省区快捷通关的实际，提出了全省口岸工作融入泛珠三角区域合作的意见与建议，已被列入省政府文件，成为近期工作重点。长沙海关机场办先后派人走访了西安咸阳机场海关、大连机场海关和青岛机场海关，保持了与北京、广州、上海、深圳等口岸的密切联系，及时为企业疏通解决出口货物的结关问题。全省进口空运货物转关率已达 67%以上。

提高了通关速度。利用黄花机场国际厅改扩建工程竣工并试运行的契机，长沙海关机场办与省机场管理集团公司安检部门签订了《对出境旅客托运行李实施“一站式”查验的合作备忘录》，从而避免了出境旅客托运行李的重复过机，方便了旅客快速通关。目前，每名出境旅客通关时间仅为 15 分钟。长沙边检站将出境通道增至 4 通道，入境通道增至 6 通道，大大缩短了旅客排队候检时间，原来入境 150 余人需要 30 分钟，现在仅需 15 分钟。同时，该站做到了正常验放一名旅客不超过 45 秒，处理一起勤务问题在 30 分钟内作出决定。湖南出入境检验检疫局机场办推行特事特办、急事急办、预约报检、空中报检、手续担保候补等便利措施，缩短了空港进境货物通关时间。

【口岸文明创建】 2004年全省口岸文明创建活动注重在深入扎实上做文章，在讲求实效上下功夫，取得明显成效，受到进出境旅客、进出口企业的广泛赞誉，得到各级领导和有关部门的充分肯定。

出色完成礼遇通关任务。全年为国家领导人、全国人大代表、政协委员、省领导、香港及国际知名人士提供礼遇通关12批次，共计300余人次，为“金鹰节”、“湘洽会”等重大外事活动提供了方便、快捷、优质的服务。其中包括应教育部邀请来访的邵逸夫代表团，柯达全球副总裁，全球最大传媒集团首席执行官雷石东先生一行，全球第二大钢铁公司LNM公司米塔尔总裁等。南航湖南公司圆满完成了吴仪副总理、回良玉副总理、泰国诗琳通公主、香港特区政府曾荫全司长带队的考察团等专机服务任务。

充分实现服务承诺。长沙边检站深入开展“三四五”服务活动。“三”是“三个一”：一声亲切问候，一张和蔼笑脸，一腔饱满热情；“四”是“四个服务”：热情服务、主动服务、跟进服务、靠前服务；“五”是“五心”：接待旅客热心、查验证件细心、回答旅客提问耐心、清正廉明领导放心、方便老弱病残有爱心。长沙海关机场办进行人性化监督，实行“背靠背”查验方式。湖南出入境检验检疫局机场办公布工作流程、法律文件、收费依据、办事制度、投诉电话。省机场管理集团公司坚持开展“安全生产月”、“百日安全劳动竞赛活动”，重点抓好非正常航班服务，推行送、取货上门服务。南航湖南公司新成立服务质量领导小组，建立内外监督机制，创新服务产品，开通24小时值班的南航旅客呼叫服务中心。

健全完善规章制度。省口岸办修订完善了《口岸办转变工作作风行为规范》等覆盖思想教育、业务学习、日常管理各方面的6项制度。省边防总队制定了《关于加强执勤管理和文明执勤规定》等多个规范性文件，规范了边防检查、查控、行政案件办理等工作程序。长沙海关机场办制定了《旅检关员现场行为规范15条》，做到了工作时间、关容风纪、服务用语、首问责任、现场应急处理等方面有章可循。黄花机场公司引进安全评估系统，推出了《规范化基础管理手册》。南航湖南公司针对空中服务、销售服务、值机服务、货物运输服务、机上餐食服务等服务环节，制定了《南航湖南公司服务质量考评办法》。

积极为企业排忧解难。省口岸办先后组织人员到长沙、株洲、郴州等地进行调研，召开了外贸企业、旅游企业多个层次的座谈会，为开拓客货市场出主意、想办法。岳阳市口岸办定期深入长炼、岳化、加华牛业等多家企业调研，了解企业的进出口情况，并协调联检单位帮助企业解决具体问题。张家界市口岸办积极真诚走访相关单位，为拓展新航线航班做了大量深入细致的工作。长沙海关机场办、湖南出入境检验检疫局机场办经常为企业上门验放货物、预约加班，特别是周末很少能按时下班。省机场管理集团公司积极协助航空公司做好地面服务工作，优先为国际航班提供特种设备等服务，全年无人为原因导致航班延误。

涌现了一批先进单位和先进个人。长沙边防检查站在口岸树立了“人民公安为人民”的良好形象，充分展示了国内卫士的精神风貌，被共青团中央、公安部授予“全国公安系统青年文明号”。湖南出入境检验检疫局机场办以“服好务、执好法、把好关”为己任，深受出入境游客、进出口企业的欢迎，被省直工委授予“青年文明号”。岳阳市口岸办被市文明办评为“市级文明单位”。全省口岸战线广大干部职工不辱使命，努力工作，成绩突出，也涌现了长沙海关机场办旅检科等13个先进单位和陈岚等49名先进个人。

【口岸其他各项工作】 扎实开展信息工作。2004年省口岸办编发各类文件68份，编辑《口岸工作简报》6期，编写《湖南口岸2003年年鉴》，召开《湖南口岸志》发行会，历年口岸档案资料整理成册19本，充分发挥了信息工作沟通上下、联络左右的作用。尤其是省口岸办利用主持召开西部地区口岸办主任联席会议的契机，阐述了《中国口岸亟需解决的四个问题》的文章，被中国口岸协会评为一等奖，所反映的问题引起了国务院领导的重视。上报的《城陵矶内河口岸当前存在的问题及对策》一文，已进入海关总署领导的视野。

积极承办捐赠免税审批工作。全年为邵阳慈善总会、湖南省图书馆、湖南大学等单位办理捐赠免税物品审批手续6批，计美元20余万元，人民币3万元，并做好后续监管工作，大力改善了贫困地区人民群众医疗条件和贫困学生的学习环境，受到各方面欢迎。

认真做好打击走私工作。根据海关总署的统一部署，打私办由海关调查局顺利移交给缉私局。省口岸办在经费十分紧张的情况下，拿出8万元支持打私办开展工作，按照"促发展，保稳定，造环境"的打私执法理念，省口岸办积极参与了多起涉嫌走私案件的协调工作。省打私办认真编发全省打私工作简报，积极组织全省打私联络员培训。

制定处置突发事件预案。为巩固非典防治成果，建立长效机制，2004年年初，省口岸办召集有关单位负责同志研究总结了2003年抗非典经验，在反复征求意见的基础下，成立了全省口岸抗击非典领导小组及办公室，形成了《长沙航空口岸控制非典预案》。禽流感疫情爆发时，省口岸办又要求口岸单位参照防治非典的办法，妥善进行了处理。由于采取了积极科学处置办法，全年全省口岸均未发生一起非典或禽流感传入、传出的病例。2004年9月，为及时有效地预防、控制和消除京九、沪九直通车在湖南运行途中突发公共卫生事件的危害，防止传染病传出传入，湖南出入境检验检疫局等部门共同制定了《突发公共卫生事件处置预案》。

2004年度湖南航空口岸出入境人员、航班统计资料

项　目		年累计	长沙航空口岸（人次）	张家界航空口岸（人次）
合计		80208	66001	14207
中国籍	小计	66018	53468	12550
	因公	1761	1756	5
	因私	10750	10718	35
	港澳	17205	10288	6917
	台湾	36297	30704	5590
外国籍		7345	7020	325
服务员工		6845	5513	1332
航班数（个）		921	750	170

2004 年度长沙航空口岸国际（地区）直达货运综合统计资料

单位：吨

单位 项目	年累计	与去年同期累计比较		南航湖南 公司年累计	黄花机场 公司年累计
		增减量	增减百分比		
合计	547.836	+181.528	+49.56	291	256.836
出口	255.381	+70.206	+37.91	99.6	155.781
进口	292.455	+111.322	+61.46	191.4	101.055

2004 年湖南省各市州进出口情况表

金额单位：万美元

市州名称	全年累计		累计同比%	
	出口	进口	出口	进口
合计	240928	213150	59.3	52.4
长沙市	67771	91385	45.86	18.3
株洲市	48436	10567	32.54	-19.8
湘潭市	42436	25041	139.32	93.23
衡阳市	13694	10634	69.73	290.96
邵阳市	4681	493	68.38	-60.31
岳阳市	4263	25656	-3.33	122.32
常德市	9678	5175	47.49	122.48
张家界市	408	19	74.36	-75
益阳市	4863	8096	9.26	86.89
娄底市	9780	24809	118.74	320.35
郴州市	15466	1236	120.13	-54.05
永州市	1170	13401	-14.97	81.86
怀化市	3371	56	46.95	30.23
湘西自治州	14911	98	68.16	415.79

湖南口岸查验单位工作综述

长 沙 海 关

2004年是长沙海关发展史上十分重要的一年。在海关总署的正确领导和湖南省委、省政府的关怀指导下，顺利实现了新老班子平稳交接，各项工作取得了显著成绩。

【概况】 长沙海关关区全年税收入库15.83亿元，同比增长17.26%。罚没收入2 998.95万元，是2003年的20.19倍，进出口货物减免税合计9.67亿元，同比下降13.6%。累计查验进出口报关单3 169份，查验率10.5%，查获率2.7%。其中进口1 852份，查验率14.9%，查获率4.5%；出口1 317份，查验率7.4%，查获率0.8%。进出口货运量228.3万吨，同比增长37.5%。其中进口175.2万吨，同比增长39.2%；出口48.6万吨，同比增长31.9%。审核进出口报关单29 256张，记录条数59 841条，同比分别增长20.8%和30.0%。监管集装箱51 267箱次，同比增长18.8%。监管进出境运输工具9 489辆（艘），出入境人员79 926人次，同比分别增长34.6%和39.5%。监管快递和非贸易性行邮物品件311 484件，同比增长5.4%。其中快件87 579件，同比增长29.1%；邮递物品223 905件，同比下降了5.3%。查获走私犯罪立案7起，同比增长250.0%，案值1 560万元；查出违规案件1起，案值5 182万元。加工贸易备案合同366份，同比增长3.1%；备案合同金额4.02亿美元，同比增长78.3%。

【五年回顾教育】 长沙海关把“5年回顾教育”作为一件大事，特别是新一届党组成立后，对这项活动高度重视。一是深入进行了再学习、再动员。认真学习了总署党组的文件精神和牟署长的讲话，及时调整部署，进行深入地学习动员，按照牟署长提出的“7个重在”的要求，认真查找存在的问题，开辟了“5年回顾教育”网上论坛，取得了较好的成效。二是归纳了5条规律性知识。这5条认识是：16字方针是指引海关工作的航标灯，必须正确把握；班子和队伍建设是海关各项工作的龙头，必须牢牢抓住；改革是预防和制止腐败的有效途径，必须不断深化；党风廉政建设是海关事业的生命线，必须长抓不懈；重在教育是抓队伍建设的传家宝，必须不断创新。三是总结了必须吸取的5条经验。即关小不等于问题少；执法环境比沿海相对较好不等于走私分子不钻空子；没有出现大面积塌方不等于可以高枕无忧；几年没有发现大问题不等于没有问题；现在没有发现问题不等于将来不会发生问题。四是明确了今后努力的方向。即必须把“5年回顾教育”与贯彻“海关人员6项禁令”、与建立准军事化纪律部队、与领导班子建设、与贯彻《行政许可法》、与支持地方经济发展紧密结合起来。

【党风廉政建设】 2004年长沙海关贯彻“海关人员6项禁令”态度坚决，行动迅速，效果明显。一是强化学习教育。坚持把学习“6项禁令”与学习《中国共产党纪律处分条例》和《中国共产党党内监督条例》结合起来，与学习《海关总署关于查处黄埔海关“2·17”走私案件的通报》结合起来，围绕牟署长提出的“6个为什么”的问题，组织全体关员、民警深入开展了座谈讨论。二是加强对外宣传。开展了“执法为民，树立新风，共建廉洁海关”主题宣传月活动，广泛邀请企业、报关公司、特邀监督员来海关座谈，听取意见和建议，推动了政务公开，改善了执法环境，增强了纠风效果；举办了贯彻“6个禁令”新闻发布会，主动接受新闻舆论的监督；新一届关党组向社会做出了“6项廉政承诺”，表明了反对腐败的鲜明态度，受到普遍的好评。三是开展自查自纠。按照党组的统一部署，2004年7月份，各部门、各单位组织副科以上干部，召开以贯彻“6项禁令”为主题的民主生活会，会议准备充分、议题集中、效果明显，查摆了问题，每位同志都受到了一次廉政教育；2004年9月份，根据总署要求，对全关区独立核算财务单位的收入来源的合法性进行了清查，摸清了底数，严明了纪律。四是狠抓督促检查。运用执法评估系统和风险管理平台，加强执法状况分析和检查，发现和纠正不规范操作11次；在国庆、中秋期间，进行了专项廉政检查，拒收礼金、礼品和有价证券80人次，拒绝吃请52人次，上交礼金、礼品、有价证券6人次，价值2200元。五是做好督察审计。先后对3个隶属海关进行了关长任中经济责任审计和基建工程审计，对发现的问题，及时进行了整改，全年共审计节省各类费用1 900万元。六是抓好案件查处。全年共立案2起，信访核查2起，诫勉谈话1起，处理投诉5起。将被反映有问题的1位干部调离了业务岗位；对1名有作风问题的处级干部进行了党纪、政纪处分。

【班子及干部队伍建设】 关党组始终坚持把班子建设和加强对处以上干部的管理作为重中之重，干部队伍的精神面貌和作风纪律有了明显提高。一是明确党组成员分工，规范班子成员行为。9月下旬，新一届关党组班子配齐后，根据民主集中制原则，建立了“业务为纵，基层为横，条块结合，AB角互补，责任监督并重”的集体领导下的分工负责制。党组成员既分管业务，又联系隶属海关，团结协作，两手抓，两手硬，形成了坚强的领导核心；制定了《中共长沙海关党组工作规则》、《长沙海关领导班子及成员党风廉政建设责任制实施办法》和《长沙海关领导班子成员述廉工作实施办法》等，健全了领导干部述职述廉、情况通报制度，实行责任制、问责制，加强了对党组成员工作职权运行的监督。认真落实请示报告制度，加强了向总署党组的工作汇报。二是加强党组思想政治建设。新一届党组明确了要把党组班子建设成“政治坚强、团结和谐、求真务实、开拓创新、廉政勤政、学习进取、群众信赖、较好地具备‘五种能力’”的目标；建立了党组定期向总署和省委、省政府汇报工作的制度；坚持了党组中心组学习制度。2004年下半年，围绕“科学发展观、正确政绩观”和“海关能力建设”两个主题，两次组织党组中心组学习，每次集中学习2天，收到了很好的效果。三是倡导求真务实的领导作风和工作作风。新一届党组成立后，听取了全关22个部门和单位的工作汇报，与各部门、各单位的负责人进行了广泛交谈，先后到5个隶属海关、2个办事处和4个监管场所了解、熟悉情况，深入长沙、衡阳等10个市（州）和20余家企业调查研究，与当地党政主要领导就开放型经济发展和海关工作问题进行沟通、交流和现场办公。四是坚持联系群众，科学民主决策。新一届党组把了解、掌握和解决干部、群众关心的热点问题作为一件大事来抓，通过召开座谈会等多种形式，共收集到涉及住房、人员配置、干部任用、教育培训等19个方面的问题。目前，已解决了4个方面的问题，有7个方面的问题正在处理中，有6个方面的问题已拿出了具体方案，对2个暂时无法解决的问题，向群众做了解释；开辟了网上论坛，广泛征求群众的意见和建议，从9月到11月，共收集意见和建议60余条；切实加强老干部工作，妥善解决了老干部活动场所等4个方面的问题。五是抓处以上干部管理和后备干部队伍的建设。关党组要求处以上干部切实增强政治观念和政治纪律，强化垂直领导意识，贯彻落实总署党组的决策和意图“不能迷惑、不可彷徨、不得懈怠”；制定了处以上干部请示报告制度，明确了履职尽责和廉洁自律的具体要求；加强了工作督办，两次在关务会上通报督办情况，促进了处以上领导干部作风的转变。认真落实全国海关人事工作会议精神，对关、处后备干部队伍进行了调整充实，改善了结构，提高了素质。

【基层建设】 一是加强分类指导。根据《海关基层建设纲要》和《海关总署关于开展基层建设达标活动的指导意见（试行）》的要求，将关区12个基层单位分为3类，分别提出了不同的考核要求，制定了《长沙海关基层建设达标考核量化表》，增强了考核的针对性和操作性。二是做好达标考核。结合年度考核，由关领导带领有关部门组成的考核小组，首次对12个基层单位建设情况逐个进行了考核，摸清了基层建设底数，找出了存在的问题，评出了11个“基层建设达标单位”。基层建设形成了比、学、赶、超的竞赛局面，基层的各项工作得到了加强，各基层海关均被当地评为“市级文明单位”，树立了较好的海关形象。

【准军事化建设】 一是抓“5种意识”培养。按照《关衔条例》和《内务规范》要求，着力培养关员、民警“准军事化纪律部队、服从命令听人指挥、艰苦奋斗、团结协作和现代海关精神风貌”5种意识。2004年9月份，组织了全员军训，实行处长单独编班，关员、民警混合编班。军训参训率达88%，合格率达100%。制定了《长沙海关内务规范实施细则》，建立了内务规范督查机制，总关和隶属海关成立了督查组，各部门明确了督查员，大部分单位和部门坚持每周进行一次检查。在总关组织的6次组织关容风纪督查中，既督促着装和行为举止，又检查精神风貌和工作作风，对违反内务规范的人员上网通报，促进了关风关貌的不断改善。二是抓机构、人员整合。4至6月份，组织了关区机构设置及人力资源调研，提出了机构整合、职能调整以及人员定编方案，党组进行了专题研究，已下发执行。三是抓学习型海关创建工作。年初，邀请国内知名学者来关区进行专题讲座，引导关员、民警树立终身学习、主动学习、创造性学习的理念，收到了较好效果；根据业务改革和发展的需要，全年组织了10期操作技能跟班式培训，促进了干部队伍整体素质的提高。

【机关党的建设】 自觉接受省直机关工委的领导，围绕中心任务积极开展工作。一是加强党支部建设。认真落实《党支部工作细则》，开展了“一次有创意党支部活动”和“领导干部讲党课比赛”活动，规范和丰富了党内生活；加强与省直机关工委的工作联系，争取省直机关工委的领导和支持，该关被省委组织部和省直机关工委确定为“湖南省基层党建示范点”创建单位。二是加强党建研究。针对海关垂直领导和党员关系属地管理体制，就如何加强海关基层党组织建设进行了认真研究和探索，形成了研究报告，得到了总署和省直机关工委的肯定。三是发挥群团组织作用。工会、共青团和妇委会积极履行职能，围绕中心开展工作。组织开展了“弘扬红其拉甫海关艰苦奋斗精神主题教育”活动和争创“青年文明号”、争当“芙蓉百岗明星”等活动，组织关员、民警积极参与“爱心助学”，营造了健康向上的文化氛围；举办了关区乒乓球赛，培养了团结拼搏的精神。

【税收征管】 长沙海关坚持以税收工作为轴心，狠抓税收任务的完成和征管水平的提高。一是努力开拓、挖掘税源。全年召开了11次关区税收工作例会，认真分析形势，找准问题，研究办法。关领导多次深入主要税源企业调研，宣传海关政策、摸清税源底数，争取和帮助企业转关到长沙关区报关。二是加强征管监控和质量考核。运用关税分析监控系统、风险管理系统等技术手段，查找征管风险和漏洞；制定了《税收征管质量考评细则（试行）》，将归类、审价、化验、原产地认定等7项指标，纳入量化考核范围，并定期通报，有效提高了征管质量。三是增强综合治税合力。加强职能部门、征管现场、调查、缉私和综合服务等部门的联系配合，建立了工作联系制度，及时解决现场征管疑难问题；开展了打击伪报品名、低报价格等违法行为专项行动，确保了应收尽收。

【打击走私】 长沙海关认真贯彻打私工作方针，实现了缉私、调查部门职能调整的平衡过渡；充分运用刑事、行政两种执法手段，努力形成打击走私的整体合力。一是健全和完善打击走私综合治理机制。新一届党组坚持“联合缉私、统一处置、综合治理”的缉私体制，根据关区打私形势，建议省政府调整增加了省打私领导小组成员，并安排缉私局主要领导兼任省打私办副主任，强化了省打私办的作用；建立了打私案件通报制度，加强了打私工作汇报；创办了《湖南打私》信息载体，实现了各打私成员单位的信息共享；确定了“以执法促发展、保稳定、造环境”的打私执法理念，提出了“三个区别，两个引导”（把主观故意与技术违规区别开来，把贸易型的皮包公司与大规模的生产企业区别开来，把一次性违法与多次走私违法区别开来；以加强执法引导企业自律，以守法便利机制引导企业诚信经营）的打私政策策略，得到了省委、省政府的充分肯定。二是组织开展了反走私工作专题调研。新一届关党组坚持对打私工作实行统一领导，专题听取了关区打私工作汇报，建立了重大案件报告制度。为进一步加强缉私业务与海关业务的深度融合，由2名党组成员牵头，4个职能部门共同组成专题调研组，按照“6个有利于”的要求，在全关区开展了反走私工作专题调研，共召开座谈会14次，收集意见和建议380余条，统一了思想、明确了方向，形成了海关业务与缉私业务深度融合和提高反走私整体效能的方案。三是发挥情报先导作用，坚决查处走私违法案件。积极依托海关业务和风险管理平台，开展情报综合分析和风险布控，全年共收集情报41条。破获了“3·26”毒品走私案、“3·16”不锈钢带走私案等走私违法案件。认真贯彻全国海关缉毒工作会议精神，缉毒工作全面开展。四是加强缉私队伍警务管理。按照公安部统一部署，开展了缉私警察“大练兵”活动，把作风、纪律、技能、意志作为训练重点，做到了全员参与、不留死角、不漏一人，达到了预期效果。全年，刑事立案7起，案值1 560万元，抓获犯罪嫌疑人18人，采取强制措施35人次；行政立案17起，案值1.5亿元，补税222万元。刑事立案数、抓获犯罪嫌疑人数、采取强制措施数分别比去年增长250%、80%和55%，在全国海关缉私系统综合排名中列第13位。

【通关作业及监管改革】 在通关方面，一是规范企业申报行为。规范关区47种常见商品申报，应用通关风险分析，开展人工专业审单，全年布控外转报关单364票，命中210票，命中率达60%，处于内陆海关前列。二是加大便捷通关推广力度。2004年，关区便捷通关企业由13家增到15家，进出口值占长沙关区进出口总值的29.8%，报关单占关区报关单总量的34.9%，税收占关区税收总量的49.2%，提高了整体通关效能。目前，进口货物平均放行天数为5.1天，出口货物的平均放行天数为1.4天，分别比上年提高0.9天和0.5天。三是大力推广“网上支付”、“联网报关”。加强与中国银行、工商银行等4家银行的联系配合，与9家企业签订了服务协议，在内陆海关率先应用H2000系统平台，启动了“税费网上支付”；以推广应用“加工贸易联网监管”为契机，开通了加工贸易企业“联网报关”系统。在监管方面，一是积极疏通转关运输渠道。多次派人与上海、深圳、黄埔、武汉等海关联系，签定了联系配合办法，解决了湘江枯水期货运转关运输困难、内支线运力紧张和转关回执慢等问题，加强了与大连海关、青岛海关的联系沟通，解决了空运货物转关中遇到的问题。二是深化查验改革。成立了选择查验科，调整了查验工作流程，制定了选择查验岗位职责、操作规程和指导意见，在网上开辟了“选择查验”专栏，定期归纳查验风险，发布预警通报和进行风险分析，提高了查验的有效率。三是加大监管现场硬件建设。完成了株洲海关永利码头和长沙霞凝新港卡口设备和黄花机场监管仓库闭路电视监控系统的安装，完成了邮检现场的整顿改造。

【风险管理】 长沙海关坚持以风险管理为中心环节，在广泛开展教育培训和全面推广应用的基础上，着重抓了分类指导、考核评估和部门配合等环节的工作。以风险管理平台应用为契机，促进该关职能管理和现场作业向风险式管理转变，将发现案例数、现场布控有效率等8项指标纳入量化考核内容，将14个职能部门和业务现场纳入考核范围，取得了较好效果。累计发布风险动态、快讯、分析报告和典型案例等预警信息83篇，被总署风险办采用30篇。发现、移交有价值的风险线索14起，案值2.7亿元。补税5起，税款115万元。根据总署关于建立风险管理机制的总体要求，该关及时调整了风险管理委员会，组建了建立风险管理机制的工作班子，提出了建立风险管理机制的工作方案。此外，该关还围绕风险管理积极开展企业调查和稽查，加强企业管理，规范企业行为。全年共开展专项稽查5次，涉及18家企业、20余种重点商品，查获违规案件6起、案值1亿多元。认真做好企业入网资格审定和管理等级审定，落实"红""黑"名单管理制度。成立了湖南省长沙报关协会，为促进企业报关行为的规范化创造了条件。

【加工贸易监管】 一是推进加工贸易联网监管。在H2000系统上，成功实现了与乐金曙光电子有限公司的"联网监管"，标志着该关加工贸易管理取得了明显进步；制定了下一步"联网监管"推广计划，开展了2005年联网监管的准备工作。二是加强规范化管理。规范前期验厂、中期核查和后期核查，全年核合同110份，到期合同核率100%；对遗留合同进行了限时处理，核销手册160份，核销补税4 500万元。三是建立单耗数据库。对不锈钢餐具、摩托车配件等的料件、半成品、成品进行了认真核定，建立了业务现场完整的三级单耗数据库；向总署报了两个2005年国家一级单耗标准制定任务。

【统计工作】 一是加强统计数据管理。启用了新的数据管理系统和数据质量逻辑检控分析系统(CSD)，形成了对统计数据多角度、多层次审核机制。全年审核疑问数据650条，更正数据差错30条。二是疏通统计信息报送渠道。加强与省委、省政府有关部门的联系沟通，建立了信息定期报送制度和固定的报送渠道，提高了统计信息的层次和影响力。全年采写统计分析文章43篇，省委省政府采用20篇，省、市领导批示4篇；中办、国办采用8篇，总署采用16篇，有效地发挥了辅助决策作用。三是深入开展执法评估。完善了执法评估联系配合办法，开展两次执法评估数据核查，补税5起，共24.7万元。四是做好咨询服务。建立了统计信息新闻发布制度，定期向社会和新闻媒体发布信息，扩大了海关统计信息的服务面。

【法制与政务服务】 2004年法制和政务工作充分发挥综合协调、参谋辅助和运行指挥作用，特别是认真贯彻落实全国海关办公室工作会议精神，进一步明确了当前和今后一段时期的工作思路。一是法制工作支持到位。以认真贯彻实施《行政许可法》和《中华人民共和国海关行政处罚实施条例》为契机，全面提高该关行政执法水平。全年共办理各类行政复议和行政应诉案件13起，胜诉了华达、广宇两起应诉案件，并以案说法，剖析了执法中的疏漏，提高了执法水平；立案查处了3起知识产权案件，切实保护了权利人的合法权益；组织开展行政许可专项检查和贸易管制执法检查，对业务现场和职能管理部门执法行为进行了规范；两次清理现行的规范性文件，确保了执法准确有据。二是政研工作得到加强。新一届党组把加强政研工作作为促进决策科学化、民主化的重要手段，明确了政研工作的定位，建立了政研工作机构并抽调专人成立课题组，开展了实施现代海关制度第二步发展战略、基层党组织建设、准军事化纪律部队建设、能力建设等课题研究，取得了《长沙海关2004－2010现代化建设发展规划》、《长沙海关关于加强能力建设的指导意见》等成果。学会工作活跃，开展了一系列征文活动，征文成果显著。三是信息、宣传工作成绩突出。信息工作紧紧围绕海关中心工作展开，全年共编发各类信息2.8万条，被总署和省委、省政府采用1 480条，被中办、国办采用68条，进入了全国海关前20位，在内陆海关中列第4位，取得历年来最好成绩。新闻宣传工作组织了专题片《三湘雄关铸辉煌》的拍摄，召开了12次新闻发布会，全年在各类媒体上共刊播新闻稿件260篇，其中中央一级媒体刊播24篇。四是政务信息化建设进展顺利，机要管理运行规范。2004年上半年，该关自主开发了网上收文系统并在全关区运行。下半年，该关积极参与海关总署组织的HB2004系统的开发，成为总署确定的第一批试点单位。办文、办会、接待和档案管理水平有新的提高。

【科技工作】 长沙海关科技工作较好地发挥支持作用，保证了应用需求。一是完善了网络建设和应用系统。开通了黄花机场办事处、张家界机场办事处和永州监管组的管理网系统，实现了所有业务现场管理网的全面开通；完成了全关区IP电话联网系统、总关移动虚拟网的建设与运行，每年可节约经费20余万元。二是强化业务保障。做好了H2000系统升级、加工贸易联网监管、“税费网上支付”、“联网报关”等应用项目的技术保障；完成了关区网上办文系统的开发和运行，为总署HB2004试点做好了技术准备。三是确保网络安全运行。认真维护风险管理应用平台，发现并向总署反馈了技术漏洞60多处；启动了H2000系统MOU监控，加强了网络安全监控及信息系统防病毒建设；完成了对全关应用项目的清理、评估和分类，制定了《海关应用项目分网工作方案》。四是建立了中国电子口岸长沙数据分中心。为湖南“电子海关”、“电子口岸”建设打下了基础。

【财务及后勤保障】 长沙海关坚持依法理财，强化预算管理，开源节流，厉行节约，取得明显成效。一是抓预算管理。认真编制关区预算，在预算零增长的情况下，保证了收支平衡。完善了经费包干管理办法，在2003年节约经费110万元的基础上，再节约101万元，有效提高了资金使用效益。二是抓财务保障。认真抓好资金项目的审核申报；积极沟通，争取总署的帮助和支持，为2005年的建设和发展创造了条件。三是抓税费资金管理。根据年初财专办对该关开展专项检查中提出的抵押金清理意见，认真清理了1993年至2000年长达8年的抵押金、风险担保金等暂存款项，建立了业务台帐，并制定了专门的管理办法。四是抓后勤服务和经营。加强车辆、食堂、安全、保卫等综合服务，各项管理逐步规范，为全关干部职工提供了较好的工作和生活环境。培训基地坚持抓重点、保品牌、创效益的目标，狠抓挖潜和管理，较好地完成了全年的培训、会议和接待任务。

湖南省公安边防总队

2004年，湖南省公安边防总队在部局和省厅党委的领导下，以“三个代表”重要思想和党的十六届三中、四中全会精神为指导，紧紧围绕边防执勤工作，认真贯彻落实第二十次全国公安会议和部局党委扩大会议精神，大力加强部队基层建设和干部队伍建议，较好地完成了各项边防保卫任务。

【执勤执法工作】 一是积极开展创建“窗口单位”和“双争”活动，主动服务地方经济建设。总队向地方公安机关学习借鉴了好的经验和做法，将边防业务规范化建设纳入窗口单位建设，继续改革和加强边检执勤工作，不断提高管理服务水平，积极打造口岸“服务工程”，使边防检查站成为反映部队优良作风、执法水平、精神风貌的“窗口”。总队结合开展“争当执勤标兵，争创优秀科（队）”活动，有重点地指导边检站开展“边检法制宣传周”活动和“边防检查窗口单位创建”活动，走访口岸相关企业、旅行社、劳务公司等出入境事务较多的部门，主动为驻地群众、旅行社、航空公司等相关人群与单位进行出入境边防检查、管理等法律法规的宣传讲座和业务咨询，加强信息沟通，制定了改革和加强边防检查工作的新举措。各边检站在执勤现场开设了“绿色通道”、“需扶助人员通道”，实行“礼遇登记制度”、“首问责任制度”和“团队预报预检制度”等。一年来，各单位执勤人员情系旅客，文明执勤，热情服务，积极为旅客排忧解难，主动为“湘洽会”、“金鹰节”等重要活动期间应邀来访的300余名海内外重要宾客和出国考察的省、市领导提供了便利。3月至5月，总队党委班子成员多次前往岳阳市政府、城陵矶港等单位，主动协商和牵线搭桥，促成了岳阳市城陵矶港于6月顺利复航。7月，总队组织长沙边检站业务干部圆满地完成了部局交办的T98次国际列车紧急救援任务。

二是扎实开展培训教育，全面加强执勤队伍素质建设。总队按照部局的统一部署，认真落实边检工作会议精神，深入开展“执法为民”教育，举办了边防业务和边检法律业务，计算机应用维护、外语、军事体能等内容的综合素质竞赛，组织了新法律文书制作等业务培训，向社会推出了九条便民措施。各单位结合部队开展的“大练兵”活动，认真组织业务干部岗前培训，适时开展边检业务、计算机、法律知识培训和业务研讨，以检查员等级评定为契机，组织官兵参加全国计算机等级考试，积极打造口岸“形象工程”。

三是加大执勤设施建设，积极实施科技强警战略。总队坚持“三个不变”的原则，加强同地方党委、政府的沟通协调，解决执勤设施建设问题。总队司令部利用长沙、张家界机场改扩建之机，派员赴西安咸阳机场实地考察了边检执勤现场，主动与省口岸办、地方政府及民航部门多方协调，解决了边检现场设施建设资金不足的问题，使新国际厅现场设施基本达到了部颁标准的要求。在争取地方政府支持的同时，总队不断加大科技强警的步伐，先后实现了总队机关、长沙、岳阳、张家界边检站与公安专网的互联互通，完成了执勤现场监控系统建设。总队全年下拨基层执勤设施建设经费40余万元，帮助长沙、张家界边检站争取地方资金70余万元，更新了执勤现场检查仪器、通信工具、数码相机等技术设备，建成了执勤现场监控系统，完成了执勤现场的改造和规范化建设。

四是建立健全勤务制度，加强边防执法监督。总队从落实《出入境边防检查旅客检查规范》和《出入境边防检查查控工作规范》着手，以贯彻执行《公安机关办理行政案件程序规定》为契机，加大查控工作力度，切实增强查堵和处置突发事件的能力，大力推进勤务正规化建设，努力打造口岸“平安工程”。年内，先后制定了《湖南省公安边防总队关于加强执勤管理和文明执勤规定》等多个规范性文件，规范了边防检查、查控、行政案件办理等工作程序，成立了法制工作领导小组，配备了专职或兼职法制参谋。各边检站成立了勤务督察组，聘请了边防执法社会监督员，增强接受社会各界对边防执勤执法工作的监督，全面推进了边防执勤的规范化、制度化和程序化建设，得到了媒体的广泛关注和群众的普遍赞誉。全年，全总队无旅客投诉，无执勤事故发生。

【领导班子建设】 一是明确方向，认真开好年度总队党委扩大会。部局党委扩大会议后，总队及时召开党委扩大会议，集中传达学习部局党委扩大会精神，全面部署了2004年工作，明确把思想政治建设摆在队伍建设的首位，认真抓好两级党委班子建设和干部队伍建设，切实加强党风廉政建设和部队作风建设，全面加强部队正规化管理，继续抓好基层建设，大力推进执法为民，全面提升执勤执法水平和服务质量，建立完善综合保障体制，提高部队保障能力。

二是贯彻民主集中制原则，全力维护班子的团结。总队党委班子健全后，“一班人”坚持党委会议制，较好地坚持了党委中心组学习，班子成员能运用民主生活会等方式正视问题，积极开展批评与自我批评。

三是抓学习、促廉洁，永葆政治坚定。总队、边检站两级党委中心组坚持把“三个代表”重要思想和党的十六届三中、四中全会和第二十次全国公安会议精神作为学习重点，先后组织学习了党内监督条例、党纪处分条例、政工条例、党委工作条例、基层建设纲要以及“双让”主题教育内容，为增强师团职干部领导边防工作和部队建设的能力打下了扎实的理论根底。为强化党委在学习上的带头作用和在思想政治工作中的领航作用，充分发挥支部的堡垒作用和党员的先锋模范作用，加大了总队党委的帮建及面对面指导工作的力度，并于6月份组织了党的知识竞赛和先进典型座谈，进一步增强了各级党委的决策能力和议事能力，促进了党员队伍建设。

四是健全制度，规范党委工作程序，提高议事决策能力。总队根据部局下发《关于党委、党支部建设的两个意见》和上级的有关政策、文件，结合部队实际，制定了《湖南省公安边防总队组织工作规范》和《湖南省公安边防总队干部工作规范》，规范了组织工作和干部工作的要求、程序，从制度上强化党委核心作用，增强党委领导部队建设的透明度，为部队全面建设打下了坚实基础。

【干部队伍建设】 一是抓机关，强指导，进一步完善量化管理考核机制。为更好地适应部队管理的新形势、新要求，总队重点抓了边检站领导班子及其成员的年度量化考核和总队机关的干部量化考核工作，积极指导各边检站改进量化管理办法，及时对量化管理中的一些经验做法进行推广，对存在的问题进行指导改进。各边检站坚持把量化管理考评结果作为干部提拔、使用、晋职、晋衔、奖惩的重要依据，逐步从定性评价调整到定量评价，为建立能上能下、公正民主、有效激励的管理机制提供了保障。

二是做好检查员等级评定工作，为保留边检业务干部创造良好机制。总队及时讨论通过了《湖南省边防总队检查员等级评定工作方案》，成立了检查员等级评定领导小组和评审委员会，明确了指导思想、评定范围、报考资格、考试内容及方法、评定工作程序及有关工作要求。各边检站为实现所有从事边防检查工作的干部必须具备检查员等级资格的目标，按照总队党委的要求提前组织业务干部参加地方相关部门的计算机、英语等级考试，投入人力、物力和财力，加大业务培训。

三是严格干部任免程序，积极打造公正公平的竞争平台。在干部选拔任用中，总队严格落实“任人唯贤、德才兼备、注重实绩、适时交流”的原则，坚持标准，严格程序，重视民主测评结果，尊重群众公论，切实落实干部的知情权、选择权和监督权，切实把好选人用人决策关，保证政治可靠、工作扎实、作风过硬的干部能在公平竞争的环境中脱颖而出，努力营造“能者上，庸者下，平者让”的良好环境。

四是拓宽干部培训渠道，着力提高干部综合素质。总队坚持“三个必训”的原则，以在职教育培训为主，在充分利用部队组织培训机会的同时，主动联系参加地方相关业务学习培训，鼓励官兵参加自学、函授学习提高学历层次，参加资格证书考核提高专业能力，参加各类培训增强综合素质。全年总队参加地方党校、省厅等单位组织的各类学习培训10余人次，参加部局学习培训20余人次，推荐组织选送20人参加初级干部培训，其中有5人被评为“优秀学员”，无1人被末位淘汰。

【思想政治工作】 一是结合实际，严密组织“双让”主题教育活动。总队坚持抓好“理论灌输”这个教育主导，严密组织，广泛动员，充分发挥课堂集中教育主阵地的作用，及时组织部队讨论、座谈，使官兵理论素质在教育中提高，在讨论中深化。教育中，各单位明确将“双让”教育内容列入党委中心组学习计划之中，总队及各单位主要领导亲自授课，及时为广大官兵解决难点、热点问题，带动了部队开展“双让”主题教育的积极性。各单位采用以授课比赛、知识竞赛、外出参观、专家讲座、巡回演讲、网上征文、心得体会、墙报、资助失学儿童等多种形式，利用“学习雷锋活动日”、清明节、“五四”青年节等时机，组织官兵参观湖南爱国主义教育基地，增强了官兵争做“双让卫士”的信心，全面提高了官兵的政治思想素质，部队先后涌现了许多先进集体和个人。

二是坚持思想分析制度，做好经常性思想工作。总队坚持从思想分析制度入手做好经常性思想工作，认真贯彻部局经常性思想工作会议精神和傅宏裕政委在公安边防部队经常性思想工作经验交流暨“三互”活动推广会上的讲话精神，切实抓好预防犯罪工作规定的落实。总队党委坚持每季度集体听取各单位官兵思想状况分析，及时制定或调整政治教育和思想工作的内容、方法。各单位建立健全各级思想骨干队伍，加大经常性思想工作力度，加强平时谈心工作，把经常性的思想延伸到“八小时”之外，基层科、队坚持开好官兵思想分析会，及时查找官兵思想存在的问题，积极采取应对措施，突出以人为本的精神，深入开展“三互”活动，把经常性思想工作渗透到官兵日常生活的每个角落。

三是密切官兵关系，积极开展拥政爱民活动。总队坚持思想工作为先，政治教育为主，切实关心官兵的成长进步，对干部提拔、士兵考学、官兵评功评奖等敏感问题，实行名额、标准条件和结果公开、公正处理，及时化解工作、生活中的矛盾，做好官兵受挫时的思想工作，官兵之间形成了互相关心帮助，团结友爱的风气。2004年长沙边检站被评为驻长部队“拥政爱民先进单位”，受到市委、市政府的通报表彰和奖励，部队、地方媒体多次报道该站文明执勤、热情服务、拾金不昧、资助贫困学生、义务军训学生等工作成绩和突出事迹；张家界边检站坚持开展“扶贫助学”活动的同时，主动参加该市组织的义务献血，主动到景区参加义务植树，受到了当地政府和群众的一致好评。

四是坚持思想政治工作与解决实际问题相结合，努力营造良好的工作生活氛围。总队始终坚持把解决官兵实际问题作为加强部队管理、做好官兵思想工作的重要手段，积极帮助官兵解决实际困难，主动协调解决转业干部安置、随军家属再就业、干部子女入学入托等问题，及时探望慰问住院官兵及亲属，坚持在春节、“七一”和“十一”到部队开展慰问困难党员、困难官兵等活动。年内先后以总队名义组织捐款、慰问等活动10余起，解决入学入托、上户困难的干部子女4人，总队和各单位探望慰问住院官兵及亲属40余次。

【正规化建设】 一是抓住“大练兵”活动契机，加强军事、业务建设。总队按照部局统一部署，结合部队实际，先后召开了两次“大练兵”动员会议，统一了部队官兵对“大练兵”活动的认识，建立和完善了“大练兵”领导责任机制、工作机制、考评机制、奖惩机制。按照“干什么、练什么、缺什么、补什么”的原则，坚持“每日必学、每周必练、每月必考”的练兵工作制度，坚持以应知应会的基本知识、基本技能、基本战术为主要内容，着眼于提高每个岗位、每个官兵的工作本领，在各级各类岗位上广泛开展思想练兵、理论练兵、作风练兵、法律练兵、业务练兵、技能练兵、科技练兵和技能练兵，提高广大官兵的政治、业务和体能素质。总队先后购置了单双杠、警用手铐、警绳、警棍及蛇型跑标杆等150余件（套）训练器材下发部队，改善了各单位训练设施，保证“大练兵”活动正常有序的开展。同时在总队网上开设了“大练兵”专栏，及时宣传和报道“大练兵”活动情况，营造了“大练兵”的良好氛围。

二是持续开展条令条例学习，强化官兵正规化意识。总队认真开展“条令条例学习月”、“条令条例学习日”活动，印发了《条令条例知识100题》，指导部队进行学习。各单位认真按照总队部署组织部队学习，采取考试、知识抢答等方法，巩固了官兵教育、学习效果，夯实了官兵正规化的思想意识。坚持严格按条令条例管理部队，狠抓官兵的平时养成和一日生活制度的落实，坚持管理与教育、训练、执勤相结合，建立了正规的工作、生活秩序。

三是建立新的军事业务训练平台，相互交流，以训促管。总队通过举办新训练大纲集训班，正规化管理培训班，开展实战技能培训，采取到武警内卫部队交流学习，为各站配发武警部队军事训练光碟等方式，统一规范部队内务设置、部队管理和军事训练等方面的工作，提高了部队的实战水平和官兵的身体素质，特别是加强了官兵处置执勤现场突发事件的模拟演练，为执勤执法工作打下扎实的基础。

四是整章建制，规范部队管理工作。总队根据部局下发的规范性文件，在认真学习、理解的基础上，结合湖南边防实际，制定并下发了《枪支弹药管理规定实施细则》《公文处理规定实施细则》、《档案管理规定实施细则》、等规章制度，有针对性地建立和完善了部队管理工作制度，使管理工作有章可循。

五是按照正规化的要求，完善部队基础设施。2004年，总队及各单位共投入近100万元用于部队正规化的建设。其中投入专项经费20多万元，规范统一了各类库室设置，统一配备了办公、生活设施，全面改善了官兵的办公、生活条件。投入专项经费30余万元，在总队内部建立了语言、数据、图像三体合一的网络传输系统，建成总队机关和长沙、张家界边检站电视会议视频系统。

【基层建设】 一是固强补弱，落实规划，全面加强基层建设。2004年，是部局第二个“三年基层建设”的最后一年，总队按照《湖南省公安边防总队2002—2004年基层建设规划》，在进一步加强基层基础设施建设、支部组织建设、干部配备、文化建设的基础上，加大了对部队基层建设的指导力度和帮扶力度。年内，先后两次检查各单位基层建设情况，帮助整改基层建设薄弱环节，督导各单位落实制定的规划，促进了部队全面建设。

二是严格规章制度，规范后勤管理。总队及各边检站严格遵守财经纪律，坚持经费开支、报销、借用、上缴手续，坚持车辆使用审批程序，严格工程招投标和大宗物资采购办法，杜绝了贪污挪用经费等违法犯罪案件和车辆安全事故的发生。在2004年公安部审计局对总队领导任期经济责任审计以及总队定期对基层单位财务审计中，均未发生违反财经纪律的行为。

三是基层文化设施逐步健全，部队文娱活动丰富。总队坚持文化育警，积极开展创建“学习型警营”活动。年内，为各单位下发优秀图书和反映时代精神的获奖影碟400余部，充实了各单位图书阅览室和流动影库。总队机关、各边检站广泛开展读书竞赛活动和文体活动，结合部队政治教育和工作实际，适时开展征文、歌咏、演讲、美术摄影等比赛和知识竞赛，举办文艺游乐晚会、联欢会，经常组织篮球赛、乒乓球赛、棋牌赛，丰富了官兵的业余文化生活。

四是积极争取地方支持，谋求部队新发展。总队主动接受当地党委、政府和公安机关的领导，注重加强请示汇报和工作协调，积极争取当地政府对边防工作的支持，解决部队基层建设困难，改善官兵生活条件，累计争取地方经费数万元。总队机关新址建设正式动工，办公楼经招投标后已经建成，士兵楼、家属楼整体设计，办公楼装修等相关配套设施正按计划进行。新址建设过程中，党委紧密依靠当地政府有关部门，充分利用国家现有政策，坚持从实际出发，注重勤俭节约，节约了建设资金。

【党风廉政建设】 一是健全制度，明确重点，建立教育、监督、惩治的预防体系。总队出台了《湖南省边防总队纪委谈话制度实施意见》，将各类各级干部纳入谈话范围，并就相关工作进行了规定。上半年总队党委对一名不认真履行职责的副团职干部进行了诫勉谈话，在部队中产生强烈反响。各单位严格执行纪委谈话制度，建立了干部廉政档案。总队以加强各级干部特别是各级领导干部的党性党风教育为切入点，以灵活多变的方式开展多方位、多角度、多层次的教育，使教育工作经常化。特别是充分发挥反面典型的教育意义，组织部队收看了《权力一旦失去监督——公安机关反腐倡廉警示录》、《李真贪污受贿案剖析》、《警钟在财务室响起》等警示教育片，使广大干部筑牢廉洁从政和拒腐防变的心理防线。

二是坚持思想状况分析制度，前移预防“关口”。总队党委坚持每季度听取各边检站官兵思想状况分析，及时掌握有关情况，及时纠正苗头性现象，及时解决倾向性问题，真正做到了长抓不懈；积极部署开展心理健康教育和心理测查工作，了解、掌握官兵心理状况，为安全事故早知道、早预防、早处理提供科学依据，并增强了做好经常性思想政治工作的针对性；各单位重视解决官兵实际困难，妥善化解官兵思想问题，广泛开展谈心互助活动，为官兵创造良好的生活、工作、学习环境，部队思想状况稳定。

三是群策群防，各项制度和措施落到实处。各单位、各部门坚持预防为主的方针，严格执行“五条禁令”和“十不准”，突出抓好“人、车、枪、酒、财、章”等重点环节的管理，坚持定期分析官兵的思想状况，扎实抓好安全防事故工作。总队司令部多次组织对各单位执行“五条禁令”、执勤情况、枪弹等重点防范部门进行督察和检查；总队政治部以开展“两防”工作征文活动为载体，动员官兵全员参与，踊跃投稿，在部队形成学习与思考“两防”工作的浓厚氛围，潜移默化地强化了官兵“两防”意识；总队后勤部组织各单位干部及家属进行消防安全知识讲座，按照“预防为主，未病先防”的原则，组织机关官兵定期进行体检、疫苗注射，并多次组织对机关院内进行消毒。全年总队出动督察警力200余人次，检查车辆150余台次，联合检查总队军械库6次，实现了全总队无官兵违反“五条禁令”，无严重行政责任事故，无案件，无执勤事故。未出现一起违反“五条禁令”问题。

湖南出入境检验检疫局

2004年，湖南出入境检验检疫局认真贯彻国家质检总局和湖南省委、省政府的各项决策部署，紧贴湖南经济发展战略，团结一心，开拓进取，扎实工作，较好地履行了检验检疫工作职责，圆满地完成了各项工作任务，实现了“检验检疫业务再上新台阶，促进农产品出口实现新突破，大通关建设取得新进展，企事业改革迈出新步伐，基础设施条件达到新水平，班子队伍建设呈现新面貌，各项工作创造新成绩”的工作目标。

【概况】 2004年全系统共完成出入境货检59 930批、货值27．20亿美元，分别比上年增长5.4%和25.1%。其中出境货值18.25亿美元，同比增加32.9%；入境货值8.95亿美元，同比增加11.9%。检出不合格货物478批，货值2 775万美元。完成包装鉴定4万余批、6 707万件。完成出入境人员检疫78 919人次，出入境人员疾病监测体检5 157人次，预防接种7 334人次。完成交通工具检疫3 427批，集装箱检疫监管 29 584 标箱。签发各类证单 14 万余份。

【国家质检总局党组书记李传卿来湘调研】 11 月 18 日至 20 日，国家质检总局党组书记李传卿在湖南调研。18 日，中共湖南省委副书记、省长周伯华，副省长贺同新会见了李传卿一行，就当前质检工作交换了意见，对湖南检验检疫工作表示充分的肯定。在湘期间，李传卿听取了湖南检验检疫局党组汇报并召开座谈会。19 日，在常德调研检验检疫工作。20 日，在浏阳深入烟花厂、湖南检验检疫局国家级烟花爆竹检测重点实验室考察，并到烟花爆竹野外燃放试验场现场调研。在情况通报会上，李传卿强调，质检系统要按照科学发展观的要求，突出重点，把各项任务落到实处。要坚持以人为本，抓好“三个安全”：抓好国门安全，做到有效防止疫病疫情传入传出；抓好食品安全，积极准备好生产加工领域的卫生监管工作，将食品安全作为当前头等重要大事来抓，确保人民群众生命健康；抓好特种设备安全，杜绝特大事故，抑制重大事故，减少一般事故。要搞好服务，做到“四个促进”：服务于国家发展的大局，促进经济发展和外贸出口；实施以质取胜战略，服务企业，促进一批竞争力强的名牌大企业的形成；服务农业现代化，推进农业标准化，促进“三农”问题的解决；服务非公有制企业，促进非公有制经济的发展。

【防治禽流感】 1 月 27 日湖南省武冈县发生禽流感确诊病例后，紧急启动《进出境重大动物疫情应急处理预案》，组建防治禽流感工作小组，提出“严防死守，尽职尽责，确保高致病性禽流感不从湖南口岸传入传出；确保湖南地区的出口动物注册饲养场不发生重大动物疫情”的工作目标。

针对湖南疫情，采取了以下措施严防禽流感疫情传入传出。一是暂停出口禽鸟及其产品报检，所有尚未离境产品不得启运。在疫情解除之前，有关养殖加工企业必须立即停止出口禽鸟其产品生产，已生产的有关产品就地封存，不得出口。二是暂停疫区国家禽鸟及其产品的进境检疫许可证初审。加大长沙、张家界机场和城陵矶、霞凝港等港口入境货物、运输工具和邮寄物的监管力度，杜绝疫区国家相关动物及其产品进境；对旅客特别是来自疫区旅客携带物实行开包查验，防止夹带疫区国家的禽鸟制品，一旦发现立即依法果断处理。三是加强航空器食品储存仓检查，加强航空食品生产企业的卫生监督管理，重点督查原材料采购、航空配餐等环节；严格监督航空器垃圾的消毒和及时处理。四是加强对国际航空货物及仓库的卫生监督，对来自疫区的入境集装箱实行箱箱查验。五是密切配合有关职能部门，对禽鸟及其产品市场和加工点进行清查，重点做好进出境商品注册冷库的清理检查，防止非法进境的禽鸟及其产品进入流通领域。对非法进境的动物、动物产品及其它检疫物，监督作退回、销毁或无害化处理。六是加强对出入境人员的体温检测、健康申报、检疫查验和医学巡查工作，严防感染禽流感的旅客出入境。

局领导带队分六路对全省 68 个供港澳活猪注册饲养场和 24 个出口肉类产品加工厂进行防疫专项检查，逐项落实防治禽流感各项措施。

由于措施得力，在禽产品出口受阻的情况下，第一季度湖南省供港澳活猪同比增长 1 万多头，出口冻猪肉同比增长一倍多。

【出入境商品检验监管】 大力促进农产品出口。一是充分发挥全省出口农产品工作协调机制的作用，加大了促进农产品出口的工作力度。作为全省出口农产品工作联席会议的牵头单位，向省人大、政府、政协提出 10 余份提案、调研报告和建议，向省政府作了 6 次专题汇报，引起了省领导的高度重视。分管副省长主持政府办公会，听取关于柑桔农残情况的汇报，制定了应对措施。二是成功化解了各类疫情和突发事件对湖南的不利影响。年初，湖南省武冈县发生了禽流感疫情。在突发疫情面前，湖南检验检疫局迅速启动了《进出境重大动物疫情应急处理预案》，成立了防控动物疫情指挥部。局领导带队对全省68个注册饲养场和24个出口肉类加工厂进行防疫检查，与质监部门联合对禽类产品加工场所、冷库和集贸市场进行了清理整治。2004年全省没有一例出入境货物和人员感染禽流感和其他动物疫病。三是加大检验监管和源头控制力度，确保了出口农产品质量安全。严格了对种养基地、卫生登记注册企业的资格要求，认真开展药残监控和疫情监控工作，检出17个场次林可霉素等限用药超标，及时采取了纠正措施，确保了出口农产品及食品质量。四是加大清理检查力度，认真做好恢复欧盟出口农产品工作。落实“一把手”责任制，对全省出口欧盟农食产品企业进行了全面清理，对条件不具备的决不开口子。五是加大扶优扶强力度，实现了“建好一批出口基地、壮大一龙头企业、新增一批国外注册厂家、申报一批原产地保护标志”的目标。全省建成91个出口茶叶基地；重点扶持了新五丰、岳阳加华、隆平高科、熙可等一批龙头企业；湘西黄牛、湘阴荞头等农产品已完成原产地保护标志的申报工作。六是加大国际合作力度，促进湖南省杂交技术农产品出口。针对杂交稻种出口印尼等国的检疫措施问题，接待了印尼农业部检疫团来访，获得了印尼官方的认可。

2004年，全省主要农产品出口增长显著。出口罐头创汇5396万美元，与2003年相比增长20%；出口茶叶2856万美元，增长45%，占欧盟市场份额为全国第一；冰鲜猪肉的出口同比增长1倍以上；烟花爆竹出口2.08亿美元，增长11%。

认真贯彻全国进出口机电产品检验监管工作会议精神，建立和完善工作机制，提高进出口机电检验监管工作效能。加强对进口大型成套设备的检验监管。组织对全省招商引资重大项目及大型技改进口项目的调查，建立了与各地招商引资部门、进口企业的定期联系制度。对全省19个重点项目的进口情况，进行前期监管和全过程跟踪，建立了计算机档案制度，采取了专人专项负责制和领导责任制，加强监管。组织了HEG公司、涟钢、衡阳钢管厂、长沙烟厂、湘钢等大型进口项目的检验与监管，根据项目的特点制订了专门的检验监管办法。

运用过程检验模式，推动化矿金大物流的顺畅出口。及时调整检验监管模式，在按计划完成过程检验的基础上做到随报随出证，促进企业产品的出口。推行花炮包装就近报检方式，做到既落实包装周期检验工作，又切实方便企业。2004年，实现了打火机出口量同比2003年批次增长5%、货值增加21%的好局面。严格对敏感产品的检验监管，推出“高风险企业”检验监管新模式。2004年出口金属价格回升，新增近10家企业。针对部分铁合金企业诚信水平和质量管理水平的具体情况，果断推出“高风险企业”检验监管模式，先后对5家铁合金生产企业实施包差检验，共检出22批、1382吨不合格产品，有效的把住了出口铁合金的质量关。

狠抓轻工纺织产品进出口检验。全年共检验出不合格纺织产品33批，货值88万美元。成功对外索赔12批，金额共24.5万美元。其中进口棉花索赔7批，8万美元；进口激光防伪膜索赔5批，16.5万美元，为企业挽回了经济损失。积极做好出口陶瓷质量许可证和输美认证的各项工作。加强和规范了对出口陶瓷及烤花厂的管理，确保出口陶瓷产品的铅、镉溶出量不出现任何质量问题。

【动物检疫监管】 认真做好防治禽流感的具体工作。切实把好进出境动物和动物产品检验检疫关。努力确保供港澳活猪的质量安全，让港澳同胞吃上湖南的“放心肉”。一是加大年审力度。7月至9月，派出9组人员和分支局一起对68家供港澳活猪注册饲养场进行年审，对新申请注册的9家进行注册考核，取消7家注册资格，合格的供港澳活猪注册饲养场增至70家。注册场的规模和管理水平在不断上升。二是加大药残监控力度。严格出栏前10天常规尿样检测，根据实际将尿检项目由过去单一的克伦特罗增加到克伦特罗与氯霉素、磺安轮流检测，还适当抽取了中猪尿样检测。按特区政府和总局要求对全省供港澳活猪进行了“7+37”药残监测。三是加大对疫情监控的力度。2004年的疫情监测点增加到24个，监控的一、二类动物传染病增加到7种，样品数增加到345个。四是加大培训工作力度。全年举办供港澳活猪注册饲养场备案兽医和押运员培训班两期，培训备案兽医54人，押运员24人。

积极促进湖南肉类水产品出口。狠抓出口肉食水产品检验检疫全过程管理。围绕饲料、兽药、疫病三个要素监控32个牲猪备案饲养基地和2个水产品养殖基地，从源头上确保湖南出口肉类水产品的卫生质量。加强日常监管，发现问题及时跟踪处理。对输欧肠衣、水产品坚持批批抽样，按欧盟要求进行药残监测。2004年，湖南的冻猪肉首次对阿尔巴尼亚和立陶宛出口；鱼片新增了注册企业，扩大了对美出口；经检验的出口肉类产品货值达5179万美元。

【植物检疫监管】 全年共检验检疫植物及植物产品6 309批；检验检疫出入境邮寄物、快件22 418件。杂交稻种出口印尼取得突破性进展。按国际植物检疫标准扎扎实实做好基地建设、除害处理、检测技术等基础工作。8月，同国家质检总局动植司、中国检科院联合组成中国检验检疫代表团，与印尼农业部检疫代表团，就湖南对杂交稻种基地、对拟输往印尼的杂交稻种的装船前预检以及实验室的检测技术进行深入交流、沟通，签署了《工作纪要》，明确今后输往印尼的杂交稻种将不再实施预检，印尼检疫署认可湖南出入境检验检疫出具的植物检疫证书，圆满的解决了杂交稻种出口印尼受阻的问题。全年杂交稻种出口量比2003年增长36%。

杂交玉米种子的出口初见成效。根据掌握的信息，按照规定程序向印尼农业部提交了杂交玉米种子《植物检疫信息调查表》。12月12日印尼农业部已来函，批准隆平高科5个品种的杂交玉米样品进口。

促进竹筷出口。在认真调研的基础上，向国家质检总局报告对竹筷单列HS编码。国家质检总局、海关总署、商务部、国家林业局联合发文明确将竹筷HS编码单列。全年湖南竹筷出口金额首次突破1 000万美元，比2003年增长45.8%。安全卫生方面没有出现不良反映。

推行企业诚信体系建设。为有效实施检疫监管，出台并实行了《湖南进境货物企业植物检验检疫诚信度测评和管理措施（试行）》，得到进口企业、代理报检、运输单位、除害处理单位积极支持配合，各个工作环节较过去有很大的改善。

规范除害处理工作。出台《湖南进出境植物检疫除害处理监督管理指南》，对8家从事各类植物检疫除害处理的企业进行了年审，取消3家不合格企业除害处理资格。

深入开展疫情监测工作。圆满完成国家质检总局布置的实蝇监测工作（监测点1 625个），已经形成全省有专人负责、定期巡查、收集虫样、专家鉴定的监测体系。

【卫生检疫监管】 积极投入国境传染病防治工作。认真贯彻落实《突发公共卫生事件应急条例》、《突发公共卫生事件应急预案》、《传染性非典型肺炎防治管理办法》等疫病防治制度和规定。

防治禽流感期间，密切关注国际国内传染病流行趋势，建立口岸快速反应及预警机制。编写储存场地防禽流感方案，在长沙霞凝港实行了“零报告”制度。坚持疫情通报制度，及时向国家质检总局报告疫情信息。

大力开展传染病的监测工作。对查出的一例HIV阳性外国人进行了个案调查，并配合公安机关做好遣送出境工作。

及时处理一起发生在沪九国际直通列车上的突发公共卫生事件。联合制定《京九沪九直通车湖南运行途中突发公共卫生事件处置预案》，明确了检验检疫、铁路、边防、海关、卫生部门和口岸管理部门的职责，成立应急处理领导小组，建立联系制度，按预案要求购置了应急物资。

加大检疫查验力度，严把空港进境货物关和内河码头进出境集装箱关。一是提高媒介物的检出率，二是加大对出入境特殊物品的把关力度。开展适载检验，推行诚信管理，加大对违法违规行为的查处。全年处理违法案件2起。没有出现一例因入境集装箱造成的卫生事件。

加强卫生监督工作。进一步完善长沙黄花国际机场6家相关口岸企业的卫生监督管理档案，重点对机场两家航空食品配餐公司进行全程的食品卫生监督检查，指导企业建立卫生组织和完善卫生管理制度，促进企业提高卫生管理水平，有效防止了口岸肠道传染病及食物中毒等食源性疾病的发生。另一方面，按照国际先进管理模式，积极倡导企业进行质量管理体系认证。加强对消毒队进行培训，对注册的储存场地和食品生产经营单位的监督检查。

【“大通关”建设】 一是积极完善检验检疫监管模式，提高监管有效性。抓住质量关键点，对各类商品的检验检疫监管模式进行了调整，加大涉及安全、卫生、健康和环保项目的把关力度。分别确立了化矿、机电、轻纺、烟花爆竹等产品的检验监管模式。针对陶瓷铅镉溶出量问题，积极探索过程检验模式，对陶瓷烤花窑炉实施动态监控。铁合金是高风险商品，对质量管理水平低的企业实施加严检验，检出1 065吨不合格产品。对出口打火机开展型式试验有效期内抽查，及时解决了质量波动大的问题。组织了对进境肉类冷库、进口旧机电等商品的执法检查，查处了有关问题。二是完善关检合作机制，加大共同把关力度。与口岸局、海关密切配合，加强对转单货物流向的监控，有效防止了逃漏检。与海关共同加强进口废物监管，查获2批以正常贸易商品名义申报、放射性严重超标的放射性固体废物。三是实现高效严密监管。电子申报率达到100%，新增110家企业安装了电子报检企业端软件，新上报12家实施绿色通道企业，700余家电子申报企业申请了电子密钥。建立了连接全部分支机构10个局域网的VPN广域网，电子业务系统的可靠性、处理速度进一步提高。

【法制工作】 认真学习贯彻《行政许可法》。成立了局行政许可工作领导小组，对干部职工分期分批进行了培训、考试，对行政许可事项进行全面清理，制定了《湖南检验检疫局行政许可程序规定（暂行）》，向外公布22项行政许可项目。加大行政执法力度，维护检验检疫法制尊严。与省直有关部门联合，对全省进境肉类冷库进行执法检查，在长沙市的2个冷库现场进行了法律讲课，宣传了国家关于进口肉类的有关规定，取得了很好的效果。严肃查处了15家企业，有效的遏止了进境商品不如实提供木质包装声明，违规进口旧机电等违反检验检疫法律法规的行为。

【认证认可】 全年审核ISO14000体系8家，累计16家；HACCP体系7家，累计14家；OHSMS18000体系4家，实现零的突破。拓展新的认证行业，创造了湖南认证多个第一。湖南省新晃国税局、湖南娄底移动公司、湘潭技工学校、常德烟草公司、长沙市实验幼儿园等5家单位通过了QMS认证，均是相应行业中首次获得认证，湖南南天航空食品公司为湖南餐饮业第一家通过HACCP认证的企业。重点开发多体系审核，湖南省儿童医院实现了ISO9001/ISO14001双标认证，株洲硬质合金有限公司、三一汽车和自来水公司ISO9001/ISO14001/OHSMSl8001三标一体认证，填补了湖南多体系认证空白。

【科研和实验室建设】 精心实施一批检验检疫急需和基础性、前瞻性强的科研课题，科研工作成绩显著。获得“2004度国家质检总局科技兴检奖”一等奖2项、二等奖1项、三等奖2项，位列全国检验检疫系统第三；获得国家认监委授予的“检验检疫标准化先进单位”荣誉称号，2人被授予“检验检疫标准化先进个人”称号。“出口杂交稻种风险控制技术研究”等项目取得实质性进展，10项行业标准制修订项目和1项科研项目获得立项批准。成立了危险品实验室，提高了安全、卫生、环保等方面的检测能力。加强了陶瓷实验室的建设，2004年，实验室被中国检验认证集团指定为“非强制性产品认证检测实验室”。

【班子队伍建设】 2004年9月29日，龙新平同志被国家质检总局任命为湖南出入境检验检疫局党组书记、局长，顺利实现了局党组班子的新老交替，维护了全系统团结。保持了湖南局领导班子一贯的务实风格，保持了湖南局干部职工讲团结、顾大局的优良作风。努力建设学习型班子、学习型机关，提高干部职工素质。建立健全了中心组学习、干部理论学习制度。认真组织学习了行政许可法、党内监督条例和党纪处分条例（简称“一法两条例”）、十六届四中全会和中纪委三次全会精神，举办了处以上干部四中全会学习班和“一法两条例”知识竞赛。强化干部监督约束机制，促进行风廉政建设。认真贯彻“两个条例”，健全了分支局党组，配齐了分支局纪检员，认真落实反腐倡廉各项工作任务。开展了严禁党员和干部参与赌博的专项检查。充分发挥行风监督员的作用，向200余家企业单位发放调查问卷，走访50余家企业，对反馈的意见及时作了整改。通过民主推荐、竞争上岗，选拔任用11名处级领导干部，完成了处级干部的年度考核工作。结合行业特点，将IS09000管理理念引入创建文明单位活动中，全系统行风形象有新的提升，省局机关连续六年被评为“省直机关文明单位”，2004年底荣获“省直文明标兵单位”称号。全系统11个单位、18人次受到国家质检总局和地方政府表彰。

岳阳海事局

2004年，岳阳海事局在长江海事局的正确领导下，紧紧围绕长江海事“四化三步走”战略，以海事管理模式综合改革试点、执法人员考任制试点、海事文化建设试点为契机，在安全监督、内部管理、文明创建三方面全力推进“三个转变”，取得了“三个成效”，实现了各项工作上台阶的目标。

【安全监督管理】 2004年，该局主动作为强现场，突出重点抓落实，勇于试点改模式，安全监督管理力度有所加大。辖区水上安全形势明显好转，水上交通事故较2003年实现“三降两平”，发生一般以上事故3起，其中碰撞事故1起，死亡2人，沉船3艘，经济损失94万元，事故件数、死亡人数、经济损失下降明显，辖区安全评估指数64.13。

强化通航秩序监管。突出了“三大航段、三大油区、三大渡口”安全监督重点，组织开展了“三防一禁”、“一战三保”等12项专项活动。全年共完成巡航任务7 476次、出动人员16 403人，巡航里程67 829公里、巡航时间11 613小时、检查船舶16 110艘，纠正违章7 171次，实施行政处罚547件。各项指标较上年有较大提高，巡航里程增加9 992公里，增幅17.3%；巡航时间增加4 364小时，增幅60.2%；检查船舶增加5 403艘，增幅50.5%；纠正违章增加4929次，增幅219.8%；行政处罚增加256件，增幅86.3%。该局12月24日提前介入窑监水道战枯水工作，保证监利海事处移交期间窑监水道航行安全畅通。

渡口监管良性发展。按照“三基”管理的要求，摸清了渡口渡船的基本情况，掌握了渡口渡船基本问题，制定了渡口渡船基本对策。明确了长江渡口、协议渡口安全监督管理指导意见，深入开展了渡船平安行动，落实了渡船管理“116”机制，建立了246处渡口、315艘渡船“一船一档”的数据库以及渡口监督三级内部责任管理网络。督促政府建立了渡口安全管理三级外部网络。新设置渡口安全警示牌41块，订制渡船船名和乘客定额牌231块，印发渡口安全宣传册2 000册，张贴渡运安全“六不准”1 000余份，开展了渡船船员免费培训5期81人。与临湘市、华容县政府开展了协议水域联合执法行动，联合表彰了渡口渡船安全管理8个乡镇。渡口安全监督逐步形成“一库齐全”、“两网畅通”、“六制健全”的良性发展局面，实现了渡口事故为零。

监管油区突出隐患。开展了油区保安行动，初步实施了油区管理“114”机制。建立了油区安全管理内外部三级网络，建立了油区危险品码头数据库及到港危险品船舶数据库，健全了油区安全管理联系会议制度、船岸检查制度及油船进港申报、码头单位作业申报制。整治了抢靠作业码头、穿越作业锚地、油区电打鱼等违法行为。建立了油区油污应急计划，在岳化油区组织了到港油船的溢油、消防演习。全年共检查油区码头2 460处次、危险品作业锚地1 460处次，办理危险品申报7 137份，检查到港船舶4 002艘，纠正违章20次，实现了油区事故为零。

“三船”监管明显加强。组织审核岳阳安顺船务、岳阳市水运、岳阳金岳船务3家船公司。全年共实施船舶安全检查784艘次，平均缺陷率7.337，办理船舶签证15 332艘。其中电子签证1 020艘，办理定期签证16艘，办理各项登记95艘次，审批了2艘国际航行船舶进出境。组织全国内河船舶适任证书理论统考2期，培训船员142人，进行船员跟踪考核培训102人；全年核发船员相关证书232本；实施船员违法记分261件、记分526分，与上年相比分别增加383%、468%。辖区船公司管理、船舶管理和船员管理水平得到了较大的提高。

试点监管模式改革。按照动态与静态分开、受理与审批分开、执法与督察分开的模式改革要求，建立了海事政务中心、海事监管中心、海事督察科；按照现场管理实现扁平化的要求，建立了海事执法支队、大队、中队的现场监管机制，建立了政务受理、审核、审批三级把关及便民利民服务机制，建立了执法监督、绩效考核、党风行风检查“三合一”督察机制，建立了以整合执法资源，体现整体优势，加强重点航段监管、重点工程维护、重点业务攻关为要素的项目管理机制。通过新模式新机制的初期运行，初步显现出政务集中管理、现场扁平管理、督察综合管理的优势，有效地促进了该局海事监管效率提高。

【内部管理】 2004年，该局把内部管理规范运行作为建设“台阶年”的突破口，突出开展了管理信息化的重点建设，反应快速化的起步建设，执法规范化的体系建立，基层海事处财务统一核算改革，以岗位管理为重点的人事工资制度改革。

重点建设岳阳海事管理信息化工程。基本完成了基层海事处局域网建设，内网实现了与长江海事局128K帧中继连接，利用无线网桥实现了与基层海事处、签证点、港区海巡艇的连接。6月底开通了内部网站，建立了90多个栏目，发布信息共800多条，利用无线网桥技术开通了现场动态图像同步传输；利用宽带上网技术与无线网卡相结合，实现了基层海事处、签证点与互联网的连接，开通了外部网站，建立了30个栏目，发布信息200多条；新增计算机18台，总计配备计算机61台，机关配备率达100%，基层执法岗位配备率达80%；全局计算机等级达标56人，达标率为71%；启动了GPS

定位系统的试点建设和运行。

起步建设岳阳海事反应快速化机制。根据长江海事局“1540”快速反应目标,该局合理调整了辖区五个海事处的管段划分,增设了华容巡航救助基地,基本达到海事处为基地“1540”的全方位覆盖;同时,该局对接到险情报告后,各海事处领导赴现场、现场监督员集合、海巡艇启动、海巡艇出航及海巡艇到达现场等各个环节所需时间进行了测试,并统一制订了应急反应时间标准,开展了初步演练,初步实现“1540”全辖段覆盖。全年,该局共接到船舶险情报警13次,平均反应时间35分钟,获救人员112人,施救有效率98%,获救船舶23艘,施救成功率79%,挽回经济损失1 130万元。

初步建立岳阳海事执法规范化体系。根据长江海事局海事管理规则的要求，该局组织编写了岳阳海事局海事管理体系文件，包括管理手册、程序手册、须知手册、职责手册和支持文件清单等部分，涵盖了长江海事管理规则的全部内容，突出了岳阳海事局政务服务机制、现场监管机制、执法监督机制、项目管理机制的海事管理模式及海事文化理念；并对基层海事处管理台帐记录按党务工作、行政工作、现场工作、绩效考核、渡船管理等九类进行了规范。

稳步推进岳阳海事基层财务改革。成立了基层海事处会计核算中心，规范了基层财务管理；加强预算收支管理，进一步优化支出结构，确保了重点支出需求；充分发扬“三千”精神，拓宽资金来源，增强了全局经济实力；加强会计规范化建设，先后通过了长航局、长江海事局的会计电算化工作验收及内部会计工作检查。全年该局实现收入1 111万元，行政规费收入198万元，完成年计划的241%，船港费收入222万元，完成全年计划的106%，实现了财务收支平衡略有节余、职工个人收入稳步增长的目标。

初步建立岳阳海事岗位系列化管理机制。开展了用工制度、分配制度改革试点，在科学定编和科学设岗的基础上，制定了岗位职责，进行了岗位评估。全局局管105人全部签订了全员聘用合同。主体岗位89人全部签订了岗位聘任合同；实现了国家用人向单位用人的转变。组织了全员竞争上岗，全局共有114人次参加了91个主体岗位的竞争。有87人竞争上了主体岗位，有12名职工安排了辅助岗位，全局执法人员达79人，占职工总数的71%；组织了执法人员适任制试点考试，全局有99人次参加了考试，合格率为97%；建立了以岗位职责和工作绩效为主要分配依据的岗位工资制，包括基本工资和绩效工资，初步建立岗位工资制实施办法、岗位工资管理办法以及二级岗位考核制度，并于10月份试运行，实现了国家工资标准向单位工资标准的转变。通过改革，初步建立了以岗位设置、岗位职责、岗位评估、岗位竞争、岗位管理、岗位考核为基本内容的系列化岗位管理机制，为长江海事局人事工资制度改革试点提供了可借鉴的样板。

【精神文明建设】 2004年，该局以海事文化建设试点为载体，全面加强党风行风廉政建设，提升文明创建层次，以人为本，关心一线，关心基层，关心职工，形成岳阳海事团队的凝聚力、向心力和推动力。

海事文化建设试点成果喜人。制定了岳阳海事文化建设实施纲要和2004年实施方案，完成了海事理念文化建设、海事制度文化建设、海事形象文化建设三大工程和12项任务，建立了以“忧乐”精神为核心理念、求索学风为心志理念的8个岳阳海事文化基本理念；建设了以“改革，创新、发展——建设岳阳海事信息化、规范化、快速化、现代化的研讨”为主题的岳阳海事论坛，发表论坛文章124篇；创办了岳阳海事文化专刊12期；开展了“海事之歌”演唱比赛、海事队列比赛；编印了海事文化画册、海事职责画册、海事工作年报；基层普遍开展了以安全谚语警句为内容的文明承诺服务。岳阳海事文化体系已初步形成，并通过了长江海事系统海事文化现场会的检阅。

党风行风建设继续加强。大力加强了党内“两条例”学习，认真组织了“四个突出”教育，认真开展了“三整顿”教育活动；加大了部海事局“八项制度”、长江海事局“六项禁令”宣传执行力度；完善了目标考核、民主评议行风制度，制定了行风监督员以及管理相对人定期联系制度，重点走访了船舶单位和船员，并开展问卷调查，宣传有关法律法规，安全信息和有关政策，积极推进了行风建设。全年全局党员、领导干部廉洁自律率100%，行风满意率98%。

精神文明创建层次有所提升。加大投入、注重实效，重点开展了创建“文明单位”、“文明示范窗口”、“文明样板航道”、“八个一标准化处站”等活动，始终做到“五个到位”，即责任到位、措施到位、宣传到位、活动到位、经费到位，不断巩固提高文明创建成果。2004年，该局获得了“长航局弘扬振超精神、争创‘三个一流’活动先进集体”，岳阳市“文明标兵单位”；局领导班子获得了长江海事局“五好领导班子”称号；城陵矶处获得长江海事局“先进职工小家”，临湘海事处被评为长江海事局“‘八个一’标准化处站”；洪湖获长江海事局“先进集体”、“青年文明号”；华容海事处获长江海事局“‘三整顿’活动先进集体”。

“为职工办实事”目标全面实现。全年共安排经费163万元为职工办实事，其中改善基层工作环境投入资金50万元，办理执法人员人身意外伤害保险资金1万元，用于职工血吸虫治疗和防治资金4万元，开展劳动竞赛、岗位练兵和职工培训资金17万元，为困难职工“送温暖”慰问资金5万元，增加职工收入资金82万元，全面落实了年初“为职工办实事”目标。

湖南口岸大事记

1月16日

省政府口岸办召开全省口岸系统总结表彰会议。省政府副秘书刘明欣出席会议，并作重要讲话。会上表彰了长沙边检站执勤业务一科等12个口岸先进单位和任梁等52名先进工作者。

3月5日

省公安边防总队政委曲清贵一行5人到岳阳口岸调研，并深入城港、长炼、岳化等企业了解情况，研究为地方、为企业服务的措施。

3月9日

岳阳市招商引资暨外经贸、口岸工作会议在南湖宾馆召开。市委副书记高克勤、市政府常务副市长李湘岳、副市长康代四到会讲话，市领导戴绪军、徐民权等出席会议。

3月25日

湖南口岸各单位圆满完成了中共中央政治局常委、国务院副总理黄菊同志专机保障任务。

6月16日

湖南省机场管理集团公司与湖南省公安厅、财政厅、人事厅、机构编制委员会办公室联合下发《关于组建湖南省公安厅机场公安局的通知》，原民航湖南省局公安局及所属公安机构移交湖南省公安厅，组建湖南省公安厅机场公安局。

7月14日

湖南省第25次质量管理小组代表大会暨“白沙杯”QC成果发表会在长沙召开，黄花国际机场公司的贵宾室班组、客桥室班组、中变站班组和张家界荷花机场公司的塔台班组被评为“湖南省优秀质量信得过班组”。

7月29日

根据湖南省人民政府办公厅《关于集团公司所辖机场在过渡期暂设为分公司的批复》，集团公司所辖长沙黄花、张家界荷花、常德桃花源、永州零陵四机场股份有限公司改设为机场分公司。

8月18日

张家界航空口岸举行了荷花机场通航10周年庆祝会暨张家界航空旅游市场推介会，民航总局、民航中南地区管理局、省机场集团公司领导以及各大航空公司、包机公司、各大旅行社代表等共计100余人参加了此次会议。

8月25日－9月1日

民航中南地区管理局航空安全评估小组对黄花国际机场一年来的安全状况进行了详细的评估。9月1日上午，长沙黄花国际机场顺利通过安全评估，荣获民航中南地区管理局颁发的“安全评估合格单位”称号。

9月10日

岳阳市政府副市长康代四率市口岸办，云溪区政府，岳阳海关、检验检疫、海事、边防等单位的负责同志深入外资企业泰亨源实业有限公司调研，为该企业增资扩股服务。

9月18日

应教育部邀请，香港广播电视有限公司董事长邵逸夫先生和夫人邵方逸华女士及其友人一行47人，从香港乘专机直达湖南省访问。教育部副部长张保庆、副省长许云昭等领导前往长沙黄花机场迎接。长沙航空口岸各单位，按教育部要求及省政府口岸办的具体安排，给予了邵逸夫先生及其一行高规格的礼遇通关。

9月19日

黄花机场国际厅改扩建工程竣工暨试运行仪式在黄花机场新国际厅隆重举行。湖南省人民政府副省长郑茂清、省机场集团公司总经理、党委书记赵龙江出席仪式。新国际厅的面积达到3440平方米，布局更为合理，硬件设施更为完善，大大改善了黄花机场的通关环境。

9月30日

湖南省口岸办与口岸联检单位及长沙铁路总公司联合出台《京九、沪九直通车湖南运行途中突发公共卫生事件处置预案》。

10月8日－10日

新任长沙海关关长靳晨光一行到岳阳城陵矶内河口岸考察。

10月12日

长沙黄花国际机场旅客吞吐量创出历史新高，首次突破300万人次大关。

11月18日-20日

国家质检总局党组书记李传卿来湖南调查。中共湖南省委副书记、省长周伯华，副省长贺同新会见了李传卿一行，就当前质检工作交换了意见，对湖南检验检疫工作表示充分的肯定。

11月20日-24日

2004年全国跳伞锦标赛在张家界航空口岸举行。张家界航空口岸各单位圆满完成赛事保障任务。

11月30日

省政府召开常务会议，专题听取长沙海关工作汇报。对长沙海关提出的支持湖南开放型经济发展10条措施给予高度评价，采纳了向国家申请在郴州设立出口加工区和长沙建立保税物流中心的意见与建议。同意建立全省“大通关”协调会议制度，由贺同新副省长召集，海关、检验检疫、交通、税务、银行、外汇等部分和有关市州参加。

12月1日

民航中南地区管理局下发《关于长沙黄花国际机场总体规划的批复》，同意长沙黄花机场的总体规划。

12月3日

省政府召开长沙海关与全省18家重点企业座谈会，就如何贯彻落实省政府常务会议精神，充分发挥海关监管作用，进一步提高“大通关”效率，更好地推动全省开放性经济发展，征求企业的意见与建设。会议由省政府经济顾问陈德铨主持，省经委、商务厅、省政府口岸办、长沙海关及相关企业负责同志参会。

12月18日

湖南省机场管理集团公司与湖南省公安厅在长沙黄花国际机场共同举行湖南省机场公安机构移交暨湖南省公安厅机场公安局成立挂牌仪式。省机场管理集团公司总经理、党委书记赵龙江和省公安厅副厅长、党委副书记励明安分别在移交书上签字，标志着湖南省机场公安属地化改革圆满完成。

12月20日

岳阳市市长罗碧升，副书记孔根红，副市长刘力群、康代四等市领导前往岳阳市口岸办、出入境检验检疫局和岳阳海关等单位进行调查研究，提出了岳阳城陵矶口岸下一步发展思路，并现场解决了口岸单位的一些具体问题。

12月31日

长沙黄花机场完成旅客吞吐量380.26万人次，张家界荷花机场完成旅客吞吐量131.81万人次。

广东口岸工作综述

【综述】 2004年度，广东省口岸工作以科学发展观为指导，以推进口岸“大通关”建设为重点，认真贯彻落实党的十六届四中全会精神和省委、省政府的各项决策和部署，改革通关作业流程，改进查验手段，简化查验手续，努力提高口岸通关效率和服务质量，确保口岸安全畅通，为广东省外经贸发展提供更加便捷的通关环境。一年来，口岸运作保持了安全畅通，入出境旅客2.18亿人次，同比增长14.4%，约占全国的80%；进出口货运量2.53亿吨，增长9%，约占全国的30%；入出境交通工具1 323万辆（艘、列、架）次，增长2.9%，约占全国的70%；海关税收累计入库1 089.3亿元，增长21%，约占全国的23%。

【加强口岸建设，调整口岸布局】 随着广东省范围内放开个人赴港澳游，经口岸进出的旅客、货物和交通工具与日俱增，口岸通过能力难已适应发展要求。为此，在继续落实口岸重点项目建设改造的同时，还对出入境货运车辆检查场进行了布局调整，使口岸的整体通过能力得到进一步增强。

陆路口岸方面：落实了深圳皇岗、沙头角口岸跨境公路桥、深圳西部通道和皇岗地铁口岸建设工程开工；跟进落实深圳西部通道和皇岗地铁口岸的报批及筹建工作；完成珠海拱北口岸货车通道改造工程。

港口口岸方面：完成了潮阳港一类口岸预验收；完成了深圳盐田港口岸下洞港区、珠海港口岸新增华联石化公用码头、广州港口岸新增珠钢码头、广州南沙港口岸新增港发石化码头、惠州港口岸新增泽华石化码头6个一类口岸码头项目对外开放的验收；完成了江门荷塘装卸点、东莞龙通码头、湛江雷州流沙港装卸点、廉江营仔港装卸点4个二类口岸项目的验收工作；加快重点港口口岸扩建步伐，广州、深圳、珠海、湛江等共新建1万吨以上码头泊位16个，1000－5000吨的码头泊位12个；同时，按照国际公约和国家的要求，对沿海、沿江11个市所属115个港口口岸设施进行了保安评估和认证。

航空口岸方面：广州新白云国际机场口岸综合办公大楼及客、货运查验配套设施去年按计划竣工并顺利通过国家验收，确保在同年8月5日与新机场同步启用。当年国际客、货运航线和进出口货物、出入境旅客均实现历史最高水平，航空枢纽口岸地位进一步增强；协助做好了第五届珠海航展期间临时增开珠海机场航空口岸的申办工作，使博览会于2004年11月1日—7日顺利进行。

进出境货运车辆检查场方面：调整全省车检场布局，优化车检场的通关环境。一是组织了对江门、新会车检场的搬迁进行了验收启用；二是在征求有关查验单位意见后，及时批准了对番禺沙湾、增城江龙两个车检场的搬迁项目；三是进一步跟踪推进清远、梅州、潮州、惠州等地车检场的迁建工作。

根据广东省省委、省政府领导的要求，在全面建设小康社会和加快推进社会主义现代化建设中发挥排头兵作用，在率先发展、加快发展、协调发展中发挥带头作用，广东省口岸办按照科学发展观的要求，对深圳、肇庆、湛江、茂名、阳江等市“十一五”口岸规划进行了专题调研，认真完成编制了全省“十一五”口岸发展规划工作。同时，针对全省的口岸运作和发展情况进一步深入研究：如国家口岸工作组就广东水运二类口岸的处理工作问题、广州港口岸新增南沙港区对外开放等问题、惠州扩大开放范围的问题、开通东莞铁路货运口岸直通香港货运列车问题等等问题，通过调研及时了解和掌握了口岸存在问题，有针对性地提出解决的思路，为领导科学决策提供了依据。

【规范口岸管理，加强法规建设】 随着7月1日《行政许可法》在全国正式实施，根据省政府的有关规定和要求，组织对相关法规、规章的制定和修改，完成了《港澳小型船舶进出广东沿海挖沙采石作业点管理条例》（初稿）立法的阶段性工作。经省人民政府审定同意，《广东省铁路客运口岸突发事件处置办法》和《广东省口岸工作协调、督察和应急机制实施方案》，已分别于2004年1月7日和5月19日由广东省口岸办印发实行。

【改革通关流程，提高查验速度】 为广东省扩大对外贸易、做好招商引资、提高对外开放水平，促进外源型经济的持续、快速、健康、协调发展提供便利化的口岸通关环境，积极主动与各有关单位沟通联系，稳步推进口岸“查验电子化”建设。

珠海市在拱北口岸实施了“一站式”快速验放系统建设。该系统建设经省政府批准，2004年底已完成主体工程建设，其主要特点是边检、海关、检验检疫三家查验单位共享一套前端查验数据采集设备，结合计算机验证系统组成一套完善的智能化快速验放系统，经过各自独立的查验业务流程后，集中控制验放系统，进行过关车辆的验放，大大简化了进出境车辆的通关手续。

海关系统在广州白云国际机场口岸实施“多点报关，一点放行”的新举措，加快口岸物流通关速度，为新机场物流快速发展提供了强大的政策支持。深圳海关已基本实现对香港入出境货运车辆电子查验通关，入出境口岸与后续查验场所之间基本实现电脑联网。

口岸信息资源整合初见成效。2004年3月19日，由广州市政府办公厅、市交委牵头，各口岸部门共同参与的“广州口岸物流信息平台”建成开通，为企业网上办理进出口业务提供了便捷的通道。佛山、湛江等地口岸电子公共平台的建设也在积极推进。

【加强沟通联络，促进合作交流】 随着泛珠三角区域合作和东盟“10+1”自由贸易区推进带来的发展机遇，入出境人员、货物、交通工具日益增长，出现持续畅旺的可喜局面，粤港澳三地的口岸合作更加紧密。

落实粤港合作联席会议第六次会议确定的口岸合作事项。一是继续跟进口岸基础设施建设项目。到目前为止，罗湖口岸人行桥二期空调安装工程、皇岗、沙头角口岸跨境公路桥、皇岗地铁口岸、深圳西部通道口岸建设工程均已全部动工，并按计划顺利推进；二是协调开通了第11、12对广州天河客运站至香港九龙的广九直通客运列车，并于4月18日正式开行，东莞（常平）停靠的出入境列车也由“六进六出”增加到“八进九出”。三是完成中山港口岸和莲花山港口岸开通至香港机场水运客运航线的有关工作，使全省水路客运口岸至香港机场的航线增加到5条。

落实粤港合作联席会议第七次会议议定事项。一是深港西部通道口岸（暂名深圳湾口岸）按24小时开放上报国务院审批；二是关于梅州、湛江、汕头三个航空口岸对香港地区航空公司小型飞机开放和广州、深圳、江门市中心地区对香港直升机开放问题，多次与香港特区政府保安局等有关部门召开会议磋商、探讨，在收到港方有关计划书后，又召开了广州军区空军、民航广州中南管理局等部门会议听取意见，目前有关计划正在征求意见中；三是为开通东莞铁路货运口岸直通香港货运列车召开会议，并责成粤港铁路部门进行研究和制定方案。

规范粤港过境巴士班次管理。一是为配合内地居民个人赴港澳游政策的实施和推广，2004年1月13日，粤港两地政府有关部门经磋商派发皇岗、文锦渡、沙头角口岸过境巴士、出租车日间班次配额共

117个。二是根据运输市场需求，粤港双方口岸主管部门报请双方政府同意，于2004年8月16日正式开通了香港至皇岗口岸的6条短线过境巴士服务，并共同制定了规范的过境车辆班次管理规定。

建立了粤港陆路口岸突发事件通报处理机制。经粤港双方政府批准将于2005年1月20日开始实施。初步拟定了《粤澳陆路口岸现场突发事件通报处理机制》，经两地专责小组磋商已达成共识，待两地政府核准后即可实施。

实现粤港间不定期信息交流。2004年3月，香港特区政府保安局牵头、香港海关组织，在香港落马洲口岸举行了第一次粤港口岸合作专题信息交流研讨会。

对珠澳口岸过境车辆实施合理分流。为实现口岸资源的合理配置，解决人、货混行的矛盾，同时净化口岸的周边环境，确保人员过关安全，粤澳双方达成共识，对车辆实施合理分流行走口岸，货运车辆（运送鲜活产品的货车暂时除外）一律从横琴口岸出入境，客运车辆主要从拱北口岸出入境。

对横琴口岸货运通道实施延关。经粤澳双方共同确认并经省政府批准，从2004年2月15日起，横琴口岸货运通道开放时间由原来的9：00—20：00时延长为8：00—20：00时。

参与和召开港珠澳大桥口岸前期论证工作会议。粤港澳三方对大桥口岸的设立和监管交流了初步意向，但具体事项有待大桥的设计及选址确定后再作讨论。

深圳口岸工作综述

【基本情况】 2004年，深圳口岸一直保持良好的发展势头，出入境客流、车流、货流出现持续畅旺的可喜局面。全年经深圳口岸入出境人员1.53亿人次，日均41.76万人次，比上年同期增长20.9%，出入境总人数占全国出入境总人数的60%。其中：罗湖口岸8 973.85万人次，日均24.52万人次，同比增长6.9%，在全国273个口岸中，出入境人数最多，占全国出入境人员总数的32.59%；皇岗口岸3 990.66万人次，日均10.9万人次，同比增长57.1 %；文锦渡口岸309.03万人次，日均8 443人次，同比增长50%；沙头角口岸229.51万人次，日均6 271人次，同比增长15.7 %。入出境车辆1 433.76万辆次，比2003年同期增长8%，入出境车辆的总数占全国入出境车辆总数的78% - 80%。其中：皇岗口岸1 075.11万辆次，日均2.94万辆次，同比增长12.2 %，出入境机动车辆总数居全国第一，占全国总数的35.01%。深圳港货物吞吐量达13 537.14万吨，增长20.7%，集装箱吞吐量1 365.90万标准箱，增长28.2%，稳居全球四大集装箱枢纽港行列。深圳机场旅客吞吐量达1 424.45万人次，增长31.4%；货邮行吞吐量49.54万吨，增长21.8%。进出口货物总量8 262.8万吨，增长2.1 %；进出口货物总值1 472.83亿美元，增长25.5%，其中：出口778.46亿美元，增长23.6%，进口694.37亿美元，增长27.6%。

【口岸建设】 为适应CEPA实施和深港口岸过境客流、车流持续快速增长的需求，进一步增大口岸通关容量，改善口岸通关环境，2004年加大了口岸基础设施建设的力度。皇岗—落马洲口岸第二公路桥、沙头角口岸第二公路桥、罗湖口岸人行通道桥改造工程顺利在2004年底完工，并于2005年1

月18日举行了竣工启用仪式，实现了客货分流、出入境分流，提高了通关速度，改善了通关环境。同时，福田口岸和深圳湾口岸正在抓紧建设中，福田口岸建成投入使用后，将有力地缓解罗湖口岸和皇岗口岸的客运压力，同时可以接驳规划中的广深港客运专线，形成大容量、快捷便利的深港、粤港轨道交通网，构建深港半小时生活圈、穗港一小时生活圈。而深圳湾建成投入使用后，将可与广深高速公路、107国道形成西部高级公路走廊，有效合理地疏导西部的过境货运压力。

【口岸通关】 面对口岸超负荷运转，口岸通关压力日趋增大的新情况，2004年在加快口岸建设改造步伐的同时，不断深化口岸管理各项改革，进一步提高口岸通关效率。通过各方的共同努力，目前全市口岸已全面实现了“旅检过关不超过半小时，车辆不超过一个小时”的目标，长期困扰市的口岸出入境车辆的拥塞状况已不多见，出现了车畅其流、人畅其行的大好局面。

【海空港开放】 随着市区域性物流中心城市建设的进一步发展，市海、空港口岸建设和开放又迎来了新一轮高峰期。经过各方努力，下洞港危险品作业区已通过海关总署组织的验收；盐田国际集装箱码头三期工程第三、四个泊位（8#、9#泊位），蛇口集装箱码头二期工程4#泊位，赤湾港区12#泊位，招商港务有限公司的12#泊位都已全部投入使用。深圳港现有40家世界著名集装箱船公司开辟了近远洋国际集装箱班轮航线131条，比上年新增25条。蛇口客运码头至香港新机场的航次也由每天16个航次增加至24个航次。空港口岸方面，目前国际航空货运航线达31班，国际航空客运航班由每周45班增至每周80班。这些新泊位的建成投入使用和新航线的运营，将为市经济社会发展以及建设现代物流枢纽中心城市做出新的贡献。

【口岸环境整治】 2004年，按照深圳市委、市政府的统一部署，口岸管理部门在全市口岸和“二线”检查站范围内，牵头开展了声势浩大的环境“梳理行动”，主要包括拆除口岸区域内的乱搭建和违章临时建筑物，整治口岸区域内的广告招牌，清理口岸区域内的商业经营网点，强化口岸区域的环境、卫生、绿化工作。经过近几个月的连续作战，全市口岸面貌焕然一新，环境秩序有了明显改观，影响口岸环境的一些老大难问题已基本得到解决，优化了口岸环境。

【深港合作】 2004年6月，为适应《内地与香港关于建立更紧密经贸关系的安排》，加强包括口岸在内的深港合作，深圳市政府与香港特区政府签署了《关于加强深港合作的备忘录》，其中重要内容就包括大力推进深港口岸跨境基础设施建设，加强两地政府和口岸查验单位间深层次、多渠道的合作，提高口岸通关效率，改善口岸通关环境。们以此为契机，大力加强与香港相关部门的沟通协调，使深港口岸在日常运作、跨境建设项目等方面的合作取得了显著成绩，向形成高效、便利、快捷的深港口岸管理体制和运作机制迈进。

广东口岸查验单位工作综述

海关总署广东分署

2004年，在海关总署和省委省政府的正确领导下，在省内海关的大力支持下，广东分署认真贯彻全国海关关长会议精神和总署党组各项工作部署，落实海关工作16字方针和队伍建设12字要求，以全面启动现代海关制度第二步发展战略为主线，进一步强化服务意识，大兴求真务实之风，积极推进各项改革，认真履行各项职责，较好地完成了各项任务。

【狠抓队伍建设，队伍素质进一步提高】 积极开展“5年回顾教育活动”，严格执行“6项禁令”。年初海关总署党组作出开展“5年回顾教育活动”的部署，分署和省内各关党组高度重视，迅速行动起来，认真组织实施，通过采取座谈讨论、撰写论文、网上研讨、图片展览、巡回演讲等多种形式广泛发动全员参与，确保人人参与，人人受教育。通过开展“5年回顾教育活动”，广东海关各级领导班子和领导干部拒腐防变、抵御风险的能力进一步提高，广大干部职工的头脑更加清醒，精神更加振奋。同时，年内分署还从严格贯彻执行“海关人员6项禁令”入手，加强组织领导，周密安排部署“6项禁令”的学习、贯彻与实施；采取多种形式广泛进行对外宣传，接受社会各界监督；认真开展行风整治行动督促检查，严肃处理违法违纪行为，确保“6项禁令”落到实处。

加强干部管理和教育培训工作。积极推进干部人事制度改革，优化人力资源配置，规范了干部人事管理工作；做好机构整合、职能调整、人员配置，以及干部选拔任用、调整等各项工作，保障了中心工作；加大干部教育培训的力度，有效提高了队伍的整体素质。

成功举办广东海关缉私警察“首届金盾杯基础警务技能三项赛”，切实加强海关准军事化纪律部队建设。为认真落实海关总署党组关于加强准军事化纪律部队建设的部署和积极响应公安部关于开展大练兵活动的号召，分署党组年初决定举行以射击比赛、擒敌拳比赛、队列比赛为主要内容的广东海关缉私警察“首届金盾杯基础警务技能三项赛”。分署党组高度重视，缉私局精心组织安排，三项赛顺利举行，展现了广东海关缉私警察队伍组建5年来的良好精神风貌和扎实的基础警务技能，有效提高了广东海关缉私警察的整体素质。2004年11月3日，全国海关缉私警察准军事化纪律部队建设现场会暨广东海关缉私警察“首届金盾杯基础警务技能三项赛”阅警、颁奖仪式在广州成功举办。海关总署署长牟新生、广东省委副书记王华元、省委常委梁国聚，海关总署副署长孙松璞、海关总署政治部主任鲁培军等领导观摩了演练。省委领导和总署领导对广东海关缉私警察组建5年来在反走私工作中取得的优异成绩以及准军事化建设成果给予了充分肯定。

【稳步推进监管通关业务改革，提高监管水平和通关效率】 完善来往港澳小型船舶GPS快速通关模式改革。2004年，分署积极牵头在广东省内进行来往港澳小型船舶快速通关系统扩大试点工作，效果明显。截止到12月下旬，全省已有1 060艘小型船舶安装了船载GPS收发信装置，占广东省港澳航线船舶总数的57%；试点单位也已覆盖全省60个码头，其技术和操作规范方面日趋完善和成熟。

启动广东陆路转关车辆GPS途中监控试点工作。经过一年多的试点，深圳皇岗至黄埔凤岗试点成功，拱北横琴与江门新会、深圳皇岗与广州沙湾、深圳皇岗与三惠（惠州、惠州港、惠东）之间共5条GPS监管线路技术测试业已完成，共计安装GPS车载终端308台，卡口通讯机20台，基本建立起广东陆路转关车辆GPS途中监控机制。

牵头开展转关运输电子关锁系统试点工作。电子关锁的样品经深圳、黄埔海关的技术测试，结果表明其已能够满足海关监管要求。

积极探索改善旅检监管环境。2004年，随着CEPA计划的实施，进出境旅客激增，全年广东口岸进出境人员2.3亿人次，同比增长18.1%，广东各主要进出口岸海关监管工作量大增。为做好“内地居民赴港澳个人游”通关工作，促进内地与香港经贸、人员往来，广东关区增开了多条粤港水上客运航线、延长口岸通关时间、增开广九直通车班次，提供了便捷的通关服务，受到各界好评。受总署委托，分署还牵头组织开发《旅客通关风险管理系统》及联网试运行，组织省内海关参与草拟《海关行邮监管工作改革指导方案》初稿，积极探索提高行邮旅检监管效能。

在上述措施的带动下，2004 年广东海关监管通关各项业务指标稳步增长，全年监管进出口货运量 120 134 万吨，比 2003 年同期(下同)增长 24.2%。监管进出口商品总值 3 815.7 亿美元，增长 25.7%。监管进出境运输工具 1 323 万辆(艘)次，增长 2.9%；监管集装箱 2 537 万箱次，集装箱载货量 12 572 万吨，分别增长 19.5%和 22.7%。2004 年 1－12 月广东省进出口贸易总值为 3 571.3 亿美元，比 2003 年同期增长 26%。

【全力推进加工贸易监管改革，推动广东加工贸易快速发展】 积极推进加工贸易联网监管工作。在分署和省内海关的共同努力下，2004 年广东省内联网企业已达 1 165 家，联网企业进出口额近 1 300 亿美元，超过全省加工贸易进出口贸易总额的 50%。这将对严密海关核查、方便企业进出，提高海关对加工贸易监管的效能产生重要的影响。

积极开展清理加工贸易逾期未核销手册工作。年内已基本清理完毕，共清理逾期未核销手册 10 407 份，并着手开展“探索对现行加工贸易企业分类管理制度的改革思路课题”的调研工作。

逐步建立以企业为单元的电子账册，建立海关与企业之间联网管理的网络系统，实现加工贸易电子帐册审批、备案、变更、报核的无纸化和网络化。同时，全面推进海关对加工贸易企业的电子化管理，进行电子核销改革扩大试点工作，提高合同核销效率。

2004 年广东海关加工贸易备案合同 11.2 万份，下降 7.2%，合同备案金额 1 538.9 亿美元，增长 6.3%。

【加强税收征管工作，确保国家关税应收尽收】 加强对省内海关税收和主要税源商品情况的宏观分析评估，促进税收征管“量”与“质”的同步提高。通过对税收进度和价格水平进行分析和评估，及时发现税收管理工作中的风险和不足，并采取措施予以防范和化解，促进了税收征管“量”与“质”的同步提高。

牵头组织加强对重点低价商品的统一管理，防止“税往低处流”。2004 年，组织开展了对广东海关 15 种重点低价商品的专项治理工作，采取了有针对性的管理措施，取得了可喜成效。部分重点低价商品的平均价格水平显著提高，15 种重点低价商品“价格顽疾”的治理取得初步成效。

加强规范商品申报工作，提高归类准确性。汇总整理“广东海关规范申报表”，开展了对省内海关同名商品归类差异情况的评估工作。经评估证明，规范申报工作在海关税收征管中发挥了重要作用，取得了较好的效果。

积极推动反价格瞒骗机制，促进综合治税。在广东海关价格协调监控机制经验全国海关推广的基础上，年内又成立了泛珠三角海关价格协调机制。省内海关通过对价格资料的宏观监控和风险分析，查获了一批价格瞒骗案件。实现了与反价格瞒骗机制的互动融合，初步形成了广东海关综合治税格局。

2004 年广东海关税收累计入库 1 089.38 亿元，比 2003 年增长 21.10%，占全国海关入库总额的 22.96%；完成全年计划数（936.04 亿）的 116.38%，比计划进度多收 153.34 亿元，税收与应税货值增长比率保持同步，继续保持良好态势。

【全力支持外向型经济发展，提高通关效率，推进贸易便利化】 全力支持新白云国际机场建设。为支持广州新白云国际机场建设成立足华南、辐射东南亚的航空枢纽，分署与广州海关研究推出了包括提供24小时通关服务、实行“空中报关”、推行“多点报关、机场验放”通关模式等12项措施。5月31日，广州海关召开新闻发布会，公布了这12项服务措施，有关媒体作了广泛报道，在社会上引起较大的反响，目前已进入实质性操作阶段。

大力推进粤港澳海关通关便利化进程。认真落实原产地管理工作，加大CEPA政策宣传和培训力度，在深圳和拱北海关设立实施应急小组，在香港设立电子预报关点，保障零关税货物合法顺利通关；从2004年1月1日起与香港海关共同启用了统一的陆路货运载货清单，实现两地海关信息资源共享。2004年经广东口岸进口CEPA项下商品1亿美元，减免关税和进口环节税5 613.4万人民币，其中原产于香港的CEPA商品进口1亿美元，减免关税和进口环节税5 599.1万人民币，原产于澳门的CEPA商品进口23万美元，减免关税和进口环节税14.2万人民币。

积极参与珠澳跨境工业区建设。一方面在现行《保税区海关监管办法》框架内，研究制定《珠澳跨境工业区海关监管办法》；另一方面配合广东省外经贸等部门，做好园区联检机构人员编制报批申请工作。

着手研究制订支持“泛珠三角”区域合作的措施。2004年6月，中央政治局委员、广东省委书记张德江先后两次作出批示，对海关积极服务经济发展给予充分肯定，并要求海关广东分署认真研究海关系统在推进泛珠三角区域合作中如何发挥积极作用。经过深入调查研究和整理省内海关意见，分署提出了《海关积极参与和推动“泛珠三角”区域合作的十一项措施》（草稿），海关总署牟新生署长为此作出了重要批示，指出“泛珠三角”是发展区域经济的大战略、大决策，海关应全力支持、热情服务。总署授权广东分署负责全权协调、处置围绕“泛珠三角”的所有海关工作。对此，分署党组高度重视，多次研究，并专门召开“泛珠三角”区域海关合作工作座谈会。在吸收各方意见的基础上，分署修改提出了《海关积极参与和推动“泛珠三角”区域合作的十项措施》。12月24日，十项措施在海关总署办公会上顺利通过。

【推进建立广东关区反走私预警和快速反应机制，不断提升打私整体效能】 一是各关加强了对关区走私情况的调查研究，为有效打击走私奠定基础。二是抓住重点，积极组织开展专项斗争和联合行动，坚持打团伙、破大案。省内海关先后开展了打击“洋水果”走私、海上成品油走私、粤港两地牌车走私等一系列专项斗争和联合行动共20余次，均取得较好成效。三是进一步拓展与香港海关、水警的联系合作，共同打击走私犯罪，取得多项成果。四是加强与省打私办、省边防、省渔政、省粤港澳流动渔民办公室等部门的合作，积极推进反走私综合治理。

2004年广东海关立案走私案件14 237起，案值43.1亿元，分别增长50.6%和下降5.8%。其中，缉私局立案走私案件14 082起，案值32.5亿元；海关调查部门立案案件155起，案值10.6亿元。缉私部门在对犯罪嫌疑人采取强制措施方面，逮捕927人次，拘留1 336人次，取保候审579人次，监视居住83人，继续保持了打私的高压态势。

【大力推进海关风险管理制度建设，促进海关业务管理效能和水平的提高】 一是积极探索建立广东省内海关跨关区、跨业务领域、跨部门、跨层级的风险管理协调、协作机制，努力创建广东海关风险管理协作区。二是积极开展省内海关风险管理培训交流和专题调研活动，为省内海关提供针对风险分析手段和技巧、机制建设等方面经验交流的平台。三是积极探索海关信用管理工作新思路，积极构建海关信用管理体系。起草了《广东海关对企业实施信用等级管理办法》，积极配合广东省政府建设企业信用信息网，多次深入省内海关调研，解决海关数据提供、技术接入等问题，促使广东省信用信息网成功开通。

【大力推进法制建设，提升依法行政水平】 继续深入开展海关执法标准化建设，大力开展“法制在基层”活动，促进广东海关统一执法、协调执法。在总署直接领导下，分署牵头组织省内海关完成了《广东海关进出境货物查验法律指引》及评估规则等6部法律指引和2部评估规则并印发省内海关执行，下发《进出口商品规范申报表》和《易被模糊申报商品风险情况及报关单审核要求一览表》3期，规范申报项目涉及商品222种。强化了广东省内各海关的执法统一性和对外一致性，规范了海关业务操作。

以复议、诉讼案件办理、指导工作为依托，积极进行监督、检查，促进广东海关执法水平的提高。建立、完善了复议调查、听证、合议、案审会、专业认定、复议意见实施情况反馈等复议工作制度。2004年，分署共办理行政复议案件28宗，指导广东省内7个直属海关办理案件260件；制发《行政复议意见书》16份，加强了对共性执法问题改进情况的监督检查。指导、协调省内海关行政诉讼案件53宗，有力维护了行政执法活动。

加强内外联系配合，进一步优化广东海关执法环境。年内进一步完善了“贸管联席会议机制”，促进广东贸管工作效能的最大发挥；健全内部配合和外部合作机制，适时组织专项行动，推动广东海关知识产权和扫黄打非工作水平不断提高；年内圆满完成涉及广东海关的9份人大代表建议、省政协委员提案的办理答复工作，积极开展法制教育培训宣传，增强了社会各界加强对海关工作的理解。

广　州　海　关

2004年，广州海关按照党中央、国务院和海关总署的部署，紧密结合关区实际，全面贯彻“依法行政，为国把关，服务经济，促进发展”的海关工作方针，锐意改革，科学调控，加强队伍建设，深化业务改革，提高整体素质、执法能力和行政管理水平，全面、高质量地完成了各项工作任务。

【税收创新的历史水平】 坚持以税收为轴心，积极加强税收征管工作，适时进行有效调控，紧紧把握住质量和进度，再创新的历史水平，全年征收关税和进口环节税182．52亿元，比2003年多收31亿元，增长20．87%，增额、增幅均为近5年之最，税收增长与经济发展、进出口贸易量实现了增长同步。

【打私整体效能进一步增强】 组织指挥、情报经营、打团伙、破大案、监管现场与缉私部门联动整体运行水平有明显提高，突出了以反价格瞒骗为重点，积极开展了贸易调查和企业稽查，打私效能得到较好的发挥，维护了进出口贸易秩序。成功破获了有影响的感光材料、汽车和469．4公斤摇头丸等走私大案。配合完成全国打击走私成果展览的工作任务。全年走私案件立案650宗，违规案件立案929宗，实施刑事拘留170人，执行逮捕110人，移送检察院起诉案件54宗131人。

【通关监管水平不断提高】 完善了审单作业制度，提高了归类和审价水平，规范了企业申报。推行选择查验制度改革，各作业环节运作协调，全面推广小型船舶快速通关系统，开发和应用了通关查验预警监控系统，启动了电子关锁等试点项目，“多点报关、口岸验放”新模式局部试点成功，对废五金等重点敏感商品的综合治理取得成效，查获了毒品等重大案件，实际监管和通关效率整体运行水平明显提高。非贸正规化建设不断深化,行邮和快件监管的信息化应用管理水平不断提高,在适应对外交往、防止渗透、维护稳定方面发挥了应有的作用,特别是打击毒品走私屡见成效。全年监管进出口货物 3 108 万吨,增长 17.3%,商品总值 515.7 亿美元,增长 24.1%;监管进出境人员 858.6 万人次,增长 34.1%;监管进出境邮递、快递物品 3 913 万件,增长 25.3%,查扣违禁物品 62.4 万件。

【业务改革取得新的实质性进展】 通过全面推动风险管理工作的开展，不断深化对风险管理工作的认识，及时调整工作思路，使风险管理在通关监管、加工贸易、税收征管、打击走私、企业稽查、内部管理等诸方面发挥了作用，提高了工作的预测性、准确性，取得了实际成果。确立了“放得开，管得住”的思路，加工贸易和保税监管业务的改革得到了整体的推进。取消了 48 个审批项目，简化了 16 项审批程序和工作环节，提高了效率。全面推进联网监管，联网监管企业 295 家，占全关区加工贸易进出口额的 55．3%。清理了 1996 年以来的 1261 份逾期未核销手册，解决了沉积多年的历史问题，建立了防止逾期未核销手册产生的管理办法。支持和创新联网监管园区的管理，积极参与新型保税物流中心和推动区港联动等监管模式的论证和实践工作。

此外，广州海关通过转变机关作风，改善机关运行秩序，提高了整体效能。加强政治理论学习，狠抓反腐败和党风廉政建设，加强队伍建设。认真贯彻《行政许可法》和《海关行政处罚实施条例》，加强对基层具体行政行为的指引和检查，强化知识产权保护，推进法制工作规范化建设。适应区域经济社会发展的客观要求，采取了一系列支持服务措施，整合机构设置，优化管理资源配置，促进了国家与地方经济的发展，也促进了广州海关自身建设的发展。

2004 年广州海关主要业务

<table>
<tr><th colspan="2">项　目</th><th>单　位</th><th>合　计</th><th>上年增长（%）</th><th>进口</th><th>比上年增长（%）</th><th>出口</th><th>比上年增长（%）</th></tr>
<tr><td colspan="2">进出口货物总量</td><td>吨</td><td>31083968</td><td>17.3</td><td>19323599</td><td>17.7</td><td>11760369</td><td>16.7</td></tr>
<tr><td colspan="2">进出口货物总值</td><td>万美元</td><td>4993641</td><td>24.5</td><td>2317341</td><td>24．5</td><td>2676300</td><td>24.5</td></tr>
<tr><td rowspan="4">进出境运输工具</td><td>船舶</td><td>艘次</td><td>100163</td><td>0．3</td><td>52093</td><td>1．0</td><td>48070</td><td>－0．4</td></tr>
<tr><td>汽车</td><td>辆次</td><td>71050</td><td>10．6</td><td>125257</td><td>－6．7</td><td>585248</td><td>15．2</td></tr>
<tr><td>火车</td><td>卡次</td><td>153068</td><td>38．7</td><td>98317</td><td>45．9</td><td>54751</td><td>27．5</td></tr>
<tr><td>飞机</td><td>架次</td><td>21477</td><td>55．2</td><td>10771</td><td>55．5</td><td>10706</td><td>55．0</td></tr>
<tr><td colspan="2">进出境集装箱</td><td>箱次</td><td>2684578</td><td>20．1</td><td>1007220</td><td>19．6</td><td>1677358</td><td>20．4</td></tr>
<tr><td colspan="2">进出境人员</td><td>人次</td><td>8585972</td><td>34．1</td><td>4137074</td><td>35．0</td><td>4448898</td><td>33．2</td></tr>
<tr><td colspan="2">邮递物品</td><td>件</td><td>32704462</td><td>33．0</td><td>24607481</td><td>40．7</td><td>8096981</td><td>14．0</td></tr>
<tr><td colspan="2">快递物品</td><td>件</td><td>6421901</td><td>－3．1</td><td>2359637</td><td>10．8</td><td>4062264</td><td>－9．4</td></tr>
<tr><td colspan="2">其中：邮政快递</td><td>件</td><td>1267953</td><td>－31．6</td><td>468517</td><td>－41．6</td><td>799436</td><td>－24．0</td></tr>
<tr><td colspan="2">非邮政快递</td><td>件</td><td>5153948</td><td>8．2</td><td>1891120</td><td>42．4</td><td>3262828</td><td>－5．0</td></tr>
<tr><td colspan="2">征收税款</td><td>万元</td><td>1825155</td><td>20．9</td><td></td><td></td><td></td><td></td></tr>
</table>

项　目	单　位	合　计	上年增长（%）	进口	比上年增长（%）	出口	比上年增长（%）
其中：关税	万元	450798	9.9				
进口环节税	万元	1374357	25.0				
查获违规案件宗数	宗	929	－18.3				
查获违规案件案值	万元	23225	－45.2				
查获走私案件宗数	宗	650	－8.6				
查获走私案件案值	万元	46777	－83.5				
走私犯罪立案案数	万元	75	－28.6				
走私犯罪立案案值	万元	33304	－87.5				
罚没收入（已入库）	万元	26895	117				

深　圳　海　关

【概况】　2004年，深圳海关全面完成各项工作任务。据统计，该关共监管进出口货物8 262.8万吨、货值1 832.1亿美元，比上一年度分别增长2.1%和25.1%；监管进出境运输工具1 069.2万辆（卡、艘）次，增长2.6%；监管进出境海运集装箱1 349.4万标箱，增长28.7%；监管出入境人员行李物品1.5亿人次，增长15.6%；监管进出口快件1 994.7万件，增长11%；征收税款入库423.1亿元，增长10.8%；查获走私案件1.04万宗，涉案案值9.7亿元，分别增长63.4%和4.4%。

【征收税款】　2004年，深圳海关征收税款占全国关税总额的8.92%。进口应税货值的快速增长，成为推动深圳关区税款增长的重要因素。全年进口应税货值为278.59亿美元，同比增长14.2%，其中原油、电子产品和农产品等主要税源商品均有较大幅度的增长。在工作中，深圳关区各级征税部门坚持以税收工作为轴心。关税职能部门分析了影响关区价格水平的主客观因素，制定了加强税收征管、提高关区价格水平的各项措施。在全体征税人员的努力下，该关全年税收征管价格水平超过全国平均水平，位居十大主要海关前列。在综合治税方面，该关积极提高服务质量，为更多合法企业提供便捷、高效的通关流程。通过完善价格审核联席会议制度、税收征管联席会议制度、验估工作联席会议，建立起审单、审价、验估、现场、缉私调查间顺畅的信息交流渠道，加大了对口岸低瞒报价格行为的联合打击力度，保证应税商品的合法进出。

【缉私工作】　深圳关区毗邻香港，地理位置特殊，历来是走私高发区。年内，深圳海关狠抓以下工作：一是推动关警深度融合，提升打私综合效能。对隶属海关缉私科实行双重管理，促进缉私警察紧贴业务现场开展工作，发挥隶属海关打私工作积极性。二是开展了20余次打私专项行动。其中突出了对货运渠道低瞒报价格、加工贸易渠道“飞料”走私、毒品走私、“洋水果”走私、“水客”走私的打击力度。特别是针对海上及非设关地走私活动整体活跃的态势，采取“海上抓、岸边截、陆上堵”等措施持续打击，共查获走私案件共602宗，案值9 119.2万元。在11月15日至12月30日，该关还开展了年底破案会战，共抓获在逃犯罪嫌疑人97名，拘留犯罪嫌疑人104人，执行逮捕79人，破案44宗，移送起诉65宗188人。三是进一步加大对重大案件的侦办力度，重拳打击团伙走私犯罪活动。年内刑事立案侦查案值500万元以上的案件共23宗。已经告破的大要案件有：案值5.18亿元、涉税1.3亿元的"新美意"公司倒卖皮料案；案值约5亿元、涉税约1亿元的"6·02"倒卖布料案；案值1.17亿元、涉税2363万元的华唐公司特大价格瞒骗案件；与香港海关合作开展"海啸行动"查获的"7·23"走私毒品21.75公斤案等。以上4宗大要案依法移送审查起诉犯罪嫌疑人43名，震慑了关区团伙走私犯罪分子。此外，该关根据全国打击走私成果展览办公室的安排，在深圳市高交会馆举办了为期7天的反走私巡展，参观人数达10万余人次，收到了良好的宣传效果。

【通关管理】 一是优化查验。2004年，深圳口岸进出境业务繁忙，海关监管任务较重。其中货运量占全国的3.81%，进出口快递物品占11.23%，进出境运输工具占44.82%，进出境旅客则占54.28%。是年深圳海关进一步改善查验手段，查验工作绩效明显优化，比如对进出境货物总查验率为3.89%，比上年下降1.58个百分点；总查获率为1.32%，上升0.38个百分点。二是搞好CEPA货物监管。CEPA实施1年来，内地共进口享受CEPA"零关税"优惠的港产货物总值10.5亿元人民币，共减免关税6 643.3万元人民币。进口主要包括了药品、服装、纺织、香料和珠宝首饰等多类产品。1月6日，CEPA项下首批港产货物"CD刻录盘"在皇岗海关申报成功，并于次日顺利通关。是年深圳口岸7成CEPA项下商品从文锦渡通关。对此，海关注意做好原产地证书的审核，并继续推进通关作业改革，以确保CEPA落到实处。三是从4月1日起，对3万多家企业实施信用管理。这属全国海关首创。共评定4 213家高信用企业，为其提供通关环节上的便利。据调查显示，其中80%以上的企业都认为整体通关速度有所提高，在海关审单环节所花费的时间比以前减少。四是在8月份试行"客户协调员"制度。其做法是海关选派关员，专门协调处理与海关签订服务协议企业的海关业务疑难问题，为企业提供海关政策法规服务，引导企业规范经营管理，同时收集了解企业生产经营状况为海关管理提供参考。这种开创性的管理模式在社会上引起了极大的反响。五是继续搞好设于深圳市民中心的海关窗口，做到"来有问声、问有答声、走有送声"。年内，该窗口共接受新注册企业5 929家，办理企业年检28 977家，接受来电、来人等各种形式的咨询39 322宗。窗口先后被评为"深圳海关文明服务示范单位"和"外商投资企业联合年检先进单位"。

【加工贸易及保税业务监管】 截止到12月底，深圳关区实有加工贸易生产企业20 541家，报核率99.86%，结案率名列全国海关前10位；实现加工贸易进出口1 133.53亿美元，同比增长21.3%，占关区进出口总值的71%，占全国加工贸易进出口总值的20%；福田、沙头角、盐田港等3个保税区发展迅猛，实现进出口贸易总值251亿美元，比上年增长40%，占深圳关区企业进出口总额的15.87%，占全国保税区进出口贸易总值的33%；出口加工区进出境货运量、货值同比分别增长78.1%和93.1%，居全国33个出口加工区排行榜的第6位；两仓各项业务指标出现大幅增长，出口监管仓入仓货物总值23.49亿美元，出仓实际离境货物总值23.44亿美元，同比分别增长21.4%和21%；保税仓库进仓货物总值4.75亿美元，出仓复出口货物总值1.48亿美元，同比分别增长7.1%和23.1%。在监管工作中，深圳海关认真落实《加工贸易和保税监管改革指导方案》，完善内外勤海关分离作业模式，整合"两区"、"两仓"功能。与深圳市有关主管部门加强联系配合，积极推动"区港联动"和保税物流园区试点工作。继续推广联网监管模式，至年底，联网企业达到569家，进出口总值689.67亿美元，同比增长22.5%，占关区企业加贸进出口总值的60.8%。

【业务改革】 一是积极采取措施，推动深圳外贸进出口和招商引资工作。针对深圳市、珠三角和“泛珠三角”经济的发展趋势，深圳海关于7月份向外公布了促进外经贸发展的12条新措施。同时针对深圳市民营经济发展快的需求，分别实施了预审价、预归类、开放绿色通道等优惠措施，有力地推动了深圳民营企业的发展。二是探索建立风险管理机制。成立了全关和基层两级风险分析布控中心，实现了对关区风险分析和布控集中式管理，保证数据监控、分析的有效性和对现场监管指导的准确性。该中心成立以来，通过自主分析和下达风险指令，查获了一批大要案，特别是查获了弹簧机和加工中心两个商品的价格瞒骗大案，案值分别为1 800多万元和8 500多万元，涉税分别为400多万和700多万元。三是大鹏、蛇口海关实施海运口岸通关作业改革。改革的内容是：实施集中查验，优化监管资源配置；推行提前申报，对信誉良好的大型企业实现了“提前报关，货到放行”；延长海运口岸海关工作时间，适应现代海运物流业发展需要。四是如期完成H2000通关系统的切换。深圳海关在多年的业务改革中对原H883系统做了较大的修改和完善，与总署H2000系统存在较大差异，切换工作复杂、难度相当大。在总署的大力支持下，经过10个月的努力，于10月20日基本完成切换任务。切换后业务运作平稳，口岸通关比较顺畅。

【法制工作】 重点加强基层法制建设。通过举行复议听证方和复议调查的形式，从实际问题入手，对基层海关的具体行政行为进行合法性、合理性审查，规范基层执法行为。针对基层海关的执法错误或偏差，制发《复议意见书》，以指导办案。用“以案说法”、组织旁听诉讼案件等方式，提高现场关员依法行政的意识和水平。在《行政许可法》实行后，全面贯彻了各项配套制度，包括“一个窗口对外制度”、“进一步明确、细化对外公示的事项和内容，并在各业务现场公示，以方便相对人查阅”、“及时清理、修订相关规范性文件，确保‘时限制度’、‘原则不收费制度’等严格执行”等。另外，还加强了知识产权保护工作。4月份起开展系列活动，如：“保护知识产权宣传周”活动、与权利人召开知识产权保护座谈会、与香港海关共同开展三次知识产权保护联合执法行动、在11月22日公开集中销毁大批侵权货物。

【队伍建设】 一是严格执行“6项禁令”。4月28日海关总署向社会公布“6项禁令”后,深圳海关随即公布深圳关区的举报电话并深入企业宣传“六项禁令”;同时在全关开展了学习宣传、抓查整改活动,把机关行风、收受“红包”列为整改重点,共提出整改措施99项。二是开展5年回顾教育活动。在7月份举办了有关图片展,总结展示了深圳海关改革的成果及经验教训。这次活动持续1个多月,参观之余结合观后感、征文活动,使每个关员亲身参与其中,共同反省海关历史,树立忧患意识,保持清醒头脑。三是开展“教育整顿”活动。各基层单位纷纷开展特色教育活动,包括参观监狱、下乡体验、人才市场求职体验等,使关员更加珍惜海关工作,远离“红包”诱惑。10月25日,该关还特地从地方政府部门和部分行业请来11名廉政顾问和12名廉政监督员对深圳海关廉政情况进行监督。四是加强规范管理。编印《深圳海关内务规范手册》,细化内务规范内容,力求做到每一位干部都熟读和掌握内务规范。将遵守内务规范情况与干部考核挂钩,组建内务督察队,加强日常检查监督。深入开展“三统一、三规范”工作(即在机构设置、岗位职责、操作规程方面的“三统一”和相同现场岗位关员在对外形象、文明语言、行为举止方面的“三规范”),基本实现了旅检现场的规范统一。

【电子口岸】 中国电子口岸数据中心深圳分中心年内增设广东省发展银行账号，改变电子口岸制卡业务现场收费方式，公开收费标准，并完成国税、地税跨区变更迁移和传输服务费发票的申请、印制工作。同时，积极在沙头角、文锦渡、福田保税区推广电子口岸业务，完善“一车多单”电子口岸申报功能，开发、完善公路口岸空车、转关车电子口岸申报系统和报关单、清单申报代理预录入点的控制功能等。据统计，深圳电子口岸全年新增用户 5 660 家，截至 12 月 31 日，深圳地区入网企业共 24121 家，约占全国总数的 10%。

【深圳海关关于支持招商引资、促进外经贸发展的 12 项措施】 为积极配合深圳市招商引资工作及经济发展战略，深圳海关提出相关措施如下：1. 主动配合招商引资；2. 积极支持、主动配合“泛珠三角”区域经济发展；3. 全面推进深圳电子口岸建设；4. 试行“区港联动”和“保税物流中心”监管模式；5. 扩大联网监管范围；6. 全面推进通关改革；7. 推行企业信用等级管理制度；8. 试行“客户协调员”制度；9. 为高新技术企业提供个性化通关服务；10. 建立进出口贸易信息通报制度；11. 全面推行关务公开；12. 严格文明执法，进一步提高工作效率。

（吴云）

深圳海关 2004 年业务量统计表

项　目	单　位	2004 年数量	2003 年数量	增减（%）
进出口货物总值	亿美元	1832.1	1464.2	+25.1
其中：进口		836.0	665.6	+25.6
出口		996.1	798.6	+24.7
进出口货物总量	万吨	8262.8	8092.7	+2.1
进出境运输工具	万（艘卡架）次	1069.2	1042.3	+2.6
其中：船舶	万艘次	8.5	7.9	+7.3
汽车	万辆次	1058.6	1030.9	+2.7
火车	万卡次	2.1	3.0	-29.2
飞机	万架次	1.0	0.5	+90.6
海运进出境集装箱	万箱次	1349.4	1048.2	+28.7
进出境人员	万人次	15257.7	13195.4	+15.6
其中：港澳旅客		11227.5	9944.8	+12.9
进出口印刷品	万件	183.3	178.4	+2.8
进出口快递物品	万件	1994.7	1797.6	+11.0
其中：邮政快递		178.4	152.9	+16.6
非邮政快递		1816.3	1644.7	+10.4

项　目	单　位	2004 年数量	2003 年数量	增减（%）
征收税款 其中：关税 进口环节税	亿元	423.1 72.7 350.4	381.9 76.7 305.2	+10.8 -5.3 +14.8
实际进口减免税	亿元	41.8	19.6	+112.6
备案加工合同	万份	3.0	3.4	-11.2
备案金额	亿美元	473.6	519.0	-8.8
查获违规案件宗数	宗	9847	11666	-15.6
查获违规案件案值	万元	128114.1	128658.9	-0.4
查获走私案件宗数	宗	10400	6363	+63.4
查获走私案件案值	万元	97308.4	93241.7	+4.4
查扣违禁进口宣传品	万件	77.4	31.2	+147.8
立案知识产权案件	宗	179	132	+35.6
侦查立案	宗	270	239	+13.0
侦查执行逮捕人数	人	469	380	+23.4
查私上缴罚没	亿元	3.1	3.0	+4.4
统计报关单（份）	万份	524.3	441.1	+18.9
统计报关单（条）	万条	1464.7	1213.1	+20.7

拱　北　海　关

2004 年，拱北海关在海关总署及分署党组的正确领导下，以邓小平理论和“三个代表”重要思想统揽全局，以启动现代海关制度第二步发展战略为契机，深入贯彻党的十六届三中、四中全会精神，坚持海关工作 16 字方针和队伍建设 12 字要求，按照全国海关关长会议的部署，整合创新，协调发展，强化管理，狠抓落实，探索建立反走私、反腐败、业务内控“3 个长效机制”，努力提高治关理政能力，全面完成了各项工作任务。

【坚持海关工作 16 字方针，努力提高把关服务能力，全面完成各项职责任务】　拱北海关按照加强党的执政能力建设的要求，以提高驾驭社会主义市场经济的能力为切入点，在业务工作中，始终坚持海关工作 16 字方针，坚持严密监管与高效运作的统一，努力提高把关服务的能力，全面履行工作职责，认真完成各项任务。

健全税收征管长效机制，实现税收征管量质并举。结合新《关税条例》的实施，拱北海关全面清理和完善税收征管制度，运用“关税分析监控系统”、“关税执法系统”等手段，加强对重点纳税企业、主要税源商品的分析监控，逐步健全了税收征管的长效机制。通过建立归类、审价、减免税、案件计税技术小组和归类、审价机动小组，制定管理指引，规范商品申报，强化税收征管手段。通过构建反价格瞒骗联盟，完善联系配合机制，形成“全关一盘棋”的综合治税局面，保证了依法征管，应收尽收。全年税收继续保持较好的征管水平和较高的征管质量，税收总量大幅提高，共征收税款74.15亿元，比去年增长37.6%，取得历史最好成绩；全年，共查处价格瞒骗案件11宗，案值8 250万元，涉税1 727.5万元；审价补税1.8亿元。

推进反走私综合治理，保持打击走私高压态势。拱北海关按照“打防结合、综合治理、突出重点、坚持不懈”的打私方针，加强缉私警察队伍建设，整合缉私资源，落实反走私责任制，推进缉私与一线执法的深度融合，综合运用行政执法和刑事执法两种手段加大打私力度。同时，按照“联合缉私、统一处理、综合治理”缉私体制要求，紧密依靠地方党政，形成全社会打私整体合力。年内，重点打击海上、行邮、加工贸易、货运等重点渠道的走私活动，共组织开展了打击“水客”、“两油”、冻品、废品、粤澳直通车走私等8次大规模的专项斗争和联合行动，积极开展贸易调查和各类稽查，规范企业进出口行为，取得积极的成效。全年，共查获各类走私案件2 468宗、案值3.47亿元、上缴罚没收入1.5亿元，抓获犯罪嫌疑人242名，移送起诉86起138人，法院判决60起113人；年内还查获历年来最大宗毒品走私案，缴获海洛因1.038公斤。

创新查验工作机制，严密海关正面监管。拱北海关以建立选择查验机构为契机，推进查验作业改革，综合运用风险分析方法和技术手段，充分发挥物流监控分析系统效能，提高监管的针对性和有效性；严格落实各项监管工作制度，充分发挥H986系统、GPS系统等科技设备的监管效能，探索建立高栏港区石化企业及液态货物联网集中监管模式并积极开展前期工作，不断提高物流监控水平；开展关警“三共”建设，充分发挥借调武警作用；积极应对开放个人“港澳游”形势，深化行邮监管改革，推广应用“广东海关旅客通关系统”和“中国海关快件监管系统”，参与拱北口岸“一站式”电子验放系统建设，积极探索符合关区实际的行邮及快件监管模式。全年共监管进出口货物7 997万吨，337.4亿美元，集装箱1 478 215标箱，进出境旅客6 496万人次。

提高通关管理效能，推进服务经济工作。一是全面完成H2000系统切换和推广使用，通关整体效能有较大提高，完成了总署委托的H2000集中报关外挂项目开发并投入试运行。二是推动口岸“大通关”建设，加快无纸通关、网上支付等电子口岸项目和提前报关、联网申报等新型通关模式的推广工作，积极参与地方“外贸110”工作，优化通关环境，提高通关效率。三是配合地方招商引资和重大项目建设，加强政策研究，主动献计献策，积极做好珠澳跨境工业区、泛珠三角横琴经济合作区、珠海保税物流中心等项目的论证工作。四是针对CEPA实施，健全原产办相关制度，建立与澳方的联系机制，做好CEPA货物验放工作，全年共验放CEPA货物448票，价值4 857万美元。五是加强机关作风建设，提供优质高效服务，积极配合第五届国际航空展、庆祝澳门回归5周年等活动，全力支持做好各项通关及监管服务工作。

加强法制基础建设，提高依法行政水平。一是认真贯彻国务院制定的《全面推进依法行政实施纲要》，重点抓好《行政许可法》、《海关法行政处罚实施条例》的学习、宣传和贯彻，确保有关法律落实到位。二是加大执法监督力度，通过行政复议、应诉等渠道发现执法中存在的问题，及时提出改进建议并督促落实，增强各单位依法行政意识。三是深入开展专题法制宣传教育和法制在基层活动，加大“以案说法”力度，提高员工依法行政意识和文明执法水平。年内共举办法律培训 3 700 人次。四是积极推动公职律师试点工作，完善关区法制工作网络，充分发挥骨干力量在依法行政过程中的示范与辐射作用。五是对拱北海关 29 个行政审批项目进行了全面清理，加强规范性文件的废、改、立和审核管理，进一步加强涉证商品管理，加大知识产权保护力度，加强行政复议、应诉与行政赔偿，全面提高执法水平。

加大统计工作力度，发挥辅助决策和预警监测作用。进一步巩固统计业务基础，完善贸易统计、业务统计等操作规范和作业流程，健全统计工作质量监控、考评和通报制度，建立严密有效的数据质量保障机制；进一步加强统计分析和统计执法评估工作，提高统计工作为海关管理和经济贸易发展服务的水平；有效拓宽统计服务范围，加大海关统计为地方政府决策参考提供服务的力度，完善统计咨询办法，提高统计数据向公众开放的程度，充分满足社会各界对海关统计数据的需求。

【坚持整合创新，突出重点，推进各项改革协调发展】 拱北海关继续推进各项改革，发挥风险管理先导作用，探索建立业务内控机制，启动“两大整合”和加工贸易监管模式改革，推进业务科技一体化进程，取得较好的成绩。

全面加强风险管理体系建设，积极发挥风险管理先导作用。拱北海关按照“方法科学、手段先进、识别准确、反映敏捷、配合密切、管理有效”的要求，全面推进风险管理体系建设：一是充分发挥风险管理委员会的组织指导和调查局的牵头职能作用，健全各单位风险管理小组和工作网络，健全各级风险管理机构。二是狠抓机制建设，制定《风险管理工作制度》、《风险管理绩效评估办法》等制度，建立“职责清晰、配合有序、反馈灵敏、奖惩分明”的风险管理运行机制。三是抓好平台推广应用，实现风险管理平台与 H2000 系统对接，构建调查局、业务职能部门、现场海关三个层面的平台运作模式，完成加工贸易、转关运输、贸易管制等 3 个重点课题攻关。四是围绕风险信息收集、分析、识别、处置、评估等“五个环节”，探索建立“风险管理工作链”，保障风险管理稳步推进。年内，发布风险信息 131 条，布控有效率 18.79%，利用平台查获走私违规案件 27 宗，案值 3.55 亿元，涉税 7 935 万元。

探索建立业务内控机制，提高化解风险的整体效能。为了全面、准确、及时地反映业务运作整体情况，加强各单位的联系配合和整体联动，为领导决策提供科学依据，强化对一线执法的宏观监控，有效防范和及时控制业务风险，关成立业务内控机制领导小组，建立风险信息收集报送机制、业务风险分析决策反馈机制等四项制度，自 6 月 1 日起运行半年多来，在降低执法风险、堵塞工作漏洞方面取得了一定的成效，为领导掌握宏观动态、科学决策提供了有效参考，为基层处理业务难点、防范风险提供了有效指导，促进了协调联动的业务风险管理机制建设。

推进联网监管改革，提高加工贸易和保税监管水平。根据总署及分署的统一部署，拱北海关积极开展加工贸易计算机联网监管改革，年内分三批向关区 104 家符合条件的大中型加工贸易企业实施联网监管改革，截止 12 月 31 日，有 90 家企业正式实施联网。结合总署保税区、保税仓库计算机管理系统的推广使用，积极推进区域化监管改革，进一步发挥保税区、保税仓的政策功能和优势。年内，还主动协调外经贸、工商等部门对历年逾期未核销手册开展集中清理，共核销结案逾期手册 2 780 份，清理“三无”企业 729 家，追缴税款入库 334 万元。

整合管理资源，提高整体效能。一是积极推进通关优惠措施整合，以统一、规范、协调、高效为目标，完成各项前期准备工作并形成了实施整合的初步方案；二是在集思广益的基础上，提出了全面清理、逐步补齐、最终整合各项业务联系配合办法的分阶段工作思路，对拱北海关现行 33 份业务联系配合办法进行了全面的清理。三是针对关区加工贸易监管点多面广的状况，对珠海市区加工贸易海关监管机构、职能和人员进行优化整合，合理配置管理资源，加强实际监管，统一执法尺度，自 2005 年 1 月 1 日起在驻香洲办事处集中办理相关业务。同时，积极探索加工贸易内外勤作业改革，对备案和核销工作实行专业化管理，初步实现关区加工贸易由分散式、经验型管理向集中式、智能型管理转变。

健全科技应用管理机制，提高业务信息化水平。一是健全科技应用领导小组工作机制，加强对重大科技应用项目的专家论证，积极开展绩效评估，强化技术主管部门职能，推进“电子口岸”建设，支持数据分中心发展及业务拓展。二是加强网络信道扩容及网络安全管理，推行前台设备技术服务外包，全面完成各项系统推广应用，建立病毒防治体系，加强设备维护、运行监控和安全检查，确保系统安全稳定。三是提高办公自动化水平，申请参加总署 HB2004 系统第一批试点并做好前期准备，开发应用会议管理系统、关领导日程安排系统、公共阅文系统等项目，提高政务信息化整体效能。四是积极推进科技管理手段改革，健全完善管理制度，加大科技投入力度，引入社会服务机制。

【坚持队伍建设 12 字要求，提高治关理政能力，全面加强队伍正规化建设】 拱北海关始终坚持“两手抓”和从严治关方针，把队伍建设作为海关工作永恒的主题和第一要务，把更多的精力放在抓基层、打基础、带队伍上，推进队伍正规化建设，取得了显著成效。

深入学习贯彻十六届四中全会精神，努力提高治关理政能力。拱北海关将贯彻十六届四中全会精神作为一项首要政治任务抓紧抓实，关党组成员带头学习并撰写心得，通过中心组学习、专题讲座、座谈讨论、参加辅导报告等形式增强学习实效。在关党组的带动下，各单位通过多种形式掀起了学习贯彻的高潮。期间，组织了 2 期共 100 多名处级干部参加的理论培训班，举办了多场理论学习报告会，有效提高了领导干部的政治理论水平和总揽全局、把握大局的能力，推动了整体工作的深入开展。

加强领导班子建设，有效提高队伍整体战斗力。一是加强党组自身建设。进一步健全党组中心组学习制度，完善党组议事规则和重大决策集体讨论制度，进一步发挥业务政策研究小组、重大财务项目论证小组、案件审理委员会、法律顾问小组等四个“决策辅助机制”的作用，提高党组科学决策的能力和驾驭全局的水平。同时，建立关领导政务公开制度，通报党组重要会议情况，扩大关员的知情权和监督权。二是配齐配强基层领导班子。年内，稳步推进了处科级领导竞争上岗和推荐提拔，制度性开展班子状况分析和领导干部交流调整，完善干部动态管理、量化考核和实绩奖惩，加大非领导职务设置和教育培训力度，加强后备人才建设。年内共选拔各级领导干部 678 人，调整交流 796 人次。三是进一步改进领导作风。下发了《拱北海关党组关于大力弘扬求真务实精神抓好各项工作落实的意见》，建立了关领导“一对一”下基层蹲点指导及调研制度，围绕重点课题深入一线加强“面对面”直接指导，提高了解决实际问题的能力。

积极开展“5 年回顾教育”，认真汲取经验教训。根据总署分署的统一部署，拱北海关迅速、广泛、深入开展了“5 年回顾教育”研讨和广东海关专题廉政教育活动，成立领导小组和写作班子负责具体组织实施、协调推进，先后召开了10多个各层次座谈会，制作了“5年回顾图片展”，举办了演讲比赛、征文活动，关党组成员带头研讨并深入一线与关员谈心，认真回顾关5年历程，总结反思了8条经验和教训，推动了研讨教育活动的深入开展，增强了领导干部的忧患意识和大局意识，增强了广大员工的职业自豪感和责任感，达到了追思过去、以史为鉴、警示未来的目的，取得了积极的成效。

以实施关衔制度为契机，扎实推进“固本强基”工程。一是认真落实《海关基层建设纲要》，下发了《关于进一步加强基层建设的通知》，召开了全关基层建设经验交流会，深入开展基层建设达标活动，推进基层建设扎实有效开展。二是加强政治部建设，廓清思路、夯实基础、突出特色、狠抓落实，在部分单位调整设置人事政工机构，完善政工网络，推进“大政工”格局，不断开创政治工作新局面。三是切实加强基层党团组织建设，完善党支部目标管理责任制，推进“支部建在科上”，在98个一线科室建立党支部，进一步加强和改进了对共青团工作的领导，推动共青团工作深入开展。四是按照实施关衔制度要求，全面加强正规化建设，组织全员军训，开展了千人长走拉练，加强内务检查和整顿，努力造就准军事化海关纪律部队。五是健全和完善了各级领导巡视值班带班制度，全方位督导基层工作开展，提高各级领导特别是基层领导掌握情况、解决实际问题的能力，与此同时，加大干部岗位培训和练兵力度，建立“班前班后学习例会”制度，努力提高一线员工政治业务素质。

加强和改进思想政治工作，增强队伍凝聚力。2004年以来，拱北海关进一步加强和改进思想政治工作，倡导正确的舆论导向，大力发挥工青妇组织作用，开展积极健康的群众性文体活动，通过丰富员工文化生活，营造和谐的人文环境；同时，大力弘扬红其拉甫艰苦奋斗精神，采取厉行节约措施加强财务工作，深化后勤服务改革，切实关心群众生活，改善办公生活条件，加强机关安全保卫，提高队伍凝聚力，努力建设和谐海关。

【坚持教育、制度、监督并重，加强党风廉政建设和反腐败工作，建立长效监督制约机制】 年内，拱北海关认真贯彻中纪委三次全会和全国海关纪检监察工作会议精神，坚持“标本兼治、综合治理”方针，按照关党组提出的“五个到位”要求，积极探索和完善教育、制度、监督并重，惩治与防范有机结合的海关廉政工作体系，深化反腐倡廉工作新局面。

认真落实党风廉政建设责任制，完善反腐败领导体制和工作机制。抓住任务分解、检查考核和分析追究三个环节，按照“一级抓一级，层层抓落实，重点抓基层”的要求，加强对反腐倡廉各项任务的领导、组织和推动，确保“一岗双责”落实到位。

加大廉政教育力度，深入开展“6项禁令”专题教育和结合“2·17”案件开展教育整顿活动。为贯彻落实“海关人员6项禁令”，关党组成员带头并组织全体员工签订了承诺书，召开了专题民主生活会，各单位利用宣讲会、座谈会、网上专栏、向员工发放警示卡、向企业制发公开信等形式加大宣传力度，重点整治“红包”等不正之风。结合反思“2·17”案件教训，对照牟署长提出的6个问题认真开展了教育整顿活动，分析薄弱环节，突出整治重点，狠抓措施落实。关党组还提出了“5个到位”的工作思路，并先后派出10个检查组对全关开展教育整顿活动情况进行督促检查，制定了整改任务分解表，确保了教育整顿工作不走过场。

加强对权力的监督制约，探索建立长效机制。年内，关党组坚持每个季度召开一次全关业务队伍形势分析会，对高风险岗位、进口敏感商品进行了专题研究，查找薄弱和漏洞，提出解决问题的对策。督察审计等职能部门综合运用执法监督系统、执法评估系统等手段加强执法监督和预防，进一步健全了廉政监督网络。同时，继续落实纪检组长与下级单位主要负责人谈话、领导干部任前谈话和诫勉谈话等“三项谈话”制度，继续发挥纪检监察特派员作用。年内，拱北海关还对3位隶属海关关长进行了任中经济责任审计，积极开展关区财务收入清理，推进源头防腐。

深入开展纠风工作，巩固纠风成果。集中时间组织开展了“执法为民，树立新风，共建廉洁海关”主题宣传月活动。共召开各类座谈会、宣讲会54场次，与报关协会和企业签订“共建廉洁海关”备忘录104份。通过主题宣传月活动，树立了海关良好形象。同时，结合贯彻执行“6项禁令”，严肃执纪，加大违纪违法线索核查和案件查处。

严格落实领导干部廉洁自律各项规定。拱北海关党组向全关员工第四次印发了《公开信》，做到带头廉洁自律，不断增强廉洁从政的自觉性，提高拒腐防变的能力。

年内，拱北海关其他各项工作也取得了可喜成绩。海关信息和新闻宣传继续名列系统前茅，共编发信息9 012篇，被总署、分署采用2 353篇，在各新闻媒体刊播宣传稿件1 572条（篇）；进一步强化了海关学会的政策研究职能，发挥报关协会的关企桥梁作用；在2004年粤港澳海关文体交流活动期间，拱北海关作为承办方全力做好各项服务工作，取得了圆满成功。

拱北海关2004年业务量统计表

项　　目	2004年度数据	与2003年度相比（±%）
进出口总值	337亿美元	25.80
其中：进口	151亿美元	25.99
出口	186亿美元	25.66
进出口货运量	7997万吨	3.5
其中：进口	963万吨	33.3
出口	7034万吨	0.5
集装（标准）箱数量	148万箱次	20.1
进出境运输工具	233万辆次	4.2
其中：汽车	227万辆次	4.3
船舶	6万辆次	0.8
全年税收实际入库	74.14亿元	37.1
其中：关税	17.58亿元	26.7
进口环节税	56.56亿元	40.7
进出境旅客	6496万人次	22.8
查获走私案件	2463宗，3.4亿元	69，101
违规案件	1130宗，3.6亿元	-5，8.9
实际罚没总值	1.5亿元	-3.7
受理走私犯罪案件	167宗，2.2亿元	-31.8，98.8

汕　头　海　关

【简况】 汕头海关关区范围包括粤东的汕头（含汕头经济特区）、汕尾、梅州、潮州和揭阳五个地级市及其所属县（市、区），关区面积约3.1万平方公里，关区内有一类海运口岸5个（汕头港、汕尾港、南澳港、潮阳港、潮州港），航空口岸2个（汕头外砂机场、梅州机场）；二类水运口岸5个（内有码头及泊位6个），陆运货检场14个，保税区专用码头（广澳深水港码头）1个，对台小额贸易口岸6个，临时监管点2个。

2004年,汕头海关监管进出口货物总值71.29亿美元,同比增长30.53%;监管进出口货物502万吨,比增5.66%;监管运输工具16.88万辆(艘)次,同比增长13.56%;验放进出境旅客18.72万人次,同比增长33.84%;征收关税和进口环节税27.85亿元,同比增长24.42%,提前58天完成全年税收计划,超额19.1%;备案加工贸易合同3 161份,同比增长6.11%;合同备案金额14.97亿美元,同比增长29.63%;批准内销补税5 477万元,同比减少13.64%;查获走私案件77宗、同比减少36.89%,案值1.08亿元、同比增长64.23%;查获违规案件373宗,货值9150.44万元,分别同比减少18.56%和43.05%;对108名走私犯罪嫌疑人采取强制性措施;上缴罚没收入9006.18万元,同比减少12.35%,列全国海关第九位。

【全面履行海关职责，提高综合执法水平】 一是保持打私高压态势有效遏制走私违法活动，加强反走私综合治理工作，进一步加强与地方党政及有关部门的联系，逐步建立健全应对和处置阻挠、抗拒海关缉私群体性事件的长效工作机制，成功查获多宗走私大案。2004年3月26日，在我国专属经济区查获玻利维亚籍“MIRI”号油轮走私成品油4 500吨大案，案值4 439.5万元，是建国以来海关在专属经济区查获的案值最大的海上走私成品油案件；2004年11月17日，查获近年来案值最大的海上走私香烟案件，缴获私烟2 000余件。二是坚持综合治税提前超额完成任务。价格水平等征管指标均处于良好而稳定的状态。三是深化业务改革，强化实际监管，高质量完成关区H2000系统的切换工作；全面推进风险管理机制建设；以创新查验工作机制试点为突破口，推进通关监管工作的进一步融合；大力推进联网监管，加强加工贸易管理。四是全面推进法制建设，强化统计预警作用。

【坚持“两个贴近”，全力促进经济发展】 根据海关总署牟新生署长关于“海关工作要紧紧贴近地方党政的工作重心、贴近地方经济社会全面进步的实际情况”的要求，在2002年底出台25项措施的基础上，研究制定促进关区外向型经济发展10项措施，进一步加大了促进关区经济发展的力度，取得良好成效。一是努力推进“大通关”建设，优化通关环境。配合广东省口岸部门对关区码头进行验收，广东省人民政府批准汕头国际集装箱码头等7座码头作为汕头港对外开放码头，提升了汕头港作为国际港口的地位；积极支持汕头市盘活海门港，通过了省口岸部门预验收；支持汕头市开展进出境快件经营业务；做好香港—汕头定期班轮“澳玛Ⅲ”号邮轮的通航监管工作；采取措施支持保税区发展，有效解决保税区企业发展长期遇到的政策“瓶颈”问题。二是应用科技手段，落实便捷通关措施。扩大网上税费支付试点范围；开展联网报关项目试点并取得成功；积极做好出口无纸通关试点前的各项准备工作；加大中国电子口岸的推广应用力度，在汕头市企业投资服务中心设点与其他联审部门集中办公，实现了“一站式”服务。三是改革管理模式，提高通关效率。四是加大关务公开力度，推进关企良性互动。五是加强联系沟通和对外新闻宣传，树立良好外部形象。

汕头海关2004年主要业务情况一览表（一）

项目			单位	2004年	2003年	同比增减(%)
进出口报关单总数			张	272044	246196	10.50
进出口记录条总数			条	517736	469439	10.29
进出口总值	合计		万美元	712875	546154	30.53
	进口		万美元	292996	222611	31.62
	出口		万美元	419879	323543	29.78
进出口货运量	合计		万吨	502	475	5.66
	进口		万吨	280	281	-0.38
	出口		万吨	222	194	14.41
集装箱	集装箱总数		箱次	327676	326761	0.28
	箱载货物		万吨	235	207	13.64
监管运输工具	监管总数		辆艘	168846	148685	13.56
	监管进出境总数		辆艘	5362	4753	12.81
	其中：进出境船舶		艘	3938	3753	4.93
查验	查验货物报关单		份	19039	20223	-5.85
	货物报关单查获		份	833	697	19.51
企业	注册企业		个	4597	4124	11.47
	其中：报关企业		个	3963	3497	13.33
行邮	出入境人员		人次	187234	139896	33.84
	邮、快递总数		件	224718	217029	3.54
	其中	邮递物品	件	178339	206721	-13.73
		快件	件	46379	10308	349.93
加工贸易	实有加工贸易企业		个	992	1041	-4.71
	备案加工合同		份	3161	2979	6.11
	合同备案金额		万美元	149695	115479	29.63
	经批准内销补税		万元	5477	6341	-13.64

汕头海关2004年主要业务情况一览表（二）

项目			单位	2004年	2003年	同比增减(%)
走私案件	查获宗数		起	77	122	-36.89
	在扣私货价值		万元	5650.24	5187.89	8.91
	案值		万元	10814.34	6585.06	64.23
违规案件	查获宗数		起	373	458	-18.56
	案件货值		万元	9150.44	16068.85	-43.05
其它案件	查获宗数		起	4	16	-75.00
	案件货值		万元	24.18	169.38	-85.72
罚没收入	海关罚没收入		万元	3510.30	2622.13	33.87
	缉私罚没收入		万元	5495.88	7653.31	-28.19
	合计		万元	9006.18	10275.44	-12.35
缉私	立案	案数	起	17	34	-50.00
		案值	万元	10055	5892	70.66
		偷逃税额	万元	2433	2341	3.93
		立案抓获犯罪嫌疑人	人	104	115	-9.57
	结案	案数	起	16	24	-33.33
		案值	万元	11962	9259	29.19
		偷逃税额	万元	3347	4236	-20.99
		犯罪嫌疑人	人	41	58	-29.31
	受案抓获犯罪嫌疑人		人	111	143	-22.38
	其中	采取强制性措施	人	108	115	-6.09
		批准逮捕	人	29	28	3.57
税收	关税入库		万元	70542.89	62776.58	12.37
	进口环节税入库		万元	207952.85	161057.53	29.12
	两税合计		万元	278495.74	223834.11	24.42
	其中	审价补税宗数	宗	2553	2423	5.37
		审价补税税额	万元	3162.2	3051.1	3.64

项目		单位	2004年	2003年	同比增减(%)
减免税(审批)	减免关税	万元	12829.7	18036	-28.9
	减免环节税	万元	43743.1	50595	-13.5
	合计	万元	56572.8	68631	-17.6
减免税(实际进口)	减免关税	万元	10467.9	13257.7	-21.0
	减免环节税	万元	37290.2	38797.3	-3.9
	合计	万元	47758.1	52055.0	-8.3

黄埔海关

2004年,黄埔海关新一届关党组成立后,认真贯彻落实总署的各项工作部署,提出明确的工作思路,坚持"两手抓",队伍、业务建设两不误,各项工作取得了成效。全年监管进出口货物7 338万吨,货值910.08亿美元,同比增长9.89%和26.3%;办理进出口报关单539万份,记录条数1 214万条,分别增长10.2%和13.9%。在业务量增幅较大的情况下,广大关员不畏压力,克服困难,认真履行职责,圆满地完成了各项工作任务。

【税收征管实现双赢】 税收工作坚持量质并举,以质为主,综合治税,实现了完成税收任务和提高征管质量的双赢。加大征管力度,强化监控分析,创新审价手段,稳步推进审批改革,提高依法征管水平,全年税收入库287.2亿元,增长31.3%,再创历史新高;价格水平0.9640,稳定在绿色区域,实现了"实际税收增长与应税货值增长"、"各关价格水平与全国进口应税商品价格水平的合理区间"、"各关税收预测数与实际完成数"等指标的三个基本一致;归类补税3262万元,增长90.9%;审价补税2.9亿元。

【打击走私战果突出】 充分运用刑事、行政两种执法手段,持续有效地打击走私。发挥缉私部门抓团伙、破大案的作用,查办了一批有影响的大要案,特别是经过情报经营,扩线深挖,成功查办了案值18.2亿元的"2·17"走私大案,受到温家宝总理、牟新生署长的高度评价。全年刑事立案85起,案值22.68亿元,破案62起,案值19.99亿元;抓获犯罪嫌疑人311人,采取强制措施570人次;立案调查走私行为案件533起,案值3.76亿元,立案调查违规行为案件4 793起,案值7.36亿元;调查部门稽查、调查企业279家,查获走私案件18宗,案值8 718万元;查获违规案件204起,案值17 878万元,补税入库11 906万元。全年罚没入库2亿元。

【加工贸易监管新模式初步确立】 对163家大型企业实施联网监管,联网企业进出口值达到三资企业进出口总值的40%以上;在中小型企业推广"电子备案、自动核算"监管模式;深加工结转实施"窗口作业、即时出单"模式;试行加工贸易备案作业环节计算机时效跟踪系统;积极参与保税物流体系建设的专题研究,推动和配合地方政府申请设立东莞松山湖保税物流中心(B型),并已得到总署的意向性同意;清理逾期手册2 816册,对其中的2 461册办结核销结案手续,占87.4%。

【监管工作进一步加强】 推广小型船舶GPS卫星定位系统,关区现场全部安装了GPS系统硬件设备及海图软件，166艘来往港澳小型船舶安装了船载收发信装置；对广州出口加工区内的本田公司汽车零配件和整车进出口实行备案制管理，实施“一次申报、一次查验、一次放行”监管模式；与深圳、广州、长沙海关建立了转关运输的联系配合办法；充分发挥借调武警的作用，全年借调武警官兵协助查验运输工具32万辆（艘）次、进出口货柜37万个，协助出海查缉走私7 712人次，3个海关基层单位与协勤的武警连队被评为“三共”活动先进单位，受到海关总署、武警总部表彰。

【通关服务水平有所提高】 全力推动H2000系统切换，在难度大、任务重、时间紧的情况下，集中攻关，加强协调配合，做好制度保障、岗位设置和人员授权工作，确保在规定的期限内完成切换工作。推广“电子口岸”应用项目，无纸通关模式日渐成熟，6家银行开通了网上支付业务，提高通关数据处理自动化程度。积极探索“管得住、通得快”守法便利通关措施，研究实行“多点报关、机场验放”的通关新模式，启动支持“泛珠三角”区域经济合作步伐，受到地方政府和进出口企业欢迎。

【风险管理应用迈上新台阶】 推进风险管理机制建设，初步建立了平台数据的应用维护和保障机制、风险管理作业的协调配合机制、风险布控和平台应用绩效评估机制、关区业务风险日常监控与核查机制。进一步完善业务风险预警监控系统功能，将业务风险预警监控系统与凤岗、长安办H2000系统对接，辅助现场关员识别业务风险。总署领导对黄埔海关业务风险预警监控系统的开发应用给予肯定。

【执法水平有了提升】 做好《行政许可法》、《关税条例》、《知识产权海关保护条例》、《海关行政处罚实施条例》的实施工作，开展了4次规范性文件和规章的专项清理，依法行政的整体水平和关员的服务意识有了提高。完成了“海关行政扣留法律指引”和“加工贸易海关监管法律指引”的制定工作。加大知识产权的保护力度，知识产权海关保护工作组被广州市评为先进集体。

【各项工作全面推进】 统计基础工作和数据质量进一步提高，发挥了监测预警作用。督察审计工作整体效果明显，围绕中心工作进行执法监督，开展隶属关长任中和离任审计。统计工作和督察审计工作都得到总署充分肯定。科技工作为风险管理平台、电子口岸和加工贸易联网监管等改革提供了有力支持。进一步发挥后勤保障作用，围绕中心工作和重点任务，加强预算管理，优化支出结构，加大基建投入，11项工程竣工并通过验收，改善了办公条件。办公自动化工作有了新进展，关务公开网建成并进入互联网，政务信息工作在全国海关排名第9。海关学会进一步发挥作用，报关协会筹建工作进展顺利。

【深入开展教育整顿和警示教育】 按照海关总署的要求和广东分署的部署，在全关开展了贯彻执行“6项禁令”、汲取“2·17”案件教训的教育整顿活动。深入排查存在的隐患和问题，对排查出的重要的有可查性的违纪问题，一查到底，决不姑息；对排查出的一般性问题，逐个谈话敲警钟，促其纠正，防范大患。采取措施整治“红包”，在思想上引导关员认识“红包”的危害，使其不想收；在纪律上有约束，使其不敢收；在制度上有要求，使其不能收。召开现身说法警示教育大会，让受处分的关员和受追究的干部现身说法，警示大家汲取教训，警钟长鸣。先后召开了关领导与关员对话会、座谈会，了解关员思想状况，认真解决关员在思想、工作和生活上的问题，正确引导，因势利导，关风关貌有了明显进步。

【全面加强队伍制度化、正规化建设】 关党组和26个处级领导班子都制定了工作规则，为加强制度建设起到了示范作用。在业务、队伍建设的各个环节制定和完善了一批制度规定。进行了准军事化训练，分80批组织全关2 748名关员参加军训，加强了日常的关务督察。在广东海关缉私警察首届“金盾杯基础警务技能三项赛”中，取得了团体比赛两项第一名、一项第二名的好成绩。全年举办了71期培训班，培训各类人员5 603人次。

队伍建设的其他方面也得到了加强。按照总署党组的要求，关积极响应，广泛发动，制定了详细的工作方案，认真开展5年回顾教育活动，推动队伍尤其是领导班子的思想政治建设和党风廉政建设。狠抓57项党风廉政分解任务的落实。建立并坚持关区思想形势分析制度。开展干部交流和竞争上岗，全年交流干部194人，提任50人，竞争上岗任命50人。经海关总署批准，驻凤岗、长安办事处升格为正处级办事处，直属黄埔海关领导。

黄埔海关2004年主要业务量统计表

项目		2004年	同比增减%
进出口货运量（万吨）	合计	7338	9.9
	进口	4468	9.7
	出口	2870	10.1
进出口货值（万美元）	合计	9100869	26.3
	进口	4438621	25.0
	出口	4662248	27.5
集装箱	箱载货物（万吨）	2684	7.8
	重箱箱数（万箱次）	379	10.1
	空箱箱数（万箱次）	23	－17.6
监管运输工具	合计（万辆/艘）	174	－3.2
	汽车（万辆）	167	－2.8
	船舶（艘）	68791	5.9
行邮	旅客（人次）	884373	32.5
	运输服务人员（人次）	561237	3.0
	非邮政快递（件）	5480044	157.9
保税	备案合同数（份）	37766	0.1
	合同备案金额（亿美元）	573	24.3
税收（万元）	合计	2872415	31.3
	关税	860530	26.5
	进口环节税	2011885	33.4
减免税审批（万元）		419117	21.5
报关单数（万份）		539	10.2
记录条数（万条）		1214	13.9

项　　目		2004 年	同比增减%
打　　私	走私犯罪立案数（起）	85	－18.3
	走私犯罪立案值（万元）	226838	120.3
	走私行为案件（起）	551	
	走私行为案值（万元）	46363	
	违规案件（起）	4997	
	违规案值（万元）	91488	
稽查调查企业数（个）		279	
罚没入库（万元）		20504	5.9

江　门　海　关

2004 年，在海关总署和广东分署的正确领导下，江门海关以邓小平理论和“三个代表”重要思想为指导，落实“依法行政，为国把关，服务经济，促进发展”海关工作 16 字方针和“政治坚强、业务过硬、值得信赖”海关队伍建设 12 字要求，认真贯彻全国海关关长会议精神和海关总署牟新生署长、孙松璞副署长视察该关时的讲话精神，以“整合、深化、巩固、提高”作为工作思路，推进一项管理、深化两项改革、强化三项建设、做好四项工作，即推进风险管理，深化加工贸易和保税监管改革及通关监管作业制度改革，强化法制建设、基层建设和廉政建设，做好税收征管、打击走私、统计和支持外经贸发展四项工作，较好地完成了全年各项工作任务。全年监管进出口货物 575.6 万吨，比 2003 年(下同)增加 6.4%；进出口货值 81.9 亿美元，增加 22.2%；进出境船舶 28 318 艘次，减少 2.6%；进出境运输车辆 89 420 辆次，增加 9.6%；进出口集装箱 56.9 万箱次，增加 18.8%；进出境旅客 57.7 万人次，增加 17.6%。立案走私案件 55 宗，案值约 4 006 万元，涉税约 1 400 万元；查处违规案件 139 宗，案值 2 786 万元。征收关税及进口环节税 18.13 亿元，增加 8.1%。至 2004 年末，江门海关共设正处级机构 24 个，副处级机构 14 个，正科级机构 155 个，干部职工 1 269 人。

【严格税收质量管理，确保应收尽收】 继续把税收征管作为业务工作的“轴心”来抓，健全完善税收征管长效机制，较好地完成了税收任务。全年税收入库 203 609 万元，同比增长 5.8%，扣除进口废船退税后税款净入库 181 273 万元，完成年度计划的 100.7%，同比增长 8.1%，增收 13 607 万元。进一步完善税收质量评估方法，开展税收专项检查，狠抓税收征管质量，促进科学征管，年内税收质量继续处于较好水平。积极推广网上支付、预审价、信用管理等通关便利措施，提高征管质量，加快通关速度，拓展税源，全年网上支付税款 8 022 万元，增长 10 倍。

【保持打私高压态势，严厉打击走私违法活动】 突出重点，综合运用侦查、调查、稽查等手段，以风险管理和情报工作为依托，加大价格瞒骗和海上走私的打击力度，集中力量查处货运渠道和加工贸易渠道大案要案。开展专项斗争，有针对性地打击和遏止各种走私违法活动。年内，查获汽车切割件、冻品、香烟等物品近700万元；查获侵犯知识产权案件7宗，涉案价值207万元，为历年之最。首次查获地下光盘生产线2条，《人民日报》、中央电视台对此作了报道，引起了广泛关注。同时，加强与有关执法部门的联系配合，推进反走私综合治理。年内，立案走私案件55宗，案值约4 006万元，涉税约1 400万元；查处违规案件139宗，案值2 786万元。

【采取个性化措施，大力促进地方外经贸发展】 按照海关总署牟新生署长视察江门海关时的讲话要求，配合江门市“工业强市、民资外资富市、科教兴市、环境优市”战略的实施，江门海关以将企业适应海关工作要求转变为海关工作主动适应企业发展为重点，以制定个性化措施和抓好各项工作落实为着力点，支持和促进关区外经贸发展。针对关区临港经济发展、钻石珠宝加工业发展和麦克风产业发展等，制订了针对性的支持措施。年内，江门市已出口钻石15.6万克拉，价值3 418万美元，出口数量和出口值分别列全省第二位和第三位。改进工作作风，关领导亲自带队深入企业调研，及时解决企业在进出口中遇到的困难。年内，关领导下基层、走访有关部门和企业达108人次。加大海关政策法规宣传力度，年内，共召开政策法规发布会和企业座谈会近200次。深入开展创建“文明窗口”活动，提高服务水平，年内，江门海关现场监管人员预约加班4万多小时，有3个单位被授予“江门市文明单位”和“江门市文明窗口”称号，2人被授予“江门市精神文明建设先进工作者”称号。据统计，2004年江门市外贸进出口总值78.4亿美元，创历史新高，增幅达33.6%。

【以能力建设为着眼点，狠抓队伍管理】 认真学习十六届四中全会精神，抓好各级领导能力建设。提出要有针对性地抓好领导干部的依法行政能力、把握全局能力、抵御风险能力、抓基层能力和解决复杂问题能力等五种能力建设。在学习中，坚持把学习贯彻全会精神与全面贯彻落实海关工作方针结合起来；与海关队伍建设12字要求结合起来；与建立现代海关制度第二步战略发展目标结合起来，提高学习成效。

积极创建学习型海关，提高队伍素质。坚持和完善中心组学习制度，保证学习时间和学习质量，加强对学习成效的检查评估，抓好领导干部的理论学习。推进人才强关战略，制定《江门海关贯彻实施〈2004－2010年海关人才发展纲要（试行）〉意见》，明确了人才队伍建设的原则、指导方针和工作目标，确定了人才队伍建设的步骤和阶段目标。整合各种培养培训资源、深化培养培训考核手段、巩固现有的培养培训成果、提高各类培训质量，实现人才培养和教育培训规范化、网络化、系统化。年内，共举办各类培训班30期，参训人员达2 016人次。举办业务技能竞赛，评选业务能手，开展为期7个月的岗位业务培训，对926名干部进行了培训与考核，考核一次合格率达到98%。同时，成功举办了建关100周年系列纪念活动，加强图书馆和关史馆的管理，推进关区文化建设，营造良好的人文氛围，进一步激励全关干部职工的工作热情和做好本职工作的决心。

标本兼治，狠抓党风廉政建设。认真落实党风廉政建设责任制，修改完善《党风廉政建设责任书》，强化责任意识。开展落实党风廉政建设责任制试点工作，建立完善定性与定量相结合的考核办法，将责任追究与评先评优、奖金发放、提拔使用“三挂钩”，增强制度执行的刚性。健全完善监督制约机制，预防职务犯罪。开展党内监督条例试点工作，强化对领导干部的监督制约。进一步整合监督力量，设立由有关职能部门组成的业务执法监督领导小组，整合各个系统的监督信息资源，统筹全关区的业务执法监督工作。同时，加强外部监督，与70多家企业签订共建廉政承诺书，加强与地方纪检监察部门、检察院和社会监督员的沟通联系，开展共建廉政活动。与此同时，以风险管理平台的深度开发为基础，开展廉政风险分析，实施行政效能监察，及时发现和处置行政执法风险。

2004 年江门海关进出口统计数据(不含阳江关区)

口岸年份 项目、单位		江门全市(地区)		江门市区		新会海关		台山海关		三埠海关		鹤山海关		恩平海关	
		2004 年	同比 ± %	2004 年	同比 ± %	2004 年	同比 ± %	2004 年	同比 ± %	2004 年	同比 ± %	2004 年	同比 ± %	2004 年	同比 ± %
进出境旅客	人次	576925	17.6	369228	28.1	-	-	29233	13.2	63041	11.2	115423	22.7	-	-
其中:入境	人次	288712	17.8	184298	30.3	-	-	14575	15.5	30817	11.6	59022	19.7	-	-
出境	人次	288213	17.4	184930	26	-	-	14658	11	32224	10.8	56401	26.1	-	-
进出口货运量	吨	4636833	-3.9	1983323	26.6	1498437	-31.4	391418	14.2	278554	-20.6	462803	30.1	22298	-5.0
其中:进口	吨	2160824	20.3	786950	25.1	769686	-48.3	195794	19.1	136477	-38.1	259612	32.8	12305	-12.5
出口	吨	2476009	17.2	1196373	27.6	728751	4.7	195624	9.6	142077	8.9	203191	26.7	9993	6.4
集装箱	标准箱	498011	13.8	256582	12.5	87889	19.9	47185	15.6	34420	-15.4	69777	33.5	2158	-13.4
进出口货值	亿美元	81.5	25.6	39.8	43.5	17.3	8.9	6.8	22.7	9.2	3.1	7.9	24.6	0.5	1.9
其中:进口	亿美元	30.2	25.8	13.8	71.7	7.3	-6	3.1	27.1	3	-11.2	2.9	28.2	0.2	-14.4
出口	亿美元	51.3	25.4	26	32	10	23.1	3.7	19.3	6.2	11.6	5	22.7	0.3	15.8
进出境船舶	艘次	27957	-2.6	15445	5.1	5087	-24.9	1729	3.7	1987	-12	3639	13.1	70	-16.7

湛　江　海　关

2004年,在海关总署和广东分署的正确领导下,湛江海关以“三个代表”重要思想和科学发展观为指导,正确贯彻海关工作16字方针和队伍建设12字要求,确立了“增强自发展能力,创造快速发展条件,努力加快关现代化建设步伐”的工作思路,取得了较明显成效。全年共监管进出口货3 817万吨,货值84.93亿美元,与2003年同比分别增长16.16%和41.23%;实际入库税款76.4亿元,再创历史新高;查获走私违规案件55宗,案值1 196.74万元。

【税收征管】　2004年，湛江海关围绕税收“轴心工作”，创新服务方式，加强减免税审批管理、规范申报、加工贸易管理和保税监管，开展了氧化铝、冲击钻等低价商品的专题业务调研，建立每周一监控、每月一分析、每季一报告的税收监控机制，强化税收分析监控。积极推进关区加工贸易联网监管工作，制定了《湛江海关清理加工贸易逾期未核销手册工作实施方案》，修订下发了《保税仓库及所存货物管理规定》，规范了关区保税仓库及所存货物监管工作。

【打击走私】　2004年，该关进一步加大案件办理力度和对走私团伙打击的力度，积极推进综合治理，开展北部湾粤西海域走私情况调研，基本摸清了北部湾粤西海域走私情况，得到了各界的肯定和好评，并积极构建打击走私长效机制，拟订了《湛江海关打击走私工作运行管理办法》等制度，初步确定了关区打击走私长效机制的框架和模式。

【监管通关】　2004年，该关突破原有的查验模式，组织推广实施选择查验制度，建立了处长巡视、科长带班制度；进一步开展监管场所的清理整顿，完成卡口联网系统和实施值守工作。推进物流监控设施建设，实施茂名油品监控系统、船舶动态系统、小型船舶GPS收发装置；通过组织、调研、联系、协调和规范等系列工作，支持湛江建立物流中心地位，解决湛江物流疏运不畅等问题，推进物流监控各项建设；积极推广电子口岸网上支付项目，大胆创新通关业务的操作模式；强化通关运行监控，探索建立通关运行质量评估体系，促进了该关通关运行质量的提高。

【服务经济】　2004年，该关与地方党政建立定期情况通报制度，通过信息等多种渠道向地方党政提合理化意见和建议，定期召开企业座谈会或走访企业，征求企业意见；加大对重要进出口商品的预警监测分析工作，特别是对反倾销、实施优惠贸易政策等进行监测预警，向地方政府提供应对国际贸易争端、有效指导企业反倾销诉讼的数据支持，积极引导企业开展健康有序的进出口贸易。

湛江海关2004年主要业务统计表

项　目		单　位	数　量	±%	项　目		单　位	数　量	±%
监管进出口货物总值		万美元	849332	41.23%	集装箱载货量	进口	吨	318788	43.51%
						出口	吨	669405	35.32%
其中	进口	万美元	669681	46.31%	进出境人员	进境	人次	42827	5.57%
	出口	万美元	179651	25.03%		出境	人次	42596	6.60%

<table>
<tr><th colspan="2">项　目</th><th>单　位</th><th>数　量</th><th>±%</th><th colspan="2">项　目</th><th>单　位</th><th>数　量</th><th>±%</th></tr>
<tr><td colspan="2">监管进出口货运量</td><td>万吨</td><td>3817</td><td>16.16%</td><td colspan="2">查获走私案件</td><td>宗</td><td>31</td><td>7%</td></tr>
<tr><td rowspan="2">其中</td><td>进口</td><td>万吨</td><td>3273</td><td>21.72%</td><td colspan="2" rowspan="2">查获走私案值</td><td rowspan="2">万元</td><td rowspan="2">661.97</td><td rowspan="2">-90.35%</td></tr>
<tr><td>出口</td><td>万吨</td><td>544</td><td>-8.89%</td></tr>
<tr><td colspan="2">征收税款</td><td>万元</td><td>764094</td><td>39.67%</td><td colspan="2">查获违规案件</td><td>宗</td><td>24</td><td>-11.11%</td></tr>
<tr><td rowspan="2">其中</td><td>关税</td><td>万元</td><td>49163</td><td>28.54%</td><td colspan="2" rowspan="2">查获违规案值</td><td rowspan="2">万元</td><td rowspan="2">534.77</td><td rowspan="2">-62.68%</td></tr>
<tr><td>代征税</td><td>万元</td><td>714931</td><td>40.50%</td></tr>
<tr><td colspan="2">进出口货物减免税</td><td>亿元</td><td>6.18</td><td>44.5%</td><td colspan="2">登记备案合同</td><td>个</td><td>311</td><td>44.65%</td></tr>
<tr><td rowspan="3">监管运输工具</td><td>总数</td><td>艘/架/辆次</td><td>10496</td><td>10.24%</td><td colspan="2" rowspan="2">报核合同</td><td rowspan="2">个</td><td rowspan="2">524</td><td rowspan="2">2.14%</td></tr>
<tr><td>进口</td><td>艘/架/辆次</td><td>2723</td><td>-6.49%</td></tr>
<tr><td>出口</td><td>艘/架/辆次</td><td>7773</td><td>17.61%</td><td colspan="2">报关单</td><td>张</td><td>35744</td><td>15.82%</td></tr>
<tr><td rowspan="2">集装箱标准箱</td><td>进口</td><td>箱次</td><td>53849</td><td>26.30%</td><td rowspan="2">其中</td><td>进口</td><td>张</td><td>13255</td><td>19.75%</td></tr>
<tr><td>出口</td><td>箱次</td><td>59073</td><td>30.71%</td><td>出口</td><td>张</td><td>22489</td><td>13.62</td></tr>
</table>

广东省公安边防总队

2004年，广东省公安边防总队边防检查工作在上级党委的领导下和业务部门的具体指导下，以“三个代表”重要思想为指导，认真贯彻党的十六届四中全会、全国“二十公”会议和全国边检工作会议、出入境管理工作会议精神，深入开展“双争”活动，落实执法为民；积极探索勤务改进措施，规范执勤执法，提高执勤执法能力；加强队伍管理和基础建设，推进业务工作发展；严格措施，确保口岸安全，较好地完成了边防检查工作任务。2004年，共检查入出境人员4 867 701人次，比上年增加21.2%，其中旅客3 714 137人次，增加28.6%，员工1 153 564人次，增加2.3%；检查交通运输工具136 104艘（列、架）次，增加4.5%。主要工作情况如下：

【规范执法，提高执法质量】　成立执法领导小组，总队主管挂帅，加强对边防检查执法工作的领导，完善执法组织监督机制；5月份，组织边检站执法人员参加执法岗位资格考试，提高执法水平；6月份，举办边检站执法培训班，认真贯彻落实《公安机关办理行政案件程序规定》；7月初，按照部局开展“两个违规”专项治理活动，制定下发《广东省公安边防总队开展“两个违规”专项治理工作方案》。各站结合贯彻《公安机关办理行政案件程序规定》、《行政许可法》和开展“两个违规”专项治理，认真规范边防检查行政执法工作，落实执法责任、执法监督、错案追究、执法质量考评等执法制度，进一步规范办理行政案件程序，规范法律文书的填写，规范执法案卷管理，推行计算机管理执法档案。同时，进一步推进警务公开工作，聘请有关单位人员为监督员，主动接受地方政府机关、服务单位、联检单位、境内外旅客的监督，提高执勤人员依法行政水平。2004年，共处理违反出入境法规人员1 721人次，没有发生行政复议和诉讼情况。

【开展“双争”，落实执法为民】 依据公安部边防局《关于现役制边防检查站开展“双争”活动的方案》和杭州边检会议精神，广东省边防总队制定了《广东边防总队边防检查站开展“双争”活动方案》，认真抓落实。

规范设施建设。上半年，广东省边防总队在惠州抓“三化”试点建设，把“双争”工作作为试点建设的重点内容来落实，制定了《检查站规范化建设设置标准》，统一了客、货运口岸警务公开内容和各种执勤现场设置。各边检站按照补缺完善、巩固提高、着力于管、着眼于建的原则加强执勤设施建设。全省大部分货运口岸报检室都进行了不同程度的改造，按照“以人为本”的要求，降低报检台，实现与服务对象面对面报检，摆设板凳，提供业务咨询服务，方便和善待服务对象，普遍受到了群众欢迎。新会、肇庆站分别在天马港、端州铁路口岸执勤现场安装闭路电视监控系统；江门站对闭路电视监控系统进行升级，为各执勤点更新电脑、传真机、数码相机、打印机等办公设备；中山、顺德、东莞、佛山、南海、高明、台山站对旅检口岸执勤设施进行更新改造，规范了现场的各种设置。目前，全省客、货运口岸执勤现场的设施设备进一步规范化、标准化、人性化，窗口形象进一步提升。

落实执法为民。按照“立警为公、执法为民”的要求，积极适应“泛珠三角”和广东建设海洋经济大省的需要，改进勤务措施，提升服务质量。从8月份开始，广东省边防总队每半年、年度向省委、省政府上报《广东边防总队边防检查数据分析报告》，供省委、省政府决策参考，得到了省委、省政府领导的高度重视和充分肯定。总队出台便民利民措施23条，主动建议取消边防检查收费五项。各站主动服务地方经济建设，共出台便民利民措施213条。东莞站在执勤现场开展“热情暖人心，满意在边检”活动，制定执勤人员“十不准”，官兵在执勤中坚持做到“三心、三快”；南海、台山站主动将本单位执勤执法工作纳入地方党政机关行业作风建设考评，上半年，分别被当地党委、政府树立为本市（区）机关行风建设先进典型，江门站一科被江门市委、市政府授予“江门市文明窗口”称号；中山站克服困难，支持地方开通往返香港国际机场直通客运航线；顺德站也主动协助地方政府向省政府申请开通顺德港直通香港机场航线，目前已提前立项报批，驻地政府十分满意；湛江、梅州站积极主动做好机场复航工作，受到地方政府领导的充分肯定；惠州、茂名站应当地政府和经营公司的要求，分别派人到几十海里外的海面执勤点驻船执勤；阳江、汕尾站经常主动派人到非对外开放海域执行载运鱼苗船舶的出入境边防检查任务；各站还积极配合当地政府做好各种大型经贸洽谈会以及重要外宾来访的出入境边防检查工作，开设专用通道，优先验放，提高口岸通关速度，受到当地党委、政府的好评。

加大宣传力度。4月份召开全省边防部队思想政治工作总结表彰大会，对“双争”活动宣传工作做了专门部署。各站加大对便民措施和典型事迹的宣传力度，树立形象，提升地位，争取支持，收到良好的社会效果。中山站把一等功臣陈国雄先进事迹作为“双争”工作亮点，积极宣传，在驻地人民心目中树立起“人民子弟兵、忠诚国门卫士”的良好形象。活动开展以来，总队机关和各站先后在《人民日报》、《解放军报》、《法制日报》、《中国青年报》、《光明日报》、《半月谈》、《人民公安报》、《南方日报》、《羊城晚报》、《南方都市报》等中央和地方主要报刊上发表文章共计76篇，中央和地方电视台57次宣传总队在开展“双争”工作中涌现的先进事迹和典型。

【改进勤务，提高执勤效率】 一是改进查验措施，便利出入境。简化对往来港澳小型船舶员工的查验手续，将原来以《查验簿》上的员工名单为准，改为以船舶当次出入境的《船长报告书》上的员工名单为准，方便船方员工出入境；对“三固定”船舶实行信誉通行，实行船方签订安全责任书制度；对往来港澳小型船舶出入境时间不超过 8 小时的，出入境检查手续一次同时办理。二是推行网络报检。结合上半年省公安厅在惠州开展的警务规范化试点，广东边防总队开发了“船舶网上报检系统”，预建全省边检站船舶备案资料库，在东莞、南海、顺德、江门、惠州站试行。各试行单位组织船舶经营单位报检员举办网络报检业务培训班，宣讲网络报检便利措施，理顺业务工作关系。三是改进执勤登记报告制度。应用现有技术条件，开发了“边防检查执勤登记信息管理系统”，在中山、顺德、江门站等单位试行，逐步取消手工登记，实现电脑登记，提高执勤登记工作效率和规范性。

【加强管理，提高队伍素质】 一是加强对检查员队伍的管理教育。以落实“三化”建设和开展“双争”活动为契机，结合“大讨论”活动、“双让”主题教育，深入开展以执法为民、预防职务犯罪为主题的思想教育，进一步端正执法思想，转变执法观念，提高依法执勤、履行职责、主动服务的自觉性。坚持以条令条例为依据，按照部队正规化管理要求，严格落实各项规章制度，规范部队“四个秩序”，始终保持现役制部队应有的思想、工作、生活作风，保持边检队伍廉政纯洁、政治合格。2004 年，全省现役制边检站没有发生检查员职务犯罪和重大执勤事故，检查员队伍建设健康稳步发展。二是加大业务培训力度。认真贯彻公安部、部边防局“大练兵”工作部署，坚持全警练兵，重在基层，立足岗位，注重实效。重点训练边防检查业务、计算机、外语、法律等知识技能。东莞、中山、江门站分别举办了业务竞赛、反偷渡培训班、业务研讨会；顺德、高明站邀请检察院检察官、法院院长、法律专家、党校教授开展法律讲座；南海、肇庆站结合军事业务大比武，对执勤人员进行脱产轮训；江门、新会、高明、三埠站依托地方院校，对全站干部进行计算机、英语培训，取得了良好效果。通过开展大练兵活动，掀起练兵之风，提高了官兵的综合业务素质。三是落实检查员等级评定工作。把检查员等级评定考前培训与“大练兵”、业务培训结合起来，积极开展岗位练兵；组织和鼓励检查员积极参加自学考试、成人高考；充分利用驻地地方院校、培训机构的教育资源，组织干部参加外语、计算机等级培训，不断使检查员队伍整体素质和业务水平与等级评定标准条件相适应。目前，全省已有 679 人参加初级检查员等级资格考试，420 人通过了考试。广东边防总队把等级评定工作纳入部队管理，建立检查员等级考评制度和评定档案，结合部队目标管理和量化考评，实行奖惩制度。在用人、晋级晋衔、立功受奖、福利待遇等方面与检查员等级评定情况直接挂钩，奖优罚劣，营造了良好竞争氛围，用制度推动和保障检查员等级评定工作的顺利开展。

【夯实基础，加强基层建设】 不断提高边检站基础建设水平是全国边检会议精神的重要内容。广东边防总队党委制定了《关于进一步强化基层建设的决定》，开展“百日大会战”，加强检查站基层基础建设，从人、财、物、政策等各方面向边检站倾斜，夯实基础，为边检站后续发展提供各方面条件。一是抓试点建设。5 月份，在惠州站抓了“三化”建设试点，并召开了现场会，总结推广了部队“三化”建设的经验，制订了“三化”建设标准，规范了检查站基层基础设施设置。二是改善执勤条件。广东边防总队坚持基层第一的思想，积极创造条件，为各边检站配发了一批执勤设施设备。各站也积极创造条件，加大对执勤装备的投入，改善执勤条件，为出入境人员创造舒心的通关环境。中山、顺德、南海、肇庆站投入专项资金，更新改造执勤现场电视监控系统；高明站更换高明港前、后台验证设施；顺德站投入资金，改善执勤交通条件。

广州出入境边防检查总站

2004年，广州边检总站在公安部出入境管理局党委的正确领导下，以“三个代表”重要思想为指导，深入贯彻落实《中共中央关于进一步加强和改进公安工作的决定》和第二十次全国公安工作会议精神，按照总站党委制定的工作要点和当前的中心任务，紧紧围绕全面建设小康社会的总目标，突出维护好重要战略机遇期的国家安全和社会稳定，增强大局意识，坚持改革创新，充分履行职责，在全体民警的共同努力下，圆满完成了全年的边防检查业务执勤工作任务。

【提高口岸综合控制能力，落实应急突发事件预案】 广州总站坚持未雨绸缪、防患于未然的指导思想，注重加强应急突发事件预案的演练，组织一线执勤人员对不同类型口岸的突发事件预案进行逐项演练，切实提高全体民警处置突发事件思想意识、整体协作水平、个人应对能力，通过不断演练，达到逐步提高的目的。7月14日，天河站较好地完成了一起直通香港旅客列车出境途中因故障临时停车的监护任务；8月3日，番禺站成功处置了一起客轮出境途中因故障旅客临时改从深圳陆地口岸出境的突发事件，确保了口岸安全。

【增强维护口岸秩序能力，加大反偷渡工作力度】 广州总站积极采取有力措施，通过开展反偷渡专项行动，重拳打击空港口岸偷渡活动，加强警种之间合作，建立遣返人员审查制度，有效地遏制了广州地区口岸偷渡活动，在打击口岸非法出入境活动的工作中取得了显著成效。

积极开展专项行动，取得显著成效。年初，公安部在全国部署开展反偷渡专项行动。广州总站迅速成立了总站、站专项工作领导小组，定期召开形势分析会，对专项行动的进展情况认真分析研究，及时调整和部署每个阶段的工作，使专项行动一环紧扣一环，有计划、有重点地展开。专项行动期间，共发现和处理各种违法违规人员1 000多人次，查处偷渡人员近200名，有效地遏制了口岸非法出入境活动。白云站被公安部出入境管理局评为专项行动先进单位。

全面加大空港口岸反偷渡工作力度，重拳打击有倾向性偷渡活动。白云国际机场口岸连接东南亚，辐射欧美等国，具有与外国直接通航的交通便利优势的特点，决定了白云国际机场成为广州地区偷渡活动最为活跃的一个口岸，也是广州总站反偷渡工作的主战场。为此，广州总站针对机场口岸热点航线多、机场搬迁以及新机场情况更为复杂的实际，加大对“调包”偷渡行为的打击力度。通过重点整治机场口岸出入境秩序，震慑了不法分子，有效遏制了机场口岸的偷渡活动。

建立完善反偷渡合作制度，充分发挥整体作战优势。偷渡既是国际现象，也是社会问题，因此，反偷渡工作既需要国际间的相互合作，也需要国内不同部门间的相互协作与配合。广州总站一方面加强了对外联系与接触，根据公安部出入境管理局规定，与外国驻广州总领事馆建立了互信关系，与部分国家驻穗领事馆建立了业务上的联系。广州总站与澳领馆开展工作会谈会晤3次，澳领馆为广州总站民警培训识别真伪澳洲签证1次；与法国代表团开展工作会谈1次。通过对外联系，加强了中外反偷渡工作的合作，建立了信息沟通机制，提高了反偷渡工作的成效。另一方面注重不同警种的合力作用，广州总站积极主动与当地公安机关联系，经常互派人员进行交流、沟通和联合办案，互通情报，提高口岸反偷渡工作的整体作战能力。

加大对境外遣返人员审查力度。实践证明，对境外移民机关退回的人员进行调查了解，是出入境边防检查机关打击口岸非法出入境活动中一项不可或缺的工作。广州总站建立完善了境外遣返人员审查制度，规定凡是被境外移民机关遣返退回的人员，不论何种情形都必须审查，按照执法工作要求，完善审查讯问记录。对经审查发现有偷渡行为的，依法予以处理。对案情重大或具有一定价值线索的，移交地方公安机关进一步审查处理。

【不断提高依法执勤能力，实现了业务工作质的提升】 边防检查执勤行为是行政执法工作的具体体现，执法工作贯穿于业务执勤工作的始终，提高依法执勤能力即是提高边检业务执勤水平。广州总站确立了“以执法质量优劣作为考量执勤工作业绩的重要标准”的观念，以贯彻落实《公安机关办理行政案件程序规定》作为切入点，通过年度执法质量考评，进一步规范边检行政执法工作，使执法工作上一个台阶。

认真贯彻《公安机关办理行政案件程序规定》，转变执法观念，规范执法行为。贯彻执行《程序规定》是包括出入境边防检查机关在内的全国公安机关2004年执法工作的一件头等大事。为此，广州总站一是抓好学习培训，先后召集各站业务骨干76人次传达学习，将其作为处、科级领导轮训的重要内容，为《程序规定》的贯彻实施打下了牢固的思想基础。二是完善相关操作办法，根据公安部有关贯彻《程序规定》及印制相关法律文书的通知精神，结合实际对涉及到的案件管辖、受案、法律文书及案卷制作等八大方面的问题作进一步明确、细化和规范，增强了可操作性。三是加强检查指导，总站、站机关的业务部门对基层单位贯彻执行情况进行经常性检查和指导，及时纠正不正确做法，统一规范各类具体做法，避免各类问题的发生。

调整执法结构，完善执法监督。广州总站根据《程序规定》的要求，结合执法工作实际，一是充实执法警力，完善监督机构。各站选派了6名法律专业或具备国家法律职业资格的民警，充实办案力量，不断加强执法队伍建设；同时，选出20名具备较高法律素质的民警组成多个法制组，规定法制组的行政案件审核职责及其组成人员要求，明确审核方式及要求，充分发挥执法骨干和法制组作用，推动了《程序规定》的深入贯彻执行。二是开展日常执法监督工作。总站建立了执法案件由法制人员统一审核把关制度，要求每宗案件均要由法制组成员审核签名，以更加符合法定程序。法制组人员经常深入执勤一线，对执法工作进行面对面的监督，不回避问题，不迁就过错，不推诿责任。总站督察队将边检行政执法工作纳入督察内容，加强日常督察，发现问题立即纠正，促进了执法质量的提高。

坚持标准，细化内容，年度执法质量考核评议工作如期开展。执法质量考评是推动执法工作良性发展的重要方式和手段，广州总站根据公安部出入境管理局《出入境边防检查机关执法质量考核评议工作方案》，制定了《2004年执法质量考核评议工作方案》，成立总站执法质量考核评议工作领导小组，抽调机关办公室、督察处、业务处民警组成考评小组，对各站执法工作进行全面的考核评议。在考核行政执法案件、执法监督工作、民警法律素质的基础上，增加了执行业务规范以及文明执勤情况等两项内容，力求通过执法质量考评，对各站一年来以行政执法为主要内容的业务工作情况进行检验和评议，以执法考评推进业务工作的全面建设。

【全力以赴抓好以新白云国际机场、广州港南沙港区为重点的口岸迁建、筹建工作，确保业务执勤工作的顺利开展】 2004年8月5日，广州新白云国际机场正式启用；9月28日，广州港南沙港区一期工程4个5万吨级泊位码头临时对外开放并正式投入运营。为此，广州总站将重点口岸迁建、筹建工作作为一件大事来抓，作为服务地方经济建设和社会发展的具体行动，做到领导有力，目标明确，组织严密，实现了边防检查工作与口岸对外开放同时启动，得到了上级和当地党政部门的赞扬与好评。

广州新白云国际机场于2004年8月建成并投入使用，白云国际机场边检转场工作是广州总站的一件大事。为配合新机场的建设，2000年，总站成立了白云国际机场迁建边检问题调研小组；2001年，成立了白云国际机场迁建边检筹建领导和工作小组，主动与省、市政府和机场建设主管部门及施工单位联系，及时了解掌握与边检有关的各方面情况和信息，积极反映存在的问题和困难，加强配合与协作，确保有关问题较好地得以尽快解决。总站党委成员和机关业务部门领导多次亲临现场检查指导筹建工作，进行现场办公，研究确定重大事项。新机场边检搬迁筹建小组脱产进驻施工现场，白云站分别组织300多人次的警力参加了5月20日、6月15日、7月26日进行的三次试运行演练，通过演练发现问题并进行调试、解决；编制了《新机场边防检查勤务组织方案》、《证件查验应急方案》，进一步完善《新机场处置突发事件预案》；考虑到机场搬迁后业务执勤工作的需要，在总站范围内抽调了民警18人到白云站并进行上岗前培训及跟班学习。8月4日，总站组织了两个转场督导小组分别进驻新、旧机场，对搬迁中的业务、技术等问题进行现场督导。随着新机场第一个国际航班的到达，边检的执勤工作顺利开展。总站在之后的一段时间内，每天派出工作组检查、指导新机场勤务工作的开展；白云站加强了与口岸配套服务单位的联系、沟通和磨合，准确掌握入出境航班的动态，加强口岸限定区域的管理。

广州港口岸南沙港区一期工程码头于2004年9月28日临时对外开放。2003年,总站成立了广州港口岸南沙港区边检筹建工作小组,2004年,公安部六局批准成立了广州港南沙港区边检筹建小组。广州总站积极主动加强与广州市政府、南沙开发区以及南沙港区建设指挥部的联系和沟通,深入港区建设工地,及时全面了解口岸建设情况,适时提出与边检有关的意见,并跟进抓好落实。9月28日,广州市政府举行广州港口岸南沙港区一期工程投产暨码头对外开放仪式,边防检查执勤工作开展顺利。

【全面提高服务经济建设和社会发展能力，认真推行业务改革措施，真正做到执法为民】 广州总站坚持服从服务于国家经济建设和社会发展，认真落实执法为民的思想，积极推行公安部出入境管理局确定的两项业务改革措施，切实方便广大旅客出入境；积极为广州申亚出谋献策，为亚奥理事会官员出入境提供便利；克服困难，竭力做好广九直通车班次增加至12对的出入境边防检查工作，得到了党政部门以及广大出入境人员的高度赞赏。

切实推行业务改革措施。为贯彻落实公安部出入境管理局关于改进入境航班边防检查工作和从5月1日起内地居民往来港澳地区免填出入境登记卡的改革措施，广州总站加强宣传，扩大社会影响，使广大出入境人员、航空公司及口岸检查检验单位了解改革措施的具体内容。总站与白云站研究制定《改进入境航班边防检查工作方案》，进一步明确和细化入境航班检查与管理的具体操作办法。总站对各站贯彻落实情况进行跟踪检查和指导，确保措施不走样、不变形，真正发挥方便旅客出入境的效果。改革措施付诸实施后，广大出入境人员反应良好，普遍认为缩短了通关时间，方便了出入境，是执法为民的真正体现。

积极为广州申亚出力献策。广州申办2010年亚运会相关工作布置后，总站随即成立申亚工作小组，总站业务处负责参加申亚各项具体工作。同时，广州总站致函广州亚申委、市体育局、建委等单位，就广州口岸的整体建设、涉亚人员入出境政策、迎接亚奥理事会官员来穗考察评估等问题提出了建设性意见和建议，并得到有关单位的采纳和积极响应。亚奥理事会考察评估团一行5人4月14－16

日到达广州进行考察评估，总站制定了专门工作方案，亚奥理事会官员出入境时，解德学副总站长亲自到现场组织勤务，靠前指挥。白云站设置专门通道，为评估团人员专办边检手续，协助考察评估团团长萨尔索·德里特先生办理了入境落地签证，为考察团留下了良好形象，得到广州市委、市政府的好评，广州总站及两位同志被市政府评为申亚工作先进单位和个人。

出色完成专项边防检查任务。在一年两次的春秋季交易会期间，广州总站专项部署出入境边防检查工作，在旅检现场开辟专用通道，为参加交易会的外宾专办边检手续，方便外宾入出境。总站先后派出民警到交易会协助外宾接待工作，出色完成任务并得到赞赏。2004 年 4 月 18 日，广九直通车班次增加至 12 对，天河站在检查任务不断增加的情况下，克服困难，及时调整勤务，调剂警力充实执勤一线，圆满完成了广九直通车旅客检查执勤任务。9 月 1 日，菲律宾总统阿罗约专机上午 8 时 15 分降落在白云机场，在广州逗留 3 个小时，对广东进行旋风式访问，随即飞往北京。白云站科学组织，严密实施，及时顺利地为菲律宾总统一行办理了入境边防检查手续。9 月 7 日，由广东省外事办公室组织、广东国旅接待的日本“富士丸”号邮轮搭载着“2004 年日本兵库县洋上大学”旅行团团员访穗抵达黄埔港，9 月 8 日晚 12 时该轮出境返回日本，在人数多、日程紧的情况下，黄埔站周密部署，明确分工，顺利为 126 名船员、546 名旅客办理了入、出境边防检查手续以及船舶在港期间的监护管理任务，得到了接待单位的好评。

【以“大练兵”活动为重要契机，扩大规范化建设成效】 全警“大练兵”是 2004 年全国公安机关的一件头等大事，按照“干什么，练什么；缺什么，补什么”的练兵要求，广州总站结合边防检查执勤工作实际，力求通过“大练兵”提高队伍整体素质，提高业务工作规范化水平，提高民警文明执勤的自觉性，最终将执法为民的思想落实到各项工作中去。

以练兵促素质。素质是基础，素质是保障。“大练兵”活动中，按照边检执勤旅客检查、船舶检查与巡查、查控、调研四类岗位的任务与性质，狠抓基础性业务知识的学习，明确每类岗位人员应知应会的知识内容。各类岗位人员通过系统学习、岗位实践、知识竞赛和理论考试，有效提高了自身的业务素质，增强了做好本职工作的能力。总站开展业务执勤改革调研活动，向公安部出入境管理局提出 5000 多字包括改进边检勤务组织模式、简化旅客出入境手续、强化船舶出入境边检手续等三大方面九项具体业务改革的建议和意见。各站有 20 名民警结合实际，通过调研撰写了一批业务论文，为业务工作积极建言献策。

以练兵促规范。练兵是形式和手段，促工作是目的和体现。各岗位人员通过业务“大练兵”，对业务规范的内容、程序与要求更加清楚明晰，执行“规范’’成为更加自觉的行动，验证工作做到一对二录三查。总站还组织专门力量对各站勤务用房内悬挂的项目与内容进行了一次全面调查摸底，按照公安部出入境管理局规范的要求，统一规范墙上悬挂项目与内容。

以练兵促文明执勤。广州总站要求将文明执勤作为“大练兵”重要内容，通过深入学习周永康部长关于边检文明执勤的批示和公安部出入境管理局电视电话会议精神，广大民警深刻认识到口岸文明执勤不是代表个人，而是代表国家，人人从自我做起，从点滴做起。11 月，广州总站在天河站试点并召开旅客检查“零距离”交还证件现场会，在全总站部署实施旅检“零距离”交还证件工作，要求检查员验证时必须将证件交还到出入境旅客手中，让旅客自然从检查员手中取走证件，做到旅客不接证检查员不松手。并制定文明执勤“十禁止”，禁止执勤民警抛、扔、甩出入境证件，禁止在执勤现场与旅客发生争吵，禁止向旅客和被阻留人员索取钱物，禁止在船检中“吃、拿、卡、要”，禁止在出入境证件上乱盖业务印章，违者予以辞退或作其他处罚，进一步深化了文明执勤的内涵，拉近了广大出入境人员与边防检查人员的心灵距离，让出入境人员感受到贴心、温暖的服务，树立了良好的边防检查机关形象。

广州出入境边防检查总站2004年边防检查业务统计表

项目 口岸	旅客	员工	交通工具
天河	2276402	148218	7602
白云	2790559	229047	20538
番禺	763906	121317	14080
莲花山	302477	24867	2766
广州开发区	25898	15951	2178
新塘	—	9569	1458
黄埔	1847	218886	21200
洲头嘴	1	62826	9302
新港	1	91754	11022
新沙	—	11448	707
合计	6161091	933883	90853

深圳出入境边防检查总站

【概况】 2004年,深圳出入境边防检查总站在公安部出入境管理局的领导下,紧紧围绕公安中心工作和深圳市委市政府的工作部署要求,努力加强“四个能力”建设,坚持执法为民,坚持与时俱进,认真研究新情况新问题,积极探索新思路新方法,较好地完成了以出入境边防检查为中心的各项任务。全年共检查出入境人员150 215 196人次,同比增长18.11%,占全国出入境人员总量的54.62%;汽车14 398 501辆次,同比增长7.76%,占全国出入境汽车总量的77.32%;船舶80 017艘次,同比增长13.73%,占全国出入境船舶总量的17.35%;列车2 216列次,同比减少19.21%,占全国出入境列车总量的4.85%。圆满完成了人大、政协“两会”、“高交会”、“文博会”等重要活动和“元旦”、“春节”、“清明”、“五一”、“中秋”、“国庆”、“圣诞”等重大节假日期间的出入境边防检查和安全保卫任务,为维护国家安全和社会稳定,促进改革开放和经济社会发展作出了积极的贡献。

【打击非法出入境等违法犯罪活动】 2004年，深圳出入境边防检查总站进一步加大打击非法出入境等违法犯罪活动力度，取得了明显成效。在深圳各口岸全面启用“出入境边防检查综合管理系统”的基础上，建立完善了新的查控工作模式，进一步明确了查控工作责任，规范了查控资料管理，减少了工作环节，提高了甄别处理工作的可靠性。进一步加强口岸反恐工作，完善了口岸监管设施和“处突”预案，组织开展了35次反恐实战演练。以口岸建设和改造为契机，对罗湖、皇岗口岸限定区域环境进行了集中整治，并开展了4次反扒专项行动，抓获扒窃嫌疑人员23人。坚持防范与打击相结合、长效管理与专项行动相结合，不断加大反偷渡工作力度。针对当前偷渡活动的动向和特点，加强对伪假证件的研究和信息交流工作，先后举办了16次伪假证件识别培训班和研讨会。按照公安部的统一部署和要求，成立了“打击非法出入境活动专项工作领导小组”，研究制定了打击非法出入境活动专项行动方案，组织召开了12次反偷渡工作研讨会，建立健全了与地方公安机关和海关、检验检疫等多部门工作协作机制。查获和处理各类偷渡案件50 166人次及控制对象一批，涉案金额人民币62.3亿元。2004年4月22日和26日，总站在罗湖口岸先后两次成功挫败了香港某某派人士闯关闹事的图谋，得到了公安部的充分肯定。在打击非法出入境活动专项行动中，全总站有6个单位和9名民警受到了公安部的表彰。

【深化勤务改革】 2004年，随着我国全面建设小康社会事业的不断推进和个人赴港澳旅游放开，按需申领护照进程加快，境外旅游目的地不断增多，深圳至新加坡、曼谷，经澳门至台湾，经上海至日本大阪等定期国际客运航线开通，盐田港国际码头新建泊位的启用等一系列新的对外开放措施的相继实施，深圳各口岸出入境流量持续大幅增长。深圳出入境边防检查总站积极采取各种应对措施，在有效管理控制、确保安全的前提下，不断加大勤务改革力度，不断推进出入境边防检查工作的改革创新。按照公安部的统一部署要求，进一步简化了出入境边防检查手续，完善了出入境船舶预检制度，从2004年3月1日起，盐田出入境边防检查站对靠泊盐田港的所有国际航行船舶实行预检。从2004年5月1日起，持《往来港澳通行证》、《往来香港澳门特别行政区通行证》的出入境旅客免填《出入境登记卡》。从2004年10月8日起，蛇口出入境边防检查站对靠泊蛇口港的所有国际航行船舶实行网上报检。先后组织对皇岗、机场、蛇口等出入境边防检查站的勤务工作进行了调整和改革。在深圳市政府的重视和支持下，对皇岗、文锦渡、沙头角等口岸检查、监护设施进行了改造，实现了边防检查执勤现场设施、标识的规范统一，进一步优化了口岸通关环境，确保了口岸的安全畅通。

【科技强警】 2004年，深圳出入境边防检查总站不断加大科技投入，大力加强科技建设，提高队伍技术保障能力。在全面推广“出入境边防检查综合管理系统”的基础上，组织力量，大胆攻关，成功开发了船舶网上报检系统，开通了蛇口出入境边防检查站网上报检系统。完成了总站至各出入境边防检查站的会议电视和罗湖、皇岗、蛇口、沙头角、文锦渡、机场等出入境边防检查站的闭路电视监控系统工程建设，实现了总站指挥中心、各出入境边防检查站现场值班室、执勤现场验证通道之间的可视对讲。对各出入境边防检查站计算机和通信机房进行了改造，在总站建立了远程机房监控中心。按照公安部的工作部署和总体要求，积极推进“旅客自助查验通道”系统的研发工作，为口岸的安全畅通提供了坚实的技术基础和保障。

【队伍建设】 2004年，深圳出入境边防检查总站以队伍纪律作风建设为主线，以提高领导班子建设水平和队伍整体素质为重点，积极推进队伍建设。举办了两期处级领导干部理论学习班，组织全总站处级领导干部系统地学习了“三个代表”重要思想。加大了对各边检站领导班子和领导干部的考核交流力度，对8名正处级领导干部、13名副处级领导干部进行了岗位交流，不断加强和改进领导班子的作风建设，总站领导坚持深入基层、深入一线，开展调查研究，听取意见建议。总站和所属各出入境边防检查站两级纪委对21名副处级以上领导干部进行了廉政谈话，所属各出入境边防检查站纪委对116名副科以上领导干部进行了工作谈话和诫勉谈话。强化队伍思想政治工作，组织开展了队伍思想分析和纪律教育活动，狠抓了队伍文明规范执勤工作，研究制定了加强和改进队伍纪律作风建设十条整改措施。立足工作实际和岗位特点，坚持战训合一，扎实开展了“大练兵”活动，组织编写了《大练兵理论知识题库》，开展了多次理论知识、专业知识和体能竞赛活动。在“大练兵”理论知识、专业知识考试和体能考核中，全总站民警全部达标。（林根芳　周畅）

深圳出入境边防检查总站2004年出入境边防检查数据统计表

单位：人次

	单位	入境	出境	总数	百分比%	全国排名
人员	深圳总站	74465231	75749965	150215196	+54.62	1
	罗湖	44348353	45291118	89639471	+32.59	1
	皇岗	24605095	40633224	48547837	+17．65	3
	蛇口	604402	759393	1363795	+0.50	13
	文锦渡	2950212	2758963	5709175	+2.08	6
	深圳机场	118129	119932	238061	+0.09	48
	盐田	73583	88059	161642	+0.06	59
	沙头角	1557913	1324686	2882599	+1.05	8
	笋岗	3521	3521	7042	+0.0026	189
	福田	139362	138699	278061	+0．10	42
	福永	612398	561059	1173457	+0.43	16
	赤湾	60674	54642	115316	+0.042	78
	妈湾	29701	24400	54101	+0.02	110
	东角头	24241	20398	44639	+0.02	117
汽车	深圳总站	7203768	7194733	14398501	+77．32	1
	皇岗	5223661	5333921	10557582	+56．70	1
	文锦渡	1398259	1361841	2760100	+14．82	2
	沙头角	448386	365523	813909	+4．37	4
	福田	133462	133448	266910	+1．43	7

列车	深圳总站	1032	1184	2216	+4.86	5
	笋岗	1032	1184	2216	+4.86	5
飞机	深圳总站	3716	3760	7476	+2.68	8
	深圳机场	3716	3760	7476	+2.68	7
船舶	深圳总站	39104	40913	80017	+17.35	2
	蛇口	13486	14307	27793	+6.03	1
	盐田	7857	8588	16445	+3.57	7
	赤湾	4537	4906	9443	+2.05	16
	福永	7787	7750	15537	+3.37	8
	妈湾	3801	3169	6970	+1.51	20
	东角头	1636	2193	3829	+0.83	31
说明	“百分比”指该项内容占全国总量的百分比。					

珠海出入境边防检查总站

【概况】 2004年，珠海出入境边防检查总站下属各口岸共验放入出境旅客、员工6 681.9万人次，同期相比增长23%，其中拱北边检站验放量首次突破6 000万人次，单日验放量突破25万人次；检查出入境交通运输工具237多万辆（艘）次，同期相比增长11%；查获一批控制对象和偷渡人员。未发现违反纪律条令的事故案件和严重违法违纪行为。全年全总站共有1个单位、3名民警分别被评为“全国公安机关出入境管理部门先进单位和先进个人”；3个单位荣立集体三等功，15个单位受到集体嘉奖，22名民警荣立个人三等功，153名民警工人受到各级嘉奖；10个党支部被评为先进党支部，59名党员被评为优秀共产党员和优秀党务工作者；145名民警在公务员年度考核中被评为优秀等次。

【班子建设】 结合实际，重点围绕提高素质、改进作风、增强党委核心领导作用三个重点来开展工作。一是坚持不懈抓好领导班子自身学习，夯实理论基础提高综合素质。总站党委首先把提高班子成员的政策理论水平作为经常性任务来抓，认真落实学习制度，有计划、有系统地学习邓小平理论、“三个代表”重要思想和十六届四中全会、中央决定、二十公精神，不断提高班子成员的政策理论水平；同时结合各个时期的重要工作部署，采取扩大会议的形式吸纳处、科级领导干部参加，及时组织学习，保证各级领导干部先学一步、学深一步；并且坚持理论联系实际的学风，将理论学习与专题研讨、调查研究和解决实际问题结合起来，努力提高班子成员运用理论指导实践的能力；此外，还充分利用驻地高校资源，先后邀请北京师范大学管理学院的专家学者开办6期理论讲座，进一步拓宽领导干部的理论视野。二是认真贯彻民主集中制，努力提高班子的集体领导能力。总站党委把贯彻民主集中制作为班子建设的关键环节来抓，严格用“集体领导、民主集中、个别酝酿、会议决定”16字方针规范党委议事和决策工作。凡属重大问题，总站都严格按照议事规则，由集体讨论作出决定。三是改进工作作风，发扬艰苦奋斗、求真务实的传统。总站党委严格对照“八个坚持、八个反对”和“两个务必”的要求，经常性地开展反思查摆，不断改进作风和工作方法，努力克服形式主义，大力弘扬艰苦奋斗、求真务实、真抓实干的作风。总站班子成员经常深入挂钩站调查研究、指导工作，帮助基层解决实际困难，尤其是在节假日旅客高峰期、重大活动或敏感时期，班子成员都在第一时间深入一线靠前组织指挥。总站班子成员全年下基层时间平均都在70天以上。

【业务执勤】 随着CEPA的实施和“个人港澳游”的进一步开放，珠海各口岸出入境人员快速增长。据统计，2004年全年，珠海各口岸边防检查站仅查验“个人港澳游”旅客就达375.8万人次，占查验出入境人员总数的6%左右。面对口岸快速增长的旅客流量，珠海边检总站坚持以执勤为中心的工作指导思想，坚持一手抓执勤工作规范，一手抓科技建警投入，人力、物力、财力均向执勤一线倾斜，全力保证执勤任务的完成。一是加大软、硬件投入，进一步改善执勤条件，提高执勤工作效率。针对旅客流量增长较快的情况，边检总站投入大量资金和人力、物力研制开发“旅客自助查验系统”，并已研制好较为成熟的试用模型，经反复测试，可保证人员通关速度在10秒左右。与此同时，边检总站还积极配合市口岸局做好“车辆一站式通关系统”的建设，以简化查验手续，提高车辆通关效率。两个系统的建成，将对缓解口岸通关压力起较大作用。此外，总站还对下属各站的查验设施进行改造，购置了大批新式查验设备，有效地提高了通关效率、改善了民警执勤条件。二是提高口岸控制能力，全力维护国家安全和社会稳定。2004年，珠海边检总站不断总结经验，改革工作机制，完善有关措施，全力以赴做好口岸查堵工作，有效地提高了口岸控制能力。全年查获了一大批控制对象、违法违纪人员和偷渡人员，较好地配合了各地公安机关打击了各类违法犯罪活动，保障和促进了地方经济建设。圆满地完成了胡锦涛主席、曾庆红副主席、蒙古国总统及各省部委领导的出入境安全保卫工作，获得了上级的肯定评价。三是加强业务培训，队伍整体素质明显提高。为了扩大民警的业务知识面，提高民警的综合业务水平，边检总站高度重视业务培训工作的开展。多次举办中层科队领导业务培训和基层执勤民警业务培训，主动将业务能手和专家学者请进来，为广大民警传授有关专业知识和经验，为口岸执勤工作的顺利开展打下了良好的基础。

【“大练兵”初见成效】 2004年5月始，全国公安机关开展轰轰烈烈的大练兵活动，珠海边检总站迅速按照上级要求，结合实际，深入动员部署，以提高民警的政治、业务、体能素质为目的，以推进文明规范执勤工作为重点，扎扎实实地开展“大练兵”活动。一是将文明规范执勤作为“大练兵”的重要内容，引导民警牢固树立执法为民思想，切实转变执法观念，提高执法水平。总站认真分析队伍在文明规范执勤中存在的突出问题，把文明规范执勤作为“大练兵”活动的重点，切实推进队伍文明规范执勤工作，通过开展“假如是旅客”反思教育，组织民警开展反思查摆，充分认识文明规范执勤工作的重要性，真正从思想深处得到触动，自觉纠正“以管人者自居”和“完成任务是大事，文明与否是小事”的错误观念，增强文明执勤的自觉性。二是广泛开展形式多样的岗位练兵，切实提高文明规范执勤能力。按照大练兵“干什么、练什么、缺什么、补什么”的要求，边检总站结合执勤实际，制定了练兵方案，安排了形式多样的练兵活动。在开展业务大练兵活动中，为了突出实战效果，让练兵活动真正收到实效，边检总站采取了“三比二考一竞赛”等形式，来促进练兵活动，检验练兵成果。即“百本证件资料录入比赛、百本伪假证件识别比赛、文明执勤及无差错评比活动”，“业务考核及外语考核”，“业务知识竞赛”。通过上述活动，全总站迅速掀起了业务大练兵的高潮，营造了一个全体民警积极学、练、比的良好氛围，较为全面地检验了业务练兵活动的成果。三是广泛开展警体训练，加强队伍的纪律作风养成。在“大练兵”活动中，总站采取集中强化训练与经常性训练相结合的方式，加强民警警体素质训练和作风养成。通过大练兵活动，队伍在文明规范执勤、业务水平、纪律作风、警体素质等各方面都有了很大的提高。

【队伍管理】 一是抓好基层思想政治工作，保持队伍思想稳定。一方面积极开展思想政治教育学习，努力提高队伍的思想政治素质。先后组织开展十六届四中全会和“二十公”精神学习、执政为民专题教育、党内监督条例和党的纪律处分条例学习以及职务性违法违纪警示教育等思想政治教育活动，组织民警认真学习中央文件、部领导讲话和法律法规原文，学习违法违纪案件选编，组织民警结合实际开展讨论，对照自身情况撰写心得，进一步坚定理想信念，打牢执法为民的思想基础；另一方面积极改进思想工作方法，加强基层经常性思想工作。总站下属各单位认真总结经验，进一步完善政工例会制度和思想分析、思想汇报等经常性思想工作制度，坚持每季度召开政工例会，集中分析队伍中存在的普遍性、倾向性问题，会诊队伍管理遇到的难点，总结推广先进经验。二是实施固本强基工程，抓好基层支部班子建设。总站党委深入基层开展调查研究，了解基层组织建设和队伍管理的新情况、新问题，共同探讨激发队伍活力、加强队伍正规化建设的措施对策。通过深入调研，较全面具体地掌握基层情况，为找准基层工作切入口，推进基层规范化建设积累了重要信息资料。根据调研成果结合队伍现状，总站组织进行了科队领导考核工作，优化基层班子结构，推进干部能上能下。8 月份，总站对 130 多名科级领导干部进行了考核，其中有 4 名正队长、2 名副队长被免职改任非领导职务，5 名同志被取消代职资格。进一步健全了干部队伍的激励鞭策机制。此外还组织 28 名科队领导进行岗位交流，加强基层支部班子建设，增强干部队伍的活力。三是严格队伍管理，加强队伍规范化建设。认真贯彻落实“从严治警、依法治警”的方针，进一步严格队伍管理。在抓好“五条禁令”贯彻工作的同时，加大督查力度，督促各级认真履行职责，防止和克服作风松散纪律松弛的现象。总站全年没有发现职务性违法犯罪和违反“五条禁令”的行为，队伍基本上保持了廉洁稳定，确保了以边检执勤为中心各项工作任务的完成。四是坚持文化育警方针，发展边检特色文化。制定了宣传文化工作六项措施，统筹安排，认真组织，达到了加强对外宣传，扩大社会影响和活跃基层文化生活，陶冶民警工人情操，增强队伍凝聚力的目的。先后与珠海电视台多个栏目组合作，制作播出《新闻视点——热情服务守国门》、《百姓茶馆——走近边检民警》、《百姓茶馆——在东帝汶维和》等节目，并积极组织民警参加《挑战星期天》节目，通过专题报道、互动访谈等形式，扩大社会影响力。积极宣传先进典型的事迹，反映民警的良好风貌。在拱北站调研审查队获得“全国公安机关优秀基层单位”称号和民警章晓红参加九总站先进事迹巡回报告会期间，两次在《南方日报》、《珠海特区报》2 版显著位置刊登了大篇幅通讯报道，收到良好的社会效果。总站还主动拓展文化交流渠道，将警营文化建设与驻地珠海市的文化盛市方针相结合，使警营文化建设与社区文化相互融合、相互促进。一年来，总站组织发动民警深入体验生活，创作各类文艺作品或文艺节目，先后参加了部直属机关庆祝建国建部 55 周年书画摄影展、公安部政治部组织的 2004 年警察歌曲创作暨演唱大赛、珠海市“滨海之声”音乐会、珠海市第六届职工文艺比赛和拱北社区第三届文化节等系列文化活动。在各项文艺比赛活动中，参赛民警以反映边检建设的原创作品和节目获得普遍好评，进一步增强了民警的集体荣誉感，同时为促进警营文化建设创造了良好的外部环境。

【后勤保障】 总站后勤保障工作以边防检查工作为中心，切实做到后勤为基层服务，扎实为民警办实事。一是坚持“保障服务”的工作思路，切实为一线服务，为民警办实事。主动到基层调研，对基层反映的困难及时解决。不断改善办公和生活条件，办了大量的实事：投入20多万元对拱北口岸现场更衣室进行改造，解决了民警上下班衣物更换问题；投入16万元对民警住宅楼的屋面进行了防水补漏维修；投入50万元解决住宅小区通信电缆和煤气管道；投入55万元购置了一辆大巴，对住在宿舍区的民警职工实行每班次的接送；投入大量资金对口岸进行装修、维护，集中配置大量办公用具，使办公条件得到彻底改善；投入10多万元兴建站篮球场、举办乒乓球赛、登山赛等活动，为丰富民警的业余文体生活提供了有力的后勤保障。二是加强财务规范化建设，提高基层财务工作水平。严格按照财经法制办事，严格控制各项经费的收支使用，遵守和落实“收支两条线”的有关规定，控制和尽量减少不必要的开支，做好开源节流工作。全年实行政府采购51次，总价值1999万元，节约资金266万元。三是抓好基建工作。完成了万山站综合楼项目报建工作；完成湾仔站办公楼配套工程及配电房工程；完成斗门站、高栏站综合楼外墙装修工程；完成横琴站警戒楼主体工程；完成了九洲站办公楼装修改造工程；投入50万元对九洲站食堂进行了改造；投入13万元完成了万山站营区绿化工程；投入77万元改建了万山站发电机房并购入新的发电机。四是抓好民警住宅楼工程建设，解决了民警的后顾之忧。年初完成了都市花园250套房主体工程及小区配套工程的施工，公平、公正地完成了住房分配工作并办理了相关购房手续。集中购房工作顺利完成，大大减轻了总站民警职工住房紧缺的压力，解决了购房民警职工的后顾之忧，为总站营造一个拴心留人的工作环境起到了很好的作用。

珠海出入境边防检查总站2004年查验数据统计表

单位：万人（辆、艘）次

全总站	出入境人员	同比±%	入境人员	出境人员
	6681.9	23%	3415.2	3266.7
	交通运输工具	同比±%	入境交通运输工具	出境交通运输工具
	237.3	11%	118.7	118.6
海港站	出入境人员	同比±%	入境人员	出境人员
	202.7	18.9%	97.8	104.9
	交通运输工具总数	同比±%	入境交通运输工具	出境交通运输工具
	3.5	-7.6%	1.7	1.8
陆港站	出入境人员	同比±%	入境人员	出境人员
	6479.2	23.8%	3317.4	3161.8
	交通运输工具总数	同比±%	入境交通运输工具	出境交通运输工具
	233.9	11.5%	116.9	117

汕头出入境边防检查总站

汕头出入境边防检查总站隶属公安部出入境管理局垂直领导，副厅级建制，下辖外砂出入境边防检查站、龙湖出入境边防检查站两个副处级单位和潮阳出入境边防检查站、南澳出入境边防检查站两个正处级单位。2004年，汕头出入境边防检查总站在公安部出入境管理局和总站党委的正确领导及上级业务部门的指导下，深入学习贯彻党的十六大、十六届三中全会、四中全会精神和《中共中央关于进一步加强和改进公安工作的决定》，按照第二十次全国公安会议和公安部六局九总站工作会议的部署和要求，紧紧围绕全党全国工作大局和公安中心工作，以“三个代表”重要思想为指导，牢记“五个意识”，坚持与时俱进，坚持执法为民，通过大力加强法制建设、科技建设和队伍的正规化建设，积极稳妥地改进管理制度和管理方式，提高便民利民为民的质量和实效，提高口岸的综合控制能力，提高对非法移民活动的防范、发现和处置能力，充分发挥维护国家安全和政治稳定、服务改革开放和经济建设的职能作用，圆满完成了各项出入境边防检查任务，各项工作取得了新的发展和进步。

全年共检查出入境人员167 082人次，其中出入境旅客113 704人次，出入境交通运输工具服务员工53 378人次。共检查出入境交通运输工具3 611架（艘）次，其中出入境飞机1 231架次，出入境中外籍船舶2 380艘次。

【加强和规范行政执法工作，努力提高依法行政水平】 在建设社会主义物质文明、政治文明和精神文明的新形势下，人民群众的民主法制意识明显增强，对依法行政的要求日益提高，汕头边检总站努力适应形势的要求，不断转变执法观念，不断加强法制建设，“公正、严格、文明执法”的水平有了新的提高。为此，总站十分重视边检执法工作，按照“执法为民”的要求，继续狠抓严格执法、规范执法和文明执法，在提高队伍执法水平、加强执法监督上下功夫，使边防检查执法工作进一步适应任务和形势的需要。一方面认真抓好《公安机关办理行政案件程序规定》的贯彻落实工作，分期分批举办了各项形式的培训班，制定了行政处罚案卷的制作标准；一方面继续开展执法质量考核评议工作，加大执法监督力度，不断推动法制建设。通过一系列的制度和措施，各执法单位公正、严格、文明执法的水平进一步提高。全年共查处违反出入境法律法规案件近200起，未出现因当事人不服而引起的行政复议和行政诉讼。

【强化打击非法出入境活动的措施】 一是与当地公安机关出入境管理部门建立反偷渡工作、信息交流协作机制，进一步加强交流与合作；二是利用证件鉴别仪等设备加强证件研究工作，识别伪假护照证件的能力有了新的提高，查获了一批持用伪假护照证件的非法出入境人员。积极创造条件，为执勤一线配备了一批技术含量高的检查设备，形成了前台检查、后台鉴定的格局，为口岸反偷渡工作提供有力保障；三是继续参与全国打击非法出入境、非法移民活动专项行动，及时传达上级有关会议精神，总站成立打击非法出入境、非法移民活动专项行动领导小组，并制订下发实施方案；四是积极开展情报调研工作，加强对口岸的监管，切实为边防检查工作服务。充分发挥情报调研工作在打击各种出入境违法犯罪活动中的先导作用。

【继续贯彻科技强警战略】 把加快科技进步作为提高边检工作水平的途径，坚持科技强警、服务执勤一线的原则，积极引进和开发科技手段，在前几年投入大量资金购置、配发了大量技术装备的基础上，积极组织力量加大科技投入和研究力度，以发挥科学技术对边防检查工作的能动作用，为边防检查执勤工作服务。为进一步提高工作效率，实现资源共享，总站机关与所属的外砂、龙湖、潮阳和南澳检查站进行了光纤联网，为搭建电子政务平台、实现办公自动化打下基础。为加强对海港区的有效监管，对所辖各港区、码头安装了闭路电视监控系统，并制定一系列的规章制度，确保各类设备的正常运转，从而切实发挥高科技的作用，增加边检执勤工作的科技含量。

【积极服从服务于改革开放和经济建设大局,主动参与口岸“大通关”建设】 不断改革工作模式,认真贯彻上级的指示精神,牢固树立执法为民的思想,努力为广大出入境人员创造更为便利的通关环境。

一是高度重视口岸建设，不断改善执勤设施，努力创造良好的通关条件。配合汕头市政府做好对汕头港7个码头的验收开放工作，重新完善了码头有关的边检执勤设施。根据地方政府的统一部署，进驻汕头港物流中心，与口岸联检单位联合办公报检，进一步方便出入境船舶和人员。本着积极支持地方经济建设，服务地方经济发展的思路，适应当前口岸“大通关”的工作要求，配合汕头市政府做好潮阳港作为一类口岸于2004年底通过了国家预验收。

二是开展调查研究，加强窗口单位建设。认真贯彻周永康部长对公安边检工作的指示精神，积极开展树文明国家窗口形象活动，加强基层执勤警队规范化建设，汕头总站把文明规范执勤作为公安机关窗口单位活动的主要内容，广泛听取各方面的意见和建议，密切警民关系，实行24小时值班制度，在坚持原则的前提下，尽量为服务对象提供方便。采取多项便民措施，成立服务小组，帮助老、弱、病、残旅客，提供现场咨询，耐心、热情解答旅客提出的问题，在春节、国庆等重大节日出入境旅客高峰期合理安排勤务，开足通道，提高口岸通过能力。2004年汕头市召开的各类大型活动，如国际玩具博览会等活动，都有不少海内外嘉宾到汕参观、访问，对应邀参加并通过口岸进出的人士，开通专门检查通道，方便进出。年底，香港特别行政区政府政务司司长曾荫权率领93名香港经贸考察团应邀访汕，边检民警为访问团提供优质服务，受到了当地政府和出入境人员的好评。通过一系列的措施，树立了公安边检机关窗口单位的良好形象，为大通关建设创造良好的服务环境。

三是做好汕头港国际客运码头的重启工作，为“澳玛Ⅲ号”邮轮的开通做好准备。为积极支持地方经济建设，在时间短、经费紧张的情况下，汕头总站积极克服困难，对停航4年多的汕头港国际客运码头旅检大厅的各项边检设施进行了重新建设和完善，抽调执勤警力，确保了3月28日航行汕头至香港的“澳玛Ⅲ号”邮轮首航取得圆满成功。为方便旅客随时登离船舶，应经营单位请求，口岸查验部门实行全天候通关模式，受到当地政府、出入境旅客的高度评价。

四是积极贯彻上级改革措施，进一步改进执勤工作。改进入境航班边防检查方式，入境航班抵达口岸后旅客即可下机，一般情况下边检执勤人员不再登机收取机组人员护照和总申报单。为进一步简化出入境手续，从5月1日起，持《往来港澳通行证》和《往来香港澳门特别行政区通行证》的内地居民出入境不再填写《出入境登记卡》，以此减轻口岸压力，提高通关效率。增设“需扶助人员通道”，做好需扶助人员出入境边防检查工作，切实体现执法为民。

【全警动员，开展公安机关大练兵活动】 按照“干什么、练什么，缺什么、补什么”的要求，着力培养民警的现代警务理念和实战技能，加强队伍建设、改善队伍形象。加大培训工作力度，采取“走出去、请进来”的方式，开阔民警的视野，激发民警学习的主动性、积极性。积极与香港、澳大利亚等移民机关开展交流与合作，共同打击非法出入境活动。通过深入开展大练兵活动，加强对各级人员的培训，汕头总站文明、规范执勤水平得到提高，依法行政能力进一步增强。

广东出入境检验检疫局

【概述】 2004年，广东检验检疫局共检验检疫出入境货物442.9万批，货值1 274.09亿美元，同比分别增长13.8%和30.4%；发现不合格的10 799批，货值22.03亿美元，同比分别增长46.9%和127.4%。其中出境货物289.3批，货值619.01亿美元，发现不合格的1 733批，货值4 388万美元；入境货物153.6万批，货值655.08亿美元，发现不合格的9 044批，货值21.59亿美元。监测体检出入境人员74.3万人次，同比下降45.6%，发现病例2.2万人次，同比增长13.3%；预防接种13.5万人次（含口岸从业人员和交通员工）；艾滋病监测8.0万人次。检疫出入境交通工具共计169.7万架（辆、艘）次，同比增长29%。其中出境105.5万架（辆、艘）次，入境64.1万架（辆、艘）次。检疫集装箱688.7万个标箱，检出问题14 736标箱，同比分别增长17.1%和23.2%。其中出境399万个，入境289.7万个。检疫出入境动植物及其产品33.2万批，货值76.98亿美元，同比分别增长5.3%和27.5%；其中检出不合格货物6 533批，13.13亿美元，同比分别增长83.9%和99.7%。签发普惠制产地证87万份，同比增长4.7%；签证商品金额239.5亿美元，同比增长11%；签发一般产地证36.8万份，同比增长15.6%；签证商品金额105.5亿美元，同比增长6.0%。完成外商投资财产鉴定1 512批，查出高价低报278批，升值率为13.19%；查出低价高报132批，降值率为9.52%，挽回直接经济损失650万美元。

广东局业务量同比增长情况及在全省和全国的比重

（1）批次

货物检验检疫	批次（万批）	与上年同期比（±%）	占广东全省比重（%）	占全国比重（%）
出　境	289.3	16.1%	76.5%	34.2%
入　境	153.6	9.7%	67.2%	36.4%
合　计	442.9	13.8%	73.0%	35.0%

（2）货值

货物检验检疫	货值（亿美元）	与上年同期比（±%）	占广东全省比重（%）	占全国比重（%）
出　境	619.01	28.6%	65.6%	23.6%
入　境	655.08	32.0%	56.9%	21.2%
合　计	1274.09	30.4%	60.8%	22.3%

【广东检验检疫监督管理电子化模式的研究与应用】 经过一年多的艰苦努力，广东检验检疫监督管理电子化模式的研究与应用取得了圆满成功，创建了首个能涵盖所有商品、适用不同地区、不同企业、不同产品的检验检疫监督管理电子化系统。并在湛江、东莞两地多家企业成功推广试用。2004年11月17日，广东省科技厅组织了“广东检验检疫监督管理电子化模式的研究与应用”科技成果鉴定会。鉴定会认为：“在我国实施开放型经济发展战略的过程中，该工程是适应‘大通关’需要的一项重要举措，其设计原理和思想在现代质量管理理论上有重大创新，在实施‘大通关’的手段上有重大突破。在解决多商品共享平台的方案上科学、可行，破解了合格评定程序电子化应用中的难题，提供了政府实施电子化监管的手段。实际应用证明，该系统具有巨大的社会效益和经济效益，对促进我国产品国际竞争力的提高有重要作用。该课题研究和实现的难度很大，研究成果达到国际先进水平，建议在进一步研究和充实的基础上，尽快推广应用。”

【进口商品电子监管系统建设】 开发应用了进口商品电子监管系统。该系统充分利用现代信息技术实现的视频监控延伸和拓宽了检验监管视野，在重点敏感商品的进口口岸、码头、仓库、装卸点等地实现全天候视频信号采集。在实施现场监控的同时，将信号传输给检验检疫机构监控室，实现同步监控。开通了珠江三角洲为主的27个口岸的现场监控。该系统在对进口敏感商品实现“提速、减负、增效”的基础上同时实施重点监控，达到了严密监管的目的；该系统对检验检疫查验程序提供可追溯的历史记录，进一步规范了检验检疫内部管理和查验程序，保护当事人合法权益，促进了口岸公共电子平台的构建，提高了检验检疫通关效率。为规范口岸视频监控管理，制定汇编了与口岸视频监控有关的操作规范和管理文件，包括《进境货物现场查验视频监控管理及操作规范》、《集装箱场站登记细则》、《进境肉类产品指定存储冷库检验检疫要求》、《进境水果检疫管理办法》等。配合国家质检总局完成了涉及进口废物和旧机电产品敏感商品的“入境货物电子证单综合处理系统”，包括《进口废物原料装运前检验电子监管系统》和《进口旧机电备案电子监管系统》需求分析。

【禽流感防治】 2004年1月，广东省公布省内9个地点先后发生高致病性禽流感疫情，广东检验检疫局及时与广东省政府有关部门联系沟通，立即采取了一系列口岸禽流感防控措施。提出了检验检疫机构防治禽流感的9项措施和供港澳家禽注册饲养场防治禽流感工作的9点要求；充分利用供港澳活禽电子监督管理系统对饲养场进行视频监控；对所有场地进行封闭式管理，严格实行“零报告制度”；与当地政府部门配合，构筑起注册场周边3公里范围防护带；确保供港澳注册场的禽只免疫率达100%，做到“场不漏群，群不漏禽，禽不漏针，针不漏效”；认真做好出入境旅客携带物和邮寄物的检验检疫工作，加大对出入境货物的查验力度，对来自疫区的运输工具进行彻底消毒处理，防止禽流感疫情传入传出；提高科学防疫意识，切断禽与人传播途径。由于措施得力，确保了130个供港澳活禽养殖场的卫生安全。确保了广东活禽及时恢复供港澳。3月18日首先恢复活禽供澳，4月20日试验性恢复活鸡供港，5月12日全面恢复活鸡供港，6月10恢复活杂禽供港，6月25日恢复鸡苗供港，7月3日恢复观赏鸟供港。广东检验检疫局被省委、省政府评为“防治禽流感工作先进单位”，10人被评为先进个人。

【出入境人员传染病检疫监测】 全年检出艾滋病阳性14例，性病364例，肺结核133例，肺炎923例，澳抗阳性6 724例，以及其他传染病173例。针对美国暴发西尼罗热，阿富汗暴发利什曼病，不丹、孟加拉、斯里兰卡和印度尼西亚暴发登革热等传染病疫情，抓好口岸检疫查验，加强国境口岸、出入境交通工具的卫生监督；严格对供应交通工具的食品、饮用水的监测；对重点区域、重点人群注意抓源头，落实疫源调查和检索；加强对国际邮包快件的检验检疫管理；积极建立防制非典等传染病的长效机制；在口岸媒介生物监测工作中，截获传染病媒介生物和上报信息数量在检验检疫系统均名列前茅；积极倡导和支持广州新白云机场创建“国际卫生机场”，理顺和规范卫生监督权属；牵头成立了南方 8 省 11 局热带病卫生检疫联防组，建立和完善区域性热带病卫生检疫联防网络、疟疾和其他传染病的长效联防联控机制。

【出入境动植物检疫】 2004 年，从进境动植物及其产品中检出有害生物及有毒物质 1 638 种 57 917 次，同比提高 36%和 82%，继续名列全国检验检疫系统第一。从进境的巴西、阿根廷大豆中检出 6 批含有杀菌剂成分的种衣剂大豆；从进境的泰国龙眼中检出二氧化硫超标 13 次；3 次从美国的小麦中截获到小麦矮腥黑穗病（TCK）；在全国口岸首次从进境的泰国棕榈科种苗中截获水椰八角铁甲。检出 25 批 500 吨不合格进口水果并作了退运处理，其中有毒有害物质超标的 13 批次 272 吨，不符合规定要求的 12 批次 228 吨。检疫进口种畜 9 677 头，检出并捕杀患各种传染病的 162 头。在国内首次从进口活动物中分离出传染口炎和传染性鼻气管炎病毒。上述重大疫情的检出，为国家质检总局发布风险警示通报、对外交涉和制定检验检疫政策或措施提供了重要依据。

【进出口食品安全风险控制】 对敏感的进出口食品实行“一把手”负责制；针对进口肉类夹带、混装疫区产品严重的状况，派员在香港协助进行中转预检；大力推行“公司+基地”的模式，实行“一条龙”管理；对水产品养殖基地实施登记备案成效显著；检出不合格进口肉类 119 批，同比提高 89%，处理走私冻肉 4 148.31 吨。截获带疫情水果 1 927 批，同比提高 81.6%，检出疫情 2 619 次，同比提高 38%。广东省人大常委会卢钟鹤主任带领全国人大代表视察并高度评价食品安全把关工作。

【进出口商品检验监管】 对进口旧机电产品，加强装运前的预检验和监装，严格审核进口证明文件，规范程序，分类管理，效果明显。共查获不合格旧机电产品 144 批次，金额 1 457 万美元，查出了以旧充新、违禁进口、弄虚作假等严重问题。国家质检总局据此发布了首份进口旧机电产品警示通报。检验检疫进口废物原料，检出不合格的 213 批，969 个集装箱，货值 564 万美元，堵住夹带生活垃圾的进口废物 32 批，262 个集装箱；从 7 批 25 个集装箱的进口废钢废五金中发现大量的炮弹头、炮弹壳和子弹，查获了假进口废物环保批文和生活垃圾等问题。对出口烟花爆竹，强化产地检验和口岸查验管理，严格生产企业登记考核和批次管理，完成了 60 多家出口烟花爆竹生产企业的登记考核工作和检验人员的培训。通过统一调配检验技术力量，确保了广州新机场、中海石化以及三峡至广东直流输变电工程等大项目进口设备的质量。查出日本五十铃汽车（CXH50T、CXH50S）底盘转向系安全隐患，国家质检总局据此发布公告，取消了日本五十铃该型号车的 3C 证书，停止日本五十铃该型号车的进口报检；加强对进口铜精矿、锌精矿、铅精矿和石材的放射性检测；加强对出口木制品有毒有害物质的的检验把关，使不合格率明显下降。强化集装箱和国际航行船舶的检验检疫，对辖区内 132 家集装箱场站实施了登记考核工作，并对其中 99 家符合要求的场站给予发证。

【探索和建立检验检疫把关长效机制】 一是在全国检验检疫系统第一个成立执法稽查大队，解决执法稽查工作难以经常化、制度化、规范化，出现违法违规行为难以追溯等问题。二是对进口敏感商品实行定点口岸集中检验检疫和监督管理，解决进口敏感商品口岸多而散，风险隐患大的问题。三是在

27个港口（码头仓库）全面启动进口商品电子监管系统。四是建立健全进口不合格产品的退货和后续管理制度。五是建立风险预警运行机制，对进出口敏感商品发现的问题进行预警，严加堵截。六是完善联查联治协作机制，在口岸对进口敏感商品与海关进行联合查验；与当地政府有关职能部门合作，对进口冻品交易市场和废旧原料再生行业的整治。七是建立检验检疫工作质量检查制度。

【配合整顿市场经济秩序活动】 联合相关部门开展了打击假冒UL认证标志专项行动，对东莞、惠州、中山等口岸重点布控，出动100多人次，对40多家企业展开拉网式摸查，查处了一批涉嫌假冒UL认证标志的企业；积极开展打击禽畜冻品走私联合行动、进境肉类口岸和定点冷库的专项稽查行动，对9个进口肉类口岸及12家定点冷库实施了严格的稽查，查获各类非法入境冻品126吨并作销毁处理。配合有关部门查处单据不全、无生产日期、无保质期、无厂名厂址及各种非法入境肉类产品总计900多吨，货值720.8万元，销毁疫区水果2 000多箱。

【支持广东外经贸发展】 针对日本对进口鳗鱼药残检测标准提高的情况，通过加强对鳗鱼养殖源头的有效监管和严把活鳗出口检验关，使广东活鳗出口创历史新高，出口量占全国90%以上；烤鳗出口同比上升了26.4%；积极扶持20多家鳗鱼养殖场成功在日韩备案；加强技术指导，帮助广东龙眼、荔枝、柑桔、香蕉等水果解决了大量技术难题，终于出口美国、日本、欧盟和东南亚；中国第一批输澳荔枝从广东茂名启运。对盆景、富贵竹等传统出口优势农产品，在检疫监管中大力推广HACCP控制有害生物风险理念，促进了盆景、富贵竹的出口。初步攻克了出口菊花害虫防治的检疫难关，共出口5批4.7万多枝菊花鲜切花到日本。努力扶持虾产品、罗非鱼、冰鲜鸭鹅、蔬菜、禽蛋、盆景、富贵竹出口成效明显。完成了茂名、肇庆、汕头等地5个产品的原产地标记评审。为认真落实CEPA，加强与港澳的检验检疫技术合作，完善动植物防疫联动机制；完善口岸疫情疫病预防与控制机制采取灵活便利措施，全力为跨境大型基础设施建设项目服务，提高整体通关效率；落实关于香港至内地直通车运输条款，确保香港货运直通车能如期营运；适应粤港经贸合作需要，为港商投资企业提供优质服务。为促进泛珠三角区域合作，构建完善的口岸疾病防制合作机制，维护合作区域人民身体健康；加强动植物疫情疫病监控，力促农产品出口；实行特事特办制度，确保合作项目和经贸活动顺利开展；大力加强科技合作与交流，努力提升检测水平；营造文明的经贸环境，实行“一站式”服务。为支持民营经济发展，成立了扶持民营进出口企业发展工作小组，制定了扶持民营进出口企业发展实施方案；在民营进出口企业中大力推行“电子审单快速核放系统”；扩大认证认可业务在民营企业中的覆盖面；建立与民营进出口企业的联系协调机制，积极提供政策、信息及技术咨询；研究制定多项措施，支持新机场和南沙港建设。

【认证认可工作】 一是实施卫生注册监管工作。对359家企业进行了卫生注册登记评审和检查，发放卫生注册登记证书326份，其中卫生注册证书287份，卫生登记证书39份。完成了23家企业对欧盟注册、20家企业对美国注册、21家企业对韩国注册的评审推荐工作。以美国FDA来粤检查为契机，推动省政府组织建立迎接国外官方来粤检查出口食品生产企业联席会议制度。组织了对出口禽肉加工企业和六类需评审HACCP体系的259家企业进行“拉网式”检查。二是实施出口质量许可证管理工作。评审出口机电、玩具、陶瓷质量许可证评审及输美陶瓷厂认证、玩具复审共436家（次），审批发放608份出口商品质量许可证书和349份临时出口质量许可证，向国家认监委新推荐并获FDA备案的企业21家。三是质量管理体系认证在开发以制造业为主的ISO9001传统认证市场的基础上，加强了对ISO14001、OHSMS18001、HACCP、QS－9000等认证业务的开拓，出现了认证种类多业并举，认证数量大幅增加的良好局面。全年共对516家企业实施了注册审核，其中，QMS注册466家，EMS注册21家，OHSAS注册3家，HACCP注册26家；共对896家企业实施了监督审核、复审换证（含转换证书），同比增长21%。

【科技兴检工作】 建立了广东局实验室生物安全管理体系；获总局科技兴检奖一等奖3项，二等奖2项，三等奖4项，是历史上质量最高的一年；我局被国务院评为科技兴贸工作先进单位，被国家质检总局授予“检验检疫标准化先进单位”称号，2名同志被授予“检验检疫标准化先进个人”称号；“广东检验检疫监督管理电子化模式的研究与应用（2211工程）”、“标准技术法规网络快车系统”等3个项目通过了省科技厅组织的成果鉴定，8个科研项目通过了总局组织的科技成果鉴定，41个科研和技改项目通过了广东局组织的成果鉴定和技术验收，17项检验检疫行业标准获国家认监委标准立项，6项检验检疫行业标准通过国家认监委组织的审定；建立了电子阅览室，电子信息取代文本资料，为执法工作提供了及时有效的信息服务。实施了全面的网络安全系统建设方案，制定了广东局数据中心建设方案和广东局信息化工作体系框架。优化了电子收费系统，广州、东莞、中山、番禺、顺德局开通了电子收费。拟定上报了广东局实验室改革方案。

深圳出入境检验检疫局

【概况】 2004年，深圳检验检疫局新一届党组始终牢记“忠于职守，勇于负责，严格把关，保国安民”的十六字宗旨，严格按照国家质检总局李长江局长“稳定、团结、发展、改革、廉政”10字嘱托，带领全体干部职工，大力倡导求真务实、弘扬正气之风，充分发挥领导班子的表率作用，大力加强班子建设和队伍建设，建章立制，规范执法，较好地完成了深圳口岸的检验检疫工作。全年共检验检疫出入境货物123.2万批，货值629.2亿美元，其中检验检疫出境货物64.3万批，货值239.1亿美元；检验检疫入境货物58.9万批，货值390.0亿美元；检出不合格商品1 131批，涉及货值4.1亿美元。检验监管进出口食品6.4万批，货值16.5亿美元；检出不合格进出口食品156批，货值914万美元。检疫监管出入境人员13 830万人次，体检6.9万人次，发现传染病病例7 058人次，预防接种16 271人次。检疫进出境动植物及其产品31.3万批，货值36.9亿美元，截获有害生物379种，3 548批。检疫出入境交通工具1 482.6万次，检疫出入境航空器7 681架次，查验集装箱1 646.4万标箱。

【防治疫情疫病】 2004年，深圳检验检疫局以高度的政治责任感和对国家、对人民负责任的态度，全力以赴，严防死守，采取及时、严密、高效的措施，防止了“非典”、禽流感等疫情疫病经深圳口岸传播。禽流感方面，启动了防治禽流感的预警机制，着重抓好对供港活禽注册场的巡查，加强了对辖区内注册鸡场的H5禽流感病原监测；防“非典”方面，该局在罗湖、皇岗、文锦渡、沙头角、蛇口客运码头、机场旅检大厅及福永码头等口岸紧急启用了投入近1 000万元人民币建成的传染病隔离检疫室，配备了高效空气洁净系统，以满足口岸现场传染病个案的应急处理。2004年，该局辖区135个注册鸡场未发生任何禽流感疫情，深圳口岸旅客及工作人员也实现了“零感染”非典记录，疫情疫病防治工作取得了非常突出的成效。

【严格监管与口岸执法把关】 2004年，深圳检验检疫局加大力度，完善措施，加强对进口冻肉、进口水果、进口废料、进口大豆等重点敏感商品的检验检疫监管，狠抓检验检疫工作质量。全年共报检入境冻肉573批，13 560.99吨，检出不合格冻肉130批，3 026.81吨；共进口8个国家和地区38个品种的水果212 515.2吨，14 077批次，比去年同期分别增长128%和60.8%，截获走私入境水果30多批，查获不合格进口水果298批次，在进境水果上共检出各类疫情78种2 856批；检验进口废物原料25 950批，重量303.87万吨，货值7.00亿美元，检出不符合环控标准要求废物18批，涉及金额24.52万美元，涉及重量约1 174吨。同时，该局还多次从进口的废纸中查获大量夹带电脑光碟、黄色书刊、城市生活垃圾，从废五金中查获“电子垃圾”以及医院废弃物，从空集装箱中查获废旧衣服；从来自巴西的进口大豆中检出3批含种衣剂的有毒大豆；并先后检出了进口旧挖掘机、进口医疗器材、进口旧集装箱堆码机、进口旧生化实验仪器等重大不合格产品，切实发挥了口岸执法把关的重要作用。与此同时，该局还始终保持高压态势，严厉打击非法入境、假冒UL标志等违法违纪行为。牵头组织或配合深圳市相关执法部门对深圳市存放进口冻肉的冷库开展了全面清查，共查封属动物疫区进境冻肉产品14 719件189.226吨，非法进境冻肉产品560件139.077吨，进行了全部销毁；配合深圳海关缉私局、公安边防、各区打私办等单位开展打击畜禽冻品走私的联合行动，对查获的走私进境冻肉产品179批5 800多吨进行检疫鉴定，并进行了监督销毁；先后3次和深圳市工商局联合对市内的水果批发市场、贮存场所进行了检查，共查扣疫区水果235箱，作了销毁处理；联合深圳市质监局组织了打击假冒UL标志专项行动，共突击检查247家企业332批产品，查获非法使用UL标志的违法企业11家，均按相关法律规定进行了处罚。此外，该局全年还办理了行政处罚案件3 840宗，罚款金额649万元人民币。

【建章立制与规范化业务建设】 2004年，深圳检验检疫局以《行政许可法》的实施为契机，重新清理、补充、修改和完善了《深圳出入境检验检疫局工作规则》、《深圳出入境检验检疫局工作人员职位轮换（轮岗）暂行办法》、《深圳出入境检验检疫局党风廉政建设制责任追究暂行办法》等数十项全局性的规章制度，对工作规则、接待制度、公文处理、财务管理、劳动纪律、干部交流等行政管理办法及各项业务管理，尤其是对敏感岗位和敏感物品的工作程序和各个环节都提出了明确而严格的规定，对各级工作人员的权限做出了明确的界定，坚决杜绝滥用职权和违规操作的行为，努力营造按章办事、依法行政的良好工作秩序，形成按制度、按程序办事的工作氛围。同时，该局还认真做好新开验商品和敏感商品的出入境检验检疫工作，制定了“前推后移”的陆路口岸运输工具适载检验检疫的管理模式，进一步推广应用了工业品检验监管系统，将进口旧机电检验监管的备案、装运前预检验、到货检验、监督管理模式推广应用到进口成套设备、进口医疗器械、压力容器的检验监管中，调整完善了出口小家电检验监管模式，对进口重金属精矿等高放射性货物实行批批检验和警示通报、黑名单制度，实施了非预包装出口食品厂检单随货通关制度，继续认真做好涉及环保、安全、卫生等重点敏感商品、供港鲜活商品的检验检疫工作和强制性产品认证工作。到2004年，经该局检验把关的供港蔬菜已经连续9年没有发生过“毒菜”事件。

【信息“大集中”与大通关建设】 2004年，深圳检验检疫局进一步加大了信息化建设的力度，以“大集中”信息系统建设作为新的切入点，稳步推进深圳口岸的“大通关”工作进程。该局投入近3 000万人民币开展的“大集中”信息系统建设，已在2005年1月1日正式投入使用。与此同时，深圳检验检疫局还全面推广快速查验、快速核放及实验室系统，进一步完善了公路口岸快速查验系统和海港快速查验系统。7 月 27 日在深圳出口企业中全面推广应用电子审单快速核放系统。6 月 1 日文锦渡口岸成功启用了公路口岸快速查验系统。6 月 20 日海港快速查验系统全面在蛇口港启用，并成功完成了该系统 2.0 版的升级，提高了系统的稳定性，增加了检验检疫业务功能。此外，2004 年，深圳检验检疫局加大投入，新购置了 4 台高配置服务器和 10 多台网络设备，购置了 300 台计算机工作站，使得电子报检自动审单 1 秒钟完成；建立“巡查”制度，启动“电子密钥”，电子转单快速平稳。该局的信息化建设取得了长足进展，在严格把关的前提下，进一步简化了手续，加快了通关速度，为国家和地方经济做出了积极贡献。

【诚信体系建设与扶持企业扩大出口】 2004 年，深圳检验检疫局按照统一规则、分步推进、检企共进的原则，积极推进检验检疫与企业的诚信体系建设，促进企业树立诚信意识，建立诚信规范，实现诚信经营，通过自约束，规范市场经济环境，同时，通过推进检验检疫政务诚信建设，进一步推进依法行政、依法施检，提高检验检疫的公信力。目前，该局检企诚信体系的建设已经逐步进入良性发展的正确轨道。与此同时，2004 年，深圳检验检疫局始终坚持“把关推动服务，服务促进把关”这一思想观念，在工作中将严格把关与优质服务有机地统一起来，想方设法为企业提供优质服务，促进企业扩大出口。针对禽流感疫情的影响，香港政府于 1 月 31 日暂停了内地活禽供港，给内地活禽养殖业带来沉重打击，深圳检验检疫局积极努力，帮助内地活禽养殖业渡过难关，3 月 22 日，内地冰鲜鸡恢复了供港，4 月 20 日，内地活禽恢复了供港，恢复日期均比预期提前了近 1 个月；继续为深圳荔枝、龙眼出口做好服务。在建立和扶持深圳 8 大荔枝出口基地的基础上，大力推进深圳荔枝标准化生产，又登记考核了 2 家新的荔枝、龙眼出口基地，还帮助深圳荔枝首次出口日本、澳大利亚。全年经深圳口岸出口的荔枝、龙眼达 500 多吨，较去年有了大幅的增长；实施《福田农产品批发市场出口蔬菜检验检疫管理办法》，开创了检贸合作、拍卖成交出口蔬菜的新模式，有力地促进了蔬菜出口；针对香港“染色橙”事件，启动对所有出口鲜橙进行批批检验、监装，对凭换证凭单输港的鲜橙批批核查货证的应急制度，并主动与产地检验检疫局签订相关合作协议，有效地避免了“染色橙”事件消极影响的发生，切实发挥了检验检疫为外经贸事业发展保驾护航的重要作用。

【队伍与精神文明建设】 2004 年，深圳检验检疫局新一届党组率先垂范，在新班子成立的第二天，推出了“要政治坚定，不要是非不分；要好学多思，不要懈怠自满；要勤政为民，不要淡忘宗旨；要清正廉洁，不要见利忘义；要团结协作，不要揽功诿过；要求真务实，不要虚妄浮躁；要开拓创新，不要因循守旧；要艰苦奋斗，不要贪图享受要谦虚谨慎，不要骄傲自满；要严明纪律，不要泄露秘密”的“十要十不要”自律公约，加强了局党组的自身建设，并带动了各级班子的建设。同时，该局通过推进干部轮岗，有效促进了干部能力建设和廉政建设：出台了干部轮岗交流办法，对全局 95 位处级干部和 180 名敏感岗位上的科级干部进行了大范围的轮岗交流；出台了赴港人员公开选拔办法，在全局范围内公开选拔赴港工作人员，定期轮换，到年底已有 22 人顺利地进行了轮换；出台了《深圳出入境检验检疫局分支局纪检组长管理规定》和《深圳出入境检验检疫局会计委派制实施办法》，在系统内率先对分支局、服务中心纪检组长和财务干部实行垂直管理，对纪检组长、财务干部有效发挥监督制约作用进行了有益尝试，强化了纪检组长、财务干部的责任意识，同时按照《纪检组长管理规定》对全部分支局及服务中心的纪检组长进行了轮岗交流。此外，2004 年，深圳检验检疫局还十分重视科技人才的培养，努力营造“以人为本”的良好氛围。在 2004 年国家质检总局的“科技兴检”

奖评选中，该局共有14个项目获奖，其中一等奖3项，二等奖2项，三等奖9项，在全系统排名第四。同时继续创建“文明窗口”、“青年文明号”，并以此为载体，促进精神文明建设。至2004年底，该局共有国家级“青年文明号”2个，市级“青年文明号”2个，市直工委级“青年文明号”1个，下属笋岗局动检科获团中央“青年文明号十年成就奖”。2004年，深圳检验检疫局连续4届8年获深圳市“文明机关”称号，局直属机关党委被市直机关工委命名为“固本强基工程示范单位”，下属宝安局团支部被团市委评为“五四红旗团支部”。

【产地证工作】 加入WTO后，我国原产地证工作得到快速发展。2004年，深圳检验检疫局产地证签证量再创历史新高。全年共签发普惠制产地证书达68.98万份，货值132.8亿美元，同比分别增长6.3%和15.6%，签发一般产地证书20.62万份，货值52.8亿美元，同比分别增长17.2%和45.9%；完成原产地标识认证产品17种，其中16种获得原产国标识认证，1种获得地理标识认证；完成查验金伯利毛坯钻石证书49份，同比增长26.0%；完成东盟“10+1”优惠原产地证书893份，曼谷协议证书122份。

【外部发展环境】 2004年，深圳检验检疫局进一步加大了与地方工商、质监等有关部门及海关、边检等口岸部门的沟通和联系，取得了明显的成效。目前，该局的外部发展环境已经进入历史的最好时期:检验检疫工作得到了深圳市领导的大力支持和帮助;深圳检验检疫局与深圳海关的合作伙伴关系得到了进一步发展。目前,双方关系已增进为兄弟伙伴关系,关检合作得到进一步加强;主动加强与深圳边检总站的联系,8月6日,与深圳边检总站签署了检边合作及文明共建协议。深圳市委常委、常务副市长许宗衡出席了签字仪式,并给予高度的评价;与深圳市质量技术监督局进行了积极的沟通,并形成会议纪要。双方将按照各自的职能范围在综合管理、行政执法、技术服务等方面开展全方位的交流与合作。此外,深圳检验检疫局还主动邀请深圳市大型企业、外商、台商企业多次举办座谈会,向企业宣贯有关检验检疫政策、法规,听取企业的意见和建议。深圳市委常委、常务副市长许宗衡与副市长卓钦锐分别专程参加了座谈会。会议产生了良好的社会效益,受到市领导和企业的高度评价。

【“为检验检疫献良策”活动】 4月，深圳检验检疫局开展了“为检验检疫献良策”活动，广泛听取群众的意见、建议。群众反映热烈，踊跃参与。到6月1日止，共收到意见、建议500多条，经过梳理，评出50多篇好的意见、建议，采纳了操作性强的意见，改进了工作。

珠海出入境检验检疫局

【主要业务完成情况】 全年共检验检疫进出境货物42.06万批，货值191.27亿美元，与去年同期相比批次增加10.2%，金额增加35.6%；其中检验检疫出境货物24.90万批，货值85.10亿美元，与去年同期相比，出境批次增加9.3%，金额增加30%，检出不合格出口商品140批，货值119万美元；检验检疫进境货物17.16万批，货值106.16亿美元，与去年同期相比，进口批次增加11.7%，金额增加40.3%，检出不合格进口商品179批，货值1 174万美元。检疫出入境交通工具227.100万艘（辆）次，检疫集装箱44.44万个；监测出入境人数66 657 354人次，出入境人员疫病监测体检11 481人次，预防接种241例，检出各种传染病2 663例，比去年（1980人）上升34%，其中艾滋病病毒感染者4人，梅毒感染者68人，开放性肺结核5人。在进境植物检疫中共截获危险性病虫杂草12种/198批，其中一类 1 种/80 批、二类 6 种/89 批、三类 5 种/29 批，其他有害生物 217 种/1 567 批。

【成功阻击高致病性禽流感】 2004 年初，在国周边国家和地区相继爆发高致病性禽流感及珠海成为疫点的严峻形势下，该局与珠海市政府和有关职能部门加强沟通协作，并制定了 10 项措施，周密部署、全力应对，保证了辖区内 35 个注册活禽养殖场没有发生一例禽流感；积极开展工作，促成珠海活鸡在全国率先出口（境），打开国内家禽及其产品出口（境）全面受阻的突破口；对原有的注册养禽场进行严格审查，鼓励大型养殖场兼并周围小型养殖场，推动珠海养禽业向规模化、集约化方向发展。与此同时，该局加强国内外疫情报告，进一步完善风险预警和快速反应机制，所提供的动植物疫情信息和食品卫生信息，为国家质检总局领导科学决策提供依据，受到总局表扬。

【联合打击走私冻肉等违法活动】 年初，广东沿海走私冻肉活动猖獗。该局与海关、边防、渔政、技术监督局、工商局、打私办等执法部门建立起打击走私联络机制，保持了打击走私高压态势，完善打击走私沟通协作机制，共主持销毁走私冻肉活动 8 次，销毁非法入境冻肉 6 094 吨，打击走私冻肉活动取得明显成效。查处 1 起夹带疫区水果的重大违法行为，依法公开销毁和退运处理了 6 个标箱的新鲜水果，同时追究有关公司的法律责任，有力地维护了国家利益。

【加强进出口商品监管】 在占珠海出口量最大的出口机电产品中推行过程质量监督控制、小家电型式试验、周期检验、合格保证等四种模式，形成覆盖珠海地区出口机电和纺织产品检验监管体系，为 40 家化轻企业建立检验监管档案，在诚信度高、质量保证体系完善的企业做好试点，逐步推行过程质量监控模式；与此同时，完善对进口冻肉、水果、废旧物资、旧机电产品、医疗器械、大型成套设备、钢材、化肥等重点商品的监管机制，明确各敏感商品的指定进口口岸和关键控制点，加大口岸查验和后续监管的力度，提高了对进口重点敏感商品监管的连续性和有效性。

【把好供港澳商品和出口水果质检关】 形成由防疫消毒体系、免疫监测体系、药残监控体系和监督管理制度、疫情巡查制度、疫情通报制度组成的三个体系和三个制度，确保珠海地区供港澳活禽注册养殖场的卫生安全，并为供港澳活动物养殖企业提供 24 小时服务，扩大了珠海供澳门活禽在市场的份额，现在达到占内地供澳活禽总量的 70%，加强产地监督与口岸查验相结合，保证全年 1.2 万吨供澳新鲜蔬菜的卫生质量。帮助珠海出口水果示范基地达到对美国、澳大利亚等国指定果园的注册水平，促成珠海“金果达”荔枝顺利进入美国市场。

【维护珠海口岸卫生安全】 年初，加大对拱北口岸卫生检疫设备的投入，加强医学巡查，与边检协同把关，筑起“三道防线”防制非典，6 月 25 日口岸非典防制转为常态管理后，注重维护各口岸测温设备，加强珠澳两地卫生检疫部门联系，进一步完善口岸防范突发公共卫生事件应急预案，对禽流感高风险人群进行监测，为预防人间禽流感发生提供科学依据。建立口岸公共卫生事件防制工作督查制度，维护珠海口岸出入境的卫生、安全与畅通。同时参加各类区域性联防联控活动，积极参与南方 8 省 11 局的热带病联防工作。对口岸饮食、服务、仓储企业实行分类管理，确保口岸饮食服务行业从业人员 100%持健康证上岗。开展口岸医学媒介监测工作，完成检疫性实蝇监测工作。完成出口危险品包装检验 71 批，检出 3 批不合格危险货物包装。完善木质包装处理方法，首次从持有美国官方处理证书的木包装上检出松材线虫。加大进口废物原料的检验把关力度，全年有 13 批共 35 个集装箱不符合要求的废物原料被退运。做好国际快件邮寄物的检验检疫工作，查出不合格作退运或销毁处理的共 81 批次。

【加大依法行政力度】 开展“法制建设年”活动，以《行政许可法》、《认证认可条例》和《商检法》修正案为重点，加强普法教育和法制宣传。以贯彻实施《行政许可法》为契机，认真清理本局行政许可事项，对23项行政许可事项进行网上和办公场所公示。组建法制专家小组，建立法制工作二级管理架构，健全一系列执法规章制度和程序。成立执法督查科，加强内部执法督查，对检验检疫收费和对进口敏感商品检验检疫监管进行专项执法检查，依法逐步规范检验鉴定市场，构建统一开放、公开竞争、监管有效、诚信有序的检验鉴定体系。

【继续推进以提速、减负、增效、严密监管为目标的大通关建设】 编制《珠海检验检疫局信息系统应用建设方案》并通过国家质检总局专家评审，为信息化实现数据大集中管理，应用水平上新台阶打好基础。建成公众信息网站，发布办事指南和公布政策法规，加大了政务公开力度。推进电子检验检疫，推广实施“出口商品电子审单快速核放系统”，全面实行进境动植物检疫许可网上申报审批制度，电子监管系统测试获得初步成功。推进“绿色通道”制度和“关检一次性查验”。支持珠海口岸“大通关”其它措施的落实，确保开放港澳自由行后，拱北、九洲、横琴等口岸检验检疫通关安全顺畅。积极参与拱北口岸“一站式”车辆快速验放系统等各项工作，制定珠澳跨境工业区珠海园区检验检疫优惠办法。

【科技工作取得新进展】 该局技术中心成为国家首批饲料产品认证检测机构及中国质量认证中心签约实验室，其中的电器安全室和化学分析室分别通过了CNAL计量认证专项监督检查和CNAL扩项认可现场评审，该中心至此获认可项目共873个。该局对新一届学科带头人及培养对象进行调整，召开了第二届科技大会，评选“科技兴检”奖和优秀科技论文；《几种动物病毒的基因芯片检测技术》等论文获2004年度珠海市优秀科技论文奖。组织科研项目鉴定11项，科技成果超过了历年水平；与澳门有关部门合作开展《内地供澳门活猪内脏废弃原因研究》项目获澳门科技经费支持，在禽流感疫病的检疫和防控方面达成合作研究意向。

【优质服务企业】 对新落户珠海西区的企业提供法规咨询和技术支持，帮助150多家出口食品企业和供港种植、养殖厂（场）获得卫生注册登记，为各类企业完成年审、核查或复查换证工作，帮助6家企业分别获得美国、日本、欧盟的注册，帮助珠海地区63家企业获得各类出口质量许可证，完成ISO9000、ISO14000、OHSAS18000、QS－9000、HACCP认证审核381家。

实施《防治高致病性禽流感，积极扶持企业的措施》，扶持遭受疫情重创的养禽企业；扶持民营进出口企业发展，落实检企领导联系制度，帮助企业及时解决问题，实施新的收费办法及标准、规范收费行为，为企业减负；做好外商投资财产价值鉴定195批，升值率为38.7%，降值率为7.38%，维护珠海公平公正的投资环境；加强对3C免办企业的后续监管，促进涉证产品快速通关；优化投资环境、吸引了比利时，以色列和香港等国家和地区的外商来珠投资钻石贸易；为中国种畜进出口有限公司和山东蒙牛国际贸易有限责任公司在珠海建成进口种牛隔离场提供优质服务；为第五届航展提供全天候服务；成立CEPA框架下检验检疫促进措施研究小组，推动珠港澳经贸关系的更紧密发展。

帮助珠海加林股份有限公司的产品获得国家质检总局原产地标记保护，使该项工作获得突破；签发普惠制产地证书2.68万份，货值6.63亿美元，出口贸易凭普惠制证书可获得关税减免3313万美元；签发一般产地证书1.81万份，货值4.8亿美元。落实《中国—东盟自由贸易区》、《曼谷协定》，开拓了原产地工作新领域。

【积极稳妥推进企、事业单位改革】 完成中国检验认证集团珠海有限公司的股份制改革，积极扶持其拓展业务；完成下属4个事业单位的独立法人登记工作，完成改革方案制定，其中技术中心、服务中心、评审中心的改革方案已经实施，保健中心改革方案已经上报国家质检总局。同时，对技术中心、服务中心及其下属的企业进行改制。

【加强自身建设】 一是规范队伍管理，完善人事工作规章制度，理顺公务员管理工作，理顺编外合同工管理，加大干部轮岗力度。二是完善财务管理规章制度，建立预算执行监控制度，合理安排各项支出；全面推行政府采购，加强固定资产管理，完成了全局清产核资工作，理顺产权关系。三是以班子建设带动队伍建设，坚持抓好班子能力建设，提高各级领导建设学习型班子的能力、依法行政的能力、科技兴检的能力、开展思想政治工作的能力和驾驭全局的能力，增强班子解决自身问题的能力，以此带动全局干部职工整体素质的提高。四是加强机关党建和廉政建设，完成局机关党委和机关纪委、机关团委换届选举，成立工会，认真做好工、青、妇工作，落实党风廉政建设责任制，开展“纪律教育月”活动，开好廉洁自律民主生活会，纪检监察人员加强对政府采购、报考公务员、领导干部任用考核、企业清产核资等项工作的廉政监督。五是有效开展精神文明建设，开展“巾帼文明示范岗”等文明创建活动，提升文明创建层次，开展丰富多彩的群众性文体活动。六是积极解决群众利益问题，完成医疗制度改革，实行交通补贴，合理调整住房公积金比例，启动住房货币分配工作，建立困难职工救助机制，对危重病职工进行特困补助，形成本局团结和谐的氛围。

（王均宏 邓曦明）

广东海事局

广东海事局为交通部驻粤直属正厅级机构，不仅是水上安全监督管理的执法机关，而且是广东口岸查验管理的重要部门之一，与边防检查、海关、检验检疫同为口岸查验机构。广东海事局在辖区口岸查验管理工作中担负重要职责，主要承担对国际航行船舶进口岸的审批，对外国籍船舶实施港口国监督检查，对国际航行船舶在港作业的监督管理，对国际航行船舶签发船舶出口岸许可证；受理外国籍船舶（包括港、澳、台地区船舶）临时进入辖区未开放水域或港口的申请，并按规定程序上报审批；参加港口口岸对外开放前的验收。

【高度重视港口口岸对广东外贸经济的影响】 广东省不仅是经济，而且是外贸大省，据统计，全省进出口货运总量、水运进出口货运量、进出口贸易总值分别从2001年的18 806万吨、14 421万吨、1 764.9亿美元，增加到2004年的25 350万吨、20 667万吨、3 571.3亿美元，特别是近3年来，进出口贸易总值每年以25%以上的速度递增。

广东省的外经贸进出口货物总量的80%由船舶经港口口岸完成，其中珠江三角洲地区更高达90%，港口口岸对广东省外贸经济发展起到非常大的作用。

广东海事局从广东省全面建设小康社会、率先基本实现现代化的发展目标出发，深化海事体制改革，加强人才队伍建设，强化监管装备，改变管理模式，加强水上交通安全监督管理，维护辖区水上交通安全形势稳定，促进水运市场的持续健康发展，促进省水运经济发展，为广东率先基本实现现代化保驾护航。

广东海事局紧紧围绕“服务于广东改革发展、争当行业‘排头兵’”的工作思路，坚持深化体制改革，突出水上交通安全监管重点，为维护国家权益，坚持“航行更安全，海洋更清洁”的宗旨，促进广东省经济和水运事业的发展做了大量工作，作出了重要贡献。

广东省现有港口一类口岸29个、二类口岸91个。广东海事局20个分支局中有14个局承担着一类口岸查验监管任务，有18个局承担着二类口岸查验监管任务；11个附属机构中包括海测大队等4个机构参与口岸管理工作。

统计数据显示，2002年至2004年3年间，国际航行船舶（中国籍外贸海船、外国籍船舶）进出口岸查验艘次、进出港船舶货物吞吐量等各项指标均有较大幅度的增长。其中：

中国籍外贸海船进出口岸查验艘次2002年至2004年分别为21 869艘次、42 430艘次、52 150艘次。

外国籍船舶进出口岸查验艘次2002年至2004年分别为9 189艘次、10 327艘次、10 408艘次。

5 000总吨及以上外国籍船舶进出口岸查验艘次2002年至2004年分别为4 999艘次、6 164艘次、6 775艘次。

进出港船舶货物吞吐量2002年至2004年分别为4.27亿吨、5.63亿吨、7.18亿吨。

外国籍船舶货物吞吐量2002年至2004年分别为7 109万吨、7 729万吨、8 866万吨。

【充分发挥专业优势，全力支持口岸开放工作】 广东海事局积极配合省政府口岸管理部门坚持以发展为主题、结构调整为主线、改革开放和科技进步为动力，围绕改善口岸通关环境、提高口岸通关效率目标，通过口岸的建设、改造挖潜、布局调整等，进一步提高口岸资源的配置效率，为实施“外向带动”战略提供良好的通关环境。

广东海事局在口岸、码头的开放投入使用、航线的开通过程中，做了大量卓有成效的工作。广东海事局积极与各有关方面协商，初步划定对外开放水域范围、锚地、航路和指南等，形成地方政府向上报送的基本资料；对拟开放水域通航安全方面的问题进行评估，以保障安全配套设施的建设和完善。对口岸开放准备工作中存在的问题，保持与地方政府多沟通、多协调，互相理解、支持。

2004年广东海事局辖区共有珠钢码头、惠州泽华石化仓储码头、中山水出码头、广州港发码头、东莞龙通集装箱码头、阳江港3万吨级粮食码头等6个码头通过验收正式对外开放；南沙港区一期工程码头经交通部批准可以临时停靠国际航行船舶；对二类口岸的江门荷塘装卸点、湛江市廉江营仔港装卸点及雷州流沙港装卸点恢复运作的口岸查验工作提出可行的意见；开通了莲花山口岸、中山港口岸至香港国际机场水上航线。上述口岸、码头的开放投入使用、航线的开通，扩大了口岸规模，拓展了口岸功能，有力地支持了广东外向型经济持续、迅猛的发展。

【加强对国际航行船舶临时进出非开放口岸和水域监管，为广东外贸经济的快速发展排忧解难】 近年来，广东社会经济快速发展对水运需求尤其是外贸运输需求持续大幅增长，省内现有港口口岸的规模、功能还跟不上外贸货物进出口运输的需要，如专用码头、大型码头及过泊锚地。大量涉及重要基础设施建设的物资、城市交通与居民生活的燃料、区域性特色产品和大型国有企业的生产原料的（进口贸易业务）对外贸易业务需要通过国际航行船舶在非开放码头或水域进行。再者，省内尤其是广州市港区有些码头历史上担负着外贸运输的功能，但没有明确的列入开放区域或没办妥开放手续。而国家口岸主管部门持续加大了对口岸的管理力度，对国际航行船舶临时进入非开放港口及水域的管理更加严格。

面对这样的状况，广东海事局以改革的眼光，以促进经济发展的理念，以务实的工作方法，在维护国家主权、确保水域安全的前提下，积极配合省口岸主管部门，向上级反映广东口岸实际情况，取得上级的理解和支持。在当地政府、港口经营人、码头业主提请申报的过渡期，执行“一船一靠一批”的工作程序，与海关等查验部门一起作好这些码头在过渡期间的临时靠泊手续。通过采取以上措施，为国际航行船舶临时进出非开放码头和水域创造条件，使得一些重点码头、水域能够为广东外向型经济的持续发展发挥重大作用。

广州港大屿山、三门岛锚地仅2004年就接卸油品、化肥、矿石、煤炭、钢材共2 275万吨占整个广州港吞吐总量近1/10，全年广州港水域驳卸货物过亿吨占整个广州港生产总量近1/2，为确立广州港作为华南地区航运枢纽港的地位作出突出贡献，极大地增强了广东省的区域竞争力。

汾水头码头作为广州地区唯一的液化气专业码头，承担广州地区超过70%的液化气供应，2003年进口液化气206 743吨，其中的53 967吨是通过国际航行船舶来完成。相比建设成本高昂的陆上供应管道，提供安全、廉价的运输渠道，为广州地区的民生发挥重大作用。

广东省重点工程、辐射粤西发展的广州南沙新港通过临时接靠国际航行船舶，自2003年9月28日开始生产，到2003年底就完成12万标箱的生产任务，为提升广东集装箱港口运输打下扎实的基础。

【规范管理、落实措施，切实提高通关效率】 从制度上规范海事口岸管理。广东海事局结合广东海事口岸实际，对涉及进出口岸审批、查验及通航水域安全等环节的制度和办事程序进行了整理，并制定了《广东海事局船舶进出口岸监督管理暂行办法》、《广东海事局航行港澳地区船舶监督检查工作制度》等一系列规定，收到了预期的效果。

认真落实8项便民措施。2004年，广东海事局认真落实海事系统提出的8项便民措施，进一步简化海事审批程序，给船舶、船员提供了更方便、更快捷的服务，实现了海事管理由政府型向服务型管理理念的转变，产生了很好的社会效益。

创建立体海事巡航监管新模式。目前，在珠江口已形成了以船舶交通管理系统（VTS系统）为主导，辅以电视监控、电子海图等高科技手段，并且与海巡直升飞机、现场巡逻艇相结合的立体监管新模式，能快速传递海上船舶航行信息，为国际航行船舶特别是大型船舶安全进出水路口岸提供良好的服务，有效降低了水上交通事故的发生率，保障了辖区的水上交通安全、畅通。

实施“两制”，规范通航秩序。为了规范珠江口水域通航秩序，广东海事局实施了“大小船舶分道航行、设立小船专门横越区”的措施和“珠江口船舶定线制和报告制”，不仅规范了通航秩序，改善了通航环境，减少了水上交通事故，而且使从桂山岛至黄埔港的64公里的航程，由原来的8个小时缩短至5个小时，大大缩短了船舶航行时间，提高了船舶的通航效率，每年可为航行于珠江口水域的船舶节约巨大的成本，从安全和经济发展的角度促进了物流的发展。

以信息化为主导，采取高科技手段提高海事通关效率。为了更好地实现海事监管职能，提高国际航行船舶、港澳航行船舶查验的工作效率，缩短办理查验手续的时间，积极采用先进的科技手段加强监管，广泛应用网络信息技术，在全系统推广使用“船舶动态管理系统”。

船舶出口岸前的最后一道安全防线。根据相关国际公约和国内法规，对进入开放口岸的外国籍船舶实施港口国监督（PSC）检查。2004年，共对来自47个国家的580艘次船舶实施了PSC检查，占全国检查总数的14.98%，比2003年同期增长了6.81%，遏制了进入广东海事局辖区的低标准船舶，保障了开放口岸码头、水域安全，保证外贸物流的顺畅。

及时处理事故和险情，防止航道阻塞，造成压港压船现象，保障人民的生命财产安全。2004年7月1日，“南青”轮与“中航902”在珠江口马友石灯船附近发生碰撞事故，造成“南青”轮沉没及所装载44个集装箱全部落水。其中，漂浮在水面的27个集装箱经海事部门的努力被全部控制住，但还有17个集装箱下落不明，据海事专家分析，如果沉入海底或悬浮在水中，将给航行船舶带来重大安全隐患，若造成航道阻塞，随时会发生压船压港现象。广东海事局立即派出海测大队对事发水域进行探摸和扫测，及时最终将17个集装箱及“南青”轮打捞出水，从而保证了航行该水域船舶安全及畅通。

建立“煤电油运船舶”“绿色通道”。近年来，广东经济持续高速增长，带来以电力为主的能源需求持续旺盛。广东是经济大省、耗能大省，但不是资源大省，长期以来，一直采取水路运输方式，调运大量煤炭、石燃油发电，支撑电力需求增长。为保证经济发展和人民生活不受影响，海事部门高度重视“煤电油运”工作，推行优先安检、优先通航、优先签证、优先靠泊等8项措施，建立“绿色通道”，有效地缓解了省电煤水路运输紧张的局面，为广东经济持续迅猛发展做出了积极贡献。

【保持反走私高压态势，维护市场经济的正常秩序】 近年来，在党中央、国务院的高度重视和省委、省政府的正确领导下，广东地区大规模走私继续得到有效遏制，但反走私工作依然任重道远。广东海事局积极参加地方党政府牵头的各种联合行动和专项行动，按照专项整治与日常监管相结合的原则，利用海事专业优势，主动配合和协助打私部门开展打击走私工作，重点打击成品油、冷冻品和重大节日应节商品走私活动。

将打私工作融入到日常监督工作中。鉴于以往不法分子利用船舶进行成品油走私活动时，多以3 000总吨以下的沿海小型船舶作为走私运输工具，为了打击通过船舶进行走私的不法行为，对系统内的沿海小型船舶进行专项整治和“四客一危”船舶专项检查活动。通过专项整治活动不但可以达到进一步稳定水上交通安全形势的目的，还将规范沿海船舶营运行为，有效切断不法分子利用沿海小型船舶进行走私活动途径，对走私分子、集团起到一定的震慑作用。

广东海事局加大了打击取缔“三无”船舶力度，各分局每周查处一艘以上“三无”船舶，还建立了8个“三无”船舶滞留点，及时处理“三无”船舶，5年共滞留“三无”船舶3995艘，销毁300多艘，保持对“三无”船舶长效监管高压态势，坚决遏制走私回潮。

【建设口岸“大通关”信息平台】 构建口岸服务体系，完善口岸功能，提高口岸通关效率，实行“大通关”战略，是国民经济发展与国际接轨的迫切需要，也是适应经济全球化趋势，促进现代物流发展的迫切需要。大通关涉及海关、检验检疫、边检、海事等口岸执法单位，也涉及港航、运输、中介代理、外汇管理等单位，是复杂的系统工程。

广东海事局为促进口岸通关效率，在近几年加大了信息化建设力度，加快了软件系统的开发、推广和应用，今后还将继续加大投入，争取与其他口岸查验单位实现信息互传，资源共享，配合地方政府建成“运作协调、信息共享、通关便捷”的“大通关”信息平台，更好地服务广东省外向型经济的发展。

深圳海事局

【概况】 2004年，深圳海事局瞄准率先基本实现海事工作现代化的目标，坚持发展是硬道理，用科学的发展观指导工作的方向；坚持大胆改革、创新，用改革、创新的理念解决发展中问题的方向，处理好改革、发展和稳定的关系，在海事业务和行政综合管理方面重点推行“522”计划，党的建设方面重点实施“331”工程，实现了海事业务监管能力明显提高，行政综合管理能力明显改善，基础设施建设明显增强，干部队伍建设明显进步的目标要求，为2008年率先基本实现海事工作现代化奠定了坚实的基础。2004年，进出深圳港船舶22.03万艘次，货物吞吐量13 537.1万吨，其中集装箱吞吐量1 365.89万标箱，危险货物集装箱29.5577万标箱，同比分别增长26.49%、20.70%、28.30%、75.79%。发生水上交通事故24宗，其中死亡1人，沉船3艘，直接经济损失2 192.37万元，与去年同期相比，事故宗数下降46.67%，沉船艘数下降50%，死亡/失踪人数持平，直接经济损失上升9.1%，四项指标“两降一平一升”。事故发生率0.11‰，远低于0.4‰的预期控制目标。2004年，该局共获部、省、市授予11项荣誉称号，其中包括全国交通系统创建文明行业先进单位、广东省海上“两防一救”工作先进单位、深圳市春运工作先进单位。另有局属8个部门获8项部、省、市表彰，20人次获部、省、市表彰。

【通航环境和通航秩序综合整治】 围绕建立水上交通安全管理长效机制目标，在继续推进西部通航环境和通航秩序综合整治的同时，结合深圳市正在开展的“净畅宁”工程，研究制定并实施海上“净畅宁”工程实施方案，系统整治海上交通安全秩序，努力构建水上交通安全管理的预控、监控体系，取得了明显成效。西部水上交通事故多发势头进一步得到遏制，事故数由2003年的40宗下降到19宗，降幅达52%。倡议共建“盐田安全文明样板航区”，不仅有效调动了各方的积极性和资源，而且对水上交通安全管理标准化进行了有益的探索，取得良好成效。推动高速客船专用航道的开通，提高了高速客船的通航效率和安全性。加大现场巡航力度，共出动船艇1 620艘次，巡航次数合计8 932次，开展空中巡航14次，航程37 072海里，巡航时间5 596小时，发现（纠正）违章3 233次。抓住西部通道工程等重点项目，加大水上水下施工作业安全监管力度，杜绝了因施工导致的安全事故或污染事故的发生。

【两防一救】 重新修订、印发《深圳海上突发事件应急处置预案》、《深圳港船舶防热带气旋工作指南》和《深圳海域污染应急计划》，组织各类应急演习，提高了应急能力和水平。全年分中心接警86次，开展搜救行动69次，出动各类船艇129艘次，累计搜救时间507.5小时。成功救助船舶8艘、救助遇险人员368人，救助成功率达98.4%，挽回直接经济损失23 240万元。特别是成功处置“8·3”“南沙18”碰撞事故引发的险情，使179名旅客、船员转危为安。及时有效消除大亚湾核电站建站以来最大的一次油污染威胁，确保了核电站安全运行。

【船舶管理】 将小型船舶及“四客一危”等专项整治与日常管理结合起来，使其逐步规范化、经常化、制度化。通过开展拉网式调查摸底，基本掌握了辖区航运公司安全管理现状和船舶技术状况，明确了重点监管对象，保证了到港船舶100%检查。该局的经验和做法获得交通部海事局推广。实施海船检查464艘次、河船检查244艘次、PSC检查291艘次，分别完成年度指标的103%、111%及

102.8%。开航前检查实现两个100%，滞留船舶50艘次。积极引导休闲娱乐船舶经营逐步走向合法化。海关公务船登记取得突破性进展，公务船管理逐步纳入正轨。加强SMS审核管理，巩固和深化ISM、NSM规则实施成果，使船公司SMS运行中存在的“两张皮”情况得到改善。

【危防管理】 修改完善了《深圳海域污染应急计划》，并编制了应急预案。积极探索政府防污设备库管理模式，进一步完善了溢油防污联防机制。结合沿海小型船舶专项整治活动，开展了对沿海小型船舶防污设备的监督检查。深入开展危险化学品专项整治，对辖区危险化学品的种类、数量等进行了调查，并制定了相应的事故应急预案，严厉查处瞒报危险货物集装箱的船舶和托运人。

【船员管理】 公务船管理的做法获全国船员管理工作会议推广。探索制定《深圳引航员引领船舶种类、尺度和晋升等级最低引领船舶艘次办法（试行）》，加强引航安全管理。全年共签发各类船员证书21315份，其中海员证10871本，位居全国第三。

【法制建设】 积极推进《深圳经济特区海上交通安全管理条例》立法进程，《条例（草案送审稿）》获市政府常务会议通过，交由市人大常委会审议。认真贯彻实施《行政许可法》，成立政务中心，草拟《非营运游艇检验规范》，出台《关于贯彻实施港口法的指导意见》、《贯彻执行行政许可法实施意见》、《深圳海事局海事行政处罚适用指南》等规范性文件，确保了相关工作有序开展，使执法人员依法行政的能力和水平得到提高。

【海事发展课题研究】 组织翻译搜救手册修正案（MSC74、75、77、78），完成《船舶定线制研究》出版准备工作。《专属经济区海域海上油品过驳作业法律探讨》、《专属经济区海域油品过驳作业管理问题探讨》论文在《联合国海洋法公约》生效10周年纪念暨海事管理研讨会上获一等奖。开展“建立国船舶污染应急队伍对策研究”、《船舶安全检查的质量船体系和模型设计》、《船旗国质量综合管理体系》、“完善深圳海域污染预防、控制和应急处置一体化新管理机制”课题研究，并形成初稿。完成《深圳海事局海事现代化指标体系（征求意见稿）》，《盐田海事管理与国际接轨课题研究报告》进入成果转化阶段。

【基础设施建设】 协同制订的《深圳海事指挥中心改建工程可行性研究报告》、《深圳海事局船员考试中心工程可行性研究报告》和《深圳海事局CCTV工程可行性研究方案》，符合深圳海事工作发展需求。船员考试中心、CCTV一期获交通部批准立项。东部海事基地、VTS系统完善扩建、安全通信系统改造被列入部局“十一五”规划意向，前期工作开始启动。东部VTS土建工程完工，设备到位，东部VHF通讯系统盲点问题解决，航标航测三项工程中的VTS数据接口和VTS网络安全项目完成。1艘20米级巡逻船和1艘垃圾回收船投入使用，1艘45米级巡逻船、1艘污油回收船开工建设，政府海上应急防污设备库投入使用。珠江口AIS一期完成设计，宝安海事处综合业务用房用地红线划定。

【信息化建设】 确定“数字海事”的内涵和外延，海事平台基本框架（构造一个门户、内部综合管理平台和业务平台等两个平台、电子公文交换系统、EDI数据交换系统、信息发布系统等3个系统）基本搭建并逐步完善。网络平台朝多功能化、移动化、宽带化方向发展。

【队伍建设】 组织《行政许可法》、“两防一救”、海事调查等各类培训60项，参加人员1 009人次，同比分别增长53.85%、264%，其中，送培40项、233人次，自培20项、776人次。一批专业技术人员在信息系统建设、VTS建设管理、危管防污、PSC检查等业务领域崭露头角。通过引进和培养人才，该局现有研究生（硕士）21人，本科129人，大专64人，大专以上学历占在职人员总数的93%。

专业技术队伍壮大。正高实现零的突破。1人受聘大连海事大学客座教授。5人获推荐参加大连海事大学硕士研究生班深造。

【党的建设】 深入开展“331”工程，先锋工程、文明工程和凝聚力工程的有效开展，较好地实现了“党组树起一面旗、支部培育一片松、队伍争创一群星”的目标。建设学习型、先锋型、凝聚力型、特别能战斗型等特色党支部效果显著。海事执法廉政告示制度、海事廉政文化进港区活动取得明显效果并获市纪委推广。围绕交通部提出的“做负责任政府部门、负责任行业”和执政为民的要求，将严格把关同优化服务结合起来，切实将全国海事系统行政执法八项便民措施落到实处，得到港航单位的好评。召开海事—港航茶话会，广泛听取港航企业的意见和建议，并有针对性地帮助解决蛇口浮标安全隐患、电煤船舶航行快捷、小型休闲观光船安全管理等困难和问题。顾全大局，全力保障了电煤等重点物资运输。

深圳海事局2004年业务统计表

项　目	2003	2004	同比（%）
船舶进出港（万艘次）	17.41	22.03	26.54%
发生水上交通事故（宗）	45	24	-46.67%
纳入统计范围（宗）	6	5	-16.67%
沉船（艘）	2	1	-50.00%
死亡（人）	1	1	0.00%
直接经济损失（万元）	1737	2090	20.32%
港区巡航（艘次）	1293	7649	491.57%
累计巡航（小时）	3222	3751	16.42%
累计巡航（海里）	17459	29693	70.07%
发现和纠正违法行为（次）	1221	6138	402.70%
海区巡航出动船艇（艘次）	264	1283	385.98%
累计巡航（小时）	1296	1845	42.36%
累计巡航（海里）	6965	7379	5.94%
PSC检查（艘次）	262	291	11%
FSC检查（艘次）	764	708	-7.3%
PSC滞留（艘次）	11	31	181.82%

项　目	2003	2004	同比（%）
FSC滞留（艘次）	37	31	－16.22%
签发各类证书（万份）	1.97	22387	1136295.94%
其中：海员证	8220	10871	32.25%
搜救行动（次）	60	69	15.00%
出动各类船艇（艘次）	165	129	－21.82%
救助遇险（人员）	332	368	10.84%
救助船舶（艘）	21	8	－61.90%
救助成功率	96.80%	98.40%	1.65%
挽回经济损失（万元）	16230	10000	－38.39%

珠海海事局

【认真履行口岸管理相关职责，服务和促进社会经济发展】　将优质服务寓于审批把关之中。珠海海事局在开展口岸相关工作中，严格按照国际公约、国家法律法规的规定，坚持“让航行更安全，让海洋更清洁”宗旨，既做到严格把关，更体现优质服务。对于申请进入珠海开放口岸（水域）的船舶，从代理资格审核、船舶技术资料文件等方面把好审批关，限制低标准船舶进入珠海水域。在审批工作过程中，珠海海事局主动克服困难，设法创造工作条件，科学配置审批资源，力争做到贴心服务、优质服务。对于证书齐全、有效的船舶，在《行政许可法》规定时限内当场予以办理；每周的双休日，还专门安排人员为船舶办理进口岸审批手续；对于船期紧的船舶，在证书资料文件等手续齐全的情况下，当场给予办结；重大节假日，除值班人员办理审批手续外，还对船舶代理公司实行预约办理，极大地方便了船公司。对于关系国计民生的电煤运输，更是特事特办，除了采取当场办理措施外，还做到专人负责、随到随办。珠海海事局做好珠海辖区沙石船舶进口联检的有关工作，为港澳砂石船进入珠海石场提供方便，在不违反国家相关法律规定的情况下，协调有关部门开展港澳砂石船进入珠海的查验；在进港申报、规费征收等方面，简化手续，变船舶每进一次申报和规费结算，为传真申报和按航次月结；在珠海大环山搬迁过程中，珠海海事局予以大力支持，积极协调相关部门，为进入珠海东银坑起运点的港澳船舶及时办理了相关手续，从而保证了大环山搬迁的整体进度。

据统计，2004年珠海海事局共审批国际航行船舶进口岸申请1 301艘次；受理审批港澳籍砂石船进入珠海各石场3 916艘次；批准402艘港澳垂钓游艇进入珠海游艇垂钓区。

有效开展港口国监督检查（PSC）。港口国监督检查（PSC），就是国家授权的官员对到港的外国籍船舶进行检查，核实船舶及船员是否持有公约要求的证书以及船舶的实际状况是否满足公约以及国法律、法规、规章的要求，要求其纠正发现的缺陷，严厉打击低标准船舶。珠海海事局2004年共检查外轮105艘，滞留低标准船舶4艘。珠海海事局自1995年起授权开展PSC检查以来，进出珠海口岸的外国籍船舶的船况与船员状况明显改善，有力的保障了珠海水域的安全与环保。

做好开航前检查。为避免国国际航行船舶在国外被滞留，根据交通部有关要求，珠海海事局对部分航行国际航线（如航行日本）的国轮在开航前进行全面的、详细的安全检查，检查率达100%。据船东反馈，经珠海海事局开航前检查的船舶在国外接受PSC检查时无一被滞留。

建立船舶事故应急预案，防抗灾害性天气对船舶安全的不利影响。根据国《海洋环境保护法》以及《珠海市防治船舶污染水域管理条例》的有关要求，珠海海事局制定了《珠海辖区船舶危险货物事故应急预案》并加以贯彻实施；同时承担了口岸内船舶防抗灾害性天气（如热带气旋、雷雨大风、雾际航行、寒潮大风等）的协调、组织与监督职责。

【提高工作效率，努力实现“大通关”】 建立和逐步完善“船舶动态管理系统”。“船舶动态管理系统”于2004年6月在珠海海事局正式投入使用，实现了珠海辖区船舶进出口岸审批与查验、船舶口岸数据统计等项工作的电子化，不仅提高了工作效率，而且改善了工作质量与效果。

加大力度，改善和提高查验监管水平。除积极进行业务培训和要求海事处自行组织业务学习以外，珠海海事局每季度还对海事处的业务进行监督、指导，发现问题要求限期改正，努力提高查验监管技术水平。

简化查验手续，提升工作效能。珠海海事局根据国家的有关要求，结合珠海口岸的实际，优化办事程序，制定工作手册，进一步简化查验手续，提高工作效率。如对九洲港至香港航线、斗门港至香港航线高速客船的出口许可证的签发，由以前的每航班签发改为每周一签，为船东带来了极大的便利，有效地促进了船舶营运效率的提高。

【积极协助市政府主管部门推动口岸建设】 珠海海事局于2004年3月参加了华联石化公用码头对外开放前的检查验收工作；经现场勘验和资料审核，于2004年12月完成了对珠海洪湾进出口货物装卸点所申报位置的批复；在市口岸主管部门的组织下，于2004年12月参加珠海电厂煤码头开放前生产及查验配套设施的预验收，并提出相关整改意见。

【积极协调外轮临时靠泊珠海电厂码头的相关工作，确保电煤运输通畅】 随着国经济的快速发展，能源包括电力供应等日益紧张，全国煤炭包括电煤供给在2004年度紧缺局面加剧。为保证电煤运输通畅，国家下达了保障电煤运输的一系列政策措施。

为贯彻执行上级关于保障电煤运输安全、畅通的指示精神，落实上级主管机关关于电煤水路运输安全保障的八项措施，珠海海事局领导主动深入企业听取意见，了解企业困难，分析存在问题，采取多项有效措施，切实保证珠海电煤运输安全、快捷、畅通。一是加强宣传。珠海海事局向有关港口企业广泛宣传电煤运输的迫切性和重要性，要求对运输电煤的船舶给予优先安排泊位、优先装卸；向引航机构通报辖区“电煤运输绿色通道”的做法，要求对需要引航的电煤船舶进出港和防台时予以优先安排引航；向电煤运输船舶宣传和发放电煤水路运输安全保障八项措施的宣传单，便于船方对海事部门的服务工作进行监督。二是落实措施到位。珠海海事局主动联系港口的口岸主管部门，联合召开口岸查验单位领导会议，协调落实对电煤船舶实施快速通关服务的措施，避免电煤运输船滞港；建立了24小时签证和一次办结所有海事业务的工作机制，对时间紧、任务重的电煤船实行电话预约签证服务；建立“电煤运输绿色通道”，优先为电煤船办理进出港签证；加大对辖区内的航道巡航检查力度，确保进出煤码头航道畅通；对进出电厂和高栏国际货柜码头吃水受限的电煤船舶实行清道护航，确保船舶安全；建立运输电煤船舶“特殊情况”报告制度，及时为电煤船排忧解难，避免对运输电煤的船舶造成不必要的滞留。据统计，自实施电煤水路运输安全保障八项措施后至2004年底，进出珠海辖区运煤船舶逾900艘次，运输电煤达234万吨，全部实现了进出港安全、快捷、畅通。

【配合做好口岸相关工作】 珠海海事局在2004年度，参加了“珠海港口图像监控系统工程”可行性报告的分析讨论；应珠海市口岸局《珠海市“十一五”口岸发展规划》征求意见的要求，完成了口岸发展规划中海事部门的需求调研，撰写了《珠海海事局辖区口岸现状及需求分析报告》。

（陈景锋　李晓宏　何涟生）

广东各口岸工作概述

珠　海　口　岸

【概况】 据统计，2004年，全市口岸出入境旅客6 383万人次，同比增长22.86%，出入境交通工具232万辆艘，增长4.1%，进出口货物总值197.3亿美元，增长31%，集装箱吞吐量47万个标箱，增长17.04%。

【“一站式”电子验放系统建设】 为了落实粤澳高层关于提高珠澳口岸通关效率的决定,经省政府批准,在拱北口岸建设客车通道“一站式”电子验放系统,即以自动化控制、电子数据和网络高科技手段为依托,实现海关、边检、检验检疫公共信息资源共享、一次查验的新型通关模式。“一站式”系统的实施,将开创全国口岸协调、查验改革之先河,对于促进全市对外开放、优化投资环境有着重要的意义。

该项目总投资2500万元左右，从2003年8月开始酝酿筹建，到2004年8月开始正式动工建设，拟于2005年3月投入试运行。

【筹备珠澳跨境工业区口岸建设】 经国务院批准，珠澳跨境工业区在珠海拱北茂盛围与澳门青洲之间设立。工业区以发展工业为主，兼顾物流、中转贸易、产品展销等功能。分珠海和澳门两个园区，首期面积0.4平方公里，其中珠海园区0.29平方公里，澳门园区0.11平方公里。

设立珠澳跨境工业区，是粤澳经济合作模式的大胆尝试。按照规划，珠澳跨境工业区的功能定位为粤澳经济深层合作的试验区、新兴工业化的示范区、现代物流展销区和自由贸易试点区。因此，在口岸设置方面要与传统的模式有所突破，经与查验单位协商，一是在跨境工业区珠海园区与澳门园区的连接的桥头处设立口岸旅检通道，负责旅检部分查验工作。在桥头的专门口岸旅检通道拟设计：旅客出入境检查通道4条（出入境各2条），现场工作人员通道1条。检查厅两侧设客、货运车辆通道4条（出境各2条），现场工作人员车辆通道1条。二是在跨境工业区珠海园区与珠海市区的交界处设口岸货检通道，负责货检部分查验工作。在跨境工业区珠海园区与珠海市区的交界处设海关、检验检疫货检通道，并在通道两侧设出入园区查验场各一个。

目前，口岸相关机构设置方案已上报市政府，口岸联检大楼已于12月18日举行动工典礼。

【做好第五届航展的工作】 第五届中国航空航天博览会于2004年11月1日至7日隆重举行。口岸工作组全体工作人员团结协作，认真履行职责，顺利地完成了航展期间的各项任务。主要任务是开设临时机场口岸，组织了查验单位人员上岗，办理境外参观人员、展品出入境监管验放手续，办理境外持普通护照人士的落地签证。从10月20日进驻开始到11月20日，口岸工作组是最早进入现场工作，也是最后撤离现场的单位，历时1个月。据统计，共查验出入境人员501人次，飞机54架次，查验货物入境约300吨，货值约1 183.8万美元。

【建立健全珠澳口岸联络机制】 为了确保口岸的安全、畅顺，进一步完善了拱北口岸旅客疏运应急预案，建立应急值班机制，遇有紧急情况立即启动应急预案。如大年初五下午3时，拱北口岸出境旅客激增，澳门关闸口岸难以应付，导致进入澳门的旅客在口岸限定区域排起了长龙，由于轮候时间较长，旅客开始骚动，立即启动应急预案，周本辉副市长亲自到现场指挥，从歧关公司紧急调集10多辆大巴进入口岸限定区域，同时抓紧做好各方面的协调工作，直到晚上6时才将旅客疏导完毕。

建立珠澳双方工地工作小组机制。先后6次召开澳门关闸边检大楼建设工地协调会，协调澳门关闸新边检大楼开放前工作；商讨拱北口岸与澳门关闸新边检大楼间风雨廊的设计方案和造价估算等问题，通过认真的研究和讨论，双方达成了共识。

【配合澳门西湾大桥的建设提供口岸支持】 澳门西湾大桥是澳门回归5周年的献礼工程，所用的沙石料、预制件、工程船等全部从珠海市进出。为了确保该工程在12月20日澳门回归五周年正式通车，组织专门人员积极支持工程企业，在横琴开设了临时起运点，方便工程用料进出，同时协调海关对出口预制件实行每月一次集中报关，协调海事、检验局对船舶、货物实行减免费快速验放，得到了企业的好评，保证了工程按计划竣工。

汕 头 口 岸

【概况】 截止至2004年底，汕头市拥有汕头港、汕头空港、南澳港、潮阳港等一类口岸4个（南澳港和潮阳港分别于1993年和1996年经国务院同意对外开放，目前尚未通过国家验收，仍按二类口岸运作），拥有澄海莱芜装卸点、南澳县隆江（前江）装卸点、潮阳海门装卸点等二类口岸3个，拥有进出境货运车辆检查场4个。

汕头港是属全国20个沿海主枢纽港之一，共有5 000吨以上泊位36个，其中万吨以上深水泊位13个，港口年吞吐能力2 400多万吨。与40多个国家和地区的200多个港口及国内各大港口有货运往来，已开通汕头至香港、日本、韩国和泰国等地集装箱定期货运班轮，并有国际货运代理机构为客商办理转口货运业务。

汕头机场可起降波音737、757等大中型客机，年客运能力达到300万人次，已开通汕头至香港、曼谷、新加坡、吉隆坡、古晋等5条境外航线和至北京、上海、重庆等大中城市40多条境内航线，并办理所有通航城市的货运业务。

【口岸运行情况】 2004年汕头港口进出口货物254.2万吨，同比下降3.8%，其中，进出口集装箱14.9万标准箱(TEU)，增长9.1%。空港进出境航班1 231航次，增长34.4%，出入境旅客103 672人次，增长35.3%；进出境货运车辆检查场共查验车辆72860辆次，增长15.2%，进出口货物74.03万吨，增长32.4%。

【口岸建设】 2004年底开始实施汕头机场国际出发厅旅检流程调整改造。改造工程已完成立项、设计和投标前期准备工作。

进一步加强汕头口岸局域网建设，更新完善网络设施，扩大网络覆盖范围，初步完成汕头口岸局域网网页制作，确保了汕头口岸局域网的正常运行。

汕头港有9个万吨级泊位集中在珠池港区,为进一步提高服务水平,提高通关效率,改善查验单位办公条件和适应海滨路西延工程的需要,市口岸局经过多次协调,在口岸各查验单位和港务集团公司的大力支持下,汕头港船舶报检联合办公室于2004年9月29日从老港区搬迁到珠池港区物流中心。

【口岸对外开放】 为适应汕头经济建设发展的需要，根据市委、市政府的指示，积极做好汕头机场进一步开放准备工作，向省政府申报允许境外飞机进入使用汕头机场。

汕头港广澳港区码头由于未经国家口岸管理部门验收，目前每半年需向国家交通部提出申请才可以临时停靠外轮。汕头市政府已经向省政府上报《关于要求批准汕头港广澳港区正式对外国籍船舶开放的请示》，省政府已将此问题上报国务院。

3月28日，开通澳玛Ⅲ邮轮航行香港—汕头航线。

12月27日，省口岸办组织查验单位对潮阳港口岸进行预验收并予以通过。

【口岸管理】 认真贯彻省政府2003年84号令，进一步加强进出境车辆检查场的管理工作，规范车检场的管理和服务，提高车检场服务质量和效率，为企业和货主创造良好的陆运通关环境。

2004年1月6日广东省政府口岸办在佛山召开讨论修改《海关总署关于清理整顿后保留的原二类口岸处理办法》会议精神，结合汕头市实际情况，提出了《关于要求保留澄海莱芜码头作为二类口岸运作的意见》上报省政府口岸办。

根据广东省政府《关于同意汕头国际集装箱码头等7座码头作为汕头港口岸码头对外开放的批复》的精神，市口岸局组织有关人员检查、督促汕头国际集装箱码头等7座口岸码头建立健全各项管理规章制度，进一步完善各项监管设施。

根据《海关总署关于对进出境国际航行船舶和来往港澳小型船舶及所载货物进行实际监管的通知》（署监［1999］535号）第二条“对进出境船舶的监管应在国务院175号令规定的范围内进行，保证监管到位；不搞船舶联检，不搞驻船监管”的精神，9月22日，召开汕头海港口岸工作联络协调小组会议，取得一致意见，11月1日起取消入境小型船舶上船联检，改为岸上申报。

【口岸规划】 为配合国家制定“十一五”口岸发展规划工作，根据省政府口岸办《转发海关总署关于报送对国家第十一个五年口岸发展规划意见的通知》的精神，制定汕头市“十一五”期间口岸发展规划报市政府审核，并由市政府转报省政府。

【“大通关”建设】 2004年汕头市“大通关”建设得到各口岸查验单位的大力支持。汕头海关制定出台《汕头海关促进关区外经贸发展10项措施》。汕头出入境检验检疫局率先在全省采取了对出口服装过程监督检验试点工作等13条措施。汕头边检总站通过深化查验方式改革，加快出入镜人员和交通运输工具的通关速度。汕头海事局启用船舶动态管理系统，采用电脑系统办理船舶进出港手续，提高办事效能。

2004年汕头水运口岸货运情况表

项目 单位	出入境船舶		进出口货物		（其中）集装箱	
	艘次	同比%	量（吨）	同比%	标箱（个）	同比%
汕头港	2528985	－3.8	146811	12.3	潮阳港	
南澳港						
莱芜装卸点			13015	3.3	2233	－1.9
合　计	2321	7.3	2542000	－3.8	149044	9.1

2004年汕头航空口岸客运情况表

项目 单位	设计能力	出入境飞机		出入境旅客	
		艘次	同比%	人次	同比%
汕头机场	300万人次	1231	34.4	103672	35.3

2004年汕头市车检场货运情况表

项目 单位	设计能力	入境车辆		进出口货物	
		辆次	同比%	吨	同比%
汕头车检场	1250辆次/日	43943	6.64	306806	17.29
濠江车检场	100辆次/日	3214	20.05	37548	11.08
澄海车检场	200辆次/日	12233	11.11	117733	15.25
潮阳车检场	200辆次/日	13751	64.64	285192	76.83
合　计	1750辆次/日	73141	15.64	747279	33.72

韶 关 口 岸

【综述】 2004年韶关口岸系统各单位认真实践“三个代表”的重要思想，紧紧围绕大通关建设重点，强化综合管理，完善协调机制，狠抓基础建设投入，深化监管模式改革，口岸环境进一步得到优化，保障了韶关外经贸发展的需要。全年进出口货运总量达240万吨，比上年增长40%，进出境车辆51573台次（含火车等），增长66%，征收关税2.98亿元，查获走私违规案值344万元人民币，全年安全通关无事故。

【口岸主管部门工作情况】 努力优化通关环境，不断完善口岸协调机制。认真贯彻落实国函14号和省府第84号令的规范要求，建立了口岸应急处置工作机制及相应预案，完善了办事公开服务承诺制度，进一步提高了通关效率。

努力加强基础设施建设，进一步提高口岸整体功能。加大基础设施建设资金投入，重点完成了车检场、铁路口岸的基础设施整改、配套，吞吐能力整体提升两倍。

积极开展建设规划工作，科学确定口岸发展目标。根据全市“十一五”经济发展战略目标对口岸建设的要求，认真做好“十一五”口岸建设规划的调研和项目优选工作，及时撰写上报3个新开、调整口岸项目方案。

【韶关查验单位】 韶关海关。积极贯彻“依法行政、为国把关、服务经济、促进发展”的工作方针，全体关员在关党组的领下，有效发挥了海关职能作用。

努力提高依法行政水平。针对山区内陆海关的业务实际情况，大力开展各项业务改革：引入风险管理业务工作理念，建立了宏观分析、微观监控数据等互动业务工作机制，初步实现了智能型的“电子海关”监管模式；采取切实措施，强化对进出口货物实际监管效能，通过联席会议、上门服务等形式加强与经贸、企业联系沟通，提升企业遵循法规理念，进一步提高了通关效率。

加大科学征管力度。努力提高税收征管整体效能，加强对重点行业、重点商品的专项和常规稽查，强化税收征管质量和加工贸易保税货物监管的规范化，确保了将收缴的2.98亿元税款依法、及时、足额入库。

韶关检验检疫局。紧紧围绕实施“提速、增效、减负和严密监管”的总体目标，全局干部职工在局党组的领导下，有效发挥了检验检疫职能作用。

企业分类管理和检验检疫监管模式改革稳步推进。充分利用各种渠道宣传检验检疫为促进外经贸发展所起的作用，扩大检验检疫的社会影响；落实各项措施，促进和完善“三电工程”。加快信息化的建设，实现了100%电子申报和电子转单、企业网上报检、申请产地签证等业务；推进企业分类管理和检验检疫模式的改革。对辖区内的玩具、小家电、服装、竹木藤制品企业率先实施了分类管理。积极推进检验检疫监管模式改革，减少出口时的抽查比例，加快了通关速度，减轻了企业负担。

依法行政，科学把关，提高检验检疫工作质量。加大进出境动植物及其产品的检验检疫力度，做好防治禽流感的工作，积极开展对冷库、市场的检查，加强对出口菜场、养殖场的检疫监管；加强对敏感商品的检验检疫力度，对敏感商品和涉及安全、环保、卫生的重点商品，加大检验监管力度；强化进境木质包装和入境集装箱检疫力度，制定了《入境集装箱检疫办法》，对部分来自疫区或对有可疑迹象的集装箱，采取在货物卸离集装箱时进行全面检查。有效地从集装箱中截获了有害生物，保证了区域植物安全。

韶关分缉私分局。紧紧围绕“依法行政，为国把关，服务经济，促进发展”的海关工作方针和“政治坚强，业务过硬，值得信赖”的队伍建设要求，全体警员在关党组的领领导下，有效发挥了海关缉私职能作用。

一是积极侦办走私违法犯罪案件。全年行政受案1宗，立案1宗，案值分别为2.5万元；行政处罚案件1宗，上缴国库8万元；共侦办刑事案件6宗，自侦案件2宗，调查、工商移交案件4宗，总案值1569万元，偷逃税318.8万元，为国家挽回经济损失192万元。

二是积极协助兄弟侦查部门在本辖区开展好案件侦查工作。树立打击走私犯罪整体作战，全国一盘棋的思想。共协助兄弟侦查部门在本辖区侦查办案，出警28人次，出车14台次，协助查获证据18件份，反馈协查事项6件。

三是积极开展打击走私的各项专项行动工作，全年配合上级部门，会同地方有关职能机关开展了打击冻品、废五金和假军车的行动，在打击假军车的行动中，共查获假军车3辆，并移交部队处理。

四是加强与检察院和法院的联系配合，为案件依法顺利审结打下良好的基础。在案件移送检察院起诉期间，针对检察院同志对走私案件接触较少的实际，及时走访和随时沟通，为其提供走私案件相关的法律文件，并就案件的有关问题共同探讨，使双方对案件处理的意见达成共识。

惠 州 口 岸

【综述】 2004年，惠州市口岸局坚持以邓小平理论和“三个代表”重要思想为指导，牢固树立和认真落实科学的发展观，围绕市委、市政府经济工作的总体目标，认真实施口岸的“大通关”战略，着力营造适应“大通关”的口岸建设环境，不断提升口岸服务水准。全市口岸呈现出加快发展、协调发展的良好态势，口岸的业务效益稳步提高。全年通过惠州口岸入出境货运车辆411 797辆次，比上年增长2%；进出口货物1 239.16万吨，增长10.3%；进出口货值148.52亿美元，增长18%；入出境服务员工468 797人（次）；检查入出境船舶6 848艘（次）。海关全年征收关税和进口环节税53.7亿元，增长26%。出入境检验检疫共366 485批次，货值119.03亿美元。

【口岸基础设施建设】 市口岸局集中精力确保市区口岸新区建设顺利进行，到2004年12月底止，市区口岸新区的主体工程—惠州海关办公大楼，已完成了10层楼的土建工程；惠州检验检疫办公大楼，已完成6层楼的土建工程；前后门楼岗亭、查验台、停车场等附属设施，已同步或提前施工完毕。现正加紧施工，力争在2005年10月底以前竣工交付使用。

博罗县口岸办认真抓好红海口岸新区以及园洲查验大楼工程建设。到2003年11月底止，已完成了海关、检验检疫办公大楼和口岸综合服务中心大楼等主体工程建设，其他口岸的配套设施建设也已陆续跟进，总投资超过了1 000万元。

大亚湾口岸办抓住惠州港口岸的基础和配套设施建设，取得了新的进展，口岸的综合功能得到较大的提高。2004年，惠州港口岸多项基础和配套设施动工兴建或立项设计，进一步扩大了港口规模，有力提升口岸的竞争力。一是投资8 000万元的惠州港3万吨级石化码头已进入后期施工阶段，设计年吞吐量90万吨预计2005年初完工。二是投资8 000万元的5 000吨级惠州港集装箱码头及堆场改造工程也在加紧进行，可增加年吞吐量10万个标准货柜，预计2005年上半年可以完成投入运营。三是投资1 250万美元的欧德油储60万平方米仓储项目于2003年签定合同并投入建设。该项目是大亚湾石化区内重要的配套设施，主要负责为石化区中下游项目以及惠州周边地区和内陆地区的石油化工产品进出口提供仓储周转服务。

惠东县口岸办继续完善各口岸的硬件设施建设，着力提升惠东口岸的综合竞争力。大胆启用民营资本和当地政府资金建设口岸，去年筹资750万元，改造扩建码头口岸监管区共3万多平方米，加高和延伸监管区隔离墙共5000多米。

深入开展调查研究，完善惠州口岸的规划建设。一是做好惠州港泽华码头的对外开放申报工作，使惠州港泽华码头成为惠州港码头新增泊位对外开放。二是完成了惠州港东马港区总体规划，东马港区是大亚湾石化区的配套港口，它与邻近的荃湾港区一起组成了一个现代化的枢纽港，成为京九铁路南端最便捷的出海口。三是对惠州港口岸基础设施建设进行了总体规划，该方案已报市政府研究审批。惠东的港口、碧甲、亚婆角三个水运口岸，经国务院国函［2004］95号文批准对外籍开放，正式纳入惠州港一类口岸开放范围。

东莞口岸

【概况】 1981年5月，东莞县人民政府设置口岸办公室，代表政府规划、建设、管理东莞口岸和协调处理口岸问题。2001年更名为东莞市口岸局（正处级），下设太平、沙田、凤岗、常平、长安、篁村6个正科级口岸分局，下辖东莞市港澳货运车辆检查场管理服务中心（正科级事业单位）和东莞市口岸建设发展有限公司。2004年6月经市委机构编制办公室批准增设麻涌口岸分局（正科级）。

截至2004年，东莞市政府累计投资超过6亿元，建成和开通了7个口岸。其中虎门港口岸和东莞铁路口岸为一类口岸。1982年6月经国务院港口口岸工作领导小组批准开通太平客运口岸，1984年7月正式通航。东莞铁路口岸前身是常平铁路客运口岸，1994年8月国务院批准开设东莞常平铁路客运口岸，10月正式对外开放；1997年5月，国务院批准京九、沪九直通旅客列车经停东莞常平铁路客运口岸并在此办理出入境的有关手续；1997年12月，国务院批准更名为东莞铁路口岸；1998年12月开通进出口货运业务，成为广九线上、也是广东省首个客货运功能兼备的铁路口岸。

东莞市有港澳货运车辆检查场4个（凤岗、长安、篁村、虎门〈监时〉车检场），二类水运口岸5个（太平、沙田、莞城、麻涌、中堂进出口货物装卸点）。其中凤岗车检场是全国最大、最繁忙的二线车检场。

东莞口岸设立的检查检验单位有：东莞海关（正处级），下设常平副处级办事处；新沙海关（正处级）；太平海关（正处级）；黄埔海关驻凤岗办事处（正处级）；黄埔海关驻长安办事处（正处级）；东莞出入境检验检疫局（正处级），下设太平、长安、凤岗、沙田、常平5个副处级办事处；东莞边防检查站（正团级），下设常平、沙田2个副团级边防检查站；东莞海事局（正处级），下设沙田、太平2个副处级办事处和莞城、长安、中堂、麻涌、石龙5个正科级办事处；广州沙角海事处（正处级）。配置的经营服务机构有：外轮代理、中国银行、港澳客运公司、航运公司、市外贸进出口公司和庞大的报关服务业。东莞口岸已经初步形成了客、货运兼有，水路、公路、铁路多通道，检查检验和经营服务机构齐全，人员货物、交通工具进出境比较方便快捷的口岸网络。

【口岸业务】 虎门港口岸于2003年9月28日正式对外开放。2004年1月1日，市政府投资1.6亿元建设的虎门港口岸检查检验配套设施投入使用；2004年3月11日，沙田作业区国际船员通道正式开放，完善了东莞市水路货运口岸通关环境。虎门港口岸开放后，国际航行船舶进入虎门港口岸水域的开放码头装卸作业，不用到交通部办理报批，只需按规定报港就行。虎门港开放至今，船舶和货物出入境明显增长，海关平均每月征收的关税接近1亿元。2004年9月底，市政府周致纳副市长主持了协调会议，专门理顺虎门港口岸开通以来口岸相关单位在管理体制的一些存在问题，保障了虎门港口岸的健康发展。对密切东莞与世界的联系，促进东莞与世界的经贸来往起着积极的作用。虎门港口岸开行远洋航线的工作也正在积极酝酿中。

根据粤港合作商定，经过一年多的筹备，2003年9月29日，按照省政府的统一部署，虎门至香港国际机场水上客运航线开行。新航线的开通发挥了航空和水路联运优势，方便经香港国际机场中转到其他国家（地区）的过境旅客，从虎门坐船只需验证一次，免却了香港入境出境多重手续的麻烦，为旅客大大节省了时间，缩短了东莞与世界的距离。

2004年，虎门港每日从虎门开行至香港中港城水上客运航线由过去的“三进三出”共6班，增加至每天“7进7出”共14个单航，特别增设了虎门到香港国际机场航线，航班增多，密度增大，同时开设了夜航班次，口岸的开放时间也由原来每日下午五时关闭延长到晚上八时关闭。

2004年，经过东莞市多方争取，经停东莞铁路（客运）口岸来往香港的直通旅客列车从每天“六进六出”共12趟，调整为每天“八进九出”共17趟，客运能力达2 000多人次，列车运行时刻趋于理想，给旅客在时间选择上提供了方便，从而吸引了更多的旅客乘坐直通列车出入境。调整后，经停东莞铁路（客运）口岸（即购买从香港去广州的车票，在中途从常平下车）来往香港的直通旅客列车，售给在东莞上下站旅客的车票上座率超过80%，个别入境班次还出现超员现象。

【口岸基础设施建设】 篁村车检场位于市中心，建设时间早，设施老旧，加上负责验放的港澳货运车辆不断增加，往往超过设计通过能力的三、四倍。2003年1月市政府同意篁村车检场迁至寮步镇重建。寮步车检场总平面布局已确定，钻探、设计、投标陆续完成，截至2004年底，寮步车检场有关单位的办公区、生活区土建工程大部分已封顶，全面进入内部装修阶段。

莞城装卸点龙通集装箱码头顺利通过验收并正式对外开放。因建设东江大道征用了位于原莞城装卸点龙通集装箱码头用地，东莞市龙通货柜码头有限公司从去年开始搬迁建设新码头的工作，2004年2月23日，东莞市口岸局组织驻莞查验单位检查了龙通新码头的各项设施，同意新码头试运行。11月16日，该码头又通过了省政府口岸办公室组织的检查验收，正式启用。龙通码头已成为东莞市查验配套设施最完备、监管最规范的二类口岸。

重新改造和装修虎门港（客运）口岸旅检现场。虎门港客运口岸是1984年建成开通的，客运现场的建筑是简易钢架结构，天花铺盖锌铁皮，至2003年底止已使用了19年，锌铁皮已全部氧化，下雨时漏水严重，既影响投资环境，又影响东莞国家优秀旅游城市的创建。2003年6月市政府拨款366万元对虎门港客运口岸联检大楼进行维修和改造。工程包括大楼外墙翻新、扩建侯船室、更换天棚、室内装修翻新等，2004年底客运口岸部分装修工程已接近完成。

【口岸协调工作】 制订东莞市口岸工作协调督察机制和口岸突发事件现场应急处置办法。为全面推进东莞市口岸“大通关”建设，更好地发挥口岸各职能部门的协调联动作用，及时研究解决口岸工作中存在的突出问题，全面提高口岸工作效率和服务水平，为东莞市外源型经济的持续、协调、健康发展提供良好的口岸通关环境，根据省政府口岸办公室的要求，建立东莞市口岸工作协调、督察机制为东莞市口岸工作领导小组的工作机制，制订了《东莞市口岸突发事件现场应急处置办法（暂行）》。

调整虎门港口岸沙角作业区开放水域部分坐标。2003 年 3 月 25 日，省人民政府在商广州军区后下发了《关于划定东莞虎门港口岸开放水域范围问题的批复》（粤府函［2003］87 号，明确划定了东莞虎门港口岸开放水域范围。但由于规划建设的沙角作业区一期工程（即虎门宏业货柜码头迁建工程）与沙角海军码头军事禁区水域有小部分重叠。为解决上述矛盾，虎门镇要求调整开放水域部分坐标。经过市口岸局多次与广州军区、南海舰队和省口岸办协商，2004 年 12 月省政府批复同意调整开放水域部分坐标，为虎门宏业货柜码头的搬迁铺平了道路。

协助海关进驻东莞市邮政局。随着东莞市外向型经济的快速发展及国际特快专递邮件业务的增长，设立驻东莞邮政局海关机构对改善投资环境，促进邮政业务发展有重要意义。市口岸局全力支持设立邮政海关机构。2004 年 11 月 11 日，市口岸局与黄埔海关、省邮政局召开首次协调会。

【构建和谐口岸】 市口岸局于 2001 年牵头建立了口岸工作联络协调机制，分为两个层次，全市口岸工作协调联络机制由市口岸局、东莞海关、太平海关、东莞边防检查站、东莞海事局、东莞检验检疫局、广州海事局沙角海事处等单位组成；各口岸分别和基层的检查检验单位成立相对应的基层口岸工作协调联络机制。

2004 年，市口岸局不断转变机关工作作风，积极为驻莞查验单位排忧解难，创造条件支持查验单位开展新业务，共同营造和谐的口岸工作环境。主要工作：一是市政府投资 2 亿元为东莞、太平两个海关改善办公条件，并为检验检疫、边防检查检验单位建设新的报检中心和营造区划定建设用地；二是为驻莞检查检验单位向中央申请增加编制；三是协助海关成功切换 H2000 系统；四是协助检验检疫部门在车检场对部分来自疫区的进口集装箱实施检疫和消毒；五是为协助海关开展监管工作的武警部队解决住宿、执勤工作用车等问题。此外，市口岸局还组织查验单位共植“口岸林”，绿化东莞；开展形式多样的运动竞赛和联谊活动，增强团结共进的信心的氛围。

中　山　口　岸

【口岸沿革】 中山市（县）前身是香山县，地处珠江口西岸，对外通商已有四五百年历史。早在明末清初，就有风帆船载运丝绸、香料、陶瓷等产品，远销美洲、日本、南洋一带。清康熙年间，香山县在濠镜澳（即今澳门，当时属香山县）的妈阁，开设第一个口岸。新中国成立之初至 1981 年，中山县口岸由 8 个增至 10 个（不包括划给珠海的 4 个）。1981 年 8 月 15 日成立中山县口岸办公室，中山的口岸工作就统归中山县（市）口岸办公室主管。2001 年根据中山市政府机构改革方案，市口岸办公室并入市对外贸易经济合作局。

【口岸概况】 至 2004 年底，中山市设有口岸 4 个，其中一类口岸 1 个，二类口岸 3 个。中山市对外贸易经济合作局负责中山口岸的管理与协调工作，下设口岸管理科、中山港口岸办公室、小榄口岸办公室、神湾口岸办公室。驻中山口岸的检查检验单位有：中山海事局、中山边防检查站、中山海关、中山出入境检验检疫局。

【客运口岸建设】 2003年底中山市政府和中港客运联营有限公司共同斥资对联检楼进行扩建改造，经过一年的建设，2004年底基本竣工，改造后的联检楼面积由原来的7 522平方米扩至12 500平方米；进出境旅客通道由16条增至20条，该楼定于2005年2月1日正式投入使用。2004年12月10日正式开通中山港至香港国际机场水路客运航线。

【货运口岸建设】 小榄进出境货运车辆检查场（以下简称车检场），2004年7月5日获省口岸办批准迁址扩建，于12月30日破土兴建，该工程分两期进行，一期预计投资5000万元，计划2006年7月前完成，建成后的车检场占地165亩，设计日验放车辆1 000车辆次。神湾港于2004年12月再次斥资2 200万元进行二期工程的建设，工程可望在2005年8月前竣工。8月1日，中山水出码头迁址扩建工程通过省口岸办组织的验收，并投入使用。

【查验方式的改革】 驻中山口岸各检查检验单位大力推进查验方式的改革，继2003年9月20日中山外运码头对往来港澳一般货物船舶实行靠岸查验后，2004年7月3日港航集团中山港码头也实行了靠岸查验。至此，中山港口岸除对装载易燃、易爆或预报可能有疫情的进出境船舶仍需在锚地查验外，其它进出境船舶都实行了靠岸查验，大大地提高了通关效率。

【第十一个五年口岸发展规划的制定】 为适应中山市外源型经济快速发展的需要，通过大量的调查研究，制定了以中山港口岸扩大对外国籍船舶开放为主题的《中山市第十一个五年口岸发展规划》。

2004年中山口岸运行情况

项目 名称	单位	2004年	2003年	同比
进出口货物总值	亿美元	140.04	117.17	19.5%
进出口货物	万吨	555.66	470.17	18.1%
集装箱运输量	万标箱	100.48	82.47	21.8%
进出境旅客	万人次	113.36	92.90	22.0%
交通工具员工	万人次	21.89	20.39	7.4%

佛 山 口 岸

【综述】 2004年佛山市口岸工作坚持以口岸安全为中心，以口岸防非典、防禽流感工作为重点，着力抓好口岸建设、口岸协调和口岸规划管理，确保了口岸的安全畅通，实现了口岸进出口客货运量与外贸进出口的同步增长。全年全市完成进出口货运量1 483万吨，增长18%，其中出口727万吨，增长35%，进口756万吨增长4%；出入境旅客1 029 159人次，增长13%，其中入境485 134人次，增长14%，出境544 025人次，增长13%。

【口岸管理】 落实责任制。各区基层口岸单位都明确了安全责任人，领导负总责，由专人负责口岸的安全工作，定期进行检查督促，建立了专职的保安队和义务消防队，使安全工作落到实处。

完善制度。各区根据实际，制订了口岸各项安全制度并加以完善。全市的四个客运口岸顺德港、南海港、高明港、佛山铁路口岸和三水港危险品码头都重新修订了口岸突发事件的应急方案，并进行了多次演练，效果良好。

以科技保安全。2004年佛山市各基层口岸加大了口岸安全资金的投入，投资近600万元，在口岸现场全部装置了电子监控设备，实行24小时闭路电视监控，以科技手段保安全。

加强对重大节日、重点部位的安全防护。在春运及节假日期间，重点加强了客运口岸的安全管理和检查督促，落实人员现场值班，及时协调解决问题。

认真贯彻执行上级关于口岸防非典、防禽流感的指示。全市各口岸防非典、防禽流感领导小组按要求正常运作，协调口岸单位严格按照八项坚持制度，保证五个不漏、五个到位开展工作，并组织进行了专项检查，使口岸的各项预防应急设施处于良好状态。

【优化口岸通关环境】 在口岸硬环境建设方面加大了口岸基础设施的改造力度，全年安排改造项目35项，已开工项目25项，投入口岸建设改造资金10 830万元，其中禅城区投入2 820万元；南海区投入5 550万元；顺德区投入1 660万元；三水区投入400万元；高明区投入400万元，使口岸的通过能力有了提高。在口岸的软环境建设方面大力推进了口岸的大通关建设。一是重点推进了建设佛山电子口岸的工作。二是加紧了南海三山保税物流中心的有关申报工作，已经市政府和省政府批准，正上报国务院和海关总署审批。此外，高明区申报的广州海关加工贸易集中监管园区已获批准，有关建设准备工作正在进行中。

【口岸共建活动】 佛山区划调整完成后，驻佛山的查验单位整合也在积极进行。2004年佛山大关区的整合和佛山海关升级（副厅级）、挂牌的顺利完成，适应了佛山区划调整后经济发展的新格局，也为其它查验机构的整合升级起到了先导的作用，目前佛山检验检疫机构整合升级的有关工作也在进行中。在口岸共建活动方面，组织了大佛山整合后的首次全市口岸运动会，达到了加强沟通，增进友谊的目的。

【口岸规划管理】 一是制订了全市十一五口岸发展规划。二是进行了市直口岸下放禅城区管理的有关准备工作。三是进行了禅城新港、澜石口岸整合搬迁南庄，筹建新口岸的前期协调准备以及南海三山、九江口岸扩建等相关工作。

湛 江 口 岸

【概述】 湛江口岸进出口货运量和征收关税再创历史新高。2004年经湛江口岸进出口货运量3 817万吨，同比增长16.16%；集装箱运输112 922标箱，增长28.57%；出入境人员55 693人次，增长30.84%；出入境交通工具3 206艘（架）次，增长29.58%；海关征收税款37.79亿元，增长42.07%。湛江港货物吞吐量完成3 780万吨，实现两年增加1 000万吨的跨越，增长32%。

湛江港30万吨油码头等一批口岸基础设施重点项目投入使用，为口岸进出口运量实现新的突破发挥了极其重要的作用，云南、贵州、四川、湖南、广西等50%以上对外贸易货物经湛江口岸进出，湛江口岸作为大西南进出重要通道的地位进一步巩固。

【加强口岸协调管理，确保口岸安全畅通】 一是坚持口岸联席会议制度。每次会议市政府分管口岸工作领导都到会，与口岸单位的领导共同研究解决口岸建设与管理中存在的问题，有力地促进了口岸的协调和管理工作；二是做好协调服务工作，努力为查验单位排忧，为企业解难。如协调解决了出入境检验检疫局机场办事处办公用房问题，解决了边检站湛江港卡口楼建设问题；解决了湛江港30万吨级航道疏浚工程的外籍大型专业挖泥船“尼罗河”和“珠江”号顺利进港施工问题，解决了香港帆船协会在湛江举行的“华锋杯”帆船比赛的帆船进出港联检问题；三是加强口岸综合协调工作，促进口岸单位密切协作，使口岸各项工作更好地为发展湛江经济服务。为确保进口煤炭、石油正常运输，缓和煤炭、石油市场短缺矛盾，市口岸局组织协调查验单位以“一船一报”的联检方式解决湛江港30万吨油码头、湛江电厂5万吨煤码头临时对外开放问题，查验单位克服人手紧等困难，抽出人员到码头办理船舶出入境联检手续和进口货物监管；四是深入口岸现场调研，发现问题及时解决。针对外轮供应市场出现供货质量差等对外影响问题，依照国家有关规定对外轮供应市场进行治理工作，维护了口岸外轮供应的正常秩序；五是协调查验单位、港口、对台贸易公司等部门进一步完善对台小额贸易口岸“一个窗口服务”的办事制度，不断提高了服务水平，对台小额贸易增势强劲，出口创汇1 002万美元，同期比增长6倍，创历史同期水平新高。

【推进大通关建设，改善口岸通关环境】 2004年湛江口岸“大通关”建设取得新的进展，进一步增强了口岸通关能力。湛江电子口岸信息平台建设工作正式启动，已成立了由常务副市长阮日生任组长的“建设湛江电子口岸信息平台协调领导小组”，由市口岸局、查验单位等部门技术人员组成“湛江电子口岸信息平台工作小组”。目前，工作组已制定了电子口岸网建设方案，各项工作进展顺利。湛江海关组织推广实施选择查验制度和处长巡视、科长带班制度“一港两翼”、“空港两快”等新通关模式，推进物流监控设施建设，实施卡口联网系统、船舶动态系统、小型船舶GPS收发装置和电子口岸网上支付项目等，促进了该关通关运行质量的提高。湛江出入境检验检疫局“2211”检验检疫电子监管模式改革取得成功，检验检疫工作效率提高50%－70%以上，企业从报检到出证由原来5个环节减为4个环节、由原来6－9天缩短为半天甚至更短时间完成，提高了企业产品的竞争力和市场信誉，湛江市“国联”水产品加工厂是美国商务部对中国出口对虾反倾销调查中唯一获得零关税企业。湛江海事局在规范监督管理的同时，进一步简化办事程序。边防检查站继续深化警务规范化和科技强警，建立了视频监控系统和开始建设三级网络，进一步对信息网络实施了更新。

【做好口岸建设规划，加强口岸基础设施建设】 按照海关总署关于报送“十一五”口岸发展规划的要求，根据“十五”期间口岸发展的情况，结合湛江市经济发展及对外开放的需要，在对湛江市口岸整体布局、未来五年口岸需求量进行调查研究基础上进行统筹协调，编制了《湛江口岸“十一五”发展规划》，并征求市发展和改革局、市规划国土资源局、市财政局、湛江港务集团有限公司等部门意见作了进一步修改后，于5月份以市政府名义报送省政府。

2004年口岸建设重点仍放在加强口岸基础设施建设工作上，进一步完善了口岸功能。湛江港投资9.4亿元进行码头、航道等港口基础设施建设，是湛江港自1956年开港以来投资规模最大的一年。其中湛江港25万吨级航道首期工程已于7月完工，后续工程于8月份开始施工，预计2005年11月完工，届时25万吨级船舶可自由进出湛江港，30万吨级船舶剩高潮进出湛江港。

被暂停运作的二类口岸雷州流沙装卸点、廉江营仔装卸点恢复了口岸运作。经过近年的整改建设，雷州流沙和廉江营仔装卸点完善了口岸基础设施和监管配套设施配置，建立了口岸监管区，8月17日顺利通过省级口岸部门验收恢复口岸运作。

湛江—香港航班再次复航。由于“非典”等原因，湛江—香港航班于2003年4月8日停航。为方便湛江、香港两地开展经贸合作，市政府决定恢复该航班。经市口岸局组织湛江机场公司及机场口岸单位连续五天日夜奋战，修复了机场国际候机厅旅客出入境查验设施，2004年8月30日湛江—香港航班顺利复航。

海南口岸工作综述

【概述】 截止2004年底，海南省有经国务院批准开放的5个一类海港口岸和2个一类空港口岸，分别为：海口港（1957年开放）、洋浦港（1990年开放）、八所港（1958年开放）、三亚港（1983年开放）、清澜港（1995年开放）；海口美兰国际机场（1995年开放）、三亚凤凰国际机场（1994年开放）。经省级政府批准开放的4个二类口岸，分别为：马村港、潭门港、新村港、新港。10月，国务院批准扩大海口港对外开放水域，将马村港和新村港纳入海口港口岸对外籍船舶开放，12月27日，海口港扩大开放水域准备工作通过了国务院验收小组验收。

全省海港口岸出入境船舶2 371艘次，同比增长14.1%，出入境货物161.84万吨，增长37%；出入境旅客人数4.1万人次，减少61.6%。空港口岸共有23条国际、地区航线，全年国际地区航班共计2 351架次，增长38.4%；出入境旅客人数21.7万人次，增长49.1%，平均客座率65.3%。

【口岸基础设施建设】 一是海口美兰机场已按要求确定了最佳国际旅客中转流程及划出国际航班中转区，配套了设施。6月底投入实施“扩大国际候机厅面积的初步方案。”另外，该机场已获得中国东方航空公司授权国际客运销售代理资格。11月正在进行站坪及候机楼的施工，年底完成主体工程施工。二是三亚凤凰国际机场二期扩建工程已动工，预计投资8.6亿元，目前已完成投资额5 400元。可增加停机坪面积101 179平方米，增加12个远机位，总停机位28个。新建货运库面积3 000平方米，新建停车场2万余平方米，三亚凤凰机场货运公司已取得一类货运代理资格，正委托海航代其申请国际客运销售代理资格。

【口岸开放】 10月，国务院批复同意海口港口岸扩大开放水域。12月，海口港口岸扩大开放水域通过国家口岸验收小组验收。

【开放部分航权试点工作】 2004年是海南开放部分航权试点工作全面展开后的第二年，在海南省委、省政府和国家民航总局以及航权联合领导小组的领导下，海南开放部分航权试点工作取得了很大的进展。截止2004年底，共有10家国内外航空公司开辟了50条国际地区航线（其中定期航线11条，不定期航线39条）。开放航权后，新开辟国际航线12条（其中定期航线4条，不定期航线8条）。新增国际航班356架次。吸引泰国普吉航空、哈萨克斯坦航空等6家外航（共吸引6家外航开飞海南）。出台了《海南省关于开放航权若干政策的规定》和《海南省开放航权若干政策规定实施细则》；加大宣传力度，通过新闻发布会、网络宣传、出国推介等多种形式大力宣传航权开放优惠政策。3月，海口美兰国际机场举办亚洲航线会议，与近20个国外航空公司进行商谈，积极推介海南。9月赴西班牙马德里参加2004年世界航线会议，成功取得2007年亚洲新航线会议举办权，海口将成为中国第一个举办国际级航线会议的城市。

【加强口岸综合管理】 为进一步适应口岸大通关工作的需要，提高口岸的社会效益和经济效益，海南省口岸办广泛征求召集口岸查验单位、企业，提出改进口岸设施的具体方案：一是协调理顺大型豪华邮轮“明辉轮2号”海口—越南海上游轮航线的检查、检验工作，坚持口岸现场值班制度，对现场发生的问题及时处理和解决。同时协调查验单位做好私家游艇检查检验工作。为了这游艇能顺利抵达海口港观光旅游，我办及时召集有关单位协调研究做好该艘游艇的查验监管工作，同时组织查验单位到深圳考察学习，借鉴兄弟省市的做法，使香港长荣号私家游艇35名船员和游客顺利进出港口。二是做好公务包机、急救飞机临时出入境的协调服务工作，保障了公务包机、急救飞机安全以及快捷出入境。三是抓好春运工作，春运期间海南航班密度高，客流量大，，省口岸办召开了各查验主管有关单位参加的协调会，对春运工作进行全面、详细部署，最大限度地保障航班正点飞行，各查验单位对人员进行合理调配，制定了详细的值班表。在春运期间，各口岸正常运作，安全畅通，受到旅客的好评。四是保障大型国际会议代表安全顺畅的出入境。为保障参加博鳌亚洲论坛年会的专机、包机、航班与会议代表安全顺畅出入境，按照省政府提出的“遵循国际惯例，采用先进标准，体现中国特色，展示海南风貌，保证接待质量和调度效率，确保运行可靠和人员安全”的要求，省口岸办多次召开各口岸单位领导会议，制定和实施《海口空港口岸系统2004年博鳌亚洲论坛年会查验保障工作方案》，并密切配合省外事办、机场公司和机场公安局，组织现场演练，提高应变能力，确保万无一失和口岸安全畅通。会议期间共接送入、出境专机，包机19架次，航班20架次，与会代表及人员500多人次，顺利完成了会议期间口岸服务保障工作。

【特批外籍船舶进出非开放口岸】 全年经国家有关部门特批外籍船舶进出马村港48艘次，装卸外贸货物37.2万吨。特批外籍小型特种船舶进出文昌、三亚、辅前、潭门等水域作业50艘次，装运鱼苗出口314万尾，创汇205.5万美元。

【共建精神文明】 2004年，全省各口岸深入开展精神文明共建活动。一是按照省委、省政府的要求，结合口岸作为“窗口”行业这一特点，结合“优质服务月”活动，全面推行政务公开和社会服务承诺制，增加办事透明度，改进服务态度，提高口岸工作效率，取得明显成效，受到社会好评。二是新春佳节慰问节日坚守岗位值班的口岸联检工作人员。三是通过开展丰富多彩的文体活动，增强了口岸单位的凝聚力和战斗力，保证了口岸的有序运作。四是有计划地组织口岸各单位工作人员到省外或国外学习考察，学习各地先进管理经验，促进大通关工作的开展。

海南口岸查验单位工作综述

海 口 海 关

【概述】 2004年，海口海关认真贯彻“依法行政、为国把关、服务经济、促进发展”海关工作16字方针和“政治坚强、业务过硬、值得信赖”海关队伍建设12字要求，提出并实施“以人为本，整合创新，提升绩效”的关区主体工作思路，踏踏实实打基础，求真务实、步步为营地实现管理目标。

2004年，海口海关共监管进出口货运量483.02万吨，比上年增长22.6%，货运值24.56亿美元，增长55%，监管运输工具6490辆（艘），增长20.7%，进出境人员49.04万人次。

【加强队伍建设】 着力培养和提高中层“一把手”敢抓敢管、反腐败的能力。全年关内组织2期集中培训，上半年进行理论性培训，重点是提高理解意图、组织贯彻、监督落实的能力；下半年进行实践式的培训，用管理的实效来启发大家的管理意识与促进管理能力的提高。与此同时与海关有关培训基地合作举办了9期处、科级领导干部培训班，培训人员61人。另外，全年组织参加各类专项业务培训为1 608人次，人均受训达2.3次。稳步推进准军事化纪律部队建设和基层建设。组建了政治部，按照《基层建设纲要》和建设海关准军事化纪律部队的要求，稳步推进准军事化建设和基层建设工作。组织了全员军训和队列检阅，开展内务督察，培养令行禁止、整齐划一的纪律意识和工作作风，内强素质，外树形象。选择洋浦经济开发区海关作为我关的准军事化试点单位。该关在较短时间内，整合资源，创新机制，以“五项登记”为突破口，以“十项规范”为中心，以“四项通报”为重点，强化海关队伍准军事化建设。召开“海口海关基层建设暨准军事化管理现场会”，总结、推广试点工作的初步成效与经验。

【首末位调整试点工作】 在关区业务量最大、人数最多的现场业务处积极稳妥地推行“首末位调整”试点工作，力求通过建立一套以考勤着装、工作实绩、工作差错和突出表现等4项记录为基础的日常考核办法，辅之以赏罚分明的激励机制，以强化基层建设。现场业务处发生了可喜的变化，内部管理逐步规范，工作作风明显改进，执法水平迅速提高，廉洁高效的行风得到企业的赞扬。

【党风廉政建设】 第一，6月，开展了为期1周的“网上品头论足‘一把手’”活动。活动期间，158位同志匿名注册上网，围绕“一把手”及相关领导干部执行党的纪律、贯彻政策、群众观念、选人用人、廉洁自律、财务管理、队伍管理和廉政建设等事项，发表主贴141个，跟贴331个，监督评议的内容达76 000余字。至今为止，上网点击率超过17万人次。针对群众的评议内容，关党组主动应对群众意见，及时提出了改进、纠正的举措，并将整改落实或解释与说明的情况在关网“内务公开”上通报，接受群众监督。第二，认真组织开展“5年回顾教育”活动。组织学习署党组关于开展总结回顾海关5年教育活动的系列文件精神，消除思想障碍，揭摆本关问题，分析自身不足和缺陷；组织论文研讨交流，共收到研讨论文45篇。针对新闻媒体曝光的“琼海走私、拼装汽车”事件和三亚口岸发生的“3·27钢材走私案”，对海南走私和反走私形势、业务执法隐患与风险、依法行政意识等6个问题进行反思，纠正关区长期以来习以为常甚至固化的“海南业务量小、走私风险不大”、“海南经济落后，海关不必管得太严”等错误观念，进一步端正业务执法思想。第三，深入开展纠风整纪工作。按照总署和省直机关部署，重点围绕“‘执法为民、树立新风、廉洁海关’主题宣传月活动”、“优质服务活动”和落实“6项禁令”开展纠风整纪工作。2004年，海口海关员拒吃请448人次、境内外游5人次，拒收红包90人次、有价证券214人次287张，约4.7万元，上交礼券56张，收到表扬信14封，锦旗、匾牌6面。

【贯彻《行政许可法》】 认真清理、评估和梳理关区近年来制定的规范性文件、制度471件，建立、细化并上网关区内部规章制度库。起草完成《海口海关行政执法责任制规定》，举办《行政许可法》讲座、培训，对涉及业务的17个行政许可项目及时进行了公示，开展对关区各业务现场行政许可实施工作专项执法检查。

【调整机构职能】 完成政治部组建工作，加强关区政治工作的集中统一领导；启动洋浦经济开发区海关机构运作，支持开发区经济建设；改革清澜海关监管模式，将监管处与加工贸易监管处合署办公，调整财务处与机关服务中心职能，撤并调查局内设机构，逐步实现人力资源合理配置。

【推行风险管理】 制定实施《海口海关关于应用风险管理平台指导性意见》等7项规章制度，进一步提高开展风险分析和平台应用的积极性。实施企业分类管理，首次公布“红、黑名单”，落实“诚信守法便利、失信违法惩戒”原则。顺利完成H2000业务系统的切换运行工作。及时制定授权管理办法，规范业务授权管理，大力开展业务操作培训，提高操作技能，确保系统的顺畅、安全、高效运行。

【积极推动“大通关”】 第一，配合政府口岸大通关课题调研，从提高审单效率、创新查验机制、加强风险管理等方面研究，提出海关进一步改善通关环境、支持海南扩大开放的6项措施，并发布实施。据统计，海南口岸90%的出口货物和60%的进口货物能在24小时内顺利通关。第二，电子口岸项目的推广应用取得新的进展。海南省电子口岸用户扩大到近900家；“海关税费网上支付”项目用户范围增加到4家银行、12家企业，应用上实现了零的突破；“企业基础信息交换”项目试点工作得到切实开展。第三，积极向省委、省政府提出扩大开放建议。全年共向省政府提交14期《海口海关促进海南扩大开发专报》，先后推出用好CEPA政策、整合海口口岸港口资源、海口保税区择地重建等10余个研究成果。其中，卫留成省长等省领导批示或批转给厅局的9份，省长办公会议专题研究了7项海关建议，部分建议已开始实施。第四，编写了《海南对外贸易海关白皮书》，发挥海关统计信息对海南外贸的服务和预警作用，辅助政府、企业决策参考。此举成为全国海关之先。第五，为配合省政府11月在香港举办的海洽会，宣传中国海关现行的优惠政策，编辑完成《琼港合作进出口贸易现行优惠政策手册》，为地方政府和企业提供关于CEPA的政策指引。

【税收创历史新高】 全年税收累计入库17.73亿元，比上年的17.18亿元增长3.2%，创历史新高，完成税收拟定任务（18.5亿元）的95.8%。为洋浦金海浆纸、海南航空、兴业聚酯、海汽等企业审批减免税共13.9亿元。通过打私、归类、审价、调查等手段加强监管，综合治税，努力防止税收的“跑、冒、滴、漏”。全年共调整归类补税174宗，补征税款72万元；审价463宗，补税574.16万元。

【打击走私】 4月，中央新闻播报海南琼海非法走私车辆问题。海口海关主动迅疾采取行动，查扣非法车辆195部，占全省查缴非法车辆的75%。随后，继续跟踪调查全省有关市县整治情况，及时提出查处、整治意见，得到肯定与采纳，为省里妥善解决历史遗留突出问题发挥积极作用。

全年刑事立案9宗，案值1.79亿元，涉税5 020万元，抓获犯罪嫌疑人59名，刑拘53人，执行逮捕48人，移送起诉10案61人；侦结上年结转案件5宗；行政立案147宗，案值1.59亿元，调查终结124宗，已作处罚105宗；正在审理23宗，执行处罚91宗，正在执行14宗；海上缉私部门共查获案件32宗，货值162万元，抓获涉案人员98名。全年打私罚没收入1 062万元。

【统计工作】 规范统计工作管理，制定了《海口海关贸易统计作业规范》，确保统计数据质量，保持连续7年无差错的好成绩。强化执法评估和统计监督工作，充分发挥预警监督作用，通过数据审核共监督到统计项目106起，核查数据命中率大幅度提高。

海口海关业务统计年度报表

类别	指标名称	单位	2004 年	2003 年	同比增减%
	货运量	吨	4830229	3940582	22.6
	进口	吨	1866256	1756443	6.3
	出口	吨	2963973	2184139	35.7
	货运值	万美元	245604	158371	55.1
	进口	万美元	175737	106348	65.3
	出口	万美元	69867	52023	34.3
	集装箱数量（标准）	箱次	67281	84005	-19.9
	进口	箱次	34448	45031	-23.5
	出口	箱次	32833	38974	-15.8
	监管运输工具	辆艘	940	5750	20.7
	船舶	艘	3898	3512	11.0
	飞机	架	3042	2212	37.5
	企业注册（累计）	个	1362	1959	-30.5
	自理报关企业	个	1339	1939	-30.9
	代理报关企业	个	15	13	15.4
	专业报关企业	个	3	2	50.0
	加工生产企业	个	5	5	0.0
	进出口货物报关单	份	20387	18088	12.7
	进口	份	10823	9758	10.9
	出口	份	9564	8330	14.8
加工贸易	实有加工贸易生产企业（累计）	个	60	73	-17.8
	备案加工合同	份	79	95	-16.8
	备案加工合同金额	万美元	12603	12030	4.8

类别	指标名称	单位	2004 年	2003 年	同比增减%
行邮	进出境人员情况	人次	490421	619900	－20.9
	进出境旅客	人次	325996	377879	－13.7
	邮递物品	件	11396	10276	10.9
	进口	件	6821	6022	13.3
	出口	件	4575	4254	7.6
税收	税收合计	万元	177342	171845	3.2
	关税	万元	63106	70011	－9.9
	增值税	万元	114185	101762	12.2
	消费税	万元	51	72	－29.2
调查	罚没收入	万元	1062	945	12.4
	处理走私行为案件	起	4	4	0.0
	案值	万元	123	180	－31.7
	处理违规行为案件	起	4	26	－84.6
	案值	万元	2071	4491	－53.9
缉私	立案走私案件	起	9	12	－25.0
	案值	万元	18165	5130	254.1
	查处走私行为案件（立案）	起	49	60	－18.3
	案值	万元	562	376	49.5
	查处违规案件（立案）	起	77	33	133.3
	案值	万元	15708	301	5118.6
保税区	境外运入区内货运量	吨	61461	18112	239.3
	境外运入区内货运值	万美元	44174	10993	301.8
	进口到非保税区货运量	吨	4285	309419	－98.6
	进口到非保税区货运值	万美元	881	1870	－52.9

海南省公安边防总队

【概述】 2004年，海南省公安边防总队以“走前列”为目标，以“争创执法为民窗口、争当执法为民标兵”活动为主线，以法制建设、科技建设和业务规范化建设的工作重点，积极改革勤务，妥善处理“把关和服务”的关系，为维护国家安全、稳定，促进地方经济发展做出了积极的贡献。

全年共检查出入境人员135 829人次，其中旅客103 267人次、服务员工32 562人次，与2003年同期相比分别减少32%、10%和61.6%；检查出入境交通运输工具2132航次，其中飞机1 019架次、船舶1 113艘次，分别增加14.8%、8%和21.7%；特别是：博鳌亚洲论坛会议期间，共检查与会的政府首脑专机10架次，提供礼遇25人次；第五十四届世界小姐比赛期间，共检查有关人员300多人次。

【加强基层基础工作，抓好业务规范化建设】 总队认真落实部局杭州边检会议精神，以业务规范化建设为重点，全面加强基层基础工作。在两次召开研讨会的基础上，印发《关于进一步规范边防检查工作的实施意见》，对业务工作实施“项目管理”和“流程管理”。即：将全部业务工作划分为“查控工作”、“旅客检查”、“船舶检查”、“行政处罚”、“执勤纪律”、“情报调研”、“口岸限定区管理、警戒”、“数据统计分析”、“证件、印章管理”、“台账管理”、“硬件设施”、“科技装备”、“计算机管理”、“工作评议和监督”等14个项目，每个项目按工作内容和过程分为若干个环节，做到分工明确、责任到位。同时，规范了7种勤务登记本，做到事事、时时有据可依。业务规范化程度进一步提升。

【强化证件研究，充分发挥职能】 总队将提高检查人员识别伪假证件能力作为人员素质的重要内容来抓。在凤凰站成立总队证件研究室，抽调5名骨干人员成立专门队伍。通过现场采撷、专门网站下载、与兄弟单位交流等多种方式，建立起拥有4000余张原始图片的资料库。具有暗记识别、真伪证件对比等多种用途。同时，年内，组织伪假证件识别培训班3期，制作学习资料共7期，制作光盘5张，并邀请加拿大、英国驻广州领事进行有关签证内容的授课。此外，总队本着“重点投入、快速见效”的原则，为凤凰、三亚两个业务大站配置了功能实用的中型文检仪、便携式文检包、扫描仪、紫光灯等专用设备。通过强化证件研究工作，提高了干警的工作技能。

【评选“执法标兵”，激扬业务建设高潮】 开展“执法为民标兵”评选活动。一是制定方案，细化标准。总队先后下发《边防检查站开展“争创执法为民窗口、争当执法为民标兵”活动方案》和《争当“百名执法为民标兵”活动方案》，设置了“旅客检查”、“船舶检查”、“查控工作”、“办案调研”、“技术保障”、“优秀科长”、“机关勤政廉政”、“带兵干部”等八个岗位的评选项目，突出专业、突出技能，并明确了指导思想、工作方法、工作标准和实施步骤。二是树立典型，抓好示范。总队树立三亚站业务二科、凤凰站业务二科为示范单位，结合实际，制订了《海港勤务组织方法》和《空港勤务组织方法》，规范执勤内容、工作程序，将其执勤模式向全省推广，使各边检站“学有标兵，赶有榜样”，掀起干实事、鼓实劲、负实责的风气。三是强化检查，严格验收。总队采取积分制作法，每季度检查记分，年终将检查分数综合统计，统一评判，促使各单位把精力用在平时、功夫花在平时、干劲使在平时，保证建设的持续性和经常性。年终，分别有39名和2名检查人员被总队和部局评为“执法为民标兵”。“标兵评选”活动进一步激励了干警学业务、干工作的热情，队伍中比、学、赶、帮、超的氛围日益浓厚。

【开展“大通关”活动，改革勤务措施】 顺应海南省口岸“大通关”和“开放三、四、五航权”的形势，着力处理好边检工作维护中央事权和促进地方经济建设、严格管理和热情服务等关系，积极稳妥开展勤务改革。一是完善网上报检系统。三亚站、凤凰站研发出旅游团名单网上报检系统。旅行社、船务公司、航空公司等企业可以通过电子邮箱，将旅客名单和船舶相关资料提前发给边检站进行预查预录。对旅游团人员实行“批量”检查，缩短了口岸滞留时间，将工作效率提高1倍。二是实行“等级”和“分类”的船舶管理模式。按国内远洋和外籍、重点和非重点、自我管理强和弱、信誉好和差等标准，对来港船舶实行分类分级，区别对待，从而大幅提高船舶预检办理手续比例，充分体现了“内紧外松”的工作原则。三是实施码头报检作法，前移警务。洋浦、八所站在码头建立现场勤务室，将报检、检查、办证等勤务前移，“集中查验”、“一体化办公”，极大地缩短了船舶在港口的滞留时间，提高了通关速度。

【岗位“大练兵”，有效提高人员素质】 贯彻公安部的指示精神，制定下发了《边防检查站“大练兵”方案》，坚持“干中练、练中干”原则，根据不同岗位、不同职责开展岗位练兵，同时将体能训练、手枪射击、计算机录入等项目列入“大练兵”范畴，以求培训综合素质强、适应新形势的专业人才。总队结合海港、空港业务实际，编发800题试题库，下发各站检查员学习；各站举办培训班15期，内容涉及外语、计算机、业务等科目。总队还组织了以业务知识笔试、现场竞答、计算机操作、体能测试、手枪射击等五个科目的比武，检验了队伍。9月份，总队参加部局“大练兵汇报演练”，凤凰站黄尉取得了计算机录入单项全国第二名、全能第四名的好成绩。

海口出入境边防检查总站

【概述】 2004年,海口边检总站坚持以“三个代表”重要思想为指导,扎实开展大练兵活动,狠抓文明规范执勤,大力整肃队伍纪律作风,强化基层基础建设,圆满完成了以边检执勤为中心的各项工作任务,各项建设取得新的发展进步。全年,共检查出入境人员307 386人次,比上年减少0.88%。其中,旅客206 128人次,增长10.60%,员工101 258人次,减少18.16%;检查出入境交通运输工具3 322艘(架)次,增长21.29%。其中,出入境船舶1 556艘次,减少1.39%,出入境飞机1 766架次,增长52.11%。

【查控与预警工作】 认真履行把关职责，严格落实查控工作规范，不断严密工作措施，改进完善查控手段，确保接控、布控、撤控等各个工作环节准确、安全，全年共完成接、布控11 557人次，查获在控对象38人次。以反恐怖、防闯关、防渗透、防群体性事件为重点，研究制定了《海口总站处置突发事件预案》，进一步完善了口岸突发事件的处置方法。继续加大打击非法出入境活动的力度，与英国、澳大利亚驻广州领事官员进行了证件识别与反偷渡工作经验交流。加强证件研究，收集证件样本1 350多份。

【服务海南外事重要活动】 2004年，在海南举办了第八届“海南乡团联谊大会”、“博鳌亚洲论坛”第三届年会和“世界家庭峰会”。为了确保三大重要国际会议的顺利举行，总站认真制定了边防检查工作实施方案，有针对性地开展了业务技能培训，精心组织勤务工作，实行开设与会贵宾专用通道和机组检查室、启用流动检查车、就近办理专机政要团与重要贵宾团边防检查手续等便利措施，营造安全、宽松、文明、快捷的通关环境。受到了海南省委、省政府及与会贵宾的好评。

【开展优质服务活动】 深入贯彻落实周永康部长“要树立文明国家窗口形象”的重要批示精神和海南省委、省政府关于在国家机关中开展优质行政服务活动的部署，狠抓文明规范执勤和优质行政服务。一是不断改进出入境边防检查工作，提高查验通关效率。5月1日，海口站正式启用港口船舶网上报检系统，加强海口港卡口执勤点基础建设和规范管理。二是强化服务意识、大局意识，全力支持海南经济建设和对外开放。上半年，组织专门人员对当前影响和制约出入境边检工作的因素和问题进行了认真调研，提出了20多条改进和加强边检工作的意见上报部六局和省政府相关部门。下半年，美兰站对海南航权开放试点工作进行了专题调研，及时向有关部门提出了工作建议，美兰机场新增国际航线10多条。经过总站、海口站共同努力，马村港对外开放前的相关边防检查准备工作已基本就绪，有力推进了马村口岸对外开放。三完善了现场执勤管理制度，统一规范了一线民警的执勤行为动作和礼仪言行举止，进行警容警姿、执勤用语和接证、验证、还证等基本动作的规范性培训。在执勤中，各级执勤人员自觉做到说话和气、警容严整、动作规范，并积极落实便民利民措施，为需要帮助的旅客提供特殊服务。

【队伍建设】 制订公布了《民警预防案件事故“六不准”规定》、《贯彻落实部局文明规范执勤“六不准”实施意见》,《领导干部“五带头、八不准”决定》和《总站基层科队和机关正规化建设实施纲要》，全面加强民警行为规范，整顿干部作风，加强内部管理。大力开展“大练兵”活动，精心构建岗位练兵、集中培训、自学自练、以赛促训相结合的模式。先后投入大练兵活动专项经费上百万元，完善硬件配套设施，提升教材和师资保障水平；严格执行“逢学必考、逢练必考”的原则，使达标考核、技能竞赛与奖优罚劣贯穿于大练兵活动的始终。全年共组织8项（次）竞赛活动，获得全省宪法知识电视竞赛第一名、省直机关庆祝建国55周年歌咏大赛一等奖。

【综合保障】 2004年，共圆满完成了6项基建工程。工程质量验收全部达到优良以上，有3项被评为海南省“优质样板工程”。先后为海口站、美兰站基层队正规化建设下拨经费100多万元，进一步完善了现场执勤设施，增加了装备设备，解决了部分一线执勤民警的双休日执勤补贴，建立了医疗保障机制。

海南出入境检验检疫局

【概述】 2004年，海南检验检疫局共完成出入境货物检验检疫16 984批，货物总额达165 766万美元，分别比上年度增加10.7%和49.0%。其中完成出境货物检验检疫7 604批，货物金额35 151万美元，分别增加14.2%和30.6%；完成进境货物检验检疫9 380批，货物金额130 615万美元，分别增加7.9%和54.9%。

完成进出境动植物及产品检疫4 284批，货值23 890万美元，分别增加20.8%和43.4%。经检疫发现有疫情的达436批，截获各种有害生物147种。

完成进出境交通工具检疫5821艘/架，增加21.9%。其中完成出境交通工具检疫2 864艘/架，增加22.0%；完成进境交通工具检疫2957艘/架，增加19.9%。完成进出境集装箱检疫69 999个标准箱，增加16.1%。其中完成出境集装箱检疫35 948个标准箱，增加4.5%；完成进境集装箱检疫34 051个标准箱，增加31.6%

【进出口商品检验】 2004年,海南检验检疫局完成进出口商品检验13 077批,商品货值达152 916万美元,分别增加14.8%和50.8%。经检验把住不合格或不符合合同规定要求的进出口商品92批,货值977万美元,分别占全年进出口商品检验的7.0%和6.4%,不合格率分别下降22.0%个和52.1%。

进口商品检验。2004年完成进口商品检验8 060批，货值125 708万美元，分别增加13.8%和55.8%。2004年海南口岸进口商品主要有：食品、成套设备、液化天然气、化纤、瞥坯布、汽车配件等。经检验把住不合格或不符合合同规定要求的进口商品有82批，货值为904万美元，分别占全年进口商品检验的1.1%和0.7%。对不合格的进口商品，海南检验检疫机构均出具检验证书，为收用货部门对外索赔提供依据，并积极督促有关部门向外商索赔。据统计，全年海南省有关外贸部门凭检验证书共向外商索赔回57.74万美元。海南某新材料有限公司进口一批钴精矿，经检验发现该批钴精矿的钴含量低于合同规定的要求，据此出具不合格检验证书。该公司凭海南检验检疫机构的检验证书，向对外商提出索赔回7万美元。

出口商品检验。2004年完成出口商品检验5 017批，货值27 208万美元，批次和货值分别增加16.5%和31.5%。2004年海南口岸主要出口商品有：农副产品、水产品、食品、纺织品、轻工产品、矿产品、化工产品、机电产品、金属及其制品等。经检验把住不合格出口商品10批，货值为73万美元，分别占全年进口商品检验的0.1%和0.2%。对不合格的出口商品，海南检验检疫机构要求重新整理或重新加工，再经检验合格后才放行出口。

食品出口。2004年海南口岸共出口食品1 524批/27 975吨，货值达7 250万美元，分别增加10.5%/35.3%和16.5%。出口的食品品种主要有浓缩果汁、菠萝罐头、饮料、啤酒、糖果、藻粉(片)、食品添加剂等。

水产品出口。2004年海南口岸共出口水产品2 015批/41 967吨，货值达13 309万美元，分别增加20.3%/35.2%和37.2%。出口的水产品品种主要有南美对虾、罗非鱼、带鱼、马头鱼、海鳗及来料加工的鱿鱼、章鱼、蟹等，主要出口美国、韩国、日本、澳大利亚、马来西亚、越南、加拿大、印度尼西亚等国家。

进出口商品鉴定。2004年完成进出口商品鉴定631批/1 468 684吨。其中完成衡器计重332批/189 654吨、容量计重86批/173 597吨、水尺计重213批/1 105 433吨。完成出口包装性能检验657批/7 110 388件，其中完成一般出口包装性能检验鉴定656批/7 108 388件、危险货物包装性能检验1批/2 000件。完成进出境集装箱检验鉴定69 999个标准箱，其中进口集装箱拆箱检验35 948个标准箱，出口集装箱验箱鉴定34 051个标准箱。进出口木材检验鉴定143批/29.4立方米，其中出口木片检验鉴定14批/26.8万吨，进口原木检验鉴定5批/1.8万立方米，进口橡胶木124批/0.8立方米。

完成涉外财产价值评估鉴定24批，申报货值达387万美元，经评估鉴定发现7批涉外财产属于高价低报的，平均升值率为13.7%，为海关部门合理征税提供依据；6批涉外财产属于低价高报的，平均贬值率为12.2%，直接挽回经济损失10万美元。

产地证签证。2004年海南检验检疫局共签发产地证书5 177份，签证金额达36 726万美元，分别增加28.5%和70.2%。

签发一般产地证书1 517份，签证金额达6 669万美元，分别增加44.3%和28.66%。其中对美国签发一般产地证书958份、签证金额3 206万美元，占48.1%；对韩国签发一般产地证书48份、签证金额 1 095 万美元，占 16.4%；对日本签发一般产地证书 46 份、签证金额 510 万美元，占 7.6%；对越南签发一般产地证书 49 份、签证金额 300 万美元，占 4.5%。

签发普惠制产地证书 3 660 份，签证金额达 31 542 万美元，与上年度相比份数减少 6.5%，金额增加 92.44%。其中对日本签发普惠制产地证书 904 份、签证金额 21 752 万美元，分别占全年签发普惠制产地证书的 24.6%和 69.0%，分别增加 98.3%和 222.1%；对法国签发普惠制产地证书 533 份、签证金额 1 497 万美元，分别占全年签发普惠制产地证书的 14.6%和 4.7%，分别增加 121.4%和 148.2%对德意志联邦共和国签发普惠制产地证书 366 份、签证金额 790 万美元，分别占全年签发普惠制产地证书的 10.0%和 2.4%，分别增加 98.6%和 85.8%；对英国签发普惠制产地证书 301 份、签证金额 468 万美元，分别占全年签发普惠制产地证书的 8.2%和 1.5%，分别增加 127.0%和 130.8%。

【评审认证】 2004 年，海南检验检疫局完成 ISO9000 质量管理体系评审认证 41 家，其中获得 ISO9001：2000 体系评审认证证书的有 37 家企业、获得 HACCP 体系评审认证证书 4 家。同时对 14 家已获得 ISO9000 体系评审认证的企业进行监督审核。

2004 年，海南检验检疫局完成对 20 家卫生注册登记的出口食品生产企业的评审考核，完成 20 家获得 HACCP 验证证书的水产品加工企业、4 家获得质量许可证书的包装容器企业的复查换证工作。同时向国家认监委推荐 23 家企业到国外注册，其中欧盟注册 10 家、美国注册 8 家、韩国注册 5 家。

【进出境动植物检疫】 2004 年，海南检验检疫局完成进出境动植物及产品检疫的有 4284 批，货值 23890 万美元，批次和货值分别增加 20.8%和 43.4%。

进出境植物检疫。2004 年完成进出境植物及其产品检疫有 2 018 批，货值达 8 226 万美元，分别增加 23.5%和 52.6%。其中完成出境植物及产品检疫 690 批，货值达 3 259 万美元，分别增加 23.1%和 24.4%，经检疫发现各种疫情的有 1 批，截获有害生物 1 种；完成进境植物及产品检疫 1 328 批，货值达 4 967 万美元，分别增加 24.3%和 133.1%。经检疫发现各种疫情的有 435 批，截获各种有害生物 147 种（其中一类有害生物 1 批、1 种、二类有害生物 22 批、7 种、三类有害生物 16 批、2 种、其他有害生物 396 批、136 种）。2004 年首次在境外邮寄种子中检出一类有害生物—咖啡果小蠹和三类有害生物—花生豆象。

进出境动物检疫。2004 年海南检验检疫局完成进出境动物及产品检疫 2 266 批，货值 15 664 万美元，分别增加 18.5%和 39.0%。其中完成进境动物及产品检疫 170 批，货值 3 032 万美元，分别增加 19.7%和 103.6%。经检验检疫发现不合格的动物产品 3 批、540.9 吨，货值达 1 万美元。对不合格的动物产品及时做出退货或销毁处理。如 2004 年，海南检验检疫局在检疫中发现来自美国、加拿大、丹麦等国家的入境冻肉产品中有 3 批、11 个集装箱的 540.9 吨冻肉不合格，并全部做出退货处理，同时对非法入境的 4 批、171 吨的动物产品进行销毁处理。完成出境动物及产品检疫 2 096 批，货值 12 631 万美元，分别增加 18.4%和 29.1%。

实蝇监测 2004 年，海南全省共有监测点 750 个，共诱捕实蝇 50000 只，主要种类有桔小实蝇、瓜实蝇、南瓜实蝇、棍腹实蝇等。

【出入境卫生检疫】 2004 年，海南检验检疫局共完成进出境交通工具检疫 5 821 艘/架，增加 21.9%。其中进出境飞机检疫 2 909 架次，增加 33.4%；完成进出境船舶检疫 2 912 艘，增加 10.7%。完成进出境集装箱拆箱查验 69 999 个标准箱，增加 16.1%，其中完成出境集装箱拆箱查验 35 948 个标准箱，增加4.5%，完成进境集装箱拆箱查验34 051个标准箱，增加31.6%。

2004年，海南检验检疫局对出入境人员实施卫生检疫385 867人次，增加1.68%。对涉外人员实施传染病监测体检2 280人次，增加11.5%，其中实施艾滋病监测体检2 160人次，减少2.1%，在监测体检中发现各种传染病206例。对出入境人员实施接种预防5 580人次，减少14.45%，其中霍乱疫苗预防接种4 249人次、黄热病疫苗预防接种267人次、其他疫苗预防接种1064人次。

【科技工作】 2004年,由海南检验检疫局组织开发的《船舶航空器电讯检疫计算机网络管理系统》科研项目获2004年国家质检总局"科技兴检"三等奖,实现零的突破;协作开展的《进口原木检疫除害处理技术研究》获2004年国家质检总局科学技术奖励二等奖;由海南检验检疫局主持制定的《进出口速溶咖啡检验规程》、《出口胡椒粉检验规程》、《出口椰子汁检验规程》等3个标准,经国家质检总局批准于2004年12月1日颁布实施;由海南检验检疫局主持开发的《海水浸泡处理原木杀虫效果研究》、《出口种用虾检验规程》等2个课题通过国家认证委组织的专家鉴定。2004年已分别完成《进出口毛毯检验规程》、《椰子致死黄化类鉴定方法》、《椰子死亡类病毒检测方法》等3个标准草案送审稿。全局共评出科技技术奖励57项,其中科技兴检奖9项、检验检疫专项奖25项、优秀论文23篇。

海南海事局

【概述】 2004年，在海南省委省政府、交通部和交通部海事局的正确领导下，海南海事局以"三个代表"重要思想为指导，认真贯彻党的十六大和十六届四中全会精神，坚持以人为本、科技兴局发展战略和执法为民、服务社会的工作理念，紧紧围绕水上交通安全监督管理中心工作，积极推进人事制度改革和海事执法管理模式改革，认真落实目标管理责任制和党风廉政建设责任制，确保辖区水上交通安全形势的稳定，两个文明建设取得新的成绩。

【船舶管理】 组织开展沿海小型船舶专项整治活动和四客一危船舶专项安全检查活动，积极开展船舶安全检查，认真做好船舶登记工作，积极促进海南片区SMS审核的进一步深入开展。全年共检查琼州海峡客船、客滚船100艘次，对中国籍国际航行船舶实施开航前检查3艘次，对外国籍船舶实施PSC检查52艘次，其中滞留外轮7艘次；共签发和换发新版所有权证书20本，国籍证书48本，配员证书90本，抵押权登记证书20本，光船租赁登记证明书14本，注销证明书55本，船舶连续概要纪录25份；共审核国际航运公司6家，国内航运公司7家，共发现不符项280项，签发DOC证书10本，SMC证书6本。

海南海事局继续加大对琼州海峡客滚船的安全检查力度，严格按照交通部的有关规定，每3个月对海峡客滚船进行一次安全检查，并结合不同的季节特点和琼州海峡客滚船的实际情况，有针对性地开展安全检查，重点检查消防、救生、应急设备和船员应急反应能力。粤海火车轮渡开通汽车和旅客运输后，海南海事局要求船公司申请重新核发船舶证书，重新对船舶进行安全检查，重点检查船舶在载客情况下的应急反应能力。

为维护中国籍船舶的声誉，降低中国籍船舶在国外的滞留率，交通部海事局要求各海事机构对航行于日本、韩国、澳大利亚、美国等巴黎备忘录国家的船舶实施严格的开航前检查。经海南海事局开航前检查的船舶没有一艘在国外被滞留。

【船员管理】 全年共签发了各类船员证件 3 461 本（其中签发船员适任证书 433 本、引航员证书 7 本，签发海员证 200 本，签发船员服务簿 665 本，签发各类专业培训和特殊培训合格证 2 156 本）；办理船员服务簿定期签证 785 人次；举办船员适任证书考试和评估共 21 期 1 216 人次（其中全国统考 2 期 118 人次，丁类船员适任考试 6 期 568 人次，值班水手适任培训考试评估共 9 期 360 人次，值班机工适任培训考试评估共 4 期 170 人次）。举办各类船员专业培训和特殊培训考试和评估共 80 期 2 637 人次，其中熟悉和基本安全培训考试和评估 29 期 1162 人次，签发专业培训合格证书 1 119 本、熟悉和基本安全培训合格证 950 本；精通救生艇筏培训考试和评估 24 期 891 人次，签发精通救生艇筏培训合格证 724 本；高级消防培训考试和评估 2 期 44 人，签发高级消防培训合格证 44 本；精通急救培训考试和评估 3 期 73 人，签发精通急救培训合格证 79 本；船上医护培训考试和评估 3 期 31 人，签发船上医护培训合格证 31 本；雷达操作和模拟器专业培训考试和评估 3 期 45 人次，签发雷达观测与标绘培训和雷达模拟器培训合格证 52 本、签发自动雷达标绘仪合格证 52 本；适任证书法规知识更新培训考试 2 期 29 人；港澳航线培训考试 1 期 9 人；滚装客船船员特殊培训考试和评估 4 期 150 人次，签发滚装客船船员特殊培训合格证 121 本；客船船员特殊培训考试和评估 5 期 150 人次，签发客船船员特殊培训合格证 87 本；高速船船员知识更新培训考试 1 期 4 人，签发高速船船员特殊培训合格证 16 本。另外还办理了船员特殊培训再有效证书 349 本。

【通航管理】 充分有效发挥琼州海峡 VTS（船舶交通管理系统）的功能和作用，为保障海峡船舶交通安全，提高船舶交通效率起到了积极作用。全年系统共接收船舶报告 71 283 艘次，连续跟踪监视船舶动态 177 893 艘次，提供信息服务 20 146 艘次，提供助航服务 1 204 艘次，支持联合行动 18 次，交通组织 1 次。设备完好率达到 98.5%。同去年相比，VTS 接收船舶报告艘次增长约 12.7%，提供信息和助航服务艘次增长约 86.3%，支持联合行动次数增长约 20.0%，交通组织次数持平。

全年共审批水上水下施工作业 36 项；发布航行通告 50 份，航行警告 66 份，发布航行通（警）告准确率 100%；审批过峡船舶 3 612 艘次，29 758 045 总吨。

全年共开展海区巡航 226 次，港区巡航 1 903 次，内河巡航 220 次，累计巡航时间 6 512 小时，累计巡航航程 37 311 海里，累计出动船艇 2 348 艘次，完成巡航工作任务合计 3 693 次。

【海上遇险搜救工作】 全年共接到险情报告 110 次，比去年增加 8.91%；组织协调了 51 起海上遇险事故的救助行动(其中组织救助商船行动 16 次，救助渔船行动 32 次)，救助遇险人员 1 510 人(其中渔民 1 414 人)，比去年增加了 48.62%，成功救助 1 474 人；协调派出救助船舶 306 艘次，比去年增加了 56.12%，飞机 7 架次，比去年减少了 22.22%，接送海上伤病人员 7 宗 9 人；辖区发生的一般等级以上水上交通事故有 3 起，死亡或失踪人数为 9 人，船舶沉没或全损 3 艘，直接经济损失约 1 060 万元。

12 月 2 日，受冬季台风“南玛都”的影响，45 艘渔船在东沙群岛附近海域（广东省辖区）防台风时，因缺少粮食和淡水补给而被困，船上共有 1 125 名渔民。接报后，海南海事局及时将此特大险情向中国海上搜救中心和海南省人民政府通报，在中国海上搜救中心和海南省人民政府的指挥下，海南海事局积极协调香港海上救援协调中心、台湾中华搜救协会、海南省海洋与渔业厅、南海救助局和琼海市人民政府等单位，群策群力做好食品和淡水补给救助工作。经过三天三夜的努力，陷入困境的 45 艘渔船的 1125 名渔民终于脱险，无人员伤亡。整个事件的圆满解决得到了媒体和社会各界的一致好评。

【2004年南海联合搜救演习】 2004年南海联合搜救演习是海南省海域历史上首次举办的海上搜救演习，演习对提高海南省海上搜救工作能力具有非常重要的意义。

演习由交通部、中国海上搜救中心主办，海南海事局、海南省海上搜救中心承办，香港特区政府飞行服务队和香港海事处协办。交通部、海南省政府和香港特区政府对这次演习非常重视，先后召开两次演习研讨会和海南省省长办公会议。4月22日，海南省政府成立了筹备工作协调小组，并发布了《关于举行2004年琼港海上搜救联合演习的通知》，要求各参演单位积极参与和支持这项工作。而与此同时，海南海事局积极组织人员认真做好演习各项方案的制定工作，先后制定了《搜救演习方案》、《演习施放烟雾方案》、《船舶行动路线》、《演习检阅方案》、《行动指令》、《演习应急反应方案》、《协调人须知》、《船长须知》等。

演习于6月26日上午在三亚湾海域举行，内地和香港的总计20艘船艇、2架飞机，27家单位的509人参加了这次海上联合搜救演习。演习取得了圆满的成功，得到了社会各界的肯定和好评。

【法规建设】 积极推进地方海事法规立法，认真履行立法咨询职责。研究、修订的《三亚市防治船舶污染水域管理规定》，4月1日由三亚市人民政府正式发布实施。对《海南省海上搜寻救助规定》草案进行了完善和修改，并报送海南省政府。在做好立法工作的同时，海南海事局还积极承担立法咨询工作，为地方政府、交通部、交通部海事局的立法和相关制度建设提供建议和意见，共组织了20余项立法草案和工作建议的意见征集活动，主要有《中华人民共和国海上交通安全法》、《中华人民共和国海上人命搜寻救助条例》、《船舶和水上设施检验条例》、《开展交通综合行政执法改革试点工作的意见》、《船舶保安规则》、《海南省实施〈中华人民共和国海域使用管理法〉办法》等。

为贯彻“执法为民、服务社会”的行政管理理念，今年3月1日，交通部发布公告在全国海事系统实行八项便民措施。海南海事局及时下发了《关于落实全国海事系统行政执法八项便民措施有关事项的通知》，对八项便民措施的实施提出具体要求，要求全体执法人员以此为契机，提高认识，切实转变观念和作风，不断强化服务意识，正确处理好执法与服务的关系，不断提高执法和服务水平。为使八项便民措施广为人知，海南海事局还组织开展了相应宣传活动，并对各单位实施八项便民措施的情况进行了监督检查。

【海上危险货物运输管理和海域污染防治】 2004年是《港口法》、《行政许可法》、《港口危险货物管理规定》、《船舶载运危险货物监督管理规定》等一系列法律、规章颁布实施的第一年，海南海事局以理顺危险货物管理职能为工作重点，根据辖区的实际，加强对法律、规章的学习，做好船舶载运危险货物的安全监管工作，保障作业安全。针对三亚港杂货码头临时卸甲醇、八所港卸甲醇、固硫剂、洋浦港临时卸棕榈油作业的实际，海南海事局严格按规定要求，主动与省交通厅、当地政府和港口、货主协调沟通，提出了相应的管理要求和建议，在确保运输和作业安全和防污染的前提下，保障了企业的正常生产；针对火车轮渡要求装运植物油、棉麻、种子饼的申请，及时组织专业人员进行可行性研究，并会同湛江海事局和火车轮渡公司召开专题研讨会进行研究，形成统一意见和统一做法，在确保安全和防污染的前提下，保障了这些货物的顺利运输。

全年共签发《油污损害民事责任或其他财务保证证书》15份；审核《船舶垃圾管理计划》9份；审批《船上油污应急计划》22份；；签发船舶防污记录文书37本。

【基础设施建设】 计划基建工作得到加强和改进。完成基本建设“十五”规划的调整上报工作。重大建设项目进展顺利，组织完成博鳌灯塔基地工程方案评审会。完成八所职工集资楼工程施工并通过竣工验收。组织完成琼州海峡 AIS 工程施工任务，11 月 1 日全网开通。建成全局内部网站，于 4 月 1 日正式投入使用。完成全局外网的建设，并与内网实现物理隔离。

【安全通信】 共完成无线通话 12424 次，计 40473 分钟；传真 384 份；遇险紧急安全通信 2 次（其中：VHF 遇险通信 1 次，SSB（8MC）紧急通信 1 次）；接收遇险、紧急、安全报警 107 次，播发各类通、警告 75 次。全局电话会议 3 次。新增代管船舶 12 艘，新办船舶电台执照 12 艘，更换电台执照 24 艘，申请核配海上移动通信业务电台标识 34 艘。

【航标建设】 海南海事局加强航标基础设施建设，加强航标的技术改造，进一步提高航标技术含量，充分发挥航标的助航效能。通过对灯塔能源的改造，导标、锚标的技术改造，海上灯浮标标牌的发光研制，提升了三亚、清澜、秀英等港口的助航标志效能。2004 年，海南海事局在海口港秀英航道全部 18 座灯浮标上推广应用了同步闪和标牌号发光技术，取得良好成效。海南海事局还先后对秀英、清澜、洋浦和八所等港口部分灯浮标的位置、编号进行了调整，在秀英港增设了 2 座灯浮标，使该港灯浮标数量由原来的 17 座增加到 19 座，在清澜港进口位置增设 1 座灯浮标，在洋浦港原有的 13 座灯浮标的基础上增设了两座调头标，还将八所港 φ1800 型的进口灯浮标改为 φ2400 型标体。全面完成辖区灯浮标和灯桩（塔）的能源改造工作，在所有港口灯浮标和不能使用市电的灯塔（桩）上全部进行能源系统技术改造，安装使用太阳能发电系统，全部淘汰可靠性差、性价比低，对海洋污染严重的一次性锌空气电池，在全国率先全部实现能源 100% 太阳能化。目前航标的总座数从去年底的 149 座增加到现在的 155 座。

全年共出航 223 航次，航行 654 海里；巡检航标 2100 座次，抢修各类航标 28 座次，完成航标正常座天数 48505 座天，维护座天数 48552 座天；航标正常率为 99.90%，航标维护正常率为 99.95%；17 座雷康正常工作为 138744 座时，正常工作时间率为 100%，3 座 RBN－DGPS 站信号发射率达 99.67%，完善性监测率为 99.23%，均优于部颁标准。

【党建工作】 按照《海南海事局 2004 年精神文明建设计划》的总体要求，以加强领导班子、执法队伍和党员队伍建设和文明执法示范“窗口”建设为重点，认真抓好各项党建工作。

认真贯彻党的十六届三中全会和四中全会精神，抓好中心组学习。认真学习贯彻十六届三中全会、四中全会和中纪委三次全会精神，学习宣传《中国共产党党内监督条例》、《中国共产党纪律处分条例》和《中国共产党党员权利保障条例》，学习许振超先进事迹。全年党委中心组共集中学习 8 次，主要学习内容有党的十六届三中全会文件、胡锦涛同志在中纪委第三次全体会议上的讲话等。

深入开展“党内民主评议”活动，不断提高党员队伍的整体素质。根据中共海南省直机关工委《关于开展“党内民主评议”和“创先争优”活动的实施意见》的要求，局党委下发了《海南海事局开展“党内民主评议”活动的实施方案》，并将活动与党员先进性教育、两个《条例》的学习和水上安全监督管理日常工作相结合。通过民主评议活动，各基层党组织进一步总结经验，认真分析党组织和党员队伍的现状，查找存在的主要问题，制定了切实可行的整改措施，为各项工作的顺利开展提供坚强的组织、思想和作风保证。至 2004 年底，海南海事局 10 个基层单位已有 8 个单位被交通部海事局授予“文明达标单位”称号；海口海事局、航标处被交通部海事局评为“直属海事系统先进单位”，7 名共产党员被评为“直属海事系统先进个人”和交通部“海事行政执法优秀工作者”称号。

充分发挥基层党组织的作用，搞好基层党建工作和组织发展工作。2004年继续在各总支（支部）书记中开展“四个一”活动，在处级干部中开展读一本书、写一篇论文或调查报告活动。为进一步健全党的基层组织，对1个总支、7个支部进行改选。根据工作需要，增设了3个党支部。全局共发展党员10人，转正6人，并选派19人参加海南省直机关第十七期入党积极分子培训班的学习。

抓好内外宣传工作。据不完全统计，全年共在《新华网》、《人民日报·华南新闻》、《中国交通报》、《中国水运报》、《海南日报》等省级以上报刊发稿120多篇，在《海南人民广播电台》、《海南电视台》播发新闻或专题报道30多条。为庆祝建国55周年，海南省直机关工委举办庆祝建国55周年大型图片展，海南海事局制作的“航运更安全，海洋更清洁”宣传栏获一等奖。为做好“2004年南海联合搜救演习”的宣传报道工作，积极主动与新华社、中央电视台、《海南日报》、海南电视台等主流媒体联系，落实采访计划。演习期间，《海南日报》从22日开始，每天一个整版报道演习进展，演习当日跨版（2个整版）报道；新华网海南频道整页滚动报道；中央电视台制作播出了43分钟的专题片；香港凤凰卫视组成了6人的报道组，制作了70分钟的专题片。海南海事局还编辑制作了《2004年南海联合搜救演习》光盘和编印了《南海大搜救》演习纪实画册。

创建文明执法示范窗口，推进文明行业建设。4月初，由团省委和团直机关工委联合组成的海南省创建青年文明号活动检查组，对海南海事局3个新创建单位进行了检查验收，其中“海口新海海事处”、“海口航标处航标科”被团省委命名为“海南省青年文明号”，同时交管中心值班室获得省“青年文明号”十年成就奖。

【党风廉政建设和反腐败工作】 全年共组织行风社会调查16次，召开行风社会监督员座谈会6次，上门走访港航、船舶代理等行政相对单位71家，发出行风测评调查卷72份，收回72份，行风满意率达98.6%；共收集到19条意见和建议。收到信访件3件，核查3件，了结2件，立案1件，结案1件，对1名行政执法人员处以行政警告处分，并吊销行政执法证，调离执法岗位，下岗待派。

海南口岸大事记

1月2日

《博鳌水城水域交通安全管理规定》经琼海市第十二届十一次常务会议讨论通过并颁布施行。

1月18日

交通部副部长洪善祥一行抵海南，对琼州海峡春运安全工作进行检查。

1月19日

洪副部长在下榻的宾馆主持召开春运安全工作汇报会，广东、海南两省交通厅和广东、海南、湛江海事局的领导分别汇报了今年春运工作的开展情况。

2月19日

一艘货轮在东经107°31′、北纬19°44′海域撞沉我国“琼海渔12254”号渔船后逃逸。我国12名渔民落海（3人被附近渔船救起，9人下落不明）。总队接警后，于东经108°39′、北纬18°09′成功将其拦截，并使其靠泊三亚港。经查，该轮名为“北桥快递”号，巴拿马籍，集装箱船，船上有19名菲律宾籍船员，后移交有关单位。

3月31日

琼港海上搜救联合演习工作会议在海口市召开，中国海事局、海南海事局、香港特区海事处、香港特区政府飞行服务队和海南省海上搜救中心派员参加了会议。

4月1日

《三亚市防治船舶污染水域规定》通过三亚市政府的审议，并从即日起实施。

海南省“信用青年、信用海南”青年文明号集体信用公约宣誓大会在海口明珠广场举行，会上海南海事局琼州海峡船舶交通管理中心值班室被授予“海南省青年文明号活动十周年成就奖”光荣称号。

4月5日

海南省创建“青年文明号”检查组一行到海口海事局新海海事处检查。

4月12日

中央电视台在《焦点访谈》节目中报道海南海事局海南国际旅行保健中心门诊存在的问题。

4月14日

海南海事局和海南铁路公安处联合对粤海铁路南港港池水域通航环境进行综合整治，重点是清除非法设置的碍航渔排。

4月21日

海南省政府召开省长办公会议，讨论琼港海上搜救联合演习工作。会议由刘琦副省长主持。

海口籍船舶“瑞安8”轮在琼州海峡中水道13号浮标附近水域与巴拿马籍集装箱船“RESOLUTION”发生碰撞，“瑞安8”轮沉没，10名船员落水，海南海事局紧急派出所属“海巡181”轮赶赴现场搜救，同时现场有8艘过往船舶参加搜救行动。至07：10时，落水10人被全部救起。

4月24日

完成第三届亚洲博鳌论坛年会的出入境边防检查工作。

4月24－25日

博鳌亚洲论坛年会在海南琼海举行。35个国家和地区的1000多名政要、学者和企业界人士参加了会议。凤凰边检站为10架专机、包括澳大利亚前总理霍克和新西兰对外谈判部长等在内的16名政要办理了入出境手续，并给予了礼遇。

4月28日

琼港海上搜救联合演习第二次工作会议在三亚市召开。

4月29日

海南省政府发文成立琼港海上搜救联合演习筹备工作协调小组，由刘琦副省长任组长，中国海上搜救中心办公室郑和平主任、海南省政府王欣副秘书长、海南海事局欧阳宝奎局长和海南省安全生产监督管理局廖强局长任副组长，成员有各参演单位领导。

5月10日

海南首次向日本出口保鲜荔枝9批/53吨，货值33万美元，实现零的突破。

6月5日

海南检验检疫局对来自加拿大、美国、丹麦等国家入境的178吨不合格的冻猪脚作退货处理。

6月10日

三亚市政府组织召开2004南海联合搜救演习协调会，会议由陈家忠副市长主持。

6月25日

2004年南海联合搜救演习组委会召开新闻通气会，来自包括中央电视台、新华社和香港凤凰卫视在内的30多家新闻媒体共100多人参加。会议由交通部体法司柯林春副司长主持。交通部海事局常务副局长刘功臣、海南海事局局长欧阳宝奎、交通部海事局通航处处长翟久刚和香港特别行政区政府飞行服务队总监毕耀明先生在主席台上就座。海南海事局欧阳宝奎局长致欢迎辞。

6月26日

由中华人民共和国交通部、中国海上搜救中心主办，海南省海上搜救中心、海南海事局承办，香港特别行政区政府海事处、香港特别行政区政府飞行服务队协办，海南省安全生产监督管理局、海南省公安边防总队等共27家单位参加的"2004年南海联合搜救演习"在海南省三亚市附近海域举行。交通部副部长徐祖远担任此次演习总指挥，海南省副省长、海南省搜救中心总指挥刘琦和中国海事局常务副局长、中国海上搜救中心副主任刘功臣任副总指挥；中国海事局常务副局长、中国海上搜救中心副主任刘功臣兼任现场总指挥，海南海事局局长欧阳宝奎任现场副总指挥。19艘船艇、2架飞机、1辆救护车、工作人员300余人参加此次演习行动。海南粤海铁路有限责任公司的"粤海铁2号"担任了此次演习的观摩船，海南海事局"海巡1804"轮担任现场指挥协调船。驻琼领导以及新闻媒体记者约400余人视察和观摩演习。下午，演习组委会召开总结会，参演单位代表及观摩嘉宾和新闻记者共200多人参加。演习总指挥、交通部副部长徐祖远作演习总结讲话。

6月28日

内地香港海上安全定期工作会议在三亚召开。交通部海事局刘功臣常务副局长和海南海事局欧阳宝奎局长出席会议。

7月28日

海南省创建"青年文明号"活动组委会下发了《关于命名和认定2003年度海南省青年文明号的决定》，海南海事局海口新海海事处和海口航标科等被授予"2003年度海南省青年文明号"称号，琼州海峡交通管理中心值班室和清澜海事局等被继续认定为"2003年度海南省青年文明号"。

7月29日

团中央公布了第五批"全国五四红旗团委"创建单位名单，海南海事局团委被列入"全国五四红旗团委"创建单位行列。

8月23日

交通部下发任免通知（交任免［2004］24号）：杨盘生同志任海南海事局局长（试用期一年），祁军辉同志任副局长；杜梦怀同志任巡视员（副局级），免去其副局长职务；免去欧阳宝奎同志海南海事局局长职务。

8月25日

中央电视台在《焦点访谈》节目中报道海南检验检疫局在进口汽车零配件检验收费方面存在的问题。

9月

海南公安边防总队参加公安部边防局举行的“大练兵汇报演练”。凤凰边防检查站黄尉获得计算机单项第二名，全能第四名的好成绩。

9月29日

国家质检总局通过对文昌鸡生产企业地理标志保护申请的形式审查和现场实地审查，确认合格并予公告，这是海南省第一个名优特产品获得原产地标记注册。

10月15日

琼州海峡管理处在琼海博鳌召开“2004年琼州海峡管理处联席会议”，商讨如何加强和规范外国籍非军用船舶通过琼州海峡的管理。

10月20日

三亚边防检查站发现一艘无人驾驶船舶。经查，该船为日本工程船，船名为“第5003IKARIMARU”，日本籍，隶属日本五洋建设株式会社。事发原因是该轮在拖运往日本途中（船上无船员），在香港海域遭受台风，缆绳发生断裂，漂泊至三亚海域。经与日本驻华使馆联系，总队于11月20日将该船归还日本国。日本船务公司向三亚边防检查站表示感谢，并赠送了牌匾。

10月21日

国家质检总局党组对海南检验检疫局主要负责人进行调整，任命李小幼为海南检验检疫局局长、党组书记，任命朱炳石为海南检验检疫局巡视员，免去海南检验检疫局局长、党组书记职务。

10月28日

琼州海峡AIS工程全网正式开通。

11月12日

海南检验检疫局主持开发的科研项目——《船舶航空器电子检疫计算机管理系统》，获国家质检总局科学技术奖励三等奖。

11月13日

海南岛盐正式通过国家质检总局原产地标记注册，成为海南省第二个获得原产地标记注册的地方名产。

11月15日

哈萨克斯坦总统努尔苏丹·纳扎尔巴耶夫一行16人乘专机到达三亚。凤凰边检站办理了入出境手续，并给予了礼遇。

12月2日

在东沙群岛附近海域（北纬20°38′、东经116°41′和北纬20°42′、东经116°43′）作业的琼籍渔船45艘1125人，因受第27号台风“南玛都”影响被困，经多方救助全部脱险。

12月4日

“第五十四届世界小姐赛”在海南省三亚市举行，106个国家和地区参赛选手和随从近300名人员从凤凰口岸入出境。

12月7日

交通部副部长黄先耀到海南海事局检查工作，并到粤海火车轮渡南港码头视察。交通部救捞局局长宋家慧同行。

12月15日

海口美兰国际机场创建“国际卫生机场”通过国家质检总局专家组的现场评审和预验收。

12月23日

海口港口岸扩大开放水域通过国家口岸验收小组验收。

广西口岸工作综述

2004年，在自治区党委、政府的正确领导和重视下，全区各级口岸管理部门抓住建设中国—东盟自由贸易区的历史机遇，在各口岸联检部门和区直属有关部门的大力支持和配合下，采取积极措施，加快口岸基础设施建设，不断完善口岸通关环境，使口岸工作效率明显提高。2004年，全区口岸过货量再创新高，货运量达2 242万吨，同比增长32%；进出境旅客450万人次，同比增长36%。

【抗击“禽流感”疫情】 2004年年初，在越南等东南亚国家发生“禽流感”疫情后，自治区口岸办认真做好口岸防治“禽流感”的工作部署，及时组织和协调口岸相关部门做好相应的处置预案，做好口岸的防范工作，加强对口岸出入境人员、交通运输工具的严格检查和消毒措施。严格按照自治区党委、区政府领导提出的“五个不漏”的指示精神，加强督促检查工作，确保各项防范措施真正落到实处。由于口岸的防范工作制度到位，疫情预警、疫情报告制度到位，防范措施得力，在疫情期间，未发现病疫从广西口岸传入传出。

【服务首届中国—东盟博览会】 2004年11月3－6日，首届“中国—东盟博览会”在广西南宁市举办。为做好“中国—东盟博览会”口岸服务工作，自治区口岸办制定了“中国—东盟博览会”口岸服务方案，建立“中国—东盟博览会”口岸协调服务机构，成立自治区通关服务部。协调有关部门在南宁国际会展中心设置了海关临时监管点，对参展展品货物实行进境口岸快速转关，展出地(南宁国际会展中心)集中监管查验的通关模式。据统计，监管点共监管了来自东盟10国和日本、南非、澳门等国家和地区的参展展品157票，共22类2 000多种商品，重75.6吨，货值16万多美元。在参加博览会人员进出境主要的空港口岸和边境口岸设立“博览会”人员入出境专用通道，对境外团体参展人员给予集体验证，并根据入出境人员的身份和级别给予相应的礼遇、照顾和方便。实现了广西有史以来入境130人、25分钟通关完毕的最快通关速度。加强与政府各个接待组联系，使各国政要和客商进出机场安全、顺利，没有出现工作纰漏，进出港的旅客都非常满意。据统计，11月1－7日入出境30个航班，其中专机12架次；入出境人员2072人次，其中：总理级7个团134人次，副部长级9个团177人次。

【口岸基础设施建设】 充分利用“中国—东盟博览会”在广西召开的机遇，自治区口岸办会同自治区发改委前往北京向国家发改委专题汇报广西口岸基础设施情况，争取到国家下拨3 000万元中央专项资金专用于全区口岸基础设施建设，使友谊关口岸、东兴口岸、南宁空港口岸、桂林空港口岸、北海港口岸等直接为“中国—东盟博览会”服务的口岸设施得到进一步完善，促进全区口岸通关能力进一步提高。原已立项的口岸基础设施建设项目相继开工建设，至2004年底，南宁空港口岸入出境通道“十进八出”的改造及水口、龙邦口岸联检楼改造完毕并交付使用，友谊关、爱店、硕龙口岸新建联检楼项目仍在建设之中，东兴、水口、友谊关等口岸的验货场也在加紧建设。

【口岸“大通关”工作】 继续加强与海关、检验检疫、边防检查、海事等部门的协调和沟通，共同构建口岸支持体系，开展“大通关”协作工作，抓好口岸服务工作，采取更积极有效的措施，提高口岸通关效率。全区口岸通关速度在2003年开展“大通关”工作取得大幅度提高的基础上，2004年广西进出口货物通关时间从电子申报到放行（扣除中间环节所用时间）平均为1.67天，进出口货物当天放行率为62.82%。边境凭祥、东兴、水口等口岸进出口货物通关平均时间为1.2天，进出口货物当天放行率为93%以上，名列广西前茅。

【机构改革】 在2004年的省级机构改革中，自治区口岸办公室职能划入自治区商务厅，成为自治区商务厅的一个内设处室。年内，在市、县机构改革中，都保留了口岸办公室，南宁市、桂林市、柳州市、梧州市、北海市、防城港市、钦州市、贵港市、崇左市口岸办公室挂靠商务局；东兴市、防城区、港口区口岸办公室挂靠经贸局；靖西县、那坡县口岸办公室挂靠政府办公室；凭祥市、宁明县、龙州县、大新县口岸办公室为独立的事业单位。

2004年广西口岸运量情况表

项目内容	货运量(万吨)						客运量(万人次)					
	进出口累计	同比±%	进口累计	同比±%	出口累计	同比±%	出入境累计	同比±%	入境累计	同比±%	出境累计	同比±%
海运口岸	1945.51	35.47	1325.19	46.79	620.32	16.3	3.83	-5.43	1.48	-8.07	2.35	-3.69
河运口岸	86.49	34.2	38.87	108.5	47.62	3.95	3.27		0.08		3.19	
公路口岸	155.43	-9.73	88.97	-7.21	66.46	-12.9	407.09	34.22	203.59	34.79	203.5	33.64
铁路口岸	53.87	119.88	12.57	180	41.3	106.4	0.65	0	0.34	6.25	0.31	-6.06
航空口岸	0.56	-5.08	0.25	-57.6	0.31		35.49	56.97	17.86	61.63	17.63	52.51
合计	2241.86	32.04	1465.85	43.38	776.01	14.88	450.33	36.21	223.35	36.17	226.98	36.24

广西口岸查验单位工作综述

南宁海关

【概况】 2004年，南宁海关以十六大精神为指导，深入贯彻“三个代表”重要思想和“依法行政，为国把关，服务经济，促进发展”的海关工作方针，坚持与时俱进，改革创新，突出抓基层、打基础，强化队伍和业务建设，不断完善各项改革，支持广西经济发展，圆满完成各项任务，取得了显著成绩。全年监管进出口货物2313万吨，货值46.2亿美元；进出境运输工具18.61万辆（艘、架）次；进出境人员340.07万人次。审批加工贸易备案合同428份，金额2.94亿美元。税收入库33.87亿元。

查获走私案件 1 141 起，案值 9 亿元；抓获走私犯罪嫌疑人 350 人；上缴罚没收入 3 375 万元。

【准军事化建设】 以“政治合格、业务过硬、值得信赖”为目标，抓住内强素质、外塑形象两个重点，扎实推进准军事化建设。一方面，组织广大干部深入开展理论学习、思想政治教育和职业素质教育，健全教育培训管理体系，开展多层次的学习竞赛、岗位资格考试、缉私技能大练兵等活动，关区参加各类培训共 2760 多人次，进一步提高了队伍整体素质。另一方面，健全落实准军事化管理制度，开展全员准军事化训练活动，强化内务督察，狠抓日常养成，规范行为举止，增强队伍垂直领导意识，不断塑造良好的关容风貌。10 月 16－17 日，南宁海关在桂林举行了准军事化汇操比赛暨第二届关区职工运动会，12 支方队、420 多人参加了准军事化会操比赛及演练，借调武警 8572 部队的官兵也作队列动作示范演练和格斗表演。全面检阅和展示了关区授衔一年来的准军事化成果，树立了良好的外部形象。

【税收征管】 坚持以税收为轴心，依法征管、科学征管、综合治税，加强审价、归类、原产地认证和减免税审批管理等基础工作，充分发挥税收监控分析系统的作用，建立税收工作联席会议制度，税收征管质量得到有效提高，确保了应收尽收。全年税收入库 33.87 亿元，比上年增收 13.65 亿元，增长 67.51%，税收排名列全国海关第 19 位，再创历史最好水平。

【打击走私】 综合运用行政执法和刑事执法手段，加强反走私综合治理，开展 8 次反走私专项斗争联合行动，保持了高压态势。突出打团伙、破大案，打掉大小走私团伙 93 个，端掉走私窝点 53 个；在总署缉私局指导下，集中精兵强将，克服重重困难，连续作战 10 个月，成功侦破“1·9”特大走私案，查实走私成品油 7.9 万吨、香烟 6 万件，案值 4.98 亿元，涉税 2.22 亿元，打掉了北海地区 3 个大的走私团伙，沉重打击了走私势力。特别是关区认真贯彻落实国务院和总署领导批示精神，推动自治区迅速开展反走私专项斗争联合行动，有力打击了防东地区群体性“蚂蚁搬家”走私活动。全年查获走私案件 1 141 起，案值 9 亿元，抓获走私犯罪嫌疑人 350 名，上缴罚没收入 3 375 万元。

反走私综合治理。加强对打私工作的领导，整合缉私力量，积极探索以缉私情报为纽带，以风险管理平台为依托，缉私工作与海关工作深度融合的渠道，形成打击合力。紧紧依靠地方党政及有关部门，加强反走私宣传教育，密切与有关执法单位的合作，联合开展缉私行动，推进反走私综合治理责任制的落实。加强缉私策略研究，不断改进方式方法，缉私执法环境明显改善。

调查工作。主动调整工作重心，以规范企业进出口行为为中心，以风险分析为先导，充分发挥反价格瞒骗、企业稽查、贸易调查、综合治理等职能作用，防范和打击走私违法活动。加强口岸调查、市场调查和价格核查。加强企业进出口数据分析，围绕重点行业、重点企业、重点商品积极开展稽查工作，规范企业进出口行为，加强企业分类管理，促进企业守法自律。全年稽查调查企业 95 家，非案补税情事 14 起，补税入库 895.75 万元，查处走私违规案件 24 起，案值 1.63 亿元。

【海关监管】 物流监控。按照“管得住、通得快”的要求，坚持实行主要业务现场隶属海关关领导值班、所有业务现场科长带班制度，落实通关监管部门处级领导巡视制度，稳步推进监管业务改革。建立查验风险管理体制，降低查验率，提高查验针对性。开发物流监控信息化系统，抓好监管场所管理系统的开发推广升级，加大科技投入，提高工作效率。继续抓好与借调武警的工作，关警“三共”活动深入开展，武警出动兵力 76260 人次，协助海关检查运输工具 25.63 万辆(艘)、集装箱 26 456 个，关警 3 对单位被海关总署和武警总部评为全国“三共”活动先进单位。全年全关区共监管进出境运输工具 186 105 艘(辆、架)，监管进出口货物 2 313 万吨，货值 46.2 亿美元，同比分别增长 25.5%和 49%。

边贸管理。为应对2004年国家取消广西进口越南水果减半征税的优惠政策、实施中泰果蔬零关税制度等新形势，按照“依法监管，规范管理，服务边贸，促进发展”的边贸工作思路，在严格管理措施、口岸和互市点分类管理模式，落实国家边贸优惠政策，方便合法进出的同时，对假借边贸名义进行走私的违法活动予以严厉打击，有力促进了边贸的发展。全年共监管边贸进出口货物总值5.55亿美元，扭转了下滑局面，促进了边贸增长。

加工贸易监管。深化加工贸易和保税监管改革，引导广西加工贸易转型升级，积极推进加工贸易联网监管试点工作，促成北海出口加工区封关运作，清理整顿保税仓库，清理加工贸易逾期合同，年内共审批加工贸易备案合同428份，备案金额3.86亿美元，核销合同375份。

行李邮递物品监管。按照有效监管、高效服务的要求，积极开展文明窗口建设活动，严厉查缉反动、淫秽、散发性宗教类等违法印刷品和音像制品，有力维护了国家政治稳定。年内监管进出境人员340.07万人（次），监管邮、快递物品28.72万件，查获“法轮功”反动宣传品、散发性宗教宣传品及各类违禁品共4 752份。

【风险管理】 按照现代海关制度第二步发展战略中心环节的标准和要求，在2003年风险管理平台试点成功的基础上，进一步深化平台运用，加大风险管理的宣传力度。狠抓关区风险管理基础建设，确定了关区风险管理机制建设的总体目标及现阶段（2004－2005年）“1334”工作思路，深化“一个平台”，突出“三个重点”，构建“三道防线”，狠抓“四个环节”，从整体上提高海关业务管理效能，实现有效监管与高效运作的有机统一。制定下发了《南宁海关风险管理委员会章程》以及风险管理平台应用管理等8个相关制度规范，建立了关区风险信息、知识共享的渠道和载体，紧紧围绕重点敏感商品和企业开展风险分析，积极开展处置协调和绩效评估工作，加强与对口联系海关的服务支持，初步形成了科学的风险信息、风险分析、风险处置与评估的协作机制，有力的推进了关区以及南宁风险管理协作区风险管理机制建设。发现、分析、处置和化解各类风险的能力进一步提高，关区年内发布预警信息426条，通过风险分析查获案件65起，案值1.36亿元；下达布控指令5 891条，查获有问题报关单237票，布控有效率3.9%。

【服务经济建设】 结合国家和广西的经济发展形势，自觉将关区工作放到国家经济发展的大局中去思考，在把好关的同时，结合广西实际主动提高服务水平。一是把促进“泛珠三角区域合作”作为支持广西发展的一个重要平台，主动加强与广东分署的沟通协作，积极参与和推动泛珠三角区域合作。二是加大对广西沿海经济发展的支持力度，制定实施《促进广西沿海经济发展十项措施》；大力支持北海出口加工区建设，促进加工区顺利封关运作；加强对外协调，促成北海、防城至蛇口的全国首条跨关区多口岸海运联运转关线路顺利开通；采取积极措施两次协调解决防城港货物严重滞港问题。三是加强正面监管和打击走私力度，严密封堵境外禽流感疫区的禽类动物及其产品入境。四是制定实施《支持广西扩大出口九项措施》，降低企业便捷通关的门槛，扩大网上支付范围和口岸快速验放模式适用范围，促进了广西对外经济贸易在继续保持良好发展势头的同时取得历史性突破。广西外贸全年进出口总值累计42.88亿美元，同比增长34.3%，实现贸易顺差5亿美元，进出口规模居西部12省市（区）第3位。五是进一步强化统计基础工作，不断提高数据质量，深入开展执法评估工作，较好地发挥了统计辅助决策和预警监测服务作用。全年向地方报送海关统计信息69篇，为政府领导和有关部门、企业提供进出口数据2549份。

全力支持广西承办“中国—东盟博览会”，实施参与和服务博览会六项措施，制定展览品的监管、通关办法，主动加强宣传、协调和现场监管、服务工作，为参展商和展品提供了及时、便捷的通关服务。为期4天的首届“中国—东盟博览会”期间，南宁海关在做好博览会监管工作的同时，积极落实出台的各项措施，为博览会成功举办提供全面优质服务。首届“中国—东盟博览”期间，南宁海关共监管进境展览品144票，总重量52.8吨，价值12.2万美元，涉及22类2 000多项商品；监管进出境航班38架次，其中外国首脑专机8架次，政府包机6架次；监管进境人员1 063人，出境人员987人，给予免检礼遇人员375人（次），其中副总理级以上元首有柬埔寨首相洪森、老挝总理本扬·沃拉吉、缅甸总理梭温中将、泰国副总理批尼、越南副总理范家谦等5人。海关高效监管和热情服务态度，赢得了参加博览会的东盟各国及中外客商的一致好评。

（戴志强）

南宁海关2004年主要业务数据统计表

项　　目	单　　位	业务量	同比%
进出口货运量	万吨	2313	25.5
其中：进口	万吨	1538	32.9
出口	万吨	775	13.1
进出口总值	亿美元	46.2	49
其中：进口	亿美元	28.14	63
出口	亿美元	18.06	31.4
监管运输工具	辆艘架	186105	－0.6
集装箱（标准）总数	箱次	96867	14.5
进出境人员	万人次	340.07	9.5
邮、快递总数	万件	28.73	－15.9
备案加工贸易合同	份	428	15.1
合同备案金额	万美元	38615.6	31.6
查获走私案件	起	1141	－5.3
走私案件案值	亿元	9	264
征收关税和增值税	亿元	33.87	67.5
其中关税	亿元	6.92	33.6
增值税	亿元	26.95	79.2
上缴罚没收入	万元	3375	54.8
审批减免税	万元	80972.1	89.3

广西公安边防总队

2004年，广西公安边防总队坚持走“科技强警”之路，不断加强业务规范化建设，认真履行对出入境人员、交通运输工具实施检查、监护管理和打击偷渡外逃、口岸查控、会谈会晤等职责，正确处理执法、管理和服务的关系，努力克服口岸环境复杂、基础设施落后、执勤任务繁重等不利因素，圆满完成了各项边防检查任务，为维护国家安全和社会稳定，促进广西“富民兴桂新跨越”战略的深入实施做出了突出贡献。年内，共检查出入境人员4 846 498人次；其中，检查持护照及其代用证件出入境1 779 440人次；检查中越出入境边民3 067 058人次（边防检查站检查2 386 060人次，边境检查站检查680 998人次）。检查出入境交通运输工具11 308艘（架、列、辆）次，查获在控对象90人，查处偷渡案件6起13人。

【坚持以执勤为中心，推进勤务规范化建设】 广西公安边防总队坚持把业务规范化建设作为边防检查的一项长期性和经常性工作来抓，进一步增强规范化建设的针对性和实效性，以提高现实服务的工作能力为切入点，以营造良好的规范化管理环境为着眼点，树立起“向科技要警力，向科技要效率”的观念，从软硬件方面着手，大力推进基础工作。一是积极探索边境检查站边防检查勤务规范化建设的新路子。总队党委针对边境检查站业务工作现状和发展方向多次进行研究部署，特别就全区边境检查站业务建设相对起步较晚、基础较弱的实际，在经过充分调研的基础上，确定了以垌中边境检查站为试点单位，以点带面，逐步统一全区二类口岸、通道的查验程序、方式和人员、交通工具、口岸管理的工作思路，制定并试行了《边民和边贸车辆查验办法》、《边防检查边境限定区域管理办法》，促进并规范了边境检查站的业务建设。二是走科技强警之路，实现了边境口岸边防检查查验方式的创新。结合全区陆地边防检查工作的实际，总队积极探索把边民查验纳入微机管理的轨道，研制、启用了边民证条码识别系统，通过试运行并在全区陆地边境口岸（通道）全面推广应用，从而使边民证查验速度比原来提高了3倍多，进一步优化了口岸通关环境，受到了当地党委、政府和群众的好评。三是加大边检设备的配置，提高边检实际操作中的科技含量。针对部分边检站执勤现场的执勤设备缺乏或陈旧的问题，总队以“科学合理、加强一线”的工作思路，采取切实有效的措施，大力推进基础设施建设，先后投入经费110多万元，更新完善了各口岸边检现场“四机”及相关查验、取证设备，并相继完成了柞林、东兴、南宁口岸执勤现场视频监控系统建设。

【以强化素质为切入点，加强检查员队伍建设】 按照公安部和公安部边防管理局关于开展大练兵活动电视电话会议部署，以开展检查员等级评定试点工作和建立检查员岗位资格考核机制为契机，本着“干什么、学什么，缺什么、补什么”的要求，一是结合自身实际，采取岗位练兵、分批轮训、集中办班、专题研讨等办法，组织开展了外语、证照识别、基础理论等业务培训，进一步推动了队伍整体素质的提高。此外，总队充分利用地方资源，在计算机、外语的专业培训中主动与地方培训机构接轨，先后在友谊关边检站设立了全区沿边唯一的全国计算机和公共英语等级考试考点。积极争取解放军外国语学院的支持，在东兴边检站设立了东兴越语教学点，形成了地方或专业机构统一组织、部队出资协办的专业培训模式。二是试行检查员网上培训的新办法。为提高培训效果，总队试运行了“边防检查信息”网页，把“证照常识”、“案卷制作”、“边检英语”、“边检越语”、“场景英语”以及部局研制的“检查员等级考试系统”等在网上发布，方便检查员利用网络开展学习。三是结合首届“中国—东盟博览会”的举办，总队收集了东盟10国的有关资料，在网上开辟“东盟信息库”和“东盟概况”专栏，为检查员掌握东盟各国的风土人情，促进业务工作的开展打下了坚实的基础。通过形式多样的培训，有力推动了队伍建设，全区边检队伍的整体素质有了明显提高。

【严密口岸查控，加强反偷渡工作，维护正常出入境秩序】 首先是按照“严格手续、严密布控、有效控制、依法处理”的原则加强口岸查控工作，针对不同时期的任务特点，及时调整工作部署，严密各项工作措施的落实，及时查获了一批在控对象，有效地防范、打击了境内外敌对势力企图利用口岸蒙混出境或潜入潜出进行各种渗透破坏活动；其次是加强反偷渡工作。认真总结分析当前偷渡活动的形势、规律和特点，坚持把证照识别作为口岸反偷渡工作的重点，注意收集典型偷渡案例中的证照信息和证件资料及时反馈执勤一线，制定下发了《广西边防总队证件研究信息传输规范（试行）》，制作了《反偷渡证照信息通报》、《东盟“10+3”证照资料》等光盘以及相关图片下发各边检站借鉴学习，进一步提高了对偷渡案件的发现和打击能力。通过采取强有力的措施，全区口岸共查获偷渡案件6起13人，有效地维护了正常的出入境秩序。

【全力以赴，圆满完成首届“中国—东盟博览会”边防检查任务】 广西公安边防总队积极响应自治区党委、政府提出“举全区之力，办好中国—东盟博览会”的号召，积极采取有针对性的措施，认真抓好举办博览会的各项边防检查工作。一是选派具有一定外语会话水平、精通边检业务的骨干担负专用通道的检查验证工作。总队、各边检站加强与有关单位保持联系，切实掌握东盟国家与会代表、交通运输工具的入出境动态，及时组织开展好勤务工作。二是认真落实各项保障措施，切实做到指挥畅通、保障有力。在公安部边防局的大力支持下，总队专门下拨了200万元专项经费和勤务指挥车、GPS手持卫星定位仪、OCR证件阅读机等执勤设备，并在全区范围内统筹安排，调配40名业务骨干充实桂林、南宁、东兴、友谊关等重点边检站执勤一线。三是扎实做好处突演练，提高处置突发事件的能力。各边检站充分考虑博览会期间的各种复杂情况，反复研究论证可能发生的各类突发性事件，加强对重点部位、重点人员的控制，部署相应的机动警力和必要的装备器材，坚持24小时值班备勤制度，保证博览会有关情况信息的上报下达，确保部队政令警令畅通。此外，各站认真组织开展有针对性的实战演练，检验“处突”能力，及时发现并认真整改预案中存在的薄弱环节，确保遇到情况做到反应迅速、控制有力、处置得当，营造了“安全、高效、文明、畅通”的出入境环境。博览会期间，圆满完成了柬浦寨首相洪森、老挝总理本南、缅甸总理梭温、越南副总理范家谦等68个与会外国代表团1341人次的入出境边防检查任务，实现了“确保安全、万无一失”的工作目标，受到了外宾和自治区党委、政府的好评。

【发挥职能作用，认真做好边防检查涉外工作】 一是积极开展涉外联系，加强对外合作。广西公安边防总队积极与加拿大、澳大利亚驻广州总领馆、越南驻南宁总领馆取得联系，就反偷渡信息交流建立了协作机制，为进一步加强反偷渡的合作打下良好的基础。二是充分发挥驻边优势，建立会谈会晤制度。各陆地边检站根据本口岸的实际，定期不定期地与越方边检机关开展会谈、会晤和友好活动，就边防检查、遣送（返）人员以及联谊活动进行交流，增进了中越双边的联系和配合。年内，全区陆地边检站共与越方进行定期和不定期会晤30次，开展友好活动8次，遣送（返）人员49批292人次。

（吕战江）

2004 年广西口岸出入境旅客统计表

单位：人次

项目		出入境旅客 入境	出入境旅客 出境	合计
中国籍	因公	5759	6276	12035
	因私	593255	606190	1199445
	香港	29020	27808	56828
	澳门	1055	1052	2107
	台湾	58975	48489	107464
外国籍		120090	141149	261239
华侨		5040	5085	10125
合计		813194	836049	1639118

2004 年广西口岸出入境员工统计表

单位：人次

项目		入境方式					出境方式					
		船舶	飞机	火车	汽车	小计	船舶	飞机	火车	汽车	小计	合计
中国籍	因公	21711	7211	8900	122	37944	42299	7481	8913	122	58815	96759
	因私	0	232	0	0	232	0	230	0	0	230	462
	香港	16	1494	0	0	1510	50	1489	0	0	1539	3049
	澳门	0	628	0	0	628	0	627	0	0	627	1255
	台湾	21	12	0	0	33	30	10	0	0	40	73
外国籍		13767	5032	41	105	18945	14675	4945	41	118	19779	38724
合计		35515	14609	8941	227	59292	57054	14782	8954	240	81030	140322

广西出入境检验检疫局

【概述】 2004年，广西检验检疫部门深入学习贯彻总局领导视察广西局工作的重要指示，鼓舞士气，振奋精神，围绕全国检验检疫系统和自治区党委、政府的中心工作，提出了“3个1、1个5”的工作思路，在履行保国安民职责、服务首届“中国—东盟博览会”、实施“五个有所为”、提高检验检疫综合实力和推进两个文明建设等方面做了大量卓有成效的工作，较好地完成了检验检疫任务，把住了疫病疫情和商品质量关。全年共检验检疫出入境货物近12万批次，货物总值36.3亿美元，其中检出不合格批次830批，总值5.5亿美元。从进境植物及植物产品中检出有害生物190种949次，其中检出一、二、三类植物疫情13种72次。签发出入境货物证单6.5万份；签发普惠制产地证书1.5万份，金额11.3亿美元；签发一般产地证书1.1万份，金额4.3亿美元。检疫出入境交通工具19.3万辆（艘、架、节）次；出入境人员318万人次；国际邮件2.7万件；预防接种9 323人次；监测体检2.8万人次，艾滋病检测2.8万人次，检出传染病及病毒携带者4 056例，其中检出艾滋病毒感染者18例，性病130例，其他传染病3 908例；入境集装箱卫生处理8万个标准箱。

【服务首届“中国—东盟博览会”】 为了促进首届“中国—东盟博览会”的成功举办，广西局将服务好首届“中国—东盟博览会”作为一段时期重中之重的工作任务来抓，在时间紧、任务重且没有现成的可以照抄照搬的管理模式的情况下，积极探索，科学运筹，举全局之人力、物力，采取切实有效的措施，不折不扣地贯彻落实国家质检总局领导的指示精神和地方党委政府的要求，努力做好检验检疫服务博览会的相关工作。积极争取国家质检总局和地方党委政府在政策上、资金上和业务上的全方位的支持；与海关、边检、外运、口岸管理等部门以及区外检验检疫机构建立了良好的协作机制；研究制定了切实可行的服务“中国—东盟博览会”的工作意见和具体工作方案；完善了现场和相关口岸的检验检疫设施；确立了“入境口岸统一申报，展品分类监管，展出地集中验放，表内商品凭证入厅”的现场检验监管基本模式；设立了现场办公室，建立了现场指挥系统，确保了在监管有效的前提下，提供快速通关服务。博览会期间，共检验检疫出入境参展物500多种、1 500多批，出入境客商8 000多人次。截获26批次24种有害生物，其中包括我国禁止入境的一、二类危险性害虫。做到了把关与服务的高度统一，检验检疫部门成为了博览会现场唯一没有客商投诉的部门，得到了上级领导部门的充分肯定。广西自治区党委书记曹伯纯在总结大会上说：“检验检疫等联检部门给予博览会大力支持，在服务好博览会工作中树立了形象，为铸造广西的辉煌作出了突出贡献。”

【实施“五个有所为”，服务地方经济建设】 帮助企业获得相关产品出口和国际认证资格，在促进广西更多的企业走向国际市场方面做到了有所为。今年以来，共颁发出口商品质量许可证31家，发放临时出口质量许可证5家；颁发注册、登记证63家；办理免办强制性产品认证证明28份，金额近1 000万美元；评审ISO9000、ISO14000等企业认证57家。重点加强了对敏感产品如输美陶瓷、水产、肉类、罐头等生产企业的后续管理工作。到目前为止，广西共有10家出口日用陶瓷生产企业通过了输美陶瓷认证，今年出口日用陶瓷达1亿多美元，居全国第6位。对获得对外注册的27家水产品生产企业按国外技术规范进行整改，使广西水产品顺利进入欧、美和韩国市场，今年的出口量较去年同期增长了80%，达1 000多万美元。帮助企业用足用好普惠制政策，推行原产地标记保护工作。至今已有桂林三宝等8家企业的9个产品获得了原产地标志注册。

在打破国外技术壁垒，促进企业产品顺利出口方面做到了有所为。积极促成并具体承办了国家质检总局和越南农业与农村发展部在南宁举行的中越植物检验检疫会谈，双方签订了植物检验检疫合作谅解备忘录和会谈纪要，圆满解决了杂交水稻出口越南受阻等问题，出口量快速攀升，全年共检验检疫出口水稻种子比去年同期增长145%。帮助、指导企业积极应对并成功地避免了美国《生物恐怖法》的不良影响，积极应对美国FDA对出口蘑菇罐头生产企业的检查，帮助2家出口食品企业获得了美国解除长达15年“自动扣留”的限制。帮助企业提高实验室检测能力和建立健全质量管理体系，解决了出口烤鳗、竹筷、柿饼被进口国检出药物残留超标的问题

在帮助广西农产品开拓国际市场方面做到了有所为。积极帮助地方和企业按照安全卫生质量技术规范和国外的检验检疫要求建立特色农产品出口生产基地，加强对农药、农残等有毒有害物质的监控检测，从源头上保证出口农产品的安全卫生质量，促进广西农产品出口。如深入出口猴饲养场、隔离检疫场检查，督促并协助制订和完善疫病防治措施及管理制度，配合日韩等外国官方机构做好对备案注册场的考核检查工作，使广西的实验猴源源不断地输往日本和韩国，出口量位居全国第一位。从源头上抓产品质量，对出口罐头类食品实行出口前预验和出口时查验的办法，既缩短了检验出证时间，提高了产品合格率，又扩大了出口量。首次实现了广西荔枝在广西局报检、由广西局检验检疫后出口美国。

在推进检验检疫监管模式，提高通关速度，加强地方软环境建设中做到了有所为。大通关工程建设步伐进一步加快，实现了报检单位、出入境货物收发货人100%注册登记管理，全系统电子签证率达100%，全区已有400多家企业申办了电子密钥，占报检企业总数的75%以上。检验检疫口岸电子快速查验系统（海港版）在防城港局的应用进一步完善，桂林两江国际机场实现了“关检共屏”查验机制。在原有实施分类管理的植物编织品、化矿、陶瓷、机电、皮革等商品中加大推进力度的同时，积极探索出口食品等其他商品的分类管理，并对实施分类管理的企业实行动态管理，切实提高分类管理水平。积极探索新的检验检疫监管方式，对出口杂交水稻种子生产基地实行预检验，在出口服装企业中试行“产品型式试验+企业质量体系监管+日常监督+出口时抽批检验”的监管模式。对低风险的产品松香推行“集中预检、分批出口、出口时监管抽检”的检验监管模式，对高风险出口食品腐竹，采取“提前介入、日常检查和突击检查相结合、关键工序控制”的监管模式。大大缩短了货物在口岸的停留时间，加快了货物的通关速度。实行“绿色通道制度”，帮助广西梧州新华电池股份有限公司、广西大华化工厂等6家企业获总局批准为“绿色通道”企业，实现了广西“绿色通道”零的突破。

依法把关，在履行好“保国安民”职责方面做到有所为。

第一，采取切实有效的措施，防止了禽流感在国门传入传出。在今年初广西面临邻国越南和广西境内禽流感疫情的内外夹击，防止禽流感疫情传入与传出的形势和任务非常严峻情况下，广西局主要采取加强组织领导、突出工作重点、制订切实可行的防治措施等，全局齐心协力，不辱使命，打了一场漂亮的禽流感阻击战，成功地防止了疫情在国门传入与传出，确保了广西边境地区未发现禽流感疫情。国务院副总理回良玉以及国务院督查组对广西防禽流感工作进行检查时，均对检验检疫部门在边境口岸采取的防范措施以及对越南疫情动态的跟踪了解情况表示满意。

第二，结合总结防治非典和禽流感的成功经验，积极探索建立边境地区有效的疫病疫情监控体系。针对近年来北海口岸进口奶牛数量猛增的实际，及时制定了《进口牛隔离检疫实施方案》，成功地完成了9批共计21 000多头进口澳牛的隔离检疫，无重大疫情发生。针对中国—东盟博览会境外人员、展品入境时间集中，入境参会人员规格高、人数多和参展物种类多的实际，尝试对参会客商及其携带物实行国宾、贵宾和普通客商3种通道的检验检疫礼遇方式；对入境参展物品实行“入境口岸统一申报，展品分类监管，展出地集中验放，表内商品凭证出入”的监管方式，对展品按“敏感展品”和“其他展品”实施分类检验检疫。建立健全了疫病疫情快速反应机制和疫情通报机制与邻国越南等国外检验检疫机构建立了良好的合作关系，加快了与中检公司联合在国外建立检测机构的步伐，与海关、质监等部门建立了良好的协作机制。在对疫病疫情实现有效监管和保证快速通关方面作了有益的探索。

第三，及时贯彻落实总局“5·10”会议精神，切实加强出入境重要敏感商品和涉及安全、卫生商品的检验检疫把关。5月10日全国部分检验检疫局长座谈会后，广西局及时召开专题会议进行了传达，并结合广西实际制定了具体的贯彻意见，开展了进口废物原料、肉类和水果三大类商品检验检疫执法情况的专项检查，切实把好出入境重要敏感商品和涉及安全、卫生商品的质量关。全区系统共检验进口废物原料1 110批，货值4 563万美元；检验检疫进口肉类28批，货值117万美元；检验检疫进口水果1万多批，货值2 439万美元，检出不合格水果30批，货值12万美元。重点是采取措施加强对进境水果进行二氧化硫等有毒有害物质的检验，对来自越南的龙眼批批检测二氧化硫残留量。严厉打击肉类、水果的非法入境行为，年内关检联合查获并销毁非法入境动物及其产品155批，1 340吨/16 411头。加强对出入境活动物和出口动植物产品、烟花爆竹、打火机等涉及安全、卫生的重要商品以及重点工程进口设备的检验检疫把关。

【各项管理工作进一步规范化和科学化】 一是对业务处室的机构和职能进行了调整。本着总局赋予的职能不变、内设机构、人员不突破的原则，实行“管检分离”工作模式，将原内设的10个业务处室调整为8个，并对职能进行了相应的调整和划分，使检验检疫职能更科学合理，权责更清晰，内部监督约束机制更完善。二是认真学习贯彻《行政许可法》。举办了专门的培训班，开展了全员培训和考试，并结合工作实际研究制定了广西局贯彻行政许可法实施意见，做好了行政许可项目的公示工作，把学习贯彻行政许可法作为检验检疫部门加强依法行政工作的一项重要措施。三是加强工作质量检查，进一步排除了工作质量事故隐患。开展了进口废料、肉类、水果等敏感商品、进口水果执法情况、冷库存放肉品情况、检疫许可证初审使用情况、原始记录和重点市场等一系列专项执法工作质量检查，共查封来自疫区肉品267件，4.21吨，改变审批用途的肉品932件，约14.85吨，全部作销毁或高温无害化处理。四是对保健中心进行了清理整顿，针对发现的问题制定了整改计划，并辞退了2名没有执业医师资格证书的外聘人员。五是加强了实验室和检验检疫基础设施建设。在抓好检测中心大楼的筹建和防城港局实验室改造、北海烟花爆竹检测中心等重点工程的同时，加强了新建和改造实验室的科学论证和现有实验室的能力建设。基本完成了国家质检总局广西医学媒介生物中心建设；广西局HIV抗体检测确认实验室通过了全国艾滋病确认实验室的考评并被评为优秀；7个艾滋病初筛实验室通过了2004年度考评；完成了实验室布局和结构调整以及计量认证转换工作，荣获全国检验检疫实验室注册转换工作先进单位称号。六是科研工作成效显著。完成申报2004年行业标准制标项目

31项，其中通过认监委初审立项的有24项。两项科研项目通过了有关直属局专家组成的鉴定组的鉴定，北海局承担的有关烟花爆竹检验的两个国家标准通过国家标准化委员会的严格审查并发布实施，评出优秀科技工作者11人和优秀论文29篇。此外，内部执法制度建设和业务工作的协调、行政办公事务、财务和基建等工作的管理也得到了进一步的加强。

【两个文明建设迈上新台阶】 班子建设方面。着重抓中心组学习和民主集中制的贯彻执行，派出专门检查组对6个分支机构党组中心组学习和民主集中制贯彻落实情况进行专题检查，及时提出改进学习方法并逐步完善中心组学习制度等有关措施。以求真务实的精神开好一年一度的党员领导干部民主生活会，进一步理清了新形势下履行好保国安民职责的思路，提高了党组解决自身问题的能力。抓各级班子特别是一把手的理论培训，努力提高各级班子的理论素养和党性修养。加强组织建设，建立了干部监督工作联席会议制度，加强了对领导干部及干部选拔任用工作的监督。年内严格按照干部选拔作用程序提拔了11名处级干部和7名科级干部。确定了7名处级后备干部人选和43名科级后备干部，使后备干部的选拔培养使用工作逐步制度化和规范化。加强对离任领导干部的经济责任审计。完善了对去年10个离任领导的审计结果，下达了审计决定和相应的整改意见。

队伍建设方面。重点是加强教育培训工作，提高人员素质。制定了年度培训计划和培训班的管理办法，全系统外派41批共93人次参加了总局举办的培训班学习；对内举办培训班15期，培训人员834人次。录用了公务员25名和42名事业单位人员，及时充实加强基层执法队伍。继续抓好月度考核工作，并在执行中不断改进和完善月度考核办法，增强了考核办法的科学性、可操作性和透明度，进一步解决好干部的经常性考核和定期考核相结合的问题。今年共轮岗交流处、科级干部32人，确保做好处级干部进行交流的同时，加强对重要部门、敏感岗位、关键环节上的检验检疫人员及科级领导进行轮岗交流，进一步建立起有效的监督制约机制。在重点抓好学习教育、提高干部职工防腐拒变能力和加强行风建设的同时，通过签订党风廉政建设责任书、落实“八严禁”和“三项谈话制度”、落实领导干部个人重大事项报告制度以及推行“双卡”制度、推广检验检疫人员外出工作情况回执表等建立监督制约机制，加强对执法人员的监督。

精神文明建设方面。在原有梧州、凭祥、防城港3个单位获得省级文明单位的基础上，2004年继续加大创建力度，局机关和北海、钦州、贵港、桂林、水口、柳州、东兴7个分支局向自治区文明委递交了省级文明单位的申报材料，并顺利通过了评审，使全区系统有11个单位获得了省级文明单位。与此同时，青年文明号建设也有了新进展，全区系统有3个青年集体被命名为全国青年文明号，15个集体为广西青年文明号，8个集体为市级青年文明号。

（谭业军）

2004 年广西出入境检验检疫业务情况表

金额：万美元

	出入境货物检验检疫																				集装箱检疫		签发检验检疫证书（份）	签发通关单		签发换证凭单		产地证			
	总计				商品检验				动物及动物产品检疫				植物及植物产品检疫				食品及化妆品											普惠制		一般产地证	
	批次	金额	检验检疫不合格		批次	金额	检出不合格		批次	金额	检出不合格		批次	金额	检出疫情		批次	金额	检出问题		合计	检出问题		份数	金额	份数	金额	份数	金额	份数	金额
			批次	金额			批次	金额			批次	金额			批次	金额			批次	金额											
合计	117283	362512	830	55347	50634	236078	658	26160	93871	13250	4	9	47678	92585	87	38880	23392	57714	98	784	80713	1657	33797	89699	305618			14728	113318	11419	43002
出境	51806	155747	141	415	16135	104503	64	310	2136	4873		30071	33966	50	45	15328	53261	79	108	27567	30152	36581	89752								
入境	65477	206765	689	54933	34499	131574	594	25850	7251	8377	4	9	17607	58618	37	38835	8064	4453	19	676	53146	1657	3645		53118	215866					

广西海事局

2004年，广西海事局以“三个代表”重要思想和党的十六大、十六届三中、四中全会精神为指导，认真贯彻落实交通部暨交通部海事局和广西壮族自治区党委、政府的决策部署，围绕水上交通安全监督管理的中心任务和自身的建设发展，求真务实，破满破难，按照年初工作会议确定的工作目标和任务，着眼于长效管理，着力解决水上交通安全的重点问题、难点问题和深层次问题，有效地扼制了重、特大事故的发生，赢得了第五个水上交通安全形势的持续稳定年。

2004年，广西海事局按照“船舶适航、船员适任、安全畅通、有效监管、优质服务”的总体目标，坚持深化专项治理整顿与建立长效管理机制相结合，坚持严格依法行政与优质服务相结合，不断创新管理方式、方法，强化措施，狠抓落实，全面推进了水上交通安全监督管理这一中心工作。

【探索长效管理机制取得了新突破】 一是依靠政府进一步加大了水上交通安全综合整治的力度。由广西海事局向自治区安委会提出的《2004年全区水上交通安全专项整治工作方案》，较过去两年更具针对性和可行性，形成了以各级政府组织牵头、有关部门协同进行的全区水上交通安全专项治理整顿的新格局。广西海事局作为组长单位之一，代表自治区政府率安全生产督查组进行了督查。同时，各分支海事机构、派出机构按照全局的部署并联系各地的实际，开展了以”四客一危”为重点的专项检查活动、沿海小型船舶专项整治活动、水上加油船专项整治活动，整改了一大批重大事故隐患，全区水上交通安全状况进一步得到了改善。二是从确保船舶本体安全出发，加强了源头治理。继续狠抓在全国率先推行的新建、改造船舶登记备案制的落实，2004年辖区新建、改造的263艘船舶均备案，有效加强了对新建、改造船舶的源头监控。还出台了《广西海事局乡镇客渡船、港内运沙船登记办法》，将小型船舶纳入了管理，大幅度地减少了广西辖区无证船舶的数量。三是全面推行了《水上交通安全监督检查制度》，通过明确各分支局管辖的通航水域范围、监控的重点、监管的手段和巡航检查工作计划，以及强化检查工作的量化和实际效果评估，加强了对辖区重点水域和重大危险源的监督检查工作。四是全面推行了船员考试评估和发证质量管理体系，初步形成了船员培训、考试、审核发证、现场检查、跟踪管理的闭环管理机制，提高了船员管理水平。五是推动渡口和渡运安全管理责任制的落实取得了突破。贵港海事局依据《内河交通安全管理条例》，在贵港、玉林两市逐县推动对渡口和渡运安全实施监督检查的指定部门的落实，两市12个有船县（市、区）中，已有11个县（市、区）通过以县（市、区）政府发文的形式，指定交通局作为对渡口和渡运安全实施监督检查的责任部门，部分县（市、区）还对船舶实施分类管理。同时还推行船舶标识、船员标识卡、船舶定额牌“三统一”管理，推行客圩渡船安全运输承诺制度，以及对不具备安全航行条件的客圩渡船贴“封条”封停的管理等办法，有效地推动了县、乡（镇）、村、船”四级”安全管理责任制的落实。六是主动与船检等有关部门建立协作机制，着力解决水上交通安全管理难题。与船检部门加强沟通与联系，在解决船舶“大船小证”历史问题、理顺船舶登记与船舶检验问题、协同开展内河标准船型的课题研究等方面取得了明显成效，共同搭建了强化源头治理的工作平台。百色海事处与云南曲靖市、贵州黔西南州地方海事机构通过召开三方共管水域海事管理联席会议的形式，就天生桥库区共管水域的监管建立了良好的沟通和交流机制，为搞好共管水域安全监督管理创造了有利条件。

【以贯彻落实《行政许可法》为契机，海事法制建设取得了新进展】 根据《行政许可法》的规定和交通部海事局确定的原则，完成了规范性文件的清理工作，重新调整了行政许可审批权限，改革了行政许可制度。出台了广西海事局《行政复议工作程序》、《行政听证工作程序》和《执法监督检查制度》等制度，建立健全了海事行政许可的内部监督检查和责任追究制度。加大了推进地方立法工作的力度，经2004年12月24日自治区十届人民政府第25次常务办公会议审议通过，由广西海事局提议并起草的《广西壮族自治区海上搜寻救助工作条例》已列入了自治区人民政府2005年立法计划，作为地方性法规争取在2005年下半年出台；《柳州勒马航段通航安全管理规定》和《桂林漓江船舶防污染监督管理规定》基本完成了审查和修改，将提交当地政府颁布实施。

【加大监管力度，海事监管主要业务指标创历史新水平】 一是港口国监督检查水平明显提高。通过实施安检机构、人员资质管理，进一步提高了安检人员的业务素质。全面完成了交通部海事局下达的各项安检指标，其中：港口国监督检查175艘次，查出的平均单船缺陷数6.49，滞留船舶15艘，滞留率8.57%。查出的平均单船缺陷数列全国第一，滞留率列全国第三，主要指标名列前茅。港口国监督检查在打击低标准船舶、履行国际公约上效果明显，到港外轮的船龄和亚太地区港口国监督电子信息系统平均目标因素明显下降，以北海港为例，2004年到港外轮平均船龄与上年同比下降了17.5%，平均目标因素下降18.5%。船籍国船舶安全检查8 281艘次，查出的平均单船缺陷数由2003年的1.2大幅增长到2004年的3.82，向全国平均水平迈进。船舶开航前检查均没发生在国外被滞留。在船舶安检和船舶签证中，加大协查力度，严厉打击违法逃逸船舶。在查获及处理被交通部海事局通报协查非法逃逸的“金海虹318”轮行动中，钦州海事局坚决贯彻执行上级指示，组织有力，行动迅速，措施得当，体现出了海事执法水平，树立了海事执法权威，受到交通部海事局的通报表彰。二是国际安全管理规则及国内安全管理规则实施工作取得了新成效。2004年培养了一批新的审核员，形成了拥有7名主任审核员、16名A类审核员、21名B类审核员，具有较高业务水平的审核员队伍。2004年对15家航运公司、25艘船舶进行了审核发证。三是强化了巡航检查，有力维护了辖区通航秩序。沿海累计巡航时间9 648.3小时、巡航里程42 540.9公里，内河累计巡航时间41 044.3小时，巡航里程293 338.8公里，比2003年分别增长了183.44%、524.22%、80.9%、170.76%。四是推行“培考分离”机制，在建立辖区内河一、二、三等船舶船员及海船丁类船员考试试题库的基础上，组织实施了广西辖区内河一、二、三等船舶船员统考工作，把住了考试关口，促进了船员培训、考试质量的提高，并加大了对“四客一危”船舶船员的管理力度，完成了内河6 156名船员的特殊培训、考试、发证任务。一年来参加考试的船员达14 172人次，比2003年增长23%；签发各类船员证件28 660本(张)，比2003年增长45%；持证技术船员比2003年增长4.5%。五是落实了新版《国际海运危险货物规则》在辖区的强制执行，强化了船载危险货物申报的监管，全年船载危险货物申报678万吨，比2003年增长11.51%，未发生一起因申报把关不严而导致的事故；同时建立并推行了沿海港区水域防污染定期巡查监视制度，强化了对船舶违法排污行为的监管。

【以成功举行北部湾海上搜救演习为标志，海上搜救应急反应能力明显增强】 2004年10月20日，由广西海上搜救中心主办、以广西海事局为主承办，成功举行了广西有史以来第一次海上搜救演习。这次演习，组织协调了辖区21个单位的搜救力量，出动搜救船舶23艘、飞机1架、救护车2辆，人员450名，演习的成功，为今后大型搜救行动提供了一个可供选择使用的协调指挥模式，锻炼了组织海上搜救行动的能力，探索和提高了现场的搜救技术和方法，既对《广西海上交通安全突发公共事件应急预案》的可操作性和实践性作了检验，也为广西承办“中国—东盟博览会”营造了一个良好的海上交通安全稳定的社会氛围。

海上搜救应急反应机制进一步健全和完善。防城港市与越南广宁省一号航海搜救小区搜救合作机制有效运作，对保障北部湾中越沿海船舶的航行安全发挥了重要作用。与广东、海南、福建四省（区）海上搜救协调联席会议制度的初步建立，为今后加强四省（区）海上搜救的协作配合奠定了基础。广西海事局拟订的《广西海上交通安全公共突发事件应急预案》，纳入了自治区突发公共事件总体应急预案并经自治区人民政府发文实施，为规范和强化政府及有关部门对海上交通安全突发公共事件应急处置工作，快速、有序、高效地组织海上应急反应行动提供了可行的预案保障。广西海上搜救中心成立一年多来，广西海事局承担了广西海上搜救中心的日常值班及对海（水）上突发重大险情和事故应急处置、搜寻救助的组织协调工作，共接到险情报警 184 次，组织搜救行动 57 次，搜救时间 384 小时；遇险的 297 人有 284 人获救，获救船舶 36 艘，挽回或避免经济损失 1 192.65 万元，救助有效率达 95.62%。

【统筹兼顾航运安全和地方经济建设，海事部门在服务经济发展中发挥了重要作用】 一是贯彻落实中央和交通部的决策和部署，全力保障“迎峰度夏”电煤运输的安全畅通。通过为电煤运输船舶开设签证“绿色通道”，加强对运煤船舶通航安全的维护，与港口部门积极沟通优先安排电煤运输船舶使用进出港口航道等措施，提高了运煤船舶运营效率，保障了运煤船舶的航行安全。二是采取有力措施维护中国—东盟博览会、中国—东盟商务与投资峰会和南宁国际民歌艺术节（简称”两会一节”）期间水上交通安全。南宁海事局出色完成了邕江焰火晚会的水上交通管制任务。钦州海事局组织协调有关单位成功排除了钦州港进港航道 5 万吨级油轮搁浅的险情，防止了重特大污染事故的发生。桂林、柳州、北海海事局加强了对重点旅游航段和重点活动水域的监管，有效地维护了通航安全秩序。各级海事机构以有效的措施、辛勤的工作，为”两会一节”的成功举办提供良好的水上交通安全环境。三是按照“有效监管，优质服务”的要求，对监管的 99 项水工项目，既严格监督管理，又主动做好服务。广西“十五”计划重点项目之一——长洲水利枢纽工程所处的西江干线，是广西内河航运通往粤、港、澳的黄金水道，船舶平均日流量达 600 多艘次。梧州海事局指导业主制定了施工期通航安全及防污染方案，并每日投入海事巡逻船 9 艘、海事人员 100 余人次全力进行现场通航安全秩序维护和监督管理，有力地支持了自治区重点工程建设。

2004 年，广西辖区共发生水上交通事故 25 件、事故死亡 11 人、事故沉船 18 艘、直接经济损失 368.93 万元，比上年分别下降 24.2%、71.8%、10%、2.92%，保持了水上交通安全形势的持续稳定，为促进广西的经济建设和发展，为自治区“富民兴桂新跨越”战略的实施做出了积极的贡献。

（潘荀柳）

2004年广西海事业务数据统计

项　目	数据名称	数据量
一、搜救管理	搜救次数（次）	41
	搜救时间（小时）	337.5
	获救船舶（艘）	29
	获救人员	274
二、船舶监督管理	船舶进出港签证（艘次）	365997
	输船舶登记证书及船舶最低安全配员工作（艘次）	12745
	船舶安全检查（艘次）	8456
	安全管理体系审核（次）	40
	进、出港口船舶总吨（万吨）	5290.41
	进、出港口船舶艘次	35668
	船舶登记（艘）	428
	客滚船现场监督管理时间（人次/小时）	1160/1230
三、通航管理	发布航行通（警）告次数（次）	155
	水上水下施工作业审批（次）	103
	主要航道船舶量	409968
	水上水下施工作业现场监督管理（小时）	29760
	乡镇渡口船安全检查次数（次）	11030
	乡镇渡口船安全检查行程（公里）	103675
四、船员证件	船员考试（人次）	9931
	船员发证量	19421
五、事故调查	事故调查	194
六、日常巡航	巡航时间（小时）	9648.3
	巡航次数	9695
	巡航里程（海里）	335879.7
七、危管防污	危险货物通过量（万吨）	678
	监装危险品船（艘次）	6783
	办理船舶装载危险品货物的审核手续（艘次）	10784
	处理船舶污染事故（起）	5
	非监装船舶艘次	1073
	危管防污处理污染事件（件）	5
	运输危险货物船舶进出港（艘次）	8856
	检查危险货物船舶（艘次）	2365
	危险货物集装箱（标箱）	610
	辖区防污检查（艘次）	2934

广西口岸大事记

1月3日

中共中央政治局常委、国务院副总理黄菊视察防城港口岸。

1月11日

交通部春运安全督查组在广西海事局李华成副局长陪同下到防城港检查工作。

1月31日

当日14：00时，130多名中国旅客乘坐的越南籍”福林号”高速客船在越南海域遇险被困，经中越两国全力救助，至2月1日08：30时，船上的中国旅客全部被安全转移上岸。

2月18日

国务院副总理回良玉率领农业部、发改委、财政部、卫生部、国办等部门领导，在自治区政府主席陆兵、党委副书记马铁山、自治区政府副主席孙瑜和自治区、防城港市、东兴市有关领导的陪同下，到东兴口岸视察中越边境地区防治高致病性禽流感工作。

3月9－12日

国家质检总局与越南农业部在广西南宁举行了中越进出境植物检疫合作会谈，双方签署了关于进出境植物检疫的合作谅解备忘录。

3月30日

钦州海事局以反应迅速、措施得力成功查获被交通部海事局通报协查的违法逃逸的“金海虹318”轮，得到交通部海事局的表彰奖励。

5月9日－10日

广西边防检查工作会议在桂林市召开。会议通过了《广西边防总队“双争”活动实施细则》和《广西边防总队边防检查文明执勤规范》，进一步修改完善了《边境检查站边民和边贸车辆查验规范(试行)》，明确了当前和今后一个时期广西边检业务建设的基本思路和工作重点。

5月

全国政协副主席杨汝岱视察水口口岸。

5月27日

东兴检验检疫局与越南芒街卫检站、动检站在东兴口岸举行防治高致病性禽流感工作总结会。

6月3日

中国—越南联合反对拐卖妇女儿童宣传活动启动仪式在中越北仑河大桥举行。

6月22日

防城港海事局为首届“中越（民间）龙舟赛”保驾护航。

8月

全国人大常委会副委员长郝建秀视察钦州口岸。

8月3－4日

国家质检总局“中国—东盟博览会”工作调研组到广西进行工作调研，听取广西检验检疫局、广西博览局汇报关于博览会工作情况，现场考察中国—东盟博览会的会展中心和南宁机场、桂林口岸检验检疫工作。

8月4日

香港中国检验有限公司和越南国际熏蒸检验合资股份有限公司在东兴市举行合作会谈。双方就进出口商品的装船前检验、植物和农副产品的进口检验等合作事宜进行友好会谈并达成了共识。

8月20日－21日

按照公安部边防管理局的部署，广西公安边防总队在凭祥市成功举办了全国边民检查规范研讨会。各省区边防总队的代表就《边民出入境检查规范》内容进行了讨论，提出修改完善意见，并对友谊关口岸和浦寨、弄尧边民互市点通道执勤现场的边检勤务工作进行了观摩。

8月25日

国家质检总局葛志荣副局长等到广西与自治区党委、政府领导及有关部门共同研究做好在广西南宁召开“中国—东盟博览会组委会第二次会议”的前期准备工作。

9月20日

中国驻柬埔寨大使胡乾文一行到东兴口岸考察。

9月20－23日

香港食物环境卫生署官员到广西就供港活猪、活羊检验检疫情况进行考察，参观了广西出入境检验检疫局技术中心及广西粮油食品屯里猪场等企业。

9月22日

以泰国农业部高级渔业师坤伯拉弟先生为团长的泰国代表团到广西出入境检验检疫局，就两国进出口水产品检验检疫工作法律法规、检验检疫程序等进行考察会谈。

10月20日

由广西海上搜救中心主办、以广西海事局为主承办，成功举行了广西有史以来第一次海上搜救演习。

11月

原中共中央政治局常委，全国政协主席李瑞环视察钦州口岸。

11月23日－25日

广西、广东、海南、福建四省（区）海上搜救联席会议在桂林召开。

11月25、27日

全国政协副主席李兆卓分别视察防城港口岸和水口口岸。

四川口岸工作综述

2004年，四川省口岸系统各部门、企业和有关市（州）口岸办，在省委、省政府的领导下，认真学习党的十六大和十六届三中、四中全会精神，以邓小平理论和“三个代表”重要思想为指导，贯彻执行党和国家的各项方针、政策，按照2004年四川省口岸工作思路，积极努力，协调配合，圆满完成本年度的工作任务，为四川的经济发展、对外开放作出了贡献。

【口岸运行情况】 航空口岸：成都航空口岸全年共验放出入境飞机5 833架次（其中验放经停国内航点的国际航班1321架次），同比增长87.92%；其出入境旅客首次突破50万人次，全年共验放出入境旅客54.6929万人次（其中验放搭乘经停国内航点的国际航班的国际旅客3.64万人次），增长65.56%；共验放航空公司员工4.27万人次；验放进出境货物6 718吨，增长20.39%；办理口岸签证4 613人/份；为进出境的重要客人2 921人次提供了口岸礼遇和服务保障（同比增长17.8%）。边防查获偷渡案件5起5人次，接收境外遣返案件18起18人次，依法查处违规人员178人次。

铁路口岸：全省铁路口岸全年共查验、运输进出口物资61.19万吨、同比增长8.44%，国际集装箱50 519个标箱、减少1.7%。其中：成都火车东站铁路口岸28.29万吨、增长23%，15 129个标箱、增长20%；成都青白江铁路口岸22.37万吨、增长45.92%，19 520个标箱、增长27.58%；绵阳铁路口岸10.45万吨、减少42.2%，15 838个标箱、减少32.1%；攀枝花铁路口岸680吨、32个标箱。

水运口岸：泸州水运口岸全年共查验、运输进出口物资11.98万吨，国际集装箱8 486个标箱，开行至上海的班轮169个航次。

公路口岸：成都公路口岸全年共查验、运输进出口物资12.41万吨，国际集装箱8 390个标箱。

邮件275.73万件，减少11.34%。

【口岸建设和开放情况】 攀枝花铁路口岸于2004年3月9日通过了验收，省政府行文批准该口岸自3月28日起正式对外开放。乐山铁路口岸于2004年5月23日通过了验收，省政府行文批准该口岸自6月6日起正式对外开放。

成都双流国际机场A指廊（国际厅）于9月27日顺利通过国家民航总局和四川省政府的工程验收，于9月28日正式启用。

【积极为对外经济贸易服务】 2004年，成都海关为四川省共验放进出口商品23.9186亿美元，同比减少4%；按政策减免税收16.1亿元人民币，增长1.9%；努力搞好大通关工作，促成上海海关出台了有利于四川省外贸物资在上海口岸转关运输的6条措施。四川出入境检验检疫局为全省检验检疫进出口商品56 839批，增长11.1%；总货值33.4466亿美元，增长5.1%；出具普惠制原产地证书11 987份，涉及金额4.9亿美元；为出国人员体检18 871人次，完成进出境人员监测体检14 969人次；积极推行“分类管理”和“绿色通道”制度，已批准出口商品生产一类企业33家、二类企业25家；在已有16家绿色通道企业的基础上，又上报了4家；争取到国家质检总局批准长虹电器股份公司为免验试点企业。

由四川出入境检验检疫局牵头、各部门配合，对四川省各开放口岸防非典、防禽流感进行了严密监控，保证了全省口岸的卫生安全。

【增开国际航班、“五定”班列、集装箱班轮】 新开通3条国际航线。国航西南分公司于3月28日开通了成都经拉萨至加德满都的定期航班，于7月28日开通成都经北京至巴黎的定期航班；双流国际机场积极引进马来西亚航空公司，于9月4日开通成都至吉隆坡的定期航班。

新开行一趟五定班列。中铁集装箱股份有限公司成都分公司会同有关企业于4月20日开通了成都至深圳的五定班列。

增开集装箱班轮。泸州长通港口有限公司发挥泸州水运口岸业主企业作用，在今年上半年每周开行1－2班泸州至上海的国际集装箱班轮的基础上，进入第三季度后增加到每周开行3－4班。

【圆满完成为四川省召开的大型涉外活动及来川访问的重要客人的口岸服务保障任务】 2004年，四川省口岸系统各部门及企业齐心协力，圆满完成了省委、省政府交办的为在四川省举办的第五届中国西部博览会、中国绵阳科技博览会、万国邮联成都会议、亚洲杯足球赛、国际女子篮球赛、国际旅游大会、全球扶贫大会、第八届国际茶文化节等大型涉外活动的口岸服务、保障、参展物品进出境通关等任务。为境外来川访问的法国总统等重要客人2921人次及所乘专（包）机提供了口岸礼遇、服务保障。

全年接待省外口岸同行来四川省考察团组21批、168人次。

【上报了四川省“十一五”口岸发展规划和建设意见】 根据国家口岸规划主管机关的要求和省政府交办的任务，省级有关部门和中央驻川有关部门多次召开专题会议，深入基层听取意见，形成了四川省第十一个五年口岸发展规划和建设意见，报经省政府批准并以省政府名义行文按期报达国家口岸规划主管机关。

【开展口岸法制建设调查研究】 按照省人大常委会第17次主任会议确定将“四川省口岸法制建设调查研究”列入2004年立法调研计划的意见，四川省口岸有关部门、企业积极参加省人大外侨委召开的专题会议和参与专题调研活动，严格口岸行政执法，对制定地方性口岸法规进行了有益的探索。

【积极开展口岸信息化建设工作】 在省政府办公厅、省政府政务服务中心的支持下，四川省“中国电子口岸执法系统”成都海关等8个行政执法部门于4月26日正式入驻省政府政务服务中心，联合办公，为外贸企业实行“一站式”服务。全年为905家企业办理了入网手续，制卡1995张，企业变更424家，解锁165家，保障了四川省外贸进出口业务的正常开展。

成都海关所属乐山海关于8月中旬首次实现对加工贸易企业进行联网监管。四川出入境检验检疫局确保“三电工程”达到100%的目标，该局所属内江局于11月首次实现对出口肉食品企业实施远程电子监控。

【积极争取在四川省增设海关、检疫机构，完备有关口岸的查验功能】 经四川省努力，国务院于9月中旬行文同意将成都海关驻机场办事处调整为成都双流机场海关，该海关已于12月16日正式挂牌、对外服务。经省政府及南充、宜宾市政府和成都海关的努力，海关总署于4月上旬正式行文，同意设立成都海关驻南充和宜宾两个办事处，建关工作正在进行之中。

成都海关、四川出入境检验检疫局对2003、2004年四川省新开设的泸州、成都、攀枝花、乐山口岸，适时增设现场工作机构、派驻工作人员，切实支持口岸运作。省公安厅及所属出入境管理局在编制紧张的情况下，从5月份起抽调人员常驻成都航空口岸，为每一入境航班提供口岸签证服务。

【对口岸收费进行了清理整顿】 为优化四川省对外开放环境，根据省政府领导同志规范口岸收费的意见，省商务厅、省物价局、省政府口岸办公室会同铁路、民航、交通、公安、海关、边防、检验检疫等部门，就清理、整顿四川省口岸收费问题多次召开专题会议和深入口岸现场调研，在弄清情况、核实依据的基础上，省物价局对口岸各行政执法部门的收费、航空、铁路、公路口岸垄断性企业的收费、报关中介服务性收费下发了文件，有效遏制了四川省口岸乱收费现象。

【做好口岸精神文明、宣传工作】 2004年，四川省口岸各查验部门、有关企业，自觉开展多种形式便民、为民服务活动，积极营造良好的口岸环境。在成都海关、四川出入境检验检疫局、省公安边防总队的积极支持、配合下，省政府口岸办公室按时完成了2003年《中国口岸年鉴·四川口岸工作综述》、和《四川年鉴》有关内容以及口岸论文、先进事迹材料的编撰任务。加强与四川省各新闻媒体联系，向省外及《中国口岸通讯》寄发《四川口岸工作》简报、新闻稿件，宣传四川省口岸建设、发展情况。

（四川省人民政府口岸办公室）

2004年四川省口岸运行情况

名称	项目	单位	2003年	2004年	同比增长
航空口岸	进出境飞机	架次	3104	5833	87.92%
	进出境人员	人次	330355	546929	65.56%
	进出境货物	吨	5580	6718	20.39%
	落地签证	人次	902	4613	411．42%
铁路口岸	进出境货物	吨	564300	611900	8．44%
	国际集装箱	标箱	51400	50519	-1.7%
水运口岸	进出境货物	吨	17000	119800	604．71%
	国际集装箱	标箱	1636	8486	418．70%
公路口岸	进出境货物	吨	117000	124100	6．07%
	国际集装箱	个	2003	8390	318．87%
国际邮件	国际邮件	万件	311	275.73	-11.34%

四川口岸查验单位工作综述

成 都 海 关

2004年成都海关严格按照海关工作16字方针和队伍建设12字要求，以“建一流班子、带一流队伍、创一流业绩”为目标，以人为本抓好队伍建设，居安思危抓好廉政建设，与时俱进抓好业务建设，心系发展服务经济建设，负重自强，开拓进取，奋发有为，形成了“班长抓班子、班子抓队伍、队伍促发展”的良性机制，取得了新的成绩。

【深化通关改革，提高监管效能】 2004年，成都海关积极推行先进的风险管理的理念，运用风险管理的方法，强化通关监管的职能管理作用，为现场监管提供业务支撑和业务指导。

一是创新查验制度，认真落实总署创新查验机制的八项工作制度，推行泸州办发明的携带式集装箱数码内视仪查验方法、车办处实施的八种查验监管方法，取得较好成效，得到总署监管司肯定。

二是深化通关改革，继续提高通关效率。运用风险管理的方法，及时在审单环节进行风险布控，提供信息指令和业务指导，提高现场查验的针对性、实效性；监管现场逐步落实现场接单审核、现场验估的工作机制。积极推动四川省大通关信息平台建设，使大通关建设迈出实质性步伐；做好电子口岸的运用维护工作，创造了良好的口岸通关环境。

三是强化税收征管，确保海关税收应收尽收。在加强税收征管方面做到“五提高”：一是通过强化审单和通关监控，提高反价格瞒骗的能力；二是通过加强归类和原产地基础工作，提高征收水平；三是通过严格执行政策和后续监控，提高减免税政策的执行和管理水平；四是通过推行联网监管，完善出口加工区、保税仓库的监管制度，提高加工贸易及保税监管水平；五是通过专项稽查和日常稽查的结合，提高海关后续监管水平等。通过全关上下的共同努力，全年两税入库合计20.76亿元，再创历史新高，超额完成总署下达的税收任务。

【支持地方口岸建设，畅通转关运输渠道】 在成都、深圳两地政府、海关、铁路部门的共同努力下，成都至深圳的海铁联运五定班列于2004年4月20日正式开通，至年底共开行69列，1 959车，其中集装箱发运的外贸货物1 752个标准箱。加强与口岸海关的联系配合，疏通转关运输渠道取得实效，上海海关出台了支持内陆海关转关工作的六项措施，允许大宗散货物资转关至内地，对四川省攀钢、自贡汇维仕、四川丰田等企业的货物进出口提供了极大方便。为促进民营资金向民营资本转变，激发口岸运行活力，成都海关积极支持全国首家由民营企业建设的成都公路口岸的稳步发展，于4月份开始在该口岸派驻人员开办业务，乐山铁路口岸也于2004年5月24日完成了验收挂牌的工作，正式开办转关业务。

【扩大海关特殊监管区域的功能作用】 2004年成都出口加工区海关业务增长迅猛，全年监管进出口货运总量1 401吨，比上年增加1.02倍；其中出口810吨，增加35%。进出口总值1 653万美元，同比增加1.06倍，其中出口330万美元，与上年持平。区内注册企业19家，同比增加73%。成都公共保税仓和出口监管仓“两仓”整合取得成效，业务量大幅增长。海关共审批公共保税仓进出库货物

515 吨，征收税款 500 万元。审批出口监管仓进出库货物 1 140 吨，出库内销补税 2 827 万元。积极配合省、市政府和有关部门做好在成都设立保税物流中心（B 型），在绵阳、乐山设立出口加工区的报批事宜。通过多次到总署汇报，争取总署领导几次到川实地考察，目前申报工作进展顺利。

【落实税收优惠政策，支持地方招商引资】 成都海关积极用好国家税收优惠政策，2004 年为四川省企事业单位高效审批减免税免税总额 17.5 亿元，比上年增长 11%。这些税收优惠政策的落实，较好地转化成为现实生产力，对扩大招商引资、促进四川省新型工业化程度和提高企业的科技含量起到了积极的推动作用。在总结英特尔项目招商成功经验的基础上，成都海关成立了海关政策专家组，对地方的重点招商引资项目如投资 1.75 亿美元的中芯国际、投资 2.1 亿美元的友尼森项目等，提供政策咨询、业务协调等方面的服务。

【打击走私违法，规范经济秩序】 2004 年，成都海关继续保持高压态势，坚持“打防结合、综合治理、突出重点、坚持不懈”的打私工作方针，发挥打私办作用，进一步完善“联合缉私、统一处理、综合治理”的缉私体制，积极参与省里组织的整顿规范市场经济秩序行动，取得较好成效。全年成都海关缉私局立案 20 起，结案 14 起，结案案值 4 698 万元。此外，成都海关还积极开展“扫黄打非”和查缉毒品工作，全年查获违禁印刷品和音像制品 14 397 件。破获走私、运输毒品案件 3 起，抓获犯罪嫌疑人 6 名（其中逮捕 5 名，正在移送起诉过程中），缴获毒品海洛因共 851.05 克；与省公安厅联合侦破一起走私易制毒化学品案件，缴获毒品安眠酮 155 公斤和易制毒化学品苯基丙酮 12.8 吨。

（成都海关办公室金羽）

成都海关 2004 年主要业务工作量统计表

类　别	单　位	全年工作量	比上年同期增加
进出口总值	万美元	239186	−4%
进出口货运量	吨	413479	15%
入库关税	万元	55685	46%
入库进口环节税	万元	151885	46%
两税合计	万元	207579	20%
审批减免税货物	万元	89972	14%
报关单统计	万份	54716	21%
进出口集装箱	个	34224	−6%
进出境火车皮	个	223	−70%
进出境飞机	架次	5833	87.92%
进出境旅客	人次	546929	65.56%

四川省公安边防总队

2004年，四川省公安边防总队紧紧围绕服务四川经济建设这个中心，以维护社会政治稳定为首要任务，牢固树立“立警为公、执法为民”的宗旨意识，大力加强队伍建设和业务建设，深化勤务改革，创新管理模式，拓展服务内涵，不断提高依法行政和规范化管理水平，为维护国家安全、社会稳定和正常的出入境秩序，促进四川改革开放和经济建设做出了积极贡献。

2004年,共检查出入境航班5 833架次(其中验放经停国内航点的国际航班1 321架次),比2003年增长了87.92%;检查出入境人员546 929人次,比上年增长了65.56%;查获在控对象2人次,查处偷渡案件5起5人,接收处理境外遣返人员18人次;依法查处违反出入境边防法律、法规人员178人次。

【提高人员素质，规范执法行为】 为提高干警综合业务素质，提高依法行政水平，四川省公安边防总队采取多种形式加强对干警的培训。年内，总队开展了军事、体能和业务全员“大练兵”活动，根据“干什么、练什么，缺什么、补什么”的要求，分级、分层次进行了业务培训和岗位练兵，举办了新入警地方大学生边检基础知识培训班、边检实用技能培训班、科长业务暨行政执法培训班、英语、法律、识别真假证件培训班，进一步提高了执勤队伍的综合素质和执勤技能。9月，总队参赛队夺得了“公安边防部队大练兵汇报表演”三个奖项：内陆总队类比赛团体总分第二名、全国总队机关类个人全能第四名、全国边防检查类个人全能总分第十名，充分展示了总队“大练兵”的成果。在大力提高人员素质的基础上，进一步规范执法行为，落实执法为民要求。大力开展了以执法为民为主题的“让党放心，让人民满意”活动和“争创执法为民窗口、争当执法为民标兵”活动，进一步转变官兵执法观念，增强了执法为民的意识。以贯彻落实《公安机关办理行政案件程序规定》为契机，进一步加强了边检法制建设，健全相关执法制度，认真开展了经常性的执法检查、督察和执法质量考核评议等工作，规范了执法程序和执法行为，提高了依法行政水平和办案质量。年内，共查获违反出入境法律、法规人员178人次，无一起行政复议和行政诉讼。

【强化综合治理，严打口岸偷渡】 2004年，四川省公安边防总队按照国务院、公安部的统一部署，在四川省公安厅的统一领导下，边防、出入境管理、国保、刑侦、治安、外事、反恐怖等多警联动，迅速开展了为期5个月的反偷渡专项行动，采取了积极有效措施，突出打击重点，强化社会综合面的治理，打团伙、挖“蛇头”，形成了“综合治理、打防结合”的反偷渡长效工作机制，使本省范围的偷渡活动得到有效遏制。全年在口岸一举查获了5起5人偷渡案件。

四川省公安边防总队针对空港口岸偷渡活动的特点、规律，不断加强反偷渡基础工作，提高执勤人员发现、查处偷渡的能力。加强对反偷渡信息、资料的收集、研究工作，在执勤现场安装了监控设备，举办了伪假证件识别和文检仪、EDISON系统使用培训班，充分发挥证件鉴别仪器、设备的作用，提高了发现、查获偷渡的效率和准确率。

【强化服务，拓展服务空间】 四川省公安边防总队在坚决执行国家法律、法规、规章制度和相关政策，维护中央事权的基础上，积极转变观念，增强服务意识，不断拓展服务空间，深化服务内涵，充分发挥口岸优势，积极服务四川省的跨越式发展和口岸“大通关”。落实便民利民措施，采取了增开通道，简化出入境手续，加快查验速度等措施，不断提高口岸通关能力，方便旅客进出，营造良好的口岸软环境。为省、市政府提供《成都口岸出入境边防检查数据分析报告》、《外报》20余期200余份；为省、市政府派出的出国考察团和邀请的境外重要客人共100余批2 000余人提供了礼遇。圆满完成了第五届西部博览会、“四川—澳门合作发展周”、第13届亚洲杯足球赛、万国邮联国际会议、国际中医药会议和国际科博会等大型涉外活动的服务保障工作；完成了法国总统专机、波兰总理过境专机、英特尔公司专机、日本丰田公司专机等出入境检查任务；为四川省进出口企业，如四川省路桥集团有限公司、四川省机械设备进出口公司、四川省外经实业公司、成都飞机工业（集团）公司等外派出国考察、洽谈项目、履行合同、劳务输出等人员共1 000余人提供了方便。积极为出入境旅客、航空公司解决热点、难点问题，采取措施配合航空公司抓航班“正点”工程，积极支持成都口岸开通新的国际航线，主动为航空公司提供政策、法律咨询，多次派人为双流机场、国航西南公司、旅行社等单位员工讲课；对旅游团实行预报预录、整团验放，为行动不便、老弱病残者出入境提供方便，做好事百余起，树立了边检队伍良好的形象。四川省公安边防总队执勤业务三科被继续认定为“全国青年文明号”、成都边检站被公安部边防局评为“执法为民窗口”单位。

【加大投入，科技强警】 四川省公安边防总队投资约30万元建成了新监控系统，监控的图像、声音效果更好，监控范围更大，从旅客进入联检大厅至旅客登机、从旅客下飞机至检查完毕离开的整个过程、区域都在监控范围之内，可24小时监控检查员验证情况、旅客候检大厅、验讫章室和查控室等重点部位的情况。10月份，总队开通了总队机关至执勤现场的2M数字光纤线路，实现了勤务现场的“三网合一”（公安边防专网、数字监控远程传输、现场边检数据实时传输），为领导实时掌握勤务动态，为边检人员快速查询相关业务资料，为打击偷渡、处置口岸突发事件和维护口岸秩序提供了更加有力的科技支持。充分发挥四川公安边防局域网和自行开发建设的边防检查前台“边检业务指挥系统”，实现网上指挥、网上查询和学习等功能，进一步提高了边防检查工作的效率、质量。

（四川省公安边防总队部郭燕）

2004年成都边防检查站出入境旅客统计表

单位：人次

项目		出入境旅客		合计
		入境	出境	
中国籍	因公	5857	6134	11991
	因私	54741	71035	125776
	香港	29887	28281	58168
	澳门	304	333	637
	台湾	51067	47998	99065
外国籍		106873	101703	208576
华侨		438	1288	1726
合计		248729	255484	504213

2004年成都边防检查站台出入境员工统计表

单位：人次

项目		出入境员工		合计
		入境	出境	
中国籍	因公	10146	10018	20164
	因私	471	465	936
	香港	2799	2790	5589
	澳门	123	125	248
	台湾	19	18	37
外国籍		7912	7830	15742
合计		21470	21246	42716

四川出入境检验检疫局

【基本情况】 2004年，四川检验检疫局（以下简称四川局）共检验检疫各类出入境货物56 839批，总货值334 466万美元，同比分别增长11.1%和5.1%。检验出入境货物45 346批，货值293 485万美元，分别增长9%和1‰。其中，入境货物4 414批，货值92 981万美元；出境货物40 932批，货值200 504万美元；检出不合格入境货物194批，货值529万美元。检出不合格出境货物114批，货值286万美元；检疫出入境动物及其产品2 999批，货值31 051万美元，分别增长34.7%和86.5%。检疫出入境植物及产品3 325批，货值7 179万美元，分别增长21.1%和15.4%。检验进出口食品、化妆品4 872批，货值16 654万美元，分别增长12.8%和19.3%；检疫出入境飞机4 227架，增长39.1%；检疫查验出入境集装箱8 495个。对出入境人员实施监测体检14 969人次，增长3.3%；艾滋病监测15 253人次，增长2.9%；发现病例2 207例，增长166.9%；预防接种18 871人次，增长10.3%。

【强化口岸卫生检疫监管】 2004年4月，在安徽和北京再次出现非典疫情后，四川局严格落实各项防治措施，与同省、市相关单位联防联控，在口岸现场排查出发热旅客30例，其中检出疟疾病人1例。7月，四川局参加了国家质检总局组织的中缅边境地区输入性疟疾疫情调查工作，及时摸清了川籍人员的真实发病情况和流行病学资料。四川局下属的四川国际旅行卫生保健中心成为西部出入境检验检疫系统中首家获得实验室认可、首家推行ISO9000质量管理体系的保健中心，还获得了马来西亚认定，成为国内有资格承担赴马来西亚的劳务人员体检工作的8家保健中心之一。

【加强监管，严防有害生物入境】 四川局进一步将检验检疫监管工作重心转移到涉及安全、卫生、健康、环保、反欺诈以及关系国计民生的商品种类和检测项目上。针对年初在国内外发生的高致病性禽流感疫情，成立了高致病性禽流感防治工作领导小组，制定了一系列的相关措施和办法，加大了对进境禽类、禽肉的监管力度，对全川40个市场和23个冻库进行了7次突击检查，查处了1批36吨不按规定方式销售的来自阿根廷的禽肉，销毁了1批2.7吨来自阿根廷的非法进口牛蹄筋，保证了禽流感防治工作高效有力地展开。开展了对进出口人造板、纺织品、服装的甲醛检验工作；按照总局规定对进口旧机电产品进行了严格检验监测；加强了对出口危险货物包装的检验监管；严格执行出口食品卫生注册（登记）标准、规范和程序。加强了对境外有害生物流行情况的跟踪、收集和分析，建立健全了疫情分析、预警和快速反应机制。为延伸检疫前端，在3月22日正式进入海关速递物品监管区开展查验检疫工作，在成都口岸构建起全方位无空隙查堵有毒有害物品传入的屏障，有效阻止了外来有害生物入境。2004年，四川局从来自新加坡、泰国等国和香港地区旅客携带水果中检出我国二类检疫性有害生物—芒果果象甲5批次，计40余头。从来自匈牙利、德国、日本、尼泊尔、美国等国和台湾地区的货物和木质包装中检出了光胸断眼天牛、墨天牛属、大谷盗、日本双齿长蠹、双齿谷盗、缩颈薪甲、锯谷盗、毛角长跳虫、白腹皮蠹、台湾家白蚁等10余种有害生物，共40余批次。特别是在对从荷兰引进的茄子种子实施的隔离试种检疫中，首次发现了我国二类检疫性有害生物—烟草环斑病毒（TRSV）。

【构建长效机制，保障食品农产品安全出口】 四川局对出口食品和农产品质量安全工作实施“一把手工程”，把大力促进四川食品农产品扩大出口作为检验检疫工作的切入点和着力点，重点帮助冻猪肉等优势农产品开拓国际市场。

为增强食品、农产品出口企业应对国外日趋苛刻的技术性贸易壁垒的能力，建立保障出口食品安全的长效机制，四川局从帮助相关企业建立健全“三个体系”入手，确保食品、农产品出口在国外“高门槛”下实现较快增长。一是帮助企业建立健全质量保证体系，提高内部质量管理水平。指导企业推行HACCP、GMP、SSOP等有效保证食品、农产品安全、卫生质量的管理体系，提高企业实施源头管理和生产过程控制的水平。四川局加强对出口养殖基地的监管，大力推行“公司+基地+标准”的生产模式，狠抓残留和疫情监测；二是帮助企业建立健全自检自控体系，增强自检能力。强调企业要加大检测设备的投入，提高其检测结果的准确性、可靠性。加强对出口企业的技术指导，为出口企业举办动植物疫病防治、出口食品和农产品安全法律法规与技术标准、农兽残和微生物实验室检测技术等培训。三是推进企业诚信体系建设，增强企业遵纪守法的自觉性。为引导出口企业严格按出口食品和农产品相关法律法规要求组织生产，加大对出口企业的“扶优汰劣”力度，检验检疫在风险评估的基础上，实施“良好企业名单”和“黑名单”制度，对自控体系健全有效、诚信度好、产品质量稳定的出口企业，从技术上、信息上、检验检疫政策上给予重点帮扶；对违规企业实施取消卫生注册资格等处罚，使自律企业尝甜头，违规企业吃苦头。

【新创食品、农产品出口之路】 2004年，在四川局的大力帮扶和深入指导下，全川出口冻猪肉15万多吨，创历史最高水平，跃居全国第一，提前超额完成了四川省政府提出的全年出口冻猪肉10万吨的目标；鲜豆角大批量出口日本，实现了四川新鲜蔬菜出口零的突破；新繁泡菜成功出口韩国；四川美宁食品有限公司打破了美国FDA自1989年起对中国蘑菇罐头采取全面“自动扣留”措施形成的长期阻碍，重获蘑菇罐头输美资格。四川水果出口也从仅有的日本扩展到新加坡、泰国、马来西亚等国和台湾地区。

【加速“大通关”建设】 为适应现代物流需要，四川局实施了“提速、减负、增效、严密监管”的“大通关”工程，推进电子申报、电子放行、电子监管新“三电”工程来提高工作整体水平，方便企业，提高通关报检速度。四川局全年实施“三电”工程的企业已达700余家，覆盖了全川主要出口企业，实现了全省电子申报率100%、原产地电子签证率100%、电子转单率80%的工作目标。检验监管模式逐步由批批检验向分类管理、商品免验、前期抽查和后期监督抽查相结合的模式转变。年内共完成了13家一类企业和19家二类企业的审核报批工作，使一类企业的数量达到34家，二类企业数量达到24家。出境货物电子审单快速核放系统的应用成效显著，经快速核放的出境货物，实现了从报检、制证、计费到取证仅需30分钟，为企业提供了前所未有的通关便利。兰田工业食品有限公司成为全省首家取得出口食品分类管理一类资格的企业，检验检疫对其采用的监管方式从批批检验调整为5%－10%的抽批检验，在全省首次实现了出口食品快验快放。

【确定3年工作总思路】 年初，局党组以科学发展观为指导，认真分析我国对外经贸工作的新变化和检验检疫工作面临的新要求，结合四川检验检疫局的工作实际，研究制定了《2004—2006年3年发展规划》。在未来3年中，四川局将在全川系统内实施“1218工程”，逐步形成技术水平高、竞争能力强、执法有力、监管有效、服务到位、通关便捷的四川检验检疫基本框架，使四川检验检疫整体水平居中西部地区前列，部分领域达到系统先进水平。

【依法行政规范管理】 从转变政府职能、促进依法行政的高度，把《行政许可法》作为检验检疫管理的有效手段。制订了贯彻实施《行政许可法》的工作方案，组织干部职工进行了学习，并按总局规定对所涉及的行政许可事项进行了全面清理；按照四川省政府的要求，在省政务中心开设了窗口办公，实现了《行政许可法》“统一受理、统一送达”的要求，展示了四川局规范化服务型机关的良好形象。

制定了《行政执法稽查制度》，强化执法稽查工作。坚持从严治检，狠抓制度建设和落实执行工作，建立健全各项规章制度，将其纳入目标管理考核中，进一步提高了依法行政的效率和质量，使工作制度化、系统化、规范化和科学化。

【强化队伍建设，增强全局战斗力】 贯彻“班长抓班子、班子带队伍、队伍促发展”的思路，不断提高班子的领导水平、工作水平。一是坚持以“中心组”为龙头、领导干部为重点、党支部为基础，狠抓政治理论学习。二是强化处级干部教育培训。突出政治教育和党性教育；突出知识更新和业务培训；突出以创新能力为核心、以胜任本职工作为目标的能力培训。三是大力培养选拔优秀年轻干部、加强后备干部队伍建设。四是坚持促进领导班子的自身建设，加快创“四好”班子步伐。各级领导班子在一心一意干事业的基础上加强了团结，在做好工作、促进发展中加强了团结，在相互理解、相互信任、积极开展批评与自我批评中加强了团结，切实做到了思想上合心、行动上合拍、工作上合力。

立足当前，谋划长远，加快改革步伐，努力在全局形成广纳群贤、人尽其才、能上能下、充满活力的用人机制。一是加大贯彻落实各项干部人事改革措施的力度。二是深入推进和完善干部选拔任用制度的改革。三是加大干部交流力度，培养锻炼干部的实践能力，加快了四川局干部队伍的管理水平、协调能力、业务知识、专业技能等综合能力的提升。四是积极探索建立干部考核评价体系，加大调整不称职领导干部的工作力度。

【坚持科技强检，加强实验室体系建设】 坚持实施科技强检的战略，按照科技工作3年规划，紧抓科技创新和成果转化两个重点，积极申请科研立项和下达科研制标项目，与高校等科研机构合作共同研究重点科研项目。研究制定了局实验室规划方案，加大投入。同时，争取地方政府支持，多渠道、多方位的解决实验室建设中的人员、资金等问题，使实验室装备、技术、管理水平得到大幅度提高。

按总局要求制定出办公自动化实施方案并开展实施，网络布点已经全部完成，力争尽快启动办公自动化系统的试点。

【深化财务体制改革，加强管理和审计】 进一步推进了部门预算和“收支两条线”改革，强化预算管理意识，逐步形成严格按预算办事的良好氛围。全年预算执行情况良好，各项支出控制有力，进度正常。

组织了对各分支局的财务稽查和内部审计，并对独立事业单位进行了调研和审计。审计的重点是各单位年度预算执行情况、专项资金使用情况、严格预算支出和专款专用情况，以及行政执法与事业单位执行财务制度情况。

针对办公费、差旅费、会议费和招待费等公用支出项目，提出了明确的严格控制办法和勤俭节约措施，厉行节约，严控支出。取得了较好的效果。

【心系基层，抗洪救灾】 9月，四川局所属达州局遭受百年不遇特大洪灾后，局党组高度重视，主要局领导亲赴达州视察灾情和慰问职工，并在及时向总局汇报灾情争取支持的同时，预先向达州局拨付了救灾资金，满足了救灾工作的资金需求，保证了灾后重建工作的顺利进行。

【深化事业单位改革，增强市场竞争力】 本着“政事分开”、“管少管好管活”的原则，研究制订有针对性的制度、办法。一方面，加强了对事业单位的宏观调控。对重大的人事决定、重大的财务事项等进行了严格管理。另一方面，简政、放权，充分发挥调动了事业单位的积极性。扩大事业单位的人事自主权，有利于引进、留住人才；扩大事业单位的财务自主权，完善激励机制，鼓励开拓市场、多方发展业务、发展多种业务。

按照“优化资源组合，拓宽融资渠道，树立检验品牌，增强竞争实力”的原则，积极探索技术中心和所属实验室开展市场化、企业化运作，有计划地拓展新业务，增强市场竞争力。

【强化基建工作，改善办公环境】 积极向总局申请对局综合大楼修建工程给予更多支持。目前，初步设计和初步概算已通过总局审查；南充、达州两局办公楼基建工作也在加紧进行。另外，还对5个分支局的办公楼、实验室等基础设施以及局保健中心、招待所、职工食堂、宿舍区停车场、收发室、值班室等进行了维修改造，使这些多年想办该办而未办的事圆满地解决了，切实改善了工作和生活条件，受到了干部职工的一致好评。

【开展思想道德教育，促进党风廉政建设】 一方面，以提高党员素质为根本，以改进机关作风为切入点，大力加强党的思想、组织、作风和制度建设。另一方面，高度重视党风廉政建设和反腐败工作，多次研究部署，严格执行领导干部廉洁自律各项规定；落实领导干部廉洁自律工作的各项措施；落实查办案件的重点，加大查办案件的力度，加强了开展思想道德教育，促进了党风廉政建设。

（四川出入境检验检疫局　罗建　曾海　西黎钢）

四川口岸大事记

1月4日

成都海关关长裘希、副关长肖力陪同四川省省长张中伟到成都铁路局就推进大通关、大物流建设开展调研。

1月5日

一季度四川口岸系统领导同志联席会议在省政府210会议室召开。会议由省政府口岸办公室李毅主任主持。

1月7日

国家质检总局局长李长江、局党组书记、副局长李传卿、局党组成员、纪检组长郭汝斌,局党组成员、认监委主任王凤清,局党组成员、标准委主任李忠海等领导到四川出入境检验检疫局视察工作。

1月9日

四川出入境检验检疫局党组书记、局长王吉顺陪同国家质检总局党组书记、副局长李传卿赴广安、南充、遂宁调研。

1月12日

四川省政府副省长黄小祥到省公安边防总队慰问广大官兵，省政府口岸办公室李毅主任陪同。

四川省政府副省长黄小祥、副秘书长杨刚才参加口岸系统各部门在京川宾馆举行的春节团拜。

1月14日

成都市委副书记、市长葛红林率成都市春节慰问团到四川省公安边防总队慰问广大官兵。

1月21日

四川省政府副省长黄小祥到省政府口岸办公室看望口岸办全体同志。

2月3日

重庆市委书记黄镇东、市长王鸿举率领的重庆市党政代表团到成都出口加工区（西区）考察。四川省委书记张学忠、省长张中伟陪同考察；成都海关关长裘希、副关长肖力随行陪同考察。

2月16日

成都海关关区首票CEPA项下货物抵达成都。货物是新景贸易有限公司进口100%纯棉衬恤，货值5.58万港元。

2月26日

四川省政府口岸办公室李毅主任率口岸系统有关部门同志到上海浦东国际机场考察。

2月27日

四川省政府副省长蒋巨峰、副省长黄小祥召开省大通关工作会议。

3月9日

四川省攀枝花铁路口岸通过省政府验收。

3月28日

四川省政府正式行文批准攀枝花铁路口岸于3月28日正式对外开放。

4月1日

成都海关驻泸州办事处、四川成都公路口岸正式对外办理海关业务。至此，成都关区真正实现了“五路齐通”。

4月3日

成都海关关长裘希、副关长肖力会见联合国驻华系统协调员、联合国开发计划署驻华代表 Ma·KhalibMaliK（马和励）先生。

4月8日

海关总署批复同意设立成都海关驻宜宾办事处、成都海关驻南充办事处。

4月20日

成都海关裘希关长、肖力副关长参加“蓉深铁路货运五定班列”首发式。

4月6日

二季度口岸系统领导同志联系会议在四川省政府210会议室召开。会议由省政府口岸办公室李毅主任主持。

四川省公边防总队成都边检站圆满完成了美国英特尔公司首席执行官贝瑞特先生一行的专机入境边检任务。

4月12日

四川省人大常委会外侨委召开征求口岸立法调研意见会议。

4月16日

海关总署批准在四川南充、宜宾设立海关办事机构。

4月23日

四川省政府口岸办公室主任李毅在省政府210会议室主持召开“大通关”信息平台建设筹备会议。

4月26日

四川省电子口岸执法系统各单位正式入驻省政府政务服务中心。

4月29日

美国百威啤酒总裁、瑞典爱立信公司总裁、英特尔公司总裁、韩国全罗南道政府代表团从成都航空口岸入境。

5月11日

四川省政府副省长黄小祥在成都出口加工区召开现场办公会。

5月21日

四川省发展和改革委员会召开九寨黄龙机场开设航空口岸研讨会。

5月23日

四川省政府副省长黄小祥及省级有关部门领导同志参加乐山铁路口岸落成典礼。

乐山铁路口岸通过省政府验收。

5月20－28日

参加四川第五届西部博览会的中外来宾从成都航空口岸入出境。

5月30日

新西兰前总理从成都航空入境对四川进行访问。

5月30－6月13日

中共四川省委书记张学忠出国访问从成都航空口岸出入境。

6月9日

四川省公安边防总队4名大练兵参赛选手，在为期1周的“公安边防部队大练兵汇报演练”中夺取三个奖项：内陆总队类比赛团体总分第二名、全国总队机关类个人全能第四名、全国边防检查类个人全能总分第十名。

6月15日

四川省委、省政府领导及省级有关部门、市（州）领导同志从成都航空口岸出入境参加“川澳合作发展周”活动；四川省公安边防总队总队长李维际、政委龚贵金亲临边检现场检查、指导工作，开设专门礼遇通道。

国家质检总局长李长江到四川出入境检验检疫局视察工作，听取四川出入境检验检疫局党组工作汇报。

6月30日

亚洲四国女子篮球赛队员从成都航空口岸入境参加成都赛区比赛。

7月2日－4日

四川口岸工作会议在四川乐山召开，会议由省政府口岸办公室主任李毅同志主持。

7月6日

第三季度口岸各部门领导同志联系会议在四川省政府210会议室召开。会议由省政府口岸办公室主任李毅力同志主持。

7月17日－30日

参加亚洲杯足球赛成都赛区亚洲各国队员从成都航空口岸入出境。

7月19日－26日

四川省政府口岸办公室主任李毅、谌红同志赴新疆参加西部地区口岸办主任会议。

7月28日

国航西南公司在成都双流国际机场举行成都开通经北京至法国巴黎国际航线的首航仪式。

7月31日

成都海关副关长肖力陪同政府副省长杨志文赴四川长虹调研。

8月15日

成都海关关长裘希参加四川省委、省政府向国务院副总理吴仪的工作汇报会。

8月30日

四川省公安边防总队第四次党代会召开。

9月4日

马来西亚航空公司正式开通吉隆坡至成都的定期航班（每周二、六各一班）。四川省政府王怀臣副省长和成都市有关领导参加首航庆典。

9月9日

四川省委副书记甘道明到成都出口加工区（西区）视察。

9月13日

四川省副省黄小祥赴海关总署拜会刘文杰副署长，成都海关副关长窦志民陪同。

9月16日

国务院以国函［2004］75号文件形式正式同意成都海关驻机场办事处调整为成都双流机场海关。

9月25－26日

国家质检总局党组书记李传卿到广元出入境检验检疫局视察工作，四川省人民政府副秘书长陈泓贵、四川出入境检验检疫局党组书记、局长王吉顺等领导陪同。

9月27日

成都双流国际机场A指廊（国际厅）通过国家民航总局等部门验收。

9月28日

成都双流国际机场A指廊（国际厅）正式启用。

四川省委书记张学忠、省长张中伟赴双流国际机场参加A指廊（国际厅）竣工庆典。

10月8日－9日

法国总统希拉克从成都航空口岸入境对四川进行友好访问后飞赴北京。

10月9日

第四季度口岸查验部门领导同志联系会议在省政府210会议室外召开。会议由省政府口岸办公室主任李毅同志主持。

10月10日－15日

四川省人民政府口岸办公室副主任王建中同志赴河南郑州市参加全国口岸办主任会议。

10月14日

四川省委书记张学忠、省长张中伟、副省长黄小祥等党政主要领导会见海关总署署长牟新生、政治部主任鲁培军。

10月21－23日

成都海关关长裘希、副关长肖力分别会见并宴请越南海关代表团黎孟雄署长一行。

10月28日

成都双流国际机场举行股份有限公司成立暨年旅客吞吐量超千万人次庆贺大会。

12月1日

海关总署龚正副署长会见成都、乐山两市政府负责人，听取了乐山市市长黄明全、成都市委常委何绍华关于设立出口加工区和保税物流中心的汇报。

12月2日

四川省政府黄小祥副省长、省政府口岸办公室主任李毅在四川宾馆会晤海关总副署长刘文杰、党组成员叶剑同志。

12月15日

四川省口岸工作会议在成都召开，省政府黄小祥副省长到会讲话。会议由省政府口岸办公室主任李毅同志主持。

12月16日

成都双流机场海关举行挂牌仪式。

12月30日

成都海关接受并通过四川省省级机关文明单位考察验收。

重庆口岸工作综述

2004年，重庆市人民政府口岸管理办公室在市委、市政府的领导下，按照“三个代表”重要思想的要求和市委、市政府的工作部署，认真贯彻党的十六大和十六届三中、四中全会精神，全面落实科学发展观，围绕改善抓通关，攻坚克难抓调研，国际航班抓拓展，加强协作抓管理，工作保障抓服务，队伍建设抓提高，知难而进，开拓进取，圆满完成了市政府下达的各项目标任务，各项工作取得了显著成绩。全市口岸进出口情况形势喜人，外项型经济发展继续呈强势增长；口岸出入境人数及进出口货物量较去年大幅攀升。海关监管进出口货物113.9万吨，货值27.4亿美元，同比分别增长59.9%和55.3%；检验检疫局共检验进出口货物31 412批，货值17.235亿美元；边防共检查出入境航班1 312架次，检查出入境人员124 943人次。港口集装箱吞吐量达到13.8万标箱，增长53.3%，货运量达到228万吨，增长23.8%；铁路完成集装箱2 768标箱，下降38.6%；航空进出境旅客14.4万人次，增长34.9%。为重庆市扩大对外开放，促进对外贸易，加强对外交往做出了贡献。

【改善投资环境，推进了大通关工作】 按照王鸿举市长在政府工作报告中提出的建立高效、快捷的大通关总体目标，重庆市口岸办通过广泛深入调研，协调有关方面，在水运口岸推出了下浮集装箱装卸费，实行“5+2”通关工作制，启动重庆保税库等五大举措，推进大通关工作，取得明显成效：一是港口收费价格降低；二是港口装卸作业压力缓解；三是作业效率明显提高；四是在港集装箱周转速度明显加快；五是管理水平明显提高；六是服务质量得到改善；七是班轮准点发航率大幅提高。公路口岸建设进入了实质性阶段，重庆市口岸办积极争取领导支持，协调有关部门，解决公路口岸的难点问题，2005年将完成主体工程，使重庆市口岸门类更加齐全，陆路大通关工作迈出了重要一步。

【拓展国际航线，加快了对外交往的步伐】 2004年，国际航班航线发展取得新的突破。重庆市口岸办通过与有关部门共同努力，新开通了重庆—新加坡航班，马来西亚货机航班正式签约，结束了重庆航空运输货运无货机的历史。重庆市口岸办还深入开展调研，草拟了发展重庆国际航班若干意见，提出了尽快启动成立重庆航空发展工作领导小组、建立航空发展资金、落实并用好第五航权，规划机场口岸设施建设，发展航空货运业务，引进设立低成本航空公司，促进航空与旅游互动等7个方面的工作建议，得到分管副市长的高度重视，主持召开了重庆航空发展第一次工作会议，对工作进行了研究部署和责任落实，有力的推动了重庆市航空业快速向前发展。

【强化协作管理，保证了口岸工作的顺利进行】 为切实加强政府口岸管理职能，以不断完善关港贸检联席会议和航空口岸季度工作会议两个协作机制为重点，协调解决了口岸通关工作中的具体矛盾和问题，保证了口岸日常工作的顺利进行。这种政府牵头、口岸单位平等对话、沟通协商，共同推进大通关工作的做法，得到了全国许多口岸城市的认同和推广。

【开展工作调研，促进了口岸协调发展】 深入实际，注重调研，及时掌握口岸运行中的重大情况和信息，主动为领导当好参谋助手，服好务。2004年初，口岸办牵头进行了港口收费调研，撰写了《关于调整重庆港集装箱装卸费，进一步发挥水运口岸在促进我市外项型经济发展中重要作用的调研报告》，提出了下浮集装箱装卸费等对策，较好地解决了收费问题。该调研报告被市政府评为优秀论文。针对汉城航班缺乏国内航班衔接空机返韩的情况，及时调研，并以专报信息报告市领导，制定出应对措施。

【搞好优质服务，确保了重大任务的完成】 一是协调保障各类专机、包机、重庆—香港周、世界大河歌会、CEO真知灼见论坛、亚足杯比赛等外事接待工作近40余次；协调保障市领导、部门及有关单位出访团在机场快速通关50余次。热情周到地服务于领导和部门，得到满意反馈；二是组织协调召开航空、水运口岸工作例会及各种专题会议20余次；三是编辑口岸信息，完成港口收费调研、国际航班萎缩成因调研、2003年口岸工作年鉴等文稿30余篇；四是协调解决口岸日常管理中的各种矛盾和问题；五是完成了领导交办及相关单位商请协助解决的一些工作。

【加强队伍建设，提高了口岸办工作的整体水平】 口岸办把着力提高全办同志的政治思想素质和业务能力作为首要任务，全面培养和提升全办同志的整体素质。按照打造学习型机关的要求，结合口岸办工作实际，努力创新学习方式，切实在提高能力素质上下功夫，收到了实效。一是抓好政治理论的和业务知识的学习。通过支部会、专题学习会、办务会等形式，组织全办同志认真学习“三个代表”重要思想，党的十六大、十六届四中全会精神等有关方面的政治理论及口岸工作方面的有关业务知识；二是搞好个人自学。统一规定学习内容，定期或不定期组织验收；三是组织全办同志积极参加市政府办公厅开展的各项政治活动。通过抓学习，抓业务知识的培训，口岸办的整体素质有了进一步提高。全年撰写信息数量和质量较往年大大提高，其中两篇专报信息引起市领导的高度重视，王鸿举市长就九龙坡港压港问题作了专门批示；重庆口岸办办理的向民航总局申请开放重庆第五航权的函等2篇公文被办公厅列入优秀公文侯选；口岸办党支部在参加市政府办公厅厅党组组织的保持共产党员先进性教育笔谈活动中获优秀组织奖，其中1名同志获笔谈二等奖。

重庆口岸查验单位工作综述

重　庆　口　岸

【概况】 2004年，重庆海关共监管进出口货物113.9万吨，货值27.4亿美元，同比分别增长59.9%和55.3%；监管进出境运输工具2 667辆（架、节）、集装箱8.3万箱次，分别增长54.1%、42.2%；监管进出口邮包、快件48.2万件，增长13.4%；验放出入境旅客14.5万人次，增长34.9%。全年实现税收净入库24.6亿元，增收9.1亿元，增长58.7%，其中，关税8.8亿元、进口环节税15.8亿元，税收创重庆海关建关以来历史新高。审批减免税10.6亿元，增长104.5%；办理三峡库区政策性退税917.9万元，归类、审价等补税2 811万元；验放进出境人数14.5万人次，增长34.9%；加工贸易合同备案合同金额1.1亿美元，增加23.1%。

【继续保持打击走私高压态势】 全年共查获各类走私案件19起，案值2 263万元。查办了非法携带30万美元出境走私违规案，“六二四”邮寄渠道走私毒品大案（海洛因1 435克）已一审判决，2003年查获的重庆海关历史上最大一起案值达8 044万元的“一一·八”走私大案已开庭审理。与市国税局联合开展了打击伪造海关完税凭证骗抵国家税款的专项斗争。拉网式地核查了关区医疗科研机构近2年来办理的5 324台（套）医疗设备的使用情况，完成了12 116户企业信息收集整合工作，并对关区32家企业进出口行为进行了规范。查获反动、邪教、淫秽等非法印刷品、音像制品及有关物品2 434件，并在全国首次查获从境外邮寄“法轮功”宣传品中夹带活动经费的案子，中央领导为此做出专门批示。

【积极推进重庆电子口岸建设】 为有效地促进重庆地方经济的发展，重庆海关提出“发挥区域优势，整合信息资源，降低物流成本，提高通关速度，实现跨部门、跨地区、跨行业信息共享，建设重庆电子口岸”的工作设想。市政府高度重视，并于3月向海关总署提出建设意向。10月26日，海关总署与重庆市人民政府在渝签署合作建设重庆电子口岸备忘录，标志着重庆电子口岸建设正式启动，将为重庆口岸外贸进出口通关提供科学、规范、高效的操作平台，有力地推动重庆“大通关、大物流、大经贸”口岸体系的建立，进一步提高重庆口岸管理的整体效能。

【全面推广风险管理应用】 重庆海关将风险管理理念、风险判别标准、风险处置方法及风险管理机制有机地融合到海关各项业务工作中，逐步完备“信息畅通、资源整合、反应迅速、整体联动、保障有力”的风险管理机制，先后组织5次集中系统测试，解决了50余个技术难题，于3月份正式开通使用风险管理平台。自行开发编制了“重庆海关业务现场风险信息数据库”，编发《风险动态》，为现场通关提供了重点监控风险信息，已着手建立重点企业分析模型和商品分析库，为构建新型海关查验管理模式，科学确定海关监管查验重点、增强查验的针对性和有效性、切实提高通关效率、不断提高海关业务管理的整体效能和执法水平打下了基础。

【制定推出出口加工区便捷通关十条措施】 为支持重庆出口加工区的发展，重庆海关于4月推出10条便捷通关措施：一是实行“一次申报、一次审单、一次查验”的通关模式，加工区与口岸、区内与区外之间进、出的货物、物品一律在加工区报关、查验、放行。二是对区外设备、材料（尤其是基建材料）入区，海关根据企业的需要，采取集中报关方式，以加速验放，减少企业的报关次数和费用。三是实行24小时预约通关制。海关根据企业的需要，保证进出境货物即到即验。四是实行出境货物提前查验制。海关到企业仓库、车间，提前查验施封，保证出境货物装车后及时出口。五是主动协调加工区与口岸之间的转关运输，保证水、陆、空、邮转关运输渠道的畅通，随时跟踪，发现问题，及时帮助企业解决。六是及时办理退税手续。对区外设备、材料入区，海关当场签发出口报关退税联。七是实行非报关货物卡口登记制度。对进入加工区的非报关货物直接在卡口登记后即可放行。八是对区内企业的小额零星进出口转关运输货物允许企业自备车辆或租用非海关监管车辆承运，为企业减少费用，降低产品成本。九是对入区原材料、机器设备实行分类归并管理，减化备案手续。十是对区内IT企业的产品出区检测、检验和展示的，在量小、时间短的前提下，按设备出区办理手续，减少通关环节，提高工作效率。

【进一步提高通关监管效能】 继续推动重庆口岸“大通关”工程建设。紧紧围绕H2000通关作业系统推广应用这个中心,运用第四代网络技术,搭建重庆关区电子口岸专用网络,分四批顺利完成了全关区H2000通关作业系统的切换工作,全面实现了通关作业程序的升级换代。积极协调完善机场、港口等联检配套设施,努力营造与重庆对外开放格局相适应的口岸管理高效运作机制。充分利用已建立的“关、港、贸、检”协调配合机制,分析研究和快速解决口岸“大通关”中存在的综合问题和突发问题。

不断增强重庆口岸的配套功能。开辟了重庆新港临时监管场所，为进出口企业提供更为良好的通关环境。不断深化行邮监管改革，推动重庆国际邮件快件中心的建设。配合、协助涪陵区政府加快筹建海关驻涪陵办事处等工作。积极推进重庆公共保税仓库建设，7月1日公共保税仓库正式挂牌投入营运，有力地提升了重庆市对外贸易配套服务功能。

密切与上海、南京口岸海关进出口货物的转关协调，协商研究大宗散货进出口转关的监管联系配合办法，保证了重庆市重大项目等大宗散货的转关监管正常化。为更好地发挥长江黄金水道的作用，与上海海关密切联系配合，落实长江流域转关工作“六项措施”：一是积极支持符合监管条件的大宗散货开展中转、转关业务；二是同意中转、转关货物在口岸拆箱或换箱；三是同意凭《出口转关申报单》或《出口报关单》复印件办理转关手续；四是对一单多车的情况，同意在转关申报时只录入1辆车的数据以代替全部的转关运输车辆数据，《汽车载货登记簿》的批注移至卡口；五是坚持“应转尽转、应转快转”的原则，对不属限制转关的货物，非经总关职能部门批准，严禁各现场海关单位擅自决定不予转关；六是加快对异常回执的处理速度，对无出口清洁舱单的，结关回执暂不发送，由各现场海关单位在主动联系相关货代、船代公司查明原因并做相应处理后再发送。这些举措必将切实提高长江流域转关工作效率，缩短东西部地区的时空差，进一步促进区域经济的联动发展。

立足重庆出口加工区和加工贸易业务运作的实践，研究提出促进发展的对策措施和建议，增强内陆出口加工区的吸引力和生命力。实施加工贸易电子账册，完成了关区补偿贸易遗留合同的清理工作，VE加工单耗的核查获总署认可并被确认为国家标准。加快推动以长安福特公司为代表的进口汽车零部件“联网监管”模式的建设，逐步建立起汽车、摩托车零部件和化工产品等关区主要进出口货物的商品资料信息数据库。

【不断增强服务地方经济力度】 针对三峡库区存在的产业空虚、老工业基地改造以及三大经济区协调发展等问题，结合打造中国“汽车名城”和“摩托车之都”目标的实施，成立了进一步推动西部大开发和解决三峡库区产业空虚问题两个课题调研组，关党组成员带队，组织开展区域经济发展、产业结构调整及企业发展等专题调研，深入分析问题和困难，提出了“三个结合、四个面向”的工作思路，完成了《关于进一步促进重庆外向型经济发展的调研报告》、《关于三峡库区产业空虚问题的调研报告》，不断增强服务经济工作的针对性。

围绕富民兴渝，建设长江上游经济中心和构建西部物流中心的目标，参与市政府“发展现代物流推进新型工业化”等重大经济课题研究，建立重大事项提前介入制度，及时跟踪了解重庆市轻轨交通等重点项目建设情况，增强服务经济工作的主动性。与重庆市发改委、市经委、市外经委建立了“吸收外资和设备、技术引进项目‘1+3’工作联系机制”，对外资和引进项目工作中涉及四家单位的事项进行统筹协调。契合重庆外贸发展需求，在海关驻港口、机场办事处及相关部门实行“5+2”工作制。

充分发挥海关统计的预警监测作用。建立了报关单数据两级审核制，积极推行统计数据百分制考核，各业务现场报关单数据准确率均在99.99%以上。全年编发《统计月刊》、统计分析、统计监督等统计信息资料百余篇，并得到新闻媒体和中办、国办的高度关注；对外实施网上发布公共数据，向政府部门和企事业单位提供进出口统计数据20余万条，积极向市委、市府报送统计分析等文章，市委、市府领导批示10多次；统计理论研讨论文质量提高，完成了西部海关5年外贸进出口商品构成调研。

重庆市公安边防总队

2004年，重庆市公安边防总队以“三个代表”重要思想和党的十六大、十六届三中全会和第二十次全国公安会议精神为指导，全面贯彻落实公安边防部队2004年党委扩大会议和杭州边检工作会议精神，按照总队党委的工作部署和要求，坚持以执勤执法为中心，积极开展“双争”活动和“大练兵”活动，狠抓业务培训和业务规范化建设，努力做好各项业务管理工作，严格执法，热情服务，不断开创边检工作的新局面。全年共检查出入境航班1 312架次，检查出入境人员124 943人次，其中出入境旅客113 714人次，员工11 229人次，查获口岸偷渡案件2起2人，处理其他违法违规55起59人。

【规范执勤执法，提高业务水平】 落实一系列勤务规范制度，对现场勤务工作进行有效的监督，切实防止勤务差错、执勤事故和职务犯罪的发生。严格执行旅检规范和总队勤务制度，强化勤务纪律，进一步规范边防检查工作的流程、组织和实施，推动了业务正规化建设。为配合《行政许可法》和《公安机关办理行政案件程序规定》的颁布实施，利用1个月时间集中对执勤人员进行培训，明确行政执法办案程序。印制了新的法律文书，规范了新法律文书的填写。开展“两个违规”专项治理活动，彻底清查各类执法违规情况，确保执法工作的公正性和准确性。

【加强反偷渡工作，确保收到实效】 注重提高检查员识别伪假证件能力，通过利用各种渠道收集到的资料，加强证件研究，积极为口岸反偷渡工作服务。积极建立健全反偷渡奖惩机制，加大奖惩力度，切实调动执勤科队反偷渡的积极性，确保反偷渡工作收到实效。

【开展“大练兵”活动，提高查验水平】 制定岗位练兵标准和计划，加大业务岗位练兵力度；加强识别伪假证件、边检英语、五笔卡片录入等业务技能的培训，定期进行业务考核。积极建立业务工作培训档案，详细记录全年业务培训工作开展情况、各科岗位练兵情况和检查员培训过程中的提高和不足。积极组织开展专题业务讲座，具体讲解各国护照证件防伪特征、检查技巧，各国移民政策、风土人情等内容，提高检查员的查验水平。安排任职科长前往业务量大的总站、总队进行调研，学习大总站、总队好的做法和先进经验；邀请外国驻渝领事来总队交流，举办移民政策和签证知识讲座。积极组织召开业务研讨会议，加大业务研讨力度，统一业务问题的处理办法和执法标准，提高执勤现场判断和处理问题的能力。

【完善执勤设施，改善通关环境】 落实“执法为民”要求，投入专项资金，在执勤现场建设边防检查电子触摸显示查询系统，公开执勤执法标准，实现执勤执法工作的透明化，为旅客营造一个方便、快捷、高效、文明的通关环境。

【开展“双争”活动，服务地方经济】 大力开展“争创执法为民窗口，争做执法为民标兵”的活动，全面规范执勤执法，努力提升执勤执法的质量和水平。清理和规范执勤现场警务公开内容，进一步公开执法标准和处罚标准，增强执法透明度。进一步规范执勤执法监督举报和旅客投诉相关制度，确保旅客申诉渠道畅通、方便、快捷。加大执勤执法信息反馈力度，定期发放旅客问卷调查表、走访执法监督员，及时掌握执勤执法情况，不断改进执法工作。在执勤现场醒目位置设置出境中国公民安全提醒告示牌，在执勤中主动提醒前往敏感国家或地区的中国公民注意人身、财产安全，受到了广大旅客的好评。同时进一步落实十大便民举措，为出入境旅客和中外客商提供诸多便利。开设礼遇和需扶助人员通道，优先验放老、弱、病、残、幼、孕等旅客；主动帮助旅客填写入出境登记卡，缩短旅客通关时间。强化主动服务意识，积极落实重庆市政府提出的公务机检查方案，为入出境的公务机提供便利。积极配合重庆市经济建设和对外开放活动，为“重庆——香港合作周”、2004亚洲杯足球赛、第九届重庆三峡国际旅游节提供了便捷、优质、高效的通关服务，赢得了市委、市政府的高度赞扬。在整个“双争”活动中，重庆边防检查站被部局评为“执法为民窗口”。另外，业务执勤二科还多次获得部局“青年文明号”的表彰。

（重庆市公安边防总队）

重庆出入境检验检疫局

【概况】 2004年，重庆检验检疫局共检验检疫进出口货物31 412批，货值172 350万美元。其中，出境27 379批，货值121 326万美元，进境4 033批，货值51 024万美元。检疫国际邮件普包14 229件、快件8 419件、飞机1 332架次、集装箱76 824箱。查验出入境人员12 4297人次，实施监测体检5 564人次；预防接种15 097人次。签发普惠制产地证9 189份，签证金额39 850万美元。接受价值鉴定申请23批，申报价值709.4万美元，鉴定价值707.9万美元。发出索赔证书90份，索赔金额171.7万美元。在集装箱和木质包装检疫查验中，截获白蜡脊虎天牛、滑刃线虫、活体线虫、缩颈薪甲等检疫害虫37批次；在邮件查验中，截获植物种子、水产品、肉制品等38批次禁止进境物；在国际机场检疫和卫生监督中，检查出水果等禁止入境旅客携带物21批，对470架次国际航空器作预防消毒处理；在出入境人员健康体检中，发现艾滋病、性病、肺结核、肝炎等传染性病例和非传染病例1 052例。

【执法管理】 加强干部法律、法规学习培训考核。制定了全局法制培训、学习计划和宣传计划，重点组织学习了新修订的《宪法》及《行政许可法》、《动物防疫法》、《执法监督与行政执法过错责任追究办法》、《缺陷汽车召回管理规定》等国家和国家质检总局新颁布的法律、法规。同时，重点加强领导干部的学习考核，建立完善了领导干部法制学习档案，把法制理论和法律知识学习纳入党组中心组的必学内容，组织了两次处以上领导干部专题法制讲座。学习培训效果明显，全局实施行政许可和担负执法职责的干部，以优异的成绩通过了重庆市行政许可执法资格考试，全局干部职工在重庆市干部法制理论考试中取得了优异成绩，法治意识、法律素养进一步增强。

认真贯彻实施《行政许可法》。按照国家质检总局部署，重庆检验检疫局结合实际，在加强《行政许可法》宣传学习的同时，从年初开始清理现行行政审批项目，为实施行政许可打下了基础。《行政许可法》正式施行后，严格按照国家质检总局要求，对涉及检验检疫的22项行政许可项目进行了公示，印制了11种行政许可标准格式文书，对涉及实施行政许可的相关部门提出了严格要求，全面规范了实施行政许可工作。

完善执法监督检查制度。重庆检验检疫局严格执行国家质检总局《行政执法监督与行政执法过错责任追究办法》，加强对行政执法的监督。为规范监督检查工作，制定了管理办法，对执法稽查的范围、组织、形式、结果处理等作了具体规定，明确了执法过错的认定、责任追究程序和应承担的具体责任，起用了用于稽查的专用文书，制定了执法稽查人员的准入制度、工作模式和工作要求。

加强对工作对象的管理。按照国家质检总局要求，逐一对1 500多家报检单位和报检员的数据信息进行了核实，在重庆检验检疫局备案登记的企业有 1 590 家，其中自理报检 1 548 家，代理报检单位 42 家。严格按照行政许可法的要求，开展了代理报检单位的注册登记工作。为进一步规范报检工作，提高报检员素质，扩大报检员队伍，成功组织了两次报检员考试。加强口岸卫生监督管理，对口岸 6 个单位的 373 名从业人员进行了健康体检，查出 17 例职业禁忌症者，办理了 276 份口岸从业人员健康证。对 17 家危包生产企业的生产、检测设备逐一进行检查，督促企业进行整改，消除隐患，强化了对危包生产企业的监督管理。加强出口企业注册登记管理，对 32 家在拉网调查和日常监管中发现不符合要求的企业注销了卫生注册登记证书。同时，召开出口包装检验检疫工作会、进出口机电产品检验监管工作会议、进出境货物木质包装检验检疫座谈会等会议，向企业通报法规政策，了解企业动向，加强检企沟通，提出工作要求，有效地提高了企业遵守检验检疫相关规定的自觉性。对于违反检验检疫法律、法规的行为坚决进行了处罚，开展对外执法稽查活动 15 次，先后发现违反检验检疫法律法规的企业 11 家，查处违法企业 9 家，实施行政处罚罚款 12.5 万元。其中实施现场处罚 4 家，立案处罚 5 家。已实施的 9 起行政处罚没有一起引起行政复议，维护了正常的检验检疫秩序。

【签证管理】 重庆检验检疫局全年共签发检验检疫证书证单 45 718 份，其中证书 16 962 份，通关单 15 247 份。签发普惠制产地证 9 189 份，签证金额 39 850 万美元，一般产地证 2 517 份，签证金额 15 775 万美元。

通过开设免费自助电子申报台等措施，提高了电子申报率，电子申报率从年初的平均 70%上升到年末的 90%。重庆检验检疫局转入转出的出境电子转单达到 9731 批，金额 5.57 亿美元。

出入境检验检疫报检单位报检批次前十位

报 检 单 位	批 次	金额（美元）
重庆三方报关行	3122	193397830.63
重庆力帆实业（集团）进出口有限公司	2708	160557448.16
重庆金凤丝绸（集团）有限公司	2153	29488647.07
民生国际货物运输代理有限公司	1849	84655543.51
重庆国际复合材料有限公司	1627	38683327.22
重庆太平洋国际货物运输代理有限公司	1486	195262287.33
隆鑫集团有限公司	1467	84213152.97
重庆中远国际货运有限公司	1206	60763250.10
重庆宗申集团进出口有限公司	1144	88591514.50
重庆报关行	917	31533975.60

出入境检验检疫报检单位报检货值前十位

报　检　单　位	批　次	金额（美元）
重庆太平洋国际货物运输代理有限公司	1486	195262287.33
重庆三方报关行	3122	193397830.63
重庆长安民生物流有限公司	837	189326278.57
重庆力帆实业（集团）进出口有限公司	2708	160577448.16
重庆对外贸易进口有限公司	242	148831801.43
重庆外贸报关行	735	123438341.69
重庆宗申集团进出口有限公司	1144	88591514.50
民生国际货物运输代理有限公司	1849	84655543.51
隆鑫集团有限公司	1467	84213152.97
重庆中远国际货运有限公司	1206	60763250.10

【出境检验检疫及管理】　重庆检验检疫局全年检验检疫动植物及其产品、食品、纺织品、轻工品、化矿产品、金属产品、机电产品等出境货物 27 379 批，货值 121 326 万美元。其中不合格产品 6 批，不合格原因主要为品质规格和包装不符合要求。检验检疫出境集装箱 47 215 箱，检疫出境飞机 661 架（次）。查验口岸出境人员 63 742 人次。实施传染病监测，监测体检出境人员 4 042 人次，艾滋病监测 6378 人次，发现梅毒、乙肝病毒携带者等监测性病例 850 例，预防接种 15 907 人次。

加强出口企业注册登记管理，对 32 家在拉网调查和日常监管中发现不符合要求的企业注销了卫生注册登记证书。对 17 家出口危险品包装生产企业的生产、检测设备逐一进行检查，督促企业进行整改，消除隐患，强化对危包生产企业的监督管理。针对出口农产品，重庆检验检疫局将产品的检验检疫和日常监管结合起来，督促指导出口企业建立健全卫生安全管理体系，建立了肠衣原料、防疫消毒、进出货管理、原料产地检疫证明、可溯源记录等日常监管记录，通过双方签字、事后检查落实的方法落实检验人员和企业负责人的责任，促使企业管理制度逐步完善，提高检验检疫监管的有效性。7 家单位取得口岸储存场地卫生许可证、4 家取得口岸食品生产经营单位卫生许可证、1 家取得口岸服务行业卫生许可证。对 8 个单位 395 人进行了从业人员健康体检，查出 19 例职业禁忌症者，办理了 296 份口岸从业人员健康证。

重庆检验检疫局全年检验检疫出境动物及动物产品 813 批，货值 6 893 万美元；出境植物及植物产品 273 批，货值 1 933 万美元；出境食品、食品包装容器材料、化妆品及原料 3 638 批，货值 5 630 万美元。主要包括冻猪肉、盐渍肠衣、罐头、茶叶等。总体质量情况良好，检验不合格罐头 1 批、茶叶 3 批。

检验检疫出境工业品 22 012 批，货值 100 042 万美元。主要为机电产品和纺织品。其中，出口摩托车整车、发动机及摩托车零件共 11 004 批，货值 65 480 万美元，再生产过程中发现共 8 批，货值 51.5 万美元的产品存在批次混乱、无出口批号、无出口发动机合格证明、规格不符、表面加工质量低劣等问题，经检验员生产现场监督企业整改，调换合格商品后方报检出口。在出口纺织品中，主要商品有生丝和服装类商品。共检验丝类产品 5 651 批，2 486.97 吨。生丝平均等级达到 3A50，正品率为 98.80%，总体情况看，出口生丝检验数量减少，平均等级上升，正品率上升，各企业平均等级都在 2A50 以上，消除了多年的 A、B 等级企业。重庆检验检疫局全年共接受出口服装报检 152 批，数量 460194 件（套、条），货物总值 1201 万美元。出口服装检验一次合格率为 95.5%。对重庆地区生产出口欧盟的来自不同国家和地区的服装面料进行了有害偶氮染料的检测，全年共抽查检测有害偶氮染料抽查检测 49 个色样，结果均为正常。

【进境检验检疫及管理】 重庆检验检疫局全年检验检疫动植物及产品、食品、纺织品、轻工品、矿产品、金属及制品、化工品、机电产品等进境货物 4 033 批，货值 51 024 万美元。其中不合格产品 9 批，不合格原因主要为品质规格、数重量不合要求。检验检疫入境集装箱 29609 标箱，检疫入境飞机 661 架（次）。查验入境人员 60 555 人次，实施监测体检 917 人次，艾滋病监测 917 人次，发现 202 例病例。

针对境外人员艾滋病监测管理存在的薄弱环节，由重庆检验检疫局牵头，联合市公安局、教委、外事办公室、劳动与社会保障局联合发出《关于进一步加强在渝境外人员艾滋病监测管理工作的通知》，对在渝境外人员传染病卫生检疫管理作了程序性规定。新的管理规定加强了对境外在渝人员 HIV 感染者的监管力度，出台后不久即发现了一名来渝工作的境外人员为 HIV 感染者。

入境货物中机电仪产品为检验检疫大宗商品。检验进口机电仪商品 1218 批，货值 39816 万美元。共出具索赔证书 90 份，索赔金额 171.4 万美元，索赔商品范围主要是汽车零部件和机器设备，索赔原因主要是货物短少和品质不良，索赔商品的国家和地区以日本和德国为主，分别占索赔货值的 51.2%、30.1%。办理进口旧机电备案 19 批，货值 1854 万美元，无旧机电索赔。办理《免办“3C”证明》67 份。从进口商品状况分析，非法检商品进口共 138 批，货值 7565 万美元，占进口总货值的 19%。进口主要以成套设备、机床为主。以进口到货货值分析：从欧盟进口 11586 万美元，占进口货值的 29.1%；从美国进口 9835 万美元，占进口货值的 24.7%；从日本进口 9476 万美元，占进口货值的 23.8%；从香港进口 5654 万美元，占进口货值的 14.2%。

对进境集装箱查验截获的疫情均为植物危险性病、虫、杂草等，未截获人和动物传染病病原体以及啮齿动物、蚊、蝇、蟑螂等病媒生物等其他疫情。检出疫情排名前列的为日本、韩国、美国、英国、意大利。其中有 15 批来自日本、美国、欧盟等国的入境货物木质包装未提供木质包装检疫处理证书，均实施了熏蒸或销毁处理。而在有 28 批有官方检疫处理证书的木质包装中，检测出大量有害生物共计 14 种，特别是来自日本、美国的货物木质包装最为严重，为此进行了专项整治、提高风险管理的级别、集中查验处理。

【精神文明建设】 重庆检验检疫局把巩固“党建工作先进单位”创建成果作为新一轮创建工作重点，开展了全方位、多层面的创建活动。进一步完善了制度建设，将机关党建工作纳入局目标责任制管理；按照“坚持标准、保证质量，改善结构，慎重发展”的方针，做好党员发展工作；积极指导各党支部工作，建立完善“三会一课”及支部工作、党员组织生活登记等制度；开展“保持共产党员先进性”笔谈活动；对全局党员民主评议工作进行了部署。全局党建工作取得了新的成效，被重庆市委组织部、市直机关党工委命名为2004年度“机关党建工作先进单位”。

在创建市级“百佳文明单位”的基础上，以“满意在检验检疫”为主题，重庆检验检疫局继续深化文明单位建设，制定、落实活动行为规范，加强班子建设和干部队伍建设，加强职工教育培训，提高队伍的整体素质。继续开展以优质、文明、规范化服务为主要内容的行风建设活动，开展创建青年文明号和青年岗位能手活动，进一步营造文明单位建设的良好氛围。通过召开思想政治工作会，开展内容丰富、形式多样的思想政治工作，营造了和谐人际关系和工作环境。组织职工观看国庆文艺演出、纪念邓小平诞辰100周年文艺演出，参观邓小平故居，参加三峡节开幕仪式，棋牌赛等，丰富了职工的业余文化生活。发挥工会、共青团等群团组织的作用，组织职工参加无偿献血，连续3年被评为先进单位。全局职工为遭受洪涝灾害的困难群众捐款15030元。局“青年文明号”坚持开展“服务检验检疫”和“送法下企业”活动，保持了“全国青年文明号”称号。

【防控高致病性禽流感】 为了防止禽流感疫情的传入传出，重庆检验检疫局根据国内外疫情动态，按照国家质检总局和重庆市防控工作的各项要求，成立禽流感防控工作领导小组，制定了9条防控措施，加强对货物、人员、企业的监管力度，加强相关物资储备，加强信息上报和各部门的协作配合，严防重庆口岸突发卫生事件的发生。

为将禽流感造成的损失降到最低，重庆检验检疫局密切关注各贸易国或地区对我国发生禽流感后采取的检疫措施，并及时将国外的限制措施通报主管部门、行业协会和生产企业，帮助企业积极应对境外限制措施，趋利避害，共度难关；加强疫病的监控和防治，从根本上保证和提高出口商品的安全卫生质量；帮助相关企业合理调整和安排出口生产，防止盲目出口和突击发货；加强对来自疫区运输工具的检疫消毒和口岸食品卫生监督，严格出入境人员的卫生检疫，加强急性呼吸道感染病例的监测和流行病学调查，对前往发生禽流感国家和地区的人员，及时提供了有关疫情信息和预防禽流感的建议。按照国家质检总局的要A求，免收出口禽类产品的检验检疫费，共免收163662元，减轻相关企业的负担，支持禽类产品的正常出口。重庆检验检疫局被重庆市政府授予防治高致病性禽流感先进集体称号，两名工作人员评为先进个人。

（谭晓涛）

贵州口岸工作综述

【概况】 贵州，位于祖国西南腹地，东毗湖南，南邻广西，西接云南，北连四川，地处长江和珠江上游的分水岭，是华北、华东和华南等地区重要的生态屏障。全省现有九个地州市，土地总面积17.6万平方公里，人口3 869.66万，世居民族有汉、苗、布依、侗、水等17个，是一个多民族聚集的省份。口岸处于三不沿（不沿边、不沿疆、不沿海）的现状。

贵州省政府口岸办的主要职责是：负责管理和协调全省口岸工作；督促检查口岸联检单位监管、查验、检疫等工作；协调口岸进出境货物运输及重要物资的协调、申报工作；防止和打击走私，负责跨行业、跨部门的缉私工作；负责对全省直通港、澳陆路车辆指标的分配及管理工作；负责对开辟国（境）外航线、航班和申请临时进入贵州省非开放区域的外籍交通工具事宜提出审查意见；检查督促全省口岸规划、建设和技术改造配套工作的组织实施；负责一、二类口岸的开放或关闭的审查、报批工作。

改革开放以来，在党和国家对外开放政策的推动下，贵州社会经济面貌发生了巨大变化，特别是作为促进外向型经济发展的口岸工作得到了长足发展。在落实国家西部大开发战略中，省委、省政府加大了对基础设施的投入，改变了原来的落后状况。具有现代化水准的4D级贵阳龙洞堡机场以及贵阳铁路货运口岸的开通，推动了贵州口岸的扩大和开放，同时也极大地促进了贵州经济的发展。

1992年9月11日，贵州航空口岸首次开通贵阳至香港旅游包机，1999年12月24日开通了贵阳至曼谷国际包机航线。2001年12月20日开通了贵阳至澳门旅游包机。1995年9月1日，对外开放了贵阳货运口岸。目前，贵阳龙洞堡机场可满足年旅客吞吐量500万次，每周有804个航班飞往全国37个大中城市和港澳地区，开辟了飞往曼谷的不定期旅游包机航线，此外，还承担了成都、重庆、昆明机场国际飞行的备降任务。2004年7月18日、9月28日，贵州省又分别开通了兴义机场和安顺机场，加上2003年开通的铜仁大兴机场，列入贵州省基础设施建设的4个支线机场目前已开通了3个，极大地改善了贵州的航空运输条件，初步形成了贵阳龙洞堡干线机场与各支线机场相配套的航空运输网。

【口岸分布】 贵州口岸处于三不沿（不沿边、不沿疆、不沿海）的现状。主要分布在贵阳地区，分为航空口岸及货运口岸两类。

贵阳航空口岸，位于贵阳市龙洞堡机场，距离市区10公里，属国家一类空港口岸。国际厅总面积8 307平方米，出入境实现双通道运行，对旅客、机组、行李、货物等能做到迅速处理和放行。机场占地5 600亩，跑道长3 200米，宽60米，按国际先进水平4D级标准建设，具有一类仪表着陆系统、国际先进的导航系统和雷达管制设施，可满足B737、B757、A320等中小型客机全载起降，还可以满足B747、A340等大型客机减载起降，承担了成都、重庆、昆明机场国际飞行的备降任务。

贵阳货运口岸，位于贵阳市东郊龙家寨贵阳市对外贸易储运公司铁路专用线，属二类口岸，与西南最大的铁路编组站贵阳南站相距2公里，是具有集装箱专用货区及设备的货场。

【口岸客货运量】 2004年，通过航空贵阳口岸出入境的飞机254架次，同比增长10.43%，其中出境飞机124架次，增长7.83%，入境飞机130架次，增长13.04%，出入境人员22 669人次，增长8.78%，其中出境11 516人次，增长8.67%，入境11 153人次，增长8.88%。

铁路货运进出口货运量为185 200吨，同比下降6.6%，其中进口172 400吨，增长3.0%，出口12 800吨，减少58.4%。进口继续保持增长，由于矿产品出口受到严格的限制，导致大幅度减少。省内出口物资主要是本省生产的黄磷、硅、锰、铁合金等矿产品及酒类、方便食品等特色产品。

贵州口岸客货运量表

分类＼口岸		贵阳航空港	贵阳货运
出入境飞机（架次）	总数	254	
	同比增减	10.43%	
	出境	124	
	同比增减	+7.83%	
	入境	130	
	同比增减	+13.04%	
出入境人员（人次）	总数	22669	
	同比增减	+8.78%	
	出境	11516	
	同比增减	+8.67%	
	入境	11153	
	同比增减	+8.88%	
进出境货物（吨）	总数		185200
	同比增减		-6.6%
	进境		172400
	同比增减		+3.0%
	出境		12800

【口岸协调管理】 全省口岸工作坚持以邓小平理论、“三个代表”重要思想和党的十六大精神为指导，为适应贵州经济快速增长和加入WTO后的形势发展，2004年，贵州省口岸办按照国务院《进一步提高口岸工作效率的通知》精神和要求，会同各有关部门，采取必要措施，进一步加强了口岸的协调和管理工作，研究解决口岸管理中出现的矛盾和问题，改进口岸通关流程，提高口岸的通关效率，不断提高口岸管理水平，确保了贵州口岸的安全、迅捷、高效运转，为推动贵州经济快速发展起到了保驾护航的作用。

【口岸扩大开放】 贵阳航空口岸扩大对外国籍飞机开放，是关系到贵州省对外开放形象、促进贵州经济进一步发展的一件大事，省政府十分重视并积极支持这一工作的开展。为实现贵阳航空口岸扩大对外国籍飞机开放，按照国家有关部门对口岸扩大开放的规定和要求，2004年安装完成并已投入使用口岸通道闭路电视监控系统设备，进一步完善了口岸软硬件设施，为贵阳航空口岸扩大对外国籍飞机开放创造了必要的条件。

【口岸通关情况】 贵阳海关坚持“依法行政、为国把关、服务经济、促进发展”的工作方针，提出“地方政府确定的经济发展重点就是海关服务重点”的工作思路，适应《中华人民共和国行政许可法》的颁布实施，增设单证管理科，对外一个窗口服务，对内督促提高业务工作效率，实现了“公开、公平、公正、便民”的目标。与此同时，采用下厂验放、优先验放、24小时预约通关、“绿色通道”、“信任放行”、“后置式监管”、机场、工厂“两点一线”快速监管、实行“门对门”下厂验放等办法，加快验放速度，进一步规范了关员的执法水平。建立了第一个电子账册，率先在西部地区实行新型联网监管模式。该模式运行以后，企业发展驶上了“快车道”，经济效益和社会效益均十分显著。

贵州出入境检验检疫局认真落实国家质检总局李长江局长视察工作时提出的发扬“四不”（不张扬、不气馁、不攀比、不动摇）精神，狠抓“四项管理”（抓基层、抓岗位、抓制度、抓落实）的重要指示，内抓管理、外树形象，切实履行检验检疫职能，“围绕一个中心，做好三篇文章，突出五个创新”的工作思路，求真务实、开拓进取，改进服务方式、拓展服务渠道，千方百计促进外贸企业扩大出口。此外，还加强了出入境卫生检疫工作。一是认真开展口岸非典检疫查验，按照国家质检总局的统一安排部署，坚持八项制度，严格按照“五个不漏”、“五个到位”、“五个及时”的要求，在贵阳航空口岸进行非典防制工作；二是根据国家质检总局发布的疫病疫情公告，及时向出入境人员进行通报，并做好出入境人员的传染病监测和预防接种工作。

贵州公安边防总队贯彻落实“二十公”和公安部边防管理局党委扩大会议精神，坚持“两手抓，两手都要硬”，以转变领导班子作风和提高官兵执勤执法能力为重点，牢固树立“立警为公、执法为民”思想，以“优化口岸通关环境、服务贵州经济发展”为目标，脚踏实地、扎实工作，圆满完成以边防检查为中心的各项边防保卫任务。

【口岸精神文明建设】 坚持以邓小平理论、“三个代表”重要思想和党的十六大精神为指导，深入开展口岸精神文明共建活动。各查验单位牢固树立国门意识，团结协作，以自身精神文明建设为基础，共建文明口岸为目标，通过多种形式的自建、共建活动，以自建带共建，共建促自建，树立了贵州良好的口岸形象。

贵州口岸查验单位工作综述

贵　阳　海　关

贵阳海关坚持“依法行政、为国把关、服务经济、促进发展”的工作方针，支持外贸出口，支持地方经济发展。2004年，贵阳海关共监管进出口转关运输货物6.77万吨，总值5.55亿美元，征收关税和进口环节税1.35亿元人民币，审批减免税2.43亿元人民币。注册备案经营企业458家，监管进出境旅客2.14万人（次），监管行李物品6.87万件。

【加快通关速度，支持地方经济发展】　2004年，贵阳海关党组提出“地方政府确定的经济发展重点就是海关服务重点”的工作思路，适应《中华人民共和国行政许可法》的颁布实施，增设单证管理科，对外一个窗口服务，对内督促提高业务工作效率。目前企业办理海关业务时间大幅缩短，人工审单3分钟，接单、打印税票10分钟，加贸备案、报关注册3个工作日，手册变更、延期、深加工结转1个工作日，实现了“公开、公平、公正、便民”的目标。与此同时，采用下厂验放、优先验放、24小时预约通关、“绿色通道”、“信任放行”、“后置式监管”、机场、工厂“两点一线”快速监管、实行“门对门”下厂验放等办法，加快验放速度；在实现便捷通关的基础上，进一步规范关员的执法水平，派员到湛江、防城等口岸海关加强工作联系，疏通转关渠道，实现关际间工作协调；为支持加工贸易发展，简化前期手续，减少风险保证金的征收比例和前期验厂的次数；年内，关领导分别多次率队到011、061基地、龙腾铁合金厂等国防、民营企业和遵义、都匀、铜仁等地、州、市开展工作调研，宣传国家政策和海关监管规定，现场办公，解决实际困难，受到企业好评。业务部门领导和业务骨干深入企业讲课，全年达12次，对“西电东送”、IT产业、国营大中型企业、军工企业、民特优企业特事特办。一年以来，共有21家企业和单位以电话、感谢信、锦旗等形式向海关支持企业发展的做法表示感谢。有企业评价：“贵阳海关关员办事快，态度好，是其他单位学习的榜样。”

【实行加工贸易联网监管】　2004年，贵阳海关针对贵州省创新知识经济快速发展的实际，从关内抽调7名关员组成课题组，专门研究业务前沿问题，研究支持高新企业发展的举措。在工作中树立“抢先一步就是创造财富”的理念，在充分调研和论证的基础上，在总署龚正副署长的关心和加贸司的具体指导帮助下，决定对关区内信誉较好、运作已十分成熟、规范的南方汇通微硬盘公司进行加工贸易联网监管试点，采取新型的quickpass模式。从7月份开始，课题组制订了相关的操作办法、规程，建立联网监管反复测试，培训、指导企业进行料件归并。在相关业务部门的配合下，经过4个月的努力，贵阳海关终于在11月中旬建立了第一个电子账册，率先在西部地区实行新型联网监管模式。该模式运行以后，企业发展驶上了“快车道”，经济效益和社会效益均十分显著。

【调整指导思想　打击走私违法】　2004年，贵阳海关缉私局针对贵州属西部内陆“三不沿”省份，经济落后，外贸依存度低，不属于走私犯罪重灾区，表现为关区走私犯罪案件少，违规案件多的实际，进一步明确了“打击、防范、服务、促进并举，以防范、促进、服务为主”的业务指导思想，确立了“服从服务于贵州经济发展大局，服从服务于贵阳海关中心工作，以预防促规范，以服务促发展”的工作重点，将缉私局的职能定位于服务、防范、威慑。全年共查处违法违规案件11起，案值5 068万元，受理刑事案件1起（与地方联检单位共同查获走私光碟3万张，淫秽光碟近千张，按规定移交地方公安机关立案查处），协查协办案件22起，协助抓获犯罪嫌疑人1人，全年出警113人次。

贵州省公安边防总队

2004年，贵州省公安边防总队紧密结合贵州边防工作实际，贯彻落实“二十公”和公安部边防管理局党委扩大会议精神，坚持“两手抓，两手都要硬”，以转变领导班子作风和提高官兵执勤执法能力为重点，牢固树立“立警为公、执法为民”思想，以“优化口岸通关环境服务贵州经济发展”为目标，脚踏实地、扎实工作，圆满完成以边防检查为中心的各项边防保卫任务。

【提高执勤执法质量和水平，确保口岸安全、通畅】 开拓实际，着眼长远，认真贯彻落实公安部边防管理局边检会议精神。5月份召开了贵州公安边防总队边检工作会议，结合实际制定贵州公安边防总队边检工作发展规划，确定在突出执勤中心和服务经济建设中心，抓好检查员等级评定，加强业务培训，加强科技强警建设，全面提高部队执勤执法水平上下功夫的整体工作目标和思路。

严格检查，严厉打击偷渡。一是加大对偷渡的打击力度，担任了省厅反偷渡联合行动牵头单位，制定了公安厅联合反偷渡方案，与治安、出入境、刑侦等部门密切配合，在全省开展反偷渡专项行动，反偷渡工作取得实效。二是加强对伪假证件的识别培训和偷渡案件的分析研究，掌握偷渡活动的特点和规律，提高了查处偷渡的针对性和有效性。三是认真落实站、科领导值班和集体上下勤、勤务会、发现问题移交、每日（每月）统计报表、请示报告等制度，加强了执勤工作的组织领导，保证了执勤工作正常地进行。四是加强验讫章管理，做到出入境验讫章分柜双人双锁管理、勤务间隙入临时柜管理、未启用验讫章和印油由机要员、业务参谋双人双锁管理。全年检查贵阳至泰国、香港出入境航班254架次、检查出入境人员22 669人次（旅客20 684人次、员工1 985人次）；查处偷渡案件1起2人、持伪假签证1起1人；查处违法违规案件52起52人次，圆满完成各项边防执勤任务。

积极开展争创执法为民窗口，争做执法为民标兵活动，全面提升服务质量。一是成立以总队领导为组长的“双争”活动领导小组，全力加强对“双争”活动组织领导力度。将杭州会议精神贯彻深入至执勤执法一线，提高官兵对“双争”活动重要性和必要性的认识，加强了省情、市情教育，强化官兵责任感和使命感，牢固树立为贵州省改革开放和经济建设服务、为西部大开发战略和富民兴黔战略服务的思想观念，努力做到“优化口岸通关环境，服务贵州经济发展”。二是主动向贵州省委、省政府、贵阳市委、市政府报送《贵州边检信息》、《贵州边防工作简报》，反映口岸出入境航线、航班和人员情况，积极参与贵州省航空发展规划的制定，积极参与省、市政协工作和贵阳市外经贸口岸领导小组工作，为贵州省、贵阳市社会和经济发展建设献策，为党委、政府决策提供参考。三是结合贵阳机场对外国籍飞机开放，投资近20万元对执勤现场进行了完善，更新了验证设施，优化了工作环境，重新制作了填卡台和引导牌、标志牌等，使旅客出入境更加方便快捷，受到省、市领导、民航部门和联检单位领导和工作人员的一致赞扬。四是投资30万元建造了边检现场视频监控系统，重新购置了数码摄录机，配备了各种文检仪等设备，提高了边检工作的科技含量。五是认真落实便民利民12条措施，对省、市党委、政府、人大政协邀请的要客和老弱病残幼提供礼遇和优先检查12余批150余人次，多次完成备降专机、急救专机边防检查任务，受到了各级领导和出入境人员好评。六是进行了执勤执法整顿，组织《行政许可法》的培训和考核，进行了“两个违规”的清理工作，对历年案卷全面检查，对不具备执法主体资格的人员进行了清理，进一步提高了全体官兵的法制意识。七是拓宽宣传报道渠道，主动与贵州电视台、贵阳电视台、《贵州日报》、《贵阳晚报》、《贵州广播电视台》等媒体建立合作关系，将部队建设、执勤执法等情况进行深入全面报道。全年里上报省级刊物50篇、中央级媒体1篇、部局网站20篇。通过开展“双争”活动，全体官兵精神面貌和业务素质全面提升，改善了口岸环境，树立了国门卫士的良好形象，被贵阳市政府评为2004年优质服务窗口单位。

【坚持“学习、团结、务实、廉洁”方针，全面加强班子建设】 一是坚持党委中心组学习制度，不断提高党委班子理论修养和决策能力。对十六大、十六届四中全会、“二十公”精神等进行了系统、深入地学习，统一思想，武装头脑，指导行动，确保科学决策，核心作用充分发挥，自身建设能力和水平稳步提高。二是坚持党的民主集中制，进一步增强班子的凝聚力和战斗力，保持了风正、心齐、实干、劲足、有为的态势。三是加强了基层党支部建设，积极开展了如何当好支部书记、如何做好经常性思想工作等培训，采取理论学习、参观、交流体会、模拟会议等方法，使党支部解决自身问题和加强自身建设的能力有很大提高。四是按照“健全组织、制度落实、活动经常、作用明显”的要求，加大党团组织建设力度，党团支部作用明显。五是狠抓官兵政治教育，积极开展以端正执法思想，坚持执法为民为内容的“双让”主题教育。深入学习领会了“三个代表”重要思想、十六大和十六届四中全会精神，就“风气”、“作风”、“团结”、“团队”等倾向性问题重点教育，强化宗旨奉献意识，树立艰苦奋斗、爱岗敬业的主人翁观念，保持思想稳定、勤奋工作、正气上升。六是管严用好干部，一方面不断深化干部量化考核机制，对干部“德、能、勤、绩、廉”等公开、公平、公正的综合评定，奖优罚劣，实现用规章制度管人，用条令条例管队伍的科学、规范的长效机制；另一方面坚持任人为贤、德才兼备的原则选准用好干部，推选3名同志参加部局初级干部培训，并有1名被评为优秀学员，调整选用16名同志担任相应职务。七是严格监督，勤政廉政，认真落实党员领导干部廉洁从政各项规定。自觉坚持党性原则，按章办事，以身作则。主动接受上级党委、纪委，总队纪委和广大党员干部的全面监督，始终一心为公，两袖清风，特别是在用人、重大物资和工程招标等关键环节上，不循私情，坚持公开、公平、公正，没有一起违法违规违纪。八是积极开展警民共建活动，与省政府商检局结成共建对子，为贵阳市聋哑学校组织军训和向贫困家庭的残疾儿童捐款5 000余元、衣物200余套，为全省、市灾区捐款1 600余元、捐衣物数百件。

【积极开展“大练兵”活动，全面提高部队战斗力】 总队根据部党委和部局党委的部署与要求，成立了“大练兵”活动领导小组，精心制定了实施方案，围绕“用什么，练什么，缺什么，补什么”的实战原则，着眼于提高官兵素质，有步骤、有计划、分阶段地开展“大练兵”。

以“大讨论”和“双让”主题教育为主线，全面开展政治练兵，确保官兵政治合格。一是紧紧围绕公安边防工作和部队建设指导思想、整体思路和工作部署，以课堂为主阵地，系统学习“三个代表”重要思想、十六大及十六届四中全会、“二十公”精神等重要理论，结合参观爱国教育基地、知识竞赛及学习笔记、心得体会等活动，使官兵在教育中由被动地接受转变为主动地参与，部队精神面貌焕然一新，一些好的做法多次被公安厅机关党委《党建简报》转发，树立了边防部队的良好形象。二是积极开展“三互”活动，深入开展经常性思想工作，坚持定期分析官兵思想，定期讲评思想骨干，不断深化以爱国主义、革命人生观、艰苦奋斗等为主要内容的经常性教育，重点针对官兵个人利益的敏感问题，深入细致地做好教育疏导工作，确保部队内部的安全稳定。三是积极开展精神文明建设，组织部队深入学习郑培民、任长霞、红其拉甫边检站、十三中队以及木康“缉毒先锋站”、帕里“模范边防派出所”等先进事迹。

以提高执勤水平为目标，全面开展业务练兵。一是加强业务学习，落实每周学习和每月研讨制度，狠抓各类业务文件的学习、领会、掌握和研究落实，并将工作中反映强烈和学习中反应较为集中的问题及时进行研讨，做到人人了解、掌握、运用，钻深吃透文件精神。二是认真抓好检查员等级评定和上岗考核，严格按各项评定规范、条件标准和程序、步骤对广大检查员进行培训、考核和评定，采取“请进来，走出去”的方式，大力开展法律、外语、计算机和业务学习，检查员队伍建设明显增强，结构更趋稳定合理，90%以上检查员通过相应等级考试。三是积极开展各类在职和业余学习，支持、鼓励干部参加报考函授、自考和专业培训，并下发了《干部函授、自考学历教育管理规定》，对获得学历的干部按标准报销一定学费，还选派干部参加了部局举办的各种培训班；继续开展电脑技能培训，参训人员全部通过国家计算机一级考试。

以提高部队战斗力为目的，全面开展军事练兵。按照军事训练大纲，结合“大练兵”活动，4－7月份组织全体官兵进行了单兵队列、擒敌技术、77式手枪射击和体能训练，以会操、考核等方式，及时检查训练效果。认真开展新兵的训练工作，对2004年新入伍下连队的战士，司令部着重设置条例条令、队列、体能等科目，安排勤务中队进行了复训。训练做到“人员、时间、内容、效果”四落实，训练计划圆满完成，官兵军事素质明显提高，军人意识明显增强，部队战斗力明显提高，促进了部队管理和各项边防保卫任务的顺利完成。尤其是在备战全国边防“大比武”比赛中，参赛人员克服家庭、身体等种种困难，以饱满的热情和昂扬的斗志投入训练中、顽强拼搏，一举夺得内陆总队第四名的好成绩。10月27、28日，在贵州省公安厅组织的大练兵队列、广播体操考核比赛中，总队官兵续写辉煌，奋力夺得队列第一名和广播操比赛第二名的优异成绩。

【依法从严治警，提高部队正规化管理水平】 一是突出抓好条令条例落实执行，狠抓4月“条令学习月”教育活动，狠抓“五条禁令”的落实执行，官兵的条令意识明显增强，确保了警令通畅，确保官兵一日生活条令化，个人言行规范化，执勤、训练、工作、生活秩序规范有序。扎实开展“三互”活动，把经常性管理工作与经常性思想工作有机结合起来，把抓中心工作与抓“两防”工作结合起来，把抓“五条禁令”的落实与杜绝违法案件事故结合起来，发动全体官兵自觉参与、互相监督、彼此促进、共同提高，不断推进部队正规化管理水平。二是坚持“预防为主、惩处为辅、标本兼治、重在治本”的工作方针，注重发挥各级部门、各类机构的职能作用，签定“两防”工作责任状，齐抓共管，形成合力，坚决杜绝行政责任事故和违法违纪案件的发生，通过开展督察和财务专项整顿等工作，建立健全勤务、财务等敏感部位的监督制约机制，预防了职务犯罪。全年未发生任何案件事故，保证部队安全稳定。

【大力加强营房建设，不断增强部队综合保障能力】 一是充分发扬部局党委所倡导的“团结协作、开拓创新、锲而不舍”三种精神，克服重重困难，寻求理解与支持，顺利完成了51.2亩营房建设用地的征用手续、“三通一平”、营房规划、单体报建、高速路开口和办公主体工程招标工作，向省计委和国家计委争取资金200万元，减免各种费用257万元。二是立足现有条件，极力改善官兵执勤、工作、训练、生活环境，提高福利水平，创造拴心留人的环境。单身干部居住条件明显改变，部队文化生活设施逐步配齐。总队还努力拓宽经费来源争取到近100万元，列入2004年省财政预算，较好地改善了官兵福利待遇。三是提高后勤服务质量，努力解决官兵后顾之忧，把为官兵办实事、解决实际困难，作为工作目标并认真落实。

贵州出入境检验检疫局

【概况】 2004年，贵州出入境检验检疫局在国家质检总局的正确领导和贵州省委、省政府的关心支持下，认真实践“三个代表”重要思想，深入贯彻党的十六届三中、四中全会和全国检验检疫局长会议精神，认真落实国家质检总局李长江局长视察工作时提出的发扬“四不”（不张扬、不气馁、不攀比、不动摇）精神，狠抓“四项管理”（抓基层、抓岗位、抓制度、抓落实）的重要指示，内抓管理、外树形象，切实履行检验检疫职能，进一步促进了贵州对外开放和外贸经济的发展。

【机构设置和职工队伍】 2004年，贵州出入境检验检疫局设有11个处室，下辖4个事业单位（检验检疫综合技术中心、贵州国际旅行卫生保健中心、中国质量认证中心贵州评审中心、机关服务中心）、3个办事处（遵义办事处、凯里办事处、贵阳机场办事处）和中国检验认证（集团）贵州有限公司1家企业单位。国家质检总局和中央机构编制委员会办公室已分别于2003年12月4日和2003年12月22日批准建立中华人民共和国遵义出入境检验检疫局，目前正在建设之中。

根据国家质检总局的批准，公开招考、招聘了2名公务员和4名事业单位人员，通过考试，选拔接收安置了1名转业军人。在职职工152人，较上年增加7人；其中，具有大专以上学历131人，中级技术职称以上66人。

2004年，贵州出入境检验检疫局化矿检验处、检验检疫综合技术中心化矿金属实验室主任钱兆鹏同志分别荣获国家质检总局授予的“全国质检系统先进单位”和“全国质检系统先进工作者”荣誉称号；离休干部徐慕侨同志荣获国家质检总局授予的“离退休干部先进个人”荣誉称号。

2004年，共举办《行政许可法》、《宪法》、卫生评审员培训等各类内部职工培训班18期，培训职工341人次；派出有关人员参加行政管理培训班、中央党校司局级领导干部理论培训班、办公自动化培训班等各类培训班58期，培训86人次，职工队伍整体素质进一步提高。

【出入境检验检疫业务】 2004年，贵州出入境检验检疫局“围绕一个中心，做好三篇文章，突出五个创新”的工作思路，求真务实、开拓进取，改进服务方式、拓展服务渠道，千方百计促进外贸企业扩大出口，检验检疫业务量取得了突飞猛进的增长。全年检验检疫出入境货物1.47万批次、货值10.65亿美元，同比分别增加了88.1%和65.8%（主要检验检疫业务完成情况见表一、二）。年初以2004年局1号文件的形式下发了《贵州出入境检验检疫局服务贵州经济、促进外贸出口12条措施》，具体内容包括配合国家以及贵州省经济结构调整，促进具有贵州优势和特色的产品出口，改进工作方式，为企业提供优质服务等，并将这些措施作为目标任务下达给局属各部门。通过努力实施，全省外贸出口，特别是大宗产品的出口达到历史最高水平（见表三）。

此外，还加强了出入境卫生检疫工作。一是认真开展口岸非典检疫查验，在2003年强化口岸非典疫情查验的基础上，按照国家质检总局的统一安排部署，坚持八项制度，严格按照“五个不漏”、

"五个到位"、"五个及时"的要求在贵阳机场口岸进行非典防制工作；二是根据国家质检总局发布的疫病疫情公告，及时向出入境人员进行通报，并做好出入境人员的传染病监测和预防接种工作。2004年10月份，在开展出国人员健康体检时发现一男性血清学检查HIV抗体呈阳性反应，最后经确认为HIV病毒感染者，这是贵州出入境检验检疫局在出境人员中首次检出的HIV病毒感染者。

【加强禽流感防控工作】 遵照国家质检总局和贵州省政府的统一安排部署,及时启动《贵州出入境检验检疫局进出境重大疫情应急处理实施方案》,采取有效措施,防止禽流感疫情传入。一是加强组织领导,成立由局长任组长的防控禽流感工作领导小组;二是严格进境检疫审批和机场查验,禁止境外疫区禽类及其产品入境;三是与贵州省质量技术监督局联合对全省禽类产品冷库、加工企业、批发集贸市场、超市等进行全面清理检查,对来自疫区和非法进境的禽类产品进行查封,集中统一销毁;四是加强对疫情的收集、整理和上报,确保信息畅通。为贵州省未发生禽流感疫情做出了积极的贡献。

【考核认证】 2004年，共完成出口商品生产企业的质量许可证、卫生注册证等监管类证书的清理、换证和考核以及进出口食品、化妆品标签等审核发证100份。签发原产地证2 056份。经过努力，由贵州出入境检验检疫局申报，贵州省羊艾茶场申请的羊艾毛峰茶、羊艾碧绿春茶、羊艾特珍特级茶、羊艾松柏长青茶、羊艾小叶苦丁茶（羊艾牌），从江县畜牧局申请的"从江香猪（野香牌）"，从江县果树开发公司申请的从江椪柑（都柳江牌）和从江县香猪特色食品有限责任公司申请的从江香猪肉制品系列（野香牌）（从江香猪什锦、从江烤香猪、从江腊香猪、从江香猪香肠、从江白条香猪、从江香猪火腿）等14个产品通过了国家质检总局的审核批准，符合原产地标记管理规定，获得原产地标记注册证书。这是继2001年贵州醇白酒获得原产地标记注册认证后，贵州出入境检验检疫局在原产地标记工作上取得的又一成绩。共对145家企业进行ISO9001、ISO14001、OHSAS18001等体系认证，其中一家为整合型管理体系（ISO9001、ISO14001、OHSAS18001三个体系的整合），实现了贵州评审中心整合型质量管理体系和职业健康安全管理体系认证零的突破。此外，在环境管理体系和职业健康安全体系认证以及ISO9001、ISO14001、OHSAS18001三体系和ISO9001、ISO14001两体系的整合审核中，有7家企业获得认证。贵州评审中心在西南地区有一定地位，在贵州有良好业绩和信誉。截止到2004年底，共对506家企业开展了各种体系认证。

2004年，以学习贯彻《认证认可条例》为契机，进一步加强了认证认可工作，一是参加了国家认证认可监督管理委员会组织的有机农产品专项检查和检测技术机构专项检查；二是组织卫生注册评审员培训班，加强对评审员的培训、考核和管理；三是认真开展CCC（强制性产品认证）认证监督管理工作，积极进行CCC认证的宣传培训，组织执法检查，同时，还按照有关规定核批免办CCC认证31份。

严把报检、签证关，不断提高工作质量。一方面，加强对职工的教育、培训和管理，开展证书质量检查，实施证稿差错登记和反馈；另一方面，按照国家质检总局安排，认真组织报检员资格考试，全年举办了两期报检员资格考试培训班，对全省114名报检从业人员进行了培训，并顺利组织了两次报检员全国统一考试贵州考区的考试工作，两次考试贵州共有391人参考，112人通过了考试。

【依法行政，加强监管】 维护正常的对外经济贸易秩序，认真落实入境货物流向业务。根据"入境货物流向单"，督促有关单位前来报检。全年共落实61单，涉及金额2 824.1万美元。认真开展执法检查，严肃查处违反检验检疫法律法规的行为。9月份，对贵阳、遵义、铜仁、黔东南和黔西南5个市、州、地的23家企业、5家医院进行了专项检查，共堵回进口商品报检21单，涉及金额722万美元。加强了对进口旧机电产品的检验监管，在检验监管过程中发现问题，及时处理。2004年2月25日－4月26日，某公司委托报关行分四次向贵州出入境检验检疫局报检进口生产设备一套，货值613万美元，未声明（也未注明）为旧设备，检验人员在现场检验中发现该套设备为旧设备，当场查封并决定以其涉嫌以旧充新、未如实申报进行立案调查，经调查核实，已按照《中华人民共和国进出口商品检验法》及其实施条例和《进口旧机电产品检验监督管理办法》有关规定对其进行了处罚。2004年，共对两起违规进口旧机电产品案件进行了查处。

【加快科技兴检工作】 一是大力加强科技制度和科研人才队伍建设。制定了学术技术带头人和学术技术骨干选拔考核管理办法、科技项目管理办法、科研项目经费管理办法，修订了科学技术委员会章程和科技奖励办法，构建了鼓励科技创新的政策平台和能让科技人员发挥作用、展现才华的制度平台。在人才建设中，提出力争两年内培养出1－2名学术技术带头人和3－5名学术技术骨干，并进入国家质检总局“百千人才工程”，2004年确定了3名学术技术骨干。二是认真开展科技项目的研发和组织申报。根据局科技项目管理办法，经过局科学技术委员会的认真评定，2004年，开展了“氢化物发生－原子荧光光谱法测定低硒电解金属锰中硒含量”、“贵阳口岸登革热病毒血清抗体流行病学调查与分析”、“贵州出入境检验检疫局卫生注册、登记管理系统”等7个科研项目的研究，同时，还向国家质检总局和国家自然科学基金申报了“贵州牛肉组织镉元素含量与饲养环境相关性研究”、“应用酶联荧光技术快速检测生物战剂葡萄球菌肠毒研究”等三个科研项目。三是加强实验室建设。首先加大投入，新添置了一批重点检测仪器设备，共完成设备计量7批、152台（件）；其次根据国家认证认可监督管理委员会关于检验检疫系统实验室注册转换工作的要求，完成了实验室转计量认证工作；第三加强实验室人员的学习培训，不断进行知识更新，努力提高技术水平和实际操作能力。四是继续加强信息化建设，不断充实科技信息资源。2004年以来，贵州出入境检验检疫局继续组织实施了信息网络系统一体化整合和扩建，整个网络的规模、性能和功能能够满足全局业务管理的信息交换需要；“三电”（电子报检、电子签证、电子转单）工程稳步推进，已经全面实现了电子报检和电子签证，开通了遵义和凯里两个办事处的电子报检、电子转单系统。同时，科技信息资源也不断得到充实，至2004年底，已收集国家标准、行业标准、国标标准以及世界上10多个先进国家和地区的标准近7万个，建立了国家标准与行业标准题录及科技图书名录，检验检疫标准的查到率达到99%。2004年4月16－17日，召开了全局第一届科技工作会议，会议对2000年以来在科技工作中取得一定成绩并获得有关科技奖励的人员进行了表彰，交流了科研工作经验，审议通过了5个科技工作管理办法，明确了科技工作的奋斗目标。通过科技会议的召开，全局广大科技人员的积极性被充分调动起来，对全局科技工作的发展起到了巨大的推动作用。

【加强交流合作与调查研究】 一是加强与兄弟局的合作与交流。贵州出入境检验检疫局与厦门出入境检验检疫局对口交流已坚持4年，两局每年都要互派干部挂职锻炼，并共同承担科研项目。同时，还先后派职工到四川、福建、广西等兄弟局考察，学习他们的好做法、好经验；二是组织部分局领导和处级干部到国（境）外学习考察，拓宽工作视野；三是与贵州工业大学联合培养硕士研究生，贵州出入境检验检疫局提供实验场地和设备，贵州工业大学学生开展项目研究，所取得的研究成果由两家单位按约定分享，研究工作中表现突出的，贵州出入境检验检疫局还将作为高层次人才引进。

2004年，局领导及有关部门人员先后深入到全省9个市、州、地40多家外贸进出口企业进行调研，党组书记、局长高达礼在上任不到半年的时间里，曾三次深入到遵义、安顺等地的军工企业进行调研，并就检验检疫部门如何发挥自身优势扶持企业发展，为企业进行技术改造、民用产品的开发研制以及打入国际市场等做好服务；不到一年的时间里就跑遍了全省9个市、州、地进行调研，在黔西南布依族、苗族自治州调研期间，根据黔西南州外经贸发展滞后的情况，果断提出要特事特办，加大对少数民族地区出口企业的扶持力度，千方百计促进当地外经贸发展的意见；通过对毕节地区的调研，向省政府提出了《大力促进特色产品出口，推动区域经济发展—对毕节地区畜牧业、烟草出口情况的调查与思考》的调研报告。同时，动植物检验检疫处针对贵州烟草出口中含恶性杂物严重的问题，通过调研，向省政府提出了提高贵州出口烟叶质量的建议，得到了贵州省委书记钱运录的重视并做出批示，省政府石秀诗省长，肖永安、禄智明副省长都作了指示，贵州省烟草系统为此召开了“全省治理烟叶恶性杂物专题会议”，提出了解决办法和措施，力争用3年时间解决这一问题。

【加强基础设施建设】 为了改善职工办公和生活条件，2004年，贵州出入境检验检疫局加强了基础设施建设，抽调3名具有基建经验的人员成立了基建办公室，专门负责有关工作。一是积极开展建立遵义出入境检验检疫局工作，多次与遵义市政府协调，认真开展了前期准备工作。至2004年底已完成了投资概算、施工图设计、场地平整、招投标和拆迁等工作，并确定2005年1月初破土动工；二是做好凯里办事处和机场办事处基础建设的前期准备工作，经过多方努力，有关部门和地方政府已经同意划拨土地用于建设两办的工作和生活设施；三是认真抓好局检验办公大楼的维修改造工程。

【稳步推进事业单位改革】 一是积极推进贵州国际旅行卫生保健中心改革，拟订了改革方案，并公开选拔了1名副主任；办理了事业单位法人登记、医疗机构执业许可证、收费许可证等各项手续；二是稳步推进检验检疫综合技术中心和中国质量认证中心贵州评审中心改革，检验检疫综合技术中心改革主要是做好调查研究、拟订改革方案、办理事业单位法人登记等前期准备工作；中国质量认证中心贵州评审中心改革主要是在办理事业单位法人登记的基础上，完善财务管理办法，开展事业单位企业化管理试点，公开选拔了1名副主任，选调充实了业务人员。

【成立中国检验认证（集团）贵州有限公司】 根据国家质检总局和国家认证认可监督管理委员会批复的公司改制方案，一是通过竞争上岗方式，公开选拔总经理，并选调工作人员到公司工作，确保了人员到位；二是办理了营业执照、组织机构代码证和税务登记证等相应的手续。经过认真准备，中国检验认证（集团）贵州有限公司于2004年6月8日举行了揭牌成立仪式。公司成立以来，积极开拓市场，业务发展比较顺利。

贵州出入境检验检疫局 2004 年检验检疫业务情况统计表

金额单位：万美元

				本年累计 出境 入境	上年同期累计 出境 入境	比上年同期累计±% 出境 入境
货物检验检疫	总计		批次	14736 13954 782	7833 7074 759	88.1 97.3 3.0
			金额	106450 89719 16731	64196 45501 18695	65.8 97.2 - 10.5
		检验检疫不合格	批次	87 67 20	64 47 17	35.9 42.6 17.7
			金额	461 376 85	278 258 20	65.8 45.7 324.0
	商品检验		批次	14493 13716 777	7571 6831 740	91.4 100.8 5.0
			金额	106169 89458 16684	63853 45284 18569	66.3 97.6 - 10.2
		检验检疫不合格	批次	85 66 19	54 37 17	57.4 78.4 11.8
			金额	450 374 75	226 205 20	99.4 82.3 55
	动物及动物产品检疫		批次	14 14 	20 19 1	- 30.0 - 26.3 - 100.0
			金额	51 51 	69 69 	- 25.3 - 25.2 - 100.0
		检出疫情	批次			
			金额			

			本年累计 出境 入境	上年同期累计 出境 入境	比上年同期累计±% 出境 入境
植物及植物产品检疫	批次		562 562	549 548 1	2.4 2.6 -100.0
	金额		4039 4039	3248 3246 2	24.4 24.5 -100.0
	检出疫情	批次			
		金额			
食品及化妆品	批次		890 856 34	278 257 21	220.1 233.1 61.9
	金额		4838 4751 87	2030 1914 116	138.4 148.3 -25.0
	检出问题	批次	7 7	3 3	133.3 133.3
		金额	32 32	1 1	3465.1 3465.1
监测体检及预防接种（人次）	监测体检		1467 1467	1754 1754	-16.4 -16.4
	艾滋病监测		1399 1399	1629 1629	-14.1 14.1
	发现病例数		329 329	88 88	273.9 273.9
	预防接种		3965 3965	4360 4360	-9.1 9.1
交通工具检疫	飞机（架）		249 122 127	227 114 113	9.7 7.0 12.4
集装箱检疫	合计		810 810	241 241	236.1 236.1
	检出问题			1 1	-100.0 -100.0

贵州出入境检验检疫局2004年度签发证单统计表

单位：份

证单种类	本年累计	上年同期累计	比上年同期累计±%
通关单	2291	1303	75.8
换证凭单	15048	8067	86.5
其他证单	9310	8123	14.6
一般原产地证	517	558	-7.3
普惠制原产地证	1942	1491	30.2
体检健康证	1467	1754	-16.4
预防接种证	3965	4360	-9.1

贵州出入境检验检疫局2004年度检验检疫大宗产品出口增幅统计表

金额单位：万美元

产品名称	本年累计			上年同期累计			比上年同期累计±%		
	批次	数/重量	货值	批次	数/重量	货值	批次	数/重量	货值
硅锰（吨）	378	131492	11486.8	160	54637	2492.9	136.3	140.7	360.8
锰铁（吨）	183	39354	3686.1	66	14200	837.5	177.3	177.1	340.1
金属锰（吨）	382	34426	5004.2	227	13745	1462.7	68.3	150.5	242.1
手机（台）	64	273312	4957.7	39	93222	2365.8	64.1	193.2	109.6
钢丝钢绳（吨）	396	19057.5	1368.4	286	12541.2	736.9	38.5	52	85.7
服装（件）	166	3842382	547.4	100	1687519	353.1	66	127.7	55
人造刚玉（吨）	679	149912.3	4095.4	623	112614	2227	9	33.1	83.9
金属硅（吨）	1849	175571	18834.8	1716	163899	15320.9	7.8	7.1	22.9
酒类（升）	119	802177	2106.4	90	661374	1633.4	32.2	21.3	29
磷铁（吨）	262	14164.1	327	216	14362	232.2	21.3	-1.4	40.8
有机肥（吨）	104	3280	87.5	111	3157.7	78.4	-6.3	3.9	11.6

产品名称	本年累计			上年同期累计			比上年同期累计±%		
	批次	数/重量	货值	批次	数/重量	货值	批次	数/重量	货值
烤烟（吨）	203	20289.5	3241.5	225	17110.5	2530.8	-9.8	18.6	28.1
重晶石（吨）	186	19291.8	303.3	209	15645	246.6	-11	23.3	23
辣椒调味品（吨）	49	988	189	83	635.2	122.1	-41	55.5	54.8
铝锭（吨）	4	5017	906	28	5768	778.6	-85.7	-13	16.4
锌锭（吨）	41	5323	598.2	61	6542	556.4	-93.4	-18.6	7.5

贵州口岸大事记

1月2日

海关总署党组书记、署长牟新生同志到贵阳海关检查指导工作。贵州省人民政府常务副省长王正福同志前往机场迎接。

1月3日

牟署长前往遵义考察，听取了遵义市市长卢守祥、副市长申楚同志的工作汇报。

1月4日

牟署长到贵阳海关视察，受到热烈欢迎。中午，贵州省省长石秀诗再次会见牟署长。

1月9日

牟新生署长为贵阳海关题词“发扬小关精神，创建一流海关”。

1月17日

贵阳市委、市政府领导到贵州出入境检验检疫局进行春节慰问。

1月18日

经贵州省政府目标管理考核小组评定，贵阳海关2003年目标管理考核得分为99.4分，获一等奖。

2月5日

贵州出入境检验检疫局成立防治高致病性禽流感领导小组。

2月17日

根据国办函［2004］13号文，贵阳海关机构级别由副厅升为正厅级。

2月17－20日

贵州出入境检验检疫局高达礼局长带领有关人员深入黔南州、黔东南州部分冶金生产出口企业进行调研。

2月18日

贵州公安边防总队主动邀请市政协委员港澳代表二十余人检查指导工作。

3月8－12日

由国家质检总局通关司主办、贵州出入境检验检疫局承办的口岸建设设施标准方案研讨会在贵阳召开。

3月12日

贵阳海关成功切换H2000系统。

3月14日

贵州出入境检验检疫局在贵阳、遵义、凯里等地进行“3·15”国际消费者权益保护日宣传活动。

3月25日－26日

加工贸易和保税监管改革工作委员会课题组第一次工作会议在贵阳海关召开。来自总署加贸司和10个直属海关的14名代表参加会议。

4月12日－14日

公安部边防管理局齐焕祥副局长一行3人到贵州边防总队检查指导工作。

4月15日

贵州省委副书记孙淦同志专题听取贵州边防总队马凌总队长、马壮政委关于边防工作的汇报。

4月16－17日

贵州出入境检验检疫局召开第一届科技工作会议，会议表彰了全局2000年以来获得科技奖励的人员。

4月26－27日

贵州出入境检验检疫局化矿金属实验室通过中国国家实验室认可委员会专家组的监督审核。

5月12－14日

海关总署综合统计司西部片区直属海关统计部门负责人座谈会在贵阳海关召开。

5月17日

国家质检总局李长江局长代表中央组织部在贵州考核省委、省政府领导干部时，视察了贵州出入境检验检疫局工作，并看望和慰问了全局干部职工。

5月27日

在边防总队司令部指导下,查控科圆满完成现场机房搬迁及设备更新任务,新设备正式投入使用。

5月31日

贵州边防总队贵阳机场电视监控系统建成，经验收合格投入使用。

6月2日

贵州省政府副省长张群山到贵州出入境检验检疫局视察工作。

7月6日

由贵州省人民政府口岸办公室组织建设的贵阳机场航空口岸出入境电视监控系统验收合格后投入使用。

7月21－23日

全国卫生处理工作安全情况抽查会议在贵州出入境检验检疫局召开，来自国家质检总局卫生监管司及全国19个直属检验检疫局的51名代表参加了会议。

7月27日

2004年华南片区海关化验工作研讨会在贵阳召开。

7月29日

贵州省边防总队与贵州出入境检验检疫局举行警民共建签字仪式，互聘人员为警（行）风监督员，互相帮助、互相监督，共同促进业务素质和服务质量的提高。

8月13日

贵阳海关与贵州轮胎进出口公司关于解决加工贸易手册核销问题的合作备忘录签订仪式在贵阳海关举行，这标志着轮胎类加工贸易手册核销问题的解决跨出了实质性的一步。

8月18日

公安部贯彻落实“二十公”精神督察组组长、武警学院副政委冯海龙一行在省厅领导和马凌总队长的陪同下前往总队新办公楼基建现场检查指导工作。

8月23日

海关总署刘文杰副署长到贵阳海关视察指导工作。刘副署长代表总署党组对贵阳海关下一步的工作提出了要求。省长石秀诗同志、副省长包克辛同志会见了海关总署刘文杰副署长一行。

8月27日

贵州省边防总队在执勤贵阳至香港航班中查获1名中国福建籍偷渡人员及1名台湾籍协助偷渡人员。

9月10日

贵阳航空口岸扩大对外国籍飞机开放预验收工作会议在贵阳龙洞堡机场召开。

9月15－16日

国家质检总局直属检验检疫局纪检组长座谈会在贵阳召开，中纪委驻国家质检总局纪检组长郭汝斌作了重要讲话。

10月10－16日

国家质检总局计划财务司审计室主任郑和平等一行3人在贵州出入境检验检疫局高达礼局长的陪同下，赴凯里办事处及遵义办事处进行工作调研，并与地方政府有关领导就办事处基础设施建设情况进行了座谈。

10月27日

贵州省公安边防总队全体官兵参加贵州省公安厅机关组织的大练兵队列考核比赛，荣获第一名。

11月17日

在海关总署加贸司的大力支持下，贵阳海关为南方汇通微硬盘公司建立了第一个电子账册，率先在西部地区实行新型联网监管模式，即 quickpass 模式。

11 月 28 日

贵州公安边防总队新建办公楼举行奠基仪式。

12 月 2 日

贵阳海关、贵州出入境检验检疫局联络协作机制备忘录签字仪式在贵阳举行。

12 月 14 日

经国家质检总局审核批准，我局申报的从江椪柑（都柳江牌）、从江香猪、从江香猪系列肉品(野香牌)、羊艾毛峰、羊艾碧绿春、羊艾特珍特级、羊艾松柏常青、羊艾小叶苦丁茶等产品获得了原产地标证注册证书。

云南口岸工作综述

2004年,云南口岸工作以党的"十六"届四中全会精神为指针,紧紧围绕实现省委、省政府提出的把云南省建成中国连接东南亚、南亚国际大通道和"走出去"的战略目标,抓住中国—东盟自由贸易区和大湄公河次区域跨境货物及人员便利化通关进程推进的机遇,把工作重点放在全省口岸的规划与建设、开放与改革、管理与协调及省口岸办职能划入省商务厅等项工作上,保证了全省口岸人流、物流安全畅通,为云南对外开放和经济建设发挥了积极作用。

【口岸数量】 2004年云南经国务院批准开放的一类口岸12个,其中铁路口岸1个:河口;公路口岸6个:瑞丽、畹町、腾冲猴桥、磨憨、天保、金水河、孟定清水河(2004年新增一类口岸);水运口岸2个:景洪港、思茅港;航空口岸2个:昆明国际机场、西双版纳国际机场。经云南省人民政府批准开放的二类口岸8个,均为公路口岸,分别是打洛、南伞、片马、孟连、章凤、盈江、沧源、田蓬。

【口岸客货流量】 2003年云南各口岸出入境人员1 408万人次,同比增长8.75%;出入境交通运输工具150万辆(架、艘、列)次,增长12.25%;货运量412万吨,下降4.97%;进出口总额127万元人民币,增长34.7%。其中一类口岸出入境人员1 035万人次;出入境交通工具95.3万辆(艘、架、例)次;进出口货物310万吨,货值109.6亿元人民币。二类口岸出入境人员372.7万人次;出入境交通运输工具54.4万辆次;进出口货物101.7万吨,货值10.7亿元人民币。

【口岸规划与开放】 完成了《云南省口岸"十一五"发展规划》编制上报工作。根据《海关总署关于请报送国家第十一个五年口岸发展规划意见函》的通知要求和省政府的批示,组织有关部门对全省重点口岸、重要通道进行调研,召开了全省边境州市县主管口岸工作的领导和口岸管理部门人员参加的编制《云南省"十一五"口岸发展规划意见》的研讨会。在征求各有关部门意见的基础上,2004年省政府向国务院编制上报了《云南省"十一五"口岸发展规划的意见》。

上报批准了丽江至香港临时包机从丽江机场出入境计划。根据丽江市人民政府《关于开通丽江至香港直航包机的请示》和省政府办公厅的批示,6月10日组织省有关部门召开了丽江至香港直航包机协调会,会议形成共识后,省口岸办代省政府草拟了上报海关总署及国家有关部门《关于开展丽江至香港直航包机旅游活动的请示》,海关总署于8月25日下发《关于同意丽江至香港临时包机从丽江机场出入境的函》,同意2004年8月31日至11月31日飞行丽江—香港航线的中国籍客包机在丽江机场临时出入境。

实现了河口口岸和磨憨口岸开展口岸签证工作。针对河口、磨憨口岸第三国人员出入境不断增加,两口岸未设口岸签证机构,给第三国人员出入境带来不便的问题,积极向上级有关部门反映。2004年9月6日国务院(国函[2004]68号文)正式批准同意在河口口岸和磨憨口岸开展口岸签证工作。11月27日河口口岸举行了口岸签证仪式,对从河口口岸出入境的第三国人员开展了口岸签证工作。

2004年10月14日,国务院(国函[2004]86号文)正式批准同意云南孟定清水河口岸对外开放。根据国务院的批复和省政府办公厅的批示,省口岸办牵头会同省发改委等有关部门于12月初对孟定清水河进行实地调研。与当地政府共同研究制定有关孟定清水河口岸开放前的各项建设方案和准备工作，争取2005年通过省、国家验收，早日正式对外开放。

【口岸建设】 在口岸建设中，严格按照省政府《边境口岸重点工程建设》实施方案要求，上报省政府南伞、田蓬、磨憨联检楼选址方案；完成了南伞口岸联检楼选址方案和新建陇川县拉勐通道联检楼现场办公设施立项及磨憨边防检查站撤迁补助经费批复；完成了天保口岸联检楼、国门的工程建设；重点抓了金水河、孟定、打洛、盈江、片马口岸和关累码头联检楼的建设，争取2006年全部投入使用；根据《外交部关于同意孟连县在中缅边境南卡江界河上修建勐康大桥的批复》，完成了孟连口岸联检楼建设科研报告。从国家争取到一类口岸建设补助资金450万元，下拨瑞丽、河口、畹町、天保、景洪港口岸查验单位用于改善口岸基础设施。根据云南省政府关于做好“兴边富民”工程的要求，为做好实施“兴边富民”工程有关边境口岸基础设施建设项目，对全省口岸基础设施建设情况进行了调研，为“兴边富民”工程和建设几个口岸物流园区等提供了决策依据。

【口岸管理】 河口口岸延长通关时间，口岸经济效益日趋明显。按照云南省政府代表团与越南老街省政府代表团2004年6月11日签署的《会议纪要》的要求，省商务厅及时召开有关部门会议，研究具体实施方案，组织省有关部门于6月30日赴河口落实我方延长口岸通关时间实施措施。保证了中国河口—越南老街于2004年7月1日起公路口岸通关时间由原来的每日8时至18时延长至23时，河口铁路口岸货运实行24小时通关。河口口岸延长通关时间后，人、车、货流量明显增加，其中出入境人员同比增长26%，出入境交通工具同比增长49.4%，进出口货物同比增长18%，旅游人员同比增长59.2%。2004年1－12月，从河口口岸出入境人员242.1万人次，同比增长34%；出入境交通运输工具11.2万辆次，同比增长93%；货运量182.7万吨，同比增长26%；进出口货值32.1亿元人民币，同比增长79%。

积极推进河口—老街货物运输便利化“一站式”试点工作。中国河口—越南老街定为大湄公河次区域跨境运输便利化“一站式”试点口岸。2004年7月海关总署、亚行专家在河口和老街进行了试点方案行动计划会谈。12月，交通部与亚行专家在河口口岸进行了试点前的调研考察，为推动“河口—老街”货物便利化“一站式”通关试点工作取得了明显的效果。

根据海关总署上报国务院《关于云南省姐告边境贸易区有关问题的请示》及省政府领导批示，认真总结了姐告边境贸易区实施特殊监管模式四年来口岸运行情况，对瑞丽口岸实行“境内关外”管理模式进行总结，向省政府上报了在姐告边境贸易区继续执行特殊监管模式和进一步完善瑞丽口岸联检功能、进出口货物查验场的设施配套；加强对姐告出入境通道的建设；进一步改善边防、检验检疫等口岸管理机构的查验设施条件。省政府于2004年11月9日向国务院上报了《关于姐告边境贸易区建设与发展情况的报告》。

【中老缅泰澜沧江—湄公河商船通航协调第四次联委会取得了可喜的成果】 中老缅泰澜沧江—湄公河商船通航联合委员会第四次会议于12月9日—10日在老挝琅勃拉邦召开。会议就成品油运输、港口检查收费、航道、航标管理、护航行图编制等事宜进行了会谈。此次会议取得了可喜的成果。特别是对成品油运输和运输收费问题取得了实质性的进展，原则性达成了四国间的共识。对超过100吨（含100吨）的大船，老挝同意在原60美元的基础上下调了10美元，对不足100吨的小船在原60美元的基础上下调了20美元，。为了便利航运，老、缅同意两国联合检查，以减少检查站点的设置。会后四国联合签署了会议纪要，这次会议将有利于推进四国货物运输便利化的进程。

【腾冲至密支那、章凤至八莫口岸公路改建开工】 腾冲—密支那、章凤—八莫口岸公路缅甸境内段分别于2004年10月19日和12月29日破土动工,重新修建。腾密公路全长97公里,总投资1.8亿元,按四级弹石路标准修建,计划2005年底竣工。章八公路全长79公里,预计总投资2 800万元,计划2006年12月竣工。腾密、章八公路建成后,为云南省增加了两条通往缅北地区重要陆路贸易通道,对两国的社会经济发展将起到积极的捉进作用。

2004年云南省口岸进出货物流量表

名　称	进　口		出　口		合　计	
	货物(吨)	同比增减(%)	货物(吨)	同比增减(%)	货物(吨)	同比增减(%)
水运口岸	54217	-51.7	57326	-48.9	111543	-50.3
公路(铁路)口岸	2193763	-2.6	1804376	-6.9	3998139	-1.9
空运口岸	2830	-76.7	7371	-65.9	10201	-69.8
合　计	2250810	-0.48	1869073	-9.87	4119883	-49.7

2004年云南省口岸入出境人员流量表

名　称	入　境		出　境		合　计	
	人次	同比增减(%)	人次	同比增减(%)	人次	同比增减(%)
水运口岸	15865	38.5	16958	38.4	32823	38.5
公路(铁路)口岸	6557122	7.8	6777351	7.6	13334473	7.7
空运口岸	356977	31.0	358220	30.1	715197	30.6
合　计	6929964	8.88	7152529	8.64	14082493	8.75

云南口岸查验单位工作综述

昆　明　海　关

2004年昆明海关坚持以十六大精神和“三个代表”重要思想为指导，按照海关工作16字方针和队伍建设12字要求，深入贯彻全国海关关长会议精神，树立科学的发展观和正确的政绩观，按照“扎实推进十项重点工作”的工作思路，“坚持队伍建设和业务建设并重、坚持夯实基础和改革创新并重、坚持从严治关和奖惩激励并重、坚持内强素质和外塑形象并重”，全面加强队伍建设，不断提高业务能力和执法水平，各项工作取得明显进步。

【超额完成税收任务】 针对上半年税收出现大幅下降的严峻形势，昆明海关立足于综合治税，立足于应收尽收、应征尽征、应补尽补，实现了税收“质”与“量”并举的双赢目标。一是初步建立了税收预警、预测机制。通过整合风险管理平台和税收分析监控系统数据，对关区税收进度、价格水平、审价补税、税收入库等关区主要税收指标进行监控和分析，并及时发布税收分析报告。二是规范和完善了减免税货物后续管理协作配合机制。通过建立以基础数据、风险预测和常规核查相结合为基础的定期定量核查制度，加大了减免税中期核查力度，提高了减免税设备后续管理水平。三是充分发挥“关税分析监控系统”作用。指导关区加强税收征管，堵塞漏洞，提高税收征管质量。全年征税入库4.53亿元，比2003年多收0.90亿元，提前7天完成全年4.1亿元的税收计划，同比增长24.70%。

【增强打私合力】 紧紧依靠各地党政领导，加强与有关部门的协作，运用行政执法和刑事执法两种手段，开展打击重点地区、重点渠道和重点商品的走私违法犯罪活动。一是重点打击以毒品走私为主的犯罪活动。针对毒品走私的严峻形势，加强对毒品走私犯罪活动规律和特点的调查研究，抓好重点，强化专案，拓宽办案思路，创新侦查手段方式，提高了打击命中率和办案质量。全年共查获各类毒品案件82起，缴获各类毒品266公斤，抓获犯罪嫌疑人107名。二是认真开展专项行动。开展了打击价格瞒骗、汽车走私、动物产品走私等专项行动。对由于历史原因形成的云南部分边境地区外籍机动车管理较为混乱的实际，促成省政府制定下发了《关于加强和规范边境地区外商自用车辆和出入境车辆管理工作的通知》，对边境地区外籍机动车辆进行了全面的清理和整治。针对冻产品走私突出的情况，认真落实温家宝总理《不法商贩在云南瑞丽口岸大量走私外国疫区动物产品的批示》精神，严厉打击动物产品走私，全年查获动物产品走私案件21起，查扣冻产品600余吨，案值900余万元。三是强化调查部门的稽查职能和缉私部门的办案职能。发挥稽查先导作用，不断规范企业进出口行为，全年共稽查企业106家，稽查补税392万元。

【提高物流监控水平】 一是创新查验机制和监管方式。将监管工作前推后移，把监管时空延伸到仓储、装卸、运输环节，全面掌握物流动态，彻底改变了查验率高、查获率低的问题，查验率由2003年同期的69%下降为5.38%；查获率由上年同期的0.19%上升为6.16%。二是规范了边境小额贸易、边民互市管理。自行开发并投入使用了关区边民互市数据管理系统，将关区边境小额贸易全部纳入H2000数据系统管理，实行了与一般贸易在同一系统平台规范操作。进一步明确、规范和严密了对指定通道和非指定通道的管理。三是全面规范了关区舱单管理。关区所有业务现场针对海运、铁路、公路、空运及邮运5种运输方式的进出口货物，均实现了进口舱单和出口清洁舱单管理，成为全国海关首个5种运输方式下全面实行舱单管理的关区。四是清理整顿报关市场，规范企业行为。对专业市场实施全面清理整顿，完善报关企业和报关员的考核管理；实施报关员违规或差错行为的企业连带责任追究制度，逐步在报关市场建立起规范、畅通的运行机制。

【发挥统计、信息、宣传职能作用】 一是统计监测预警作用进一步发挥。进一步加强对重点行业、重点商品进出口的监测、预测分析；针对重点问题组织力量进行联合调研，加大分析力度，提高服务层次和水平。二是信息工作不断上台阶。突出信息的前瞻性，不断强化“信息促工作，工作促信息”的工作思路。全年向省委、省政府报送信息120篇次，采用90篇次；向海关总署报送560篇次，采用

300篇次，中办、国办采用50篇次。三是宣传报道有新的突破。遵循“正面报道、及时准确、实事求是”的原则，集中反映关区在队伍建设、业务建设、打击走私方面取得的突出成绩。成功筹建了昆明海关陈列室，全年在各级新闻媒体上发表稿件近250篇，其中在中央及媒体上采用稿件20余篇。还积极开展“建立内部监督制约长效机制”的理论研讨和实践探索，征集论文58篇。

【通关改革效能显著】 参与云南省“大通关”调研，基本摸清云南口岸的大通关情况，找出阻碍口岸大通关效率进行的原因，通过加强与口岸各部门的联系配合，进一步对关区各个业务现场的通关效率进行分析评估、跟踪监控、督促整改，进出口通关速度从2003年的3.3天短缩到1.6天；当天放行率达到出口66%，进口90%。

通过加强与企业、银行等部门的沟通，送政策上门服务，及时帮助企业和业务现场解决在支付中的各种困难和问题。2004年已与3家网上银行正式签订了3方协议，与34家企业签订了4方协议，与9家企业开展了该项业务。全年共完成网上支付税款748笔，2 257万元，较2003年同期分别增长了4倍和225倍。

充分运用风险平台的强大功能，紧紧围绕重点敏感商品和行业开展风险分析，及时发布风险预警信息，有效地提高了关区的防控风险能力。同时实行不同通关模式，不断完善对企业的分类管理，体现守法便利原则。利用各类企业座谈会机会，广泛宣传海关对进出口企业实施分类管理的有关政策及意义，“守法便利，失信惩戒”的理念得到企业和社会的广泛接受。通过对企业实行分类管理，使A类企业充分享受到便捷通关的实惠，从而带动了其他企业诚信守法经营的积极性和主动性。

充分发挥海关科技应用的基础性和先导性作用，简化手续、减少环节，以科技促进通关效率的全面提速。提前两个半月完成了关区23个点、51个业务现场H2000系统的切换工作，并及时研究和处理运行中的各类业务和技术问题，参与编撰了总署《H2000系统问答集》。系统切换以来运行平稳，口岸通关顺畅，企业反映良好，100%的报关单均通过该系统正常流转。关区IP语音联网工程顺利竣工投入使用，方便了通讯联络并节省了开支，为实现业务科技一体化打下了坚实的基础。

【增强服务意识】 昆明海关党组提出“不断优化通关环境，不折不扣、全力以赴地支持云南省外向型经济发展”的口号。一是研究提出了支持云南省实施“走出去”战略的26项通关便利措施，内容涉及逐步实行全省口岸24小时通关、建立“零距离关企协调沟通制度”、建立“关地”联动制度等。二是针对云南省加工贸易发展较为滞后的现状，研究提出加强和促进云南省加工贸易发展的思路和方法，得到了地方政府的高度重视。三是积极推进中国—东盟自由贸易区建设，重点对河口口岸实行“一站式”通关管理模式开展调研，并专题向有关部门汇报，报告明确了中越双边“一站式”先由海关“一站式”试点开始，得到上级部门的肯定和认同，海关职能作用得到了有效发挥。四是充分发挥海关统计分析服务经济作用。紧紧围绕云南外贸特点，及时、详实、权威地提供贸易统计数据，充分发挥海关统计咨询服务、辅助决策和监督预警的作用。五是针对姐告边境贸易区在管理上存在的问题，专题向省领导汇报，促成了省政府采取有效措施，加强对姐告边境贸易区管理。

建立“关企合作”机制，并与多家单位签订合作谅解备忘录，同时在通关环节给予最大限度通关便利。营造“守法便利”氛围，主动上门为企业提供法律、法规和政策咨询服务，帮助企业提高法律意识和守法观念。为便利进出口企业办理通关手续，成立了通关应急事务处理小组，对外公布应急电话和工作时限；在关区各通关业务现场设置触摸屏、显示屏，方便企业查询和办理海关业务。通过努力，海关工作实现了三个转变，一是理念的转变，从只讲把关转为把关与服务并重；二是方式的转变，从被动接受地方党政工作指导到主动向地方党政汇报工作、交流情况转变；三是手段的转变，从过去分散的手工作业方式转向信息化、网络化和风险管理。

云南边防总队

2004年云南省边防检查业务工作以十六届四中全会精神和“三个代表”重要思想为指导，认真贯彻落实公安部边防局、云南省总队边防检查工作会议精神，以维护国家政治稳定，服务国家改革开放和经济建设为工作中心，以创造快捷、高效、安全、文明的口岸通关环境为工作目标，深入开展“双争”和大练兵活动，转变执法观念、端正执法思想，进一步规范了出入境秩序，初步建立了“三检合一”的边防检查工作体制，圆满完成了各项边防检查任务。

2004年云南省边防检查部门共检查出入境人员13 445 388人次（出境6 756 232，入境6 689 156人次；中国籍4 974 794人次，外国籍8 470 594人次）。其中，检查出入境旅客1 222 546人次，同比增长61%（其中，空港788 869人次，增长5%；水港19 530人次，减少1.6%；陆港414 147人次，增长51%）；管理出入境边民12 222 842人次，增长3.1%（中国籍4 821 680人次，缅甸籍5259 878人次，老挝籍195612人次，越南籍1 945 672人次）。共检查出入境交通运输工具918 941辆（架、艘、列）次，增长36%（其中飞机5 953架次，增长10%；船只2 290艘次，增长13 %；火车1 914列次，增长5%；机动车辆760 351辆次，增长9%）。查获边控对象96人次，查获网上追逃人员7人次；查获贩毒案件389起476人，缴获毒品711.69千克；查获偷渡案件25起252人，查获军用枪支2支，子弹714发；与邻国对口业务部门会谈会晤及公务联系330次。

【有效打击各种犯罪活动】 为努力做好口岸查控工作，维护国家政治稳定，全体检查人员以高度负责的精神，坚持严查细验，做到了认真接控，准确布控，查控细致，处理妥善，全年共查获边控对象96人，查获网上追逃人员7人。通过对边控和网上追逃人员的管理和控制，有效防范、打击了境内外各种敌对势力、敌对分子利用口岸潜入潜出进行颠覆、渗透、破坏活动和国内各种违法犯罪分子利用口岸外逃，确保了查控、追逃工作及时有效。在口岸（通道）反偷渡工作中，全省边防检查机关深入贯彻全国维护边境地区稳定暨反偷渡工作会议精神，认真研究偷渡活动规律、特点，及时掌握偷渡动态，适时开展专项打击行动，继续保持对偷渡活动的高压态势，全年共查破偷渡案件25起，抓获偷渡人员252名、组织运送者18人，使云南省边境地区偷渡活动势头得到了有效的遏制。加大公开查缉力度，“双缉”工作成绩突出。全省边防检查机关深入贯彻全国、全省禁毒工作会议精神，充分发挥一线公开查缉作用，查破了一批涉毒、涉枪及其他案件，严厉地打击了贩枪、贩毒等各种违法犯罪活动。全年共查获贩毒案件379起，缴获各类毒品717.57千克，占全省部队查获毒品总数的22.2%。在边境管理工作中，按照省政府《关于禁止我边民出境伐木、淘金的规定》，加强口岸管理，结合口岸执勤对我方人员非法出境伐木、淘金等活动进行教育劝阻，有力地维护了边境地区的安全稳定；按照省政府关于打击境外赌场的专项行动方案，各一线站严格口岸、通道出入境边防检查，严禁无证人员出入境，未持出入境证件和持超范围签发的证件人员一律不许出入境，共收缴境外赌场员工、经理及出境参赌人员的出入境证件328本，劝阻出境参赌、打工人员1 800余人；根据《云南省军区、云南省公安边防总队边境防卫执勤、边境治安管理协同配合工作制度》，与解放军边防部队建立了对应的联系制度，按照“军警民联防、属地管理”的原则，分工合作，共同管理好中缅边境。

【便利化通关成效】 在检查检验工作中，不断推出新的便民利民措施，为企业“走出去”创造便利快捷的通关环境。云南省委省政府根据云南毗邻南亚、东南亚的地理位置优势，作出了支持企业“走出去”的战略决策。为积极支持企业“走出去”，云南省总队采取了一系列的措施。开发了“网上报检系统”，实行了出入境旅游团队预报预检制度，缩短了旅游团在口岸的停留时间，并及时召开了新闻发布会，向社会予以公布；在警力不足的情况下，瑞丽、畹町、河口、磨憨、猴桥等边防检查站，打洛、拉邦、章凤等边境检查站，拉线、曼庄等边防工作站克服困难，延长了口岸、通道开关时间，最大限度地满足了口岸（通道）出入境需要。各边防检查站、边境检查站、边防工作站均实行了24小时备勤制度，对口岸（通道）闭关后，遇有特殊情况需要出入境的交通运输工具、人员及特殊货物做到随到随检；在认真落实总队制定的32条便民利民措施基础上，不断推出新的便民利民措施。瑞丽、畹町、河口、磨憨等边防检查站结合口岸实际，推出了新的便民利民措施。昆明边防检查站在入境现场设立了中国公民专用通道，使中国公民享有更便捷的通关服务，并设置边防检查业务信息查询电脑触摸屏。通过精心组织，圆满完成了重大国际性会议、节日期间的边防检查工作。昆明边防检查站周密部署，圆满完成了波兰总理专机因故暂停昆明和温家宝总理出访越南的边防检查任务。瑞丽边防检查站制定了《“五一”黄金周和“中缅胞波狂欢节”期间出入境边防检查工作方案》，顺利完成了德宏州州庆、第四届“中缅胞波狂欢节”期间的边防检查工作；昆明、瑞丽、天保、河口、磨憨等边防检查站及打洛、南伞、片马等边境检查站及时掌握日程安排，主动上门服务，在口岸开设“绿色”通道，优先办理入出境手续，圆满完成了昆交会、昆明国际旅游节及各种边境贸易交易会期间的边防检查工作。

【边防检查工作走向规范化】 一是采取有效措施，进一步规范了出入境秩序。在全省边境口岸和边民通道开展了为期1个月的执勤专项整顿工作。以查思想、查制度、查漏洞为突破口，从思想上分析原因，从制度上找差距，对官兵的思想认识、事业心、责任感、执勤执法工作进行了查摆剖析，切实找出了当前边防检查工作中存在的突出问题。通过整顿，初步解决了指导思想不端正，观念滞后，要求标准不高，无奈大于作为以及思想麻痹、警惕性不高、原则性不强的问题。二是加强口岸（通道）执勤设施、边检业务建设，规范化水平明显提高。依据《云南公安边防总队信息化建设三年规划》，在8个地方口岸，2个边民通道安装了电视监控系统，在10个边境检查站建设了《中华人民共和国边境地区出入境通行证管理系统》，完成了云南省总队到各边境检查站和滇滩边防工作站的数字通信网络建设；昆明边防检查站重新规范设置了中英文引导标识牌，在口岸候检大厅设立了“昆明边防检查站为您服务”公示栏，；瑞丽边防检查站完成了中缅81号附2号界桩下段边境拦阻设施建设，规范了口岸出入境秩序；磨憨边防检查站在联检楼未修建的情况下，共投资5万余元对口岸检查现场的拦阻设施、引导标志、验证台和查控网络进行了改造；畹町边防检查站在现有的基础上，合理规划，严格按照国家口岸建设标准，从验证台、检查通道、计算机配置、标志牌设置、咨询台、监控设施、限定区域等一一对照标准进行改造和设置。加强边检业务规范建设。根据部局出台的《边民出入境检查工作规范》，总队制定了《边民出入境检查工作规范实施细则》，使边境检查站、边防工作站的边民检查工作做到了有章可循。同时，印制了11种执勤登记本，统一了全省边境检查站、边防工作站执勤登记本。瑞丽边防检查站出台了《国门通道规范化建设实施办法》，在国门通道开展规范化执勤试点活动；畹町边防检查站制定了《畹町站勤务组织实施细则》；景洪港边防检查站针对目前关累口岸摆渡船出入境管理不规范等问题，及时制定了《关累码头摆渡船及小型船舶管理办法》；天保、景洪港等边防检查站严格实行勤务工作交接制度、上下勤制度、查控工作制度，从基础工作抓起，认真督促落实岗位责任制，实现了勤务工作的严密、正规。进一步规范行政执法工作，在《公安机关办理行政案件程序规定》出台和新的《边防检查行政案件法律文书》下发后，举办“公安机关办理行政案件程序规定”培训班，进一步规范了执法办案程序，提高了办案人员的诉讼意识、证据意识、程序意识和人权意识。昆明边防检查站按照《公安机关办理行政案件程序规定》，组织专人制定了法律文书样本，按照“谁主办谁负责、谁审核谁负责、谁审批谁负责”的原则，将执法办案责任落实到个人。

【完善会谈会晤机制，加强与邻国警方的合作】 各单位认真落实会谈会晤制度，加强与邻国边防部门的业务联系，在打击跨境犯罪、出入境管理、遣返移交、及时解决边境涉外事务等方面加强合作，促进了双边管理，有效地维护了出入境秩序。年内与邻国对口边境管理部门共举行会谈会晤及公务联系330次。成功地举行了中老第七次省级边防业务会谈和中越第五次省级边防业务会谈，就出入境管理、联手打击跨国犯罪、遣返移交等共同关心和需要进一步加强合作的问题进行了友好磋商，达成了共识，并签署了《会谈纪要》。金水河、天保边防检查站认真落实中越两国《临时协定》，全年就边防检查工作、非法出入境和处理涉外事务、打击偷渡活动等方面加强了与越南边防屯的会谈会晤，收到了很好的效果。河口边防检查站加强与邻国对口单位老街口岸边防屯的合作交流，先后建立了遇事相约和紧急约见制度。

2004年边防检查站检查持护照入出境人员、交通工具统计表

名　称	入出境人员		入出境交通工具	
	人　次	同比增减（%）	交通工具（辆架艘）	同比增减（%）
水运口岸	30922	+2.6	2290	-1
公路（铁路）口岸	678919	+5.1	762265	+0.1
空运口岸	645873	+2	5953	+0.1
合　计	1355714	+9.8	770508	-0.09

云南出入境检验检疫局

2004年，在国家质检总局和云南省委、省政府的领导下，云南出入境检验检疫局全面推进“构筑云南边陲安全卫生检验检疫屏障”建设，卓有成效地组织开展各项工作，特别是在面对境外暴发高致病性禽流感重大疫情的特殊时期和检验检疫工作面临的新形势下，积极稳妥地应对各种突发事件，打好了“两大战役”，呈现出“五大亮点”，实现了“两大转折”。

1－12月，全省共检验检疫出入境货物80 755批次，同比增长13.66%；货值215 745万美元，增长19.88%；出入境人员396.73万人次，交通工具28.7万辆（架、艘、节）次。签发普惠制证书4 989份、一般原产地证书3 262份。完成外商财产鉴定59批。检出不合格进出口商品89批、货值793万美元。检出植物有害生物4 048次数，其中危险性病虫害167次数，有害生物检出率为11.6%，疫情检出率为0.48%。对13.15万人次进行了传染病监测，共检出各类传染病2 658例，其中艾滋病病毒感染者308例；对9.55万人进行了预防接种。

【打赢抗击禽流感战役】 2004年春，东南亚部分国家及国内部份地区相继发生高致病性禽流感疫情。境内外复杂而严峻的疫情形势，可能影响经济发展和人民生命安全，镇守口岸一线的云南出入境检验检疫局，挺身向前。由于周边国家越南、泰国和老挝等疫情严重，把关压力极大，各分支局一线的领导和同志们将疫情视为火情，坚守岗位，日夜奋战。程迪龙局长陪同质检总局葛志荣副局长率领相关部委领导组成的国务院督导组，在河口口岸疫情防制一线度过了猴年春节。在战斗的洗礼中，涌现出国门卫士数不清的先进事迹。由于全局上下共同努力，顶住了压力，防止了疫情从境外传入，充分体现了“以人为本”和“执政为民”的理念，省委省政府对检验检疫部门的重大贡献给予了高度评价。一是各级检验检疫部门领导重视，应对及时。认真贯彻落实国务院、国家质检总局、云南省政府防治高致病性禽流感的会议精神和具体工作部署，制定了贯彻落实的工作指导意见，及时启动《云南边境口岸防止危险性动物疫病传入的应急措施》的防治预案。二是充分依靠和发挥“云南边陲安全卫生检验检疫屏障”的作用，通过采取多项有力措施，有效地将疫情防控在国门之外。葛志荣副局长在带领国务院督查组两次到云南省检查指导禽流感防治工作期间，对云南局建设云南边陲安全卫生检验检疫屏障的扎实工作以及在防止疫情传入传出方面起到的重要作用给予了高度评价。三是加大投入，保障有力。全局紧急投入防疫经费60余万元，购买了相关防疫物资和防护用品，并及时检查指导一线禽流感消毒和药品、器械准备工作落实情况。同时根据疫情防治工作需要，调配人员参与一线防疫抢险。四是通力合作，协调配合。认真履行省防治高致病性禽流感指挥部监管检疫组组长单位的职责，先后派出26人次牵头或参加云南省高致病性禽流感防治工作督查组到全省各地、州、市进行防治工作督查。同时，加强与相关部门的联系，并协同省质监局以及海关、公安、工商等部门出动执法人员194名，检查各类肉品冷冻库90个，检查的范围覆盖了全省16个地、州、市，做到不留死角。五是广收信息，宣传有力。广泛建立了疫情信息收集网络，及时了解、掌握境内外疫情疫病的有关信息，为各级检验检疫部门及时制定防治对策提供了有力的支持。加强对禽流感防治工作重要性和急迫性的宣传力度。紧急印制了各种宣传材料和手册5万多份，在口岸通道及办公地点张贴和发放，得到了有关进出口公司、商号和入境人员的理解和支持。

【打赢打击非法入境动物产品战役】 5月10日李长江局长在全国部分检验检疫局长座谈会上发表有关重要讲话后，云南检验检疫局在认真贯彻的过程中，结合云南的实际情况有针对性地在全省检验检疫系统进行了提前策划和组织安排，有预见性地防范非法动物产品转道从云南边境偷运进境。不出半月就发现了相关情况，7月份相继在瑞丽、文山、昆明等地查获了1 000余吨非法入境牛副产品。该局及时采取了向省政府和总局上报紧急报告，积极争取各相关部门的大力支持和协调配合，共同严厉打击违法活动等果断措施。由于反应及时、措施有力、行动坚决，有力的打击了不法分子的嚣张气焰，有效遏制了违法案件激增的态势，最后使积压在境外的货品失去价值而不得不自毁。广大检验检疫人员用辛苦汗水甚至冒着生命危险捍卫了国家法律和检验检疫尊严。

及时果断地进行立案调查。经过艰苦细致的调查取证,认定了在昆明、瑞丽、打洛、富宁、河口等地查获的非法入境动物产品均未报检和未办理检疫审批手续,大多数来自巴西、加拿大、爱尔兰、土耳其等疫区国家,主要是由一些不法分子采取“蚂蚁搬家”的方式从边境非正式通道非法偷运入境。

及时向国家质检总局和省政府报告情况。该局分别于2004年7月28日、8月27日向国家质检总局上报了在昆明瑞丽、文山等口岸查获非法入境动物产品及采取措施的情况。在8月31日公开销毁非法入境动物产品后，及时向质检总局上报，使各阶段的工作都得到了总局的及时指导和帮助支持。8月15日，向省政府专题报告了云南检验检疫局和昆明海关多次查获从瑞丽中缅边境非法入境动物产品案件以及原因、发展趋势和严重后果等情况，并提出了工作建议。省政府主要领导给予了高度重视，徐荣凯省长在此报告上作了重要批示，有关副省长也作出批示和要求。随后省政府办公厅下发了《关于坚决制止动物产品非法入境有关事项的紧急通知》，要求各边境地州市和有关部门要采取严厉措施，配合检验检疫部门坚决打击非法入境动物产品的违法活动。

及时向昆明市人民政府和德宏州人民政府通报有关情况，并发函请予支持和协助把关。昆明市和德宏州政府分别召开了紧急会议，成立了由分管领导挂帅的专项整治领导小组，开展了对肉品冷库拉网式检查等专项治理工作。

及时联合有关部门形成严打的高压态势。采取分别与昆明海关、省工商局联合发文的形式，加强了全省检验检疫部门与海关、工商部门的密切配合；采取向省军区、省农业厅、省重大动物疫病防治指挥部、省畜牧局通报情况的方式，与地方有关部门建立起了共同打击非法入境动物产品的协调机制；全省检验检疫系统与省公安边防总队及所属基层单位建立起联络机制，在一线口岸和二线检查站加强了信息沟通和工作联系。

进一步加大口岸查验力度。及时向所属分支机构发出了严防境外动物产品非法入境以及进一步加强打击工作的紧急通知。各单位认真采取五项措施：严格入境报检制度；在口岸通道对入境货物进行批批整车掏箱检查，确保货证相符；加强对进口货物中夹带禁止进境物的检查和处理力度,；加强对冷库的日常监管，进行拉网式检查；有关分支局抽调人员组成巡查组，对边境非正式通道进行24小时的巡查监管。

及时公开销毁非法入境动物产品。检验检疫局采取焚烧、消毒、深埋等措施，对在昆明、瑞丽、打洛、富宁、河口查获的1 200吨非法入境牛、鸡、鹅副产品先后进行了10次公开销毁。特别是8月31日省局在昆明举行了声势浩大的340吨非法入境动物产品公开销毁仪式，省人大、省政府、省军区、市政府的有关领导和昆明海关、省农业厅、工商局、省公安边防总队等的负责人及工作人员共300余人参加。新华社、中央电视台及省市10余家新闻媒体到现场进行了采访报道，在社会上产生了广泛影响，形成了对违法行为进行坚决打击的高压态势。

在这场与不法分子为期3个多月的艰苦较量中，全局上下团结一致，密切配合，克服了调查取证难、销毁难度高等困难，发扬连续作战、顽强拼搏的精神，较好地完成了对非法入境动物产品的查处和销毁任务。

【推进“屏障建设”,课题研究取得实质进展】 云南局的“屏障建设”课题被质检总局立项为重大软科学研究课题,2004年3月份专门召开了“屏障建设”课题研讨会,对“屏障建设”科研课题进行了作为“理论与实践"研究的定位。全局上下都积极地参与了进来，各业务处室紧密结合当前工作实际进行理论研究、探索和创新。这项科研工作的实施完成是前人从未做过的系统工程，将为云南检验检疫事业的中长期发展奠定坚实的基础。

【深化体制改革，政企分开取得初步成果】 组建了中检认证集团云南公司，这是加入WTO后实现职能转变，政企分开，运作更加规范并与国际接轨，适应市场经济发展需要的重要步骤。11月还成立了云南出入境检验检疫协会，省人大常委会戴光禄副主任担任名誉会长，为更好地为社会开展中介服务提供了非常好的平台，为会员单位进行技术培训、服务和交流，推广技术，为企业开拓国际市场排忧解难，出谋划策。

【继续加强基础建设，HIV检出率继续保持全国领先水平】 在屏障建设理论的指导下，该局重点对人才、技术、物资进行结构调整，加强以初筛实验室和确认实验室为主的艾滋病实验室体系建设，整合全省系统资源，发挥整体优势，从根本上提高检测水平和艾滋病检出率，为切实有效地做好云南口岸艾滋病的防治工作并在全省艾滋病防治工作中发挥应有的重要作用奠定了坚实的基础。2004年，全局检出HIV308例，占全国质检系统全年检出总数的57%。主要采取了六种做法：加强实验室建设及人员培训，提高检测水平；加大对艾滋病高危人群的监测力度。积极开展艾滋病行为干预；积极宣传预防艾滋病的相关知识，利用国际传染病疫情咨询室，开展艾滋病咨询活动；制定和完善HIV检疫工作制度；与地方政府及有关部门协同把关，该局与地方9个部门建立了传染病防制的长效协作机制，实行"先卫生检疫后公安（边防）签证"、定期联合监测等多项措施，使云南口岸的艾滋病预防和控制工作走上了"协同把关、群防群控"的良好格局；把口岸HIV监测纳入云南省HIV监测网络，与云南省HIV领导小组、HIV防治机构建立联动机制，互通信息，相互支持，取得了很好效果。

【继续开展干部竞争上岗，不拘一格选人才】 组织实施了全局系统更广泛的处科级干部竞争上岗工作，并在方法上有了新的突破，进一步推进了干部人事制度改革。公开推出竞争上岗职位达26个；竞争范围扩大，打破了地域限制，将分支局空缺处级职位的竞争范围扩大到全省检验检疫系统，凡符合报名条件的人员均可报名参加；对竞争上岗人员增加了面试答辩环节，加大了干部综合素质及应变能力的考察力度。通过竞争上岗，全局从参加竞争的83名干部职工中择优选拔任用了15名处级干部和3名科级干部。

【打造云南检验检疫文化，精神文明建设硕果累累】 积极参加地方精神文明建设和文明单位、文明窗口的创建活动，河口、瑞丽检验检疫局被评为省级精神文明先进单位。在重视组织开展职工日常文体活动的基础上，举行了首届职工文艺调演，全局系统参与演出的职工达340人，以《云南检验检疫之歌》为主旋律、丰富多彩的文艺调演取得了成功，在全局乃至社会上引起良好反响。

【实现两大转折】 一是随着新的《出入境检验检疫收费办法》的实施，结束了"三检合一"的收费标准和执行方式不统一以及社会反响很大的问题，统一了收费标准，规范了计收费行为，实现了新形势下收费标准降低但收费不受影响及保证检验检疫事业平稳发展顺利过渡的重大转折。由于降低1/3收费标准，极大地减轻了企业负担，促进了云南省外贸进出口的大幅增长。二是完成了所属事业单位独立法人资格注册登记工作，使事业单位具备了合法的主体资格，可以接受委托和从事经营服务性收费，可以按独立法人来管理，为下一步深化事业单位改革奠定了基础。

2004 年云南出入境检验检疫主要业务统计表

制表单位：云南出入境检验检疫局　　　　金额单位：万美元

	进出口商品检验				进出境动植物及产品检疫						出入境卫生检疫								
	批次	金额	检出不合格		动物及动物产品		植物及植物产品				监测体检及预防接种（人次）				出入境人员（万人次）	交通工具			
			批次	金额	批次	金额	批次	金额	检出疫情		监测体检	艾滋病监测	发现病例数	预防接种		火车（节）	汽车（辆）	轮船（艘）	飞机（架）
出境	45728	148580	57	130	1061	902	18973	32986	107	20	54970	40749	2269	95472	194	0	129567	1603	3270
入境	21742	64619	31	663	5842	3776	15951	29639	1495	3313	76549	4428	389	18	202	15292	134630	1072	3283
合计	67470	213199	88	793	6903	4678	34924	62625	1602	3333	131519	45177	2658	95490	396	15292	264197	2675	6553

云南口岸大事记

1月6日

中国电子口岸数据中心昆明分中心正式对外挂牌运作。

1月15日

昆明海关完成了电视电话会议系统联网调试工作。总关、瑞丽、河口、孟定、版纳等5个单位系统安装、调试成功。

1月18日

昆明海关首次在昆明地区顺利切换H2000系统，成为全国海关首个全部五种运输方式均实行舱单管理的海关。

同日，云南省副省长邵琪伟到昆明机场口岸检查工作。

1月20日－23日

国家质检总局葛志荣副局长率领由国家质检总局、商务部、公安部、海关总署、工商总局组成的检查组到云南口岸检查有关禽流感的防制工作。

2月8日

河口口岸货场破土动工，并于9月8日正式启用。

2月17日

为编制好《云南省“十一五”口岸发展规划》，云南省人民政府口岸办公室在云南腾冲召开了全省边境州市县口岸工作主管领导和口岸管理部门人员参加的研讨会。

3月1日

云南省人民政府口岸办公室职能正式划入新组建的云南省商务厅。

3月4日

越南老街口岸海关到河口海关进行“一站式”会晤。

3月9日

海关总署缉私局在昆明关举办“全国海关‘K－9’查缉毒品专项行动总结表彰大会”。

3月12日

昆明海关缉私局“K－9”行动组被云南省禁毒委员会授予“双向查缉奖”

3月23－28日

云南省口岸办、昆明海关、云南出入境检验检疫局、云南省公安边防总队、省药检局、国家濒管办驻昆明办事处等部门，就落实《曾培炎副总理考察云南需要研究落实的事项》分别进行了座谈，研究提出云南重点口岸实施贸易便利化的意见和建议。

4月9日

云南省边防总队在昆明召开维护边境地区稳定工作研讨会，分析边境地区安全稳定形势，对建立维护边境地区安全稳定长效工作机制，进一步提高部队管边控边能力进行深入研究。

5月5日

云南省委副书记丹增视察畹町口岸。

5月10日

云南省第二次缉毒工作联席会议召开。会议就当前缉毒工作中存在的问题进行讨论，达成共识。

5月14日

云南省委常委、省委副书记、常务副省长秦光荣视察思茅港口岸管理工作。

5月15日－17日

云南省政协主席和占钧到金水河口岸和河口口岸调研。

6月7日－9日

昆明海关边境口岸规范管理现场会在章凤海关召开，会议对关区边境口岸规范管理有关问题进行了总结和研究，会后形成了《昆明海关关于进一步规范和加强边境海关监管工作的通知》(昆关监发[2004]238号)、《昆明海关关于明确边境海关所辖口岸指定通道及其监管现场设置的通知》(昆关监发[2004]237号)等管理规范。

6月11日

云南省政府代表团与越南老街省政府代表团滇越边境会谈签署的《会议纪要》中明确延长中国河口—越南老街口岸通关时间。

6月18日

外交部国际司副司长王民一行到河口口岸视察。同日，公安部出入境管理局邹志峰处长一行到河口调研。

6月20日－21日

全国禁毒工作会议在昆明召开，中共中央政治局常委、中央政法委书记罗干，中共中央政治局委员、书记处书记、国务委员、国家禁毒委员会主任周永康，分别在会上发表重要讲话。国家禁毒委员会成员和各省、自治区、直辖市禁毒委员会负责同志参加了会议。

6月23日

“全国海关缉私警察队伍建设工作会议”在北京召开。海关总署瑞丽缉毒犬基地被海关总署缉私局授予“全国海关缉私部门基层建设先进集体”称号。

6月25日

云南公安边防总队在昆明隆重召开表彰大会，表彰去年以来在打击毒品犯罪斗争中做出突出成绩的德宏边防支队等31个单位和夏正茂等19名先进个人。

6月28日

海关总署、亚行专家在河口和老街进行了河口—老街口岸货物运输便利化“一站式”试点方案行动计划会谈。12月11日，交通部与亚行专家在河口口岸进行了试点前的考察。

6月29日－7月1日

在2004年云南省花卉工作会议上，云南出入境检验检疫局被授予“全省花卉工作先进单位”称号。云南成为我国最大的鲜切花生产和出口基地后，云南出入境检验检疫局依靠科技手段，实施分类管理，在提高效率，降低成本上取得了新的突破。全年共检验检疫出境鲜切花、种苗5634批次、1.42亿枝(株)，货值906万美元。

7月1日

中国河口—越南老街口岸延长通关。公路口岸通关时间由原来的每日8时至18时延长至23时，河口铁路口岸货运实行24小时通关。

7月2日－4日

中共中央政治局常委、全国人大常委会委员长吴邦国同志在云南省委书记白恩培、省长徐荣凯及省有关部门负责同志的陪同下视察了畹町和瑞丽边防检查站、德宏公安边防支队木康公安检查站。吴邦国委员长充分肯定了云南公安边防部队所取得的成绩，同时要求总队认真总结经验，争取更大的战果，为边疆经济的繁荣多作贡献。

7月25日

卫生部常务副部长高强一行在云南省副省长吴晓清等领导的陪同下到畹町口岸视察。

7月25日－27日

云南边境地区连续强降雨，致使部分县市发生特大洪涝灾害及大面积山体滑坡和泥石流灾害，造成重大人员伤亡和财产损失，口岸基础设施受到损害。灾情发生后，公安边防官兵奋勇顽强，发扬大无畏的革命精神，积极开展抢险救灾工作，为确保驻地各族群众生命财产安全作出了贡献。中央政治局常委、国家副主席曾庆红，国务院副总理回良玉及财政部、民政部、水利部、交通部、国土资源部和国家发改委等部委领导到云南德宏各口岸县市视察灾情，看望了受灾群众，慰问了一线抗洪部队，并要求参加抗洪救灾的公安边防官兵、解放军指战员、公安干警要发扬“九八”抗洪精神，与受灾人民同呼吸、共命运，帮助受灾群众开展灾后自救和重建家园，并高度赞扬了公安边防官兵在抗洪抢险救灾中所作出的积极贡献。

7月27日

云南省委、省政府在昆明召开云南省禁毒和防治艾滋病工作会议，传达贯彻全国禁毒和防治艾滋病工作会议精神。

8月9日

云南省公安边防总队向各边防支队、边防检查站下达《关于在全省边境口岸及边民通道开展执勤专项整顿的通知》，针对当前出入境边防检查工作中存在的突出问题，印发了《云南省公安边防总队边境口岸及边民通道执勤专项整顿方案》，在全省开始为期一个月的边境口岸及边民通道执勤专项整顿。

8月14日

国家禁毒委副秘书长、公安部禁毒局副局长李远征带领工作组，到云南公安边防总队机关检查了全国扫毒专项行动工作落实情况。工作组深入到德宏、临沧、思茅、西双版纳边防支队的部分基层单位和畹町、瑞丽边防检查站、木康公安检查站，检查了扫毒专项行动开展情况，在肯定各单位在专项行动所取得成绩的同时，勉励官兵要继续发扬成绩，戒骄戒躁，知难而上，严厉打击边境地区毒品犯罪活动，努力开创边防缉毒工作新局面,夺取缉毒斗争的更大胜利。

8月23日

澳门特别行政区司法警察局局长黄少泽一行,在云南省德宏州公安局和德宏公安边防支队领导的陪同下,到"缉毒先锋站"、"云岭雄关"木康公安检查站参观考察。听取了木康公安检查站打击毒品犯罪有关情况的介绍,黄局长对木康公安检查站多年来在打击毒品犯罪方面取得的成绩表示钦佩,并希望双方以后能够在打击毒品犯罪方面加强合作。最后,木康公安检查站向黄局长一行赠送了木康画册,黄少泽局长代表澳门司法警察局向木康公安检查站赠送了该局的警徽。

8月25日

海关总署《关于同意丽江至香港临时包机从丽江机场出入境的函》(署岸发[2004]317号),批准同意2004年8月31日至11月31日飞行丽江—香港航线的中国籍客包机在丽江机场临时出入境的计划。

8月26-27日

云南省交通厅与越方技术专家组在河口举行了关于红河公路大桥可行性研究编制有关问题的会谈。

9月2日

云南省省长徐荣凯赴越访问,与越方就"昆明—河内经济走廊"建设等事宜进行了会谈。

9月6日

国务院(国函[2004]68号文)正式批准同意在河口口岸和磨憨口岸开展口岸签证工作。

9月8日

"2004年中国昆明国际花卉展"在昆明举办,共有58家中外花卉企业参展。云南出入境检验检疫局在展览期间对花卉进行了有效的查验和监管,确保了展览的成功举办。

9月15日

省外办经请示外交部和省政府,批复同意孟连县在口岸中缅边境南卡江界河上与缅方共同修建勐康大桥。

9月20日-21日

云南省副省长邵琪伟先后视察了德宏边防支队章凤边境检查站、拉线边防工作站及瑞丽边防检查站。邵琪伟副省长高度评价了口岸官兵的精神面貌及口岸的正规化建设取得的成果,希望公安边防官兵紧紧围绕省、州、市党委、政府的发展战略,主动融入,狠抓管理,完善服务,为地方经济发展作出新的更大的贡献。

9月27日

云南省人民政府以云政函[2004]76号文上报了《云南省"十一五"口岸发展规划意见》。

10月14日

国务院(国函[2004]86号文)正式批准同意云南孟定清水河口岸为国家一类口岸。

云南省公安边防总队与云南省军区在昆明联合召开"边境防卫执勤、边境治安管理工作座谈会"。云南省军区和云南省公安边防总队共同签署了《云南省军区、云南省公安边防总队边境防卫执勤、边境治安管理协同配合工作制度》。

10月15日

缅甸驻中国大使吴登伦一行5人在德宏州外事办公室人员陪同下考察畹町口岸。

10月19日

云南省政府召开"云南实施'走出去'战略工作会议"准备会,会议由省政府秘书长刘平主持。

10月30日

云南省副省长邵琪伟在顺利完成对越南访问后从河口口岸入境,亲切看望了口岸执勤一线的边防官兵。邵副省长转达了中国驻越南大使馆大使对河口站执勤官兵在外事活动中突出的表现表示慰问和感谢。

11月1日

昆明边防检查站根据群众举报成功破获一起特大偷渡案件,抓获偷渡人员58名,组织运送者1名。

11月11日-13日

由云南省人民政府与泰国商务部共同主办,云南省商务厅、中国国际贸易促进委员会云南省分会、泰国驻昆明总领事商务处联合承办的中国(云南)—泰国果蔬零关税实施一周年回顾与展望研讨会在昆明召开,会议就中泰果蔬"零关税"协议实施一年来取得的成效、积累的经验、发展前景、进一步深化合作的相应措施以及共同关心的其他问题进行了探讨和交流,为促进双边贸易特别是果蔬贸易的发展奠定了坚实的基础,并以此全面推动了中国—东盟自由贸易区的建设。

11月15日

海关总署和荷兰海关联合举办的"现代海关研讨班"在昆明海关召开。

11月20日

云南省边防总队保山边防支队副参谋长印春荣入选第十五届"中国十大杰出青年",成为公安边防部队第一位获此殊荣的警官。

11月27日

河口口岸举行了口岸签证仪式,正式对从河口口岸出入境的第三国人员开展口岸签证工作。当日办理了落地签证手续3人次。

12月2日

云南省木康公安边防检查站战士查应鹏被公安部授予"全国公安系统优秀青年卫士"称号。

12月9-10日

中老缅泰澜沧江—湄公河商船通航联合委员会第四次会议在老挝琅勃拉邦召开。

12月26日

云南省政府召开会议,研究云南省开展禁毒境外替代发展的工作意见。

12月

为保证中老边境口岸发生重大动物疫情时能通过各部门之间的协作和联动,及时、有序、高效地进行控制,防止疫情传播和蔓延,云南勐腊出入境检验检疫局主动与口岸联检部门和地方农牧部门磋商,起草签订了《进出境重大动物疫情处理联合应急预案》。该预案的出台对疫情防制、协同把关的工作起到规范和推动作用。

陕西省口岸工作综述

【增加协调意识，全力支持联检工作，陕西口岸迈出新步伐】 2004年省口岸办整建制划归省商务厅。在省委、省政府的领导下，认真贯彻落实国务院“关于进一步提高口岸工作效率”的要求，全力以赴支持口岸各联检单位的工作，在重大疫情检验检疫、重点人群查验、重点航线开通及加强“大通关”建设方面，通力协作，强化配合，狠抓制度落实，把“文明窗口”、“优质服务”、“提高效率”扎在联检工作的各环节上，全面高效地完成了口岸各项任务。目前，已与周边8个国家和地区开通14条国际航线。新开通了西安至新加坡定期航班，西安至德国纽伦堡的货运航线。坚持领导抓工作落实，每月定期召开航空口岸现场例会，确保国际航班正常营运。全年共查验出入境航班3 387架次，比上年增长22.7%，检查出入境人员22.61万人次，比上年增长58%。监管进出口货物11.86万吨，检验检疫出入境货物19 370批，货值16.32亿美元，同比增长31%。圆满地完成了俄罗斯总统普京、埃塞俄比亚总统梅莱斯·泽纳维、尼日利亚总统等访问陕西的查验任务。

【西安海关不断深化业务改革，全面加强基础建设和队伍建设，整合通关、监管作业机制，强化物流监控，规范舱单管理】 在西安火车东站监管点安装了电子汽车衡、电子卡口等。进一步加大现代化查验设备的投入，提高了查验工作质量，设立了“选择查验岗位”增强了查验工作的针对性和有效性。建立风险管理机制，正式启用风险管理平台，根据风险分析，先后对8家企业进行了稽查与核查，查获案件6起，案值7 300余万元。对西安出口加工区采取“集中进货，分批报关”模式，达到了“通关快捷，手续简便，服务到位”的目标。全年监管进出口货值11.86万吨，征收税款11.43亿元，比上年增长4.7%，完成全年税收计划的101.2%。建关20年来首次突破11亿元，其中机场海关高达60%，再创历史新高。加强思想政治工作和精神文明建设，一年来没有接到一件有关工作作风、纪律、效率方面的投诉。机关团委荣获陕西省“五四红旗团委”，宝鸡海关荣获市政府文明单位等荣誉称号。

【省出入境检验检疫局继续拓展新业务】 加强原产地标记注册，严把进口关，积极推进出口企业分类管理，简化办事程序，认真贯彻行政许可法，实施检验检疫工作质量稽查制度，开展了SA8000认证情况专项调查，加强认证监督管理工作，规范认证工作程序，实施办公自动化，全年共检验检疫出入境货物19 370批，货值16.32亿美元，与去年同期相比货值增长31%。检验检疫出入境动物及其动物产品610批，货值730万美元，同比增长41%和62%；传染病监测体检5 669人次，预防接种7 884人次，检验集装箱6 138箱。签发一般产地证书4446份，全额1.87亿美元，同比增长34%和121%。普惠制产地证书16849份。金额5.88亿美元，同比增长17%和60%。全局加强作风教育活动和精神文明建设，陕西出入境检验检疫局被评为2004年度“最佳厅局”，对台工作先进集体，机场办被评为全国“青年文明号”。

【省边防总队把坚持执法为民，树立国门“卫士”形象作为头等大事来抓，积极开展争创“执法为民窗口”、争当“执法为民标兵”活动】 坚持从严治警，坚决贯彻落实“五条禁令”和“两防”工作，层层签订责任书，将“五条禁令”制成卡片随身携带，自我约束，给干部家庭发函，请家庭子女协助监督，确保部队安全稳定。全年共检查出入境旅客 191 590 人次，交通运输工具员工 18 957 人次，交通运输工具 1 989 架次，圆满地完成数次外国领导人，重大涉外活动的边防检查任务。

一年来，口岸各联检单位紧密合作，相互配合，较好地完成了全年的工作任务，为陕西省外经贸、旅游事业的发展起到了极大的推动作用，为陕西省对外开放做出了积极贡献。

陕西省口岸查验单位工作综述

西　安　海　关

2004 年，是现代海关制度第二步发展战略全面启动的第一年，也是海关改革任务比较繁重的一年。这一年，西安海关在海关总署的正确领导和陕西省委省政府的亲切关怀下，以邓小平理论和“三个代表”重要思想为指导，全面贯彻党的十六大、十六届三中、四中全会精神，认真落实全国海关关长会议精神，严格按照海关工作 16 字方针和队伍建设 12 字要求，不断深化海关业务改革，全面加强基础建设和队伍建设，与时俱进，开拓创新，圆满完成了各项工作任务。

【业务工作】　坚持以税收工作为“轴心”，强化科学征管，全年税收再创新高。全年征收税款 11.43 亿元，比上年增长 4.7%，完成全年税收计划的 101.2%，建关 20 年来首次突破 11 亿元，再创历史新高。其中关税 2.69 亿元，进口环节税 8.74 亿元，分别增长 4.8%和 4.7%。主要做法有：一是完善税收监控体系。运用“关税分析与监控系统”、“同名商品归类差异系统”等多种手段定期开展税收进度、征管水平、商品归类的监控分析，强化了税收评估考核；二是建立了主要税源企业登记管理制度，进行跟踪分析，及时掌握税源大户进出口动态，充分发挥商品归类协调小组的作用，及时解决各业务现场在估价、归类、原产地等方面遇到的疑难问题，增强了税收工作的针对性和有效性；三是疏通转关渠道。结合通关作业改革实际，多次派员到口岸海关联系转关业务，加强协作配合，进一步稳定和巩固了税源；四是加强综合治税，确保应收尽收。严格执行国家有关税收优惠政策，坚持减免税三级审批制度。集中开展了逾期未核销手册清理专项行动，共清理 57 家企业的 133 本逾期未核销手册，补征税款 277.1 万元，上缴保证金和拍卖款 236.4 万元。开展了反价格瞒骗斗争，对重点企业、重点商品进行了专项调查和稽查，补征税款 362.24 万元。

整合通关、监管作业机制，创新查验工作取得新成效。西安海关以物流监控为基础，风险管理为手段，现代化技术设备为保证，积极构建查验工作新机制，通关、监管业务改革迈出新的一步。一是强化物流监控。通过完善制度、明确专人管理、严格手工核注、定期巡库检查等措施，进一步规范了舱单管理，建立了以舱单管理为主线，单货之间有机联系、审单作业和现场查验有机结合的严密监管工作链条；二是在西安火车东站监管点安装了电子汽车衡、电子卡口，给各查验现场配置了查验工具箱、数码相机和录音笔，进一步加大现代化查验设备的投入，提高了查验工作质量；三是引入风险管理理念，加大了风险分析的工作力度，在不增加作业环节的基础上，设立了“选择查验岗位”，运用风险分析成果，确定查验的重点企业和重点商品，增强了查验工作的针对性和有效性，采用风险审单和风险查验后，查验率下降了 73.7%，查获率提高了 2.1 倍。

强化依法办案意识，办案质量不断提高。坚持“打防结合，协同作战，掌握主动，突出重点”的工作思路，继续深入开展反走私专项斗争和联合行动。一是充分发挥情报工作的先导作用，认真分析走私犯罪行为的规律和特点，预测走私犯罪趋势，确定侦查工作的方向和重点。对于立案案件特别是重大案件，积极组织专案攻坚，保证了及时破案；二是坚持依法办案，狠抓法律知识培训与考核，认真开展了执法检查活动，办案质量明显提高。在全国海关侦办走私犯罪案件“5+1”统计排名中，西安海关百名干警向检察机关移送走私犯罪案件数和百名干警向检察机关移送走私犯罪案件涉嫌偷逃税额分别排名第5位和第10位；三是强化省打私办的职能作用，进一步加强与地方公安、工商等部门的通力合作，坚持打私工作综合治理，组织召开了全省打私办主任联席工作会议，积极参与地方各级政法机关的联合执法活动，整体作战优势得到有效发挥。全年共立案刑事案件3起，案值8364万元，行政案件32起，违法价值4172万元。

强化数据管理和分析，统计预警监测和辅助决策作用进一步发挥。一是坚持每月统计数据分析例会和每半年统计工作会议制度，建立了统计数据监督反馈机制，并成功研制开发了“贸易统计分析系统”，提高了统计分析工作的准确率和完整性；二是结合关区进出口实际，先后就“高新技术产品界定”、“西部12省市进出口状况”、“中泰果蔬零关税”等课题开展了统计调研分析。全年共撰写统计分析56篇，被海关总署采用2篇，省委、省政府采用18篇，被省市领导批示5篇，为省市领导和有关部门决策提供了有效的参考依据。

进一步提高服务水平，关企关系良性发展。一是建立了政策宣讲机制，采取分类宣讲与联合宣讲相结合、讲解授课与座谈讨论相结合的方法，组织5个政策宣讲小组先后40多次下企业宣传政策，受到企业的欢迎和好评；二是广泛开展了关企对话，采取“走出去”和“请进来”等方式，加强与企业的对话与合作。据统计，全年关领导和各业务部门、单位主动走访企业70多次，并举办了5次关企“面对面”座谈对话活动，加强了沟通，增进了理解；三是搭建企业交流平台。组织召开了纺织类加工贸易企业座谈会，规范了保税货物管理，多次邀请天津、青岛港务局和物流企业与关区内生产企业座谈交流，协商解决了物流不畅的问题。

【深化改革，加强规范管理】 H2000系统按期顺利切换。H2000推广应用工作是2004年通关工作的重中之重，也是关系到该关通关业务改革顺利推进的关键。系统切换前，西安海关采取全员培训与重点辅导相结合，加大培训力度，使现场操作关员熟练掌握了系统的基本功能和操作要领。切换过程中，建立了业务主管部门热线电话，加强与关区企业和兄弟海关的联系沟通，同时对主要业务部门H2000系统运行情况进行调研摸底，发现问题，及时解决。系统启用后，结合使用情况和系统特点，出台了H2000通关管理系统授（销）权管理办法等多项操作规程，规范了通关作业程序。由于领导重视，组织得力，措施有效，落实到位，该关在时间紧、任务重、办公楼面临搬迁的情况下，用2个多月时间实现了全关区所有业务现场H2000系统的成功切换，目前系统运行稳定，整体情况良好。

风险管理机制全面推行。建立风险管理机制作为现代海关制度第二步发展战略的中心环节，西安海关高度重视，采取得力措施，取得明显成效。一是风险管理理念深入人心，关员的风险管理意识进一步增强，运用风险管理方法开展工作已成为大家的自觉行动。自6月1日该关正式启用风险管理平台以来，经授权登陆风险管理平台已达2 062次，人均36次；二是风险管理方式逐步完善，形成了“2个平台2种制度”的管理模式。即：“商品风险平台”、“企业、报关员风险平台”和“风险布控反馈制度”、“监管风险分析月报制度”，由过去注重商品管理向现在的商品、企业、报关员并重的管理模式转变；三是利用风险管理平台对超期未核舱单、超期未理单报关单和保金保函进行了监控与核查，规范了通关业务内部管理，2004 年再未发现超期未核舱单。根据风险分析提示，先后对 8 家企业进行了稽查与核查，查获案件 6 起，案值 7 300 余万元。

加工贸易和保税监管改革不断深化。一是继续推行加工贸易企业分类管理，逐步实现了合同管理为主向企业管理为主、纸质手册管理为主向电子账册管理为主的“两个转变”，如对关区纺织企业实行分类管理后，手册核销结案率提高了 40%，有效促进了纺织企业加工贸易出口；二是广泛宣传，积极争取，将条件成熟的西安西罗航空部件有限公司作为加工贸易业务联网监管试点企业，积极开展联网监管模式的探索，取得初步成效，目前联网监管已进入电子账册联网数据测试阶段；三是西安出口加工区监管工作步入正轨。4 月 5 日西安出口加工区封关运行以来，西安海关采取“集中送货，分批报关”模式，对区内企业实行电子账册管理，达到了“通关快捷，手续简便，服务到位”的目标，促进了加工区业务的快速发展。目前在海关注册的入区企业 7 家，注册资本 730 万美元，投资总额 1 506 万美元，核发电子账册 6 份，监管货运总量 2 241 吨，出口额 2 515 万美元，深加工结转 589 万美元。

完善规章制度，规范行政执法。为了建全管理体系，夯实业务基础，西安海关结合《行政许可法》的颁布实施，及时清理了相关规范性文件和行政许可项目，对 321 项规章制度进行了全面修订和完善，初步形成了以各部门工作职责为点、以部门间联系配合为线、以海关四大业务职能为面的规章制度体系。《行政许可法》实施以后，针对执行中出现的问题加强协调研究，确保了《行政许可法》在该关执法活动中正确、全面的贯彻执行。积极开展了知识产权保护专项行动，4 月，西安海关首次查获“侵犯知识产权”案件，并于 11 月 3 日将侵权货物向省红十字会进行了移交，受到了省政府领导的充分肯定。

以接受外部审计为契机，不断提高行政执法能力。从 11 月 5 日起，审计署联合审计组对该关开展了为期 1 个月的外部审计。审计前，西安海关组织人员，集中时间，对照审计内容，深入业务现场，开展执法检查，发现问题，及时解决。审计过程中，西安海关积极配合，加强沟通，保证了审计工作的顺利进行。审计结束后，针对审计组提出的意见和问题，认真分析原因，对于政策理解方面的问题，进一步查找政策依据，并及时向海关总署请示汇报，向审计组做出合理解释；对于确属工作中的漏洞和薄弱环节，西安海关认真研究，深刻反思，制定了整改措施，规范了工作程序，有效地提高了执法水平。

政务信息化工作取得新进展，信息工作继续保持良好发展态势。办公自动化系统运行 1 年多来，经过不断调试、完善，目前运行状态比较稳定，全年共处理各类文件 1.5 万余份，通过网络上报总署的公文全部合格，公文拟办质量明显提高。红机网应用范围进一步扩大，应用效果良好。全年共编发各类信息载体 728 期，采编信息近 2800 条，被海关总署政务信息采用 184 条，增长 40%，其中被海关总署《综合信息呈报》、《海关要情》、《海关信息工作》等综合载体采用 23 条，在全国海关的信息排名稳中有升。

【从严治关，建设一支准军事化的海关队伍】 深入开展 5 年回顾研讨教育活动。3 - 9 月，西安海关积极响应总署党组号召，按照总署党组提出的“7 个重在”要求，有计划、分步骤地开展了形式多样的回顾研讨教育活动。一是认真组织、广泛动员，通过召开党组中心组、各部门、各党支部、离退休老干部、海关学会、团员青年等不同层面的座谈会，深入进行了研讨，回顾了西安海关建关20年历史，尤其是近5年来西安海关的发展变化，对照海关人员犯罪案例，从正反两方面总结了经验教训；二是走访了省级有关部门和部分进出口企业，听取了对海关工作的意见和建议并进行了沟通和答复；三是开设“5年回顾教育”专栏，登载回顾研讨论文，广泛开展学习交流。通过5年回顾教育，强化了关员依法行政意识，激发了爱岗敬业的工作热情，增强了队伍的凝聚力和向心力。

结合海关基层建设，不断推进量化管理。按照《海关基层建设纲要》的要求，进一步完善了基层建设量化管理。一是学习借鉴兄弟海关先进的基层建设管理经验，修订完善了基层建设考核办法，将基层单位年度各类考核统一安排，分头实施，节省了人力，减轻了基层负担；二是健全了基层单位兼职政工干部队伍，制定了基层建设联席会议制度，及时沟通情况，解决存在的具体问题；三是按照“先试点，后推广”的原则，逐步在全关范围内推行量化管理和绩效评估，并在实践中不断完善量化管理的内容和标准，使岗位设置更为合理，职责分工更加明确。量化管理的逐步推广，使西安海关在内部管理、业务建设、队伍建设等方面都有了可喜变化。

继续实行竞争上岗，为干部人事工作注入活力。2004年，西安海关对正处级到副科级4个层级的领导干部选拔都采取了竞争上岗，按照笔试、面试、群众测评、组织考察和党组研究等5个环节进行量化选拔，共有89人参加，提拔处级领导干部9名，科级领导选拔正在进行中。竞争上岗的全面实施，提高了关员学习文化知识、业务知识的主动性和积极性，优化了处科级领导班子结构，处科级领导干部的平均年龄下降了2岁，大学本科及以上学历比例提高了7个百分点。

坚持预防为主，深入开展党风廉政建设。按照“标本兼治、综合治理、重在治本”的指导思想，抓好四个落实：一是教育落实。认真贯彻执行“海关人员6项禁令”，开展了形式多样的廉政教育，通过座谈讨论，互相交流，深入分析关员思想状况，及时帮助关员防止和克服可能出现的贪图享乐、谋取不正当利益、怕伤感情、怕丢面子、满不在乎、心存侥幸等6种不良心态，进一步增强了关员的廉洁自律和奉公守法意识；二是责任落实。在完善各项廉政工作制度的基础上，层层落实党风廉政建设责任制，各部门主要负责人与下属科室的负责人也签订了责任书，实行责任分解，做到了一级抓一级，层层抓落实；三是考核落实。重新修订了党风廉政建设责任制考核办法，明确了考核标准、考核办法和责任追究等内容，组织了半年自查和检查，年终进行了全面量化考核；四是监督落实。强化对行政执法全过程的监督，突出抓住风险岗位和重要环节，关注执法程序是否符合规范，业务部门和工作环节之间衔接是否严密，促进了严格依法行政。据统计，西安海关科级以上领导干部全年共拒收礼金、券、卡58人次，拒收礼品74件，拒宴请158人次，上交无法退还的现金2万元、礼品23件。

全面加强思想政治工作，推进精神文明建设。一是以深入学习贯彻“三个代表”重要思想为主线，突出科学发展观和加强党的执政能力建设的学习，继续抓好关党组中心组理论学习，举办了处级干部理论研讨班，并采取邀请专家辅导，座谈讨论和专题研讨等形式，在全关范围内开展学习教育活动，取得了良好效果；二是认真开展思想教育。组织了“执法为民，树立新风，共建廉洁海关”、“弘扬红其拉甫海关艰苦奋斗精神”、“两个条例”、“树组工干部形象”等主题教育活动，通过发放调查摸底表、在关网页设置教育专栏、与进出口企业签订廉政合作备忘录、设立关务公开宣传栏、组织部分关员到西柏坡接受革命传统教育等措施，进一步提高了关员艰苦奋斗和公正廉洁意识；三是以创建“学习型、服务型、落实型”机关为目标，深化精神文明建设。开展了以“改进工作作风，提高工作效率”为内容的教育整顿，通过“三查三纠”，有效解决了作风、效率和管理等方面的突出问题。全年没有接到一件有关工作作风、纪律、效率方面的投诉。西安海关机关团委荣获陕西省“五四红旗团委”荣誉称号，宝鸡海关荣获市级文明单位等荣誉称号，陈震玉同志荣获陕西省“青年突击手”荣誉称号。

【加强机关管理】 基本建设成绩斐然。2004年上半年，新办公大楼高质量竣工，新办公家具全部配备到位，搬迁任务顺利完成。下半年，3栋职工住宅楼相继建成并入住，关员办公、居住条件得到根本改善。7月20日，机场海关办公大楼也正式开工建设。

建关20周年纪念活动成功举办。经过紧张筹备和认真组织，西安海关编印了一本纪念画册，制作了一部反映该关20年历程的VCD宣传片，建成了关史荣誉室，并于2004年4月23日在新办公大楼举行了建关20周年工作汇报会，海关总署牟新生署长和省市党政领导出席了汇报会，既总结了工作，又宣传了海关。

机关管理进一步加强。配合新办公楼的启用，该关重新制定下发了12项机关办公管理规定，加强对办公秩序、值班、安全保卫、公共设施、车辆停放、环境卫生的严格管理。同时，根据费用大量增加的情况，及时分析原因，提出应对措施，号召广大关员弘扬艰苦奋斗、勤俭节约的作风，节约用水、用电和办公用品，大力压缩会议、差旅和接待等方面的支出，有效降低了支出，保证了工作需要。

此外，全关的技术、财务、保密、宣传、工会、学会、接待、服务保障等项工作也都取得了新的成绩。

西安海关2004年业务统计简表

类别	单位	2004年	2003年	同期对比（%）
报关单数量	万张	3.14	2.74	14.5%
其中：进口	万张	1.91	1.66	14.8%
出口	万张	1.23	1.08	13.9%
监管进出口货物	万吨	11.86	18.97	－37.5%
其中：进口	万吨	5.81	10.05	－42.2%
出口	万吨	6.05	8.92	－32.2%
进出口贸易总额	亿美元	12.97	11.23	15.5%
其中：进口	亿美元	9.77	8.18	19.5%
出口	亿美元	3.20	3.05	5%
监管进出境航班及包机	架次	3387	2761	22.7%
查验进出境旅客行李物品	万人次	22.61	14.31	58%
其中：进境	万人次	11.34	7.08	60.2%

类别	单位	2004 年	2003 年	同期对比（%）
出境	万人次	11.27	7.23	55.9%
登记备案加工贸易合同	份	300	266	12.8%
备案进口料件金额	亿元	25.52	17.45	46.2%
本关区企业登记备案	家	761	462	64.7%
异地企业登记备案	家	686	788	-12.9%
征收税款	亿元	11.43	10.92	4.7%
其中：征收关税	亿元	2.69	2.57	4.8%
代征增值、消费税	亿元	8.74	8.35	4.7%
审批减免税金额	亿元	16.08	13.36	20.4%
其中：1、国内投资项目减免税	亿元	8.79	6.84	28.6%
2、科教用品减免税	亿元	1.60	1.34	19.1%
3、国外投资项目减免税	亿元	1.54	1.36	13.4%
4、其他减免税	亿元	4.15	3.82	8.5%
立案行政案件	起	32	58	-44.8%
违法价值	万元	4172	4859	-14.1%
偷逃税额	万元	715	717	-0.3%
罚没收入	万元	104	1628	-93.6%
受案刑事案件	起	3	17	-82.4%
案值	万元	8364	8177	2.3%
涉税	万元	1843	2413	-23.6%
扣押违法所得	万元	10	31	-67.7%

（陈雄）

陕西省公安边防总队

2004 年陕西公安边防总队在公安部边防管理局党委和省公安厅党委的正确领导下，以“三个代表”重要思想和十六届四中全会精神为指针，以贯彻第二十次全国公安会议和二级党委扩大会议精神为具体要求，以“双争”和“大练兵”活动为载体，端正执法思想，转变执法观念，坚持执法为民，加强队伍建设，不断提高执勤执法质量，立足基层基础建设，抓班子，带队伍，内强素质，外树形象，狠抓队伍建设和执勤规范化建设，全面提升边防检查工作水平和队伍的战斗力，全年共检查出入境旅客 191 590 人次，交通运输工具员工 18 957 人次，交通运输工具 1 989 架次，圆满完成了普京总统、埃塞俄比亚总统访陕，佛祖舍利赴港供奉，海峡两岸高科技论坛，黄帝陵祭祖和经贸洽谈等重大边防检查任务，无执勤差错，无旅客投诉，无违法违纪，有力地维护了口岸正常出入境秩序。

【深入开展“双让”主题教育，打牢官兵思想根基】 在“双让”教育中，总队注重在深度和广度上下功夫，充分利用任长霞、帕里“模范边防派出所”等先进典型的事迹对官兵进行世界观、人生观、价值观教育和艰苦奋斗革命传统教育，并在部队中广泛开展“五比五看”活动，即：对照典型比思想，看理想信念牢不牢；对照典型比奉献，看思想境界高不高；对照典型比作风，看工作实不实；对照典型比廉洁，看自身要求严不严；对照典型比业绩，看完成任务好不好，把学习活动扎扎实实地引向深入。

通过“双让”教育活动，引导官兵树立服务意识、奉献精神，坚持从人民群众需要的地方做起、从人民群众不满意的地方改起，把教育落实到为人民服务的行动中。4 月份总队为扶贫点千阳县崔家头乡黄里村小学捐赠了 12 台电脑，有力地支持了当地的教育事业；10 月份为贫困地区捐助过冬衣物 210 余件（套）；12 月份为铜川矿难家属捐款 3 510 元，体现了新时期亲民、爱民、为民的良好风尚。

【积极开展“双争”活动，不断提高】 边防检查工作水平根据“二十公”精神和杭州边检会议精神，总队党委把提高边检队伍整体执法水平列入党委重要议事日程，及时制定下发了《陕西省公安边防总队争创“执法为民窗口”、争当“执法为民标兵”活动实施方案》，召开全总队部署动员大会，明确活动的目标和任务，做好思想发动，以执勤现场为平台，在检查员中开展“十查、十问、十评”，制订下发了《陕西省公安边防总队规范化执勤手册》、《陕西省公安边防总队便民手册》，完善《总队勤务奖惩规定》、《总队勤务正规化实施方案》，打牢“双争”活动的思想基础和制约机制。

有针对性地开展“形象规范”和“执勤规范”的整顿训练，查摆执勤动作、语言、仪表等方面存在的问题，引导官兵争当“形象标兵”、“规范标兵”。适时在官兵中开展“假如我是一名旅客”的换位思考，广泛征求意见；主动向地方党委、政府报告工作，征求他们对边防工作的意见和建议；走访口岸联检单位，认真听取他们的意见；向各大旅行社发送征求意见书、建议书 20 余份；现场发放服务质量评议卡，自觉接受出入境旅客的监督。7 月 29 日总队专题召开执法执纪监督员座谈会，聘请省市政府有关领导及机场、海关、检验检疫等相关单位的领导担任社会监督员，发放工作联系卡，强化内外监督机制。10 月 15 日、16 日，俄罗斯联邦总统普京访问陕西，总队圆满完成了 10 月 10 日至 16 日期间 8 架专机的入出境边防检查任务，共检查官方人员 218 人，机组员工 149 人，以优质高效的服务和过硬的业务素质赢得了省政府领导和接待单位的一致好评，全年完成礼遇检查任务 14 次 1200 余人，充分展现了国门卫士的风采。

【坚持从严治警，确保部队安全稳定】 总队 4 月份利用 1 个月时间在全总队开展“条令条例学习月”暨纪律作风整顿活动。坚持学习和训练相结合，以学促训、以训带学，官兵的条令意识、军人意识得到增强，在 11 月份省公安厅举办的队列比赛中获得了甲组第二名。修定完善了《陕西省公安边防总队勤务管理若干规定》、《陕西省公安边防总队机关正规化管理若干规定》以及各级人员职责，进一步规范了部队的“四个秩序”和执勤执法活动。

公安部发出“大练兵”号召以来，总队迅速行动，成立了“大练兵”活动领导小组，制定下发了《陕西公安边防总队“大练兵”活动实施方案》，并于 5 月 21 日召开了动员大会，对“大练兵”活动作了安排部署。按照“全警参与、重在基层、立足岗位、注重实效”的原则，根据总队实际，制定了详细的政治、业务、体能练兵方案。在大练兵活动中广大官兵热情高涨、积极参与，总队上下呈现出热火朝天的练兵局面。通过练兵，全体官兵在政治、体能、业务方面都有所提高，基本达到了人人适应岗位、个个胜任本职，促进了部队正规化建设。在全国公安边防部队大练兵汇报演练中总队取得内陆边防总队第三名的好成绩。11月9日至11日，第二届全国边防科学学术研讨会在廊坊武警学院举行，经过专家组的认真评审，总队选送的五篇论文在此次研讨会上获得一个二等奖，三个优秀奖的好成绩，为陕西边防赢得了荣誉。

总队始终把落实“五条禁令”和“两防”工作作为头等大事来抓。一是层层签订责任书，一级抓一级，一级对一级负责。二是将“五条禁令”制成卡片，随身携带，自我约束。三是给干部家庭发函，请家属子女协助监督。四是向社会公开禁令内容，取得社会各界监督。总队先后派出督察组24次，出动督察警力315人次，考核“五条禁令”内容1 040人次，抽查随身携带卡片376人次，没有发现违反“五条禁令”的现象。

【坚持质量建警，干部队伍整体素质不断提高】 在干部选用问题上，总队党委始终坚持“公开、平等、竞争、择优”的原则，严把选人用人关。按照“五公开”的原则，选拔了4名科队领导和4名机关干部。总队对干部量化管理进行了认真地部署安排，有针对性地制定考核标准和办法，坚持用标准衡量干部、用实绩评定干部、用政策选拔干部，增强了干部的紧迫感和责任感。

【整合队伍，切实提高查堵能力】 以提高检查员识别伪假证件能力为突破口，不断强化询问技能训练。开展反偷渡勤务研讨，积极与其他兄弟总队进行业务交流与学习，不断提高检查员的查验技能。同时，结合西安口岸的形势和特点，加强与机场公安分局、航空公司及海关、安检等联检单位的联系与合作，加强反偷渡工作宣传，与出入境、刑侦、技侦等警种建立反偷渡工作协同机制，形成防范和打击偷渡活动的空港立体防线。今年查获2起4人次偷渡案件，震慑了偷渡分子，有力地维护了口岸的正常出入境秩序。

为提高防范和处置突发事件的能力，确保口岸稳定，总队先后修改和制定了《陕西公安边防总队紧急处置境内外敌对分子“闯关”滋事的实施方案》和《陕西公安边防总队处置群体性冲击堵塞口岸的情况预案》，加强处突演练，不断完善处突预案，进一步提高口岸查堵能力。

【加大科技投入，努力提高边检工作科技含量】 总队以新航站楼搬迁启用为契机，积极向公安部四、六局、地方政府争取经费370多万元，建成了执勤现场勤务指挥中心，该系统由面相识别检查系统、监控系统、前台报警系统、有线无线调度指挥系统、网络及信息辅助系统组成，在全国现役制边防检查站先开一例。总队勤务指挥中心的建立对完善边检勤务的规范管理，提高工作透明度，为建设“服务一流、设备一流、管理一流”的边检口岸提供了有利的技术保障，提高了部队执勤能力和执勤工作效率，减少了旅客滞留口岸的时间，加快了通关速度，改善了口岸环境，极大地提升了陕西边防的良好形象。

【深化服务内涵，提高服务支持地方经济发展的能力】 总队坚持为党委政府提供决策信息服务。主动了解掌握党委政府决策思路，科学分析出入境旅客交通运输工具等口岸信息，及时向党委政府上报口岸数据分析报告，为地方政府制定经济发展规划，增开国际航线，开设口岸提供参考依据。总队积极为航线开通献计献策，为研究制定西安国际航空运力发展规划，合理有序的开发航空运力提供依据做出工作。

以“旅客没有想到的我们要想到、旅客想到的我们要做到、旅客有急难的我们要帮到”为工作标准，不断推出亲民、爱民、便民举措。在执勤现场设置服务台和咨询台，实行首问负责制，监督投诉制。积极推行便民利民措施，坚持为招商引资经贸洽谈活动提供专用通道，主动为航空公司、旅行社等单位提供信息咨询和边检知识培训，把管理与服务的关口前移，保证通关更快捷、更方便。5 月 25 日、6 月 5 日，法门寺佛指舍利赴港供奉，按照省委省政府的统一安排，总队合理安排部署，给予优检礼遇 89 人，圆满完成了佛指舍利赴港供奉这一重大边检任务。

【加强部队基础建设，做好后勤保障工作】 建立健全规章制度，加强规范化管理。根据武警边防部队后勤管理有关制度，结合总队实际，修订和完善了《财务管理暂行规定》、《公务接待暂行规定》、《卫生医疗暂行规定》等一系列管理规章，使后勤管理制度效能性和可操作性更强。注重基础建设，部队工作生活条件不断改善。投资 10 多万元建立了图书室等文化娱乐场所；投资 10 多万元为新候机楼边检办公室购置了一批营具；对营院进行了绿化、美化，使营院面貌焕然一新。

陕西出入境检验检疫局

【概况】 2004 年,中华人民共和国陕西出入境检验检疫局(简称陕西检验检疫局)共检验检疫出入境货物 19 370 批,货值 16.32 亿美元,与去年同期相比,货值增长 31%。其中出境 14 493 批,9.7 亿美元,同比增长 10%和 52%;入境 4 877 批,货值 6.6 亿美元,同比货值增长 9%。检疫出入境动物及动物产品 610 批,货值 730 万美元,同比增长 41%和 62%。检疫出入境植物及植物产品 3 410 批次,货值 1.52 亿美元,同比增长 33%和 70%。进出口食品、化妆品卫生监督检验 1 951 批,货值 1.41 亿美元,同比增长 36%和 59%。传染病监测体检 5 969 人次,预防接种 7 884 人次。检疫出入境飞机 1 967 架次,同比增长 29%;检疫集装箱 6 138 标箱。共签发一般产地证证书 4 446 份,金额 1.87 亿美元,同比增长 34%和 121%;普惠制产地证书 16 849 份,金额 5.88 亿美元,同比增长 17%和 60%。检出不合格入境产品 122 批,货值 3 553 万美元,对外索赔 139 万美元,截获旅客禁止携带物品共 181 批,386 公斤。

【促进水果出口】 贯彻落实中央 1 号文件，加大落实国家质检总局和陕西省人民政府联合签署的《关于促进陕西水果、果汁出口的合作备忘录》的力度，出台了促进农产品出口的 13 条具体意见。编印 17 万字的《无公害水果生产与出口检验检疫》资料，作为果业管理干部及果农技术培训教材。制定了《陕西苹果出口加拿大检验检疫质量管理体系》及《陕西苹果出口检验检疫质量管理体系》，形成了从种植到出口的全过程监控体系，对陕西出口苹果的标准化生产、规范性加工起到了明显地推动作用，20 多个注册果园通过加拿大认证，10 多个果园通过欧洲 EUROGAP 认证，实现了标准化生产。派员参加了中国与澳大利亚、中国与秘鲁、中国与巴西、中国与法国等双边水果检疫谈判和交流，努力为陕西苹果、梨出口开辟更大的国际市场。2004 年，陕西苹果、梨又取得了进入智利、阿根廷的许可。2003 年底，陕西输加拿大苹果因为发现山楂叶螨，导致出口中断，陕西检验检疫局修改整理了输加苹果质量管理文件，进行了加工质量体系的建立和审核，帮助企业建立自控体系。加拿大食品检验署两次前来考察，并于 10 月 6 日恢复进口陕西苹果。2004 年有 1747 吨苹果出口加拿大，货值 190.3 万美元，比上年增长了 1 倍多。全年共检验检疫出口水果 3.91 万吨，2647 万美元，同比分别增长 79%和 163%。

【促进果汁出口】 向省政府及国家认监委上报了《赴美果蔬汁质量监控考察报告》，提出根据不同特色创汇农产品分布情况，由“资源优生区”向“产业优管区”转化的建议，引起省政府的重视。向地方政府、果业主管部门和出口果汁生产企业提供欧盟、美国和日本等对苹果及其制品的相关安全质量法规、禁用和限量使用的农药名录与农残限量标准、我国《农产品安全质量无公害水果要求》等信息。以浓缩苹果汁生产为主，全力指导企业建立 HACCP 体系，开展官方验证工作。已有 24 家企业实施官方验证，并在美国注册备案。扶持与指导企业相继开发出浓缩猕猴桃汁（浆）、草莓汁、水果罐头、肉罐头等 10 多种出口新产品。组织 3 家果汁生产企业 1 家蜂蜜生产企业迎接美国食品药物管理局检查，相关企业的生产、检测水平有很大提高。全年经陕西检验检疫局检验检疫出口果汁 17.9 万吨，货值达 1.18 亿美元，分别比上年增加 27%和 32%。

【促进畜产品出口】 全面分析秦川牛 50 年的疫情资料和药物使用情况，确定重点监管的疫病和兽药，逐步形成供港活牛检验检疫风险管理模式。协助省有关部门工作，争取商务部连续追加陕西供港活牛配额到 5 000 余头，是 1999 年以前的近 3 倍。2004 年检验检疫供港活牛 9 088 头，比上年增长 1 倍，创历史新高。及时向出口企业提供信息，同泰国农业部门协商，使两批共 609 只种用关中奶山羊成功出口泰国。这是首次检疫大批量出口种用动物。帮助企业改善加工生产条件，建立质量保证体系和 HACCP 管理体系，出口肉类企业的产品质量明显提高，陕西肉类出口业务在停滞 3 年之后开始恢复，全年出口冻猪肉 532 吨。

【防治高致病性禽流感】 2004 年初，西安发生禽流感疫情，迅速成立了防治工作领导小组，对出入境人员做到“五个及时”，对出入境货物和邮包加大查验力度，强化消毒措施，对冷库等重点防治场所加强监督管理。作为省防治领导小组监管检疫组组长单位，召集农业等十几个单位，研究落实中央和省上各项防治监管措施。迅速妥善处理突发案例，及时总结经验教训，不断完善突发性动物疫情应急预案。确保了无一例疫情、疫病在口岸传播。在疫情控制之后，又及时对外交涉，使蛋粉很快恢复出口日本等国，全年蛋粉出口量达到 315 吨，比 2003 年略有增加。

【原产地标记注册】 加大优质农产品的原产地保护力度，佛坪“佛品”牌山茱萸和甘泉“兴银”牌红小豆通过国家质检总局原产地标记注册专家审核，并上报获得批准，实现了陕西检验检疫局原产地标记注册工作零的突破。

【拓展新业务】 开始了国际邮件检验检疫、出口皮鞋检验等多项新业务。抽调人员于 7 月 25 日入驻西安出口加区开展工作，共受理报检进出口货物 159 批，货值 5 329 万美元。开展驻厂检验业务，选派人员轮流驻守韩城第二发电厂施工现场，确保国家重点引进项目的顺利进行。

【严把进口关】 对涉及 CCC 认证的进口商品严格审查，没有证书和标志的严禁入境。对于涉及安全、卫生、环保的进口旧机电产品，实施装运前预检验，发现不符合我国有关安全、卫生、环保等强制性要求的坚决禁止入境，共禁止入境旧机电产品 3 批，货值 46.4 万美元。加强进口棉花的检验，出具索赔证书 59 份，索赔金额 40.7 万美元。联合西安市质量技术监督部门、西安市公安局对市场进口食品、化妆品进行监督检查，对发现的 2000 余件，价值 10 万元不符合要求的进口化妆品给予查封，并采取了处理措施。

【推行分类管理】 积极推进出口企业分类管理,进一步完善出口机电、纺织及矿产品的生产加工企业分类管理制度,逐步把检验检疫监管工作重点向生产过程转移。在风险评估的基础上,逐步扩大分类商品和分类企业范围。为了确保对生产过程的有效监管,提高检验工作质量,在三家金属硅生产企业中组织进行盲样测试,对化验人员进行培训,提高工厂的自检能力,从源头上确保出口产品的质量。

【简化办事程序】 简化内部工作流程,加快放行速度,为快速核放、电子通关做准备。简化了6种证书的签证流程,向电子办公过渡,将原来由报检人转单变为内部转单,简化了报检程序。对机场进出境货物,按照贸易种类、国别、包装等进行分类,区别对待。对“法检”目录外商品和航空快件货物,凭海关放行记录登记放行,加快通关速度。召开国境口岸卫生检验检疫监管会议,理顺国境口岸卫生监督工作。召开西安陆运口岸进出境集装箱检验检疫暨监管工作会议,加强了进出境集装箱检验检疫和监管工作。

【贯彻《行政许可法》】 利用专题讲座、知识竞赛以及宣传栏、网站等多种形式大力宣传《行政许可法》,增强依法行政的意识和自觉性,推进管理规范化。把24项检验检疫行政许可项目分解到相关职能部门,制订行政审批程序,规范行政许可审批工作。清理规范性文件,废止了59个业务规范性文件,对15个进行修改,最终对51个纳入汇编的业务规范性文件进行编撰,形成了首部规章制度汇编。建立了行政执法过错追究责任制,坚决杜绝乱执法、或不执法的行为。

【实施工作质量稽查】 实施检验检疫工作质量稽查制度,重点稽查了涉及安全、卫生、环保及人身健康商品的检验检疫工作质量和涉及检验监管模式转变的一些商品的检验检疫工作,对实施分类管理较早的机电产品实施了证书检查和过程检查,确保工作质量,探索了内地局检验监管模式与快速验放的有机结合,为推进“大通关”做准备。

【开展认证认可工作】 组织开展了出口质量许可证、出口食品生产企业卫生注册、供港澳活畜养殖场检验检疫注册的考核及管理工作。至2004年底,共有卫生注册登记企业70家,注册的供港澳活牛育肥场19家、供港澳活猪养殖场3家。全年颁发出口包装容器许可证15份,出口质量许可证31份,国境口岸食品生产经营单位和服务行业许可证15份。

【认证监督管理工作】 开展了SA8000认证情况专项调查,对陕西地区2003年进出口化妆品进行了调查。派员参加了国家认监委组织的对安徽、陕西两省的5家农产品认证机构的监督检查,其中陕西2家。开展了对未经批准的认证咨询机构、认证人员进行集中清理调查,对了解到的违规信息进行调查取证,并上报国家认监委。开展了计量认证实验室专项监督检查。

【规范认证工作程序】 编写了行政许可中有关出口食品生产企业卫生注册登记、出口化妆品生产企业卫生注册、认证咨询机构备案登记认证工作的行政许可工作程序。对有关认证工作的业务规范性文件进行修订。

【实施办公自动化】 8月份引进检验检疫办公自动化系统并试运行,9月至11月正式进入办公自动化试运行过渡期,纸质文件和网上电子本并行。12月份在全局顺利实现了局内发文、内部请示等无纸化运行,同时启用公告板、邮箱、内部资料等功能模块,12月底对来文扫描后以电子版试行网上传输基本成功,标志着陕西检验检疫局基本实现了办公自动化。办公自动化的推广应用,加快了公文的处理速度,提高了工作效率,规范了公文审核,公文、资料的可追溯性、检索利用性实现了一次革命。

【开通公众信息网站】 为增加行政执法工作的公开、公正、透明性,于6月底建成公众信息网站,并被链接到国家质检总局网站和陕西省政府公众信息网。及时发布最新的检验检疫动态、办事程序、行政审批结果,方便公众了解检验检疫业务和工作流程。

【科研成果与获得艾滋病确认实验室资格】 全局组织完成科研课题研究3项，行业制标3项，地方标准1项，获得总局科研项目2项，获得行业制标任务4项。下属检验检疫技术中心紧紧围绕国家级果蔬汁检测重点实验室建设，收集国外检测标准和方法，探索适合果汁检测的快速准确方法，获得3项果汁检测方法行业标准立项，参加了国家认监委组织的蔬菜农药残留检测能力验证（PT2004－01），全部项目检测结果均为“满意”。保健中心启动了ISO9000管理认证工作，艾滋病实验室顺利通过了卫生部专家组的考核验收，获得区域性艾滋病确认实验室资格。

【加快事业单位改革】 研究印发了《关于进一步加快事业单位改革的意见》，重点开展了法人登记注册、业务界定、财务管理等方面的工作。下属4个事业单位（西评中心、保健中心、技术中心和机关服务中心）均办理了事业单位法人登记、相关税务登记及其他手续。

【基本建设】 7月30日，陕西检验检疫局综合实验楼获国家质检总局批准立项。成立了基建工作领导小组，设立基建办公室，抽调专人负责基建工作。按照保证重点、设计前瞻、功能齐全、综合利用、效率最大的原则，精心组织基建工作。为实现资源共享、优势互补，请示省政府并获批准，扩大基建规模2 000平方米，与陕西省共建农产品、食品检测中心。11月12日，下属榆林局举行了办公实验楼迁址仪式，办公地址正式由原神木县迁至榆林市。西安咸阳国际机场国境口岸检疫基础设施建设获省政府配套资金200万元。职工食堂基建项目顺利开工。

【获“最佳厅局”称号】 按照省委省政府的要求，在全局范围内开展了机关作风教育整顿活动，严格工作纪律，加强风纪检查，机关风貌有了明显改善。召开“青年文明号”创建经验交流现场会，为机场办举行了全国“青年文明号”授牌仪式。扶贫资助的安塞县嘴头峁村第一期人畜饮水工程完成，帮助安塞县建成了蔬菜检验实验室，交友帮扶工作被省直机关工委评为先进集体。为每位职工送上生日蛋糕；组织成立了乒乓球等多个兴趣锻炼活动小组；组织筹办全局职工书法摄影展等。对台工作被评为先进集体。陕西检验检疫局被评为2004年度“创佳评差”竞赛活动“最佳厅局”。

（贾明贵）

2004年食品及化妆品卫生监督检验情况统计表

单位：万美元

合计		出境　入境	
批次	与去年同期相比%	金额	与去年同期相比%
1951＋36.614063＋60	1823＋36.91	3838＋60	12833.3225＋35.5

2004 年监测体检及预防接种统计表

单位：人次

监测体检总数			艾滋病监测数			体检发现病例数			预防接种数		
合计	其中：	HIV感染及AIDS性病 澳抗阳性 肝炎 其他传染病				合计	其中：	非传染病 霍乱 黄热病 其他			
合计	6139	6139	184	0	2	159	23	7884	2368	813	4703
中国籍	5232	5232	157	0	2	140	15	7873	2365	808	4700
外国籍	907	907	27	0	19	8					

陕西口岸大事记

5 月 25 日

按照省委、省政府的安排，法门寺佛指舍利赴港供俸。

6 月 5 日

法门寺佛指舍利赴港供俸结束后返回陕西，在机场举行了隆重的恭迎仪式。

7 月 13 日

文莱国家高级检察代表团来陕西访问。

9 月 23 日

韩国人事委员会委员长赵昌铉一行 4 人来陕访问。

澳大利亚国防学院代表团一行 108 人结束在陕访问乘专机回国。

10 月 9 日 – 12 日

海峡两岸高科技论坛在西安隆重举行，口岸查验现场设礼遇专用通道，圆满完成 200 多嘉宾的入出境检查。

10 月 15 日

俄罗斯联邦总统普京访问陕西

10 月 10 日 – 16 日

普京总统及随行 8 架专机入出口岸，共查验官方人员 218 人，机组 149 人。

10月21日

日本香川县友好代表团议员34人和各界友好人士共260人访问陕西。

10月29日－11月3日

“两岸道教界共同纪念老子楼关授经祈祷法会暨学术报告会”在西安举行，嘉宾200余人出入航空口岸。

10月31日

埃塞俄比亚总理梅莱斯·泽纳维及随行政府高级官员26人乘专机来陕访问。

11月1日

英国BP公司首席执行官布朗勋爵一行来陕参观考察。

11月2日

尼日利亚总统乘专机来陕西访问。

甘肃口岸工作综述

【概况】 甘肃省经国务院批准正式对外开放的口岸有兰州航空口岸和马鬃山陆路边境口岸。兰州中川机场航空口岸是甘肃省直接同国际间接轨的空中通道，马鬃山口岸则是甘肃省与蒙古国进行边境贸易往来的陆地通道。口岸的开通，打破了深居中国西北内陆的甘肃省长期以来与外界隔绝的封闭状态，带动了黄河上游经济的腾飞。随着改革开放的不断扩大，甘肃省会兰州正在逐步建成西北地区最大的交通、通讯和商贸中心。目前，甘肃省已同世界上 80 多个国家和地区建立了贸易合作关系，初步形成了多层次、多渠道、全方位的对外开放新格局。

2004 年 4 月，甘肃省政府机构改革，将甘肃省口岸办职能正式划归甘肃省商务厅。2004 年 7 月，各项工作由甘肃省经贸委正式移交甘肃省商务厅。

为了加快甘肃对外经济贸易发展，在甘肃省政府大力支持下，在省商务厅、口岸办、兰州海关共同努力下，2004 年 5 月 28 日，经海关总署批准在酒泉市设立二级海关，目前，筹建工作正在抓紧进行。

2004 年 7 月，经甘肃省宗教局和甘肃省伊斯兰教协会的申请，国家宗教局同意将兰州航空口岸作为穆斯林赴境外朝觐的出入境通道。2004 年底，在甘肃省口岸办的大力协调下，在口岸各联检单位密切配合下，赴麦加朝觐的穆斯林群众顺利平安有序地出入兰州航空口岸。共飞行 4 个航班，8 个架次，运送穆斯林群众达 1300 多人次。此项工作受到广大穆斯林群众和国家宗教局、中国伊斯兰教协会的一致好评。

【甘肃对外贸易】 2004 年，甘肃进出口总额 17.7 亿美元，比上年的 13.3 亿美元增长 33.6%。其中：出口完成 9.96 亿美元，比上年的 8.78 亿美元增长 13.6%，占全省（市）国内生产总值 1 559 亿元（相当于 188 亿美元；注：美元换算用中国银行公布的 2004 年平均汇率）的 5.3%；占全国出口额的 0.16%。进口完成 77 644 万美元，比上年的 45 000 万美元增长 72.6%。

出口商品结构。初级产品出口额 13 710 万美元，占出口总额的 13.7%；工业制成品出口额 85 924 万美元，占出口总额的 86.2%。2004 年出口额 1 亿美元以上的商品有：铝 16 753 万美元，占 16.81%；硅铁 16 198 万美元，占 16.26%；镍 10 327 万美元，占 10.36%；钢材 10 320 万美元，占 10.36%。出口额2 000万－1 亿美元的商品有：机电产品 8 350 万美元，占 8.38%；锌 3 295 万美元，占 3.31%；焦炭 2 308 万美元，占 2.32%；苹果汁 2 174 万美元，占 2.18%。出口额 1 000 万－2 000 万美元的商品有：酪蛋白 1 839 万美元，占 1.85%；钴 1 558 万美元，占 1.56%；电极 1 518 万美元，占 1.52%；铅 1 040 万美元，占 1.04%。

出口商品市场。出口商品销往 141 个国家（地区），主要出口市场为：日本 24 759 万美元，占出口总额 24.85%；韩国 22 228 万美元，占 22.31%；美国 10 650 万美元，占 10.69%；香港 5 908 万美元，占 5.93%；台湾省 3 787 万美元，占 3.80%；德国 3 013 万美元，占 3.02%；荷兰 2 857 万美元，占 2.87%；菲律宾 2 446 万美元，占 2.45%；印度尼西亚 2 029 万美元，占 2.04%。

进口商品结构。初级产品进口额 61 388 万美元，占进口总额的 79%；工业制成品进口额 16 276 万美元，占进口总额的 21%。进口额 3 000 万美元以上的商品是：铜精矿 36 000 万美元，占进口总额

46.37%；机电产品 12 494 万美元，占 16.09%；氧化铝 5 840 万美元，占 7.52%；铁矿砂 5 125 万美元，占 6.60%；钴矿砂 4 888 万美元，占 6.30%；镍锍 4 248 万美元，占 5.47% ；镍矿砂 3 193 万美元，占 4.11%。

进口商品市场。进口商品来自 51 个国家（地区），主要进口市场为：

澳大利亚 13 984 万美元,占进口总额比重 18.01%;智利 9 560 万美元,占 12.31%;秘鲁 8 820 万美元,占 11.36%;哈萨克斯坦 7 628 万美元,占 7.66%;美国 4 799 万美元,占 6.18%;德国 4 057 万美元,占 5.23%;蒙古 3 878 万美元,占 4.99%。

技术进出口。技术进出口总额 4 303 万美元，比上年的 3 946.80 万美元增长 9%。签订引进技术和进口设备合同项目 15 个，比上年增加 3 个；合同金额 4 303 万美元，比上年的 3 652 万美元增长 17.8%。技术进口引进石油加工项目 3 个，金额 68.77 万美元；黑色金属冶炼项目 10 个，金额 4 191.32 万美元；电气机械及器材制造业项目 2 个，金额 43.19 万美元。

对外经济合作。2004 年，新签承包工程和劳务合作合同 23 份，新签合同额 4 004 万美元，比上年合同额 3 963 万美元增长 2%；完成营业额 5 175 万美元，比上年完成营业额 4 221 万美元增长 22.6%；当年派出劳务人员 310 人，年末在外劳务人员 845 人，派往的主要国家和地区有：赞比亚、津巴布韦、马拉维、喀麦隆、加纳、南非、莫桑比克、苏丹、阿尔及利亚、也门、沙特、阿联酋、新加坡和港澳地区等。

2004 年新签的主要项目及国别（地区）：甘肃省国际公司分包的阿尔及利亚阿尔泽海水淡化厂及电厂项目，合同额 1 100 多万美元，预计派出劳务人员 300 多人；承包的也门阿姆兰水泥厂设备、钢结构和电气安装工程，合同额 845 万美元，预计派出劳务人员 150 多人。甘肃省海外工程总公司承包的加纳行政管理学院招待所项目，合同额达 112 万美元，完成营业额 14 万美元，新派出劳务 5 名；津巴布韦奇诺伊法庭项目，合同额达 400 万美元。甘肃省地质工程总公司承包的赞比亚水井项目合同额达 130 万美元，完成营业额 111 万美元。

【口岸查验单位】 兰州海关。2004 年两税入库 37 045 万元；监管进出口货物 63.4 万吨，进出口货值 42 451 万美元；审批减免税 2.7 亿元；加工贸易合同备案 60 份，备案金额 18 854 万美元；年审企业 318 家，办理新报关企业注册 190 家；稽查、调查补税入库 495 万元；加工贸易核销补税入库 131.9 万元；审价归类补税入库 856 万元；查处违规案件 8 起，案值 12 320.68 万元；罚没收入入库 241 万元；监管进出境人员 1 626 人。

甘肃出入境检验检疫局。2004 年，共检验监管进出口商品 8 109 批，货值 10.7 亿美元，比上年同期批次增长 16.8%，货值增长 38.4%。其中检验监管出口商品 7 288 批，货值 6.8 亿美元，批次增长 26.6%，货值增长 48.6%，出口商品经检验不合格 82 批，货值 625 万美元。分别增长 32.3% 和 90.6%；检验监管进口商品 821 批，货值 3.9 亿美元，批次减少 30.8%，货值增长 23.6%。经检验发现不合格进口商品 16 批，货值 305 万美元，批次减少 42.9%，货值增长 9.3%。对不合格的进口商品及时出具了索赔证书。

全年共检疫进出境动植物及动植物产品 387 批，货值 2 442 万美元。

经严格审核，签发普惠制产地证书 3 018 份，签证金额 3 亿美元，签发一般原产地证书 589 份，签证金 1.1 亿美元。

出入境人员传染病预防接种 6 093 人次，出入境体检及艾滋病监测 2 183 人次，发现检疫传染性疾病 59 例，梅毒 2 例。

甘肃口岸查验单位工作综述

兰 州 海 关

2004 年，兰州海关按照“冷静思考，科学定位，固本强基，埋头苦干，整体优化，稳中求进”的发展思路，努力建设海关准军事化纪律部队，积极推进业务改革，进一步强化服务意识，提高通关效率，积极支持扩大出口，圆满完成各项工作任务，为地方经济发展作出了应有的贡献。

全年两税入库 37 045 万元；监管进出口货物 63.4 万吨，进出口货值 42 451 万美元；审批减免税 2.7 亿元；加工贸易合同备案 60 份，备案金额 18 854 万美元；年审企业 318 家，办理新报关企业注册 190 家；稽查、调查补税入库 495 万元；加工贸易核销补税入库 131.9 万元；审价归类补税入库 856 万元；查处违规案件 8 起，案值 12 320.68 万元；罚没收入入库 241 万元；监管进出境人员 1 626 人。

【坚持依法征管，综合治税，超额完成全年税收任务】 2004 年税收入库 3.7 亿元，创建关以来最好水平。一是积极开展税源调研，加大转关协调力度，不断提高属地纳税比例。对主要税源企业进口计划进行调研摸底；积极宣传政策和提供优质文明服务，吸引企业属地报关纳税；关领导带队走访口岸海关加强沟通联系，协助解决企业进出口实际困难，使大宗税源商品应转尽转。属地纳税比例达 45%，比 2003 年提高了 18 个百分点。二是加强税收分析，防止“跑、冒、滴、漏”。充分利用关税分析监控系统，对税收征、减、免、欠情况分析、评估；积极采取应对措施，堵塞征管漏洞，严把税收进度和税收征管质量关。三是强化综合治税。加工贸易、稽查、调查、审价、归类加大补税力度，各类补税总额达 1 482.9 万元，其中调查、稽查补税 495 万元；加工贸易核销补税 131.9 万元；审价、归类补税 856 万元。

【切实履行职责，严密海关监管，监管水平得到进一步提高】 落实快速通关改革措施，加强实际监管，提高通关效率。以切换 H2000 通关管理系统为契机，不断加强业务基础建设和制度建设，完善内部业务流程，规范业务操作，简化手续，加速验放。一是在查验工作中全面引入风险管理理念、方法和手段，充分利用风险管理平台，指导监管工作。通过对进出口贸易监管特点及相关数据的分析，提高了查验工作的有效性和针对性。全年共查处报关单异常情况 28 起，查获率 13%。二是落实 24 小时预约通关和处、科长带班制度；对关区进口大宗铜精矿企业凭金融机构出具的保函放行，减少了企业资金占压，支持了企业发展；采用“台账”与核查相结合的方式，加强对大宗散货的监管力度；对氧化铝、镍精矿等大宗散货实行台账式管理，降低了监管风险，确保了监管的有效性；加大了汽运转关货物运输工具检查力度，坚持对汽运货物运输工具实行逐批检查登记制度和核对制度。三是大力开展跨关区转关运输业务，方便企业快速通关。走访天津、南京、乌鲁木齐、首都机场等海关，转关渠道进一步畅通，进出口货值持续增长。监管进出口货值 42451 万美元，同比增长 70.8%。四是加强对转关货物的监管。严格进出口舱单管理；加强转关回执核销力度，转关货物核销率达到 96.7%，高于海关系统95%的正常核销水平。五是天水监管组以打基础、抓管理、促服务为重点，推进业务工作全面有效开展。

【坚持打击走私综合治理，整合打私力量，打击走私继续保持高压态势】 一是坚持“打防结合，综合治理，突出重点，坚持不懈”的打私工作方针，积极发挥刑事、行政执法职能作用；下大力气查处走私违法犯罪刑事积案，向检察机关移送积案2起；认真履行行政执法职能，全年立案查处行政案件8起，案值1.23亿元。调查、缉私罚没收入入库241万元。二是整合资源，建立调查、稽查工作与风险分析和企业管理相结合的工作方式。充分发挥风险分析的基础作用，对企业进行动态管理；全年为通关、审单、关税等部门提供价格线索和信息40余条；按照守法便利原则积极推行信任管理，对违法企业降低管理等级和实施处罚；根据总署要求和关区实际对重点企业、重点商品、重点合同项目开展常规稽查和专项稽查；全年稽查企业10家，规范企业行为8家，与两家企业签定MOU，贸易调查企业28家，查获违规案件3起，案值2756万元人民币。三是建立调查与缉私部门以及其他相关部门的配合机制，有针对性地开展反价格瞒骗专项斗争。打击关区硅铁出口、进口医疗器械低报价格专项斗争，补税314万元，有力地打击了价格瞒骗活动。四是尝试调查、缉私办案队伍力量整合。在保持现行机构框架不变的情况下，实行力量互补，共同开展工作，解决了人力相对不足的问题。五是发挥海关在全省打私工作中的牵头作用，推进反走私综合治理。与各有关执法部门、口岸相关单位以及行业主管部门密切配合，齐抓共管，形成打私合力，维护了正常的市场经济秩序。

【充分发挥统计预警、监督、监测作用，为领导决策提供参考】 一是统计工作把提高数据质量当作生命线，针对数据质量存在的隐患，加大统计监督职能管理力度，使关区统计数据质量有所提高。二是深入开展统计调研和分析，抓住地方经济发展中的热点、重点问题，进行统计信息分析，适时反映甘肃省进出口运行状况，为领导提供决策依据和参考；《2003年甘肃省对外贸易综述》等5篇专题分析文章，受到省上领导好评。三是坚持每月、每季度定期向甘肃省各地、州、市商务部门提供进出口方面的综合信息和咨询服务。将海关统计数据通过媒体发布，方便社会和企业及时掌握，扩大社会影响力；年内为地方党政、各相关部门提供约6万条统计数据信息，有效地提高了海关信息的社会化服务水平。

【严格审批，加强监管，促进加工贸易健康发展】 一是加强对加工贸易货物的有效监管,严格单证核销,单耗核定;采用计算机办理续册等方法,提高审批质量;严格内销补税审核,确保应收尽收。二是积极帮助指导有条件的企业扩大加工贸易业务;经报请总署同意,批准兰州连城铝业公司设立全国有色冶金行业第一家加工贸易保税工厂。三是完善了加工贸易企业手册质量管理台账制度,对重点企业及合同实施全程动态监控,降低管理风险。四是认真开展加工贸易逾期未核销手册的清理工作。共清理出逾期未核销手册191本,涉及企业63家,核销结案109本,其余82本继续进行核查。通过清理,摸清了兰州关区加工贸易历史遗留档案情况,为进一步确保加工贸易持续健康发展奠定了基础。

【坚持科技创新，做好技术服务保障工作】 一是提升科技现代化应用水平，顺利完成H2000系统切换工作。制定了相应的操作规程和制度规范；完成了各阶段H2000系统正式运行环境的升级。二是充分发挥技术工作为各项政务、业务工作服务的保障作用；围绕各部门技术需求项目，有重点地开发或移植应用程序，并做好技术跟踪服务。三是完成三网隔离改造工程、H2000系统外网预录入系统测试、电子口岸企业IC卡证书更新等工作。四是完善了网上支付系统技术测试环境的搭建，积极引导企业网上缴纳税费，提高通关效率。五是制订技术工作应急预案，确保办公楼搬迁后机房及设备的正常运行，保证了网络通畅和安全。

【加强领导班子建设，坚持从严治关，努力建设准军事化海关纪律部队】 按照海关队伍建设12字要求，坚持以人为本，以班子建设、队伍思想建设、素质能力建设和规范化建设为切入点，切实加强队伍建设。

【以加强班子建设为重点，统一思想，加强团结，明确工作目标和思路，班子的凝聚力进一步增强】 一是结合“五年回顾研讨教育”活动，召开党组民主生活会。党组成员认真总结回顾班子建设的经验教训，广泛开展批评与自我批评。通过学习、交流和沟通，统一了思想，提高了认识，提出了“团结协作，求真务实，学习创新，廉政勤政”的班子建设目标。二是结合发展实际，初步拟定《兰州海关发展规划》，提出了“冷静思考，科学定位，固本强基，埋头苦干，整体优化，稳中求进”的发展思路，有效增强了全关同志的归属感和团队凝聚力，为兰州海关发展奠定了良好基础。三是坚持每周党组碰头会制度，对重大决策和事项实行民主决策，保证各项决策科学正确。四是发挥中层领导排头兵和第一推动力作用。在中层班子建设上，推行目标责任制和层级管理负责制，强化各级领导班子责任意识，提高敢管善管能力，特别是较好地发挥了中层领导对下级的传、帮、带作用。五是围绕加强自身建设，谋求突破创新。突出狠抓“4+2”工程，即：扎扎实实抓好队伍思想建设、班子建设、素质能力建设和规范化建设，在求工作实绩、树社会形象两方面见成效。经过一年的努力，“4+2”工程取得积极实效，队伍凝聚力和关员工作责任感明显增强，中层班子的标竿和排头兵形象初步显现，规范化、正规化管理渐入正轨。

【以加强思想建设为重点，促进工作规范，深化人事制度改革，干部素质明显提高】 抓全员思想建设，激发工作干劲与活力。一是以开展“五年回顾研讨教育”活动为契机，深入开展思想教育。按照总署关于“五年回顾研讨教育”活动的要求，认真组织开展了丰富多彩的回顾教育研讨活动。通过召开专题党组民主生活会、座谈研讨会、论文交流会、提合理化建议、网上论坛等丰富多样的活动形式，查找了全关存在的“五个不相适应”的问题，并有针对性地予以研究解决；利用半个月时间开展了“四查四看四促”活动，促进教育活动成果的巩固和转化。二是及时掌握关员思想动态，加强思想政治工作的针对性。集中开展了关员思想动态调研分析，有针对性地开展思想动态调研；把工作重点放在占全员比例较大的青年关员身上，着力发挥机关党委、团委影响和带动青年队伍的作用；三是提高了思想政治工作的实效性。关党组坚持每年同分管部门负责人深入谈心不少于2次，做到及时沟通和交流思想。通过关长信箱、合理化建议论坛等形式，不断畅通与关员对话交流的渠道；

以规范化建设为手段，促进管理水平提高。一是组织全员分3批进行了为期一个月的封闭式军事训练；把部队的管理经验引入机关日常管理，有效推动了令行禁止、整齐划一的机关作风建设。二是将《兰州海关党组工作规则》、《直属海关关长行为规范》、《兰州海关会议纪律》等重要工作制度上墙、入册，狠抓有制度不执行、不落实等问题；制定并落实《兰州海关工作规则》，整顿机关工作秩序。三是抓住工作标准不高、落实不到位的“牛鼻子”，从大事着眼，从细小问题入手，“以小见大”，强化基础，狠抓落实，促进了工作质量和办事效率的提高。

严格考察考核，深化干部人事制度改革。一是开展干部选拔任用和竞争上岗；开展海关与缉私局之间的干部交流，促进海关和缉私警察队伍的相互融合和共同提高。二是完善干部季度和年度考核工作。推行网上季度考核办法，实行量化考评和目标责任制管理，把日常管理与考核奖惩相结合，提高了考核的科学性。三是提高学习培训质量。积极开展各类培训。

【完善机制，狠抓落实，全面加强廉政建设】 坚持“标本兼治，综合治理，惩防并举，注重预防”的方针，全面落实党风廉政建设和反腐败各项工作任务。实现“杜绝违纪违法案件发生”一个目标；贯彻好“全国海关纪检监察工作会议和甘肃省纪委四次全会”两个会议精神；抓好“强化教育引导、纠正行业不正之风和行政执法监督”三项重点工作；化解“查验、审价归类、减免税、基建”四个高风险岗位的廉政风险；加强“纪检监察与督察审计、干部教育、党建、法制、业务”五项工作的紧密结合，开展“廉洁从政教育，党风廉政建设责任制，执法监督，行风建设，学习教育制度”等六项工作落实情况的检查。

认真落实党风廉政建设责任制。一是进一步完善了廉政工作制度。修订了《兰州海关2004年度党风廉政建设责任书》，制订了《兰州海关领导班子及成员党风廉政建设责任制实施办法》及《兰州海关领导班子成员述廉工作实施办法》。二是狠抓了责任制的落实。按照“谁主管，谁负责”的原则，关、处、科层层签订《责任书》，并将《责任书》落实情况作为季度和年终考核的重要内容，增强了各级领导干部“一岗双责”的意识，保证了落实廉政责任制的有效性。

坚持廉政教育分析制度。一是制定了《兰州海关2004年纪检监察宣传教育工作要点》，明确了全年廉政教育的内容、时间和目标，组织各部门深入学习中纪委三次会议和全国海关纪检监察工作会议精神及《海关总署关于黄埔海关2·17案件的通报》；坚持每周廉政学习教育汇报会，每月廉政教育分析会制度，并把学习教育情况纳入全年党风廉政建设责任制检查内容。二是党组纪检组坚持每半年对全关党风廉政建设进行一次全面分析和综合评估，纪检监察部门坚持指导抓好廉政检查，确保廉政教育不走过场。三是组织关员观看《中华之盾》、《厦门4·20》等警示教育片，有针对性地进行廉政教育活动，使广大关员始终保持警钟长鸣。通过各种形式的学习、宣传和教育，全关人员廉洁自律意识不断提高。四是加强纪检监察工作经验总结，积极宣传海关廉政工作。海关纪检监察信息得到了驻署纪检组、监察局的肯定和表扬。

加强预防职务犯罪工作。一是按照教育、制度、监督并重和“标本兼治，综合治理，惩防并举，注重预防”的要求，针对“人、权、物”等关键环节，从源头预防腐败。二是认真落实《兰州海关与甘肃省人民检察院预防职务犯罪联系配合办法》，积极参加联席会议，主动介绍海关开展党风廉政建设工作情况，争取检察机关对海关预防职务犯罪工作的指导。三是针对海关基建工作，提出“工程质量一流，干部成长健康”的目标和要求。四是加强对办公场所改造装修工程及公物购置等的监督审计，共审计核减经费开支约13.7万元，保证了各环节按规定运作。

狠抓行风治理工作。一是认真开展“海关人员6项禁令”专题教育活动。关党组明确提出落实“海关人员6项禁令”要入脑、入心、入行；将“6项禁令”上网、制卡，保证人手一卡，随身携带；积极向地方党政及社会各界宣传“6项禁令”，公布举报电话，主动接受监督；组织制定《兰州海关特邀义务监督员工作办法》，从省直纪工委、兰州大学等单位和企业聘请了10名特邀义务监督员，加强对海关工作的监督；认真开展“海关人员6项禁令”落实情况对照检查，通过各部门自查自纠、关里重点抽查、召开民主生活会等方式，教育关员真正在思想上、行动上认真落实“6项禁令”。二是认真开展“执法为民，树立新风，共建廉洁海关”主题宣传月活动。按照总署的部署和要求，印发宣传材料、《公开信》和行风状况调查问卷，广泛开展思想动员；加大关务公开力度，公开海关办事程序、职业纪律等，增强执法透明度，为企业办理海关通关手续提供便利。

加强纪检监察队伍自身建设。按照纪检监察队伍“团结奋进，开拓创新，廉洁奉献，自强高效”的要求，不断加强组织建设，规范内部管理，提高队伍素质；按照总署党组关于整合直属海关纪检监察工作力量的通知要求，对海关纪检人员和缉私局纪检人员进行了力量整合，理顺了纪检监察工作体制和工作关系，加强了党风廉政建设和反腐败工作。

【加强调查研究，采取得力措施，为地方外经贸发展提供多层次、多方位服务】 海关以积极支持地方经济发展为己任，主动把海关工作置于西部大开发和甘肃大发展的各项建设之中，把地方党政的工作重点作为海关的工作重点去思考、去研究；强化服务意识，从甘肃省对外贸易发展相对薄弱的实际出发，与省商务厅等相关部门紧密合作，认真总结分析关区业务特点，加大对进出口企业调研力度，拓展服务范围，增加服务内容，提升服务质量，主动帮助和指导企业正确运用国家进出口相关优惠政策。不负重托，不辱使命，有效促进了甘肃省外向型经济的发展，赢得了地方党政和企业的认可。

强化服务意识，深入调查研究。年初，兰州海关领导带队先后深入酒钢公司、玉门石油管理局、兰州石化公司、金川公司、白银公司等国有大中型企业开展调研，调查了解企业发展和在进出口通关环节的实际困难和需求，现场解决企业在通关环节遇到的具体困难和问题，向企业广泛宣传国家最新政策、通关改革及海关业务等方面的情况，加强了关企合作。

贯彻“工业强省”战略，大力支持民营企业发展。在去年国家对企业进出口经营权全面放开后，甘肃省民营企业进出口业务量不断上升。对此高度关注，积极组织人员赴进出口业务量较大、有发展潜力的民营企业调研，召开民营企业座谈会，开展业务咨询服务，宣传政策、法规，为企业发展献计献策。2004年，甘肃省民营企业进出口大幅度增长，全年累计进出口货值3亿美元，增长1.3倍，占全省进出口总值的16.9%。

认真执行减免税政策规定，积极支持企业享受税收优惠政策。根据国家对西部地区基础设施建设投资和大中型国有企业技术改造项目逐年增多，科研项目减免税增加的实际情况，兰州海关坚持依法减免，积极支持基础建设、技术改造及科研项目投资，全年审批减免两税2.7亿元；积极为企业协调争取税收优惠，支持企业引进先进技术设备，上报总署关于减免税政策方面的请示、意见、建议6条，帮助兰州石化公司解决了引进设备减免税等问题。

推动西北内陆地区物流产业发展，畅通进出口物流渠道。积极支持东航甘肃公司和甘肃省民航空运监管仓库建设，从海关工作角度提出具体要求；与甘肃省邮政局积极协商探讨开展邮递快件监管业务的可行性，并开展了初步调研；与铁路等部门就建设兰州国际集装箱中转站有关事宜进行了沟通和初步调研。

完善海关机构设置，方便企业通关。为进一步改善投资环境，方便兰州以西地区企业办理进出口海关手续，海关多次派员赴甘肃河西地区实地考察，向海关总署和省政府提出设立酒泉海关的调研报告。经过多方努力，国务院已于2004年5月批准设立酒泉海关。目前正在和地方党政协商，积极落实筹建工作，力争早日揭牌开展业务。

提高服务质量，强化措施落实。先后制定了《兰州海关关于高新技术企业适用海关便捷通关措施审批办法》等6项行政许可事项的审批办法和6项业务操作规程；重新修订和推出了兰州海关支持扩大出口服务十项措施；加大关务公开力度，认真执行和落实承诺制度、首问责任制、大型企业提前报关、预约报关、上门验放、担保验放等便捷通关措施，加快通关速度，为企业提供优质服务。

通过以上措施，支持和促进了甘肃省外向型经济的发展。今年，甘肃经济快速增长，对外贸易增势强劲，企业应对国际市场变化能力不断增强，全省进出口总值达到17.7亿美元，同比增长33.6%。全年实现贸易顺差2.1亿美元。

【强化内部管理，做好服务保障】 坚持全面与重点相结合，服务决策与服务基层相结合，全面加强基础建设和制度建设，促进各项工作逐步规范，并取得良好收效。一是信息工作数量和质量均有一定提高，署、地采用160条，同比增长20.3%；二是督察督办工作趋于规范。对全年工作要点事项进行跟踪督办；坚持《兰州海关重大事项督办单》制度、督办事项通报制度，推动决策落实。三是新闻宣传层次和水平有所提升，重点锁定省级以上报刊、电视台等新闻媒体，全年在省级以上媒体宣传146次，在中央级媒体宣传取得突破。四是修订完善了公文处理办法和发文规程，抓好了突发紧急大项工作，尤其是办公楼搬迁的组织协调、禽流感疫情爆发时期的信息报送及关址搬迁后对外公告和外部协调工作；完成了各类接待任务。五是法制工作得到有效开展，全员法制意识不断增强。2起行政诉讼案件均取得胜诉；开展了多次全员法律知识考试；开展业务执法调研，尝试建立法制工作协调机制。六是进一步发挥学会作用，开展海关学术理论研究和政策法规调研，34篇论文参加关区论文交流；《甘肃省与西北五省外贸比较分析》等5篇论文分别在总署和全国其他论文评比中获奖。

进一步完善了财务支出预核算制度，坚持“厉行节约、保障服务”的原则，认真执行“收支两条线”，管好用好各项经费和资金。加强对服务中心的财务管理和审计监督，规范基建财务制度，保障基建经费需求，理财意识进一步增强。

规范服务中心管理，积极组织力量做好全关搬迁工作；加强车队安全教育，车队全年安全行车35万公里。

新技术业务综合大楼在保证施工安全和质量的前提下，主体已按工期封顶。

兰州海关2004年业务量统计表

项　　目	单　位	2003年	2004年	比去年同期±%
监管进出口货运量	吨	410918	634035	54
进口货运总量	吨	409032	632681	55
出口货运总量	吨	1886	1354	-28
监管进出口货运值	万美元	24847	42451	71
进口货运总值	万美元	23343	40353	73
出口货运总值	万美元	1504	2098	40
税款入库	万元	13891	37045	167

项　目	单　位	2003 年	2004 年	比去年同期±%
关税	万元	2860	3682	29
进口环节税	万元	11031	33363	202
审批减免税金额	亿元	2.48	2.7	9
审批减免税宗数	宗	493	655	33
实际减免税金额	亿元	2.33	1.4	-66
备案加工贸易合同	份	31	60	94
备案进口料件金额	万美元	6052	18854	212
经批准内销补税	万元	471	132	-72
稽查补税	万元	190	181	-5
违规补税	万元	36	0	-100
查获走私案件	起	2	0	-100
走私案件案值	万元	669	0	-100
查处违规案件	起	4	1	-75
违规案件案值	万元	529	496	-6
走私犯罪立案数	起	1	0	-100
走私犯罪立案案值	万元	173	0	-100
上缴罚没收入	万元	111	241	117
监管进出境人员数	人次	3580	1626	-120

兰州边防检查站

2004年，兰州边防检查站在上级党委的正确领导下，坚持以十六大和十六届四中全会为指针，努力践行“三个代表”重要思想，认真贯彻落实“突出一个主题、开展两个教育、抓好三项建设、实现两个确保”的工作思路，努力实现现役制边防检查站“走在前列”的目标，狠抓了边检执勤执法、部队正规化管理和基层建设，各项建设取得了长足发展。

【落实两个“规范”，严密勤务组织，圆满完成出入境边防检查任务，确保口岸安全畅通】 兰州边防检查站党委始终把边防检查工作摆在首要位置，坚持一切为中心工作服务的原则，按照两个“规范”，进一步完善了勤务制度、验讫章管理制度、查控工作规范制度等。一是规范勤务组织程序，从点滴想起，从小事抓起，从进入执勤现场开始，到离开执勤现场结束，建立健全了一套正规的验证检查程序。注重提高勤前、勤后会的质量，坚持每周召开一次勤务分析会，小结讲评本周执勤任务完成情况，分析新形势，形成新思路，制定新措施。修改完善了勤务组织制度，制定了《兰州边检站争创“执法为民窗口”、争当“执法为民标兵”活动方案》、《兰州口岸经常出入境人员检查验证方法及注意事项》、《执勤现场处置一般案件方案》和《处置冲击堵塞口岸群体性事件实施预案》。印制了34种边防检查行政法律文书。全年共检查出入境飞机10架次，出入境旅客员工1628人次。二是严格按照《边防检查员查控工作规范》抓落实，确保执勤安全。严格执行双人布控制度，坚持科长每周、站长每月检查布控制度落实情况，确保了接、布、控、查四个环节的绝对安全。三是积极开展检查员岗位练兵活动。组织检查员进行验证模拟训练、出入境卡片录入等训练，举办了文检仪使用和法律文书制作培训班，编写了关于甘肃省口岸经常出入境人员检查验证方法和注意事项知识手册，组织出入境卡片录入训练，举办法律文书制作培训班，修订完善并组织演练执勤现场处置一般行政处罚案件实施办法，提高了检查员的业务工作技能。四是立足实际开展“双争”活动，树立良好的窗口形象。《现役制边防检查站开展争创“执法为民窗口”、争当“执法为民标兵”的活动方案》下发后，站党委积极召开会议，分析研究本站边防检查工作现状，对“双争”活动进行研究部署，成立“双争”活动领导小组，制定具体实施方案，明确各级人员责任，迅速组织开展了以端正执法思想，强化岗位培训，完善勤务组织，提高服务质量，优化通关环境，提高通关速度为主要内容的“双争”活动。官兵在执勤过程中，牢固树立“立警为公、执法为民”思想，严格遵守《文明执勤守则》，贯彻落实便民利民措施，用自己的文明形象赢得了旅客们的满意。在执勤现场，制作悬挂了“有困难、找边检”的标语，设立了中国公民出境告示牌等，使出入境旅客满意在边检、舒心在边检，营造了警民一家亲的良好氛围，为中外旅客创造了优良的通关环境。五是实行警务公开，广泛接受社会监督。年内聘请了3名社会监督员，并开展了监督工作。站党委一班人经常深入旅行社和联检单位，征求意见和建议，自觉接受群众监督，不断深化勤务改革。站纪委还定期对执勤工作进行检查，通报存在问题，提出改进意见，促进了边检执勤工作质量的提高。特别是在8月1日对日本秋田至兰州的包机实施入境和年底对朝觐穆斯林群众的出入境检查工作，受到了各级政府和地方群众的大力赞扬，树立了形象，做出了榜样。

【积极开展多种形式的培训和学习，提高检查员队伍的综合素质】 为切实提高边检工作的质量和建设水平，实现现役制边检站“走在前列”的目标，兰州边检站把提高检查员业务素质作为落实“双争”活动的基础来抓，注重强化培训的实战性，在理论与实践的结合上下功夫。结合检查员等级考核制度，与兰大计算机中心联系，集中人员、时间，进行培训。目前已有11名同志参加了国家计算机一、二级考试，并取得了相应证书，3名同志参加了计算机网络培训。对检查员培训分阶段、分内容，由浅到深、由易到难、由基础到全面，使整个培训一环扣一环，逐步推进，并采用专人授课与自学、讲解与讨论等多种形式，达到了全面提高的目的。

【党委重视，强化教育，牢固树立“立警为公、执法为民”思想】 为认真贯彻总队党委扩大会议精神，站党委召开会议，认真研究、分析本站边检情况现状，深入开展教育，使广大官兵认清所面临的形势和肩负的使命，保持清醒的头脑，对战略机遇期边防检查工作有了新的认识，增强了做好边防检查工作的责任心、使命感；按照部局“双争”活动要求，加强对检查员的宗旨意识教育、爱岗敬业教育、奉献意识教育，使检查员对战略机遇期边防检查工作有了新的认识，增强了官兵做好边防检查工作的责任感和使命感；加强法制教育，树立“三个意识”：一是牢固树立了群众意识。从思想认识上解决好“为谁执法、为谁服务”的问题，确立“立警为公、执法为民”的观念，切实做到情为民所系、权为民所用、利为民所谋、事为民所办。二是牢固树立人权意识。站党委特别强调在具体的执法行为中，每一个公民都有其合法的人身权利和民主权利，决不能因其有违法犯罪行为而施以拳脚，更不能因为主观的怀疑猜测而对其粗暴。三是牢固树立法治意识。始终坚持以法律为准绳，维护法律的严肃性，牢固树立了一切以法律为依据、依法办事的理念，把法律法规的规定作为执法工作的唯一依据和标准，切实杜绝凭个人主观想法和感情用事的现象，确保严格、公正、文明执法。

【努力培养人文精神，切实提高官兵思想道德素质，树立公安边防部队执法为民的良好形象】 公安部周部长关于“人要精神、物要整洁、说话要和气、办事要公道”的要求，是新形势下对公安边防部队精神面貌提出的更高标准。为此，兰州边检站以中华文化的优秀传统积极引导官兵、熏陶官兵，不断提高官兵思想道德修养，在执勤执法中，凸现以人为本的原则。一是规范个体形象，从仪容仪表、言行举止抓起，要求每个检查员做到“头发不整洁不上勤、衣服不熨不上勤、皮鞋不亮不上勤”，严格落实“上勤前检查、执勤中提醒、下勤后讲评”制度。二是提升整体形象。为把“双争”活动引向深入，制定了《文明执勤守则》和《兰州边防检查站便民利民实施办法》，并开展了“开口问声好，满意在边防”活动，使出入境旅客满意在边防，舒心在边防。三是坚持警务公开，树立廉政形象。按照执勤现场正规化建设要求，在出入境边防检查现场设置了边防检查标准牌和举报箱，公布了部局、总队和站三级举报电话，聘请了3名义务执法监督员，暗访执法服务情况，定期不定期召开会议或上门征求意见。同时还按照“公开、透明”的原则，通过问卷调查、座谈走访等形式，广泛征求官兵及社会各界意见，建立健全了内外监督评价体系。今年，共向出入境旅客发放咨询卡260余张，并深入旅行社、联检单位听取有关执勤执法的意见和建议，从而使执勤执法工作始终置于监督之下，确保了执勤执法质量，年终被公安部边防局评为“执法为民窗口”先进单位。

【积极筹划，全力抓好新办公楼的营建并按计划完成搬迁任务】 兰州边检查站自1992年建站以来，一直没有办公楼，为解决官兵的办公环境，经多方筹措，站办公楼于年内立项营建。在地方党委政府和上级机关的关心帮助下于9月10日通过联合验收并交付使用，9月16日顺利搬迁。

2004年兰州边检站较好地完成了以边防执勤工作为中心的各项任务，取得了一些成绩，在今后的工作中将继续扎实有效地开展“双争”活动，树好“窗口”文明形象，不断提高检查员综合素质，建设一支高水平的检查执法队伍，圆满完成出入境边防检查任务，努力做到“让党放心、让人民满意”。

兰州边防检查站2004年业务统计表

出入境航班架（次）	10
出入境人数	1628

甘肃检验检疫局

2004年，甘肃检验检疫局在国家质检总局和省委、省政府的正确领导下，以邓小平理论和“三个代表”重要思想为指导，认真贯彻落实党的十六届四中全会精神和全国质检系统局长会议精神，坚持把发展作为第一要务，切实履行严把国门、服务经济的职责，全面提高整体素质和执法把关的能力，推行目标管理，绩效考核，积极促进扩大农产品出口，突出抓好重点商品的检疫监管工作，提高出口产品的质量，加快人才队伍建设，加强干部队伍建设，加强精神文明建设、廉政建设和党的基层组织建设，各项工作都取得了明显的成效。

【坚持严把国门，依法施检能力不断提升】 2004年，甘肃检验检疫局以严格把关为己任，以服务经济、促进发展为目标，以实施以质取胜战略扩大全省产品出口为着力点，既防止不合格商品和有害疫病疫情入境，又防止不合格商品出境，切实维护好国门安全，促进经济发展。

2004年，共检验监管进出口商品8 109批，货值10.7亿美元，比上年同期批次增长16.8%，货值增长38.4%。其中检验监管出口商品7288批，货值6.8亿美元，批次增长26.6%，货值增长48.6%，出口商品经检验不合格82批，货值625万美元。分别增长32.3% 和90.6%；检验监管进口商品821批，货值3.9亿美元，批次减少30.8%，货值增长23.6%。经检验发现不合格进口商品16批，货值305万美元，批次减少42.9%，货值增长9.3%。对不合格的进口商品及时出具了索赔证书。

共检疫进出境动植物及动植物产品387批，货值2442万美元。

经严格审核，签发普惠制产地证书3 018份，签证金额3亿美元，签发一般原产地证书589份，签证金1.1亿美元。

出入境人员传染病预防接种6 093人次，出入境体检及艾滋病监测2 183人次，发现检疫传染性疾病59例，梅毒2例。

提高大宗出口商品的质量。铁合金是甘肃最大的出口产品，出口质量直接影响甘肃省出口任务和国际市场的声誉，甘肃检验检疫局高度重视出口铁合金的质量。2004年初，由于受国际供求关系的影响，铁合金出口价格上扬，一些企业纷纷生产出口，致使产品质量有所下降，不合格产品有所增长，不合格项目主要包括主含量不够，杂质元素超标及加工规格不符合标准和合同要求等。根据这种情况甘肃检验检疫局立即采取措施，遏制出口铁合金生产质量下降的局面，把提高铁合金产品质量，作为体现检验检疫执政能力的一个具体的重要的方面。及时召开了全省出口铁合金、碳化硅检验监管工作会议，向全省生产加工出口企业通报了质量方面存在的问题，提出了今后一段时期检验监管工作方面的要求和措施，依法规范检验监管工作、提高企业质量意识，确保出口铁合金质量；还组织检验人员深入企业召开现场会，查原因找问题，提出改进措施加强现场检验监管，对现场检验不合格的产品提出重新加工要求，把不合格品杜绝在厂门内；还帮助和引导企业建立质量管理体系，加强对生产原料、生产技术和成品检验等环节的控制和管理，从源头上提高质量；建立出口企业档案，加快出口企业诚信体系建设，定期分析出口商品质量并向企业通报。对产品质量好、诚信守法的企业，采取快捷验放通关方式加快通关速度；而对那些存在严重质量问题的企业采取措施帮助限期整改要求，以扭转质量下降的趋势。通过以上措施，使出口铁合金不合格批次、数量和货值都明显下降。

加强外繁制种检疫和监管工作。甘肃检验检疫局一直将外繁种子的监管作为促进农产品出口的重要措施常抓不懈。外繁制种逐年递增，据统计，外繁制种面积已达3.73万亩。为加强检疫监管工作，4月份，与省植保站联合召开了对外繁种及对外引种工作座谈会，研究解决存在的问题，并就有关对外繁种检疫的同意调入函、引进种子登记备案、实验室检验、引种审批、检疫监管和疫情监测等工作中存在的问题进行了通报，针对存在的问题，依据植物检疫的法律法规提出了具体的要求和改进措施，为今后做好对外繁种工作提出了指导性意见。

2004年7－8月，根据境外国家或地区政府及境外种子商的要求，甘肃检验检疫局与省植保站联合对嘉峪关、酒泉、张掖、武威4个地级市的27个乡镇的外繁种子进行了产地病虫害调查，并邀请兰州市农科所、甘肃农业大学的有关专家参加调研。调查面积达1 724亩，调查作物包括来自美国、德国、日本、韩国、荷兰、以色列等19个国家或地区的蔬菜、瓜类、花卉、玉米、棉花、牧草等作物的189个组合。采取对每个国家、同一作物的不同组合普查和抽查相结合的办法进行调查，并将瓜类和花卉制种基地作为重点。通过调查，共查出病害69种，其中，甜椒病害6种、番茄病害13种、西葫芦病害3种、西瓜病害3种、甜瓜病害9种、花卉病害11种、油料病害8种、茄子病害1种，其他病害15种。发现检疫性病害8种。通过调查，为检验检疫出证提供了科学的依据。

【坚持促进经济发展，为外贸服务水平不断提高】 为促进外经贸发展，提高服务水平，甘肃检验检疫局在监管模式、管理制度、管理方法、工作方式、保障条件上实行改革和创新，采用现代手段，不断提高工作效率，简化手续，方便企业进出口业务的办理速度。

提高工作效率，减轻企业负担，促进外向型经济发展。为方便外贸企业报检和查询，甘肃检验检疫局及其下属机构在报检大厅都设置了电脑，并举办了两期培训班，对30多家企业近40名报检员进行了报检软件的使用培训，4月1日正式开通了局自助式电子申报。截止目前，甘肃检验检疫局电子报检率达到60%，电子签证率达56%以上。此外，2004年甘肃检验检疫局还加大电子转单的宣传力度，现在电子转单率达到90%以上。电子手段的广泛运用，不仅加快了货物的出入境速度，也使更多的企业感受到了信息化带来的方便和快捷，得到了企业的认同。酒泉检验检疫局建立了电子报检客户端，3月份实现了企业自助式电子报检业务，同时积极帮助2家企业完成了电子报检企业端的建立，初步建立了进出口企业的电子档案和进出口商品的电子档案，深受企业好评。

甘肃检验检疫局还对辖区内的各进出口企业经过认真调查和有针对性宣传，在企业自愿申请的基础上，经审查确认在兰铝等5家自营出口企业实施绿色通道，现已向国家质检总局申报其实施绿色通道资格。通过电子申报、电子转单、绿色通道的途径，这5家企业将成为甘肃省首批搭乘通关高速路、充分享受“提速、减负、增效、严密监管”优惠的企业。

积极支持农产品扩大出口。2004年，甘肃检验检疫局把扩大农产品出口作为落实《中共中央、国务院关于促进农民增加收入若干政策的意见》文件精神的重点来抓，从学习贯彻“三个代表”重要思想的高度，增强促进农副产品出口工作的责任感和紧迫感，从实际出发抓好落实。甘肃检验检疫局领导曾多次带领各有关处室分别深入到天水、陇南、甘南、临夏、平凉、庆阳、武威、张掖、酒泉等食品、农产品主要产区进行调研，分别与各地市领导及有关部门召开座谈会，召开出口食品、农产品企业的座谈会，研究如何扩大甘肃省的食品、农产品出口和增加农民的收入问题，特别是10月份总局在山东召开了扩大食品、农产品会议以后，甘肃检验检疫局将调查情况给省政府写了报告，就甘肃省食品、农产品出口的现状，存在的问题提出了改进、扩大食品、农产品出口的意见和建议。在多方面的同共努力下，2004年甘肃省食品、农产品出口额比上年提高37%以上。

帮助有关企业提高产品质量档次。为最大限度的避免甘肃省农产品出口遭遇国外技术壁垒的限制，甘肃检验检疫局采取多种措施，及时向出口企业通报国外有关技术法规、标准、规范和要求。同时，与省、市（州）政府有关部门建立促进甘肃省农产品出口联席磋商机制，研究促进全省农产品出口中遇到的重大问题，指导企业建立出口农产品质量保证体系和卫生控制体系，为确保甘肃省农产品的顺利出口创造必要条件。

一是加强对进出口企业的管理。对出口食品、动植物产品及重点出口企业继续实行卫生注册和出口质量许可证制度。甘肃检验检疫局注意规范程序，将质量体系认证列入到考核工作中，保证了考核工作质量。考核包装生产企业12家，受理新申请卫生注册评审25家，现场评审通过考核9家，到期复查18家，经复查评审需整改跟踪审核6家，现场评审考核不合格注销3家。全面开展出口食品生产企业卫生登记工作，对15家企业进行考核，通过现场评审11家。

二是帮助出口加工企业逐步建立健全质量安全管理体系，积极在出口优势农产品龙头企业中推广HACCP、ISO9000、ISO14000认证和有机食品认证。

三是加大市场开发力度，认证数量得以攀升。首次以参与公开竞标的形式赢得了省招标中心、省建设工程咨询中心的认证合同，ISO9000签约企业达80余家，其中出口食品加工企业10余家，完成HACCP咨询认证7家，评审注册CCC产品认证企业16家，与甘肃省火电工程公司等6家企业达成了OHSAS18000认证意向协议。

四是积极帮助甘肃通达果汁有限公司接受美国FDA的检查验收。这是我国与美国关于苹果汁争端案胜诉后美方来华的第一次官方验证，此次检查对企业和检验检疫部门具有极其重要的意义。为做好此项工作，成立了由主管副局长任组长、科技认证处、卫检处、平凉分支局、检测中心和评审中心共同组成的迎检小组。2名局领导多次带队深入该公司进行预检，提出需整改和补充的问题30余项，并同庆阳市政府领导座谈、协调解决有关问题，主动与陕西检验检疫局取得联系，共同采取措施，统一检查方式，有利地促进了迎检工作的顺利进行，以确保该公司通过美国FDA的检查。

五是对甘肃省农产品知名品牌、特色产品、优势产品实施原产地标记认定。加大了宣传力度，帮助企业完善各项申请条件，做好初审及推荐工作。完成了9家企业的原产地地理标记注册和原产国注册认证工作，召开了全省原产地标记注册颁证大会，保护原产地知识产权，增强了甘肃省产品出口竞争力和市场占有率。

按照省政府部署，扶优、扶强，支持具有特色的农产品扩大出口。针对甘肃省将马铃薯、优质果品、草畜产品、蔬菜、啤酒原料、酿造葡萄、中药材、花卉等10大类具有优势的农产品作为重点扶持出口的现状，加强病虫害发生动态及农药残留调查研究和监控工作，使甘肃省蔬菜生产保持不断增长的势头。继续做好对出口脱水蔬菜的种植基地备案工作，现已注册18家，通过大量调查和走访农户，了解了病虫害发生的规律以及农药使用情况，采集样品进行农残检测，从而为进一步做好出口蔬菜基地备案和农残检测工作奠定了基础。

帮助农产品生产加工企业生产适销对路的产品。根据省委、省政府发展抓项目的要求，将有一些农产品加工项目开工，甘肃检验检疫局为农产品加工企业提供技术指导帮其做好前期规划设计工作，将工作重点由最终产品的批批检验转变为产前、产中、产后全过程监管，主动为加快农业产业结构的调整、重组和升级服务。与有关地市相关部门联合，从畜牧业养殖种植生产基地建设抓起，帮助建设进口动植物隔离场，引进国外优良作物和种畜禽良种，实现全省农牧业品种改良，提高农业产品的质量。积极做好供港活牛育肥场的注册工作，先后深入宁县兴旺牧业有限责任公司、平凉市景兴清真肉食有限责任公司和平凉市雄风实业有限责任公司所属的活牛养殖场，完善相关条件，并向国家质检总局积极争取，使他们相继成为拥有向港澳地区出口活牛资格的注册育肥场。平凉市雄风实业有限责任公司和宁县兴旺牧业有限责任公司共向香港地区出口活牛 38 头，实现了全省陇东地区活牛供港零的突破，也为今后该地区牛产进一步发展奠定了良好的基础。

就近报检、就地检验，减轻企业负担。检验检疫业务按照辖区进行了调整，对分支局能承担的业务监管工作交由分支局承担。平凉检验检疫分支局的农副产品检测实验室，酒泉检验检疫分支局的番茄酱检测实验室，天水检验检疫分支局的理化实验室都已建成。并加大了设备投入和人员培训，相关的检测项目由三个分支局承担，现在各分支局都对所辖区域内的商品开始自验，不再送往省检验检疫局检测，降低了企业成本，提高了通关速度。

积极投入打好防治禽流感疫情的阻击战。年初我国部分省、市(区)和亚洲有关国家发生高致病性禽流感病例后，甘肃检验检疫局及时传达了国家质检总局关于加强防治禽流感的通知精神，特别是在 2 月 4 日国务院召开了全国防治禽流感工作会议后，该局紧急动员，迅速部署，全力以赴，一手抓把关、服务，一手抓禽流感、“非典”防治。认真贯彻落实国家质检总局、省委、省政府防治高致病性禽流感工作会议精神，认真履行检验检疫职责，积极采取有效措施严把国门，维护国家经济安全和人民群众生命健康，始终把防治疫情作为头等大事来抓，加强组织领导，积极宣传，认真检查，做到防治工作责任到人，制定了《禽流感防控技术措施》、《禽流感疫情应急处理预案》等规章制度，以防禽流感疫情的传入传出。加强与铁路、交通、民航、海关、质监、农业等相关部门的联系，加大了对禽类加工、冷库、邮寄物品、交通工具及进出境禽类产品检验检疫及监管力度。尽管全省没有出口禽类企业，该局从大局出发及时与省畜牧部门沟通，积极协助作好相关工作发挥作用。根据国家质检总局的部署对全省的 107 家冷库和肉类产品批发市场及超市开展了清查活动，清查的各类肉产品 4 219 件约 65 吨。对清查中发现的兰州海利食品有限公司从巴西和阿根廷疫区进口的 17 箱牛百叶，按有关规定进行了深埋销毁处理，有效控制疫情的发生。

【坚持科技强检，科研工作取得新成绩】 科技是第一生产力，科技水平是检验检疫工作的生命线，他们坚持营造尊重劳动、尊重知识、尊重人才、尊重创造的良好氛围，是不断增强检验检疫事业发展活力的关键所在。只有发挥高素质人才的作用，加强科技研究，用现代科技来提升检验检疫工作质量，才能为国家的经济安全把好国门。

加强科技管理和立项课题督办工作。按照国家认监委和科技司要求，按时上报了 2004 年度行业标准制修订计划任务书及汇总表共 5 个项目，按时上报了 2005 年度《甘肃局科研计划项目申请》等和 4 项课题，确定立项的 5 个课题 13 万元经费已及时划拨到位。通过努力，在甘肃省科技厅 2004 年度科研计划中，甘肃检验检疫局立项承担《口岸媒介生物分布动态和鼠疫出血热》、《出口种子番茄溃疡病快速超灵敏检测技术及胶体金法检测试剂条开发研究》2 个科研项目。《氢氧化钴、碳酸钴测定方法》纳入 2005 年度地方标准制定计划，已被确认立项。完成了《名优白酒质量指纹专家鉴别系统的研究》行业标准鉴定工作。

实验室建设初步形成了“四个统一”。根据甘肃地区面广，出口产品分散的情况，长远规划，对实验室建设进行了整合，投资40多万元进行了实验室改造，将分支局的实验室由中心实验室管理，根据不同地区的产品结构，建立专业性实验室。酒泉局建成番茄酱检测实验室，平凉局建成农副产品检测实验室，天水局建成理化实验室，并充分发挥其检测技术优势。经过改造后的实验室形成以省局中心实验室为主体，专业实验室延伸至分支局的网络检测技术保障体系。形成了全局实验室资源共享、检测业务统筹安排、检测人员统一培训、仪器设备统一购置的良好格局。加快系统内1个国家级、2个区域性和1个甘肃农业主产品常规性实验室的建设步伐，并充分发挥其检测技术优势，与社会实验室实施合作，不断增加农产品、食品涉及安全、卫生的检测项目，缩短检验流程，提高检出率，使检测能力和水平与国外设置的技术标准相适应。

与高校携手，扩大检验检疫科技成果转化工作。甘肃检验检疫局充分利用高素质专业技术人员和雄厚的分析技术手段，在局内首次建成了硕士培养基地，和西北师大地理与环境科学学院联合培养硕士，更好地服务于地方经济，为我国培养出更多更优秀的环境分析人才。向国家标准委申报了中国苦水玫瑰油的国家标准，在10月份召开的ISO/TC54第24次精油标准年会上，甘肃检验检疫局1名同志作为我国代表在经过近2年的准备工作后向会议正式提出中国苦水玫瑰油国际标准制定工作，并提交了相关的英文资料和玫瑰油的样品。经讨论列入了新工作项目，正式文本和数据结果于2005年4月前经德国代表审查，交ISO/TC54秘书处后，将正式承担中国苦水玫瑰油的国际制标的起草工作。这为甘肃省的苦水玫瑰油得到国际认可、扩大出口创造了条件。

网络建设迈出了新步伐。9月18日，甘肃检验检疫局公共网站建设基本完成，10月1日正式投入使用，采用2M专线，实现了省局与3个分支局的互联，可望年内完成广域网的建设。加快推进信息网络化建设，积极推行办公自动化，实现管理工作的高效率运转。完成了OA的政府采购工作，共分6期举办了办公自动化培训班，年内将完成实施办公自动化的前期各项准备工作。

【坚持提高队伍素质，加快人才队伍、干部队伍建设】 树立科学发展观，不断提高干部职工政治理论水平。甘肃检验检疫局深入学习科学发展观，正确把握其科学内涵，不断提高贯彻落实科学发展观的自觉性和坚定性。根据国家质检总局的部署和安排，有组织分层次地组织干部职工联系实际学，带着问题学，不断把科学发展观的学习引向深入，真正做到了学有所得、学有所获。统筹兼顾，正确处理好全局与局部利益的关系、把关与服务的关系、检验与监管的关系、口岸查验与内地检验的关系、检验检疫部门与口岸等相关部门的关系、发挥自身优势与社会优势的关系。坚持以人为本，用科学发展观指导检验检疫工作，推动了检验检疫事业与外向型经济的协调发展。

加快干部人事制度改革。为进一步拓宽选人用人渠道，增强机关的内部活力，充分调动和发挥干部队伍的积极性、主动性和创造性，逐步建立起公平竞争、人尽其才的用人环境和充满生机与活力的用人机制，制定出台了《处级干部竞争上岗管理办法及其实施方案》。对空缺的8个副处级岗位，通过笔试、面试、民主测评、组织考察四个环节，在符合条件要求的范围内公开竞争，优化了人员结构，解决了由少数人选人、在少数人中选人的弊端，为想干事、愿干事、能干事的同志提供了施展才华的平台，体现了干部选拔中的公开、公正、竞争、择优的原则。

为了全面培养锻炼干部，优化领导班子年龄结构、知识结构和专业结构，增强领导班子整体合力，甘肃检验检疫局调整了局领导班子分工，加大了干部交流、干部轮岗力度。在实施中注重把干部交流与培养使用结合起来。在交流中考察和锻炼干部。从省局选派一定数量的人员到基层工作并形成制度，解决基层局人员紧张的状况，同时加强处室与分支局人员之间的交流，交流正处级干部8名，以副代正转正6名，新选拔任用副处级干部8名。根据年度考核、平时考核和不同的专长，向检验检疫一线岗位和分支局倾斜，给一些年轻的领导干部压担子，给他们施展才华的机会，促进了干部的成长，增强了机关活力，促进了勤政廉政建设，实现了工作作风的转变，提高了工作效率。

注重加强基层党组织建设。按照《中国共产党党和国家机关基层组织工作条例》的规定，2004年3月份，该局进行了党支部的换届改选工作，党员人数在3人以上的部门，都独立组建了党支部。11月份，又顺利完成了局机关党委、纪委的换届选举，把党的思想建设、组织建设、制度建设贯穿于检验检疫工作的始终，促进了检验检疫事业的可持续发展。认真贯彻《中国共产党党和国家机关基层组织工作条例》，贯彻坚持标准、保证质量、改善结构、慎重发展的方针和组织发展工作程序及公示制度，发展预备党员1名，转正5名。局机关工会被省总工会授予省级模范职工之家。

【坚持加快发展，综合行政管理水平不断提高】 加快检验检疫事业的发展是甘肃外向型经济发展的需要，甘肃检验检疫局坚持从实际出发，开拓创新，勤政高效，通过抓检验检疫综合行政管理体系建设，构建团结协调、生动活泼、稳定和谐的政治局面，使检验检疫各项工作实实在在落到实处，取得实实在在的成效。

积极推行目标管理。为保证全局各项工作任务高质量、高效率的完成，对部门和个人的工作进行公平的鉴定评价，充分调动职工积极性和潜能。合理细化和界定了各部门的职责，继续推行目标管理责任制，每个部门都设有重点工作项目、目标及要求、标准分、考核要求，还将劳动纪律、教育培训、信息宣传、政治理论学习、财务管理、廉政建设、精神文明建设、工作创新作为共同项目进行量化考核，加强了机关效能建设，逐步建立了以竞争为核心的工作机制。制定了《甘肃检验检疫局议事规则》，并加大了督查工作力度，定期对文件办件、签报及其证书的完成情况进行通报，文件的办结率明显提高，各部门推诿扯皮的现象有所减少，使局党组的部署事事有回音，件件有着落。

严格财务预算管理。坚持用预算计划管财理财，使财务工作逐步规范，进一步提高了项目资金的使用效益，对于公用经费、项目经费进行细化分解，在项目经费开支和审批上，严格按分解的预算计划执行，从而避免了种种扯皮现象。

加快企事业单位的改革。制定了《独立法人事业单位组织人事管理办法》和《事业单位工作人员考核实施办法》，使事业单位不断完善内部管理机制，逐步推行事业单位人员管理由身份管理向岗位管理转变，明确局机关与事业单位责、权、利的关系，事业单位实行了全员聘用制，逐步建立起重业绩、重贡献、重成果的分配机制和激励机制，有效地调动了各类人员的积极性。

甘肃检验检疫局事业单位职工人数占全局职工总数的1/3，事业单位的改革，事关全局的稳定与发展。遵循“脱钩、分类、转制、搞活”的事业单位改革指导思想，统一认识，理清思路，制定方案，分步实施，稳步推进以人事和财务制度改革管理和科技创新及市场拓展为重点的一系列改革措施。在人事管理方面，进一步完善了聘用制为主要内容的用人制度和形式多样、灵活自主的分配激励制度，先后制定了《独立法人事业单位人事管理办法》、《事业单位聘用人员管理办法》。

狠抓行风廉政建设。认真落实“十不准、八严禁”等各项廉洁自律规定，坚持教育为本，牢固构筑思想道德防线，干部职工的拒腐、防变能力明显增强；加大制度落实力度，强化严格执法意识，领导干部廉洁自律规定得到落实；加强通力协作，注意齐抓共管，党风廉政建设有了长足的发展；坚持抓源治本，深化综合治理，检验检疫形象得到进一步提升。认真组织开展了《中国共产党纪律处分条例》、《中国共产党党内监督条例》等条规为重点的学习活动，大力加强警示教育和先进人物事迹教育，充分利用周例会、中心组学习、党支部活动等时机通报违纪违法案件和典型案例，并对工作中廉洁奉公者和好人好事及时在全局通报表扬。组织干部职工观看了《王怀忠两面人生》、《李真贪污受贿案剖析》、《立党为公、执政为民》、《任长霞》等先进事迹报告电教片。7月份，通过省直机关工委和兰州监狱管理局，组织全局120多名干部职工赴兰州监狱，通过服刑人员的现身说法，收到了良好的警示教育效果。

新疆口岸工作综述

2004年，新疆口岸办在自治区人民政府的正确领导下，以邓小平理论和“三个代表”重要思想为指导，认真贯彻执行党的十六届四中全会精神，结合实施西部大开发战略，全面落实国务院《关于进一步提高口岸工作效率的通知》要求，以建设高效、文明、安全、畅通的口岸为主要工作目标，加大协调力度，口岸管理部门与口岸联检单位相互配合，随时解决通关中的具体困难和问题，使全年进出口货物突破1078万吨大关，再创历史新记录。为新疆的对外开放和经济发展做出了贡献。

【2004年度全区口岸运行情况】 2004年，全区口岸共完成进出口货物1 078万吨，比上年同期增加26.5%，其中：进口847.3万吨，增加23.1%；出口230.7万吨，增加40.3%（一般贸易出口208.4万吨，增长47.3%；边民互市14.8万吨，减少6.9%；旅游购物7.5万吨，增长10.3%）。

全区口岸共检查入出境人员879 274人次，比上年同期增长63.2%，其中，旅客519 219人次，增长37.74%；边民互市104 199人次，增长257.7%；员工213 917人次，增长37.4%；旅游购物41 939人次，增长74.36%。

全区口岸共检查入出境交通工具153 866辆（列、架）次，增长48.7%，其中飞机2 925架次、火车7 650列次、汽车143 291辆次。

全疆口岸实现贸易额42.35亿美元，增加15.6%，其中进口26亿美元、出口16.35亿美元（含旅游购物6 730.7万美元、边民互市1.46亿美元）。

2004年海关税收达35.4亿元，同比增长40.9%，比2003年增收10.3亿元。其中关税5.88亿元，增长40.08%，增值税29.61亿元，增长40.28%。

【口岸大通关环境进一步完善】 为了全面贯彻落实自治区人民政府2003年在阿拉山口召开的大通关工作会议精神，2004年2月23日，自治区召开了大通关表彰会议暨口岸工作座谈会。自治区党委副书记、自治区政协主席艾斯海提·克里木拜、自治区副主席张舟参加了会议并作了重要讲话。会议认真总结了2003年的口岸工作并对2004年的口岸工作进行了安排部署。会议表彰和奖励了先进口岸3个、先进集体13个、先进工作者36名。通过总结工作，表彰先进，紧紧围绕如何进一步贯彻落实好国务院《关于进一步提高口岸工作效率的通知》的精神，因地制宜，各自根据口岸具体情况，本着以阿拉山口管理模式为榜样，全面改革口岸通关业务，创造口岸通关效率和过货量为主要目标，创造宽松、安全、高效、文明的口岸通关环境，为对外经济发展服好务，把好关。

要搞好口岸大通关工作，口岸职能部门一定要强化服务意识。检查检验工作实行作业流程和业务规范管理模式，进一步简化出入境手续，尽量为大宗货物的进出提供了保障。阿拉山口口岸认真总结了2003年的通关工作经验，继续对原油、球团矿实行直接验放，次日补办手续的便捷通关办法。霍尔果斯、伊尔克什坦等口岸积极推广阿拉山口口岸的通关经验，采取措施，加大协调力度，因地制宜对部分大宗货物采用便通或特殊查验流程，进一步加快了通关速度，全面提高了通关效率。阿拉山口口岸在不断加强口岸建设的同时，大力发展口岸经济，出台鼓励优惠政策，吸引国内外的投资者，利用两头在外的优势和方便，快捷、文明、高效的通关环境，先后共327家国内外知名企业在口岸开展加工业务，极大地增强了口岸经济贸易发展后劲，扩大了口岸通关业务。霍尔果斯口岸依托口岸优势，制定出“大口岸”建设规划，全力招商引资，大力建设工业园区，先后共进驻工业企业10家，累计投资额达4亿元，从业人员达200多人，使口岸区域经济成为地方经济增长的新亮点。

【口岸管理及协调服务】 口岸的综合管理具有较强的涉外性和整体性的特点。随着过货量的增加，对口岸的综合管理和协调能力也提出了更高的标准和要求。2004年，把提高服务质量，强化服务意识，由“一条龙”通关服务提升为“一站式”通关模式。口岸管理的重点放在进一步提高现代化科技管理和科技服务水平上来，大力推行网上付款、无纸通关、提前报关、快速转关，通关程序前伸后延，对企业实行分类指导，承诺服务，有效地提高了管理水平和服务质量。

注重解决口岸一线问题，是做好口岸管理的重点工作，全区各口岸进一步发挥口岸领导小组的作用，发挥口岸管理部门职能作用，加大协调力度，使口岸在通关中的具体困难和问题能及时顺利地得到解决。2004年3月1－7日，自治区口岸办会同自治区边贸局人员一道赴阿拉山口、霍尔果斯口岸，与当地企业、口岸管理、国税、检查检验等单位进行座谈讨论，对取消“减半征收、全额抵扣”优惠政策的执行情况进行全面了解，报自治区有关部门，请示国家在全国范围内实行统一的边贸政策，妥善解决了在取消“减半征收、全额抵扣”的政策后，给自治区口岸带来的过货影响。针对塔克什肯口岸青河旅游公司纠集蒙方边检人员向蒙方出境人员收取费用的问题进行调查处理。纠正了个别口岸执法部门将部门职责下放下属公司经营收费的问题，将全部口岸收费项目向社会进行公布，增强口岸收费透明度。为了全面提高口岸业务干部的业务水平，自治区口岸办举办了一期为期10天的培训班，来自全区一、二类口岸的36位同志参加了培训。

【口岸开放】 根据自治区党委和人民政府的要求，口岸开放工作本着实事求是、循序渐进的原则，有条不紊地进行。2004年5月25日中塔边境口岸卡拉苏—阔勒买口岸临时开放仪式在中塔边境交界处隆重举行，塔吉克斯坦总理阿尔基·阿基洛夫和新疆自治区党委副书记、自治区主席司马义·铁力瓦尔地出席口岸开放仪式及剪彩，并发表了热情洋溢的讲话。中国驻塔吉克斯坦大使吴虹滨、塔吉克斯坦驻华大使阿卜都拉耶夫·博哈杜尔、阿富汗驻华大使恰木丁·热巴拉斯也出席了开放仪式。该口岸成为中塔口岸唯一的一条陆路开放口岸。喀什国际机场口岸临时开放仪式于2004年6月8日在乌鲁木齐、喀什、伊斯兰堡三地同日隆重举行。乌鲁木齐—喀什—伊斯兰堡航线开通后，弥补了红其拉甫口岸冬季开放受限的不足，大大方便了新疆特别是喀什地区与巴基斯坦等周边国家人员的经贸往来，为自治区的经济发展提供了又一条重要通道。为了使喀什国际机场口岸尽快正式开通，2004年9月20日自治区口岸办又组织自治区口岸各相关部门对口岸正式开放前的各项准备工作进行了全面验收，在一致认为喀什机场口岸已具备正式对外开放的条件后，现已报请国家对喀什机场口岸正式开放进行验收。对于都拉塔口岸，在做好报请批准临时开放的同时，积极研究部署口岸建设、管理制度落实、查验人员设施到位等工作情况，组织相关部门对开放前的各项准备工作进行了验收，并已上报国家海关总署正式验收。中蒙口岸开放新协定于2004年9月28日起全面生效，对口岸开放时间和开放范围等方面进行了调整，在自治区口岸办的协调下，相关部门、单位对蒙4个口岸执行新协定后的口岸基础设施的建设、检查检验机构设立及查验人员编制等问题进行了研究，并已上报国家相关部委批准。

同时，自治区口岸办积极协调自治区各有关部门对临时开放红其拉甫和老爷庙口岸的具体工作，确保了国家援建项目物资和蒙方过冬物资出境。

【口岸规划建设】 口岸建设本着长远规划，统筹安排，逐步实施，突出重点，先易后难的基本原则，认真上报了全区“十一五”口岸发展规划的编制。上报了自治区口岸基础设施建设资金及需国家在政策上给予支持的报告。经过各个方面的共同努力，2004年共筹集建设资金700多万元。完成了都拉塔口岸的边检前哨班、边检办公楼、海关办公楼、国检办公楼、货物消毒房，外籍车辆监护场等建设项目；完成了卡拉苏口岸临时过货点生活用水、照明发电、光缆接口、交通工具等诸多方面问题；完成了老爷庙口岸400平方米的新联检厅内部装修工程和1 900平方米的口岸区地面硬化；完成了吐尔尕特口岸联检厅整体装修、采暖、线路及灯具整修、给排水等工程的维修和完善工作。为了使喀什国际机场早日实现对外开放，在国家资金未到位前，喀什地区垫款施工，共完成了机场通道扩建1 080平方米，联检单位临时办公室600平方米，边检综合楼4 000余平方米的改建扩建工作。这些资金的投入，进一步改善了口岸通关环境和查验单位的生活条件，为今后口岸的发展提供了良好的通关环境。

（孔福喜 姬冰洁）

新疆口岸查验单位工作综述

乌鲁木齐海关

2004年，乌鲁木齐海关在海关总署党组的正确领导下，在自治区党委和政府的监督指导下，坚持以邓小平理论、党的十六大和十六届三中、四中全会精神为指针，全面贯彻中央经济工作会议和全国海关关长会议精神，坚决执行海关16字工作方针和12字队伍建设要求，围绕关区“五个一”基本工作思路和奋斗目标，认真履行把关服务职能，全面推进各项改革和建设事业，较好地完成了各项工作任务。

【建立税收长效征管机制，全面提高税收征管质量，征收税款历史性地突破35亿元大关】 认真落实新的《关税条例》，以主要税源企业为重点，主动对贸易现状进行调研和动态分析，及时宣传税收征管政策，进一步稳定和扩大了税源。向各隶属海关下放了加工贸易备案、核销、变更以及减免税审批等多项业务权限，使企业能够按照属地和自愿原则就近办理相关审批业务。及时印发了《关区税收分析监控要情》，加强对关区税收征管的监督指导，对照《关区税收征管质量评估考核办法》的量化考核指标，定期公布对各隶属海关的考核等次，加大了考核范围和力度。充分利用关税监控分析系统、审价补税分析系统、风险管理平台，加强了风险分析和布控，严格执行价格磋商，并完善内外联系协作机制，形成了打击价格瞒骗工作合力，确保了税款应收尽收。全年征收关税收35.49亿元，同比增长40.88%，比2003年多征收税款10.3亿元，再创历史新高。

【完善调整缉私机构和指挥机制，建立健全风险管理协调机制，打击走私成绩显著】 继续坚持“破案才是硬道理”的思想，结合新疆特殊的环境，认真履行政治把关和经济把关职能，组织力量积极开展了打击走私武器弹药、毒品、进口（套牌）车辆，价格瞒骗等专项斗争，特别是一举破获了“3·03”

特大枪支走私案，引起国务院、公安部、海关总署和自治区有关领导和部门的高度重视，为打击“三股势力”和恐怖主义，维护国家安定和边疆安全发挥了威力。执行了新的《执法质量考核评议办法》，开展缉私办案情况交叉检查和综合评估工作，完成了遗留案件清理工作。进一步加快了流动情报站的建设步伐，充分发挥“一点两站”的据点作用，以商养情、依情破案。紧紧依靠地方各级党政，加强与各有关部门的密切配合，承办了全国部分省（区）打私办主任座谈会，建立健全了防范和打击走私的长效机制，在综合治理的大格局中发挥了海关打私的职能作用。全年共办理刑事和行政案件60起，案值9 475.5万元，涉税937.49万元，查缴各类手枪239支、子弹1 250发、氯胺酮292.8克、摇头丸49粒，查获旱獭皮7 000余张、人发7 900公斤以及走私车辆16辆等。

按照“打牢基础，稳步推进，突出重点，早出成效，科学管理，精简高效”的原则，以规范企业进出口行为为目的，以风险分析为先导，积极开展了对主要进口商品价格低问题的贸易调查和对加工贸易企业的常规稽查，重点开展了反价格瞒骗和减免税设备专项稽查，共对42家企业进行稽查，查出有问题企业10家，总案值3.3亿元，涉税1.8亿元，补税入库188万元，收取税款抵押金500万元，查获率达到24%。关区累计发布各类风险动态、工作快讯、分析报告及典型案例14篇，被总署采用并向全国海关发布52篇，信息采编发布39条，提供风险分析单7份。建立了重点企业数据资料库，规范企业经营行为，共注册备案576家企业，报关员培训660人，评定A类企业6家，目前，关区A类企业已有66家，防范和打击走私违法活动取得了显著成效。

【创新查验机制，整合监管工作流程，强化物流监控力度，监管货物再创历史新高】 按照建立现代海关制度第二步发展战略规划的要求，积极整合完善了各项业务改革，合理配置监管资源，有效克服了业务快速增长与人力资源配置不适应的矛盾，实现了“管得住”和“通得快”。进一步完善和落实了货运、邮运和旅检渠道的各项查验制度，充分发挥了监管设备的作用，部分现场还开发了旅检现场管理软件，提高了监管工作的科技应用水平。实行了处级领导现场巡视和科长带班作业制度，每月坚持向总署报送通关监管信息。对阿拉山口H986检查设备建设项目进行了前期调研和方案论证，牵头完成了西北片区海关监管系统行政执法状况的交叉检查。2004年，关区共监管进出口货运量977.1万吨，同比增长22.4%，监管进出境运输工具辆45.8万架次，监管进出境人员行李物品90万人次，监管进出境邮递物品、印刷品、音像制品143 517件。全年查获违禁印刷品7 102件，音像制品422件，其中涉及“法轮功”内容的宣传品331份；查获违反“一个中国”原则的书籍和地图22本（册）、走私出境文件225份；查获文物5件、其他违禁品526件。同时，还对历年来查获的违禁宣传品及盗版光盘进行了清理和集中销毁，共焚毁违禁宣传品33 168件，销毁淫秽药物460瓶，计6 000余粒。

【总结推广大通关经验，走访重点企业调研，努力促进贸易便利化，支持外贸成效显著】 2004年年初，乌鲁木齐海关就制定了《乌鲁木齐海关业务形势分析会制度》，每月中旬对上月业务工作进行总结，把发现的问题全部列入督办事项，由办公室定期检查和督促各项规章制度落实情况以及存在问题的整改情况，加强了各部门间的协作配合和情况交流，有力促进了关区业务工作的整合和整体推进。继续深化了通关作业改革，全面完成了H2000系统的推广应用工作，推行开展了“联网报关”、“网上支付”业务。通过与国检、铁路等部门联系，阿拉山口铁路信息平台实现了海关H883系统、国检CIQ2000系统和铁路TMIS系统通关数据的交换和共享。进一步加强了与国检、边防、外经贸、濒管办、外汇管理、铁路等部门的联系配合，及时协商解决了通关过程中存在的问题。对阿拉山口铁路口岸准轨进口的原油、球团矿实施“货到径放”的便捷通关措施。通过调整内部作业程序，关区各口岸进口货物海关通关时间从5.2天缩短为3.4天，出口货物从2.8天缩短为1.5天左右。

2004年,乌海关紧跟中央关于新疆发展与稳定的重大战略部署,积极进行战略性思考,围绕乌鲁木齐出口加工区、霍尔果斯国际边境合作中心等重点项目,积极研究并提出可操作性的参考意见。关领导多次带工作组到重点进出口企业和地区进行调研,广泛征求需求和意见,开展政策宣讲和业务解答,引导企业正确利用政策合法经营。组成调研小组撰写了《关于新疆外贸发展状况及未来形势的调研报告》,得到自治区党委政府领导的肯定。充分发挥海关统计的监测、预警、监督、咨询服务作用,编发各类专报51期,向地方政府和部门提供统计数据23万余条,提供对内对外咨询116次。建立完善了边境海关合作机制,通过互换业务数据、价格信息,为企业规避国际贸易风险提供决策依据。

【继续推进和完善三位一体的干部人事制度改革，积极落实稳定边关队伍政策，学习型海关建设蔚然成风】 2004年，乌海关全面贯彻全国海关干部人事工作会议精神，继续推行了竞争上岗选拔制度，共拿出18个副处级领导职位进行竞争上岗，共有71人参加竞争，通过资格审查、笔试、面试、考核、公示等12个环节，择优任命了18名副处级领导干部，破格任命了2名少数民族优秀副处级干部，并在军事院校实行封闭式任职资格培训。经民主推荐，组织考察，选拔了12名正处级领导干部及28名科级以下干部。落实了对试用期处、科级领导干部的跟踪考察、任前谈话制度，对2003年竞争上岗人员试用期满的3名副处级和79名科级干部进行了考核，对去年17名新录用人员进行转正考核、任命职务、确定级别。进一步加大了干部交流力度，全年组织跨处（室）交流干部共82人，在南疆四个海关实行了人员“轮换制”。制订了《处、科级领导干部年度考核量化测评办法》，打破平均主义，增强了考核的客观性、可操作性和实效性。在上海关校举办了第二期民族干部培训班，选送了13名少数民族干部参加了学习。同时采取短期培训、以会代训、岗位实习、远程教育、开辟网上论坛等方式，不断拓宽教育培训的渠道。据统计，全年关区共有330余人次参加了各类培训。大力开展岗位练兵和技能竞赛活动，出台了关区缉私、稽查、汽车维修与保养、办公自动化等方面能手的创评标准，全面推进了关区“双十百人才工程”。落实了总署关于红其拉甫、伊尔克什坦海关的待遇政策，完成了政治部组建运作、乌鲁木齐机场海关开关、设立驻开发区办事处机构的请示报批工作，以及卡拉苏口岸和喀什海关驻机场办事处前期调研和论证工作，完成了关衔调整和首授、33名新关员的考录和接收等项工作。

【宣传弘扬红其拉甫海关艰苦奋斗精神，狠抓准军事化纪律部队建设，基层建设继续推进】 2004年7月，总署党组作出了开展学习红其拉甫海关艰苦奋斗精神活动的决定，乌海关及时在关区范围内先行开展了学习活动。通过召开座谈会、重温海关旧址、网上论坛等形式，交流体会，查找差距，同时在红其拉甫海关开展了“红旗传到我手中，我为红旗添光彩”和“全国都在学红其拉甫，红其拉甫海关怎么办”等主题大讨论，引导关员把继承和发扬传统上升为自觉行动。由乌海关选派的先进事迹报告团历时35天，行程2万公里，为全国14个直属海关举办了14场报告会，近1.3万名关员聆听报告，在全国海关引起了强烈反响。

2004年，关区海关涌现出一个全国民族团结进步模范集体，两个全国青年文明号集体，两名同志获得“全国优秀青年卫士”称号，一名同志被命名为“全国优秀共青团干部”，一名同志荣获自治区优秀共产党员、“自治区十大杰出青年”的荣誉。特别是今年7月28日，在共青团中央召开的“全国青年文明号活动十周年表彰大会”上，红其拉甫海关作为全国海关“青年文明号”的唯一代表荣获“十年成就奖”。

（乌鲁木齐海关外事办）

乌鲁木齐海关2004年度主要业务统计表

序号	项目		单位	2004年	2003年	增减(%)
1	进出口总值		亿美元	57.3	44.6	28.6
2	其中	出口	亿美元	29.7	22.8	30.3
3		进口	亿美元	27.6	21.8	26.6
4	进出口货运总量		万吨	977.1	798	22.4
5	其中	出口	万吨	179.4	134	33.9
6		进口	万吨	797.7	664	20.1
7	监管运输工具总数		辆架次	458260	337583	35.8
8	出入境人员		人次	903159	519619	73.8
9	缉私	查获刑事案件	起	19	/	/
10		刑事案件案值	万元	4404	/	/
11		查获行政案件	起	42	/	/
12		行政案件案值	万元	5071.5	/	/
13	税收	关税	亿元	5.9	4.1	44.1
14		进口环节税	亿元	29.6	21.1	40.3
15		合计	亿元	35.5	25.2	40.9
16	审批减免税	减免关税	亿元	3.4	3.9	-12.1
17		减免进口环节税	亿元	17.2	16.4	4.94
18		合计	亿元	20.6	20.3	1.63
19	实际减免税	减免关税	亿元	3.2	3.5	-8.9
20		减免进口环节税	亿元	12.3	14.2	-13.2
21		合计	亿元	15.5	17.7	-12.4

新疆公安边防总队

2004年，新疆公安边防总队在部局领导和公安厅党委的正确领导下，紧紧围绕总体工作部署，认真贯彻全国检查工作会议精神，积极开展争创执法为民窗口，争当执法为民标兵活动。密切关注“三股势力”动向，狠抓边境重点地段，重点部位、重点人员的管控。为了维护重要战略机遇期沿边地区社会稳定的需求，深入开展大练兵活动，全局加强部队基础训练，全面提高部队素质，圆满完成了各项边陲检查任务，为新疆的政治稳定，社会安定和经济发展做出了应有的贡献。

【边防检查情况】 2004年，新疆公安边防总队各边防检查站坚持以查控工作为重点，全面落实“全程查缉”思路，严密查控环节，改进查缉手段，有效防止了民族分裂分子、宗教极端分子和暴力恐怖分子混入混出。认真贯彻全国边防检查工作会议精神，积极开展争创执法为民窗口、争当执法为民标兵活动，制定出台并严格落实系列便民措施，突出执法工作，大力推进勤务改革，简化执法程序，创造快捷畅通的通关环境。全年检查出入境人员近90万人次，较上年增长85%，再创历史新高。其中共查获偷渡案件54起65人，红其拉甫、乌鲁木齐边防检查站被公安部边防管理局评为执法为民窗口单位，3名检查员被评为执法为民标兵。

【边境管理情况】 2004年，新疆公安边防总队坚持以打击和防范民族分裂、暴力恐怖、宗教极端三股势力潜入潜出、偷运武器和武装偷袭为重点，密切关注境内外“三股势力”动向，狠抓边境重点地段、重点部位、重点人员的管控。根据边境地区地形特点和“三种分子”活动规律，不断完善执勤方案，不断改进执勤方式，在易潜入潜出的重点通外山口、要道调整设立季节性边境执勤点加强管控，落实了公安部边防管理局“全线设防”要求。构建形成以边境联防、情报信息、重点人口管控、重点部位防范网为主的社会治安防控网络，管边控边能力明显提高，减少了涉外事件的发生，人数同比下降7人。按照“一个目标、两个模式、三种机制、四个网络”的警务运行机制，深化警务改革，优化警力配置，做到警务前移，警力下沉，进一步提高了掌握信息、加强人口管理、组织群防群治、严密阵地控制能力。认真落实《公安部关于进一步加强公安派出所建设的意见》、中央11号文件和全国公安边防派出所工作会议精神，组织召开了加强边防派出所建设座谈会，积极探索新疆区边防110建设，以创建高等级边防派出所为目标，扎实开展边防派出所等级评定工作，不断推进派出所建设上台阶。共有8个派出所进入一级，44个派出所进行二级，实现了预期目标。结合公安边防大练兵活动，本着“干什么、练什么，缺什么、补什么”的原则，加强对基层警官业务培训，举办了2期边防派出所所长、教导员培训班，选派部分派出所领导参加了自治区公安厅举办的所长培训班，大大提高了基层派出所领导的整体素质。按照公安部、公安部边防管理局和公安厅统一部署，相继开展了打击边境地区违法犯罪活动暨反偷渡、遏制毒源打击毒品犯罪和严打、破案追逃等专项行动。

【部队管理情况】 2004年，新疆公安边防总队从严治警、依法治警，严格执行条令条例和《公安边防部队机关正规化管理规定》、《公安边防部队基层正规化管理规定》，严格落实公安部“五条禁令”，开展了“条令学习月”活动、“三无”评比活动和“两防”教育，以“人、车、枪、酒、章、财、电脑”为管理重点，认真总结管理经验，查摆部队管理工作中存在的突出问题和潜在隐患，及时采取措施，主动预防，逐步建立了正规的战备执勤、训练、工作、生活秩序。各级层层签定《预防案件事故确保部队安全稳定》责任书，拓展兵员管理空间，规范管理运行程序，加大信访举报查处力度，严肃处理违纪干部及事故责任人，采取多种措施和方法，加强老兵退伍和新训期间及新兵补入部队后的管理教育。坚持安防工作分析报告制度，不定期下派督察工作组进行明察暗访，保证管理教育的不间断性。在严格管理、严格要求的基础上，坚持以人为本，尽力解决官兵实际困难，及时疏导官兵思想，积极开展送温暖活动。有效遏制了行政责任事故的发生，确保了部队内部安全稳定和集中统一。同时进一步完善和规范了支队级以上党委中心组议学、评学、述学、考学制度，区分层次和对象，组织部队深入学习十六届四中全会和第二十次全国公安工作会议精神，提高了政治理论水平。进一步完善监督制约机制，制定了纪检巡视制度、领导干部谈话诫免制度。积极稳妥地推进队伍建设，充分运用量化考评结果，调整部分团职干部，充实了部分支队级党委班子。举办了4期营以下干部综合素质和岗前培训班，接收了108名地方院校毕业生。按照“着眼建设、坚持经常、注重实效”的原则，圆满完成了上级三年基层建设任务。积极开展“立功创模”和“十佳边防卫士、十佳边防警嫂”评选活动，促进基层建设全面健康发展。

【执法工作】 2004年，新疆公安边防总队牢固树立“立警为公、执法为民”思想，转变执法观念，加强执法监督，进一步规范了边防执勤执法工作。一是按照公安部边防管理局《关于加强公安边防法制工作的决定》的要求，在充分调研的基础上，及时修订完善了《执法质量考评实施细则》，对全区部队的执法质量进行了全面考评，进一步规范了执法行为。严格规范法制审核和其它执勤执法工作，制定了《新疆公安边防部门案件审核工作规范》（试行），明确规定了各级法制部门、法制参谋和法制员的案件审核职责，规范了拘留审查所各种登记表册，确定了盘问措施、管理制度、工作标准和重点，规范了候问室建设，使拘留审查工作有章可循。成立了新疆公安边防总队法律服务中心，积极为基层官兵及家属提供法律服务。认真开展“两个违规”（违反规定扣押、查封、冻结、没收财产；违反规定则令停业整顿、掉扣证照，以及私自处理、侵占、挪用、贪污、私分涉案财物）专项治理工作。举办了全疆法制干部培训班，增强了各级的法律意识和素质。积极利用群众集会、牧业转场等时机，加大对边民群众的宣传教育，边民群众的知法、守法意识显著增强，参与边境管理工作的积极性进一步提高。

【后勤保障】 2004年，新疆公安边防总队按照“建设、管理、教育、规范、服务”的工作方向，紧紧围绕“中心”工作，坚持保障中心、保障重点、保障急需的原则，突出面向基层、面向官兵、面向一线，把经费管理作为后勤管理的“龙头”，严格编制执行经费预算，坚持规范管理，强化服务意识，加强领导干部经济责任审计监督，不断完善基层设施建设，完成了基层部队“四室三场”建设，后勤保障有力、供应到位。实施了军需、油料等物资集中下送。防病治病工作成效明显，成功预防了禽流感疫情在部队的发生。建立了未就业警官配偶社会保险账户。年内对营房、军需、卫生、运输助理员业务进行了集中培训。分期举办了驾驶员、油料员、炊事员、卫生员培训班。投入资金为部分单位新建、维修了营房，解决了基层单位的吃水、照明、取暖问题，为基层配置了多功能灶和高原特种给养器材。

（董振全　马维平）

新疆出入境检验检疫局

2004年，新疆检验检疫局学习贯彻十六大精神和十六届四中全会决定，落实全国质检工作会议提出的各项工作任务，围绕检验检疫工作主线，以求真务实、开拓创新的精神，不断深化检验检疫业务改革，不断提高工作质量和工作效率，全面加大把关服务力度，积极阻击禽流感疫病，很好地把住了国门，保证了新疆出入境商品质量、人民身体健康和农林牧业生产安全，为新疆的对外开放做出了新贡献。

【检验检疫概况】 2004年，共检验检疫出入境货物143 157批，货值404 804万美元，同比分别增长了35.5%、32.1%。其中：出境货物检验检疫34 971批，货值90 221万美元，分别增长了130%、49.9%；入境货物检验检疫108 186批，货值314 583万美元，分别增长了19.6%、27.8%。

检验出入境商品126 740批，货值335 075万美元，分别增长了48.6%、32.1%。检出不合格商品2 751批，货值2 587万美元，分别占出入境商品批次2.17%、货值0.8%。其中：检验出境商品34 906批，货值90 211万美元，分别增长了130.5%、50.2%。检出不合格商品162批，货值186万美元，分别占出境商品批次0.46%、货值0.21%；检验入境商品91 834批，货值244 864万美元，分别增长了30.9%、26.5%。检出不合格商品2 589批，货值2 401万美元，分别占入境商品批次2.82%、货值0.98%。

检疫出入境动物及其产品2 314批，货值7 720万美元，分别增长了44.8%、57.3%。

检疫出入境植物及其产品11 337批，货值10 702万美元，批次增长了61.7%，货值下降了13.8%。

检疫火车217 900节，增长了83.5%；检疫汽车107 965辆，增长了49.8%；检疫飞机2 795架次，增长了22.7%；检疫集装箱3 272标箱，增长了44%。

出境木质包装监督检疫1 261批,数量771 514件;入境木质包装监督检疫886批,数量17 290件。

鉴定出口商品包装3 090批，数量7 895万件，其中：一般包装性能鉴定1 331批，数量7 606万件；危险货物包装性能鉴定324批，数量193万件；危险货物包装使用鉴定1 435批，数量97万件；外商投资财产鉴定1批，挽回经济损失9万美元。

签发各种检验检疫证单103 115份，其中：检验检疫证书9 901份，检验检疫凭单93 214份。签发通关单140 619份，货值343 649万美元，其中：出境通关单37 856，货值74 497万美元；入境通关单102 763份，货值269 152万美元。普惠制产地证签证3 542份，货值31 080万美元。一般产地证签证1 108份，货值6 122万美元。

【口岸启动卫生检疫信息监测预警应急系统】 2004年，根据国家质检总局《国境口岸突发公共卫生事件出入境检验检疫应急处理规定》，全面加强国境口岸卫生检疫监管，提高对口岸重大疫情的预警和应变及防范能力，应对突发性公共卫生事件，新疆检验检疫局针对新疆周边国家的疫情特点，进一步完善和细化口岸突发公共卫生事件、鼠疫、霍乱、非典、禽流感等疫病疫情的预防与控制预案。制定了详细应急处理措施，建立起新疆口岸卫生检疫、突发事件的监测预警应急系统。从2004年5月1日起全面启动新疆检验检疫系统卫生检疫信息监测预警应急系统，基本实现了新疆口岸动态监控管理，对出现的疫情能做到“及时发现、及时报告、及时反馈、及时控制”。2004年，新疆各口岸进境植物检疫共截获有害生物15种153次，其中一类危险性有害生物2种25次；二类危险性有害生物3种8次；潜在危险性有害生物10种120次，截获的疫情来自哈萨克斯坦、吉尔吉斯斯坦、巴基斯坦、德国等国家。截获的有害生物类别有苹果蠹蛾、谷斑皮蠹、桃果实蝇、菟丝子、梨小食心虫、野燕麦、宽叶高加利、田旋花、具节山羊草、节节麦、匍匐矢车菊等。从进境植物产品中检出危险性病、虫、杂草55种，其中国家二类危险性杂草种子1种，潜在危险性杂草种子4种。安全卫生项目检测出甲霜灵、五氯硝基苯农药残留超标。其中，甲霜灵占送样比例的31.25%，五氯硝基苯占送样比例的18.75%；重金属铜超标占送样比例的43.75%。

按照国家质检总局《关于做好2004年全国实蝇和其他外来有害生物监测工作的通知》的要求，根据新疆检验检疫局所辖区域进出口农产品及地理特点，研究部署了监测种类和范围，扩大了对外来有害生物的监测、普查力度。在新疆各口岸共设置了115个实蝇等有害生物监测点，监测口岸有：乌鲁木齐机场口岸35个、塔城口岸15个、阿勒泰口岸11个、吉木乃口岸8个、阿拉山口口岸20个、霍尔果斯口岸14个、吐尔尕特口岸6个、红其拉甫口岸6个。监测种类有：地中海实蝇监测点100个，瓜实蝇监测点21个，桔小实蝇监测点21个，蛋白诱饵监测点50个。根据监测工作要求及新疆各地气候特点，项目时间：7月1日至9月30日。各监测点加强了疫情的监控管理，定期检查截获的情况。从各监测点的诱捕器中未发现新疆有地中海实蝇、桔小实蝇、瓜实蝇等国家关注的检疫性实蝇。

【进口敏感商品的检验检疫监管】 根据入世后对外贸易的新变化，新疆检验检疫局进一步将检验检疫监管重点转向涉及安全、卫生、环保、健康、反欺诈等方面的重点敏感进口商品，特别是国家质检总局“5·10”局长会议后，重点抓好进口废旧金属、旧机电、皮毛等重点敏感商品的检验检疫监管工作。

（一）对进口废物原料，一是抓好源头，实施经营企业登记注册制度，不允许不具备登记注册资格的企业经营；二是将关口前伸，认真做好装运前检验检疫；三是严格口岸检验检疫把关，实行批批落地检验检疫。2004年共检验新疆口岸进口废物原料共计49 852批、230.46万吨，货值24 943.73万美元。其中废金属49 421批、229.33吨，废塑料125批、3 687.3吨，废丝229批、5 272吨，废棉77批、2 319吨。检出放射性超标647批、30 932吨，检出含有易燃易爆品的废金属54批、3 077.4吨，检出夹带杂土、矿渣、生活垃圾等不符合环控标准废金属378批、18 509.8吨，检出夹带密闭容器的废金属67批、3 732吨。放射性超标及夹带易燃易爆品货物较上年同期成倍增多，达到历史最高水平。原因主要是目前周边国家废物原料越来越紧张，特别是上半年国内废钢及下游产品金属材料价格不断上扬，导致掺杂使假现象时有发生。针对这一情况，新疆检验检疫局开展专题研究，分析了周边国家注册供货企业的废钢铁质量情况，对屡屡发生废金属放射性超标的公司进行了通报，并停止受理其报检申请，同时协调口岸有关部门加大退运工作的力度，使下半年进口废金属放射性超标状况有所改善。

（二）加强了进口旧机电产品的检验管理，建立了进口前备案、对货物实行装运前预检验、加强到货检验和后续监管的检验监管模式。2004年，共接受进口旧机电备案申请45份，其中签发《进口旧机电产品拟备案工作联系单》5份、《免于装运前检验证书》41份、《进口旧机电产品装运前预检验备案书》2份、不予备案2份，对1家进出口公司进口的旧机电设备实施了装运前检验，并对陆续入境的旧机电设备逐项实施了到货检验和整改结果验证，保证了进口旧机电设备的安全质量。为了确保旧机电备案工作质量，强化敏感商品和敏感业务的信息管理，新疆检验检疫局还开发了进口旧机电备案信息管理子系统，实现了备案业务网上处理和信息共享。严厉打击了两起收货人谎报、偷运国家禁止进口货物的违法行为，并将案件移交有关部门处理。

（三）为执行好农业部、国家质检总局《关于同意新疆地区进口中亚五国偶蹄动物皮毛的函》的要求，新疆检验检疫局认真分析研究动物皮毛进口和生产加工的形势，加强与进境口岸地州政府的联络，并积极与畜牧、环保部门联系，明确办理从中亚五国进口皮毛定点生产企业考核验收的各项程序；加强对进口中亚国家偶蹄动物产品的监管；监督生产加工企业建立兽医卫生质量管理体系；加强防疫消毒工作，使企业把动物疫病防疫工作作为企业的日常工作。进口中亚国家偶蹄动物皮毛以来，阿拉山口、霍尔果斯和吐尔尕特三个口岸进口偶蹄动物皮毛的情况良好，加工和销售市场基本形成。全年新疆陆运口岸共进口原料皮张 286.3 万张（牛皮 157.5 万张、马皮 32 万张、羊皮 96.8 万张），兰湿皮张 894 万张，货值 6 303.83 万美元；进口毛绒 349 批，6 878.1 吨，货值 671 万美元。

【西气东输工程进口设备物资顺利投产使用】 西气东输工程是国家西部大开发的标志性工程，西起新疆巴州轮南镇，东至上海白鹤镇，穿越 9 省市，全长 4 000 公里。西气东输的主力气田克拉二气田、牙哈气田、桑南吉拉克气田，特别是克拉二气田探明含气面积 47 平方公里，探明天然气地质储量 2 840 亿立方米，其储层之厚、储量之大属国内外罕见，是我国目前最大的整装天然气田。克拉二气田位于拜城县天山支脉秋里塔格深处，地质条件异常复杂，该气田无论在产能规模，还是新技术、新工艺、新材料的大规模应用，都是我国天然气产能建设史上空前的，对进口设备和材料的质量要求非常高。库尔勒检验检疫局对为西气东输工程建设把关服务高度重视，多次深入施工现场检查指导工作。对检验量大、检验难度高的进口设备和材料，克服困难，大胆探索和创新检验监管模式，既严格把关又热情服务，圆满完成了西气东输工程 1.2 亿美元的进口物资的检验检疫任务，为西气东输工程建设发挥了重要作用。

【全国人大常委会执法检查组盛赞新疆检验检疫】 7 月 8 日至 18 日，全国人大常委会执法检查组组长刘明祖主任委员一行对新疆贯彻、执行《动物防疫法》和《进出境动植物检疫法》的情况进行了全面检查。期间，检查组在新疆自治区人大常委会副主任买买提明·扎克尔、新疆检验检疫局党组书记邱栋久等同志的陪同下，到新疆的 5 个地州和边境口岸，对口岸通道、进口动物产品定点仓储库和进口动物产品定点加工厂进行了检查，听取了检验检疫部门、仓储单位和进口动物产品定点加工单位对进出境动植物及动植物产品的检验检疫、检疫处理、检验检疫监督管理和检疫放行等制度执行情况的介绍。执法检查组对检验检疫部门严格把关，热情服务和细致认真的工作态度给予了充分肯定。刘明祖主任委员在检查霍尔果斯口岸时指出："出入境检验检疫部门作为国门卫士，在进出境动植物检疫工作中肩负着防止疫情传入和传出的重要职责，同时也是国家对外形象的窗口，处于改革开放的最前沿，责任非常重大。对你们执行《进出境动植物检疫法》的情况是满意的，你们严格执法，管理非常严格，尽到了把关的职责。看了你们对入境动物产品的把关管理，国外的疫情要传进来是很难的。"刘明祖主任委员在参观了吐尔尕特口岸货场后对检验检疫人员说："你们很辛苦，为了全国人民的安全，奉献了自己的健康，长期检测放射性物质。这里海拔高，条件艰苦，用你们的严格执法，有效地防止了外来有害生物的入侵，保护了农牧业生产的安全和人民身体健康，也保护了经济安全，希望你们既要严格把关，也要注意自己身体健康，再接再厉取得更大的成绩。"

【人事制度改革工作】 2004年，新疆检验检疫局在人事制度改革方面，积极探索人事管理模式的新路子，制订了各不同岗位、不同职级的工作量化考核办法，用硬指标评先选优。推行了机关非领导职务竞争上岗工作，完成了8个助理调研员、8个主任科员、8个副主任科员职务的竞争上岗；考核选拔了10名正副处级领导；喀什等分支局进行了科级领导岗位的竞争上岗工作。按照年度教育培训计划，完成326人次的教育培训任务。面向全国招聘到位公务员4名，招录4名军队转业干部。在事业单位深化改革中，机关服务中心增强为机关服务、为职工服务，面向社会开拓经营服务项目，收到了显著的经济效益和社会效益。同时完成了新疆国际旅行保健中心等7个事业单位的法人登记工作，为事业单位的独立运作做好准备。

【信息宣传工作】 2004年，向国家质检总局办公厅和自治区党委、政府办公厅报送信息220余篇（条），被国家质检总局办公厅采用69篇（条），在系统35个直属局中位居第15位；被党委、政府办公厅分别采用29和84篇（条）。编发《新疆检验检疫》信息简报30期，采用信息566篇（条）。未发生重大信息迟漏报现象。在国家质检总局召开的政务信息工作会议上，新疆检验检疫局被评为先进集体，1人被评为先进个人。

【精神文明建设及党风廉政建设工作成绩突出】 在获得自治区级“文明行业”荣誉的基础上，不断向更深更广的层次延伸，结合新疆检验检疫局实际重点开展了以下几方面的活动。一是坚持学以致用原则，把学习贯彻“三个代表”重要思想引向深入。二是推进机关党组织建设，不断增强基层党组织的创造力、凝聚力和战斗力。三是在开展精神文明建设工作中，突出了工青妇群团组织在机关建设中的作用，深入开展“以加强职业道德建设为核心，做人民公仆、保文明单位”活动。2004年8月，新疆检验检疫局干部李国江同志被评为全国第六届“人民满意的公务员”。开展了“学习全国人民满意的公务员李国江同志”活动，以系统中的典型为榜样感召和凝聚人心，教育和引导干部职工树立立足本职，爱岗敬业，无私奉献，为促进新疆的团结、稳定和发展做出贡献。继续抓好党风廉政建设工作，以“学习先进、求真务实、清廉为民”为主题，认真贯彻《两个条例》，在广大党员干部中开展了党风廉政教育月活动，做好“行风评议”和“五项清理”工作，把党风廉政建设各项要求进一步细化量化，落实到每个部门、每个人，从而增强了党员干部自律意识，规范了领导干部廉洁从政行为，促进了新疆检验检疫系统严格执法、廉洁施政、优良服务可喜局面的形成。一年来，全系统20人次拒收现金175 000元、20人次拒收礼（物）品27件，折合人民币6100元、231人次拒吃请。

（李瑞新）

2004 年新疆出入境检验检疫工作统计表

金额：万美元

项目		合计	出境	入境
货物检验检疫	总批数	143157	34971	108186
	总货值	404804	90221	314583
	不合格批数	2787	163	2624
	不合格货值	2687	190	2496
商品检验	批数	126740	34906	91834
	货值	335075	90211	244864
	不合格批数	2751	162	2589
	不合格货值	2587	186	2401
动物及动物产品检验	批数	2314	132	2182
	货值	7720	1599	6121
	检出疫情批数	10		10
	检出疫情货值	16		16
植物及植物产品检疫	批数	11337	7362	3975
	货值	10702	4296	6407
	检出疫情批数	4		4
	检出疫情货值	2		2
食品及化妆品	批数	5943	5868	75
	货值	30202	30073	129
	不合格批数	32	30	2
	不合格货值	43	43	
交通工具检疫	飞机（架）	2795	1392	1403
	火车（节）	217900	81210	136690
	汽车（辆）	107965	52342	55623
集装箱监督检疫	标箱数	3272	1612	1660

项目		合计	出境	入境
监测体验及预防接种	疾病监测人数	52586	51849	737
	艾滋病监测人数	54835	51074	3761
	发现病例数	2243	2195	48
	预防接种人次	56003	56003	
签发一般原产地证书	份数	1108	1108	
	货值	6122	6122	
签发普惠制产地证书	份数	3542	3542	
	货值	31080	31080	
签发通关单	份数	140545	37867	102678
	货值	343166	74522	268645

新疆口岸大事记

1月5日

新疆吐尔尕特口岸海关常堤同志、乌鲁木齐海关缉私局居来提吾不力同志被评为第四届“中国优秀青年卫士”，受到中央政治局常委、中央政法委书记罗干，中央政治局委员、国务委员周永康等党和国家领导人的亲切接见。

2月23日

自治区口岸“大通关”表彰会议暨2004年全区口岸工作座谈会在乌鲁木齐召开。自治区党委副书记、自治区政协主席艾斯海提·克里木拜和自治区人民政府副主席张舟参加了会议并作了重要讲话。会议对2003年度口岸“大通关”等方面做出突出贡献的先进口岸3个、先进集体13个、先进工作者36名进行了表彰和奖励。

2月29日

中共中央政治局委员、自治区党委书记王乐泉，自治区党委副书记、自治区主席司马义·铁力瓦尔地等自治区党政军领导专门开会研究卡拉苏口岸开放问题，并对卡拉苏口岸建设、开放等做了重要指示。

3月10日

中哈霍尔果斯边境合作中心项目会谈在霍尔果斯口岸举行。

4月2日

按照王乐泉书记关于卡拉苏口岸临时过货时，联检单位简易查验设施建设资金来源的指示精神，经申请协商，财政厅筹集的150万元下拨到该口岸，确保了该口岸的顺利和按时开通过货。

4月15日

向区政府上报了新疆区口岸基础设施建设资金及需国家在政策上给予支持的报告。

4月19日－27日

全区口岸系统管理干部业务培训班在乌鲁木齐博格达宾馆举办，参训学员共26名。

5月7－13日

根据外交部条法司通知，新疆口岸办办派李新恒同志参加了在蒙古首都乌兰巴托举行的中蒙口岸第三轮谈判。

5月16－18日

根据海关总署署办函［2004］41号和［2004］57号的精神，由外办吴宪副主任带领自治区口岸验收工作组赴喀什对喀什机场及卡拉苏口岸的开通准备工作进行了检查验收。

5月19日

中国新疆交通运输代表团团长、交通厅副厅长骆建新与塔吉克斯坦汽车运输联合会第一副主席、代表团团长艾硕诺夫在乌鲁木齐市就中塔两国开通直达国际客运线路举行了签字仪式。这次开通的客运线路是喀什—卡拉苏口岸（中国）—阔勒买口岸（塔吉克斯坦）—穆穆尔加市—霍洛格直达旅客运输线路。

5月24日

自治区党委副书记、自治区人民政府主席司马义·铁力瓦尔地亲切会见了塔吉克斯坦驻华大使阿卜都拉耶夫·博哈杜尔、阿富汗驻华大使齐亚穆丁·拉伊巴尔拉斯一行3人。两国驻华大使此行是来新疆进行访问并参加中塔边境卡拉苏口岸临时开放仪式的。

5月25日

卡拉苏－阔勒买口岸临时开放仪式在中塔边境举行。塔吉克斯坦总理阿基尔·阿基诺夫、中国新疆维吾尔自治区人民政府主席司马义·铁力瓦尔地为口岸开放剪彩。

6月8日

首次执行乌鲁木齐—喀什—伊斯兰堡国际航线临时开通，口岸开放仪式在喀什、伊斯兰堡两地分别举行。

7月5日

我国外交部与蒙古国外交部分别代表两国政府签署了《中华人民共和国和蒙古国政府关于中蒙边境口岸及其管理制度协定》，确定塔克什肯口岸为常年开放双边口岸，并对其他与新疆区毗邻的三个口岸延长和调整了开放时间，对新疆区开展贸易有利。

7月20日

西部地区口岸办主任联席会议在乌鲁木齐召开，来自西部地区和东南沿海13个省区的口岸办主任78位领导同志参加了会议。自治区外（侨）办党组书记瞿文智同志到会并作了重要讲话。

8月11日

海关总署副署长盛光祖会见了自治区党委副书记、政协主席艾斯海提克里木拜，盛副署长对自治区党委、政府对海关工作的关心、支持表示感谢。艾斯海提克里木拜副书记称赞海关为地方改革开放、社会稳定作出了突出贡献，表示党委和政府将一如既往地支持海关工作。

8月15日

根据口岸办年初的口岸建设维修资金计划下拨了老爷庙口岸附属工程建设资金30万元和巴克图口岸联检厅维修资金20万元。

8月30日

拟编上报了新疆区“十一五”口岸建设规划工作。

9月23日

自治区外（侨）办副主任吴宪带领“一关两检”等有关单位领导，前往喀什对喀什国际机场口岸进行了检查验收。自治区近日上报国家申请对喀什国际机场口岸进行正式验收。

9月28日

根据口岸办年初的口岸建设投资计划，国家核拨给巴克图、塔克什肯、霍尔果斯分别为100万元、100万元和150万元资金已下拨到位。

10月21日－27日

自治区政协副主席蒋珊率自治区政协部分委员及自治区口岸办领导赴喀什、克州、阿克苏地区，就口岸开放、建设情况进行调研。

11月10日

由口岸办副主任韩德坤带队“一关两检”、伊犁军分区、自治区涉外道路运输管理办公室等单位组成的验收小组，对都拉塔口岸基础设施建设情况进行了初验，基本具备了正式对外开放的条件，自治区将上报国家申请对该口岸进行正式验收。

11月22日

自治区人民政府向国务院申请正式批准卡拉苏口岸临时开放为正式对外开放口岸。

12月3日

新《新疆维吾尔自治区口岸管理条例》起草领导小组正式成立，自治区外（侨）办副主任吴宪同志任组长，口岸办副主任韩德坤同志任副组长。

12月15日

截止到12月15日，全区口岸进出口货物量达到1010万吨，较2000年进出口过货量的512万吨翻了一番，创历史最高记录。

西藏自治区口岸工作综述

2004年根据西藏自治区机构改革方案及移交部门和接收部门的要求,口岸办于2004年5月完成搬迁工作,正式在西藏自治区商务厅开展工作。其名称为:西藏自治区口岸管理办公室(边境贸易管理局)。

【口岸数量】 截止到2004年12月30日，西藏自治区经国家批准开放的一类口岸4个，经西藏自治区人民政府批准开放的二类口岸1个。

按运输方式划分：航空口岸1个，陆路口岸4个。除航空口岸外的4个口岸中，位于中印、尼边境1个，位于中尼边境3个。

一类口岸：樟木、普兰、吉隆陆路口岸，拉萨航空口岸。

二类口岸：日屋陆路口岸。

【口岸客货运量】 全区2004年口岸运量情况：进出境货物运输：全区口岸进出口货物运量为62 518吨，与2003年相比增长40%。其中：进口7 491吨，增长37%，出口55 027吨，增长43%。贸易值223 565 252美元，增长32%。其中：进口93 459 733美元，增长137%，出口130 105 519美元，增长7%。全区口岸进出境客运量为88 159人次，减少52%。其中：入境客运量40 537人次，减少25%；出境客运量为47 622人次，减少13%。进出境交通运输工具：全区口岸进出境交通工具为14 743辆次，增长25%，其中：汽车14 616辆，增长25%，飞机为127架次，增长32%。

边民互市贸易：全区边民互市贸易为2亿元，虽然受尼泊尔政局动荡的影响，边民互市贸易与2003年相比仍增长31.6%。

边境小额贸易：全区边境小额贸易进出口总额为90 696 422美元，与2003年相比增长17%。其中：进口5 067 599美元，减少2%。出口85 628 823美元，增长18%。

2004年根据西藏自治区机构改革方案及移交部门和接收部门的要求，口岸办于2004年5月完成搬迁工作，正式在西藏自治区商务厅开展工作。

【口岸建设及规划】 2004根据西藏自治区发展改革委员会的要求，对西藏口岸进行了全面调研，经过研究分析上报了“十一五”期间西藏口岸发展规划及亚东口岸开放建设项目计划。组织相关部门对吉隆联检楼新址进行了勘测、总体设计工作。顺利做好了吉隆、普兰两口岸联检单位设备的筛选、资金分配及设备采购的招投标工作，并在11月份将设备运抵两口岸。

针对2004年拉萨航空口岸联检楼内的电线频繁出现问题，向西藏自治区财政厅申请专项经费，对联检楼内的所有电线进行了改造，保证了联检单位正常工作，确保了国际航班的按时安全飞行。

【口岸调研及协调工作】 2004年，为了积极推动吉隆口岸的建设，根据商务厅领导的安排，赴吉隆口岸考察了公路建设进展情况。根据西藏自治区党委和人民政府的指示精神，随同政府解学智副主席对亚东、樟木、普兰口岸进行了调研，协调了解了口岸所在地管理部门及“一关两检”在工作中存在的问题，通过调研，认为西藏口岸工作的各个方面远远跟不上当前形势发展的要求，存在很大的差距，主要体现在整体基础设施建设滞后，缺少资金、医药、卫生用品，检查、检验、检疫设备落后，口岸管理机构力量薄弱，处理突发事件能力差。通过调研为制定西藏自治区“十一五”口岸规划奠定了基础。根据2004年工作计划，西藏自治区口岸办公室在中国口岸协会的协助下，组织各口岸“一关两检”人员赴广西、云南、深圳考察学习。此次考察学习的目的是：通过考察学习，弥补自己在工作中的不足，改进工作方法，提高口岸工作效率，开拓视野，增强“一关两检”工作人员的业务素质。

2004年，口岸办主要领导参加了由中国口岸协会组织的出国考察。

2004年审批国航西南分公司《关于2004年拉萨至加德满都国际航班复航的申请》，并协调解决了从3月复航到10月30日停航期间的有关航班更改等事宜。为配合拉萨机场国际候机大厅的改扩建工作，在联检楼内设立了国际航班的查验现场，根据联检现场的要求及安全，对联检现场进行了改造加固，保证了2004年国际航班出入境人员的查验。审批了2004年7月至10月香港至拉萨包机航班的飞行计划。

根据“一关两检”工作需要，经协调对普兰口岸新建的联检楼办公、住宅等用房进行分配。同时根据国家有关规定，与普兰口岸所在地政府就联检楼办公现场用电等事宜达成了协议。为“一关两检”，2005年进住联检楼开展工作奠定了良好的基础。

2004年全区口岸运量表

项目 类别	货运量（吨）						客运量（人次）					
	进出口累计	同比±%	进口累计	同比±%	出口累计	同比±%	出入境累计	同比±%	入境累计	同比±%	出境累计	同比±%
公路口岸	12000	-85.00	7000		5000	-93.15	107791	+34.74	50149	+25.37	57642	+44.11
航空口岸	14	+27.27	14	+40.00			20000	+100.00	10000	+66.67	10000	+150.00
合计	12014	-84.98	7014	+0.06	5000	-93.15	127791	+41.99	60149	+30.76	67642	+53.73

2004年全区各口岸进出口货物量、出入境旅客情况表

项目 名称	货物进出口（万吨）		进口（万吨）		出口（万吨）		出入境旅客（万人次）		入境旅客（万人次）		出境旅客（万人次）	
	本年累计	同比±%	本年累计	同比±%	本年累计	同比±%	本年累计	同比±%	本年累计	同比±%	本年累计	同比±%
樟木口岸	5.7	-28.75	0.7		5	-31.51	7	-12.50	3	-25.00	4	
普兰口岸							3．8	+261.22	2	+218.47	1．8	+324.53
吉隆口岸												
拉萨航空口岸	0．0014	+27.27	0．0014	+40.00			2	+100.00	1	+66.67	1	+150.00
全年合计	5．7014	-28.73	0．7014	+0.20	5	31.51	12．8	+42.22	6	+20.00	6．8	+70.00

西藏自治区口岸查验单位工作综述

拉　萨　海　关

2004年，拉萨海关坚持以“三个代表”重要思想和科学发展观为指导，认真贯彻落实党的十六大、十六届四中全会、区党委六届六次全委（扩大）会议和全国海关关长会议精神，严格执法，强化监管，提高通关效率，以开展五年回顾教育活动为契机，不断推进拉萨海关队伍建设和业务建设，较圆满地完成了年初制定的各项工作任务。

【加强思想政治教育，狠抓干部队伍建设】　2004年，拉萨海关根据海关总署党组下发的《关于开展总结回顾海关5年历程研讨教育活动的通知》的要求，加强思想政治教育，狠抓干部队伍建设，取得了显著的成绩。

根据总署安排部署，拉萨海关采取多种形式，回顾总结5年来拉萨海关所走过的不平凡历程，总结成绩与经验教训，查找问题与不足，并以此为契机，动员全体干部职工继续深入学习贯彻党的十六大精神，掀起学习领会十六届四中全会和区党委六届六次全委（扩大）会议精神的高潮。通过回顾和教育，进一步明确了今后的努力方向：一是关党组领导班子和领导干部要加强自身建设，不断增强民主科学决策和应对复杂局面、统揽全局的能力和水平。二是在业务建设方面，全面推进风险管理和通关制度改革步伐，建立健全各项规章制度，完善监督制约长效内控机制。三是要提高整体素质，树立人人成才、事事成才的观点，激发和鼓励每位关员立足岗位成才，调动关员的积极性和创造性。

加大对中层干部的培养、调整力度。立足于拉萨海关发展的长远目标，立足于形势发展的需要，按照干部四化标准，提拔任用一批年轻有为的干部，其中正处级干部2名，副处级干部9名，正科级干部11名，副科级12名，壮大和充实了中层干部队伍。

加强教育培训工作，提高干部队伍整体素质。一是开展多种形式理论培训和世界观教育。二是拓宽培养人才的渠道，努力造就一支政治坚强、业务过硬、值得信赖的现代化、正规化和准军事化的海关纪律部队。全年，培训130人次，占拉萨海关干部人数的70%。

实施绩效考核，提高管理水平。2004年年初，拉萨海关在机场办、现场业务处、调查局等部门试行绩效考核办法。通过绩效考核办法的实施，提高了关员工作的积极性和创造性，收到了很好的效果。

加强廉政建设。拉萨海关按照海关总署党组要求，结合本关实际，认真贯彻落实《中国共产党党内监督条例》、《中国共产党纪律处分条例》和海关“六项禁令”，全面推进反腐倡廉工作。年内，拉萨海关4人次拒收“红包”23万余元，上缴香烟1箱，手机1部。

【采取多种措施，推进业务建设】　2004年，拉萨海关通过强化税收征管，强化物流监控，提高通关效率等措施，推进业务建设，取得了实效。

一年来，紧紧抓住税收这个“轴心”工作不放松，树立税收一盘棋思想，强化综合治税能力。认真开展税源调查，深挖潜力；打击价格瞒骗、出口骗税以及进口关税返还环节的走私违法活动，在税前程序和税后稽查上下功夫，确保了税款应收尽收。今年全关共征收税款 2 133 万元，超额完成年度税收任务，比去年同期增长 67.56%，其中关税 914 万元、进口环节税 1 219 万元，同比分别增长 33%和 108%；共办理《征免税证明》28 份，审批减免税货值 165 万美元，减免关税 130 万元，减免增值税 261 万元，减免其他税 20 万元。

2004 年以来，拉萨关区各海关、各通关业务现场通过加强部门之间的协作配合，消除了关区内的监管盲区，使所有通过口岸的海关监管货物、行邮物品、运输工具以及监管场所等都始终处于海关有效监控之下。同时，加强了对转关运输货物的监管，密切与内地海关的联系，实现转关数据联网核对，实施途中监管，确保了对转关货物的监管到位。今年全关各现场共监管进出境人员 9 万人次、飞机 127 架次、汽车 14 616 辆次，监管邮递进出口物品 11 832 件、音像制品 5 967 件，查获各类反宣品、非法印刷品 1 479 件，有效遏制了敌对势力的宣传渗透。

根据西藏地区走私活动的特点，拉萨海关始终将打私重点放在非贸易渠道上，以情报工作为先导，贯彻“联合缉私，统一处理，综合治理”的缉私方针和“打防结合，以防为主”的调查工作方针，与有关部门密切配合，加大了对非贸渠道和边境地区走私活动的打击力度。同时密切注视贸易渠道，开展了专项稽查和常规稽查。经过努力，2004 年共查获走私违法案件 59 起，案值近 500 万元；查获毒品 49.9 公斤、文物 9 件、国家管制精神类药品 300 支等；上缴罚没收入 258 万元。

根据总署规范企业进出口行为“三步走”战略规划，拉萨海关大力开展对企业进出口行为的规范工作。一是加大了对企业负责人、报关员的宣传教育力度，普遍提高了企业诚信守法意识。二是对西藏金珠股份有限公司和中国出口基地建设西藏分公司二家企业认真进行了规范工作。三是按照总署下达的专项稽查任务，先后对西藏大学、西藏韩亚公司等单位和 2001 年以来的事业单位进口的价值大、涉税高、易移动的减免税货物和西藏地区自用物资实施了专项稽查。罚没入库 10 万元，稽查补税 7 万多元。通过稽查达到打击一个、震慑一群、查办一个、规范一片的效果。今年，年审企业 95 家，新注册 42 家，异地企业年审备案 88 家，区内企业备案 50 份，报关员年审 15 名。

按照 2003 年制定的《拉萨海关 H2000 系统推广实施方案》，拉萨海关精心组织，于 2004 年 4 月顺利实现全关区 H883 系统向 H2000 系统的平稳切换。目前全关区所有业务现场的通关、减免税、转关、许可证、舱单管理等业务均已采用 H2000 系统处理。同时，为保障各通关现场 H2000 系统的顺利切换和正常运行，拉萨海关逐步建立健全日常运行管理机制和参数维护两级维护制度。

为稳步推进风险管理平台推广运行工作，拉萨海关成立了风险管理领导小组，出台了《拉萨海关风险管理平台参数维护管理试行办法》和《拉萨关区风险管理平台试运行期间用户授权管理规定》，并据此积极稳妥地开展风险管理平台的推广应用工作，强化稽查职能，规范企业行为。2004 年发布各类风险动态、工作快讯、分析报告共计 6 篇，被总署采用 1 篇。为将拉萨海关风险管理工作引向深入，2004 年组织召开专题会议及开展集中培训、专题研讨等活动共 10 余次，参加人员 140 多人次，极大地推动了风险管理平台的推广和运行。

此外，2004 年拉萨海关顺利完成了接待署领导、总署慰问团及其他兄弟海关人员的工作。拉萨海关业务科技综合楼工程正式开工，冬季施工进展顺利。认真做好《行政许可法》实施前的行政项目清理、培训和实施后的贯彻落实工作。建立内控长效机制课题组，完成《拉萨海关内部监督制约长效机制及实施方案》和约 41 万余字的新编《拉萨海关工作规范（试行稿）》，为全关各项工作逐步纳入科学化、制度化、规范化的轨道奠定坚实基础。财务管理本着勤俭持家、保障重点的原则，合理安排各项预算，进一步提高了理财能力。加强学会工作，深入新疆等地区进行实地考察，积极开展学术研讨并撰写论文。

拉萨海关2004年主要业务量表

业务名称		进口	出口	与去年同期±%	
（关区）货运量		7491（吨）	55027（吨）	+37	+43
贸易值		93459733（美元）	130105519（美元）	+137	+7
其中	一般贸易	88182404（美元）	44186209（美元）	+164	-10
	外商投资设备				
	援助物资	76477（美元）	290450（美元）	-67	+100
	边境小额贸易	5067599（美元）	85628823（美元）	-2	+18
	其他		37（美元）		+48
	捐赠物资	127538（美元）		-62	
	加工贸易	5715（美元）		+100	
进出境人员		40537（人次）	47622（人次）	-25	-13
运输工具	飞机	127（架次）		+32	
	汽车	进出境共计：14616（辆）		+25	
邮递物品		5556（件）	6276（件）	+0.1	+37
录音录像制品		36（件）	5931（件）	-67	+101
没收邮递物品		1479（件）		+173	
关税		9143727（元）		+33	
进口环节税		12187432（元）		+108	
查获走私案件		61（起）		+56%	
私货总值		500（万元）		+250%	
上缴罚没收入		2575460（元）		+116	

西藏自治区边防总队

【主要业务数据】 出入境旅客:全年共检查出入境旅客 69 180 人次,入境 31 830 人次,出境 37 350 人次,其中中国籍旅客(含港、澳、台居民,不含华侨)12 934 人次,入境 7 062 人次,出境 7 872 人次;华侨 394 人次,入境 157 人次,出境 237 人次;外国籍旅客 56 246 人次,入境 24 768 人次,出境 29 478 人次。

出入境员工：全年共检查出入境员工 19 856 人次，入境 10 429 人次，出境 9 427 人次。其中中国籍员工 2 508 人次，入境 1 220 人次，出境 1 288 人次；外国籍员工 17 348 人次，入境 9 209 人次，出境 8 139 人次。

出入境边民：全年共检查出入境边民 220 883 人次。

出入境交通运输工具：全年共检查出入境交通运输工具 18 220 台（架）次，入境 9 645 台（架）次，出境 8 575 台（架）次。其中中国籍交通运输工具 870 台（架）次，入境 436 台（架）次，出境 436 台（架）次；外国籍交通运输工具 17 348 台次，入境 9 209 台次，出境 8 139 台次。

查布控数据：全年共接控 7 029 人次，布控 7 029 人次，撤销在控 5 137 人次，吊销证件 2 337 人次，查获在控对象 1 人。

偷渡数据：全年共查获偷渡人员 40 名，接收尼方遣返偷渡人员 3 名。

其他违规数据：全年共查获其他违法违规 19 人。

【认真履行边检职能，全力维护国家安全和社会稳定】 针对“后达赖”时期，口岸反分裂、反渗透、反偷渡、反“闯关”和恐怖袭击形势日益错综复杂的严峻形势，各边防检查站牢记三大政治和社会重任，狠抓勤务规范化建设，忠实履行边防检查职责，全力维护边境安全稳定。

严密口岸查控工作。各站以查控“三股势力、五类分子”为重点，认真落实“查控工作规范”要求，及时转发了部六局《关于罗湖出入境边防检查站发生漏控责任事故的情况通报》，认真组织了学习，从中汲取教训，杜绝了查控工作中存在的各种事故隐患和漏洞。2004 年以来，共布控 7029 人次，查获在控人员 1 名（掌握出入境动态），未发生泄密、文件丢失、漏控等事故。

严厉打击口岸偷渡活动。各站加派警力对口岸通外要道进行不定期巡逻设卡，不断加大口岸限定区域的管理和控制力度。针对重点国家人员借道偷渡案件逐年上升的趋势，业务量较大的聂拉木、拉萨边检站进一步强化证件研究小组建设，充分发挥现有检查装备效能，加强重点国家护照证件研究，搜集整理反偷渡工作信息，及时反馈给检查一线，从而查获了一批持用伪假证件的偷渡分子。

2004 年 6 月，及时转发了《出入境边防检查机关处置冲击堵塞口岸群体性事件的指导意见》，并要求各站根据口岸实际，制定口岸处突预案，认真贯彻落实。各站密切联系口岸形势，不断调查处突战术，完善处突预案，在实战演练中摔打部队，提高部队反应出击和处置突发事件能力。特别是在敏感时期，各站按照处突预案，严加防范，确保了重点时期边境地区的安全稳定。

【大力开展“双争”活动，全面提升业务工作水平】 根据全国公安边防部队党委扩大会议对边检工作的要求，全区各边检站以全面提升边检业务工作水平、确保执法为民、正规化建设走在前列为目标，依据《公安机关窗口单位服务规定》、《公安边防部队机关正规化管理若干规定》、《公安边防部队基层正规化管理规定》及相关的边检业务工作规范，积极开展“争创执法为民窗口”、“争当执法为民标兵”活动。

进一步规范勤务组织实施。针对2003年在执勤现场规范化建设达标活动中存在的问题，各站认真对照《旅客检查规范》等工作规范的要求，进一步规范勤务组织实施。聂拉木、拉萨、普兰边检站组织检查人员对工作规范进行了再学习和讨论，对照规范对存在不足的部分进行了逐步整改。目前仅担负边民检查任务的吉隆边检站，在上级暂未出台边民检查专项工作规范情况下，参照《旅客检查规范》有关要求，进一步加强边民检查勤务组织实施工作，确保了口岸安全、畅通、高效，杜绝了执勤事故发生。

坚持依法行政。在检查工作中，各站依据边检条例等法律法规和外交部《关于重申外国人进藏规定和境外藏胞入境有关问题的通知》等西藏出入境管理特殊规定，实施出入境旅客、边民、车辆边防检查。各站严格执行边防检查法律、法规和规章，正确使用行政强制措施，依法进行行政处罚，在尊重和保障公民合法权益的同时，充分利用法律武器严厉打击违法犯罪分子，从而杜绝了行政复议、行政诉讼案件、侮辱人格、超期限人身自由以及扣留审查期间诱供、打骂、体罚等现象的发生。2004年各站还按照通知要求，按照《行政许可法》对边检行政许可项目进行了全面清理。

开展便民利民活动，树立执法为民形象。一是根据旅客流量适时调整警戒警力，加强检查现场管理，优化通关环境。二是文明执勤，礼貌待客，积极扶助老、弱、病、残、急旅客。聂拉木边检站推出“三必帮”、“四必办”服务承诺，即“年迈行动不便的必帮、不清楚办证程序的必帮、遇到困难急事的必帮，能办的事马上办、难办的事尽量办、分内的事认真办、分外的事积极办”，坚持做到了“四快”、“五心”，即“证件验放快、发现问题处理快、接受任务落实快、重大情况反应快，解答问题耐心、查验证件细心、帮助旅客热心、服务群众真心、查控布控放心”。拉萨站自筹资金为执勤现场配置了沙发、饮水机、轮椅等，方便旅客候检、通行，并推出6个“零目标”服务承诺，即“航班在港零待时、法律服务零距离、日常业务零差错、热情服务零争执，保证安全零案件、规范执法投诉”。普兰边检站坚持急事急办原则，积极为因不可抗拒原因急需出境的旅客排忧解难，同时自筹资金在执勤点设立接待室，配备了饮水、通讯、医疗、休息等设备，极大地方便了徒步出入境的旅客。三是利用法制宣传月，大力宣传法律知识，提供法律咨询，让边民群众进一步了解出入境管理法律法规，增强守法用法意识，从而更加自觉的配合边防检查工作。四是坚持送医下乡，定期为边民群众义务检查、治疗，宣传保健知识。拉萨、吉隆边检站还积极为驻地群众维修道路，为军烈属、特困户维修房屋，捐赠物资，帮助解决生活困难。

【以检查员等级考试和“大练兵”活动为契机，全面提高队伍整体素质】 2004年是西藏边防全面开展检查员等级考试工作的第一年，也是全国公安边防系统开展“大比武”、“大练兵”活动的一年。各边检站以此为契机，从提高监察队伍的业务工作能力、实用军事技能、行政执法水平方面入手，狠抓培训工作。

一是为保证检查员等级考试顺利进行，各站正确处理业务工作和考前培训的关系，大力开展在职培训，尤其是在1至3月份，各站利用口岸业务量较小的时机，强化了检查员的边检业务、识别伪假证件、计算机、外语和法律培训。普兰站还开展了每日一句英语活动，吉隆站开展了每日一句藏语活动。

二是按照部局关于检查员等级考试的要求，2004年4月初，总队组织进行了全区首次初级检查员等级考试，共有来自各边检站的19名检查员参加。

三是按照部局“大练兵”活动的安排部署，各站一手抓队伍军事技能训练，培养过硬作风和良好形象，提高队伍军事素质，一手抓业务技能训练，以部局下发的《边检人员大练兵业务训练内容》为依据，组织检查员共同学习公共知识内容，并按照检查员岗位分工进行专业知识内容的培训。

【加快执勤设施建设，创造快捷通关环境】 国家财政部下拨专项费用以改变全区普兰、吉隆口岸联检单位设备落后的状况。为此，总队积极与自治区财政厅、口岸办等单位协调边检执勤设施建设事宜，按照要求报送了边检设备需求明细表，并配合有关单位认真做好设备采购、验收等工作。同时，为改善普兰边检站业务工作环境，总队下拨专项资金，为该站修建了办公大楼。地方政府也投入资金，修建普兰县城至斜尔瓦和强拉山口的公路。

2004年，边检执勤设施有了较大改善。拉萨机场站利用民航改造候机大楼之机，积极争取，增加了执勤用房，分离了出入境通道。并对站局域网进行了改造，并在执勤现场加装了摄像监控装备。聂拉木边检站对执勤现场配备的证件阅读机、计算机、文检仪、EDISON系统、传真机、照相机等设备进行了检测，确保了检查工作顺利进行。此外，为加强普兰边检站边防查控工作，总队为普兰边检站解决了一台查控专用笔记本电脑。同时，为加强拉萨边检站反偷渡工作，总队边检处为拉萨边检站申请配发了一台中型文检仪。

积极推动口岸“大通关”。各站还积极开展“大通关”研讨，根据部局有关通知要求，整理上报了在口岸开放过程和大通关工作中，与口岸相关部门之间存在的需要协调解决的矛盾和问题等情况。2004年10月份，总队参加了自治区交通厅组织的就开通拉萨至加德满都客运直通车的会谈。边防总队在此次会谈上积极表示要充分发挥边检机关的职能作用，为直通车开通和全区的经济发展提供更好的服务。

2004年西藏边防总队边检处主要业务统计表

单位：(人员:人次　交通工具:台次　飞机:架次)

	聂拉木边检站		拉萨边检站		普兰边检站
	人员	交通工具	人员	飞机	人员
总　计	271473	18682	19528	126	37791
出　境	138779	8899	8193	65	17642
入　境	132694	9882	11335	61	20149

西藏自治区检验检疫局

【主要业务数据】 截止到2004年12月底，共完成出入境检验检疫2 350批，货值8 639万美元。其中，完成出境商品检验1 865批次，货值7 953万美元；入境商品检验485批次，货值686万美元；货物通关2 385批次，货值7 517万美元；其中，出境商品通关1 942批次，货值6 969万美元；入境商品通关443批次，货值548万美元；检出不合格商品8批次，货值3万美元；出入境人员预防接种235人次，艾滋病监测213人次；检疫消毒进出境交通工具19 556车、架/次，其中检疫消毒出入境飞机128架/次，检疫出入境车辆19 428车/次；布设实蝇监测点120个。其中，在樟木口岸布点76个、贡嘎机场布点22个、拉萨市内布点22个。拉萨市内和贡嘎机场仍未捕到实蝇，樟木口岸诱捕到的实蝇，已寄广东局实蝇重点实验室进行鉴定。

【禽流感防治工作】 2004年年初，我国周边国家和地区一度发生高致病性禽流感，拉萨也是重点疫区。为此，根据国家质检总局连续下发的紧急通知要求和西藏自治区防治禽流感指挥部的部署，西藏局作为自治区防治禽流感领导小组成员单位，配合西藏自治区政府，主要抓了这几项工作：

一是成立了以一把手为组长的领导小组，明确了工作分工和要求，建立了严格的通报机制。

二是组织了流通领域非法进境的禽类产品检查，对来自美国、巴西、香港的1 708件没有任何检验检疫手续的冻鸡产品按照有关规定做出了禁止销售的处理。

三是加大了口岸检验检疫把关力度，积极参与口岸辖区内的清查行动，实施对来自疫区的交通工具的严格防疫消毒。

四是参与拉萨地区禽类登记、扑杀工作，与自治区督查组赴拉萨、日喀则及樟木口岸开展了专项检查。

【传染病监测工作】 积极参加自治区范围内的公共卫生突发性事件的应对和处置工作。对出入境食品卫生监督、口岸传染病的群防群控加大了工作力度，对印度宗教团体在西藏阿里举行宗教活动的入境人员进行了健康检查和卫生监督。

【制度建设】 为了落实国务院和国家质检总局关于促进出口、增加农牧民收入的要求，根据西藏实际，西藏局年初制定并出台了《西藏出入境检验检疫局关于促进农牧产品出口、增加农牧民收入的意见》，提出了促进农民增收的实际举措；认真落实总局提出的“提速、减负、增效、严密监管”的要求，严格执行新的收费办法，降低收费达1/3以上；全局认真落实“节假日预约报检、随报随检、24小时值班”等便利措施，努力为扩大出口服务。

【原产地标记保护工作】 西藏有许多名优土特产品，为了使这些产品走出区门，在国际贸易中占有一席之地，西藏局今年提出了在原产地标志方面要有所突破的要求。西藏自治区人民政府批准了西藏局提出的《西藏自治区原产地标记保护实施方案》，授权西藏局负责西藏原产地标记保护工作。

2004年，西藏局提出的有关西藏地区原产地标记保护的建议、意见三次列入政府常务会议。由西藏藏药股份有限公司申请的西藏藏药（“卓攀林”牌）、由那曲医药公司、康桑土畜产公司、色尼公司申请的西藏那曲冬虫夏草（“雪山金葫”牌、“雪山雄龙”牌、“色尼”牌）地理位置界定、地理标志综合审核获得通过，国家质检总局已以150号和152号公告下达，首次批准了西藏四家企业的两个产品的原产地地理标志，原产地标志工作取得了突破性进展。

【标签审核工作】 大力开展食品标签审核工作，促进产品出口。日喀则外贸公司申报的“联嘎姆—糌粑”和“洛丹牌—糌粑”、“日喀则油菜籽”，由圣谷青稞食品发展公司申报的“虎峰牌”青稞麦片和青稞营养片等6个产品通过食品标签审核获得了总局颁发的进出口食品标签。同时，ISO9000质量体系认证工作也已经起步。

积极指导西藏区食品、饮料企业建立质量控制措施和卫生保障措施，先后赴山南雅江饮料厂、山南肉产品加工厂、日喀则雅江食品公司、拉萨啤酒厂、青稞麦片厂等进行现场指导；利用西藏局的信息、技术优势，帮助、促进西藏农牧产品（糌粑、油菜籽、土豆、大蒜、活羊等）出口，增加农牧民收入；积极参与“中尼客运直通车”双边会谈、中尼检验检疫合作调研、自治区口岸建设专题调研等工作，为西藏的对外开放献计献策。积极探索建立中尼边境口岸的相关派驻机构的沟通机制，为签署中尼检验检疫协议做好准备工作；积极参与食品放心工程、“3·15”消费者权益保护日维权活动、“3C”认证宣传、整顿和规范市场经济秩序的活动，为净化市场、共铸诚信生活做出了贡献。

【目标管理工作有序推进，信息宣传工作成绩突出】 2004年，西藏局试行了目标管理工作。到目前为止，已建立了目标管理的总体框架和管理体系，制定了《西藏出入境检验检疫局目标管理办法（试行)》，明确了目标的建立、分解、考核等规则和程序，树立了目标概念，研究并制定了全局重点工作、全局共性目标、各目标责任单位的职能目标；组织了目标管理的考核工作，为2005年全面实施目标管理奠定了一定的基础。

2004年，西藏局的信息宣传工作取得了突破。1-10月份，共向国家总局、自治区党委政府上报检验检疫信息64篇。被质检总局采用22篇（其中一篇上报国务院），被区党委采用10篇、被区政府采用10篇。先后有6篇稿件发表在《国门时报》，其中1篇被中央电视台采用。《西藏日报》发表2篇、《西藏商报》发表10篇，新华社发表1篇。此外，还修订完成了《检验检疫志》的终审稿。

【实验室建设、科技工作扎实推进】 为了增强西藏局检验检疫技术机构自身活力、提升技术支撑能力，局技术中心、保健中心和樟木实验室加大了人员培训、设备投入、质量体系建设力度，开拓了微生物、食品卫生、电器安全、梅毒确认、丙型肝炎等方面的检测项目，年内两个中心分别拓展承检项目7项和1项。技术中心、保健中心申请认可实验室前期准备的核心工作之一——质量体系换版工作年内已完成，保健中心和樟木局艾滋病初筛实验室顺利通过了国家质检总局组织的考核，双双被评为优秀，技术中心被自治区人民政府确定为政府实验室，完成了《拉萨市H5、H9型禽流感血清检测》课题的申报，技术中心年内发表论文7篇，保健中心年内发表论文9篇。

【对口支援工作】 从2001年开始实施的对口支援工作今年再次结出丰硕成果。湖北、珠海两局对西藏局的发展给予了大力支持：一是根据年初制定的2004年湖北局对口支援西藏局的意见，西藏局派出3名实验室人员、3名评审人员、1名计算机人员到湖北局接受培训；二是珠海局工作组亲临西藏签署了珠海局对口支援西藏樟木局的协议，并给樟木局援助资金20万元用于实验室设备的购置。

【其他工作】 一是西藏局倡导和坚持的樟木口岸关口前移，亚东口岸的建设、规划、管理思路得到了自治区政府、相关部门的首肯；二是与自治区农牧主管部门的动物疫情信息通报机制；三是完成了CIQ2000综合业务系统V2.2版的升级工作，新办公楼综合布线和网络改造已进入调试阶段，产地证管理系统的平台搭建也已完成；由口岸办统一配发的普兰、吉隆口岸网络设备资金已经到位，办公系统自动化（OA）工程前期工作已经启动。

【党风廉政建设】 一是召开了西藏局纪检监察工作会议，围绕教育、制度、监督三举并重的原则制定下发了《纪检监察工作实施意见》。二是认真搞好以收费、发证、办班为重点的专项治理工作，加大对基建工作、政府采购工作的监督力度，从源头上防止腐败行为的发生，查清了业务院办公楼存在的严重质量问题。三是加强了纪检干部队伍建设、开展了干部离任审计、任前廉政谈话，建立了行风义务监督员制度。四是根据新形势下纪检监察工作的要求，结合西藏实际采取多种形式开展防腐倡廉教育活动，强化党风廉政责任制的落实。

2004年西藏出入境检验检疫业务表一

金额：美元

机构	货物检验检疫				交通工具			
	批次	金额	检查检疫不合格		船舶（艘）	飞机（架）	火车（节）	汽车（辆）
			批次	金额				
总计	2350	86393661	8	29029		128		1928
出境	1865	79529086	8	29029		58		9478
入境	485	6864575				70		9950
西藏局本部	75	17933967						
出境	24	15701550						
入境	51	2232417						
贡嘎机动办事处	10	143372				128		
出境						58		
入境	10	143372				70		
樟木局本部	2265	68316322	8	29029				19428
出境	1841	63827536	8	29029				9478
入境	424	4488786						9950

2004年西藏出入境检验检疫业务表二

金额：美元

机构	货物通关		出入境员查验（人次）	健康检查及预防接种（人次）			
	批次	金额		健康检查	艾滋病监测	发现病例	预防接种
总计	2385	75170758	69341	295	213	10	235
出境	1942	69685853	29989	235	164	6	235
入境	443	5484905	39352	60	49	4	

机构	货物通关		出入境员查验(人次)	健康检查及预防接种(人次)			
	批次	金额		健康检查	艾滋病监测	发现病例	预防接种
西藏局本部	27	4158585			213	10	235
出境	19	3323412			164	6	235
入境	8	835173			49	4	
贡嘎机动办事处	10	143372	18968				
出境		8214					
入境	10	143372	10754				
樟木局本部	2348	70868801	50373				
出境	1923	66362441	21775				
入境	425	4506360	28598				

西藏自治区口岸大事记

2月

聂拉木边防检查站针对尼泊尔边民出入境存在的问题，开展了边民出入境边防检查专项整治，查获了54名冒名顶替、持用揭换照片、涂改、无效等证件的尼泊尔边民。

3月

拉萨边防检查站采用微波定向无线传输技术对站机关与检查现场间数据传输网络进行改造，进一步提高了工作效率。

3月28日

成都—拉萨—加德满都国际航班正式开航。拉萨边防检查站精心准备、周密部署，圆满完成首航检查任务。

4月

为规范西藏区检查员队伍管理，总队组织各边防检查站检查员进行了首届初级检查员等级考试。

5月7日

中国驻尼泊尔大使孙和平、商务参赞刘贻一行在日喀则地区吉隆口岸考察中尼边境交通情况。

5月9日

吉隆口岸发生森林火灾，吉隆边防检查站接到火警后，迅速集合全站官兵赶往火灾地点，与驻地干部、群众协同开展扑救工作。经过军民奋战，森林大火被及时扑灭。

5月中旬

吉隆边防检查站出动警力121人次，车辆34台次，拉运沙石400余吨，为口岸边民群众整修了一条长300米的便民路。

6月

聂拉木、普兰边防检查站圆满完成阿里鬼湖讲经团旅客出入境检查任务。

聂拉木、普兰边防检查站利用法制宣传月，开展“为民送法”活动，为边民群众义务讲授出入境管理法律法规，提供法律咨询。

7月4日

拉萨—香港定期包机航班正是开航。

7月18日

尼泊尔界桩考察组一行四人借道西藏区普兰前往尼境内“尼米”、“余尔旺”地区考察尼方界桩情况。普兰边检站为其提供了通行方便。

8月9日－12日

拉萨边防检查站配合机场公安部门完成尼泊尔副总理访藏专机安全警卫任务。

8月13日

拉萨边检站配合机场安全部门完成十一世班禅活佛专机安全警卫任务。

9月19日

本年度最后一批印度香客从普兰口岸强拉山口出境，全年印度香客出入境检查工作圆满结束。

9月26日－28日

西藏自治区副主席解学智在吉隆、聂拉木、亚东口岸考察期间，视察了吉隆、聂拉木、边防检查站工作、建设情况，并看望、慰问了官兵。

5月－10月

自治区发改委投资1040万元为普兰边防检查站新建了办公楼、综合楼，并对原宿舍进行了维修，使官兵生活条件得到进一步改善。

10月27日－29日

中尼代表就开通拉萨—加德满都客运直通班车问题在拉萨举行了会谈。

10月31日

成都—拉萨—加德满都国际航班安全完成本年度6个月的航班任务，于10月31日取消飞行。拉萨边检站圆满完成2004年度国际航班出入境边防检查工作。

中国建设银行

中国建设银行成立于1954年，是大型股份制商业银行。截至2004年底，全行资产总额39 047.85亿元人民币，负债总额37 100.41亿元人民币，全年实现税前利润502.16亿元人民币，比上年增长34%，不良贷款率为3.92%。2004年 9月17日，中国建设银行股份有限公司依法成立，成为首批由国有独资商业银行改制为国家控股的股份制商业银行。在英国《银行家》杂志2005年7月公布的世界1 000家大银行按一级的资本排名中，建设银行位居第25名，并获得由该杂志颁布的“中国年度最佳银行”称号。

建设银行在巩固存贷款业务基础上，开拓市场，不断深化改革，开拓进取，努力建成治理结构完善，运行机制健全，经营目标明确，财务状况良好，有较强国际竞争力的现代商业银行。

建设银行的产品与服务不断跨越传统业务和服务领域，借助科技与网络优势向更新的领域拓展。“银关通”业务即是建设银行为方便企业电子化报关和无纸化通关而开发的一项金融产品，其突出特点是：

（一）尊贵服务，方便快捷

依托于建设银行“重要客户服务系统”开发的“银关通”子系统与海关电子口岸数据中心、海关业务系统联为一体，采用大量先进技术手段，自动完成税费资金支付过程，为企业电子化报关和无纸化通关提供便捷服务。

（二）　点接入，覆盖全国

建设银行的核心业务系统已基本实现全行数据集中，全国各地的进出口企业足不出户，通过网络轻点鼠标即可轻松完成税费资金实时支付，并为企业提供异地报关的税费支付便利。

（三）性能稳定，安全可靠

电子口岸与建设银行之间的数据传输采用目前国内最高级别加密技术进行加密；建设银行内部的“银关通”系统采用国内专业机构权威认证的加密措施，通过权限管理、身份认证、数字签名、传输加密等手段，充分保证了银行及客户资金安全。

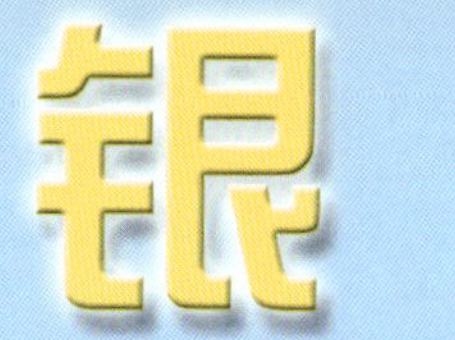

交通银行

交通银行始建于1908年，并经国务院批准于1987年重新组建，是国内第一家且资产规模最大的股份制商业银行。2005年6月，继财务重组、引进汇丰银行、社保基金、中央汇金公司等境内外战略投资者后，交通银行在香港成功发行H股，成为国内第一家在境外上市的股份制商业银行。交通银行在境内共开设92家分支行，并在纽约、东京、香港、新加坡、汉城、伦敦、法兰克福等境外国际金融中心城市设有海外分行或代表处。据统计，截止2005年6月底，全行资产总额达12925.32亿元，核心资本充足率达8.68%。

为配合国家“金关工程”的实施，交通银行与中国电子口岸数据中心联合开发了“报关一点通”网上税费支付系统，并于2002年8月作为首批签约银行与海关总署确立了长期的合作关系。目前，交通银行已与北京、天津、沈阳、大连、长春、上海、南京、杭州、宁波、厦门、青岛、武汉、长沙、广州、黄埔、深圳等30多家直属海关签订了合作协议，境内主要分行均开通了“报关一点通”业务，网上支付交易额位居国内商业银行前列。为进一步提升“报关一点通”的业务功能，交通银行推出了包括“7×24”小时无休、异地报关、付税透支等在内的服务模式，使进出口企业充分享受到更便捷、更完善的通关金融服务。

深厚的文化底蕴铸就了交行百年的辉煌，百年交行已启动新的航程。交通银行正加快推进战略转型，朝着创办一流现代金融企业的目标迈进。为客户提供更好的服务、为股东创造更多的价值、为社会做出更大的贡献，是交通银行恒久不变的服务信条！

交通银行“报关一点通”您的绿色报关通道

东方口岸科技有限公司是由中国电子口岸数据中心、中国电信集团和中信21世纪电讯有限公司共同出资成立的高科技企业。作为中国电子口岸数据交换平台以及电子口岸专用网的唯一设计者、建设者及维护运营商，公司负责中国电子口岸各类业务和专用网络的运营、管理和维护服务，以及中国电子口岸各种应用项目的具体研发和拓展。自公司成立以来，公司运用现代信息技术，借助国家电信公网资源，设计并建立统一、安全、高效的公共数据平台，实现数据共享和数据交换，使国家各行政管理部门可进行跨部门、跨行业、跨地区联网数据核查，企业用户可以在网上办理各种进出口相关业务。

在辅助政府监管的基础上，东方口岸科技有限公司还致力于高性能应用软件研发并提供各类IT应用咨询实施及外包托管服务，服务对象包括政府各行政管理部门以及各大银行、保险公司、物流公司等商业服务机构和全国500多万家进出口企业。公司主要提供包括CA认证与安全交换、物流链信息化建设、电子计费与支付、电信增值业务、企业ERP咨询实施等多项业务解决方案，其中在海关、口岸管理、物流管理等领域拥有丰富的项目开发、运营经验。

东方口岸科技有限公司始终积极与全球知名IT企业保持密切联系，与不同国家和地区的企业及机构建立广泛合作和长期战略伙伴关系。目前公司合作伙伴包括SAP、IBM、BEA、ORACLE、SUN、Dell等众多跨国企业，通过与合作伙伴的资源整合及产品合作，从而使公司更广泛的参与国际经济技术合作与竞争，提升公司国际竞争力。

展望未来，公司在深耕电子政务的基础上，不断扩大电子商务业务，实现电子政务与电子商务协同发展，提供给客户最优的产品、完善的售前与售后服务及完整的企业电子商务解决方案。

“沟通电子政务与电子商务的桥梁”，东方口岸科技有限公司与SAP公司携手共拓ERP市场合作新闻发布会

东方口岸科技有限公司主办的“海关联网监管与企业信息化研讨会”

东方口岸科技有限公司主办的“海关联网监管与企业信息化研讨会”

东方口岸科技有限公司全面代理PIERS公司数据签约仪式

青岛保税物流园区海关联网监管平台项目签约仪式

北京市分行

中国资产规模最大的商业银行——中国工商银行取得了积极推进股份制改革，完成了股改财务重组工作。资本总额2806亿元，充足率为9.12%，其中核心资本达到2525亿元，充足率为8.07%；境内外机构不良资产率为2.72%，不良贷款率降至4.58%，拨备覆盖率达到100%，中国工商银行成功迈出了股份制改革的第一步。

工商银行北京市分行在全北京市同业中一直保持着资产、利润、存款、贷款、结算量、网点数量、发卡量、自动柜员机占有量等多项第一的桂冠。在资产规模迅猛扩张的同时，资产质量明显改善，实现了质量效益型增长。2004年末，总资产达8308亿元，占北京市中资银行三分之一强，占北京市四大国有银行的55%以上；利润在2003年突破100亿元大关的基础上，达到122亿，约占全国工商银行系统的六分之一，在业内名列榜首。

作为首批与海关总署签署合作协议的银行，工商银行联手海关为客户提供了准确、方便、快捷的网上缴纳税费产品——银关通。它通过安全、高效的网络平台，实现了本异地7*24小时的实时资金划转，节约了企业通关的时间，免去了企业奔波劳累之苦，同时税费单据可由工商银行专人为客户送达。

中国工商银行将秉承持续创新的理念，以一流的服务、一流的环境、一流的产品、一流的品牌推动海关、企业、银行三方合作向前进！

兴业银行北京分行

兴业银行北京分行经中国人民银行批准，于2000年1月28日正式对外营业。开业5年来，北京分行以“完善服务、健全内控、防范风险、提高效益”为指导思想，以“产品多样化、资产多元化、手段现代化”为目标，积极开展各项业务。目前已在北京顺利发行“兴业卡”，加入了北京市金卡工程和中小银行“九行一邮”组建的“联合收费网络”，开发了以委托扣划方式办理各项代收费业务，取得了办理政府采购、代发工资业务代理行资格，顺利推出“兴业财智星”公司业务品牌，开发并投入使用电话银行系统、POS系统、银券通系统等，拓展了一批稳定的优良客户群，成功推出“万利宝”、“万汇通”和“月月盈”等本外币理财产品，核心客户群不断壮大，各项业务实现较快增长，在北京地区已设立了21家支行，取得了良好的社会效益和经济效益。

2005年，兴业银行北京分行与中华人民共和国北京海关、中国电子口岸数据中心签订了合作协议，推出海关网上支付税费业务—“兴业e通关”，成为中国电子口岸网上支付系统升级后，首家推出含有一卡多行、异地支付新功能的海关税费网上支付业务的银行，能够“7×24小时”在线办理网上税费支付业务，目前可在网上支付的税费种类有:进出口关税、反倾销税、特别关税、进口增值税、进口消费税、缓税利息、监管手续费等。除一般意义上的网上支付税费业务外，“兴业e通关”还为通关企业提供了整套的企业通关金融服务方案：通关环节，提供通关保函、海关税费支付便利等融资便利产品；通关前后，提供配套的贸易结算、融资、避险等增值服务，从多种角度满足客户多样化的业务需求。

2005年，兴业银行北京分行将在北京市人民政府、中国人民银行营业管理部、中国银行业监督管理委员会北京监管局的指导和社会各界的大力支持下，加快发展、完善服务、防范风险、增加效益、回报社会，为加快首都的经济建设和改革开放做出积极努力。

中国农业银行

AGRICULTURAL BANK OF CHINA

北京市分行简介

中国农业银行系四大国有商业银行之一，北京市分行分支机构遍布城乡，共有23家支行（部）、12家直属支行，近370家营业机构，从业人员7 000人。截止到2005年6月30日，全分行各项存款余额达1 578.78亿元，发放各项贷款余额812.14亿元,实现利润10.3亿元。农行北京分行以银行卡为媒介，建立了广泛的服务网络，全国400多个城市的农行机构与北京分行架起了网上服务的渠道，我们还依托现代IT技术，建设起现代化的自助银行、呼叫中心、电话银行、网上银行和金融超市。农行北京分行始终以建设现代化商业银行为目标，不断健全管理体制和经营机制；坚持人本管理，强化团队精神，造就精通业务、善于服务、勇于竞争的高素质人才队伍；遵循“以客户为中心、以市场为导向、以效益为目标”的经营理念，创新产品，改进服务，塑造农业银行精品服务形象。中国农业银行北京市分行正在加快与国际接轨的步伐，坚持以更好地为客户服务为宗旨，以科学的管理、健全的功能、优质的服务诚邀各界新老朋友精诚合作，共创新的辉煌。

地址：北京市西城区展览馆路5号

网址： WWW.95599bj.cn

邮编：100037

热线咨询电话：95599

中国农业银行“银关通”——海关税费网上支付

中国农业银行“银关通”——海关税费网上支付业务系统，是我国“金关工”实施的重要组成部分，是中国农业银行通过与海关总署、中国电子口岸数据心密切合作，为具有进出口业务的企业量身定做的新的金融产品。该业务是指农业银行办理进出口手续的企业客户登陆中国电子口岸网站，通过海关、中国子口岸数据中心和农业银行“银关通”实时联网系统，缴纳海关税费的一项结新业务。

海关税费网上支付业务的开通改变了传统的海关税费支付方式，在海关、进出口企业、银行三者之间实现业务处理电子化、网络化、自动化，给企业结算业务带来技术的便利。

该业务系统特点采用了大量的先进科技手段，使业务处理完全处于系统自动处理中，保证付税的速度，也保证了资金的安全。同时，还可简化税费缴纳的作业流程，有助于企业缩通关时间，提高贸易效率、降低贸易成本。此外，农业银行该业务系统实行全天候”即24小时为客户提供系统服务，企业在任何时间、任何地点，都可便、快捷、安全地办理海关税费网上支付业务。

“银关通”业务流程为：一是准备阶段。企业不但是农业银行的客户，而且是中国电子口岸入网用户。已通过用户资格审查，取得企业法人IC卡和操作员卡，具备联网办理业务的条件的客户；目前，已在中国农业银行北京市分行各点开立基本存款账户或一般存款账户，用于税费的支付的客户；通过中国电子岸网站向农行提出企业基本信息、帐户信息、作员信息备案及授权申请，农业银行审批通过客户；进出口企业、农业银行、直属海关、国电子口岸数据中心四方签订《网上支付税费务协议书》的客户。二是在办理支付的过程，企业通过申报，由海关发出“税费通知”，业发布支付指令，然后银行预扣税费，同时银向口岸数据中心发送预扣信息，海关查验放行后，银行实扣税费，最后银行核数据、取送纸制凭证。

“银关通”——海关税费网上支付做为农业银行一项新的结算方式，为企业强现代化管理，提高资金使用率，加速资金周转起到了积极的推动作用。

英业达浦东园区

英顺达科技有限公司

英业达浦东园区，包括四个子公司，是台湾上市公司英业达股份有限公司于2004年3月投资并陆续成立的，主营笔记本电脑和高档服务器，正在研发方向为：数字家庭和无线通讯方面性新的产品和服务。

2002年8月英业达率先与上海海关联手打造的中国第一本加工贸易电子手册，使得企业真正的享受到了高效、便捷、快速的通关速度。随着2004年3月漕河泾出口加工区的正式封关运作，英业达集团果断决定在此建立集团中国总部并使之成为英业达集团全球生产制造中心。目前英业达在上海的投资累计已经达到3.5亿美金。至2004年10月，原本在浦西漕河泾开发区的英业达笔记本电脑和服务器生产线已经全部转移至浦东新厂，人员也达到了8千多人。而位于浦西的工厂也将转型为专职研发生产数码家庭产品及软件的新基地。英业达浦东厂区已开始二期工程的建设，预计至2007年全部厂区建设完成，届时总占地面积达1平方公里的英业达集团中国总部，将可容纳35000人。

英业达之所以选择出口加工，是看重其特有的优惠政策、快捷的通关模式、先进的基础设施和完善的配套服务。事实也证明，我们的选择是非常的正确的。在上海市政府的支持下，英业达2004年的出口总额达30亿美金，2005年将达到50亿美金以上。虽然高科技加工制造业面临着激烈的竞争和挑战，但英业达集团将本着一贯的诚信踏实、精益求精的精神，不断的提升技术服务，扎实走稳每一步，朝产品多元化和国际化的方面发展。

随着英业达集团不断的自我创新，我们将拥有更加优质高效的研发生产运作体系和便捷的全球运筹服务网络，这将促进英业达集团在未来激烈的产业竞争中，提供给客户最先进、最完整可靠的产品及24小时快速直接的全球服务，成为同行业的行领军人物。

把握机遇　开拓进取

東方國際集團

上海市对外贸易有限公司

ORIENT INTERNATIONAL HOLDING SHANGHAI FOREIGN TRADE CO.,LTD.

公司简介

东方国际集团上海市对外贸易有限公司,前身是上海市对外贸易公司，成立于1988年1月，是以进口为主，进出并举的地方性外贸企业，以代理、自营或转口贸易等方式，经营五金矿产、化工、粮油、纺织、轻工、机械、仪器、设备、医疗器械等产品的进出口业务，并拥有钢材、羊毛、腈纶、胶合板、天然橡胶、燃料油等商品的专项经营权；承办来料加工、来样加工、来件装配业务和补偿贸易；开展中外合资、合作生产业务；承接国际招标、投标业务；经营国内外各类商品的批发、零售、邮购及汽车进口销售（含小轿车）业务；接受国外和港、澳、台厂商的委托，经营寄售业务和进出口产品的售后维修服务。

公司拥有一批长期从事外贸的业务骨干，积极发展与国内外用户、客商的贸易关系，在国内外享有良好的声誉和较高的知名度，并已连续多年进出口总额达到10亿美元以上，200 年更是达到了1 .5亿美元的历史新高，在上海外贸企业中名列前茅。

进入90年代以来，上海加快实施“开放开发浦东”和“建设国际经济、金融、贸易中心”的发展战略。为进一步扩展业务，先后在美国、日本、澳大利亚、新加坡、香港、俄罗斯、斯洛伐克、波兰等八个国家和地区设立了海外子公司及合作企业，并相继成立了浦东分公司、上海商都贸易有限公司、上海东松贸易有限公司、上海东贸贸易有限公司、上海东方国际招标有限公司和上海久茂贸易有限公司等子公司，使公司的经营更具规模。

1996年11月,本公司加盟东方国际（集团）有限公司，实行了现代企业制度改革，并更名为“东方国际集团上海市对外贸易有限公司”。面对国际经济形势的风云变幻和加入WTO的新形势，本公司将继续弘扬诚实守信的企业文化，实施“以贸为主，以新型实业为依托的多元化延伸战略”，并以东方国际（集团）有限公司为依托，充分发挥集团综合商社的贸易、金融、信息、服务、开发等多种功能和强大优势，立足上海，面向全国，走向世界。

地址：中国上海市娄山关路85号东方国际大厦B座　邮政编码：200336
电话：（86-21）62786500 传真：（86-21）62786588
邮箱：business@cnsftc.com　网址：http://www.cnsftc.com

ADD:Building B Orient International Plaza 85 Lou Shan Guan Road, Shanghai 200336 China
TEL: (86-21) 62786500 FAX: (86-21) 62786588
E-mail:business@cnsftc.com INTERNET: http://www.cnsftc.com

中山市广勤贸易有限公司

中山市广勤贸易有限公司成立于2001年3月，是国家外经贸部核准经营进出口业务的外贸专业公司。

我公司经营范围：自营和代理各类商品及技术的进出口业务，经营进料加工及“三来一补”业务，开展对外贸易和转口贸易，以及销售五金交电、机械设备、建筑材料、金属材料、汽车零配件、化工材料、塑胶制品、纺织原料、百货、食品、饮料等。

我公司提供专业的订仓、保险、商检、报关、核销等一条龙的商品进出口贸易服务，另外还帮助企业申请CE、GS、UL等各类认证，务求支持中山地区对外贸易发展。

2004年，我公司全年进出口额超过3亿美元，受到各级领导的好评。连续获“中山市扩大出口先进奖”、“中山市出口收汇荣誉企业”及“2002年度广东省大型进出口企业突出贡献奖”，还获ISO9001：2000体系质量证书，连续两年入选海关总署统计司排出的“中国出口贸易200强”和“中国进出口贸易500强”。为了进一步扩大业务，开拓国际市场，我公司建立了国际贸易网站（网址是http://www.guangqin.com），我公司可为当地外向型企业在网上推销产品，为企业寻找和提供客户服务。

我公司将继续秉承“扶持当地企业的生产发展，致力开拓国际市场，促进企业扩大出口”的经营宗旨，以高素质的业务队伍向企业提供更优质的服务！

地址：广东省中山市小榄镇升平中路10号3
邮编：528415
TEL：+86—760—2116101/2118101/21175
2117550/2113775/2233934
FAX：+86—760—2130163/2130760
法人代表：张坚平　　总经理：张坚平
E-MAIL：manager@guangqin.com
Website：http://www.guangqin.com

Your Safety is Our Responsibility

Finland
Norway
Denmark
Belgium
Slovakia
Romania
Turkey
Morocco
Iran
Kuwait
U.A.E
Yemen
Sierra Leone
Ethiopia
Kenya
Zimbabwe
Mauritius
Kazakstan
Mongolia
China
Korea
Nepal
Hong Kong
Thailand
Malaysia
Australia
Cuba
Venezuela
Uruguay

车辆检查系统

组合移动式集装箱／车辆检查系统

集装货物／车辆检查系统

X射线检查系统

清华同方威视技术股份有限公司是一家源于清华大学的高科技企业，为客户提供安全整体解决方案及相关安全产品，服务于国家安全、公共安全、经济安全、环境与生命安全、信息数据安全、工业产品安全等领域。

在技术竞争日益激烈的安全服务领域，威视股份将清华大学数十年的研究经验和技术积累成功产业化，以拥有全部知识产权、代表世界先进水平的核心技术与设计理念，专注于高科技安全产品的研发、设计、制造、工程实施及相关服务，研发出采用直线加速器的集装箱／车辆检查系统、多用途集装货物／车辆安全检查系统、邮件电子束灭菌安全系统、放射性物质检测系统、X射线检查系统、工业无损检测系统等多种系列产品，广泛服务于海关口岸、航空安检、铁路运输、工业制造、医疗卫生、环境保护、食品加工等行业和领域。

公司不仅拥有专业的设计与制造能力，能够根据客户的需求定制和设计个性化的安全产品，还可提供安全策略、风险分析和风险布控等咨询服务，为全球不同行业和领域的客户提供量身定作的完整解决方案。公司完善的专业工程服务网络和培训体系，能及时响应客户需求，为客户提供系统的工程实施、用户培训和售后维护等服务。

威视股份拥有世界同行业内规模最大的生产基地，配备现代化的生产设备，通过ISO9001质量管理体系认证、ISO10041环境管理体系认证、OHSAS18000职业健康安全管理体系认证及CE欧盟产品认证等，严格按照认证标准对设计、采购、生产、检验、安装、调试、验收及售后服务等环节实施严格控制，及时为全球客户提供高质量的产品。

进入新世纪，威视股份更加致力于成为一家国际化现代企业，在全球范围内不断寻求新的商业机会及合作伙伴。截至目前，威视股份已在各大洲建立多个分支机构，为澳大利亚、阿联酋、韩国、挪威、芬兰、比利时等数十个国家和地区提供高科技安全产品与服务，以强大的市场竞争力占据全球市场的较大份额，获得各国用户的高度赞誉。

在人类面临更多威胁、“安全”已经成为全世界关注焦点的今天，威视股份愿秉承“自强不息、厚德载物”的清华精神，以发展科技、服务社会为己任，与社会各界诚信合作，应对挑战，共同创造一个更加安全的世界！

清华同方威视技术股份有限公司
NUCTECH COMPANY LIMITED

北京市海淀区双清路同方大厦A座2层 100084
2/F Block A, Tongfang Building, Shuangqinglu Haidian Dist. Beijing, P.R.China 100084
TEL:(8610) 62780909 FAX:(8610) 62788896 http://www.nuctech.com

东北亚航运中心

——大连口岸大通关成绩斐然

大连口岸是东北及内蒙古东部地区物流的重要口岸，东濒黄海，西临渤海，南望山东半岛，北靠东北腹地，地理位置优越。它是由海港口岸、空港口岸及邮政口岸组成的。

作为东北地区最大的口岸，大连口岸经济繁荣，业务量逐年大幅度增长。大连海关坚持“依法行政、为国把关，服务经济、促进发展”，积极推行“大通关”政策，实施“多点报关、口岸提货”、“直通式”报关等新的通关模式，延伸通关、监管时空，进一步改善通关环境、提高通关效率、为企业降低通关成本。

(海关总署龚政副署长在大连市市长夏德仁大连海关王克光关长陪同下视察保税区)

面对口岸业务量的逐年增加，大连海关积极探索、锐意创新，始终致力于支持和促进口岸经济的发展，全力推动区港联动试点工作。反复研讨制定了严密便捷的监管方案，开发科学适用的监管信息系统，设立监管机构，并认真组织预验收工作。大连是继上海后第二个开展区港联动试点的城市。

积极支持口岸建设，主动参与大连国际航运中心建设实施方案的研讨论证，推进口岸经济的发展，提升关区各口岸的竞争、辐射、服务能力。

加强与有关方面的转关合作，落实沈阳、哈尔滨铁路分局及大连港加快转关合作协议，探索沈阳保税物流中心与满洲里口岸实现大连港口与最大铁路口岸的连接，提高了陆、海、空、铁运输资源利用率，确保了转关货物的应转、尽转、快转。

积极推动“电子口岸”建设。整合现有的“电子口岸”联网应用试点项目，加快了“电子口岸”的建设步伐。

随着大连市国际化程度的不断提高和东北腹地对外开放的逐步深入，大连海关按照“政治坚强、业务过硬、值得信赖”的队伍建设要求，不断提高通关效率，积极提供优质服务，为东北老工业基地振兴和大连建设东北亚航运中心作出更大的贡献。

（此图为：大连海关关员在保税区车城查

经国务院批准威海出口加工区于2004年4月27日成立。它坐落在威海经济技术开发区内，规划面积2.6平方公里，实行一次规划、分期封关，一期面积为1.34平方公里。

2001年1月8日，威海出口加工区通过了国务院联合验收小组的验收。目前区内已累计投资2亿多元人民币，完成了区内的供水、供暖、通讯、场地平整、道路等基础配套工程建设，还建设了专供区内使用的3.5万千伏安变电站，已经达到了“七通一平”的投资条件。威海出口加工区作为对外开放的新前沿，区内重点发展了电子信息产业、精密机械制造、生物工程及医药工业、新材料、食品加工业五大产业。

4年来，出口加工区借助国家赋予的优惠政策，积极实施了“借韩兴区”和“创服务品牌”战略，得到了长足的发展。截止到2004年底，进区项目59个，合同投资达到4.2亿美元，实际到位资金2.12亿美元。其中，世一电子、友石半导体、东源食品、兴宝纺织、有一电子等34个项目已投产。目前出口加工区从业人数近万余人。

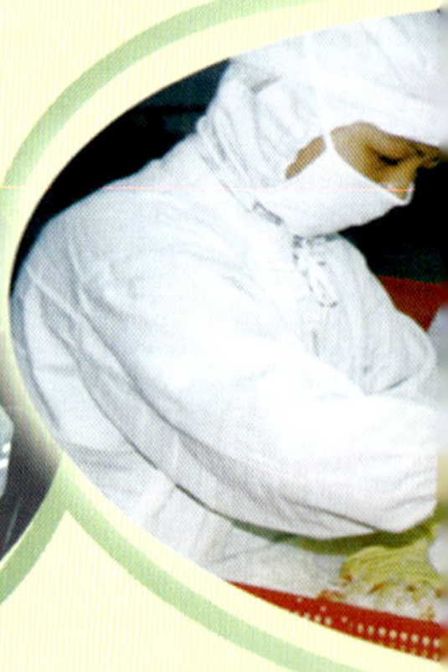

地址：威海经济技术开发区香港路
电话：0086—631—5981061，5981672
传真：0086—631—5981632
邮编：264202
http://www.whepz.com

摩托罗拉与中国共同发展

摩托罗拉公司创立于1928年，是世界财富百强企业之一，全球通讯行业的领导者，致力于为客户提供无缝移动通信产品和整体解决方案，业务范围涵盖宽带通信、嵌入式系统和无线网络等领域。

摩托罗拉公司1987年在北京设立办事处，1992年在天津经济技术开发区注册成立摩托罗拉（中国）电子有限公司，主要生产手机、对讲机、无线通信网络基站、汽车电子等产品，产量的66%出口到国外市场，经过十多年的发展，天津已经成为摩托罗拉全球最大的生产基地，在摩托罗拉的全球战略中占有举足轻重的地位。目前，摩托罗拉在中国的总投资为35亿美元，是中国电子领域最大的外商独资企业。

摩托罗拉在中国取得的骄人业绩，离不开各级政府和社会方方面面的支持与帮助。天津作为摩托罗拉全球最大的生产基地，每年都有大量的物料进口和成品出口，中国海关提供的高效服务极大地保证了公司业务的快速增长。特别是2003年10月，摩托罗拉（中国）电子有限公司的加工贸易手册与天津海关成功实施了计算机联网，完全实现了进出口业务的网上申报和核销，通关手续办理的效率由此大幅提高，审批手续也得到了简化，货物通关变得更加顺畅便捷，有力地推动了公司业务的发展。2004年摩托罗拉中国公司的销售额达647亿元人民币，较2003年增长66%；出口总额更高达69.54亿美元，较2003年增长67%，达到了历史最高水平。这些成绩的取得，与海关总署、北京和天津海关等各方面的大力支持是分不开的。

摩托罗拉相信，随着中国海关工作的改革与发展，企业的通关效率会进一步提高。摩托罗拉将满怀信心继续努力，在中国取得更加辉煌的成绩，为中国经济的繁荣做出更大的贡献。

满洲里口岸

满洲里口岸位于内蒙古呼伦贝尔大草原腹地，处于中俄蒙三角地带，是我国通往俄罗斯等独联体国家和欧洲各国的国际大通道，也是我国最大的边境陆路口岸。近年来，满洲里口岸已经发展成为功能齐全，运作高效，服务优良，闻名全国的一流口岸。口岸各部门团结一致，密切配合，克服困难，开拓创新，不断推进口岸大通关，口岸通过能力，通关效率和服务质量显著提高，口岸运量始终雄居全国同类口岸之首，2004年进出口货物突破1 400万吨，出入境人员达到164万人次，再创历史新高。

已有百年历史的满洲里铁路口岸是我国最大的铁路口岸，也是国务院确定的重点建设和优先发展的两个铁路口岸之一，拥有大量列车到发编组线、换装线、专用线及综合换装仓储基地，能够满足各种进出口货物的换装仓储需求，年综合换装能力1 800万吨以上。

满洲里国际公路口岸是我国规模最大的边境公路口岸，也是我国最大的对俄菜果出口和重要的汽车出口口岸。总规划区1.5平方公里，总体封闭区达65万平方米，主体建筑面积1.9万平方米，已建成和使用19条通道，年通过能力为货运300万吨，客运300万人次。

随着中俄两国面向21世纪战略协作伙伴关系的深入发展，两国间的贸易和友好往来不断扩大，口岸客货运量持续攀升。满洲里口岸将紧紧抓住新的历史机遇，把满洲里口岸建设成为东北亚经济体系中货物流、人员流、资金流、信息流集散、分拨的重要枢纽。建设成为铁路、公路、航空及其他运输形式并存的全方位、立体化、宽领域、多功能的现代化国际口岸。

广州广船国际股份有限公司

广州广船国际股份有限公司坐落在美丽的珠江南岸，是华南地区最大的现代化造船基地。公司成立于1954年，1993年在香港和上海上市，是中国首家造船上市公司。2005年荣获“中国制造业500强”、“广州海关诚信企业”。

广船国际以“做全球造船行业灵便型船舶市场的领先者”为战略目标，以“世界一流的性价比和客户化”为营销理念，以灵便型液货船为核心业务，倾力打造企业核心竞争力。产品远销丹麦、意大利、瑞典、捷克、伊朗、香港等国家和地区，逐步形成了具有广船国际自主品牌的系列产品，灵便型液货船在国内国际占有约50%和8%的份额。

为中远集团建造的18000吨半潜船

广船国际还大力发展特种船业务和高技术、高附加值船舶业务，力争成为华南地区重要的特种船保障基地；进一步开拓客滚船等高技术船舶市场。2002年，2003年公司成功建造了“亚洲第一船”——客滚船、半潜船，在高技术船舶市场上奠定了坚实基础。

广船国际发挥产业优势，钢结构、机电产品也取得长足发展。先后成功地承接了虎门大桥、广州鹤洞大桥、海南三亚大桥、深圳赛格广场、北京植物园温室、香港迪士尼乐园泰山树屋、澳门新葡京酒店等钢结构工程。1996年公司成立了一家控股的中外合资公司——广州永联钢结构有限公司，专注于亚太地区的建筑钢结构工程。

广船国际机电产品包括港口机械、电梯、冰箱成套设备、液压机械、压力容器等。公司研发的“冰箱生产线”荣获1994年专利技术博览会金奖；为全国九运会开幕式制作的九运中华世纪坛，荣获吉尼斯世界之最。

地址：中国广州芳村大道南40号　　邮编：510382

电话：（+8620）81891712　　传真：（+8620）81891575

网址：　www.chinagsi.com

为瑞典建造的1600m车道客滚船

GUANGZHOU SHIPYAD INTERNATIONAL COMPANY LIMITED

为全球最大的航运公司——马士基集团建造的29000吨成品油轮

中国机动车辆安全鉴定检测中心

中国机动车辆安全鉴定检测中心（简称中国车检中心） 成立于1988年6月，是全资国营企业。中国车检中心自成立以来，受公安部委托，经国家技术监督局颁发许可证书，每年对全国各省、自治区、直辖市开展机动车辆检测设备的认证、鉴定和调修工作。

近年来，中国车检中心在传统项目的基础上广泛拓展业务，大力发展高科技产业，范围涉及交通现代化管理系统、电子安全技术、汽车信息资讯、机动车智能检测系统、计算机软件开发以及安防工程等领域，并且建立了完备的汽车、电子产品、软件等销售渠道以及相关技术培训和售后服务网络。

中国车检中心控股企业拥有世界防伪印刷最高技术手段和先进完整的安全防伪印制设备，在我国出入境等高安全防伪证件印刷以及IC卡生产研发领域独占鳌头。同时，车检中心围绕防伪证卡业务，进行资金、人力资源和业务整合，加大对证卡技术研发和市场营销的投入，形成证卡的上、下游产品、替代产品和与之相关的系列业务。介入卡体原材料、纸张、油墨、覆膜领域；智能芯片的程序开发、卡体与芯片的封装以及有关数字防伪印刷技术、印刷设备、智能卡检验、识读设备等相关数据库的研发和建立，并且达到国内领先水平。

目前，中国车检中心有8个职能部门、8个直属业务部门、9个下属企业，总资产4.5亿元。新型智能化的办公大楼坐落在北京经济技术开发区，拥有国内一流的厂房和设施，占地20000平米，建筑面积27000平米。

现有员工600人，是一支富有创新精神、朝气蓬勃的科技开发和经营管理人才队伍以及技术精湛的生产力量。其中大专以上学历的员工占70%；硕士、博士、博士后占10%；35岁以下的员工占66%。

此外，中国车检中心还有自己的专业网络媒体和平面媒体，成为内外互动平台。

“立足新起点，适应新环境，树立新观念，创建新机制”中国车检中心在企业全面发展的同时，朝着独特、精深、尖端迈进，前进永无止境。

我们真诚地欢迎国内外的朋友与我们进行多领域、多层次、多形式的合作，共同创造更加辉煌的事业！

产品展示：

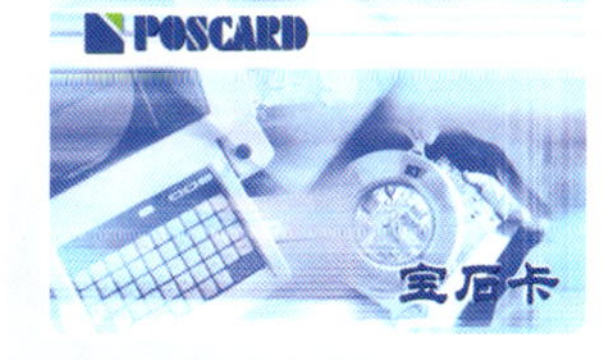

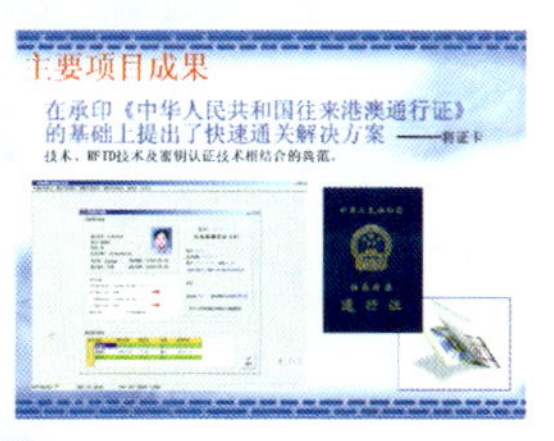

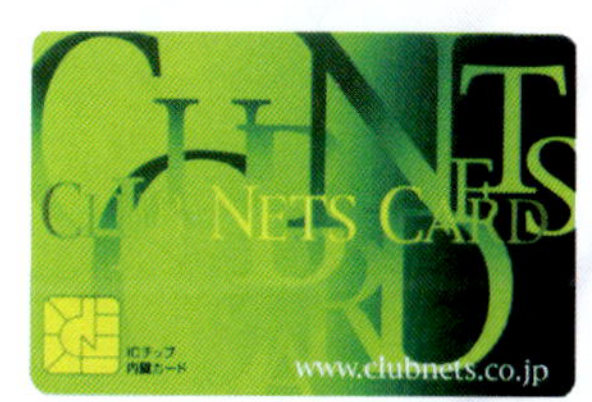

地址：北京市经济技术开发区荣昌东街甲1号
邮政编码：100176
联系电话：0086-10-67806585　67806588
24小时值班电话：0086-10- 67805600　67805610
总机：0086-10-67866688
网址：www.chinacvic.com
邮箱：cmvsaic2@public.bta.net.cn

ZTE中兴 中兴通讯股份有限公司

胡锦涛总书记视察

温家宝总理视察

中兴通讯是中国最大的通信设备制造业上市公司和中国最大的本地无线设备供应商、中国政府重点扶持的520户重点企业之一。1997年，中兴通讯A股在深圳证券交易所上市。2004年12月，中兴通讯在香港主板上市。2004年实现合同销售额340亿元。

中兴通讯是中国通信设备制造业的开拓者、中国综合性的电信设备及服务提供商，拥有无线产品、网络产品、终端产品（手机）三大产品系列，在向全球用户提供多种通信网综合解决方案的同时，还可以提供专业化、全天候、全方位的优质服务，并逐步涉足国际电信运营业务。

网络产品主要包括数据、光传输、交换、接入、视讯、电源、监控等数据领域，中兴通讯已形成窄宽带融合、有线无线一体化的全网解决方案。公司软交换产品已在国内全部运营商市场和中国香港、菲律宾、罗马尼亚等多个国家和地区市场成功商用，成为“中国软交换第一品牌”，并进入全球软交换设备供应商“第一军团”。DSL宽带数据产品2004年担纲雅典奥运会通信网建设，标志着中兴通讯数据产品已经获得发达国家运营商的青睐和国际电信界的高度认可。凭借城域OADM、大容量DWDM和MSTP等业界领先的高端光通信技术优势和客户化解决方案，中兴光网络产品已承建国内多个国家级和省级骨干传输网络，同时成功进入全球二十多个国家和地区市场，跻身国际主流光传输设备厂商之列。

手机代表了公司经营领域的拓展。中兴通讯手机研发立足于掌握核心技术，拥有核心软件、硬件电路、核心芯片、整机设计集成等全套自主技术，是目前国内惟一提供GSM、CDMA、PHS三大系列产品的手机生产企业。2003年9月，中兴CDMA手机荣膺 “中国名牌”称号。2004年，GSM、CDMA、小灵通三大类手机2004年总销量突破1000万部，比2003年增长超过100%。同时，手机作为中兴通讯新的收入增长点，已全面进入国际市场并出口海外。2004年5月，获巴西电信运营商VIVO公司总金额约为1亿美元的手机订单。这是中国手机厂商目前为止在海外获得的最大的单笔合同之一。在3G手机领域，中兴通讯推出了全球体积最小、重量最轻的折叠式WCDMA手机。

中兴通讯是中国火炬计划重点高新技术企业、技术创新试点企业和863高技术成果转化基地，承担中国第三代移动通信、高性能IPV6路由器平台、国家信息示范网（3Tnet）等多项863重大专项课题，每年投入的科研经费占销售收入的10%左右。中兴通讯实施以人为本的人才战略，建立了一套引进、培训、使用、激励人才的机制。21000名员工中，博士、博士后400多人，硕士5800多人，本科以上学历占员工总数的70%。

最近几年，在全球范围的电信业调整中，中兴通讯坚持市场、研发、资本、人才、管理相协调的全面发展观，以客户需求为导向，通过实施正确的市场策略和产品差异化策略，实现了持续增长，无论是在国际市场还是在国内市场均增幅巨大，成为中国近几年发展最快和最健康的通信制造企业。公司为此被评为“中国十佳上市公司”、同时连续4年入选“中证·亚商中国最具发展潜力上市公司50强”评选前五名之列。

中兴通讯一贯坚持稳健务实的财务政策，重视对投资者的回报，重视保护公共投资者的利益，实现股东利益的最大化。2004年12月9日，中兴通讯在香港主板上市，成为中国首家在香港主板上市的国内A股上市公司，这也是中兴通讯国际化战略的最新的历史性突破。

国际市场是中兴通讯的战略市场。中兴WCDMA、CDMA、NGN、GSM、交换、接入、光传输等多元化产品已进入全球60多个国家和地区市场。未来中兴通讯将以人才国际化为根本，市场国际化为重点，资本国际化为依托，积极迎接挑战，打造全球范围的中兴通讯品牌，建设世界级的卓越企业。

公司简介

秦皇岛出口加工区

秦皇岛出口加工区座落在秦皇岛市的东部沿海。2002年6月21日经国务院批准设立，2003年9月15日通过国家海关总署等八部委联合验收。总规划面积2.5平方公里，一期封关面积0.67平方公里。主要发展出口加工贸易类企业及为其服务的仓储运输企业。

这里傍渤海、依长城，靠全国十大编组站之一——山海关站，穿京沈高速公路和秦沈路客运专线，邻秦皇岛港和民航机场，有自己的专用货运码头，形成特有的海、陆、空立体交通；水、电、路、暖、讯等基础条件完备，适合加工制造业和有大运量要求的企业入区，目前已吸引韩国、日本、美国、西班牙等国家企业入区兴业。

秦皇岛出口加工区内企业不仅享有海关提供的简单、快捷的通关便利，还享有出口加工区特有的税收优惠政策和国家级开发区的优惠政策。区内基础设施完善，出口加工区管委、海关、检验检疫、外汇管理、金融保险等部门实行"一门式服务、一站式办公"的现代高效办事程序。

秦皇岛出口加工区管理委员会认真执行国家的对外开放政策，借鉴国际成功运作的出口加工区的先进管理经验，努力优化投资环境，为投资者提供全面、优质、高效的服务，秦皇岛出口加工区是一个与国际市场接轨、按国际惯例运作的对外开放新区。

机构名称：秦皇岛出口加工区管理委员会

QINHUANGDAO CHUKOU JIAGONGQU

园区地址：秦皇岛开发区东区温州道1号
网址：http://epz.qetdz.com
邮编：066206
联系电话：0335-5180007 5180065
传真：0335-5180000

大连京大国际货运有限公司

大连京大国际货运代理有限公司成立于1994年，是由国家对外经济贸易合作部和民航总局批准，具有独立法人地位的一类国际货运代理企业，是中国国际货运代理协会及国际航空运输协会（IATA）认可的代理人之一，公司在北京、天津、青岛、长春等地都建立有自己的分公司及办事处。

2001年10月，公司经过世界著名的认证公司SGS的严格审核后，一次通过了ISO9001（2000版）质量认证。2002年空运出口量为大连地区第一，同时被有关部门评为最佳业务操作代理。2004年入选全国货代行业百名排行榜。空运入选五十名排行榜。

公司信奉"服务第一、客户至上"的宗旨，遵守"安全、迅速、准确、方便"的运输方针，接受国内外客户的委托，办理进出口货物的运输、订舱及有关货物的包装、快递、报关、报验并承办海运、空运进出口货物和展品的国际运输等代理业务。目前公司已经与国内外几十家公司建立了良好的合作关系和长期业务往来，在世界各地50多个城市设有自己的代理网络。公司设有空运部、海运部、市场部、车队及完善的仓储设施，实行一整套国际业务的全过程跟踪服务，即从入货、订舱开始，包括货物中转，直至目的港代理报关，最终送到收货人手中的跟踪服务。

公司现有在职职工89人，是一支拥有较高的素质、经验丰富的员工队伍，其中不乏精通多国语言的人才（包括英语、日语、朝鲜语等），能满足不同国籍客户的愿望和要求。

京大公司的客户可以享受免费的信息咨询服务，客户服务员会将海关、检验检疫局、航空公司、船公司的最新动态及有关政策规定制成信息通告，定期地传真给京大公司的客户，做好企业的参谋。

不断向现代企业管理体制转化，在竞争中强化企业素质。

大连锦程通关学校

——中国口岸协会大连培训基地

中国口岸协会领导与专业教师进行座谈

校　园

学校概况

大连锦程通关学校（Dalian JinCheng Import & Export Se College）是经大连市教育局批准，与中国口岸协会合作，同 国际物流集团联手，为外向型企业培养高级操作性通关人才 合型学校。

学校坐落在风景秀丽、气候宜人的大连市西郊风景区，占地面积391亩，建筑面积6万平方米，具有现代化的教学设 完善的后勤服务。

学校为中国口岸协会会员，与大连海事大学、东北财经 等诸多院校开展了深层次办学合作，为我国“大通关”工程 施做出了积极贡献，并被中国口岸协会指定为“中国口岸协 连培训基地”。

全新教学模式，打造通关航母

学校坚持“教育服务社会”的理念，本着“为民解忧，育才”的宗旨，打破以往传统教育观念的束缚，定期召开口 家教学研讨会，用人单位联谊会，毕业生交流会，同时通过 校经营的企业“大连四海报关行”的定期实践锻炼，为学生 的上岗就业打下良好基础。另外学校在大连航运交易市场设 业生服务处，为走上工作岗位的毕业生进行专业技术指导以 调口岸部门相关事宜，并及时传达国家新出台的相关政策法规 为学生日后的工作提供服务和保障。从而得到了口岸部门领 高度评价，被称为“培养通关精英的摇篮”。

专业设置

专业	招生对象	学制	学历层次	学费（元/年）	主要专业课程	可考取职业资格证书
国际贸易（通关方向）	初中	三年	中专	5800	报关实务 商品归类 国贸实务 单证缮制 WTO规则 经贸地理 报检实务 现代物流 货代实务 专业英语 国际礼仪 港口管理 计算机 时事政治	报关员（海关总署颁发） 报检员（质检总局颁发） 物流师（物流协会颁发） 货代员（商务部颁发） 商务单证员（商务部颁发） 计算机操作员（劳动部颁发）
		四年	大专	5800		
国际贸易（通关方向）	高中	二年	大专	9800		
		四年	本科	9800		
	专科	二年	本科	9800		
大通关	大专	一年	职业资格培训	7800		
	本科					

地　　址：大连市红旗西路60
邮　　编：116021
咨询电话：0411-2112108 8211
84336055
传　　真：0411-2112128
网　　址：WWW.JCTG.CN

叶剑会长为中国口岸协会大连培训基地

北京中汽总回国留学人员购车服务有限公司

北京中汽总回国留学人员购车服务有限公司（即原中国汽车工业总公司留学生购车服务部），是1993年经海关总署批准的最早的留学生购买免税国产汽车的代办服务机构，也是一汽丰田汽车销售有限公司、华晨宝马汽车有限公司、一汽大众汽车有限公司所生产的提供给留学生的免税汽车的独家代办机构。我公司是代办时间最长、办理留学生免税车最多、服务项目最全、也是唯一有维修服务的代办机构之一。

我公司十多年来认真贯彻国家七部委文件精神，贯彻国家“支持留学，鼓励回国，来去自由”的留学方针。积极、热情、周到地做好留学生购车的服务工作，受到广大留学人员的一致好评。多年来，我公司建立了一套以免税购车咨询服务、展厅实车介绍、委托购车、分期付款、代签合同及电汇车款、车辆保险、验车上牌照、汽车装饰件展厅内选购及装饰、售后维修为一体的服务系统，使留学生购车放心，有保障购车。

经过我们努力工作，到目前为止共办理留学生免税车近4 000辆。随着我国改革开放的不断深入，经济建设快速发展，国内创业环境的进一步改善，将有越来越多的留学人员回国报效祖国。我公司将为我国在外学习回国服务的留学生购买免税国产轿车提供更加完善的服务项目、更多的车型、热情优质的售前售后服务。

（公司外景）

第三篇

2004 年颁步的
口岸工作有关法规

中华人民共和国国家发展和改革委员会
中华人民共和国商务部
中华人民共和国海关总署令
第7号

根据《中华人民共和国对外贸易法》和《中华人民共和国货物进出口管理条例》，国家发展和改革委员会会同商务部、海关总署制定了《煤炭出口配额管理办法》，现予公布，自2004年7月1日起施行。

国家发展和改革委员会主任：马凯
商务部部长：吕福源
海关总署署长：牟新生
二〇〇四年一月七日

煤炭出口配额管理办法

第一章　总　则

第一条　为规范煤炭出口，保证煤炭出口配额管理工作符合效率、公正、公开和透明的原则，维护煤炭的正常出口秩序，根据《中华人民共和国对外贸易法》和《中华人民共和国货物进出口管理条例》的有关规定，制定本办法。

第二条　国家发展和改革委员会（以下简称发展改革委）会同商务部负责确定全国煤炭出口配额总量及分配工作。

第三条　本办法适用于一般贸易方式下煤炭的出口。其他贸易方式下煤炭出口按现行有关规定办理。

第二章　煤炭出口配额总量、申请

第四条　每年煤炭出口配额总量及申请程序，由发展改革委于上一年10月31日前在中国经济信息网(http://www.cei.gov.cn)、国家发展和改革委员会网站(http://www.sdpc.gov.cn)上公布。

第五条　确定煤炭出口配额总量时，应当考虑以下因素：

（一）保障国家经济安全；

（二）合理利用煤炭资源；

（三）符合国家有关产业的发展规划、目标和政策；

（四）国际、国内市场供求状况。

第六条　煤炭出口实行国营贸易管理。已获得煤炭出口国营贸易经营权的出口企业可以申请煤炭出口配额。

第七条　出口企业应当以正式书面方式向发展改革委提出配额申请，并按要求提交相关文件和资料。

第八条　发展改革委于每年11月1日至11月15日受理煤炭出口企业提出的下一年度煤炭出口配额的申请。

第三章　煤炭出口配额的分配、调整和管理

第九条　发展改革委会同商务部于每年12月15日前将下一年度的煤炭出口配额总量的80%下达给企业。剩余部分将不晚于当年6月30日下达。

第十条　煤炭出口配额参考企业上一年度煤炭出口实绩分配。

第十一条　煤炭出口配额有效期截止到当年12月31日。

第十二条　如发生下列情况时，可以对已分配的配额进行调整：

（一）国际市场发生重大变化；

（二）国内资源状况发生重大变化；

（三）出口企业配额使用进度明显不均衡；

（四）其他需要调整配额的情况。

第十三条　煤炭出口企业凭配额批准文件，按照有关出口许可证管理规定，向商务部授权的许可证发证机构申领出口许可证，凭出口许可证向海关办理报关验放手续。

煤炭出口许可证管理按照商务部许可证管理有关规定执行。

第十四条　煤炭出口企业于每月5日前将上月煤炭出口配额使用情况报发展改革委备案。

第四章　法律责任

第十五条　煤炭出口经营者在煤炭出口中有违法、违规行为，受到海关、税务、商检、外汇管理等部门处罚的，发展改革委可酌情扣减其已获得的煤炭出口配额。

第十六条　煤炭出口经营者伪造、变造出口配额批准文件或出口许可证，或者以欺骗或其他不正当手段获取出口配额、批准文件或出口许可证的，依照《货物进出口条例》第六十六条、第六十七条规定处罚。发展改革委并可以取消其已获得的煤炭出口配额。

第十七条　对配额分配决定或处罚决定有异议的，可以依照《行政复议法》提起行政复议，也可以依法向人民法院提起诉讼。

第五章　附　则

第十八条　本办法由发展改革委、商务部、海关总署负责解释。

第十九条　本办法自2004年7月1日起施行。

中华人民共和国海关总署令

第110号

《中华人民共和国海关对用于装载海关监管货物的集装箱和集装箱式货车车厢的监管办法》已经海关总署2003年11月21日署务会讨论通过，现予公布，自2004年3月1日起施行。1984年1月1日施行的《中华人民共和国海关对进出口集装箱和所载货物监管办法》（［1983］署货字第699号）、1986年7月22日施行的《中华人民共和国海关对用于运输海关加封货物的国际集装箱核发批准牌照的管理办法》（［86］署货字第566号）同时废止。

署长　牟新生

二〇〇四年一月二十九日

中华人民共和国海关对用于装载海关监管货物的集装箱和集装箱式货车车厢的监管办法

第一章　总　则

第一条　为规范海关对用于装载海关监管货物的集装箱和集装箱式货车车厢的监管，根据《中华人民共和国海关法》第三十九条规定，制定本办法。

第二条　用于装载海关监管货物的集装箱和集装箱式货车车厢（以下简称“集装箱和集装箱式货车车厢”），应当按照本办法规定的要求和标准制造、改装和维修，并在集装箱和集装箱式货车车厢指定位置上安装海关批准牌照。

第三条　本办法下列用语的含义：

“营运人”是指对集装箱和集装箱式货车车厢实际控制使用者，不论其是否为该集装箱或者集装箱式货车车厢的所有人。

“承运人”是指承载集装箱和集装箱式货车车厢进出境的运输工具的负责人。

“申请人”是指申请办理海关批准牌照的制造或者维修集装箱和集装箱式货车车厢的工厂。

第四条　集装箱和集装箱式货车车厢应当接受海关监管。

不符合本办法规定标准或者未安装海关批准牌照的集装箱和集装箱式货车车厢，不得用于装载海关监管货物。

境内制造、改装和维修集装箱和集装箱式货车车厢的工厂，应当接受海关检查。

第五条　承载集装箱或者集装箱式货车车厢的运输工具在进出境时，承运人、营运人或者其代理人应当向海关如实申报并递交载货清单（舱单）。载货清单（舱单）上应当列明运输工具名称、航（班）次号或者集装箱式货车车牌号、国籍、卸货港口，集装箱箱号或者集装箱式货车车厢号、尺寸、总重、自重，以及箱（厢）体内装载货物的商品名称、件数、重量，经营人、收发货人、提（运）单或者装货单号等有关内容。

第六条　营运人或者其代理人应当按照海关规定向海关传输相关载货清单（舱单）的电子数据。电子数据应当规范、准确，并与所交验的纸质载货清单（舱单）的有关内容一致。所传输的电子数据与纸质单证均具有法律效力。

第七条　经国务院交通主管部门批准，国际集装箱班轮公司可以在境内沿海港口之间调运其周转空箱及租用空箱。国际集装箱班轮公司或者其代理人凭交通主管部门的批准文件和自制的集装箱调运清单，向调出地和调入地海关申报。调运清单内容应当包括：承运集装箱原进境船舶名称、航（班）次号、日期，承运调运空箱的船舶名称、航（班）次号、集装箱箱号、尺寸、目的口岸、箱体数量等，并向调出地和调入地海关传输相关的电子数据。

其他运输方式在境内调拨或者运输的空集装箱，不需再办理海关手续。

第八条　用于承运装载海关监管货物的厢体与车辆不可分隔的厢式货车，其营运人或者承运人应按照《中华人民共和国海关关于境内公路承运海关监管货物的运输企业及其车辆、驾驶员的管理办法》的有关规定办理海关手续。

第九条　未经海关许可，任何人不得擅自开启或者损毁集装箱和集装箱式货车车厢上的海关封志、更改、涂抹箱（厢）号、取出或者装入货物、将集装箱或者集装箱式货车车厢及其所载货物移离海关监管场所。

第二章　集装箱制造核准

第十条　境内制造集装箱的工厂，应当持有工商行政管理部门核发的企业法人营业执照及中国船级社颁发的《工厂认可证书》，向其所在地海关申请递交《集装箱和集装箱式货车车厢制造、维修工厂海关核准申请书》，经核准后由海关颁发《中华人民共和国海关集装箱和集装箱式货车车厢制造、维修工厂海关核准证书》，方可从事集装箱制造。

第十一条　境内制造的集装箱可以申请我国海关批准牌照，也可以向加入联合国《1972 年集装箱关务公约》的境外有关国家当局申请外国海关的批准牌照。

境外制造的集装箱，可以申请我国海关的批准牌照。

第十二条　海关总署授权中国船级社统一办理集装箱我国海关批准牌照。

第十三条　中国船级社应当按照本办法的要求签发批准证明书。

（一）境内制造的集装箱的所有人申请我国海关批准牌照的，中国船级社按照本办法规定的标准，对集装箱图纸进行审查，并按照规定进行实体检验，检验合格的，核发《按定型设计批准证明书》或者《按制成以后批准证明书》。

（二）境外制造的集装箱的所有人申请我国海关批准牌照的，制造厂或者所有人应当提交集装箱有关图纸，经中国船级社审查并现场确认后核发《按制成以后批准证明书》。

第十四条　集装箱的海关批准牌照申请人在取得《按定型设计批准证明书》或者《按制成以后批准证明书》后，应当在经批准的集装箱上按照本办法规定安装中国船级社核发的海关批准牌照，并在箱体外部规定位置标识序列号。

第十五条　海关对中国船级社检验的集装箱有权进行复验，并可以随时对中国船级社办理海关批准牌照的情况进行核查。发现签发批准牌照管理不善的，海关将视情决定是否停止授权其签发海关批准牌照。

第三章　集装箱式货车车厢的制造或者改装

第十六条　境内制造或者改装集装箱式货车车厢的工厂，应当持有工商行政管理部门核发的企业法人营业执照及中国船级社颁发的《工厂认可证书》，向其所在地海关申请递交《集装箱和集装箱式货车车厢制造、维修工厂海关核准申请书》，经核准后由海关颁发《中华人民共和国海关集装箱和集装箱式货车车厢制造、维修工厂海关核准证书》，方可从事集装箱式货车车厢制造或者改装。

第十七条　海关总署授权中国船级社统一办理在境内装载海关监管货物的集装箱式货车车厢的海关批准牌照。

中国船级社按照本办法规定的标准，对申请海关批准牌照的集装箱式货车车厢的图纸进行审查，并按照规定对集装箱式货车车厢进行实体检验，检验合格的，核发《集装箱式货车车厢批准证明书》。

第十八条　集装箱式货车车厢的海关批准牌照申请人在取得《集装箱式货车车厢批准证明书》后，应当在经批准的集装箱式货车车厢上按照本办法规定安装中国船级社核发的海关批准牌照，并在厢体外部规定位置标识序列号。

第四章　集装箱和集装箱式货车车厢的维修

第十九条　境内维修集装箱和集装箱式货车车厢的工厂，应当持有工商行政管理部门核发的企业法人营业执照及中国船级社颁发的《工厂认可证书》，向其所在地海关申请递交《集装箱和集装箱式货车车厢制造、维修工厂海关核准申请书》，经核准后由海关颁发《中华人民共和国海关集装箱和集装箱式货车车厢制造、维修工厂海关核准证书》，方可从事集装箱和集装箱式货车车厢的维修。

已取得《工厂认可证书》并经海关核准的集装箱和集装箱式货车车厢制造或者改装的工厂，可以从事集装箱和集装箱式货车车厢的维修。

第二十条　未经海关许可，任何人不得擅自改变集装箱和集装箱式货车车厢的结构。维修后的集装箱和集装箱式货车车厢结构应保持原状，如发生箱（厢）体特征变更的，集装箱和集装箱式货车车厢的所有人或者申请人必须拆除海关批准牌照，同时应当向中国船级社提出书面检验申请，并重新办理海关批准牌照。

第二十一条　海关可以随时对维修工厂维修的安装海关批准牌照的集装箱和集装箱式货车车厢进行核查。

第五章　对集装箱和集装箱式货车车厢的监管

第二十二条　集装箱和集装箱式货车车厢投入运营时，应当安装海关批准牌照。集装箱和集装箱式货车车厢外部标识的序列号应当与安装的海关批准牌照所标记的序列号一致。

第二十三条　集装箱和集装箱式货车车厢序列号变更的，应当重新申请检验并办理海关批准牌照。序列号模糊不清以及破损的集装箱和集装箱式货车车厢，不得装载海关监管货物。

第二十四条　集装箱和集装箱式货车车厢作为货物进出口时，无论其是否装载货物，有关收发货人或者其代理人应当按照进出口货物向海关办理报关手续。

第二十五条　境内生产的集装箱及我国营运人购买进口的集装箱在投入国际运输前，营运人应当向其所在地海关办理登记手续。

境内生产的集装箱已经办理出口及国内环节税出口退税手续的，不在海关登记；已经登记的，予以注销。

第二十六条　承运海关监管货物的运输企业在集装箱式货车车厢获得《集装箱式货车车厢批准证明书》后，应当按照《中华人民共和国海关关于境内公路承运海关监管货物的运输企业及其车辆、驾驶员的管理办法》的规定向其所在地海关申请办理车辆注册。

第二十七条　本办法第二十五条第一款和第二十六条所述集装箱和集装箱式货车车厢报废时，营运人凭登记或者注册资料向所在地海关办理注销手续。

第二十八条　符合本办法规定的集装箱和集装箱式货车车厢，无论其是否装载货物，海关准予暂时进境和异地出境，营运人或者其代理人无需对箱（厢）体单独向海关办理报关手续。

第二十九条　暂时进境的集装箱和集装箱式货车车厢应于入境之日起6个月内复运出境。如因特殊情况不能按期复运出境的，营运人应当向暂时进境地海关提出延期申请，经海关核准后可以延期，但延长期最长不得超过3个月，逾期应按规定向海关办理进口及纳税手续。

对于已经按本办法第二十五条第一款规定在海关登记的集装箱，进出境时不受前款规定的期限限制。

第六章　附　则

第三十条　违反本办法规定，构成走私或者违反海关监管规定行为的，由海关依照《中华人民共和国海关法》和《中华人民共和国海关法行政处罚实施细则》的有关规定予以处理；构成犯罪的，依法追究刑事责任。

第三十一条　本办法由海关总署负责解释。

第三十二条　本办法施行后向海关申请注册登记的运输企业，其承运海关监管货物的集装箱式货车车厢应符合本办法规定标准。

本办法施行前在海关注册登记的运输企业，其承运海关监管货物的集装箱式货车车厢应于2008年5月运输企业年审时起符合本办法规定标准。

第三十三条　本办法自2004年3月1日起施行。1984年1月1日施行的《中华人民共和国海关对进出口集装箱和所载货物监管办法》（［1983］署货字第699号）、1986年7月22日施行的《中华人民共和国海关对用于运输海关加封货物的国际集装箱核发批准牌照的管理办法》（［1986］署货字第566号）同时废止。

中华人民共和国海关总署令
第111号

《中华人民共和国海关关于加工贸易边角料、剩余料件、残次品、副产品和受灾保税货物的管理办法》已经2003年12月24日署务会审议通过，现予发布，自2004年7月1日起施行。2001年9月13日发布的《关于加工贸易边角料、节余料件、残次品、副产品和受灾保税货物的管理办法》（海关总署令第87号）同时废止。

署长　牟新生

二〇〇四年二月二十五日

中华人民共和国海关关于加工贸易边角料、剩余料件、残次品、副产品和受灾保税货物的管理办法

第一条　为了规范对加工贸易保税进口料件在加工过程中产生的边角料、剩余料件、残次品、副产品和受灾保税货物的内销审批和海关监管，根据《中华人民共和国海关法》及有关法律、行政法规，制定本办法。

第二条　本办法下列用语的含义：

边角料，是指加工贸易企业从事加工复出口业务，在海关核定的单位耗料量内（以下简称单耗）、加工过程中产生的、无法再用于加工该合同项下出口制成品的数量合理的废、碎料及下脚料。

剩余料件，是指加工贸易企业在从事加工复出口业务过程中剩余的、可以继续用于加工制成品的加工贸易进口料件。

残次品，是指加工贸易企业从事加工复出口业务，在生产过程中产生的有严重缺陷或者达不到出口合同标准，无法复出口的制品（包括完成品和未完成品）。

副产品，是指加工贸易企业从事加工复出口业务，在加工生产出口合同规定的制成品（即主产品）过程中同时产生的，且出口合同未规定应当复出口的一个或者一个以上的其他产品。

受灾保税货物，是指加工贸易企业从事加工出口业务中，因不可抗力原因或者其他经海关审核认可的正当理由造成灭失、短少、损毁等导致无法复出口的保税进口料件和制品。

第三条　加工贸易保税进口料件加工后产生的边角料、剩余料件、残次品、副产品及受灾保税货物属海关监管货物，未经海关许可，任何企业、单位、个人不得擅自销售或者移作他用。

第四条　加工贸易企业申请内销边角料的，商务主管部门免予审批，企业直接报主管海关核准并办理内销有关手续。

（一）海关按照加工贸易企业向海关申请内销边角料的报验状态归类后适用的税率和审定的边角料价格计征税款，免征缓税利息；

（二）海关按照加工贸易企业向海关申请内销边角料的报验状态归类后，属于发展改革委员会、商务部、环保总局及其授权部门进口许可证件管理范围的，免于提交许可证件。

第五条　加工贸易企业申请将剩余料件结转到另一个加工贸易合同使用，限同一经营单位、同一加工厂、同样进口料件和同一加工贸易方式。凡具备条件的，海关按规定核定单耗后，准予企业办理该合同核销及其剩余料件结转手续。剩余料件转入合同已经商务主管部门审批的，由原审批部门按变更方式办理相关手续，如剩余料件的转入量不增加已批合同的进口总量，则免于办理变更手续；转入合同为新建合同的，由商务主管部门按现行加工贸易审批管理规定办理。

同一经营单位申请将剩余料件结转到另一加工厂的，应当经主管海关同意并缴纳相当于结转保税料件应缴税款金额的风险担保金；对已实行台帐实转的合同，台帐实转金额不低于结转保税料件应缴税款金额的，经主管海关同意，可以免予缴纳风险担保金。

第六条　加工贸易企业申请内销剩余料件或者内销用剩余料件生产的制成品，按照下列情况办理：

（一）剩余料件金额占该加工贸易合同项下实际进口料件总额3%以内（含3%）、且总值在人民币1万元以下（含1万元）的，商务主管部门免予审批，企业直接报主管海关核准，由主管海关对剩余料件按照规定计征税款和税款缓税利息后予以核销。剩余料件属于发展改革委、商务部、环保总局及其授权部门进口许可证件管理范围的，免于提交许可证件。

（二）剩余料件金额占该加工贸易合同项下实际进口料件总额3%以上或者总值在人民币1万元以上的，由商务主管部门按照有关内销审批规定审批，海关凭商务主管部门批件对合同内销的全部剩余料件按照规定计征税款和缓税利息。剩余料件属于进口许可证件管理的，企业还须按照规定向海关提交有关进口许可证件。

（三）使用剩余料件生产的制成品需内销的，海关根据其对应的进口料件价值，按照本条第（一）项或者第（二）项的规定办理。

第七条　加工贸易企业需内销残次品的，根据其对应的进口料件价值，比照本办法第六条第（一）项或者第（二）项的规定办理。

第八条　加工贸易企业在加工生产过程中产生或者经回收能够提取的副产品，未复出口的，加工贸易企业在向海关备案或者核销时应当如实申报。

加工贸易企业需内销的副产品，由商务主管部门按照副产品实物状态列明内销商品名称，并按加工贸易有关内销规定审批,海关凭商务主管部门批件办理内销有关手续。对需内销的副产品,海关按照加工贸易企业向海关申请内销副产品的报验状态归类后的适用税率和审定的价格,计征税款和缓税利息。

海关按照加工贸易企业向海关申请内销副产品的报验状态归类后，如属进口许可证件管理的，企业还须按照规定向海关提交有关进口许可证件。

第九条　加工贸易受灾保税货物（包括边角料、剩余料件、残次品、副产品）在运输、仓储、加工期间发生灭失、短少、损毁等情事的，加工贸易企业应当及时向主管海关报告，海关可以视情派员核查取证。

（一）因不可抗力因素造成的加工贸易受灾保税货物，经海关核实，对受灾保税货物灭失或者虽未灭失，但完全失去使用价值且无法再利用的，海关予以免税核销；对受灾保税货物虽失去原使用价值，但可以再利用的，海关按照审定的受灾保税货物价格、其对应进口料件适用的税率计征税款和税款缓税利息后核销。受灾保税货物对应的原进口料件，属于发展改革委、商务部、环保总局及其授权部门进口许可证件管理范围的，免于提交许可证件。企业在规定的核销期内报请核销时，应当提供下列证明材料：

1. 商务主管部门的签注意见；

2. 保险公司出具的保险赔款通知书或者检验检疫部门出具的有关检验检疫证明文件；

3. 海关认可的其他有效证明文件。

（二）除不可抗力因素外，加工贸易企业因其他经海关审核认可的正当理由导致加工贸易保税货物在运输、仓储、加工期间发生灭失、短少、损毁等情事的，海关凭商务主管部门的签注意见、有关主管部门出具的证明文件和保险公司出具的保险赔款通知书或者检验检疫部门出具的有关检验检疫证明文件，按照规定予以计征税款和缓税利息后办理核销手续。本款所规定的受灾保税货物对应的原进口料件，如属进口许可证件管理范围的，企业须按照规定向海关提交有关进口许可证件。本办法第四条、第六条、第七条规定免于提交进口许可证件的除外。

第十条　加工贸易企业因故申请将边角料、剩余料件、残次品、副产品或者受灾保税货物退运出境的，海关按照退运的有关规定办理，凭有关退运证明材料办理核销手续。

第十一条　加工贸易企业因故无法内销或者退运而申请放弃边角料、剩余料件、残次品、副产品或者受灾保税货物的，凭企业放弃该批货物的申请和海关受理企业放弃货物的有关单证经海关核实无误后办理核销手续。放弃的货物按照下列情况办理：

（一）经海关核定有使用价值的，由主管海关依照《中华人民共和国海关法》第三十条第四款的规定变卖处理；

（二）经主管海关核定无使用价值的，由企业自行处理；

（三）对按照规定需进行销毁处理的,由企业负责销毁,海关凭有关销毁的证明材料办理核销手续。

第十二条　对实行进口关税配额管理的边角料、剩余料件、残次品、副产品和受灾保税货物，按照下列情况办理：

（一）边角料按照加工贸易企业向海关申请内销的报验状态归类属于实行关税配额管理商品的，海关按照关税配额税率计征税款；

（二）副产品按照加工贸易企业向海关申请内销的报验状态归类属于实行关税配额管理的，企业如能按照规定向海关提交有关进口配额许可证件，海关按照关税配额税率计征税款；企业如未按照规定向海关提交有关进口配额许可证件，海关按照有关规定办理；

（三）剩余料件、残次品对应进口料件属于实行关税配额管理的，企业如能按照规定向海关提交有关进口配额许可证件，海关按照关税配额税率计征税款；企业如未按照规定向海关提交有关进口配额许可证件，海关按照有关规定办理；

（四）因不可抗力因素造成的受灾保税货物，其对应进口料件属于实行关税配额管理商品的，海关按照关税配额税率计征税款；因其他经海关审核认可的正当理由造成的受灾保税货物，其对应进口料件属于实行关税配额管理的，企业如能按照规定向海关提交有关进口配额许可证件，海关按照关税配额税率计征税款；企业如未按照规定向海关提交有关进口配额许可证件，按照有关规定办理。

第十三条　属于加征反倾销税、反补贴税、保障措施关税或者报复性关税（以下统称特别关税）的，按照下列情况办理：

（一）边角料按照加工贸易企业向海关申请内销的报验状态归类属于加征特别关税的，海关免于征收需加征的特别关税；

（二）副产品按照加工贸易企业向海关申请内销的报验状态归类属于加征特别关税的，海关按照规定征收需加征的特别关税；

（三）剩余料件、残次品对应进口料件属于加征特别关税的，海关按照规定征收需加征的特别关税；

（四）因不可抗力因素造成的受灾保税货物，如失去原使用价值的，其对应进口料件属于加征特别关税的，海关免于征收需加征的特别关税；因其他经海关审核认可的正当理由造成的受灾保税货物，其对应进口料件属于加征特别关税的，海关按照规定征收需加征的特别关税。

第十四条　加工贸易企业办理边角料、剩余料件、残次品、副产品和受灾保税货物内销的进出口通关手续时，应当按照下列情况办理：

（一）加工贸易剩余料件、残次品以及受灾保税货物内销，企业按照其加工贸易的原进口料件品名进行申报；

（二）加工贸易边角料以及副产品，企业按照向海关申请内销的报验状态申报。

第十五条　保税区、出口加工区内加工贸易企业的加工贸易保税进口料件加工后产生的边角料、剩余料件、残次品、副产品等的内销审批和海关监管，按照保税区、出口加工区的规定办理。

第十六条　违反《中华人民共和国海关法》及本办法规定，构成走私或者违反海关监管规定行为的，由海关依照《中华人民共和国海关法》、《中华人民共和国海关法行政处罚实施细则》等有关法律、行政法规的规定予以处理；构成犯罪的，依法追究刑事责任。

第十七条　本办法由海关总署负责解释。

第十八条　本办法自2004年7月1日起施行，2001年9月13日发布的《关于加工贸易边角料、节余料件、残次品、副产品和受灾保税货物的管理办法》（海关总署令第87号）同时废止。

中华人民共和国海关总署令

第112号

《中华人民共和国海关关于来往香港、澳门小型船舶及所载货物、物品管理办法》经2004年1月7日署务会审议通过，现予发布，自2004年3月15日起施行。《中华人民共和国海关关于来往香港、澳门小型船舶及所载货物、物品监管规定》（海关总署令第68号）、《中华人民共和国海关关于来往香港、澳门小型船舶登记备案管理办法》（海关总署令第69号）同时废止。

署长　牟新生

二〇〇四年二月六日

中华人民共和国海关关于来往香港、澳门小型船舶及所载货物、物品管理办法

第一章　总　则

第一条　为规范海关对来往香港、澳门小型船舶（以下简称小型船舶）及所载货物、物品的监管，根据《中华人民共和国海关法》及其他有关法律、行政法规，制定本办法。

第二条　本办法下列用语的含义：

（一）来往香港、澳门小型船舶，是指经交通部或者其授权部门批准，专门来往于内地和香港、澳门之间，在境内注册从事货物运输的机动或者非机动船舶。

（二）小型船舶海关中途监管站（以下简称中途监管站），是指海关设在珠江口大铲岛、珠海湾仔、珠江口外桂山岛、香港以东大三门岛负责监管小型船舶及所载货物、物品，并办理进出境小型船舶海关舱单确认和关封制作手续的海关监管机构。

（三）通航指令，是指中途监管站对小型船舶发出的直航通过中途监管站、停航办理手续等电子指令。

（四）海关指定区域，是指以中途监管站为中心，一定范围内的航行区域。具体区域范围由有关直属海关对外公布。

第三条　小型船舶应当在设有海关的口岸或者经海关批准的可临时派出海关人员实施监管的监管点进出、停泊、装卸货物、物品或者上下人员，并办理相关手续。

第四条　下列小型船舶进出境时，应当向指定的小型船舶中途监管站办理舱单确认和关封制作手续：

（一）来往于香港与珠江水域的小型船舶向大铲岛中途监管站办理；

（二）来往于香港、澳门与磨刀门水道的小型船舶向湾仔中途监管站办理；

（三）来往于香港、澳门与珠江口、磨刀门水道以西广东、广西、海南沿海各港口的小型船舶向

桂山岛中途监管站办理；

（四）来往于香港、澳门与珠江口以东广东、福建及以北沿海各港口的小型船舶向大三门岛中途监管站办理。

来往于香港与深圳赤湾、蛇口、妈湾、盐田港的小型船舶，直接在口岸海关办理进出境申报手续。

第五条　小型船舶经海关备案后，可以从事进出境货物运输。

小型船舶应当由所属的船舶运输企业（以下简称运输企业）向运输企业工商注册所在地的直属海关或者其授权的隶属海关办理备案手续；海关对小型船舶实行联网备案管理，数据资料共享。

第六条　小型船舶应当安装海关认可的船载收发信装置，特殊情况不安装的须经海关同意。

小型船舶不得设置暗格、夹层等可以藏匿货物、物品的处所，船体结构经国家船检部门审定后不得擅自改动。

第二章　备案管理

第七条　小型船舶申请备案时，运输企业应当向海关提交下列文件：

（一）《来往港澳小型船舶登记备案表》；

（二）交通主管部门的批准文件复印件；

（三）中国船级社或者海事主管部门出具的船舶检验证书复印件；

（四）船舶营业运输证复印件；

（五）船舶国籍证书复印件；

（六）船舶船体结构图；

（七）船舶正面和可以显示船舶名称侧面彩色照片各一式3张。

提交上述（二）、（三）、（四）、（五）项文件，还须同时提供原件供海关核对。

第八条　海关予以备案的，应当在收到备案文件之日起5个工作日内签发《来往港澳小型船舶登记备案证书》（以下简称《备案证书》，《来往港澳小型船舶进出境（港）海关监管簿》（以下简称《海关监管簿》，海关经审核决定不予备案的，应当在收到运输企业提交的备案文件之日起3个工作日内制发《来往港澳小型船舶不予备案通知书》。

第九条　海关对小型船舶实行年审管理。运输企业应当在海关规定的时间内向备案海关提交下列文件，办理小型船舶年审手续：

（一）《来往港澳小型船舶年审报告书》；

（二）《备案证书》；

（三）《海关监管簿》。

未办理年审或者年审不符合本办法规定的小型船舶不得继续从事进出境运输业务。

第十条　在海关备案的小型船舶名称、船体结构、经营航线、法定代表人、地址、企业性质等内容发生变更的，运输企业应当持书面申请和有关批准文件到备案海关办理变更手续。

第三章　海关监管

第十一条　小型船舶进境前，船舶负责人或者其代理人可以自行或者委托舱单录入单位，通过与海关联网的公共数据信息平台向海关发送舱单电子数据。

小型船舶出境前，船舶负责人或者其代理人应当向启运港海关递交纸质舱单、《海关监管簿》等有关单据、簿册，同时通过与海关联网的公共数据信息平台向海关发送舱单电子数据。

第十二条　舱单电子数据应当包括以下内容：运输工具名称、运输工具编号、航次号、国籍、装货港、指运港、提(运)单号、收货人或者发货人、货物名称、货物件数和重量、集装箱号、集装箱尺寸等。

第十三条　船舶负责人在小型船舶进境或者出境启航时，通过船载收发信装置对舱单电子数据进行确认申报。

进境小型船舶经中途监管站办理舱单确认和关封制作手续后，所载进口货物所有人或者其代理人可以提前向海关申报。

第十四条　已经海关确认的舱单电子数据如需修改，船舶负责人或者其代理人应当向海关提出申请，经海关同意后，可以修改。

第十五条　海关对舱单电子数据和船舶航迹数据的保存期限为确认小型船舶舱单申报之日起3年。

第十六条　小型船舶进境或者出境启航后，应当进入海关指定区域接收并确认通航指令，并按照指令直航通过中途监管站或者停靠中途监管站办理手续。

第十七条　小型船舶接到停航办理手续指令时，应当航行至中途监管站指定的锚地停泊。

小型船舶进境时，应当经中途监管站签批《海关监管簿》，并办理舱单确认和关封制作手续后，继续驶往境内目的港。

小型船舶出境时，应当将启运港海关签章的舱单等单据递交中途监管站确认，经中途监管站签注《海关监管簿》后，继续驶往境外目的港。

第十八条　小型船舶进境到达目的港后，船舶负责人或者其代理人应当向海关递交《海关监管簿》、纸质舱单等单据办理手续。

在中途监管站停航办理手续的小型船舶应当递交关封。

第十九条　进出境小型船舶负责人应当妥善保管经海关确认的纸质舱单、关封等单据。

第二十条　小型船舶装卸进出境货物时，船舶负责人或者其代理人应当按照舱单核对货物，如果发现溢短装(卸)、误装(卸)、残损或者其他差错的，应当作好记录，并按照本办法第十四条的规定办理。

第二十一条　小型船舶公用、船员自用物品进出境，应当如实填写《来往港澳小型船舶进/出境公用物品申报单》及《来往港澳小型船舶船员进/出境自用物品申报单》向海关申报，海关按照规定办理验放手续。

第二十二条　小型船舶在香港、澳门装配机器零件或者添装船用燃料、物料和公用物品，应当填写《来往港澳小型船舶境外添装燃料物料申报单》，向海关申报并交验有关购买单据或者发票，办理进口手续。

第二十三条　小型船舶不得同船装载进出口货物与非进出口货物。

第二十四条　经交通部门批准，小型船舶可以兼营境内运输。

小型船舶每次由境外运输变更为境内运输或者由境内运输变更为境外运输前，均应当报告备案海关，由海关在《海关监管簿》上进行签注并办理有关手续。

第二十五条　进境小型船舶自进境后至办结海关手续前，出境小型船舶自启运港办理海关手续后至出境前，未经海关批准，不得中途停泊、装卸货物、物品或者上下人员。

第二十六条　小型船舶在规定的时间或者地点以外停泊、装卸货物、物品或者上下人员的，应当经海关批准；需海关派员执行监管任务的，应当按照规定交纳规费。

第二十七条　小型船舶由于不可抗力的原因，被迫在未设立海关的地点停泊、抛掷、起卸货物、物品或者上下人员，船舶负责人应当立即报告附近海关。

小型船舶因遇到风浪，致使无法在海关中途监管站停泊办理进出境手续的，经海关中途监管站许可，可以直接驶往目的港。

第二十八条　中途监管站可以对进境小型船舶所载货物、舱室施加封志，必要时可以派员随小型船舶监管至目的港，船舶负责人或者其代理人应当提供便利。

第二十九条　海关检查小型船舶时，船舶负责人或者其代理人应当到场，并按照海关要求开启有关处所、集装箱或者货物包装，搬移货物、物料等。海关认为必要时，可以径行开验、复验或者提取货样。

海关检查船员行李物品时，有关船员应当到场，并且开启行李包件和储存物品的处所。

第四章　法律责任

第三十条　违反《中华人民共和国海关法》及本办法规定，构成走私或者违反海关监管规定行为的，由海关依照《中华人民共和国海关法》、《中华人民共和国海关法行政处罚实施细则》等有关法律、行政法规的规定予以处理；构成犯罪的，依法追究刑事责任。

第五章　附　则

第三十一条　本办法由海关总署负责解释。

第三十二条　本办法自2004年3月15日起施行。1998年10月17日海关总署发布的《中华人民共和国海关关于来往香港、澳门小型船舶及所载货物、物品监管规定》和《中华人民共和国海关关于来往香港、澳门小型船舶登记备案管理办法》同时废止。

中华人民共和国海关总署令
第 113 号

《中华人民共和国海关对加工贸易货物监管办法》经 2004 年 1 月 7 日署务会审议通过，现予发布，自 2004 年 4 月 1 日起施行。

署长　牟新生

二〇〇四年二月二十六日

中华人民共和国海关对加工贸易货物监管办法

第一章　总　则

第一条　为了促进加工贸易健康发展，规范海关对加工贸易货物管理，根据《中华人民共和国海关法》及其他有关法律、行政法规，制定本办法。

第二条　本办法适用于办理加工贸易货物备案、进出口报关、加工、监管、核销手续。

加工贸易货物的备案、进出口报关、核销，应当采用纸质单证和电子数据的形式。

第三条　本办法下列用语的含义：

加工贸易，是指经营企业进口全部或者部分原辅材料、零部件、元器件、包装物料（以下简称料件），经加工或者装配后，将制成品复出口的经营活动，包括来料加工和进料加工。

来料加工，是指进口料件由境外企业提供，经营企业不需要付汇进口，按照境外企业的要求进行加工或者装配，只收取加工费，制成品由境外企业销售的经营活动。

进料加工，是指进口料件由经营企业付汇进口，制成品由经营企业外销出口的经营活动。

加工贸易货物，是指加工贸易项下的进口料件、加工成品以及加工过程中产生的边角料、残次品、副产品等。

加工贸易企业，包括经海关注册登记的经营企业和加工企业。

经营企业，是指负责对外签订加工贸易进出口合同的各类进出口企业和外商投资企业，以及经批准获得来料加工经营许可的对外加工装配服务公司。

加工企业，是指接受经营企业委托，负责对进口料件进行加工或者装配，且具有法人资格的生产企业，以及由经营企业设立的虽不具有法人资格，但实行相对独立核算并已经办理工商营业证（执照）的工厂。

单位耗料量，是指加工贸易企业在正常生产条件下加工生产单位出口成品所耗用的进口料件的数量，简称单耗。

深加工结转，是指加工贸易企业将保税进口料件加工的产品转至另一加工贸易企业进一步加工后复出口的经营活动。

承揽企业，是指与经营企业签订加工合同，承接经营企业委托的外发加工业务的生产企业。承揽企业须经海关注册登记，具有相应的加工生产能力。

外发加工，是指加工贸易企业因受自身生产工序限制，经海关批准并办理有关手续，委托承揽企业对加工贸易货物的某道工序进行加工，在规定期限内将加工后的产品运回本企业并最终复出口的行为。

核查，是指海关通过核实数据、审查单证、核对实物及相关帐册等方法检查核实加工贸易企业申报的加工生产能力以及进口、运输、存储、加工、装配、转让、转移、销售或者出口加工贸易货物等情况，是否与实际相符、是否符合有关法律、行政法规、规章规定的行为。

核销，是指加工贸易经营企业加工复出口或者办理内销等海关手续后，凭规定单证向海关申请解除监管，海关经审查、核查属实且符合有关法律、行政法规、规章的规定，予以办理解除监管手续的行为。

第四条　除国家另有规定外，加工贸易进口料件属于国家对进口有限制性规定的，经营企业免于向海关提交进口许可证件；加工贸易出口制成品属于国家对出口有限制性规定的，经营企业应当向海关提交出口许可证件。

第五条　经海关批准，加工贸易项下进口料件实行保税监管的，待加工成品出口后，海关根据核定的实际加工复出口的数量予以核销；对按照规定进口时先征收税款的，待加工成品出口后，海关根据核定的实际加工复出口的数量退还已征收的税款。

加工贸易项下的出口产品属于应当征收出口关税的，海关按照有关规定征收出口关税。

第六条　海关按照国家规定对加工贸易货物实行担保制度。

第七条　加工贸易货物不得抵押、质押、留置。

第八条　海关根据监管需要，可以对加工贸易企业进行核查，企业应当予以配合。海关核查不得影响企业的正常经营活动。

第九条　加工贸易企业应当根据《中华人民共和国会计法》及国家有关法律、行政法规、规章的规定，设置符合海关监管要求的账簿、报表及其他有关单证，记录与本企业加工贸易货物有关的进口、存储、转让、转移、销售、加工、使用、损耗和出口等情况，凭合法、有效凭证记账并进行核算。

加工贸易企业应当按照规定向海关提交上年度企业生产经营活动的年度报表等资料。

第二章　加工贸易货物备案

第十条　经营企业应当向加工企业所在地主管海关办理加工贸易货物备案手续。

经营企业与加工企业不在同一直属海关管辖的区域范围的，应当按照海关对异地加工贸易的管理规定办理货物备案手续。

第十一条　经营企业办理加工贸易货物备案手续，应当如实申报贸易方式、单耗、进出口口岸，以及进口料件和出口成品的商品名称、商品编号、规格型号、价格和原产地等。

第十二条　经营企业办理加工贸易货物备案手续，应当提交下列单证：

（一）主管部门签发的同意开展加工贸易业务的有效批准文件；

（二)经营企业自身有加工能力的,应当提交主管部门签发的《加工贸易加工企业生产能力证明》;

（三）经营企业委托加工的，应当提交经营企业与加工企业签订的委托加工合同、主管部门签发的加工企业的《加工贸易加工企业生产能力证明》；

（四）经营企业对外签订的合同；

（五）海关认为需要提交的其他证明文件和材料。

第十三条　经海关审核，单证齐全有效，并且符合本办法第十条至第十二条规定的，海关应当自接受企业备案申请之日起5个工作日内予以备案，并核发加工贸易手册。

需要办理担保手续的，经营企业按照规定办理担保手续后，海关核发加工贸易手册。

第十四条 有下列情形之一的，海关不予备案并且书面告知经营企业：

（一）进口料件或者出口成品属于国家禁止进出口的；

（二）加工产品属于国家禁止在我国境内加工生产的；

（三）进口料件属于海关无法实行保税监管的；

（四）经营企业或者加工企业属于国家规定不允许开展加工贸易的；

（五）经营企业未在规定期限内向海关报核已到期的加工贸易手册，又向海关申请备案的。

第十五条　经营企业或者加工企业有下列情形之一的，海关可以在经营企业提供相当于应缴税款金额的保证金或者银行保函后予以备案：

（一）涉嫌走私、违规，已被海关立案调查、侦查，案件未审结的；

（二）因为管理混乱被海关要求整改，在整改期内的。

经营企业或者加工企业有下列情形之一，海关有理由认为其存在较高监管风险的，可以比照前款规定办理，并书面告知有关企业：

（一）租赁厂房或者设备的；

（二）首次开展加工贸易业务的；

（三）加工贸易手册申请两次或者两次以上延期的；

（四）办理加工贸易异地备案的。

第十六条　海关发现经营企业办理加工贸易货物备案手续提交的单证与事实不符的，应当按照下列规定处理：

（一）货物尚未进口的，海关注销其备案；

（二）货物已进口的，企业可以申请退运，也可以向海关提供相当于应缴税款金额的保证金或者银行保函后继续履行合同。

第十七条　已经办理加工贸易货物备案的经营企业可以向海关申领加工贸易手册分册、续册。

第十八条　加工贸易货物备案内容发生变更的，经营企业应当在加工贸易手册有效期内办理变更手续。需要报原审批机关批准的，还应当报原审批机关批准。

第三章　加工贸易货物进出口、加工

第十九条　经营企业进口加工贸易货物，可以从境外或者海关特殊监管区域、保税仓库进口，也可以通过深加工结转方式转入。

经营企业出口加工贸易货物，可以向境外或者海关特殊监管区域、出口监管仓库出口，也可以通过深加工结转方式转出。

第二十条　经营企业应当持加工贸易手册、加工贸易进出口货物专用报关单等有关单证办理加工贸易货物进出口报关手续。

第二十一条　经营企业以加工贸易方式进出口的货物，列入海关统计。

第二十二条　经营企业经主管部门批准，可以开展深加工结转业务，并按照海关对加工贸易货物深加工结转的管理规定办理有关手续。

第二十三条　经营企业经海关批准可以开展外发加工业务。外发加工应当在加工贸易手册有效期内进行。

经营企业开展外发加工业务，不得将加工贸易货物转卖给承揽企业。承揽企业不得将加工贸易货物再次外发至其他企业进行加工。

第二十四条　经营企业应当将外发加工的成品、边角料、剩余料件、残次品、副产品等加工贸易货物运回本企业。

第二十五条　有下列情形之一的，海关不予批准外发加工业务：

（一）经营企业或者承揽企业涉嫌走私、违规，已被海关立案调查、侦查，案件未审结的；

（二）经营企业将主要工序外发加工的；

（三）经营企业或者承揽企业生产经营管理不符合海关监管要求的。

第二十六条　经营企业和承揽企业应当共同接受海关监管。经营企业应当根据海关要求如实报告外发加工货物的发运、加工、单耗、存储等情况。

第二十七条　因加工出口产品急需，经海关核准，经营企业保税料件与非保税料件之间可以进行串换。保税料件与非保税料件之间的串换限于同一企业，并应当遵循同品种、同规格、同数量、不牟利的原则。来料加工保税进口料件不得串换。

第二十八条　经营企业因加工工艺需要，必须使用非保税料件的，应当事先向海关如实申报使用非保税料件的比例、品种、规格、型号、数量，海关核销时在出口成品总耗用量中予以核扣。

第二十九条　经营企业进口料件因质量问题、规格型号与合同不符等原因，需返还原供货商进行退换的，可以直接向口岸海关办理报关手续。已经加工的保税进口料件不得进行退换。

第四章　加工贸易货物核销

第三十条　经营企业应当在规定的期限内将进口料件加工复出口，并自加工贸易手册项下最后一批成品出口或者加工贸易手册到期之日起30日内向海关报核。

经营企业对外签订的合同因故提前终止的，应当自合同终止之日起 30 日内向海关报核。

第三十一条　经营企业报核时应当向海关如实申报进口料件、出口成品、边角料、剩余料件、残次品、副产品以及单耗等情况，并向海关提交加工贸易手册、加工贸易进出口货物专用报关单以及海关要求提交的其他单证。

第三十二条　经审核单证齐全有效的，海关受理报核；海关不予受理的，应当书面告知企业原因，企业应当按照规定重新报核。

第三十三条　海关核销可以采取纸质单证核销和电子数据核销的方式，必要时可以下厂核查，企业应当予以配合。

海关应当自受理报核之日起 30 日内予以核销。特殊情况需要延长的，经直属海关关长或者其授权的隶属海关关长批准可延长 30 日。

第三十四条　加工贸易保税进口料件或者成品因故转为内销的，海关凭主管部门准予内销的有效批准文件，对保税进口料件依法征收税款并加征缓税利息；进口料件属于国家对进口有限制性规定的，经营企业还应当向海关提交进口许可证件。

第三十五条　经营企业因故将加工贸易进口料件退运出境的，海关凭有关退运单证核销。

经海关批准，经营企业放弃加工贸易货物的，按照海关对放弃进口货物的管理规定办理，海关凭接受放弃的有关单证核销。

第三十六条　经营企业在生产过程中产生的边角料、剩余料件、残次品、副产品和受灾保税货物，按照海关对加工贸易边角料、剩余料件、残次品、副产品和受灾保税货物的管理规定办理，海关凭有关单证核销。

第三十七条　经营企业遗失加工贸易手册的，应当及时向海关报告。

海关在按照有关规定处理后对遗失的加工贸易手册予以核销。

第三十八条　对经核销准予结案的加工贸易手册，海关向经营企业签发《核销结案通知书》。

第三十九条　经营企业已经办理担保的，海关在核销结案后按照规定解除担保。

第四十条　加工贸易货物备案和核销单证自加工贸易手册核销结案之日起留存 3 年。

第四十一条　加工贸易企业出现分立、合并、破产的，应当及时向海关报告，并办结海关手续。

加工贸易货物被人民法院或者有关行政执法部门封存的，加工贸易企业应当自加工贸易货物被封存之日起 5 个工作日内向海关报告。

第五章　法律责任

第四十二条　违反本办法的规定，构成走私或者违反海关监管规定行为的，由海关按照《中华人民共和国海关法》和《中华人民共和国海关法行政处罚实施细则》的有关规定予以处理；构成犯罪的，依法追究刑事责任。

第六章　附　则

第四十三条　保税工厂开展加工贸易业务，按照海关对加工贸易保税工厂的管理规定办理。

第四十四条　进料加工保税集团开展加工贸易业务，按照海关对进料加工保税集团的管理规定办理。

第四十五条　实施联网监管的加工贸易企业开展加工贸易业务，按照海关对加工贸易企业实施计算机联网监管的管理规定办理。

第四十六条　加工贸易企业在保税区、出口加工区等海关特殊监管区域内开展加工贸易业务，按照海关对保税区、出口加工区等海关特殊监管区域的管理规定办理。

第四十七条　单耗的申报与核定，按照海关对加工贸易单耗的管理规定办理。

第四十八条　海关对加工贸易货物进口时先征收税款出口后予以退税的管理规定另行制定。

第四十九条　本办法由海关总署负责解释。

第五十条　本办法自2004年4月1日起施行。

中华人民共和国海关总署令

第117号

《中华人民共和国海关实施〈中华人民共和国行政许可法〉办法》经2004年6月15日署务会审议通过，现予公布，自2004年7月1日起施行。

署长　牟新生

二〇〇四年六月十八日

中华人民共和国海关实施《中华人民共和国行政许可法》办法

第一章　总　则

第一条　为了规范海关行政许可，保护公民、法人和其他组织的合法权益，维护公共利益和社会秩序，保障和监督海关有效实施行政管理，根据《中华人民共和国行政许可法》（以下简称行政许可法）、《中华人民共和国海关法》（以下简称海关法）及有关法律、行政法规的规定，制定本办法。

第二条　本办法所称的海关行政许可，是指海关根据公民、法人或者其他组织（以下简称申请人）的申请，经依法审查，准予其从事与海关进出关境监督管理相关的特定活动的行为。

第三条　海关行政许可的规定、管理、实施、监督检查，适用本办法。

上级海关对下级海关的人事、财务、外事等事项的审批，海关对其他机关或者对其直接管理的事业单位的人事、财务、外事等事项的审批，不适用本办法。

第四条　海关实施行政许可，应当遵循公开、公平、公正、便民的原则。

海关有关行政许可的规定应当公开。海关行政许可的实施和结果，除涉及国家秘密、商业秘密或者个人隐私的外，应当公开。

第五条　海关实施行政许可应当在法律、行政法规、国务院决定和海关总署规章规定的范围内进行。

第二章　海关行政许可的规定

第六条　海关在实施法律、行政法规和国务院决定设定的海关行政许可过程中需要对实施的程序、条件、期限等进行具体规定的，由海关总署依法制定海关总署规章作出规定。

海关总署、直属海关在实施海关行政许可过程中可以根据法律、行政法规、国务院决定和海关总署规章以规范性文件的形式对有关执行中的具体问题进行明确。

第七条　海关总署制定的海关总署规章和其他规范性文件以及各直属海关制定的规范性文件不得设定海关行政许可。

第八条　直属海关认为需要增设新的海关行政许可或者认为海关行政许可的设定、规定不合理、需要修改或者废止的，可以向海关总署提出立法建议。

海关总署认为需要增设新的海关行政许可或者认为海关行政许可的设定、规定不合理、需要修改或者废止的，可以适时向国务院法制部门提出立法建议，或者根据立法计划在代为起草法律、行政法规草案时纳入有关条文。

第九条　直属海关在实施海关行政许可时应当及时收集海关工作人员、公民、法人或者其他组织对于海关行政许可的反映，并根据海关总署的要求对海关行政许可的实施作出评价，报告海关总署。

海关总署根据直属海关的报告适时提出海关行政许可实施评价报告，按照规定程序上报国务院或者全国人大常委会。

第三章　海关行政许可的管理

第十条　海关行政许可的归口管理部门是海关法制部门。

第十一条　海关总署法制部门是海关总署关于海关行政许可的归口管理部门，具体承办下列事项：

（一）对海关行政许可项目进行审查、登记、评估；

（二）根据法律、行政法规、海关总署规章的规定，收集、汇总、处理关于海关行政许可的立法建议；

（三）受理、核实公民、法人、其他组织关于海关行政许可的申诉、举报、意见建议，解答咨询；

（四）承办公民、法人、其他组织关于海关总署行政许可的行政复议、行政应诉案件，指导各级海关有关海关行政许可的行政复议、行政应诉事宜；

（五）对各级海关实施海关行政许可的情况进行监督检查；

（六）指导、协调各级海关实施海关行政许可的工作；

（七）法律、行政法规、海关总署规章规定的其他应由海关总署负责的海关行政许可综合管理事项。

第十二条　各直属海关法制部门是各级海关关于海关行政许可的归口管理部门，具体承办下列事项：

（一）根据法律、行政法规、海关总署规章的规定，承办收集、汇总、上报关于海关行政许可的立法建议、本关区关于海关行政许可的实施情况等事宜；

（二）受理、核实公民、法人、其他组织关于本关区实施海关行政许可的申诉、举报、意见建议，解答咨询；

（三）受理公民、法人、其他组织关于隶属海关实施海关行政许可的行政复议；

（四）承办或指导公民、法人、其他组织关于本关区实施海关行政许可的行政应诉事宜；

（五）对本关区实施海关行政许可的情况进行监督检查；

（六）组织本关区关于海关行政许可的听证事宜；

（七）指导、协调本关区海关行政许可的实施工作；

（八）法律、行政法规、海关总署规章规定的其他应由直属海关负责的海关行政许可综合管理事项。

第十三条　海关总署法制部门对规范性文件进行日常审查时或在办理行政复议案件过程中对规范性文件进行审查时，发现有下列情形之一的应当及时纠正：

（一）擅自设定海关行政许可的；

（二）对海关行政许可作出规定时超出上位法设定的海关行政许可的范围的；

（三）规定了超出上位法设定的海关行政许可条件的；

（四）其他违反行政许可法规定的。

第十四条　直属海关法制部门在对本关制定的规范性文件进行审查过程中，发现规范性文件有违法规定海关行政许可内容的，应当提出纠正的建议。

第十五条 海关总署法制部门发现直属海关报送备案的规范性文件中有违反行政许可法规定，擅自设定、规定海关行政许可内容的，应当责令直属海关自行纠正。

第十六条 公民、法人或者其他组织发现海关总署规章及其他规范性文件有违反行政许可法规定的，可以向海关总署或各级海关反映；对规章以外的有关海关行政许可的规范性文件有异议的，在对不服海关行政许可具体行政行为申请复议时，可以一并申请审查。

第四章　海关行政许可的实施

第一节　海关行政许可的实施机关

第十七条　海关应当在法定权限内，以本海关的名义统一实施海关行政许可。

海关内设机构和海关派出机构不得以自己的名义实施海关行政许可。

海关根据法律、行政法规和海关总署规章的规定，可以委托其他海关或者其他行政机关实施海关行政许可。委托海关应当将受委托海关或者其他行政机关以及受委托实施海关行政许可的内容予以公告。委托海关对委托行为的后果依法承担法律责任。受委托海关或者其他行政机关不得转委托。

第十八条　需要海关内设的多个机构办理的海关行政许可事项，该海关应当确定一个机构以海关的名义统一受理海关行政许可申请，统一送达海关行政许可决定。

第二节　申请与受理

第十九条　公民、法人或者其他组织从事与海关进出境监督管理相关的特定活动，依法需要取得海关行政许可的，应当向海关提出申请。

第二十条　申请海关行政许可应当以书面形式提出。申请书需要采用格式文本的，海关应当向申请人提供海关行政许可申请书格式文本，并将示范文本和填制说明在办公场所公示。申请书格式文本中不得包含与申请海关行政许可事项没有直接关系的内容。

第二十一条　海关行政许可申请可以由申请人到海关办公场所提出，也可以通过信函、电报、电传、传真、电子数据交换和电子邮件等方式提出。

海关行政许可申请以电报、电传、传真、电子数据交换和电子邮件等方式提出的，申请人应当提供能够证明其申请文件效力的材料。

第二十二条　申请人可以委托代理人提出海关行政许可申请。但是，依据法律、行政法规的规定，应当由申请人到海关办公场所提出海关行政许可申请的除外。

申请人委托代理人代为提出海关行政许可申请的，应当出具授权委托书。授权委托书应当具体载明下列事项，由委托人签章并注明委托日期：

（一）委托人及代理人的简要情况。委托人或代理人是法人或其他组织的，应载明名称、地址、电话、邮政编码、法定代表人或负责人的姓名、职务；委托人或代理人是自然人的，应载明姓名、性别、年龄、职业、地址、电话及邮政编码；

（二）代为提出海关行政许可申请、递交证据材料、收受法律文书等委托事项及权限；

（三）委托代理起止日期；

（四）法律、行政法规及海关总署规章规定应当载明的其他事项。

第二十三条　申请人申请海关行政许可，应当按照法律、行政法规、海关总署规章规定向海关提交有关材料，并对申请材料内容的真实性负责。

海关不得要求申请人提交与其申请的海关行政许可事项无关的技术资料和其他材料。

第二十四条　对申请人提出的海关行政许可申请，应当根据下列情况分别作出处理：

（一）申请事项依法不需要取得海关行政许可的，应当即时告知申请人；

（二）申请事项依法不属于本海关职权范围的，应当即时作出不予受理的决定，并告知申请人向其他海关或者有关行政机关申请；

（三）申请人不具备海关行政许可申请资格的，应当作出不予受理的决定；

（四）申请材料不齐全或者不符合法定形式的，应当当场或者在签收申请材料后5日内一次告知申请人需要补正的全部内容，逾期不告知的，自收到申请材料之日起即为受理；

（五）申请材料仅存在文字性、技术性或者装订等可以当场更正的错误的，应当允许申请人当场更正，并由申请人对更正内容予以签章确认；

（六）申请事项属于本海关职权范围，申请材料齐全、符合法定形式，或者申请人按照本海关的要求提交全部补正申请材料的，应当受理海关行政许可申请。

依据前款第（一）、（四）项规定作出告知，以及决定受理或者不予受理海关行政许可申请的，应当制发相应的《海关行政许可申请告知书》、《海关行政许可申请受理决定书》、《海关行政许可申请不予受理决定书》，并加盖本海关行政许可专用印章，注明日期。

对有数量限制的海关行政许可事项，应当在《海关行政许可申请受理决定书》中注明受理的先后顺序。

第二十五条　海关负责海关行政许可事项的机构或者依照本办法第十八条规定负责统一受理海关行政许可申请的机构收到海关行政许可申请之日，即为海关受理海关行政许可申请之日；以信函申请的，海关收到信函之日为申请之日；以电报、电传、传真、电子数据交换和电子邮件等方式提出申请的，海关收到有证明效力材料之日为申请之日。

第二十六条　海关在申请人全部补正申请材料后受理海关行政许可申请的，收到全部补正申请材料之日为受理海关行政许可申请之日。

第二十七条　依法作出不予受理海关行政许可申请决定的，应当说明理由，并告知申请人享有依法申请行政复议或者提起行政诉讼的权利。

第三节　审查与决定

第二十八条　海关受理海关行政许可申请后，应当对申请人提交的申请材料进行审查。

根据法律、行政法规、海关总署规章规定的条件和程序，需要对申请材料的实质内容进行核实，或者需要对申请人是否具备准予海关行政许可的其他条件进行实际核查的，海关可以就有关内容进一步进行核查。

对海关行政许可申请进行核查的，海关应当指派两名以上工作人员共同进行。核查人员应当根据核查的情况制作核查记录，并由核查人员与被核查方共同签字确认。被核查方拒绝签字的，核查人员应予注明。

第二十九条　申请人提交的申请材料齐全、符合法定形式，能够当场作出决定的，应当当场作出书面的海关行政许可决定。

当场作出海关行政许可决定的，应当当场制发决定书，并加盖本海关印章，注明日期，同时不再制发《海关行政许可申请受理决定书》。

第三十条　海关对行政许可申请进行审查时，发现行政许可事项直接关系他人重大利益的，应当告知申请人、利害关系人，申请人、利害关系人有权进行陈述和申辩。

能够确定具体利害关系人的，应当直接向有关利害关系人制发加盖本海关行政许可专用印章的《海关行政许可利害关系人告知书》，利害关系人为不确定多数人的，可以公告告知。

告知利害关系人，应当同时随附申请人的申请书及申请材料，涉及国家秘密、商业秘密或者个人隐私的材料除外。

海关应当听取申请人、利害关系人的意见。申请人、利害关系人的陈述和申辩意见应当纳入海关行政许可审查范围。

第三十一条　法律、行政法规、海关总署规章规定实施海关行政许可应当听证的事项，或者海关认为需要听证的涉及公共利益的其他重大海关行政许可事项，海关应当向社会公告，并举行听证。

海关行政许可直接涉及申请人与他人之间重大利益关系的，海关在作出海关行政许可决定前，应当告知申请人、利害关系人享有要求听证的权利。

海关应当根据听证笔录作出海关行政许可决定。

海关行政许可听证的具体办法由海关总署另行制定。

第三十二条　除当场作出海关行政许可决定的外，海关应当自受理海关行政许可申请之日起20日内作出决定。20日内不能作出决定的，经本海关负责人批准，可以延长10日，并应当制发《延长海关行政许可审查期限通知书》，将延长期限的理由告知申请人。

法律、行政法规另有规定的，依照其规定。

第三十三条　依法应当先经下级海关审查后报上级海关决定的海关行政许可，下级海关应当根据法定条件和程序进行全面审查，并于受理海关行政许可申请之日起20日内审查完毕，将审查意见和全部申请材料直接报送上级海关。上级海关应当自收到下级海关报送的审查意见之日起20日内作出决定。法律、行政法规另有规定的，依照其规定。

第三十四条　申请人的申请符合法定条件、标准的，应当依法作出准予海关行政许可的决定；申请人的申请不符合法定条件、标准的，应当依法作出不予海关行政许可的决定。

作出准予或者不予海关行政许可的决定,应当制发相应的决定书,并加盖本海关印章,注明日期。

依法作出不予海关行政许可决定的，应当说明理由，并告知申请人享有依法申请行政复议或者提起行政诉讼的权利。

第三十五条　申请人在海关作出海关行政许可决定之前，可以向海关书面申请撤回海关行政许可申请。

第三十六条　海关作出准予海关行政许可的决定，需要颁发海关行政许可证件的，应当自作出决定之日起10日内向申请人颁发加盖本海关印章的下列海关行政许可证件：

（一）许可证、执照或者其他许可证书；

（二）资格证、资质证或者其他合格证书；

（三）准予海关行政许可的批准文件或者证明文件；

（四）法律、行政法规规定的其他海关行政许可证件。

第三十七条　海关行政许可的适用范围没有地域限制的，申请人取得的海关行政许可在全关境范围内有效；海关行政许可的适用范围有地域限制的，海关作出的准予海关行政许可决定应当注明。

海关行政许可的适用有期限限制的，海关在作出准予海关行政许可的决定时，应当注明其有效期限。

第四节　变更、延续与撤回

第三十八条　被许可人在取得海关行政许可后，因拟从事活动的部分内容超过准予海关行政许可决定或者海关行政许可证件规定的活动范围，或者是发生其他变化需要改变海关行政许可的有关内容的，可以向作出准予海关行政许可决定的海关申请变更原海关行政许可。

海关应当将有关海关行政许可的变更条件、变更程序予以公布,便于被许可人依法办理变更手续。

第三十九条　被许可人要求变更海关行政许可的，应当在该行政许可的有效期内，以书面形式向作出准予海关行政许可决定的海关提出申请，并按规定提交有关材料。

第四十条　对被许可人提出的要求变更海关行政许可事项的申请，作出准予海关行政许可决定的海关应当依法进行审查，对符合法定条件、标准的，应当准予变更，并依法办理变更手续。

海关对变更申请进行审查，并作出是否准予变更决定的，应当及时、准确，最长不得超过作出海关行政许可决定的法定期限。

第四十一条　申请变更的事项如属于另一海关行政许可的，申请人应当依法重新申请海关行政许可，海关不得以变更海关行政许可的形式办理。

第四十二条　被许可人需要延续依法取得的海关行政许可的有效期的，应当在该行政许可有效期届满30日前向作出海关行政许可决定的海关提出书面申请，并说明理由。但是，法律、行政法规、海关总署规章另有规定的，依照其规定。

第四十三条　对被许可人提出的要求延续海关行政许可有效期的申请，作出准予海关行政许可决定的海关应当依法进行审查，对仍符合取得海关行政许可的条件，并且符合法律、行政法规、海关总署规章规定的延续海关行政许可应当具备的其他条件的，应当依法作出准予延续的决定；对不再具备取得海关行政许可的条件，或者不符合法律、行政法规、海关总署规章规定的延续海关行政许可应当具备的其他条件的，应当依法作出不予延续的决定。

第四十四条　海关应当在海关行政许可有效期届满前作出是否准予延续的决定；逾期未作决定的，视为准予延续。

第四十五条　海关不得擅自改变已生效的海关行政许可。

海关行政许可所依据的法律、行政法规、海关总署规章修改或者废止，或者准予海关行政许可所依据的客观情况发生重大变化，为了公共利益的需要，海关依法变更或者撤回已经生效的海关行政许可，由此给公民、法人或者其他组织造成财产损失的，应当依法给予补偿。

补偿程序和补偿金额由海关总署根据国家有关规定另行制定。

第四十六条　海关依法不予办理海关行政许可变更手续、不予延续海关行政许可的有效期或者依法变更、撤回已经生效的海关行政许可的，应当制发加盖本海关印章的决定书，注明日期，并说明具体理由，告知申请人享有依法申请行政复议或者提起行政诉讼的权利。

第五节　特别程序

第四十七条　海关行政许可的实施，本节有规定的，适用本节规定；本节没有规定的，适用本章其他有关规定。

第四十八条　对在进出境活动中提供公众服务并且直接关系公共利益的职业、行业，需要确定具备特殊信誉、特殊条件或者特殊技能等资格、资质事项实施海关行政许可的，应当依照以下规定办理：

（一）赋予公民从事报关业务或者其他与进出境活动有关的特定活动的资格，应当举行全国统一资格考试，根据考试成绩和其他法定条件作出海关行政许可决定；

（二）赋予法人或者其他组织从事与进出境活动有关的特定活动的资格、资质的，应当根据对申请人的专业人员构成、技术条件、经营业绩和管理水平等的考核、审查、评定结果，作出海关行政许可决定。

法律、行政法规另有规定的，依照其规定。

第四十九条　全国统一资格考试应当公开举行。海关应当事先公布资格考试的报名条件、报考办法、考试科目以及考试大纲。但是，不得组织强制性的资格考试的考前培训，不得指定教材或者其他助考材料。

第六节　回　避

第五十条　办理海关行政许可事项的海关工作人员是申请人、利害关系人的近亲属，或者与申请人、利害关系人有其他关系可能影响公正办理海关行政许可的，应当申请回避。

申请人认为办理海关行政许可事项的海关工作人员是海关行政许可事项的利害关系人或者是利害关系人的近亲属,或者与利害关系人有其他关系可能影响公正办理海关行政许可的,有权申请其回避。

利害关系人认为办理海关行政许可事项的海关工作人员是申请人的近亲属,或者与申请人有其他关系可能影响公正办理海关行政许可的,有权申请其回避。

第五十一条　办理海关行政许可事项的海关工作人员的回避由海关行政许可审批机构负责人决定，海关行政许可审批机构负责人的回避由海关行政许可审批机关负责人决定。

第五章　监督检查

第五十二条　上级海关应当加强对下级海关实施海关行政许可的监督检查，及时纠正海关行政许可实施中的违法行为。

海关法制、监察、督察部门负责对违法实施海关行政许可的行为进行监督检查。

第五十三条　海关应当建立健全监督检查制度，通过核查反映被许可人从事海关行政许可事项活动情况的有关材料，履行监督检查责任。

海关可以对被许可人生产经营场所依法进行实地检查。检查时，海关可以依法查阅或者要求被许可人报送有关材料，被许可人应当如实提供有关情况和材料。

海关依法对被许可人从事海关行政许可事项的活动进行监督检查时，应当将监督检查的情况和处理结果予以记录，由监督检查人员签字，并归档。

公众有权查阅海关的监督检查记录，但涉及国家秘密、商业秘密和海关工作秘密的除外。

第五十四条　海关实施监督检查，不得妨碍被许可人正常的生产经营活动，不得索取或者收受被许可人的财物，不得谋取其他利益。

第五十五条　被许可人在作出海关行政许可决定的海关管辖区域外违法从事海关行政许可事项活动的，违法行为发生地的海关应当依法将被许可人的违法事实、处理结果抄告作出海关行政许可决定的海关。

第五十六条　公民、法人和其他组织发现违法从事海关行政许可事项的活动，有权向海关举报，海关应当及时核实、处理。

第五十七条　有下列情形之一的，作出海关行政许可决定的海关或者其上级海关，根据利害关系人的请求或者依据职权，可以撤销海关行政许可：

（一）海关工作人员滥用职权、玩忽职守作出准予海关行政许可决定的；

（二）超越法定职权作出准予海关行政许可决定的；

（三）违反法定程序作出准予海关行政许可决定的；

（四）对不具备申请资格或者不符合法定条件的申请人准予海关行政许可的；

（五）依法可以撤销海关行政许可的其他情形。

被许可人以欺骗、贿赂等不正当手段取得海关行政许可的，应当予以撤销。

依照前两款的规定撤销海关行政许可，可能对公共利益造成重大损害的，不予撤销。

第五十八条　被许可人取得海关行政许可后从事违法活动，依法需要吊销其取得的海关行政许可证件的，海关应当依法吊销其海关行政许可证件。

第五十九条　撤销海关行政许可、吊销海关行政许可证件应当依据法律、行政法规或者海关总署规章规定的程序办理。

第六十条　海关依照《行政许可法》及本办法第五十七条第一款规定撤销海关行政许可，致使被许可人的合法权益受到损害的，海关应当依法对其直接损失给予赔偿。

依照本办法第五十七条第二款的规定撤销海关行政许可的，被许可人基于海关行政许可取得的利益不受保护。

第六十一条　有下列情形之一的，海关应当依法办理有关海关行政许可的注销手续：

（一）海关行政许可有效期届满未延续的；

（二）赋予公民特定资格的行政许可，该公民死亡或者丧失行为能力的；

（三）法人或者其他组织依法终止的；

（四）海关行政许可依法被撤销、撤回，或者海关行政许可证件依法被吊销的；

（五）因不可抗力导致海关行政许可事项无法实施的；

（六）法律、行政法规规定的应当注销海关行政许可的其他情形。

第六章　法律责任

第六十二条　海关及海关工作人员违反有关规定的，按照行政许可法第七章的有关规定处理。

第六十三条　被许可人违反行政许可法及有关法律、行政法规、海关总署规章规定的，海关依照有关法律、行政法规规定给予行政处罚；构成犯罪的，依法追究刑事责任。

第六十四条　海关工作人员违反有关规定依法应当给予行政处分的，由所在海关单位的人事、监察部门提出处理意见，报所在单位负责人做出处理决定并向上级主管部门报告。对依法应当追究刑事责任的移交有关机关处理。

第七章　附　则

第六十五条　海关提供海关行政许可申请书格式文本，不得收费。

海关实施海关行政许可和对海关行政许可事项进行监督检查，不得收取任何费用。法律、行政法规另有规定的除外。

海关实施海关行政许可所需经费应当列入海关预算，由财政予以保障，按照批准的预算使用经费。

第六十六条　海关实施海关行政许可，依照法律、行政法规收取费用的，应当按照公布的法定项目和标准收费；所收取的费用必须全部上缴国库，不得以任何形式截留、挪用、私分或者变相私分。

第六十七条　本办法规定的海关实施海关行政许可的期限以工作日计算，不含法定节假日。

第六十八条　本办法由海关总署负责解释。

第六十九条　本办法自2004年7月1日起施行。

中华人民共和国海关总署令

第118号

《中华人民共和国海关关于来往香港、澳门公路货运企业及其车辆和驾驶员的管理办法》经海关总署2004年1月7日署务会审议通过，现予公布，自2004年10月1日起施行。《中华人民共和国海关对来往香港、澳门汽车及所载货物监管办法》（［1988］署货字第6号）同时废止。

署长　牟新生

二〇〇四年八月二十七日

中华人民共和国海关关于来往香港、澳门公路货运企业及其车辆和驾驶员的管理办法

第一章　总　则

第一条　为规范对来往港澳公路货运企业及其车辆和驾驶员的管理，根据《中华人民共和国海关法》及其他相关法律、行政法规，制定本办法。

第二条　本办法下列用语的含义是：

（一）来往港澳公路货运企业（以下简称货运企业），是指依照本办法规定在海关备案的从事来往港澳公路货物运输业务的企业，包括专业运输企业和生产型企业；

（二）来往港澳公路货运车辆（以下简称货运车辆），是指依照本办法规定在海关备案的来往港澳公路货运车辆，包括专业运输企业的车辆和生产型企业的自用车辆；

（三）来往港澳公路货运车辆驾驶员（以下简称驾驶员），是指依照本办法规定在海关备案的驾驶本条第（二）项所称车辆的驾驶员。

第三条　海关对货运企业、车辆、驾驶员实行联网备案管理。

货运企业、车辆、驾驶员的备案、变更备案、注销备案、年审等业务以及相关后续管理工作，由进出境地的直属海关或者其授权的隶属海关按照本办法的规定办理。

第二章　备案管理

第四条　货运企业备案时，应当向进出境地的直属海关或者其授权的隶属海关提交下列文件：

（一）《来往香港/澳门货运企业备案申请表》；

（二）政府主管部门的批准文件；

（三）工商行政管理部门核发的《企业法人营业执照》或者《营业执照》复印件；

（四）技术监督部门核发的《中华人民共和国组织机构代码证》复印件；

（五）专业货运企业提交交通行政管理部门核发的《公路运输经营许可证》复印件；生产型企业提交海关核发的《自理报关企业注册登记证书》复印件；

（六）海关认可的银行或者非银行金融机构出具的担保函。

提交本条（三）、（四）、（五）项文件复印件时，还应当同时出示原件正本供海关核对。

第五条　车辆备案时，应当向进出境地的直属海关或者其授权的隶属海关提交下列文件：

（一）《来往香港/澳门货运车辆及驾驶员备案登记表》；

（二）《来往香港/澳门货运车辆海关验车记录表》（以下简称《验车记录表》）或者海关认可的公安交通车检部门出具的验车报告；

（三）公安交通车管部门核发的《车辆及驾驶人员进出境批准通知书》海关联；

（四）公安交通车管部门核发的《机动车辆行驶证》（以下简称《行驶证》）复印件；

（五）符合海关要求的车辆彩色照片 4 张（其中，2 张为车辆左前侧面 45 度角拍摄并可明显看见油箱和粤港/澳两地车牌；2 张为后侧面 45 度角拍摄并可明显看见粤港/澳两地车牌，均为 4×3 寸）。

在香港/澳门地区办理车辆登记证明文件的进出境车辆（以下简称港/澳籍车辆），应当同时提交境外有关政府管理机构签发的车辆登记文件复印件；在内地办理车辆登记证明文件的进出境车辆（以下简称内地籍车辆），应当同时提交《机动车辆登记证书》复印件。

运载危险品的车辆，应当同时提交主管部门的批准文件复印件。

港/澳籍车辆，应当同时提交《来往香港/澳门车辆备案临时进境验车申报表》（以下简称《临时进境验车申报表》）。

生产型企业的自用车辆，应当同时提交《自理报关企业注册登记证书》复印件。

提交本条第一款第（四）项和第二、三、五款文件复印件时，还应当同时出示原件正本供海关核对。

第六条　货运车辆应当为集装箱式货车或者集装箱牵引车，并应当符合下列条件：

（一）车辆的类型、牌名、车身颜色、发动机号码、车身号码、车辆牌号等应当与公安交通车管部门核发的证件所列内容相符。

（二）集装箱式货车的车厢监管标准应当按照《中华人民共和国海关对装载海关监管货物的集装箱及集装箱式货车车厢的监管办法》附件 1 的有关规定执行；如有特殊需要加开侧门的，应当经海关批准，并符合海关监管要求；

（三）集装箱式货车或者集装箱牵引车应当使用海关的电子关锁，并可以安装符合海关要求的车载收发信装置；

（四）车辆的油箱和备用轮胎等装备以原车出厂时的配置为准，不得擅自改装或者加装。

第七条　经海关批准，散装货车可以作为来往香港/澳门的货运车辆，用于承运不具备施封条件的超大型机械设备或者鲜活水产品等散装货物。

第八条　驾驶员（包括后备驾驶员）备案时，应当向进出境地的直属海关或者其授权的隶属海关提交下列文件：

（一）《来往香港/澳门货运车辆及驾驶员备案登记表》；

（二）《车辆及驾驶人员进出境批准通知书》海关联；

（三）公安交通车管部门核发的《机动车辆驾驶员驾驶证》（以下简称《驾驶证》）复印件；

（四）驾驶员身份证、回乡证或者护照复印件；

（五）驾驶员彩色近照2张（规格：大一寸、免冠、红底）。

提交本条第（三）、（四）项文件复印件时，还应当同时出示原件正本供海关核对。

第九条　经海关备案的货运企业，海关核发《来往香港/澳门货运企业备案登记证》（以下简称《货运企业备案登记证》）；

经海关备案的货运车辆、驾驶员，海关核发《来往香港/澳门车辆进出境签证簿》（以下简称《签证簿》）和用于证明驾驶员和载运进出境货物实际情况的通关证件。

第十条　《货运企业备案登记证》、《签证簿》和通关证件需要更新的，可以凭原件向备案海关申请换发；发生损毁或者灭失的，应当及时向海关报告，经备案海关审核情况属实的，予以补发。

第十一条　海关对货运企业、车辆、驾驶员实行年审制度。年审时，海关应当重点审核企业、驾驶员当年度的守法状况，并按本办法第六条规定验核车辆及厢体。

第十二条　货运企业年审时需提交下列文件：

（一）《来往香港/澳门货运企业年检报告书》；

（二）《货运企业备案登记证》原件正本；

（三）政府主管部门批准企业成立或者延期的批准文件。

第十三条　货运车辆、驾驶员年审时需提交下列文件：

（一）《来往香港/澳门车辆及驾驶员年检报告书》；

（二）《签证簿》原件正本；

（三）《验车记录表》或者海关认可的公安交通车检部门出具的验车报告；

（四）公安交通车管部门核发准予延期的《批准通知书》海关联；

（五）海关核发的通关证件。

第十四条　车辆需进行车体、厢体改装的，应当向备案海关申请，经海关同意，按照本办法第六条和《中华人民共和国海关对装载海关监管货物的集装箱及集装箱式货车车厢的监管办法》的规定办理。

改装后的车辆经备案海关重新检验认可后，海关收回原车辆的《签证簿》和通关证件，注销原车辆的备案资料，按照本办法第五条的规定重新予以核准备案，签发新的《签证簿》和通关证件。

第十五条　货运企业出现变更企业名称、通行口岸或者更换车辆、驾驶员等情况的，应当持政府有关主管部门的批准文件及相关资料，到备案海关办理变更备案手续。

第十六条　货运企业、车辆、驾驶员在备案有效期内暂停或者停止进出境营运业务的，应当向海关报告，海关收回《签证簿》和通关证件，对有关备案资料作暂停或者注销处理。

港/澳籍车辆在办结海关手续并已出境后，海关予以办理暂停或者注销手续。

第三章　海关监管

第十七条　货运车辆应当由在海关备案的驾驶员驾驶，特殊情况下可以由后备驾驶员驾驶；驾驶员应当按照海关指定的路线和规定的时限，将所承运的货物完整地运抵指定的监管场所，并确保承运车辆、海关封志、海关监控设备及装载货物的箱（厢）体完好无损。

第十八条　货运车辆进出境时，企业或者驾驶员应当按照海关规定如实申报，交验单证，并接受海关监管和检查。

承运海关监管货物的车辆从一个设立海关地点驶往另一个设立海关地点的，企业或者驾驶员应当按照海关监管要求，办理转关手续。

第十九条　海关检查进出境车辆及查验所载货物时，驾驶员应当到场，并根据海关的要求开启车门，搬移货物，开拆和重封货物包装。

第二十条　货运车辆完成当次运输后，应当由原驾驶员驾驶原车辆复出境。因故需人、车分离出境的，应当经备案地海关或者出境地海关同意。

港/澳籍进出境车辆进境后，应当在3个月内复出境；特殊情况下，经海关同意，可以在车辆备案有效期内予以适当延期。

第二十一条　已进境的港/澳籍车辆，包括集装箱牵引架、集装箱箱体，未经海关同意并办结报关纳税手续，不得在境内转让或者移作他用。

第二十二条　进出境车辆的备用物料和驾驶员携带的物品，应当限于旅途自用合理数量部分；超出自用合理数量，应当向海关如实申报。

第二十三条　未经海关许可,任何人不得拆装运输工具上的海关监控设备,包括海关电子关锁、车载收发信装置等。特殊情况需要拆装的,应当报经备案海关同意;监控设备拆装后,应当报请备案海关验核。

第二十四条　货运企业、驾驶员应当妥善保管《签证簿》和通关证件，不得转借或者转让他人，不得涂改或者故意损坏。

第二十五条　集装箱牵引车承运的集装箱应当符合《中华人民共和国海关对装载海关监管货物的集装箱及集装箱式货车车厢的监管办法》规定的标准要求。

第二十六条　因特殊原因，车辆在境内运输途中需要更换或者驾驶员需要更换的，驾驶员或者货运企业应当立即报告附近海关，在海关监管下更换。附近海关应当及时将更换情况通知货物进境地和指运地海关或者启运地和出境地海关。

第二十七条　海关监管货物在境内运输途中，发生损坏或者灭失的，驾驶员或者货运企业应当立即向附近海关报告。除不可抗力外，货运企业应当承担相应的税款及其他法律责任。

第四章　法律责任

第二十八条　违反本办法规定，构成走私或者违反海关监管规定行为的，由海关依照《中华人民共和国海关法》、《中华人民共和国海关法行政处罚实施细则》等有关法律、行政法规的规定予以处理；构成犯罪的，依法追究刑事责任。

第五章　附　则

第二十九条　驻港、澳部队的车辆和驾驶员的管理按照国家有关规定办理。

第三十条　本办法由海关总署负责解释。

第三十一条　本办法自2004年10月1日起施行。《中华人民共和国海关对来往香港、澳门汽车及所载货物监管办法》（[1988]署货字第6号）同时废止。

中华人民共和国海关总署令
第119号

《中华人民共和国海关对报关员记分考核管理办法》经海关总署2004年11月16日署务会审议通过，现予公布，自2005年1月1日起施行。

署长　牟新生

二〇〇四年十一月三十日

中华人民共和国海关对报关员记分考核管理办法

第一条　为维护报关秩序，提高报关质量，规范报关员报关行为，保证通关效率，根据《中华人民共和国海关法》及其他有关法律、行政法规，制定本办法。

第二条　本办法适用于取得报关从业资格，并按照规定程序在海关注册登记，持有报关员证件的报关员。

第三条　海关对出现报关单填制不规范、报关行为不规范，以及违反海关监管规定或者有走私行为未被海关暂停执业、撤销报关从业资格的报关员予以记分、考核。

第四条　海关对报关员实施记分考核应当遵循责任明确原则，对差错及差错责任界定不清的不予记分。

第五条　海关企业管理部门负责对报关员记分考核的职能指导、日常监督管理以及相关协调工作。

海关通关业务现场及相关业务职能部门负责具体执行记分工作。

记分的行政行为应当以各级海关名义作出。

第六条　海关对报关员的记分考核，依据其报关单填制不规范、报关行为不规范的程度和行为性质，一次记分的分值分为1分、2分、5分、10分、20分、30分。

第七条·有下列情形之一的，记1分：

（一）电子数据报关单的有关项目填写不规范，海关退回责令更正的；

（二）在海关签印放行前，因为报关员原因造成申报差错，报关单位向海关要求修改申报单证及其内容，经海关同意修改，但未对国家贸易管制政策的实施、税费征收及海关统计指标等造成危害的；

（三）未按照规定在纸质报关单及随附单证上加盖报关专用章及其他印章或者使用印章不规范的；

（四）未按照规定在纸质报关单及随附单证上签名盖章或者由其他人代表签名盖章的。

第八条　有下列情形之一的，记2分：

（一）在海关签印放行前，因为报关员填制报关单不规范，报关单位向海关申请撤销申报单证及其内容，经海关同意撤销，但未对国家贸易管制政策的实施、税费征收及海关统计指标等造成危害的；

（二）海关人员审核电子数据报关单时，要求报关员向海关解释、说明情况、补充材料或者要求提交货物样品等有关内容的，海关告知后报关员拒不解释、说明、补充材料或者拒不提供货物样品等有关内容，导致海关退回报关单的。

第九条　有下列情形之一的，记5分：

（一）报关员自接到海关“现场交单”或者“放行交单”通知之日起10日内，没有正当理由，未按照规定持打印出的纸质报关单，备齐规定的随附单证，到货物所在地海关递交书面单证并办理相关海关手续，导致海关撤销报关单的；

（二）在海关签印放行后，因为报关员填制报关单不规范，报关单位向海关申请修改或者撤销报关单（因出口更换舱单除外），经海关同意且不属于走私、偷逃税等违法违规性质的；

（三）在海关签印放行后，海关发现因为报关员填制报关单不规范，报关单币值或者价格填报与实际不符，且两者差额在100万元人民币以下；数量与实际不符，且有四位数以下差值，经海关确认不属伪报的，但影响海关统计的。

第十条　有下列情形之一的，记10分：

（一）出借本人报关员证件、借用他人报关员证件或者涂改报关员证件内容的；

（二）在海关签印放行后，海关发现因报关员填制报关单不规范，报关单币值或者价格填报与实际不符，且两者差额在100万元人民币以上；数量与实际不符，且有四位数以上差值，经海关确认不属伪报的。

第十一条　因为违反海关监管规定行为被海关予以行政处罚，但未被暂停执业、取消报关从业资格的，记20分。

第十二条　因为走私行为被海关予以行政处罚，但未被暂停执业、取消报关从业资格的，记30分。

第十三条　报关员因为向海关工作人员行贿或有违反海关监管规定、走私行为等其他违法行为，被海关暂停执业、取消报关从业资格的，应按照《中华人民共和国海关行政处罚实施条例》等规定处理。

第十四条　记分周期从每年1月1日至12月31日止，报关员在海关注册登记之日起至当年12月31日不足1年的，按一个记分周期计算。

一个记分周期期满后，记分分值累加未达到30分的，该周期内的记分分值予以消除，不转入下一个记分周期。但报关员在一个记分周期内办理变更注册登记报关单位或者注销手续的，已记分值在该记分周期内不予以消除。

第十五条　报关员报关时在同一次报为行为的不同通关环节，或者在非同一次报关行为中出现多次需要记分情况的，应当分别计算，并累加分值。但对于同一通关环节一次性出现多个填制不规范项目的，只按照1次记分，不累加分值。

第十六条　报关员被海关行政处罚需要记分的，处罚决定生效后予以记分。

第十七条　海关人员在记分时，应当将记分原因和记分分值以电子或者纸质告知单的形式告知报关员。

海关应当向社会公布报关员记分情况的查询方式。

报关员应当主动查询自己的记分情况。

第十八条　报关员对记分的行政行为有异议的，应当自收到电子或纸质告知单之日起7日内向作出该记分行政行为的海关部门提出书面申辩；海关应当在接到申辩申请7日内作出答复，对记分错误的应当及时予以更正。报关员对答复不服的，可以依照《中华人民共和国行政复议法》、《中华人民共和国行政诉讼法》的规定提起行政复议或者行政诉讼。

第十九条　记分达到30分的报关员，海关中止其报关员证效力，不再接受其办理报关手续。报关员应当参加注册登记地海关的报关业务岗位考核，经岗位考核合格之后，方可重新上岗。

第二十条　岗位考核由直属海关或者直属海关委托的单位负责组织。

第二十一条　各海关应当结合本关实际，适时或者定期举办岗位考核。每次岗位考核间隔最长不得超过30日。

第二十二条　对需要参加岗位考核的报关员，海关应当提前通知岗位考核的时间、地点等相关事宜。

第二十三条　记分已达30分的报关员应当按照海关通知的时间、地点参加岗位考核。

报关员记分已达30分，拒不参加考核的，直属海关可以将报关员的姓名及所在单位等情况对外公告。

第二十四条　岗位考核内容为海关法律、行政法规、报关单填制规范及相关业务知识和技能。

第二十五条　报关员经岗位考核合格的，可以向注册登记地海关申请将原记分分值予以消除。岗位考核不合格的，应当继续参加下一次考核。

第二十六条　本办法所涉及的记分项目均在《报关员记分对照表》中列明，《报关员记分对照表》由海关总署统一制定，并对外发布。

第二十七条　本办法由海关总署负责解释。

第二十八条　本办法自2005年1月1日起施行。

中华人民共和国海关总署令
第120号

《中华人民共和国海关办理申诉案件暂行规定》经2004年11月16日署务会审议通过，现予公布，自2005年1月1日起施行。

署长　牟新生

二〇〇四年十一月三十日

中华人民共和国海关办理申诉案件暂行规定

第一条　为了规范海关申诉案件的办理，保护公民、法人或者其他组织的合法权益，保障和监督海关依法行使职权，依据《中华人民共和国海关法》、《中华人民共和国行政处罚法》及其他有关法律、行政法规，制定本规定。

第二条　公民、法人或者其他组织不服海关作出的具体行政行为但在法定期限内未申请行政复议或提起行政诉讼，或者是不服海关行政复议决定但在法定期限内未提起行政诉讼的，可以向海关提出申诉。

申诉人提出申诉，海关受理申诉、作出处理决定，适用本规定。

第三条　海关办理申诉案件，应当遵循合法、公正、公开、及时、便民原则，坚持实事求是，有错必纠。

第四条　申诉人可以向作出原具体行政行为或者复议决定的海关提出申诉，也可以向其上一级海关提出申诉。

对海关总署作出的具体行政行为或者复议决定不服的，应当向海关总署提出申诉。

第五条　对海关调查、缉私部门经办的具体行政行为不服的申诉案件由调查、缉私部门具体负责办理；对其他海关具体行政行为和复议决定不服的申诉案件由负责法制工作的机构具体负责办理。

上述具体负责办理申诉案件的部门以下简称申诉审查部门。

第六条　海关总署认为必要时，可以将不服广东省内直属海关作出的具体行政行为或者行政复议决定向海关总署提出申诉的案件，交由广东分署办理。

第七条　海关有关部门接到的信访、投诉，如涉及海关具体行政行为或者行政复议决定的合法性问题，并符合本规定第八条规定的申诉要求的，应当转送申诉审查部门作为申诉案件办理。

第八条　申诉人提出申诉应当递交书面申诉材料，申诉材料中应写明申诉人的基本情况、明确要求撤销或者变更海关原具体行政行为的申诉请求、具体事实和理由。

第九条　海关申诉审查部门收到申诉人的书面申诉材料后，应当在5个工作日内进行审查，分别作出以下处理：

（一）对符合本规定要求的，决定予以受理，并制发《受理申诉决定书》；

（二）对不符合本规定，有下列情形之一的，决定不予受理，并书面告知申诉人不予受理的理由：

1. 申诉针对的具体行政行为或者复议决定不是海关作出的；

2. 申诉事项已经人民法院或者行政复议机关受理，正在审查处理中的；

3. 申诉事项已经人民法院作出判决的；

4. 申诉事项已经其他海关作为申诉案件受理或者处理的；

5. 申诉事项已经海关申诉程序处理，申诉人重复申诉的；

6. 仅对海关制定发布的行政规章或者具有普遍约束力的规定、决定提出不服的；

7. 请求事项已超过法律、行政法规规定的办理时限的；

8. 其他依法不应受理的情形。

（三）具体行政行为尚在行政复议、诉讼期限内，或者行政复议决定尚在行政诉讼期限内的，应当及时告知申诉人有权依法申请行政复议或者向人民法院提起行政诉讼。

（四）符合本规定，但需要转送其他海关处理的，应当将申诉材料转送相应海关，同时书面通知申诉人；接受转送的海关应当按照本条其他规定办理。

第十条　决定受理申诉的，海关申诉审查部门收到书面申诉材料之日为受理之日。

第十一条　海关在受理申诉之后，作出处理决定之前，发现有本规定第九条第（二）项所列情形的，应当撤销申诉案件，并书面告知申诉人。

第十二条　申诉审查部门应当对原具体行政行为、行政复议决定是否合法进行审查。

申诉案件的审查原则上采取书面审查的办法。申诉人提出要求或者申诉审查部门认为有必要时，可以向有关组织和人员调查情况，听取申诉人、与申诉案件有利害关系的第三人的意见，听取作出原具体行政行为或者复议决定的海关或者原经办部门的意见。

调查情况、听取意见必要时可以采用听证的方式。

第十三条　申诉审查部门认为需要向作出原具体行政行为或者复议决定的海关或者原经办部门了解情况的，可以在受理申诉之日起 7 个工作日内，将申诉材料副本发送该海关或者经办部门，该海关或者经办部门应当自收到申诉材料副本之日起 10 日内，书面说明有关情况，并提交当初作出具体行政行为或者复议决定的有关证据材料。

第十四条　原具体行政行为、复议决定的经办人员不得担任申诉案件的审理人员。

申诉人认为申诉案件的审理人员与本案有利害关系或者有其他关系可能影响公正审理的，有权申请该审理人员回避。审理人员认为自己与本案有利害关系或者有其他关系的，应当申请回避。

审理人员的回避由申诉审查部门负责人决定；申诉审查部门负责人的回避由其所属海关负责人决定。

第十五条　申诉案件处理决定作出前，申诉人可以撤回申诉，撤回申诉应当以书面形式提出。

申诉人撤回申诉的，应当终止申诉案件的审查。

第十六条　海关应当在受理申诉之日起 60 日内作出处理决定，情况复杂的案件，经申诉审查部门负责人批准，可以适当延长，但延长期限最多不超过 30 日。

延长审查期限应当书面通知申诉人。

第十七条　海关经对申诉案件进行审查，应当分下列情况作出处理决定：

（一）原具体行政行为、复议决定认定事实清楚，证据确实充分，适用依据正确，程序合法，内容适当的，决定维持，驳回申诉人的申诉请求；

(二)海关有不履行法定职责情形的,决定在一定期限内履行或者责令下级海关在一定期限内履行；

（三）原具体行政行为有下列情形之一的，决定撤销、变更或者确认违法；需要重新作出具体行政行为的，由原作出具体行政行为的海关重新作出：

1. 主要事实不清，证据不足的；

2. 适用依据错误的；

3. 违反法定程序，可能影响公正处理的；

4. 超越或者滥用职权的；

5. 具体行政行为明显不当的。

（四）原复议决定有第（三）项所列情形之一的，决定撤销，由原复议机关重新作出复议决定。

第十八条　申诉审查部门应当对申诉案件提出处理意见，经所属海关负责人批准，按照本规定第十七条的规定作出处理决定。重大、复杂案件应当经案件审理委员会讨论通过。

对原经上级海关审批作出的具体行政行为或复议决定，下级海关办理申诉案件应当提出处理意见，逐级报原审批的上级海关批准，作出处理决定。

第十九条　对申诉案件作出处理决定应当制发法律文书，加盖海关行政印章，并在7个工作日内将法律文书送达申诉人。

上级海关办理的对下级海关的具体行政行为或者复议决定不服的申诉案件，处理决定应当同时送达下级海关。

第二十条　由海关内部其他部门转送的申诉案件，应当将处理决定副本抄送该部门。

由其他机关转送的申诉案件，应当将处理决定副本抄送该机关。

第二十一条　申诉人对经申诉程序改变后的具体行政行为或者重新作出的具体行政行为仍不服的，可以依法申请行政复议、提起行政诉讼。

第二十二条　海关办理申诉案件，不得向申诉人收取任何费用。

第二十三条　审结的申诉案件，应当立申诉卷归档。

第二十四条　本规定由海关总署负责解释。

第二十五条　本规定自2005年1月1日起施行。

中华人民共和国海关总署令
第121号

《海关总署关于修改〈中华人民共和国海关关于境内公路承运海关监管货物的运输企业及其车辆、驾驶员的管理办法〉的决定》已经2004年11月16日署务会审议通过，现予公布，自2005年1月1日起施行。

署长　牟新生

二〇〇四年十一月三十日

海关总署关于修改《中华人民共和国海关关于境内公路承运海关监管货物的运输企业及其车辆、驾驶员的管理办法》的决定

为了贯彻执行《中华人民共和国行政许可法》，转变职能，规范执法，加强对承运海关监管货物的境内运输企业和转关运输业务的管理，根据国务院2003年3月发布的《国务院关于取消第二批行政审批项目和改变一批行政审批项目管理方式的决定》（国发［2003］5号）关于取消承运境内海关监管货物运输车辆驾驶员登记注册的有关规定，决定对《中华人民共和国海关关于境内公路承运海关监管货物的运输企业及其车辆、驾驶员的管理办法》中部分条款作如下修改：

一、将第二条“本办法所指的境内运输企业、车辆、驾驶员，是指依据本办法经海关注册登记，在境内从事海关监管货物运输的企业、车辆、驾驶员。”修改为“本办法所指的境内运输企业、车辆、驾驶员，是指依据本办法经海关注册登记或者备案登记，在境内从事海关监管货物运输的企业、车辆、驾驶员。”

二、将第三条“运输企业、车辆、驾驶员，需向企业所在关区的直属海关申请办理注册登记手续。”修改为“运输企业、车辆应当向企业所在关区的直属海关申请办理注册登记手续，驾驶员应当办理备案登记手续。”

三、将第四条“海关对运输企业、车辆、驾驶员的注册登记资料实行计算机联网管理的，数据资料共享，不再办理异地备案手续。”修改为“海关对运输企业、车辆的注册登记资料以及驾驶员的备案登记资料实行计算机联网管理，数据资料共享的，不再办理异地备案手续。”

四、第六条删去第四项，第五项改为第四项，并增加一项作为第五项：“（五）承运海关监管货物车辆的驾驶员名单及备案登记资料。企业更换驾驶员的应当及时向海关办理驾驶员的变更备案手续。”

五、将第十一条中的“承运海关监管货物的驾驶员应当具备以下资格条件”改为“承运海关监管货物的驾驶员应当符合以下条件”。

六、将第十二条中的“驾驶员办理注册登记时，应当向海关提交以下文件”修改为“驾驶员办理备案登记时，应当向海关提交以下文件”；将该条第（一）项中的“《承运海关监管货物境内运输车辆

驾驶员注册登记申请表》”修改为“《承运海关监管货物境内运输车辆驾驶员备案登记表》”。

七、将第十三条“经海关审核合格的驾驶员，参加注册地海关组织的业务培训，培训合格后颁发《中华人民共和国境内汽车司机载运海关监管货物资格证》（见附件5，以下简称《资格证》）。”修改为“承运海关监管货物的驾驶员应当了解和熟悉海关法规及相关的监管规定，参加海关组织的各种业务培训。”并相应删去附件5《中华人民共和国境内汽车司机载运海关监管货物资格证》。

八、将第十四条、第十六条、第十八条以及第二十七条第五项中的“《资格证》”均改为“等相关证件”。

九、将第十五条、第三十条中的“驾驶员”删去。

十、将第二十条中的“《资格证》由驾驶员本人使用，不得转借或转让他人。”删去。

十一、将第二十九条中的“取消其从事有关业务或者执业资格”改为“停止其从事有关业务”。

十二、将第三十二条中的“按照本办法注册管理”改为“按照本办法管理”。

此外，根据本决定对部分条文的文字及序号作相应修改和调整。

本决定自2005年1月1日起施行。

《中华人民共和国海关关于境内公路承运海关监管货物的运输企业及其车辆、驾驶员的管理办法》根据本决定作相应的修正，重新公布。

中华人民共和国海关关于境内公路承运海关监管货物的运输企业及其车辆、驾驶员的管理办法

（2001年9月27日海关总署令第88号发布，根据2004年11月30日海关总署令第121号公布的《海关总署关于修改〈中华人民共和国海关关于境内公路承运海关监管货物的运输企业及其车辆、驾驶员的管理办法〉的决定》修正）

第一章　总　则

第一条　为加强对承运海关监管货物的境内运输企业及其车辆、驾驶员的管理，根据《中华人民共和国海关法》（下称《海关法》）及其他相关法规，制定本办法。

第二条　本办法所指的境内运输企业、车辆、驾驶员，是指依据本办法经海关注册登记或者备案登记，在境内从事海关监管货物运输的企业、车辆、驾驶员。

第三条　运输企业、车辆应当向企业所在关区的直属海关申请办理注册登记手续，驾驶员应当办理备案登记手续。

第四条　海关对运输企业、车辆的注册登记资料以及驾驶员的备案登记资料实行计算机联网管理，数据资料共享的，不再办理异地备案手续。

第二章　注册登记

第五条　承运海关监管货物的运输企业，应当具备以下资格条件：

（一）从事货物运输业务1年以上，注册资金不低于200万元人民币；

（二）按照《海关法》第六十七、六十八条规定，有具有履行海关事务担保能力的法人、其他组织或者公民提供的担保；

（三）企业财务制度和账册管理符合国家有关规定；

（四）企业资信良好，在从事运输业务中没有违法前科。

第六条　运输企业办理注册登记时，应当向海关提交下列文件：

（一）《承运海关监管货物境内运输企业注册登记申请表》（见附件1）；

（二）工商行政管理部门核发的《营业执照》复印件；

（三）交通运输管理部门核发的《道路运输经营许可证》复印件；

（四）技术监督部门核发的《中华人民共和国组织机构代码证》（下称《组织机构代码证》）复印件；

（五）承运海关监管货物车辆的驾驶员名单及备案登记资料；企业更换驾驶员的，应当及时向海关办理驾驶员的变更备案手续。

提交本条（二）、（三）、（四）项文件时，还应同时出示原件供海关审核。

第七条　海关对运输企业的资格条件及递交的有关证件进行审核，合格的，颁发《境内公路运输企业载运海关监管货物注册登记证书》（见附件4，以下简称《注册登记证书》）。

第八条　承运海关监管货物的车辆应为厢式货车或集装箱拖头车，经海关批准也可以为散装货车。上述车辆应当具备以下条件：

（一）用于承运海关监管货物的车辆，必须为运输企业的自有车辆，其《机动车辆行驶证》的车主列名必须与所属运输企业名称一致；

（二）厢式货车的厢体必须与车架固定一体，厢体必须为金属结构，无暗格，无隔断，具有施封条件，车厢连接的镙丝均须焊死，车厢两车门之间须以钢板相卡，保证施封后无法开启；

有特殊需要，需加开侧门的，须经海关批准，并符合海关监管要求；

（三）集装箱拖头车必须承运符合国际标准的集装箱；

（四）散装货车只能承运不具备加封条件的大宗散装货物，如矿砂、粮食及超大型机械设备等；

（五）从事特种货物运输的车辆须递交主管部门的批准证件。

第九条　办理车辆注册登记时，应当向海关提交下列文件：

（一）《承运海关监管货物境内运输车辆注册登记申请表》（见附件2）；

（二）公安交通管理部门核发的《机动车行驶证》复印件；

（三）运载危险品的车辆需提交公安消防部门核发的《易燃易爆化学物品准运证》复印件；

（四）车辆彩色照片2张（要求：前方左侧面45°，4×3寸；能清楚显示车牌号码；车头及车厢侧面喷写企业名称）。

提交本条（二）、（三）项文件时，还应同时出示原件供海关审核。

第十条　海关对车辆监管条件及相关文件进行审核，合格的，颁发《中华人民共和国境内汽车载运海关监管货物车辆准载证》（见附件5，以下简称《准载证》）、《中华人民共和国海关境内汽车载运海关监管货物载货登记簿》（见附件6，以下简称《汽车载货登记簿》）。

第十一条　承运海关监管货物的驾驶员应当符合以下条件：

（一）具有中华人民共和国居民身份证；

（二）为运输企业职工；

（三）没有违法犯罪前科；

（四）遵守海关的有关管理规定。

第十二条　驾驶员办理备案登记时，应当向海关提交以下文件：

（一）《承运海关监管货物境内运输车辆驾驶员备案登记表》（见附件3）；

（二）驾驶员的国内居民身份证、《机动车驾驶员驾驶证》（复印件）；

（三）驾驶员彩色近照2张（规格：大1寸、免冠、红底）。

提交本条（二）项文件时，还应同时出示原件供海关审核。

第十三条　承运海关监管货物的驾驶员应当了解和熟悉海关相关法规及监管规定，参加海关组织的各种业务培训。

第十四条　《注册登记证书》、《汽车载货登记簿》、《准载证》等相关证件需更新的，可凭原件向注册地海关申请换发新证、簿；如上述证、簿损毁、遗失或被盗的，经注册地海关审核情况属实的，予以补发。

第十五条　运输企业、车辆年审工作于每年5月底前完成，海关按以上所规定的资格条件进行年审。

第十六条　运输企业、车辆、驾驶员不再从事海关监管货物运输业务的，应向注册地海关交回《注册登记证书》、《汽车载货登记簿》、《准载证》等相关证件，办理手续。

第十七条　车辆更换（包括更换车辆、更换发动机、更换车辆牌照号码）、改装车体等，应按本办法规定重新办理注册登记手续。

第三章　海关监管

第十八条　驾驶员在从事海关监管货物运输时，应出示《准载证》等相关证件，如实填报交验《汽车载货登记簿》；货物运抵目的地后，必须向目的地海关办理《汽车载货登记簿》的核销手续。

第十九条　驾驶员应将承运的海关监管货物完整、及时地运抵指定的监管场所，并确保海关封志完好无损，未经海关许可，不得开拆。

第二十条　《汽车载货登记簿》和《准载证》由车辆固定使用。

第二十一条　实施卫星定位管理的车辆，卫星定位管理系统配套使用的身份证（IC）卡与《汽车载货登记簿》具有同等效力。

第二十二条　运输企业、驾驶员应妥善保管海关核发的有关证、簿，不得转借、涂改、故意损毁。

第二十三条　承运海关监管货物的车辆应按海关指定的路线和要求行驶，并在海关规定的时限内运抵目的地海关。不得擅自改变路线、在中途停留并装卸货物。

第二十四条　遇特殊情况，车辆在运输途中出现故障，需换装其他运输工具时，应立即通知附近海关，在海关监管下换装，附近海关负责及时将换装情况通知货物出发地和目的地海关。

第二十五条　海关监管货物在运输途中发生丢失、短少或损坏等情事的，除不可抗力外，运输企业应当承担相应的纳税义务及其他法律责任。

第四章　法律责任

第二十六条　运输企业、驾驶员发生走私违规情事的，由海关按《中华人民共和国海关法》和《中华人民共和国海关行政处罚实施条例》的有关规定进行处罚。构成犯罪的，依法追究刑事责任。

第二十七条　运输企业、驾驶员，有下列情形之一的，由海关责令改正，可以给予警告：

（一）承运海关监管货物的车辆不按照海关指定的路线或范围行进的；

（二）承运海关监管货物的车辆到达或者驶离设立海关的地点，未按照规定向海关如实填报交验《汽车载货登记簿》或者办理核销手续的；

（三）承运海关监管货物的车辆在运输途中出现故障，不能继续行驶，需换装其他运输工具时，驾驶员或其所属企业不向附近海关或货物主管海关报明情况而无正当理由的；

（四）不按照规定接受海关对车辆及其所载货物进行查验的；

（五）遗失、损毁、涂改、转借海关核发的《载货登记簿》、《准载证》等相关证件，妨碍海关监管工作或者影响办理海关有关手续的；

（六）未经海关许可，擅自更换车辆（车辆发动机、车牌号码）、驾驶员；改装车厢、车体的；

（七）运输企业出让其名义供他人承运海关监管货物的。

第二十八条　运输企业、驾驶员，有下列情形之一的，可以给予警告、暂停其6个月以内从事有关业务或者执业：

（一）有走私行为的；

（二）1年内有3次以上重大违反海关监管规定行为的；

（三）管理不善致使保管的海关监管货物多次发生损坏或者丢失的；

（四）未经海关许可，擅自开启或损毁海关加施于车辆的封志的；

（五）未经海关许可，对所承运的海关监管货物进行开拆、调换、改装、留置、转让、更换标志、移作他用或进行其他处理的；

（六）有其他需要暂停从事有关业务或者执业情形的。

第二十九条　运输企业、驾驶员，有下列情形之一的，海关可以撤销其注册登记或者停止其从事有关业务：

（一）构成走私犯罪被司法机关依法处理的；

（二）1年内有2次以上走私行为的；

（三）管理不严，1年内3人次以上被海关暂停执业、取消从业资格的；

（四）因违反规定被海关暂停从事有关业务或者执业，恢复从事有关业务或者执业后1年内再次发生违反本办法规定的暂停从事有关业务或者执业情形的；

（五）其他需要撤销其注册登记或者停止从事有关业务的情形。

第三十条　对逾期不办理年审或年审不合格的运输企业、车辆，海关暂停其办理承运海关监管货物的手续；逾期3个月未年审的，海关视其自动放弃承运海关监管货物资格，并予注销，收回有关证件。

第三十一条　运输企业被工商行政管理部门吊销营业执照或被交通运输管理部门取消道路货物运输资格的，海关注销其承运海关监管货物运输资格。

第五章　附　则

第三十二条　生产型企业自有车辆及其驾驶员，需承运本企业海关监管货物的，按照本办法管理。

第三十三条　承运过境货物境内段公路运输的境内运输企业及其车辆、驾驶员，比照本办法管理。

第三十四条　本办法由海关总署负责解释。

第三十五条　本办法自2005年1月1日起实施。原《中华人民共和国海关关于在广东地区载运海关监管货物的境内汽车运输企业及其车辆的管理办法》（署监［2001］19号）、《中华人民共和国海关对境内汽车载运海关监管货物的管理办法》（［1989］署货字第950号）、《中华人民共和国海关总署关于对〈中华人民共和国海关对境内汽车载运海关监管货物的管理办法〉适用范围问题的批复》（署监一［1990］958号）和《关于转发〈来往港澳货运汽车分流管理工作会议纪要〉的通知》（［1990］署监一第345号）同时废止。

中华人民共和国海关总署令
第123号

《中华人民共和国海关关于执行〈中华人民共和国给予非洲最不发达国家特别优惠关税待遇的货物原产地规则〉的规定》已经2004年12月29日署务会审议通过，现予发布，自2005年1月1日起施行。

署长　牟新生

二〇〇四年十二月三十日

中华人民共和国海关关于执行《中华人民共和国给予非洲最不发达国家特别优惠关税待遇的货物原产地规则》的规定

第一条　为了促进我国与非洲部分最不发达国家（以下简称“受惠国”，名单见附件1）间的经贸往来，正确确定受惠国向我国出口享受特别优惠关税货物的原产地，根据《中华人民共和国海关法》和《中华人民共和国给予非洲最不发达国家特别优惠关税待遇的货物原产地规则》，制定本规定。

第二条　本规定适用于从受惠国进口的享受特别优惠关税待遇项下货物（产品清单详见《中华人民共和国进出口税则》），但加工贸易货物除外。

第三条　直接从一个受惠国进口的属于特别优惠关税待遇货物清单中的产品，应当根据下列原则确定其原产地：

（一）完全在一个受惠国获得的产品，其原产地为该产品获得的国家。

（二）非完全在一个受惠国获得的产品，其原产地为对其进行最后的实质性加工的国家。

第四条　本规定第三条第(一)项所称“完全在一个受惠国获得的产品”，即完全获得标准，是指：

（一）在该国开采或者提取的矿产品；

（二）在该国收获或者采集的植物或者植物产品；

（三）在该国出生并饲养的动物；

（四）在该国从本条第（三）项所指的动物中获得的产品；

（五）在该国狩猎或者捕捞所获得的产品；

（六）在该国注册或者悬挂该国国旗的船只在公海捕捞获得的鱼类和其他海产品；

（七）在该国注册或者悬挂该国国旗的加工船上加工本条第（六）项所列产品获得的产品；

（八）在该国收集的该国消费过程中产生的仅适于原材料回收的废旧物品；

（九）在该国加工制造过程中产生的仅适于原材料回收的废碎料；

（十）利用本条第（一）项至第（九）项所列产品在该国加工所得的产品。

第五条　下列加工或者处理，无论是单独完成还是相互结合完成，凡用于以下目的的，即视为微小加工处理，在确定产品是否完全获得时应当不予考虑：

（一）为运输或者贮存货物而进行的加工或者处理；

（二）为便于货物装运而进行的加工或者处理；

（三）为货物销售而进行的包装、展示等加工或者处理。

第六条　本规定第三条第（二）项所称“实质性加工”的认定标准，为“税号改变”标准或者“从价百分比”标准。

（一）“税号改变”标准是指非一个受惠国原产的材料在该受惠国境内加工生产后，所得产品在《商品名称及编码协调制度》中四位数级的税目归类发生了变化，且不再在该国以外的国家或地区进行任何改变四位数级的税目归类的生产、加工或者制造，视为进行了实质性加工。

（二）“从价百分比”标准是指非一个受惠国原产的材料、零件或产物的总价值小于所生产或者获得产品离岸价格（FOB）的60%，且最后生产工序在该受惠国境内完成的，视为进行了实质性加工。其计算公式如下：

$$\frac{\text{受惠国境外的材料价值}+\text{不明原产地的材料价值}}{\text{离岸价格（FOB）}}\times 100\% < 60\%$$

1．受惠国境外的材料价值是指该材料进口时的到岸价格（CIF）；

2．不明原产地的材料价值是指最早确定的在进行制造或者加工的一个受惠国境内为不明原产地材料支付的价格；

上述“从价百分比”标准的计算应当符合公认的会计准则及《关于实施1994年关税与贸易总协定第7条的协定》。

第七条　简单的稀释、混合、包装、装瓶、干燥、装配、分类或者装饰不应当视为实质性加工；企业生产或者定价措施的目的在于规避本规定条款的，也不应当视为实质性加工。

第八条　在确定货物原产地时，不应当考虑货物制造过程中使用的能源、工厂、设备、机器和工具的产地；也不应当考虑虽在制造过程中使用但不构成货物成分或者组成部件的材料的产地。

第九条　下列情况在确定货物的原产地时应当忽略不计：

（一）随所装货物一起报关进口并在《中华人民共和国进出口税则》中与该货物一并归类的包装、包装材料和容器；

（二）与货物一起报关进口并在《中华人民共和国进出口税则》中与该货物一并归类的附件、备件、工具及介绍说明性材料。

第十条　享受特别优惠关税待遇的货物，应当符合直接运输规则。直接运输是指：

（一）货物直接从一个受惠国运输至中国关境口岸；

（二）货物经过第三国（地区）运输，但：

1．仅是由于地理原因或者运输需要；

2．未进入该第三国（地区）进行贸易或者消费；

3．除装卸和为保持货物处于良好状态所需的工作外，在该第三国（地区）未进行任何其他加工。

（三）经过第三国（地区）运输的进口货物，应当向申报地海关提供下列单证：

1．在出口国签发的联运提单；

2．出口国发证机构签发的原产地证书；

3．货物的原厂商发票；

4．符合本条第（二）项所列三个条件的证明文件。

第十一条　享受特别优惠关税待遇的货物申报时应当提交由出口国指定的政府机构（见附件2）签发的原产地证书（格式见附件3）。

第十二条　各受惠国原产地证书签发机构签发的原产地证书有效期为自签发日起180天。原产地证书用A4纸印制，正面所用文字为英语文字；原产地证书应当由下列颜色的1份正本和3份复写本组成：正本为米黄色，副本为浅绿色。

第十三条　货物进口时，进口货物收货人应当向进境地海关提供原产地证书正本及第二副本，第二副本为中华人民共和国海关认为必要时核查之用，第三副本应当由出口国发证机构留存，第四副本由出口人留存。

第十四条　在享受特别优惠关税待遇的货物出口时，出口国海关在确认单货相符后，在其原产地证书上签署并加盖海关印章；货物在进口报关时，进口货物收货人应当主动向进境地海关申明有关货物享受特别优惠关税，并提交经出口国海关加盖印章的原产地证书。进境地海关验凭有效的原产地证书，准予进口货物享受特别优惠关税。

第十五条　在对原产地证书内容的真实性产生怀疑时，中华人民共和国海关总署或者其授权的机构可以通过中国驻相关受惠国使领馆经济商务参赞处（室）向受惠国海关或者原产地证书发证机构提出核查要求，要求其在自收到核查要求之日起的90天内予以答复。如果受惠国海关或者原产地证书发证机构未能在90天内给予答复，则此货物不能享受特别优惠关税优惠。必要时，经对方国家同意，中国海关可以派员进行实地考察。

在等待一个受惠国原产地证书核查结果期间，应进口货物收货人要求，进境地海关可以按照该货物适用的最惠国税率征收应缴税款的等值保证金后先予放行货物，并按规定办理进口手续，进行海关统计。待出口国海关或者原产地证书签发机构核查完毕后，进境地海关应当根据核查结果，立即办理退还保证金手续或者保证金转为进口关税手续，相关统计数据应当作相应修改。

第十六条　本规定下列用语的含义：

“材料”应当包括成分、零件、部件、半组装件及/或已实际上构成另一产品部分或者已用于另一产品生产过程的产物。

“生产”是指获得产品的方法，包括产品的种植、开采、收获、饲养、繁殖、提取、收集、采集、捕获、捕捞、诱捕、狩猎、制造、生产、加工或者装配。

“中国关境口岸”是指《中华人民共和国海关法》适用区域范围内的口岸。

第十七条　违反本规定行为的，由海关依照《中华人民共和国海关法》和《中华人民共和国海关行政处罚实施条例》等有关法律、行政法规的规定予以处理；构成犯罪的，依法追究刑事责任。

第十八条　本规定由中华人民共和国海关总署负责解释。

第十九条　本规定自2005年1月1日起施行。

中华人民共和国质量监督检验检疫总局令
第59号

《质量监督检验检疫行政执法监督与行政执法过错责任追究办法》已经2003年12月31日国家质量监督检验检疫总局局务会议审议通过，现予公布，自2004年3月10日起施行。

局　长　　李长江

二〇〇四年一月十八日

质量监督检验检疫行政执法监督与行政执法过错责任追究办法

第一章　总　则

第一条　为加强质量监督检验检疫行政执法监督、行政执法过错责任追究工作，规范行政执法行为，促进依法行政，结合工作实际，制定本办法。

第二条　本办法所称行政执法监督，是指国家质量监督检验检疫总局（以下简称国家质检总局）、各级出入境检验检疫局、质量技术监督局实施的对所属部门及下级机构行政执法活动的监督。

第三条　本办法所称行政执法过错责任，是指国家质检总局、各级出入境检验检疫局、质量技术监督局的工作人员在行政执法过程中，因故意或者重大过失，违法执法、不当执法或者不履行法定职责，给国家或者行政相对人的利益造成损害的行为应承担的责任。

第四条　国家质检总局法制工作部门负责管理、指导和协调全国出入境检验检疫和质量技术监督行政执法监督、行政执法过错责任追究工作。

各级出入境检验检疫局、质量技术监督局法制工作机构负责组织实施所辖区域相关业务的行政执法监督、行政执法过错责任追究工作。

第五条　行政执法监督工作遵循以事实为依据，以法律为准绳的原则，做到有法可依、有法必依、执法必严、违法必究。

第六条　行政执法过错责任的追究工作应当坚持实事求是、有错必纠、惩戒与教育相结合、处分与责任相适应的原则。

第二章　行政执法监督内容与方式

第七条　行政执法监督的内容包括：

（一）行政执法主体的合法性；

（二）具体行政行为的合法性和适当性；

（三）规范性文件的合法性；

（四）行政执法监督制度建立健全情况；

（五）法律、法规、规章的施行情况；

（六）涉及行政复议、行政诉讼、行政赔偿、向司法机关移送案件等有关情况；

（七）其他需要监督检查的事项。

第八条　各级出入境检验检疫局、质量技术监督局应每年对本单位法律、法规、规章的施行情况进行一次全面检查和总结。

第九条　各级出入境检验检疫局、质量技术监督局制定的行政执法规范性文件，应当于发布之日起1个月内报上一级机关备案。

第十条　各直属出入境检验检疫局、各省（自治区、直辖市）质量技术监督局办理的需要进行听证的行政处罚案件，应于结案后15日内报国家质检总局备案。

各直属出入境检验检疫局所属局、各省（自治区、直辖市）以下质量技术监督局办理的需要进行听证的行政处罚案件，应于结案后1个月内报上一级直属出入境检验检疫局、质量技术监督局备案。

向司法机关移送的和经人民法院审理判决的案件，相关直属出入境检验检疫局、省（自治区、直辖市）质量技术监督局应于移送、结案后1个月报总局备案。

依照其他规定需要上报或者通报的其他事项，也应当在规定的时间内上报或者通报。

第十一条　行政执法监督可以采取自查、互查、抽查的方式进行，或者以上几种方式结合进行。

第十二条　国家质检总局根据需要组织开展执法检查工作或者专项执法检查工作。

各级出入境检验检疫局、质量技术监督局根据上级机关部署或者根据需要，组织开展所辖区域执法检查工作。

第十三条　国家质检总局、各级出入境检验检疫局、质量技术监督局进行行政执法检查时，有权调阅有关行政执法案卷和文件材料、实施现场检查。受查单位及其有关人员应当予以协助和配合，如实反映情况，提供有关资料，不得隐瞒、阻挠或者拒绝行政执法检查。

第十四条　行政执法检查工作结束后，执行检查的机构应对行政执法检查情况进行总结，对存在的普遍性、倾向性问题提出整改意见，通报所属机构检查纠正，所属机构应当向上级报告检查纠正情况。

第十五条　国家质检总局、各级出入境检验检疫局、质量技术监督局可以根据反映以及公民、法人或者其他组织的申诉、检举、控告或者根据人大、政协、司法机关等部门的建议，对有关行政执法行为组织调查。

行政执法行为的调查结果应及时反馈有关申诉、检举、控告、建议单位或者个人。

第三章　行政执法监督措施

第十六条　各直属出入境检验检疫局有下列情形之一的，国家质检总局可以责令纠正或者撤销；其他各地出入境检验检疫局有下列情形之一的，上一级出入境检验检疫局可以责令纠正或者撤销；省（自治区、直辖市）质量技术监督局有下列情形之一的，国家质检总局可以建议当地质量技术监督局纠正、也可以建议当地人民政府责令纠正或者撤销；其他各地质量技术监督局有下列情形之一的，上一级质量技术监督局可以责令纠正或者撤销：

（一）行政执法主体不合法的；

（二）行政执法程序违法或者不当的；

（三）具体行政行为违法或者不当的；

（四）规范性文件不合法的；

（五）各级出入境检验检疫局、质量技术监督局工作人员不履行法定职责的；

（六）其他应当纠正的违法行为。

第十七条　建议纠正或者撤销第十六条所列情形，应当制作《执法监督通知（决定）书》，《执法监督通知（决定）书》应当载明以下内容：

（一）被检查的出入境检验检疫局、质量技术监督局的名称；

（二）认定的事实和理由；

（三）处理的决定和依据；

（四）执行处理决定的方式和期限；

（五）执行检查的机构名称和做出《执法监督通知（决定）书》的日期，并加盖印章。

第十八条　接到《执法监督通知（决定）书》的单位，应在限定期限内按要求做出纠正，并书面向发出《执法监督通知（决定）书》的机构报告执行结果。

被检查的出入境检验检疫局、质量技术监督局对《执法监督通知（决定）书》决定不服的，可以在收到《执法监督通知（决定）书》之日起10日内向发出《执法监督通知（决定）书》的机构申请复查。发出《执法监督通知（决定）书》的机构应当自接到复查申请之日起15日内做出复查决定。对复查后做出的决定，被检查的出入境检验检疫局、质量技术监督局应当执行。

第十九条　有下列情形之一的，国家质检总局、出入境检验检疫局、质量技术监督局，可根据情节轻重对被监督的各级出入境检验检疫局、质量技术监督局给予通报批评，按照规定对有关责任人员予以行政处分：

（一）拒不执行国家质检总局、各级出入境检验检疫局、质量技术监督局行政执法监督工作规定的；

（二）对《执法监督通知（决定）书》指出的纠正事项，无正当理由拒不纠正的；

（三）不如实提供资料、谎报执法情况，干扰或者拒绝执法监督的；

（四）无正当理由拒不查办上级交办的案件或者公民、法人、其他组织申诉、控告、检举的案件的；

（五）对申诉人、控告人、检举人或者执法监督人员打击报复的。

第四章 行政执法过错行为及责任人确定

第二十条 行政执法过错行为是指质量监督检验检疫工作人员应当承担行政执法过错责任的行为。包括：

（一）违反法律、法规、规章规定实施行政检查的；

（二）超过法定权限或者委托权限实施行政行为的；

（三）违反规定跨辖区实施行政执法行为的；

（四）违反规定抽取、保管或者处理样品造成不良后果的；

（五）在办案过程中，为违法嫌疑人通风报信，泄露案情，致使违法行为未受处理或者给办案造成困难的；

（六）违反规定采取登记保存、封存、查封、扣押、隔离、留验、销毁、监督销毁、卫生除害处理、退回等行政强制措施的；

（七）擅自解除被依法登记保存、封存、查封、扣押、隔离、留验等行政强制措施，造成不良后果的；

（八）隐匿、私分、变卖、调换、损坏登记保存、封存、查封、扣押的财物，给当事人造成损失的；

（九）无法定依据、违反法定程序或者超过法定种类、幅度实施行政处罚的；

（十）拒绝或者拖延履行法定职责，无故刁难行政相对人，造成不良影响的；

（十一）未按罚缴分离的原则或者行政处罚决定规定的数额收缴罚款的，对罚没款、罚没物品违法予以处理的，违反国家有关规定征收财物、收取费用的；

（十二）以收取检验费等方式代替行政处罚的；

（十三）依法应当移交司法机关追究刑事责任，不予移交或者以行政处罚代替的；

（十四）泄露行政相对人的商业秘密给行政相对人造成损失的；

（十五）阻碍行政相对人行使申诉、听证、复议、诉讼和其他合法权利，情节恶劣，造成严重后果的；

（十六）因办案人员的主观过错导致案件主要违法事实认定错误，被人民法院、复议机关撤销或者部分撤销具体行政行为的；

（十七）无正当理由拒不执行或者错误执行发生法律效力的行政判决、裁定、复议决定和其他纠正违法行为的决定、命令的；

（十八）违反法律、法规规定向社会推荐生产者的产品或者以监制、监销等方式参与产品生产经营活动的；

（十九）滥用职权，阻挠、干预查处或者包庇、放纵生产、销售假冒伪劣商品行为，造成严重后果的；

（二十）未经检验检疫，出具检验检疫单证或者伪造检验检疫结果、原始记录、考核记录造成严重后果的；

（二十一）出卖或者变相出卖检验检疫单证、封识、标志的，违反单证、印章管理规定，导致单证、印章流失或者被盗用的，未按规定范围和要求加施、监督检验检疫封识、标志的；

（二十二）违反法律法规规定，实施行政许可的；

（二十三）对于需要按照规定上报或者通报的事项，没有及时上报或者通报的；

（二十四）依照法律、法规和规章规定应承担行政执法过错责任的其他行为。

第二十一条　直接做出过错行为的工作人员是行政执法过错责任人。

行政执法过错行为经审核、批准做出的，具体工作人员、审核人、批准人均为过错责任人，分别承担相应的责任。

第二十二条　因具体工作人员隐瞒事实、隐匿证据或者提供虚假情况等行为造成审核人、批准人的审核、批准失误或者不当的，具体工作人员是行政执法过错责任人。

第二十三条　因审核人的故意行为造成批准人失误或者不当的，审核人是行政执法过错责任人。

第二十四条　审核人变更具体工作人员的正确意见，批准人批准该审核意见，出现行政执法过错的，审核人、批准人是行政执法过错责任人。

第二十五条　批准人变更具体工作人员和审核人的正确意见，出现行政执法过错的，批准人是行政执法过错责任人。

第二十六条　集体讨论决定而导致的行政执法过错，决策人为行政执法过错主要责任人，参加讨论的其他人员为次要责任人，提出并坚持正确意见的人员不承担责任。

第二十七条　因不作为发生行政执法过错的，根据岗位责任确定行政执法过错责任人。

第二十八条　因发生行政执法过错未被及时发现，造成不良后果的，其上一级主管领导应承担失察责任。

第二十九条　对行政执法过错行为不及时报告、虚报、瞒报甚至包庇、纵容的，单位主要领导人应承担责任。

第三十条　因行政复议机关的有关人员过错造成行政复议案件认定事实错误、适用法律不当的，行政复议机关的有关人员承担行政执法过错责任。

第五章　行政执法过错责任追究方式

第三十一条　追究行政执法过错责任，主要采取以下方式：

（一）责令书面检查；

（二）通报批评；

（三）暂扣或者吊销行政执法证件或者调离行政执法工作岗位；

（四）警告、记过、记大过、降级、撤职、开除等行政处分；

（五）因故意或者重大过失的行政执法过错引起行政赔偿的，承担全部或者部分赔偿责任；

（六）涉嫌犯罪的，移送司法机关处理。

以上所列行政执法过错责任追究方式，可视情节单独或者合并使用。

第三十二条　有下列情形之一的，可以从轻、减轻或者免除过错行为人的行政执法过错责任：

（一）行政执法过错行为情节轻微，未造成不良影响的；

（二）因无法预见的客观因素导致过错行为人的行政执法过错的；

（三）过错行为人在其过错行为被监督检查发现前主动承认错误，或者在过错行为发生后能主动纠正进行补救的。

第三十三条　有下列情形之一的，应当从重处理：

（一）不配合有关部门调查，或者阻挠行政执法过错责任追究的；

（二）对举报、控告、申诉或者案件调查人员进行打击报复的；

（三）1年内发生2次行政执法过错的；

（四）执法过程中有索贿受贿、敲诈勒索、徇私舞弊等行为的；

（五）因行政执法过错给他人造成严重损害，或者造成严重不良影响的。

第六章　行政执法过错责任追究程序

第三十四条　国家质检总局、各级出入境检验检疫局、质量技术监督局通过公民、法人或者其他组织检举、投诉、申诉或者执法检查、司法、行政监督及其他途径发现行政执法过错行为的，应在5日内予以立案。

第三十五条　国家质检总局、各级出入境检验检疫局、质量技术监督局应组成调查小组进行调查。调查处理工作应在立案之日起3个月内完成，情节复杂或者有其他特殊原因的，经批准可以适当延长时间，但最长不得超过半年。

第三十六条　调查人员在调查过程中应听取涉嫌过错责任人的陈述和申辩。

第三十七条　行政执法过错责任追究处理决定应在5日内报上一级机关备案。

追究行政执法过错责任应按照干部管理权限实施。

第三十八条　各级出入境检验检疫局、质量技术监督局对过错责任人不按规定期限处理或者处理不当的，其上一级机关可以责令限期处理或者改正。

第三十九条　行政执法过错责任人对处理决定不服的，可在接到处理决定之日起30日内向做出处理决定的机关申请复核或者向其上一级机构提出申诉。

复核决定应在30日内做出，复核期间处理决定不停止执行。

第七章　附　则

第四十条　依据国家行政法规授权从事纤维质量监督行政执法工作人员和受行政机关委托从事行政执法工作的事业单位工作人员违反本办法规定,需要追究其行政执法过错责任的,参照本办法执行。

国家认证认可监督管理委员会、国家标准化管理委员会行政执法监督与行政执法过错责任追究工作参照本办法执行。

第四十一条　行政监察、审计等专门机关对行政执法的监督，依照有关法律、法规的规定进行。

第四十二条　对在实施行政执法监督检查、行政执法过错责任追究工作中成绩突出的先进集体和个人应当予以表彰。

第四十三条　本办法由国家质检总局负责解释。

第四十四条　本办法自2004年3月12日起施行。原国家出入境检验检疫局2000年12月12日发布的《出入境检验检疫行政执法过错责任追究办法》和原国家技术监督局1997年9月3日发布的《技术监督行政执法监督实施办法》、原国家质量技术监督局2000年6月8日发布的《质量技术监督行政执法过错责任追究规定》同时废止。

中华人民共和国质量监督检验检疫总局令
第60号

《缺陷汽车产品召回管理规定》经2003年9月28日国家质量监督检验检疫总局局务会议、2004年1月15日国家发展和改革委员会委务会、2004年2月23日海关总署署务会和2004年3月12日商务部部务会审议通过，现予公布，自2004年10月1日起施行。本规定首先从M1类车辆（驾驶员座位在内，座位数不超过9座的载客车辆）开始实施，其他车辆的具体实施时间另行通知。

国家质量监督检验检疫总局局长　李长江
国家发展和改革委员会主任　马凯
商务部部长　薄熙来
海关总署署长　牟新生
二〇〇四年三月十二日

缺陷汽车产品召回管理规定

第一章　总　则

第一条　为加强对缺陷汽车产品召回事项的管理，消除缺陷汽车产品对使用者及公众人身、财产安全造成的危险，维护公共安全、公众利益和社会经济秩序，根据《中华人民共和国产品质量法》等法律制定本规定。

第二条　凡在中华人民共和国境内从事汽车产品生产、进口、销售、租赁、修理活动的，适用本规定。

第三条　汽车产品的制造商（进口商）对其生产（进口）的缺陷汽车产品依本规定履行召回义务，并承担消除缺陷的费用和必要的运输费；汽车产品的销售商、租赁商、修理商应当协助制造商履行召回义务。

第四条　售出的汽车产品存在本规定所称缺陷时，制造商应按照本规定中主动召回或指令召回程序的要求，组织实施缺陷汽车产品的召回。

国家根据经济发展需要和汽车产业管理要求，按照汽车产品种类分步骤实施缺陷汽车产品召回制度。

国家鼓励汽车产品制造商参照本办法规定，对缺陷以外的其他汽车产品质量等问题，开展召回活动。

第五条　本规定所称汽车产品，指按照国家标准规定，用于载运人员、货物，由动力驱动或者被牵引的道路车辆。

本规定所称缺陷,是指由于设计、制造等方面的原因而在某一批次、型号或类别的汽车产品中普遍存在的具有同一性的危及人身、财产安全的不合理危险,或者不符合有关汽车安全的国家标准的情形。

本规定所称制造商，指在中国境内注册，制造、组装汽车产品并以其名义颁发产品合格证的企业，以及将制造、组装的汽车产品已经销售到中国境内的外国企业。

本规定所称进口商，指从境外进口汽车产品到中国境内的企业。进口商视同为汽车产品制造商。

本规定所称销售商，指销售汽车产品，并收取货款、开具发票的企业。

本规定所称租赁商，指提供汽车产品为他人使用，收取租金的自然人、法人或其他组织。

本规定所称修理商，指为汽车产品提供维护、修理服务的企业和个人。

本规定所称制造商、进口商、销售商、租赁商、修理商，统称经营者。

本规定所称车主，是指不以转售为目的，依法享有汽车产品所有权或者使用权的自然人、法人或其他组织。

本规定所称召回，指按照本规定要求的程序，由缺陷汽车产品制造商（包括进口商，下同）选择修理、更换、收回等方式消除其产品可能引起人身伤害、财产损失的缺陷的过程。

第二章　缺陷汽车召回的管理

第六条　国家质量监督检验检疫总局（以下称主管部门）负责全国缺陷汽车召回的组织和管理工作。

国家发展改革委员会、商务部、海关总署等国务院有关部门在各自职责范围内，配合主管部门开展缺陷汽车召回的有关管理工作。

各省、自治区、直辖市质量技术监督部门和各直属检验检疫机构（以上称地方管理机构）负责组织本行政区域内缺陷汽车召回的监督工作。

第七条　缺陷汽车产品召回的期限，整车为自交付第一个车主起，至汽车制造商明示的安全使用期止；汽车制造商未明示安全使用期的，或明示的安全使用期不满10年的，自销售商将汽车产品交付第一个车主之日起10年止。

汽车产品安全性零部件中的易损件，明示的使用期限为其召回时限；汽车轮胎的召回期限为自交付第一个车主之日起3年止。

第八条　判断汽车产品的缺陷包括以下原则：

（一）经检验机构检验安全性能存在不符合有关汽车安全的技术法规和国家标准的；

（二）因设计、制造上的缺陷已给车主或他人造成人身、财产损害的；

（三）虽未造成车主或他人人身、财产损害，但经检测、实验和论证，在特定条件下缺陷仍可能引发人身或财产损害的。

第九条　缺陷汽车产品召回按照制造商主动召回和主管部门指令召回两种程序的规定进行。制造商自行发现，或者通过企业内部的信息系统，或者通过销售商、修理商和车主等相关各方关于其汽车产品缺陷的报告和投诉，或者通过主管部门的有关通知等方式获知缺陷存在，可以将召回计划在主管部门备案后，按照本规定中主动召回程序的规定，实施缺陷汽车产品召回。

制造商获知缺陷存在而未采取主动召回行动的，或者制造商故意隐瞒产品缺陷的，或者以不当方式处理产品缺陷的，主管部门应当要求制造商按照指令召回程序的规定进行缺陷汽车产品召回。

第十条　主管部门会同国务院有关部门组织建立缺陷汽车产品信息系统，负责收集、分析与处理有关缺陷的信息。经营者应当向主管部门及其设立的信息系统报告与汽车产品缺陷有关的信息。

第十一条　主管部门应当聘请专家组成专家委员会，并由专家委员会实施对汽车产品缺陷的调查和认定。根据专家委员会的建议，主管部门可以委托国家认可的汽车产品质量检验机构，实施有关汽车产品缺陷的技术检测。专家委员会对主管部门负责。

第十二条　主管部门应当对制造商进行的召回过程加以监督，并根据工作需要部署地方管理机构进行有关召回的监督工作。

第十三条　制造商或者主管部门对已经确认的汽车产品存在缺陷的信息及实施召回的有关信息，应当在主管部门指定的媒体上向社会公布。

第十四条　缺陷汽车产品信息系统和指定的媒体发布缺陷汽车产品召回信息，应当客观、公正、完整。

第十五条　从事缺陷汽车召回管理的主管部门及地方机构和专家委员会、检验机构及其工作人员，在调查、认定、检验等过程中应当遵守公正、客观、公平、合法的原则，保守相关企业的技术秘密及相关缺陷调查、检验的秘密；未经主管部门同意，不得擅自泄露相关信息。

第三章　经营者及相关各方的义务

第十六条　制造商应按照国家标准《道路车辆识别代号》（GB/T16735 - 16738）中的规定，在每辆出厂车辆上标注永久性车辆识别代码（VIN）；应当建立、保存车辆及车主信息的有关记录档案。对上述资料应当随时在主管部门指定的机构备案。

制造商应当建立收集产品质量问题、分析产品缺陷的管理制度，保存有关记录。

制造商应当建立汽车产品技术服务信息通报制度，载明有关车辆故障排除方法，车辆维护、维修方法，服务于车主、销售商、租赁商、修理商。通报内容应当向主管部门指定机构备案。

制造商应当配合主管部门对其产品可能存在的缺陷进行的调查，提供调查所需的有关资料，协助进行必要的技术检测。

制造商应当向主管部门报告其汽车产品存在的缺陷；不得以不当方式处理其汽车产品缺陷。

制造商应当向车主、销售商、租赁商提供本规定附件3和附件4规定的文件，便于其发现汽车产品存在缺陷后提出报告。

第十七条　销售商、租赁商、修理商应当向制造商和主管部门报告所发现的汽车产品可能存在的缺陷的相关信息，配合主管部门进行的相关调查，提供调查需要的有关资料，并配合制造商进行缺陷汽车产品的召回。

第十八条　车主有权向主管部门、有关经营者投诉或反映汽车产品存在的缺陷，并可向主管部门提出开展缺陷产品召回的相关调查的建议。

车主应当积极配合制造商进行缺陷汽车产品召回。

第十九条　任何单位和个人，均有权向主管部门和地方管理机构报告汽车产品可能存在的缺陷。

主管部门针对汽车产品可能存在的缺陷进行调查时，有关单位和个人应当予以配合。

第四章　汽车产品缺陷的报告、调查和确认

第二十条　制造商确认其汽车产品存在缺陷，应当在5个工作日内以书面形式向主管部门报告；制造商在提交上述报告的同时，应当在10个工作日内以有效方式通知销售商停止销售所涉及的缺陷汽车产品，并将报告内容通告销售商。境外制造商还应在10个工作日内以有效方式通知进口商停止进口缺陷汽车产品，并将报告内容报送商务部并通告进口商。

销售商、租赁商、修理商发现其经营的汽车产品可能存在缺陷，或者接到车主提出的汽车产品可能存在缺陷的投诉，应当及时向制造商和主管部门报告。

车主发现汽车产品可能存在缺陷，可通过有效方式向销售商或主管部门投诉或报告。

其他单位和个人发现汽车产品可能存在缺陷应参照上述附件中的内容和格式向主管部门报告。

第二十一条　主管部门接到制造商关于汽车产品存在缺陷并符合附件2的报告后，按照第五章缺陷汽车产品主动召回程序处理。

第二十二条　主管部门根据其指定的信息系统提供的分析、处理报告及其建议，认为必要时，可将相关缺陷的信息以书面形式通知制造商，并要求制造商在指定的时间内确认其产品是否存在缺陷及是否需要进行召回。

第二十三条　制造商在接到主管部门依第二十二条规定发出的通知，并确认汽车产品存在缺陷后，应当在5个工作日内依附件2的书面报告格式向主管部门提交报告，并按照第五章缺陷汽车产品主动召回程序实施召回。

制造商能够证明其产品不需召回的，应向主管部门提供详实的论证报告，主管部门应当继续跟踪调查。

第二十四条　制造商在第二十三条所称论证报告中不能提供充分的证明材料或其提供的证明材料不足以证明其汽车产品不存在缺陷，又不主动实施召回的，主管部门应当组织专家委员会进行调查和鉴定，制造商可以派代表说明情况；

主管部门认为必要时，可委托国家认可的汽车质量检验机构对相关汽车产品进行检验。

主管部门根据专家委员会意见和检测结果确认其产品存在缺陷的，应当书面通知制造商实施主动召回，有关缺陷鉴定、检验等费用由制造商承担。如制造商仍拒绝主动召回，主管部门应责令制造商按照第六章的规定实施指令召回程序。

第五章　缺陷汽车产品主动召回程序

第二十五条　制造商确认其生产且已售出的汽车产品存在缺陷决定实施主动召回的，应当按本规定第二十条或者第二十三条的要求向主管部门报告，并应当及时制定包括以下基本内容的召回计划，提交主管部门备案：

（一）有效停止缺陷汽车产品继续生产的措施；

（二）有效通知销售商停止批发和零售缺陷汽车产品的措施；

（三）有效通知相关车主有关缺陷的具体内容和处理缺陷的时间、地点和方法等；

（四）客观公正地预测召回效果。

境外制造商还应提交有效通知进口商停止缺陷汽车产品进口的措施。

第二十六条　制造商在向主管部门备案同时，应当立即将其汽车产品存在的缺陷、可能造成的损害及其预防措施、召回计划等，以有效方式通知有关进口商、销售商、租赁商、修理商和车主，并通知销售商停止销售有关汽车产品，进口商停止进口有关汽车产品。制造商须设置热线电话，解答各方询问，并在主管部门指定的网站上公布缺陷情况供公众查询。

第二十七条　制造商依第二十五条的规定提交附件2的报告之日起1个月内，制定召回通知书，向主管部门备案，同时告知销售商、租赁商、修理商和车主，并开始实施召回计划。

第二十八条　制造商按计划完成缺陷汽车产品召回后，应在1个月内向主管部门提交召回总结报告。

第二十九条　主管部门应当对制造商采取的主动召回行动进行监督，对召回效果进行评估，并提出处理意见。

主管部门认为制造商所进行的召回未能取得预期效果，可通知制造商再次进行召回，或依法采取其他补救措施。

第六章　缺陷汽车产品指令召回程序

第三十条　主管部门依第二十四条规定经调查、检验、鉴定确认汽车产品存在缺陷，而制造商又拒不召回的，应当及时向制造商发出指令召回通知书。国家认证认可监督管理部门责令认证机构暂停或收回汽车产品强制性认证证书。对境外生产的汽车产品，主管部门会同商务部和海关总署发布对缺陷汽车产品暂停进口的公告，海关停止办理缺陷汽车产品的进口报关手续。在缺陷汽车产品暂停进口公告发布前，已经运往我国尚在途中的，或业已到达我国尚未办结海关手续的缺陷汽车产品，应由进口商按海关有关规定办理退运手续。主管部门根据缺陷的严重程度和消除缺陷的紧急程度，决定是否需要立即通报公众有关汽车产品存在的缺陷和避免发生损害的紧急处理方法及其他相关信息。

第三十一条　制造商应当在接到主管部门指令召回的通知书之日起5个工作日内，通知销售商停止销售该缺陷汽车产品，在10个工作日内向销售商、车主发出关于主管部门通知该汽车存在缺陷的信息。境外制造商还应在5个工作日内通知进口商停止进口该缺陷汽车产品。

制造商对主管部门的决定等具体行政行为有异议的，可依法申请行政复议或提起行政诉讼。在行政复议和行政诉讼期间，主管部门通知中关于制造商进行召回的内容暂不实施，但制造商仍须履行前款规定的义务。

第三十二条　制造商接到主管部门关于缺陷汽车产品指令召回通知书之日起 10 个工作日内，应当向主管部门提交符合本规定第二十五条要求的有关文件。

第三十三条　主管部门应当在收到该缺陷汽车产品召回计划后 5 个工作日内将审查结果通知制造商。

主管部门批准召回计划的，制造商应当在接到批准通知之日起 1 个月内，依据批准的召回计划制定缺陷汽车产品召回通知书，向销售商、租赁商、修理商和车主发出该召回通知书，并报主管部门备案。召回通知书应当在主管部门指定的报刊上连续刊登 3 期，召回期间在主管部门指定网站上持续发布。

主管部门未批准召回计划的，制造商应按主管部门提出的意见进行修改，并在接到通知之日起 10 个工作日内再次向主管部门递交修改后的召回计划，直至主管部门批准为止。

第三十四条　制造商应在发出召回通知书之日起，开始实施召回，并在召回计划时限内完成。

制造商有合理原因未能在此期限内完成召回的，应向主管部门提出延长期限的申请，主管部门可根据制造商申请适当延长召回期限。

第三十五条　制造商应自发出召回通知书之日起，每 3 个月向主管部门提交符合本规定要求的召回阶段性进展情况的报告；主管部门可根据召回的实际效果，决定制造商是否应采取更为有效的召回措施。

第三十六条　对每一辆完成召回的缺陷汽车，制造商应保存符合本规定要求的召回记录单。召回记录单一式两份，一份交车主保存，一份由制造商保存。

第三十七条　制造商按计划完成召回后，应在 1 个月内向主管部门提交召回总结报告。

第三十八条　主管部门应对制造商提交的召回总结报告进行审查，并在 15 个工作日内书面通知制造商审查结论。审查结论应向社会公布。

主管部门认为制造商所进行的召回未能取得预期的效果，可责令制造商采取补救措施，再次进行召回。

如制造商对审查结论有异议，可依法申请行政复议或提起行政诉讼。在行政复议或行政诉讼期间，主管部门的决定暂不执行。

第三十九条　主管部门应及时公布制造商在中国境内进行的缺陷汽车召回、召回效果审查结论等有关信息，通过指定网站公布，为查询者提供有关资料。

主管部门应向商务部和海关总署通报进口缺陷汽车的召回情况。

第七章　罚　　则

第四十条　制造商违反本规定第十六条第一、二、三、四款规定，不承担相应义务的，质量监督检验检疫部门应当责令其改正，并予以警告。

第四十一条　销售商、租赁商、修理商违反本规定第十七条有关规定，不承担相应义务的，质量监督检验检疫部门可以酌情处以警告、责令改正等处罚；情节严重的，处以 1000 元以上 5000 元以下罚款。

第四十二条　有下列情形之一的，主管部门可责令制造商重新召回，通报批评，并由质量监督检验检疫部门处以 1 万元以上 3 万元以下罚款：

（一）制造商故意隐瞒缺陷的严重性的；

（二）试图利用本规定的缺陷汽车产品主动召回程序，规避主管部门监督的；

（三）由于制造商的过错致使召回缺陷产品未达到预期目的，造成损害再度发生的。

第四十三条　从事缺陷汽车管理职能的管理机构及其工作人员，受其委托进行缺陷调查、检验和认定的工作人员，徇私舞弊，违反保密规定的，给予行政处分；直接责任人徇私舞弊，贪赃枉法，构成犯罪的，依法追究刑事责任。

有关专家作伪证，检验人员出具虚假检验报告，或捏造散布虚假信息的，取消其相应资格，造成损害的，承担赔偿责任；构成犯罪的，依法追究刑事责任。

第八章　附　　则

第四十四条　制造商实施缺陷汽车产品召回，不免除车主及其他受害人因缺陷汽车产品所受损害，要求其承担的其他法律责任。

第四十五条　本规定由国家质量监督检验检疫总局、国家发展和改革委员会、商务部、海关总署在各自职责范围内负责解释。

第四十六条　本规定自2004年10月1日起实施。

中华人民共和国质量监督检验检疫总局令
第61号

《认证及认证培训、咨询人员管理办法》经2004年4月30日国家质量监督检验检疫总局局务会议审议通过，现予公布，自2004年8月1日起施行。

局　长　　李长江

二〇〇四年五月二十四日

认证及认证培训、咨询人员管理办法

第一章　总　　则

第一条　为规范认证及认证培训、咨询人员的执业行为，加强对认证市场的管理，根据《中华人民共和国认证认可条例》，制定本办法。

第二条　本办法所称的认证及认证培训、咨询人员，是指管理体系认证审核员、产品认证检查员、认证培训教员和认证咨询师等从事认证及认证培训、咨询活动的人员，以及认证及认证培训、咨询机构的业务管理人员。

本办法所称认证及认证培训、咨询人员执业，是指受聘于认证及认证培训、咨询机构的人员从事的认证及认证培训、咨询和业务管理的活动。

第三条　在中华人民共和国境内从事认证、认证培训、认证咨询活动的人员应当遵守本办法。

第四条　国家对管理体系认证审核员、产品认证检查员、认证培训教员和认证咨询师等从事认证及认证培训、咨询活动的人员实施统一的执业资格注册制度；对认证及认证培训、咨询人员的执业行为实行统一的监督管理。

第五条　国家认证认可监督管理委员会（以下简称国家认监委）负责对从事认证及认证培训、咨询活动人员执业资格注册制度的批准工作；对认证及认证培训、咨询人员执业行为实施监督管理。

地方质量技术监督部门和各地出入境检验检疫机构（以下统称地方认证监督管理部门）按照各自职责分工，依法对所辖区域内的认证及认证培训、咨询人员的执业行为实施监督检查。

中国认证人员与培训机构国家认可委员会承担对从事认证及认证培训、咨询活动人员的执业资格注册工作。

中国认证机构国家认可委员会依照认可准则对认证机构的认证人员的能力评定及使用管理活动实施认可监督。

认证及认证培训、咨询机构依照本办法的规定，对所聘认证及认证培训、咨询人员执业行为实施管理。

第六条　从事认证及认证培训、咨询活动的人员应当向中国认证人员与培训机构国家认可委员会申请执业资格注册，未经注册的，不得从事相关活动。

属于认证及认证培训、咨询新领域、国家尚未建立执业资格注册制度的，由相应认证及认证培训、咨询机构建立执业人员评价制度，并统一向中国认证人员与培训机构国家认可委员会申请办理相关人员执业资格的确认，未经确认的，不得从事相关活动。

第七条　认证及认证培训、咨询人员执业分为专职和兼职。

专职认证及认证培训、咨询人员是指将认证及认证培训、咨询和有关业务管理活动作为本职工作，与1个认证、认证培训或者认证咨询机构签订劳务合同，并固定在该机构工作的人员；兼职认证及认证培训、咨询人员是指在不脱离本职工作的情况下与1个认证、认证培训或者认证咨询机构签订劳务合同，从事认证、认证培训或者认证咨询活动的人员。

国家公务员不得从事认证、认证咨询和认证培训活动。

第八条　认证人员从事认证活动应当在1个认证机构执业，不得同时在2个或者2个以上认证机构执业。在认证机构执业的专职或者兼职认证人员，具备相关认证培训教员资格的，经所在认证机构与认证培训机构签订合同后，可以在1个认证培训机构从事认证培训活动。

认证人员不得受聘于认证咨询机构或者以任何方式，从事认证咨询活动。

第九条　认证培训人员从事认证培训活动应当在1个认证培训机构执业，不得同时在2个或者2个以上的认证培训机构执业。在1个认证培训机构执业的专职或者兼职认证培训人员，具备相关认证或认证咨询人员资格的，经所在认证培训机构与认证机构或者认证咨询机构签订合同后，可以在1个认证机构或者1个认证咨询机构从事认证或者认证咨询活动。

第十条　认证咨询人员应当在1个认证咨询机构从事认证咨询活动，不得同时在2个或者2个以上的认证咨询机构执业。在认证咨询机构执业的专职或者兼职认证咨询人员，具备相关认证培训教员资格的，经所在认证咨询机构与认证培训机构签订合同后，可以在1个认证培训机构从事认证培训活动。

认证咨询人员不得受聘于认证机构或者以任何方式从事认证活动。

第十一条　特殊领域的认证及认证培训、咨询人员的执业，应当经国家认监委批准。

第十二条　认证及认证培训、认证咨询人员受聘于认证及认证培训、咨询机构时，应当出具有关证明文件以及其他申明材料，并保证上述材料的真实、有效。

认证及认证培训、咨询机构在决定聘用执业人员时，应当查验所聘用的执业人员提供的证明文件以及其他申明材料是否真实、有效，并归档留存。

认证及认证培训、咨询人员与认证及认证培训、咨询机构之间建立聘用关系的，应当依法签订劳务合同，明确规定双方的权利、义务；聘用关系解除的，应当依法终止劳务合同。

第十三条　认证及认证培训、认证咨询人员从事认证及认证培训、咨询活动，应当遵循客观公正、诚实信用的原则，确保所从事认证及认证培训、咨询活动具有完整性、客观性、真实性和有效性。

第十四条　认证及认证培训、咨询人员从事认证及认证培训、咨询活动，禁止有下列行为：

（一）在不符合国家有关法律法规规定的机构或者单位，从事认证及认证培训、咨询活动；

（二）不具备注册资格或者未经确认、批准，从事认证及认证培训、咨询活动；

（三）出具虚假或者失实的结论，编造或者唆使编造虚假、失实的文件、记录；

（四）增加、减少、遗漏有关法律法规、标准或者相关规则规定的认证及认证培训、咨询程序；

（五）作出误导性、欺诈性宣传或者虚假承诺谋取利益；

（六）接受认证及认证培训、咨询客户及其相关利益方的礼金或者其他形式的利益；

（七）在认证机构执业的认证人员与认证咨询机构、认证咨询活动存在或者发生经济利益关系；在认证咨询机构执业的人员与认证机构、认证活动存在或者发生经济利益关系；

（八）认证机构的工作人员在认证活动中与认证咨询机构的工作人员存在利害关系或者可能对认证公正性产生影响，未进行回避；

（九）对所在执业的认证及认证培训、咨询机构隐瞒本人执业真实情况；

（十）恶意诽谤或者诋毁其他认证及认证培训、咨询机构及其人员；

（十一）其他违反认证及认证培训、咨询有关规定的行为。

第十五条　国家认监委和地方认证监督管理部门可以根据投诉及其在监督管理工作中发现的问题，就有关事项询问认证及认证培训、咨询人员及其执业的机构，有关人员和机构应当积极配合。

第十六条　认证及认证培训、咨询人员违反本办法第八条、第九条和第十条规定的，责令限期改正，给予停止执业资格1年的处罚；情节严重的，给予停止执业资格2年的处罚；逾期未改正的，给予撤销执业资格的处罚。

第十七条　认证及认证培训、咨询人员违反本办法第十四条第（三）项规定的，给予撤销执业资格的处罚。

第十八条　认证及认证培训、咨询人员，违反本办法第十四条其他规定的，责令限期改正；逾期未改正的，给予停止执业6个月以上1年以下的处罚；情节严重的，给予停止执业2年直至撤销执业资格的处罚。

第十九条 认证及认证培训、咨询机构对其执业人员未实施有效管理，或者纵容、唆使，导致其执业人员违法违规的，处以5000元以上1万元以下的罚款；情节严重的，处以3万元的罚款；法律、行政法规另有规定的，依照其规定执行。

第二十条 认证及认证培训、咨询人员被撤销执业资格之日起5年内，中国认证人员与培训机构国家认可委员会不再受理其注册申请。

第二十一条 国家认监委对被停止执业、撤销执业资格的认证及认证培训、咨询人员予以公布。

第二十二条 本办法由国家质量监督检验检疫总局负责解释。

第二十三条 本办法自2004年8月1日起施行。

中华人民共和国质量监督检验检疫总局令
第62号

《进出境转基因产品检验检疫管理办法》已经2001年9月5日国家质量监督检验检疫总局局务会议审议通过，现予公布，自公布之日起施行。

局 长 李长江

二〇〇四年五月二十四日

进出境转基因产品检验检疫管理办法

第一章 总 则

第一条 为加强进出境转基因产品检验检疫管理，保障人体健康和动植物、微生物安全，保护生态环境，根据《中华人民共和国进出口商品检验法》、《中华人民共和国食品卫生法》、《中华人民共和国进出境动植物检疫法》及其实施条例、《农业转基因生物安全管理条例》等法律法规的规定，制定本办法。

第二条 本办法适用于对通过各种方式（包括贸易、来料加工、邮寄、携带、生产、代繁、科研、交换、展览、援助、赠送以及其他方式）进出境的转基因产品的检验检疫。

第三条 本办法所称“转基因产品”是指《农业转基因生物安全管理条例》规定的农业转基因生物及其他法律法规规定的转基因生物与产品。

第四条 国家质量监督检验检疫总局（以下简称国家质检总局）负责全国进出境转基因产品的检

验检疫管理工作，国家质检总局设在各地的出入境检验检疫机构（以下简称检验检疫机构）负责所辖地区进出境转基因产品的检验检疫以及监督管理工作。

第五条　国家质检总局对过境转移的农业转基因产品实行许可制度。其他过境转移的转基因产品，国家另有规定的按相关规定执行。

第二章　进境检验检疫

第六条　国家质检总局对进境转基因动植物及其产品、微生物及其产品和食品实行申报制度。

第七条　货主或者其代理人在办理进境报检手续时，应当在《入境货物报检单》的货物名称栏中注明是否为转基因产品。申报为转基因产品的，除按规定提供有关单证外，还应当提供法律法规规定的主管部门签发的《农业转基因生物安全证书》（或者相关批准文件，以下简称批准文件）和《农业转基因生物标识审查认可批准文件》。

第八条　对于实施标识管理的进境转基因产品,检验检疫机构应当核查标识,符合农业转基因生物标识审查认可批准文件的,准予进境;不按规定标识的,重新标识后方可进境;未标识的,不得进境。

第九条　对列入实施标识管理的农业转基因生物目录（国务院农业行政主管部门制定并公布）的进境转基因产品，如申报是转基因的，检验检疫机构应当实施转基因项目的符合性检测，如申报是非转基因的，检验检疫机构应进行转基因项目抽查检测；对实施标识管理的农业转基因生物目录以外的进境动植物及其产品、微生物及其产品和食品，检验检疫机构可根据情况实施转基因项目抽查检测。

检验检疫机构按照国家认可的检测方法和标准进行转基因项目检测。

第十条　经转基因检测合格的，准予进境。如有下列情况之一的，检验检疫机构通知货主或者其代理人作退货或者销毁处理：

（一）申报为转基因产品，但经检测其转基因成分与批准文件不符的；

（二）申报为非转基因产品，但经检测其含有转基因成分的。

第十一条　进境供展览用的转基因产品，须获得法律法规规定的主管部门签发的有关批准文件后方可入境，展览期间应当接受检验检疫机构的监管。展览结束后，所有转基因产品必须作退回或者销毁处理。如因特殊原因，需改变用途的，须按有关规定补办进境检验检疫手续。

第三章　过境检验检疫

第十二条　过境的转基因产品，货主或者其代理人应当事先向国家质检总局提出过境许可申请，并提交以下资料：

（一）填写《转基因产品过境转移许可证申请表》；

（二）输出国家或者地区有关部门出具的国（境）外已进行相应的研究证明文件或者已允许作为相应用途并投放市场的证明文件；

（三）转基因产品的用途说明和拟采取的安全防范措施；

（四）其他相关资料。

第十三条　国家质检总局自收到申请之日起270日内作出答复，对符合要求的，签发《转基因产品过境转移许可证》并通知进境口岸检验检疫机构；对不符合要求的，签发不予过境转移许可证，并说明理由。

第十四条　过境转基因产品进境时，货主或者其代理人须持规定的单证和过境转移许可证向进境口岸检验检疫机构申报，经检验检疫机构审查合格的，准予过境，并由出境口岸检验检疫机构监督其出境。对改换原包装及变更过境线路的过境转基因产品，应当按照规定重新办理过境手续。

第四章　出境检验检疫

第十五条　对出境产品需要进行转基因检测或者出具非转基因证明的，货主或者其代理人应当提前向所在地检验检疫机构提出申请，并提供输入国家或者地区官方发布的转基因产品进境要求。

第十六条　检验检疫机构受理申请后，根据法律法规规定的主管部门发布的批准转基因技术应用于商业化生产的信息，按规定抽样送转基因检测实验室作转基因项目检测，依据出具的检测报告，确认为转基因产品并符合输入国家或者地区转基因产品进境要求的，出具相关检验检疫单证；确认为非转基因产品的，出具非转基因产品证明。

第五章　附　则

第十七条　对进出境转基因产品除按本办法规定实施转基因项目检测和监管外，其他检验检疫项目内容按照法律法规和国家质检总局的有关规定执行。

第十八条　承担转基因项目检测的实验室必须通过国家认证认可监督管理部门的能力验证。

第十九条　对违反本办法规定的，依照有关法律法规的规定予以处罚。

第二十条　本办法由国家质检总局负责解释。

第二十一条　本办法自公布之日起施行。

中华人民共和国质量监督检验检疫总局令

第63号

《认证证书和认证标志管理办法》经2004年4月30日国家质量监督检验检疫总局局务会审议通过，现予公布，自2004年8月1日起施行。

局　长　　李长江

二〇〇四年六月二十三日

认证证书和认证标志管理办法

第一章　总　则

第一条　为加强对产品、服务、管理体系认证的认证证书和认证标志（以下简称认证证书和认证标志）的管理、监督，规范认证证书和认证标志的使用，维护获证组织和公众的合法权益，促进认证活动健康有序的发展，根据《中华人民共和国认证认可条例》（以下简称条例）等有关法律、行政法规的规定，制定本办法。

第二条　本办法所称的认证证书是指产品、服务、管理体系通过认证所获得的证明性文件。认证证书包括产品认证证书、服务认证证书和管理体系认证证书。

本办法所称的认证标志是指证明产品、服务、管理体系通过认证的专有符号、图案或者符号、图案以及文字的组合。认证标志包括产品认证标志、服务认证标志和管理体系认证标志。

第三条　本办法适用于认证证书和认证标志的制定、发布、备案、使用和监督检查。

第四条　国家认证认可监督管理委员会（以下简称国家认监委）依法负责认证证书和认证标志的管理、监督和综合协调工作。

地方质量技术监督部门和各地出入境检验检疫机构（以下统称地方认证监督管理部门）按照各自职责分工，依法负责所辖区域内的认证证书和认证标志的监督检查工作。

第五条　禁止伪造、冒用、转让和非法买卖认证证书和认证标志。

第二章　认证证书

第六条　认证机构应当按照认证基本规范、认证规则从事认证活动，对认证合格的，应当在规定的时限内向认证委托人出具认证证书。

第七条　产品认证证书包括以下基本内容：

（一）委托人名称、地址；

（二）产品名称、型号、规格，需要时对产品功能、特征的描述；

（三）产品商标、制造商名称、地址；

（四）产品生产厂名称、地址；

（五）认证依据的标准、技术要求；

（六）认证模式；

（七）证书编号；

（八）发证机构、发证日期和有效期；

（九）其他需要说明的内容。

第八条　服务认证证书包括以下基本内容：

（一）获得认证的组织名称、地址；

（二）获得认证的服务所覆盖的业务范围；

（三）认证依据的标准、技术要求；

（四）认证证书编号；

（五）发证机构、发证日期和有效期；

（六）其他需要说明的内容。

第九条　管理体系认证证书包括以下基本内容：

（一）获得认证的组织名称、地址；

（二）获得认证的组织的管理体系所覆盖的业务范围；

（三）认证依据的标准、技术要求；

（四）证书编号；

（五）发证机构、发证日期和有效期；

（六）其他需要说明的内容。

第十条　获得认证的组织应当在广告、宣传等活动中正确使用认证证书和有关信息。获得认证的产品、服务、管理体系发生重大变化时，获得认证的组织和个人应当向认证机构申请变更，未变更或者经认证机构调查发现不符合认证要求的，不得继续使用该认证证书。

第十一条　认证机构应当建立认证证书管理制度，对获得认证的组织和个人使用认证证书的情况实施有效跟踪调查，对不能符合认证要求的，应当暂停其使用直至撤销认证证书，并予以公布；对撤销或者注销的认证证书予以收回；无法收回的，予以公布。

第十二条　不得利用产品认证证书和相关文字、符号误导公众认为其服务、管理体系通过认证；不得利用服务认证证书和相关文字、符号误导公众认为其产品、管理体系通过认证；不得利用管理体系认证证书和相关文字、符号，误导公众认为其产品、服务通过认证。

第三章　认证标志

第十三条　认证标志分为强制性认证标志和自愿性认证标志。

自愿性认证标志包括国家统一的自愿性认证标志和认证机构自行制定的认证标志。

强制性认证标志和国家统一的自愿性认证标志属于国家专有认证标志。

认证机构自行制定的认证标志是指认证机构专有的认证标志。

第十四条　强制性认证标志和国家统一的自愿性认证标志的制定和使用，由国家认监委依法规定，并予以公布。

第十五条　认证机构自行制定的认证标志的式样(包括使用的符号)、文字和名称,应当遵守以下规定：

（一）不得与强制性认证标志、国家统一的自愿性认证标志或者已经国家认监委备案的认证机构自行制定的认证标志相同或者近似；

（二）不得妨碍社会管理秩序；

（三）不得将公众熟知的社会公共资源或者具有特定含义的认证名称的文字、符号、图案作为认证标志的组成部分（如使用表明安全、健康、环保、绿色、无污染等的文字、符号、图案）；

（四）不得将容易误导公众或者造成社会歧视、有损社会道德风尚以及其他不良影响的文字、符号、图案作为认证标志的组成部分；

（五）其他法律、行政法规，或者国家制定的相关技术规范、标准的规定。

第十六条　认证机构自行制定的认证标志应当自发布之日起30日内，报国家认监委备案。

第十七条　认证机构备案时应当提交认证标志的式样（包括使用的符号）、文字、名称、应用范围、识别方法、使用方法等其他情况的书面材料。

国家认监委应当自收到备案材料之日起30日内，依照本办法有关规定对认证机构提交的材料进行核查，对于符合本办法第十五条规定的，予以备案并公布；不符合的，告知其改正。

第十八条　认证机构应当建立认证标志管理制度，明确认证标志使用者的权利和义务，对获得认证的组织使用认证标志的情况实施有效跟踪调查，发现其认证的产品、服务、管理体系不能符合认证要求的，应当及时作出暂停或者停止其使用认证标志的决定，并予以公布。

第十九条　获得产品认证的组织应当在广告、产品介绍等宣传材料中正确使用产品认证标志，可以在通过认证的产品及其包装上标注产品认证标志，但不得利用产品认证标志误导公众认为其服务、管理体系通过认证。

第二十条　获得服务认证的组织应当在广告等有关宣传中正确使用服务认证标志，可以将服务认证标志悬挂在获得服务认证的区域内，但不得利用服务认证标志误导公众认为其产品、管理体系通过认证。

第二十一条　获得管理体系认证的组织应当在广告等有关宣传中正确使用管理体系认证标志，不得在产品上标注管理体系认证标志，只有在注明获证组织通过相关管理体系认证的情况下方可在产品的包装上标注管理体系认证标志。

第四章　监督检查

第二十二条　国家认监委组织地方认证监督管理部门对认证证书和认证标志的使用情况实施监督检查，对伪造、冒用、转让和非法买卖认证证书和认证标志的违法行为依法予以查处。

第二十三条　国家认监委对认证机构的认证证书和认证标志管理情况实施监督检查。

认证机构应当对其认证证书和认证标志的管理情况向国家认监委提供年度报告。年度报告中应当包括其对获证组织使用认证证书和认证标志的跟踪调查情况。

第二十四条　境外认证标志所有人或者其授权的委托人可以向国家认监委办理境外认证标志备案。备案内容包括认证标志的式样（包括使用的符号）、文字、名称、应用范围、识别方法，认证标志持有人，以及使用变更等情况。

在中国境内设立的外商投资认证机构自行制定的认证标志应当按照本办法第十六条的规定办理备案。

第二十五条　认证机构应当公布本机构认证证书和认证标志使用等相关信息，以便于公众进行查询和社会监督。

第二十六条　任何单位和个人对伪造、冒用、转让和非法买卖认证证书和认证标志等违法、违规行为可以向国家认监委或者地方认证监督管理部门举报。

第五章　罚则

第二十七条　违反本办法第十二条　规定，对混淆使用认证证书和认证标志的，地方认证监督管理部门应当责令其限期改正，逾期不改的处以2万元以下罚款。

未通过认证，但在其产品或者产品包装上、广告等其他宣传中，使用虚假文字表明其通过认证的，地方认证监督管理部门应当按伪造、冒用认证标志、违法行为进行处罚。

第二十八条　违反本办法规定，伪造、冒用认证证书的，地方认证监督管理部门应当责令其改正，处以3万元罚款。

第二十九条　违反本办法规定，非法买卖或者转让认证证书的，地方认证监督管理部门责令其改正，处以3万元罚款；认证机构向未通过认证的认证委托人出卖或转让认证证书的，依照条例第六十二条规定处罚。

第三十条　认证机构自行制定的认证标志违反本办法第十五条规定的，依照条例第六十一条规定处罚；违反其他法律、行政法规规定的，依照其他法律、行政法规处罚。

第三十一条　认证机构发现其认证的产品、服务、管理体系不能持续符合认证要求，不及时暂停其使用认证证书和认证标志，或者不及时撤销认证证书或者停止其使用认证标志的，依照条例第六十条规定处罚。

第三十二条　认证机构未按照规定向社会公布本机构认证证书和认证标志使用等相关信息，责令限期改正，逾期不改的，予以警告。

第三十三条　伪造、冒用、非法买卖认证标志的，依照《中华人民共和国产品质量法》和《中华人民共和国进出口商品检验法》等有关法律、行政法规的规定处罚。

第六章　附　　则

第三十四条　认证证书和认证标志的收费按照国家有关价格法律、行政法规的规定执行。

第三十五条　本办法由国家质量监督检验检疫总局负责解释。

第三十六条　本办法自2004年8月1日起施行。1992年2月10日原国家技术监督局发布的《产品质量认证证书和认证标志管理办法》和1995年9月21日原国家商检局发布的《进出口商品标志管理办法》中有关认证标志的部分规定同时废止。

中华人民共和国质量监督检验检疫总局令

第 64 号

《质量监督检验检疫行政许可委托实施办法》经 2004 年 6 月 21 日国家质量监督检验检疫总局局务会审议通过，现予公布，自 2004 年 7 月 1 日起施行。

局 长　　李长江

二〇〇四年六月二十三日

质量监督检验检疫行政许可委托实施办法

第一条　为了规范行政许可委托实施工作，根据《中华人民共和国行政许可法》的规定，结合质量监督检验检疫工作实际，制定本办法。

第二条　国家质量监督检验检疫总局（以下简称国家质检总局）、直属出入境检验检疫局、省级质量技术监督局实施行政许可委托适用本办法。

第三条　实施行政许可委托，应当遵循合法、公开、便民、高效的原则。

第四条　法律、行政法规和国务院发布的决定规定由国家质检总局实施的行政许可事项，国家质检总局可以根据实际需要，全部或者部分委托出入境检验检疫机构或者地方质量技术监督局实施。

法律、行政法规和国务院发布的决定规定由直属出入境检验检疫局实施的行政许可事项，直属出入境检验检疫局可以根据实际需要，全部或者部分委托所属分支机构实施。

法律、行政法规和国务院发布的决定规定由省级质量技术监督局实施的行政许可事项，省级质量技术监督局可以根据实际需要，全部或者部分委托下级质量技术监督局实施。

第五条　委托行政机关应当在法定职责范围内实施行政许可委托。行政许可委托应当明确以下内容：

（一）行政许可委托的具体事项；

（二）委托行政机关的名称；

（三）受委托行政机关的名称；

（四）委托行政机关与受委托行政机关的权利和义务；

（五）行政许可委托的时限。

行政许可委托内容应当通过公告向社会发布。

第六条　委托行政机关和受委托行政机关应当签订行政许可委托书。

第七条　委托行政机关在行政许可委托的期限内需变更、中止或者终止委托的，应当及时向社会公告。

第八条　委托行政机关实施委托后，申请人仍向委托行政机关提出申请的，委托行政机关应当告知其具体的受理机关。

第九条　委托行政机关应当对受委托行政机关实施行政许可的行为进行监督检查，并对行政许可行为的后果承担法律责任。

第十条　受委托行政机关应当在委托的权限范围内办理行政许可。

第十一条　受委托行政机关应当以委托行政机关名义实施行政许可；不得再委托其他组织或者个人实施行政许可。

第十二条　受委托行政机关超越委托的权限实施行政许可，给当事人的合法权益造成损害的，自行承担法律责任。

第十三条　受委托行政机关应当按照国家质检总局统一制定的行政许可文书格式办理行政许可事项。

第十四条　国家质检总局负责制定行政许可委托事项的工作制度，并负责行政许可委托事项的业务指导和培训。

第十五条　法律、行政法规对行政许可委托已有规定的，依照其规定。

第十六条　国家认证认可监督管理委员会、国家标准化管理委员会行政许可委托工作，参照本办法执行。

第十七条　本办法由国家质检总局负责解释。

第十八条　本办法自 2004 年 7 月 1 日起施行。

中华人民共和国质量监督检验检疫总局令

第 65 号

《强制性产品认证机构、检查机构和实验室管理办法》经 2004 年 4 月 30 日国家质量监督检验检疫总局局务会审议通过，现予公布，自 2004 年 8 月 1 日起施行。

局　长　　李长江

二〇〇四年六月二十三日

强制性产品认证机构、检查机构和实验室管理办法

第一章　总　则

第一条　为规范强制性产品认证机构、检查机构和实验室的管理，合理利用社会资源，保证强制性产品认证制度的有效实施，根据《中华人民共和国认证认可条例》（以下简称条例）的规定，制定本办法。

第二条　本办法所称的强制性产品认证机构、检查机构和实验室是指从事强制性产品认证活动的认证机构和从事与强制性产品认证有关的检查、检测活动的检查机构和检测实验室。

第三条　本办法适用于中华人民共和国境内的强制性产品认证机构、检查机构和实验室的指定和监督管理。

第四条　国家对强制性产品认证机构、检查机构和实验室实行指定制度。

第五条　国家认证认可监督管理委员会（以下简称国家认监委）负责强制性产品认证机构、检查机构和实验室指定制度的建立、实施及其监督管理工作。

第六条　强制性产品认证机构、检查机构和实验室应当符合条例及其他法律、行政法规规定的条件和能力，经国家认监委指定后，方可从事强制性产品认证活动和从事与强制性产品认证有关的检查、检测活动。

第七条　强制性产品认证机构、检查机构和实验室的指定工作遵循资源合理利用和实际需要、公平竞争、公开公正和便利、有效的原则。

第八条　认证机构、检查机构和实验室或者其中二者为同一法人时，其从事强制性产品认证以及与认证有关的检查、检测活动的资格应当分别指定。

第二章　指定条件

第九条　申请从事强制性产品认证活动的认证机构应当具备下列条件：

(一)依照条例规定设立,具有相应领域2年以上认证经历或者颁发相关产品认证证书20份以上;

（二）取得国家确定的认可机构的认可；

（三）在申请前6个月内无不良记录；

（四）本机构的法人性质、产权构成和组织结构等能够保证其强制性认证活动的客观公正；

（五）具备能够公正、独立和有效地从事强制性产品认证活动的技术与管理能力；

（六）具备从事强制性产品认证活动所需要并且可以独立调配使用的检测、检查资源，拥有与强制性产品认证工作任务相适应的符合条例规定的认证人员和稳定的财力资源。

第十条　申请从事强制性产品认证检查活动的检查机构应当具备下列条件：

（一）具有法律、行政法规规定的基本条件和能力，并经依法认定；

（二）具有相应领域检查经验，从事检查工作2年以上或者出具相关产品检查报告20份以上；

（三）取得国家确定的认可机构的认可；

（四）在申请前6个月内无不良记录；

（五）本机构的法人性质、产权构成以及组织结构等能够保证其公正、独立地实施检查活动；

（六）具备从事强制性产品认证检查活动所需的设施、人员和其他资源；

（七）从事强制性产品认证检查活动的人员应当具备必要的专业知识，并取得认证检查人员的注册资格；

（八）所聘任的专职检查员的专业能力应当符合指定的业务要求；

（九）所聘任的兼职检查员的比例不得超过专职检查员总数的三分之二。

第十一条　申请从事强制性产品认证检测活动的实验室（以下简称实验室），应当具备下列条件：

（一）具有法律、行政法规规定的基本条件和能力，并经依法认定；

（二）具有相关领域检测经验，从事检测工作2年以上或者对外出具相关领域检测报告20份以上；

（三）取得国家确定的认可机构的认可；

（四）在申请前6个月内无不良记录；

（五）本单位的法人性质、产权构成以及组织结构能够保证其公正、独立地实施检测活动；

（六）具备承担相应产品认证检测活动所需的全部设备、设施，或者经相关设备、设施所有权单位的授权，可以独立使用设备、设施；

（七）检测人员接受过与其承担的相应产品认证检测所必需的教育和培训，并掌握相关的标准、技术规范和强制性产品认证实施规则的要求，具备必要的产品检测能力。

第三章　指定程序

第十二条　国家认监委根据强制性产品认证制度的具体要求和实施需要，提出指定计划。指定计划包括拟指定机构的业务领域与数量、产品范围、对申请指定的机构的要求、指定程序和相关时限规定、专家评审委员会（以下简称专家委员会）组成等。

指定业务领域涉及国务院有关部门的，国家认监委向国务院有关部门就相关指定方案征求意见。

第十三条　国家认监委通过书面公告和其网站对外发布指定计划等相关信息。

第十四条　申请从事强制性产品认证活动的认证机构、检查机构和实验室（以下简称申请机构），应当按照指定计划等相关信息的要求，向国家认监委提出书面申请，并提交相关证明文件。

第十五条　国家认监委自受理申请机构申请之日起10个工作日内，按照本办法第九条、第十条、第十一条的规定对申请机构提交的书面材料进行审查，提出初审意见，并将初审意见反馈给申请机构。对符合初审要求的，提交专家委员会评审。

第十六条　国务院有关部门、行业组织、企业、认可机构、认证机构以及其他技术机构可以向国家认监委推荐专家委员会候选成员。国家认监委根据评审对象和评审领域的不同，确定专家委员会成员，分别组成相应的专家委员会。

第十七条　专家委员会一般由7至13人组成，为非常设的临时性组织，负责申请机构的评审工作。

评审工作结束后，专家委员会即行解散。

第十八条　专家委员会成员应当符合以下条件：

（一）具有良好的专业知识和职业道德修养；

（二）具备高级专业技术职称或者同等技术资格；

（三）熟悉有关行业现状、相关产品的监管制度、技术机构资源配置与分布等情况。

第十九条　专家委员会对申请机构的评审采用会议讨论、听证、文件调阅等方式。根据需要，专家委员会可以建议国家认监委组织对申请机构进行现场调查。

专家委员会成员与申请机构有利害关系的（包括所在单位为申请机构等），相关专家委员会成员应当回避。

第二十条　专家委员会对申请机构进行评审，评审应当充分考虑相关领域行业发展特点、生产企业分布、认证制度与其他监管方式有效衔接等因素，保证认证制度有效实施、资源合理利用、便利认证委托人。

评审应当结合申请机构的技术能力和相关声誉、信誉等情况，在成本效率分析的基础上作出科学、合理、准确的评审结论。

专家委员会应当采用不计名投票以三分之二通过的方式作出评审结论。

专家委员会评审工作时间不得超过30个工作日。

第二十一条　国家认监委应当根据专家委员会作出的评审结论，按照本办法第七条　规定的原则在10个工作日内作出指定决定。特殊情况需要延长的，可以延长至15个工作日。

指定业务领域涉及国务院有关部门的，国家认监委在征求国务院有关部门意见后，作出指定决定。

第二十二条　国家认监委自指定决定之日起10个工作日内，在其网站上公布指定的强制性产品认证机构、检查机构和实验室的名录以及具体的指定业务范围。

第二十三条　申请机构对指定决定有异议的，应当自指定名录公布之日起15个工作日内向国家认监委提出申诉或者投诉。

国家认监委负责处理申诉和投诉事宜。

第四章　行为规范

第二十四条　经国家认监委指定的强制性产品认证机构、检查机构和实验室（以下简称指定的认证机构、检查机构和实验室）应当在指定范围内按照认证基本规范和认证规则的要求为认证委托人提供服务，不得转让或者变相转让指定的认证、检查和检测业务。

第二十五条　指定的认证机构、检查机构和实验室应当制订管理制度和程序，对强制性产品认证、检查、检测活动和自愿性产品认证、委托检查、委托检测活动明确区分，不得利用其指定的资格，开发或者从事自愿性产品认证以及委托检查与检测业务。

第二十六条　指定的认证机构在对外宣传中应当严格区分强制性产品认证业务与自愿性产品认证业务。

第二十七条　指定的认证机构应当与指定的检查机构、实验室签署书面协议，明确各自的权利义务和法律责任，并保证其使用的检查机构和实验室的检查和检测活动符合国家强制性产品认证规范和认证规则的要求，保证其使用的检查机构和实验室（包括同一法人内的）享有平等权利和履行同等义务。

第二十八条　指定的认证机构、检查机构和实验室或者其中二者为同一个法人时，指定的机构应当制订相关管理制度并保证其持续有效运行，保证认证、检查、检测活动独立实施，保证认证人员、检查人员、检测人员独立开展活动。

第二十九条　指定的认证机构、检查机构和实验室应当在指定的业务范围内从事强制性产品认证活动，保证为认证委托人提供及时、有效的认证、检查、检测服务，不得歧视、刁难认证委托人，不得牟取不当利益。

第三十条　指定的认证机构、检查机构和实验室开展国际互认活动，应当依法在国家认监委或者经授权的国务院有关部门对外签署的国际互认协议框架内进行。

第三十一条　指定的机构应当按照国家认监委的规定和要求，及时提供强制性产品认证、检查和检测的信息，配合国家认监委和地方认证监督管理部门开展的强制性产品认证监督检查工作。

第五章　监督检查

第三十二条　国家认监委对指定的认证机构、检查机构和实验室每年进行一次定期监督检查。

第三十三条　指定的认证机构、检查机构和实验室应当于每年 2 月 15 日前向国家认监委上报其上一年度从事强制性产品认证活动的工作报告，年度工作报告包括内部审核和管理评审等，接受国家认监委就有关事项的询问。

第三十四条　国家认监委对指定的认证机构、检查机构和实验室的认证、检查和检测工作的质量进行不定期调查，并征求有关认证委托人和认证证书持有人的意见和建议。

第三十五条　国家认监委对指定的认证机构、检查机构和实验室的技术能力、服务质量、工作效率、工作人员职业道德以及认证基本规范和认证规则的执行等情况组织进行同行评议，并公布评议结果。

第三十六条　国家认监委应当对指定的认证机构、检查机构和实验室的认证、检查和检测活动以及认证结果进行专项抽查，并公布抽查结果。

第三十七条　任何单位和个人对指定的认证机构、检查机构和实验室以及指定工作中的违法、违规行为可以向国家认监委或者地方认证监督管理部门举报。

第六章　罚　　则

第三十八条　指定的认证机构、检查机构和实验室有下列情形之一的，责令改正，并处以 2 万元以上 3 万元以下罚款：

（一）缺乏必要的管理制度和程序区分强制性产品认证、工厂检查、检测活动与自愿性产品认证、委托检查、委托检测活动的；

（二）利用强制性产品认证业务宣传、推广自愿性产品认证业务的；

（三）未向认证委托人提供及时、有效的认证、检查、检测服务，故意拖延的或者歧视、刁难认证委托人，并牟取不当利益的；

（四）对执法监督检查活动不予配合，拒不提供相关信息的；

（五）未按照要求提交年度工作报告或者提供强制性产品认证、工厂检查、检测信息的。

第三十九条　指定的认证机构、检查机构和实验室出现被暂停或者撤销认可以及不再具备其他指定条件情况的，国家认监委撤销对其的指定。

第四十条　指定的认证机构、检查机构和实验室因出具虚假证明等违法行为被撤销指定的，其自被撤销指定之日起3年内不得申请指定。

从事检查活动的检查员自被撤销执业资格之日起5年内，认可机构不再受理其注册申请。

第四十一条　对于其他违反条例规定的违法行为，依照条例的有关规定予以处罚。

第七章　附　则

第四十二条　本办法由国家质量监督检验检疫总局负责解释。

第四十三条　本办法自2004年8月1日起施行。

中华人民共和国质量监督检验检疫总局令

第66号

《零售商品称重计量监督管理办法》已经2004年4月30日国家质量监督检验检疫总局局务会议审议通过，并经国家工商行政管理总局2004年7月15日局务会议审议通过，现予公布，自2004年12月1日起施行。

国家质量监督检验检疫总局局长　李长江

国家工商行政管理总局局长　王众孚

二〇〇四年八月十日

零售商品称重计量监督管理办法

第一条　为维护社会主义市场经济秩序，制止利用计量手段欺骗消费者的不法行为，保护消费者的合法权益，根据《中华人民共和国计量法》、《中华人民共和国消费者权益保护法》等有关法律法规，制定本办法。

第二条　在中华人民共和国境内，从事零售商品的销售以及对其进行计量监督，必须遵守本办法。

本办法所称零售商品，是指以重量结算的食品、金银饰品。

其他以重量结算的商品和以容量、长度、面积等结算的商品，另行规定。

定量包装商品的生产、经销以及对其的计量监督应当遵守《定量包装商品计量监督规定》。

第三条　零售商品经销者销售商品时，必须使用合格的计量器具，其最大允许误差应当优于或等于所销售商品的负偏差。

第四条　零售商品经销者使用称重计量器具当场称重商品，必须按照称重计量器具的实际示值结算，保证商品量计量合格。

第五条　零售商品经销者使用称重计量器具每次当场称重商品，在本办法附表 1、附表 2 称重范围内，经核称商品的实际重量值与结算重量值之差不得超过该表规定的负偏差。

第六条　零售商品经销者和计量监督人员可以按照如下方法核称商品：

（一）原计量器具核称法：直接核称商品，商品的核称重量值与结算（标称）重量值之差不应超过商品的负偏差，并且称重与核称重量值等量的最大允许误差优于或等于所经销商品的负偏差三分之一的砝码，砝码示值与商品核称重量值之差不应超过商品的负偏差；

（二）高准确度称重计量器具核称法：用最大允许误差优于或等于所经销商品的负偏差三分之一的计量器具直接核称商品，商品的实际重量值与结算（标称）重量值之差不应超过商品的负偏差；

（三）等准确度称重计量器具核称法：用另一台最大允许误差优于或等于所经销商品的负偏差的计量器具直接核称商品，商品的核称重量值与结算（标称）重量值之差不应超过商品的负偏差的 2 倍。

第七条　本办法附表 1 中食品类尚未列出品种名称的，按照食品类相应价格档次的规定执行。

第八条　被核称商品的含水量及含水量计算应当符合国家标准、行业标准的有关规定。

第九条　零售商品经销者不得拒绝质量技术监督部门或者工商行政管理部门依法对销售商品的计量监督检查。

第十条　凡有下列情况之一的，县级以上地方质量技术监督部门或者工商行政管理部门可以依照计量法、消费者权益保护法等有关法律、法规或者规章给予行政处罚：

（一）零售商品经销者违反本办法第三条规定的；

（二）零售商品经销者销售的商品，经核称超出本办法附表 1、附表 2 规定的负偏差，给消费者造成损失的。

第十一条　本办法规定的行政处罚，由县级以上地方质量技术监督部门或者工商行政管理部门决定。

县级以上地方质量技术监督部门或者工商行政管理部门按照本办法实行行政处罚，必须遵守国家质量监督检验检疫总局或者国家工商行政管理总局关于行政案件办理程序的有关规定。

第十二条　行政相对人对行政处罚决定不服的，可以依法申请行政复议或者提起行政诉讼。

第十三条　本办法由国家质量监督检验检疫总局、国家工商行政管理总局按照职责分工负责解释。

第十四条　本办法自 2004 年 12 月 1 日起施行。原国家技术监督局、国内贸易部、国家工商行政管理局联合发布的《零售商品称重计量监督规定》（技监局发［1993］26 号）同时废止。

中华人民共和国质量监督检验检疫总局令
第 67 号

《有机产品认证管理办法》经 2004 年 9 月 27 日国家质量监督检验检疫总局局务会审议通过，现予公布，自 2005 年 4 月 1 日起施行。

局　长　　李长江

二〇〇四年十一月五日

有机产品认证管理办法

第一章　总　则

第一条　为促进有机产品生产、加工和贸易的发展，规范有机产品认证活动，提高有机产品的质量和管理水平，保护生态环境，根据《中华人民共和国认证认可条例》等有关法律、行政法规的规定，制定本办法。

第二条　本办法所称的有机产品，是指生产、加工、销售过程符合有机产品国家标准的供人类消费、动物食用的产品。

本办法所称的有机产品认证，是指认证机构按照有机产品国家标准和本办法的规定对有机产品生产和加工过程进行评价的活动。

第三条　在中华人民共和国境内从事有机产品认证活动以及有机产品生产、加工、销售活动，应当遵守本办法。

第四条　国家认证认可监督管理委员会（以下简称国家认监委）负责有机产品认证活动的统一管理、综合协调和监督工作。

地方质量技术监督部门和各地出入境检验检疫机构（以下统称地方认证监督管理部门）按照各自职责依法对所辖区域内有机产品认证活动实施监督检查。

第五条　国家制定统一的有机产品认证基本规范、规则，统一的合格评定程序，统一的标准，统一的标志。

第六条　国家按照平等互利的原则开展有机产品认证认可的国际互认。

从事有机产品认证的机构（以下简称有机产品认证机构），应当按照国家认监委对外签署的有机产品认证互认协议开展相关互认活动。

第二章　机构管理

第七条　有机产品认证机构应当依法设立，具有《中华人民共和国认证认可条例》规定的基本条件和从事有机产品认证的技术能力，并取得国家认监委确定的认可机构（以下简称认可机构）的认可后，方可从事有机产品认证活动。

境外有机产品认证机构在中国境内开展有机产品认证活动的，应当符合《中华人民共和国认证认可条例》和其他有关法律、行政法规以及本办法的有关规定。

第八条　从事有机产品认证的检查员应当经认可机构注册后，方可从事有机产品认证活动。

第九条　从事与有机产品认证有关的产地（基地）环境检测、产品样品检测活动的机构（以下简称有机产品检测机构）应当具备相应的检测条件和能力，并通过计量认证或者取得实验室认可。

第十条　国家认监委对符合本办法第七条规定的有机产品认证机构予以批准。

国家认监委定期公布符合本办法第七条和第九条规定的有机产品认证机构和有机产品检测机构的名录。不在目录所列范围之内的认证机构和产品检测机构,不得从事有机产品的认证和相关检测活动。

第三章　认证实施

第十一条　有机产品认证机构实施有机产品认证，应当依据有机产品国家标准。

出口的有机产品，应当符合进口国家或者地区的特殊要求。

第十二条　有机产品认证机构，应当公开有机产品认证依据的标准、认证基本规范、规则和收费标准等信息。

第十三条　有机产品生产、加工单位和个人或者其代理人（以下统称申请人），可以自愿向有机产品认证机构提出有机产品认证申请。申请时，应当提交下列书面材料：

（一）申请人名称、地址和联系方式；

（二）产品产地（基地）区域范围，生产、加工规模；

（三）产品生产、加工或者销售计划；

（四）产地（基地）、加工或者销售场所的环境说明；

（五）符合有机产品生产、加工要求的质量管理体系文件；

（六）有关专业技术和管理人员的资质证明材料；

（七）保证执行有机产品标准、技术规范和其他特殊要求的声明；

（八）其他材料。

申请人不是有机产品的直接生产者或者加工者的，还应当提供其与有机产品的生产者或者加工者签定的书面合同。

第十四条　有机产品认证机构应当自收到申请人书面申请之日起 10 日内，完成申请材料的审核，并作出是否受理的决定；对不予受理的，应当书面通知申请人，并说明理由。

第十五条　有机产品认证机构受理有机产品认证后，应当按照有机产品认证基本规范、规则规定的程序实施认证活动，保证有机产品认证等过程的完整、客观、真实，并对认证过程作出完整记录，归档留存。

第十六条　有机产品认证机构应当按照相关标准或者技术规范的要求及时作出认证结论，并保证认证结论的客观、真实。

有机产品认证机构应当对其作出的认证结论负责。

第十七条　对符合有机产品认证要求的,有机产品认证机构应当向申请人出具有机产品认证证书,并允许其使用中国有机产品认证标志;对不符合认证要求的,应当书面通知申请人,并说明理由。

第十八条　按照有机产品国家标准在转换期内生产的产品，或者以转换期内生产的产品为原料的加工产品，证书中应当注明“转换”字样和转换期限，并应当使用中国有机转换产品认证标志。

第十九条　有机产品认证机构应当按照规定对获证单位和个人、获证产品进行有效跟踪检查，保证认证结论能够持续符合认证要求。

第二十条　有机产品认证机构不得对有机配料含量（指重量或者液体体积，不包括水和盐）低于95%的加工产品进行有机认证。

第二十一条　生产、加工、销售有机产品的单位及个人和有机产品认证机构，应当采取有效措施，按照认证证书确定的产品范围和数量销售有机产品，保证有机产品的生产和销售数量的一致性。

第四章　认证证书和标志

第二十二条　国家认监委规定有机产品认证证书的基本格式和有机产品认证标志的式样。

第二十三条　有机产品认证证书应当包括以下内容：

（一）获证单位和个人名称、地址；

（二）获证产品的数量、产地面积和产品种类；

（三）有机产品认证的类别；

（四）依据的标准或者技术规范；

（五）有机产品认证标志的使用范围、数量、使用形式或者方式；

（六）颁证机构、颁证日期、有效期和负责人签字；

（七）在有机产品转换期内生产的产品或者以转换期内生产的产品为原料的加工产品，应当注明“转换”字样和转换期限。

第二十四条　有机产品认证证书有效期为一年。

第二十五条　获得有机产品认证证书的单位或者个人，在有机产品认证证书有效期内，发生下列情形之一的，应当向有机产品认证机构办理变更手续：

（一）获证单位或者个人发生变更的；

（二）有机产品生产、加工单位或者个人发生变更的；

（三）产品种类变更的；

（四）有机产品转换期满，需要变更的。

第二十六条　获得有机产品认证证书的单位或者个人，在有机产品认证证书有效期内，发生下列情形之一的，应当向有机产品认证机构重新申请认证：

（一）产地（基地）、加工场所或者经营活动发生变更的；

（二）其他不能持续符合有机产品标准、相关技术规范要求的。

第二十七条　获得有机产品认证证书的单位或者个人，发生下列情形之一的，认证机构应当及时作出暂停、撤销认证证书的决定：

（一）获证产品不能持续符合标准、技术规范要求的；

（二）获证单位或者个人发生变更的；

（三）有机产品生产、加工单位发生变更的；

（四）产品种类与证书不相符的；

（五）未按规定加施或者使用有机产品标志的。

对于撤销的证书，有机产品认证机构应当予以收回。

第二十八条　有机产品认证标志分为中国有机产品认证标志和中国有机转换产品认证标志。

中国有机产品认证标志标有中文“中国有机产品”字样和相应英文（ORGANIC）。

在有机产品转换期内生产的产品或者以转换期内生产的产品为原料的加工产品，应当使用中国有机转换产品认证标志。该标志标有中文“中国有机转换产品”字样和相应英文（CONVERSION TO ORGANIC）。

第二十九条　有机产品认证标志应当在有机产品认证证书限定的产品范围、数量内使用。

获证单位或者个人，应当按照规定在获证产品或者产品的最小包装上加施有机产品认证标志。

获证单位或者个人可以将有机产品认证标志印制在获证产品标签、说明书及广告宣传材料上，并可以按照比例放大或者缩小，但不得变形、变色。

第三十条　在获证产品或者产品最小包装上加施有机产品认证标志的同时，应当在相邻部位标注有机产品认证机构的标识或者机构名称，其相关图案或者文字应当不大于有机产品认证标志。

第三十一条　未获得有机产品认证的产品，不得在产品或者产品包装及标签上标注“有机产品”、“有机转换产品”（“ORGANIC”、“CONVERSION TO ORGANIC”）和“无污染”、“纯天然”等其他误导公众的文字表述。

第三十二条　有机配料含量等于或者高于95%的加工产品，可以在产品或者产品包装及标签上标注“有机”字样。

有机配料含量低于95%且等于或者高于70%的加工产品，可以在产品或者产品包装及标签上标注“有机配料生产”字样。

有机配料含量低于70%的加工产品，只能在产品成分表中注明某种配料为“有机”字样。

有机配料，应当获得有机产品认证。

第三十三条　有机产品认证机构在作出撤销、暂停使用有机产品认证证书的决定的同时，应当监督有关单位或者个人停止使用、暂时封存或者销毁有机产品认证标志。

第五章　监督检查

第三十四条　国家认监委应当组织地方认证监督管理部门和有关单位对有机产品认证以及有机产

品的生产、加工、销售活动进行监督检查。监督检查可采取以下方式：

（一）组织同行进行评议；

（二）向被认证的企业或者个人征求意见；

（三）对认证及相关检测活动及其认证决定、检测结果等进行抽查；

（四）要求从事有机产品认证及检测活动的机构报告业务情况；

（五）对证书、标志的使用情况进行抽查；

（六）对销售的有机产品进行检查；

（七）受理认证投诉、申诉，查处认证违法、违规行为。

第三十五条 获得有机产品认证的生产、加工单位或者个人，从事有机产品销售的单位或者个人，应当在生产、加工、包装、运输、贮藏和经营等过程中，按照有机产品国家标准和本办法的规定，建立完善的跟踪检查体系和生产、加工、销售记录档案制度。

第三十六条 进口的有机产品应当符合中国有关法律、行政法规和部门规章的规定，并符合有机产品国家标准。

第三十七条 申请人对有机产品认证机构的认证结论或者处理决定有异议的，可以向作出结论、决定的认证机构提出申诉，对有机产品认证机构的处理结论仍有异议的，可以向国家认监委申诉或者投诉。

第六章 罚 则

第三十八条 违反本办法第二十条规定，对有机配料含量低于95%的加工产品实施有机产品认证的，责令改正，并处2万元罚款。

第三十九条 违反本办法第二十一条规定的，责令改正，并处1万元以上3万元以下罚款。

第四十条 违反本办法第二十九条、第三十条和第三十一条规定的，责令改正，并处1万元以上3万元以下罚款。

第四十一条 违反本办法第三十二条规定的，责令改正，并处1万元以上3万元以下罚款。

第四十二条 对伪造、冒用、买卖、转让有机产品认证证书、认证标志等其他违法行为，依照有关法律、行政法规、部门规章的规定予以处罚。

第四十三条 有机产品认证机构、有机产品检测机构以及从事有机产品认证活动的人员出具虚假认证结论或者出具的认证结论严重失实的，按照《中华人民共和国认证认可条例》第六章的规定予以处罚。

第七章 附 则

第四十四条 有机产品认证收费应当按照国家有关价格法律、行政法规的规定执行。

第四十五条 本办法由国家质量监督检验检疫总局负责解释。

第四十六条 本办法自2005年4月1日起施行。

第四篇

全 国 口 岸 运 行

主 要 数 据 统 计 表

进出口商品总值表

上栏单位:百万元人民币
下栏单位:百万美元

年　份	进出口总值	出口总值	进口总值	差额（+出超、-入超）	比上年增减±%	
					出口	进口
1981年	73534	36761	36773	-12		
1982年	77137	41383	35754	5629	12. 6	-2. 8
1983年	86015	43833	42182	16515. 9	18. 0	
1984年	120103	58056	62047	-3991	32. 4	47. 1
1985年	206671	80886	125785	-44899	39. 3	102. 7
1986年	258037	108211	149826	-41615	33. 8	19. 1
1987年	308416	146995	161421	-14426	35. 87. 7	
1988年	382179	176672	205507	-28835	20. 2	27. 3
1989年	415592	195606	219986	-24380	10. 7	7. 0
1990年	556012	298584	257428	41156	52. 6	17. 0
1991年	722575	382710	339865	42845	28. 2	32. 0
1992年	911962	467629	444333	23296	22. 2	30. 7
1993年	1127102	528481	598621	-70140	13. 0	34. 7
1994年	2038190	1042184	996006	46178	97. 2	66. 4
1995年	2349994	1245181	1104813	140368	19. 5	10. 9
1996年	2413386	1257643	1155743	101900	1. 0	4. 6
1997年	2696724	1516068	1180656	335412	20. 5	2. 2
1998年	2684968	1522354	1162614	359740	0. 4	-1. 5
1999年	2989623	1615977	1373646	242331	6. 1	18. 2
2000年	3927325	2063444	1863881	199563	27. 7	35. 7
2001年	4218362	2202444	2015918	186526	6. 7	8. 2
2002年	5137815	2694787	2443027	251760	22. 4	21. 2
2003年	7048345	3628789	3419556	209232	34. 7	40. 0
2004年	9553909	4910333	4643576	266757	35. 3	35. 8
1981年	44022	22007	22015	-8		
1982年	41606	22321	19285	3036	1. 4	-12. 4

年　份	进出口总值	出口总值	进口总值	差额（+出超、-入超）	比上年增减±%	
					出口	进口
1983年	43616	22226	21390	836	-0.4	10.9
1984年	53549	26139	27410	-1271	17.6	28.1
1985年	69602	27350	42252	-14902	4.6	54.1
1986年	73846	30942	42904	-11962	13.1	1.5
1987年	82653	39437	43216	-3779	27.5	0.7
1988年	102784	47516	55268	-7752	20.5	27.9
1989年	111678	52538	59140	-6602	10.6	7.0
1990年	115436	62091	53345	8746	18.2	-9.8
1991年	135634	71843	63791	8052	15.7	19.6
1992年	165525	84940	80585	4355	18.2	26.3
1993年	195703	91744	103959	-12215	8.0	29.0
1994年	236621	121006	115615	5391	31.9	11.2
1995年	280864	148780	132084	16696	23.0	14.2
1996年	289881	151048	138833	12215	1.5	5.1
1997年	325162	182792	142370	40422	21.0	2.5
1998年	323949	183712	140237	43475	0.5	-1.5
1999年	360630	194931	165699	29232	6.1	18.2
2000年	474297	249203	225094	24109	27.8	35.8
2001年	509651	266098	243553	22545	6.8	8.2
2002年	620766	325596	295170	30426	22.4	21.2
2003年	850988	438228	412760	25468	34.6	39.8
2004年	1154554	593326	561229	32097	35.4	36.0

全国口岸出入境人员排序表

【2004 年 01－12 月】

序号	海关名称	出入境人员（人次）	比重（%）	比去年同期±%
0	合计	281135334	100．0	20．9
1	广东口岸	231379431	82．3	19．3
2	上海口岸	13159247	4．7	47．0
3	北京口岸	9656144	3．4	48．4
4	云南口岸	3526238	1．3	14．4
5	广西口岸	3406845	1．2	9．7
6	黑龙江口岸	3046970	1．1	36．8
7	内蒙古口岸	2832892	1．0	20．5
8	福建口岸	2662532	0．9	13．1
9	辽宁口岸	2286425	0．8	42．4
10	山东口岸	2237757	0．8	37．2
11	浙江口岸	1327670	0．5	57．1
12	吉林口岸	985775	0．4	29．8
13	新疆口岸	903159	0．3	70．8
14	江苏口岸	822270	0．3	31．4
15	天津口岸	821623	0．3	37．7
16	四川口岸	577815	0．2	44．6
17	海南口岸	490421	0．2	－20．9
18	陕西口岸	260742	0．1	51．5
19	重庆口岸	144821	0．1	34．9
20	湖北口岸	124488	0．0	33．0
21	河北口岸	115469	0．0	16．7
22	西藏口岸	88159	0．0	－19．1
23	湖南口岸	79926	0．0	39．5
24	河南口岸	63841	0．0	95．5
25	安徽口岸	48125	0．0	39．6
26	江西口岸	33779	0．0	61．3
27	山西口岸	27541	0．0	38．4
28	贵州口岸	23603	0．0	0．4
29	甘肃口岸	1626	0．0	－54．6

监管邮递物品、印刷品和音像制品、快递物品进出口排序表

【2004年01－12月】

序号	海关名称	邮递物品		印刷品和音像制品		快递物品	
		数量（件）	同比±%	数量（件）	同比±%	数量（件）	同比±%
0	合计	6758834	5．6	104871189	16	69431987	29．6
1	北京口岸	2573279	2．8	40360307	8．0	5802301	17．1
2	广东口岸	1170549	－5．0	34029107	30．9	36890565	33．0
3	上海口岸	817361	32．2	5350329	－3．8	18814052	40．6
4	辽宁口岸	412862	0．7	6500743	25．0	1455483	10．7
5	浙江口岸	316366	－6．7	1139358	0．1	1166533	13．8
6	福建口岸	310291	10．9	3228721	122．5	1132000	－12．8
7	山东口岸	171997	31．3	1294594	5．0	1343673	2．5
8	江苏口岸	162968	13．9	1870770	1．3	984300	4．9
9	天津口岸	124828	11．5	4859845	8．8	533140	39．7
10	陕西口岸	106120	20．5	1027206	2．5	116378	－5．9
11	吉林口岸	104655	－7．6	464493	3．5	339704	6．2
12	黑龙江口岸	102030	－5．8	709755	－12．2	180111	－3．8
13	河南口岸	62873	16．7	109438	3．3	42346	－25．4
14	四川口岸	56729	15．6	2093767	15．6	181564	18．9
15	湖南口岸	51352	26．2	172553	－11．8	87579	29．1
16	广西口岸	48358	20．2	233429	－13．5	34698	10．0
17	湖北口岸	39981	14．4	541017	28．9	171552	11．7
18	云南口岸	32099	29．1	177345	－7．4	31778	3．0
19	内蒙古口岸	30295	38．0	89185	－16．7	40161	－7．4
20	重庆口岸	17970	1．9	420492	13．6	44118	17．2
21	新疆口岸	17629	30．1	126801	8．8	15954	1．8
22	海南口岸	11396	10．9	35408	9．8	23022	2．9
23	河北口岸	10528	－2．2	10036	－16．1		—
24	西藏口岸	6318	75．5	10823	19．5	684	26．0
25	江西口岸		—	15667	32．7	234	1．7
26	贵州口岸		—		－100．0	56	－27．3
27	山西口岸						
28	安徽口岸						
29	甘肃口岸						

2004年进出口商品口岸总值表

单位:千美元

关别	进出口总值		出口		进口	
	金额	比重%	金额	比重%	金额	比重%
总值	1154554329	100．0	593325581	100．0	561228748	100．0
北京口岸	33527292	2．9	12659528	2．1	20867764	3．7
天津口岸	67673273	5．9	38452284	6．5	29220989	5．2
河北口岸	5512003	0．5	3502889	0．6	2009114	0．4
山西口岸	1015232	0．1	463909	0．1	551323	0．1
内蒙古口岸	5008849	0．4	599326	0．1	4409524	0．7
辽宁口岸	44176614	3．8	22114618	3．7	22061996	3．9
吉林口岸	4289262	0．4	349711	0．1	3939551	0．7
黑龙江口岸	3304344	0．3	2108750	0．4	1195594	0．2
上海口岸	282513161	24．5	161213791	27．2	121299370	21．6
南京口岸	108710536	9．4	40051569	6．8	68658967	12．2
浙江口岸	65397569	5．7	29900565	5	35497004	6．3
安徽口岸	1514674	0．1	448971	0．1	1065704	0．2
福建口岸	47545986	4．1	29161764	4．9	18384222	3．3
江西口岸	896037	0．1	331077	0．1	564960	0．1
山东口岸	72526281	6．3	37520332	6．3	35005949	6．2
河南口岸	1238137	0．1	217358	0．0	1020780	0．2
湖北口岸	3627371	0．3	1391410	0．2	2235961	0．4
湖南口岸	2036143	0．2	775126	0．1	1261017	0．2
广东口岸	381563915	33	202882911	34．2	178681005	31．8
广西口岸	4619600	0．4	1805715	0．3	2813885	0．5
四川口岸	2395943	0．2	592586	0．1	1803357	0．3
重庆口岸	2709790	0．2	1145987	0．2	1563803	0．3

关　别	进出口总值		出　口		进　口	
	金额	比重%	金额	比重%	金额	比重%
贵州口岸	468245	0．0	167546	0．0	300698	0．1
云南口岸	1753298	0．2	1171671	0．2	581627	0．1
西藏口岸	106127	0．0	97305	0．0	8822	0．0
陕西口岸	1297156	0．1	319980	0．1	977177	0．2
新疆口岸	5723960	0．5	2968593	0．5	2755367	0．5
甘肃口岸	427392	0．0	15343	0．0	412049	0．1
银川	233863	0．0	265	0．0	233598	0．0
西宁	339878	0．0	231137	0．0	108741	0．0

2004 年进出口商品国别（地区）总值表

单位：千美元

进口原产国（地） 出口最终目的国（地）	2004 年			2003 年		
	出　口	进　口	出入超	出　口	进　口	出入超
总值	593325581	561228748	32096833	438227767	412759796	25467971
亚洲	295486976	369419492	－73932516	222579560	272898786	－50319227
阿富汗	56973	947	56026	26447	612	25834
巴林	120570	92396	28174	83153	52130	31023
孟加拉国	1906268	57007	1849261	1334669	33393	1301276
不丹	349	171	178	1973	5	1968
文莱	47891	251055	－203164	33892	312373	－278481
缅甸	938436	206940	731496	910224	169520	740704
柬埔寨	451774	29932	421842	294647	26001	268645
塞浦路斯	185225	1693	183532	218364	1119	217245
朝鲜	799500	585661	213838	627737	395345	232392
香港	100868566	11796722	89071843	76274374	11118661	65155712
印度	5936008	7678030	－1742022	3343225	4251377	－908152
印度尼西亚	6256423	7215671	－959248	4481890	5746971	－1265081
伊朗	2554761	4490694	－1935933	2315162	3307360	－992198
伊拉克	149553	320250	－170697	56056	325	55731
以色列	1541986	942863	599123	1140901	690402	450499
日本	73509042	94326727	－20817685	59408698	74148125	－14739427
约旦	622270	88189	533781	464270	60535	403735
科威特	484051	764059	－280008	674987	513253	161734
老挝	100883	12654	88229	98235	11202	87033
黎巴嫩	483852	9704	474148	365420	4682	360738
澳门	1617599	215879	1401719	1280086	185543	1094542
马来西亚	8086059	18174737	－10088678	6140889	13986408	－7845519
马尔代夫	7910	180	7729	3342	10	3332
蒙古	233354	461068	－227714	155888	283950	－128062
尼泊尔	163244	8231	155014	122010	5350	116660
阿曼	111021	4278487	－4167466	81959	1985754	－1903795
巴基斯坦	2465792	594749	1871043	1854991	574936	1280055
巴勒斯坦	9843	74	9769	6695	234	6460
菲律宾	4268718	9059443	－4790725	3092688	6306833	－3214145

进口原产国（地） 出口最终目的国（地）	2004年			2003年		
	出　口	进　口	出入超	出　口	进　口	出入超
卡塔尔	103518	334259	－230741	61802	293078	－231276
沙特阿拉伯	2775458	7522645	－4747187	2146803	5172322	－3025519
新加坡	12687600	13994473	－1306873	8863772	10484851	－1621079
韩国	27811560	62234102	－34422542	20094765	43128054	－23033289
斯里兰卡	694856	22590	672266	504436	19802	484634
叙利亚	692654	28014	664640	479920	26361	453559
泰国	5801575	11540505	－5738930	3827905	8826842	－4998936
土耳其	2821292	591381	2229911	2065140	532672	1532468
阿拉伯联合酋长国	6841135	1304476	5536659	5036997	773464	4263533
也门共和国	457704	1458548	－1000844	353381	1545851	－1192470
越南	4260028	2481989	1778039	3182739	1456708	1726031
中华人民共和国	－	38654538	－38654538	－	25094296	－25094296
台湾省	13544427	64759316	－51214889	9004094	49360383	－40356288
东帝汶	1709	0	1708	1067	0	1067
哈萨克斯坦	2211814	2286271	－74457	1571901	1719980	－148079
吉尔吉斯斯坦	492741	109546	383195	245164	69141	176022
塔吉克斯坦	53561	15366	38194	20808	18008	2801
土库曼斯坦	84549	13889	70660	78828	4096	74732
乌兹别克斯坦	172442	403066	－230624	146783	200251	－53468
亚洲其他国家（地区）	433	1	432	384	215	168
非　洲	13813218	15646059	－1832841	10181846	8359985	1821861
阿尔及利亚	980519	259078	721442	645937	99217	546721
安哥拉	193518	4717339	－4523821	145791	2205935	－2060144
贝宁	577262	111273	465990	471062	68398	402663
博茨瓦那	49541	2861	46681	22770	2176	20594
布隆迪	4814	319	4495	3445	1735	1710
喀麦隆	100017	148906	－48889	64935	115222	－50287
加那利群岛	52678	13	52665	37531	－	37531
佛得角	2746	－	2746	2596	0	2596
中非	3324	6245	－2922	2127	2313	－185
塞卜泰（休达）	1443	－	1443	907	4	904
乍得	5939	222586	－216647	1680	2838	－1158
科摩罗	1295	－	1295	694	1	693
刚果	93032	1569061	－1476029	59893	814659	－754766

进口原产国（地） 出口最终目的国（地）	2004 年			2003 年		
	出　口	进　口	出入超	出　口	进　口	出入超
吉布提	72220	514	71705	65858	149	65709
埃及	1388435	187936	1200499	936758	152821	783937
赤道几内亚	10125	996650	－986525	5048	411887	－406839
埃塞俄比亚	194055	14386	179668	152747	4738	148009
加蓬	14158	400286	－386127	8890	300603	－291713
冈比亚	124230	124	124105	115968	1549	114419
加纳	510400	80383	430016	321786	34309	287477
几内亚	93017	14795	78222	73286	10452	62834
几内亚（比绍）	5994	29	5965	12350	－	12350
科特迪瓦共和国	123014	108455	14559	228220	36758	191463
肯尼亚	348794	16969	331825	241712	8736	232977
利比里亚	181808	16519	165288	26189	41955	－15766
利比亚	254985	416758	－161773	174735	40946	133789
马达加斯加	152079	14081	137998	111695	6956	104739
马拉维	18765	45	18720	10775	9	10766
马里	58768	106755	－47987	35204	28390	6814
毛里塔尼亚	64333	50399	13934	56486	7707	48779
毛里求斯	151190	6654	144536	107366	3126	104240
摩洛哥	943480	214082	729398	695786	160972	534814
莫桑比克	75154	44286	30868	45028	26592	18437
纳米比亚	52539	46576	5963	37624	36951	673
尼日尔	24995	12	24984	19336	0	19336
尼日利亚	1718559	463216	1255343	1785973	71659	1714314
留尼汪	23635	－	23635	13852	－	13852
卢旺达	5130	16026	－10896	3533	7117	－3584
圣多美和普林西比	223	1338	－1115	199	29	170
塞内加尔	108308	3941	104367	72851	6283	66568
塞舌尔	1782	28	1755	1787	33	1753
塞拉利昂	28257	1603	26654	16606	0	16606
索马里	9522	7811	1711	3903	6624	－2721
南非	2951904	2960203	－8299	2029364	1839993	189371
西撒哈拉	585	－	585	558	－	558
苏丹	815887	1705877	－889990	478418	1441821	－963403
坦桑尼亚	215972	68269	147703	191471	27567	163904

进口原产国（地） 出口最终目的国（地）	2004 年			2003 年		
	出　口	进　口	出入超	出　口	进　口	出入超
多哥	398654	46472	352182	262540	22114	240427
突尼斯	245090	34131	210959	183844	17045	166799
乌干达	76427	11641	64786	51389	3503	47886
布基纳法索	12335	124112	－111777	11710	32340	－20630
民主刚果	36986	99585	－62599	25417	26242	－824
赞比亚	51042	171105	－120062	34875	47882	－13007
津巴布韦	113063	141178	－28115	30266	167080	－136814
莱索托	47454	1	47453	24883	1	24882
梅利利亚	2794	3	2791	2150	–	2150
斯威士兰	11491	14633	－3142	6683	14533	－7850
厄立特里亚	7542	511	7031	5467	0	5466
马约特岛	690	–	690	349	–	349
非洲其他国家（地区）	1220	–	1220	1542	16	1525
欧　洲	122386195	88999332	33386863	88167716	69696906	18470810
比利时	5859680	3519780	2339901	3933697	2768184	1165513
丹麦	1945968	1205774	740195	1494337	964146	530191
英国	14966962	4758503	10208459	10823721	3570342	7253379
德国	23755732	30356021	－6600289	17442112	24291889	－6849776
法国	9921389	7648199	2273190	7293532	6098727	1194805
爱尔兰	2140223	1187896	952327	1391579	951493	440086
意大利	9223774	6451388	2772386	6652321	5080581	1571740
卢森堡	917517	129083	788434	311414	115584	195831
荷兰	18518819	2969411	15549408	13501235	1933120	11568114
希腊	1380330	86309	1294022	1113604	74668	1038935
葡萄牙	588259	280897	307363	406256	194614	211643
西班牙	5475738	1745921	3729818	3890788	1361325	2529463
奥地利	780601	1509822	－729221	673846	1104791	－430945
芬兰	2493623	3021425	－527802	1673508	1788441	－114933
瑞典	1858587	3339569	－1480981	1452933	2715895	－1262962
阿尔巴尼亚	63248	5957	57290	32194	58	32136
安道尔	2113	4	2109	868	0	868
保加利亚	337968	67141	270827	166471	58733	107738
直布罗陀	752	–	752	21154	–	21154
匈牙利	2650963	475591	2175372	2286294	301364	1984930

进口原产国（地） 出口最终目的国（地）	2004 年			2003 年		
	出　口	进　口	出入超	出　口	进　口	出入超
冰岛	45968	27337	18631	45526	22777	22750
列支敦士登	6656	23671	－17014	2167	9567	－7400
马耳他	273180	252182	20998	124435	227558	－103123
摩纳哥	14325	6442	7883	17825	3909	13915
挪威	1028512	1397798	－369285	899273	865382	33891
波兰	1843723	487270	1356453	1620253	359158	1261095
罗马尼亚	1056956	326779	730177	505539	470103	35436
圣马力诺	615	3	611	433	25	409
瑞士	1505887	3613046	－2107159	839588	2682647	－1843059
爱沙尼亚	202019	20640	181379	139677	30332	109345
拉脱维亚	178997	19813	159184	110622	19207	91415
立陶宛	272360	13523	258836	170517	17263	153254
格鲁吉亚	22884	34174	－11290	19897	8223	11675
亚美尼亚	11685	2156	9529	4711	1782	2929
阿塞拜疆	143736	40209	103527	203489	34669	168820
白俄罗斯	64946	153954	－89008	32225	96721	－64497
摩尔多瓦	23909	186	23723	6717	8021	－1304
俄罗斯联邦	9098116	12127411	－3029295	6029927	9728068	－3698142
乌克兰	1443292	1044609	398683	928552	1246065	－317513
塞尔维亚和黑山	163199	12559	150639	135526	13931	121595
斯洛文尼亚	206899	41959	164940	151285	36031	115254
克罗地亚	344515	21904	322610	169154	6809	162344
捷克	1351082	442243	908839	1281586	297219	984366
斯洛伐克	159870	128530	31339	137070	122117	14954
前南斯拉夫马其顿	26409	1465	24944	24130	14727	9403
波斯尼亚—黑塞哥维那	14205	780	13425	5713	639	5075
梵蒂冈城国	2	0	2	－	1	－1
欧洲其他国家（地区）	－	－	－	11	－	11
拉丁美洲	18238086	21762537	－3524451	11877428	14929379	－3051951
安提瓜和巴布达	118526	－	118526	3116	－	3116
阿根廷	852302	3254874	－2402572	447186	2729076	－2281890
阿鲁巴岛	3747	60	3687	2218	25	2194
巴哈马	98686	6959	7992	121724	781	120943

进口原产国（地） 出口最终目的国（地）	2004 年			2003 年		
	出　口	进　口	出入超	出　口	进　口	出入超
巴巴多斯	10376	24110135	9173	45	9128	
伯利兹	22578	–	22578	10269	988	9280
玻利维亚	23591	29548	– 5957	11840	6880	4960
博内尔	5	–	5	–	–	–
巴西	3674104	8672861	– 4998757	2143256	5842292	– 3699036
开曼群岛	2469	–	2469	3883	–	3883
智利	1688431	3666724	– 1978293	1283443	2248158	– 964715
哥伦比亚	629273	175507	453766	398204	60459	337745
多米尼加	45553	1753	43800	33578	758	32820
哥斯达黎加	154418	641290	– 486872	98517	560900	– 462383
古巴	328284	194943	133341	236298	120507	115791
库腊索岛	42887	556	42331	38832	207	38625
多米尼加共和国	232756	15590	217166	148145	3514	144630
厄瓜多尔	343598	92217	251381	239292	39725	199567
法属圭亚那	1082	16	1066	846	13	833
格林纳达	785	0	784	429	306	123
瓜德罗普岛	3818	209	3609	2462	–	2462
危地马拉	392639	42907	349733	305617	1821	303796
圭亚那	21184	1175	20009	18120	300	17820
海地	22216	260	21957	26381	20	26360
洪都拉斯	123140	11663	111476	77871	3379	74492
牙买加	126066	269846	– 143780	102036	105461	– 3425
马提尼克岛	1748	–	1748	1142	–	1142
墨西哥	4972754	2139840	2832914	3267030	1676741	1590289
蒙特塞拉特	39	336	26	541	– 516	
尼加拉瓜	101593	2950	98643	69310	365	68945
巴拿马	2186951	14915	2172037	1479993	28615	1451378
巴拉圭	234940	58289	176651	126193	12739	113454
秘鲁	418408	1522896	– 1104488	353741	760008	– 406267
波多黎各	206927	91322	115606	159530	78073	81457
萨巴	62	–	62	53	0	53
圣卢西亚	2294	27	2267	1535	7	1528
圣马丁岛	1441	–	1441	1404	–	1404

进口原产国（地） 出口最终目的国（地）	2004 年			2003 年		
	出　口	进　口	出入超	出　口	进　口	出入超
圣文森特和格林纳丁斯	13196	–	13196	7646	–	7646
萨尔瓦多	196884	3786	193097	157556	2056	155499
苏里南	30270	961	29309	19767	16089	3678
特立尼达和多巴哥	75909	3676	72234	58517	10243	48274
特克斯和凯科斯群岛	2	22	– 21	23	16	7
乌拉圭	209551	110301	99250	127620	75750	51871
委内瑞拉	595526	737943	– 142417	199237	542159	– 34292
2 英属维尔京群岛	820	2670	– 1850	76315	–	76315
圣其茨 – – 尼维斯	195	1	194	153	–	153
圣皮埃尔和密克隆	–	0	0 –	–	–	
荷属安地列斯群岛	24878	1	24877	7143	363	6780
拉丁美洲其他国家（地区）	1184	–	1184	760	0	760
北美洲	133230483	52030142	81200341	98131206	38262757	59868450
加拿大	8161179	7352990	808189	5632184	4374492	1257692
美国	124942028	44656547	80285481	92466766	33866093	58600673
格陵兰	452	20578	– 20126	569	22171	– 21603
百慕大群岛	126698	–	126698	31634	–	31634
北美洲其他国家（地区）	126	27	99	54	–	54
大洋洲	10170623	13333685	– 3163063	7290012	8599970	– 1309958
澳大利亚	8838251	11552489	– 2714238	6263579	7300072	– 1036493
库克群岛	826	81	745	497	78	420
斐济	32532	6180	26352	25966	5355	20611
盖比群岛	248	–	248	327	9	318
马克萨斯群岛	–	–	–	98	–	98
瑙鲁	99	0	99	50	–	50
新喀里多尼亚	8258	57782	– 49524	7632	6166	1466
瓦努阿图	7228	264	6964	2885	196	2689
新西兰	1077366	1413218	– 335851	802513	1023584	– 221071
诺福克岛	359	0	358	379	9	370
巴布亚新几内亚	52524	243856	– 191333	60926	231108	– 170181

进口原产国（地） 出口最终目的国（地）	2004年			2003年		
	出　口	进　口	出入超	出　口	进　口	出入超
社会群岛	3910	0	3910	3229	5	3224
所罗门群岛	3320	57952	－54632	2116	32638	－30523
汤加	6278	－	6278	2043	53	1991
土阿莫土群岛	－	7	－7	－	－	－
土布艾群岛	－	－	－	－	－	－
萨摩亚	5885	975	4909	2832	357	2475
基里巴斯	873	－	873	891	－	891
图瓦卢	2244	－	2244	67	－	67
密克罗尼西亚联邦	7448	－	7448	2743	－	2743
马绍尔群岛共和国	104577	2	104575	100206	58	100148
帕劳共和国	433	－	433	189	－	189
法属波利尼西亚	7584	852	6732	3288	151	3136
瓦利斯和浮图纳	－	0	0	－	－	－
大洋洲其他国家（地区）	10382	26	10356	7557	132	7425
国别（地区）不详	－	37501	－37501	－	12014	－12014
东南亚国家联盟	42899387	62967399	－20068012	30926881	47327710	－16400829
欧洲联盟	107151520	70093439	37058080	78294987	54425168	23869819
亚太经济合作组织	416390946	419165250	－2774304	310565817	311178830	－613014

注释：

一、东南亚国家联盟包括：文莱、缅甸、柬埔寨、印度尼西亚、老挝、马来西亚、菲律宾、新加坡、泰国、越南。

二、欧洲联盟包括：比利时、丹麦、英国、德国、法国、爱尔兰、意大利、卢森堡、荷兰、希腊、葡萄牙、西班牙、奥地利、芬兰、瑞典、塞浦路斯、匈牙利、马耳他、波兰、爱沙尼亚、拉脱维亚、立陶宛、斯洛文尼亚、捷克、斯洛伐克。

三、亚太经济合作组织包括：文莱、香港、印度尼西亚、日本、马来西亚、菲律宾、新加坡、韩国、泰国、越南、中华人民共和国、台湾省、俄罗斯、智利、墨西哥、秘鲁、加拿大、美国、澳大利亚、新西兰、巴布亚新几内亚。

四、自2004年5月起，欧洲联盟（欧盟）的统计范围增加塞浦路斯、匈牙利、马耳他、波兰、爱沙尼亚、拉脱维亚、立陶宛、斯洛文尼亚、捷克、斯洛伐克。本表在计算对欧盟贸易与上年同期增长率时，按照新的范围口径对2003年同期的数据进行了调整。

2004年进出口商品构成表

单位:千美元

商　品	出　口		进　口	
	金额	比重%	金额	比重%
总值	593325581	100．0	561228748	100．0
一、初级产品	40548918	6．8	117267305	20．9
0类食品及活动物	18864250	3．2	9154405	1．6
00章活动物	330251	0．1	219909	0．0
01章肉及肉制品	1616800	0．3	499729	0．1
02章乳品及蛋品	142773	0．0	450234	0．1
03章鱼、甲壳及软体类动物及其制品	6631302	1．1	2342221	0．4
04章谷物及其制品	1094080	0．2	2278611	0．4
05章蔬菜及水果	6108086	1．0	1181577	0．2
06章糖、糖制品及蜂蜜	441587	0．1	338075	0．1
07章咖啡、茶、可可、调味料及其制品	973204	0．2	172864	0．0
08章饲料（不包括未碾磨谷物）	521552	0．1	946504	0．2
09章杂项食品	1004614	0．2	724682	0．1
1类饮料及烟类	1213871	0．2	548125	0．1
11章饮料	700291	0．1	256116	0．0
12章烟草及其制品	513580	0．1	292009	0．1
2类非食用原料（燃料除外）	5842495	1．0	55357636	9．9
21章生皮及生毛皮	9670	0．0	1394588	0．2
22章油籽及含油果实	589061	0．1	7204599	1．3
23章生橡胶（包括合成橡胶及再生橡胶）	125338	0．0	2950697	0．5
24章软木及木材	644094	0．1	4262134	0．8
25章纸浆及废纸	16261	0．0	5294714	0．9
26章纺织纤维及其废料	941945	0．2	6695099	1．2
27章天然肥料及矿物(煤、石油及宝石除外)	1352730	0．2	1806181	0．3
28章金属矿砂及金属废料	594897	0．1	25189479	4．5
29章其他动、植物原料	1568499	0．3	560145	0．1

商　品	出　口		进　口	
	金额	比重%	金额	比重%
3 类矿物燃料、润滑油及有关原料	14480292	2．4	47993122	8．6
32 章煤、焦炭及煤砖	7775752	1．3	903221	0．2
33 章石油、石油产品及有关原料	5891966	1．0	44500730	7．9
34 章天然气及人造气	202791	0．0	2416441	0．4
35 章电流	609783	0．1	172730	0．0
4 类动植物油、脂及蜡	148010	0．0	4214017	0．8
41 章动物油、脂	15383	0．0	174787	0．0
42 章植物油、脂	98628	0．0	3890880	0．7
43 章已加工的动植物油、脂及动植物蜡	33999	0．0	148350	0．0
二、工业制品	552776663	93．2	443961443	79．1
5 类化学成品及有关产品	26359767	4．4	65473467	11．7
51 章有机化学品	7065580	1．2	23718876	4．2
52 章无机化学品	4829186	0．8	1917072	0．3
53 章染料、鞣料及着色料	1916416	0．3	2976170	0．5
54 章医药品	3234308	0．5	1899308	0．3
55 章精油、香料及盥洗、光洁制品	1199333	0．2	970662	0．2
56 章制成肥料	1286620	0．2	2282525	0．4
57 章初级形状的塑料	1676967	0．3	22049384	3．9
58 章非初级形状的塑料	1568152	0．3	3856431	0．7
59 章其他化学原料及产品	3583205	0．6	5803039	1．0
6 类按原料分类的制成品	1006461631	7．0	739858541	3．2
61 章皮革、皮革制品及已鞣毛皮	2278713	0．4	3571894	0．6
62 章橡胶制品	3488251	0．6	1766991	0．3
63 章软木及木制品（家具除外）	4384360	0．7	966566	0．2
64 章纸及纸板；纸浆、纸及纸板制品	2722834	0．5	4361533	0．8
65 章纺纱、织物、制成品及有关产品	33427927	5．6	15304252	2．7
66 章非金属矿物制品	10305734	1．7	4789903	0．9
67 章钢铁	13877526	2．3	23386948	4．2
68 章有色金属	9276260	1．6	14164385	2．5

商品	出口		进口	
	金额	比重%	金额	比重%
69 章金属制品	20884558	3．5	5673381	1．0
7 类机械及运输设备	268260336	45．2	252830155	45．0
71 章动力机械及设备	5964003	1．0	10501975	1．9
72 章特种工业专用机械	5607978	0．9	26286849	4．7
73 章金工机械	1340350	0．2	8978730	1．6
74 章通用工业机械设备及零件	19863570	3．3	22661971	4．0
75 章办公用机械及自动数据处理设备	87101092	14．7	29631519	5．3
76 章电信及声音的录制及重放装置设备	68496735	11．5	24627251	4．4
77 章电力机械、器具及其电气零件	59488100	10．0	110738853	19．7
78 章陆路车辆（包括气垫式）	16351362	2．8	13040998	2．3
79 章其他运输设备	4047146	0．7	6362009	1．1
8 类杂项制品	156398168	26．4	50143429	8．9
81 章活动房屋;卫生、水道、供热及照明装置	4841549	0．8	248795	0．0
82 章家具及其零件;褥垫及类似填充制品	12618535	2．1	667649	0．1
83 章旅行用品、手提包及类似品	6305480	1．1	113712	0．0
84 章服装及衣着附件	61856414	10．4	1542359	0．3
85 章鞋靴	15202613	2．6	474837	0．1
87 章专业、科学及控制用仪器和装置	11056444	1．9	33301994	5．9
88 章摄影器材、光学物品及钟表	6245815	1．1	6504403	1．2
89 章杂项制品	38271318	6．5	7289680	1．3
9 类未分类的商品	1112229	0．2	1528540	0．3

2004年进出口商品类章总值表

单位:千美元

类章		出口		进口	
		金额	比重%	金额	比重%
	总 值	593325581	100.0	561228748	100.0
第一类	活动物;动物产品	6302381	1.1	3734969	0.7
01章	活动物	330251	0.1	219909	0.0
02章	肉及食用杂碎	706784	0.1	475790	0.1
03章	鱼、甲壳动物、软体动物及其他水生无脊椎动物	4055584	0.7	2339944	0.4
04章	乳品;蛋品;天然蜂蜜;其他食用动物产品	234214	0.0	448072	0.1
05章	其他动物产品	975548	0.2	251253	0.0
第二类	植物产品	6605269	1.1	11031317	2.0
06章	活树及其他活植物;鳞茎、根及类似品;插花及装饰用簇叶	64330	0.0	51383	0.0
07章	食用蔬菜、根及块茎	2537345	0.4	404843	0.1
08章	食用水果及坚果;甜瓜或柑桔属水果的果皮	916374	0.2	618903	0.1
09章	咖啡、茶、马黛茶及调味香料	864582	0.1	32396	0.0
10章	谷物	740432	0.1	2217236	0.4
11章	制粉工业产品;麦芽;淀粉;菊粉;面筋	170311	0.0	188701	0.0
12章	含油子仁及果实;杂项子仁及果实;工业用或药用植物;稻草、秸秆及饲料	1195765	0.2	7371415	1.3
13章	虫胶;树胶、树脂及其他植物液、汁	72641	0.0	58564	0.0
14章	编结用植物材料;其他植物产品	43491	0.0	87876	0.0
第三类	动、植物油、脂及其分解产品;精制的食用油脂;动、植物蜡	158330	0.0	4208544	0.7
15章	动、植物油、脂及其分解产品;精制的食用油脂;动、植物蜡	158330	0.0	4208544	0.7
第四类	食品;饮料、酒及醋;烟草、烟草及烟草代用品的制品	9411719	1.6	2809768	0.5
16章	肉、鱼、甲壳动物、软体动物及其他水生无脊椎动物的制品	3488858	0.6	26228	0.0
17章	糖及糖食	252229	0.0	336177	0.1
18章	可可及可可制品	69594	0.0	135660	0.0
19章	谷物、粮食粉、淀粉或乳的制品;糕饼点心	652821	0.1	194939	0.0
20章	蔬菜、水果、坚果或植物其他部分的制品	2578111	0.4	141985	0.0

类章		出口		进口	
		金额	比重%	金额	比重%
21章	杂项食品	613239	0.1	475219	0.1
22章	饮料、酒及醋	742997	0.1	261072	0.0
23章	食品工业的残渣及废料;配制的动物饲料	500289	0.1	946478	0.2
24章	烟草、烟草及烟草代用品的制品	513580	0.1	292009	0.1
第五类	矿产品	16573250	2.8	67100508	12.0
25章	盐;硫磺;泥土及石料;石膏料、石灰及水泥	1525168	0.3	1801157	0.3
26章	矿砂、矿渣及矿灰	567667	0.1	17272580	3.1
27章	矿物燃料、矿物油及其蒸馏产品;沥青物质;矿物蜡	14480415	2.4	48026771	8.6
第六类	化学工业及其相关工业的产品	24579665	4.1	42602472	7.6
28章	无机化学品;贵金属、稀土金属、放射性元素及其同位素的有机及无机化合物	4840196	0.8	3960666	0.7
29章	有机化学品	9092485	1.5	23846481	4.2
30章	药品	1100280	0.2	1571740	0.3
31章	肥料	1309198	0.2	2287685	0.4
32章	鞣料浸膏及染料浸膏;鞣酸及其衍生物;染料、颜料及其他着色料;油漆及清漆;油灰及其他类似胶粘剂;墨水、油墨	1927426	0.3	2975183	0.5
33章	精油及香膏;芳香料制品及化妆盥洗品	929597	0.2	392849	0.1
34章	肥皂、有机表面活性剂、洗涤剂、润滑剂、人造蜡、调制蜡、光洁剂、蜡烛及类似品、塑型用膏、“牙科用蜡”及牙科用熟石膏制剂	808700	0.1	1030622	0.2
35章	蛋白类物质;改性淀粉;胶;酶	451475	0.1	787928	0.1
36章	炸药;烟火制品;火柴;引火合金;易燃材料制品	402866	0.1	5185	0.0
37章	照相及电影用品	946825	0.2	896125	0.2
38章	杂项化学产品	2770618	0.5	4848009	0.9
第七类	塑料及其制品;橡胶及其制品	16908318	2.8	32797738	5.8
39章	塑料及其制品	13105642	2.2	28055531	5.0
40章	橡胶及其制品	3802676	0.6	4742207	0.8
第八类	生皮、皮革、毛皮及其制品;鞍具及挽具;旅行用品、手提包及类似品;动物肠线(蚕胶丝除外)制品	13667332	2.3	5120221	0.9

类章		出口		进口	
		金额	比重%	金额	比重%
41章	生皮(毛皮除外)及皮革	,1400985	0.2	4600533	0.8
42章	皮革制品;鞍具及挽具;旅行用品、手提包及类似容器;动物肠线(蚕胶丝除外)制品	10258925	1.7	182599	0.0
43章	毛皮、人造毛皮及其制品	2007422	0.3	337089	0.1
第九类	木及木制品;木炭;软木及软木制品;稻草、秸秆、针茅或其他编结材料制品;篮筐及柳条编结品	6063826	1.0	5235082	0.9
44章	木及木制品;木炭	5014672	0.8	5203967	0.9
45章	软木及软木制品	13782	0.0	24733	0.0
46章	稻草、秸秆、针茅或其他编结材料制品;篮筐及柳条编结品	1035372	0.2	6382	0.0
第十类	木浆及其他纤维状纤维素浆;纸及纸板的废碎品;纸、纸板及其制品	3797498	0.6	10305921	1.8
47章	木浆及其他纤维状纤维素浆;纸及纸板的废碎品	16261	0.0	5294714	0.9
48章	纸及纸板;纸浆、纸或纸板制品	2845684	0.5	4637510	0.8
49章	书籍、报纸、印刷图画及其他印刷品;手稿、打字稿及设计图纸	935553	0.2	373697	0.1
第十一类	纺织原料及纺织制品	88767187	15.0	23006543	4.1
50章	蚕丝	1062306	0.2	139599	0.0
51章	羊毛、动物细毛或粗毛;马毛纱线及其机织物	1715362	0.3	2088764	0.4
52章	棉花	6587247	1.1	6897905	1.2
53章	其他植物纺织纤维;纸纱线及其机织物	552679	0.1	470770	0.1
54章	化学纤维长丝	5155908	0.9	3807661	0.7
55章	化学纤维短纤	3554463	0.6	3421497	0.6
56章	絮胎、毡呢及无纺织物;特种纱线;线、绳、索、缆及其制品	594744	0.1	618740	0.1
57章	地毯及纺织材料的其他铺地制品	773314	0.1	58704	0.0
58章	特种机织物;簇绒织物;花边;装饰毯;装饰带;刺绣品	1975251	0.3	817878	0.1
59章	浸渍、涂布、包覆或层压的纺织物;工业用纺织制品	1235107	0.2	1349827	0.2
60章	针织物及钩编织物	2993666	0.5	1812011	0.3
61章	针织或钩编的服装及衣着附件	25802555	4.3	642249	0.1
62章	非针织或非钩编的服装及衣着附件	28980870	4.9	792599	0.1
63章	其他纺织制成品;成套物品;旧衣着及旧纺织品;碎织物	7783716	1.3	88338	0.0

类章		出口		进口	
		金额	比重%	金额	比重%
第十二类	鞋、帽、伞、杖、鞭及其零件；已加工的羽毛及其制品；人造花；人发制品	18416584	3.1	608167	0.1
64章	鞋靴、护腿和类似品及其零件	15202613	2.6	474837	0.1
65章	帽类及其零件	1179612	0.2	11077	0.0
66章	雨伞、阳伞、手杖、鞭子、马鞭及其零件	838759	0.1	11203	0.0
67章	已加工羽毛、羽绒及其制品；人造花；人发制品	1195600	0.2	111050	0.0
第十三类	石料、石膏、水泥、石棉、云母及类似材料的制品；陶瓷产品；玻璃及其制品	9335873	1.6	3247592	0.6
68章	石料、石膏、水泥、石棉、云母及类似材料的制品	2028961	0.3	464499	0.1
69章	陶瓷产品	3889642	0.7	307720	0.1
70章	玻璃及其制品	3417270	0.6	2475373	0.4
第十四类	天然或养殖珍珠、宝石或半宝石、贵金属、包贵金属及其制品；仿首饰；硬币	4463204	0.8	2655036	0.5
71章	天然或养殖珍珠、宝石或半宝石、贵金属、包贵金属及其制品；仿首饰；硬币	4463204	0.8	2655036	0.5
第十五类	贱金属及其制品	3740613	7.4	48548382	8.7
72章	钢铁	11466727	1.9	23691392	4.2
73章	钢铁制品	13746152	2.3	4641312	0.8
74章	铜及其制品	2141661	0.4	10476488	1.9
75章	镍及其制品	261608	0.0	1323200	0.2
76章	铝及其制品	5175296	0.9	4930810	0.9
78章	铅及其制品	428290	0.1	91945	0.0
79章	锌及其制品	410825	0.1	653378	0.1
80章	锡及其制品	338839	0.1	255691	0.0
81章	其他贱金属、金属陶瓷及其制品	1858407	0.3	420056	0.1
82章	贱金属工具、器具、利口器、餐匙、餐叉及其零件	4228143	0.7	1329215	0.2
83章	贱金属杂项制品	3684665	0.6	734894	0.1
第十六类	机器、机械器具、电气设备及其零件；录音机及放声机、电视图像、声音的录制和重放设备及其零件、附件	247784271	41.8	233914477	41.7

类章		出口		进口	
		金额	比重%	金额	比重%
84 章	核反应堆、锅炉、机械器具及零件	118132244	19.9	91601140	16.3
85 章	电机、电气设备及其零件;录音机及放声机、电视图像、声音的录制和重放设备及其零件、附件	129652028	21.9	142313337	25.4
第十七类	车辆、航空器、船舶及有关运输设备	20998693	3.5	19471633	3.5
86 章	铁道及电车道机车、车辆及其零件;铁道及电车道轨道固定装置及其零件、附件;各种机械(包括电动机械)交通信号设备	5495127	0.9	345599	0.1
87 章	车辆及其零件、附件,但铁道及电车道车辆除外	11823065	2.0	13102352	2.3
88 章	航空器、航天器及其零件	520664	0.1	4990257	0.9
89 章	船舶及浮动结构体	3159836	0.5	1033425	0.2
第十八类	光学、照相、电影、计量、检验、医疗或外科用仪器及设备、精密仪器及设备;钟表;乐器;上述物品的零件、附件	19086765	3.2	41334510	7.4
90 章	光学、照相、电影、计量、检验、医疗或外科用仪器及设备、精密仪器及设备;上述物品的零件、附件	16218177	2.7	40147012	7.2
91 章	钟表及其零件	2058263	0.3	1063624	0.2
92 章	乐器及其零件、附件	810325	0.1	123874	0.0
第十九类	武器、弹药及其零件、附件	21544	0.0	2825	0.0
93 章	武器、弹药及其零件、附件	21544	0.0	2825	0.0
第二十类	杂项制品	35505251	6.0	1958466	0.3
94 章	家具;寝具、褥垫、弹簧床垫、软坐垫及类似的填充制品;未列名灯具及照明装置;发光标志、发光名牌及类似品;活动房屋	17318596	2.9	852662	0.2
95 章	玩具、游戏品、运动用品及其零件、附件	15091568	2.5	490090	0.1
96 章	杂项制品	3095088	0.5	615713	0.1
第二十一类	艺术品、收藏品及古物	29780	0.0	6548	0.0
97 章	艺术品、收藏品及古物	29780	0.0	6548	0.0
第二十二类	特殊交易品及未分类商品	1108228	0.2	1528031	0.3
98 章	特殊交易品及未分类商品	1108228	0.2	1528031	0.3

2004年进出口商品贸易方式总值表

单位:千美元

贸易方式	进出口总值		出口		进口	
	金额	比重%	金额	比重%	金额	比重%
总值	1154554329	100.0	593325581	100.0	561228748	100.0
一般贸易	491751496	42.6	243606244	41.1	248145251	44.2
国家间、国际组织无偿援助和赠送的物资	284128	0.0	186592	0.0	97536	0.0
其他境外捐赠物资	11879	0.0	-	0.0	11879	0.0
补偿贸易	9366	0.0	9366	0.0	-	0.0
来料加工装配贸易	122283227	10.6	68570385	11.6	53712842	9.6
进料加工贸易	427381721	37.0	259400078	43.7	167981643	29.9
寄售代销贸易	8686	0.0	729	0.0	7957	0.0
边境小额贸易	9474844	0.8	4431306	0.7	5043538	0.9
加工贸易进口设备	2602713	0.2	-	0.0	2602713	0.5
对外承包工程出口货物	1136148	0.1	1136148	0.2	-	0.0
租赁贸易	2230174	0.2	15189	0.0	2214985	0.4
外商投资企业作为投资进口的设备、物品	31156956	2.7	-	0.0	31156956	5.6
出料加工贸易	50877	0.0	26747	0.0	24131	0.0
易货贸易	41121	0.0	28214	0.0	12907	0.0
免税外汇商品	6231	0.0	-	0.0	6231	0.0
保税仓库进出境货物	16817973	1.5	5737881	1.0	11080092	2.0
保税区仓储转口货物	47061559	4.1	9352354	1.6	37709205	6.7
出口加工区进口设备	881955	0.1	-	0.0	881955	0.2
其他	1363276	0.1	824349	0.1	538927	0.1

2004年出口商品贸易方式企业性质总值表

单位:千美元

企业性质 贸易方式	合计	国有企业	中外合作	中外合资	外商独资	集体企业	私营企业	其他
	金额/±%	金额/±%	金额/±%	金额/±%	金额/±%	金额/±%	金额/±%	金额/±%
总值	593325581 (35.3)	153580287 (11.3)	14781189 (11.6)	109620042 (35.3)	214190612 (46.6)	31788381 (26.5)	69236365 (99.2)	128705 (5.1)
一般贸易	243606244 (33.8)	101696894 (10.2)	4021684 (12.9)	33095823 (37.9)	26027971 (53.1)	22786272 (27.5)	55970480 (104.8)	7120 (40.1)
国家间、国际组织无偿援助和赠送的物资	186592 (76.4)	147237 (70.1)	– –	673 –	– –	2445 (164.8)	633 (–20.3)	35604 (103.8)
补偿贸易	9366 (–44.4)	9222 (–43.1)	131 (–78.5)	12 –	– (–100.0)	– –	– –	– –
来料加工装配贸易	68570385 (26.4)	30239427 (11.6)	1952857 (–0.4)	5759235 (27.2)	22228575 (52.6)	2901969 (6.8)	5488316 (62.2)	7 –
进料加工贸易	259400078 (38.3)	13873745 (12.8)	8664811 (13.0)	67439405 (32.9)	160299140 (44.6)	5067977 (30.3)	4054998 (92.3)	3 (–99.8)
寄售代销贸易	729 (14.6)	577 (17.4)	– –	102 (–29.0)	– –	– –	49 –	– –
边境小额贸易	4431306 (27.5)	1213272 (–26.8)	– –	– –	– –	616640 (14.2)	2601394 (103.5)	– –
对外承包工程出口货物	1136148 (76.8)	1128679 (75.8)	– –	192 (13.0)	– –	867 (228.1)	6410 (3018.7)	– –
租赁贸易	15189 (93.1)	11360 (46.0)	– –	– (–100.0)	– –	– –	3829 –	– –
出料加工贸易	26747 (33.7)	13926 (48.4)	3343 (–38.6)	6998 (126.2)	1766 (–8.6)	– (–100.0)	713 (497.5)	– –
易货贸易	28214 (–31.6)	13533 (–66.7)	– –	– –	– –	– (–100.0)	14682 (2638.6)	– –
保税仓库进出境货物	5737881 (42.8)	3856602 (33.2)	131137 (196.3)	826216 (30.8)	328846 (30.4)	344861 (1096.1)	166975 (105.1)	83245 (–0.6)
保税区仓储转口货物	9352354 (70.4)	1256019 (49.4)	6237 (–3.3)	2488151 (119.6)	5303918 (58.6)	36785 (–21.2)	261245 (118.2)	– –
出口加工区进口设备	– –	– –	– –	– –	– –	– –	– –	– –
其他	824349 (22.2)	119794 (61.2)	990 (67.1)	3235 (23.7)	397 (–99.5)	30565 (–23.0)	666642 (46.2)	2727 (–79.6)

2004 年进口商品贸易方式企业性质总值表

单位:千美元

企业性质 贸易方式	合 计	国有企业	中外合作	中外合资	外商独资	集体企业	私营企业	其 他
	金额/±%	金额/±%	金额/±%	金额/±%	金额/±%	金额/±%	金额/±%	金额/±%
总 值	561228748 (35.9)	176386948 (23.8)	10726299 (7.7)	109147132 (35.0)	204575055 (44.9)	17715845 (33.8)	41968680 (70.7)	708789 (12.0)
一般贸易	248145251 (32.2)	135316935 (25.2)	2138736 (2.4)	44505383 (27.0)	26255229 (48.5)	11676678 (43.0)	28193875 (70.0)	58414 (-28.0)
国家间、国际组织无偿援助和赠送的物资	97536 (-14.2)	73261 (-20.6)	- -	- -	- -	1382 (581.4)	199 (-49.7)	22693 (8.9)
其他境外捐赠物资	11879 (-41.9)	3781 (-62.9)	- -	- -	- -	525 (2426.3)	355 (-69.9)	7218 (-20.3)
补偿贸易	- (-100.0)	- (-100.0)	- -	- -	- -	- -	- -	- -
来料加工装配贸易	53712842 (37.3)	20773641 (12.3)	1545160 (7.7)	4601314 (32.0)	20470108 (83.6)	1863094 (1.3)	4459506 (65.1)	19 -
进料加工贸易	167981643 (35.6)	6356948 (24.1)	6088381 (9.2)	38411242 (31.5)	112511569 (39.0)	2510600 (37.7)	2102897 (80.0)	7 (-99.7)
寄售代销贸易	7957 (27.5)	7957 (27.5)	- -	- -	- -	- -	- -	- -
边境小额贸易	5043538 (17.1)	1438937 (-16.1)	- -	- -	- -	304177 (-54.0)	3300025 (71.3)	398 -
加工贸易进口设备	2602713 (32.7)	1540625 (20.3)	18661 (13.8)	142499 (96.3)	693640 (45.0)	124867 (56.7)	82420 (144.9)	- -
租赁贸易	2214985 (59.0)	1608339 (31.6)	3515 (70.7)	261767 (1470.4)	5462 (192.5)	334320 (137.0)	1583 (-82.1)	- -

企业性质 贸易方式	合　计	国有企业	中外合作	中外合资	外商独资	集体企业	私营企业	其　他
	金额/±%	金额/±%	金额/±%	金额/±%	金额/±%	金额/±%	金额/±%	金额/±%
外商投资企业作为投资进口的设备、物品	31156956 (48.5)	– –	885267 (10.1)	12759266 (67.8)	17512423 (39.3)	– –	– –	– –
出料加工贸易	24131 (4.4)	13687 (23.1)	3505 (–39.3)	4385 (61.3)	2464 (–20.4)	– (–100.0)	90 (–75.3)	– –
易货贸易	12907 (109.4)	3270 (–19.0)	– –	– –	– –	97 (–73.1)	9540 (441.4)	– –
免税外汇商品	6231 (–9.5)	6231 (–9.5)	– –	– –	– –	– –	– –	– –
保税仓库进出境货物	11080092 (54.2)	5423841 (60.6)	29408 (247.4)	3658370 (30.3)	466816 (140.9)	503734 (120.2)	496871 (309.0)	501053 (11.5)
保税区仓储转口货物	37709205 (49.9)	3642647 (29.5)	7403 (–19.7)	4594175 (84.1)	25805149 (47.2)	381310 (31.1)	3278522 (62.8)	– –
出口加工区进口设备	881955 (58.0)	4124 (97.4)	21 (476.2)	112431 (446.0)	764846 (42.9)	315 (158.1)	217 (–47.1)	– –
其他	538927 (5.7)	172723 (–38.7)	6241 (–23.4)	96299 (40.2)	87350 (48.7)	14746 (153.5)	42580 (157.8)	118987 (69.4)

2004年进出口商品经营单位所在地总值表

单位:千美元

经营单位所在地	进出口总值		出口		进口	
	金额	比重%	金额	比重%	金额	比重%
总　值	1154554329	100.0	593325581	100.0	561228748	100.0
北京市	94575725	8.2	20569256	3.5	74006469	13.2
北京新技术产业开发实验区	2334220	0.2	721113	0.1	1613107	0.3
北京经济技术开发区	4346528	0.4	1068191	0.2	3278337	0.6
天津市	42028606	3.6	20851752	3.5	21176854	3.8
天津新技术产业园区	1068863	0.1	475853	0.1	593010	0.1
天津经济技术开发区	21114833	1.8	11121503	1.9	9993330	1.8
天津港保税区	5301940	0.5	557435	0.1	4744504	0.8
河北省	13525851	1.2	9339259	1.6	4186592	0.7
石家庄市	3663621	0.3	2884527	0.5	779094	0.1
石家庄高新技术产业开发区	32116	0.0	7738	0.0	24378	0.0
秦皇岛市	2205457	0.2	1608922	0.3	596535	0.1
秦皇岛经济技术开发区	647927	0.1	235205	0.0	412722	0.1
山西省	5382487	0.5	4034468	0.7	1348019	0.2
太原市	3393650	0.3	2629336	0.4	764314	0.1
内蒙古自治区	3721706	0.3	1354465	0.2	2367241	0.4
呼和浩特	455996	0.0	267308	0.0	188687	0.0
二连浩特	437826	0.0	55562	0.0	382263	0.1
满洲里市	1313862	0.1	73126	0.0	1240737	0.2
辽宁省	34410862	3.0	18913506	3.2	15497355	2.8
沈阳市	5113704	0.4	2307221	0.4	2806483	0.5
沈阳南湖科技开发区	1942084	0.2	971396	0.2	970688	0.2
大连市	20480642	1.8	10652116	1.8	9828526	1.8
大连经济技术开发区	8728623	0.8	3841617	0.6	4887006	0.9
大连市高新技术产业园区	483522	0.0	204662	0.0	278861	0.0
大连大窑湾保税区	1799610	0.2	738114	0.1	1061496	0.2
丹东市	2004981	0.2	1312166	0.2	692815	0.1
吉林省	6790448	0.6	1714747	0.3	5075700	0.9
长春市	5314989	0.5	825665	0.1	4489324	0.8
长春新技术开发区	118222	0.0	34663	0.0	83559	0.0
珲春市	211596	0.0	151128	0.0	60468	0.0

经营单位所在地	进出口总值		出口		进口	
	金额	比重%	金额	比重%	金额	比重%
黑龙江省	6788995	0.6	3680685	0.6	3108310	0.6
哈尔滨市	2031976	0.2	845978	0.1	1185998	0.2
哈尔滨高技术开发区	80246	0.0	40123	0.0	40123	0.0
黑河市	288873	0.0	203092	0.0	85781	0.0
绥芬河市	2527073	0.2	1241584	0.2	1285489	0.2
上海市	160009920	13.9	73505255	12.4	86504665	15.4
上海漕河泾新兴技术开发区	7554060	0.7	4100675	0.7	3453385	0.6
上海经济技术开发区	37132	0.0	3	0.0	37129	0.0
上海浦东新区	80668204	7.0	32301284	5.4	48366920	8.6
上海外高桥保税区	30804890	2.7	8786175	1.5	22018715	3.9
江苏省	170849007	14.8	87494225	14.7	83354782	14.9
南京市	20669017	1.8	10466802	1.8	10202215	1.8
南京高新技术外向型开发区	984644	0.1	247485	0.0	737158	0.1
苏州市	103122006	8.9	50689113	8.5	52432893	9.3
苏州工业园	26106892	2.3	10678994	1.8	15427897	2.7
南通市	6578865	0.6	4175839	0.7	2403026	0.4
南通经济技术开发区	1427025	0.1	787326	0.1	639700	0.1
连云港市	1571688	0.1	769260	0.1	802429	0.1
连云港经济技术开发区	768381	0.1	202527	0.0	565853	0.1
浙江省	85204882	7.4	58138541	9.8	27066342	4.8
杭州市	24492592	2.1	15172532	2.6	9320060	1.7
杭州高新技术产业开发区	1154491	0.1	371128	0.1	783364	0.1
宁波市	26059169	2.3	16648431	2.8	9410738	1.7
宁波经济技术开发区	4700606	0.4	2117583	0.4	2583024	0.5
温州市	5161712	0.4	3977121	0.7	1184591	0.2
温州经济技术开发区	240167	0.0	204835	0.0	35332	0.0
安徽省	7211555	0.6	3936813	0.7	3274742	0.6
合肥市	3508695	0.3	2189583	0.4	1319112	0.2
合肥高新技术产业开发区	177930	0.0	113609	0.0	64321	0.0
芜湖市	682214	0.1	317068	0.1	365146	0.1
福建省	47527013	4.1	29394755	5.0	18132258	3.2
福州市	13978401	1.2	8752298	1.5	5226103	0.9
福州经济技术开发区	1468100	0.1	507539	0.1	960561	0.2
福州市科技园区	10520	0.0	10167	0.0	353	0.0

经营单位所在地	进出口总值		出口		进口	
	金额	比重%	金额	比重%	金额	比重%
厦门市	24083312	2.1	13940357	2.3	10142955	1.8
厦门特区	18143139	1.6	10775432	1.8	7367707	1.3
厦门火炬高技术产业开发区	3636016	0.3	2659382	0.4	976634	0.2
江西省	3527948	0.3	1994754	0.3	1533194	0.3
南昌市	1658447	0.1	1074329	0.2	584117	0.1
九江市	176440	0.0	79208	0.0	97232	0.0
山东省	60658222	5.3	35844519	6.0	24813703	4.4
济南市	3045061	0.3	1371538	0.2	1673523	0.3
济南市高技术产业开发区	10122	0.0	8321	0.0	1801	0.0
青岛市	26883952	2.3	15766284	2.7	11117668	2.0
青岛经济技术开发区	1709180	0.1	753680	0.1	955500	0.2
烟台市	6806043	0.6	3745496	0.6	3060547	0.5
烟台经济技术开发区	2170781	0.2	786433	0.1	1384349	0.2
威海市	3984722	0.3	2446683	0.4	1538040	0.3
威海火炬高技术产业开发区	914390	0.1	570576	0.1	343815	0.1
河南省	6619553	0.6	4174640	0.7	2444913	0.4
郑州市	1717095	0.1	1079000	0.2	638095	0.1
郑州高新技术产业开发区	72197	0.0	62345	0.0	9851	0.0
湖北省	6765809	0.6	3382194	0.6	3383615	0.6
武汉市	4292694	0.4	1931530	0.3	2361164	0.4
武汉东湖新技术开发区	305869	0.0	151635	0.0	154234	0.0
湖南省	5443515	0.5	3106434	0.5	2337082	0.4
长沙市	2451346	0.2	1364746	0.2	1086600	0.2
长沙高新技术产业开发区	41381	0.0	15291	0.0	26090	0.0
岳阳市	158210	0.0	39560	0.0	118650	0.0
广东省	357130622	30.9	191571044	32.3	165559578	29.5
广州市	44793282	3.9	21479191	3.6	23314091	4.2
广州经济技术开发区	7947408	0.7	3616988	0.6	4330421	0.8
广州天河高新技术产业开发区	314799	0.0	21469	0.0	293330	0.1
广州保税区	2283972	0.2	799216	0.1	1484756	0.3
深圳市	147276176	12.8	77843123	13.1	69433053	12.4
深圳特区	73807975	6.4	36365101	6.1	37442874	6.7
深圳科技工业园	992758	0.1	436002	0.1	556757	0.1
深圳保税区	25244711	2.2	12951202	2.2	12293510	2.2

经营单位所在地	进出口总值		出　口		进　口	
	金额	比重%	金额	比重%	金额	比重%
珠海市	21801147	1.9	9039238	1.5	12761909	2.3
珠海特区	14093779	1.2	5402821	0.9	8690958	1.5
汕头市	4177712	0.4	2544913	0.4	1632799	0.3
汕头特区	3004403	0.3	1636819	0.3	1367584	0.2
湛江市	1839417	0.2	939364	0.2	900053	0.2
湛江经济技术开发区	367240	0.0	242717	0.0	124524	0.0
中山市	15635885	1.4	10005844	1.7	5630040	1.0
中山火炬高技术产业开发区	19264	0.0	918	0.0	18345	0.0
广西壮族自治区	4277221	0.4	2385585	0.4	1891635	0.3
南宁市	716630	0.1	597533	0.1	119098	0.0
桂林市	358551	0.0	239633	0.0	118917	0.0
桂林新技术产业开发区	21798	0.0	4655	0.0	17143	0.0
北海市	150731	0.0	107271	0.0	43460	0.0
凭祥市	249275	0.0	211729	0.0	37545	0.0
东兴县	103621	0.0	32667	0.0	70954	0.0
海南省(全省为特区)	3401694	0.3	1092547	0.2	2309147	0.4
海口市	2565530	0.2	881695	0.1	1683835	0.3
海南洋浦经济技术开发区	565583	0.0	10126	0.0	555457	0.1
四川省	6866987	0.6	3979702	0.7	2887284	0.5
成都市	3343233	0.3	1857565	0.3	1485668	0.3
成都高新技术产业开发区	485065	0.0	305724	0.1	179342	0.0
重庆市	3857147	0.3	2090747	0.4	1766400	0.3
重庆高新技术产业开发区	49906	0.0	35213	0.0	14693	0.0
贵州省	1513727	0.1	866605	0.1	647122	0.1
贵阳市	1200475	0.1	748645	0.1	451831	0.1
云南省	3741169	0.3	2238611	0.4	1502558	0.3
昆明市	2608023	0.2	1383968	0.2	1224055	0.2
畹町市	16973	0.0	15467	0.0	1506	0.0
瑞丽县	162166	0.0	128237	0.0	33929	0.0
河口县	186844	0.0	140642	0.0	46202	0.0
西藏自治区	199892	0.0	130224	0.0	69668	0.0
拉萨市	171541	0.0	120192	0.0	51349	0.0
陕西省	3642383	0.3	2396577	0.4	1245806	0.2
西安市	3092579	0.3	2035020	0.3	1057559	0.2

经营单位所在地	进出口总值		出　口		进　口	
	金额	比重%	金额	比重%	金额	比重%
西安新技术产业开发区	543492	0.0	350999	0.1	192493	0.0
甘肃省	1763145	0.2	996377	0.2	766768	0.1
兰州市	679828	0.1	543843	0.1	135985	0.0
兰州新技术产业开发区	49226	0.0	38963	0.0	10264	0.0
青海省	575515	0.0	454762	0.1	120753	0.0
西宁市	508370	0.0	402325	0.1	106045	0.0
宁夏回族自治区	908209	0.1	646262	0.1	261947	0.0
银川市	449243	0.0	323216	0.1	126027	0.0
新疆维吾尔族自治区	5634517	0.5	3046270	0.5	2588247	0.5
乌鲁木齐市	1652194	0.1	917039	0.2	735156	0.1
乌鲁木齐经济技术开发区	70649	0.0	49635	0.0	21014	0.0
博乐市	1689987	0.1	421617	0.1	1268370	0.2
伊宁市	964491	0.1	809485	0.1	155006	0.0

2004年进出口商品境内目的地/货源地总值表

单位:千美元

境内目的地/货源地	进出口总值		出口		进口	
	金额	比重%	金额	比重%	金额	比重%
总值	1154554329	100.0	593325581	100.0	561228748	100.0
北京市	42819852	3.7	13116980	2.2	29702872	5.3
北京新技术产业开发实验区	1692824	0.1	621223	0.1	1071602	0.2
北京经济技术开发区	4394033	0.4	1052105	0.2	3341927	0.6
天津市	43236319	3.7	20478523	3.5	22757797	4.1
天津新技术产业园区	630875	0.1	265822	0.0	365053	0.1
天津经济技术开发区	19990876	1.7	10667188	1.8	9323688	1.7
天津港保税区	5080099	0.4	435693	0.1	4644406	0.8
河北省	15279655	1.3	9709524	1.6	5570131	1.0
石家庄市	3650783	0.3	2503947	0.4	1146836	0.2
石家庄高新技术产业开发区	32912	0.0	7166	0.0	25747	0.0
秦皇岛市	1439567	0.1	598848	0.1	840719	0.1
秦皇岛经济技术开发区	483839	0.0	187108	0.0	296731	0.1
山西省	9069287	0.8	7196087	1.2	1873200	0.3
太原市	2707930	0.2	1918781	0.3	789149	0.1
内蒙古自治区	4374788	0.4	1887094	0.3	2487694	0.4
呼和浩特	404808	0.0	219055	0.0	185754	0.0
二连浩特	414573	0.0	50956	0.0	363617	0.1
满洲里市	1165997	0.1	4252	0.0	1161746	0.2
辽宁省	39933978	3.5	19585522	3.3	20348456	3.6
沈阳市	5632442	0.5	2311158	0.4	3321284	0.6
沈阳南湖科技开发区	1596134	0.1	717109	0.1	879026	0.2
大连市	22955513	2.0	10487576	1.8	12467937	2.2

境内目的地/货源地	进出口总值		出口		进口	
	金额	比重%	金额	比重%	金额	比重%
大连经济技术开发区	8583993	0.7	3762877	0.6	4821116	0.9
大连市高新技术产业园区	842349	0.1	397825	0.1	444525	0.1
大连大窑湾保税区	1813135	0.2	728705	0.1	1084429	0.2
丹东市	1845228	0.2	1115131	0.2	730097	0.1
吉林省	7486695	0.6	1916743	0.3	5569952	1.0
长春市	4985408	0.4	576013	0.1	4409395	0.8
长春新技术开发区	101660	0.0	22888	0.0	78772	0.0
珲春市	198605	0.0	148174	0.0	50431	0.0
黑龙江省	7182837	0.6	3719909	0.6	3462928	0.6
哈尔滨市	3406148	0.3	2194688	0.4	1211460	0.2
哈尔滨高技术开发区	87099	0.0	35125	0.0	51975	0.0
黑河市	96109	0.0	18690	0.0	77419	0.0
绥芬河市	1283849	0.1	277844	0.0	1006005	0.2
上海市	156799336	13.6	69731253	11.8	87068083	15.5
上海漕河泾新兴技术开发区	7648051	0.7	4152346	0.7	3495704	0.6
上海经济技术开发区	56220	0.0	2327	0.0	53892	0.0
上海浦东新区	74977300	6.5	28588555	4.8	46388745	8.3
上海外高桥保税区	31473228	2.7	8787461	1.5	22685767	4.0
江苏省	179541667	15.6	88039412	14.8	91502255	16.3
南京市	20174648	1.7	9538937	1.6	10635711	1.9
南京高新技术外向型开发区	886963	0.1	193908	0.0	693055	0.1
苏州市	106288635	9.2	50887514	8.6	55401121	9.9
苏州工业园	26115671	2.3	10662662	1.8	15453009	2.8
南通市	7826199	0.7	4418626	0.7	3407573	0.6
南通经济技术开发区	1344167	0.1	722066	0.1	622102	0.1

境内目的地/货源地	进出口总值		出　口		进　口	
	金额	比重%	金额	比重%	金额	比重%
连云港市	2514286	0.2	589733	0.1	1924553	0.3
连云港经济技术开发区	687772	0.1	178984	0.0	508788	0.1
浙江省	94659207	8.2	61152624	10.3	33506583	6.0
杭州市	22787350	2.0	14280002	2.4	8507348	1.5
杭州高新技术产业开发区	1144233	0.1	354549	0.1	789685	0.1
宁波市	32099289	2.8	16238096	2.7	15861193	2.8
宁波经济技术开发区	4257436	0.4	1828372	0.3	2429064	0.4
温州市	5600806	0.5	4337057	0.7	1263749	0.2
温州经济技术开发区	187129	0.0	171361	0.0	15768	0.0
安徽省	6990905	0.6	3559079	0.6	3431826	0.6
合肥市	2616240	0.2	1673204	0.3	943036	0.2
合肥高新技术产业开发区	127206	0.0	81214	0.0	45992	0.0
芜湖市	794590	0.1	356330	0.1	438260	0.1
福建省	49847456	4.3	30550716	5.1	19296740	3.4
福州市	13025165	1.1	7816018	1.3	5209147	0.9
福州经济技术开发区	717042	0.1	219112	0.0	497930	0.1
福州市科技园区	10243	0.0	10140	0.0	103	0.0
厦门市	20005149	1.7	10377022	1.7	9628127	1.7
厦门特区	13783440	1.2	6956634	1.2	6826806	1.2
厦门火炬高技术产业开发区	3581052	0.3	2659444	0.4	921608	0.2
江西省	4817821	0.4	2607832	0.4	2209988	0.4
南昌市	1544053	0.1	851765	0.1	692288	0.1
九江市	670300	0.1	243864	0.0	426436	0.1
山东省	69415909	6.0	37178478	6.3	32237431	5.7
济南市	2817688	0.2	1304726	0.2	1512962	0.3

境内目的地/货源地	进出口总值		出口		进口	
	金额	比重%	金额	比重%	金额	比重%
济南市高技术产业开发区	10531	0.0	8157	0.0	2374	0.0
青岛市	31768550	2.8	15612976	2.6	16155573	2.9
青岛经济技术开发区	1570508	0.1	753298	0.1	817210	0.1
烟台市	7933497	0.7	3922076	0.7	4011421	0.7
烟台经济技术开发区	2181525	0.2	788273	0.1	1393251	0.2
威海市	4046663	0.4	2513061	0.4	1533602	0.3
威海火炬高技术产业开发区	902908	0.1	559826	0.1	343081	0.1
河南省	7355471	0.6	4400234	0.7	2955237	0.5
郑州市	1465528	0.1	866655	0.1	598873	0.1
郑州高新技术产业开发区	41855	0.0	29902	0.0	11953	0.0
湖北省	7558723	0.7	3251590	0.5	4307134	0.8
武汉市	4277799	0.4	1634794	0.3	2643004	0.5
武汉东湖新技术开发区	306666	0.0	150331	0.0	156334	0.0
湖南省	6082257	0.5	3144164	0.5	2938093	0.5
长沙市	2079862	0.2	1005442	0.2	1074419	0.2
长沙高新技术产业开发区	38848	0.0	12343	0.0	26505	0.0
岳阳市	509318	0.0	55712	0.0	453606	0.1
广东省	363353600	31.5	192410672	32.4	170942928	30.5
广州市	44876024	3.9	19878434	3.4	24997590	4.5
广州经济技术开发区	7565579	0.7	3345498	0.6	4220081	0.8
广州天河高新技术产业开发区	272372	0.0	14762	0.0	257610	0.0
广州保税区	2322553	0.2	796628	0.1	1525925	0.3
深圳市	144345949	12.5	75455846	12.7	68890103	12.3
深圳特区	55267323	4.8	29202666	4.9	26064656	4.6
深圳科技工业园	813543	0.1	378832	0.1	434711	0.1

境内目的地/货源地	进出口总值		出　口		进　口	
	金额	比重%	金额	比重%	金额	比重%
深圳保税区	25250879	2.2	12956855	2.2	12294023	2.2
珠海市	18170584	1.6	8577727	1.4	9592858	1.7
珠海特区	9689533	0.8	4908256	0.8	4781278	0.9
汕头市	4640837	0.4	2574124	0.4	2066713	0.4
汕头特区	3029281	0.3	1382990	0.2	1646290	0.3
湛江市	2917822	0.3	1037972	0.2	1879850	0.3
湛江经济技术开发区	276811	0.0	191525	0.0	85286	0.0
中山市	16472648	1.4	10667942	1.8	5804707	1.0
中山火炬高技术产业开发区	16971	0.0	1060	0.0	15911	0.0
广西壮族自治区	4832095	0.4	2314411	0.4	2517683	0.4
南宁市	637116	0.1	307274	0.1	329841	0.1
桂林市	456376	0.0	299511	0.1	156866	0.0
桂林新技术产业开发区	23415	0.0	4441	0.0	18974	0.0
北海市	262049	0.0	148846	0.0	113203	0.0
凭祥市	10835	0.0	1988	0.0	8847	0.0
东兴县	29103	0.0	1890	0.0	27212	0.0
海南省(全省为特区)	2899828	0.3	824921	0.1	2074908	0.4
海口市	1769292	0.2	371107	0.1	1398184	0.2
海南国际科技工业园	380	0.0	53	0.0	327	0.0
海南洋浦经济技术开发区	543433	0.0	2691	0.0	540742	0.1
四川省	6694059	0.6	3488038	0.6	3206021	0.6
成都市	2815075	0.2	1278250	0.2	1536825	0.3
成都高新技术产业开发区	241655	0.0	145023	0.0	96632	0.0
重庆市	3730121	0.3	1876080	0.3	1854042	0.3
重庆高新技术产业开发区	66145	0.0	38584	0.0	27561	0.0

境内目的地/货源地	进出口总值		出口		进口	
	金额	比重%	金额	比重%	金额	比重%
贵州省	2370372	0.2	1268380	0.2	1101993	0.2
贵阳市	1530726	0.1	800017	0.1	730709	0.1
云南省	3734313	0.3	2020352	0.3	1713961	0.3
昆明市	2599242	0.2	1214690	0.2	1384551	0.2
畹町市	4474	0.0	4158	0.0	316	0.0
瑞丽县	25863	0.0	2746	0.0	23116	0.0
河口县	31794	0.0	31238	0.0	556	0.0
西藏自治区	165295	0.0	118518	0.0	46777	0.0
拉萨市	118011	0.0	106662	0.0	11349	0.0
陕西省	4556871	0.4	2624275	0.4	1932596	0.3
西安市	2868566	0.2	1486320	0.3	1382247	0.2
西安新技术产业开发区	365447	0.0	223027	0.0	142420	0.0
甘肃省	1964091	0.2	1036036	0.2	928055	0.2
兰州市	701173	0.1	523858	0.1	177314	0.0
兰州新技术产业开发区	11661	0.0	10286	0.0	1375	0.0
青海省	647733	0.1	461807	0.1	185926	0.0
西宁市	494929	0.0	351271	0.1	143658	0.0
宁夏回族自治区	1131200	0.1	734907	0.1	396293	0.1
银川市	399182	0.0	232679	0.0	166503	0.0
新疆维吾尔族自治区	6022586	0.5	2921420	0.5	3101166	0.6
乌鲁木齐市	3039437	0.3	1836583	0.3	1202854	0.2
乌鲁木齐经济技术开发区	61688	0.0	42694	0.0	18994	0.0
博乐市	925498	0.1	103732	0.0	821766	0.1
伊宁市	887359	0.1	540064	0.1	347294	0.1

2004年进出口商品运输方式总值表

单位:千美元

运输方式	进出口总值		出口		进口	
	金额	比重%	金额	比重%	金额	比重%
总值	1154554329	100.0	593325581	100.0	561228748	100.0
江、海运输	715643129	62.0	389501258	65.6	326141871	58.1
铁路运输	12507892	1.1	3962261	0.7	8545632	1.5
汽车运输	213318313	18.5	107254561	18.1	106063752	18.9
空运	208638268	18.1	88862249	15.0	119776019	21.3
邮运	924410	0.1	576255	0.1	348155	0.1
其他	3522318	0.3	3168999	0.5	353319	0.1

2004年进出口商品前40位国别(地区)总值表

单位:千美元

最终目的国(地区)	出口额	名次	原产国(地区)	进口额	名次
总值	593325581		总值	561228748	
美国	124942028	1	日本	94326727	1
香港	100868566	2	台湾省	64759316	2
日本	73509042	3	韩国	62234102	3
韩国	27811560	4	美国	44656547	4
德国	23755732	5	中华人民共和国	38654538	5
荷兰	18518819	6	德国	30356021	6
英国	14966962	7	马来西亚	18174737	7
台湾省	13544427	8	新加坡	13994473	8
新加坡	12687600	9	俄罗斯联邦	12127411	9
法国	9921389	10	香港	11796722	10
意大利	9223774	11	澳大利亚	11552489	11
俄罗斯联邦	9098116	12	泰国	11540505	12
澳大利亚	8838251	13	菲律宾	9059443	13
加拿大	8161179	14	巴西	8672861	14
马来西亚	8086059	15	印度	7678030	15
阿拉伯联合酋长国	6841135	16	法国	7648199	16
印度尼西亚	6256423	17	沙特阿拉伯	7522645	17
印度	5936008	18	加拿大	7352990	18
比利时	5859680	19	印度尼西亚	7215671	19
泰国	5801575	20	意大利	6451388	20
西班牙	5475738	21	英国	4758503	21
墨西哥	4972754	22	安哥拉	4717339	22
菲律宾	4268718	23	伊朗	4490694	23

最终目的国(地区)	出口额	名次	原产国(地区)	进口额	名次
越南	4260028	24	阿曼	4278487	24
巴西	3674104	25	智利	3666724	25
南非	2951904	26	瑞士	3613046	26
土耳其	2821292	27	比利时	3519780	27
沙特阿拉伯	2775458	28	瑞典	3339569	28
匈牙利	2650963	29	阿根廷	3254874	29
伊朗	2554761	30	芬兰	3021425	30
芬兰	2493623	31	荷兰	2969411	31
巴基斯坦	2465792	32	南非	2960203	32
哈萨克斯坦	2211814	33	越南	2481989	33
巴拿马	2186951	34	哈萨克斯坦	2286271	34
爱尔兰	2140223	35	墨西哥	2139840	35
丹麦	1945968	36	西班牙	1745921	36
孟加拉国	1906268	37	苏丹	1705877	37
瑞典	1858587	38	刚果	1569061	38
波兰	1843723	39	秘鲁	1522896	39
尼日利亚	1718559	40	奥地利	1509822	40

2004年出口商品排序表(前100位)

单位:千美元

商品编号	商品名称	数量单位	数量	金额
		总值	–	593325581
84713000	重量≤10公斤的便携数字式自动数据处理设备	台	25327314	20780374
84733090	8471所列其他机器的零件、附件	千克	1140127321	20273919
85252022	手持(包括车载)无线电话机	台	146052016	14165871
84716011	液晶显示器	台	46280558	11861437
85299020	手持式无线电话机零件	千克	27852808	6682858
90138030	液晶显示板	个	1476021551	6356400
85219012	数字化视频光盘(DVD)播放机	台	129138832	5895000
85254050	其他数字照相机	台	61245057	4858686
84716032	激光打印机	台	20672925	3952546
27040010	焦炭及半焦炭	千克	15011984287	3948678
64039900	其他橡、塑或再生皮革外底,皮革鞋面的鞋靴	双	793197807	3808588
84717030	光盘驱动器	台	151142690	3695401
64029900	未列名橡胶或塑料制外底及鞋面的鞋靴	双	1984663025	3482426
85422129	其他0.18<线宽≤0.35微米数字单片集成电路	个	455009904	63467614
		千克	3839594	
42021290	塑料或纺织材料作面的提箱、小手袋等	个	2631394877	3288331
85422119	其他线宽≤0.18微米数字单片集成电路	个	493604520	3107421
		千克	1704979	
27011290	其他烟煤	千克	74512563582	2996844
61103000	化纤制针织钩编套头衫、开襟衫、外穿背心等	件	109719744	82992300
		千克	358848700	
95041000	与电视接收机配套使用的电子游戏机	台	63333701	2834652
		千克	101814811	

商品编号	商品名称	数量单位	数量	金额
85299090	8525至8528所列其他装置或设备用其他零件	千克	53634332	2777461
95039000	其他玩具	个	15097511713	2745504
		千克	1497361940	
61091000	棉制针织或钩编的T恤衫、汗衫、背心	件	1878234071	2730428
		千克	326991702	
84716012	阴极射线管显示器	台	33600138	2711660
84717010	硬盘驱动器	台	68056370	2711412
84718090	未列名自动数据处理设备其他部件	台	118507025	2688794
85340090	四层及以下的印刷电路	块	8881546997	2657912
		千克	103312204	
62046200	棉制女裤	条	745847911	2421607
		千克	343475453	
84733029	其他打印机零件、附件	千克	152891522	2382064
39269090	未列名塑料制品	千克	1427478547	2338250
76011000	未锻轧的非合金铝	千克	1404905128	2337948
42031000	皮革或再生皮革制的衣服	件	61283731	2304757
		千克	87607387	
86090020	40英尺集装箱	个	765334	2281497
54075200	聚酯变形长丝≥85%染色布	米	2553239836	2200867
		千克	538966901	
85044090	未列名静止式变流器	个	1383155435	2051425
85199990	其他声音重放设备	台	27633311	2021434
85229039	其他视频信号录制或重放设备的零件、附件	千克	37027705	2018939
27101110	车用汽油和航空汽油	千克	5407064134	1962518
84716033	喷墨打印机	台	33425187	1885055
94036099	未列名木家具	件	77213292	1749844

商品编号	商品名称	数量单位	数量	金额
62034290	棉制其他男裤	条	466413847	1731625
		千克	57954207	
84715040	微型机的数字式处理部件	台	4577267	1731025
61102000	棉制针织钩编的套头衫、开襟衫、外穿背心等	件	691278994	1711705
		千克	218609095	
85078020	锂离子电池	个	561771523	1684229
95034100	填充的玩具动物	个	2468130445	1612862
		千克	351585682	
64031900	橡、塑或革外底，皮革制鞋面的其他运动鞋靴	双	234272187	1596034
85281223	阴极射线显像管彩电 52cm<屏幕尺寸≤74cm	台	13967821	1584473
85273100	其他收录(放)音组合机	台	70375909	1526220
39264000	塑料制小雕塑品及其他装饰品	千克	987214007	1475248
85171100	无绳电话机	台	94468567	1471891
86090090	其他集装箱(包括运输液体的集装箱)	个	469831	1427668
84714940	系统形式的微型机	台	2992557	1414081
40112000	客车或货运机动车辆用新的充气橡胶轮胎	条	33947035	1410094
64021900	橡胶或塑料制外底及鞋面的其他运动鞋靴	双	396464195	1355776
87089990	8701 至 8705 所列其他车辆用未列名零、附件	千克	306889608	1352418
62019390	未列名化纤男式带风帽防寒短上衣、防风衣等	件	205094243	1345315
		千克	170409323	
85165000	微波炉	个	35230018	1342499
43031010	毛皮衣服	千克	8923212	1341969
		件	5928572	
94049040	化纤棉填充的其他寝具及类似用品	千克	305436028	1334317
84714140	其他微型数字式自动数据处理机	台	1919744	1328739
27090000	石油原油及从沥青矿物提取的原油	千克	5491570929	1324692

商品编号	商品名称	数量单位	数量	金额
94032000	其他金属家具	千克	1162993045	1305606
94054090	未列名电灯及照明装置	千克	495229795	1305174
03042090	其他冻鱼片	千克	528028452	1297310
86090010	20英尺集装箱	个	712501	1285109
73269090	未列名钢铁制品	千克	1011599436	1283222
73089000	其他钢铁结构体;钢结构体用部件及加工钢材	千克	1306284477	1245154
62029390	未列名化纤女式带风帽防寒短上衣、防风衣等	件	196094188	1220193
		千克	131238222	
85091000	真空吸尘器包括干式及湿式真空吸尘器	台	79101914	1209697
84733010	大、中、小型计算机及其部件的零件、附件	千克	30839348	1198475
84151021	制冷≤4000大卡/时分体窗式或壁式空调	台	7332737	1189970
71023900	其他非工业用钻石	克拉	2401093	1170774
69111010	瓷餐具	千克	1702301628	1163813
85340010	四层以上的印刷电路	块	1267274340	1163143
		千克	18508940	
85445190	其他有接头电导体,80V<耐压≤1000V	千克	390939122	1161724
73239300	不锈钢制餐桌、厨房或其他家用器具及其零件	千克	30659574	51159919
84151010	独立窗式或壁式空气调节器	台	10608185	1158039
64041900	其他橡胶或塑料外底,纺织材料鞋面的鞋靴	双	814980183	1155863
85252092	移动通讯基地站	台	36312	1149657
84716070	键盘、鼠标器	台	427315659	1126992
85175036	调制解调器	台	96352032	1108197
85044013	品目84.71所列机器用的稳压电源	个	167832186	1095400
95051000	圣诞节用品	千克	488373467	1073018
68022300	花岗岩碑石或建筑用石及其制品	千克	4694238091	1071629
94017900	其他金属框架坐具	个	149249853	1065659

商品编号	商品名称	数量单位	数量	金额
61099090	未列名纺材制针织或钩编T恤衫、汗衫、背心	件	739641785	1059901
		千克	145052897	
39232100	供运输或包装货物用的乙烯聚合物制袋及包	千克	900068496	1050702
84818090	龙头、旋塞及类似装置	套	732799345	1050324
		千克	210594872	
94016100	带软垫的木框架坐具	个	20285354	1042959
85229031	激光视盘机的机芯	千克	21779284	1032718
85199910	激光唱机	台	77545372	1029722
94051000	枝形吊灯及天花板或墙壁上的电气照明装置	千克	420445662	1020737
		个	337564892	
62052000	棉制男衬衫	件	271594039	1019131
		千克	87369482	
84672100	手提式各种电钻	台	64704446	1010874
85239000	未列名未灌(录)制的媒体	个	3292702841	1007961
61043300	合成纤维制针织或钩编的女式上衣	件	541446673	999920
		千克	159099034	
60062200	棉制染色其他针织或钩编织物	千克	267115053	999704
		米	749016909	
39249000	塑料制其他家庭用具及盥洗用具	千克	675714342	981875
63079000	6301至6307的未列名制成品,包括服装裁剪样	千克	231547018	980081
42022200	塑料片或纺织材料作面的手提包	个	953220773	978302
72071200	其他矩形截面的半制普通钢铁 $C<0.25\%$	千克	2392315465	970307

2004年进口商品排序表(前100位)

单位:千美元

商品编号	商品名称	数量单位	数量	金额
		总值	–	561228748
27090000	石油原油及从沥青矿物提取的原油	千克	122809603359	33911681
90138030	液晶显示板	个	1282535254	20992976
85422119	其他线宽≤0.18微米数字单片集成电路	个	4577064621	18413136
		千克	6680455	
85422900	其他单片集成电路	个	35136720622	17270450
		千克	31793768	
26011100	未烧结的铁矿砂及其精矿	千克	187738903491	10866474
84733090	8471所列其他机器的零件、附件	千克	139719623	8760046
85422129	其他0.18<线宽≤0.35微米数字单片集成电路	个	576085143	58199677
		千克	5281686	
85299020	手持式无线电话机零件	千克	12342462	7869617
12010091	黄大豆	千克	20229964919	6979155
85422199	其他线宽>0.35微米数字式单片集成电路	个	8698331850	6682933
		千克	6007494	
84798990	未列名具有独立功能的机器及机械器具	台	18819853	5879766
27101922	5-7号燃料油	千克	28828642863	5720192
85426000	混合集成电路	个	4228036219	5678678
		千克	4849622	
84717010	硬盘驱动器	台	65164237	4610194
29173610	对苯二甲酸	千克	5724790857	4172670
74031100	未锻轧的精炼铜阴极及阴极型材	千克	1195370030	3338349
85340090	四层及以下的印刷电路	块	12799225908	3216431
		千克	60938792	

商品编号	商品名称	数量单位	数量	金额
52010000	未梳的棉花	千克	1901136513	3166476
29053100	12—乙二醇	千克	3401806630	3047850
29025000	苯乙烯	千克	2895027871	3016530
85422121	0.18<线宽≤0.35 微米数字单片集成电路原片	个	3557691210	2921602
		千克	264561	
84733029	其他打印机零件、附件	千克	83336799	2827574
84717030	光盘驱动器	台	58356619	2706338
39021000	初级形状的聚丙烯	千克	2913764810	2563635
88024010	45000≥空载重量>15000 公斤的飞机等航空器	架	86	2531321
74040000	铜废碎料	千克	3957604110	2454974
39033000	初级形状丙烯腈—丁二烯—苯乙烯共聚物	千克	1963331018	2271084
26030000	铜矿砂及其精矿	千克	2869498718	2228044
87082990	车身(包括驾驶室)的未列名零件、附件	千克	231403216	2208267
84733010	大、中、小型计算机及其部件的零件、附件	千克	24968871	2131164
85389000	8535、8536 或 8537 所列装置的其他零件	千克	86130572	2065800
85414000	光敏半导体器件;发光二极管	个	18367991840	2063648
		千克	4866636	
39012000	初级形状的聚乙烯,比重在 0.94 及以上	千克	2316316662	2061893
28182000	氧化铝,但人造刚玉除外	千克	5874884632	2043595
72044900	未列名钢铁废碎料	千克	9619974407	2002341
85299090	8525 至 8528 所列其他装置或设备用其他零件	千克	15401744	1880722
85078020	锂离子电池	个	718876823	1872145
90139090	901380 所列货品的零件、附件	千克	27113467	1862181
85340010	四层以上的印刷电路	块	689783951	1855122
		千克	17999873	
87089990	8701 至 8705 所列其他车辆用未列名零、附件	千克	172320829	1846565

商品编号	商品名称	数量单位	数量	金额
26011200	已烧结的铁矿砂及其精矿	千克	20246009404	1824337
85412100	耗散功率小于1瓦的晶体管	个	44109879530	1813325
		千克	11378581	
85369000	其他连接用电气装置,线路 V≤1000V	千克	40797415	1778182
85411000	二极管,但光敏二极管或发光二极管除外	个	86756547990	1778138
		千克	18827717	
85299049	其他电视摄像机等及数字照相机的零件	千克	4706515	1668114
90318090	其他未列名测量或检验仪器、器具及机器	台	1093376	1631135
72191300	热轧不锈钢卷材 3mm≤厚<4.75mm	千克	1002503729	1617889
88024020	空载重量>45000公斤的飞机等航空器	架	27	1578449
85322410	片式多层瓷介电容器	千克	6465786	1560417
		千克		397656244
39074000	初级形状的聚碳酸酯	千克	729739640	1551764
72091790	其他冷轧普通钢铁卷材,0.5mm≤厚≤1mm	千克	3030692518	1543656
98010010	单项记录价值≤¥2000非税、证进口商品	千克	-	1527020
15071000	初榨的豆油	千克	2409847645	1480871
85252022	手持(包括车载)无线电话机	台	12740773	1475842
84798962	自动贴片机	台	8901	1398097
38249090	未列名化学工业及相关工业化学产品及配制品	千克	40687181	91396751
90019000	其他未装配的光学元件	千克	10397998	1359693
47032900	半漂白或漂白非针叶木烧碱木浆或硫酸盐木浆	千克	2963795087	1339317
47032100	半漂白或漂白的针叶木烧碱木浆或硫酸盐木浆	千克	2441139783	1316278
84818010	其他阀门	套	94210760	1309970
		千克	46849581	
84099199	其他点燃式活塞内燃发动机的零件	千克	102373586	1303331
39041000	初级形状的聚氯乙烯,未掺其他物质	千克	1628982496	1286896

商品编号	商品名称	数量单位	数量	金额
72104900	其他镀或涂锌普通钢铁板材	千克	2137608698	1285921
27111390	其他液化丁烷	千克	3405780404	1285373
39031900	其他初级形状的聚苯乙烯	千克	1382374859	1270086
39011000	初级形状的聚乙烯，比重小于 0.94	千克	1341786940	1268321
85416000	已装配的压电晶体	个	9841917353	1237380
		千克	3229330	
87032314	汽油小轿车，1500ml < 排量≤2500ml	辆	60506	1219805
85366900	插头及插座，线路 V≤1000V	个	11393070060	1201458
		千克	34254870	
72103000	电镀锌的铁或非合金钢平板轧材	千克	1902781393	1186857
31042090	其他氯化钾	千克	7182770167	1158582
15119010	棕榈液油（熔点 19－24℃）	千克	2340360028	1148096
39269090	未列名塑料制品	千克	205503688	1143587
85419000	8541 所列货品的零件	千克	13322287	1122484
27101911	航空煤油	千克	2817027796	1120554
27111200	液化丙烷	千克	2960582243	1111063
87032430	汽油小轿车，排量 > 3000ml	辆	16880	1099734
85412900	耗散功率 1 瓦及以上的晶体管	个	16324795487	1094526
		千克	8656209	
85404000	彩色数据/图形显示管，荧光点间距 < 0.4mm	只	23241750	1092582
76020000	铝废碎料	千克	1200008201	1074777
76011000	未锻轧的非合金铝	千克	698038935	1069263
71023100	未加工或简单锯开、劈开或粗磨的非工业钻石	克拉	5163124	1060412
85438990	未列名具有独立功能的电气设备及装置	台	71751573	1057148
72083990	其他热轧铁或非合金钢卷材，1.5≤厚 < 3mm	千克	242394160	91053807
85179010	数字式程控电话或电报交换机的零件	千克	1885260	1022486

商品编号	商品名称	数量单位	数量	金额
39019020	初级形状的线型低密度聚乙烯	千克	1139704128	1012520
27101921	轻柴油	千克	2749227466	1010186
85044090	未列名静止式变流器	个	247788816	1000630
85045000	其他电感器	个	34501953531	988381
74102100	衬背精炼铜箔,厚(除衬背)≤0.15mm	千克	2279927.72	986396
85401100	彩色阴极射线电视显像管	只	22693895	970820
84771010	注塑机	台	17928	962682
51011100	未梳含脂剪羊毛	千克	181980696	959716
85229039	其他视频信号录制或重放设备的零件、附件	千克	18132442	903720
87032334	汽油小轿车,2500ml<排量≤3000ml	辆	27238	900219
90328900	其他自动调节或控制仪器及装置	台	18718219	898159
75021000	未锻轧的非合金镍	千克	65282535	895005
84148090	其他空气泵、气体压缩机、通风罩、循环气罩	台	5058156	883248
10011000	硬粒小麦	千克	3690592305	881292
85254050	其他数字照相机	台	6010744	881038

2004年进出口商品经营单位排序表(前100位)

单位:千美元

经营单位	出口额	名次	经营单位	进口额	名次
总值	593325581		总值	561228748	
东莞市对外加工装配服务公司	9949152	1	中国国际石油化工联合有限责任公司	17884517	1
鸿富锦精密工业(深圳)有限公司	8350870	2	东莞市对外加工装配服务公司	7760436	2
深圳市宝安外经发展有限公司	7598347	3	鸿富锦精密工业(深圳)有限公司	7678583	3
摩托罗拉(中国)电子有限公司	5709992	4	中国联合石油有限责任公司	6038030	4
达丰(上海)电脑有限公司	5370085	5	深圳市宝安外经发展有限公司	5185519	5
深圳龙岗区对外经济发展有限公司	4630385	6	综合信兴仓运(深圳)有限公司	3907793	6
长城国际信息产品(深圳)有限公司	4070177	7	友达光电(苏州)有限公司	3818198	7
名硕电脑(苏州)有限公司	3235268	8	名硕电脑(苏州)有限公司	3114940	8
达功(上海)电脑有限公司	2771353	9	珠海振戎公司	3086032	9
英特尔产品(上海)有限公司	2601816	10	伯灵顿物流(上海)有限公司	3026704	10
仁宝资讯工业(昆山)有限公司	2420510	11	五矿钢铁有限责任公司	2663792	11
明基电通信息技术有限公司	2306952	12	中化国际石油公司	2650230	12
福建捷联电子有限公司	2235949	13	上海宝钢国际经济贸易有限公司	2592238	13
戴尔(中国)有限公司	2129000	14	深圳龙岗区对外经济发展有限公司	2523286	14
佛山市顺德区顺达电脑厂有限公司	1766069	15	摩托罗拉(中国)电子有限公司	2456395	15
英华达(上海)电子有限公司	1760742	16	达丰(上海)电脑有限公司	2430747	16
希捷国际科技(无锡)有限公司	1742054	17	中国石化国际事业有限公司	2411871	17
友达光电(苏州)有限公司	1730705	18	一汽-大众汽车有限公司	2307777	18
仁宝电子科技(昆山)有限公司	1587948	19	达功(上海)电脑有限公司	2091825	19
广东省东莞机械进出口有限公司	1515732	20	英特尔产品(上海)有限公司	1996168	20
英业达(上海)有限公司	1514576	21	大连西太平洋石油化工有限公司	1872541	21
英顺达科技有限公司	1448010	22	中国粮油食品(集团)有限公司	1859940	22
伟创力实业(珠海)有限公司	1435830	23	英华达(上海)电子有限公司?	1783788	23

经营单位	出口额	名次	经营单位	进口额	名次
乐金电子(惠州)有限公司	1358130	24	华映视讯(吴江)有限公司	1726916	24
建兴光电科技(广州)有限公司	1242144	25	伟创力实业(珠海)有限公司	1687310	25
深圳富泰宏精密工业有限公司	1235936	26	佛山市顺德区顺达电脑厂有限公司	1654420	26
北京爱立信普天移动通信有限公司	1212733	27	三星电子(苏州)半导体有限公司	1570188	27
恩斯迈电子(深圳)有限公司	1189396	28	乐金飞利浦液晶显示(南京)有限公司	1514796	28
三星电子(苏州)半导体有限公司	1169323	29	深圳富泰宏精密工业有限公司	1438511	29
北京首信诺基亚移动通信有限公司	1133539	30	希捷国际科技(无锡)有限公司	1428893	30
东芝信息机器(杭州)有限公司	1108340	31	天津三星通信技术有限公司	1374266	31
华为技术有限公司	1082312	32	天津叶水福物流有限公司	1360177	32
中海石油(中国)有限公司	1065167	33	中国第一汽车集团进出口公司	1321362	33
神华煤炭运销公司	1042459	34	中芯国际集成电路制造(上海)有限	1300648	34
深圳市勤辉投资开发有限公司	1035381	35	苏州三星电子液晶显示器有限公司	1235863	35
中国煤炭工业秦皇岛进出口有限公司	1016468	36	上海大众汽车有限公司	1218137	36
东莞诺基亚移动电话有限公司	1010817	37	旭电(苏州)科技有限公司	1181237	37
上海西门子移动通信有限公司	1003165	38	广东省东莞机械进出口有限公司	1161700	38
金士顿科技电子(上海)有限公司	982309	39	上海通用汽车有限公司	1106178	39
中芯国际集成电路制造(上海)有限公司	974780	40	英顺达科技有限公司	1102619	40
佳能珠海有限公司	938200	41	恩斯迈电子(深圳)有限公司	1101393	41
中国联合石油有限责任公司	885566	42	乐金电子(惠州)有限公司	1057382	42
大连西太平洋石油化工有限公司	881238	43	福建捷联电子有限公司	1042089	43
鑫茂科技(深圳)有限公司	871002	44	东方航空进出口有限公司	1029017	44
日通国际物流(深圳)有限公司	866401	45	纬创资通(昆山)有限公司	962962	45
旭电(苏州)科技有限公司	864717	46	深圳市怡亚通供应链股份有限公司	947327	46
苏州飞利浦消费电子有限公司	861101	47	中国农业生产资料集团公司	935370	47
无锡夏普电子元器件有限公司	815594	48	国家物资储备局上海七处(保)	924209	48
纬创资通(昆山)有限公司	795351	49	伯灵顿物流(厦门)有限公司	911365	49

经营单位	出口额	名次	经营单位	进口额	名次
爱普生技术(深圳)有限公司	768535	50	建兴光电科技(广州)有限公司	868129	50
鞍钢集团国际经济贸易公司	759871	51	仁宝电子科技(昆山)有限公司	851682	51
南京 LG 同创彩色显示系统有限责任	758915	52	上海新发展进出口贸易实业有限公司	846060	52
乐金飞利浦液晶显示(南京)有限公司	726479	53	上海西门子移动通信有限公司	844846	53
伟创力科技(珠海)有限公司	716411	54	东海粮油工业(张家港)有限公司	831349	54
上海振华港口机械(集团)股份有限公司	712125	55	中国烟草进出口(集团)公司	826487	55
东莞三星视界有限公司	703341	56	鑫茂科技(深圳)有限公司	822881	56
乐金电子(天津)电器有限公司	699195	57	中化化肥公司	822707	57
深圳开发科技股份有限公司	694688	58	五矿有色金属股份有限公司	800663	58
飞利浦电子元件(上海)有限公司	685324	59	华为技术有限公司	793933	59
三宝电脑(沈阳)有限公司	683849	60	金士顿科技电子(上海)有限公司	792648	60
上海丝绸集团股份有限公司	652572	61	中国南方航空进出口贸易公司	787734	61
冠捷电子(福建)有限公司	645553	62	伟创力科技(珠海)有限公司	786317	62
天津三星通信技术有限公司	644810	63	国航集团进出口贸易公司	764712	63
南京纺织品进出口股份有限公司	640873	64	仁宝资讯工业(昆山)有限公司	742274	64
纬创资通(中山)有限公司	636547	65	中国石油物资装备(集团)总公司	740718	65
苏州三星电子液晶显示器有限公司	626227	66	北京爱立信普天移动通信有限公司	736389	66
山西煤炭进出口集团公司	624469	67	深圳三星科健移动通信技术有限公	735248	67
志合电脑(苏州工业园区)有限公司	621690	68	东芝信息机器(杭州)有限公司	732847	68
佛山市美的家用电器有限公司	619793	69	近铁国际物流(深圳)有限公司	727439	69
仁宝电脑工业(中国)有限公司	612378	70	宁波波导股份有限公司	726697	70
飞索半导体(中国)有限公司	611704	71	金东纸业(江苏)有限公司	723206	71
柯达电子(上海)有限公司	608729	72	日通国际物流(深圳)有限公司	716282	72
苏州爱普生有限公司	606083	73	无锡夏普电子元器件有限公司	706849	73
宝山钢铁股份有限公司	597845	74	东方国际集团上海市对外贸易有限公司	704509	74
天津三星电子显示器有限公司	596301	75	日立显示器件(苏州)有限公司	701842	75

经营单位	出口额	名次	经营单位	进口额	名次
日立显示器件(苏州)有限公司	594234	76	深圳开发科技股份有限公司	683875	76
广东核电合营有限公司	593535	77	英业达(上海)有限公司	683229	77
佳能(中山)办公设备有限公司	593154	78	张家港浦项不锈钢有限公司	682958	78
华宇电脑(江苏)有限公司	587532	79	索尼电子(无锡)有限公司	671482	79
亚旭电子科技(江苏)有限公司	580092	80	中海壳牌石油化工有限公司	669343	80
深圳南方中集集装箱制造有限公司	573466	81	魏桥纺织股份有限公司	655480	81
新疆野马经贸有限公司	571680	82	上海三凯进出口有限公司	643649	82
佛山普立华科技有限公司	559703	83	北京京东方光电科技有限公司	641897	83
综合信兴仓运(深圳)有限公司	558246	84	南京爱立信熊猫通信有限公司	612408	84
明德信息媒体(深圳)有限公司	555741	85	上海广电 NEC 液晶显示器有限公司	610083	85
常州市新科数字技术有限公司	555100	86	环旭电子(深圳)有限公司	608929	86
晶冠科技(深圳)有限公司	551759	87	亚旭电子科技(江苏)有限公司	598335	87
海尔集团电器产业有限公司	550629	88	戴尔(中国)有限公司	598100	88
飞思卡尔半导体(中国)有限公司	545401	89	明德信息媒体(深圳)有限公司	597319	89
伟创力电脑(珠海)有限公司	545175	90	福州保税区物流通道有限公司	592854	90
惠州三星电子有限公司	540710	91	武钢集团国际经济贸易总公司	590531	91
魏桥纺织股份有限公司	536804	92	深圳市九立商贸有限公司	581000	92
中山市中山港对外加工装配服务公司	521280	93	联建(中国)科技有限公司	578334	93
大同电子科技(江苏)有限公司	498743	94	厦门建发股份有限公司	577951	94
五矿贸易有限责任公司	498667	95	北京诺基亚航星通讯系统有限公司	576733	95
诺基亚(苏州)电信有限公司	498477	96	马钢国际经济贸易总公司	573641	96
江苏舜天股份有限公司	487394	97	鞍钢集团国际经济贸易公司	569235	97
广东省中山食品水产进出口集团有限公司	487254	98	张家港保税区长江国际港务有限公司	568843	98
漳州灿坤实业有限公司	487046	99	苏州飞利浦消费电子有限公司	568835	99
天津三星电子有限公司	479927	100	诺基亚(苏州)电信有限公司	566325	100

全国海关进出口货运量统计表

【2004 年 12 月】

指标	单位	进出口		进口		出口		累计比去年同期 ± %		
		本月	累计	本月	累计	本月	累计	进出口	进口	出口
合计(货运量)	吨	196612910	2070064021	65993995	711703170	130618915	1358360851	21.2	23.5	20.0
海运	吨	97435388	1022067838	60081576	650826076	37353812	371241762	15.7	24.0	3.6
其中:转关运输	吨	5404977	50474475	2571880	26483076	2833097	23991399	26.1	25.7	26.5
集装箱数量	箱次	4308661	48732017	2009993	22531376	2298668	26200641	24.9	22.5	27.1
重箱数量	箱次	3052247	35164428	923604	11061531	2128643	24102897	24.8	16.9	28.8
集装箱载货量	吨	27092521	286891517	10298543	115436771	16793978	171454746	22.5	21.9	22.9
监管转关货运量	吨	4279999	42283662	2297885	25189661	1982114	17094001	29.4	43.9	12.6
接受转关申报单	份	33622	341595	8693	103490	24929	238105	3.6	-14.2	13.9
核销转关申报单	份	31479	329372	8191	100579	23288	228793	2.9	-16.4	14.6
铁路运输	吨	3400887	36645187	2959399	32259363	441488	4385824	23.9	25.7	12.5
其中:转关运输	吨	120234	1345446	16270	305960	103964	1039486	14.4	18.3	13.4
集装箱数量	箱次	7647	82673	2916	33951	4731	48722	-6.1	4.9	-12.5
重箱数量	箱次	6901	73726	2390	28517	4511	45209	-0.8	27.0	-12.9
集装箱载货量	吨	73450	803140	28599	331371	44851	471769	5.3	29.6	-6.9
监管转关货运量	吨	1171914	9889785	1005076	8192123	166838	1697662	-6.9	-8.8	3.6
接受转关申报单	份	5432	59583	1999	22704	3433	36879	-15.5	-17.2	-14.4
核销转关申报单	份	4979	57162	1795	20804	3184	36358	-10.9	-6.0	-13.4
公路运输	吨	6177279	57511848	2880848	27848693	3296431	29663155	5.9	10.9	1.5
其中:转关运输	吨	1666967	20699089	742910	9532524	924057	11166565	2.4	1.8	2.9
集装箱数量	箱次	437155	5086963	169858	2057049	267297	3029914	1.0	-2.0	3.1
重箱数量	箱次	298295	3438047	80520	951753	217775	2486294	0.4	-2.2	1.4
集装箱载货量	吨	1745932	21464790	767801	9555798	978131	11908992	-2.5	-3.6	-1.6
监管转关货运量	吨	3524913	41137549	1317806	15866428	2207107	25271121	8.8	6.3	10.5
接受转关申报单	份	428691	5007212	117776	1371895	310915	3635317	7.0	6.0	7.4
核销转关申报单	份	431029	5000392	115757	1368046	315272	3632346	7.8	5.7	8.6
空运	吨	353981	3250132	71403	758349	282578	2491783	43.5	25.0	50.2

指标	单位	进出口		进口		出口		累计比去年同期±%		
		本月	累计	本月	累计	本月	累计	进出口	进口	出口
其中:转关运输	吨	45544	427630	16119	175107	29425	252523	36.3	29.1	41.7
集装箱数量	箱次		16		4		12	23.1	-42.9	100.0
重箱数量	箱次		16		4		12	23.1	-42.9	100.0
集装箱载货量	吨		40		9		31	-75.5	-93.3	6.9
监管转关货运量	吨	8702	109175	5357	58050	3345	51125	41.7	25.6	65.8
接受转关申报单	份	31990	345685	21660	226823	10330	118862	29.1	47.4	4.4
核销转关申报单	份	32114	337158	21508	218500	10606	118658	28.2	46.7	4.1
邮运	吨	575	5257	336	3146	239	2111	6.5	12.6	-1.4
其中:转关运输	吨	265	2114	177	1281	88	833	27.2	46.1	6.1
集装箱数量	箱次							—	—	—
重箱数量	箱次							—	—	—
集装箱载货量	吨							—	—	—
监管转关货运量	吨	1	114		1	114	-72.1	-100.0	-71.9	
接受转关申报单	份	1736	15934	3	48	1733	15886	38.2	182.4	38.0
核销转关申报单	份	1739	15929	3	47	1736	15882	48.4	213.3	48.1
其他	吨	89244800	950583759	433	7543	89244367	950576216	28.6	352.2	28.6
其中:转关运输	吨	3635	5923		22	3635	5901	11987.8	-33.3	36781.3
集装箱数量	箱次		10		2		8	-70.6	-94.1	—
重箱数量	箱次		10		2		8	-70.6	-94.1	—
集装箱载货量	吨		21		9		12	-92.9	-97.0	—
监管转关货运量	吨	64876	1516604	64858	1516539	18	65	5.1	5.1	-76.3
接受转关申报单	份	140	1588	123	1065	17	523	-17.2	19.4	-49.0
核销转关申报单	份	140	1560	123	1042	17	518	-18.7	16.9	-49.6

2004 年进出口商品单项统计贸易方式总值表(年报提要)

单位:千美元

贸易方式	2004 年		2003 年		与去年同期 ± %	
	出 口	进 口	出 口	进 口	出 口	进 口
免税品	–	247128	–	206045	–	19.9
进料加工以产顶进货物	49847	55544	–	1383	–	3914.9
进料加工转内销货物	252998	7647290	241330	5689362	4.8	34.4
来料加工转内销货物	12065	550104	18363	359420	– 34.3	53.1
加工贸易转内销设备	6702	9480	–	10417	–	– 9.0
进料加工深加工结转货物	36494604	39747607	26429024	27545896	38.1	44.3
来料加工深加工结转货物	19281622	16459002	13812449	12781649	39.6	28.8
加工贸易结转设备	419963	272581	429922	196470	– 2.3	38.7
进料加工结转余料	14745415	14811222	12805025	13181981	15.2	12.4
来料加工结转余料	4003334	4294241	3582927	3742985	11.7	14.7
退运货物	1017957	655846	689443	571434	47.6	14.8
进料加工复出口料件	1743287	–	990503	–	76.0	–
来料加工复出口料件	517730	–	372103	–	39.1	–
加工贸易退运设备	223845	–	199439	–	12.2	–
保税区运往非保税区货物	–	26587057	–	18511453	–	43.6
7 一般贸易	–	14679334	–	11134784	–	31.8
7 国家间、国际组织无偿援助和赠送的物资	–	5923	–	6364	–	– 6.9
7 其他境外捐赠物资	–	9167	–	5214	–	75.8
7 来料加工装配贸易	–	1558839	–	913489	–	70.6
7 进料加工贸易	–	9713598	–	5897574	–	64.7
7 来料加工装配进口的设备	–	38954	–	22695	–	71.6
7 外商投资企业作为投资进口的设备、物品	–	553099	–	495079	–	11.7
7 出口加工区进口设备	–	953	–	507	–	87.8
7 其他	–	27189	–	35747	–	– 23.9
非保税区运入保税区货物	8626525	–	4739726	–	82.0	–
0 一般贸易	1001988	–	818365	–	22.4	–

贸易方式	2004年		2003年		与去年同期±%	
	出　口	进　口	出　口	进　口	出　口	进　口
0来料加工装配贸易	2506127	–	1289160	–	94.4	–
0进料加工贸易	5118331	–	2631899	–	94.5	–
0对外承包工程出口货物	60	–	–	–	–	–
0保税仓库进出境货物	19	–	–	–	–	–
0其他	1	–	303	–	–99.6	–
保税区退区货物	–	2615748	–	1627210	–	60.8
0一般贸易	–	818398	–	405367	–	101.9
0来料加工装配贸易	–	334031	–	212414	–	57.3
0进料加工贸易	–	1412706	–	973165	–	45.2
0来料加工装配进口的设备	–	787	–	1377	–	–42.8
0外商投资企业作为投资进口的设备、物品	–	49823	–	34885	–	42.8
0其他	–	2	–	1	–	133.7
保税仓库转内销货物	–	7308933	–	4725700	–	54.7
8一般贸易	–	4680784	–	3226293	–	45.1
8国家间、国际组织无偿援助和赠送的物资	–	1965	–	97	–	1918.3
8来料加工装配贸易	–	204193	–	142826	–	43.0
8进料加工贸易	–	1944369	–	1052689	–	84.7
8寄售代销贸易	–	1354	–	1148	–	17.9
8边境小额贸易	–	289	–	–	–	–
8来料加工装配进口的设备	–	162	–	664	–	–75.6
8外商投资企业作为投资进口的设备、物品	–	89755	–	112713	–	–20.4
8易货贸易	–	63	–	–	–	–
8其他	–	385998	–	189270	–	103.9
境内存入出口监管仓库货物	2986893	–	2597725	–	15.0	–
1一般贸易	855354	–	670274	–	27.6	–
1国家间、国际组织无偿援助和赠送的物资	6	–	6	–	–8.6	–
1来料加工装配贸易	759631	–	669591	–	13.4	–
1进料加工贸易	1371774	–	1257845	–	9.1	–
1其他	128	–	9	–1380.5	–	

贸易方式	2004年		2003年		与去年同期±%	
	出口	进口	出口	进口	出口	进口
出口监管仓库退仓货物	–	382349	–	278542	–	37.3
1一般贸易	–	85799	–	24084	–	256.2
1来料加工装配贸易	–	114670	–	109567	–	4.7
1进料加工贸易	–	180090	–	143737	–	25.3
1来料加工装配进口的设备	–	74	–	481	–	–84.6
1外商投资企业作为投资进口的设备、物品	–	1716	–	674	–	154.6
区外运入出口加工区的货物	3266687	–	1426443	–	129.0	–
Z一般贸易	833457	–	361537	–	130.5	–
Z来料加工装配贸易	191292	–	35254	–	442.6	–
Z进料加工贸易	2206909	–	1029541	–	114.4	–
Z出料加工贸易	35007	–	–	–	–	–
Z保税区仓储转口货物	22	–	110	–	–80.4	–
出口加工区运往区外的货物	–	444533	–	212361	–	109.3
Z一般贸易	–	337255	–	195342	–	72.6
Z来料加工装配贸易	–	1515	–	779	–	94.4
Z进料加工贸易	–	28773	–	14250	–	101.9
Z外商投资企业作为投资进口的设备、物品	–	32212	–	1904	–	1591.8
Z出料加工贸易	–	44662	–	–	–	–
Z保税区仓储转口货物	–	19	–	–	–	–
Z出口加工区进口设备	–	78	–	86	–	–8.3
Z其他	–	19	–	–	–	–